U0622493

2024
中国饲料工业年鉴

农业农村部畜牧兽医局
全 国 畜 牧 总 站 编
中国饲料工业协会

中国农业出版社
北 京

《中国饲料工业年鉴》（2024）
编辑委员会

2023年3月30日，由中国饲料工业协会主办，以“聚焦高质量　启航新征程”为主题的2022/2023中国饲料工业展览会在江苏省南京市举办。展会集中展示了饲料加工、饲料原料、饲料添加剂、饲料机械、饲料检测检验和安全评价、饲草种子、加工与青贮等多领域科技创新和产业发展的新技术、新产品、新方向。开幕式由全国畜牧总站站长、中国饲料工业协会常务副会长兼秘书长王宗礼主持。农业农村部国家首席兽医师（官）李金祥出席开幕式并讲话。中国工程院院士、中国饲料工业协会会长李德发，中国工程院院士、中国农业大学教授谯仕彦等出席开幕式。来自农业农村部、全国畜牧总站、中国农业科学院以及部分省份的农业农村系统负责人和国内外企业机构负责人参加开幕式。

2023年3月29日，以“聚焦高质量　启航新征程”为主题的首届饲料产业发展论坛在江苏省南京市召开。论坛从宏观经济到产业政策，从当下破局到赋能未来，旨在探讨饲料产业的现状、面临的问题以及未来发展的方向，聚焦饲料行业热点和难点，分享成功经验和典型案例，汇集智慧，凝聚产业发展力量，为推进我国农业现代化事业做出积极的贡献。农业农村部有关司局、全国畜牧总站，部分省份饲料管理部门、饲料工业（行业）协会、科研院所代表及行业同仁近千人参加论坛。

2023年2月10日，农业农村部召开畜牧兽医工作部署会。农业农村部副部长马有祥出席会议并讲话。会议要求，2023年畜牧兽医工作要把全面提升畜产品稳定安全供给能力作为首要任务，稳生猪、增牛羊、强禽业、兴奶业，抓住设施装备、疫病防控、饲料保供、绿色发展、产能调控等关键。要确保生猪等重要畜产品安全供给，继续完善和用好生猪产能调控，扩大肉牛肉羊生产，提升奶业竞争力；深入实施豆粕减量替代行动，围绕提效、开源、调结构，综合施策，促进饲料粮节约降耗。

2023年3月16日，农业农村部、最高人民法院、最高人民检察院、工业和信息化部、公安部、市场监管总局、中华全国供销合作总社七部门在北京联合召开视频会议，部署2023年全国农资打假专项治理行动。农业农村部副部长马有祥出席会议并讲话。

2023年9月5日，全国饲料工业标准化技术委员会在广东省湛江市召开换届会议。会议总结了上届饲料标委会及水产饲料分技术委员会工作成效，研究提出第六届饲料标委会、第二届水产饲料分技术委员会工作计划。全国畜牧总站站长王宗礼、农业农村部畜牧兽医局副局长辛国昌等出席会议并讲话，全国畜牧总站副站长、饲料标委会主任委员杨劲松主持会议。

2023年10月24日，中国饲料工业协会《肉鸭低蛋白低豆粕多元化日粮生产技术规范》团体标准审查会在北京召开。该标准由中国工程院院士、中国农业科学院北京畜牧兽医研究所侯水生团队牵头起草，全国畜牧总站等多家单位参与制定。作为我国首个水禽低蛋白饲料配制技术方面的标准，该标准对节约蛋白质饲料资源、高效利用非常规饲料资源、减少肉鸭养殖氮排放污染、保障肉鸭类产品质量安全和稳产保供具有重要的现实指导意义。

2023年4月23—24日，中国饲料工业协会组织召开《饲料添加剂 L-半胱氨酸》等7项团体标准审定会。中国工程院院士、中国农业大学教授谯仕彦担任评审组长。该系列标准为促进小品种氨基酸产品的标准化与规范化，构建日粮理想氨基酸平衡模式、实现精准营养调控、推进豆粕减量替代的落实落地提供有力的标准化支撑。

2023年9月4—7日，全国畜牧总站站长王宗礼带队赴广东省开展发酵饲料产品监管专题调研。调研组实地参观多家发酵饲料生产企业现场，对不同类型发酵饲料的生产设备、工艺流程进行了现场考察，并就发酵饲料生产许可、行业监管和质量安全管理规范3个方面进行座谈。

2023年1月10日，农业农村部畜牧兽医局在北京举办2022年粮改饲项目总结交流活动。会议指出，粮改饲工作拥有政策环境有利、市场需求旺盛、产业发展基础较好等良好发展条件。各项目省份要加强政策配套保障，创新项目实施方式，积极争取饲草产业发展空间，强化宣传引导，推动粮改饲工作迈上新台阶、取得新成效。农业农村部畜牧兽医局副局长辛国昌出席活动并讲话。

2023年3月8日，贵州省委常委胡忠熊（前排右三）调研贵州茅台酒厂（集团）循环经济产业投资开发有限公司。

2023年2月16日，国家发展改革委价格司副司长、一级巡视员彭绍宗（右四）一行赴宁德鑫华港饲料有限公司开展调研工作。

2023年2月21—22日，中国饲料工业协会宠物饲料（食品）分会首届宠物食品大会在北京召开。会议旨在为宠物食品行业搭建高端交流对话平台、科技成果发布平台和国际合作对接平台，为推动宠物饲料行业向高端化、绿色化、智能化、国际化方向发展，不断做强中国宠物产业，提升产业发展水平和综合竞争力，让宠物食品行业实现更好地发展贡献力量。会议由全国畜牧总站站长、中国饲料工业协会常务副会长兼秘书长王宗礼主持。部分国家驻华大使馆商务参赞及有关官员、媒体和宠物饲料（食品）分会会员代表及行业同仁等600余人参会，各直播平台在线观看人数4万余人。

2023年7月26日，云南省昆明市政法委书记李康平（前排左二）赴云南滇大饲料有限公司调研。

2023年7月31日，农业农村部畜牧兽医局饲料饲草处处长黄庆生（右一）赴辽宁省沈阳博阳饲料股份有限公司调研并座谈。

2023年8月13日，新疆生产建设兵团农业农村局组织专家对第七师新疆合源正达有限公司进行生产许可现场审核。

2023年8月18日，陕西省饲料工业统计分析与监测预警培训会在陕西省杨凌示范区举办。中国饲料工业协会、陕西省饲料工作总站、杨凌示范区现代农业和乡村振兴局相关负责人出席会议。陕西省各市饲料管理部门负责人与饲料统计工作人员、饲料工业统计信息重点监测企业统计专员90余人参加培训。

2023年8月22日，福建省农业农村厅党组成员、副厅长郭宋玉（左四）一行赴福建新正阳饲料科技有限公司调研指导饲料质量安全和生产安全。

2023年8月29—30日，山西省畜牧中心一行赴山西省山阴县、平鲁区、原平市调研指导饲草新技术示范推广工作，实地查看“耐盐碱苜蓿新品种筛选”“抗病耐盐碱饲用燕麦品种筛选”“抗病耐盐碱饲用燕麦品种筛选”“‘兰箭’系列箭筈豌豆新品种引种试验”等试验进展情况，并针对示范基地的“饲用燕麦病害绿色防控”“饲用燕麦、大豆、青贮玉米轮作倒茬”等技术示范和饲用小黑麦－玉米轮作示范点青贮玉米田间管理情况进行技术指导。

2023年10月17日，中国饲料工业协会开展“凝心铸魂筑牢根本、锤炼品格强化忠诚”主题交流活动，交流学习贯彻习近平新时代中国特色社会主义思想主题教育的收获和体会。会议由全国畜牧总站站长、中国饲料工业协会常务副会长兼秘书长王宗礼主持，全国性行业协会商会第二批学习贯彻习近平新时代中国特色社会主义主题思想主题教育第七巡回督导组组长赵泽琨一行出席会议。

2023年10月19日，广东省农业农村厅召开广东省饲料工作会议。会议要求，立足饲料行业形势、把握行业发展热点难点、强化行业管理服务举措，进一步提升行业管理工作水平，促进广东省饲料行业高质量发展。

2023年11月28—29日，山西省饲料豆粕减量替代技术培训暨饲料工作推进会在太原市举办，培训会就“畜禽饲料中豆粕减量替代配置技术应用”和“饲料法规体系与饲料生产许可审核要点”进行专题培训。山西省农业农村厅党组成员、副厅长茹栋梅出席会议并讲话。山西省各市农业农村局分管负责同志，饲料生产企业、养殖场代表等60余人参加培训。

2023年12月5日，陕西省豆粕减量替代推荐配方审定暨重点企业遴选推进会在陕西省西安市召开。会议要求，认真抓好推荐配方宣传推广工作，充分发挥重点企业示范带头作用，挖掘全省豆粕等饲料粮减量替代潜力，加力推广低蛋白日粮技术，提高饲料转化效率，维护粮食安全。陕西省农业农村厅畜牧兽医局、各市（区）饲料管理支撑单位和试点企业参加会议。

2023年12月9日，2023年广东省饲料行业年会在广东省佛山市举办，会议以“提振信心，创新发展”为主题。800余人参加会议，超过4万人次线上观看。

2023年12月15日，2023年饲料质量安全风险预警工作年终总结会暨2024年饲料质量安全风险预警工作部署会在河南省许昌市召开。会议针对当前饲料“停抗”和“豆粕减量替代”新形势要求，研讨提出2024年工作方向和重点任务。农业农村部畜牧兽医局副局长辛国昌等出席会议并致辞。全国畜牧总站、中国饲料工业协会以及16个省份饲料质检单位及科研院所的代表参加会议。

2023年12月16日，2023年湖南省饲料工业协会年会暨第五届东东论坛在湖南省长沙市举行。大会以“协同发展，创新驱动”为主题，旨在针对饲料行业现状进行剖析与解读，为广大饲料行业从业者提供度过困境与难关的方法与策略。

2023年12月25日，全国畜牧总站在京举办进口饲料注册法规与评价技术培训班。进口饲料登记注册从业人员、有关行业组织代表参加培训。培训强调，进口饲料登记注册和新产品审定是《饲料和饲料添加剂管理条例》明确的重要行业管理制度，要兼顾丰富和优化国内饲料产业供给结构、保障饲料质量安全两个方面，用好、管好进口饲料产品。

2023年12月27日，云南省饲料企业安全生产暨生产许可申报及企业标准编写培训班在云南省昆明市举办。云南省农业农村厅、昆明市农业农村局畜牧兽医处、云南省饲草饲料工作站，以及来自云南省饲料及饲料添加剂生产企业的相关负责人150余人参加培训会。

2023年12月28日，陕西省饲料工作总站在西安市举办陕西省饲料和饲料添加剂生产许可证专家技术培训班。陕西省饲料和饲料添加剂生产许可证专家审核委员会审核专家80余人参加培训。

前言

2023 年，全国饲料工业实现产值、产量双增长，行业创新发展步伐加快，饲用豆粕减量替代取得新成效。

全国工业饲料总产量 32 162.7 万 t，比上年增长 6.6%。其中，配合饲料产量 29 888.5 万 t，增长 6.9%；浓缩饲料产量 1 418.8 万 t，下降 0.5%；添加剂预混合饲料产量 709.1 万 t，增长 8.7%。全国饲料产量超千万吨省份 13 个，与上年持平，分别为山东、广东、广西、辽宁、河南、江苏、四川、湖北、河北、湖南、安徽、福建、江西。其中，山东省产量达 4 716.3 万 t，比上年增长 5.2%；广东省产量 3 610.7 万 t，增长 3.2%。山东、广东两省饲料产品总产值继续保持在千亿以上，分别为 1 812 亿元和 1 603 亿元。全国有 25 个省份和新疆生产建设兵团饲料产量比上年有所增长，其中贵州、宁夏、海南、广西、陕西、甘肃、江西等 7 个省份增幅超过 10%。

全国饲料工业总产值 14 018.3 亿元，比上年增长 6.5%；总营业收入 13 304.4 亿元，增长 5.4%。其中，饲料产品产值 12 721.1 亿元、营业收入 12 121.9 亿元，分别增长 7.7%、6.7%；饲料添加剂产品产值 1 223.4 亿元、营业收入 1 110.3 亿元，分别下降 3.5%、4.9%；饲料机械产品产值 73.8 亿元、营业收入 72.2 亿元，分别下降 12.4%、15.7%。

《中国饲料工业年鉴（2024）》（以下简称《年鉴》）比较详实地记录了 2023 年我国饲料工业及其相关行业的发展情况。

《年鉴》全书主要包括六个部分，即综合篇、专题篇、地方篇、企业篇、统计资料、大事记。另外，在正文之前以图文并茂的形式介绍了领导视察、行业发展、企业采风等。综合篇包括 2023 年发布实施的政策法规等；专题篇包括 2023 年饲料加工工业概况、主要饲料产品及原料工业情况、饲料添加剂工业、饲料工业许可证管理、饲料质量安全监管、饲料质量监督与检测、科技与推广、饲料工业标准化、饲料行业质量认证；地方篇包括了除香港、澳门、台湾以外的全国所有省（自治区、直辖市）饲料工业概况；企业篇包括重点企业经验介绍和企业简介；统计资料包括全国饲料工业统计资料；大事记主要包括农业农村部畜牧兽医局饲料饲草处、中国饲料工业协会以及各地饲料工作办公室、饲料工业协会在 2023 年的主要工作与取得的成绩。

《年鉴》图片部分从不同侧面反映了行业的发展，文字内容丰富，覆盖面广，史实性强，是饲料行业行政事业单位、检测机构、科研机构等单位所必备的工具书。《年鉴》的专题篇和地方篇撰稿人主要是各饲料行业主管部门和行业相关的专家学者。

《年鉴》反映的各省（自治区、直辖市）和有关企业等文字材料及图片部分，只要涉及排序，都按时间排列；农业农村部畜牧兽医局饲料饲草处、中国饲料工业协会和各省（自治区、直辖市）提供的大事记，除按全国省份的行政区划排序外，都按时间排序。

《中国饲料工业年鉴》编辑部

2024年5月27日

目 录

企 业 篇

统 计 资 料

大 事 记

综合篇

2023年全国饲料工业发展概况

2023年，全国饲料工业实现产值、产量双增长，行业创新发展步伐加快，饲用豆粕减量替代取得新成效。

一、饲料工业总产值继续增长

全国饲料工业总产值14 018.3亿元，比上年增长6.5%；总营业收入13 304.4亿元，增长5.4%。其中，饲料产品产值12 721.1亿元、营业收入12 121.9亿元，分别增长7.7%、6.7%；饲料添加剂产品产值1 223.4亿元、营业收入1 110.3亿元，分别下降3.5%、4.9%；饲料机械产品产值73.8亿元、营业收入72.2亿元，分别下降12.4%、15.7%。

二、工业饲料总产量再创新高

全国工业饲料总产量32 162.7万t，比上年增长6.6%。其中，配合饲料产量29 888.5万t，增长6.9%；浓缩饲料产量1 418.8万t，下降0.5%；添加剂预混合饲料产量709.1万t，增长8.7%。分品种看，猪饲料产量14 975.2万t，增长10.1%；蛋禽饲料产量3 274.4万t，增长2.0%；肉禽饲料产量9 510.8万t，增长6.6%；反刍动物饲料产量1 671.5万t，增长3.4%；水产饲料产量2 344.4万t，下降4.9%；宠物饲料产量146.3万t，增长18.2%；其他饲料产量240.2万t，增长7.6%。从销售方式看，散装饲料总量13 050.2万t，比上年增长21.9%，占配合饲料总产量的43.7%，提高了5.4个百分点。

三、饲料添加剂总产量小幅增长

全国饲料添加剂总产量1 505.6万t，比上年增长2.5%。其中，单一饲料添加剂产量1 388.5万t，增长1.4%；混合型饲料添加剂产量117.1万t，增长17.1%。氨基酸产量495.2万t，增长10.2%。酶制剂、微生物、非蛋白氮等产品产量保持增长，分别增长8.8%、10.8%、17.6%。维生素产品产量145.3万t，下降3.2%。矿物元素、抗氧化剂等产品产量有所下降，分别下降2.3%、5.1%。

四、企业经营规模有所调整

全国10万t以上规模饲料生产厂1 050家，比上年增加103家；合计饲料产量19 647.3万t，比上年增长13.0%，在全国饲料总产量中的占比为61.1%，比上年提高3.5个百分点。全国有11家生产厂年产量超过50万t，比上年减少2家，单厂最大产量131.0万t。年产百万吨以上的规模饲料企业集团 33 家，比上年减少了 3 家；合计饲料产量占全国饲料总产量的 56.1%，比上年减少 1.5 个百分点；其中有 7 家企业集团年产量超过 1 000 万 t，比上年增加 1 家。

五、优势区域布局保持稳定

全国饲料产量超千万吨省份 13 个，与上年持平，分别为山东、广东、广西、辽宁、河南、江苏、四川、湖北、河北、湖南、安徽、福建、江西。其中，山东省产量达 4 716.3 万 t，比上年增长 5.2%；广东省产量 3 610.7 万 t，增长 3.2%。山东、广东两省饲料产品总产值继续保持在千亿以上，分别为 1 812 亿元和 1 603 亿元。全国有 25 个省份和新疆生产建设兵团饲料产量比上年有所增长，其中贵州、宁夏、海南、广西、陕西、甘肃、江西等 7 个省份增幅超过 10%。

六、配方结构趋向多元化

全国饲料生产企业的玉米用量比上年增加 7.0%，在配合饲料中的比例与上年持平。豆粕用量比上年下降 11.8%，在配合饲料和浓缩饲料中的比例较上年下降 2.6 个百分点；菜粕、棉粕等其他饼粕用量增长 7.8%。小麦、大麦用量大幅增加，稻谷、高粱用量减少。

七、饲料新产品创新步伐加快

全年核发马克斯克鲁维酵母、红三叶草提取物、胰酶、硫酸镁钾、甜叶菊提取物等 5 个饲料添加剂新产品证书和荚膜甲基球菌蛋白饲料新产品证书，增补 9 个饲料原料进入《饲料原料目录》，增补 5 个饲料添加剂品种进入《饲料添加剂品种目录》，扩大 1 个饲料原料和 2 个饲料添加剂品种的适用范围。

（黄庆生）

政 策 法 规

农业农村部办公厅关于印发《饲用豆粕减量替代三年行动方案》的通知

农办牧〔2023〕9号

各省、自治区、直辖市及计划单列市农业农村（农牧）、畜牧兽医厅（局、委），新疆生产建设兵团农业农村局：

为深入贯彻党的二十大精神和习近平总书记重要指示批示精神，落实中央农村工作会议和中央一号文件部署，我部制定了《饲用豆粕减量替代三年行动方案》。现印发你们，请结合本地实际，细化目标任务，采取务实举措，认真抓好落实。

农业农村部办公厅

2023年4月12日

饲用豆粕减量替代三年行动方案

贯彻习近平总书记关于“保障粮食安全，要在增产和减损两端同时发力，持续深化食物节约各项行动”的重要指示精神，落实《中共中央　国务院关于做好2023年全面推进乡村振兴重点工作的意见》关于深入实施饲用豆粕减量替代行动要求，持续推进饲用豆粕减量替代，制定本方案。

一、总体思路

以习近平新时代中国特色社会主义思想为指导，全面贯彻落实党的二十大精神，完整、准确、全面贯彻新发展理念，树立大食物观，以低蛋白、低豆粕、多元化、高转化率为目标，聚焦“提质提效、开源增料”，统筹利用植物动物微生物等蛋白质饲料资源，推行提效、开源、调结构等综合措施，加强饲料新产品、新技术、新工艺集成创新和推广应用，引导饲料养殖行业减少豆粕用量，促进饲料粮节约降耗，为保障粮食和重要农产品稳定安全供给作出贡献。

二、行动目标

通过实施饲用豆粕减量替代行动，基本构建适合我国国情和资源特点的饲料配方结构，初步形成可利用饲料资源数据库体系、低蛋白高品质饲料标准体系、高效饲料加工应用技术体系、饲料节粮政策支持体系，畜禽养殖饲料转化效率明显提高，养殖业节粮降耗取得显著成效，实现“一降两增”。

——豆粕用量占比持续下降。在确保畜禽生产效率保持稳定的前提下，力争饲料中豆粕用量占比每年下降0.5个百分点以上，到2025年饲料中豆粕用量占比从2022年的14.5%降至13%以下。

——蛋白质饲料资源开发利用能力持续增强。基本完成可利用蛋白饲料资源调查评估，初步摸清国内蛋白饲料资源家底。新产品创制取得积极成效，到2025年，新批准1～2种微生物菌体蛋白产品上市，在全国20个以上大中城市开展餐桌剩余食物饲料化利用试点。

——优质饲草供给持续增加。到2025年，全国优质饲草产量达到9 800万t，优质饲草缺口明显缩小。奶牛养殖饲草料结构中优质饲草占比达65%以上，肉牛达25%以上。

三、技术路径

坚持问题导向和系统思维，从供需两端同时发力，推进提效、开源、调结构等技术措施的应用，多措并举促节粮。

（一）提效节粮，推广低蛋白日粮技术

应用低蛋白日粮技术，采用饲料精准配方和精细加工工艺，配合使用合成氨基酸、酶制剂等高效饲料添加剂，降低猪禽等配合饲料中的蛋白含量需求，减少饲料蛋白消耗，有效提高饲料蛋白利用效率。

（二）开源节粮，充分挖掘利用国内蛋白饲料资源

挖掘微生物菌体蛋白、餐桌剩余食物、尿素等非蛋白氮资源、不适合食用的养殖动物屠体和血液等非常规蛋白资源，在落实跟踪监测要求前提下，采取生物发酵、高温处理、酶解等工艺，辅助酶制剂提效、营养代谢调控等技术，进行安全高效饲料化利用，全方位拓展蛋白饲料替代资源供给来源。

（三）调结构节粮，优化草食家畜饲草料结构

因地制宜利用耕地、盐碱地、滩地、草山草坡等土地资源，推广高产抗逆高蛋白饲草品种，有序开展粮草轮作套作、豆禾混播混收、免耕补播等栽培技术模式，推进作物全株高效饲用，提高牛羊养殖中优质饲草饲喂比重，推动“以草代料”。

四、重点任务

（一）实施饲料资源开发“筑基”行动

组织开展国内地源性特色蛋白质饲料资源调查，掌握国内资源存量及应用情况。系统评价国内主要可利用蛋白资源的营养价值参数和加工特性参数，进一步完善饲料原料营养和加工参数基础数据库。引导饲料加工设备核心部件自主创制，组织开展饲料配方软件自主研发应用，加快推进国产化替代。制定发布新饲料原料应用评价技术指南，优化新饲料原料纳入目录或申请新产品证书的评价规则，加快新蛋白质饲料原料应用评审进程。

（二）实施畜禽养殖低蛋白质日粮推进行动

制定完善主要畜禽水产养殖动物豆粕减量使用技术方案，集成推广低蛋白质日粮、饲料精准配方、饲料精细加工等关键技术措施。编制发布覆盖主要畜禽水产养殖动物种类的低蛋白低豆粕多元化日粮生产技术规范，完善低蛋白高品质饲料标准体系。推动完善饲用微生物发酵制品安全性评价技术指南，支持利用合成生物学技术构建微生物发酵制品生产菌株，加快低蛋白质日粮配方必需的小品种氨基酸和酶制剂等新饲料添加剂产品评审进度。

（三）实施新蛋白质饲料资源挖掘利用试点行动

支持乙醇梭菌蛋白适用范围扩大至猪鸡等畜禽水产养殖动物，加快其他一碳气体发酵生产菌体蛋白审批，扩大微生物蛋白原料的生产规模和推广应用。组织开展餐桌剩余食物和毛皮动物屠体饲料化利用试点，支持开展畜禽胴体水解复合氨基酸等新蛋白资源的饲料化利用试点。

（四）实施增草节粮行动

落实《“十四五”全国饲草产业发展规划》，充分挖掘耕地、农闲田、盐碱地等土地资源潜力，加快建立规模化种植、标准化生产、产业化经营的现代饲草产业体系。继续实施粮改饲政策，加快提升全株青贮玉米、苜蓿、饲用燕麦等优质饲草供给能力，因地制宜开发利用区域特色饲草资源。加强饲草良种繁育体系建设，加快培育一批高产优质饲草新品种，着力提高供种能力和种子质量。持续提升刈牧草地地力，集成推广饲草高效生产技术模式，加快建设稳产高产饲草生产基地。

五、进度安排

（一）2023年计划重点任务

启动地源性特色蛋白质饲料资源调查。重点开展生猪、肉牛、肉羊主要饲料原料营养价值参数评定。组织开发国产饲料配方软件。制定发布蛋鸡、肉鸭、肉牛、肉羊低蛋白低豆粕多元化日粮生产技术规范。编写出版《低蛋白低豆粕多元化饲料配方与应用》。批准乙醇梭菌蛋白适用范围扩大至猪鸡，进一步扩大产能。在10个城市开展餐桌剩余食物饲料化定向使用试点，在河北、辽宁、山东开展毛皮动物屠体饲料化利用试点，启动畜禽胴体水解复合氨基酸饲料化利用试点。实施粮改饲政策，完成任务面积2 000万亩*以上，审定发布一批饲草新品种。启动畜禽养殖饲料转化效率提升、低蛋白质日粮减排效果评估等专题研究。

---

* 亩为非法定计量单位，1亩≈667平方米。——编者注

（二）2024 年计划重点任务

重点开展家禽主要饲料原料营养价值参数评定。制定转基因微生物生产的饲用发酵制品安全性评价技术指南，发布新饲料原料应用评价技术指南。开展主要畜种低蛋白低豆粕多元化日粮生产技术培训。新批准 1～2 种微生物菌体蛋白产品上市。再审定发布一批饲草新品种。

（三）2025 年计划重点任务

完成地源性特色蛋白质饲料资源调查，编制发布蛋白质饲料资源存量及应用情况调查报告。基本建成饲料原料营养价值参数和加工参数基础数据库。完成国产饲料配方软件开发并推广应用。餐桌剩余食物饲料化定向使用试点城市扩大至 20 个以上，毛皮动物屠体和畜禽胴体水解复合氨基酸等饲料化利用试点取得明显效果。完成畜禽养殖饲料转化效率提升、低蛋白质日粮减排效果评估等专题研究。

六、保障措施

（一）加强组织保障

农业农村部成立由部分管负责同志任组长的饲用豆粕减量替代行动领导小组，下设专家指导组、政策组、推广培训组、新产品评价组等 4 个工作组，充分调动各方面力量形成工作合力。各省份成立由省级农业农村部门负责同志任组长的领导小组，建立上下贯通、协调联动的工作机制，推进落实各项工作措施。

（二）细化管理服务措施

各省级农业农村部门要制定本地区饲用豆粕减量替代行动方案，分解落实工作任务，扎实有序推进。认真做好新蛋白质饲料资源挖掘利用试点跟踪监管。建立小品种氨基酸生产许可审批快速通道，支持企业扩大小品种氨基酸产能。研究出台支持扩大饲草种植的政策措施，培育优质饲草育繁推一体化经营主体。

（三）强化科技支撑和技术推广

依托全国动物营养指导委员会、畜牧业产业技术体系及有关科研机构力量，聚焦“降蛋白、提效率、减豆粕、挖资源、增饲草”，开展联合攻关，破解减量替代技术瓶颈。加强实用技术、典型案例总结提炼和示范推广，举办形式多样的技术培训活动，指导各类养殖主体科学使用多元化原料配制饲料。

（四）发挥行业协会桥梁纽带作用

各有关行业协会要加强组织协调，举办多种形式的论坛、培训、交流等活动，有序开展新产品、新技术、好案例等评选推介，引导各类生产经营主体积极主动参与，为行动实施营造良好氛围。

中华人民共和国农业农村部公告

第 692 号

依据《饲料和饲料添加剂管理条例》《新饲料和新饲料添加剂管理办法》，农业农村部组织全国饲料评审委员会对申请人提交的新饲料和新饲料添加剂产品申请材料进行了评审，决定批准马克斯克鲁维酵母（CGMCC 10621）和红三叶草提取物（有效成分为刺芒柄花素、鹰嘴豆芽素 A）为新饲料添加剂，对部分饲料添加剂品种扩大适用范围，并对《饲料原料目录》进行增补和修订。现将有关事项公告如下。

一、批准 2 个新饲料添加剂品种

批准复旦大学、武汉新华扬生物股份有限公司联合申请的马克斯克鲁维酵母（CGMCC 10621），中国农业科学院北京畜牧兽医研究所、湖南菲托葳植物资源有限公司、中优乳奶业研究院（天津）有限公司联合申请的红三叶草提取物（有效成分为刺芒柄花素、鹰嘴豆芽素 A）为新饲料添加剂，并准许在中华人民共和国境内生产、经营和使用，核发饲料和饲料添加剂新产品证书（新产品目录见附件 1），同时发布产品标准（含说明书和标签，见附件 2、3）。产品标准、说明书、标签和检测方法标准自发布之日起执行。产品的监测期自发布之日起至 2028 年 7 月底，生产企业应当收集产品的质量稳定性及其对动物产品质量安全的影响等信息，监测期结束后向农业农村部报告。

二、增补 4 种饲料原料进入《饲料原料目录》

（一）增补等鞭金藻粉进入《饲料原料目录》（《饲料原料目录》修订列表见附件 4），编号：7.5.11，特征描述：以天然等鞭金藻（*Isochrysis* sp.）种为原料，以尿素为氮源，在光生物反应器中培养，浓缩获得藻膏，经干燥、粉碎形成的藻粉。产品中真蛋白含量不低于 35%，粗灰分不高于 15%，尿素残留不高于 0.5%，微囊藻毒素不得检出。该产品仅限于水产饲料使用。强制性标识要求：真蛋白、粗脂肪、粗灰分、水分、尿素。该饲料原料按照单一饲料品种管理。

（二）增补褐指藻粉进入《饲料原料目录》（《饲料原料目录》修订列表见附件 4），编号：7.5.12，特征描述：以天然褐指藻（*Phaeodactylum* sp.）种为原料，以尿素为氮源，经藻种在光生物反应器培养，浓缩获得藻膏，经干燥、粉碎形成的藻粉。产品中真蛋白含量不低于 30%，粗灰分不高于 15%，尿素残留不高于 0.5%，微囊藻毒素不得检出。该产品仅限于水产饲料使用。强制性标识要求：真蛋白、粗脂肪、粗灰分、水分、尿素。该饲料原料按照单一饲料品种管理。

（三）增补四爿藻粉进入《饲料原料目录》（《饲料原料目录》修订列表见附件 4），编号：7.5.13，特征描述：以天然四爿藻（*Tetraselmis* sp.）种为原料，以尿素为氮源，在光生物反应器中培养，浓缩获得藻膏，经干燥、粉碎形成的藻粉。产品中真蛋白含量不低于 30%，粗灰分不高于15%，尿素残留不高于0.5%，微囊藻毒素不得检出。该产品仅限于水产饲料使用。强制性标识要求：真蛋白、粗脂肪、粗灰分、水分、尿素。该饲料原料按照单一饲料品种管理。

（四）增补酪蛋白酸钙进入《饲料原料目录》（《饲料原料目录》修订列表见附件4），编号：8.2.3，特征描述：以脱脂乳为原料，制成酪蛋白后与氢氧化钙或碳酸钙等中和，再经干燥获得的产品。产品中蛋白质含量不低于88%，钙含量不低于1.15%。强制性标识要求：蛋白质、钙。

三、扩大饲料原料乙醇梭菌蛋白和饲料添加剂蛋氨酸铬的适用范围

（一）将乙醇梭菌蛋白适用范围扩大至仔猪和肉禽，在仔猪和肉禽配合饲料中的推荐使用量为1%～4%，最高不超过9%（以干物质含量为88%的配合饲料为基础）。

（二）将蛋氨酸铬适用范围扩大至泌乳奶牛（产品信息表见附件5），在泌乳奶牛全混合日粮中的推荐添加量为4～8mg/头/天或0.16～0.32mg/kg（以干物质含量为88%的全混合日粮为基础，以铬元素计），最高限量（指有机形态铬的添加限量）为8mg/（头·天）或0.32mg/kg（以干物质含量为88%的全混合日粮为基础，以铬元素计）。

四、将《饲料原料目录》中“9.4.5鸡蛋”修订为“9.4.5 ____蛋”

将《饲料原料目录》中“9.4.5鸡蛋”修订为“9.4.5 ____蛋”（《饲料原料目录》修订列表见附件4），特征描述修订为：未经过加工或仅经冷藏、涂膜等保鲜技术处理的可食用禽蛋，有壳或去壳。产品名称需标明具体动物种类，如鸡蛋、鸭蛋、鹌鹑蛋。强制性标识要求：粗蛋白质、粗脂肪、粗灰分（适用于有壳蛋）。

五、增补饲料添加剂L-抗坏血酸到《饲料添加剂品种目录》的“抗氧化剂”类中，适用范围为养殖动物。

特此公告。

附件：1. 饲料和饲料添加剂新产品目录

2.《饲料添加剂　马克斯克鲁维酵母（CGMCC 10621）》产品标准

3.《饲料添加剂　红三叶草提取物（有效成分为刺芒柄花素、鹰嘴豆芽素A）》产品标准

4.《饲料原料目录》修订列表

5. 饲料和饲料添加剂产品目录

农业农村部

2023年7月21日

附件 1

饲料和饲料添加剂新产品目录

<table>
<tr><td>证书编号</td><td colspan="4">2023－01</td></tr>
<tr><td>申请单位</td><td colspan="4">复旦大学、武汉新华扬生物股份有限公司</td></tr>
<tr><td>通用名称</td><td colspan="4">马克斯克鲁维酵母（CGMCC 10621）</td></tr>
<tr><td>英文名称</td><td colspan="4">Kluyveromyces marxianus（CGMCC 10621）</td></tr>
<tr><td>主要成分</td><td colspan="4">马克斯克鲁维酵母</td></tr>
<tr><td>产品类别</td><td colspan="4">微生物饲料添加剂</td></tr>
<tr><td>产品来源</td><td colspan="4">以马克斯克鲁维酵母（CGMCC 10621）为生产菌种，经液体发酵、过滤浓缩、制粒、干燥等工艺制得</td></tr>
<tr><td>适用动物</td><td colspan="4">肉仔鸡</td></tr>
<tr><td>在配合饲料中的推荐添加量（以干物质含量为88%的配合饲料为基础）</td><td colspan="4">3g/kg（3.0×10^{10}CFU/kg）</td></tr>
<tr><td rowspan="15">质量要求</td><td colspan="3">外观与性状</td><td>浅黄色至浅褐色粉状或条状或颗粒状，有酵母特有气味，无异味，无异物</td></tr>
<tr><td colspan="3">马克斯克鲁维酵母活菌数/(CFU/g)</td><td>$\geq1.0\times10^{10}$</td></tr>
<tr><td colspan="3">水分/%</td><td>≤8.0</td></tr>
<tr><td rowspan="3">粒度</td><td>粉状</td><td>0.425mm 孔径试验筛通过率/%</td><td>≥90</td></tr>
<tr><td>条状</td><td>0.85mm 孔径试验筛通过率/%</td><td>≥90</td></tr>
<tr><td>颗粒状</td><td>0.85mm 孔径试验筛通过率/%</td><td>≥90</td></tr>
<tr><td colspan="3">总砷（以 As 计）/(mg/kg)</td><td>≤2.0</td></tr>
<tr><td colspan="3">铅（Pb）/(mg/kg)</td><td>≤5.0</td></tr>
<tr><td colspan="3">汞（Hg）/(mg/kg)</td><td>≤0.1</td></tr>
<tr><td colspan="3">镉（Cd）/(mg/kg)</td><td>≤0.5</td></tr>
<tr><td colspan="3">黄曲霉毒素 B_1/(μg/kg)</td><td>≤10</td></tr>
<tr><td colspan="3">玉米赤霉烯酮/(mg/kg)</td><td>≤0.5</td></tr>
<tr><td colspan="3">霉菌总数/(CFU/g)</td><td>$\leq2.0\times10^{4}$</td></tr>
<tr><td colspan="3">大肠菌群/(MPN/100g)</td><td>$\leq1.0\times10^{4}$</td></tr>
<tr><td colspan="3">沙门氏菌（25g 中）</td><td>不得检出</td></tr>
</table>

饲料和饲料添加剂新产品目录

证书编号	2023 - 02	
申请单位	中国农业科学院北京畜牧兽医研究所，湖南菲托葳植物资源有限公司，中优乳奶业研究院（天津）有限公司	
通用名称	红三叶草提取物（有效成分为刺芒柄花素、鹰嘴豆芽素 A）	
英文名称	Red clover extracts（Active substances：Formononetin，Biochanin A）	
主要成分	刺芒柄花素、鹰嘴豆芽素 A	
产品类别	植物提取物类饲料添加剂	
产品来源	以红三叶草为原料，经乙醇提取、浓缩、脱脂、精制、沉淀等工艺制得	
适用动物	成年奶牛和育成期奶牛	
在全混合日粮中的推荐添加量（以干物质含量为 88％的全混合日粮为基础）	0.4～0.8g/kg（以刺芒柄花素与鹰嘴豆芽素 A 之和计）	
质量要求	外观和性状	棕绿色粉末，气微，味略苦
	刺芒柄花素/％	≥15.0
	鹰嘴豆芽素 A/％	≥5.0
	粒度（0.25mm 孔径试验筛通过率）/％	≥90
	水分/％	≤5.0
	灼烧残渣/％	≤10.0
	总砷（以 As 计）/(mg/kg)	≤2.0
	铅（Pb）/(mg/kg)	≤2.0
	正己烷/％	≤0.029
	乙酸乙酯/％	≤0.5

附件 2

NYSL

新饲料和新饲料添加剂产品标准

NYSL—1001—2023

饲料添加剂　马克斯克鲁维酵母（CGMCC 10621）

Feed additive—*Kluyveromyces marxianus*（CGMCC 10621）

2023 - 07 - 21 发布　　2023 - 07 - 21 实施

中华人民共和国农业农村部　发布

前　言

本文件按照 GB/T 1.1—2020《标准化工作导则　第1部分：标准化文件的结构和起草规则》的规定起草。

本文件的某些内容可能涉及专利。本文件的发布机构不承担识别专利的责任。

本文件由中华人民共和国农业农村部畜牧兽医局提出，由全国饲料评审委员会归口。

本文件由复旦大学、武汉新华扬生物股份有限公司起草，由国家饲料质量检验检测中心（北京）复核。

本文件主要起草人：吕红、詹志春、周峻岗、张鹭、周樱、徐丽。

饲料添加剂　马克斯克鲁维酵母（CGMCC 10621）

1　范围

本文件给出了马克斯克鲁维酵母的术语和定义，规定了饲料添加剂马克斯克鲁维酵母（CGMCC 10621）的菌种鉴别、技术要求、检验规则、标签、包装、运输、贮存和保质期，描述了采样和试验方法。

本文件适用于以马克斯克鲁维酵母（CGMCC 10621）经液体发酵生产的菌体，过滤浓缩后与玉米芯粉等载体混合、制粒、干燥而制得的饲料添加剂马克斯克鲁维酵母。

2　规范性引用文件

下列文件中的内容通过文中的规范性引用而构成本文件必不可少的条款。其中，注日期的引用文件，仅该日期对应的版本适用于本文件；不注日期的引用文件，其最新版本（包括所有的修改单）适用于本文件。

GB/T 5917.1　饲料粉碎粒度测定　两层筛筛分法

GB/T 6435—2014　饲料中水分的测定

GB/T 6682　分析实验室用水规格和试验方法

GB/T 8170　数值修约规则与极限数值的表示和判定

GB 10648　饲料标签

GB/T 13079　饲料中总砷的测定

GB/T 13080　饲料中铅的测定　原子吸收光谱法

GB/T 13081　饲料中汞的测定

GB/T 13082　饲料中镉的测定

GB/T 13091　饲料中沙门氏菌的测定

GB/T 13092　饲料中霉菌总数测定方法

GB/T 18869　饲料中大肠菌群的测定

NY/T 2071　饲料中黄曲霉毒素、玉米赤霉烯酮和 T-2 毒素的测定　液相色谱—串联质谱法

3　术语和定义

下列术语和定义适用于本文件。

3.1

马克斯克鲁维酵母 *Kluyveromyces marxianus*

属于子囊菌门、酵母菌亚门、酵母纲、酵母目、酵母科、克鲁维属。菌体呈椭圆形、卵形或结肠形，好氧或兼性厌氧的异养型单细胞真核生物。

4　菌种鉴别

4.1　形态特征

菌体形态特征：在酵母膏胨葡萄糖（YPD）琼脂培养基上 30℃培养 24h 和 48h 的菌体形态见图 1，菌体呈椭圆形、卵形或结肠形，单个存在，宽约 2～3μm，长约 3～6μm，细胞液泡明显可见。

菌落形态特征：在 YPD 琼脂培养基上 30℃培养 48h 的菌落直径为 3.2mm～3.5mm，菌落圆厚，表面光滑呈圆形，边缘整齐、湿润；质地均匀，色泽均一，呈乳白色。

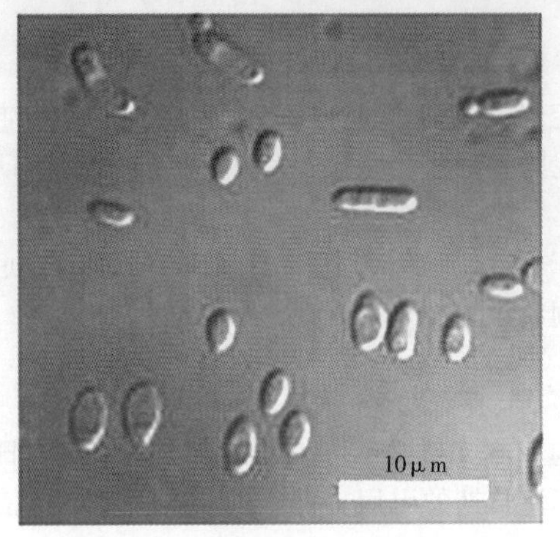

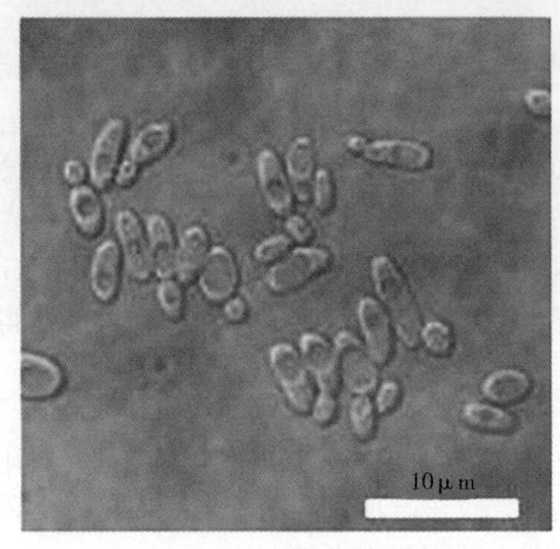

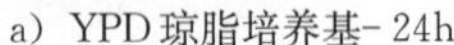

a）YPD 琼脂培养基-24h　　b）YPD 琼脂培养基-48h

图 1　马克斯克鲁维酵母在 30℃、YPD 琼脂培养基上培养的菌体形态 100×（油镜）

4.2　生理生化特征

应符合表 1 的要求。

表 1　生理生化特征

特征		结果	特征		结果
糖发酵	葡萄糖	+	碳源同化	乙醇	+
	果糖	+		乳酸	+
	D-木糖	+		半乳糖	+
	L-阿拉伯糖	+		蔗糖	+
	蔗糖	+		麦芽糖	−
	纤维二糖	+		纤维二糖	+
	乳糖	+		乳糖	+
	菊粉	+		可溶性淀粉	−
氮源同化	尿素	+		D-木糖	+
	硫酸铵	+		L-阿拉伯糖	+（40℃生长）
	硝酸盐	+		半乳糖醇	−

注：“+”表示阳性；“−”表示阴性。

5　技术要求

5.1　外观与性状

浅黄色至浅褐色粉状或条状或颗粒状，有酵母特有气味，无异味，无异物。

5.2　理化指标

应符合表 2 的要求。

表 2 理化指标

项 目			指 标
马克斯克鲁维酵母活菌数（CFU/g）			≥1.0×10^{10}
水分/%			≤8.0
粒度	粉状	0.425mm 孔径试验筛通过率/%	≥90
	条状	0.85mm 孔径试验筛通过率/%	≥90
	颗粒状	0.85mm 孔径试验筛通过率/%	≥90
总砷（以 As 计）/(mg/kg)			≤2.0
铅（Pb）/(mg/kg)			≤5.0
汞（Hg）/(mg/kg)			≤0.1
镉（Cd）/(mg/kg)			≤0.5
黄曲霉毒素 B_1/(μg/kg)			≤10
玉米赤霉烯酮/(mg/kg)			≤0.5
霉菌总数/(CFU/g)			≤2.0×10^{4}
大肠菌群/(MPN/100g)			≤1.0×10^{4}
沙门氏菌（25g 中）			不得检出

6 采样

6.1 采样原则

样品的采集应遵循随机性、代表性的原则，采样过程应遵循无菌采样要求，防止一切可能的外来污染。

6.2 采样方法

6.2.1 应在同一批次产品中采集样品，每件样品的采样量应满足微生物指标检验的要求，一般不少于 500g。

6.2.2 独立包装小于或等于 500g 的产品，取完整包装。

6.2.3 独立包装大于 500g 的产品，应用无菌采样器从同一包装的不同部位分别采取适量样品，放入同一个无菌采样容器内作为一件样品。

6.3 采集样品的贮存和运输

6.3.1 应尽快将样品送往实验室检验。

6.3.2 应在运输过程中保持样品完整。

6.3.3 应在接近原有贮存温度条件下贮存样品，或采取必要措施防止样品中微生物数量的变化。

7 试验方法

7.1 菌种鉴别

7.1.1 形态特征

菌体形态：将马克斯克鲁维酵母菌液划线或涂布于 YPD 琼脂培养皿，30℃培养 24h～48h，涂片镜检。

菌落形态：将马克斯克鲁维酵母菌液划线或涂布于 YPD 琼脂培养皿，30℃培养 48h，观察形态。

7.1.2 生理生化特征

挑选纯化的菌落进行糖发酵试验、碳源同化试验和氮源同化试验，实验结果应符合表 1 规定。

7.2 外观与性状

取适量试样置于洁净的白色背景下，在自然光状态下，观察其色泽、状态，嗅其气味。

7.3 马克斯克鲁维酵母活菌数

按照附录 A 规定执行。

7.4 水分

按 GB/T 6435—2014 中 8.1 规定执行。

7.5 粒度

按 GB/T 5917.1 规定执行。

7.6 总砷

按 GB/T 13079 规定执行。

7.7 铅

按 GB/T 13080 规定执行。

7.8 汞

按 GB/T 13081 规定执行。

7.9 镉

按 GB/T 13082 规定执行。

7.10 黄曲霉毒素 B_1

按 NY/T 2071 规定执行。

7.11 玉米赤霉烯酮

按 NY/T 2071 规定执行。

7.12 霉菌总数

按 GB/T 13092 规定执行。

7.13 大肠菌群

按 GB/T 18869 规定执行。

7.14 沙门氏菌

按 GB/T 13091 规定执行。

8 检验规则

8.1 组批

以相同菌株、相同发酵工艺、相同生产条件、连续生产或同一班次生产的产品为一批，但每批产品不得超过 5t。

8.2 出厂检验

出厂检验项目为外观与性状、水分、马克斯克鲁维酵母活菌数。产品出厂前应逐批检验，检验合格并附具合格证和使用说明书（见附录 B）方可出厂。

8.3 型式检验

型式检验项目为本文件第 4 章和第 5 章规定的所有项目，在正常生产情况下，每半年至少进行 1 次型式检验。在有下列情况之一时，也应进行型式检验：

a）产品定型投产时；

b）生产工艺、配方或主要原料来源有较大改变，可能影响产品质量时；

c）停产 3 个月以上，重新恢复生产时；

d）出厂检验结果与上次型式检验结果有较大差异时；

e）饲料管理部门提出检验要求时。

8.4 判定规则

8.4.1 所验项目全部合格，判定为该批次产品合格。

8.4.2 检验结果中有任何指标不符合本文件规定时，可自同批产品中重新加倍取样进行复检。复检结果有一项指标不符合本文件规定，则判定该批产品不合格。微生物指标不得复检。

8.4.3 除微生物指标外，各项目指标的极限数值判定按 GB/T 8170 修约值比较法执行。

9 标签、包装、运输、贮存和保质期

9.1 标签

按 GB 10648 规定执行，见附录 C。

9.2 包装

铝塑复合真空包装袋进行真空封装。

9.3 运输

运输中防止包装破损、日晒、高温、雨淋，禁止与有毒有害物质共运。

9.4 贮存

阴凉干燥贮存，不得与有毒有害物质混贮。

9.5 保质期

未开启包装的产品，在规定的运输、贮存条件下，产品保质期为 12 个月。

附录A

（规范性）

马克斯克鲁维酵母活菌数检测方法

A.1 试剂或材料

除非另有规定，仅使用分析纯试剂，试验用水应符合GB/T 6682中三级水规定。

A.1.1 YPD琼脂培养基：称取酵母浸粉10g，蛋白胨20g，葡萄糖20g，琼脂粉20g，溶于1 000mL水中，115℃灭菌15min后备用。

A.1.2 YPD琼脂培养皿：将YPD琼脂培养基（A.1.1）加热溶解，温度降至50℃左右，取15mL倾入平皿中，凝固后备用。

A.1.3 无菌生理盐水（0.85%）：称取8.5g氯化钠，溶于1 000mL水中，121℃灭菌30min后备用。

A.2 仪器设备

A.2.1 分析天平：精度为0.1mg。

A.2.2 生化培养箱：精度为1℃。

A.2.3 恒温水浴振荡器：精度为1℃。

A.2.4 涡旋混合器。

A.2.5 立式压力蒸汽灭菌锅。

A.3 试验步骤

A.3.1 试样溶液制备

称取10g试样，精确至0.1mg，置于250mL无菌三角瓶（瓶底铺满无菌玻璃珠），加入90mL无菌生理盐水（A.1.3），置于25℃恒温水浴振荡器，170r/min振荡30min，制成1∶10菌悬液。准确移取1∶10菌悬液1.0mL，加入装有9.0mL无菌生理盐水（A.1.3）的试管中，在涡旋混合器上混匀，制成1∶100稀释菌液，同法制成适宜稀释级的系列稀释菌液。

A.3.2 培养

准确移取3个适宜稀释级的稀释菌液0.1mL，分别加至YPD琼脂培养皿（A.1.2）中，用无菌涂布棒均匀涂于表面。每个稀释级做两个平行。同时，分别吸取0.1mL无菌生理盐水（A.1.3）至两个YPD琼脂培养皿（A.1.2）中作稀释剂空白对照。将平皿倒置于恒温培养箱中，30℃培养48h，计数。

A.3.3 菌落计数

A.3.3.1 可用肉眼观察，必要时用放大镜或菌落计数器，记录稀释倍数和相应的菌落数量。菌落计数以菌落形成单位（colony forming unit，CFU）表示。

A.3.3.2 通常选取菌落数在30～300CFU之间、无蔓延菌落生长的平皿计数菌落总数。低于30CFU的平皿记录具体菌落数，大于300CFU的可记录为多不可计。

A.3.3.3 其中一个平皿有较大片状菌落生长时，则不宜采用，而应以无较大片状菌落生长的平皿作为该稀释级的菌落数；若片状菌落不到平皿的一半，而其余一半中菌落分布又很均匀，可计算半个平皿后乘以2，代表一个平皿菌落数。

A.3.3.4 当平皿上出现菌落间无明显界线的链状生长时，则将每条单链作为一个菌落计数。

A.4 试验数据处理

A.4.1 结果计算

A.4.1.1 若只有一个稀释级平皿上的菌落数在适宜计数范围内，计算两个平皿菌落数的平均值，再将平均值乘以相应稀释因子，作为每 g 样品中活菌数结果。

A.4.1.2 若有两个连续稀释级的平皿菌落数在适宜计数范围内时，按式（1）计算。

$$N = \frac{\sum C}{(n_1 + 0.1n_2) \times d} \tag{1}$$

式（1）中：

N——试样中马克斯克鲁维酵母活菌数，单位为 CFU/g；

$\sum C$——平皿（含适宜范围菌落数的平皿）菌落数之和；

n_1——第一稀释级（低稀释倍数）平皿个数；

n_2——第二稀释级（高稀释倍数）平皿个数；

d——稀释因子（第一稀释级）。

A.4.1.3 若所有稀释级的平皿上菌落数均大于 300CFU，则对稀释级最高的平皿进行计数，其他平皿可记录为多不可计，结果按平均菌落数乘以最高稀释倍数计算。

A.4.1.4 若所有稀释级的平皿菌落数均小于 30CFU，则应按稀释级最低的平均菌落数乘以稀释倍数计算。

A.4.1.5 若所有稀释级平皿均无菌落生长，则以小于 1 乘以最低稀释倍数计算。

A.4.1.6 若所有稀释级的平皿菌落数均不在 30～300CFU 之间，其中一部分小于 30CFU 或大于 300CFU 时，则以最接近 30CFU 或 300CFU 的平均菌落数乘以稀释倍数计算。

A.4.2 结果表示

根据菌落计数结果出具报告，报告单位以 CFU/g 表示。

附录 B

（规范性）

使用说明书

【新产品证书号】
【生产许可证号】
【产品批准文号】
【执行标准】

饲料添加剂　马克斯克鲁维酵母（CGMCC 10621）使用说明书

【产品名称】马克斯克鲁维酵母（CGMCC 10621）
【英文名称】*Kluyveromyces marxianus*（CGMCC 10621）
【有效成分】马克斯克鲁维酵母
【性状】浅黄色至浅褐色粉状或条状或颗粒状，有酵母特有气味，无异味，无异物。
【产品成分分析保证值】

项　　目			指　标
马克斯克鲁维酵母活菌数（CFU/g）			$\geqslant 1.0\times 10^{10}$
水分/%			≤8.0
粒度	粉状	0.425mm 孔径试验筛通过率/%	≥90
	条状	0.85mm 孔径试验筛通过率/%	≥90
	颗粒状	0.85mm 孔径试验筛通过率/%	≥90
总砷（以 As 计）/(mg/kg)			≤2.0
铅（Pb）/(mg/kg)			≤5.0
汞（Hg）/(mg/kg)			≤0.1
镉（Cd）/(mg/kg)			≤0.5
黄曲霉毒素 B_1/(μg/kg)			≤10
玉米赤霉烯酮/(mg/kg)			≤0.5
霉菌总数/(CFU/g)			$\leqslant 2.0\times 10^{4}$
大肠菌群/(MPN/100g)			$\leqslant 1.0\times 10^{4}$
沙门氏菌（25g 中）			不得检出

【作用功效】改善饲料转化效率。
【适用范围】肉仔鸡。
【用法与用量】在肉仔鸡配合饲料中推荐添加量为 3g/kg（3.0×10^{10}CFU/kg）。
【净含量】
【保质期】未开启包装的产品，在规定的运输、贮存条件下，产品保质期为 12 个月。
【贮运】阴凉干燥贮存，不得与有毒有害物质混贮；运输中防止包装破损、日晒、高温、雨淋，禁止与有毒有害物质共运。
【生产企业】

生产地址　　邮编
电话　　传真
网址　　邮箱

附录 C
（规范性）
产品标签

【新产品证书号】　　　　　　　　　　　　　　　　【生产许可证号】
【产品批准文号】　　　　　　　　　　　　　　　　【执行标准】

饲料添加剂　马克斯克鲁维酵母（CGMCC 10621）
Kluyveromyces marxianus（CGMCC 10621）

【产品名称】马克斯克鲁维酵母（CGMCC 10621）
【产品成分分析保证值】

项　　目			指　标
马克斯克鲁维酵母活菌数（CFU/g）			$\geqslant 1.0\times10^{10}$
水分/%			≤8.0
粒度	粉状	0.425mm 孔径试验筛通过率/%	≥90
	条状	0.85mm 孔径试验筛通过率/%	≥90
	颗粒状	0.85mm 孔径试验筛通过率/%	≥90
总砷（以 As 计）/(mg/kg)			≤2.0
铅（Pb）/(mg/kg)			≤5.0
汞（Hg）/(mg/kg)			≤0.1
镉（Cd）/(mg/kg)			≤0.5
黄曲霉毒素 B_1/(μg/kg)			≤10
玉米赤霉烯酮/(mg/kg)			≤0.5
霉菌总数/(CFU/g)			$\leqslant 2.0\times10^{4}$
大肠菌群/(MPN/100g)			$\leqslant 1.0\times10^{4}$
沙门氏菌（25g 中）			不得检出

【原料组成】马克斯克鲁维酵母，载体为玉米芯粉和山梨醇酐单硬脂酸酯。
【作用功效】改善饲料转化效率。
【适用范围】肉仔鸡。
【用法与用量】在肉仔鸡配合饲料中推荐添加量为 3g/kg（3.0×10^{10}CFU/kg）。
【净含量】
【保质期】未开启包装的产品，在规定的运输、贮存条件下，产品保质期为 12 个月。
【贮运】阴凉干燥贮存，不得与有毒有害物质混贮；运输中防止包装破损、日晒、高温、雨淋，禁止与有毒有害物质共运。
【生产企业】
　　生产地址　　　　　　　　　　　　邮编
　　电话　　　　　　　　　　　　　　传真
【生产日期】
【生产批号】

附件 3

NYSL

新饲料和新饲料添加剂产品标准

NYSL—1002—2023

饲料添加剂　红三叶草提取物（有效成分为刺芒柄花素、鹰嘴豆芽素 A）

Feed Additive—Red Clover Extract (Active substances: Formononetin, Biochanin A)

2023－07－21 发布　　　　2023－07－21 实施

中华人民共和国农业农村部　发布

前　言

本文件按照 GB/T 1.1—2020《标准化工作导则　第 1 部分：标准化文件的结构和起草规则》的规定起草。

本文件的某些内容可能涉及专利。本文件的发布机构不承担识别专利的责任。

本文件由中华人民共和国农业农村部畜牧兽医局提出，由全国饲料评审委员会归口。

本文件由中国农业科学院北京畜牧兽医研究所、湖南菲托葳植物资源有限公司和中优乳奶业研究院（天津）有限公司起草，由国家饲料质量检验检测中心（北京）复核。

本文件主要起草人：王加启、赵圣国、郑楠、唐昭山、曾诚、芦强、彭旋、李长虹、郑文、屈雪寅。

饲料添加剂　红三叶草提取物
（有效成分为刺芒柄花素、鹰嘴豆芽素 A）

1　范围

本文件规定了饲料添加剂红三叶草提取物（有效成分为刺芒柄花素、鹰嘴豆芽素 A）的技术要求、取样、试验方法、检验规则、标签、包装、运输、贮存和保质期，描述了取样和试验方法。

本文件适用于以红三叶草为原料，经醇提、浓缩、脱脂、精制、沉淀和干燥，与适宜载体混合制得的以刺芒柄花素和鹰嘴豆芽素 A 为有效成分的饲料添加剂红三叶草提取物。

2　规范性引用文件

下列文件中的内容通过文中的规范性引用而构成本文件必不可少的条款。其中，注日期的引用文件，仅该日期对应的版本适用于本文件；不注日期的引用文件，其最新版本（包括所有的修改单）适用于本文件。

GB/T 602　化学试剂　杂质测定用标准溶液的制备

GB/T 603　化学试剂　试验方法中所用制剂及制品的制备

GB/T 5917.1　饲料粉碎粒度测定　两层筛筛分法

GB/T 6435　饲料中水分的测定

GB/T 6438　饲料中粗灰分的测定

GB/T 6682　分析实验室用水规格和试验方法

GB/T 8170　数值修约规则与极限数值的表示和判定

GB 10648　饲料标签

GB/T 13079　饲料中总砷的测定

GB/T 13080　饲料中铅的测定　原子吸收光谱法

GB/T 14699.1　饲料　采样

3　术语和定义

本文件没有需要界定的术语和定义。

4　化学名称、分子式、相对分子质量、CAS 登记号和结构式

4.1　刺芒柄花素

化学名称：7-羟基-4-甲氧基异黄酮

分子式：$C_{16}H_{12}O_4$

相对分子质量：268.26（按照 2016 年国际相对原子质量）

CAS 登记号：485-72-3

结构式：刺芒柄花素的结构式见图 1。

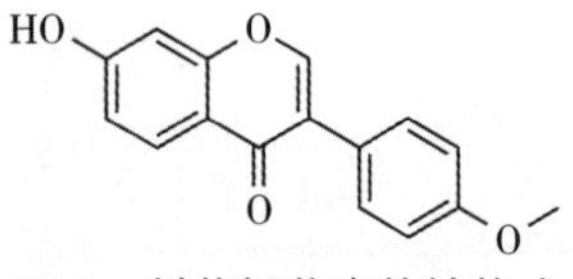

图 1　刺芒柄花素的结构式

4.2　鹰嘴豆芽素 A

化学名称：5,7-二羟基-4-甲氧基异黄酮

分子式：$C_{16}H_{12}O_5$

相对分子质量：284.26（按照 2016 年国际相对原子质量）

CAS登记号：491－80－5

结构式：鹰嘴豆芽素A的结构式见图2。

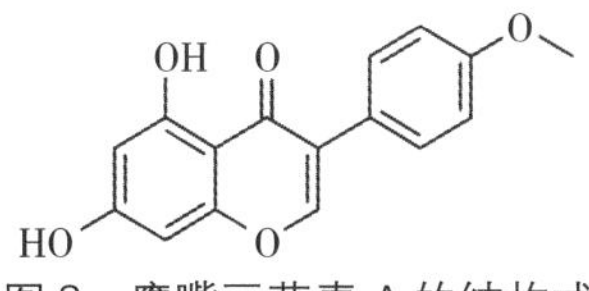

图2 鹰嘴豆芽素A的结构式

5 技术要求

5.1 外观与性状

棕绿色粉末，气微，味略苦。

5.2 鉴别

应符合表1的要求。

表1 鉴别指标

<table>
<tr><th colspan="2">项 目</th><th colspan="2">指 标</th></tr>
<tr><td colspan="2">薄层色谱法鉴别</td><td colspan="2">荧光斑点的位置和颜色应与刺芒柄花素和鹰嘴豆芽素A标准溶液荧光斑点的位置和颜色相同</td></tr>
<tr><td rowspan="2">高效液相色谱法鉴别</td><td>特征峰数</td><td colspan="2">4个</td></tr>
<tr><td>特征峰相对保留时间</td><td>峰1（0.708）
峰2（0.886）
峰3（1.000）
峰4（1.141）</td><td>±5%以内</td></tr>
</table>

5.3 理化指标

应符合表2的要求。

表2 理化指标

项 目	指 标
刺芒柄花素/%	≥15.0
鹰嘴豆芽素A/%	≥5.0
粒度（0.25mm孔径试验筛通过率）/%	≥90
水分/%	≤5.0
灼烧残渣/%	≤10.0
总砷（以As计）/(mg/kg)	≤2.0
铅（Pb）/(mg/kg)	≤2.0
正己烷/%	≤0.029
乙酸乙酯/%	≤0.5

6 取样

按GB/T 14699.1的规定执行。

7 试验方法

本文件所用试剂和水，在没有注明其他要求时，均指分析纯试剂和GB/T 6682中规定的三级水；试验中所用标准溶液、制剂及制品，在没有注明其他要求时，均按GB/T 602、GB/T

603 的规定制备。试验中所用溶液在未注明用何种溶剂配制时，均指水溶液。

7.1 外观与性状

取适量试样放置于清洁、干燥的白色背景下，于自然光线下用眼观其色泽和状态，嗅气味，尝味道。

7.2 鉴别试验

按附录 A 规定执行。

7.3 刺芒柄花素、鹰嘴豆芽素 A

按附录 B 规定执行。

7.4 粒度

按 GB/T 5917.1 规定执行。

7.5 水分

按 GB/T 6435 规定执行。

7.6 灼烧残渣

按 GB/T 6438 规定执行。

7.7 总砷

按 GB/T 13079 规定执行。

7.8 铅

按 GB/T 13080 规定执行。

7.9 正己烷、乙酸乙酯

按附录 C 规定执行。

8 检验规则

8.1 组批

以相同材料、相同生产工艺、连续生产或同一班次生产的同一规格的产品为一批。

8.2 出厂检验

出厂检验项目为外观与性状、粒度、水分、刺芒柄花素和鹰嘴豆芽素 A 含量。产品出厂前应逐批检验，检验合格并且附具合格证和产品使用说明书（附录 D）方可出厂。

8.3 型式检验

型式检验项目为第 5 章规定的所有项目。在正常生产情况下，每半年至少进行 1 次型式检验。有下列情况之一时，亦应进行型式检验：

a）产品定型投产时；

b）生产工艺、配方或主要原料来源有较大改变，可能影响产品质量时；

c）停产 3 个月以上，重新恢复生产时；

d）出厂检验结果与上次型式检验结果有较大差异时；

e）饲料管理部门提出检验要求时。

8.4 判定规则

8.4.1 所验项目全部合格，判定为该批次产品合格。

8.4.2 检验结果中有任何指标不符合本文件规定时，可在同批产品中重新加倍取样进行复检。复检结果有一项指标不符合本文件规定，则判定该批产品不合格。

8.4.3 各项目指标的极限数值判定按 GB/T 8170 中修约值比较法执行。

9 标签、包装、运输、贮存和保质期

9.1 标签

按 GB 10648 规定执行，见附录 E。

9.2 包装

采用铝箔袋进行包装。

9.3 运输

运输中防止包装破损、日晒、雨淋、受潮，禁止与有毒有害物质混运。

9.4 贮存

贮存时防止日晒、雨淋、受潮，禁止与有毒有害物质混储。

9.5 保质期

未开启包装的产品，在规定的运输、贮存条件下，原包装自生产之日起保质期为 2 年。

附录A
（规范性）
鉴别试验

A.1　薄层色谱法鉴别

A.1.1　试剂或材料

A.1.1.1　甲醇。

A.1.1.2　三氯甲烷。

A.1.1.3　冰醋酸。

A.1.1.4　刺芒柄花素标准溶液（0.25mg/mL）：称取25mg（精确至0.01mg）刺芒柄花素标准品（CAS号：485－72－3，纯度不低于98.0%）于100mL容量瓶中，用甲醇（A.1.1.1）溶解并定容，摇匀。

A.1.1.5　鹰嘴豆芽素A标准溶液（0.1mg/mL）：称取20mg（精确至0.01mg）鹰嘴豆芽素A标准品（CAS号：491－80－5，纯度不低于98.0%）于200mL容量瓶中，用甲醇（A.1.1.1）溶解并定容，摇匀。

A.1.1.6　薄层板：硅胶gF254。

A.1.1.7　展开剂：三氯甲烷（A.1.1.2）＋甲醇（A.1.1.1）＋冰醋酸（A.1.1.3）＝100＋1＋0.2（体积分数）。

A.1.2　仪器设备

A.1.2.1　分析天平：精度为0.1g、0.01mg。

A.1.2.2　紫外分析仪：暗箱式，波长254nm。

A.1.3　试验步骤

称取0.1g试样，加100mL甲醇（A.1.1.1），超声30min，静置，取上清液备用。

取标准溶液（A.1.1.4和A.1.1.5）及试样溶液各2μL，分别点于同一薄层板（A.1.1.6）上，用展开剂（A.1.1.7）展开，取出，晾干；置紫外分析仪（A.1.2.2）中，在254nm波长下检视。

试样溶液荧光斑点的位置和颜色应与刺芒柄花素标准溶液（A.1.1.4）和鹰嘴豆芽素A标准溶液（A.1.1.5）荧光斑点的位置和颜色相同。

A.2　高效液相色谱法鉴别

A.2.1　试剂或材料

A.2.1.1　乙腈：色谱纯。

A.2.1.2　磷酸。

A.2.1.3　甲醇：色谱纯。

A.2.1.4　磷酸溶液（0.1%）：取1mL磷酸（A.2.1.2），用水定容至1L容量瓶中，摇匀，过滤。

A.2.1.5　刺芒柄花素标准溶液（0.5mg/mL）：称取25mg（精确至0.01mg）刺芒柄花素标准品（CAS号：485－72－3，纯度不低于98.0%）于50mL容量瓶中，加甲醇（A.2.1.3）超声溶解并定容，摇匀。

A.2.1.6　鹰嘴豆芽素A标准溶液（0.5mg/mL）：称取25mg（精确至0.01mg）鹰嘴豆芽素A标准品（CAS号：491－80－5，纯度不低于98.0%）于50mL容量瓶中，加甲醇

（A.2.1.3）超声溶解并定容，摇匀。

A.2.1.7 大豆苷元标准溶液（0.5mg/mL）：称取25mg（精确至0.01mg）大豆苷元标准品（CAS号：486-66-8，纯度不低于98.0%）于50mL容量瓶中，加甲醇（A.2.1.3）超声溶解并定容，摇匀。

A.2.1.8 染料木素标准溶液（0.5mg/mL）：称取25mg（精确至0.01mg）染料木素标准品（CAS号：446-72-0，纯度不低于98.0%）于50mL容量瓶中，加甲醇（A.2.1.3）超声溶解并定容，摇匀。

A.2.1.9 混合标准溶液：准确量取10mL刺芒柄花素标准溶液（A.2.1.5）、10mL鹰嘴豆芽素A标准溶液（A.2.1.6）、10mL大豆苷元标准溶液（A.2.1.7）和10mL染料木素标准溶液（A.2.1.8），置于50mL容量瓶中，摇匀，用甲醇（A.2.1.3）定容，配制成刺芒柄花素、鹰嘴豆芽素A、大豆苷元和染料木素质量浓度均为0.1mg/mL的混合标准溶液。

A.2.1.10 微孔滤膜：0.45μm，有机系。

A.2.2 仪器设备

A.2.2.1 高效液相色谱仪：配二极管阵列检测器。

A.2.2.2 分析天平：精度为0.01mg。

A.2.2.3 超声波清洗器。

A.2.3 试验步骤

A.2.3.1 试样溶液制备

称取试样0.05g（精确至0.1mg）于100mL具塞三角瓶中，加50mL甲醇（A.2.1.3）后旋摇混合，超声10min，静置后取上清液，用微孔滤膜（A.2.1.10）过滤。

A.2.3.2 测定

A.2.3.2.1 液相色谱参考条件

液相色谱参考条件如下：

a）色谱柱：C_{18}柱，柱长为250mm，内径为4.6mm，粒径为5μm，或性能相当者；

b）流动相：A相为乙腈（A.2.1.1），B相为磷酸溶液（A.2.1.4）；梯度洗脱程序见表A.1；

c）流速：0.8mL/min；

d）柱温：30℃；

e）检测波长：260nm；

f）进样量：10μL。

表A.1 梯度洗脱程序

时间（min）	流动相A（%）	流动相B（%）
0	15	85
20	45	55
30	75	25
31	90	10
35	90	10
36	15	85
40	15	85

A. 2. 3. 2. 2　试样溶液和标准溶液测定

在仪器的最佳条件下，分别取试样溶液（A. 2. 3. 1）和标准溶液（A. 2. 1. 5、A. 2. 1. 6、A. 2. 1. 7、A. 2. 1. 8、A. 2. 1. 9），上机测定。

A. 2. 4　测定结果

试样溶液高效液相色谱图（图 A. 1）中应呈现 4 个特征峰，并与混合标准溶液高效液相色谱图（图 A. 2）中 4 个特征峰相对应，将峰 3（刺芒柄花素）标定为 S 峰。分别计算试样溶液和混合标准溶液色谱图中峰 1（大豆苷元）、峰 2（染料木素）、峰 4（鹰嘴豆芽素 A）与 S 峰的相对保留时间，混合标准溶液中峰 1、峰 2、峰 4 相对保留时间的规定值分别为 0. 708、0. 886、1. 141。试样溶液色谱图中峰 1、峰 2、峰 4 相对保留时间与规定值的相对偏差应在±5%以内。

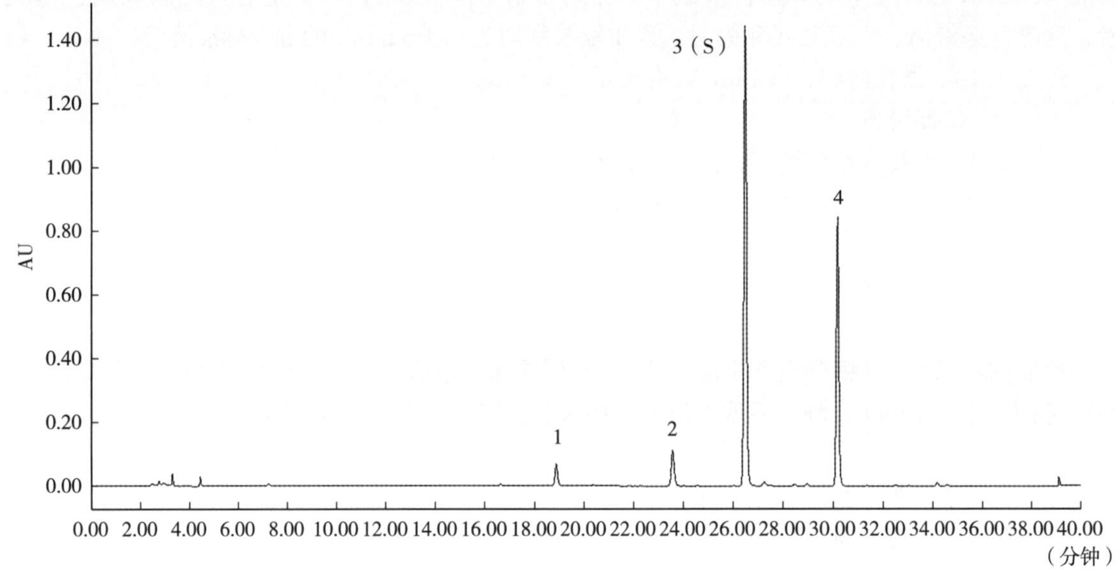

图 A. 1　试样溶液高效液相色谱图

标引序号说明：

1——大豆苷元；2——染料木素；3——刺芒柄花素（S 峰）；4——鹰嘴豆芽素 A。

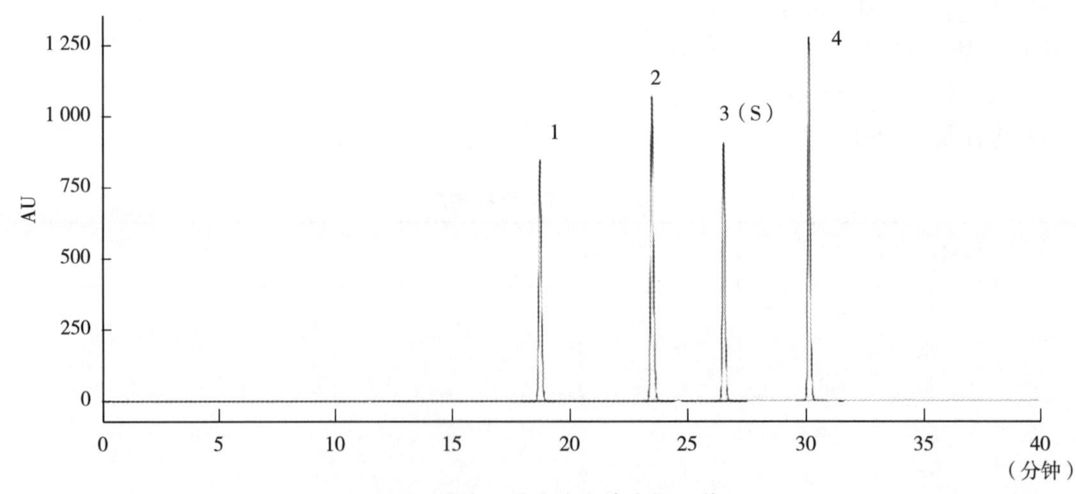

图 A. 2　混合标准溶液高效液相色谱图

标引序号说明：

1——大豆苷元；2——染料木素；3——刺芒柄花素（S 峰）；4——鹰嘴豆芽素 A。

附录 B

（规范性）

刺芒柄花素和鹰嘴豆芽素 A 含量测定

B.1 原理

试样中刺芒柄花素和鹰嘴豆芽素 A 经甲醇提取后，用高效液相色谱仪测定，外标法定量。

B.2 试剂或材料

B.2.1 乙腈：色谱纯。

B.2.2 磷酸：分析纯。

B.2.3 甲醇：色谱纯。

B.2.4 磷酸溶液（0.1%）：取 1mL 磷酸（B.2.2），用水定容至 1L 容量瓶中，摇匀。

B.2.5 混合标准储备溶液：分别称取 80mg（精确至 0.01mg）刺芒柄花素标准品（CAS 号：485-72-3，纯度不低于 98.0%）和 30mg（精确至 0.01mg）鹰嘴豆芽素 A 标准品（CAS 号：491-80-5，纯度不低于 98.0%）于 50mL 容量瓶中，用甲醇（B.2.3）溶解并定容，摇匀，配制成刺芒柄花素和鹰嘴豆芽素 A 质量浓度分别为 1.6mg/mL 和 0.6mg/mL 的混合标准储备溶液。

B.2.6 混合标准系列溶液：准确量取混合标准储备溶液（B.2.5）适量，用甲醇（B.2.3）稀释，配制成刺芒柄花素质量浓度分别为 0.02mg/mL、0.04mg/mL、0.08mg/mL、0.16mg/mL、0.32mg/mL，鹰嘴豆芽素 A 质量浓度分别为 0.007 5mg/mL、0.015mg/mL、0.03mg/mL、0.06mg/mL、0.12mg/mL 的混合标准系列溶液。

B.2.7 微孔滤膜：0.45μm，有机系。

B.3 仪器设备

B.3.1 高效液相色谱仪：配二极管阵列检测器。

B.3.2 分析天平：精度为 0.01mg。

B.3.3 超声波清洗器。

B.4 试验步骤

B.4.1 试样溶液制备

平行做两份试验。称取试样 0.05g（精确至 0.01mg）于 50mL 的容量瓶中，加入甲醇（B.2.3）约 30mL，超声 30min，冷却至室温后用甲醇（B.2.3）定容，摇匀，静置后取上清液，用微孔滤膜（B.2.7）过滤。

B.4.2 测定

B.4.2.1 液相色谱参考条件

液相色谱参考条件如下：

a）色谱柱：C_{18}柱，柱长为 250mm，内径为 4.6mm，粒径为 5μm，或性能相当者；

b）流动相：A 相为乙腈（B.2.1），B 相为磷酸溶液（B.2.4）；梯度洗脱程序见表 B.1；

c）流速：0.8mL/min；

d）柱温：30℃；

e）检测波长：260nm；

f）进样量：10μL。

表 B.1 梯度洗脱程序

时间（min）	流动相 A（%）	流动相 B（%）
0	15	85
20	45	55
30	75	25
31	90	10
35	90	10
36	15	85
40	15	85

B.4.2.2 混合标准溶液和试样溶液测定

在仪器的最佳条件下，分别取混合标准系列溶液（B.2.6）和试样溶液（B.4.1）进样，用高效液相色谱仪（B.3.1）测定。刺芒柄花素和鹰嘴豆芽素 A 标准溶液的液相色谱图见图 B.1。

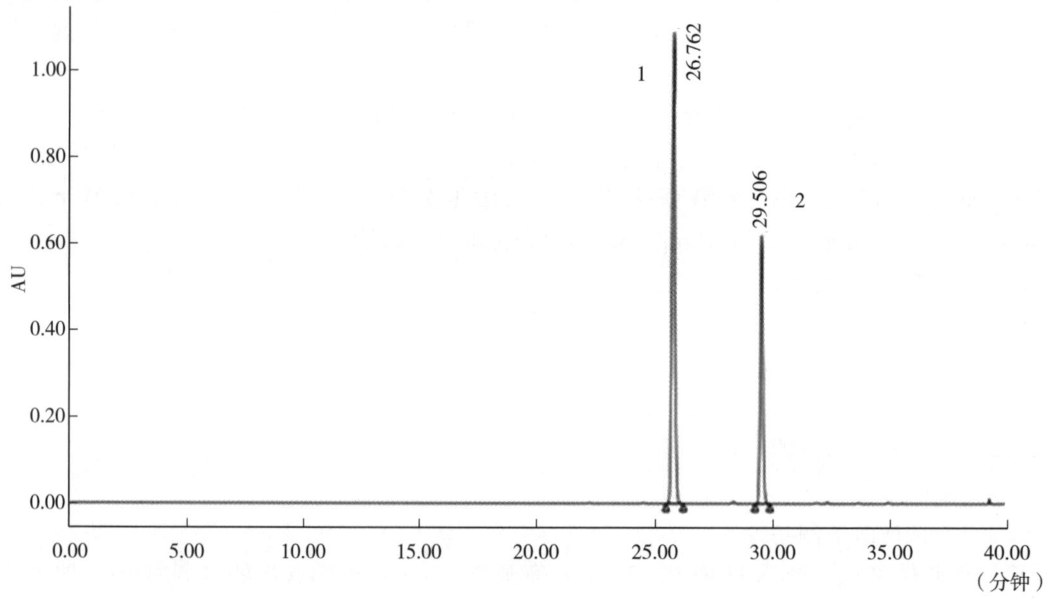

图 B.1 刺芒柄花素（0.16mg/mL）和鹰嘴豆芽素 A（0.06mg/mL）标准溶液高效液相色谱图

标引序号说明：

1——刺芒柄花素；2——鹰嘴豆芽素 A。

B.4.2.3 定量

以混合标准系列溶液的浓度为横坐标，色谱峰面积为纵坐标，绘制标准曲线，其相关系数应不低于 0.99。试样溶液中待测物的浓度应在标准曲线的线性范围内。如超出范围，应将试样溶液用甲醇（B.2.3）稀释后，重新测定。

B.5 试验数据处理

试样中刺芒柄花素或鹰嘴豆芽素 A 含量以质量分数 ω_i 计，数值以百分比（%）表示，按式（B.1）计算：

$$\omega_1 = \frac{\rho \times V}{m \times 1\ 000} \times 100 \qquad (B.1)$$

式中：

ρ——从标准曲线得到的试样溶液中刺芒柄花素或鹰嘴豆芽素A的含量，单位为毫克每毫升（mg/mL）；

V——试样溶液定容体积，单位为毫升（mL）；

m——试样质量，单位为克（g）。

测定结果以平行测定的算术平均值表示，保留至小数点后1位。

B.6 精密度

在重复性条件下，两次独立测定结果与其算术平均值的绝对差值不大于该算术平均值的5%。

附录C
（规范性）
正己烷和乙酸乙酯含量测定

C.1 原理

试样中正己烷和乙酸乙酯经N,N-二甲基甲酰胺提取，用气相色谱仪测定，外标法定量。

C.2 试剂或材料

C.2.1 N,N-二甲基甲酰胺：色谱纯。

C.2.2 标准储备溶液：称取25mg（精确至0.01mg）正己烷标准品（CAS号：110-54-3，纯度不低于99.5%）和25mg（精确至0.01mg）乙酸乙酯标准品（CAS号：141-78-6，纯度不低于99.0%），分别置于25mL容量瓶中，用N,N-二甲基甲酰胺（C.2.1）溶解并定容，摇匀，配制成正己烷和乙酸乙酯质量浓度均为1.0mg/mL的标准储备溶液。

C.2.3 标准系列溶液：准确量取正己烷和乙酸乙酯标准储备溶液（C.2.2）适量，分别用N,N-二甲基甲酰胺（C.2.1）稀释，配制成正己烷和乙酸乙酯质量浓度均为0.012 5mg/mL、0.025mg/mL、0.05mg/mL、0.10mg/mL、0.20mg/mL、0.40mg/mL的标准系列溶液。

C.2.4 微孔滤膜：0.45μm，有机系。

C.3 仪器设备

C.3.1 气相色谱仪：配氢火焰离子化检测器。

C.3.2 自动顶空进样器。

C.3.3 顶空进样瓶：20mL。

C.3.4 分析天平：精度为0.01mg。

C.3.5 超声波清洗器。

C.4 试验步骤

C.4.1 试样溶液制备

平行做两份试样。称取试样1g（精确至0.01mg），置于10mL容量瓶中，用N,N-二甲基甲酰胺（C.2.1）溶解并定容，摇匀，微孔滤膜（C.2.4）过滤。

C.4.2 测定

C.4.2.1 气相色谱参考条件

气相色谱参考条件如下：

a）色谱柱：6%氰丙基苯基-94%二甲基聚硅氧烷的毛细管色谱柱，柱长为30m，内径为0.32mm，膜厚为1.8μm，或性能相当者；

b）柱温：程序升温，50℃保持5min，然后以2℃/min升温至56℃，再以100℃/min升温至190℃并保持5min；

c）自动顶空进样器：顶空进样瓶加热温度80℃，定量环温度90℃，传输线温度100℃；样品加热平衡时间30min，气相平衡时间0.2min，定量环1mL；

d）进样口温度：200℃；

e）检测器温度：250℃；

f）载气流速：氮气30mL/min；氢气30mL/min；空气300mL/min；

g）分流比：5∶1；

h）进样体积：1.0mL。

C.4.2.2　标准溶液和试样溶液测定

在仪器的最佳条件下，分别取标准系列溶液（C.2.3）和试样溶液（C.4.1）进样，用气相色谱测定。正己烷和乙酸乙酯标准溶液的气相色谱图分别见图 C.1 和图 C.2。

C.4.2.3　定性

在相同试验条件下，试样溶液中正己烷或乙酸乙酯保留时间应与标准系列溶液中正己烷或乙酸乙酯（浓度相当）的保留时间一致，其相对偏差在±2.5%之内。

C.4.2.4　定量

以标准系列溶液的浓度为横坐标，色谱峰面积为纵坐标，绘制标准曲线，其相关系数应不低于 0.99。试样溶液中待测物的浓度应在标准曲线的线性范围内。如超出范围，应将试样溶液用 N,N-二甲基甲酰胺（C.2.1）稀释后，重新测定。

C.5　试验数据处理

试样中正己烷或乙酸乙酯含量以质量分数 ω_1 计，数值以百分比（%）表示，按式（C.1）计算：

$$\omega_1 = \frac{\rho \times V}{m \times 1\ 000} \times 100 \qquad (C.1)$$

式中：

ρ——从标准曲线得到的试样溶液中正己烷或乙酸乙酯的含量，单位为毫克每毫升（mg/mL）；

V——试样溶液定容体积，单位为毫升（mL）；

m——试样质量，单位为克（g）。

测定结果以平行测定的算术平均值表示，分别保留至小数点后 3 位（正己烷）和 1 位（乙酸乙酯）。

C.6　精密度

在重复性条件下，两次独立测定结果与其算术平均值的绝对差值不大于该算术平均值的 5%。

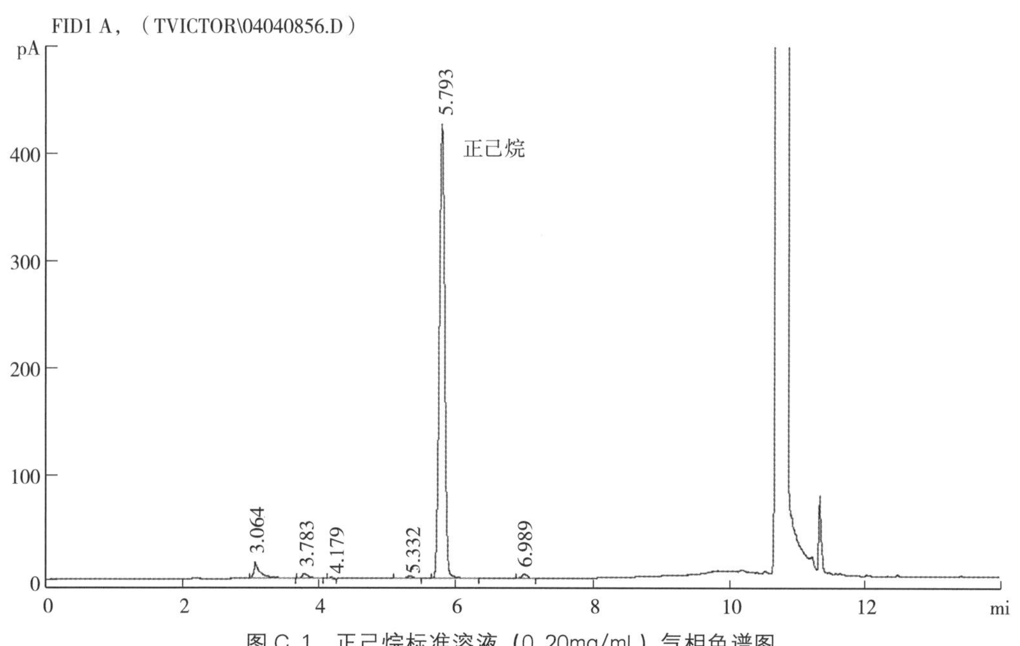

图 C.1　正己烷标准溶液（0.20mg/mL）气相色谱图

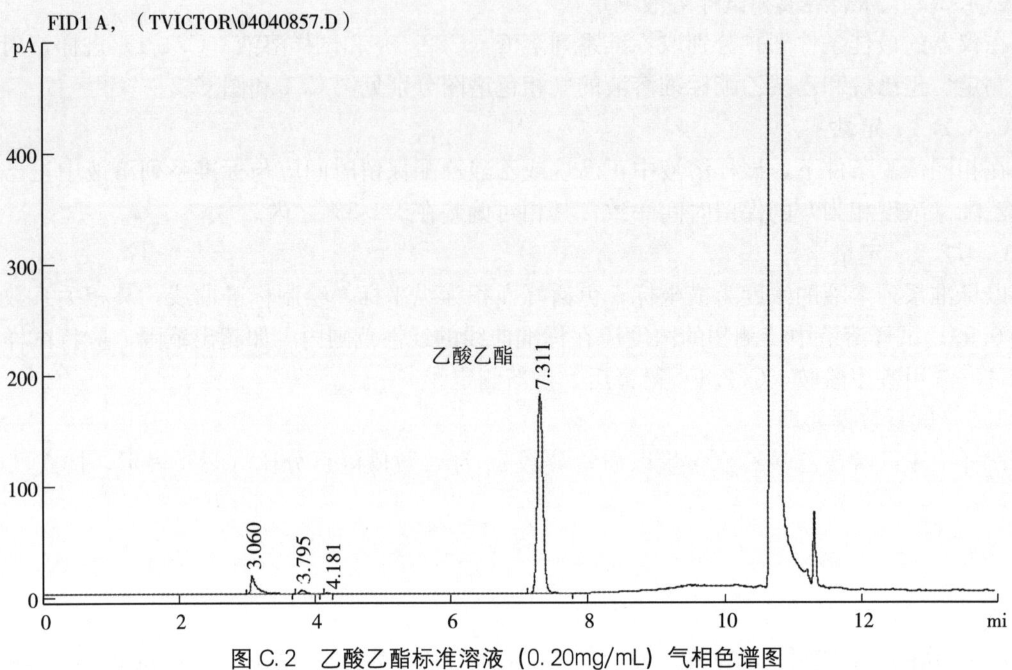

图 C.2　乙酸乙酯标准溶液（0.20mg/mL）气相色谱图

附录 D
（规范性）
产品使用说明书

【新产品证书号】
【生产许可证号】
【产品批准文号】
【执行标准】

饲料添加剂　红三叶草提取物
（有效成分为刺芒柄花素、鹰嘴豆芽素 A）
使用说明书

【产品名称】红三叶草提取物（有效成分为刺芒柄花素、鹰嘴豆芽素 A）
【英文名称】Red Clover Extract（Active substances：Formononetin，Biochanin A）
【有效成分】刺芒柄花素（$C_{16}H_{12}O_4$）和鹰嘴豆芽素 A（$C_{16}H_{12}O_5$）
【性状】棕绿色粉末，气微，味略苦。
【产品成分分析保证值】

项　　目	指　标
刺芒柄花素/%	≥15.0
鹰嘴豆芽素 A/%	≥5.0
粒度（0.25mm 孔径试验筛通过率）/%	≥90
水分/%	≤5.0
灼烧残渣/%	≤10.0
总砷（以 As 计）/(mg/kg)	≤2.0
铅（Pb）/(mg/kg)	≤2.0
正己烷/%	≤0.029
乙酸乙酯/%	≤0.5

【作用功效】抑制瘤胃氨氮释放速度，提高氮利用率。
【适用范围】育成期奶牛和成年奶牛。
【用法与用量】在添加尿素等非蛋白氮的育成期奶牛和成年奶牛全混合日粮中推荐添加量为 0.4～0.8g/kg（以刺芒柄花素与鹰嘴豆芽素 A 之和计）。
【净含量】
【保质期】24 个月。
【贮运】贮存于通风、干燥处，防止日晒、防雨淋，远离火源，禁止与有毒有害物质混贮混运。
【生产企业】

生产地址　　　　　　邮编
电话　　　　　　　　传真
网址　　　　　　　　邮箱

附录 E
（规范性）
产品标签

【新产品证书号】　　　　　　　　　　　　【生产许可证号】
【产品批准文号】　　　　　　　　　　　　【执行标准】

饲料添加剂　红三叶草提取物
（有效成分为刺芒柄花素、鹰嘴豆芽素 A）
Red Clover Extract（Active substances：Formononetin，Biochanin A）

【产品名称】红三叶草提取物（有效成分为刺芒柄花素、鹰嘴豆芽素 A）
【产品成分分析保证值】

项　目	指　标
刺芒柄花素/%	≥15.0
鹰嘴豆芽素 A/%	≥5.0
粒度（0.25mm 孔径试验筛通过率）/%	≥90
水分/%	≤5.0
灼烧残渣/%	≤10.0
总砷（以 As 计）/(mg/kg)	≤2.0
铅（Pb）/(mg/kg)	≤2.0
正己烷/%	≤0.029
乙酸乙酯/%	≤0.5

【有效成分】刺芒柄花素（$C_{16}H_{12}O_4$）和鹰嘴豆芽素 A（$C_{16}H_{12}O_5$）
【作用功效】抑制瘤胃氨氮释放速度，提高氮利用率。
【适用范围】育成期奶牛和成年奶牛。
【用法与用量】在添加尿素等非蛋白氮的育成期奶牛和成年奶牛全混合日粮中推荐添加量为 0.4～0.8g/kg（以刺芒柄花素与鹰嘴豆芽素 A 之和计）。
【净含量】
【保质期】24 个月。
【贮运】贮存于通风、干燥处，防止日晒、防雨淋，远离火源，禁止与有毒有害物质混贮混运。
【生产企业】
　生产地址　　　　　　　　　　邮编
　电话　　　　　　　　　　　　传真
【生产日期】
【生产批号】

附件 4

《饲料原料目录》修订列表

原料编号	原料名称	特征描述	强制性标识要求
7.5	藻类及其加工产品		
7.5.11	等鞭金藻粉	以天然等鞭金藻（*Isochrysis* sp.）种为原料，以尿素为氮源，在光生物反应器中培养，浓缩获得藻膏，经干燥、粉碎形成的藻粉。产品中真蛋白含量不低于35%，粗灰分不高于15%，尿素残留不高于0.5%，微囊藻毒素不得检出。该产品仅限于水产饲料使用。	真蛋白 粗脂肪 粗灰分 水分 尿素
7.5.12	褐指藻粉	以天然褐指藻（*Phaeodactylum* sp.）种为原料，以尿素为氮源，经藻种在光生物反应器培养，浓缩获得藻膏，经干燥、粉碎形成的藻粉。产品中真蛋白含量不低于30%，粗灰分不高于15%，尿素残留不高于0.5%，微囊藻毒素不得检出。该产品仅限于水产饲料使用。	真蛋白 粗脂肪 粗灰分 水分 尿素
7.5.13	四爿藻粉	以天然四爿藻（*Tetraselmis* sp.）为原料，以尿素为氮源，在光生物反应器中培养，浓缩获得藻膏，经干燥、粉碎形成的藻粉。产品中真蛋白含量不低于30%，粗灰分不高于15%，尿素残留不高于0.5%，微囊藻毒素不得检出。该产品仅限于水产饲料使用。	真蛋白 粗脂肪 粗灰分 水分 尿素
8.2	酪蛋白及其加工制品		
8.2.3	酪蛋白酸钙	以脱脂乳为原料，制成酪蛋白后与氢氧化钙或碳酸钙等中和，再经干燥获得的产品。产品中蛋白质含量不低于88%，钙含量不低于1.15%。	蛋白质 钙
9.4	禽蛋及其加工产品		
9.4.5	____蛋	未经过加工或仅经冷藏、涂膜等保鲜技术处理的可食用禽蛋，有壳或去壳。产品名称需标明具体动物种类，如鸡蛋、鸭蛋、鹌鹑蛋。	粗蛋白质 粗脂肪 粗灰分（适用于有壳蛋）

附件 5

饲料和饲料添加剂产品目录

<table>
<tr><td>申请单位</td><td colspan="3">金宝（中国）动物营养科技有限公司</td></tr>
<tr><td>通用名称</td><td colspan="3">蛋氨酸铬</td></tr>
<tr><td>英文名称</td><td colspan="3">Chromium Methionine Chelate</td></tr>
<tr><td>主要成分</td><td colspan="3">蛋氨酸铬</td></tr>
<tr><td>产品类别</td><td colspan="3">矿物元素及其络（螯）合物</td></tr>
<tr><td>产品来源</td><td colspan="3">以氯化铬与蛋氨酸为原料反应生成液态蛋氨酸铬螯合物，与载体和稀释剂混合后制得</td></tr>
<tr><td>适用动物</td><td colspan="3">泌乳奶牛</td></tr>
<tr><td>在全混合日粮中的推荐添加量（以干物质含量为 88%的全混合日粮为基础）</td><td colspan="3">4～8mg/头/天或 0.16～0.32mg/kg（以铬元素计）</td></tr>
<tr><td>在全混合日粮中的最高限量（以干物质含量为 88%的全混合日粮为基础，指有机形态铬的添加限量）</td><td colspan="3">8mg/（头・天）或 0.32mg/kg（以铬元素计，单独或与其他含铬饲料添加剂同时使用）</td></tr>
<tr><td rowspan="14">质量要求</td><td colspan="2">铬（Cr^{3+}）/(mg/kg)</td><td>1 000～1 200</td></tr>
<tr><td colspan="2">蛋氨酸/%</td><td>≥0.9</td></tr>
<tr><td colspan="2">螯合率/%</td><td>≥95</td></tr>
<tr><td colspan="2">水分/%</td><td>≤5</td></tr>
<tr><td rowspan="2">粒度</td><td>0.85mm 孔径试验筛通过率/%</td><td>≥97</td></tr>
<tr><td>0.15mm 孔径试验筛通过率/%</td><td>≤75</td></tr>
<tr><td colspan="2">总砷（以 As 计）/(mg/kg)</td><td>≤2</td></tr>
<tr><td colspan="2">铅（Pb）/(mg/kg)</td><td>≤15</td></tr>
<tr><td colspan="2">汞（Hg）/(mg/kg)</td><td>≤0.1</td></tr>
<tr><td colspan="2">镉（Cd）/(mg/kg)</td><td>≤0.75</td></tr>
<tr><td colspan="2">氟（F）/(mg/kg)</td><td>≤400</td></tr>
<tr><td colspan="2">六价铬（Cr^{6+}）/(mg/kg)</td><td>≤5</td></tr>
</table>

中华人民共和国农业农村部公告

第 744 号

依据《饲料和饲料添加剂管理条例》《新饲料和新饲料添加剂管理办法》，农业农村部组织全国饲料评审委员会对申请人提交的新饲料和新饲料添加剂产品申请材料进行了评审，决定批准荚膜甲基球菌蛋白为新饲料，胰酶（源自猪胰腺）、硫酸镁钾和甜叶菊提取物（有效成分为绿原酸及其类似物）为新饲料添加剂，对部分饲料添加剂品种扩大适用范围，并对《饲料原料目录》和《饲料添加剂品种目录》进行增补和修订。现将有关事项公告如下。

一、批准 1 个新饲料品种和 3 个新饲料添加剂品种

批准恺勒司（上海）商务信息咨询有限公司申请的荚膜甲基球菌蛋白为新饲料，上海欧耐施生物技术有限公司申请的胰酶（源自猪胰腺）、青海蓝湖善成生物技术有限公司申请的硫酸镁钾和诸城市浩天药业有限公司申请的甜叶菊提取物（有效成分为绿原酸及其类似物）为新饲料添加剂，并准许在中华人民共和国境内生产、经营和使用，核发饲料和饲料添加剂新产品证书（新产品目录见附件 1），同时发布产品标准（含说明书和标签，见附件 2、3、4、5）。产品标准自发布之日起执行。产品的监测期自发布之日起至 2028 年 12 月底，生产企业应当收集产品的质量稳定性及其对动物产品质量安全的影响等信息，监测期结束后向农业农村部报告。荚膜甲基球菌蛋白按照单一饲料品种管理。

二、批准 3 个我国尚未允许使用但生产国已批准生产和使用的饲料添加剂

增补氨基酸铁络合物（氨基酸为 L -赖氨酸和谷氨酸）、氨基酸铜络合物（氨基酸为 L -赖氨酸和谷氨酸）、氨基酸锰络合物（氨基酸为 L -赖氨酸和谷氨酸）3 个饲料添加剂品种进入《饲料添加剂品种目录》，产品信息表见附件 6、7、8。准许相关产品进口以及在中华人民共和国境内生产、经营和使用。

三、增补 2 个饲料添加剂进入《饲料添加剂品种目录》

（一）增补碳酸氢钾进入《饲料添加剂品种目录》（产品信息表和产品标准见附件 9、10）。适用范围为泌乳奶牛，在全混合日粮中的推荐添加量 0.34%（以干物质含量为 88%的全混合日粮为基础，以钾元素计）。

（二）增补木薯多糖铁进入《饲料添加剂品种目录》（产品信息表和产品标准见附件 11、12），适用范围为断奶仔猪，在配合饲料中的推荐添加量 100～150mg/kg（以干物质含量为 88%的配合饲料为基础，以铁元素计）。

四、扩大饲料添加剂吡咯并喹啉醌二钠的适用范围

将吡咯并喹啉醌二钠适用范围扩大至断奶仔猪，在断奶仔猪配合饲料中的推荐添加量为

1.5～6.0mg/kg（以干物质含量为88%的全混合日粮为基础）。

五、增补5个饲料原料进入《饲料原料目录》

增补巴旦木果荚、带壳巴旦木果荚、圆苞车前子壳、油莎豆、栀子进入《饲料原料目录》（《饲料原料目录》修订列表见附件13）。

六、修订《饲料原料目录》中“13.5.1纤维素”的特征描述

修订《饲料原料目录》中“13.5.1纤维素”的特征描述为：天然木材或竹材通过机械加工而获得的产品，其主要成分为纤维素。

特此公告。

附件：1. 饲料和饲料添加剂新产品目录
2.《饲料原料　荚膜甲基球菌蛋白》产品标准
3.《饲料添加剂　胰酶（源自猪胰腺）》产品标准
4.《饲料添加剂　硫酸镁钾》产品标准
5.《饲料添加剂　甜叶菊提取物（有效成分为绿原酸及其类似物）》产品标准
6. 饲料添加剂氨基酸铁络合物（氨基酸为L-赖氨酸和谷氨酸）信息表
7. 饲料添加剂氨基酸铜络合物（氨基酸为L-赖氨酸和谷氨酸）信息表
8. 饲料添加剂氨基酸锰络合物（氨基酸为L-赖氨酸和谷氨酸）信息表
9. 饲料添加剂碳酸氢钾信息表
10.《饲料添加剂　碳酸氢钾》产品标准
11. 饲料添加剂木薯多糖铁信息表
12.《饲料添加剂　木薯多糖铁》产品标准
13.《饲料原料目录》修订列表

农业农村部
2023年12月29日

附件 1

饲料和饲料添加剂新产品目录（2023－03）

证书编号	新饲证字（2023）03 号	
申请单位	恺勒司（上海）商务信息咨询有限公司	
通用名称	荚膜甲基球菌蛋白	
英文名称	*Methylococcus capsulatus* cell protein	
产品类别	利用特定微生物和特定培养基培养获得的菌体蛋白类饲料原料	
特征描述	以荚膜甲基球菌（*Methylococcus capsulatus*，CICC 11106s）为主要生产菌株，以 *Cupriavidus cauae*（CICC 11107s）、丹麦解硫胺素芽孢杆菌（*Aneurinibacillus danicus*，CICC 11108s）和土壤短芽孢杆菌（*Brevibacillus agri*，CICC 11109s）为辅助菌株，以天然气中的甲烷为主要原料，经液体连续发酵、固液分离和干燥等工艺制得。终产品不含生产菌株活细胞。	
适用动物	虾类和鱼类	
在配合饲料中的推荐添加量（以干物质含量为 88%的配合饲料为基础）	虾：4%～6% 淡水鱼：6%～10% 海水鱼：3.0%～4.5%	
质量要求	外观与性状	浅棕色至深棕色；粉状，无结块
	粗蛋白质/%	≥68
	粗脂肪/%	≥4
	粗灰分/%	≤10
	水分/%	≤12
	大肠菌群/(MPN/100g)	$\leq 3\times10^4$
	蜡样芽孢杆菌/(CFU/g)	$\leq 1\times10^4$
	其他卫生指标按照 GB 13078 执行	
强制性标识要求	粗蛋白质、粗灰分、水分	
其他要求	作为单一饲料管理	

饲料和饲料添加剂新产品目录（2023－04）

证书编号	新饲证字（2023）04 号	
申请单位	上海欧耐施生物技术有限公司	
通用名称	胰酶（源自猪胰腺）	
英文名称	Pancreatin（from porcine pancreas）	
主要成分	胰蛋白酶、胰脂肪酶、胰淀粉酶	
产品类别	酶制剂类饲料添加剂	
产品来源	以冷冻健康猪胰腺为原料，经刨片、磨浆、激活、分离、脱脂、干燥、粉碎等工序制得	
适用动物	肉禽	
在配合饲料中的推荐添加量（以干物质含量为88%的配合饲料为基础）	250～1 000mg/kg（以产品计）	
质量要求	外观与性状	白色至淡黄色粉末，无异味
	水分/%	≤10
	粒度（0.425mm 孔径试验筛通过率）/%	100
	胰蛋白酶活力/(U/g)	≥500
	胰淀粉酶活力/(U/g)	≥2 500
	胰脂肪酶活力/(U/g)	≥3 500
	黄曲霉毒素 B_1/(μg/kg)	≤10
	乙醇残留/%	≤0.5
	总砷（以 As 计）/(mg/kg)	≤3.0
	铅（Pb）/(mg/kg)	≤10.0
	镉（Cd）/(mg/kg)	≤0.5
	沙门氏菌（25g 中）	不得检出
	大肠菌群（MPN/100g）	≤3 000
	细菌总数/(CFU/g)	$\leq 2\times10^6$
	霉菌和酵母菌总数/(CFU/g)	≤100

饲料和饲料添加剂新产品目录（2023－05）

证书编号	新饲证字（2023）05 号	
申请单位	青海蓝湖善成生物技术有限公司	
通用名称	硫酸镁钾	
英文名称	Potassium magnesium sulfate	
主要成分	硫酸镁钾［$K_2Mg_2(SO_4)_3$］	
产品类别	矿物元素及其络（螯）合物类饲料添加剂	
产品来源	以盐湖卤水软钾镁矾为原料，通过高温脱水、粉碎、除杂等工序制得	
适用动物	断奶仔猪	
在配合饲料中的推荐添加量（以干物质含量为88%的配合饲料为基础）	0.15%～0.3%（以产品计）	
质量要求	外观与性状	白色粉末和部分细小颗粒
	钾/%	≥18.0
	镁/%	≥8.0
	硫/%	≥20.0
	水分/%	≤3.0
	粒度（0.85mm 孔径试验筛通过率）/%	≥95.0
	铅/(mg/kg)	≤10
	总砷（以 As 计）/(mg/kg)	≤5
	汞/(mg/kg)	≤0.5
	氟/(mg/kg)	≤100

饲料和饲料添加剂新产品目录（2023-06）

证书编号	新饲证字（2023）06 号	
申请单位	诸城市浩天药业有限公司	
通用名称	甜叶菊提取物（有效成分为绿原酸及其类似物）	
英文名称	Stevia extract（active substance：chlorogenic acid and its analogues）	
主要成分	绿原酸及其类似物，包括绿原酸、新绿原酸、隐绿原酸、异绿原酸 A、异绿原酸 B 及异绿原酸 C	
产品类别	植物提取物类饲料添加剂	
产品来源	以甜叶菊为原料，经提取、树脂吸附、解析、浓缩、干燥等工艺制得	
适用动物	肉仔鸡、断奶仔猪	
在配合饲料中的推荐添加量（以干物质含量为 88％的配合饲料为基础）	肉仔鸡：110mg/kg（以产品计） 断奶仔猪：200～400mg/kg（以产品计）	
质量要求	外观与性状	棕色至深棕色粉末，色泽一致，无发霉、变质
	绿原酸（$C_{16}H_{18}O_9$）（以干基计）/％	≥10.0
	绿原酸及其类似物（以绿原酸、新绿原酸、隐绿原酸、异绿原酸 A、异绿原酸 B 及异绿原酸 C 之和计，以干基计）/％	≥40.0
	水分/％	≤5.0
	粗灰分/％	≤10.0
	总砷（以 As 计）/(mg/kg)	≤2.0
	铅（Pb)/(mg/kg)	≤5.0
	细菌总数（CFU/g)	≤1 000
	霉菌总数（CFU/g)	≤100

附件 2

NYSL

新饲料和新饲料添加剂产品标准

NYSL—1003—2023

饲料原料　荚膜甲基球菌蛋白

Feed material—*Methylococcus capsulatus* cell protein

2023 - 12 - 29 发布　　2023 - 12 - 29 实施

中华人民共和国农业农村部　发布

前　　言

本文件按照 GB/T 1.1—2020《标准化工作导则　第 1 部分：标准化文件的结构和起草规则》的规定起草。

请注意本文件的某些内容可能涉及专利。本文件的发布机构不承担识别专利的责任。

本文件由中华人民共和国农业农村部畜牧兽医局提出，由全国饲料评审委员会归口。

本文件由恺迪苏（重庆）有限公司起草，由国家饲料质量检验检测中心（北京）复核。

本文件主要起草人：苟小兰、王嘉、谭力、马鸣、彭海涛、李峰。

饲料原料 荚膜甲基球菌蛋白

1 范围

本文件规定了饲料原料荚膜甲基球菌蛋白的技术要求、采样、试验方法、检验规则及标签、包装、运输、贮存和保质期。

本文件适用于以荚膜甲基球菌（*Methylococcus capsulatus*，CICC 11106s）为主要生产菌株，以 *Cupriavidus cauae*（CICC 11107s）、丹麦解硫胺素芽孢杆菌（*Aneurinibacillus danicus*，CICC 11108s）和土壤短芽孢杆菌（*Brevibacillus agri*，CICC 11109s）为辅助菌株，以天然气中的甲烷为主要原料，经液体连续发酵、固液分离和干燥等工艺制得的饲料原料荚膜甲基球菌蛋白。终产品不含生产菌株活细胞。

2 规范性引用文件

下列文件中的内容通过文中的规范性引用而构成本文件的必不可少的条款。其中，凡是注日期的引用文件，仅所注日期的版本适用于本文件，不注日期的引用文件，其最新版本（包括所有的修改单）适用于本文件。

GB/T 603 化学试剂 试验方法中所用制剂及制品的制备

GB/T 6432 饲料中粗蛋白的测定 凯氏定氮法

GB/T 6433 饲料中粗脂肪的测定

GB/T 6435 饲料中水分的测定

GB/T 6438 饲料中粗灰分的测定

GB/T 6682 分析实验室用水规格和试验方法

GB/T 8170 数值修约规则与极限数值的表示和判定

GB 10648 饲料标签

GB 13078 饲料卫生标准

GB/T 14699.1 饲料 采样

GB/T 18823 饲料检测结果判定的允许误差

GB/T 18869 饲料中大肠菌群的测定

GB/T 26427 饲料中蜡样芽孢杆菌的检测

3 术语和定义

本文件没有需要界定的术语和定义。

4 技术要求

4.1 外观与性状

浅棕色至深棕色；粉状，无结块、无霉变，无肉眼可见杂质；具有轻微发酵蛋白的特殊气味。

4.2 理化指标

应符合表1的要求。

表 1 理化指标

项目	指标
粗蛋白质/%	≥68
粗脂肪/%	≥4
粗灰分/%	≤10
水分/%	≤12

4.3 卫生指标

应符合表 2 的要求。

表 2 卫生指标

项目	指标
大肠菌群/(MPN/100g)	≤3×10^4
蜡样芽孢杆菌/(CFU/g)	≤1×10^4
其他卫生指标按照 GB 13078 执行	

5 采样

按 GB/T 14699.1 规定执行。

6 试验方法

除特别说明外，所用试剂均为分析纯试剂，分析用水应符合 GB/T 6682 中规定的三级水。试剂和溶液的制备按照 GB/T 603 的规定执行。

6.1 外观与性状

取适量试样放置于白瓷盘内，在非直射阳光、光线充足、无异味的环境中，用眼观的方法观察产品色泽、是否结块及是否存在异物，用鼻嗅的方法检查其味道。

6.2 粗蛋白质

按 GB/T 6432 规定执行。

6.3 粗脂肪

按 GB/T 6433 规定执行。

6.4 粗灰分

按 GB/T 6438 规定执行。

6.5 水分

按 GB/T 6435 规定执行。

6.6 大肠菌群

按 GB/T 18869 规定执行。

6.7 蜡样芽孢杆菌

按 GB/T 26427 规定执行。

6.8 其他卫生指标

按 GB 13078 规定执行。

7 检验规则

7.1 组批

以相同材料、相同生产工艺，连续生产或同一班次生产的同一规格的产品为一批。每批次产品不应超过 60t。

7.2 出厂检验

出厂检验项目为外观与性状、水分和粗蛋白质。产品出厂前应逐批检验，检验合格并且附具合格证和产品使用说明书（见附录 A）方可出厂。

7.3 型式检验

型式检验项目为第 4 章规定的全部项目。在正常生产情况下，每半年至少进行 1 次型式检验。有下列情况之一时，也应进行型式检验：

a）产品定型投产时；

b）生产工艺、配方或主要原料来源有较大改变，可能影响产品质量时；

c）停产 3 个月以上，重新恢复生产时；

d）出厂检验结果与上次型式检验结果有较大差异时；

e）饲料行政管理部门提出检验要求时。

7.4 判定规则

7.4.1 所检验项目全部合格，判定为该批次产品合格。

7.4.2 检验结果中有任何指标不符合本文件规定时，可在同批产品中重新加倍采样进行复检。复检结果有一项指标不符合本文件规定，则判定该批次产品不合格。微生物指标不得复检。

7.4.3 各项目指标的极限数值判定按 GB/T 8170 中全数值比较法执行。

7.4.4 除微生物指标外，检验结果判定的允许误差按 GB/T 18823 的规定执行。

8 标签、包装、运输、贮存和保质期

8.1 标签

按 GB 10648 规定执行，见附录 B。

8.2 包装

采用聚丙烯（PP）外袋和聚氯乙烯（PE）内袋密封包装。

8.3 运输

运输中防止包装破损、日晒、雨淋，禁止与有毒有害物质共运。

8.4 贮存

贮存于通风、干燥处，防止日晒、雨淋，禁止与有毒有害物质混贮。

8.5 保质期

未开启包装的产品，在规定的运输、贮存条件下，产品保质期为 18 个月。

附录 A
（规范性）
产品使用说明书

【新产品证书号】
【生产许可证号】
【产品批准文号】
【执行标准】

饲料原料　荚膜甲基球菌蛋白 使用说明书

【产品名称】荚膜甲基球菌蛋白
【英文名称】*Methylococcus capsulatus* cell protein
【有效成分】蛋白质
【性状】浅棕色至深棕色粉末，具有轻微发酵蛋白的特殊气味。
【产品成分分析保证值】

项　目	指　标
粗蛋白质/%	≥68
粗脂肪/%	≥4
粗灰分/%	≤10
水分/%	≤12
大肠菌群/(MPN/100g)	$\leqslant 3\times10^4$
蜡样芽孢杆菌/(CFU/g)	$\leqslant 1\times10^4$
其他卫生指标按照 GB 13078 执行	

【作用功效】提供蛋白营养源
【适用范围】虾类和鱼类
【用法与用量】在虾配合饲料中的推荐添加量为 4%～6%，在淡水鱼配合饲料中的推荐添加量为 6%～10%，在海水鱼配合饲料中的推荐添加量为 3.0%～4.5%。
【净含量】
【保质期】18 个月
【贮运】产品应贮存于通风、干燥处，防止日晒、雨淋，不得与有毒有害物质混贮；运输中防止包装破损、日晒、雨淋，禁止与有毒有害物质共运。
【生产企业】

生产地址　　　　邮编
电话　　　　　　传真
网址　　　　　　邮箱

附录 B
（规范性）
产品标签

【新产品证书号】　　【生产许可证号】
【产品批准文号】　　【执行标准】

饲料原料　荚膜甲基球菌蛋白
***Methylococcus capsulatus* cell protein**
本产品符合饲料卫生标准

【产品名称】荚膜甲基球菌蛋白
【产品成分分析保证值】

项　目	指　标
粗蛋白质/%	≥68
粗脂肪/%	≥4
粗灰分/%	≤10
水 分/%	≤12
大肠菌群/(MPN/100g)	$\leqslant 3\times 10^4$
蜡样芽孢杆菌/(CFU/g)	$\leqslant 1\times 10^4$
其他卫生指标按照 GB 13078 执行	

【作用功效】提供蛋白营养源
【适用范围】虾类和鱼类
【用法与用量】在虾配合饲料中的推荐添加量为 4%～6%，在淡水鱼配合饲料中的推荐添加量为 6%～10%，在海水鱼配合饲料中的推荐添加量为 3.0%～4.5%。
【净含量】
【保质期】18 个月
【贮运】产品应贮存在通风、干燥处，防止日晒、雨淋，不得与有毒有害物质混贮；运输中防止包装破损、日晒、雨淋，禁止与有毒有害物质共运。
【生产企业】
　　生产地址　　邮编
　　电话　　传真
【生产日期】
【生产批号】

附件 3

NYSL

新饲料和新饲料添加剂产品标准

NYSL—1004—2023

饲料添加剂　胰酶（源自猪胰腺）

Feed additive—Pancreatin（from porcine pancreas）

2023 - 12 - 29 发布　　　　2023 - 12 - 29 实施

中华人民共和国农业农村部　发布

前　言

本文件按照 GB/T 1.1—2020《标准化工作导则　第 1 部分：标准化文件的结构和起草规则》的规定起草。

请注意本文件的某些内容可能涉及专利。本文件的发布机构不承担识别专利的责任。

本文件由中华人民共和国农业农村部畜牧兽医局提出，由全国饲料评审委员会归口。

本文件由上海欧耐施生物技术有限公司起草，由国家饲料质量检验检测中心（北京）复核。

本文件主要起草人：蔡青和、朱琳娜、王涛。

饲料添加剂　胰酶（源自猪胰腺）

1　范围

本文件规定了饲料添加剂胰酶（源自猪胰腺）的技术要求、采样、试验方法、检验规则、标签、包装、运输、贮存和保质期。

本文件适用于以冷冻健康猪胰腺为原料，经过刨片、磨浆、激活、分离、脱脂、干燥、粉碎等工序制得的饲料添加剂胰酶。

2　规范性引用文件

下列文件中的内容通过文中的规范性引用而构成本文件必不可少的条款。其中，注日期的引用文件，仅该日期对应的版本适用于本文件；不注日期的引用文件，其最新版本（包括所有的修改单）适用于本文件。

GB/T 601　化学试剂　标准滴定溶液的制备

GB 4789.15　食品安全国家标准　食品微生物学检验 霉菌和酵母计数

GB/T 5917.1　饲料粉碎粒度测定　两层筛筛分法

GB/T 6435　饲料中水分的测定

GB/T 8170　数值修约规则与极限数值的表示和判定

GB 10648　饲料标签

GB/T 13079　饲料中总砷的测定

GB/T 13080　饲料中铅的测定　原子吸收光谱法

GB/T 13082　饲料中镉的测定

GB/T 13091　饲料中沙门氏菌的测定

GB/T 13093　饲料中细菌总数的测定

GB/T 14699.1　饲料　采样

GB/T 18869　饲料中大肠菌群的测定

GB/T 20195　动物饲料　试样的制备

NY/T 2071　饲料中黄曲霉毒素、玉米赤霉烯酮和 T－2 毒素的测定　液相色谱—串联质谱法

3　术语和定义

下列术语和定义适用于本文件。

3.1

胰蛋白酶活力单位 unit of trypsin enzyme activity

在 40℃下每分钟水解酪蛋白生成三氯醋酸不沉淀物（肽及氨基酸等）在 275nm 波长处与 1μmol 酪氨酸相当的酶量，为 1 个胰蛋白酶活力单位。

3.2

胰淀粉酶活力单位 unit of pancreatic amylase activity

在 40℃下每分钟水解淀粉生成 1μg 葡萄糖的酶量，为 1 个胰淀粉酶活力单位。

3.3

胰脂肪酶活力单位 unit of pancreatic lipase activity

在 37℃下每分钟水解脂肪（橄榄油）生成 1μg 脂肪酸的酶量，为 1 个胰脂肪酶活力单位。

4 技术要求

4.1 原料质量要求

应为检疫合格、新鲜未变质的猪胰腺。

4.2 外观与性状

白色至淡黄色粉末，无异味。

4.3 技术指标

应符合表 1 的要求。

表 1 技术指标

项 目	指 标
胰蛋白酶活力/(U/g)	≥500
胰淀粉酶活力/(U/g)	≥2 500
胰脂肪酶活力/(U/g)	≥3 500
水分/%	≤10
粒度（0.425mm 孔径试验筛通过率）/%	100
铅（Pb）/(mg/kg)	≤10.0
总砷（以 As 计）/(mg/kg)	≤3.0
镉（Cd）/(mg/kg)	≤0.5
黄曲霉毒素 B_1/(μg/kg)	≤10
细菌总数/(CFU/g)	$\leq 2\times10^6$
霉菌和酵母菌总数/(CFU/g)	≤100
大肠菌群/(MPN/100g)	≤3 000
沙门氏菌（25g 中）	不得检出
乙醇残留/%	≤0.5

5 采样

按 GB/T 14699.1 规定执行。

6 试验方法

除非另有说明，在分析中仅使用分析纯试剂和符合 GB/T 6682 规定的三级水。本文件所使用的标准滴定溶液，在未注明其他要求时，按 GB/T 601 的规定制备。

6.1 外观与性状

取适量试样置于清洁、干燥的白瓷盘中，在自然光下观察其颜色和性状，嗅其气味。

6.2 水分

按 GB/T 6435 规定执行。

6.3 粒度

6.3.1 仪器设备

6.3.1.1 分析天平：感量 0.01g。

6.3.1.2　标准试验筛：孔径 0.425mm。

6.3.2　试验步骤

平行做两份试验。称取试样约 50g（精确至 0.01g），置于干燥的试验筛中，按 GB/T 5917.1 的要求进行筛分，称量通过试验筛的筛下物质量。

6.3.3　试验数据处理

试样的粒度以质量分数 w_1 计，数值以百分数（%）表示，按公式（1）计算：

$$w_1 = \frac{m_s}{m} \times 100 \tag{1}$$

式中：

m_s——试样通过试验筛筛下物质量，单位为克（g）；

m——试样质量，单位为克（g）。

6.4　胰蛋白酶活力

按附录 A 规定执行。

6.5　胰淀粉酶活力

按附录 B 规定执行。

6.6　胰脂肪酶活力

按附录 C 规定执行。

6.7　铅

按 GB/T 13080 规定执行。

6.8　总砷

按 GB/T 13079 规定执行。

6.9　镉

按 GB/T 13082 规定执行。

6.10　沙门氏菌

按 GB/T 13091 规定执行。

6.11　大肠菌群

按 GB/T 18869 规定执行。

6.12　细菌总数

按 GB/T 13093 规定执行。

6.13　霉菌和酵母菌总数

按 GB 4789.15 规定执行。

6.14　黄曲霉毒素 B_1

按 NY/T 2071 规定执行。

6.15　乙醇残留

6.15.1　原理

试样中乙醇经 N,N-二甲基甲酰胺（DMF）提取，经毛细管色谱柱分离，用火焰离子化检测器测定，外标法定量。

6.15.2　试剂与材料

6.15.2.1　N,N-二甲基甲酰胺（DMF）。

6.15.2.2　乙醇标准储备溶液（7.5mg/mL）：称取 0.75g 乙醇（CAS 号：64 175，纯度≥

99.5%）于100mL容量瓶中，用DMF（6.15.2.1）溶解并稀释至刻度，摇匀。

6.15.2.3 乙醇标准工作溶液（0.3mg/mL）：准确量取10mL乙醇标准储备溶液（6.15.2.2），置于250mL容量瓶中，用DMF（6.15.2.1）稀释至刻度，摇匀。取10mL此溶液，置于20mL顶空瓶中，摇匀。

6.15.3 仪器设备

6.15.3.1 气相色谱仪：具有火焰离子化检测器。

6.15.3.2 顶空进样器。

6.15.3.3 分析天平：感量0.000 1g。

6.15.4 试验步骤

6.15.4.1 试样溶液的制备

平行做两份试验。称取试样0.5g（精确至0.000 1g），置于20mL顶空瓶中，精密加入10mLDMF（6.15.2.1）溶解，超声10min，摇匀。待测。

6.15.4.2 气相色谱参考条件

气相色谱参考条件如下：

a）色谱柱：以聚乙二醇为固定液的毛细管柱，柱长30m，内径0.32mm，膜厚0.5μm，或性能相当者；

b）载气：氮气，1.0mL/min；

c）燃烧气：氢气；

d）助燃气：空气；

e）进样口温度：200℃；

f）程序温度：初始温度为40℃，以每分钟5℃的升温速率升至100℃，再以每分钟100℃的升温速率升至240℃，保持5min；

g）检测器温度：250℃；

h）分流比：2∶1；

i）进样量：1μL；

j）顶空进样器条件：顶空平衡温度85℃，顶空平衡时间20min，定量环温度90℃，传输线温度100℃；进样时间1min，样品平衡时间20min，进样量1mL。

6.15.4.3 测定

在仪器的最佳条件下，分别取乙醇标准工作溶液（6.15.2.3）和试样溶液（6.15.4.1）进样，用气相色谱仪测定。

6.15.5 试验数据处理

试样中乙醇残留以质量分数 w_2 计，数值以百分数（%）表示，按公式（2）计算：

$$w_2=\frac{A_S\times C_{st}\times V}{A_{st}\times m\times 1\,000}\times 100 \qquad (2)$$

式中：

A_S——试样溶液中乙醇的峰面积；

C_{st}——乙醇标准工作溶液的浓度，单位为毫克每毫升（mg/mL）；

V——试样溶液定容体积，单位为毫升（mL）；

A_{st}——乙醇标准工作溶液的峰面积；

m——试样质量，单位为克（g）。

6.15.6 精密度

在重复性条件下，两次独立测定结果与其算术平均值的绝对差值不大于该算术平均值的5%。

7 检验规则

7.1 组批

以相同材料、相同的生产工艺、连续生产或同一班次生产的统一规格的产品为一批，但每批产品不应超过10t。

7.2 出厂检验

出厂检验项目为外观与性状、水分、胰蛋白酶活力、胰淀粉酶活力和胰脂肪酶活力。产品出厂前应逐批检验，检验合格并且附具合格证和产品使用说明书（见附录D）方可出厂。

7.3 型式检验

型式检验项目为第4章规定的所有项目，在正常生产情况下，每半年至少进行1次型式检验。有下列情况之一时，也应进行型式检验：

a）产品定型投产时；

b）生产工艺、配方或主要原料来源有较大改变，可能影响产品质量时；

c）停产3个月以上，重新恢复生产时；

d）出厂检验结果与上次型式检验结果有较大差异时；

e）饲料行政管理部门提出检验要求时。

7.4 判定规则

7.4.1 所验项目全部合格，判定为该批次产品合格。

7.4.2 检验结果中有任何不符合本文件规定时，可在同批产品中重新加倍取样进行复检。复检结果有一项指标不符合本文件规定，则判定该批产品不合格。微生物指标不得复检。

7.4.3 各项目指标的极限数值判定按GB/T 8170中修约值比较法执行。

8 标签、包装、运输、贮存和保质期

8.1 标签

按GB 10648规定执行，见附录E。

8.2 包装

采用纸塑复合袋包装。

8.3 运输

运输过程中应防潮、防高温、防止包装破损，禁止与有毒有害物质共运。

8.4 贮存

贮存时防止日晒、雨淋，不得与有毒有害物质混贮。

8.5 保质期

未开启包装的产品，在规定的运输、贮存条件下，产品保质期为12个月。

附录 A

（规范性）

胰蛋白酶活力测定

A.1　原理

胰蛋白酶可水解酪蛋白生成䏡、肽、胨及氨基酸等物质，其中酪氨酸、色氨酸和苯丙氨酸等在 275nm 处有最大吸收。以酪蛋白为底物，用硼酸盐缓冲液稀释试样溶液，氯化钙激活，40℃下酶解，以三氯乙酸溶液终止酶解反应，在 275nm 处测定吸光度，计算胰蛋白酶活力。

A.2　试剂或材料

除非另有说明，仅使用分析纯试剂。

A.2.1　水：GB/T 6682，三级。

A.2.2　盐酸溶液（0.1mol/L）：量取浓盐酸 0.83mL，置 100mL 容量瓶中，加水稀释至刻度，摇匀。

A.2.3　盐酸溶液（0.2mol/L）：量取浓盐酸 1.67mL，置 100mL 容量瓶中，加水稀释至刻度，摇匀。

A.2.4　氢氧化钠溶液（0.1mol/L）：称取氢氧化钠 4.0g，置 1 000mL 容量瓶中，加水溶解至刻度，摇匀。

A.2.5　氯化钙溶液：称取氯化钙 1.47g，加水 500mL 使溶解，用盐酸溶液（A.2.2）或氢氧化钠溶液（A.2.4）调节 pH 至 6.0～6.2。

A.2.6　硼酸盐缓冲液：称取硼砂 2.85g，硼酸 10.50g 与氯化钠 2.50g，加水溶解，定容至 1 000mL，用盐酸溶液（A.2.2）或氢氧化钠溶液（A.2.4）调节 pH 至 7.5±0.1，2℃～8℃保存。

A.2.7　酪蛋白溶液：称取酪蛋白对照品 1.5g，加氢氧化钠溶液（A.2.4）13mL 与水 40mL，在 60℃水浴中加热使溶解，冷却至室温，加水稀释至 100mL，用盐酸溶液（A.2.2）或氢氧化钠溶液（A.2.4）调节 pH 至 8.0。

A.2.8　5%三氯乙酸溶液：称取三氯乙酸 5.0g，置 100mL 容量瓶中，用水溶解并定容，摇匀。

A.2.9　酪氨酸标准储备溶液（1mg/mL）：准确称取 L-酪氨酸标准品（CAS：60-18-4，纯度≥98%）0.1g（精确至 0.000 1g），用盐酸溶液（A.2.3）溶解，定容至 100mL。

A.2.10　酪氨酸标准工作溶液（50μg/mL）：准确移取酪氨酸标准储备溶液（A.2.9）10mL，用盐酸溶液（A.2.3）稀释定容至 200mL。

A.3　仪器设备

A.3.1　紫外可见分光光度计：波长精度±2nm。

A.3.2　分析天平：感量 0.000 1g。

A.3.3　恒温水浴锅：控温精度±0.5℃。

A.4　试验步骤

A.4.1　试样溶液的制备

平行做两份试验。称取试样约 0.1g（精确至 0.000 1g），置于研钵中，加入冷却至 5℃以下的氯化钙溶液（A.2.5）少量，研磨均匀，用氯化钙溶液（A.2.5）转移至 100mL 容量瓶中，并定容，摇匀。准确量取该溶液 10mL 置于 50mL 容量瓶中，用冷却至 5℃以下的硼酸盐缓冲液（A.2.6）定容，摇匀。该溶液每1mL中含胰蛋白酶约0.12活力单位。

A.4.2　测定

取试管2支，分别准确量取试样溶液（A.4.1）1mL与硼酸盐缓冲液（A.2.6）2mL，在40℃水浴中保温10min，分别准确加入在40℃水浴中预热的酪蛋白溶液（A.2.7）5mL，摇匀，立即置40℃±0.5℃恒温水浴锅中准确反应30min。再分别准确加入5%三氯乙酸溶液（A.2.8）5mL终止反应，摇匀，过滤，收集滤液。另外准确量取试样溶液（A.4.1）1mL，加硼酸盐缓冲液（A.2.6）2mL，在40℃水浴中保温10min，准确加入5%三氯乙酸溶液（A.2.8）5mL，摇匀，置40℃±0.5℃恒温水浴锅准确反应30min，立即准确加入酪蛋白溶液（A.2.7）5mL，摇匀，过滤，收集滤液，为空白对照。

用紫外可见分光光度计，在275nm的波长处，测定试样滤液吸光度。另取盐酸溶液（A.2.3）为空白，在275nm的波长处测定酪氨酸标准工作溶液（A.2.10）的吸光度。试样溶液测得的吸光度值应在0.15～0.6之间，否则应重新测定。

A.5　试验数据处理

试样中胰蛋白酶活力以比酶活 w_3 计，数值以胰蛋白酶活力单位（U/g）表示。按公式（A.1）计算：

$$w_3=\frac{(A_1-A_0)\times W_s\times 13\times n}{A_S\times 181.19\times 30\times m} \qquad (A.1)$$

式中：

A_1——试样溶液与酪蛋白溶液反应后产物在275nm下的吸光度；

A_0——空白溶液在275nm下的吸光度；

W_s——每1mL酪氨酸标准工作溶液中含酪氨酸的量，单位为微克（μg）；

13——试样溶液与酪蛋白溶液反应的总体积，单位为毫升（mL）；

n——试样的稀释倍数（n =500）；

A_S——酪氨酸标准工作溶液在275nm的波长处的吸光度；

181.19——酪氨酸的相对分子质量；

30——试样溶液与酪蛋白溶液的反应时间，单位为分钟（min）；

m——试样质量，单位为克（g）。

A.6　精密度

在重复性条件下，两次独立测试结果与其算术平均值的绝对差值不大于该算术平均值的2%。

附录 B

（规范性）

胰淀粉酶活力测定

B.1　原理

胰淀粉酶属 α-淀粉酶，可催化淀粉水解，最终生成麦芽糖和葡萄糖，再利用碘在碱性溶液中生成具强氧化性的次碘酸盐，次碘酸盐与糖结构上的醛基反应，使葡萄糖氧化成葡萄糖酸，得到半缩醛羟基的量，从而计算胰淀粉酶活力。

B.2　试剂或材料

除非另有说明，仅使用分析纯试剂。

B.2.1　水：GB/T 6682，三级。

B.2.2　1%可溶性淀粉溶液：称取经 105℃干燥 2h 的可溶性淀粉 1.0g，加水 10mL，搅匀后，边搅拌边缓缓倾入 100mL 沸水中，继续煮沸 20min，冷却至室温，用水定容至 100mL。

B.2.3　磷酸盐缓冲液：称取磷酸二氢钾 13.61g 与磷酸氢二钠 35.80g，用水溶解并定容至 1 000mL。用盐酸溶液（B.2.6）或氢氧化钠溶液（B.2.7）调节 pH 至 6.8，2～8℃保存。

B.2.4　1.2%氯化钠溶液：称取氯化钠 1.2g，用水溶解并定容至 100mL，摇匀。

B.2.5　盐酸溶液（1mol/L）：量取浓盐酸 8.33mL，置 100mL 容量瓶中，加水至刻度，摇匀。

B.2.6　盐酸溶液（0.1mol/L）：量取浓盐酸 0.83mL，置 100mL 容量瓶中，加水稀释至刻度，摇匀。

B.2.7　氢氧化钠溶液（0.1mol/L）：称取氢氧化钠 4.0g，用水溶解，并定容至 1 000mL 容量瓶中，摇匀。

B.2.8　硫酸溶液（1+3，体积分数）：量取 10mL 硫酸溶于 30mL 水中。

B.2.9　碘标准滴定溶液（0.05mol/L）：称取碘 13.0g、碘化钾 35.0g，用水 950mL 溶解后，转入 1 000mL 容量瓶中，加盐酸 3 滴，再用水定容，摇匀，用垂熔玻璃滤器过滤，溶液保存于棕色具塞瓶中。

B.2.10　硫代硫酸钠标准滴定溶液（0.1mol/L）：称取硫代硫酸钠 26.0g 和无水碳酸钠 0.2g 于 1 000mL 烧杯中，加水约 700mL，加热煮沸 10min 至完全溶解，冷却至室温，定容至 1 000mL。将溶液保存于棕色具塞瓶中，避光两周后过滤备用。

B.3　仪器设备

B.3.1　分析天平：感量 0.000 1g。

B.3.2　恒温水浴锅：控温精度±0.5℃。

B.3.3　酸式滴定管。

B.4　试验步骤

B.4.1　试样溶液的制备

平行做两份试验。称取试样约 2.0g（精确至 0.000 1g），置于研钵中，加入冷却至 5℃以下的磷酸盐缓冲液（B.2.3）少量，研磨均匀，用磷酸盐缓冲液（B.2.3）转移至 200mL 容量瓶中，并定容，摇匀。该溶液每 1mL 中含胰淀粉酶 10 活力单位～20 活力单位。

B.4.2　测定

量取 1%可溶性淀粉溶液（B.2.2）25mL、磷酸盐缓冲液（B.2.3）10mL、1.2%氯化钠溶液（B.2.4）1mL与水20mL，置250mL碘瓶中，在40℃水浴中保温10min，准确加入试样溶液（B.4.1）1mL，摇匀，立即置于40℃±0.5℃水浴中准确反应10min，加盐酸溶液（B.2.5）2mL终止反应，摇匀，放至室温后，准确加碘标准滴定溶液（B.2.9）10mL，边振摇边滴加氢氧化钠溶液（B.2.7）45mL，在暗处放置20min，加硫酸溶液（B.2.8）4mL，用硫代硫酸钠标准滴定溶液（B.2.10）滴定至无色。另外量取1%可溶性淀粉溶液（B.2.2）25mL、磷酸盐缓冲液（B.2.3）10mL、1.2%氯化钠溶液（B.2.4）1mL与水20mL，置碘瓶中，在40℃±0.5℃水浴中保温10min，放至室温后，加盐酸溶液（B.2.5）2mL，摇匀，加入试样溶液（B.4.1）1.0mL，摇匀，准确加碘标准滴定溶液（B.2.9）10mL，边振摇边滴加氢氧化钠溶液（B.2.7）45mL，在暗处放置20min，加硫酸溶液（B.2.8）4mL，用硫代硫酸钠标准滴定溶液（B.2.10）滴定至无色，作为空白对照。每1mL碘标准滴定溶液（B.2.9）相当于9.008mg无水葡萄糖。试样溶液和空白溶液的硫代硫酸钠滴定液用量之差应为2.0～4.0mL，否则应重新测定。

B.5　试验数据处理

试样中胰淀粉酶活力以比酶活 w_4 计，数值以胰淀粉酶活力单位（U/g）表示。按公式（B.1）计算：

$$w_4=\frac{(V_B-V_A)\times F\times 9.008\times 1\,000\times n}{10\times m} \tag{B.1}$$

式中：

V_B——空白溶液消耗硫代硫酸钠标准滴定溶液的量，单位为毫升（mL）；

V_A——试样溶液消耗硫代硫酸钠标准滴定溶液的量，单位为毫升（mL）；

F——硫代硫酸钠标准滴定溶液的浓度，单位为摩尔每升（mol/L）；

9.008——1mL的碘标准滴定溶液相当于无水葡萄糖的量，单位为毫克（mg）；

1 000——体积单位升（L）和体积单位毫升（mL）之间的换算值；

n——试样稀释倍数（n=200）；

m——试样质量，单位为克（g）；

10——酶解反应时间，单位为分钟（min）。

B.6　精密度

在重复性条件下，两次独立测试结果与其算术平均值的绝对差值不大于该算术平均值的2%。

附录 C
（规范性）
胰脂肪酶活力测定

C.1 原理

胰脂肪酶是一种水解酶，能裂解大分子底物，在一定条件下把甘油三酯类脂肪逐步水解，最终生成甘油及其相应的脂肪酸，在一定的 pH 条件下用碱液滴定水解液，得到脂肪酸的量，从而计算脂肪酶活力。

C.2 试剂或材料

除非另有说明，仅使用分析纯试剂。

C.2.1 水：GB/T 6682，三级。

C.2.2 盐酸溶液（0.1mol/L）：量取浓盐酸 8.3mL，置 1 000mL 容量瓶中，用水溶解并定容至刻度，摇匀。

C.2.3 氢氧化钠溶液（0.1mol/L）：称取氢氧化钠 4.0g，用水溶解，并定容至 1 000mL 容量瓶中，摇匀。

C.2.4 三羟甲基氨基甲烷—盐酸缓冲液：称取三羟甲基氨基甲烷 606mg，加入盐酸溶液（C.2.2）45.7mL，用水定容至 100mL，摇匀，用盐酸溶液（C.2.2）或氢氧化钠溶液（C.2.3）调节 pH 至 7.1±0.1，2～8℃保存。

C.2.5 橄榄油乳液：量取橄榄油 4mL，称取阿拉伯胶 7.5g，研磨均匀，缓缓加水研磨使成 100mL，用高速组织捣碎机以 8 000 r/min 搅拌两次，每次 3min，取乳液在显微镜下检查，90%乳粒的直径应在 3μm 以下，并不得有超过 10μm 的乳粒。

C.2.6 8%牛胆盐溶液：称取牛胆盐 8.0g，用温水溶解后，定容至 100mL，摇匀。

C.2.7 氢氧化钠标准滴定溶液（0.1mol/L）：称取氢氧化钠 4.0g，用水溶解，并定容至 1 000mL，摇匀。

C.3 仪器设备

C.3.1 分析天平：感量 0.000 1g。

C.3.2 恒温水浴锅：控温精度±0.1℃。

C.3.3 滴定管。

C.4 试验步骤

C.4.1 试样溶液的制备

平行做两份试验。称取试样约 7.5g（精确至 0.000 1g），置于研钵中，加入冷却至 5℃以下的三羟甲基氨基甲烷—盐酸缓冲液（C.2.4）少量，研磨均匀，置于 50mL 容量瓶中，加上述缓冲液至刻度，摇匀。该溶液每 1mL 中含胰脂肪酶 8 活力单位～16 活力单位。

C.4.2 测定

取橄榄油乳液（C.2.5）25mL、8%牛胆盐溶液（C.2.6）2mL 与水 10mL，置 100mL 烧杯中，用氢氧化钠标准滴定溶液（C.2.7）调节 pH 至 9.0，在 37℃±0.1℃水浴中保温 10min，再调节 pH 至 9.0，准确加入试样溶液（C.4.1）1mL，在 37℃±0.1℃水浴中准确反应 10min，同时用氢氧化钠标准滴定溶液（C.2.7）滴定，使反应液的 pH 恒定在 9.0，记录消耗氢氧化钠滴定溶液的量。另取在水浴中煮沸 15～30min 的试样溶液（C.4.1）1mL，按照上述方法测定，为空白对照。平均每分钟消耗的氢氧化钠标准滴定溶液（C.2.7）的量为 0.08～0.16mL，否则应重新测定。

C.5　试验数据处理

试样中胰脂肪酶活力以比酶活 w_5 计，数值以胰脂肪酶活力单位（U/g）表示。按公式（C.1）计算：

$$w_5=\frac{(V_A-V_B)\times M\times 1\ 000\times n\times 282.46}{10\times m} \quad (C.1)$$

式中：

V_A——试样溶液消耗氢氧化钠标准滴定溶液的体积，单位为毫升（mL）；

V_B——空白溶液消耗氢氧化钠标准滴定溶液的体积，单位为毫升（mL）；

M——氢氧化钠标准滴定溶液的浓度，单位为摩尔每升（mol/L）；

1 000——体积单位升（L）和体积单位毫升（mL）之间的换算值；

n——试样溶液的稀释倍数（$n=50$）；

282.46——脂肪酸（油酸）的相对分子质量；

m——试样质量，单位为克（g）；

10——酶解反应时间，单位为分钟（min）。

C.6　精密度

在重复性条件下，两次独立测试结果与其算术平均值的绝对差值不大于该算术平均值的2%。

附录 D
（规范性）
产品使用说明书

【新产品证书号】
【生产许可证号】
【产品批准文号】
【执行标准】

饲料添加剂　胰酶（源自猪胰腺）
使用说明书

【产品名称】胰酶（源自猪胰腺）
【英文名称】Pancreatin（from porcine pancreas）
【有效成分】胰蛋白酶、胰淀粉酶、胰脂肪酶
【性 状】白色至淡黄色粉末，无异味。
【产品成分分析保证值】

项　　目	指　标
胰蛋白酶活力/(U/g)	≥500
胰淀粉酶活力/(U/g)	≥2 500
胰脂肪酶活力/(U/g)	≥3 500
水分/%	≤10
粒度（0.425mm 孔径试验筛通过率)/%	100
总砷（以 As 计)/(mg/kg)	≤3.0
铅（Pb)/(mg/kg)	≤10.0
镉（Cd)/(mg/kg)	≤0.5
黄曲霉毒素 B_1/(μg/kg)	≤10
细菌总数/(CFU/g)	≤2×10^6
霉菌和酵母菌总数/(CFU/g)	≤100
大肠菌群/(MPN/100g)	≤3 000
沙门氏菌/(25g 中)	不得检出
乙醇残留/%	≤0.5

【作用功效】提高饲料养分利用率和动物生长性能。
【适用范围】肉禽
【用法用量】在肉禽配合饲料中推荐添加量为 250～1 000mg/kg（以产品计）。
【净含量】
【保质期】12 个月
【贮运】贮存时防止日晒、雨淋，不得与有毒有害物质混贮。运输过程中应防潮、防高温、防止包装破损，禁止与有毒有害物质共运。
【生产企业】

生产地址　　　　邮编
电话　　　　　　传真
网址　　　　　　邮箱

附录 E
（规范性）
产品标签

【新产品证书号】 【生产许可证号】
【产品批准文号】 【执行标准】

饲料添加剂
胰酶（源自猪胰腺）
Pancreatin（from porcine pancreas）

【产品名称】胰酶（源自猪胰腺）
【产品成分分析保证值】

项　目	指　标
胰蛋白酶活力/(U/g)	≥500
胰淀粉酶活力/(U/g)	≥2 500
胰脂肪酶活力/(U/g)	≥3 500
水分/%	≤10
粒度（0.425mm 孔径试验筛通过率）/%	100
总砷（以 As 计）/(mg/kg)	≤3.0
铅（Pb）/(mg/kg)	≤10.0
镉（Cd）/(mg/kg)	≤0.5
黄曲霉毒素 B_1/(μg/kg)	≤10
细菌总数/(CFU/g)	$\leqslant 2\times 10^6$
霉菌和酵母菌总数/(CFU/g)	≤100
大肠菌群/(MPN/100g)	≤3 000
沙门氏菌/(25g 中)	不得检出
乙醇残留/%	≤0.5

【原料组成】胰酶（源自猪胰腺，有效成分为胰蛋白酶、胰淀粉酶、胰脂肪酶）
【作用功效】提高饲料养分利用率和动物生长性能。
【适用范围】肉禽
【用法用量】在肉禽配合饲料中推荐添加量为 250～1 000mg/kg（以产品计）。
【净含量】
【保质期】12 个月
【贮运】贮存时防止日晒、雨淋，禁止与有毒有害及其他污染物混贮。运输过程中应防潮、防高温、防止包装破损，切勿与有毒有害物品同批运输。
【生产企业】
生产地址 邮编
电话 传真
【生产日期】
【生产批号】

附件 4

NYSL

新饲料和新饲料添加剂产品标准

NYSL—1005—2023

饲料添加剂　硫酸镁钾

Feed additive—Potassium magnesium sulfate

2023 - 12 - 29 发布　　2023 - 12 - 29 实施

中华人民共和国农业农村部　发布

前　言

本文件按照 GB/T 1.1—2020《标准化工作导则　第 1 部分：标准化文件的结构和起草规则》的规定起草。

请注意本文件的某些内容可能涉及专利。本文件的发布机构不承担识别专利的责任。

本文件由中华人民共和国农业农村部畜牧兽医局提出，由全国饲料评审委员会归口。

本文件由青海蓝湖善成生物技术有限公司起草，由国家饲料质量检验检测中心（北京）复核。

本文件主要起草人：潘韵、韩丽、赵文萍、苟永红、李永新、谢文彪。

饲料添加剂　硫酸镁钾

1　范围

本文件规定了饲料添加剂硫酸镁钾的技术要求、采样、试验方法、检验规则及标签、包装、运输、贮存和保质期。

本文件适用于以盐湖卤水软钾镁矾为原料，通过高温脱水、粉碎、去除杂质等工序制得的饲料添加剂硫酸镁钾。

2　规范性引用文件

下列文件中的内容通过文中的规范性引用而构成本文件必不可少的条款。其中，注日期的引用文件，仅该日期对应的版本适用于本文件；不注日期的引用文件，其最新版本（包括所有的修改单）适用于本文件。

GB/T 601　化学试剂　滴定分析（容量分析）用标准溶液的制备

GB/T 603　化学试剂　试验方法中所用制剂和制品的制备

GB/T 5917.1　饲料粉碎粒度测定　两层筛筛分法

GB/T 6435　饲料中水分的测定

GB/T 6682　分析实验室用水规格和试验方法

GB/T 8170　数值修约规则与极限数值的表示和判定

GB 10648　饲料标签

GB/T 13079　饲料中总砷的测定

GB/T 13080　饲料中铅的测定原子吸收光谱法

GB/T 13081　饲料中汞的测定

GB/T 13083　饲料中氟的测定

GB/T 14699.1　饲料　采样

GB/T 17776　饲料中硫的测定　硝酸镁法

3　术语和定义

下列术语和定义适用于本文件。

3.1

软钾镁矾　picromerite

钾盐矿的主要矿物组分之一。单斜晶系，晶体呈短柱状或厚板状，透明无色或白色，加热易失水。

4　化学名称、分子式和相对分子质量

化学名称：硫酸镁钾

CAS 号：13826－56－7

分子式：$K_2Mg_2(SO_4)_3$

相对分子质量：414.970（按 2021 年国际相对原子质量）

5 技术要求

5.1 外观与性状

白色粉末和部分细小颗粒。

5.2 鉴别

取适量试样，按照X射线衍射仪操作规程进行X射线衍射图谱分析，试样的X射线衍射图谱上的出峰位置和相对强度应与硫酸镁钾X射线衍射标准图谱（卡号：98-004-0986，见附录D）一致，硫酸镁钾含量应不低于90.0%（质量分数），即表明该试样为硫酸镁钾。

5.3 理化指标

理化指标应符合表1的规定。

表1 理化指标

项 目	指 标
钾/%	≥18.0
镁/%	≥8.0
硫/%	≥20.0
水分/%	≤3.0
粒度（0.85mm孔径试验筛通过率）/%	≤95.0
铅/(mg/kg)	≤10
总砷（以As计）/(mg/kg)	≤5
汞/(mg/kg)	≤0.5
氟/(mg/kg)	≤100

6 采样

按GB/T 14699.1的规定执行。

7 试验方法

除非另有说明，本文件所用试剂均为分析纯试剂，试验用水为GB/T 6682中规定的三级水。试验中所用溶液的制备应符合GB/T 601和GB/T 603的规定。

7.1 外观与性状

取约20g试样，置于清洁、干燥的白瓷盘内，在自然光下目视观察其色泽和状态。

7.2 鉴别试验

按附录A规定执行。

7.3 钾的测定

按附录B规定执行。

7.4 镁的测定

按附录C规定执行。

7.5 硫的测定

按GB/T 17776规定执行。

7.6 水分的测定

按GB/T 6435规定执行。

7.7 粒度的测定

按 GB/T 5917.1 规定执行。

7.8 铅的测定

按 GB/T 13080 规定执行。

7.9 总砷的测定

按 GB/T 13079 规定执行。

7.10 汞的测定

按 GB/T 13081 规定执行。

7.11 氟的测定

按 GB/T 13083 规定执行。

8 检验规则

8.1 组批

以相同材料、相同生产工艺、连续生产或同一班次生产的同一规格的产品为一批。但每批产品不应超过 10t。

8.2 出厂检验

出厂检验项目为外观与性状、钾、镁、硫、水分、粒度。产品出厂前应逐批检验，检验合格并且附具合格证和产品使用说明书（见附录 E）方可出厂。

8.3 型式检验

型式检验项目为第 5 章规定的所有项目，在正常生产情况下，每半年至少进行 1 次型式检验。有下列情况之一时，也应进行型式检验：

a）产品定型投产时；

b）生产工艺、配方或主要原料来源有较大改变，可能影响产品质量时；

c）停产 3 个月以上，重新恢复生产时；

d）出厂检验结果与上次型式检验结果有较大差异时；

e）饲料行政管理部门提出检验要求时。

8.4 判定规则

8.4.1 所验项目全部合格，判定为该批次产品合格。

8.4.2 检测结果中有任何指标不符合本文件规定时，可在同批产品中重新加倍取样进行复检。复检结果有一项指标不符合本文件规定，即判定该批产品不合格。

8.4.3 各项目指标的极限数值判定按 GB/T 8170 中修约值比较法执行。

9 标签、包装、运输、贮存和保质期

9.1 标签

按 GB 10648 规定执行，见附录 F。

9.2 包装

采用无纺布覆膜加低压聚乙烯内袋包装。

9.3 运输

运输工具要洁净，运输过程中避免日晒雨淋，受热，不得与有毒有害的物质或其他有污染的物品混装混运。

9.4 贮存

贮存时防止日晒、雨淋、受潮，不得与有毒有害物质或其他有污染的物质混贮。

9.5 保质期

未开启包装的产品，在规定的包装贮运条件下，产品保质期为 12 个月。

附录 A
（规范性）
鉴别试验

A.1 原理

每种结晶物质都有自己特定的结构参数，如点阵类型、晶胞大小、原子数目等，X 射线在某种晶体上的衍射必然反映带有晶体特征的特定的衍射谱图（衍射位置（、衍射强度 I）。不同物相多晶体混合物的衍射谱，是各组成物相衍射谱的权重（标度因子）叠加。在叠加的过程中，各组成物相的各衍射线的位置不会发生变动，但各物相间的相对衍射强度是随该物质在混合物中所占的比重（体积或重量百分比）及其他物相的吸收能力而变的。Rietveld 全谱拟合物质含量的定量分析是以晶体结构为模型，利用硫酸镁钾和其他可能存在的杂质的物相晶体结构参数对实验数据进行拟合，通过反复调节模型中的结构参数和峰形参数，使计算谱和实验谱的峰形逐渐趋近，达到最佳吻合，从而测定产品中硫酸镁钾的含量。

A.2 仪器设备

A.2.1 X 射线衍射仪：电流电压稳定度优于±0.005%，2（角示值误差在±0.01°以内。

A.2.2 电子天平：感量为 0.01g。

A.2.3 试验筛：孔径为 45μm。

A.3 试验步骤

A.3.1 试样制备

取约 2g 试样，用玛瑙研钵充分研磨，用 45μm 孔径试验筛过筛，保证粉末的粒度符合测试要求（粒度≤45μm）。

取约 0.5g 符合粒度要求的试样，将试样均匀倒入样品架内，利用玻璃片从一侧 45°角的方向施力予以压实，在压实过程中，应尽量避免来回用力摩擦，避免样品产生择优取向。

注：在做 Rietveld 全谱拟合定量精修之前，试样测试谱图的衍射强度需先与标准卡片进行校对，检查待测相有无择优取向，若存在择优取向，则应重新制样，重新测试。

A.3.2 测定

A.3.2.1 X 射线衍射仪测试条件

电流电压：根据所用 X 射线衍射仪的性能和使用的靶材，选择合适的测试条件，但不应超过所使用衍射仪的额定电压、额定电流和总功率。

扫描速度：0.01°/步，每步≥0.7s。

测试范围：5°～90°。

A.3.2.2 X 射线衍射仪电流电压稳定度测试

根据衍射仪的操作规程，使仪器的电流电压的稳定度满足 A.2.1 的要求。

A.3.2.3 X 射线衍射仪校准

按照仪器的操作规程进行仪器校准，保证仪器的精度在±0.01°的范围内，满足 A.3.2.1 的要求。

A.3.2.4 试样测试

设置好测试条件，每个试样扫描两次，取两次测量的平均值。

A.3.3 数据处理

A.3.3.1 定性分析

先利用X射线衍射分析软件对试样的X射线衍射图谱进行平滑、背底扣除、K峰的剥离和峰检索等，再将测得的X射线衍射图谱与硫酸镁钾的X射线衍射标准图谱（卡号：98-004-0986，见附录D）进行仔细对照、比较。

A.3.3.2　定量分析

利用安装有无机晶体结构数据库（ICSD）的X射线衍射分析软件的Rietveld全谱拟合精修功能对测得的图谱进行处理，除利用硫酸镁钾的X射线衍射标准图谱（卡号：98-004-0986，见附录D）外，结合可能存在的杂质（包括氯化钠、硫酸镁和硫酸钾）的X射线衍射标准图谱（氯化钠X射线衍射标准图谱卡号：98-006-1662、硫酸镁X射线衍射标准图谱卡号：98-024-0893和硫酸钾X射线衍射标准图谱卡号：98-000-2827，见附录D），得到试样中的硫酸镁钾含量。

附录 B
（规范性）
钾的测定

B.1 原理

在弱碱性介质中，以四苯硼酸钠溶液沉淀试样溶液中的钾离子，用四苯硼酸钾重量法测定钾含量。为了防止阳离子干扰，可预先加入适量的乙二胺四乙酸二钠盐，使阳离子与乙二胺四乙酸二钠络合。

B.2 试剂或材料

B.2.1 乙二胺四乙酸二钠盐溶液（40g/L）：称取乙二胺四乙酸二钠 40g，加水溶解后定容至 1 000mL，摇匀。

B.2.2 氢氧化钠溶液（400g/L）：称取氢氧化钠 400g，加水溶解后定容至 1 000mL，摇匀。

B.2.3 氯化镁溶液（100g/L）：称取六水氯化镁 100g，加水溶解后定容至 1 000mL，摇匀。

B.2.4 四苯硼酸钠溶液（15g/L）：称取 15g 四苯硼酸钠溶解于约 960mL 水中，加入 4mL 氢氧化钠溶液（B.2.2），搅拌均匀，再加入 20mL 氯化镁溶液（B.2.3），搅拌 5min，用水定容至 1L，静置 24h 后用滤纸过滤。溶液贮存于棕色玻璃瓶或聚乙烯瓶中，可存放 1 个月；若发现浑浊，使用前应过滤。

B.2.5 四苯硼酸钠洗涤液（1.5g/L）：量取 100mL 四苯硼酸钠溶液（B.2.4），用水稀释至 1L。

B.2.6 酚酞溶液（5g/L）：称取 0.5g 酚酞，溶解于 100mL95％乙醇中。

B.3 仪器设备

B.3.1 恒温干燥箱：可控温 120℃±2℃。

B.3.2 玻璃坩埚式滤器：型号 G4，砂芯孔径 4～7μm，容积为 30mL。

B.3.3 电子天平：感量为 0.000 1g。

B.4 试验步骤

B.4.1 试样溶液制备

平行做两份试验。称取约 2g 试样（精确至 0.000 1g），置于 400mL 烧杯中，加约 150mL 水，加热煮沸 30min，冷却，转移到 250mL 容量瓶中，用水定容，混匀，干过滤，弃去初滤液，滤液备用。

B.4.2 测定

分取 10mL 试样溶液（B.4.1），置于 300mL 烧杯中，加 40mL 乙二胺四乙酸二钠盐溶液（B.2.1），加 2～3 滴酚酞溶液（B.2.6），滴加氢氧化钠溶液（B.2.2）至红色出现时，再过量 1mL，盖上表面皿。在通风柜内缓慢加热煮沸 15min，取下烧杯，用少量水冲洗表面皿，冷却至室温。若红色消失，再用氢氧化钠溶液（B.2.2）调至红色。在不断搅拌下，逐滴加入 30mL 四苯硼酸钠溶液（B.2.4），边加入边搅拌，全部加入后再搅拌 1min，静置 15～30min，待四苯硼酸钾沉淀与上清分层。

采用倾泻法将烧杯中上层清液倾入玻璃坩埚式滤器（预先在 120℃恒温干燥箱内干燥至恒量）中，进行抽滤，后用 20～40mL 四苯硼酸钠洗涤液（B.2.5）将烧杯中沉淀全部转移至滤器中，抽滤；滤干后用约 5mL 四苯硼酸钠洗涤液（B. 2. 5）洗涤沉淀，重复洗涤 5～7 次，再用约 5mL 水洗涤沉淀，重复 2 次；最后将沉淀和滤器置于恒温干燥箱中，在 120℃下干燥 1. 5h，后移入干燥器内冷却至室温，称量。

注：玻璃坩埚式滤器清洗时，若沉淀不易洗去，可用丙酮清洗。

B. 4. 3　空白试验

除不加试样外，其他步骤同 B. 4. 1 和 B. 4. 2。

B. 5　试验数据处理

试样中钾的含量以质量分数 w_1 计，数值以百分数（%）表示，按公式（B. 1）计算：

$$w_1=\frac{(m_1-m_2)\times 0.1091\times 250}{m_0\times V_0}\times 100 \qquad \text{(B. 1)}$$

式中：

m_1——试样溶液所得四苯硼酸钾沉淀的质量，单位为克（g）；

m_2——空白试验所得四苯硼酸钾沉淀的质量，单位为克（g）；

0. 109 1——四苯硼酸钾换算为钾的系数；

250——试样溶液的定容体积，单位为毫升（mL）；

V_0——试样溶液的分取体积，单位为毫升（mL）；

m_0——试样质量，单位为克（g）。

测定结果用平行测定的算术平均值表示，保留三位有效数字。

B. 6　精密度

在重复性条件下，两次独立测定结果的绝对差值不大于 0. 5%。

附录 C
（规范性）
镁的测定

C.1 原理

用三乙醇胺为三价铁、铝等离子的隐蔽剂，以铬黑 T 为指示剂，用乙二胺四乙酸二钠标准滴定溶液滴定试样溶液中钙镁总量；再以钙试剂羧酸钠盐为指示剂，用乙二胺四乙酸二钠标准滴定溶液滴定试样溶液中钙的含量，以钙镁总量减去钙含量，计算出镁的含量。

C.2 试剂或材料

C.2.1 氨水溶液：氨水＋水＝1＋2（体积分数）。

C.2.2 三乙醇胺溶液：三乙醇胺＋水＝1＋3（体积分数）。

C.2.3 氨-氯化铵缓冲溶液（pH10）：称取 27g 氯化铵，溶于适量水后，加 197mL 氨水，加水稀释至 500mL。

C.2.4 氢氧化钠溶液（50g/L）：称取氢氧化钠 50g，加水溶解后定容至 1 000mL，摇匀。

C.2.5 乙二胺四乙酸二钠标准滴定溶液（0.05mol/L）：按 GB/T 601 规定制备、标定。

C.2.6 乙二胺四乙酸二钠标准滴定溶液（0.02mol/L）：按 GB/T 601 规定制备、标定。

C.2.7 铬黑 T 指示剂（0.5%）：称取铬黑 T0.5g，加氨-氯化铵缓冲溶液（C.2.3）10mL，溶解后，加适量乙醇稀释成 100mL，摇匀。

C.2.8 钙试剂羧酸钠指示剂：称取 0.1g 钙试剂羧酸钠和 10g 在 105℃干燥 2h 的氢氧化钠，磨碎混匀。

C.3 试验步骤

C.3.1 试样溶液制备

平行做两份实验。称取约 2g 试样（精确至 0.000 1g），置于 250mL 烧杯中，加入 100mL 水溶解，全部转移至 250mL 容量瓶中，用水定容，摇匀。必要时干过滤，作为溶液 A。

C.3.2 钙镁含量的测定

准确移取 5mL 溶液 A（C.3.1），置于 250mL 锥形瓶中，加入 40mL 水、5mL 三乙醇胺溶液（C.2.2），用氨水溶液（C.2.1）调 pH 为 7～8，加入 10mL 氨-氯化铵缓冲溶液（C.2.3）及少量铬黑 T 指示剂（C.2.7），用乙二胺四乙酸二钠标准滴定溶液（C.2.5）滴定至溶液由紫红色变为纯蓝色为终点。

同时进行空白试验。用移液管准确移取 5mL 水，置于 250mL 锥形瓶中，其他操作同溶液 A 中钙镁总量的测定。

C.3.3 钙含量的测定

准确移取 10mL 溶液 A（C.3.1），置于 250mL 锥形瓶中，加入 25mL 水、5mL 三乙醇胺溶液（C.2.2）。摇动下加入氢氧化钠溶液（C.2.4），加少量钙试剂羧酸钠指示剂（C.2.8），用乙二胺四乙酸二钠标准滴定溶液（C.2.6）滴定至溶液由紫色变为纯蓝色为终点。

同时进行空白试验。取 10mL 水，置于 250mL 锥形瓶中，其他操作同溶液 A 钙的测定。

C.4 试验数据处理

C.4.1 试样中钙镁总量以质量分数 w_2 计，数值以百分数（%）表示，按公式（C.1）计算：

$$w_2=\frac{50\times(V_1-V_{1.0})\times c_1\times M_1\times10^{-3}}{m_3}\times100 \qquad (C.1)$$

式中：

c_1——乙二胺四乙酸二钠标准滴定溶液（C. 2. 5）的浓度，单位为摩尔每升（mol/L）；

M_1——镁（Mg）的摩尔质量，单位为克每摩尔（g/mol），M_1＝24. 30g/mol；

50——钙镁含量测定时分取体积与溶液 A 体积的比值；

V_1——滴定试样中钙镁总量消耗乙二胺四乙酸二钠标准滴定溶液（C. 2. 5）的体积，单位为毫升（mL）；

$V_{1.0}$——滴定钙镁总量的空白试验中消耗乙二胺四乙酸二钠标准滴定溶液（C. 2. 5）的体积，单位为毫升（mL）；

m_3——试样质量，单位为克（g）。

C. 4. 2　试样中钙的含量以质量分数 w_3 计，数值以百分数（%）表示，按公式（C. 2）计算：

$$w_3=\frac{25\times(V_2-V_{2.0})\times c_2\times M_2\times 10^{-3}}{m_3}\times 100 \tag{C. 2}$$

式中：

c_2——乙二胺四乙酸二钠标准滴定溶液（C. 2. 6）的浓度，单位为摩尔每升（mol/L）；

M_2——钙（Ca）的摩尔质量，单位为克每摩尔（g/mol），M_2＝40. 08g/mol；

V_2——滴定试样中钙总量消耗乙二胺四乙酸二钠标准滴定溶液（C. 2. 6）的体积，单位为毫升（mL）；

$V_{2.0}$——滴定钙总量的空白试验中消耗乙二胺四乙酸二钠标准滴定溶液（C. 2. 6）的体积，单位为毫升（mL）；

25——钙含量测定时分取体积与溶液 A 体积的比值；

m_3——试样质量，单位为克（g）。

C. 4. 3　试样中镁的含量以质量分数 w_4 计，数值以百分数（%）表示，按公式（C. 3）计算：

$$w_4=w_2-\lambda w_3 \tag{C. 3}$$

式中：

w_2——钙镁总量，%；

λ——以镁（Mg）计时，钙的换算系数 λ＝0. 606 5；

w_3——钙的含量，%。

测定结果用平行测定的算术平均值表示，结果保留两位有效数字。

C. 5　精密度

在重复性条件下，两次独立测定结果的绝对差值不大于 0. 5%。

附录 D
（规范性）
X 射线衍射标准图谱

D.1　硫酸镁钾 X 射线衍射标准图谱（卡号：98－004－0986，图谱卡数据来源于 ICSD 数据库），见图 D.1。

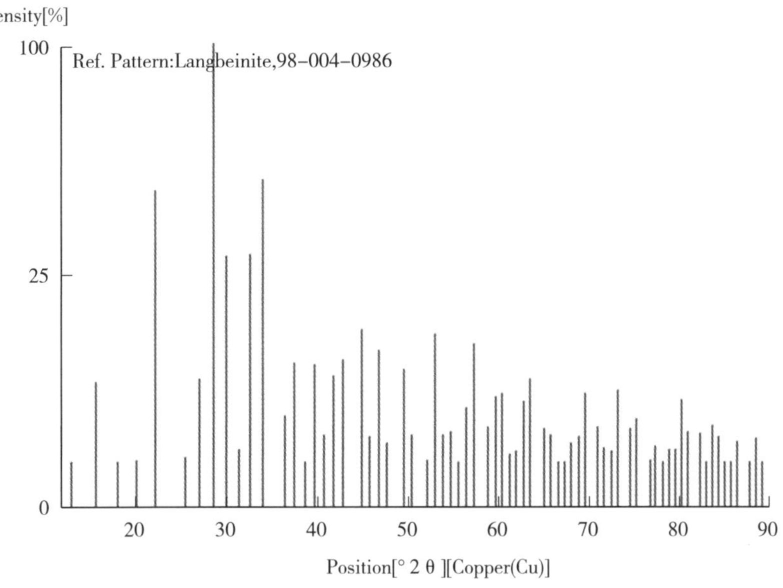

图 D.1　硫酸镁钾 X 射线衍射标准图谱

D.2　氯化钠 X 射线衍射标准图谱（卡号：98－006－1662，图谱卡数据来源于 ICSD 数据库），见图 D.2。

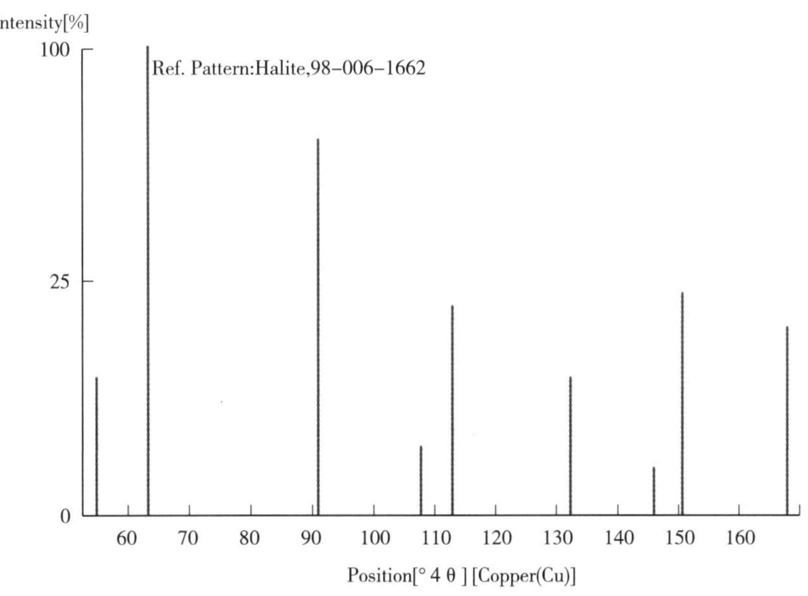

图 D.2　氯化钠 X 射线衍射标准图谱

D.3　硫酸镁 X 射线衍射标准图谱（卡号：98－024－0893，图谱卡数据来源于 ICSD 数据库），见图 D.3。

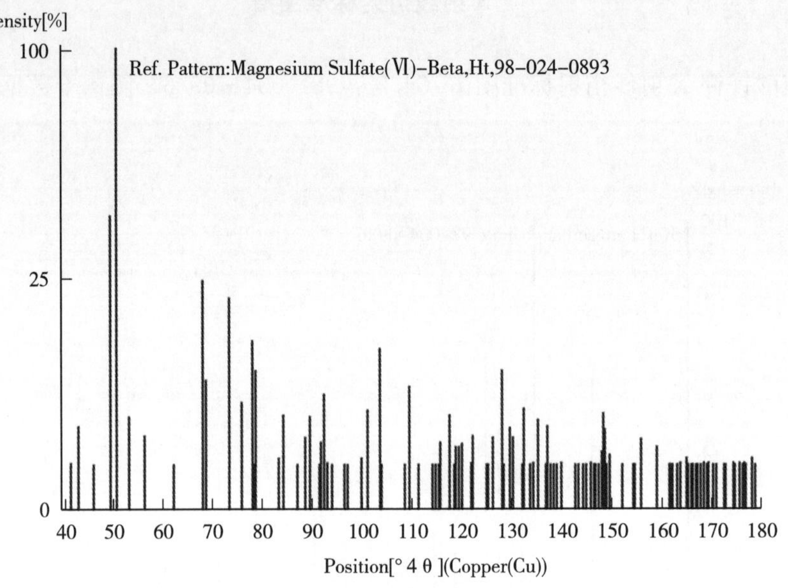

图 D.3　硫酸镁 X 射线衍射标准图谱

D.4　硫酸钾 X 射线衍射标准图谱（卡号：98－000－2827，图谱卡数据来源于 ICSD 数据库），见图 D.4。

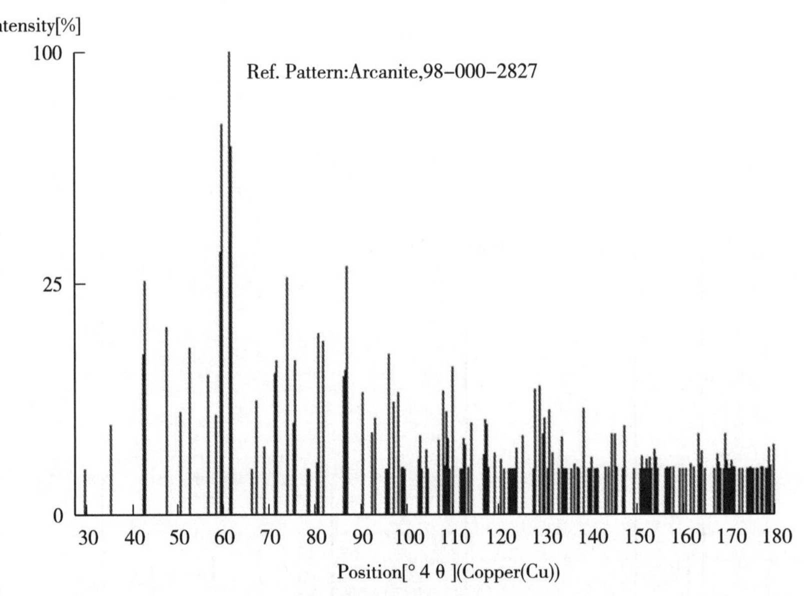

图 D.4　硫酸钾 X 射线衍射标准图谱

附录 E
（规范性）
产品使用说明书

【新产品证书号】
【生产许可证号】
【产品批准文号】
【执行标准】

饲料添加剂　硫酸镁钾
使用说明书

【产品名称】硫酸镁钾
【英文名称】Potassium magnesium sulfate
【有效成分】硫酸镁钾［$K_2Mg_2(SO_4)_3$］
【性 状】白色粉末和部分细小颗粒
【产品成分分析保证值】

项　　目	指　标
钾/%	≥18.0
镁/%	≥8.0
硫/%	≥20.0
水分/%	≤3.0
粒度（0.85mm 孔径试验筛通过率）/%	≥95.0
铅/(mg/kg)	≤10
总砷（以 As 计）/(mg/kg)	≤5
汞/(mg/kg)	≤0.5
氟/(mg/kg)	≤100

【作用功效】为动物提供镁、钾元素。
【适用范围】断奶仔猪
【用法与用量】在断奶仔猪配合饲料中的推荐添加量为 0.15%～0.3%（以产品计）。
【净含量】
【保质期】12 个月
【贮运】贮存于通风、干燥处，防止日晒、雨淋，远离火源，禁止与有毒有害物质混贮共运。
【生产企业】

生产地址　　　　邮编
电话　　　　　　传真
网址　　　　　　邮箱

附录 F
（规范性）
产品标签

【新产品证书号】　　　　　　　　　　【生产许可证号】
【产品批准文号】　　　　　　　　　　【执行标准】

饲料添加剂　硫酸镁钾
Potassium magnesium sulfate

【产品名称】硫酸镁钾
【产品成分分析保证值】

项　　目	指　标
钾/%	≥18.0
镁/%	≥8.0
硫/%	≥20.0
水分/%	≤3.0
粒度（0.85mm 孔径试验筛通过率）/%	≥95.0
铅/(mg/kg)	≤10
总砷（以 As 计）/(mg/kg)	≤5
汞/(mg/kg)	≤0.5
氟/(mg/kg)	≤100

【原料组成】硫酸镁钾
【作用功效】为动物提供镁、钾元素。
【适用范围】断奶仔猪
【用法与用量】在断奶仔猪配合饲料中的添加量为 0.15%～0.3%（以产品计）。
【净含量】
【保质期】12 个月
【贮运】贮存于通风、干燥处，防止日晒、雨淋，远离火源，禁止与有毒有害物质混贮共运。
【生产企业】
生产地址　　　　　　　　　　邮编
电话　　　　　　　　　　　　传真
【生产日期】
【生产批号】

附件 5

NYSL

新饲料和新饲料添加剂产品标准

NYSL—1006—2023

饲料添加剂　甜叶菊提取物（有效成分为绿原酸及其类似物）

Feed Additive—Stevia Extract (Active substances: Chlorogenic acid and its analogues)

2023 - 12 - 29 发布　　2023 - 12 - 29 实施

中华人民共和国农业农村部　发布

前　言

本文件按照 GB/T 1.1—2020《标准化工作导则　第 1 部分：标准化文件的结构和起草规则》的规定起草。

请注意本文件的某些内容可能涉及专利。本文件的发布机构不承担识别专利的责任。

本文件由中华人民共和国农业农村部畜牧兽医局提出，由全国饲料评审委员会归口。

本文件由诸城市浩天药业有限公司起草，由国家饲料质量检验检测中心（北京）复核。

本文件主要起草人：李亚静、池磊、薛雪、张全香。

饲料添加剂　甜叶菊提取物（有效成分为绿原酸及其类似物）

1　范围

本文件规定了饲料添加剂甜叶菊提取物（有效成分为绿原酸及其类似物）的技术要求、采样、试验方法、检验规则、标签、包装、运输、贮存和保质期。

本文件适用于以甜叶菊为原料，经提取、树脂吸附、解析、浓缩、干燥等工艺制得的饲料添加剂甜叶菊提取物，有效成分为绿原酸及其类似物，包括绿原酸、新绿原酸、隐绿原酸、异绿原酸 A、异绿原酸 B 及异绿原酸 C。

2　规范性引用文件

下列文件中的内容通过文中的规范性引用而构成本文件必不可少的条款。其中，注日期的引用文件，仅该日期对应的版本适用于本文件；不注日期的引用文件，其最新版本（包括所有的修改单）适用于本文件。

GB/T 6435　饲料中水分的测定

GB/T 6438　饲料中粗灰分的测定

GB/T 6682　分析实验室用水规格和试验方法

GB/T 8170　数值修约规则与极限数值的表示和判定

GB 10648　饲料标签

GB/T 13079　饲料中总砷的测定

GB/T 13080　饲料中铅的测定　原子吸收光谱法

GB/T 13092　饲料中霉菌总数的测定

GB/T 13093　饲料中细菌总数的测定

GB/T 14699.1　饲料　采样

3　术语和定义

本文件没有需要界定的术语和定义。

4　化学名称、分子式、相对分子质量、CAS 登记号和结构式

化学名称、分子式、相对分子质量、CAS 登记号和结构式见表 1。

表 1　化学名称、分子式、相对分子质量、CAS 登记号和结构式

通用名称	化学名称	分子式	相对分子质量[a]	CAS 登记号	结构式
绿原酸	3-咖啡酰奎宁酸	$C_{16}H_{18}O_9$	354.3	327-97-9	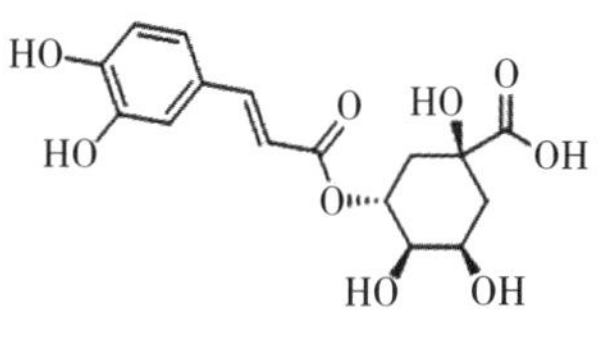

（续）

通用名称	化学名称	分子式	相对分子质量*	CAS登记号	结构式
新绿原酸	5-咖啡酰奎宁酸	$C_{16}H_{18}O_9$	354.3	906-33-2	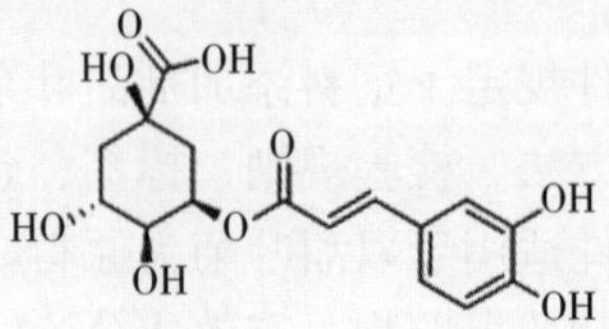
隐绿原酸	4-咖啡酰奎宁酸	$C_{16}H_{18}O_9$	354.3	905-99-7	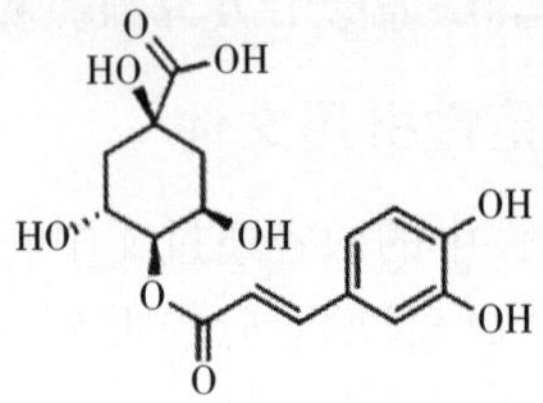
异绿原酸 A	3,5-二咖啡酰奎宁酸	$C_{25}H_{24}O_{12}$	516.45	2450-53-5	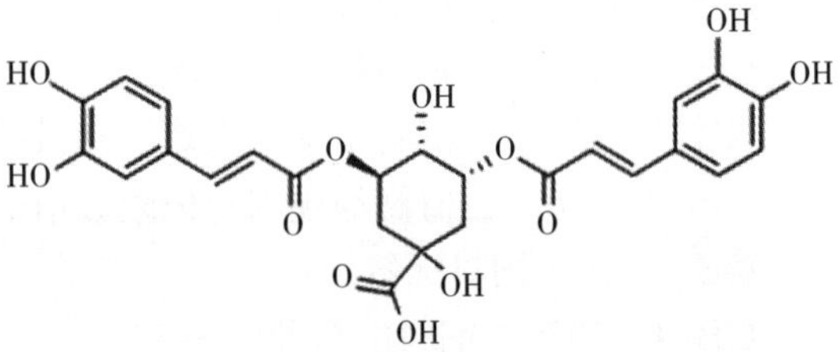
异绿原酸 B	3,4-二咖啡酰奎宁酸	$C_{25}H_{24}O_{12}$	516.45	14534-61-3	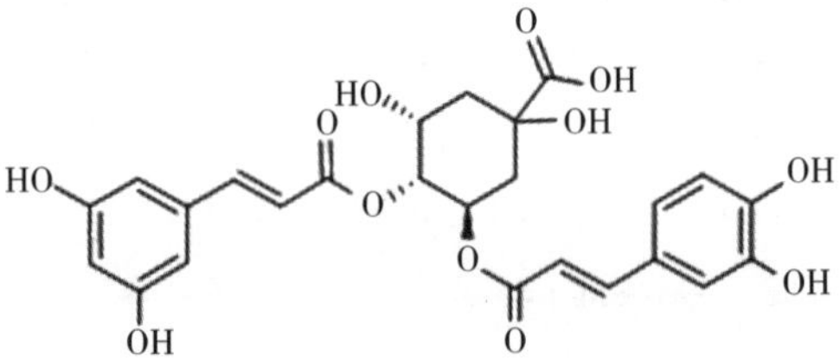
异绿原酸 C	4,5-二咖啡酰奎宁酸	$C_{25}H_{24}O_{12}$	516.45	57378-72-0	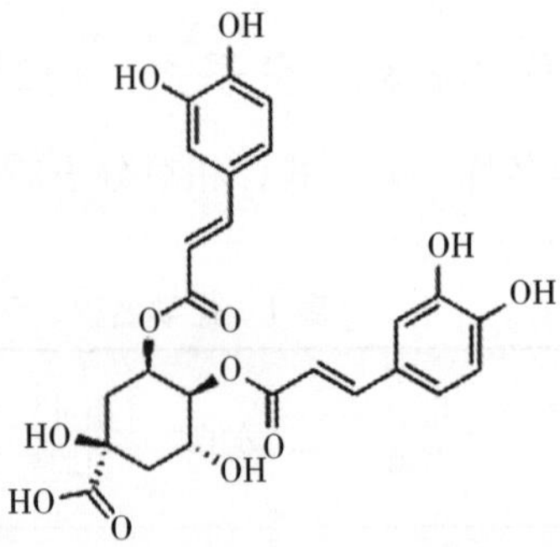

*： 按2016年国际相对原子质量表计算。

5 技术要求

5.1 外观与性状

棕色至深棕色粉末，色泽一致，无发霉、变质。

5.2 鉴别

应符合表 2 的要求。

表 2 鉴别指标

项 目			指 标
特征图谱	特征峰数	6 个	
	特征峰相对保留时间（min）	峰 1（0.588） 峰 2（1.000） 峰 3（1.114） 峰 4（2.339） 峰 5（2.431） 峰 6（2.520）	±5%以内

5.3 理化指标

应符合表 3 的要求。

表 3 理化指标

项 目	指 标
绿原酸（$C_{16}H_{18}O_9$）（以干基计）/%	≥10.0
绿原酸及其类似物（以绿原酸、新绿原酸、隐绿原酸、异绿原酸 A、异绿原酸 B 及异绿原酸 C 之和计）（以干基计）/%	≥40.0
水分/%	≤5.0
粗灰分/%	≤10.0
总砷（以 As 计）/(mg/kg)	≤2.0
铅/(mg/kg)	≤5.0
细菌总数/(CFU/g)	≤1 000
霉菌总数/(CFU/g)	≤100

6 采样

按 GB/T 14699.1 规定执行。

7 试验方法

除非另有规定，仅使用分析纯试剂。色谱分析用水为 GB/T 6682 规定的一级水，其他分析用水应符合 GB/T 6682 规定的三级水。

7.1 外观与性状

取适量试样放置于清洁、干燥的白瓷盘内，于自然光线下用眼观其色泽和状态。

7.2 鉴别试验

按附录 A 规定执行，应符合表 2 规定。

7.3 绿原酸含量

按附录 B 规定执行。

7.4 绿原酸及其类似物（以绿原酸、新绿原酸、隐绿原酸、异绿原酸 A、异绿原酸 B 及异绿原酸 C 之和计）含量

按附录 B 规定执行。

7.5 水分

按 GB/T 6435 规定执行。

7.6 粗灰分

按 GB/T 6438 规定执行。

7.7 总砷

按 GB/T 13079 规定执行。

7.8 铅

按 GB/T 13080 规定执行。

7.9 细菌总数

按 GB/T 13093 规定执行。

7.10 霉菌总数

按 GB/T 13092 规定执行。

8 检验规则

8.1 组批

以相同原料、相同生产工艺、连续生产或同一班次生产的同一规格的产品为 1 批。但每批产品不得超过 10t。

8.2 出厂检验

出厂检验项目为外观与性状、水分、绿原酸、绿原酸及其类似物（以绿原酸、新绿原酸、隐绿原酸、异绿原酸 A、异绿原酸 B 及异绿原酸 C 之和计）。产品出厂前应逐批检验，检验合格并且附具合格证和产品使用说明书（附录 C）方可出厂。

8.3 型式检验

型式检验项目为本文件第 5 章规定的所有项目，在正常生产情况下，每半年至少进行 1 次型式检验。有下列情况之一时，也应进行型式检验：

a）产品定型投产时；

b）生产工艺、配方或主要原料来源有较大改变，可能影响产品质量时；

c）停产 3 个月以上，重新恢复生产时；

d）出厂检验结果与上次型式检验结果有较大差异时；

e）饲料行政管理部门提出检验要求时。

8.4 判定规则

8.4.1 所验项目全部合格，判定为该批次产品合格。

8.4.2 检验结果中有任何指标不符合本文件规定时，可在同批产品中重新加倍取样进行复检。复检结果有一项指标不符合本文件规定，则判定该批产品不合格。微生物指标不得复检。

8.4.3 各项目指标的极限数值判定按 GB/T 8170 中修约值比较法执行。

9 标签、包装、运输、贮存和保质期

9.1 标签

按 GB 10648 规定执行，见附录 D。

9.2 包装

9.3 采用聚乙烯塑料内袋加外包装纸箱或覆膜铝箔袋包装。

9.4 运输

运输中应保证包装的完整，防止日晒、雨淋，禁止与有毒有害物质共运。

9.5 贮存

应贮存于清洁、干燥、通风处，防潮、防晒、防虫，不得与有毒有害物质混贮。

9.6 保质期

未开启包装的产品，在规定的运输、贮存条件下，产品保质期为24个月。

附录 A
（规范性）
鉴别试验

A.1　试剂或材料

A.1.1　乙腈：色谱纯。

A.1.2　甲醇：色谱纯。

A.1.3　50%甲醇溶液：量取500mL甲醇（A.1.2），加500mL水，混匀。

A.1.4　0.1%甲酸乙腈溶液：准确量取100mL乙腈（A.1.1）于1 000mL容量瓶中，加1mL甲酸，用水定容至刻度。

A.1.5　绿原酸及其类似物混合标准储备溶液（800μg/mL）：分别精密称取绿原酸（CAS：327－97－9，纯度≥98.5%）、新绿原酸（CAS：906－33－2，纯度≥98.5%）、隐绿原酸（CAS：905－99－7，纯度≥98.5%）、异绿原酸A（CAS：2450－53－5，纯度≥98.5%）、异绿原酸B（CAS：14534－61－3，纯度≥98.5%）、异绿原酸C（CAS：57378－72－0，纯度≥98.5%）20mg（精确至0.01mg）于25mL容量瓶中，加甲醇（A.1.2）溶解并定容至刻度。2～8℃保存，有效期为3个月。

A.1.6　绿原酸及其类似物混合标准工作溶液（80μg/mL）：准确移取绿原酸及其类似物混合标准储备溶液（A.1.5）1mL于10mL容量瓶中，加水定容至刻度。临用现配。

A.1.7　微孔滤膜：0.22μm，有机系。

A.2　仪器设备：

A.2.1　高效液相色谱仪：配紫外检测器。

A.2.2　分析天平：感量为0.01mg。

A.3　试验步骤：

A.3.1　试样溶液制备

称取试样50mg（精确至0.01mg）于100mL容量瓶中，加入50%甲醇溶液（A.1.3）约70mL。超声30min溶解，冷却至室温后用50%甲醇溶液（A.1.3）定容至刻度，摇匀。微孔滤膜（A.1.7）过滤，待测。

A.4　测定

A.4.1　液相色谱参考条件

液相色谱参考条件如下：

a）色谱柱：C_{18}柱，柱长为250mm，内径为4.6mm，粒径为5μm，或者性能相当者；

b）流动相：A相为0.1%甲酸乙腈溶液（A.1.4），B相为乙腈（A.1.1）；梯度洗脱程序见表A.1；

c）流速：1.0mL/min；

d）柱温：30℃；

e）检测波长：327nm；

f）进样量：10μL。

表 A.1 梯度洗脱程序

时间（min）	流动相 A（%）	流动相 B（%）
0.01	100	0
15.00	100	0
15.01	90	10
25.00	80	20
25.01	95	5
30.00	100	0
35.00	100	0

A.4.2 混合标准工作溶液和试样溶液测定

在仪器的最佳条件下，绿原酸及其类似物混合标准工作溶液（A.1.6）和试样溶液（A.3.1），分别注入高效液相色谱仪中测定。

A.5 试验结果

试样溶液高效液相色谱图（见图 A.1）中应呈现 6 个特征峰，并与混合标准工作溶液高效液相色谱图（见图 A.2）中 6 个特征峰相对应，将特征峰 2（绿原酸）标定为 S 峰，分别计算试样溶液和混合标准工作溶液色谱图中峰 1（新绿原酸）、峰 3（隐绿原酸）、峰 4（异绿原酸 B）、峰 5（异绿原酸 A）、峰 6（异绿原酸 C）与 S 峰的相对保留时间，混合标准工作溶液中峰 1、峰 3、峰 4、峰 5、峰 6 相对保留时间的规定值分别为 0.588、1.114、2.339、2.431、2.520。试样溶液色谱图中峰 1、峰 3、峰 4、峰 5、峰 6 相对保留时间与规定值的相对偏差应在 ±5%以内。

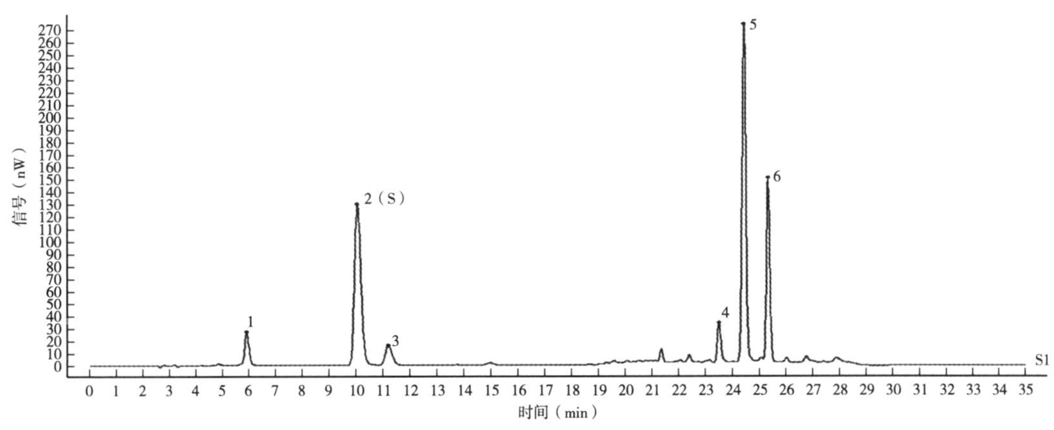

图 A.1 试样溶液高效液相色谱图

标引序号说明：

1——新绿原酸；2——绿原酸（S 峰）；3——隐绿原酸；4——异绿原酸 B；5——异绿原酸 A；6——异绿原酸 C。

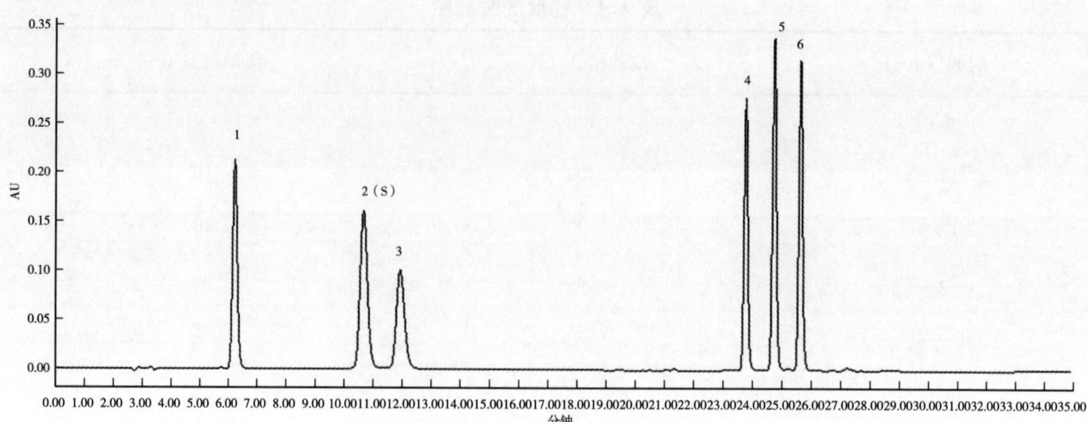

图 A.2　绿原酸及其类似物混合标准工作溶液高效液相色谱图

标引序号说明：

1——新绿原酸；2——绿原酸（S峰）：3——隐绿原酸；4——异绿原酸 B；5——异绿原酸 A；6——异绿原酸 C。

附录 B

（规范性）

绿原酸含量、绿原酸及其类似物（以绿原酸、新绿原酸、隐绿原酸、异绿原酸 A、异绿原酸 B 及异绿原酸 C 之和计）含量的测定

B.1 原理

试样中的绿原酸、新绿原酸、隐绿原酸、异绿原酸 A、异绿原酸 B 及异绿原酸 C 经溶解，用高效液相色谱仪测定，外标法定量。

B.2 试剂或材料

B.2.1 乙腈：色谱纯。

B.2.2 甲醇：色谱纯。

B.2.3 50%甲醇溶液：量取 500mL 甲醇（B.2.2），加 500mL 水，混匀。

B.2.4 0.1%甲酸乙腈溶液：准确量取 100mL 乙腈（B.2.1）于 1 000mL 容量瓶中，加 1mL 甲酸，用水定容至刻度。

B.2.5 绿原酸及其类似物混合标准储备溶液（800μg/mL）：分别精密称取绿原酸（CAS：327-97-9，纯度≥98.5%）、新绿原酸（CAS：906-33-2，纯度≥98.5%）、隐绿原酸（CAS：905-99-7，纯度≥98.5%）、异绿原酸 A（CAS：2450-53-5，纯度≥98.5%）、异绿原酸 B（CAS：14534-61-3，纯度≥98.5%）、异绿原酸 C（CAS：57378-72-0，纯度≥98.5%）20mg（精确至 0.01mg）于 25mL 容量瓶中，加甲醇（B.2.2）溶解并定容至刻度。2～8℃保存，有效期为 3 个月。

B.2.6 混合标准工作溶液（80μg/mL）：准确移取绿原酸及其类似物标准储备溶液（B.2.5）1mL 于 10mL 容量瓶中，加水定容至刻度。临用现配。

B.2.7 微孔滤膜：0.22μm，有机系。

B.3 仪器设备

B.3.1 高效液相色谱仪：配紫外检测器。

B.3.2 分析天平：感量为 0.01mg。

B.4 试验步骤

B.4.1 试样溶液制备

平行做两份试验。称取试样 50mg（精确至 0.01mg）于 100mL 容量瓶中，加入 50%甲醇溶液（B.2.3）约 70mL。超声 30min 溶解，冷却至室温后用 50%甲醇溶液（B.2.3）定容至刻度，摇匀。微孔滤膜（B.2.7）过滤，待测。

B.5 测定

B.5.1 液相色谱参考条件

液相色谱参考条件如下：

a）色谱柱：C_{18}柱，柱长为 250mm，内径为 4.6mm，粒径为 5μm，或者性能相当者；

b）流动相：A 相为 0.1%甲酸乙腈溶液（B.2.4），B 相为乙腈（B.2.1）；梯度洗脱程序见表 B.1；

c）流速：1.0mL/min；

d）柱温：30℃；

e）检测波长：327nm；

f）进样量：10μL。

表 B.1 梯度洗脱程序

时间（min）	流动相 A（%）	流动相 B（%）
0.01	100	0
15.00	100	0
15.01	90	10
25.00	80	20
25.01	95	5
30.00	100	0
35.00	100	0

B.5.2 混合标准工作溶液和试样溶液测定

在仪器的最佳条件下，绿原酸及其类似物混合标准工作溶液（B.2.6）和试样溶液（B.4.1）分别注入高效液相色谱仪中测定。混合标准工作溶液（B.2.6）色谱图见图 B.1。

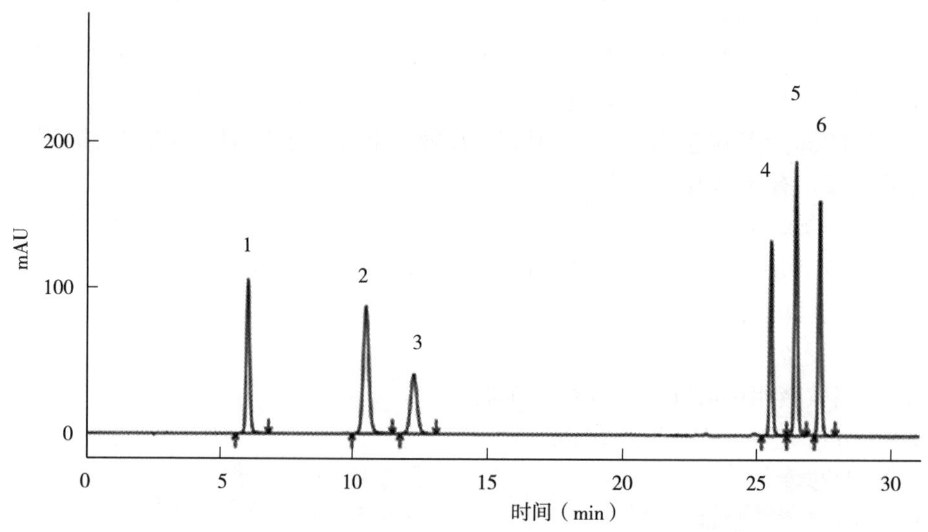

图 B.1 绿原酸及其类似物混合标准工作溶液液相色谱图（80 g/mL）

标引序号说明：

1——新绿原酸；2——绿原酸；3——隐绿原酸；4——异绿原酸 B；5——异绿原酸 A；6——异绿原酸 C。

B.5.3 定量

试样溶液中绿原酸及其类似物（绿原酸、新绿原酸、隐绿原酸、异绿原酸 A、异绿原酸 B 及异绿原酸 C）浓度与混合标准工作溶液浓度相差不超过 30%。如超出范围，应将试样溶液用 50%甲醇溶液（B.2.3）稀释至范围内，重新测定。

B.6 试验数据处理

试样中绿原酸、新绿原酸、隐绿原酸、异绿原酸 A、异绿原酸 B 及异绿原酸 C 含量（以干基计）以质量分数计，数值以百分数（%）表示，按公式（B.1）计算：

$$w_1=\frac{A_i\times\rho\times V\times f_i\times n}{A_{Si}\times m\times(1-w)}\times10^{-4} \qquad \text{(B.1)}$$

式中：

i——分别对应绿原酸、新绿原酸、隐绿原酸、异绿原酸 A、异绿原酸 B、异绿原酸 C；

A_i——试样溶液中绿原酸及其类似物（绿原酸、新绿原酸、隐绿原酸、异绿原酸 A、异绿原酸 B 及异绿原酸 C）的峰面积；

ρ——标准工作溶液中绿原酸及其类似物（绿原酸、新绿原酸、隐绿原酸、异绿原酸 A、异绿原酸 B 及异绿原酸 C）的浓度，单位为微克每毫升（μg/mL）；

V——试样溶液定容体积，单位为毫升（mL）；

f_i——混合标准工作溶液中绿原酸及其类似物（绿原酸、新绿原酸、隐绿原酸、异绿原酸 A、异绿原酸 B 及异绿原酸 C）的纯度单位为百分数（%）；

A_{Si}——标准工作溶液中绿原酸及其类似物（绿原酸、新绿原酸、隐绿原酸、异绿原酸 A、异绿原酸 B 及异绿原酸 C）的峰面积；

m——试样质量，单位为克（g）；

w——试样水分含量，单位为百分数（%）；

n——试样溶液稀释倍数。

试样溶液中绿原酸及其类似物（以绿原酸、新绿原酸、隐绿原酸、异绿原酸 A、异绿原酸 B、异绿原酸 C 之和计）（以干基计）的含量以质量分数计，数值以百分率（%）表示，按公式（B. 2）计算：

$$w = w_1 + w_2 + w_3 + w_4 + w_5 + w_6 \tag{B. 2}$$

式中：

w_1——试样中绿原酸的含量，单位为百分数（%）；

w_2——试样中新绿原酸的含量，单位为百分数（%）；

w_3——试样中隐绿原酸的含量，单位为百分数（%）；

w_4——试样中异绿原酸 A 的含量，单位为百分数（%）；

w_5——试样中异绿原酸 B 的含量，单位为百分数（%）；

w_6——试样中异绿原酸 C 的含量，单位为百分数（%）。

测定结果以平行测定的算术平均值表示，保留至小数点后一位。

B. 7　精密度

在重复性条件下，两次独立测定结果的绝对差值不超过其算术平均值的 10%。

附录 C

（规范性）

产品使用说明书

【新产品证书号】
【生产许可证号】
【产品批准文号】
【执行标准】

饲料添加剂　甜叶菊提取物（有效成分为绿原酸及其类似物）使用说明书

【产品名称】甜叶菊提取物（有效成分为绿原酸及其类似物）
【英文名称】Stevia Extract (Active substances: Chlorogenic acid and its analogues)
【有效成分】绿原酸及其类似物（包括绿原酸、新绿原酸、隐绿原酸、异绿原酸 A、异绿原酸 B 及异绿原酸 C）
【性状】棕色至深棕色粉末，色泽一致，无发霉、变质。
【产品成分分析保证值】

项　　目	指　标
绿原酸（$C_{16}H_{18}O_9$）（以干基计）/%	≥10.0
绿原酸及其类似物（以绿原酸、新绿原酸、隐绿原酸、异绿原酸 A、异绿原酸 B 及异绿原酸 C 之和计）（以干基计）/%	≥40.0
水分/%	≤5.0
粗灰分/%	≤10.0
总砷（以 As 计）/(mg/kg)	≤2.0
铅（Pb）/(mg/kg)	≤5.0
细菌总数（CFU/g）	≤1 000
霉菌总数（CFU/g）	≤100

【作用功效】提高机体抗氧化能力。
【适用范围】肉仔鸡、断奶仔猪。
【用法与用量】在肉仔鸡配合饲料中推荐添加量为 110mg/kg，在断奶仔猪配合饲料中推荐添加量为 200～400mg/kg。(均以产品计)
【净含量】
【保质期】24 个月。
【贮运】贮存于清洁、干燥、通风处，防潮、防晒、防虫。不得与有毒有害物质混贮。运输中应保证包装的完整，防止日晒、雨淋，禁止与有毒有害物质共运。
【生产企业】

地址　　　　邮编
电话　　　　传真
网址　　　　邮箱

附录 D
（规范性）
产品标签

【新产品证书号】　　　　【生产许可证号】
【产品批准文号】　　　　【执行标准】

饲料添加剂　甜叶菊提取物（有效成分为绿原酸及其类似物）
Stevia Extract（Active substances: Chlorogenic acid and its analogues）

【产品名称】甜叶菊提取物（有效成分为绿原酸及其类似物）
【产品成分分析保证值】

项　　目	指　标
绿原酸（$C_{16}H_{18}O_9$）（以干基计）/%	≥10.0
绿原酸及其类似物（以绿原酸、新绿原酸、隐绿原酸、异绿原酸 A、异绿原酸 B 及异绿原酸 C 之和计）（以干基计）/%	≥40.0
水分/%	≤5.0
粗灰分/%	≤10.0
总砷（以 As 计）/(mg/kg)	≤2.0
铅（Pb）/(mg/kg)	≤5.0
细菌总数（CFU/g）	≤1 000
霉菌总数（CFU/g）	≤100

【有效成分】绿原酸及其类似物（包括绿原酸、新绿原酸、隐绿原酸、异绿原酸 A、异绿原酸 B 及异绿原酸 C）
【作用功效】提高机体抗氧化能力。
【适用范围】肉仔鸡、断奶仔猪。
【用法与用量】在肉仔鸡配合饲料中推荐添加量为 110mg/kg，在断奶仔猪配合饲料中推荐添加量为 200～400mg/kg。（均以产品计）
【净含量】
【保质期】24 个月。
【贮运】贮存于清洁、干燥、通风处，防潮、防晒、防虫。不得与有毒有害物质混贮。运输中应保证包装的完整，防止日晒、雨淋，禁止与有毒有害物质共运。
【生产企业】
　　生产地址：　　　　邮编：
　　电话：　　　　　　传真：
【生产日期】
【生产批号】

附件 6

饲料添加剂氨基酸铁络合物（氨基酸为 L-赖氨酸和谷氨酸）信息表

申请单位	金宝（中国）动物营养科技有限公司	
通用名称	氨基酸铁络合物（氨基酸为 L-赖氨酸和谷氨酸）	
英文名称	Iron Amino Acid Complex（amino acid mixed by L-lysine and glutamic acid）	
主要成分	氨基酸铁络合物（氨基酸为 L-赖氨酸和谷氨酸）	
产品类别	矿物元素及其络（螯）合物类饲料添加剂	
产品来源	以硫酸亚铁、L-赖氨酸盐酸盐和谷氨酸钠为原料制备的，谷氨酸和赖氨酸为混合配体的氨基酸铁络合物。	
适用动物	家禽和猪	
在配合饲料中的推荐添加量（以干物质含量为 88%的配合饲料为基础）	断奶仔猪：60～90mg/kg（以铁元素计） 生长育肥猪：30～60mg/kg（以铁元素计） 肉鸡：40～80mg/kg（以铁元素计） 蛋鸡：45～60mg/kg（以铁元素计）	
在配合饲料中的最高限量	按照《饲料添加剂安全使用规范》（农业部公告第 2625 号）中铁元素“在配合饲料或全混合日粮中的最高限量”规定执行。	
质量要求	外观与性状	黄棕色至棕色颗粒状粉末
	螯合率/%	≥90
	铁（以干基计）/%	≥15.0
	赖氨酸（以干基计）/%	≥16.5
	谷氨酸（以干基计）/%	≥16.5
	水分/%	≤7
	粗灰分/%	≤35
	砷（以 As 计）/(mg/kg)	≤5
	铅（Pb）/(mg/kg)	≤10
	镉（Cd）/(mg/kg)	≤5
	大肠菌群/(MPN/100g)	≤30
	沙门氏菌（25g 中）	不得检出
	细菌总数/(CFU/g)	≤1.0×10^5

附件 7

饲料添加剂氨基酸铜络合物（氨基酸为 L-赖氨酸和谷氨酸）信息表

<table>
<tr><td>申请单位</td><td colspan="2">金宝（中国）动物营养科技有限公司</td></tr>
<tr><td>通用名称</td><td colspan="2">氨基酸铜络合物（氨基酸为 L-赖氨酸和谷氨酸）</td></tr>
<tr><td>英文名称</td><td colspan="2">Copper Amino Acid Complex（amino acid mixed by L-lysine and glutamic acid）</td></tr>
<tr><td>主要成分</td><td colspan="2">氨基酸铜络合物（氨基酸为 L-赖氨酸和谷氨酸）</td></tr>
<tr><td>产品类别</td><td colspan="2">矿物元素及其络（螯）合物类饲料添加剂</td></tr>
<tr><td>产品来源</td><td colspan="2">以硫酸铜、L-赖氨酸盐酸盐和谷氨酸钠为原料制备的，谷氨酸和赖氨酸为混合配体的氨基酸铜络合物。</td></tr>
<tr><td>适用动物</td><td colspan="2">畜禽</td></tr>
<tr><td>在配合饲料或全混合日粮中的推荐添加量（以干物质含量为 88%的配合饲料或全混合日粮为基础）</td><td colspan="2">泌乳奶牛：3.5mg/kg（以铜元素计）
肉仔鸡：4～8mg/kg（以铜元素计）
蛋鸡：5～10mg/kg（以铜元素计）
断奶仔猪：50～75mg/kg（以铜元素计）</td></tr>
<tr><td>在配合饲料或全混合日粮中的最高限量</td><td colspan="2">按照《饲料添加剂安全使用规范》（农业部公告第 2625 号）中铜元素“在配合饲料或全混合日粮中的最高限量”规定执行。</td></tr>
<tr><td rowspan="13">质量要求</td><td>外观与性状</td><td>绿色颗粒状粉末</td></tr>
<tr><td>螯合率/%</td><td>≥85</td></tr>
<tr><td>铜（以干基计）/%</td><td>≥17.0</td></tr>
<tr><td>赖氨酸（以干基计）/%</td><td>≥17</td></tr>
<tr><td>谷氨酸（以干基计）/%</td><td>≥17</td></tr>
<tr><td>水分/%</td><td>≤7</td></tr>
<tr><td>粗灰分/%</td><td>≤35</td></tr>
<tr><td>砷（以 As 计）/(mg/kg)</td><td>≤3</td></tr>
<tr><td>铅（Pb）/(mg/kg)</td><td>≤10</td></tr>
<tr><td>镉（Cd）/(mg/kg)</td><td>≤3</td></tr>
<tr><td>大肠菌群/(MPN/100g)</td><td>≤30</td></tr>
<tr><td>沙门氏菌（25g 中）</td><td>不得检出</td></tr>
<tr><td>细菌总数/(CFU/g)</td><td>$\leq 1.0\times 10^5$</td></tr>
</table>

附件 8

饲料添加剂氨基酸锰络合物（氨基酸为 L-赖氨酸和谷氨酸）信息表

申请单位	金宝（中国）动物营养科技有限公司	
通用名称	氨基酸锰络合物（氨基酸为 L-赖氨酸和谷氨酸）	
英文名称	Manganese Amino Acid Complex（amino acid mixed by L-lysine and glutamic acid）	
主要成分	氨基酸锰络合物（氨基酸为 L-赖氨酸和谷氨酸）	
产品类别	矿物元素及其络（螯）合物类饲料添加剂	
产品来源	以硫酸锰、L-赖氨酸盐酸盐和谷氨酸钠为原料制备的，谷氨酸和赖氨酸为混合配体的氨基酸锰络合物。	
适用动物	畜禽	
在配合饲料或全混合日粮中的推荐添加量（以干物质含量为 88%的配合饲料或全混合日粮为基础）	断奶仔猪：10～20mg/kg（以锰元素计） 鸡：40～80mg/kg（以锰元素计） 泌乳奶牛：20～40mg/kg（以锰元素计）	
在配合饲料或全混合日粮中的最高限量	按照《饲料添加剂安全使用规范》（农业部公告第 2625 号）中锰元素“在配合饲料或全混合日粮中的最高限量”规定执行。	
质量要求	外观与性状	棕色颗粒状粉末
	锰（以干基计）/%	≥15.0
	螯合率/%	≥82
	赖氨酸（以干基计）/%	≥16.5
	谷氨酸（以干基计）/%	≥16.5
	水分/%	≤7
	粗灰分/%	≤40
	砷（以 As 计）/(mg/kg)	≤5
	铅（Pb）/(mg/kg)	≤20
	镉（Cd）/(mg/kg)	≤3
	大肠菌群/(MPN/100g)	≤30
	沙门氏菌（25g 中）	不得检出
	细菌总数/(CFU/g)	≤1.0×10^5

附件 9

饲料添加剂碳酸氢钾信息表

通用名称	碳酸氢钾		
英文名称	Potassium bicarbonate		
主要成分	碳酸氢钾（$KHCO_3$）		
产品类别	矿物元素及其络（螯）合物类饲料添加剂		
产品来源	以氯化钾、碳酸氢铵为原料，经化料、离子交换、蒸发浓缩、结晶、离心、烘干制得		
适用动物	泌乳奶牛		
在全混合日粮中的推荐添加量（以干物质含量为 88% 的全混合日粮为基础）	0.34%（以钾元素计）		
质量要求	外观与性状		白色晶体
	总碱量（以 $KHCO_3$ 计）（以干基计）/%		99.0～101.5
	粒度	0.850mm 孔径试验筛通过率/%	≥99
		0.212mm 孔径试验筛通过率/%	≤2
	干燥减量/%		≤0.25
	pH（100g/L 溶液）		≤8.5
	水不溶物/%		≤0.02
	氯化物（以 KCl 计）/%		≤0.02
	三氧化二铁（Fe_2O_3）/%		≤0.001 0
	铅（Pb）/(mg/kg)		≤1.0
	砷（As）/(mg/kg)		≤1.0
	镉（Cd）/(mg/kg)		≤0.5

附件 10

NYSL

饲料和饲料添加剂产品标准

NYSL—1007—2023

饲料添加剂　碳酸氢钾

Feed additive—Potassium Bicarbonate

2023 - 12 - 29 发布　　　　2023 - 12 - 29 实施

中华人民共和国农业农村部　发布

前　言

本文件按照 GB/T 1.1—2020《标准化工作导则　第 1 部分：标准化文件的结构和起草规则》的规定起草。

请注意本文件的某些内容可能涉及专利。本文件的发布机构不承担识别专利的责任。

本文件由中华人民共和国农业农村部畜牧兽医局提出，由全国饲料评审委员会归口。

本文件由浙江大洋生物科技集团股份有限公司起草，由国家饲料质量检验检测中心（北京）复核。

本文件主要起草人：童永彬、石琢、陈倍、谢秀兰、赵学军、胡夏明。

饲料添加剂　碳酸氢钾

1　范围

本文件规定了饲料添加剂碳酸氢钾的技术要求、采样、试验方法、检验规则、标签、包装、运输、贮存和保质期。

本文件适用于以氯化钾、碳酸氢铵为原料，经化料、离子交换、蒸发浓缩、结晶、离心、烘干制得的饲料添加剂碳酸氢钾。

2　规范性引用文件

下列文件中的内容通过文中的规范性引用而构成本文件必不可少的条款。其中，注日期的引用文件，仅该日期对应的版本适用于本文件；不注日期的引用文件，其最新版本（包括所有的修改单）适用于本文件。

GB/T 601　化学试剂标准滴定溶液的制备

GB/T 602　化学试剂杂质测定用标准溶液的制备

GB/T 603　化学试剂试验方法中所用制剂及制品的制备

GB 1886.247—2016　食品安全国家标准　食品添加剂　碳酸氢钾

GB/T 5917.1　饲料粉碎粒度测定　两层筛筛分法

GB/T 6682　分析实验室用水规格和试验方法

GB/T 8170　数值修约规则与极限数值的表示和判定

GB 10648　饲料标签

GB/T 13079—2022　饲料中总砷的测定

GB/T 13080　饲料中铅的测定　原子吸收光谱法

GB/T 13082　饲料中镉的测定

GB/T 14699.1　饲料　采样

HG/T 2828—2010　工业碳酸氢钾

3　术语和定义

本文件没有需要界定的术语和定义。

4　化学名称、CAS登记号、分子式、相对分子质量和结构式

化学名称：碳酸氢钾

CAS登记号：298-14-6

分子式：$KHCO_3$

相对分子质量：100.12（按2022年国际相对原子质量）

结构式：碳酸氢钾结构式见图1。

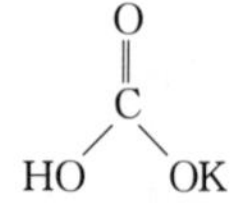

图1　碳酸氢钾结构式

5　技术要求

5.1　外观与性状

白色晶体。

5.2 鉴别

钾离子和碳酸氢根离子的鉴别分别呈正反应。

5.3 技术指标

应符合表1要求。

表1 技术指标

项目		指标
总碱量（以 $KHCO_3$ 计）（以干基计）/%		99.0～101.5
干燥减量/%		≤0.25
pH（100g/L溶液）		≤8.5
水不溶物/%		≤0.02
氯化物（以KCl计）/%		≤0.02
三氧化二铁（Fe_2O_3）/%		≤0.001 0
铅（Pb）/(mg/kg)		≤1.0
砷（As）/(mg/kg)		≤1.0
镉（Cd）/(mg/kg)		≤0.5
粒度	0.850mm孔径试验筛通过率/%	≥99
	0.212mm孔径试验筛通过率/%	≤2

6 取样

按GB/T 14699.1规定执行。

7 试验方法

除非另有说明，仅使用分析纯试剂。水为GB/T 6682规定的三级水。试验中所用标准溶液、杂质测定用标准溶液、制剂及制品，在未注明其他要求时，均按GB/T 601、GB/T 602、GB/T 603的规定制备。试验中所用溶液在未注明何种溶剂配制时，均指水溶液。

7.1 外观与性状

取适量样品置于清洁、干燥的白瓷盘中，在自然光线下，观察其外观和性状。

7.2 鉴别试验

7.2.1 试剂或材料

7.2.1.1 盐酸：分析纯。

7.2.1.2 无水乙醇：分析纯。

7.2.1.3 氢氧化钙饱和溶液：称取3g氢氧化钙置于1 000mL水中，经剧烈搅拌或振摇后，放置澄清，取澄清液备用。

7.2.1.4 硫酸镁溶液（120g/L）：称取12g硫酸镁置于100mL容量瓶中，用水溶解并定容至100mL。

7.2.1.5 四苯硼钠乙醇溶液（34g/L）：称取3.4g四苯硼钠置于100mL容量瓶中，用无水乙醇溶解并定容至100mL。

7.2.1.6 酚酞指示液（10g/L）：称取1g酚酞溶于乙醇（95%），用乙醇（95%）稀释至100mL。

7.2.1.7 铂丝。

7.2.1.8 钴玻璃。

7.2.2 试验步骤

7.2.2.1 试样溶液的制备：称取10g试样，用水溶解并定容至100mL，浓度为0.1g/mL。

7.2.2.2 碳酸氢盐的鉴别

a）取50mL试样溶液（7.2.2.1），置于250mL锥形瓶中，滴加盐酸（7.2.1.1），即放出气体。将此气体导入氢氧化钙饱和溶液中，应有白色沉淀产生；

b）取适量试样溶液（7.2.2.1），滴加硫酸镁溶液（7.2.1.4），在常温下无沉淀，煮沸后应产生白色沉淀；

c）取适量试样溶液（7.2.2.1），加酚酞指示液（7.2.1.6），不变色或仅显微红色。

7.2.2.3 钾离子的鉴别

a）取适量试样溶液（7.2.2.1），加入四苯硼钠乙醇溶液（7.2.1.5），即有大量白色沉淀生成；

b）用盐酸（7.2.1.1）浸润的铂丝先在无色火焰上燃烧至无色。再蘸取少许试样溶液（7.2.2.1），在无色火焰上燃烧，通过钴玻璃（7.2.1.8）观察火焰呈紫色。

7.3 总碱量

按GB 1886.247—2016中A.4规定执行。

7.4 干燥减量

按GB 1886.247—2016中A.6规定执行。

7.5 pH

按GB 1886.247—2016中A.7规定执行。

7.6 水不溶物

按GB 1886.247—2016中A.5规定执行。

7.7 氯化物

7.7.1 试剂或材料

7.7.1.1 硝酸溶液：量取100mL硝酸与100mL水混匀。

7.7.1.2 硝酸银溶液（17g/L）：称取1.7g硝酸银溶于水，稀释至100mL，贮存与棕色瓶中。

7.7.1.3 稳定剂：取200mL丙三醇，200mL无水乙醇，加100mL水，充分混匀。

7.7.1.4 氯化钾标准溶液（0.10mg/mL）：准确称取0.100 0g于500～600℃灼烧至质量恒定的氯化钾（优级纯），溶于水，定容至1 000mL，摇匀。

7.7.2 仪器设备

7.7.2.1 电子天平：感量为0.000 1g；

7.7.2.2 具塞比色管：50mL；

7.7.2.3 一般玻璃仪器。

7.7.3 试验步骤

7.7.3.1 试样溶液的制备

称取5.00g±0.01g于硅胶干燥器中放置4h后的试样，置于100mL烧杯中，加水15mL溶解，转移至100mL的容量瓶中，稀释至刻度，摇匀，备用。

7.7.3.2 测定

称取5.00g±0.01g于硅移取10mL试样溶液（7.7.3.1）于100mL烧杯中，加10mL水。

逐滴加入2mL硝酸溶液（7.7.1.1），加热煮沸冷却后，移入50mL比色管中，以少量水冲洗烧杯，倾入比色管中。加1mL硝酸溶液（7.7.1.1），用水稀释至35mL。再加10mL稳定剂（7.7.1.3），1mL硝酸银溶液（7.7.1.2），用水稀释至刻度，摇匀。放置10min，于黑背景下与标准比浊溶液比对，所产生的浊度不得深于标准比浊溶液。

移取1.00mL氯化钾标准溶液（7.7.1.4），置于50mL比色管中，从“加1mL硝酸溶液……”开始，标准比浊溶液与试样溶液同时同样处理，用水稀释至刻度，摇匀。

7.8 三氧化二铁

按HG/T 2828—2010中5.9铁含量的测定的规定执行。

7.9 铅

按GB/T 13080规定执行。

7.10 砷

按GB/T 13079—2022中4银盐法的规定执行。

7.11 镉

按GB/T 13082规定执行。

7.12 粒度

按GB/T 5917.1规定执行。

8 检验规则

8.1 组批

以相同材料，相同生产工艺、连续生产或同一班次生产的同一规格的产品为一批。但每批产品不得超过10t。

8.2 出厂检验

出厂检验项目为外观与性状、总碱量、干燥失重、pH、水不溶物、氯化物和粒度。产品出厂前应逐批检验，检验合格并且附具合格证和产品使用说明书（见附件A）方可出厂。

8.3 型式检验

型式检验项目为第5章规定的所有项目。在正常生产情况下，每半年至少进行1次型式检验。有下列情况之一时，亦应进行型式检验：

a）产品定型投产时；

b）生产工艺、配方或主要原料来源有较大改变，可能影响产品质量时；

c）停产3个月以上，重新恢复生产时；

d）出厂检验结果与上次型式检验结果有较大差异时；

e）饲料行政管理部门提出检验要求时。

8.4 判定规则

8.4.1 所验项目全部合格，判定为该批次产品合格。

8.4.2 检验结果中有任何指标不符合本文件规定时，可在同批产品中重新加倍取样进行复检。复检结果有一项指标不符合本文件规定，则判定该批产品不合格。

8.4.3 各项目指标的极限数值判定按GB/T 8170中修约值比较法执行。

9 标签、包装、运输、贮存和保质期

9.1 标签

按GB 10648的规定执行，见附件B。

9.2 包装

采用聚乙烯内袋，尼龙外袋包装。

9.3 运输

运输工具必须清洁卫生，防日晒、雨淋，不得与有毒有害物质混运。

9.4 贮存

防止雨淋，受潮，不得与有毒有害物质混贮。

9.5 保质期

未开启包装的产品，在规定的运输、贮存条件下，产品保质期为18个月。

附录 A
（规范性）
产品使用说明书

【生产许可证号】
【产品批准文号】
【执行标准】

饲料添加剂　碳酸氢钾
使用说明书

【产品名称】碳酸氢钾
【英文名称】Potassium Bicarbonate
【有效成分】碳酸氢钾（$KHCO_3$）
【性状】白色晶体
【产品成分分析保证值】

项　　目		指　标
总碱量（以 $KHCO_3$ 计）（以干基计）/%		99.0～101.5
粒度	0.850mm 孔径试验筛通过率/%	≥990.212mm
	孔径试验筛通过率/%	≤2
干燥失重/%		≤0.25
pH（100g/L 溶液）		≤8.5
水不溶物/%		≤0.02
氯化物（以 KCl 计）/%		≤0.02
三氧化二铁（Fe_2O_3）/%		≤0.001 0
铅（Pb）/（mg/kg）		≤1.0
砷（As）/（mg/kg）		≤1.0
镉（Cd）/（mg/kg）		≤0.5

【作用功效】补充钾元素，缓解奶牛热应激。
【适用范围】泌乳奶牛
【用法与用量】泌乳奶牛全混合日粮推荐添加量（以干物质含量为 88%的全混合日粮为基础）为 0.34%（以钾元素计）。
【净含量】
【保质期】18 个月
【贮运】防止雨淋，受潮，不得与有毒有害物质混贮混运。
【生产企业】
生产地址：　　　　邮编：
电话：　　　　传真：
网址：　　　　邮箱：

附录 B
（规范性）
产品标签

【新产品证书号】　　　　　　　　　　　　【生产许可证号】
【产品批准文号】　　　　　　　　　　　　【执行标准】

饲料添加剂　碳酸氢钾
Potassium Bicarbonate

【产品名称】碳酸氢钾
【产品成分分析保证值】

项　　目		指　标
总碱量（以 $KHCO_3$ 计）（以干基计）/%		99.0～101.5
粒度	0.850mm 孔径试验筛通过率/%	≥990.212mm
	孔径试验筛通过率/%	≤2
干燥失重/%		≤0.25
pH（100g/L 溶液）		≤8.5
水不溶物/%		≤0.02
氯化物（以 KCl 计）/%		≤0.02
三氧化二铁（Fe_2O_3）/%		≤0.001 0
铅（Pb）/(mg/kg)		≤1.0
砷（As）/(mg/kg)		≤1.0
镉（Cd）/(mg/kg)		≤0.5

【原料组成】碳酸氢钾
【作用功效】补充钾元素，缓解奶牛热应激。
【适用范围】泌乳奶牛
【用法与用量】泌乳奶牛全混合日粮推荐添加量（以干物质含量为 88%的全混合日粮为基础）为 0.34%（以钾元素计）。
【净含量】
【保质期】18 个月
【贮运】防止雨淋，受潮，不得与有毒有害物质混贮混运。
【生产企业】
　　生产地址：　　　　　　　　　　　　邮编：
　　电话：　　　　　　　　　　　　　　传真：
【生产日期】
【生产批号】

附件 11

饲料添加剂木薯多糖铁信息表

通用名称	木薯多糖铁	
英文名称	Cassava Polysaccharide Iron	
主要成分	木薯多糖铁	
产品类别	矿物元素及其络（螯）合物类饲料添加剂	
产品来源	以食用木薯淀粉、三氯化铁、氢氧化钠等为原料经络合反应制得	
适用动物	仔猪	
在配合饲料中的推荐添加量（以干物质含量为 88%的配合饲料为基础）	100～150mg/kg（以铁元素计）	
在配合饲料中的最高限量	按照《饲料添加剂安全使用规范》（农业部公告第 2625 号）中铁元素“在配合饲料中的最高限量”规定执行。	
质量要求	外观与性状	棕褐色至棕黑色结晶性粉末
	总铁（以 Fe^{3+} 计）/%	≥30.0
	多糖（以葡萄糖计）/%	≥25.0
	游离铁（以 Fe^{3+} 计）/%	≤1.5
	络合率/%	≥95
	氯化物（以 Cl^{-} 计）/%	≤3.0
	水分/%	≤5.0
	粒度（0.2mm 孔径试验筛筛上物）/%	≤2
	总砷（以 As 计）/(mg/kg)	≤8
	铅/(mg/kg)	≤15
	镉/(mg/kg)	≤2
	铬/(mg/kg)	≤5
	氢氰酸（以 CN^{-} 计）/(mg/kg)	≤10

附件 12

NYSL

饲料和饲料添加剂产品标准

NYSL—1008—2023

饲料添加剂　木薯多糖铁

Feed additive—Cassava Polysaccharide Iron

2023 - 12 - 29 发布　　2023 - 12 - 29 实施

中华人民共和国农业农村部　发布

前　　言

本文件按照 GB/T 1.1—2020《标准化工作导则　第 1 部分：标准化文件的结构和起草规则》的规定起草。

请注意本文件的某些内容可能涉及专利。本文件的发布机构不承担识别专利的责任。

本文件由中华人民共和国农业农村部畜牧兽医局提出，由全国饲料评审委员会归口。

本文件由广西壮族自治区兽药监察所、广西化工研究院有限公司起草，由国家饲料质量检验检测中心（北京）复核。

本文件主要起草人：严寒、陶敏、许朝芳、张丽娟、崔艳莉、黄汉良。

饲料添加剂　木薯多糖铁

1　范围

本文件规定了饲料添加剂木薯多糖铁的技术要求、采样、试验方法、检验规则、标签、包装、运输、贮存和保质期。

本文件适用于以食用木薯淀粉、三氯化铁、氢氧化钠等为原料经络合反应制得的饲料添加剂木薯多糖铁。

2　规范性引用文件

下列文件中的内容通过文中的规范性引用而构成本文件必不可少的条款。其中，注日期的引用文件，仅该日期对应的版本适用于本文件；不注日期的引用文件，其最新版本（包括所有的修改单）适用于本文件。

GB/T 601　化学试剂　标准滴定溶液的制备

GB/T 602　化学试剂　杂质测定用标准溶液的制备

GB/T 603　化学试剂　试验方法中所用制剂及制品的制备

GB 5009.36—2016　食品安全国家标准　食品中氰化物的测定

GB/T 5917.1　饲料粉碎粒度测定　两层筛筛分法

GB/T 6435　饲料中水分的测定

GB/T 6682　分析实验室用水规格和试验方法

GB/T 8170　数值修约规则与极限数值的表示和判定

GB 10648　饲料标签

GB/T 13079—2022　饲料中总砷的测定

GB/T 13080—2018　饲料中铅的测定　原子吸收光谱法

GB/T 13082—2021　饲料中镉的测定

GB/T 13088　饲料中铬的测定

GB/T 14699.1　饲料　采样

3　术语和定义

本文件没有需要界定的术语和定义。

4　化学名称、分子式和分子结构式

化学名称：木薯多糖铁

分子式：$(FeOOH \cdot 2H_2O)n[(C_6H_{10}O_6)_mCOOH]x$

分子结构式：

分子结构式见图 1：

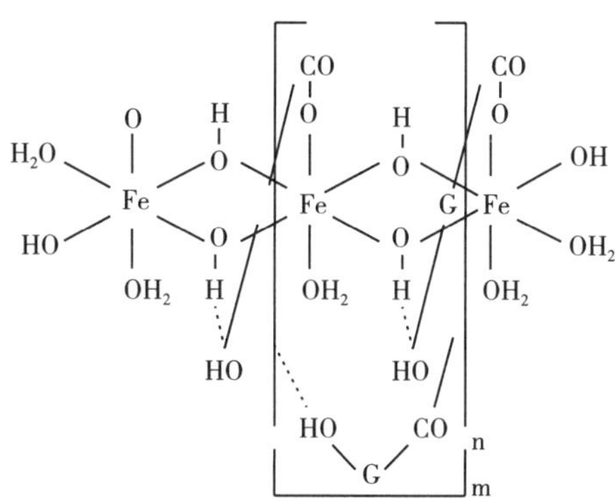

图 1　木薯多糖铁分子结构式

注：G——淀粉多糖；n——约为 344；m——约为 149

5　技术要求

5.1　外观与性状

棕褐色至棕黑色结晶性粉末，无异味。

5.2　技术指标

应符合表 1 的要求。

表 6　技术指标

项　　目	指　标
总铁（以 Fe^{3+} 计）/%	≥30.0
多糖（以葡萄糖计）/%	≥25.0
游离铁（以 Fe^{3+} 计）/%	≤1.5
络合率/%	≥95
氯化物（以 Cl^- 计）/%	≤3.0
水分/%	≤5.0
粒度（0.2mm 筛上物）/%	≤2
总砷（以 As 计）/(mg/kg)	≤8
铅/(mg/kg)	≤15
镉/(mg/kg)	≤2
铬/(mg/kg)	≤5
氢氰酸（以 CN^- 计）/(mg/kg)	≤10

6　采样

按 GB/T 14699.1 的规定执行。

7　试验方法

安全提示：使用本文件的人员应有正规实验室工作的实践经验。本文件未指出所有可能的安全问题。使用者有责任采取适当的安全和健康措施，并保证符合国家有关法规规定的条件。试验中所用硫酸为腐蚀性试剂，使用时小心操作。溅在皮肤上，立即用大量水清洗。试样消解时会产生二氧化氮、二氧化硫等有毒气体，需在通风橱中进行。

除非另有规定，本文件所用试剂均为分析纯试剂，水为GB/T 6682规定的三级水。所使用的标准滴定溶液按GB/T 601的规定制备和标定。杂质测定用标准溶液按GB/T 602的规定制备。制剂及制品，在未注明其他要求时，按GB/T 603的规定制备。

7.1 外观与性状

取适量样品，置于洁净白色瓷盘中，在自然光线下，用目视法观察其色泽和状态，并闻其味。

7.2 鉴别试验

按附录A规定执行。

7.3 总铁、游离铁、络合率

按附录B规定执行。

7.4 多糖

按附录C规定执行。

7.5 氯化物

按附录D规定执行。

7.6 水分

按GB/T 6435规定执行。

7.7 粒度

按GB/T 5917.1规定执行。

7.8 总砷

按GB/T 13079—2022中“5 氢化物发生-原子荧光光谱法”的规定执行，其中“试样溶液制备”按“5.5.1.5 酸直接溶解法”的规定执行。

7.9 铅

按GB/T 13080—2018中“7.1 火焰原子吸收光谱法”的规定执行，其中“试样处理”按“7.1.1.3 盐酸溶解法”的规定执行。

7.10 镉

按GB/T 13082—2021的规定执行，其中“试样溶液制备”按“8.1.4 盐酸溶解法”的规定执行，“测定”按“8.3.1 火焰原子吸收光谱法”的规定执行。

7.11 铬

按GB/T 13088规定执行。

7.12 氢氰酸

按GB 5009.36—2016中“第一法　分光光度法”规定执行。

8 检验规则

8.1 组批

以相同材料、相同的生产工艺、连续生产或同一班次生产的同一规格的产品为一批。但每批产品不应超过10t。

8.2 出厂检验

出厂检验项目为总铁、多糖、游离铁、络合率、氯化物、水分。产品出厂前应逐批检验，检验合格并且附具检验合格证和产品使用说明书（见附录E）方可出厂。

8.3 型式检验

型式检验项目为第 5 章的全部要求。在正常生产情况下，每半年至少进行一次型式检验，但有下列情况之一时，应进行型式检验：

a）新产品投产时；

b）原料、设备、加工工艺有较大改变时；

c）停产三个月以上，重新恢复生产时；

d）出厂检验结果与上次型式检验结果有较大差异时；

e）饲料管理部门提出进行型式检验要求时。

8.4 判定规则

8.4.1 所检项目全部合格，判定为该批次产品合格。

8.4.2 检验结果有任何指标不符合本文件规定时，应自同批产品中重新加倍取样进行复验，复验结果有一项指标不符合本文件的规定，则判定该批产品不合格。

8.4.3 各项目指标的极限数值判定按 GB/T 8170 中修约值比较法执行。

9 标签、包装、运输、贮存和保质期

9.1 标签

按 GB 10648 执行，见附录 F。

9.2 包装

包装材料应无毒、无害、防潮。

9.3 运输

在运输中应有遮盖物，防止日晒、雨淋；不得与有毒、有害物质混运。

9.4 贮存

应避光、密封贮存于通风、干燥处，防止受潮；不得与有毒、有害物质混贮。

9.5 保质期

未开启包装的产品，在本文件规定的运输、贮存条件下保质期为 2 年。

附录 A
（规范性）
鉴别试验

A.1　试剂或材料

A.1.1　盐酸。

A.1.2　氨水溶液（40%）：将氨水和水按 2∶3 的体积比混匀。

A.1.3　硫氰酸铵溶液（300g/L）：称取 30g 硫氰酸铵，用水溶解，并稀释定容至 100mL。

A.1.4　磷酸二氢钠溶液（4mol/L）：称取 480g 无水磷酸二氢钠，用水溶解，并稀释定容至 1 000mL。

A.1.5　氢氧化钠溶液（5%）：称取 5g 氢氧化钠，用水溶解后定容至 100mL。

A.1.6　碘溶液：称取约 0.5g 碘，溶于 10mL 水，再加入 1 滴 5%氢氧化钠溶液（A.1.5）。

A.2　仪器设备

A.2.1　分析天平：感量为 1mg。

A.3　试验步骤

A.3.1　络合铁的鉴别

称取试样约 40mg，加 5mL 水，加热溶解，放冷，加氨水溶液（A.1.2），应无沉淀生成；另称取约 80mg 试样，加 20mL 水，加 5mL 盐酸（A.1.1），煮沸 5min，冷却，加过量氨水溶液（A.1.2），生成红棕色沉淀；过滤，沉淀用水洗涤，加适量盐酸（A.1.1）使沉淀溶解，再加水至 35mL，加 3mL 硫氰酸铵溶液（A.1.3），溶液显红色。

A.3.2　淀粉的鉴别

称取 0.1g 试样，加 2mL 水，加热使试样溶解，冷却至室温，加入 3mL 磷酸二氢钠溶液（A.1.4），摇匀，置于暗处放置约 7h～8h，至样品呈胶体状，加水至 10mL，摇匀，过滤，在滤液中加入数滴碘溶液（A.1.6），溶液显蓝色。

附录 B

（规范性）

总铁、游离铁和络合率的测定

B.1　原理

试样经硫酸和硝酸分解后，产生三价铁离子（Fe^{3+}），与碘化钾在酸性条件下发生反应生成碘，再用硫代硫酸钠标准滴定溶液进行滴定，根据消耗的硫代硫酸钠标准滴定溶液的量，计算总铁含量。

利用木薯多糖铁络合物具有溶于热水，但不溶于丙酮的性质，试样中木薯多糖铁用热水溶解，经丙酮将其沉淀后，沉淀物经硫酸和硝酸分解，用硫代硫酸钠滴定方法测定络合铁中铁含量。

根据测定的试样中总铁含量和络合铁中铁含量计算游离铁含量和络合率。

B.2　试剂或材料

B.2.1　硫酸。

B.2.2　硝酸。

B.2.3　盐酸。

B.2.4　丙酮。

B.2.5　碘化钾。

B.2.6　硫代硫酸钠标准滴定溶液：c（$Na_2S_2O_3$）=0.1mol/L，按 GB/T 601 配制、标定。

B.2.7　淀粉指示液（10g/L）：称取 1g 淀粉，加 5mL 水使其成糊状，在搅拌下将糊状物加到 90mL 沸腾的水中，煮沸 1～2min，冷却，稀释至 100mL。使用期为两周。

B.3　仪器设备

B.3.1　消化炉：室温～530℃。

B.3.2　离心机：转速不低于 9 000 r/min。

B.3.3　酸式滴定管：50mL。

B.3.4　分析天平：感量为 0.1mg。

B.4　试验步骤

B.4.1　试样溶液的制备

平行做两份试验。称取 1.5g 试样（精确至 0.1mg）于 100mL 烧杯中，加入约 30mL 水，于沸水浴中加热至试样溶解，期间经常搅拌，冷却至室温，将溶液转移至 50mL 容量瓶中，用热水洗涤烧杯三次，洗涤液一并转移至容量瓶中，冷却至室温，用水稀释定容至刻度，摇匀，作为试样溶液 A。

B.4.2　总铁的测定

准确量取 10mL 试样溶液 A（B.4.1）于 100mL 消化管中，沿管壁加入 7mL 硫酸（B.2.1）、10mL 硝酸（B.2.2）后，置于消化炉中，在 350℃下加热消化至产生白烟，有沉淀生成，取出，冷却至室温，再加入 2mL 硝酸（B.2.2），继续消化至产生白烟，溶液为淡黄色，放冷，加 20mL 水，煮沸除去残余的硝酸至沉淀溶解，溶液澄清，放冷，将消化液全部转移至碘量瓶中，用 100mL 水分三次洗涤消化管，洗液并入碘量瓶中，加入 3g 碘化钾（B.2.5），5mL 盐酸（B.2.3），密塞，轻摇使碘化钾溶解，在暗处放置 5min，取出，用硫代硫酸钠标准滴定溶液（B.2.6）滴定至溶液呈淡黄色时，加入 5mL 淀粉指示液（B.2.7），继续滴定至溶液蓝色消失即为终点。除不加试样外，按B.4.1和B.4.2的步骤同时做空白试验。

B.4.3　络合铁的测定

准确量取10mL试样溶液A（B.4.1）于50mL具塞离心管中，加入30mL丙酮（B.2.4），加塞，振摇1min，用离心机于9 000 r/min离心10min，小心地将上层清液弃去，沉淀分别用4mL丙酮（B.2.4）洗涤、于9 000 r/min离心三次，每次5min，弃去上层清液，将离心管置于60～80℃热水中蒸干，然后将沉淀小心地用约10mL水转移至100mL消化管中，沿管壁加入7mL硫酸（B.2.1）、10mL硝酸（B.2.2）后，操作同B.4.2中“置于消化炉中，在350℃下加热消化至产生白烟，……”，除不加试样外，按B.4.1和B.4.3的步骤同时做空白试验。

B.5　试验数据处理

B.5.1　试样中总铁含量w_1以质量分数计，数值以百分数（%）表示，按公式（B.1）计算：

$$w_1=\frac{c_1\times(V_1-V_0)\times50\times0.055\ 85}{m_1\times10}\times100 \qquad (B.1)$$

式中：

c_1——硫代硫酸钠标准滴定溶液浓度，单位为摩尔每升（mol/L）；

V_1——测定总铁含量时滴定试样溶液所消耗的硫代硫酸钠标准滴定溶液的体积，单位为毫升（mL）；

V_0——测定总铁空白溶液时所消耗的硫代硫酸钠标准滴定溶液的体积，单位为毫升（mL）；

50——试样溶液定容体积，单位为毫升（mL）；

0.055 85——铁的摩尔质量，单位为克每毫摩尔（g/mmol）；

10——试样溶液分取体积，单位为毫升（mL）；

m_1——试样的质量，单位为克（g）。

试验结果用平行测定的算术平均值表示，保留三位有效数字。

B.5.2　试样中络合铁含量w_2以质量分数计，数值以百分数（%）表示，按公式（B.2）计算：

$$w_2=\frac{c_1\times(V_3-V_2)\times50\times0.055\ 85}{m_1\times10}\times100 \qquad (B.2)$$

式中：

c_1——硫代硫酸钠标准滴定溶液浓度，单位为摩尔每升（mol/L）；

V_3——测定络合铁含量时滴定试样溶液所消耗的硫代硫酸钠标准滴定溶液的体积，单位为毫升（mL）；

V_2——测定络合铁空白溶液时所消耗的硫代硫酸钠标准滴定溶液的体积，单位为毫升（mL）；

50——试样溶液定容体积，单位为毫升（mL）；

0.055 85——铁的摩尔质量，单位为克每毫摩尔（g/mmol）；

10——试样溶液分取体积，单位为毫升（mL）；

m_1——试样质量，单位为克（g）。

试验结果用平行测定的算术平均值表示，保留三位有效数字。

B.5.3　试样中游离铁含量w_3以质量分数计，数值以百分数（%）表示，按公式（B.3）计算：

$$w_3 = w_1 - w_2 \tag{B.3}$$

式中：

w_1——试样中总铁含量，单位为百分数（%）；

w_2——试样中络合铁含量，单位为百分数（%）。

B.5.4 络合率 w_4 以质量分数计，数值以百分数（%）表示，按公式（B.4）计算：

$$w_4 = \frac{w_2}{w_1} \times 100 \tag{B.4}$$

式中：

w_2——试样中络合铁含量，单位为百分数（%）；

w_1——试样中总铁含量，单位为百分数（%）。

B.6 精密度

在重复性条件下，两次平行测定结果的绝对差值不大于 0.7%。

附录 C

（规范性）

多糖的测定

C.1　原理

试样经酸处理后生成葡萄糖。葡萄糖与硫酸反应，脱水生成羟甲基呋喃甲醛后，与蒽酮缩合生成蓝色化合物，其吸光度与葡萄糖浓度成正比，用分光光度计测定吸光度，计算葡萄糖含量。

C.2　试剂或材料

C.2.1　硫酸。

C.2.2　硫酸溶液（75%）：将 75mL 硫酸缓慢加入 25mL 水中，边加入边搅拌，混匀。

C.2.3　蒽酮硫酸溶液：称取 0.1g 蒽酮，溶于 100mL 硫酸溶液（C.2.2）中。

C.2.4　葡萄糖标准溶液（1.0mg/mL）：准确称取 1g（精确到 0.1mg）经过 98～100℃干燥 2h 的无水葡萄糖，加水溶解后，加入 5mL 盐酸，用水定容至 1 000mL。

C.3　仪器设备

C.3.1　紫外可见分光光度计。

C.3.2　分析天平：感量为 0.1mg。

C.4　试验步骤

C.4.1　标准曲线制作

分别准确量取葡萄糖标准溶液（C.2.4）0mL，2mL，4mL，6mL，8mL 于 5 个 100mL 容量瓶中，用水定容，配制成浓度分别为 0μg/mL，20μg/mL，40μg/mL，60μg/mL，80μg/mL 的系列标准溶液。准确量取系列标准溶液各 1mL 分别放入 5 支 25mL 具塞比色管中，沿管壁分别加入 10mL 蒽酮硫酸溶液（C.2.3），立即摇匀并放入沸水浴中，准确加热 10min 后，迅速冷却至室温（放入冷水中），在暗处放置 10min，用 1cm 比色皿，以零管调仪器零点，在 620nm 波长下测定吸光度，以吸光度为纵坐标，葡萄糖质量为横坐标，绘制标准曲线。

C.4.2　测定

平行做两份试验。准确称取 0.2g 试样（精确到 0.1mg）于 100mL 烧杯中，加 20mL 水，1mL 硫酸（C.2.1），于电炉上加热煮至试样溶解，溶液清亮，取下冷却至室温，转移入 250mL 容量瓶中，用水稀释至刻度，摇匀；再准确量取 10mL 于 50mL 容量瓶中，用水稀释至刻度，摇匀，备用。

准确量取 1mL 备用液于 25mL 具塞比色管中，以下操作同 C.4.1“沿管壁加入 10mL 蒽酮硫酸溶液（C.2.3），……”。在 620nm 波长下测定吸光度，根据试样溶液吸光度从标准曲线上，计算出试样溶液中葡萄糖的质量。

C.5　试验数据处理

试样中多糖（以葡萄糖计）含量 w_5 以质量分数计，数值以百分数（%）表示，按公式（C.1）计算：

$$w_5=\frac{m_2\times10^{-6}\times250\times50}{m_3\times10}\times100 \qquad (C.1)$$

式中：

m_2——由标准曲线上得到的试样溶液中葡萄糖的质量，单位为微克（μg）；

250——试样的定容体积，单位为毫升（mL）；

50——试样溶液的定容体积，单位为毫升（mL）；

10——准确移取试样溶液体积，单位为毫升（mL）；

m_3——试样质量，单位为克（g）。

试验结果用平行测定的算术平均值表示，保留三位有效数字。

C.6　精密度

在重复性条件下，两次平行测定结果的绝对差值不大于0.9%。

附录 D
（规范性）
氯化物的测定

D.1　原理

氯离子在硝酸介质中会和银离子反应生成白色氯化银沉淀。当试样中氯离子含量较低时，在一定时间内氯化银在硝酸溶液中呈悬浮体，使溶液浑浊，通过比较试样溶液管和氯化物标准溶液管的浊度进行试样中氯化物含量的测定。

D.2　试剂或材料

D.2.1　硫酸。

D.2.2　硝酸溶液（10%）：将硝酸和水按 1∶9 的体积比混匀。

D.2.3　硝酸银溶液（0.1mol/L）：称取 17.5g 硝酸银，加入 1 000mL 水溶解，摇匀。

D.2.4　氯化物标准溶液（10μg/mL）：称取 0.165g 于 500～600℃灼烧至恒量的氯化钠，溶于水，移入 1 000mL 容量瓶中，稀释定容至刻度摇匀。准确量取 10mL 于 100mL 容量瓶中，用水稀释定容至刻度，摇匀。

D.3　仪器设备

D.3.1　分析天平：感量为 1mg。

D.4　试验步骤

D.4.1　试样溶液的制备

称取 0.25g 试样（精确至 1mg）置于 100mL 烧杯中，加 20mL 水，1mL 硫酸（D.2.1），加热至溶液呈黄色，冷却，转移至 250mL 容量瓶中，用水稀释至刻度，摇匀。

D.4.2　测定

准确量取 2mL 试样溶液（D.4.1）、6mL 氯化物标准溶液（D.2.4）分别置于 50mL 具塞比色管中，分别加 10mL 硝酸溶液（D.2.2），加水至约 40mL，摇匀，分别加入 1.0mL 硝酸银溶液（D.2.3），用水稀释至 50mL，摇匀，在暗处放置 5min，同置黑色背景下，从比色管上方向下观察，比较试样溶液管和标准溶液管的浊度。

D.5　试验数据处理

试样中的氯化物的含量，按以下标准判定：试样溶液管的浊度低于标准溶液管的浊度，判为符合规定；反之，则判为不符合规定。

附录 E
（规范性）
产品使用说明书

【新产品证书号】
【生产许可证号】
【产品批准文号】
【执行标准】

饲料添加剂　木薯多糖铁
使用说明书

【产品名称】木薯多糖铁
【英文名称】Cassava Polysaccharide Iron
【原料组成】木薯多糖铁
【性　状】棕褐色至棕黑色结晶性粉末，无异味。
【产品成分分析保证值】

项　　目	指　标
总铁（以 Fe^{3+} 计）/%	≥30.0
多糖（以葡萄糖计）/%	≥25.0
游离铁（以 Fe^{3+} 计）/%	≤1.5
络合率/%≥95 氯化物（以 Cl^- 计）/%	≤3.0
水分/%	≤5.0
粒度（0.2mm 筛上物）/%	≤2
总砷（以 As 计）/(mg/kg)	≤8
铅/(mg/kg)	≤15
镉/(mg/kg)	≤2
铬/(mg/kg)	≤5
氢氰酸（以 CN^- 计）/(mg/kg)	≤10

【作用功效】为动物提供铁元素。
【适用范围】仔猪
【用法与用量】在仔猪配合饲料中的推荐量为 100～150mg/kg（以铁元素计）。
【净含量】
【保质期】2 年
【贮藏与运输】应避光，密封贮存在通风、干燥处，防止受潮；不得与有毒、有害物质混贮。运输过程中应有遮盖物，防止日晒雨淋；不得与有毒、有害物质混运。
【生产企业】
地址　　　　邮编
电话　　　　传真
网址　　　　邮箱

附录 F

（规范性）

产品标签

【新产品证书号】　　　　　　　　　　　　【生产许可证号】

【产品批准文号】　　　　　　　　　　　　【执行标准】

饲料添加剂
木薯多糖铁
Cassava Polysaccharide Iron

【产品名称】木薯多糖铁

【产品成分分析保证值】

项　目	指　标
总铁（以 Fe^{3+} 计）/%	≥30.0
多糖（以葡萄糖计）/%	≥25.0
游离铁（以 Fe^{3+} 计）/%	≤1.5
络合率/%	≥95
氯化物（以 Cl^{-} 计）/%	≤3.0
水分/%	≤5.0
粒度（0.2mm 筛上物）/%	≤2
总砷（以 As 计）/(mg/kg)	≤8
铅/(mg/kg)	≤15
镉/(mg/kg)	≤2
铬/(mg/kg)	≤5
氢氰酸（以 CN^{-} 计）/(mg/kg)	≤10

【原料组成】木薯多糖铁

【作用功效】为动物提供铁元素。

【适用范围】仔猪

【用法与用量】在仔猪配合饲料中的推荐量为 100～150mg/kg（以铁元素计）。

【净含量】

【保质期】2 年

【贮藏与运输】应避光，密封贮存在通风、干燥处，防止受潮；不得与有毒、有害物质混贮。运输过程中应有遮盖物，防止日晒雨淋；不得与有毒、有害物质混运。

【生产企业】

　　地址　　　　　　　　　　邮编

　　电话　　　　　　　　　　传真

【生产日期】

【生产批号】

附件 13

《饲料原料目录》修订列表

原料编号	原料名称	特征描述	强制性标识要求
4.13	其他		
4.13.1	油莎豆	莎草科莎草属植物油莎草（*Cyperus esculentus* L. var. *satovus* Boeck）的地下块茎经干燥后的产品。	
5.2	水果或坚果及其加工产品		
5.2.6	巴旦木果荚	巴旦木果实去除核仁和核壳后得到的干燥巴旦木果荚，可经粉碎、挤压等工艺获得的不同形态的产品。可溶性糖含量不低于 18%，粗纤维含量不超过 15%，粗灰分含量不超过 9%，水分含量不超过 13%。	可溶性糖 粗纤维 粗灰分 水分
5.2.7	带壳巴旦木果荚	巴旦木果实去除核仁后得到的干燥带壳巴旦木果荚，可经粉碎、挤压等工艺获得的不同形态的产品。可溶性糖含量不低于 10%，粗纤维含量不超过 29%，粗灰分含量不超过 9%，水分含量不超过 13%。	可溶性糖 粗纤维 粗灰分 水分
5.5	圆苞车前及其加工产品		
5.5.1	圆苞车前子壳	车前科车前属圆苞车前（*Plantago ovata*）的种子外壳经粉碎后的产物。该产品仅限于宠物饲料使用。	水分 总膳食纤维 膨胀指数
7.6	其他可饲用天然植物（仅指所称植物或植物的特定部位经干燥或粗提或干燥、粉碎获得的产品）		
7.6.118	栀子	茜草科栀子属植物栀子（*Gardenia jasminoides* Ellis）的干燥成熟果实。	
12.3	利用特定微生物和特定培养基培养获得的菌体蛋白类产品（微生物细胞经休眠或灭活）		
12.3.6	荚膜甲基球菌蛋白	以荚膜甲基球菌（*Methylococcus capsulatus*，CICC 11106s）为主要生产菌株，以 *Cupriavidus cauae*（CICC 11107s）、丹麦解硫胺素芽孢杆菌（*Aneurinibacillus danicu*，CICC 11108s）和土壤短芽孢杆菌（*Brevibacillus agri*，CICC 11109s）为辅助菌株，以天然气中的甲烷为主要原料，经液体连续发酵、固液分离和干燥等工艺制得。终产品不含生产菌株活细胞。	粗蛋白质 粗灰分 水分
13.5	纤维素及其加工产品		
13.5.1	纤维素	天然木材或竹材通过机械加工而获得的产品，其主要成分为纤维素。	粗纤维 粗灰分 水分

农业农村部办公厅关于印发《植物提取物类饲料添加剂申报指南》的通知

农办牧〔2023〕2号

各有关单位：

为进一步规范新饲料和新饲料添加剂评审工作，根据《饲料和饲料添加剂管理条例》和《新饲料和新饲料添加剂管理办法》，我部制定了《植物提取物类饲料添加剂申报指南》，现予印发，请遵照执行。

农业农村部办公厅

2023年2月2日

植物提取物类饲料添加剂申报指南

1 适用范围

1.1 本指南规定了植物提取物类饲料添加剂申报的基本原则、术语和定义、分类和材料要求等。

1.2 本指南适用于申请新饲料添加剂证书以及饲料添加剂扩大适用范围、含量规格低于饲料添加剂安全使用规范等规范性文件要求（由饲料添加剂与载体或者稀释剂按照一定比例配制的除外）、生产工艺发生重大变化、纳入《饲料添加剂品种目录》等事项。

1.3 申请进口含有我国尚未批准使用的植物提取物类饲料添加剂产品参照本指南执行。

2 基本原则

2.1 研制植物提取物类饲料添加剂，应遵循科学、安全、有效、环保的原则，保证产品的质量安全。

2.2 应基于当前的科学认知，结合植物提取物的具体特征，运用物理、化学和（或）生物学等技术、方法，建立有效反映植物提取物类饲料添加剂质量的评价方法，以确保质量可控。

2.3 申报产品应由申报单位研制并在中试车间或生产线生产。开展评价试验、检验、检测等的受试物应与申报产品一致。

2.4 转基因植物来源的产品，应提供来源植物的农业转基因生物安全证书。

2.5 鼓励研制者从“不同部位、不同组分、不同作用机制”三个维度研发创制植物提取物类饲料添加剂。植物提取物类饲料添加剂取得新饲料添加剂证书后，不再受理相同产品的新饲料添加剂证书申请，也不受理含量规格低于在监测期内相同产品的申请。相同产品指来源于同种植物的相同部位，采用同类工艺提取，有效组分相似，且含量规格相近的产品。有效组分含量规格高出现有植物提取物类饲料添加剂产品50%及以上的（有效组分为多种物质的，以合计含量计），视为不同产品。

3 术语和定义

以下术语和定义适用于本指南。

3.1 饲用植物

指《饲料原料目录》中收录的植物。

《饲料原料目录》中的食用菌和藻类，以及具有传统食用习惯的食品、按照传统既是食品又是中药材的物质和新食品原料的来源植物可参照饲用植物提供申报材料。

3.2 其他植物

指饲用植物以外的植物。

3.3 植物提取物类饲料添加剂

以单一植物的特定部位或全植株为原料，经过提取和（或）分离纯化等过程，定向获取和浓集植物中的某一种或多种成分，一般不改变植物原有成分结构特征，在饲料加工、制作、使用过程中添加的少量或者微量物质。包括纯化提取物、组分提取物和简单提取物。产品形态可以为固态、液态和膏状。

3.4 纯化提取物

指植物经过提取、分离和纯化等过程得到的单一成分产品，单一成分的含量应占提取物的90%（以干基计）及以上。

3.5 组分提取物

指植物经过提取、分离和（或）纯化得到可定性的有效组分混合物产品，以类组分或多个有效成分进行量化质控标示。

3.6 简单提取物

指植物经过提取、浓缩和（或）干燥，未经分离纯化得到的产品，以代表性质量标示物进行量化质控标示。

3.7 有效成分

植物提取物中具有特定的生物活性、能代表其应用效果的单一成分。

3.8 有效组分

植物提取物中具有特定的生物活性、能代表其应用效果的多个有效成分，或一组、多组类组分。

3.9 类组分

类组分为一组结构相似化合物组成的混合物。

3.10 质量标示物

指用于对简单提取物进行质量控制且可进行定性鉴别和定量测定的特征成分或类组分。可从植物提取物特征图谱的特征峰中选取一个或多个主要成分作为质量标示物。

4 申报材料要求

植物提取物类饲料添加剂产品申报材料应按照以下要求及植物提取物类饲料添加剂申报分类及材料要求表（见附件）提供。评审通过的简单提取物类植物提取物由农业农村部公告作为饲料添加剂生产和使用，但不发新饲料添加剂证书。

4.1 申报材料摘要

围绕产品的安全性、有效性、质量可控性、生产工艺以及对环境的影响等方面进行简要概述。摘要内容应可公开。

4.2 产品名称及命名依据、类别

4.2.1 产品通用名称及命名依据

通用名称应能反映产品真实属性，并在申报材料中统一使用该名称，一般应包含有效成分或类组分、来源植物等相关信息。

有效成分名称应符合国内相关标准（例如：药典、国家标准和行业标准）或国际组织（例如：国际纯粹化学和应用化学联合会）相关标准的命名原则。有美国化学文摘（CAS）登记号的应予提供。

（1）纯化提取物

以有效成分命名，并注明来源植物的中文名，如：绿原酸（源自山银花）。

（2）组分提取物

以来源植物的中文名（必要时可注明部位）加“提取物”命名，并注明有效组分中的2～3个主要有效成分和（或）类组分。如：紫苏籽提取物（有效组分为α-亚油酸、亚麻酸、黄酮）。

(3) 简单提取物

以来源植物的中文名（必要时可注明部位）加“提取物”命名，不需注明有效组分。如：杜仲叶提取物。

4.2.2 产品的商品名称

商品名称为产品在市场销售时拟采用的名称，如没有的可不提供。

4.2.3 产品类别

《饲料添加剂品种目录》增设“植物提取物”类别。产品可纳入该类别，也可根据实际功能，参照《饲料添加剂品种目录》设立的类别名称填写。

4.3 产品研制目的

重点阐述产品研制背景、研究进展、研制目标、产品功能、国内外在饲料和相关行业批准使用情况、产品的先进性和应用前景等。

4.4 产品组分及其鉴定报告、理化性质及安全防护信息

4.4.1 产品组分

指产品的全部或主要组成成分，包括有效成分（有效组分或质量标示物）及其他组分。

(1) 有效组分及其含量

含量以%、g/kg、mg/kg 等国际通用单位表示。

纯化提取物：应提供有效成分及其含量。给出有效成分通用名称、化学名称、CAS 登记号（如有需提供）、分子式、化学结构式和分子量。

组分提取物：应提供有效组分中有效成分或类组分及其含量。有效成分或类组分中各成分为化学上可定义的物质，参照纯化提取物进行描述；不能以单一化学式描述或不能被完全鉴定的，应给出组分类别，或通过适当方式表征。

简单提取物：应提供质量标示物及其含量。质量标示物描述参照组分提取物。

(2) 其他组分及其含量

应说明除有效组分外的其他组分及其含量。添加载体的，应提供名称及其配方量。

其他组分不能以单一化学式描述或不能被完全鉴定的混合物，应说明组分类别（如黄酮类），可不提供具体组分含量。

4.4.2 鉴定报告

纯化提取物中有效成分、组分提取物中有效组分和简单提取物中质量标示物为化学上可定义的物质，应准确鉴定，并说明确认试验所用主要仪器和测试方法，例如红外光谱、紫外光谱、色谱、质谱、核磁共振或化学官能团的特征反应鉴定结果。

组分提取物和简单提取物应提供包括前述有效组分和其他组分的特征图谱；必要时，纯化提取物应提供其微量组分的特征图谱。

4.4.3 外观与物理性状

固态产品应提供颜色、气味、粒径分布、堆密度或容重等数据；液态产品应提供颜色、气味、黏度、密度、表面张力等数据；膏状产品应提供颜色、气味和味道等描述。

4.4.4 有效组分理化性质

根据产品的性质，纯化提取物中有效成分、组分提取物中有效组分和简单提取物中质量标示物为化学上可定义的物质，应提供其沸点、熔点、密度、蒸汽压、折光率、比旋光度、常见溶媒中的溶解度、对光或热的稳定性、电离常数、电解性能、pKa 等数据。相关信息可来自国际权威机构公开发布的数据或申请人的实测数据；组分提取物和简单提取物应提供其在常见溶

媒中的溶解度。

4.4.5 产品安全防护信息

根据产品的性质，提供危害描述、泄漏应急处理、操作处置与储存、接触控制与个体防护、急救措施、废弃处置等信息。

4.5 产品功能、适用范围和使用方法

4.5.1 产品功能

应说明产品的作用机制，明确其主要功能。产品功能包括改善饲料品质（如抗氧化、防霉防腐、酸度调节、调味诱食、着色等）、提高动物产品产量、改善动物产品质量、提高营养物质利用率、促进动物生长、改善动物健康等，并以试验数据或公开发表的文献资料作为支撑。

以抗病毒、抗菌、抗炎等预防或者治疗动物疾病为主要功能的不属于饲料添加剂范畴。

4.5.2 产品适用范围和使用方法

适用范围和使用方法应说明产品适用的动物种类、生产阶段、推荐用量及注意事项，必要时提供产品单独或与其他饲料添加剂共同在配合饲料或全混合日粮中添加的最高限量建议值，相关内容应有安全性和有效性评价试验数据的支撑。

4.6 生产工艺、制造方法及产品稳定性试验报告

4.6.1 生产工艺和制造方法

提供产品生产工艺流程图和工艺描述。流程图应以设备简图的方式表示，详细体现产品生产全过程；工艺描述应与流程图一一对应，重点描述原料、设备、生产过程各步骤所使用的方法和技术参数（如提取溶剂、提取次数、提取时间、温度、压力、pH 值等），有中间产品控制指标的也应一并提供。

4.6.2 产品稳定性试验报告

稳定性试验包括影响因素试验、加速试验和长期稳定性试验，如涉及膨化或颗粒饲料加工，需开展膨化或制粒过程中产品的稳定性试验，并提供按照农业农村部相关技术指南开展稳定性试验的报告。

4.7 产品质量标准草案、编制说明及检验报告

4.7.1 产品质量标准草案

应按照《标准化工作导则　第 1 部分：标准化文件的结构和起草规则》（GB/T 1.1）、《标准编写规则　第 4 部分：试验方法标准》（GB/T 20001.4）和《标准编写规则　第 10 部分：产品标准》（GB/T 20001.10）的要求进行编写。

产品质量标准应包括范围、规范性引用文件、术语和定义、化学名称和分子式等基本信息（对于纯物质）、技术要求（包括产品外观与性状、鉴别指标、理化指标等）、取样、试验方法、检验规则、标签、包装、运输、贮存、保质期和附录等。

鉴别指标项：纯化提取物应提供有效成分的鉴别指标，必要时提供其他微量组分的特征图谱；组分提取物应包括但不限于特征图谱，特征图谱应包括有效组分及其他组分；简单提取物应包括但不限于特征图谱，特征图谱应包括质量标示物及其他组分。

理化指标项：应包括但不限于有效成分（类组分或质量标示物）含量；必要的卫生指标，如重金属、真菌毒素等有毒有害物质及微生物限量。

产品质量标准的具体检测方法可采用农业农村部发布的技术指南、国家标准、行业标准或公开发布、并经全国饲料评审委员会专家组评审认为具有广泛可接受性和权威性的团体标准规定的检测方法。对于暂无规定的，应新建检测方法。

4.7.2 编制说明

应说明质量标准中的指标设置依据。技术指标的设置应符合相关法规标准要求，并与实际检测情况一致。引用国内外标准试验方法的，国际标准应提供其原文和中文译文，国内标准提供标准原文；如果是新建检测方法，应按照方法标准制定要求，提供方法主要技术内容确定的依据，包括定性定量分析方法、样品前处理方法和方法学考察等。

4.7.3 方法验证报告

对新建检测方法（含特征图谱），应提供至少 3 家具备检验资质的第三方机构出具的验证报告。定量分析方法的验证应考察线性范围、检出限、定量限、准确度和精密度等。特征图谱的方法验证应考察重复性、特征峰数和特征峰相对保留时间。

4.7.4 检验报告

由申请人自行检测或委托具备检验资质的机构出具的三个批次产品检验报告。检测项目应与质量标准一致，并采用其规定的检测方法。

4.7.5 有效组分在饲料产品中的检测方法

有最高限量要求的产品，应根据其适用对象，提供有效组分在配合饲料或全混合日粮、浓缩饲料、精料补充料和添加剂预混合饲料中的检测方法。

4.8 安全性评价材料要求

包括靶动物耐受性评价报告、毒理学安全评价报告、代谢和残留评价报告。评价试验应按照农业农村部发布的技术指南或国家标准、行业标准进行。农业农村部暂未发布指南或暂无国家标准、行业标准的，可参照世界卫生组织、经济合作与发展组织等国际权威组织发布的技术规范或指南进行。靶动物耐受性评价报告、毒理学安全评价报告、代谢和残留评价报告应由农业农村部指定的评价试验机构出具。评价报告的出具单位不得是申报产品的研制单位、生产企业，或与研制单位、生产企业存在利害关系。

纯化提取物、组分提取物和简单提取物应分类提供安全性评价材料，具体要求见附件。

4.8.1 靶动物耐受性评价报告

4.8.2 毒理学安全评价报告

包括急性毒性试验、遗传毒性试验（致突变试验）、28 天经口毒性试验、亚慢性毒性试验、致畸试验、繁殖毒性试验、慢性毒性试验（包括致癌试验）等毒性评价。

4.8.3 代谢和残留评价报告

以其他植物为原料的纯化提取物应进行代谢和残留评价，但有效成分或代谢残留物有以下情形的除外：

—在饲用物质中天然存在并具有较高含量；

—是动物体液或组织的正常成分；

—可被证明是原形排泄或不被吸收；

—是以体内化合物的生理模式和生理水平被吸收；

—农业农村部技术指南、国家标准或行业标准规定的数据外推情形。

4.8.4 相关文献资料

通过国内外文献数据检索，提供国内外权威机构就该产品的安全性评价报告，国内外权威刊物公开发布的就该产品安全性的文献资料，其他可证明该产品安全性的报告或文献资料。

4.9 有效性评价材料要求

4.9.1 有效性评价试验报告

提供由农业农村部指定的有效性评价试验机构出具的试验报告；靶动物有效性试验应按照农业农村部发布的技术指南或国家标准、行业标准进行。农业农村部技术指南、国家标准或行业标准规定的可以进行数据外推的情形除外。

4.9.2 特性效力试验报告

根据产品用途，提供依据技术规范或公认方法测定的特性效力的试验报告，如体外抗氧化和防霉效力的测试等。试验应选取申报产品适用饲料类别中的代表性产品进行。试验报告应由省部级及以上高等院校、科研单位或检测机构等出具。

4.9.3 相关文献资料

通过国内外文献数据检索，提供国内外权威机构就该产品靶动物有效性或特性效力的试验报告或评价报告，国内外权威刊物公开发布的就该产品靶动物有效性或特性效力的文献资料，其他可证明该产品靶动物有效性或特性效力试验的报告或文献资料。

评价报告的出具单位不得是申报产品的研制单位和发表文献的署名单位、生产企业，或与研制单位、生产企业存在利害关系。

4.10 对人体健康可能造成影响的分析报告

应根据安全性、有效性、代谢残留等数据和文献资料以及相关产品信息，参照风险评估的方法就饲料添加剂对人体健康可能造成的影响进行评估分析，形成报告。

来源植物为饲用植物的组分提取物和简单提取物不需要提供该分析报告。

4.11 标签式样、包装要求、贮存条件、保质期和注意事项

标签式样应符合《饲料和饲料添加剂管理条例》和《饲料标签》国家标准（GB 10648）的规定。包装要求、贮存条件、保质期的确定应以稳定性试验的数据为依据。

4.12 中试生产总结和“三废”处理报告

4.12.1 中试生产总结

包括中试的时间和地点，生产产品的批数（至少连续5批）、批号、批量，每批中试产品的详细生产和检验报告，中试中发现的问题和处置措施等。

4.12.2 “三废”处理报告

应说明生产过程中产生的“三废”及处理措施。

4.13 联合申报协议书

由两个及两个以上单位联合申报的（申报单位应是共同参与产品研发的研制单位或生产企业），应提供所有联合申报单位共同签署的联合申报协议书，明确知识产权归属、申请人排序、责任划分等，并承诺不就同一产品进行重复申报。协议书由各单位法定代表人签字并加盖单位公章。

4.14 其他材料

其他应提供的证明性文件和必要材料。例如，需进一步证明申报产品安全性的试验报告。

4.15 参考资料

提供产品研究、开发和生产中参考的主要参考文献。并在引用处进行标注，重要文献应附全文，重要外文文献应提供翻译件。注明参考材料中提到的有效组分与所申请的饲料添加剂品种是否一致，并说明相关信息的详细来源，如数据库、标准、研究报告、期刊和书籍等。

附件

植物提取物类饲料添加剂申报分类及材料要求表

内容	纯化提取物		组分提取物		简单提取物	
	饲用植物	其他植物	饲用植物	其他植物	饲用植物	其他植物
饲料添加剂申请表	+	+	+	+	+	+
申报材料目录	+	+	+	+	+	+
申报材料						
一、申报材料摘要	+	+	+	+	+	+
二、产品名称及命名依据、类别						
(一) 产品通用名称及命名依据	+	+	+	+	+	+
(二) 产品的商品名称	*	*	*	*	*	*
(三) 产品类别	+	+	+	+	+	+
三、产品研制目的	+	+	+	+	+	+
四、产品组分及其鉴定报告、理化性质及安全防护信息						
(一) 产品组分						
1. 有效组分及其含量	+	+	+	+	+	+
2. 其他组分及其含量	+	+	+	+	+	+
(二) 鉴定报告	+	+	+	+	+	+
(三) 外观与物理性状	+	+	+	+	+	+
(四) 有效组分理化性质	+	+	+	+	+	+
(五) 产品安全防护信息	+	+	+	+	+	+
五、产品功能、适用范围和使用方法						
(一) 产品功能	+	+	+	+	+	+
(二) 产品适用范围和使用方法	+	+	+	+	+	+
六、生产工艺、制造方法及产品稳定性试验报告						
(一) 生产工艺和制造方法	+	+	+	+	+	+
(二) 产品稳定性试验报告	+	+	+	+	+	+
七、产品质量标准草案、编制说明及检验报告						
(一) 产品质量标准草案	+	+	+	+	+	+
(二) 编制说明	+	+	+	+	+	+
(三) 方法验证报告	*	*	+	+	+	+
(四) 检验报告	+	+	+	+	+	+
(五) 有效组分在饲料产品中的检测方法	*	*	*	*	—	*
八、安全性评价材料要求						
(一) 靶动物耐受性评价报告	+	+	±	+	—	+

（续）

内　容	纯化提取物		组分提取物		简单提取物	
	饲用植物	其他植物	饲用植物	其他植物	饲用植物	其他植物
（二）毒理学安全评价报告						
1. 急性毒性试验	＋	＋	±	＋	－	＋
2. 遗传毒性试验（致突变试验）	＋	＋	±	＋	－	＋
3. 28天经口毒性试验	＋	＋	±	＋	－	＋
4. 亚慢性毒性试验	＋	＋	±	＋	－	＋
5. 致畸试验	*	*	*	*	－	*
6. 繁殖毒性试验	*	*	*	*	－	*
7. 慢性毒性试验（包括致癌试验）	*	*	*	*	－	*
（三）代谢和残留评价报告	－	±	－	*	－	*
（四）相关文献资料	*	*	*	*	*	*
九、有效性评价材料要求						
（一）有效性评价试验报告/特性效力试验报告	＋	＋	＋	＋	±	＋
（二）相关文献资料	*	*	*	*	*	*
十、对人体健康可能造成影响的分析报告	＋	＋	－	*	－	*
十一、标签式样、包装要求、贮存条件、保质期和注意事项	＋	＋	＋	＋	＋	＋
十二、中试生产总结和“三废”处理报告						
（一）中试生产总结	＋	＋	＋	＋	＋	＋
（二）“三废”处理报告	＋	＋	＋	＋	＋	＋
十三、联合申报协议书	*	*	*	*	*	*
十四、其他材料	*	*	*	*	*	*
十五、参考资料	＋	＋	＋	＋	＋	＋
十六、CD光盘（两份）	＋	＋	＋	＋	＋	＋

说明：

(1)“＋”指必须提供材料。

(2)“－”指不要求提供材料。

(3)“±”指可以用文献资料代替试验研究报告。包括国内外权威机构就该产品的评价报告、国内外权威刊物公开发表直接证明该产品安全性和有效性的文献资料、其他可直接证明该产品安全性和有效性的报告或文献资料；以上所指“该产品”的提取工艺和有效组分应与申请人所申报产品基本一致。

(4)“*”指必要时提供。

(5) 本指南所指饲用植物使用的部位应与《饲料原料目录》中规定植物的特定部位一致。

专题篇

2023年饲料加工工业概况

2023年，生猪产能充足、规模化进程加快，禽养殖保持较高水平，反刍动物养殖快速发展，饲料工业总产值连续3年超过万亿元，饲料总产量连续2年突破3亿t，实现产值产量双增长。

一、基本情况

1. 饲料工业总产值营收再创新高。 全国饲料工业总产值14 018.3亿元，比上年增长6.5%；总营业收入13 304.4亿元，增长5.4%。其中，饲料产品产值12 721.1亿元、营业收入12 121.9亿元，分别增长7.7%、6.7%；饲料添加剂产品产值1 223.4亿元、营业收入1 110.3亿元，分别下降3.5%、4.9%；饲料机械产品产值73.8亿元、营业收入72.2亿元，分别下降12.4%、15.7%（图1、图2）。

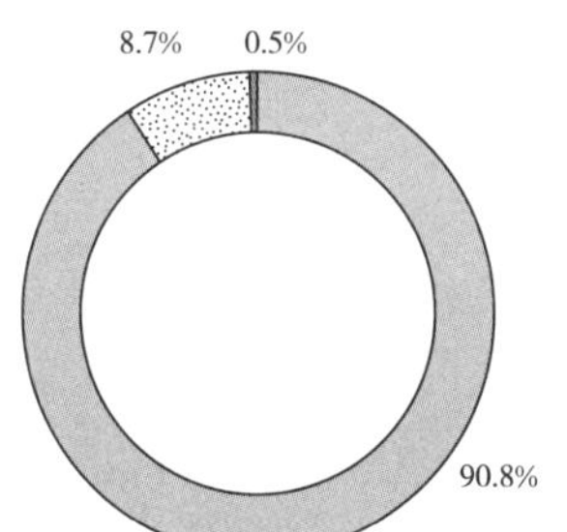

图1 2023年饲料工业总产值结构比重

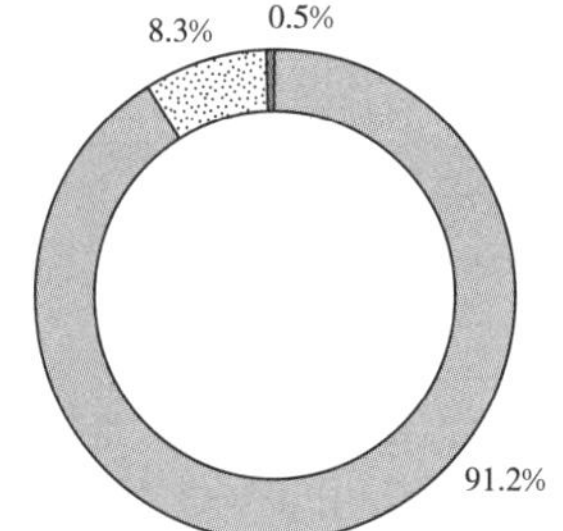

图2 2023年饲料工业总营业收入结构比重

2. 工业饲料总产量连续两年突破3亿t。 全国工业饲料总产量32 162.7万t，比上年增长6.6%。其中，配合饲料产量29 888.5万t，增长6.9%；浓缩饲料产量1 418.8万t，下降0.5%；添加剂预混合饲料产量709.1万t，增长8.7%（图3）。

从不同品种看，猪饲料产量14 975.2万t，增长10.1%；蛋禽饲料产量3 274.4万t，增长2.0%；肉禽饲料产量9 510.8万t，增长6.6%；反刍动物饲料产量1 671.5万t，增长3.4%；水产饲料产量2 344.4万t，下降4.9%；宠物饲料产量146.3万t，增长18.2%；其他饲料产量240.2万t，增长7.6%（图4、图5）。

从不同类别看，配合饲料中，猪配合饲料13 779.5万t、同比增长11.1%，蛋禽配合饲料2 973.4万t、同比增长1.9%，肉禽配合饲料9 395.5万t、同比增长6.7%，水产配合饲料2 298.4万t、同比下降7.3%，精料补充料1 218.5万t、同比增长1.0%，其他配合饲料223.2万t、同比增长7.8%（图6）。

浓缩饲料中，猪浓缩饲料895.0万t、同比下降2.5%，蛋禽浓缩饲料108.3万t、同比下降1.5%，肉禽浓缩饲料64.8万t、同比下降11.0%，水产浓缩饲料7.4万t、同比增长6.2%，反刍浓缩饲料332.1万t、同比增长8.0%，其他饲料11.2万t、同比增长4.2%（图7）。

添加剂预混合饲料中，猪预混合饲料300.6万t、同比增长9.7%，蛋禽饲料192.7万t、同比增长5.4%，肉禽饲料50.5万t、同比增长9.6%，水产饲料38.6万t、同比下降4.5%，反刍动物饲料120.9万t、同比增长17.2%，其他饲料5.9万t，同比增长4.5%（图8）。

3. 饲料添加剂产量小幅增长。 全国饲料添加剂总产量1 505.6万t，比上年增长2.5%。其中，直接

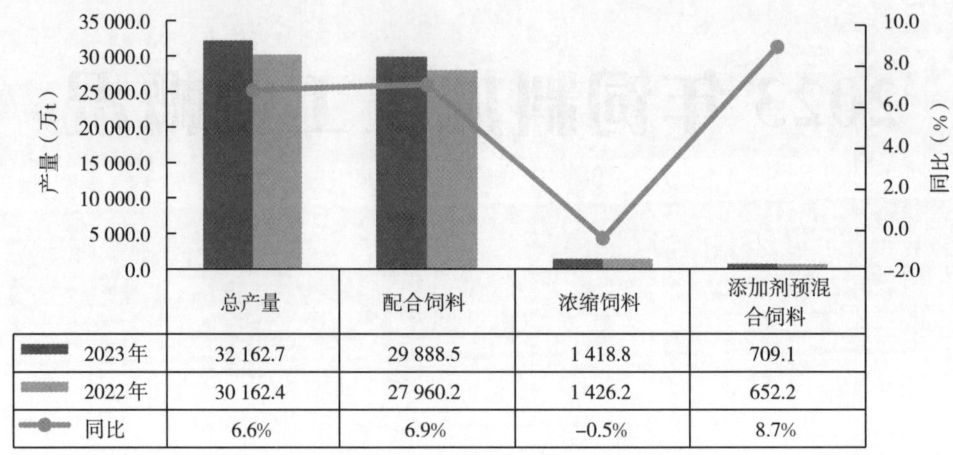

	总产量	配合饲料	浓缩饲料	添加剂预混合饲料
2023年	32 162.7	29 888.5	1 418.8	709.1
2022年	30 162.4	27 960.2	1 426.2	652.2
同比	6.6%	6.9%	–0.5%	8.7%

图 3　2022—2023 年饲料总产量（分类别）同比

注：总产量包括宠物饲料。

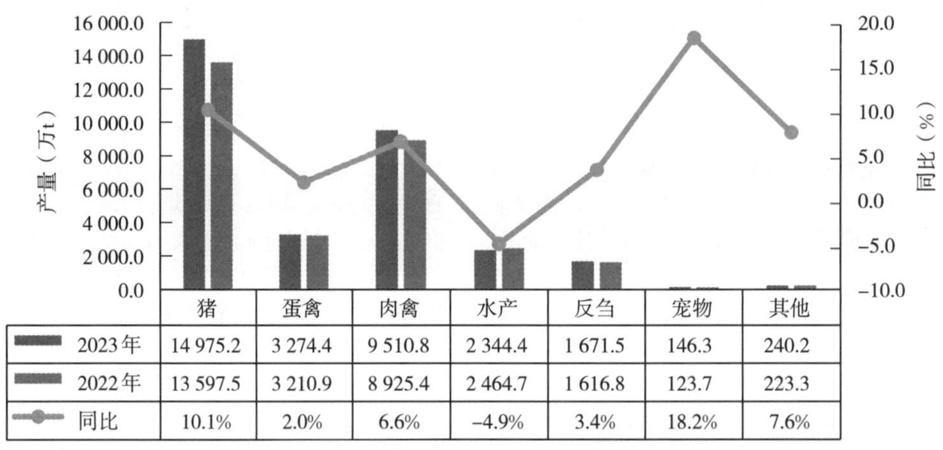

	猪	蛋禽	肉禽	水产	反刍	宠物	其他
2023年	14 975.2	3 274.4	9 510.8	2 344.4	1 671.5	146.3	240.2
2022年	13 597.5	3 210.9	8 925.4	2 464.7	1 616.8	123.7	223.3
同比	10.1%	2.0%	6.6%	–4.9%	3.4%	18.2%	7.6%

图 4　2022—2023 年不同畜禽品种饲料产量同比

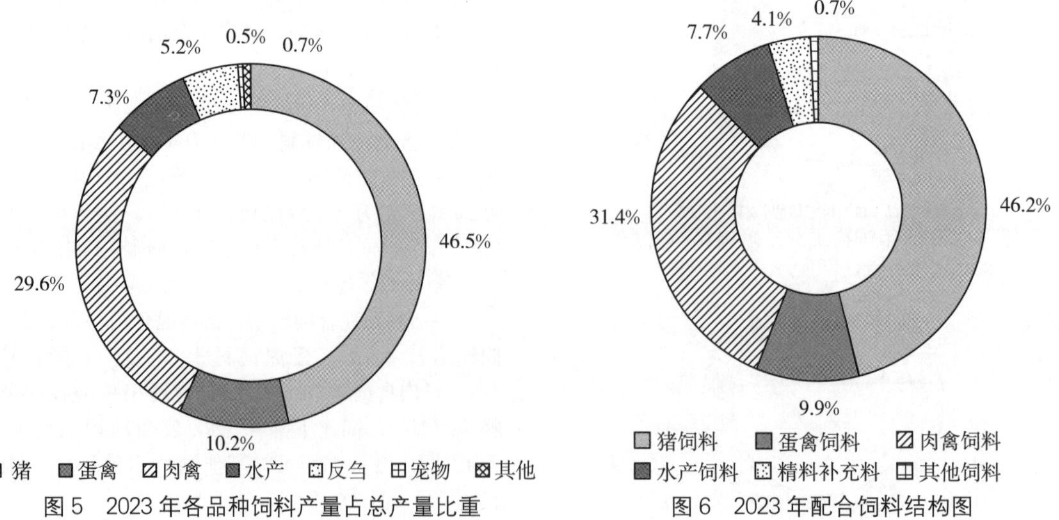

图 5　2023 年各品种饲料产量占总产量比重

图 6　2023 年配合饲料结构图

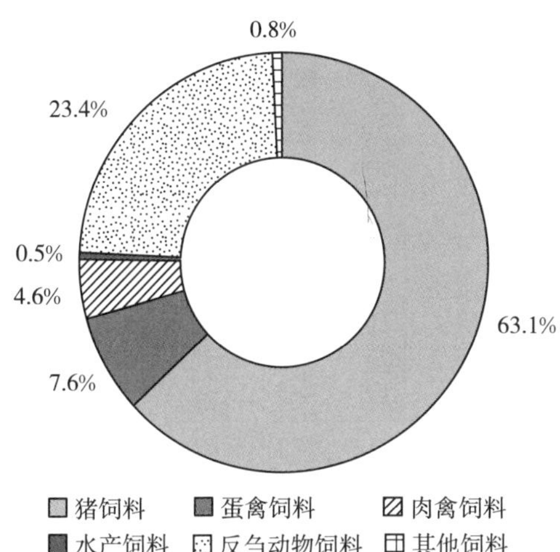

图 7　2023 年浓缩饲料结构图

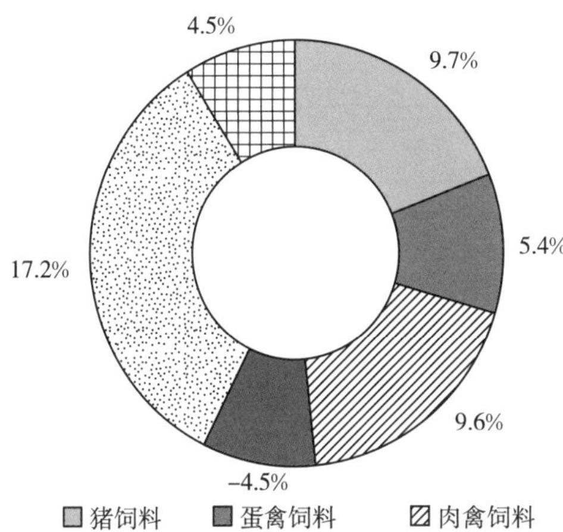

图 8　2023 年添加剂预混合饲料结构图

制备饲料添加剂产量 1 388.5 万 t，增长 1.4%；混合型饲料添加剂产量 117.1 万 t，增长 17.1%。氨基酸产品产量 495.2 万 t，增长 10.2%。酶制剂、微生物、非蛋白氮等产品产量保持增长，分别增长 8.8%、10.8%、17.6%。维生素产品产量 145.3 万 t，下降 3.2%。矿物元素、抗氧化剂、调味剂等产品产量下降，分别下降 2.3%、5.1%、9.9%。

4. 优势区域布局保持稳定。2023 年，饲料产量超千万吨的省份有 13 个，与上年持平，分别为山东、广东、广西、辽宁、河南、江苏、四川、湖北、河北、湖南、安徽、福建、江西。13 个省份合计产量占全国比重的 79.3%，比上年增长 0.2 个百分点。其中山东省、广东省产量分别达 4 716.3 万 t、3 610.7 万 t，同比分别增长 5.2%、3.2%；山东和广东两省饲料产品总产值继续保持在千亿以上，分别为 1 812 亿元和 1 603 亿元（表 1）。

表 1　2023 年饲料产量过千万吨省份产量及比重

项目	2023 年（万 t）	2022 年（万 t）	同比（%）
全国	32 162.7	30 160.8	6.6
13 省小计	25 497.2	23 862.7	6.8
13 省占比（%）	79.3	79.1	
山东	4 716.3	4 484.8	5.2
广东	3 610.7	3 497.2	3.2
广西	2 297.9	2 024.3	13.5
辽宁	1 873.4	1 707.1	9.7
河南	1 729.7	1 611.6	7.3
江苏	1 616.6	1 474.0	9.7
四川	1 528.7	1 439.1	6.2
湖北	1 500.4	1 398.2	7.3
河北	1 453.4	1 445.4	0.6
湖南	1 401.4	1 310.9	6.9
安徽	1 304.8	1 191.5	9.5
福建	1 266.5	1 194.7	6.0
江西	1 197.6	1 083.9	10.5

5. 大宗饲料原料消费量稳步增长。全国饲料生产企业大宗饲料原料消费量随产量增加而增加，配方趋向多元化。2023 年，饲料企业大宗饲料原料消费总量 24 862.9 万 t、同比增长 5.7%。其中，玉米消费量同比增长 3.5%，小麦、大麦消费量大幅增加，分别增长 153.5%、79.4%，稻谷、高粱消费量减少。豆粕用量比上年下降 11.8%，菜粕、棉粕等其他饼粕用量增长 7.8%。

二、2023 年商品饲料变化特点

1. 产业结构优化升级。养殖业规模化发展，配合饲料比重不断提高。2023 年，配合饲料产量占总产量比重的 92.9%，比 2014 年提高 7.1 个百分点；浓缩、添加剂预混合饲料产量比重比 2014 年分别下降 6.5、1.0 个百分点（图 9）。

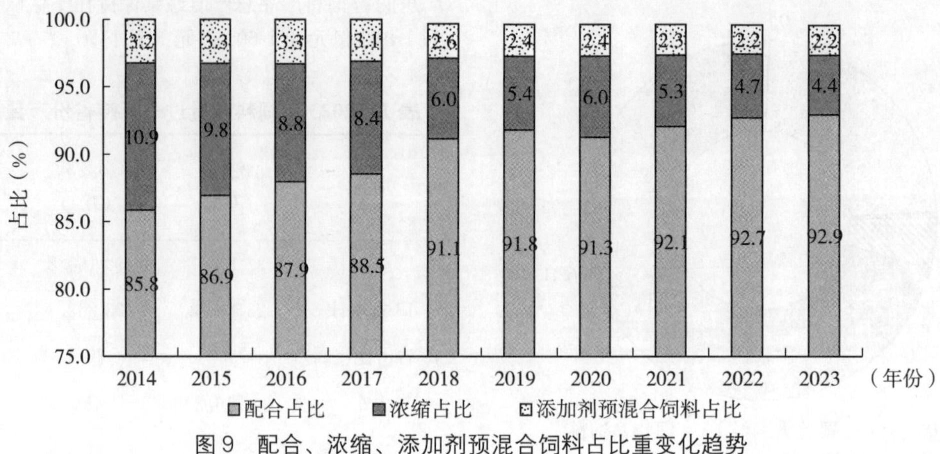

图 9　配合、浓缩、添加剂预混合饲料占比重变化趋势

2. 猪、肉禽饲料是主要驱动力，蛋禽反刍动物饲料稳步增长。2014—2023 年，猪、肉禽饲料产量年均增长率分别为 6.3%、7.3%，年均分别增加 636 万 t、448 万 t，占总产量增量的 87%；蛋禽饲料、水产饲料、反刍饲料年均分别增加 37 万 t、44 万 t、79 万 t，其中反刍动物饲料年均增长 7.4%（表 2）。

表 2　不同品种饲料产量情况

	猪饲料	蛋禽饲料	肉禽饲料	水产饲料	反刍饲料	其他饲料
2014 年产量（万 t）	8 616	2 902	5 033	1 903	876	397
2024 年产量（万 t）	14 975	3 274	9 511	2 344	1 671	387
年均增量（万 t）	636	37	448	44	79	−1
年均增长率（%）	6.3	1.4	7.3	2.3	7.4	−0.3

3. 企业规模经营有所调整。2023 年，全国万吨规模以上的饲料生产厂 3 932 家，比上年增加 58 家，其饲料产量占全国饲料总产量比重为 96.6%，较上年提高 0.3 个百分点。其中，10 万 t 以上的规模饲料生产厂 1 050 家、比上年增加 103 家，饲料产量占全国饲料总产量的比重为 61.1%、比上年提高 3.5 个百分点；年产 50 万 t 以上的饲料生产厂 11 家、比上年减少 2 家，占全国饲料总产量的 2.5%；年产百万吨以上规模饲料企业集团 33 家、比上年减少 3 家，合计饲料产量占全国饲料总产量的 56.1%；其中有 7 家企业集团年产量超过 1 000 万 t，比上年增加 1 家（图 10）。

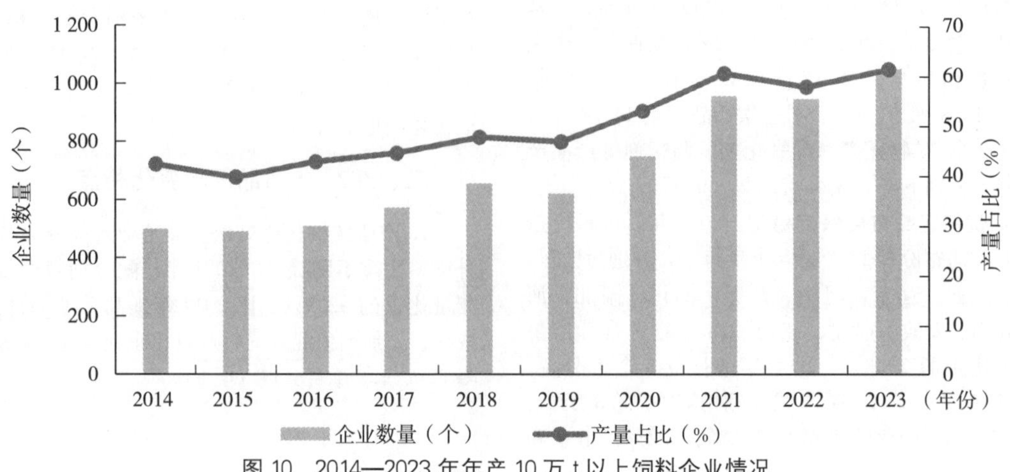

图 10　2014—2023 年年产 10 万 t 以上饲料企业情况

4. 产业人员结构协同调整。2023 年，饲料企业年末职工人数为 75.4 万人、同比下降 14.7%；其中，大学专科及以上学历的职工人数为 32.3 万人、同比下降 25.5%，占职工总数的 42.8%，较上年下降 6.2 个百分点。特有工种 8.0 万人、下降 0.1%；其中，检化验员增长 0.5%、维修工下降 1.1%（表 3）。

表 3　从业人员情况

单位：万人

项目	职工总数	其中					特有工种人员	其中	
		博士	硕士	大本	大专	其他		检化验员	维修工
2023 年	75.4	0.6	1.7	11.9	18.1	43.0	8.0	4.2	3.8
同比	−14.7%	−1.3%	2.8%	−30.9%	−24.1%	−4.3%	−0.1%	0.5%	−1.1%

（陆泳霖　刘芊麟）

主要饲料产品概述

家禽饲料

2023年，随着豆粕价格走低，家禽养殖成本有所下降，但受猪肉价格持续处于低位，鸡肉和鸡蛋价格受到抑制，市场盈利空间有限，家禽生产供应基本稳定。国家统计局数据显示，2023年我国家禽累计出栏168.2亿只，比上年增长4.2%；禽肉产量2 563万t，增长4.9%；禽蛋产量3 563万t，增长3.1%。从全国主要家禽出栏数据来看，2023年我国肉鸡出栏占比高达77.4%。其中白羽肉鸡和黄羽肉鸡累计出栏量分别为71.95亿只和35.95亿只，分别较2022年增加18.14%和下降3.52%。肉鸭出栏42.18亿只，较2022年增长5.40%；商品鹅出栏5.15亿只，较2022年增长10.04%。白羽、黄羽肉鸡产量分别为1 429.37万t和467.31万t，分别较2022年增加20.01%和下降0.85%。

2023年底全国家禽存栏67.8亿只，比上年底增加0.1亿只，增长0.2%，基本稳定。2020—2023年底的家禽存栏量均为68亿只，相对平稳。2023年，我国合计生产禽用饲料1.28亿t，其中蛋禽饲料产量3 274.4万t，增长2.0%；肉禽饲料产量9 510.8万t，增长6.6%。2023年全国禽蛋产量3 563万t，增长3.1%；禽肉产量2 563万t，比上年增长4.9%，均呈快速增长态势。以2023年底14.1亿人口计算，禽蛋和禽肉人均占有量分别达到25.28kg、18.18kg，远超世界平均水平；以1996—2023年数据，二者年均增速为1.73%和3.52%推算，2025年人均禽蛋禽肉占有量将达到26.16kg、19.48kg（图1）。

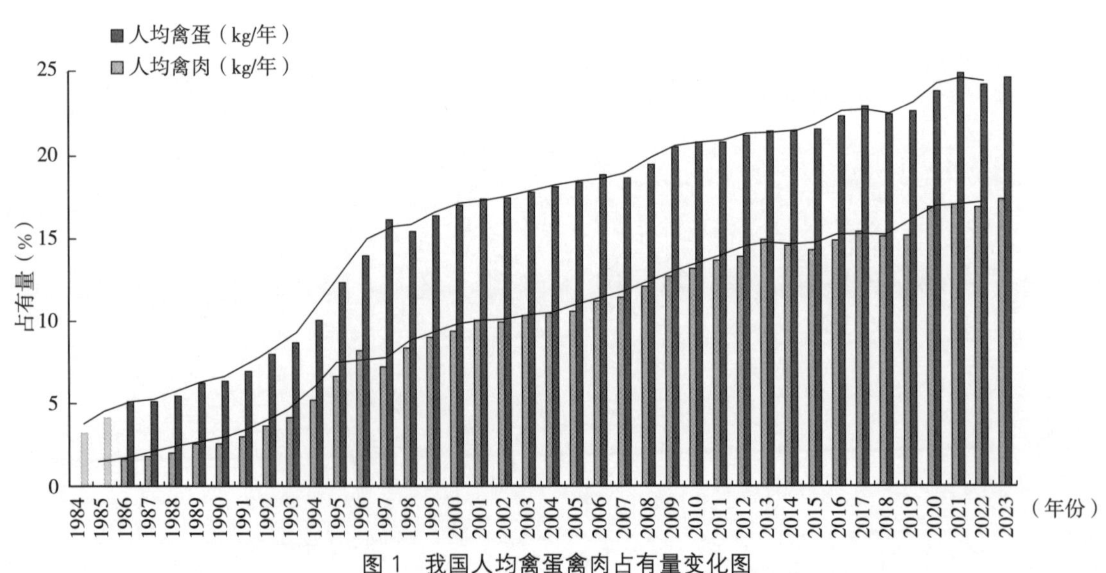

图1　我国人均禽蛋禽肉占有量变化图

一、蛋禽养殖

2023年，全国禽蛋总产量3 563万t，增长3.1%，连续6年维持在3 000万t以上，占世界禽蛋总产量的43.0%以上，我国是当之无愧的禽蛋生产大国。其中，鸡蛋产量达到了2 940万t，占全球鸡蛋产量的37.5%，位居世界第一。鸭蛋产量267.05万t，较2022年增长0.81%；鹌鹑蛋230万t左右；鸽子蛋、鹅蛋少量。2023年产蛋鸡月均存栏为10.05亿只，较2022年度的9.46亿只，同比增加了0.59亿只，增幅为6.24%；与近6年存栏均值10.05亿只基本持平。2023年蛋鸭存栏1.49亿只，较2022年下降1.32%，蛋鸭总产值377亿元，较2022年下降3.03%。据海关数据，2023年中国禽蛋进口量为0.10t，进口额为1.64万美元；出口量为16.68万t，较上年增长18.4%；出口额为3.4亿美元，较上年增长13.0%。贸易顺差为3.4亿美元，较上年增长13.0%。咸蛋、蛋黄、去壳禽蛋等加工产品以及种蛋出口均有增加。

2023年，月均蛋鸡存栏处于正常水平，但一季度存栏低于历年同期均值，四季度存栏高于历年同期均值，全年呈现出前低后高的趋势，这导致当年一季度蛋价指数偏高，四季度蛋价指数显著下降。2023年鸡蛋价格波动幅度明显，全年鸡蛋均价11.61元/kg，同比下降2.5%。进入2023年以来，蛋鸡养殖的饲料成本有所下降，蛋禽养殖效益仍处在中等偏上水平。2023年，我国祖代蛋种鸡存栏增加，对进口种鸡的依赖性继续下降，全年祖代在产蛋种鸡约60万套。受国外禽流感疫情影响，国产蛋种鸡市场占有率有所提高。我国自主培育的种鸡首次走出国门。峪口禽业的1.55万只京红1号高产蛋鸡出口坦桑尼亚，对于推动中国种业“走出去”具有深远意义。鸡蛋贸易以出口为主，创历史新高，主要对象为中国香港和中国澳门。我国蛋鸡主产区分布无明显变化，集中在华东、华中地区。其中华东地区所占份额最大，西南地区所占份额最小。我国蛋鸡产业的高质量发展在全面实现乡村振兴和农业农村现代化建设中承担着重要作用。蛋鸡养殖规模化率继续提升，2023年蛋鸡项目呈井喷式增长，蛋鸡产业总体实现盈利。据不完全统计，2023年蛋鸡行业新增项目67个，其中有28个项目签约、39个项目开工建设，累计新增产能9 591万，包括蛋种鸡251万套、非笼养蛋鸡50万套、蛋品深加工540万套以及蛋鸡870万套。2023年，36个项目规划产能均在100万套及100万套以上，占比达53.7%，且主要集中在100万～300万套，这表明蛋鸡行业百万规模已成为主流，规模企业数量扩增也加剧蛋鸡散户退出。

2023年我国蛋鸡产业问题：①养殖成本上升，蛋价走低，蛋鸡产业利润水平较低。饲料占蛋鸡养殖总成本的80%以上。2023年上半年玉米市场表现偏弱，呈震荡下跌趋势，豆粕行情亦呈走弱趋势，鸡蛋需求乐观，养殖户补栏热情较高，导致鸡苗市场价格猛涨，压缩了利润空间。2023上半年，补栏带来的产量上升导致鸡蛋价格有所下降，进一步缩减了蛋鸡的养殖利润。②“双碳”目标约束，粪污资源化利用低。半开放式鸡舍的设施设备较为简陋，养殖标准化水平较低，鸡舍环境控制效果较差，导致蛋鸡生产性能受自然环境的影响较大。未来以“双碳”目标为引领，包括蛋鸡在内的畜禽养殖粪污资源化利用模式和对技术需求的上升。③重大疫病净化与防控，防治技术创新。疫病防控仍然是蛋鸡养殖业未来发展的重要趋势，突出体现在推动重大疫病净化和强化防治技术创新与应用两方面。除继续推动重大疫病净化外，还应强化防治技术，实施严密的流行病学监测，持续开展禽流感和新城疫等疫病的监测工作。同时，研制新型活疫苗及多联疫苗，减轻免疫应激，提高生产性能。通过疫病防治技术的创新应用为蛋鸡疫病的防控提供新的途径，进一步提升养殖业的防疫水平。④数智化养殖信息化手段有待完善。一方面，全产业链协同工作的互通平台不够完善，设备数据与生产管理系统之间未实现有效集成，制约了数字化转型的进程。另一方面，较高的数智化系统建设成本使中小规模养殖企业缺乏投入的动力和能力，养殖户对于新技术的接受度和认知度有限，目前的监测设备和算法还存在一定的局限性，数智化养殖技术的普及进展较为缓慢。⑤蛋品加工相对薄弱且同质化，难以与多元化的市场需求匹配。我国鸡蛋行业具有庞大的市场规模，但品类界限模糊、品牌认知度低，市面上绝大多数鸡蛋仍以散装形式销售，处于价格低水平竞争。同时，整体缺乏创新优势，蛋鸡产品在市场上难以形成品牌差异化，使得企业在品牌建设和市场推广方面面临一定的困境。

二、肉禽养殖

根据农业农村部定点跟踪监测数据及中国畜牧业协会监测数据分析，2023年肉鸡（包括白羽、黄羽和小型白羽肉鸡）总出栏数量为130.22亿只，较2022年增加11.65亿只，增幅9.83%；肉鸡总产量为2 152.36万t，较2022年增加240.69万t，增幅12.59%。中国畜牧业协会监测数据显示，2023年白羽肉鸡和黄羽肉鸡累计出栏量分别为71.95亿只和35.95亿只，分别较2022年增加18.14%和下降3.52%；白羽、黄羽肉鸡产量分别为1 429.37万t和467.31万t，分别较2022年增加20.01%和下降

0.85%。产业结构持续调整，黄羽肉鸡产量不断下降。2023年白羽和黄羽肉鸡生产呈现明显的反向变动趋势，白羽肉鸡大幅增长，黄羽肉鸡持续萎缩。此外，受小型白羽肉鸡对快速性黄羽肉鸡替代性作用的持续增强影响，小型白羽肉鸡生产延续扩张步伐。2023年小型白羽肉鸡（817）出栏量为22.32亿只，较2022年增长9.36%；产量为255.68万t，较2022年增长6.18%。“活禽管制”对黄羽肉鸡销售产生明显抑制，黄羽肉鸡出栏量和产量均持续下降，2023年黄羽肉鸡产量在肉鸡总产量中的占比再创新低，从20世纪90年代中期的“半壁江山”萎缩至仅约1/4的占比份额；从黄羽肉鸡内部的结构变动来看，快速型占比下降，中速型相对稳定，慢速型占比增加。

饲料价格经历“降-增-降”变化趋势，全年整体高位运行且位居近10年最高位。2023年肉鸡饲料价格从2022年底的历史高位波动下降，6—7月降至年内低点，之后进入上升阶段，并在9月升至第二个年内高点，随后受原料价格整体高位下滑的影响，肉鸡饲料价格跟随走低，年底降至年度最低点，但仍处历史相对高位。2023年，玉米平均价格为2.97元/kg，与2022年的2.98元/kg基本持平；年底玉米价格为2.79元/kg，较2022年同比下降8.53%。2023年豆粕平均价格为4.61元/kg，较2022年下降1.41%；年底豆粕价格为4.28元/kg，较2022年同比下降15.58%。2023年，肉鸡配合饲料平均价格为3.89元/kg，较2022年增长2.47%；年底肉鸡配合饲料价格为3.90元/kg，较2022年同比下降4.65%。肉鸡养殖成本在2022年历史相对高位的基础上持续上涨，白羽、黄羽肉鸡养殖成本分别上涨2.29%和2.36%。根据农业农村部对60个生产大县（市、区）的300个行政村1 099户肉鸡养殖户月度定点跟踪监测数据分析，2023年白羽、黄羽肉鸡养殖成本均有明显上涨。白羽肉鸡养殖成本近3年连续上涨，2020—2023年增幅高达12.09%；2023年，受雏鸡、饲料、防疫、人工等成本上涨因素影响，白羽肉鸡平均养殖成本上涨2.29%，为8.59元/kg。黄羽肉鸡养殖成本近2年连续上涨，2023年较2021年增幅高达9.14%；2023年，虽然雏鸡价格略有下降，但受饲料成本上涨等因素影响，黄羽肉鸡养殖成本上涨2.36%，为13.97元/kg。

据海关总署数据统计，2023年鸡肉产品进口量为130.24万t，同比2022年仅减少0.18万t，减量0.13%。尽管鸡肉进口量已经连续4年下滑，但2023年基本和去年持平。从鸡肉产品进口国占比分布来看，全年进口来源国依旧以巴西、美国、俄罗斯、泰国、白俄罗斯5个国家为主体，进口量分别为67.93万t、25.40万t、12.78万t、12.09万t和6.87万t。鸡肉产品出口量方面，2023年鸡肉产品出口量为55.41万t，自2020年以来持续增长，较去年增加2.2万t，环比涨幅4.13%。2023年整体出口量呈持续递增态势，一反往年四季度减量的状态。2023年，出口鸡肉产品共涉及54个国家或地区，日本和中国香港占据主要的出口区域，全年出口日本17.23万t，占比31.11%；出口中国香港16.69万t，占比30.12%。蒙古和英国则是排第三和第四位，分别出口2.54万t和2.59万t，分别占比4.59%和4.68%。

根据中国畜牧业协会监测数据，2023年我国白羽肉鸡祖代更新数量为127.99万套，较2022年增加32.85%，从2022年的96.34套的历史相对低位翻转至历史相对高位。其中，国外引种祖代数量40.96万套，国外品种科宝曾祖代种鸡在国内自繁祖代数量以及3个自主培育白羽肉鸡新品种提供祖代数量为87.03万套。2023年，祖代种鸡平均月度总存栏量为174.65万套，仍处于历史高位，其中后备祖代种鸡数量及所占比重明显上升。12月，祖代种鸡总存栏量180.27万套，较2022年同比增加4.66%；其中，在产、后备祖代种鸡存栏量分别为109.97万套和70.30万套，分别较2022年同比减少13.26%和增加54.66%。2023年父母代种鸡年度更新6 640.75万套，较2022年增加2.13%；平均月度存栏量8 160.51万套，较2022年增加17.57%。12月，父母代种鸡总存栏量8 204.04万套，较2022年同比增加17.57%；其中，在产、后备祖代种鸡存栏量分别为4 401.77万和3 802.27万套，分别较2022年同比增加0.81%和15.26%。2023年，我国白羽种鸡产能扩张，祖代、父母代种鸡更新数量双增长。

2023年，鸡肉价格全年波动下降，价格降幅在畜产品中相对较小。根据农业农村部对农贸市场监测数据分析，2023年综合鸡肉价格全年平均为24.13元/kg，较2022年增长10.6%；年底鸡肉综合价格为23.87元/kg，明显低于2022年同期，降幅4.23%。从养殖户商品代肉鸡出栏价格看，根据农业农村部对肉鸡养殖户月度定点跟踪监测数据，白羽肉鸡出栏价格全年平均为8.91元/kg，较2022年略降1.13%；年底12月份，价格为7.66元/kg，较2022年同比下降10.97%。黄羽肉鸡出栏价格全年平均为16.08元/kg，较2022年下降7.81%；12月价格为16.24元/kg，较2022年同比下降0.51%。整体来看，2023年黄羽肉鸡出栏价格在下半年有所反弹，但高点价格水平及持续时间均远不及2022年。黄羽肉鸡中快、中、慢速型价格存在较为明显的差异，但全年变动趋势总体一致。全产业链平均收益白羽肉鸡小幅上升，黄羽肉鸡大幅下降。根据农业农村部对肉鸡养殖户月度定点跟踪监测数据分析，白羽肉鸡全产业链年度平均收益为0.97元/只，较2022年每只小幅增加0.35元，盈亏月数比为7∶5，其中屠宰环节出现亏损，其他环节都实现盈利；屠宰环节的亏损主要在上半年，全年平均每只亏损0.25元，较2022年0.67元/只的亏损程度有所下降；商品肉鸡养殖环节全年平均盈利0.86元/只，较2022年下降46.62%，9—12月连续4个月出现亏损。12月，全产业链平均收益为−1.56元/只，较2022年同比亏损进一步增加0.84元/只；其中，商品肉鸡养殖环节亏损最为明显，每只亏损1.14元。黄羽肉鸡全产业链平均收益年内呈现先增后降趋势，年初仅为0.83元/只，年底较年初实现较大增幅，盈亏月数比为12∶0，种鸡、商品鸡养殖环节均实现盈利，但盈利水平较2022年均有所下降，全产业链年度平均收益为4.36元/只，较2022年大幅下降3.38元/只；商品肉鸡养殖环节盈利4.93元/只，较2022年盈利下降1.69元/只。12月，全产业链平均收益为4.98元/只，较2022年同比盈利增加0.93元/只，其中商品肉鸡养殖环节收益为4.93元/只。黄羽肉鸡中快、中、慢速型盈利水平差异较大，总体来看，慢速型最好，快速型最弱。

消费市场逐步回暖，全年肉鸡总产量大幅上涨。2022年底，随着我国新冠疫情防控政策的调整，持续3年的疫情影响逐渐减弱，经济社会运行逐步向常态化回归。根据国家统计局数据，2023年GDP增速从2022年的3.0%上升到5.2%，餐饮收入从2022年的下降6.3%变化为增长20.4%，供给端在自身乐观预期以及需求端消费拉动的作用下，生产规模扩张迅速。根据农业农村部对肉鸡养殖户月度定点跟踪监测数据及中国畜牧业协会监测数据分析，2023年肉鸡（包括白羽、黄羽和小型白羽肉鸡）总出栏数量为130.22亿只，较2022年增加11.65亿只，增幅9.83%；肉鸡总产量为2 152.36万t，较2022年增加240.69万t，增幅12.59%。

全年商品肉鸭出栏42.18亿只，较2022年增长5.40%；肉鸭总产值1 263.69亿元，较2022年增长5.04%；蛋鸭存栏1.49亿只，较2022年下降1.32%。商品鹅出栏5.15亿只，较2022年增长10.04%；肉鹅产值531.72亿元，较2022年增长0.95%。2023年，我国23个肉鸭主产省的肉鸭出栏量和产值情况就区域生产布局而言，肉鸭生产区域集中度较高，主要集中在华东地区，其出栏量高达26.1亿只，占全国总出栏量的62%。蛋鸭养殖主要集中在华中、华东地区，2个地区的产蛋量和产值占比均高达全国的70%左右。就区域生产布局而言，肉鹅养殖华东地区独占鳌头，出栏量约1.74亿只，占全国总出栏量的1/3，由于存在价格优势，华南区域产值略高于华东区域。就省域生产布局而言，山东、广东、四川和安徽是商品鹅生产最集中的省份，4个省的养殖量总和占全国的56.59%。

2023年以来，淘汰鸡供应量持续低于正常水平，淘汰鸡价格呈现整体上涨走势，且明显高于近年同期。2023年度淘汰鸡均价为5.90元/斤，同比2022年度5.65元/斤，上涨了0.25元/斤，涨幅为4.42%；同比6年均值5.26元/斤，上涨了0.64元/斤，涨幅为12.17%。2023年度淘汰鸡价格同比2022年度上涨了0.25元/斤。

2023年，我国肉禽产业问题：①种业科技创新仍存短板，与产业发展需求仍有差距。2022—2023年我国白羽祖代种鸡连续2年引种严重受阻，其中，2022年是由于新冠疫情导致国际航班不畅以及欧美高致病性禽流感导致相关贸易受限，2023年是由于国际禽流感持续蔓延导致相关贸易受限。我国自主培育的3个白羽肉鸡品种发挥出重要的战略支撑作用，我国白羽肉鸡产业发展由之前的国外单方支撑，进入国外、国内两方支撑的新阶段。过去两年，3个国产品种产业化应用进程持续快速推进，2023年市场占有率达到25.1%，但必须正视的是我国白羽肉鸡育种在育种素材、育种技术和疫病净化等方面仍有较大的提升空间。同时，在国内育种进程中，片面追求饲料转化率等单一指标数据的问题较为普遍，对产业链综合效益的考虑相对缺乏。此外，黄羽肉鸡品种方面，针对集中屠宰、冰鲜上市的必然趋势，开展屠宰加工型黄羽肉鸡选育的需求尤为迫切。②国际禽流感蔓延势头不减，国内疫病防控存在巨大压力。2023年国际禽流感疫情持续蔓延，第一、第二、第四季度疫情态势较2022年同期明显加重，涉及区域范围扩大，欧洲、亚洲、南美洲、北美洲、非洲家禽产业均受到疫情冲击。其中，美国最为严重，高致病性禽流感共发生182起，死亡及扑杀家禽数量近2 000万只；我国周边国家日本、韩国的高致病性禽流感报告病例数量明显增加。根据我国农业农村部疫情发布信息，2023年我国共报告3起野禽高致病性禽流感病例。动物疫病疫情会直接冲击肉鸡产业的生产与贸易秩序，是产业发展面临的主要风险之一。③肉鸡生产官方统计数据缺失，产业预警机制亟待构建。虽然鸡肉是我国第二大肉类，但长期以来一直缺失国家层面关于肉鸡生产的权威统计数据，更是缺乏对白羽肉鸡和黄羽肉鸡等亚类的分项统计，仅有关于禽肉总量的生产和消费统计。2023年肉鸡供给明显过剩，市场行情持续低迷，一方面反映了针对市场有效预警机制的缺失，另一方面也反映了产业对基于权威数据的产业规划的迫切需求。④鸡肉营养健康属性科普宣传不足，产品和产业品牌建设水平较低。我国肉鸡产业已经形成了较为完备的全产业链发展体系，但国内肉鸡企业普遍存在品牌战略经营短板。肉鸡产业消费端的科普和宣传明显不足、管理和研究相对缺乏。⑤极端灾害风险的应对及保障仍面临较大挑战。在全球气候变化的背景下，自然灾害风险显著增加，对农业生产安全形成重大威胁。2023 年 7 月 31 日，受冷暖空气和台风“杜苏芮”的共同影响，河北涿州遭遇了罕见的暴雨灾害，畜禽养殖场受到重创。根据涿州发布的信息，该次灾情造成禽类损失 95 万羽，灾后 1 周转运处理死亡畜禽 350t 以上，灾后养殖场普遍面临人手不足、无害化处理困难的局面。

三、家禽饲料

2023 年，全球饲料产量约 12.9 亿 t，同比下降 0.2%，近一半的饲料产量集中在中国、美国、巴西和印度。从全球饲料产量分品种来看，只有家禽和宠物饲料有增长，其余动物品种饲料产量均下降，其中肉鸡饲料产量增长 3.52%，蛋鸡饲料增长 0.01%。2023 年，饲料原料价格高位回落，肉鸡、蛋鸡的饲料成本持续下降。其中，玉米年均价格 2 755 元/t，同比跌幅 2.2%；而豆粕年均价格为 4 312 元/t，同比下降 5.8%。2023 年我国蛋禽饲料产量 3 274.4 万 t，增长 2.0%；肉禽饲料产量 9 510.8 万 t，增长 6.6%。在配方结构方面降豆粕是主旋律，玉米用量比上年增加，在配合饲料中的比例与上年持平。豆粕用量比上年下降，且在配合饲料和浓缩饲料中的比例较上年下降，菜粕、棉粕等其他饼粕用量增长。小麦、大麦用量大幅增加，稻谷、高粱用量减少。随着我国农业、家禽业的不断发展，技术水平不断提升，我国禽饲料行业已走上实现规模化、工业化、现代化的发展道路，我国已成为全球禽饲料生产大国，初步形成了一批在国内具有较高知名度的禽饲料品牌，如新希望、海大、唐人神、禾丰等。

2023 年，我国蛋禽饲料产量 3 274.4 万 t，同比增长 2.0%，在全国工业饲料总产量占比 10.18%。蛋禽饲料生产以北方地区为主，位居蛋禽饲料生产量前三的省份为河北、湖北和山东，这三者年产量分别为 406.56 万 t、347.03 万 t 和 344.37 万 t。饲料成本是蛋鸡养殖的主要成本，占总成本比重的 80%以上。2023 年我国蛋鸡饲料成本和饲养成本继续上升，平均全价蛋鸡饲料成本为 3 450～3 500 元/t，平均蛋鸡价格每斤比 2022 年下浮 0.2 元，鸡蛋的饲料成本每斤约 3.76 元。围绕蛋鸡多元化精准日粮与玉米豆粕提效减量重大战略，开发了发芽小麦、发酵椰蓉、辣椒粕、饲料桑、花椒叶、花椒籽等新型饲料资源，完成了高粱、豆粕、葵花籽粕、棕榈粕、芝麻粕、亚麻粕的精准营养价值评定；开发了发酵乳酸杆菌、熊果酸、淫羊藿提取物、叶黄素、β-胡萝卜素、槲皮万寿菊素等功能性饲料添加剂。团体标准《蛋鸡低蛋白低豆粕多元化日粮生产技术规范》（T/CFIAS 8004—2023）于 2023 年 5 月 25 日发布，6 月 25 日正式实施。集成的“蛋鸡低蛋白低豆粕日粮生产技术”，入选农业农村部 2023 年农业主导品种主推技术，助力玉米豆粕减量替代和多元化日粮结构调整。

2023 年我国肉禽饲料产量 9 510.8 万 t，增长 6.6%。山东、广东年产量超 1 000 万 t，辽宁、广西、安徽、江苏、河北、福建、河南、四川、江西 9 省份年产量超 200 万 t，湖南、吉林、云南、山西等 20 个地区年产量低于 200 万 t。白羽肉鸡养殖的主要变动成本来源于饲料成本和鸡苗成本，虽然 2023 年平均肉鸡饲料成本较 2022 年变动不大，但鸡苗成本出现了明显上涨。受养殖产能扩张的影响，2023 年白羽鸡苗均价为 2.86 元/羽，同比 2022 年的 2.19 元/羽上涨 30.59%。整体养殖成本为每斤 4.34 元，相较于 2022 年的每斤 4.26 元同比上涨 1.88%。2023 年白羽肉鸡毛鸡的年度每斤均价为 4.31 元，同比 2022 年的每斤 4.38 元下滑了 1.60%，导致盈利不佳。

（武书庚　邱凯）

水产饲料

一、行业情况

（一）行业基本情况及发展阶段

畜牧业、渔业及饲料行业均是关系国计民生的重要产业，对保障国家粮食安全、促进农民增收具有关键作用。渔业的高质量发展，为全面推进乡村振兴、加快农业农村现代化提供了有力支撑；作为渔业重要组成部分的水产养殖业，随着养殖规模化、集约化、智能化发展趋势的加速，技术、人才等要素资源集聚效应的进一步凸显，其产业的发展、质量的提升不断顺应城乡居民消费结构的加速升级，满足居民对优质安全食品、优美生态环境需求的日益提升。饲料工业是渔业、养殖业生产体系中重要的环节，作为养殖投入品，是保障水产品供应高效和质量安全的基础。我国饲料产业已逐步转变为高质量发展阶段，行业已从饲料产品本身的单维竞争转向了种苗、动保、饲料产品力和企业自身养殖技术服务能力等多维的竞争。

我国拥有丰富的海洋和内陆水域资源，海岸线长度 18 000 多公里，渤海、黄海、东海和南海海域面积达 473 万平方公里，水深 200 米以内的大陆架面积约 148 万平方公里，潮间带滩涂面积 1.9 万平方公里，10 米等深线以内的浅海 7.3 万平方公里。内陆水域面积约 17.6 万平方公里，湖泊、河流占内陆水域总面积的 81.2%，水域资源丰富，水产发展具有先天资源优势，为水产养殖行业的发展创造了先天有利条件，养殖水产品产量持续增长。水产饲料与水产养殖业直接相关，随着科学技术水平的快速进步以及国家对健康养殖模式的推广，农户的养殖观念与养殖方式开始逐步转变，规模化、标准化、专业化养殖模式发展较快，带动水产饲料普及率逐年提高，为水产饲料行业的发展提供了广阔的空间和强大的驱动力。

（二）2023 年行业情况

2023 年消费基础巩固、消费需求企稳，养殖存栏总体偏高，饲料行业数据持续增长。禽养殖存栏量逐步升至正常水平，带动禽饲料需求持续回暖；生猪存栏量全年偏高，形成对猪饲料需求较大支撑；水产养殖中，普水鱼全年价格持续徘徊在成本线下方，养殖户信心、投料积极性受到较大影响，普水饲料产品的需求压制较为明显，但对虾、特种水产饲料总体需求稳定。具体情况如下。

1. 大宗农产品受国际形势、供需格局等影响，大体呈现高位运行到逐步回落的行情，全年价格波动剧烈。玉米年内价格从年初先跌后涨、在高点突破 2 900 元/t 后价格下跌并逐渐加速，年底跌至 2 600 元/t；豆粕价格从年初 4 500 元/t 回落后，在第二、三季度震荡上涨，高点突破 5 000 元/t 后，第四季度下行跌至 3 500 元/t 左右；鱼粉价格受秘鲁新季捕鱼量大幅减少、鱼粉库存下降等因素的提振，第二、三季度价格从 1.2 万元/t 加速上涨，突破历史新高达 1.8 万元/t 后逐步回调，跌回年初价格。

2. 水产养殖业方面。因餐饮行业恢复正常运营，虾蟹、特水鱼等对餐饮消费依赖较高的大部分品种正常运行，但部分品种如生鱼、加州鲈等，因前几年养殖量持续大幅增长，短期供过于求，库存去化速度较慢，全年价格低迷；普水鱼全年价格徘徊在成本线下方，养殖户信心、投料积极性受到较大影响。2023 年的养殖市场受低迷鱼价影响普遍出现投苗信心不足，大多采取降低密度或延后养殖，甚至弃养的应对措施，以及极端天气等也使得无法正常投苗，投苗节奏推后了 1～2 个月的时间。同时，养殖户更需要通过减少投喂来控制规格。

3. 饲料行业整体处于持续增长，但水产饲料小幅下降。根据中国饲料工业协会发布的《2023 年全国饲料工业发展概况》数据，2023 年全国饲料工业实现产值、产量双增长，行业创新发展步伐加快，饲用豆粕减量替代取得新成效，工业饲料总产量再创新高，全国工业饲料总产量 32 162.7 万 t，比上年增长 6.6%，其中水产饲料产量 2 344.4 万 t，下降 4.9%。

4. 饲料企业竞争情况。随着行业快速发展，饲料产能不断提升，行业竞争加剧，大批销售渠道少、规模小、实力薄弱、技术落后、创新能力差的中小型企业逐渐被市场淘汰出局，加速了行业整合和产业结构调整升级，行业兼并整合速度加快，企业数量逐年减少，企业规模化程度持续提高，大中型企业凭借规模优势，通过规模扩张、扩产增能或行业并购以实现规模效应，利用管理、品牌、技术赚取溢价，导致市场内分散的企业布局逐渐向集约化发展，具备资金优势、品牌优势、管理优势、技术研发优势的公司将获取更多的市场份额，成为市场主流。行业集中度不断提高，行业逐步进入了产业化、规模化、集团化的发展阶段。

2022—2023 年全国不同省份水产饲料产量统计

单位：万 t

序号	省份	2022 年产量	2023 年产量	增降幅（%）
1	北京	1.4	1.4	−4.6
2	天津	39.1	38.7	−1.2
3	河北	27.0	23.6	−12.6
4	山西	0.0	0.0	−41.2
5	内蒙古	0.2	0.3	34.8
6	辽宁	40.1	39.0	−2.8
7	吉林	0.5	0.3	−42.0
8	黑龙江	8.2	8.6	4.5
9	上海	2.2	1.8	−16.3
10	江苏	399.4	384.2	−3.8
11	浙江	99.4	104.9	5.4
12	安徽	49.6	44.7	−9.8
13	福建	185.4	183.9	−0.8
14	江西	73.5	66.1	−10.1
15	山东	45.5	49.7	9.2
16	河南	31.6	26.4	−16.7
17	湖北	293.4	271.2	−7.6
18	湖南	147.6	137.1	−7.1
19	广东	775.0	740.0	−4.5
20	广西	63.5	60.4	−4.8
21	海南	41.7	36.5	−12.5
22	重庆	21.2	19.5	−7.7
23	四川	72.6	63.3	−12.8
24	贵州	1.5	1.1	−23.2
25	云南	28.1	26.2	−6.7
26	陕西	2.4	2.0	−17.5
27	甘肃	0.1	0.2	73.7
28	青海	0.0	0.0	
29	宁夏	2.4	2.4	1.9
30	新疆	9.8	9.5	−3.2
31	新疆生产建设兵团	2.4	1.6	−33.7
	合计	**2464.7**	**2344.4**	**−4.9**

(三) 2023年行业标志性动态

1. 对水产品的消费变化。水产品与畜禽肉类、蛋类并列为我国居民消费的三大动物性食物，对于保障国家粮食安全、平衡居民营养膳食结构有着重要的战略价值。中国水产科学研究院渔业发展战略研究中心公布了《中国居民水产品食用消费量测算与分析报告（2023）》，报告首次对国内居民水产品食用消费量做出全面系统测算，以国内总供给量扣减非食用消耗量为基本逻辑，以系统的折算系数为支撑，计算出2013—2022年我国居民水产品食用消费量和人均消费量。2013—2022年，我国水产品国内供应总量不断增加，食用消费量增长趋势明显。国内供应鲜重总量由6 719万t上升至8 945万t，净增长2 226万t；食用消费份额不断增加，2013—2022年由58%增至63%；绝对量自3 875万t增至5 611万t，年均增长4.2%，增速是水产品国内供应总量的1.3倍。2022年人均食用水产品消费量为39.75kg（含藻类鲜重），较2013年的28.34kg增长了33%。2013—2022年，动物性水产品食用消费总量鲜重自3 270万t增至4 837万t，年均增速4.45%，2022年我国居民动物性水产品人均食用消费量鲜重为34.27kg，比2013年的消费量23.92kg提高了43%；近10年动物性水产品消费呈现结构性上涨趋势，消费量占比持续增长，到2022年达86.21%，符合我国居民对优质动物蛋白需求增长的现实趋势。年轻人已成为当今社会的消费主力，他们对水产食品的消费习惯和趋势有巨大影响，安全、营养、便捷、个性化是他们的突出标签，因此带动精深加工制品和预制菜增速显著，调味小龙虾、龙虾尾等特色产品增长较快，牛蛙单品更是增长迅猛，虾滑、酸菜鱼、烤鱼广受欢迎。与此同时，水产品消费更加个性化、差异化，线上零售、社区生鲜等渠道的水产品交易规模迅速增长。消费产品也在发生改变，水产预制菜越来越受青睐。

2. 预制菜蓬勃发展。近年来，随着政策红利持续释放，预制菜产业市场规模迅速扩大。中国是全球最大的水产品生产和消费市场，2023年中国水产品产量达到7 100多万t，同比增加3.4%。在持续的鼓励创新、消费利好、“海鲜陆养”等背景下，2024年中国水产行业发展前景趋于利好。水产品消费中的预制菜成为拉动水产行业效率和效益的主要动力之一。有调研数据预测2024年中国水产预制菜市场规模将达1 595亿元，2026年将达2 576亿元。水产品工业化、食品化发展趋势明显，水产品向食品产业链延伸，其预制化能够提高产品附加值，提升价值链，水产行业发展态势持续向好。基于此，我国水产预制菜企业不断调整自身的策略和定位，打造产业链上下游资源汇聚、融合发展的新通道。例如，国联水产与粤海饲料达成战略合作，根据战略合作协议，国联水产拟对上游产业的海洋渔业养殖、对虾工厂化养殖等业务及资产进行剥离，粤海饲料将通过购买、租赁整合等方式，吸收国联水产上游产业的资产，实现自身主营的水产饲料业务品类扩充、产能扩大及产业整合。由此通过资产优化，双方的主营业务优势更加强化，在产业链的上下游行业地位将得到进一步提升。此外，下游餐饮企业和渠道平台也在不断探索，例如盒马，基于自身的品牌、渠道和供应链优势，纷纷成立预制菜品牌或部门等，水产预制菜行业有望得到全链路多维度的增长。

3. 日本核污水排放，对淡水养殖水产品需求增加。2022年中国海水、淡水产品产量分别达3 465.94万t、3 402.84万t，基本实现1∶1。但随着日本宣布福岛第一核电站正式启动核污染水排海，我国海产品产量将受一定影响，海水与淡水水产的市场平衡局面将被打破。这一排污进程将持续数十年，导致核污染物顺着洋流被带到世界各国的海域，对海洋生态环境和水产资源造成严重威胁，随着核污染水排放，人们对来自日本的水产品的食品安全，产生了疑虑。出于对食品安全的担忧，民众近两年可能会减少海产品的消费，转向河鲜、湖鲜、江鲜等淡水养殖的水产品。中国海关总署发布的数据显示，2023年7月从日本进口鱼类等水产品总额同比锐减28.5%，合2.345 1亿元人民币，环比下降33.7%，预计这一趋势仍将延续，并有持续恶化的可能。此外，我国是世界上最大的水产品出口国之一，许多国家都依赖中国的水产品供应，由于海水受到污染，我国不仅面临海水产品自身供给和消费的下跌，同时也可能面临其他国家对我国海水产品质量和安全性的怀疑，进而影响我国海水产品的出口，从而影响我国水产品出口行业的发展。随着消费者对海产品安全性的担忧增加，淡水养殖的水产品相对于海产品具有更高的安全性优势，市场需求增加。淡水养殖市场可以培育各种鱼类、虾类和其他水生生物，从而提供多样化的选择。消费者可以根据个人口味和需求挑选更多种类的水产品。

4. 设施化渔业百花齐放。水产行业经历了几千年的传统手工时期，到机械化设施时期，再到互联网时期，现在来到水产4.0智能数字时代。整个产业的发展趋向于标准化、规模化、绿色化、智能化，推进智慧水产养殖，大力发展优质、生态、绿色的水产品。2023年6月15日，农业农村部、国家发展改革委、财政部、自然资源部联合发布我国首部设施农业规划——《全国现代设施农业建设规划（2023—2030年）》（以下简称《规划》）。《规划》指出，2021年全国工厂化水产养殖快速发展，养殖水体近1亿立方米，比2015年增长40%左右。设施渔业养殖产量达到 2 600 万 t 以上，占水产品养殖产量的 52%。设施农业已成为城乡居民菜肉蛋奶等各类农产品供应的重要来源。《规划》要求，到 2030 年，设施渔业养殖水产品产量占水产品养殖总产量比重达到 60%。设施农业科技进步贡献率与机械化率分别达到 70%和 60%，智能装备与数字化管理水平明显提高。目前，设施渔业典型生产模式主要表现在稻渔综合种养、池塘工程化循环水养殖、集装箱养鱼、工厂化循环水养殖、鱼菜共生、盐碱地渔农综合利用、多营养层次养殖、深水抗风浪网箱养殖等 8 个方面。其中，工厂化循环水养殖成为近年来最受关注的养殖方式。随着科技的不断进步和环保意识的日益增强，水产养殖业正朝着绿色、环保、高效的方向发展。陆基圆池循环水养殖技术作为一种符合这一发展趋势的新型养殖模式，具有广阔的发展前景。其中，在四川、贵州、广西等省份，陆基圆桶养殖已经发展到第四个年头，以养殖加州鲈鱼、生鱼、南美白对虾为主。政府为了促进水产养殖业的绿色化、高质量发展，鼓励创新养殖模式，加大对陆基圆池循环水养殖技术的扶持力度。这包括提供资金支持、技术指导、市场推广等方面的帮助，为技术的推广和应用创造了良好的环境。虽然陆基圆池循环水养殖技术具有诸多优势和发展前景，但在实际应用过程中仍面临一些挑战和限制。因此，未来在推动陆基圆池循环水养殖技术发展的同时，需要充分考虑并解决这些问题，在实际应用中不断完善和优化该技术。通过政策支持、技术创新等多方面的努力，相信该技术将在未来为水产养殖业的发展做出更大的贡献。

二、行业格局及趋势

1. 未来水产饲料行业仍将持续增长。2022 年 2 月 14 日农业农村部发布了《关于促进“十四五”远洋渔业高质量发展的意见》，提出以远洋渔业基地建设为核心，拓展水产品加工、储藏及渔船修造等领域，积极发展水产养殖，构建远洋渔业全产业链发展新格局。2023 年 2 月 13 日，中央一号文件《中共中央、国务院关于做好 2023 年全面推进乡村振兴重点工作的意见》中指出，加力扩种大豆油料，深入推进大豆和油料产能提升工程，深入实施饲用豆粕减量替代行动；科学划定限养区，发展大水面生态渔业，建设现代海洋牧场，发展深水网箱、养殖工船等深远海养殖。随着国家不断推动水产养殖业工业化、规模化、标准化，水产养殖向集中化、规模化和生态化发展。由于现代海洋牧场建设的深入开展，水产养殖行业前景广阔，将会带动水产饲料行业蓬勃发展，未来水产饲料行业存在较大的增长空间。

水产品具有营养丰富、味道鲜美、高蛋白、低脂肪、营养平衡性好等特点，符合现代人健康养生的生活需求。随着我国经济持续健康增长、城乡居民收入增加和城市化进程提高，人民生活水平不断提高，膳食结构也逐步改善及消费观念也不断转变，人们对水产品的需求处于持续增长态势，对品质好、价格高的水产品的需求也越来越大，尤其是对高端特种水产品的要求，其营养价值高、风味独特，深受消费者的青睐，在我国居民膳食结构中的比重不断增加。随着消费者年轻化及消费习惯和观念的转变，未来肉制品需求结构将不断调整优化。特种水产品、蛋制品的消费将持续增长，而肉禽的消费将保持稳定，猪肉的消费有所下降，各饲料品种将呈现结构性调整。国家统计局数据显示，2022 年我国居民人均水产品消费量预计达到 14.6kg，已超过禽类、蛋类、牛羊肉，成为仅次于猪肉的第二大动物性食品来源，水产品已成为关系到我国居民健康的重要食品来源。近年来，预制菜产业的蓬勃发展，水产品预制菜对水产品需求不断增加，未来，我国水产品的消费量将会稳步增长。而由于受到天然水生物源的限制，捕捞业产量有限，因此水产品的需求将更多依赖于人工养殖。未来水产饲料行业较长一段时间内仍将持续增长。

2. 行业集中度进一步提升，未来水产饲料企业整合发展将成为行业发展的趋势。随着行业快速发展，饲料产能不断提升，行业竞争加剧，产品结构调整加快，加速了行业整合和产业结构调整升级，行业市场集中度进一步提升，行业创新发展步伐加快，行业逐步进入了产业化、规模化、集团化的发展阶段。根据中国饲料工业协会发布的《2023 年全国饲料工业发展概况》数据，2023 年年产百万吨以上规模饲料企业集团 33 家，比上年减少 3 家，全国年产 10 万 t 以上规模饲料生产厂 1 050 家，比上年同期增加 103 家。企业规模化程度持续提高，大批销售渠道少、规模小、生产成本高、综合管理能力与实力薄弱、生产成本高或研发技术水平弱、技术落后、创新能力差的中小型企业因无法适应市场竞争环境被动或主动退出，逐渐被市场淘汰出局，加速了行业整合和产业结构调整升级，行业兼并整合速度加快。大中型企业凭借着规模优势，通过规模扩张或行业并购以实现规模效应，利用管理、品牌、技术赚取溢价，导致市场内分散的企业布局逐渐向集约化发展，具备资金优势、品牌优势、管理优势的公司将获取更多的市场份额，成为市场主流，行业集中度不断提高，未来水产饲料企业整合发展将成为行业发展的趋势。同时，区域扩张及外延将成为重要的发展策略，头部企业将凭借规模优势、技术优势打开海外市场空间，国际竞争力日益增强。

3. 配方结构趋向多元化，产品创新加快推进，新型饲料成为重要发展方向。技术在行业竞争中的作用越发重要。随着养殖户专业能力的不断提升，对饲料的辨认能力也会越来越清晰，以前行之有效的各种营销手段将成为过去，如何为养殖户提供优质的产品和服务将成为唯一的发展途径，所以企业对技术研发的投入、行业为技术驱动的趋势越发重要和明显。随着我国饲料生产总量的持续增加，对主要饲料用粮的需求不断增大，同时部分饲料用粮主要依靠进口。进口价格在过去 10 年间大幅增长，饲料成本居高不下，也给终端养殖行业带来了巨大压力。随着中央各部门及各级政府持续鼓励行业探索饲料用粮减量替代方案，以及农业农村部《饲用豆粕减量替代三年行动方案》等相关文件的正式出台，预计在较长时间内行业饲用粮减量替代工作将持续推进，2023 年全国饲料生产企业的玉米用量同比增加 7.1%，在配合饲料中的比例与上年持平。豆粕用量比上年下降 11.8%，在配合饲料和浓缩饲料中的比例较上年下降 2.6 个百分点；菜粕、棉粕等其他饼粕用量增长 7.8%。小麦、大麦用量大幅增加，稻谷、高粱用量减少。全年核发马克斯克鲁维酵母、红三叶草提取物、胰酶、硫酸镁钾、甜叶菊提取物等 5 个饲料添加剂新产品证书和荚膜甲基球菌蛋白饲料新产品证书，增补 9 个饲料原料进入《饲料原料目录》，增补 5 个饲料添加剂品种进入《饲料添加剂品种目录》，扩大 1 个饲料原料和 2 个饲料添加剂品种的适用范围。进一步推动饲料企业持续投入研发，挖掘新型蛋白原及相关利用技术，不断改善与创新饲料配方。与此同时，以生物饲料等为代表的新型饲料预计也将成为饲料行业重要的发展方向。饲料精准配方和精细加工等技术加快普及，产品创新加快推进，产品结构调整加快。

4. 水产功能性饲料成为新的增长极。水产功能性饲料是指加入具有特殊功能的成分后，可以提高水产动物的生长率、抗病能力和免疫力的一种饲料，目前已经成为水产养殖行业的重要组成部分。近年来，消费者对食品安全和环境保护的要求越来越高。水产功能性饲料作为水产品的重要组成部分，其安全性和环保性将成为消费者的首选。同时水产功能性饲料可以提高水产品的品质和养殖效益，因此受到了养殖户的广泛认可和青睐。水产功能性饲料市场目前已经成为水产养殖行业的重要组成部分。我国水产功能性饲料市场竞争格局尚不完善，市场份额主要被一些少数水产饲料企业占据。这些企业凭借其品牌优势、技术实力和市场推广能力，在市场上占据了一定的优势地位。同时，一些小型水产功能性饲料企业也在不断发展壮大，不断提升自身竞争力。未来，水产功能性饲料市场的竞争将会更加激烈，有可能出现新的行业巨头。

5. 饲料、养殖一体化趋势持续增强。在水产饲料产业总量增速放缓、养殖企业自配料发展加速、市场竞争加剧的背景下，头部饲料企业依靠长期建立的渠道、品牌优势以及更强的资本、管理、研发、人才、规模实力，已在持续向下游养殖、屠宰、食品、贸易等环节扩张。如当前头部猪饲料生产企业基本均建立了自身的生猪养殖甚至屠宰业务，以通威、海大、正大等为代表的水产饲料龙头企业则持续探索如南美白对虾等部分水产品规模化养殖模式，预计饲料养殖一体化趋势未来仍将持续增强。

（彭志东　何竺柳　张松）

反刍动物饲料

随着畜牧业养殖结构的调整和市场对反刍动物产品品质要求的提升，反刍动物养殖规模持续扩大，进而推动反刍动物饲料需求不断增长。尽管当前受国际国内经济环境影响，居民消费增速不及预期，反刍动物产品总体出现阶段性过剩，以及原料价格频繁波动、环保压力等问题的存在，导致反刍动物饲料产业发展势头不足。但从长期看来，我国反刍动物工业饲料发展潜力较大。作为加快建设农业强国的起步之年，2023 年我国反刍动物饲料产业规模和总产量在已有的体量上持续扩大，饲料科技创新加快，产业链整合提速，行业整体处于稳步发展阶段。

一、反刍动物饲料生产情况

2016—2023 年，我国反刍动物饲料产量发展稳健，总体呈现稳步递增的发展势头，产量已连续 6 年突破 1 000 万 t。从图 1 可以看出，“十三五”期间反刍动物饲料产量实现五连增，截至 2020 年底反刍动物饲料产量高达 1 319 万 t，较 2016 年底增长 439 万 t，同比涨幅较大，接近 50.00%，且从 2016 年到 2020 年反刍动物饲料产量的同比增长率逐年递增，年均增长率为 10.76%。从“十三五”迈入“十四五”期间，反刍动物饲料产量继续攀升，2021 年达 1 480 万 t，较 2020 年反刍动物饲料产量同比增长 12.20%。截至 2023 年底反刍动物饲料产量达到 1 671 万 t，可以看出，“十四五”前 3 年反刍动物饲料产量稳中有增，三年平均年增长量接近 64 万 t，预计到“十四五”末反刍动物饲料产量有望突破 2 000 万 t。上述结果表明，我国反刍动物饲料生产长期表现出稳中有增的态势，全产业链发展仍是反刍动物饲料生产的主流发展方向。

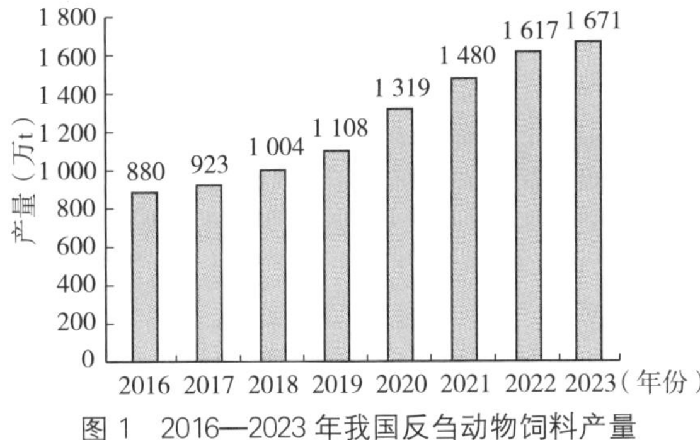

图1　2016—2023年我国反刍动物饲料产量

二、反刍动物饲料生产特点

1. 我国反刍动物饲料产业产区聚集度高，这与反刍动物养殖量及其分布格局相匹配，总体表现出产区结构分布明显、优势产区产量大。据统计，反刍动物饲料产业主产区主要集中在西北、华北和中原区域。2023年，全国30个省份反刍动物饲料产量排名前10的为内蒙古、辽宁、河北、黑龙江、宁夏、山东、甘肃、新疆、吉林和河南，总产量达1 317万t，占全国反刍动物饲料总产量的78.82%。其中，内蒙古仍居反刍动物饲料产量之首，单省年产量达343.3万t，占全国总产量的20.54%，较上年同比增长1.70%。辽宁、河北、黑龙江、宁夏、山东、甘肃、新疆7省次之，反刍动物饲料总产量为864.8万t，占全国总产量的51.75%。另外，2023年辽宁反刍动物饲料年产量突破200万t；湖南较上年激增，产量一年翻5倍；广西反刍动物饲料年产量同比实现翻番；福建、湖北则下降明显（表1）。全国反刍动物养殖技术的改进与生产规模的扩大，使得饲料需求量及产量逐步攀升。

2. 反刍动物饲料生产总体平稳，产品结构日趋合理。从产品分类来看，2023年反刍动物配合饲料产量为1 218.5万t，同比增长1.00%，增幅较小；浓缩饲料产量为332.1万t，同比增长8.04%；添加剂预混合饲料产量为120.8万t，同比增长17.17%，涨幅最大。总体来说，我国反刍动物配合饲料、浓缩饲料和添加剂预混合饲料仍呈稳步上涨态势（表1），未来随着反刍动物规模化养殖进一步扩大以及饲料加工技术的创新，我国反刍动物饲料工业仍具有稳定的增长空间。

3. 反刍动物饲料行业日渐规范，创新活力不断迸发。近年来，国家各部委相继发布了各类政策，旨在推动和规范反刍饲料行业发展，构建有利的政策环境，使产品质量安全持续向好。我国已经建立了以《饲料和饲料添加剂管理条例》为核心，规章制度相配套的饲料法律法规体系。有关饲料生产利用的国家标准和行业标准不断修订和新增，以适应现阶段我国整体饲料行业发展趋势，同时对未来反刍动物饲料行业也起到了强有力的支撑作用。2023年，农业农村部对饲料及添加剂的安全、合法等方面也提出了新要求：饲料和饲料添加剂执法要严查无证生产、标签标注不规范以及在饲料和饲料添加剂中使用禁用物质、违规违禁药物等违法行为。反刍动物饲料行业安全体系不断完善，科技创新能力日益增强，为反刍动物养殖业健康发展保驾护航，助力畜牧业实现高质量发展。

表1　2023年我国30个省份反刍动物饲料产量

单位：t

地区	配合饲料（精补料）	浓缩饲料	添加剂预混合饲料	反刍动物饲料
北京	305 771	32 074	121 324	459 169
天津	271 185	123 745	78 663	473 594
河北	1 149 258	299 986	175 293	1 624 538
山西	80 720	24 513	6 062	111 295
内蒙古	2 586 794	719 450	126 937	3 433 181
辽宁	1 232 281	775 800	72 583	2 080 663
吉林	347 284	174 995	41 248	563 527
黑龙江	846 567	347 660	57 629	1 251 856
上海	164 265	3 898	9 622	177 785
江苏	375 041	19 991	36 319	431 352
浙江	119 686	10	6 520	126 216
安徽	167 875	8 445	74 416	250 735
福建	171	—	—	171
江西	3 039	401	31 270	34 710
山东	808 368	65 972	151 926	1 026 266
河南	439 738	36 290	54 365	530 393
湖北	24 747	1 692	291	26 730
湖南	10 912	—	1 934	12 846
广东	92 663	—	214	92 877
广西	47 540	—	160	47 700
海南	—	—	—	—
重庆	11 914	3 077	618	15 609
四川	115 502	42 365	28 879	186 747
贵州	97 242	10 012	79	107 333
云南	135 526	16 466	171	152 163
陕西	236 886	90 338	42 599	369 822
甘肃	596 950	202 128	13 400	812 478
青海	86 545	5 992	2 412	94 949
宁夏	782 712	257 080	50 085	1 089 877
新疆	724 032	31 050	7 757	762 839
新疆生产建设兵团	323 730	27 917	15 798	367 445
全国总计	12 184 945	3 321 346	1 208 576	16 714 867

三、反刍动物饲料的发展趋势

当前已进入实现“十四五”规划目标的关键时期，在农业新质生产力的引领下，饲料工业进入了一个由大向强、由多向精、由数量向质量转变的新发展阶段。在《全国饲料工业“十四五”发展规划》《“十四五”全国饲草产业发展规划》《“十四五”全国畜牧兽医行业发展规划》、2023年中央一号文件和《关于做好2023年全面推进乡村振兴重点工作意见》等总纲的指导下，构建精准饲料生产数智化平台，助力反刍动物饲料工业的提质增效。通过饲料资源开发“筑基”行动，聚焦非常规饲料，特别是蛋白饲料资源的开发与利用；继续完善动物营养与饲料配方数据库，获取精确的饲料养分信息；探索绿色环保的无抗饲料、功能性饲料及饲料添加剂的研发升级；进一步开展饲用豆粕减量替代行动，推广以氨基酸平衡为核心的高品质低蛋白质日粮，支持利用合成生物学技术构建微生物发酵制品生产菌株，挖掘杂粕的应用价值，加快推进饲料精准营养和精准配制工艺运用；继续推进粮改饲行动，加快提升全株青贮玉米、苜蓿等传统优质饲草供给能力，积极开发利用区域特色饲草资源；通过集成大数据、人工智能平台、机器人技术、云计算以及5G通信技术服务，积极推动反刍饲料工业的数字化转型与升级，共同构建数字化生态系统；应用数字物联网技术、人工智能平台、机器人、云计算技术、5G通信技术服务等提高饲料生产效率，推动反刍动物饲料工业向更加高效、环保、智能的方向发展。

（孙海洲　金鹿）

特种动物饲料

2023年，新冠疫情对特种动物产业的影响逐步淡化，但是受极端天气多发、国际局势多变、能源和粮食市场波动等因素的影响，一些行业又进一步受到新因素的冲击。2023年，我国毛皮动物饲料和珍禽饲料市场规模比上一年度下降明显，茸鹿饲料和兔饲料市场较2022年呈明显上升趋势。

一、特种动物产业发展概况

2023年毛皮动物受市场皮张价格低位运行（貉皮除外）以及俄乌冲突的持续影响，貂、狐、貉饲养量与2022年度相比下降明显，取皮总量约为1 009万张左右，下降幅度约为50%；水貂取皮量为388万张，狐303万张，貉318万张。

兔的主要产品为毛用、肉用或皮肉兼用，为草食性动物，饲养成本低，饲料来源丰富；我国的饲养区主要集中在四川、重庆、山东、江苏、福建、浙江、河南、河北、安徽等省份。四川兔出栏占全国的50%，山东、重庆、江苏和河南兔生产也居全国前列，上述5省的兔出栏量占全国的80%。但随着我国环保要求的提升及严格执法，集约化饲养也逐渐增加，2023年兔出栏量在3.6亿只左右，与2022年相比上升明显，兔肉产量约50万t，兔肉价格先升后降，总体呈下降趋势。目前肉兔活兔价格每斤在10元左右，兔肉价格每斤维持在16元左右。总体看来，目前兔肉价格是过去十年来的中上水平；皮张价格受国际市场走势的影响略有下行。2023年兔存栏量1.3亿只左右，增幅约4%。

梅花鹿和马鹿2023年的饲养量与2022年基本持平，主要饲养方式为人工圈养，其中东北三省占到全国养殖数量的80%以上。梅花鹿、马鹿的主要产品为鹿茸，每年鲜鹿茸产量约900t，在我国农村区域经济发展中起到了越来越重要的作用。2023年鲜鹿茸价格较2022年涨幅约5%。

我国传统饲养的珍禽品种主要有雉鸡、珍珠鸡、贵妃鸡、火鸡、野鸭、孔雀、鸵鸟、大雁等。2020年最新公布的《国家畜禽遗传资源品种名录》，将孔雀、大雁等品种移除，受其影响，孔雀、大雁存栏数大幅度下降，饲料需求亦明显下降。目前珍禽市场需求较为旺盛，人们的消费习惯和生活需求对珍禽情有独钟，但由于当前存在市场流通与调控能力不强、健康养殖理念不到位、养殖规模小而散等问题，导致生产效率不高。未来珍禽将开展规模化健康养殖、生态观光养殖、互联网销售模式等，控制产业的各个环节，提升品牌价值、提高珍禽养殖附加值是必由之路。

二、特种动物饲料生产情况

2023年毛皮动物貂、狐、貉鲜饲料、干粉及颗粒饲料需求约180万t，毛皮动物饲料企业生产商品狐貉粉料60万t，主要由膨化玉米、豆粕、肉粉、鱼粉、DDGS、麦麸、米糠、豆油、鸡油、预混料等组成，是市场中全价饲料的主体，部分养殖户在使用全价饲料的过程中，会结合当地饲料资源情况，添加部分海杂鱼、鸡架、鸡肠等鲜饲料，一方面可以提高饲料的适口性和采食量，另一方面也可以增加饲料的多样性，补充部分动物性饲料，利用当地屠宰下脚料，降低饲料成本。2023年水貂商品干粉配合饲料年生产约8万t左右，主要由膨化玉米、豆粕、DDGS、米糠粕、预混料等组成，用来代替水貂饲料中熟化植物性饲料，补充氨基酸、微量元素及维生素等成分，一般配比占水貂饲料的20%～30%。2023年水貂全价鲜饲料年需求 20 万 t，主要由海杂鱼、鸡骨泥、鸭骨泥、鸡肠、膨化玉米、豆粕、预混料等组成，干物质含量约 35%，采取每日配送的形式分派到养殖场，这种集约化的厨房式生产需要在水貂养殖较为集中的区域开展，鲜饲料适口性好、营养全面、动物对营养物质的利用率相对较高，发展有较大潜力；由于鲜饲料的配送专业化程度高，运费高，市场半径有限，目前在水貂养殖较为集中的威海地区、潍坊地区市场需求较为旺盛。毛皮动物各类颗粒饲料年生产 20 万 t 左右，当前貉颗粒饲料由于饲喂方便，人工管理简捷，在部分把养殖当第二产业的地方有较好的需求，水貂颗粒饲料在部分地方也有一定的市场。毛皮动物预混料年生产在 2.2 万 t 左右，主要为微量元素、维生素、氨基酸、酶制剂等的混合物，多为 1%或 4%的添加产品，部分以预防腹泻、增加毛皮品质等的功能性预混料产品（如微生态制剂）有一定的市场。毛皮动物商品饲料占市场需求将近 50%的份额，其中狐貉饲料仅 75%为商品饲料，而水貂饲料仅 30%为商品饲料，其他均为养殖场自配料。整个毛皮动物饲料市场还有很大的潜力，其市场主要分布在山东、河北、辽宁、吉林、黑龙江等地区。

我国茸鹿饲料主要为梅花鹿精料补充饲料，占饲料市场的 80%。因为鹿茸是我国茸鹿养殖的主导产品，所以在养殖生产中，对公鹿生茸期饲料的营养供给考虑得最多，而且精饲料占到日粮干物质总量的 60%；其次是仔鹿生长期精饲料。随着人工成本的增加，粗饲料的收购价格提高，而且粗饲料在饲养过程中管理成本也较高，在仔鹿生长期和公鹿的生茸期，人们逐渐接受使用全混合日粮，即把精饲料和优质的粗饲料混合甚至制成颗粒来饲养鹿，以达到仔鹿健康快速生长和公鹿高产茸的目的。2023 年我国茸鹿的饲养主要以农户家庭圈养为主，大型集约化的养殖场较少，饲料的配制主要是自配精饲料，在动物关键生产时期开展补饲，如仔鹿的生长期、公鹿生茸期、母鹿妊娠期和泌乳期开展补饲。在集中饲养的吉林省每年公司化生产的全混合饲料和精料补充饲料的量在 15 万 t 左右，已初步形成了一定的市场规模。随着鹿这一特色珍贵资源深加工及高附加值科技成果的推广应用和鹿茸价格的走高，茸鹿饲料产业也将在养殖集中区逐步稳定。

兔的养殖比较分散，以区域性农户为主，2023 年兔专业性精料补充料已形成产业，在西部地区有一定的市场，大型专业化兔饲料公司逐步呈现。2023 年兔饲料市场约 700 万 t（含自做饲料）。

珍禽养殖的区域非常广泛，相对分散，在局部地区形成了特色养殖优势产业，但其饲料产业还未形成自己的特色和规模市场，其饲料的配制多参考家禽的营养需求及饲料配方，虽有一定的现实意义，但专业性不强，不能很好地发挥动物的遗传潜力和生产性能。每年珍禽的饲料市场需求在 120 万 t 左右，除部分自配饲料外，多被家禽饲料企业直接代替，严重阻碍了珍禽产业的健康高效发展。未来相对专业性的雉鸡饲料、野鸭饲料在大型珍禽养殖企业将形成一定规模，区域性特色养殖也将是未来珍禽产业发展的必然之路。

三、特种动物饲料发展特点

1. 受上年度皮张价格较低影响，毛皮动物饲料价格竞争激烈，多元化结构增强。受 2023 年皮张价格低位运行的影响，毛皮动物饲养户在饲料的选择上多选择价位低的饲料，在市场选择压力和利润空间的调节下，低价位毛皮动物饲料销售较好，市场竞争激烈。在多元化结构的变化中，毛皮动物颗粒饲料因其饲喂简单、便捷，在一定程度上降低了人工成本，在部分狐貉集中养殖区应用呈现扩大的趋势。随着产业的发展，越来越多的大型狐貉养殖场倾向于部分使用商品化的干粉饲料，减少由于饲料原料的购置、贮藏、加工等带来的繁杂程序及风险。水貂饲料不同于狐貉饲料，水貂是更严格的肉食动物，对食物的选择性强，适口性要求高，干粉饲料适口性相对鲜饲料差，而且在蛋白质的利用率上相对低，用完全的干粉饲料饲喂水貂，难以获得较好的生产性能，在体重、皮张延展性、毛皮光泽度等方面都略逊一筹。水貂养殖场目前一般都选择自配鲜饲料，部分饲养场选购一部分水貂配合饲料，其主要组成为膨化玉米、豆粕及部分微量元素和维生素的添加物，减少了养殖场熟化玉米等谷物饲料的麻烦，而且添加了微量元素和维生素及氨基酸、酶制剂等物质，提高了饲料营养的全价性和功能性，这种饲料的市场需求还在上升过程中。水貂鲜饲料在水貂养殖集中区市场份额逐渐增加，因为中小型水貂养殖场在进行鲜饲料配制时，在鲜饲料采购的质量控制、鲜饲料的保存以及加工等方面，面临着很多困难，鲜饲料加工配送公司生产的产品可以直接饲喂，适口性好、新鲜度高、营养的全价性好，这是未来水貂养殖集约化发展的必然趋势。

2. 特种动物疾病综合防控及养殖废弃物利用技术的应用，推进了特种动物饲料行业的健康发展。特种动物疾病种类多，危害性大，加各种原因引起的腹泻等，影响着动物饲料的有效利用，同时养殖废弃物对环境及动物自身健康的影响也很大，对特种动物疾病开展综合防控，减少环境污染，有利于产业的健康良性发展。当前各类疫苗的应用有效地控制了烈性传染病，但环境污染程度大、动物饲养密集、常规性消毒措施不力、动物福利考虑少等都加大了疾病防控失败的风险。饲料中过度添加抗生素形成了病菌耐药性，降低了动物抵御疾病的能力，同时也降低了饲料的有效利用。饲料氨基酸平衡技术的应用降低了氮磷的环境排放，动物疾病综合防控及养殖废弃物综合利用技术的应用近几年越来越受重视，推进了特种动物饲料行业的健康发展。

3. 全混合日粮、精料浓缩饲料及预混饲料将成为茸鹿及兔饲料市场的主要产品。我国茸鹿及兔的养殖分布范围广而分散，但饲料的专业性要求高，饲料远程配送成本较高，高密度建厂市场又有限，这一矛盾需要平衡解决才能有益于建立健康的特种动物饲料市场。对相对集中的养殖区，茸鹿和兔饲料全混合日粮比较省事，集中做市场也成为可能，补充以精饲料或浓缩饲料将会成为市场的主体。对养殖分散的区域，浓缩饲料和预混饲料将成为主体。

（鲍坤）

饲料原料工业概况

玉米生产、贸易与市场情况

一、总体情况

2023年，美联储超预期加息、欧美金融业风险事件频发叠加地缘政治风险激化增多，贸易保护主义不断升温，引发市场对全球金融危机的担忧，大宗商品价格整体承压，2023年是国际粮食价格经历颓势下跌的一年。中央一号文件提出实施玉米单产提升工程，在稳定玉米种植面积的基础上，提高单产水平。2023年我国玉米产量达到创纪录水平2.89亿t，单产增长1.5%。同时，我国不断推进玉米进口多元化，巴西玉米进入我国市场，成为第一进口大国。在国际粮价下跌，国内供需紧平衡的格局下，国内外粮价联动密切，2023年国内玉米价格震荡下跌。我国饲料产销量保持增长，芽麦、定向稻谷及进口谷物饲用消费增加，玉米饲用消费增幅受限；深加工产品下跌，企业加工利润下降，年度开工率偏低，玉米工业消费下降。

二、2023年玉米价格震荡下跌

图1显示，2023年全国玉米均价为2 775元/t，同比下跌1.39%。2023上半年国内供应宽松，玉米价格连跌5个月，6月芽麦持续上涨叠加外盘干旱天气炒作，贸易商挺价情绪升温，玉米价格触底反弹。下半年先涨后跌，三季度青黄不接时期，价格快速上涨，9月均价创年内新高，连涨4个月。四季度新作丰产叠加季节性供应压力，玉米价格承压回落，12月中旬北港玉米价格跌至2 400元/t左右，南方港口跌破2 600元/t关口，日均价逼近2 500元/t，跌破三年低位。

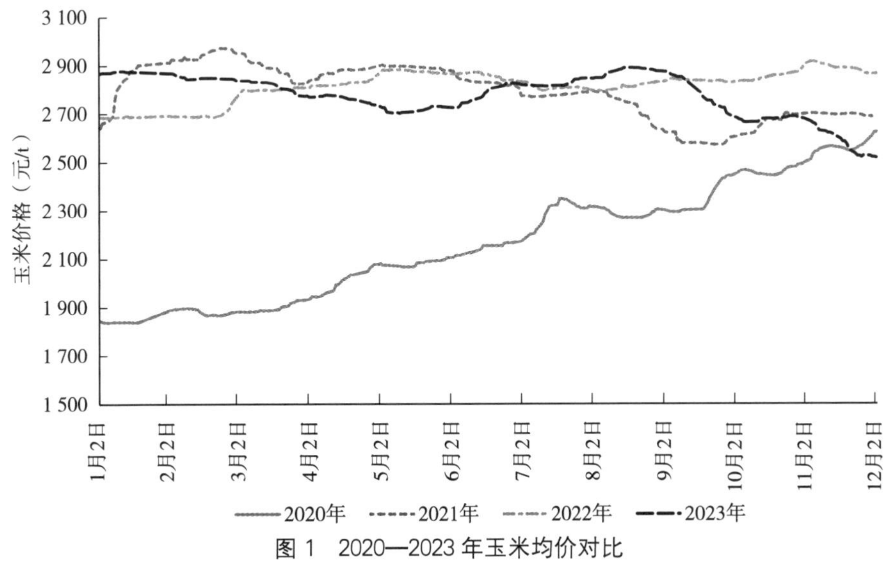

图1　2020—2023年玉米均价对比

数据来源：博亚和讯

三、2023 年玉米供需情况

1. 玉米产量创历史新高。2023 年我国粮食生产的目标任务是“两稳两扩两提”，即：稳面积、稳产量；扩大豆、扩油料；提单产、提自给率。中央 1 号文件提出实施玉米单产提升工程，在稳定玉米种植面积的基础上，提高单产。2023 年全国玉米播种面积 4 421.89 万 hm^2，比上年增加 114.88 万 hm^2，增长 2.7%；玉米单产 435.5kg/亩，每亩产量比上年增加 6.4kg，增长 1.5%。玉米产量 2.89 亿 t，比上年增加 1 164 万 t，增长 4.2%，创历史新高（图 2）。

2023 年玉米种植补贴下降，但种植成本持续增长，新粮上市后价格快速下跌，导致租地种植收益明显下降。黑龙江玉米生产者补贴标准由 2022 年的 28 元/亩下调至 14 元/亩。从种植收益来看，2023 年地租成本保持增加，新粮上市后价格快速回落，在玉米种植成本增加的情况下，自有地种植收益下跌 11%，而租地种植收益下降 58%。整体来看，2023 年虽然大豆补贴、单产均有提高，但玉米单产居高，种植大豆收益仍低于玉米。

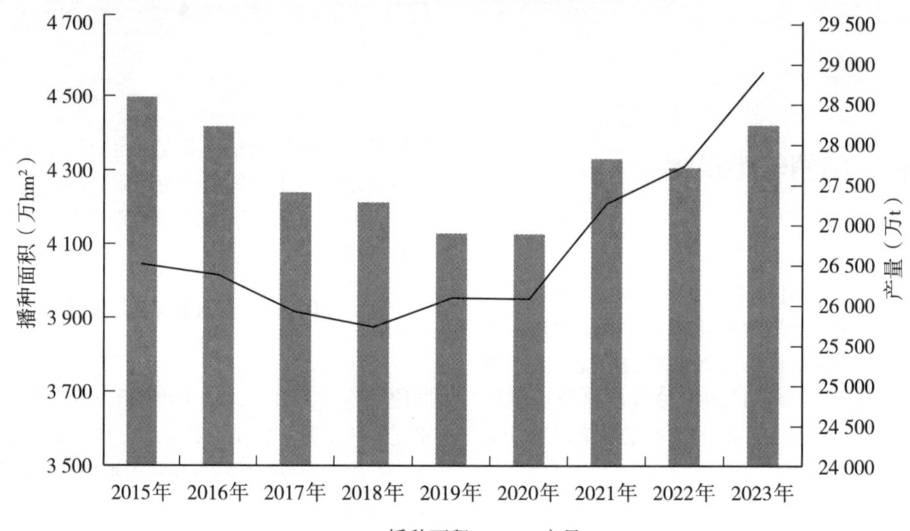

图 2　2015 年以来我国玉米播种面积及产量对比

数据来源：国家统计局，博亚和讯整理

2. 2023 年玉米进口总量下降，进口单价上涨。2023 年，我国玉米进口总量为 2 712.9 万 t，同比增长 31.6%；进口金额 90.2 亿美元，同比增长 26.9%。2023 年全球粮价下跌，我国进口玉米单价逐月下跌，11 月逼近 300 美元/t，处于两年低位，全年玉米进口均价为 332.4 美元/t，同比下跌 3.5%。出口总量继续维持低位，全年出口 0.75 万 t（图 3）。

2023 年玉米进口量呈现“两头高中间低”，一季度玉米进口量单月保持在 200 万 t 以上，二三季度小幅下降，4 月降至年内低位 100 万 t，四季度大幅增加，12 月达到 495 万 t，刷新单月进口新高（图 4）。

从进口国家来看，自巴西进口 1 280.6 万 t，占进口总量的 47.2%，去年基本无进口；自美国进口 714.4 万 t，同比减少 51.9%，占进口总量的 26.3%；自乌克兰进口 551.8 万 t，同比增加 4.8%，占进口总量的 20.4%。自保加利亚进口 73.9 万 t，缅甸进口 38.2 万 t，俄罗斯进口 29.5 万 t，自南非、老挝、哈萨克斯坦等进口 24.6 万 t。

3. 定向稻谷持续投放，成交超 1 478 万 t。2023 年定向稻谷持续投放，较 2022 年，虽然投放时间推迟，投放量下降，但在三季度青黄不接时期投放，有助于缓解玉米供应偏紧的局面。8 月 3 日，国家开始投放定向饲用稻谷，截至 9 月 29 日共投放 9 期，总投放量 1 650.7 万 t，累计成交约 1 477.6 万 t，成交率达 89.5%；起拍底价较去年上调 100 元，即东北地区 1 700 元/t，其他地区 1 800 元/t。

4. 2023 年进口玉米及替代总量情况。2023 年，国内玉米供应紧平衡，玉米价格震荡下跌，进口谷物价格有所分化，进口高粱替代优势减弱，进口玉米和大麦替代优势明显，谷物进口量止降回升。2023 年，谷物进口量 5 908 万 t（包含谷物及谷物粉等），同比增加 11.1%。其中，玉米进口量为 2 713 万 t，同比增加 31.6%；小麦进口量为 1 210 万 t，同比增加 21.5%；大麦进口量为 1 132 万 t，同比增加 96.6%；高粱进口量为 521 万 t，同比减少 48.6%。另外，木薯（主要是干木薯）进口量为 561 万 t，玉米酒糟（DDGS）进口量为 14 万 t（表 1）。

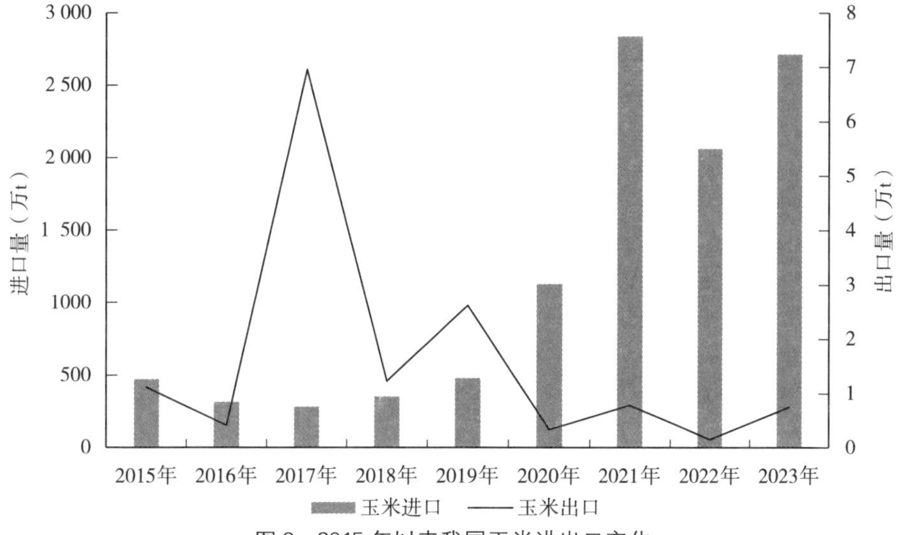

图3　2015年以来我国玉米进出口变化

数据来源：海关总署，博亚和讯整理

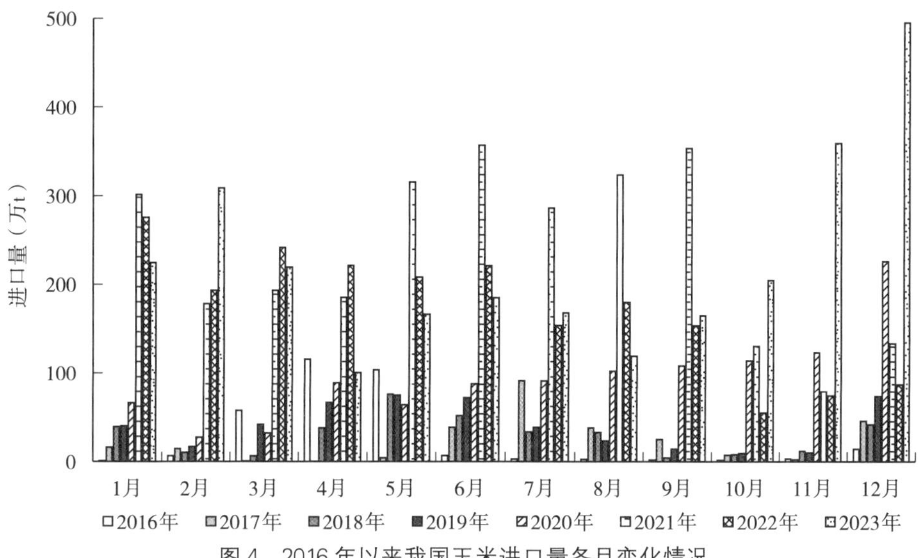

图4　2016年以来我国玉米进口量各月变化情况

数据来源：海关总署，博亚和讯整理

表1　谷物及副产物进口量止降回升

单位：万 t

年份	玉米	小麦	高粱	大麦	DDGS	能量类	年份	玉米	小麦	高粱	大麦	DDGS	能量类
2008	5	3	0	108	1	116	2016	317	337	665	501	307	2 126
2009	8	89	0	174	66	337	2017	283	430	506	886	39	2 143
2010	157	122	0	237	316	832	2018	352	310	365	682	15	1 724
2011	175	125	0	178	169	646	2019	479	349	83	593	14	1 518
2012	521	369	9	253	238	1 389	2020	1 130	838	481	808	18	3 275
2013	327	550	108	234	400	1 618	2021	2 835	977	942	1 248	31	6 032
2014	199	292	578	463	539	2 071	2022	2 062	996	1 014	576	8	4 656
2015	473	297	1 070	1 073	682	3 595	2023	2 713	1 210	521	1 132	14	5 590

数据来源：海关总署，博亚和讯整理

2023年，玉米价格震荡下跌，市场供应多元化，因大麦进口价格优势明显，我国大麦进口量高达1 132万t，同比增加96.6%，处于历史第二高位，仅次于2021年的1 248万t，全年最高进口量为12月的166万t，最低进口量为8月的38万t（图5）。大麦进口主要用于饲料，进口国家主要为法国、加拿大、阿根廷及澳大利亚。

另外，2023年8月4日，商务部公告，自2023年8月5日起，终止对原产于澳大利亚的进口大麦征收反倾销税和反补贴税，时隔3年，四季度我国再次开启澳大利亚大麦进口。

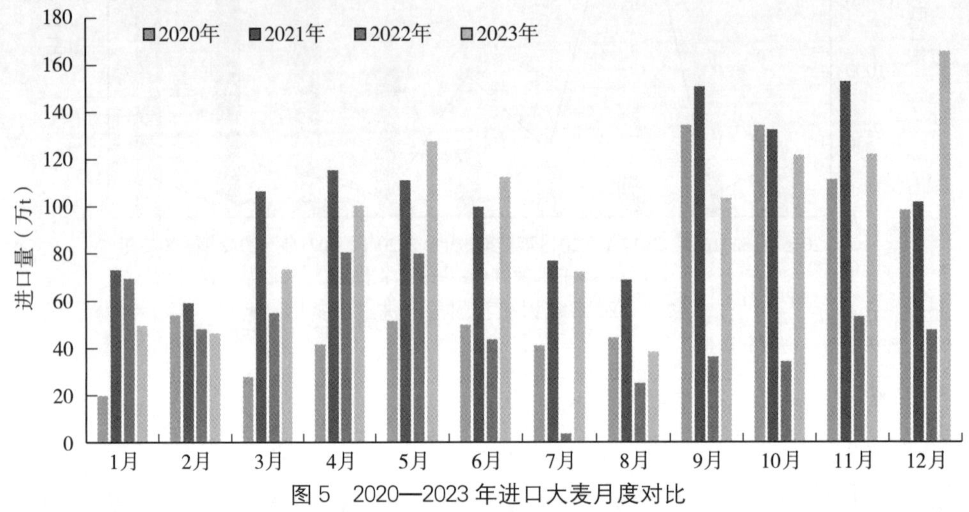

图5　2020—2023年进口大麦月度对比

数据来源：海关总署，博亚和讯整理

5. 饲料需求保持增长。2023年，全国饲料工业总产量32 162.7万t，比上年增长6.6%。其中，配合饲料产量29 888.5万t，增长6.9%；浓缩饲料产量1 418.8万t，下降0.5%；添加剂预混合饲料产量709.1万t，增长8.7%。分品种看，猪饲料产量14 975.2万t，增长10.1%；蛋禽饲料产量3 274.4万t，增长2.0%；肉禽饲料产量9 510.8万t，增长6.6%；反刍动物饲料产量1 671.5万t，增长3.4%；水产饲料产量2 344.4万t，下降4.9%；宠物饲料产量146.3万t，增长18.2%；其他饲料产量240.2万t，增长7.6%（图6）。

饲料消费保持增长，但前三季度玉米价格仍偏高，芽麦、定向稻谷及进口谷物饲用消费增加，挤占玉米饲用消费，四季度玉米价格大幅下跌，饲料中添加比例开始明显增加。全年来看，全国饲料生产企业的玉米用量比上年增加7%，在配合饲料中的比例与上年持平。

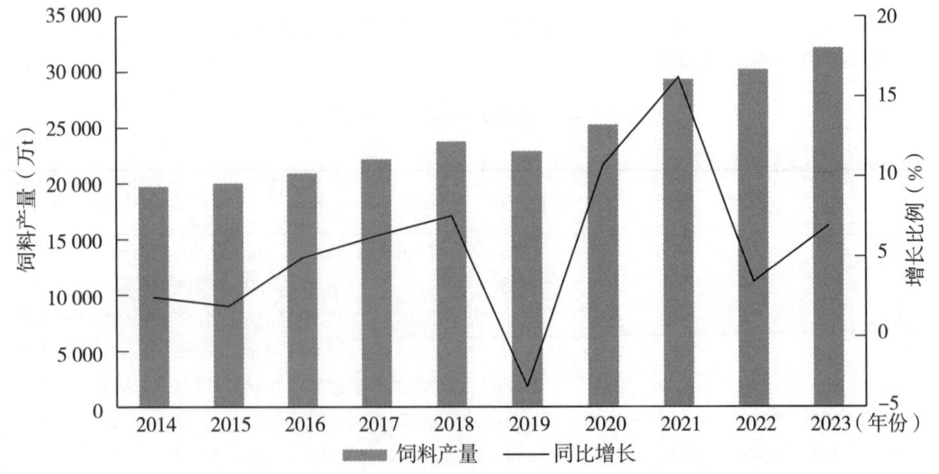

图6　近年来中国饲料产量及同比变化情况

数据来源：中国饲料工业协会，博亚和讯整理

2023 年生猪供应创历史新高，猪价长期低迷，生猪养殖创年度亏损最长周期，全国生猪均价 15.05 元/kg，低点 14 元/kg 左右仍有支撑，8 月年内高点不足 18 元/kg，猪价波动幅度大幅收窄；外购养殖年度平均亏损 260 元/头左右，自繁自养年度平均亏损 225 元/头左右。统计局数据显示，2023 年底，生猪存栏 43 422 万头，下跌 4.1%；全年生猪出栏 72 662 万头，增长 3.8%（图 7）。

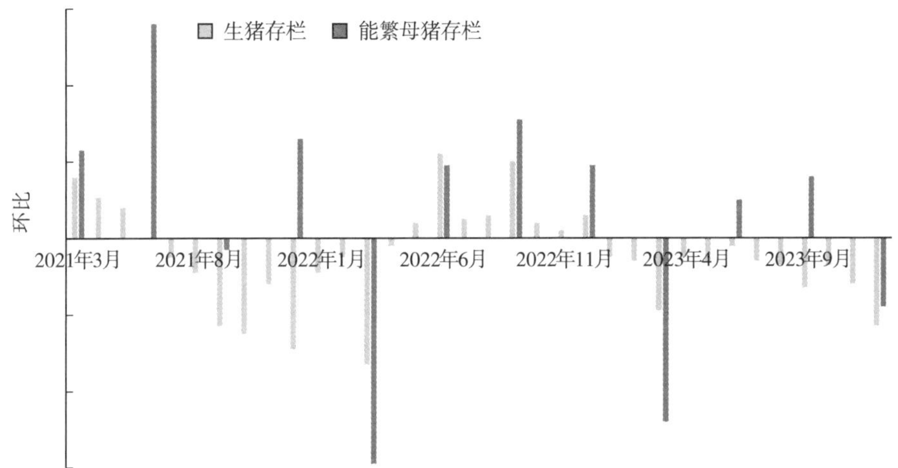

图 7　2021—2023 年生猪存栏和能繁母猪存栏环比情况

数据来源：农业农村部，博亚和讯整理

6. 深加工玉米消费继续回调。2023 年，我国玉米深加工需求疲弱，行业处于产能过剩状态，玉米价格震荡下跌，淀粉、酒精等深加工产品跟跌，企业加工利润下降，开工率下降，玉米深加工消费下降。上半年，玉米价格连跌 5 个月，深加工产品跟跌，企业亏损加剧，开工率同比下降 12 个百分点。下半年，玉米价格强势上涨带动淀粉、酒精价格升温，同时豆粕价格高价突破 5 000 元/t，蛋白类副产品玉米蛋白粉、玉米胚芽粕、DDGS 上涨，深加工上下游全线上涨，企业由亏转盈，开工率增加，玉米工业消费增加。全年消费量预计下降至 7 500 万 t（图 8）。

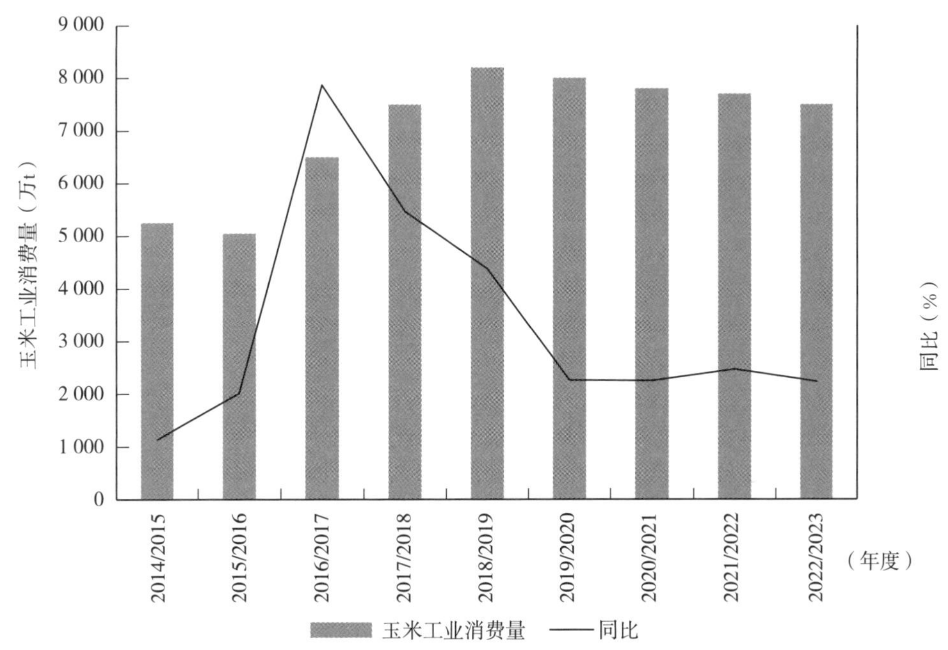

图 8　2014/2015 年度以来工业玉米消费量及增幅情况

数据来源：国家粮油信息中心，博亚和讯整理

四、全球玉米产量同比下降 1.6%，期末库存处于低位

据美国农业部（以下简称 USDA）12 月的报告显示，2022/2023 年度全球玉米产量 11.57 亿 t，较 2021/2022 年度下调 6 003 万 t，仍处历史第三高位。其中，美国下调 3 452 万 t、阿根廷下调 1 550 万 t、欧盟下调 1 915 万 t，乌克兰下调 1 513 万 t，但巴西上调 2 100 万 t，中国上调 465 万 t 及俄罗斯上调 178 万 t，抵消部分跌幅。2022/2023 年度玉米总消费 11.59 亿 t，较上年度下调 1 874 万 t，其中玉米饲用消费量 7.30 亿 t，下调 1 456 万 t；工业消费量 4.29 亿 t，下调 418 万 t；玉米出口量 1.81 亿 t，低于上年度的 2.07 亿 t；全球产量跌幅大于消费降幅，期末库存较上年度下调 1 041 万 t 至 3.0 亿 t，库存消费比降至 25.9%，处于近年相对低位。

预计 2023/2024 年度全球玉米产量 12.22 亿 t，较 2022/2023 年度上调 6 483 万 t。其中，美国、阿根廷产量创新高，美国产量 3.87 亿 t 上调 3 452 万 t，阿根廷产量 5 500 万 t 上调 2 100 万 t，乌克兰上调 3 500 万 t，欧盟产量上调 770 万 t，虽然巴西下调 800 万 t，但跌幅有限难以抵消全球玉米产量上调空间。2023/2024 年度玉米总消费 11.97 亿 t，同比增加 3 821 万 t，其中玉米饲用消费量 7.61 亿 t，增加 3 131 万 t；工业消费 4.36 亿 t，增加 690 万 t；玉米出口量 2.01 亿 t，增加 2 048 万 t。期末库存 3.15 亿 t，增加 1 512 万 t，处于近 5 年高位，库存消费比增至 26.33%，反映全球供应格局向偏宽松转换。

五、2023 年玉米市场影响因素

1. 进口和其他能量替代影响玉米市场。 2023 年谷物进口成本持续下移，替代价格优势明显，美玉米完税价格 2 467 元/t，同比下跌 16.8%；进口高粱均价 2 865 元/t，同比上涨 1.3%；进口大麦均价 2 576 元/t，同比下跌 7.7%；广东港玉米均价 2 853 元/t。与国内玉米价格相比，进口高粱价格高企，替代优势减弱，进口玉米、大麦价格优势明显，替代保持增量。

2023 年小麦价格高位下跌，全国小麦均价 2 923 元/t，同比下跌 4.88%，小麦饲用消费同比增加。4—8 月国内小麦/玉米价差倒挂，小麦饲用替代优势增加，特别是芽麦 6 月大量产生后，饲料企业收购芽麦力度较大，小麦饲用替代优势突出，饲用消费明显增加。但随着三季度国内小麦价格大幅反弹，麦芽价格一路上涨，自 9 月后饲料企业基本不采购小麦饲用，小麦在饲料中消费恢复往年正常水平。

2. 畜牧业生产稳中增长，玉米消费略增。 畜牧业生产稳中增长，能繁母猪去产能缓慢，生猪出栏量同比增长，生猪养殖创年度亏损最长周期。肉禽出栏量高位增长，产品价格先涨后跌，养殖由盈转亏。蛋鸡供应量增加，季节性消费较为明显且为刚性需求，蛋鸡养殖持续保持盈利。饲料消费保持增长，芽麦、定向稻谷及进口谷物饲用消费增加，挤占玉米饲用消费，全年来看，玉米饲用消费比例稳中略增。

3. 深加工产能过剩，玉米工业消费下降。 玉米深加工行业处于产能过剩状态，原料下跌带动深加工产品跟跌，企业加工利润先亏后盈，年度开工率偏低，玉米工业消费下降。分品种来看，全国淀粉企业开工率 55%，同比下降 4 个百分点；酒精企业开工率 50%，同比增加 1 个百分点。

六、总结

2023 年，受贸易保护主义抬头和地缘政治动荡等多重因素影响，全球大宗商品价格整体承压，国际粮食价格经历颓势下跌的一年，国内玉米价格跌至 3 年低位，国际粮食市场复杂多变、价格波动剧烈，外围市场影响仍在继续，需持续关注国际市场波动对国内现货的影响。

保障饲料原料有效供给，是提升畜牧产业链现代化水平的重要基础，需从供需两端双向发力，确保国内玉米供应稳定。我国不断推进玉米进口多元化，巴西玉米进入我国市场，南非玉米进口增加。同时，为了应对我国饲料粮短缺所面临的风险，我国推进主要作物大面积单产提升工程，深入推进饲料粮减量替代行动，最大限度挖掘国内饲料原料供给潜力，深入实施农产品进口多元化战略，构建多元化饲料配方体系。

（柳晓峰　高瑞娟）

大豆和豆粕生产、贸易与市场情况

一、总体情况

2023 年，美联储超预期加息，全球经济增长放缓，商品供应链恢复，通胀水平下降，全球粮食和能源价格高位下跌。我国进口大豆成本高位下降，进口大豆到港量止降回升，大豆压榨量同比增长，豆粕供应偏宽松，豆粕价格震荡下跌。国产大豆产量再创新高，但产量增幅不及大豆进口增幅，国内大豆对外依赖度止降回升。为了缓解我国进口大豆供应缺口，我国加力扩种大豆油料，适时启动进口大豆拍卖，深入实施饲用豆粕减量替代行动。

二、大豆市场供需状况

1. 国产大豆生产情况。统计局数据显示，2023年我国大豆播种面积1.57亿亩，比上年增加345.1万亩，增长2.2%，连续两年稳定在1.5亿亩以上；大豆产量为2 084万t，比上年增加55万t，增长2.8%（表1）。

国家出台稳定大豆生产一揽子支持政策，提高大豆生产者补贴，加大金融信贷支持，推广大豆玉米带状复合种植，引导新型农业经营主体种植大豆，稳定大豆种植规模。据了解，种植玉米更为省工且收益更高，农户在品种的选择上或更青睐于玉米。表2显示，黑龙江地区玉米种植收益仍高于大豆，相对来说种植玉米的积极性更高。2023年东北租地成本小幅上涨，农资化肥、种子、农药等变动不大，地租成本增加100元/亩，2023年大豆种植成本增加130元/亩。

表1 2015—2022年国产大豆种植面积、产量及同比增幅

	2016年	2017年	2018年	2019年	2020年	2021年	2022年	2023年
种植面积（万 hm^2）	715.6	790	840	933	988	841	1 027	1 047
产量（万t）	1 250	1 440	1 600	1 810	1 960	1 640	2 029	2 084
产量同比增幅（%）	7.67	15.2	11.3	13.3	8.3	−16.33	23.7	2.8

数据来源：国家统计局，博亚和讯整理

表2 2023年黑龙江地区玉米和大豆种植收益比较

单位：元/亩

项目	人工	租地	种子	化肥	农药	水电	机械	成本	收购价	补贴	毛收入	利润
大豆	20	900	50	70	50	10	80	1 180	2.5	366	888	74
玉米	20	900	60	200	30	20	120	1 350	1.2	14	1 500	164

数据来源：博亚和讯

2. 大豆进口情况。海关数据显示，2023年我国大豆进口量为9 940.9万t，进口金额597.56亿美元，进口量同比增加11.4%，进口金额同比减少0.5%（图1）。其中从美国进口2 417.4万t，同比减少11.2%；从巴西进口6 995.1万t，同比增加26.8%；从阿根廷进口199.3万t，同比减少40.7%；从俄罗斯进口129.3万t，同比增加86.3%；从乌拉圭进口3.8万t，同比减少98%；从加拿大进口146.6万t，同比增加103.9%。

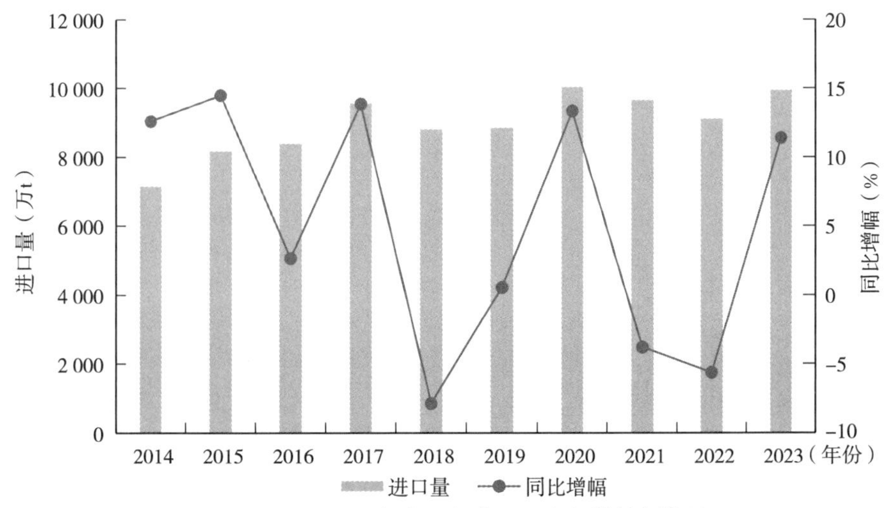

图1 2014—2023年大豆年进口量和年增长率情况

数据来源：中国海关，博亚和讯整理

从大豆进口国看，巴西为中国进口大豆的最大来源国，巴西和阿根廷进口占比72.4%，同比上升8.7个百分点，阿根廷进口大豆比重下降，巴西进口大豆比重大幅攀升；美国进口占比24.3%，同比下降8.1个百分点；加拿大进口占比1.5%，同比上升0.7个百分点（图2）。

2023年我国大豆进口量止降回升，总体对外依存度依然过高，且相对集中。我国为缓解蛋白质饲料进口品种和来源问题，积极拓展多元化供应格局，增加新的蛋白质饲料原料进口国家，海关签署进口哈萨克斯坦豆粕、葵花粕等粕类产品进口质检协议。除了上述3个国家（巴西、美国、阿根廷）进口大豆占据主导，其他国家进口量也在不断增加，但总量进口还难以实现大规模进口。

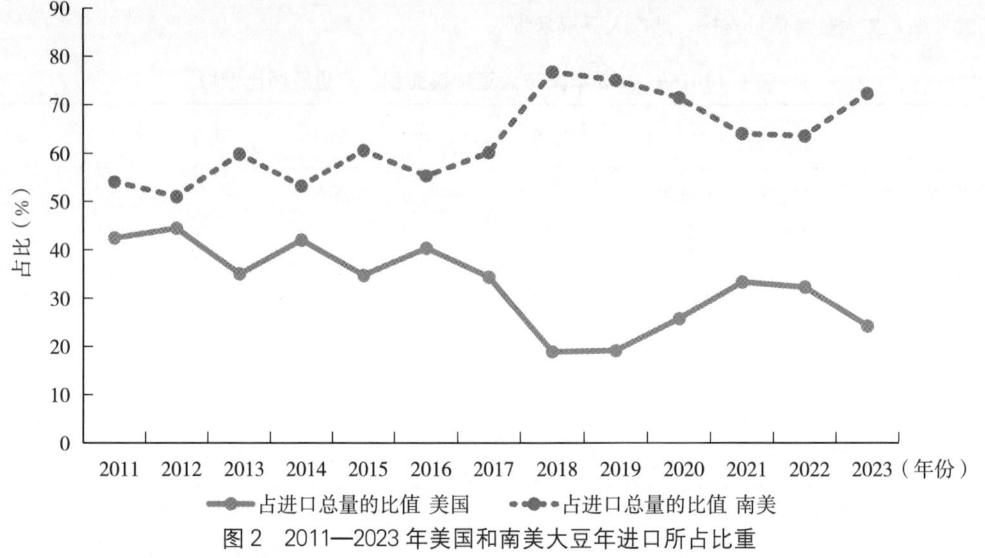

图2 2011—2023年美国和南美大豆年进口所占比重

数据来源：海关总署，博亚和讯整理

从图3看，2023年我国单月进口量波动较大，5月单月进口量再创历史新高，达到1 189.9万t，2月单月进口量为年内最低，在627.6万t，但高于去年同期的508.8万t。下半年进口量低于上半年，下半年进口大豆价格高位下降，市场观望情绪浓厚；进口节奏方面，国内相关替代品用量提升也导致大豆进口量下半年下降。

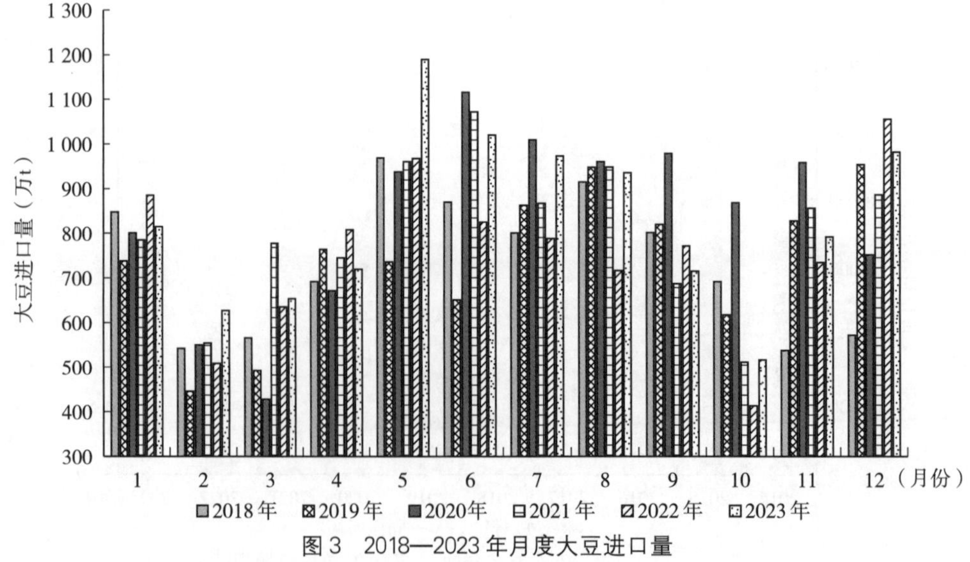

图3 2018—2023年月度大豆进口量

数据来源：海关总署，博亚和讯整理

3. 大豆出口情况。海关数据显示，2023 年我国大豆出口量 7.14 万 t，同比下降了 40.1%，大豆出口金额 8 366 万美元，同比下降 40%。出口量大幅减少，但出口大豆价格持稳略涨。主要出口国为韩国、日本、越南等国家及我国香港地区。

4. 豆粕进出口情况。海关数据显示，2023 年我国豆粕出口量 88.93 万 t，同比增加 106.9%，主要出口国为日本、韩国、荷兰、越南、丹麦和英国，占总进口量的 96.9%。2023 年我国豆粕进口量 3.8 万 t，同比减少 25.5%，进口量处于偏低水平（图 4）。

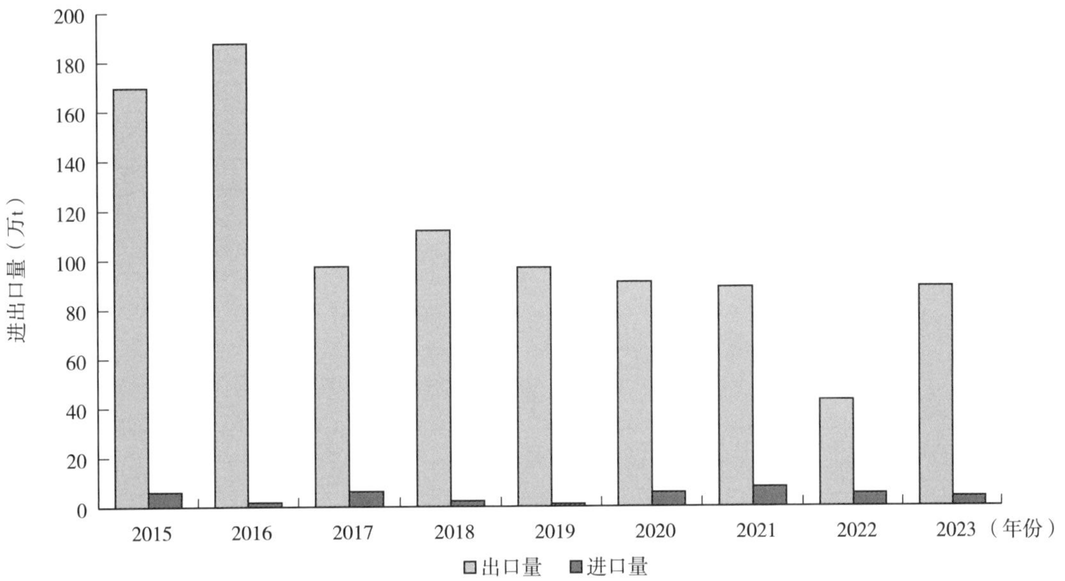

图 4　2015—2023 年豆粕进出口总量

数据来源：海关总署，博亚和讯整理

5. 国内豆粕供应量增加，消费量下降。图 5 显示，2023 年，国内豆粕供应量 7 600 万 t，同比增加 420 万 t，增长 5.9%；消费量 6 350 万 t，同比减少 230 万 t，下降 3.5%。数据显示，2023 年豆粕消费量表现两头低中间高，生猪价格大幅下跌，去产能缓慢，在产蛋鸡存栏缓慢回升，肉禽出栏增长，我国饲料产量同比增长 6.6%。在豆粕价格低于去年的情况下，饲用在配合饲料和浓缩饲料中的比例较上年下降 2.6 个百分点，豆粕在饲料中的使用量延续下降。

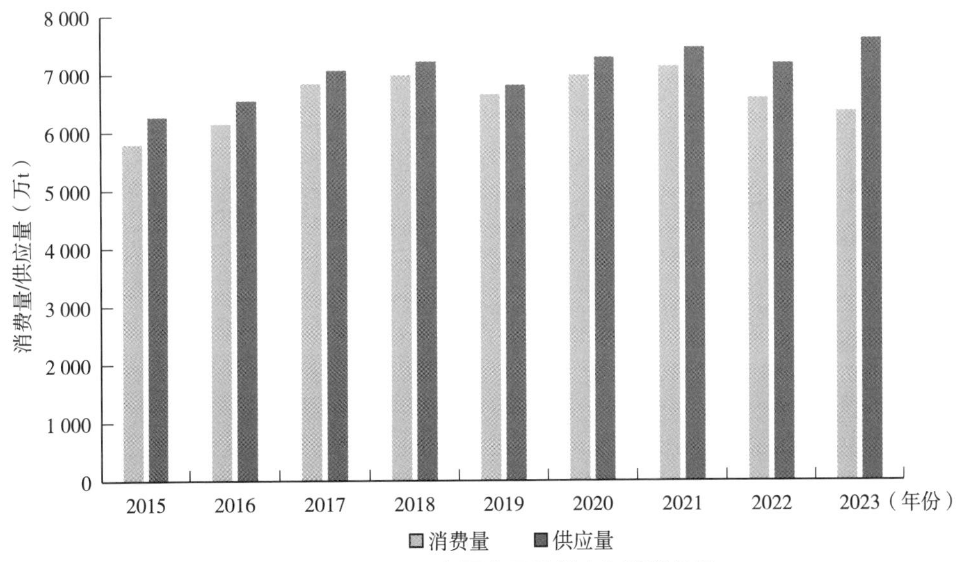

图 5　2015—2023 年国内豆粕供应和消费总量

数据来源：国家粮油信息中心，博亚和讯整理

三、价格情况

1. 国产大豆价格行情。图 6 显示，2023 年，国家出台稳定大豆生产一揽子支持政策，提高大豆生产者补贴，推广大豆玉米带状复合种植，引导新型农业经营主体种植大豆，稳定大豆种植规模。国产大豆产量再创新高，供大于需，国产大豆价格震荡下跌。同时，国产大豆价格与进口大豆价格具有互相比价作用，进口大豆一般会影响国产大豆的价格走势。2023 年国产大豆均价为 5 373 元/t，低于上年的 6 157 元/t，同比下跌 12.7%。

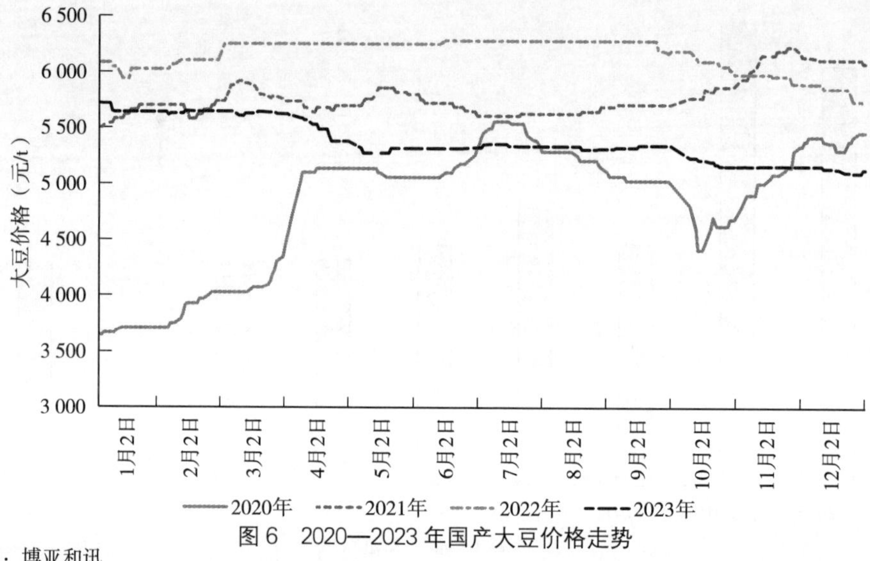

图 6　2020—2023 年国产大豆价格走势

数据来源：博亚和讯

2. 国内豆粕价格行情。2023 年第一季度，豆粕供应宽松，进口大豆成本大幅下降，市场看跌后市，油厂降价销售，贸易商恐慌性抛货，豆粕价格大幅下跌，3 月底豆粕价格跌至 3 740 元/t。第二季度，进口大豆海关检验检疫时间延长，4 月和 5 月初多地油厂停机，豆粕供应紧张，市场一货难求，豆粕价格涨至 4 800 元/t。5 月中旬后，进口大豆通关加快，豆粕供应紧张缓解，豆粕价格跌破 3 700 元/t。进入 6 月，美国大豆产区干旱天气炒作发酵，豆粕价格涨至 4 000 元/t 以上。第三季度，7—8 月美国大豆减产炒作持续增强，叠加人民币大幅贬值，豆粕价格突破 5 100 元/t；进入 9 月以后，豆粕供应保持高位，但终端高价补货谨慎，市场成交清淡，豆粕价格跌破 4 600 元/t。第四季度，豆粕供应宽松，饲料需求下降，豆粕库存持续攀升，远高于往年同期，油厂降价销售，贸易商低价抛货，豆粕均价跌至 3 900 元/t 左右。截至年底，豆粕均价为 3 949 元/t，与年初 4 747 元/t 比，下跌 798 元/t，跌幅为 16.8%。全年豆粕均价为 4 314 元/t，同比下跌 5.23%（图 7）。

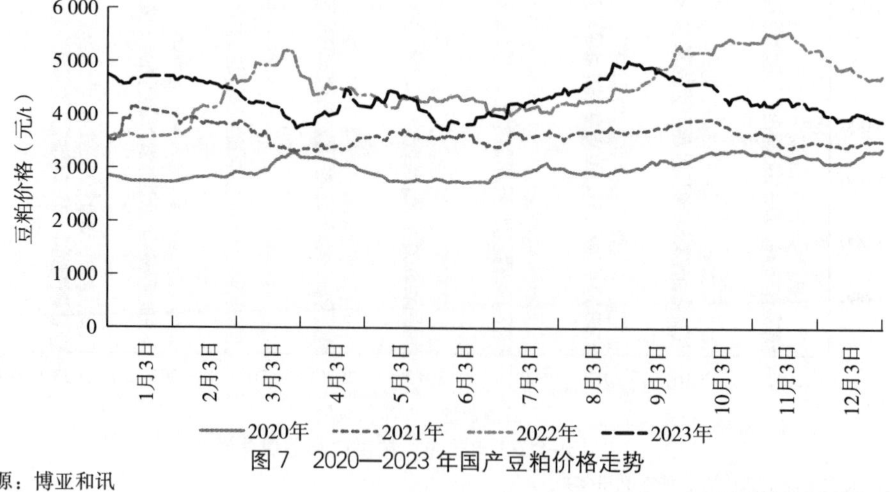

图 7　2020—2023 年国产豆粕价格走势

数据来源：博亚和讯

四、2023 年大豆市场的主要影响因素分析

1. 我国大豆产量再创新高，进口大豆拍卖适时启动。中央一号文件提出加力扩种大豆油料。深入推进大豆和油料产能提升工程。扎实推进大豆玉米带状复合种植，支持东北、黄淮海地区开展粮豆轮作，稳步开发利用盐碱地种植大豆。完善玉米大豆生产者补贴，实施好大豆完全成本保险和种植收入保险试点。提出深入实施种业振兴行动。加快培育高产高油大豆、短生育期油菜、耐盐碱作物等新品种。加快玉米大豆生物育种产业化步伐，有序扩大试点范围，规范种植管理。出台稳定大豆生产一揽子支持政策，提高大豆生产者补贴，加大金融信贷支持，推广大豆玉米带状复合种植，引导新型农业经营主体种植大豆，稳定大豆种植规模，大豆面积继续增长，大豆产量再创新高。黑龙江大豆补贴为 366 元/亩，吉林省东丰县大豆补贴为 500 元/亩，辽宁铁西区大豆补贴为 401 元/亩，大豆补贴均高于玉米。

此外，为了缓解国内进口大豆供应紧张态势，进口大豆拍卖适时启动，6—7 月周均拍卖 30 万 t，8 月初加码到周均拍卖 50 万 t，8 月下旬降至周均拍卖 30 万 t。截至 11 月 22 日，进口大豆拍卖总量 448 万 t，成交总量 116 万 t，成交率 27%，成交均价 4 844 元/t，最低价 4 490 元/t，最高价 5 380 元/t。

2. 农业农村部印发《饲用豆粕减量替代三年行动方案》。《方案》提出，通过实施饲用豆粕减量替代行动，基本构建适合我国国情和资源特点的饲料配方结构，初步形成可利用饲料资源数据库体系、低蛋白高品质饲料标准体系、高效饲料加工应用技术体系、饲料节粮政策支持体系，畜禽养殖饲料转化效率明显提高，养殖业节粮降耗取得显著成效，实现“一降两增”。

在确保畜禽生产效率保持稳定的前提下，力争饲料中豆粕用量占比每年下降 0.5 个百分点以上，到 2025 年饲料中豆粕用量占比预计从 2022 年的 14.5% 降至 13%以下。基本完成可利用蛋白质饲料资源调查评估，初步摸清国内蛋白质饲料资源家底。新产品创制取得积极成效，到 2025 年，新批准 1～2 种微生物菌体蛋白产品上市，在全国 20 个以上大中城市开展餐桌剩余食物饲料化利用试点。

通过推动养殖生产过程“省吃俭用”，2023 年，豆粕用量比上年下降 11.8%，在配合饲料和浓缩饲料中的比例较上年下降 2.6 个百分点，菜粕、棉粕等其他饼粕用量增长 7.8%。

3. 全球大豆产量和库存创新高，供需格局转向宽松。全球大豆产量和库存均创纪录新高，供需格局转向宽松，全球大豆价格高位下跌，上半年大豆价格高点在 1 555.5 美分/蒲式耳，下半年大豆价格低点跌至 1 250.5 美分/蒲式耳。

全球 2022/2023 年度大豆产量预估为 3.74 亿 t，较上一年度增加 1 396 万 t，期末库存预估为 1.02 亿 t，较上一年度增加 393 万 t。全球 2023/2024 年度大豆产量预估为 4.10 亿 t，较上一年度增加 2 449 万 t，期末库存预估为 1.14 亿 t，较上一年度增加 1 228 万 t。

美国方面。据美国农业部数据显示，2023/2024 年度大豆收割面积为 8 280 万英亩，大豆单产 49.9 蒲式耳/英亩；大豆产量为 1.21 亿 t，较上一年度减少 385 万 t；大豆压榨量为 6 260 万 t，较上一年度增加 240 万 t；大豆出口量为 4 776 万 t，较上一年度减少 645 万 t；大豆期末库存为 668 万 t，较上一年度减少 62 万 t。

巴西方面。据美国农业部数据显示，2022/2023 年度巴西大豆产量为 1.60 亿 t，同比增加 2 950 万 t。在大豆产量大幅增长的背景下，巴西大豆出口量和库存均创纪录新高，大豆出口量攀升至 9 551 万 t，同比增加 1 644 万 t；大豆库存攀升至 3 535 万 t，同比增加 775 万 t。

阿根廷方面。据美国农业部数据显示，2022/2023 年度阿根廷大豆产量为 2 500 万 t，同比减少 1 890 万 t。由于阿根廷实行多轮大豆换美元出口优惠政策，阿根廷大豆出口增长，库存大幅下降。阿根廷大豆出口量为 419 万 t，同比增加 132 万 t；大豆库存为 1 721 万 t，同比减少 669 万 t。

4. 豆粕供应增加，库存先降后升。2023 年进口大豆到港量大幅回升，阶段性海关检验检疫政策变化令卸货时间延长，我国油厂开机率波动较大，油厂开机率均值高于去年同期，大豆压榨总量延续增长。豆粕供应增加，终端提货低位略增，油厂豆粕库存低位回升，处于正常偏高水平。其中，第一季度，豆粕库存稳中略降，降至 46 万 t；第二季度，5 月中旬豆粕库存降至年内低位，不足 20 万 t，6 月豆粕库存止降回升，月底达到 74 万 t；第三季度，豆粕库存延续增长，9 月底达到 83 万 t；第四季度，豆粕库存高位略增，12 月底达到 88 万 t。

5. 饲料产量保持增长，豆粕消费量延续下降。2023 年我国生猪价格大幅下跌，去产能缓慢，养殖亏损严重；在产蛋鸡存栏缓慢回升，养殖效益较好；白羽出栏同比大幅增长，黄羽肉鸡和肉鸭出栏小幅增长，养殖微利；水产品价格低位运行，投苗延后，水产养殖旺季不旺，水产饲料同比下降；牛羊肉价格持续下跌，反刍存栏量高位调整，养殖盈利缩窄，阶段性出现亏损。国内饲料产量保持增长，豆粕价格高位回落，豆粕减量替代深入推进。2023 年，在畜牧业饲料生产全面增长的情况下，饲用豆粕消费量比上年

下降了 11.8%。

五、总结

综合看来，2023 年我国加力扩种大豆油料，深入推进大豆和油料产能提升工程，加快大豆生物育种产业化步伐，出台稳定大豆生产一揽子支持政策，提高大豆生产者补贴，稳定大豆种植面积，提升大豆自给率。我国大豆产量创新高，且进口大豆拍卖适时启动，对缓解进口大豆供应缺口作用有所显现，但大豆进口量仍处于高位，对大豆市场定价模式并未改变，全球大豆供需市场仍集中在美国和南美地区。为了应对我国饲料粮短缺面临的风险，仍需大力提高国内生产能力，最大限度挖掘国内饲料原料供给潜力，并实施粮食进口多元化战略，适时适度进口粮食，深入实施饲用豆粕减量替代行动，持续强化新产品、新技术、新工艺集成创新和推广应用，促进饲料粮节约高效利用，着力保障粮食和重要农产品稳定安全供给。未来重点关注政策、天气、养殖需求等对大豆市场供需平衡的影响。

（柳晓峰　谢长城）

鱼粉生产、贸易与市场情况

2023 年，秘鲁中北部 A 季捕鱼配额创新低，且配额仅完成 20.5%，这使得国内鱼粉价格在 7 月中旬冲上历史新高，秘鲁普通级蒸汽鱼粉价格达 17 500 元/t，较 1 月初上涨 5 000 元/t。8 月中旬开始，国内禁渔期逐步结束，国产鱼粉逐步上量；另外，秘鲁鱼粉大幅减产，令秘鲁以外其他国家鱼粉进口量自 4 月开始，持续维持在 10 万 t 以上的偏高水平；而需求方面，水产品价格持续低迷，鱼粉需求旺季不旺；国内普通级蒸汽鱼粉价格自 8 月中下旬开始高位下跌，年底跌至 12 400 元/t，较高点下跌 5 100 元/t，而高品质鱼粉由于供应稀缺，价格下跌步伐较缓。

1. 鱼粉进口情况

（1）2023 年鱼粉进口情况。海关数据显示，2023 年，我国鱼粉进口量价齐减，鱼粉进口总量 162.5 万 t，同比下降 9.8%；进口额 28.8 亿美元，同比下降 2.8%；年度进口均价 1 770 美元/t，同比上涨 7.7%（图 1）。

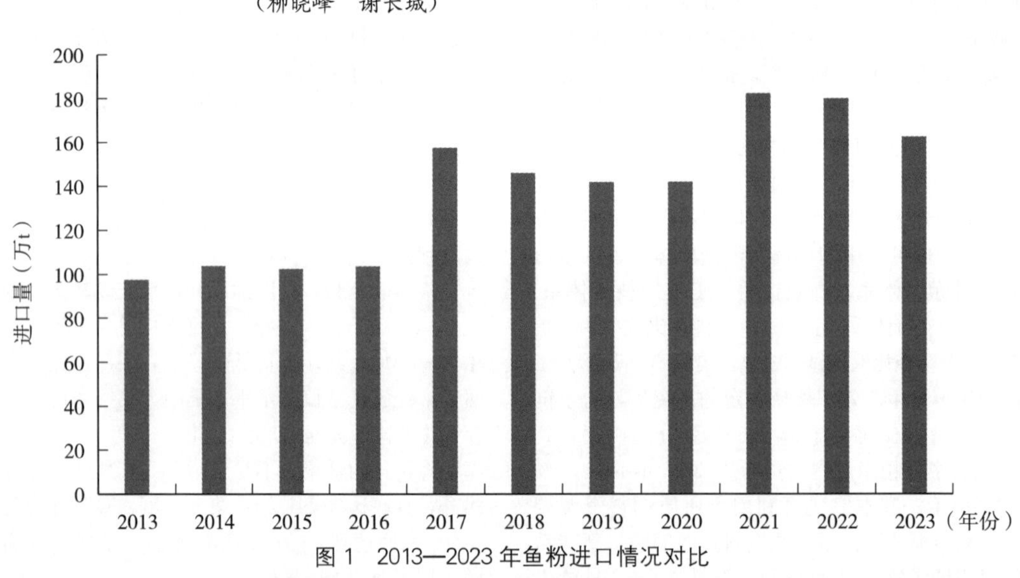

图 1　2013—2023 年鱼粉进口情况对比

数据来源：海关总署，博亚和讯整理

（2）2022 年与 2023 年鱼粉进口情况比较。图 2 对比显示，2023 年我国自秘鲁进口鱼粉数量大幅减少，占鱼粉进口总量的比例从 48%降至 26%，非秘鲁国家鱼粉进口量刷新历史新高，占比增至 74%。

2023 年，我国鱼粉进口量排名前五的国家分别为秘鲁、越南、俄罗斯、泰国和印度。其中，自秘鲁进口鱼粉 43.0 万 t，同比下降 51.0%；自越南进口鱼粉 26.0 万 t，同比增长 23.3%；自俄罗斯进口鱼粉 13.4 万 t，同比增长 19.7%；自泰国进口鱼粉 12.5 万 t，同比增长 31.2%；自印度进口鱼粉 12.4 万 t，同比增长 125.2%。

秘鲁鱼粉大幅减产，价格涨至历史高位，作为全球鱼粉价格的风向标，其他国家鱼粉价格也顺势上涨，2023 年我国自多个国家的鱼粉进口价格创历史新高。

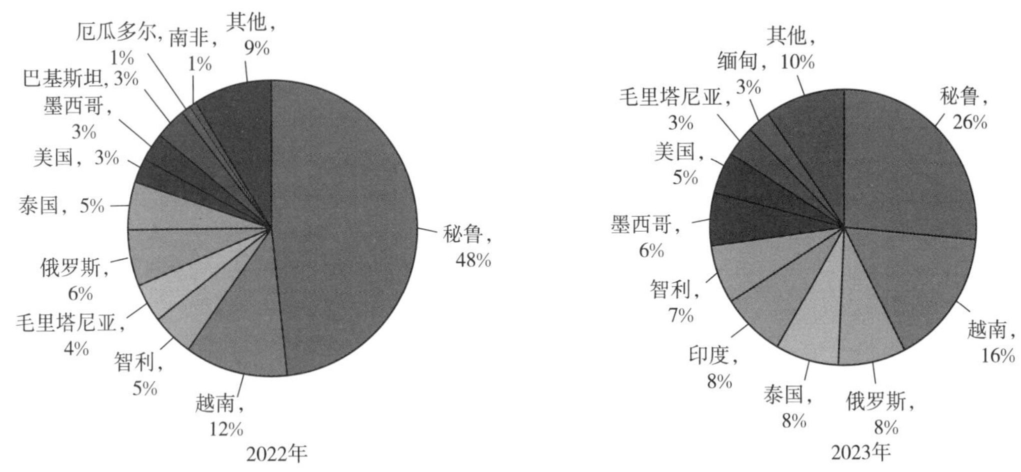

图 2　2022 年与 2023 年各国鱼粉进口量所占比例

数据来源：海关总署，博亚和讯整理

2. 2023 年我国鱼粉库存情况。图 3 显示，2023 年我国鱼粉进口量 162.5 万 t，鱼粉供应充足，但价格高位、养殖亏损，令鱼粉需求下降，港口库存呈“N”型走势。2023 年 3—5 月，是秘鲁上季鱼粉集中到货期，但国内鱼粉需求还未进入旺季；另外，秘鲁捕鱼政策迟迟未能发布，导致国内外鱼粉价格大涨，而养殖亏损，高价抑制需求，国内港口库存持续上升，6 月初升至全年库存高点 27.3 万 t。6 月 3 日，秘鲁中北部 A 季捕鱼政策发布，捕鱼配额历史同期最低，而最终配额仅完成 20.5%，这令国内鱼粉供应紧缺预期不断增强，且随着鱼粉旺季需求来临，饲料企业备货增加，虽然鱼粉价格不断刷新历史新高，但鱼粉库存自 6 月开始不断下降，10 月中旬降至全年低点 13.1 万 t。10 月，秘鲁中北部 B 季捕鱼政策落地，捕鱼配额虽偏低，但较 A 季已有较大改善；另外，非秘鲁国家鱼粉进口量持续维持在 10 万 t 的高位；而国内水产养殖渐入淡季，鱼粉需求下降，港口库存开始回升，12 月底，港口库存升至 23.1 万 t 的偏高水平。

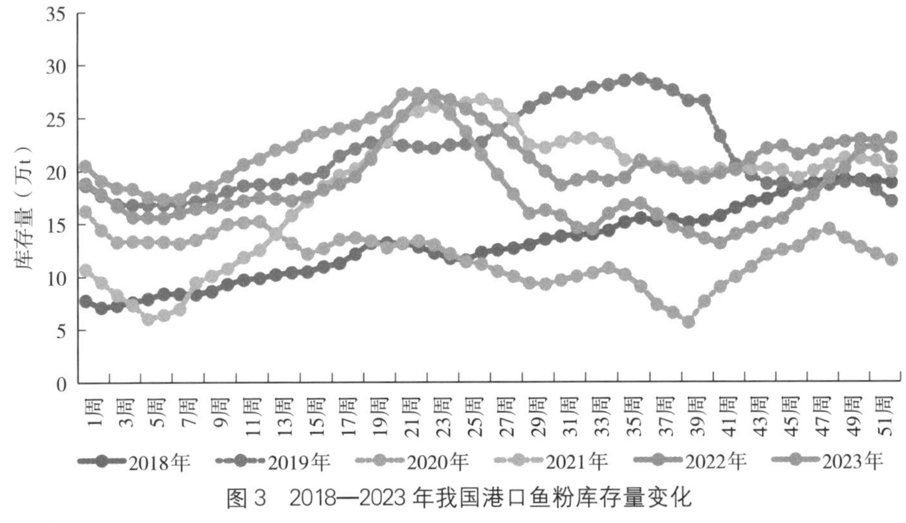

图 3　2018—2023 年我国港口鱼粉库存量变化

数据来源：博亚和讯

3. 2023 年鱼粉价格行情

（1）秘鲁减产叠加需求不旺，进口鱼粉价格冲高回落。2023 年，秘鲁鱼粉产量大减，而国内鱼粉需求旺季不旺，进口鱼粉价格冲高回落。2023 年，秘鲁中北部 A 季捕鱼仅有 22.4 万 t，导致秘鲁鱼粉价格大涨；与此同时，人民币持续贬值，鱼粉进口成本大幅上升，这使得国内鱼粉价格在 7 月中旬创下历史新高，秘鲁普通级蒸汽鱼粉价格达 17 500 元/t，较

1月初上涨5 000元/t。8月中旬开始，国产鱼粉逐步上量，以及秘鲁以外其他国家鱼粉进口量持续维持较高水平；而需求方面，水产品价格持续低迷，鱼粉需求旺季不旺；国内普通级蒸汽鱼粉价格自8月中下旬开始高位下跌，年底跌至12 400元/t，较高点下跌5 100元/t，而高品质鱼粉由于供应稀缺，价格下跌步伐较缓。2023年，秘鲁普通级蒸汽鱼粉均价为14 667元/t，较2022年的11 845元/t上涨2 822元/t，上涨23.8%（图4）。

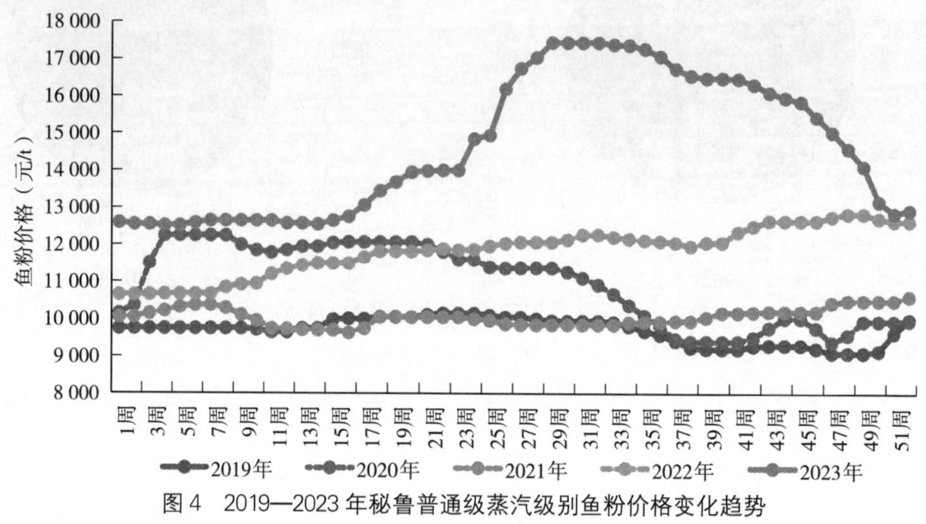

图4　2019—2023年秘鲁普通级蒸汽级别鱼粉价格变化趋势

数据来源：博亚和讯

（2）国产鱼粉价格跟随进口鱼粉大幅上涨。图5显示，国产鱼粉产量主要集中在山东、浙江，其他地区如广东、广西、河北、天津等鱼粉产量有限。主要鱼品种为鳀鱼，加上其他鱼排粉等，全年产量在65万～70万t，全年国产鱼粉消费量近60万～65万t。2023年国产鱼粉主要集中在山东地区，价格基本跟随进口鱼粉价格走势变化，年初价格为11 850元/t，7月中旬创下近年新高17 300元/t，较1月初上涨5 450元/t。8月下旬开始，随着进口鱼粉价格下调，国产鱼粉价格也开始步入下跌通道，年底饲料企业阶段性备货，由于其具有一定的价格优势，价格有所反弹，截至12月底，国产鱼粉价格升至11 200元/t。全年国产鱼粉均价13 335元/t，较2022年的10 800元/t上涨2 535元/t。

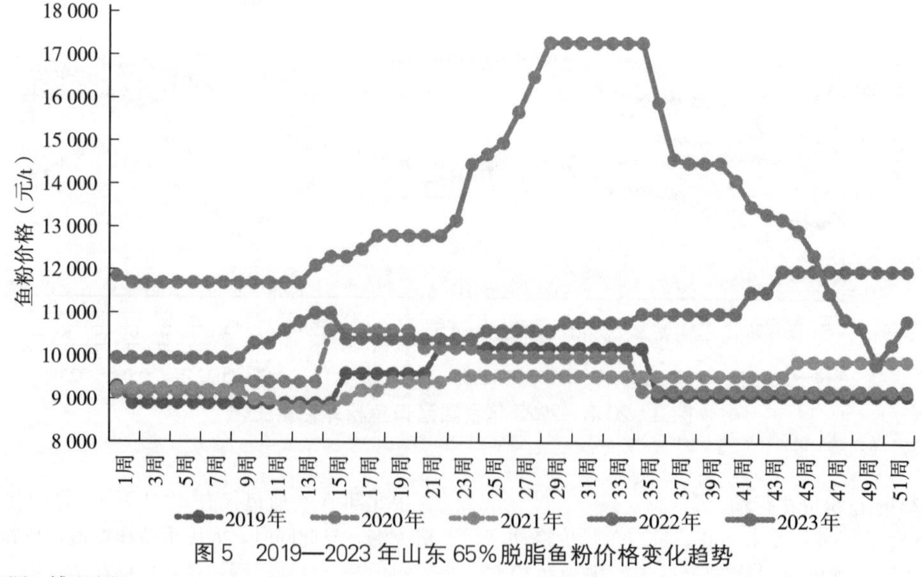

图5　2019—2023年山东65%脱脂鱼粉价格变化趋势

数据来源：博亚和讯

4. 秘鲁中北部捕捞情况。2023 年，秘鲁中北部配额量累计 277.3 万 t，其中，A 季配额量 109.1 万 t，B 季配额量 168.2 万 t。受厄尔尼诺现象影响，秘鲁 A 季仅在 6 月 3 日、8 月 3 日展开 2 次短暂捕捞，共计捕鱼 22.4 万 t，配额完成 20.5%，可生产鱼粉约 5.3 万 t；秘鲁 B 季于 10 月 21 日开捕，截至 12 月 31 日，累计捕鱼 114.3 万 t，完成配额的 68.0%，按目前捕鱼量计算，可生产鱼粉约 27.2 万 t。全年鱼粉产量约 32.5 万 t，较 2022 年同期减少 55.8 万 t（图 6）。

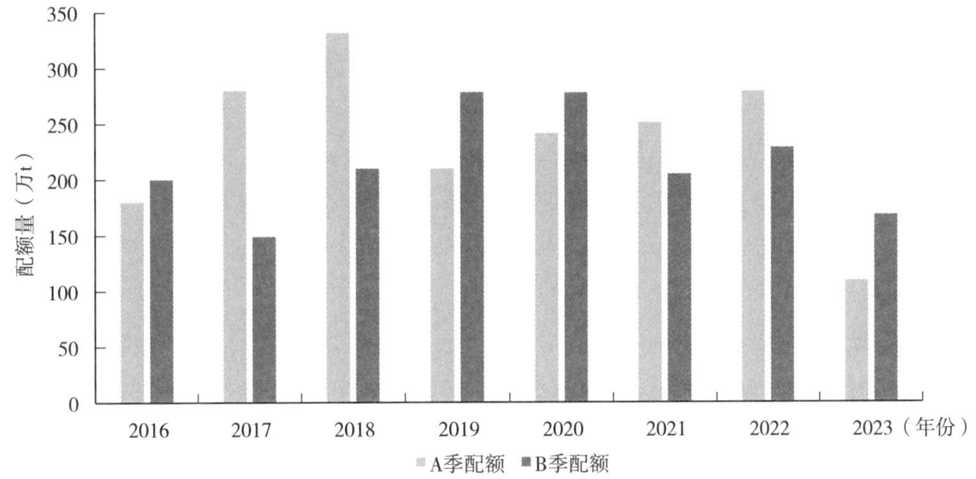

图 6　2016 年来秘鲁捕鱼配额对比

数据来源：秘鲁生产部，博亚和讯整理

5. 市场因素分析

（1）预售良好叠加捕鱼不畅，秘鲁鱼粉价格高位震荡。2023 年，秘鲁中北部捕鱼量创历年新低，鱼粉产量大幅下降，秘鲁鱼粉价格创新高后回落。上半年，秘鲁中北部鱼资源调查 4 月中下旬才展开，这比以往晚了 2 个月，且鱼资源调查结果不理想，直至 6 月，捕鱼配额和开捕时间才公布，而开捕仅 7 天后，由于幼鱼比例太高便暂停了捕捞，这令秘鲁鱼粉价格自 5 月初大幅上涨后便持续高位，截至 6 月底，秘鲁超级蒸汽鱼粉预售参考价格为 FOB 2 120 美元/t，较 1 月初上涨 240 美元/t。下半年，8 月初，秘鲁中北部 A 季才再度展开为期 10 天的试捕，但最终配额仅完成 20.5%，秘鲁鱼粉价格直线上涨，8 月下旬创下 FOB 2 530 美元/t 新高。10 月下旬，秘鲁中北部 B 季捕鱼政策发布，虽然配额仍未恢复常态，但开捕时间历史最早，且高于业内预期，鱼粉价格高位下调；而后，随着捕鱼量的增加及鱼粉预售清淡，秘鲁鱼粉价格不断走低，截至 12 月底，秘鲁超级蒸汽鱼粉预售参考价格 FOB 2 020 美元/t，较 8 月高位下降 510 美元/t。

（2）人民币贬值，鱼粉进口成本大幅增加。2023 年，人民币对美元汇率波动起伏较大，年内经历了较长时间的贬值阶段；而今年秘鲁鱼粉由于产量大降，鱼粉价格创历史新高后持续高位，这使得我国鱼粉进口成本持续高位水平。1 月初，秘鲁超级蒸汽鱼粉进口理论成本约 13 600 元/t，到了 12 月底，秘鲁超级蒸汽鱼粉进口理论成本已涨至 15 000 元/t，而高点时期的进口理论成本达到了 18 300 元/t 的高位。

（3）水产饲料产量下降，生猪养殖扭亏为盈。2023 年水产品价格持续低迷，养殖户投苗信心不足，不少养殖户采取低密度或延后养殖，甚至放弃养殖，而价格低迷引起的惜售令存塘量高企，以及极端天气使得投苗推迟 1～2 个月；与此同时，今年鱼粉价格创历史新高且持续高位，三季度水产料企业更是进行了数十轮的价格上调，水产养殖成本不断上涨，多数品种处于亏损状态，水产料需求下降。2023 年，水产饲料产量 2 344.4 万 t，下降 4.9%。

2023 年生猪年度均价同比大幅下跌 19%，生猪出栏创年度亏损最长周期，全年外购养殖平均亏损 260 元/头左右，自繁自养生猪出栏平均亏损 225 元/头左右。养殖亏损抑制鱼粉使用量。

6. 总结。总体来看，2023 年，虽然秘鲁鱼粉大幅减产，但非秘鲁国家鱼粉进口量创历史新高，这令我国鱼粉进口量维持高位水平，鱼粉供应充足，但鱼粉需求在水产养殖旺季不旺，鱼粉价格创历史新高后回落。

（柳晓峰　孔燕）

饲料添加剂工业概况

饲料级氨基酸

2023年国际形势严峻复杂，美联储超预期加息，贸易保护主义不断升温，消费需求预期低迷，欧元区增长明显疲软，经济衰退担忧预期较强，粮食能源价格下跌，通胀下降快于预期。全球畜产品产量增长缓慢，降低进口需求。中国畜牧业生产产能大，产量增长，养殖效益低迷，企业提质增效降成本，产业供需重新平衡。饲料产量延续增长，一体化企业饲料产量大幅增长，深入实施玉米豆粕减量替代行动。受益于低蛋白质日粮的持续全面推广和多种原料进入饲料配方，饲用氨基酸消费量增长，尤其小品种氨基酸增速快。

一、赖氨酸

2020—2022年赖氨酸行业盈利较为可观，前期赖氨酸厂家投建、扩建项目于2022年投产，拉动产能增长。2023年全球赖氨酸厂家数量达20家，现有企业扩产、部分厂家产能优化，整体产能维持增长。受供需格局和厂家销售策略影响，赖氨酸盐酸盐和赖氨酸硫酸盐价格走势和盈利能力分化，98.5%赖氨酸下半年出口好转带动价格反弹，行业扭亏为盈，利润好转；70%赖氨酸供应增量价格持续走弱，行业年内10个月处于亏损局面。

1. 赖氨酸生产和供应情况。2023年全球赖氨酸供应量342.7万t（折合98.5%含量，下同），同比增加1.7%，受价格下跌影响，市场价值同比下降26.8%，降至55.1亿美元。近2年全球赖氨酸产量增长，增量部分全部来自中国。2016年以来全球赖氨酸供应量的年均复合增长率4.8%，近5年年均复合增长率2.7%。

2023年，我国赖氨酸（全部折算盐酸盐，下同）供应量282.5万t，同比增长11.4%，增量27.3万t。年度市场均价同比跌幅较大，2023年中国赖氨酸市场价值37.8亿美元，同比下降8.3%。近5年年均复合增长率恢复至11.4%，较全球同期水平高6.4个百分点。2023年中国赖氨酸供应量占全球比重继续增长，增至82.4%，较2022年增加6.7个百分点（图1）。

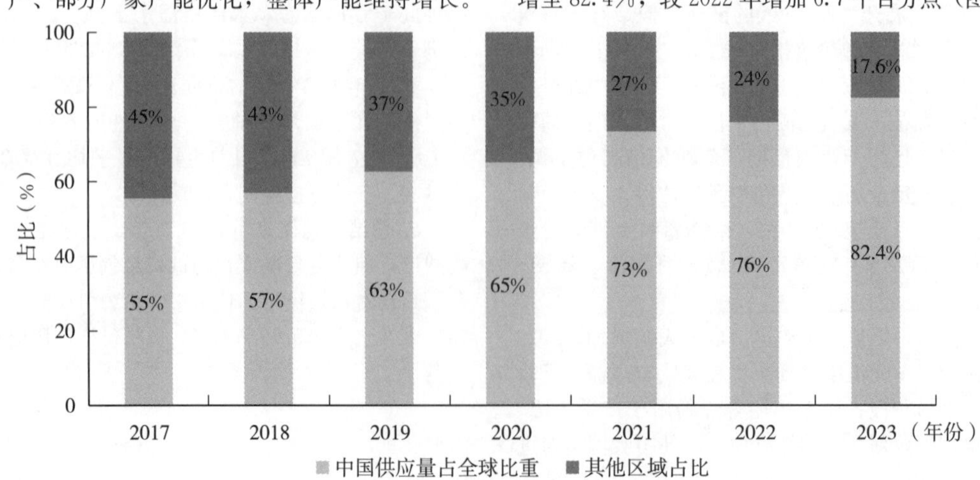

图1　2017—2023年中国赖氨酸供应量占全球比重变化

2. 赖氨酸出口情况分析。

(1)年度出口情况。海关数据显示，2023年我国赖氨酸酯及盐出口共计121个国家和地区。其中出口前十位分别为荷兰、美国、印度、泰国、巴西、越南、加拿大、西班牙、日本和立陶宛。其中美国、泰国、巴西和加拿大进口量较去年有增量，排名较2022年有所提前。特别是出口至美国增幅较大，位居第二，越南和日本跻身前十。2023年我国出口前十名的国家占比达到52.7%。2023年我国赖氨酸酯及盐共出口96.1万t，同比增加3.6%(图2)，其中对荷兰出口10.0万t，对美国、印度出口6.4万t，对泰国出口5.7万t。俄罗斯联邦、德国和比利时出口回调，美国和西班牙出口量增加。

(2)分国别出口情况。2023年我国赖氨酸酯及盐出口的国家主要有荷兰(99 914t)、美国(64 421t)、印度(64 167t)、泰国(57 212t)、巴西(48 176t)、越南(42 384t)、加南大(40 821t)等。2023年全球赖氨酸生产企业达20家，产能扩张速度有所放缓，新增产能全部来自中国，中国赖氨酸产量占全球比重超过80%，较2022年增加6.7个百分点。受畜牧生产形势影响，全球赖氨酸需求保持增长，各区域需求分化。2023年中国赖氨酸产量占全球产量的81.6%，较2022年提高6.7个百分点，国内赖氨酸酯及盐出口同比增加(图3)。

2023年我国赖氨酸酯及盐出口总额112 887万美元，比2022年133 256万美元减少20 369万美元，减少15.3%。

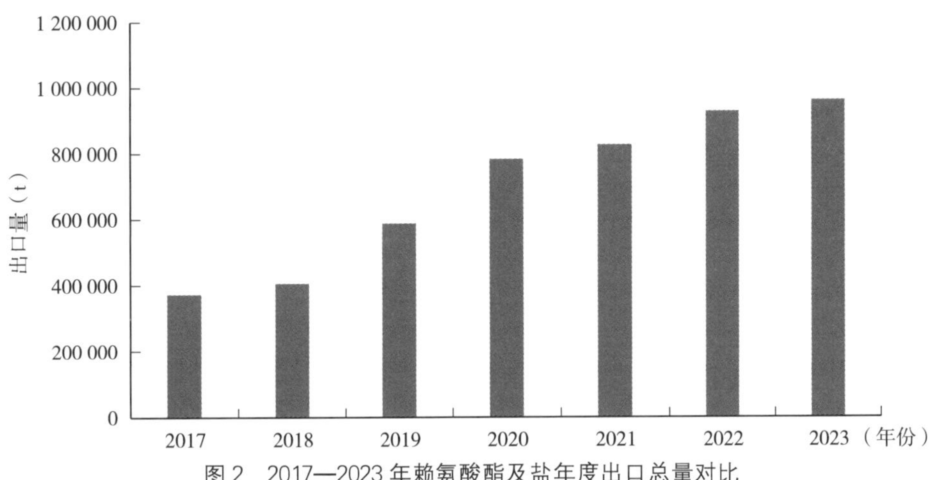

图2 2017—2023年赖氨酸酯及盐年度出口总量对比

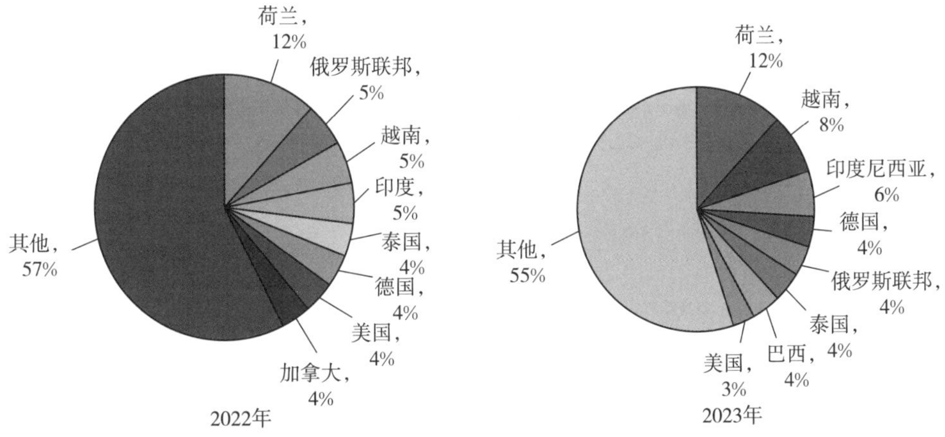

图3 2022和2023年赖氨酸酯及盐主要出口国家及所占比例对比

3. 2023年赖氨酸市场价格分析。2023年玉米深加工企业收购均价同比下跌1.5%，液氨和动力煤价格震荡下跌，赖氨酸盐酸盐平均成本同比下降5.3%，赖氨酸硫酸盐平均成本同比下降6.8%，二者价格走势及盈利情况分化。赖氨酸盐酸盐上半年终端消费低于预期，价格震荡下行，欧洲市场以消化前期超买库存为主，国内出口同比减少，市场价格下跌，行业持续处于亏损，6月底盐酸盐在厂家涨价提振下扭亏为盈；下半年出口恢复，价格偏强，行业盈利好转。赖氨酸硫酸盐国内产能和供应同比增量明显，叠加主流企业压价销售，市场价格震荡走低，全年行业有10个月处于亏损运行，部分企业因亏损阶段性停产，年底价格跌破5元/kg，至3年来低位。2023年98.5%赖氨酸均价为9.41元/kg，同比下跌13.3%；70%赖氨酸均价5.81元/kg，同比下跌11.2%（图4和图5）。

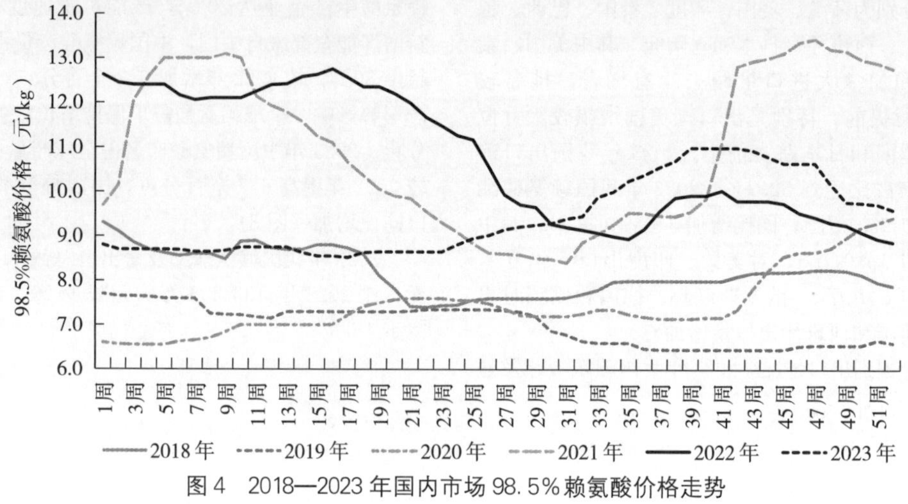

图4 2018—2023年国内市场98.5%赖氨酸价格走势

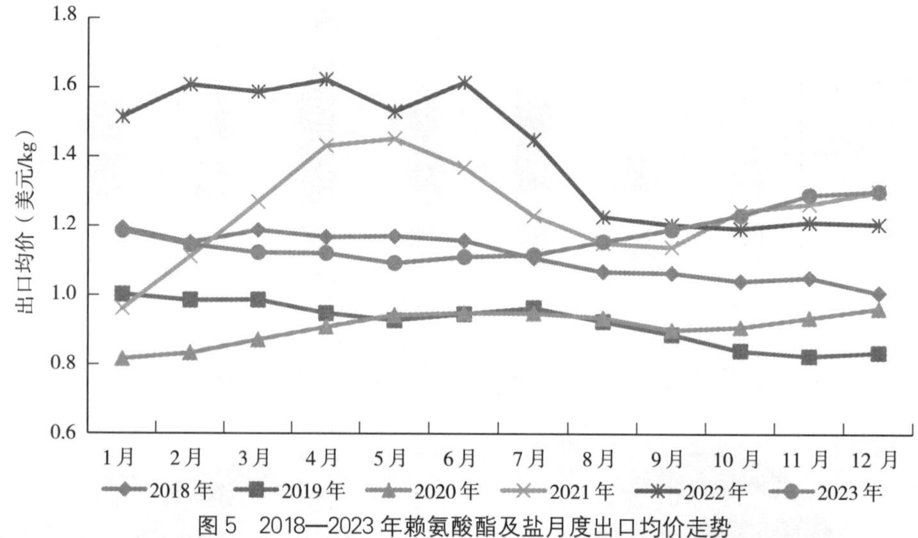

图5 2018—2023年赖氨酸酯及盐月度出口均价走势

4. 市场行情主要影响因素。

（1）行业供应集中度趋于分散，市场竞争加剧。2022—2023年现有企业东晓扩产、大成复产、金玉米新产能投产，行业前6企业（CR6）产能集中度下降，2023年降至64%。2024年金玉锋和凯赛生物试产/计划投产，预计2024年行业前6企业（CR6）产能集中度延续下降至59%。另外，阜丰计划在呼伦贝尔新建50万t氨基酸项目，建设年限为5年，其中包括20万t赖氨酸生产线及其配套设施，且其计划在保加利亚投建发酵工厂；东晓计划在黑龙江省青冈县投资建设赖氨酸生产加工项目，且领先企业仍有扩产计划（图6）。

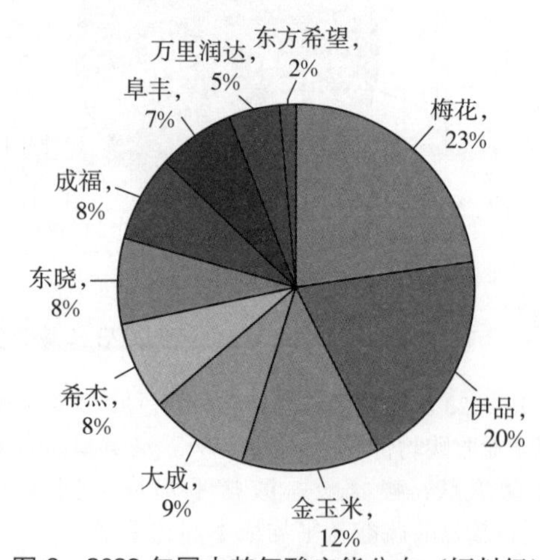

图6 2023年国内赖氨酸产能分布（饲料级）

（2）成本和使用价格影响市场价格走势。除原料（玉米）成本，需要关注的是不同地区玉米采购价格的差异导致不同区域的企业成本控制能力不同；另外，人力、能源等成本也因地域而异，这些因素会影响不同企业赖氨酸的生产成本。2022 年豆粕价格屡创历史新高，2023 年 CBOT 豆粕价格先跌后涨，CBOT 玉米价格震荡下跌，全年价差同比扩大，豆粕在饲料中使用优势和比例逐渐下降，相应的玉米饲用消费比例稳中有增，赖氨酸使用价值高，需求保持增长（图 7）。

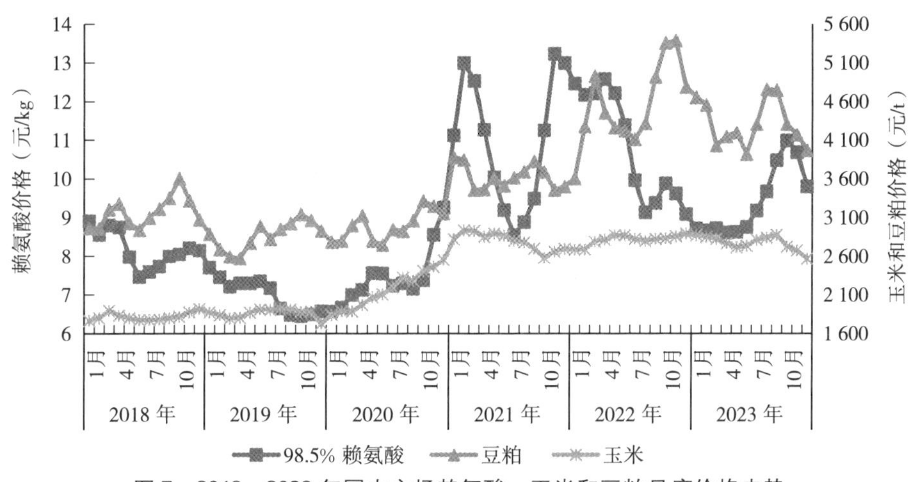

图 7　2018—2023 年国内市场赖氨酸、玉米和豆粕月度价格走势

（3）终端消费和生产结构调整，支撑赖氨酸使用增量。2023 年全国工业饲料总产量 32 162.7 万 t，比上年增长 6.6%。其中，猪饲料产量 14 975.2 万 t，增长 10.1%。有 7 家企业集团年产量超过 1 000 万 t，比上年增加 1 家。饲料产量持续增长，生产结构调整，一体化企业饲料产量稳中趋增，散装饲料大幅增长，产业融合进一步加深。赖氨酸在猪饲料中用量大，生猪供应创历史新高，赖氨酸消费需求明显增长，2023 年中国赖氨酸消费量约 120 万 t，同比增长 20%。

（4）国际市场价格影响中国市场走势。欧洲市场赖氨酸价格与国内赖氨酸价格走势基本一致，但波动幅度加大。2021 年欧洲本土赖氨酸供应减少，新冠疫情造成的港口拥堵、运力紧张、运价攀高，整体供应紧张，市场价格持续走高，至 2022 年 1 月，98.5%赖氨酸创历史新高至 5.65 欧元/kg。但 2022 年国际市场需求增量不足，欧洲市场受消化前期超买库存等影响，价格高位跳水后持续下跌。2023 年欧洲市场价格稳中偏弱运行，全年欧洲市场西方货源赖氨酸盐酸盐月度均价在 1.73～1.75 欧元/kg，全年均价同比下跌 36%；欧洲市场中国货源赖氨酸盐酸盐月度均价震荡上涨，全年均价同比下跌 45.1%。

5. 总结。2023 年前期终端需求低于预期，在后期需求寡淡的共同认知下，下游一体化企业承压较大，一方面来自养殖亏损，盈利大幅压缩甚至深度亏损，现金流收紧；另一方面，赖氨酸供应商年度协议订单的模式导致下游被迫接单，且话语权较低。从行业供需格局来看，赖氨酸盐酸盐供需紧平衡，赖氨酸硫酸盐供应宽松加剧，二者的产品议价能力和盈利保持分化。在此基础上，供应端需对下游需求和价格接受度进行重新评估。

二、蛋氨酸

2023 年蛋氨酸行业新产能延续投产，产能集中度提高，国际企业生产调整，全球产能和供应增量全部来自中国。2023 年全球蛋氨酸厂家以销定产，供需基本平衡，下半年市场价格在供应收紧的趋势下强势走高，出口大幅增加，中国蛋氨酸进出口格局扭转，年内价格震荡偏弱运行。

1. 2023 年国内市场固体蛋氨酸供应情况。

（1）2023 年国内蛋氨酸企业生产情况。2023 年中国市场蛋氨酸供应量（折合 99%含量，下同）45.0 万 t，其中，进口量 17.1 万 t，同比减少 12.3%，国内新和成新产能投产、安迪苏液体蛋氨酸扩产产能释放，国内蛋氨酸总产量增至 58.1 万 t，同比增加 31.2%，较 2022 年增加 13.8 万 t。2023 年中国蛋氨酸产量占全球比重增至 34.6%，较 2022 年增加 7.9 个百分点（图 8）。

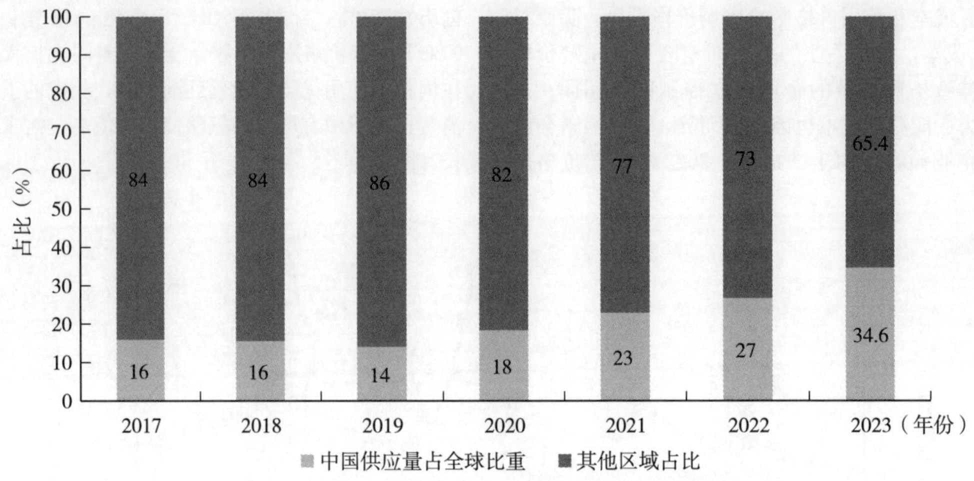

图 8　2017—2023 年中国蛋氨酸供应量占全球比重变化

（2）国内固体蛋氨酸进口形势。海关数据显示，2023 年我国固体蛋氨酸进口量累计 16.3 万 t，同比减少 2.4 万 t。进口占比前三位的国家是新加坡、马来西亚和日本。其中来自新加坡进口量占比最高，为 10.7 万 t，其次是马来西亚 3.1 万 t、日本 2.4 万 t（图 9 和图 10）。

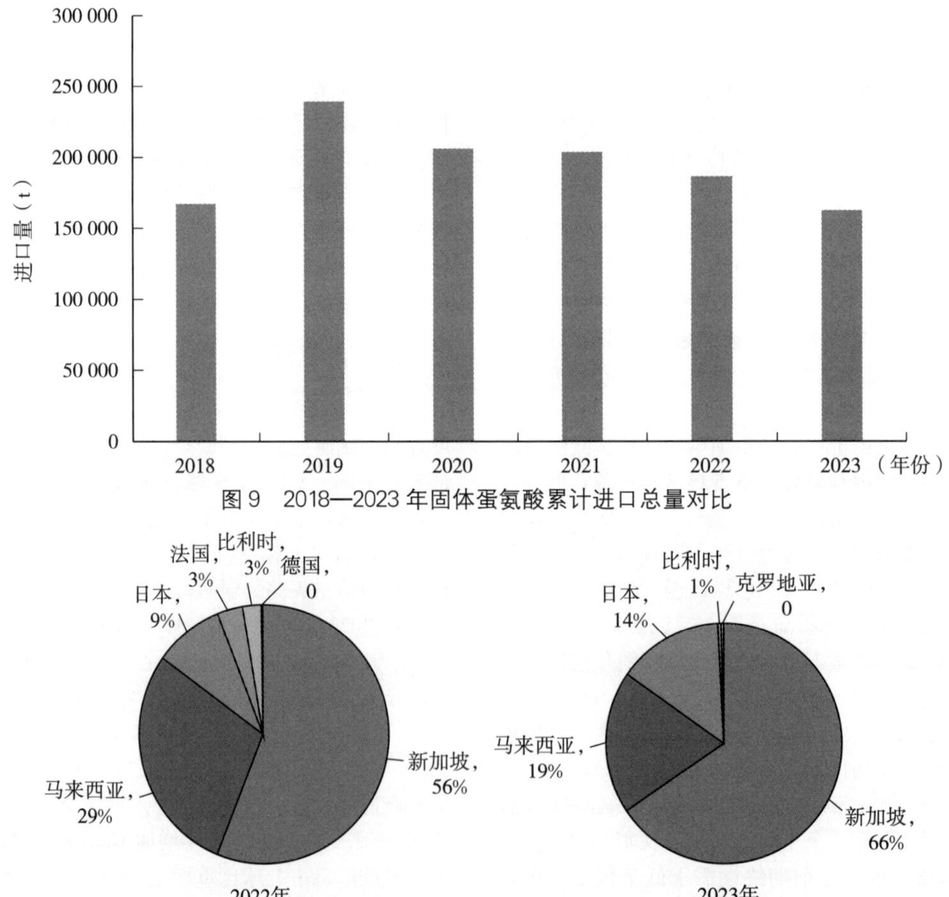

图 9　2018—2023 年固体蛋氨酸累计进口总量对比

图 10　2022 年和 2023 年固体蛋氨酸进口国别占比变化

2023 年，我国固体蛋氨酸进口来源国有所调整。主要进口国包括新加坡、马来西亚、日本和比利时，占比分别为 66%、19%、14%和 1%。进口前 3 的国家占比总量高达 99%。分厂家来看，赢创进口同比减少 1.7%，希杰同比减少 41.8%，住友进口逆势同比增加 39.8%。

(3) 国内固体蛋氨酸出口形势。2023 年中国固体蛋氨酸出口数量为 15.4 万 t，较 2022 年增加了 3.6 万 t。主要出口 105 个国家和地区。

2. 国内市场固体蛋氨酸价格走势分析。2023 年蛋氨酸产能延续增长，全球蛋氨酸产能增量主要来自中国，国内新和成和紫光产量同比增加，出口增量，下半年多数国际企业蛋氨酸生产调整供应减量，中国进口量减少。

2023 年蛋氨酸市场变化较大，上半年国内新产能投产后延，需求低于预期，价格深度下跌；下半年国际厂家生产调整，供应端减产检修及新产能投产进度后延，市场多方利好因素促进厂家报价上涨，12 月初厂家报价涨至高位，市场价格较 6 月底涨幅达 31.3%，但随着新产能 12 月逐步提产，市场供应增加，且终端用户蛋氨酸库存相对高位，市场支撑力度趋弱。下半年多数利多因素的挤兑，造成价格大幅上涨，但终端和市场并未出现实际供应紧缺的现象。2023 年，固体蛋氨酸市场均价 18.83 元/kg，同比下跌 9.2%；液体蛋氨酸市场均价 14.77 元/kg，同比下跌 9.2%（图 11）。

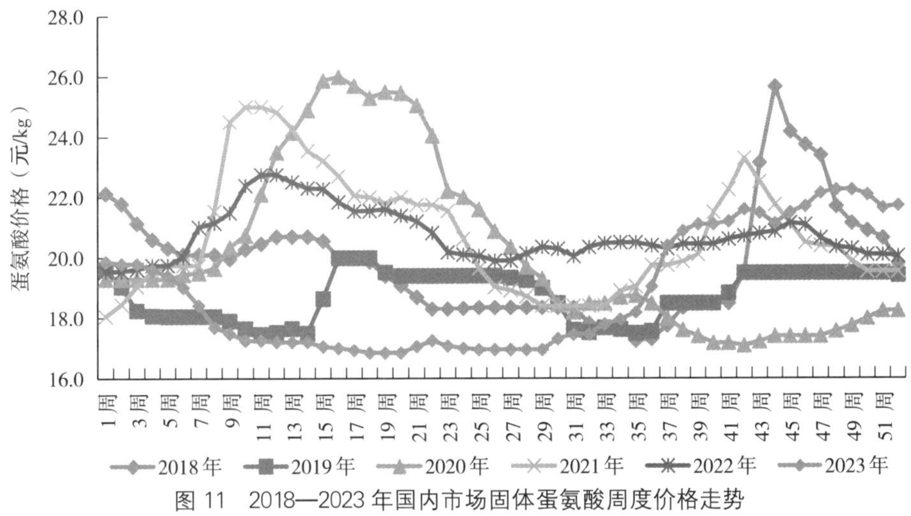

图 11 2018—2023 年国内市场固体蛋氨酸周度价格走势

3. 市场行情影响因素。

(1) 蛋氨酸企业生产调整变动较大，进出口格局扭转。2023 年蛋氨酸市场生产调整变动较大，上半年国内新和成新产能投产后延，下半年国际厂家生产调整；希杰马来西亚蛋氨酸工厂 5—6 月检修，第三季度部分产能转产异亮氨酸，其蛋氨酸产量预计从 2023 年下半年开始减少 30%～40%；赢创计划 2023 年第四季度和 2024 年上半年分别减产 3 个月；11 月住友检修；安迪苏 2023 年业绩预告显示，2023 年 Commentry 工厂固体蛋氨酸生产线关闭带来资产减值（图 12）。

2023 年全球蛋氨酸产能 235.7 万 t，同比增加 6.8%，产能增长全部来自中国。其中，我国出口同比增加 54.9%，蛋氨酸首次实现年度“净出口”，进出口格局扭转。

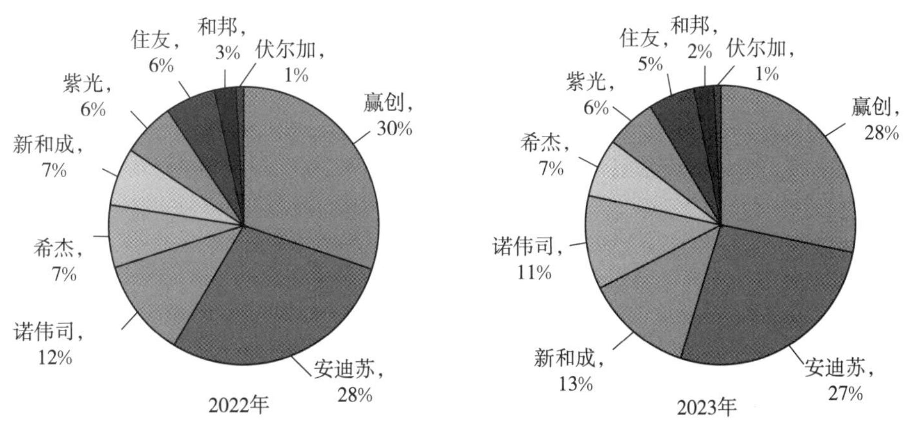

图 12 2022 年和 2023 年全球蛋氨酸产能分布比较

2023 年新和成二期 15 万 t/年新产能投产，份额占比增至 13%，其余厂家份额占比压缩。未来 2～3 年，蛋氨酸行业产能扩张主要来自中国，全球各厂家不同程度扩张和优化升级，产能集中度延续分散。

（2）国际市场影响。蛋氨酸作为全球定价商品，国际市场价格与中国市场价格具有联动性。2020—2022 年因新冠疫情反复，国际运力紧张、运费上涨，国际市场价格与中国市场价格先趋强运行，后随着国际国内供应恢复，用户完成备货后消化库存为主，按需滚动补单。国内市场厂家在终端需求下降的过程中保价和先移库后结算销售策略，在价格持续回落过程中，令市场交投更显清淡。2023 年上半年中国蛋氨酸出口至欧洲环比约增 18%，欧洲市场需求弱势，价格下跌触及 2021 年以来低位，下半年国际企业生产调整，供应减量，价格反弹至高位运行，全年国际和国内市场价格走势具有较强的一致性（图 13）。

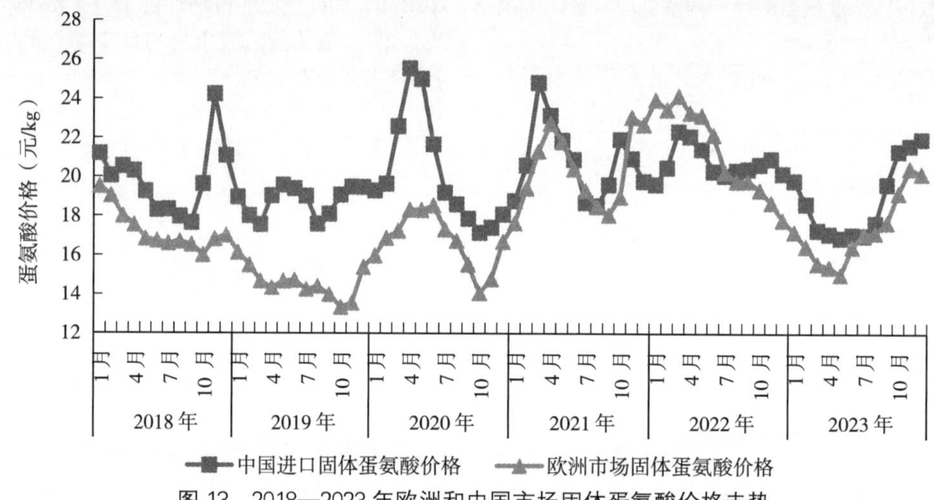

图 13　2018—2023 年欧洲和中国市场固体蛋氨酸价格走势

注：中国蛋氨酸售价为含税价格。

欧洲蛋氨酸售价换算人民币价格为欧洲蛋氨酸售价（欧元）×月度汇率均值

（3）成本影响。目前，市场供应的饲料级蛋氨酸基本以化学合成的方法生产为主，国际原油价格的跌涨在一定程度上间接影响蛋氨酸价格。2019 年希杰发酵法生产 L-蛋氨酸菌种通过欧盟安全认证，受技术创新带来的突破性影响，原料选择以及使用模式多样化，成本优势逐渐凸显。2021—2022 年，赢创宣布提升美国和德国的蛋氨酸中间体生产工厂。除此之外，现有企业在不断升级和优化蛋氨酸生产，增强成本竞争力。2017—2023 年行业不断有新增产能释放，行业供需格局由稳定逐步走向宽松，蛋氨酸市场价格走势脱离原油价格影响，主要由市场供求竞争格局决定。2021—2023 年受国际争端地缘动荡、美联储加息导致的高利率冲击，国际原油受供应中断的风险和需求下降预期的制约，价格保持偏强运行，对蛋氨酸价格整体走势影响不大。

（4）蛋氨酸终端需求变化。2023 年国内家禽生产加快发展，禽肉禽蛋产量增加。全国家禽出栏 168.2 亿只，比上年增加 6.9 亿只，增长 4.2%；禽肉产量 2 563 万 t，增加 120 万 t，增长 4.9%；禽蛋产量 3 563 万 t，增加 107 万 t，增长 3.1%。2023 年蛋禽饲料产量 3 274.4 万 t，增长 2.0%；肉禽饲料产量 9 510.8 万 t，增长 6.6%。国内蛋禽养殖处于盈利，终端蛋氨酸需求刚性增长，2023 年中国蛋氨酸消费 43.0 万 t，较去年增长 7.3%。

4. 总结。近年来中国蛋氨酸行业发展提速，产能和供应持续向国内倾斜。2023 年中国蛋氨酸新产能释放，供应明显增加，出口量大幅增长，国际企业生产和销售计划调整，国内进口延续减量，国内蛋氨酸进出口格局扭转，首次实现净出口。在供大于求的局面下，新产能的释放持续冲击市场，行业保持竞争整合。

三、苏氨酸

2023 年苏氨酸新产能投产，部分企业产能转产缬氨酸，全球苏氨酸行业产能 123.5 万 t，同比增长 15.1%，新增产能主要来自梅花和希杰，行业产能集中度小幅下降，供应仍集中在梅花、阜丰、伊品以及金象生化。国内供需形势相对较好，全年均价窄幅弱调，盈利同比增加。

1. 苏氨酸生产和供应情况。2023 年全球苏氨酸供应量 95.0 万 t，同比增加 3.3%，比 2022 年增加 3.0 万 t，增量全部来自中国；2023 年中国苏氨酸供应量 90.0 万 t，同比增加 7.1%。中国苏氨酸供应量自 2018 年起占比增至 90%以上，2023 年受益于梅花新产能投产，国内供应增量，占全球比重增至

94.7%（图 14），创历史新高，2023 年苏氨酸行业开工率降至 78.6%。

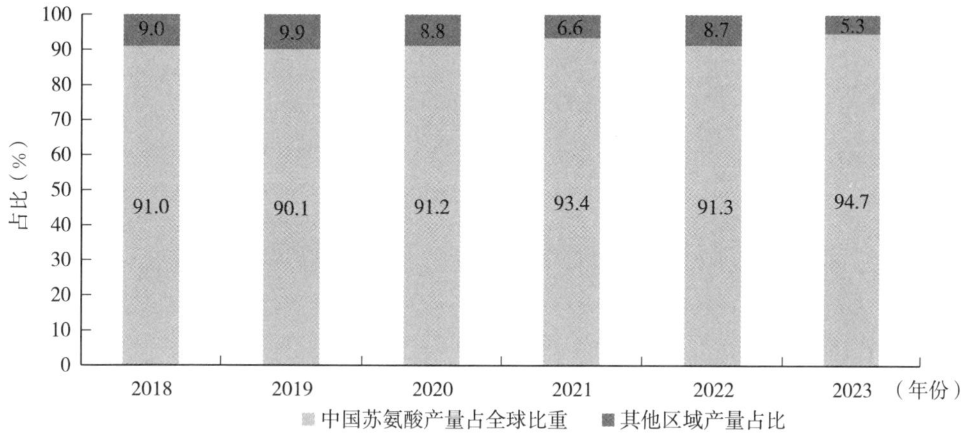

图 14 2018—2023 年中国苏氨酸产量占全球比重变化

2. 苏氨酸出口情况分析。

（1）年度出口情况。2023 年国际市场前期超买库存逐步消化，国内出口稳中有增，全年累计出口 56.9 万 t，同比增加 4.1%。2023 年国际市场重建库存，国内下半年出口环比增加 24.0%，拉动价格低位缓慢回升，欧洲市场 12 月均价较 1 月上涨 12.9%。

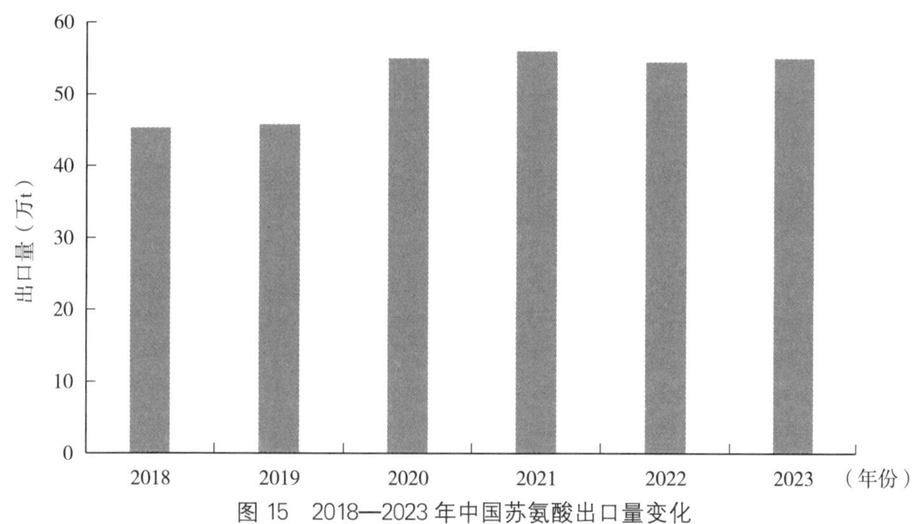

图 15 2018—2023 年中国苏氨酸出口量变化

（2）分国别出口情况。海关数据显示，2023 年我国苏氨酸出口共计 135 个国家和地区。其中出口前十名分别为荷兰、巴西、西班牙、俄罗斯、美国、印度、越南、泰国、印度尼西亚和加拿大，其中巴西、西班牙、俄罗斯、泰国、印度尼西亚和加拿大排名较 2022 年提前，但比利时、墨西哥同比减少。2023 年出口前十名国家的数量占比达 56.1%。2023 年我国苏氨酸共出口 56.9 万 t，同比增加 4.2%，其中对荷兰出口 5.9 万 t，对巴西出口 5.4 万 t，对西班牙出口 3.2 万 t；对俄罗斯出口量减少，比利时和菲律宾跌出前十（图 16）。

2023 年我国苏氨酸出口的国家主要有荷兰（58 886t）、巴西（53 800t）、西班牙（32 203t）、俄罗斯（31 793t）、美国（31 034t）、印度（27 557t）、越南（25 941t）、泰国（23 024t）等。2023 年中国市场梅花新产能投产，梅花和阜丰的部分旧产能转产缬氨酸，成福少量供应市场，东晓暂未生产，生产企业以梅花、阜丰、伊品和金象生化为主，成福补充；国际生产企业有希杰和 ADM。国际市场前期超买库存逐步消化，国内出口量稳中有增。

2023 年我国苏氨酸出口总额 103 672 万美元，比 2022 年 114 131 万美元减少 10 459 万美元，同比减少 9.2%。

3. 2023 年苏氨酸市场价格分析。2023 年欧洲市场前期超买，上半年以消化库存为主，下半年随着库存消耗，国内出口回暖，全年出口表现前低后高。国内市场上半年用户多刚需补货，供应相对充足，价格趋弱；第二季度行业开工降幅明显，供应收紧下厂家大幅上调报价，5 月行业扭亏为盈，部分旧产能复产。下半年主流企业新产能投产，厂家搭配销售限量签单，价格高位偏强运行。12 月国内需求维持清淡，叠加玉米价格下跌成本下降，主流企业苏氨酸报价下调。2023 年苏氨酸均价为 10.74 元/kg，同比表现小幅下跌 1.5%（图 17）。

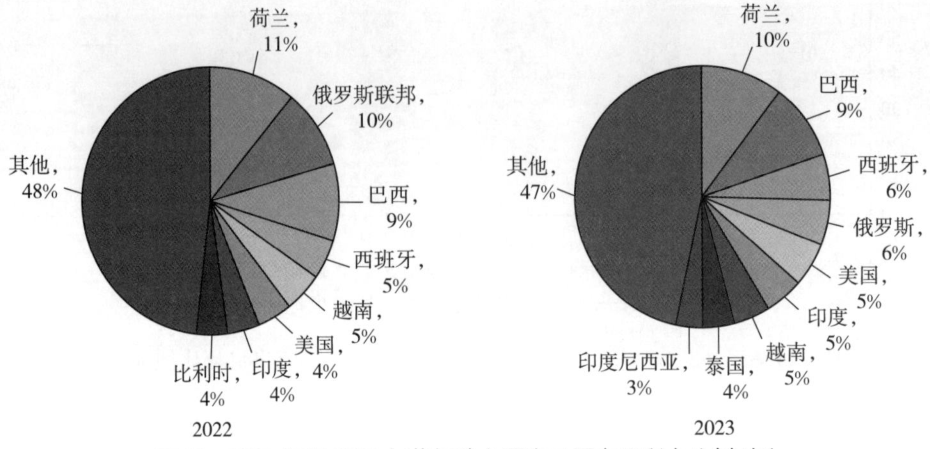

图 16 2022 年和 2023 年苏氨酸主要出口国家及所占比例对比

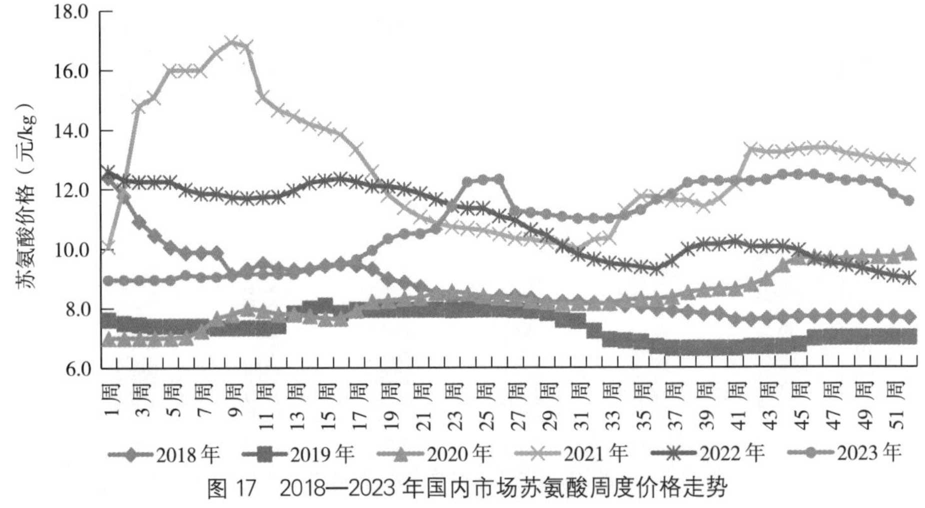

图 17 2018—2023 年国内市场苏氨酸周度价格走势

4. 市场行情主要影响因素。

（1）供应格局。2020—2022 年仅少量产能退出生产，味之素以美国生产为主，赢创未生产，伊品宁夏逐渐停产，成福停产，阜丰 80%含量苏氨酸投产，东晓投产，生产企业数量维持稳定，且整体产能保持收缩。2023 年 6 月，梅花和阜丰均有部分苏氨酸产能转产缬氨酸，梅花 25 万 t 苏氨酸项目 7 月投产，东晓暂未生产，行业生产厂家数量减少，总体产能回归增量。行业产能集中度小幅下降，国内供需形势相对较好，全年均价窄幅弱调，主流企业为保证发酵板块整体盈利，提价并采取搭配销售策略，行业全年苏氨酸盈利丰厚（图 18）。

（2）海外市场影响中国价格。2022 年随着疫情防控措施优化，欧美市场以消化前期超买库存为主，欧洲市场价格从高位下跌。2023 年出口欧洲恢复性增长，上半年出口至欧洲数量环比增加 13.6%，随着欧洲市场库存逐步消化完毕，国际市场重建库存，国内下半年出口环比增加 24%，拉动价格低位缓慢回升。全年欧洲市场价格偏强调整，12 月欧洲市场均价较 1 月上涨 12.9%（图 19）。

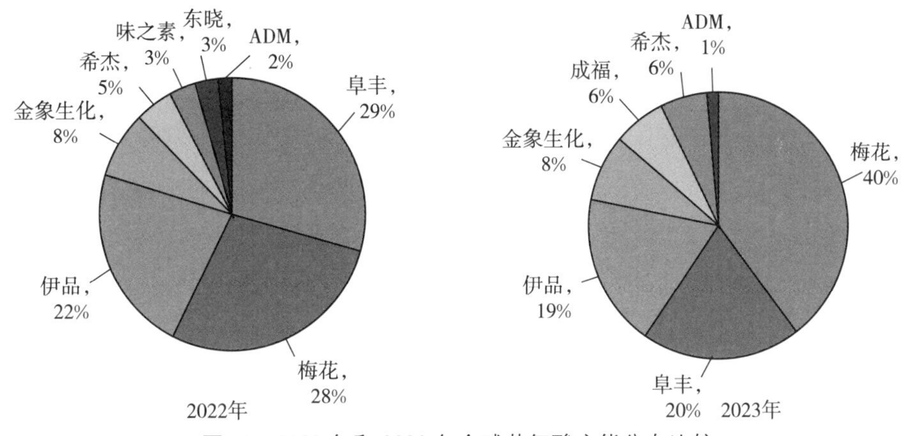

图 18　2022 年和 2023 年全球苏氨酸产能分布比较

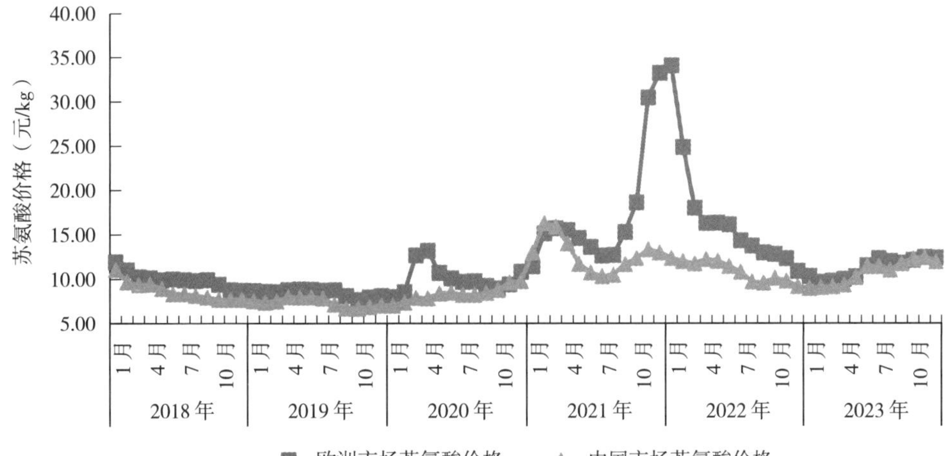

图 19　2018—2023 年中国和欧洲市场苏氨酸价格走势

注：中国苏氨酸售价为含税价格。

欧洲苏氨酸售价换算人民币价格为欧洲苏氨酸售价（欧元）×月度汇率均值

5. 总结。2023 年主流企业新产能投产，行业苏氨酸实际生产企业数量 7 家，从市场占有率来看，行业供应前 4 集中度（CR4）至新高水平，达 92.1%，供应保持高度集中。中国生产企业总体供应量回归增量，梅花和金象生化供应增加，市场占有率提升，阜丰和伊品供应量小幅减少，市场占有率略降。中国是全球苏氨酸第一大主产国，其他区域供需均存在缺口，除北美地区，其他区域供需缺口随着需求增减调整。预计 2024 年行业供应略有分散，但主要供应仍集中在梅花、阜丰、伊品和金象生化。其中出口占据较大份额，国内市场供需平衡，阶段性或偏宽松，但供应端限量策略将支撑价格。

四、色氨酸

2023 年国内巨龙暂未生产，盈和（60%色氨酸）和正大菱花（30%色氨酸）新产能投产，行业低含量色氨酸增加。2023 年色氨酸行业格局变化较大，全球供应保持增量，实际生产企业增至 11 家，色氨酸（折合 98.5%色氨酸）产能 11.7 万 t，同比增加 0.5%；中国产能 3.6 万 t，同比增加 36%。色氨酸全球产量 9.7 万 t，同比增加 13.3%；中国产量 2.6 万 t，同比增加 30.3%；中国产量占全球比重的 27%，同比提高近 3.5 个百分点。2023 年中国色氨酸出口量 7 000t，同比增加 7.7%，占国内产量的 27%；2023 年色氨酸进口量 2.1 万 t，进口量占国内供应比重的 80.6%。2023 年国内市场色氨酸供应量约 4 万 t，消费量增至 3.8 万 t，全球色氨酸需求约 9.5 万 t。2023 年底能繁母猪存栏同比下降，断奶仔猪供应量同比增长，生猪养殖深度亏损，豆粕现货均价虽表现下跌，但年内仍处于偏高水平，且低蛋白日粮配方挖掘氨基酸用量空间，色氨酸使用量增加，部分企业低含量色氨酸使用受限，全年精品色氨酸供应整体偏紧，价格震荡走高，行业保持较好利润（图 20）。后市希杰和金象生化计划扩产，银创、益康园、山东天力以及昆达均计划进入生产，预计2024 年行业生产企业数量达 15 家，产能预计至 16.3 万 t（折合 98.5%色氨酸）。行业集中度略有分散，竞争增加，但成本是竞争的核心，领先企业的绝对成本优势将主导市场走势，一定程度推动色氨酸消费增量，但低含量产品的合规性和稳定性仍需关注。

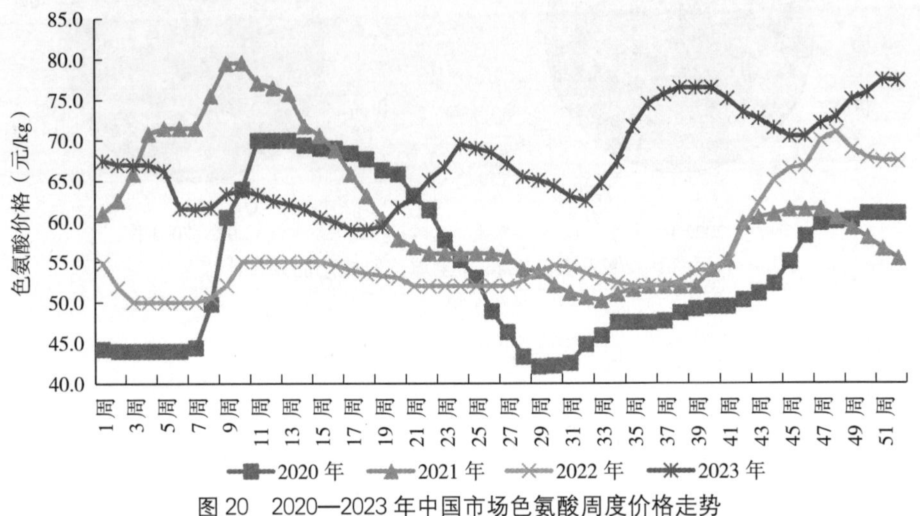

图 20　2020—2023 年中国市场色氨酸周度价格走势

五、缬氨酸和精氨酸

2023 年 3 月，安徽丰原利康赤藓糖醇产品线改成柔性生产，改造后可年产 2 万 t 缬氨酸，该项目已于 4 月投产；4 月阜丰扎兰屯工厂 5 万 t 的苏氨酸转产缬氨酸，增加缬氨酸产能约 2.5 万 t；5 月通辽梅花提出苏氨酸转产缬氨酸技改项目，可年产 21 811t，于 8 月完成技改；9 月，吉林嘉奥生物科技有限公司交替年产 1 万 t L-精氨酸、1 万 t L-缬氨酸项目已投产；黑龙江绥化市青冈县龙凤玉米开发有限公司赤藓糖醇生产线技改成缬氨酸或异亮氨酸生产线，年产缬氨酸或异亮氨酸 2 万 t，于 10 月投产；大成生化 2 万 t/年的缬氨酸生产线于 11 月投入生产。随着以上项目的投产及产品供应，至 2023 年底生产厂家数量达 13 家，国内缬氨酸产能约增至 28 万 t。

近年来，农业农村部大力实施豆粕减量替代行动，聚焦“提效减量、开源替代”，在需求端压减豆粕用量，在供给端增加替代资源供应，并取得了良好效果。2023 年 4 月 12 日，农业农村部印发《饲用豆粕减量替代三年行动方案》。《方案》提出，在确保畜禽生产效率保持稳定的前提下，力争饲料中豆粕用量占比每年下降 0.5 个百分点以上，到 2025 年饲料中豆粕用量占比从 2022 年的 14.5%降至 13%以下。整体来看，大麦、小麦、稻谷和杂粕等多种原料进入饲料配方，带动缬氨酸、精氨酸和异亮氨酸等小品种氨基酸获得进一步的发展空间。据博亚和讯调查和估算，2023 年中国饲料级缬氨酸消费量在 6.0 万 t 左右，精氨酸消费量 2.5 万 t。

从供需面来看，2023 年市场供大于求局面加剧，8 月初厂家缬氨酸价格跌至 17 元/kg，后随着豆粕价格上涨拉动，缬氨酸和精氨酸厂家报价止跌反弹。但终端需求持续弱势，豆粕价格下跌，用户补单情绪薄弱，至 12 月中下旬部分缬氨酸厂家报价跌破 16.0 元/kg。2023 年缬氨酸市场均价 23.0 元/kg，同比下跌 0.4%；精氨酸市场均价 41.2 元/kg，同比下跌 16.6%（图 21）。

未来仍有新产能进入或旧产能扩产，若按计划投建，2024 年底缬氨酸产能将增至 31.5 万 t/年，精氨酸产能将增加至 12.6 万 t/年，市场竞争加剧。后市若无利好因素提振，价格或维持偏低水平，压缩厂家利润空间。

预计未来 2 年小品种氨基酸产能均处于快速增长期，部分项目或因市场快速变化而停滞，但产能大幅增加已成定局。竞争促进技术进步同时带来成本下降价格下行，为小品种氨基酸消费增量进一步提升空间。

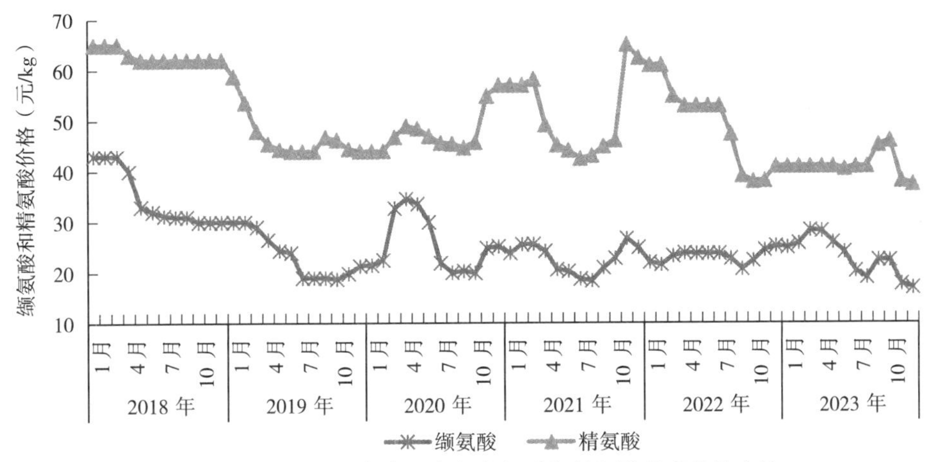

图 21　2018—2023 年中国市场缬氨酸和精氨酸月度价格走势

（柳晓峰　丁翠）

饲料级维生素

2023 年全球肉类产量惯性增长，但不同区域和盈利水平表现差异较大，尤其是生猪养殖行业的利润率大多为负，生产商寻求减少存栏量和保持现金流；我国畜产品消费市场也面临类似的情景，虽然经济社会全面恢复常态化运行，但市场需求仍显不足。畜牧业产能去化速度缓慢，养殖盈利能力下降，饲料原料价格阶段性波动幅度大，企业生产增长预期弱，运营成本和资金周转压力加大，生产经营能力分化。

2023 年维生素行业产能惯性释放，供过于求形势加剧，行业竞争激烈，终端成交清淡，市场价格持续下探，多数产品跌入亏损区间，部分产品深度亏损。且受养殖亏损影响，饲料企业为压缩成本，仅保留刚性添加量，饲料中维生素用量不断压缩，维生素综合使用成本至 2007 年以来新低水平。

预计 2023 年中国维生素产量 43.4 万 t（注：将所有维生素产品折算成统一含量后加和，未包括氯化胆碱），同比增长 4.0%，占全球产量的 84.4%；预计 2023 年中国维生素市场价值约 37.2 亿美元，同比下降 16.4%，比 2021 年高峰时下降近 10 亿美元；据 2023 年海关统计数据分析，2023 年中国维生素出口 34.4 万 t，同比增长 1.3%，出口金额 27.0 亿美元，同比下降 18.1%。全年维生素 A、维生素 B_1、维生素 B_{12}、维生素 B_2、维生素 E 和泛酸钙累计出口同比不同程度增长，泛酸钙累计出口量同比增幅达 74%。

1. 维生素 A、维生素 E。

（1）维生素 A 市场及出口基本概况。2023 年我国维生素 A 及其衍生物累计出口 4 924t，同比增长 24.0%；出口金额 11 660 万美元，同比减少 33.8%。从出口数量地区分布来看，我国主要向欧洲、亚洲和北美洲出口维生素 A，分别数量占比 41.7%、22.8%和 17.1%。主要出口国家为德国（1 574t）和美国（777t），合计占出口总量的 47.8%，同比增加 5.7 个百分点。近年来，维生素 A 出口已经超过 100 个国家和地区，出口产品主要以饲料级的为主。

全球具备维生素 A 生产能力的厂家有帝斯曼-芬美意、巴斯夫、安迪苏、新和成、浙江医药和金达威。2023 年中期巴斯夫扩建维生素 A 生产能力，供应恢复，以价换量，市场价格延续下跌。受此影响，企业或库存积压，或减产以销定产。2023 年巴斯夫、帝斯曼-芬美意和安迪苏产量均有不同程度减少。2023 年全球维生素 A 产能（全部折算成 50 万 IU，下同）约 4.6 万 t/年，年消费量约 2.8 万 t。其中新和成、帝斯曼-芬美意和安迪苏市占率在 20%以上，巴斯夫市占率回升至 18%，浙江医药市占率约 13%。

近年来，中国维生素 A 厂家产能和产量扩大，供大于求逐渐显现，国内外价格持续下跌，市场竞争格局被打破，对全球价格形成较大压力；另外，全球肉类消费量低迷，养殖盈利能力大幅减弱，饲料消费预期差，营养浓度也存在局部、阶段性的下降，这造成维生素 A 市场消费预期差，即便是消费量有所增长，但也难以消化产能产量的大幅增长。2023 年，国内外各厂家市场份额竞争激烈，中国进出口量都有所增长。

2023 年，维生素 A 出口均价为 23.7 美元/kg，同比下跌 46.6%。行业供应充足，企业或库存积压，或减产以销定产，预计 2023 年全球维生素 A 产量稳中有增，预计产量 30 500t（全部折算为 50 万 IU/g，下同），中国产量约 14 400t，占全球产量比重的约

47%；出口量（折 50 万 IU）增至 8 400t，国内供应量约 7 500t（含 1 500t 进口产品），国内消费 6 800t 左右（图 1）。2023 年，维生素 A 价格一度跌破 70 元/kg，持续低位运行（图 2）。

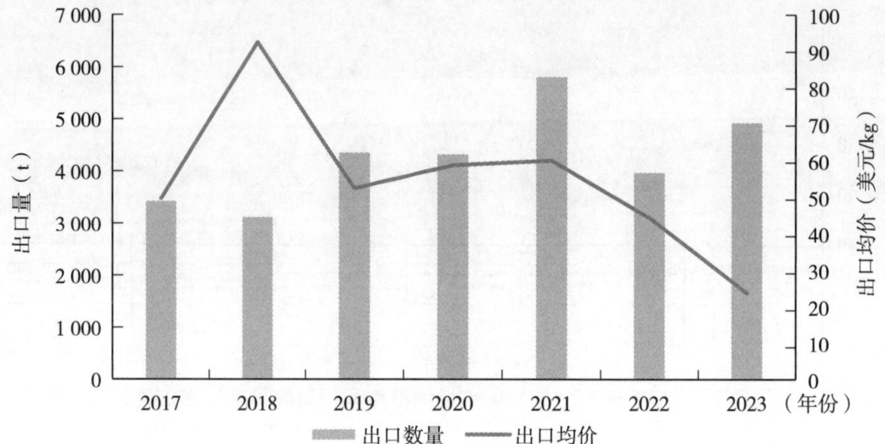

图 1　2017—2023 年中国维生素 A（折 50 万 IU）出口量和均价变化

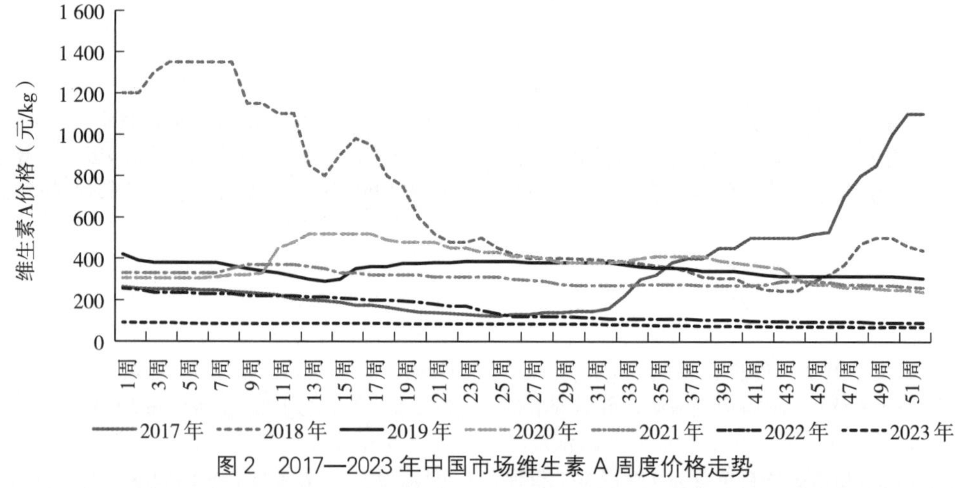

图 2　2017—2023 年中国市场维生素 A 周度价格走势

（2）维生素 E 市场及出口基本概况。维生素 E 行业供需格局相对稳定，主要厂家以销定产，2022—2023 年，巴斯夫因扩产影响，自身产量下降，需要外购维生素 E（油）；2022 年 11 月，帝斯曼宣布锡塞伦（瑞士）罗维素® 维生素 E 的生产受到严重影响；2023 年 6 月，帝斯曼-芬美意宣布，为减少营运资金和库存，其锡塞伦（瑞士）维生素 E 工厂计划于 2023 年第三季度延长停工时间。2023 年，维生素 E 供应端扰动因素较多，因国外厂家生产不连续，有效供应量下降，中国出口继续保持较高水平，各企业出口份额有所调整。国内价格虽有下跌，价格运行区间保持 57～76 元/kg，维持较好盈利能力，2023 年行业毛利率保持在 40%～50%（图 3）。

近 2 年维生素 E 供需格局相对稳定。维生素 E（油）生产的厂家主要有帝斯曼-芬美意（益曼特）、巴斯夫、浙江医药、新和成、北沙制药。2023 年全球产能在 12 万 t 左右［以维生素 E（油）计，下同］。维生素 E 供需格局相对稳定，主要厂家以销定产，预计 2023 年全球需求约 79 000t，中国需求在 17 000t 左右。国内厂家生产能力扩大，国内厂家合成维生素 E（全部折算成油）出口量处于持续增长趋势。

2023 年，我国维生素 E 及其衍生物累计出口 8.3 万 t，同比增加 7.5%。出口量增加，价格下跌，出口金额降至 8.7 亿元，同比减少 6.8%。其中，出口至美国和德国的维生素 E 占比超 48%，出口至其他国家如巴西、荷兰、越南、日本、新加坡、泰国、俄罗斯和墨西哥均超 1 800t，前十合计出口量占比 77.3%（图 4）。

荷兰、巴西、日本、越南、新加坡、泰国、印度尼西亚和韩国维生素 E 及其衍生物进口量均超 1 500t，前十合计进口量占比为 78.6%，出口国家和地区一共 113 个。

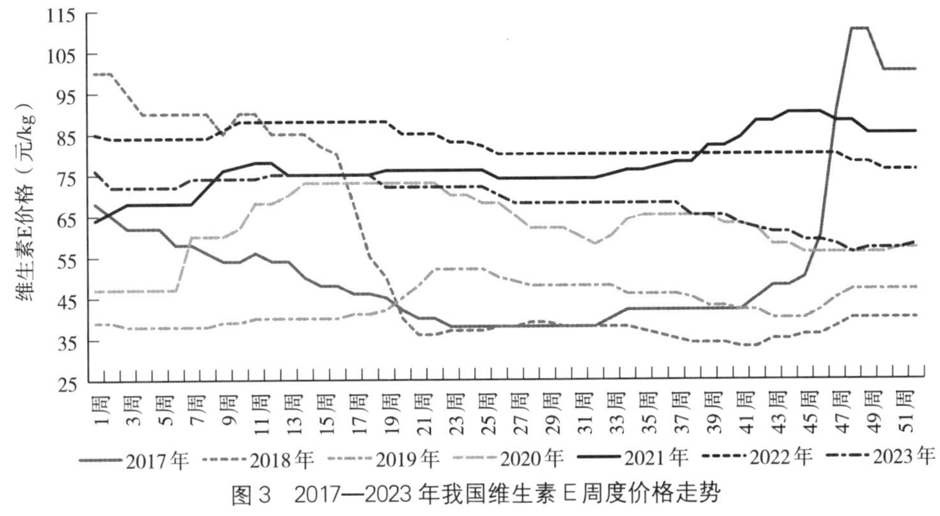

图3　2017—2023年我国维生素E周度价格走势

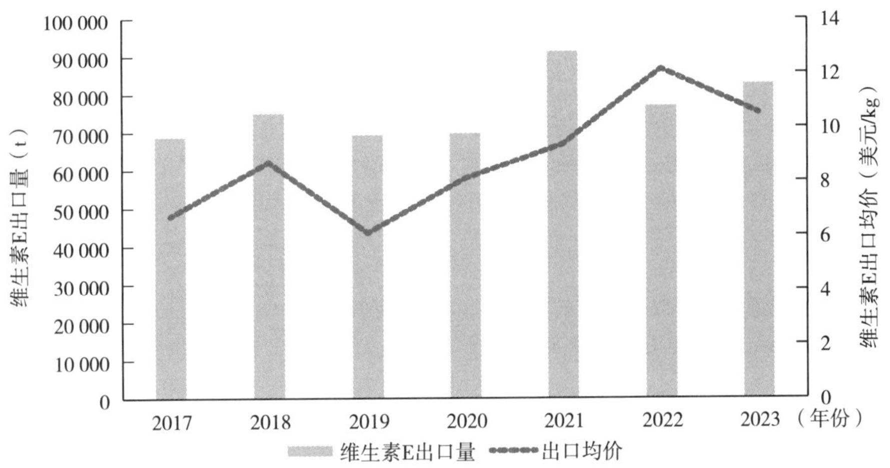

图4　2017—2023年中国维生素E出口量和均价变化

2. 维生素 B_2。2023年，我国维生素 B_2 及其衍生物累计出口3 484t，同比增加33.5%，出口金额为6 962万美元，同比基本持平。出口量超100t的国家有美国、印度、俄罗斯、巴西、印度尼西亚、越南、斯里兰卡、墨西哥和泰国，前十出口国合计出口量占总出口量的65.0%。

具备维生素 B_2 生产能力的厂家较多，国外以帝斯曼和巴斯夫为主，国内以广济药业、海嘉诺、丰银为主，2022年梅花生物产品投放市场；2023年山东昆达维生素 B_2 产品少量销售，其他厂家如神舟生物、黄河龙、巨龙等厂家也具备一定的生产能力。估计2023年中国产量7 200t，出口3 400t左右，国内供应量4 250t（包括进口产品450t）；全球需求约9 600t，中国需求约3 200t。

欧盟委员会2023年3月20日正式公布《委员会执行条例（欧盟）2023/651》关于枯草芽孢杆菌KCCM 10445产核黄素（维生素 B_2）和核黄素制品作为用于所有动物种类的饲料添加剂的授权。欧盟委员会2023年9月7日公布《委员会执行条例（欧盟）2023/1705》关于枯草芽孢杆菌CGMCC 13326产核黄素（维生素 B_2）作为用于所有动物种类的饲料添加剂的授权。这意味着中国生产的维生素 B_2 将重返欧盟市场。

2023年因维生素 B_2 供大于求，竞争趋于激烈，市场价格持续探底，市场价格一度跌破80元/kg，部分厂家饲料级产品处于阶段性亏损状态。国内厂家在欧盟菌种注册取得进展，出口恢复性增长，国内供大于求压力略有缓解，但部分厂家和市场库存量仍很大，价格虽然有阶段性上涨，但用户以消化库存或执行低价订单为主，高价货成交少（图5）。

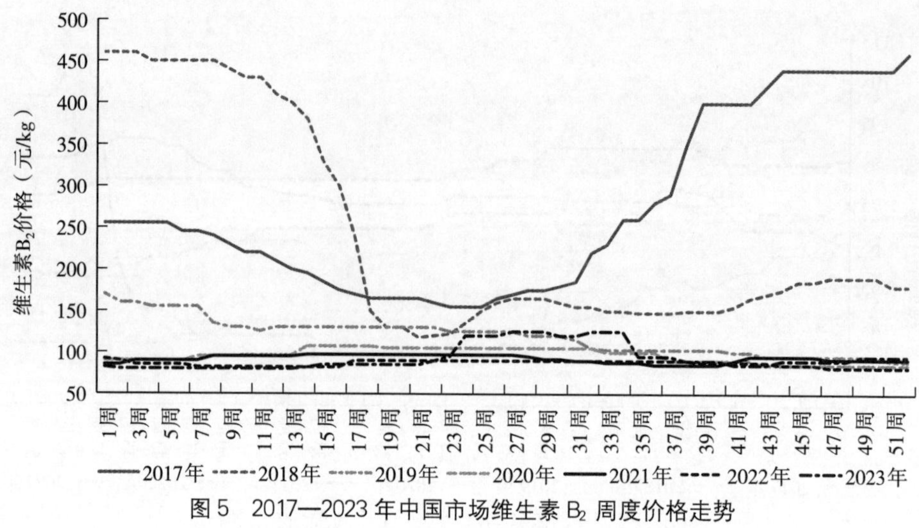

图5 2017—2023年中国市场维生素 B_2 周度价格走势

3. 维生素 D_3。 维生素 D_3 生产厂家主要有花园生物、天新药业、新和成、金达威、浙江医药、台州海盛、威仕生物、山东同辉等，以及海外的帝斯曼、印度的迪氏曼等厂家，生产厂家超过 10 家。估计 2023 年维生素 D_3 产量 6 550t，出口量 4 200t，国内供应 2 350t，国内需求量约 1 950t。近 2 年市场价格震荡下跌至偏低水平运行，部分企业处于亏损状态，产销量下降。2023 年全年平均价格 54 元/kg，同比下跌 21.8%（图 6）。

因各个厂家原料来源不同，以及生产技术水平、产品系列等也存在差异，成本和毛利率水平差距较大，但 2019 年以来行业毛利率持续下降。现有厂家不断优化生产工艺，也有新的企业计划进入维生素 D_3 生产，尤其是毛利率较高的 25-羟基维生素 D_3 生产吸引了较多投资方的关注。

从扩建信息和整体供需来看，维生素 D_3 市场竞争激烈，供应集中度趋于分散，且 25-羟基维生素 D_3 逐渐渗透市场。在需求预期低迷的背景下，市场竞争根本上是成本的竞争、利润的挤压，以及产业链上下游渠道的各方面整合。行业影响因素复杂，且生产调整速度快。

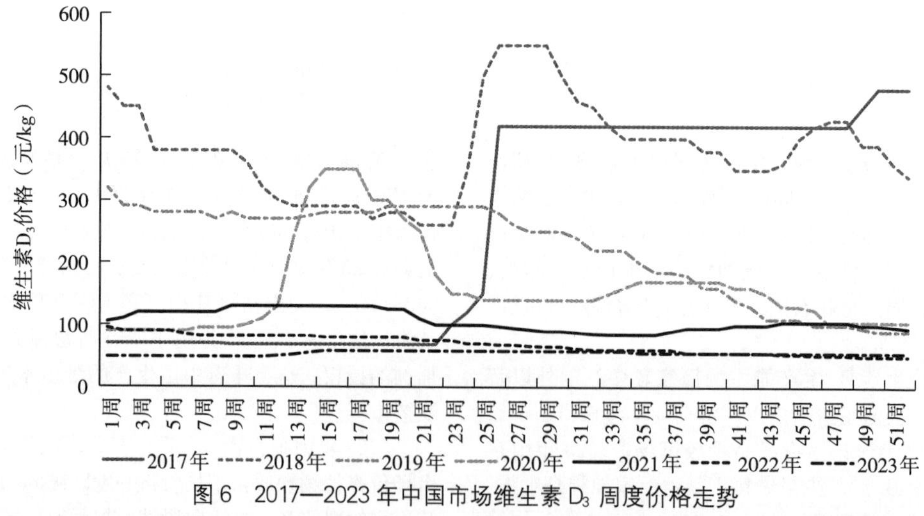

图6 2017—2023年中国市场维生素 D_3 周度价格走势

4. 泛酸钙（维生素 B_5）。2023 年泛酸钙市场价格持续下跌，第三季度部分企业或许已经微利或者处于亏损运行，12 月市场均价较 1 月下跌 60.1%。具备泛酸钙生产能力的厂家超过 15 家，主要供应企业有亿帆医药、新发药业、兄弟科技、山东华辰、新和成和天新药业，以及国外的帝斯曼-芬美意、巴斯夫。后期泛酸钙生产能力仍有继续扩大的趋势，公开信息显示，2023 年天新药业维生素 B_5 项目处于土建阶段（一期产能 2 000t/年，二期产能 5 000t/年）；鑫富科技搬迁扩建项目，建成后达到年产 12 010t 维生素 B_5 项目，年产 5 000t 维生素原 B_5 项目；山东华辰维生素基地试产结束，即将正式投产，资料显示，项目一

期生产维生素 B_5（饲料级和医药级）4 000t/年。江苏中正生化股份有限公司年产 5 000t 泛酸钙和配套年产 2 000t β-丙氨酸技术改造项目，采用微生物发酵工艺。内蒙古金达威药业有限公司计划投建年产 10 000t 泛酸钙项目。

2023 年全球泛酸钙产能约 4 万 t，需求 2.4 万 t 左右；在严重供大于求的局面下，随着前期低价超买库存被逐步消化，供应有所恢复。预计 2023 年中国泛酸钙/泛醇产量和出口量分别为 24 300t 和 19 800t 左右；中国市场供应量 5 140t（含进口产品 640t），因饲料消费增长和泛酸钙价格下跌，实际需求增至 4 500t 左右。

2023 年市场价格仍处下跌通道，行业毛利率大幅下跌，第三季度部分企业或许已经微利或者处于亏损运行。后期随着项目陆续投产及微生物发酵生产工艺的扩大，新产品进一步冲击市场价格，但发酵产品的合规性和出口授权也影响市场供应稳定性。行业供应集中度趋于分散，新的供需平衡重建过程中，低价竞争不可避免，需留意的是不同厂家因经营策略和成本差异造成的供给波动。

5. 叶酸。2023 年叶酸市场价格低位窄幅偏弱运行，厂家挺价，年度均价同比跌幅 8.5%。近 2 年，叶酸供应格局相对稳定，主流企业生产持稳略增，预计 2023 年叶酸产量 2 450t，出口 1 750t，国内供应 700t，受饲料消费同比增长提振影响，终端叶酸需求恢复增长，消费量约 600t。

2020—2023 年叶酸出口集中度提升，但国内厂家数量较多，新的厂家由于在出口市场销售有限，国内价格竞争相对激烈。2023 年市场价格低位运行，厂家提价意愿坚挺，抑制价格下跌幅度。后期来看，需求的恢复仍需时间，供应集中度不断提高，缺乏渠道和成本优势的厂家生产量和市场份额在下降，需要留意因突发事件或需求的恢复带来的阶段性反弹；不过闲置产能仍在，如果价格涨幅过高，闲置产能开工将对市场供应形成打压。

6. 胆碱及其盐。中国氯化胆碱产能过剩，氯化胆碱产量可以满足本地市场供应，并有大量出口。中国氯化胆碱生产主要分布在山东、河北、江苏等地，出口企业数量在 10 余家。2020—2022 年，氯化胆碱及上游原料生产受到全球石油价格波动影响大，环氧乙烷和三甲胺价格的波动速度快，幅度大；部分氯化胆碱生产企业在较低价位签单，交货时可能处于阶段性亏损；或订单执行进度受到影响。2023 年原料价格窄幅偏弱调整，成本压力减轻。综合影响下，2023 年产量和出口量有所恢复，2023 年国内市场氯化胆碱价格在 4 000～6 600 元/t 区间震荡偏强运行，全年均价 4 453 元/kg，同比下跌 39.8%（图 7）。

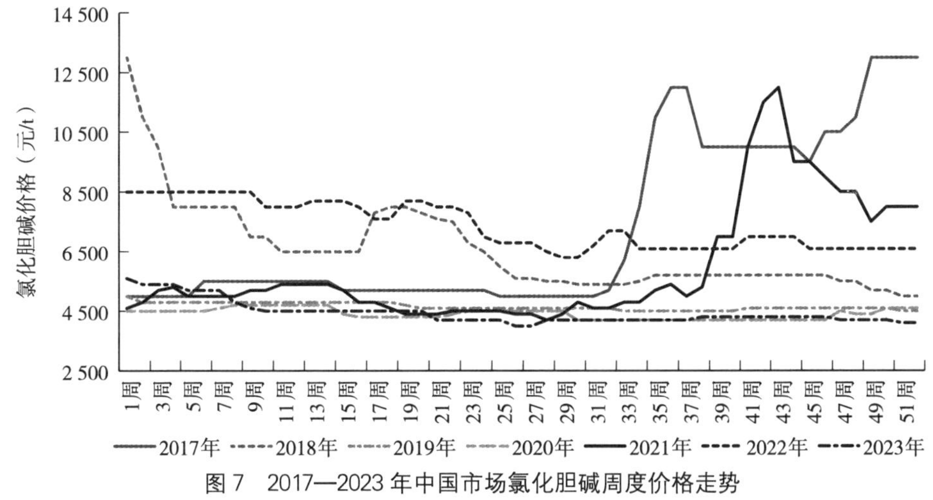

图 7　2017—2023 年中国市场氯化胆碱周度价格走势

7. 维生素 B_1、维生素 B_6、维生素 B_{12}、维生素 K_3。2023 年我国维生素 B_1 出口总量 8 530t，同比增加 10.6%，出口金额 15 438 万美元，同比减少 16.7%；维生素 B_6 出口总量 7 244t，同比减少 1.8%，出口金额 14 850 万美元，同比减少 18.7%；维生素 B_{12} 出口总量 594t，同比增加 27.4%，出口金额 12 746 万美元，同比减少 19.1%。

2023 年维生素 B_1、维生素 B_6、维生素 B_{12} 和维生素 K_3 全年均价分别为 114 元/kg、131 元/kg、98 元/kg 和 84 元/kg。维生素 B_1、维生素 B_{12} 和维生素 K_3 价格下行至底部运行，维生素 B_6 价格触底反弹，偏强上涨。

2023 年维生素 B_1 主要供应商为天新药业、华中药业、兄弟科技、帝斯曼和新发药业；2023 年山东华辰维生素 B_1 生产线投产，设计产能 1 000t/年，当年实际供应有限，但市场需求的增长幅度被供应增长速度削弱。

2023 年 6 月帝斯曼-芬美意决定重组维生素资产足迹，关闭在中国星火场地的维生素 B_6 工厂。维生素 B_6 厂家数量较多，有天新药业、华中药业、新发药业、惠生药业、帝斯曼、安徽泰格、新和成等，2023 年全球维生素 B_6 产能约 17 500t，产能全部在中国。公开信息显示，花园生物拟投建年产 5 000t 维生素 B_6 项目，鑫富科技搬迁扩建项目拟建设年产 2 500t 维生素 B_6 项目（其中饲料级和食品级 2 400t/年，药用级 100t/年）；浙江圣达生物药业股份有限公司拟实施年产 1 500t 维生素 B_6 项目；另外，山东新和成精化科技有限公司拟建设年产 700t 医药级维生素 B_6 项目。2023 年维生素 B_6 价格低点短暂跌至 100 元/kg 左右，因各厂家成本差异较大，部分厂家处于亏损状态，帝斯曼-芬美意关闭维生素 B_6 工厂，供应集中度提高，主要厂家提价拉动价格从历史低位回升。短期来看，在没有新产能进入的情况下，维生素 B_6 价格有望保持合理利润。关注后期新投建项目进展，长期来看，维生素 B_6 竞争格局需要时间完成整合。

因受疫情、环保以及市场等综合因素影响，维生素 B_{12} 厂家经营情概况略有差异，以销定产或库存产品消化缓慢，2023 年产量略有下降，价格持续下跌，并且下跌幅度较大，饲料级维生素 B_{12} 处于亏损运行；纯品也处于盈亏平衡线附近。2023 年广济药业年产 1 000t（1%）维生素 B_{12} 综合利用项目达到预定可使用状态，暂未计入有效供应；后期山东昆达计划上马维生素 B_{12} 项目。维生素 B_{12} 竞争格局趋于分散，供大于求加剧，但若价格持续低迷，厂家深度亏损，产品库存消化缓慢，或倒逼企业收紧生产，关注厂家生产稳定性及盈利能力。

受上游原料供应和价格波动，以及铬粉市场低迷的影响，2023 年维生素 K_3 市场价格下跌后，全球维生素 K_3 产能和厂家数量基本稳定，主要生产厂家有振华民丰、兄弟科技、陆良和平、葳尼达，以及土耳其 Oxyvit 和乌拉圭 Dirox，各厂家以销定产，部分国外企业因利润低，产量略有下降，供需处于宽松平衡状态。2023 年终端需求清淡，价格大幅下跌，至低点 55 元/kg，较年初跌幅达 63%。随着原料价格上涨，第四季度价格止跌反弹。后期来看，维生素 K_3 供需关系有所改善，供应商数量虽然较多，也有国外厂家参与竞争，但各厂家份额处于相对稳定的状态，并且生产和供应受到铬粉制约，有利于维持相对合理的利润空间。

8. 维生素 C。 2023 年维生素 C 出口总量 18.1 万 t，同比减少 6.2%；出口金额 5.4 亿美元，同比减少 33.2%，出口均价为 3.0 美元/kg，价格同比下跌 28.8%。其中，两大出口省份分别是河北省和山东省，出口量合计超过 12 万 t。维生素 C 两大出口国分别是美国和德国，占出口总量的比重分别为 18.1% 和 12.3%，2023 年维生素 C 出口至 145 个国家和地区。

维生素 C 主要生产企业有石药集团、山东鲁维、山东天力、新和成、东北制药和江山制药。2023 年维生素 C 月度出口量变化不大，出口价格震荡下行，国内供应压力较大，价格跌至低位运行，行业深度亏损。2023 年中国维生素 C 全年均价 19.8 元/kg，同比下跌 31.3%（图 8）。

2023 年 6 月，帝斯曼-芬美意宣布 5 月中旬完全关闭江山制药，并寻求其他战略经营方式，但其产能和市场份额较小，难以缓解行业产能过剩的局面。另据市场消息，有企业计划现有生产线转产氨基酸产品，以期通过现有客户群谋求终端市场的深度拓展。近 2 年维生素 C 投资项目较多，内蒙古金玉锋、华凯药业、山东天力药等厂家仍有投资意愿。维生素 C 生产厂家更倾向于延长产业链、完善下游产品销售渠道。因此，后期维生素 C 原粉的竞争将从产品竞争转向产业链竞争。

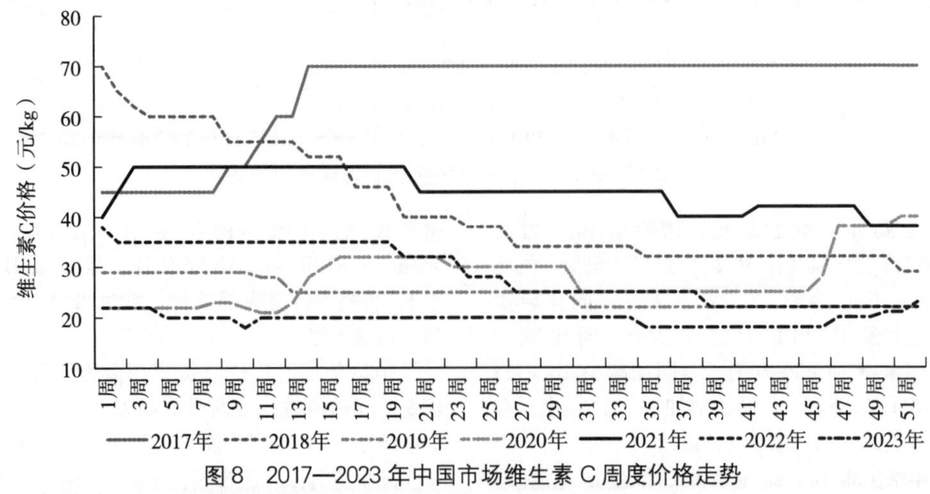

图 8　2017—2023 年中国市场维生素 C 周度价格走势

9. 总结。2023 年国际环境复杂严峻；畜牧业产能去化速度缓慢，养殖盈利能力下降，饲料原料价格阶段性波动幅度大，企业生产增长预期弱，运营成本和资金周转压力加大，生产经营能力分化。海外市场去库存周期接近尾声，因疫情带来的超买回落至常态化需求。这些因素造成国内外用户库存管理更为理性；同时，2021 年以来维生素新建、扩建项目产能逐步释放，供大于求下，维生素价格持续走低，部分厂家亏损。维生素出口方面，2023 年全球供应链恢复，运输成本和供应商的交货时间恢复到疫情前水平，全年累计出口同比微增，但受价格下跌的影响，出口金额同比减少。

在维生素行业供应能力增加、产业集中度分散、行业亏损面扩大以及全球低碳转型的背景下，维生素产业的复苏与转型之路将更为艰难。一是部分领先企业通过过去多年的积累，在扩大维生素产品种类或向其他领域延伸，第二增长曲线已经逐步成型，充沛的现金流和经营体系，使得企业综合竞争力增强；同时，新产能投资大，退出成本高，这将进一步加剧产能过剩的局面，也将导致产业整合时间的拉长。二是部分低效产能在亏损、或投资收益率低等压力下，可能退出或通过并购重组优化产能布局。三是企业主动创新的需求将更为迫切，新产品、新工艺乃至价值链优化，均需要加强投入，上游关键中间体的整合、下游产品开发和渠道的掌控将成为产业链竞争的核心要素。

2020—2023 年部分产品新进入者陆续加入市场竞争，现有维生素厂家上马新产品、新项目，也有跨行业进入者，部分产品预计在 2024 年有新产能投放，或许仍将保持竞争整合。2024 年维生素供应格局变化相对复杂，主要受 3 个方面的影响：一是在价格持续下跌、行业大面积亏损的局面下，缺乏生产成本优势、规模优势和销售渠道优势的厂家，因盈利能力下降，甚至亏损或资金压力下，可能选择退出或停产，这将在中长期提高供应集中度。二是行业并购整合可能会再度活跃，这在 2023 年已经有迹可循；同时，需要关注欧盟关于碳关税政策变化对中国产品出口竞争力的影响。三是市场预期持续低迷，下游企业和中间环节在持续去库存的局面下，需要留意突发事件或需求的变化导致的集中采购。

（柳晓峰　丁翠）

黏结剂

随着我国养殖业、宠物业的迅速发展，配合饲料产量不断增加，饲料颗粒化的比重日益上升，美、日、德等国颗粒饲料占配合饲料总量的 60%～70%，世界平均水平为 60%；我国肉禽、仔猪、蛋禽育雏、宠物等用颗粒或者破碎饲料，牛、羊、蛋鸡、肥育猪等都不用。黏结剂也称赋形剂，主要用于加工颗粒饲料，以改善粒料品质（包括含粉率、硬度、耐磨度、成团性）、增加生产效率及延长铸模寿命，减少制粒及运输过程中的粉碎现象，保持颗粒颜色稳定。饲料原料中含淀粉、蛋白质、脂肪等成分，经过调制能产生一定的黏度，一般满足颗粒成形与耐久性的要求，无须另加黏结剂；但在原料中粗纤维含量较高，淀粉、蛋白质、脂肪等含量较少时，饲料不易成形、成团，需要额外添加黏结剂以增加黏结性。相较畜禽饲料，水产料对饲料黏结剂的要求更高，鱼、虾在水中摄食，对其饲料要求在水中一定时间不松散，以方便摄食、防止营养物质的散落和流失。近年来，国内外对水产料黏结剂的研究较为活跃，黏结剂种类也不断推陈出新。水产养殖中使用黏土性饲料黏结剂，可延长水产饲料在水中耐泡时间，且搬运时不易破损，并对预防鱼病、改善水质均有积极作用。

黏结剂的种类较多，一般分天然类和人工合成类（表 1）。通常畜禽颗粒饲料用膨润土作黏结剂，制粒效果好，饲料品质稳定。α-淀粉作为天然类黏结剂的代表，在水产养殖中作用效果极佳，也是使用量最大的黏结剂。随着我国水产养殖业的不断发展，α-淀粉的生产规模越来越大，全国现有生产企业 50 余家。与 α-淀粉等天然类黏结剂相比，人工合成黏结剂添加量少、成本低、效果好，已占据市场主流，被多数饲料生产厂家所接受，羧甲基纤维素钠（CMC）和聚乙烯醇（PVA）就是其中的代表产品。CMC 年产量可达 5 万 t，主要生产企业有河北茂源化工有限公司、威怡化工（苏州）有限公司、赫克力士化工（江门）有限公司、秦皇岛市金佳絮凝剂有限公司、江苏宜兴市通达化学有限公司、重庆力宏精细化工有限公司、上海申光食用化学品有限公司、潍坊鲁德化工有限公司、安丘市雄鹰纤维素有限责任公司、徐州力源纤维素科技有限公司、佛山市富实新高分子纤维有限公司等；PVA 总产能 109.6 万 t，主要生产企业有上海石化股份有限公司、中国石化集团重庆川维化工有限公司、安徽皖维高新材料股份有限公司、台湾长春集团、宁夏大地循环发展股份有限公司、湖南省湘维有限公司等。

表 1 黏结剂种类及特点

种类	代表产品	特点
天然类	树木分泌的胶汁：瓜尔胶、阿拉伯树胶、黄原胶、果胶等	易受到 pH、湿度、矿物质盐等物质的影响而降低黏度，未能得到广泛应用
	稀土、黏土型：膨润土、陶土、钠土、凹凸棒等	黏度较低，添加比例大
	植物淀粉：小麦、玉米、木薯、马铃薯等淀粉或变性淀粉	黏结力与淀粉类型、饲料加工设备、操作技术等有关
	海藻类胶质：海藻酸钠、海带胶、琼脂等	黏结力强，价格贵，多用于试验研究
人工合成类	羧甲基纤维素钠（CMC）	白色纤维状或颗粒状粉末，无臭、无味，有吸湿性，水溶液对热不稳定，其黏度随温度升高而降低。用量不超过 2%
	脲醛树脂	在各种冷、热、湿，以及化学腐蚀等苛刻的环境中均有良好的稳定性，价格低廉，是颗粒饲料黏合剂比较好的备选材料。用量 0.5%
	木质素磺酸盐	不均匀的醚聚合物，呈暗褐色，固态物，吸湿性强，颗粒状饲料成品中含量不可超过 4%
	聚丙烯酸钠	水溶性高分子化合物，具有极强的增稠保水功能，水溶液黏度较高，约为 CMC、海藻酸钠等的 15～20 倍，为食品级的黏结剂
	聚乙烯醇（PVA）	对饲料中各种营养成分具有理想的黏合度，容易生产提取，具有较高的化学稳定性、热稳定性和持水性，无毒，用量少

（武书庚　林静）

抗结块剂

抗结块剂也称流散剂，添加到饲料中，可防止饲料或添加剂结块，保持其良好流散性，防止结块和配料仓结拱。抗结块剂，可以吸附水分防止物料因吸水而结块；可以减少颗粒间的相互作用力，而防止颗粒之间的结合和结块；可以填充物料间隙，增加分散相之间的距离，减少颗粒间的相互作用，防止结块。本品多系无水硅酸盐，其颜色不一、比重较大、颗粒微小、流散性好。国内批准使用的抗结块剂有二氧化硅、磷酸三钙、硬脂酸镁、亚铁氰化钾、硅铝酸钠、微晶纤维素、碳酸镁、滑石粉等，其中尽管 400℃才分解且剂量小，但亚铁氰化钾仍禁用于在“绿色”标志的食品。应用较普遍的、性价比较好的抗结块剂有二氧化硅及硅酸盐，如硅酸钙、硅酸铝钙、硅酸镁等，硅酸盐难于消化吸收，用量不宜过高；还有一些天然矿物，如膨润土及其钠盐、球土、高岭土、硅藻土、某些黏土等；此外，常用的还有硬脂酸钙、硬脂酸钾、硬脂酸钠等。各种抗结块剂在配合饲料中用量一般不超过 2%。抗结块剂在生产中使用量较少，是非必需添加剂，国内生产量完全可以满足饲料行业的需要。

中国南方地区气候潮湿，饲料极易结块，而广东、四川、江西、湖南等省份都是配合饲料和养殖业比较发达的地区，所以对抗结块剂的需求量较大。国内生产饲用抗结块剂的厂家有很多，代表企业见表 1。

表 1 国内主要饲用抗结块剂生产厂家

企业名称	产品
青州恒旭化工有限公司	二氧化硅
中琦（广东）硅材料股份有限公司	二氧化硅
湖北如天生物生物工程有限公司	二氧化硅
河北佰品生物科技有限公司	二氧化硅
三明市丰润化工有限公司	二氧化硅
株洲市兴隆超细纳米材料有限公司	二氧化硅
上海必原生物科技有限公司	硬脂酸镁
河南旗诺食品配料有限公司	硬脂酸镁、微晶纤维素

（武书庚　林静）

乳化剂

乳化剂又称表面活性剂或去污剂，可使多种不相溶液体形成稳定的乳状液。乳化剂以其乳化、稳定等作用在很多行业广泛使用，如食品、饲料、化妆品等。近年来，因养殖动物品种改良，生长潜能不断提高，其营养需求也在提高，这就促使饲料蛋白、能量等营养浓度不断提高；我国玉米、豆粕等主要原料对外依存度高，豆粕减量替代成为国家重大需求，杂粕和非常规原料使用量提高，需要油脂等来提高饲料能量水平，相对价格较低的混合油成为饲料厂的常用原料；混合油成分复杂，含有大量饱和脂肪酸，其碳链较长、熔点高，不易形成细小的乳化油滴，消化吸收率较低。饲料中使用乳化剂有助于改善脂肪等营养物质的消化利用率，提高饲料品质和产能，降低能耗和环模使用寿命，节能减排，减轻动物生产对环境影响。

饲料中使用乳化剂的目的有 3 个：一是添加于高脂饲粮，有助于动物肠道中乳糜微粒形成，可提高饲料脂肪、能量的消化率和利用率，促进动物生长，调节脂质代谢和肉品质；二是添加于液体饲料（如幼龄动物代乳料）中，以确保其中营养成分（尤其是脂溶性成分）的均匀分布；三是采用后喷涂的饲料加工工艺中，可保证脂类物质在喷涂液中的均匀分布，增强雾化效果，提高喷涂质量。

现有乳化剂种类多样，生产企业百余家，用于饲料工业上的主要有磷脂类、脂肪酸酯类、糖苷酯类和胆汁酸盐类乳化剂。为获得更好的乳化性能，乳化剂产品通常是由几种乳化剂按照一定的比率复合而成（如美能等），这些不同乳化剂之间互相配合，加强了乳化剂对油脂的乳化能力。国内现有乳化剂产品（表 1）除用于饲料工业外，还用于食品工业中。

表 1　国内主要饲用乳化剂生产企业

企业名称	产品名称
中纺粮油（沈阳）有限公司	大豆磷脂
沧州海通生物饲料有限公司	大豆磷脂
中粮集团有限公司	大豆磷脂
福建钜海生物科技有限公司	大豆磷脂
北京华夏厚德生物科技有限公司	大豆磷脂
大连华农豆业科技发展有限公司	大豆磷脂
河北美业斯维生物技术有限公司	大豆磷脂
河南衡多丰农业科技有限公司	乳化剂
豫牌作物科技有限公司	乳化剂
河南正通食品科技有限公司	乳化剂
潍坊柯能生物科技有限公司	乳化剂
广州智特奇生物科技有限公司	乳化剂
潍坊康地恩生物科技有限公司	蔗糖脂肪酸酯、大豆磷脂

（武书庚　林静）

抗氧化剂

抗氧化剂，顾名思义是防止或延缓饲料中某些活性成分发生氧化变质而添加于饲料中的制剂，其能够有效结合自由基，帮助、阻止或减缓氧化过程，被广泛应用于动物生产中。饲料在加工、运输和贮藏过程中，常因自体氧化、微生物污染等，造成腐败变质。饲料中易氧化和促氧化物质较多，如油脂、矿物元素等，油脂酸败后产生的短链脂肪酸、过氧化物和羟等，具有苦涩味，极大降低了饲料适口性。氧化的油脂会严重破坏畜禽肝脏功能，造成能量代谢、脂肪代谢等障碍，降低动物采食量，导致腹泻等，更有甚者还会产生有毒有害物质导致畜禽中毒死亡。饲料中添加抗氧化剂可保持油脂、脂溶性维生素及微量元素等原料组分稳定，改善动物肠道健康及畜产品品质。抗氧化剂可阻碍氧化作用，延缓饲料氧化时间，但不能改变已经酸败的结果，故应在原料未氧化或刚开始氧化时添加，以发挥其作用。农业农村部规定：人工合成抗氧化剂添加量不能超过 150g/t。但在实际应用中，即使添加量超过 150g/t，抗氧化效果也不甚理想，其原因可能有：饲料中的脂肪超过 6%、含有高铜等金属离子等。

近年来，我国抗氧化剂产量在 14 万 t 左右，2022 年约 31.65 亿元（13.58 万 t）、2023 年 34.4 亿元，2024 年将达 35.3 亿元。饲用抗氧化剂用量较低，约 3 万 t。常用的抗氧化剂主要有：乙氧基喹啉（EMQ）、二丁基羟基甲苯（BHT）、丁基羟基茴香醚（BHA）、没食子酸丙酯（PG）、特丁基对苯二酚（TBHQ）、茶多酚、维生素 E、L-抗坏血酸，以及基于这些成分的复合抗氧化剂。饲料中主要使用的抗氧化剂为 BHT 和 EMQ，其中 BHT 产量在我国酚类抗氧化剂中占比高达 80%以上。国内主要饲用抗氧化剂生产企业情况见表 1。

表 1　国内主要饲用抗氧化剂生产企业情况

企业名称	产品名称
江苏中丹集团股份有限公司	EMQ
潍坊加易加生物科技有限公司	EMQ
河南省瑞特利生物技术有限公司	EMQ
陕西晨明生物科技有限公司	BHT
山东骄阳生物科技有限公司	BHT
厦门牡丹饲料科技发展有限公司	EMQ
江苏奥福生物科技有限公司	BHT
广州立达尔生物科技股份有限公司	EMQ、BHT
泰州市丰润生物科技有限公司	EMQ、BHT
广东瑞生科技有限公司	EMQ、PC
诺伟司饲料添加剂（上海）有限公司	EMQ、BHT、PC
江苏迈达新材料股份有限公司	BHT
淮安市润龙科技有限公司	EMQ

（武书庚　邱凯）

防霉剂

饲料防霉剂是指能降低饲料中微生物的数量、控制微生物的代谢和生长、抑制霉菌毒素的产生，预防饲料贮存期营养成分的损失，防止饲料发霉变质并延长贮存时间的饲料添加剂。饲料中含有丰富的蛋白质、淀粉、维生素等营养成分，在湿度、温度适宜的条件下，真菌、细菌会繁殖生长，造成饲料腐败、霉变。霉变饲料不仅影响适口性、降低采食量和饲料报酬，甚至造成畜禽中毒死亡。故储存饲料的仓库要通风、阴凉、干燥、清洁，无霉料，堆放要规范，应与窗、壁保持一定距离，长期储存还需定期翻动、通风。我国幅员辽阔，南方多潮湿，主要饲料原料霉菌污染率、霉菌毒素检出率较高，使用防霉剂可以较好地预防霉菌毒素生长，保持饲料原有的营养特性。优质防霉剂的特点：具有较强的、广谱的抑菌效果；pH 低，在低水分的饲料中能释放出来；操作方便；使用安全；有效添加量不影响动物健康及饲料适口性。

常用防霉剂有小分子的有机酸、有机酸盐及其酯、复合防霉剂、具有防霉作用的植物源添加剂等（表 1）。防霉剂按其作用方式的不同又可分为扩散型、接触型和扩散接触型。扩散型主要指单一有机酸或复合有机酸类；接触型指有机酸盐类；扩散接触型主要为单一有机酸或多种有机酸结合特殊载体制成的复合有机酸。未来饲料防霉剂的研发将朝着优质高效、绿色环保、低成本、多功能的方向发展。饲料发霉过程常伴随营养成分的氧化，故一般防霉剂与抗氧化剂一起使用。

2022 年我国丙酸产量 8.21 万 t，进口量 1.67 万 t，出口量 2.03 万 t，使用量 7.85 万 t。主要生产商有：Eccofeed、Azingro、VAISHNAVI 、KEMIN、WILL-LEGEND、Natural Integrated Solutions、Impextraco、IPTSA、MrNatural® Environmental Group、Environmental Group、BREGAN、特普高、海斯福、深圳市名晖抗菌科技有限公司。

国内防霉剂的主要生产企业见表 2。

表 1 常用防霉剂

防霉剂	作用及推荐剂量
甲酸	相比于常用的有机酸，甲酸杀菌抑菌能力更优。甲酸作为防霉剂使用时，常与其他防霉剂复配使用。甲酸与植酸酶联合使用具有协同作用。添加量一般为 0.6%～1.2%
乙酸及乙酸盐类	双乙酸钠，有效成分为乙酸，对黑曲霉、黑根霉、黄曲霉、绿色木霉等的抑制效果优于山梨酸钾。0.1%～1.5%配合饲料，可保鲜 3 个月以上。脱氢乙酸，高效、广谱、低毒抗菌剂，在酸、碱条件下均具有一定的抗菌作用，用量在 0.5%左右
苯甲酸和苯甲酸钠	阻碍微生物的代谢，抑制微生物的生长和繁殖。饲料中苯甲酸用量 0.1～0.3kg/t，苯甲酸钠用量 0.5%～3%
丙酸及丙酸盐类	丙酸具有挥发性，在饲料贮存中可挥发产生丙酸气体，与饲料表面充分接触，抑菌均匀，主要可抑制酵母菌、细菌、霉菌，特别对好气性芽孢杆菌、黄曲霉有较好的抑制作用。其毒性较低，各种动物均可使用，一般使用量为 0.3%。建议添加 1%～1.5%的丙酸来贮存水分含量高的玉米，添加 0.1%的丙酸来贮存含水量为 11%～12%的谷物。南方、夏季、雨水较多时，添加 0.2%～0.4%的丙酸钙或丙酸钠
富马酸及其酯类	包括富马酸二甲酯、富马酸二乙酯和富马酸二丁酯等，其中防霉效果较好的为富马酸二甲酯。酸性防霉剂，抗菌谱较广，使用量在 0.2%左右
山梨酸及山梨酸盐类	山梨酸与微生物酶系统中的巯基结合，从而破坏酶系统，抑制微生物代谢和细胞生长，从而达到抑菌的目的；山梨酸还可以在饲料表面形成一均匀的有机酸保护膜，阻止霉菌进入内层。对霉菌、酵母菌、好气性菌均有抑制作用，毒性小，防霉效果好，使用量为 0.5～1.5kg/t
复合型防霉剂	复合型防霉剂抗菌谱广，应用范围大，防霉效果好且用量小，使用方便。常见的复合型防霉剂有万香宝（由丙酸铵、乙酸、富马酸、山梨酸等多种有机酸组成）、克霉霸（由丙酸、乙酸、苯甲酸、氯化钠、磷酸钙等组成），还有克霉灵、克霉净和霉敌 101 等
植物源防霉剂	中草药、天然植物提取物、植物精油防霉剂等。绿色环保，功能全面，来源广阔

表 2　国内防霉剂主要生产企业

企业名称	产品名称
潍坊加易加生物科技有限公司	克霉灵、鲜活 500
河南省瑞特利生物技术有限公司	丙酸
无锡大江中盛生物科技有限公司	丙酸、富马酸、双乙酸钠
江西兴鼎科技有限公司	丙酸钙
厦门牡丹饲料科技发展有限公司	丙酸、丙酸钙
广州立达尔生物科技股份有限公司	丙酸钙
安田化学（江苏）有限公司	丙酸盐
北京大北农科技集团股份有限公司	山梨酸、富马酸、柠檬酸
安徽天浩生物技术有限责任公司	双乙酸钠、丙酸钙
诺伟司饲料添加剂（上海）有限公司	甲酸、甲酸铵、丙酸、乳酸
北京大鹰美尔农牧科技有限公司	复合植物源防霉剂
山东鲁西兽药股份有限公司	丙酸钙、双乙酸钠、甲酸钙

（武书庚　邱凯）

酸度调节剂

酸度调节剂，主要作用是维持或改变饲粮酸碱度，分单一或复合酸度调节剂。其中，单一酸度调节剂包括柠檬酸、乳酸、苹果酸、富马酸、乙酸、磷酸等。复合酸度调节剂是由几种有机酸和无机酸复合而成，如“磷酸＋乳酸＋富马酸”“乳酸＋富马酸＋柠檬酸”等，能迅速降低饲料 pH，保持良好的缓冲值和生物功能，降低养殖成本。不同酸度调节剂间往往有协同作用，如较高浓度的乳酸能增强醋酸对大肠杆菌的毒性作用，复配酸度调节剂，可增强酸化能力和预防疾病的效果。

饲料中添加酸度调节剂可以改善饲料酸结合力，促进胃内酶原活化，促进肠道微生态平衡，预防动物肠道病原微生物疾病，促进营养物质消化吸收，减慢食物在胃中的排空速度，增加蛋白质在胃中的停留时间，提高蛋白质消化率。此外，某些酸度调节剂的酸味是动物喜爱的味觉之一，可提高动物采食量，同时也可以掩盖饲料中某些不良味觉反应，提高饲料适口性。

柠檬酸是酸度调节剂中的代表产品，2022 年我国柠檬酸产量和需求量分别达 150 万 t 和 43.4 万 t，2023 年产销量仍继续保持增长趋势。中国不仅是柠檬酸生产和消费大国，同时还是出口大国，主要出口至印度、日本、墨西哥、俄罗斯、德国、土耳其、荷兰、波兰、巴基斯坦、比利时等。2023 年中国柠檬酸出口量 117 万 t。乳酸是目前国家政策优先扶持和重点发展的产品，生产技术创新后劲十足，国际上的品牌知名度也得到迅速提升。我国现有乳酸生产厂家约 40 家，总生产能力超过 20 万 t/年。近年来，乳酸市场形势看好，年需求量增长 5%左右。此外，磷酸、碳酸钠等酸度调节剂国内产量也十分充足，完全可满足饲料工业的生产需要。国内主要饲用酸度调节剂生产企业情况见表 1。

表 1　国内主要饲用酸度调节剂生产企业情况

企业名称	产品名称
浙江海正生物材料股份有限公司	乳酸
郸城金丹乳酸实业有限公司	乳酸
上海申夏生物化工有限公司	乳酸
河南鸿辉生物技术有限公司	乳酸
中粮生物化学（安徽）股份有限公司	柠檬酸
山东柠檬生化有限公司	柠檬酸
宜兴协联生物化学有限公司	柠檬酸
山东英轩实业股份有限公司	柠檬酸
潍坊加易加生物科技有限公司	柠檬酸、乳酸等
河南省瑞特利生物技术有限公司	柠檬酸、乳酸等
北京大北农科技集团股份有限公司	柠檬酸、乳酸等
诺伟司饲料添加剂（上海）有限公司	柠檬酸、乳酸等

（武书庚　邱凯）

药物饲料添加剂

兽药产业是促进养殖业健康发展的基础性产业，在保障动物源性食品安全和公共卫生安全等方面具有重要作用。近年来，我国兽药产业发展迅速，产业规模快速增长，产品质量不断提高，服务能力显著增强。但是，兽药产业自主创新能力不强、产业结构不合理、产品同质化严重、市场秩序不规范、监管体系不健全等问题依然存在，产业发展与监管工作仍面临诸多挑战。

从当前我国食品动物养殖模式、动物疫病发展现状、饲养管理技术水平及我国整体经济水平来看，现阶段食品动物养殖过程使用兽用抗菌药仍不可或缺、不可替代。即便是近年来国际上热议的“禁抗、限抗”话题，也不是指养殖业不使用抗菌药，而是科学、合理使用抗菌药，避免对人类健康产生影响，限制通过饲料添加使用具有促进动物生长作用的兽用抗菌药。针对动物产品中兽药残留、细菌耐药性问题，农业农村部采取严格兽用抗菌药审批、规范兽药生产经营使用活动、加快淘汰人畜共用及高风险的兽药品种、鼓励兽用中药等绿色替代产品的研发和应用、建立执业兽医和处方药管理制度以及大力推进畜禽标准化、规模化养殖等行之有效的措施，多角度全方位加强兽药和动物产品安全监管。

同时，随着我国居民收入水平的上升、人口老龄化和城市化进程，中国的宠物数量不断增加，宠物数量的增加将会带动宠物用药市场的增长。除此之外，随着宠物医疗项目的不断增加，宠物用兽药种类也将得到进一步的丰富。据统计，2021 年我国宠物用药市场规模约 34 亿元，未来几年我国宠物用药将以 10%～15%的速度增长，到 2027 年市场规模或达到 68 亿元。当前国内外兽药企业对宠物药研发和注册投入加大，2023 年通过新兽药注册或进口兽药注册审批的宠物药产品已占全年批准兽药产品的 50%以上。自 2020 年以来，农业农村部陆续出台一系列宠物药注册简化资料要求的鼓励政策，如已发布的农业农村部公告第 261 号、330 号和 610 号。2023 年兽药评审中心推动“宠物用药需求与解决思路研究”系列调研活动，并组织行业专家根据宠物临床实际用药需求及宠物临床人用药品使用情况，遴选形成了《宠物临床急需使用的人用药品目录（61 种）》，供宠物用药研发企业参考。

2023 年农业农村部在优化兽药评审、生产文号审批服务、加强沟通交流、加强兽药质量监管、防范动物源细菌耐药风险等方面频出举措，聚焦“三减一优”突破监管难点，为兽药高质量发展助力赋能。

一、进一步优化兽药行政许可服务，加强沟通交流

为进一步优化兽药行政许可服务，加强兽药行政许可申报前的咨询服务、申请中的技术交流、许可文件送达和意见建议征询，不断提高兽药行政许可事项办理效率，农业农村部决定建立兽药行政许可联络员制度。申请人、省级主管部门和部级主管部门均设立了兽药行政许可联络员。兽药评审中心负责及时了解、记录和解答申请人有关问题咨询，组织做好兽药评审咨询日服务活动，不断提高服务能力和水平，并将在一体化政务服务平台和中国兽药信息网公布兽药行政许可政策制度、技术审查等咨询电话信息，建立进口兽药代理商信息数据库，供申请人和社会公众查询。

二、扎实推进兽药残留超标源头治理，有效防范动物源细菌耐药风险

为按照《遏制微生物耐药国家行动计划（2022—2025 年）》《食用农产品“治违禁 控药残 促提升”三年行动方案》《全国兽用抗菌药使用减量化行动方案（2021—2025 年）》，农业农村部自 2023 年 3 月上旬至 12 月底开展规范畜禽养殖用药专项整治行动。整治活动坚持集中整治与宣传教育相结合、日常监管与规范指导相结合的工作原则，全面系统检查指导畜禽养殖用药情况，依法严厉打击使用原料药、化学中间体、人用药品、“自家苗”、假兽药等违法行为，有力整治超范围用药、超剂量用药、超时限用药、用药记录不规范等违规行为，有效落实兽用处方药制度、休药期制度等兽药安全使用规定，进一步规范畜禽养殖用药行为。主要工作任务包括整治违规销售原料药等行为、整治兽药标签和说明书夸大疗效等行为、整治兽药使用记录不规范等行为以及强化规范用药宣传教育。

此外，为了保障养殖环节用药安全，根据全国兽药质量监督抽检计划，农业农村部组织对兽药生产、经营和使用单位进行兽药质量监督抽检，同时对日常监管中发现存在风险隐患生产企业的相关兽药产品进行了跟踪检验。2022 年第四季度至 2023 年前三季度共抽检生物制品 256 批、非生物制品 10 254 批，部级追踪 1 953 批；抽检合格产品相关信息可在中国兽药信息网查询，对不合格产品的被抽样单位和标称兽药生产企业根据法规要求进行相应处理处罚。

三、加快推进兽药注册技术指导原则制修订，有效指导兽药企业科学研发

为提高我国兽药研发水平，做好兽药注册评审相关工作，保障动物用药和公共卫生安全，推动兽药高质量发展，兽药评审中心在 2023 年起草了禽（鸡）抗蠕虫药临床有效性指导原则（征求意见稿）、羊（山羊、绵羊）抗蠕虫药临床有效性指导原则（征求意见稿）、猪抗蠕虫药临床有效性试验技术指导原则（征求意见稿）、牛抗蠕虫药临床有效性试验技术指导

原则（征求意见稿）以及促生长兽用中药安全性和有效性研究技术指导原则（征求意见稿）等5个指导原则，并广泛征求意见。此外，为优化兽用化学消毒剂评审工作，兽药评审中心组织专家讨论并起草《消毒剂对细菌（繁殖体/芽孢）悬液定量杀灭效果试验报告模板》等16个兽用消毒剂相关试验报告模板。

2023年农业农村部批准注册兽药品种（兽用化学药品、兽用中药）简述。

1. 氟雷拉纳溶液。本品为淡黄色至深黄色澄清液体。属于异噁唑啉类杀虫剂和杀螨剂，通过拮抗γ-氨基丁酸受体和谷氨酸受体门控氯离子通道，使氯离子无法渗透进入突触后膜，干扰神经系统的跨膜信号传递，导致部分节肢动物神经系统紊乱，进而死亡。氟雷拉纳与狄氏剂不具有交叉耐药性。螨虫通过吸血进食接触氟雷拉纳，氟雷拉纳对鸡皮刺螨在4h内起效，抑制雌螨产卵，破坏螨虫的生命周期。首次给药后，药效可以持续15日。体外生物分析结果显示氟雷拉纳对有机磷酸酯、拟除虫菊酯类和氨基甲酸盐类抗寄生虫药耐药的螨虫有效。本品用于治疗后备鸡、产蛋鸡、种鸡的鸡皮刺螨（红螨）感染。以本品计，混饮：鸡每1kg体重0.05mL（相当于以氟雷拉纳计每1kg体重0.5mg），每隔7日给药1次，连用2次。为取得满意的治疗效果，应给予足量足程治疗；为减少耐药性，不宜长期频繁使用同一类除螨剂；本品的给药间隔不得低于3个月。休药期鸡14日，弃蛋期0日。由英特威国际有限公司申请注册获得批准。

2. 美洛昔康内服混悬液（马用）。本品为微带绿色的淡黄色黏稠混悬液。属于解热镇痛非甾体类抗炎药，通过抑制前列腺素合成产生抗炎、镇痛和解热作用，具有抑制白细胞向炎症组织的趋化作用，微弱抑制胶原蛋白诱导的血小板聚集。内服美洛昔康吸收完全，血药浓度达峰时间2～3h。其血浆蛋白结合率为98%，表观分布容积为0.12L/kg。美洛昔康主要代谢物均无药理活性，半衰期为7.7h。与其他非甾体类抗炎药、利尿药、抗凝药、氨基糖苷类抗生素和具有高蛋白结合率药物可竞争血浆蛋白结合，从而导致毒性作用。本品不能与其他非甾体类抗炎药或糖皮质激素联合使用，以避免同时用药导致的潜在肾脏毒性。本品用于减缓马急性和慢性肌肉骨骼疾病引起的炎症和疼痛。按美洛昔康计，内服：每1kg体重0.6mg，每日一次，可连续使用14日。可与少量饲料混合给药，也可直接滴入口中。不得用于肉马；用药后的马组织不得食用；不得用于怀孕或哺乳马；不得用于小于6周龄的马；不得用于对本品过敏的马；不得用于患胃肠道疾病、肝脏、心脏或肾功能受损及有出血倾向的马；本品有潜在的肾脏毒性，不得用于脱水、低血容量或低血压的马；禁与糖皮质激素、其他非甾体类抗炎药、利尿药、抗凝血药等联合使用。由德国勃林格殷格翰动物保健有限公司墨西哥生产厂申请注册获得批准。

3. 盐酸恩诺沙星胶囊（蚕用）。本品内容物为白色至类白色粉末。属于氟喹诺酮类抗菌药。盐酸恩诺沙星是动物专用的杀菌性广谱抗菌药物。其抗菌机制是作用于细菌的DNA螺旋酶，干扰细菌DNA的复制、转录和修复重组，细菌不能正常生长繁殖而死亡。对蚕的革兰氏阴性菌如黏质沙雷氏菌，对蚕的革兰氏阳性病菌如黑胸败血病菌等有效。用于预防、治疗家蚕灵菌败血病、黑胸败血病和青头败血病。拆开本品的胶囊，按照下表的用水量要求，将内容物倒入洁净的水中，使其溶解并混合均匀，用洁净喷雾器均匀地喷洒桑叶，每500mL药液喷于5kg桑叶，以正反面湿润为度，阴干后喂蚕。雨湿天气应避免使用，注意蚕座保持干燥；禁止与农药等有毒物品混放。由东台苏浙蚕桑研究所申请注册获得批准。

4. 盐酸特比萘芬片。本品为白色或类白色片。盐酸特比萘芬是一种具有广谱抗真菌活性的烯丙胺类药物，能特异性地干扰真菌固醇的早期生物合成，选择性抑制真菌角鲨醇环氧化酶的活性，使真菌细胞膜的形成过程中角鲨烯环氧化反应受阻，从而达到杀灭或抑制真菌的作用。特比萘芬内服后在比格犬体内吸收迅速，分布较为广泛，与血浆蛋白结合较低。达峰时间较短，消除快速，体内滞留时间短，在体内呈一级动力学消除。本品用于治疗犬小孢子菌感染引起的犬皮肤癣菌病。以特比萘芬计，内服：一次量，每1kg体重，犬10mg。一日1次，连用21日。胃肠道症状：食欲降低、恶心、轻微腹痛及腹泻等。肝胆功能障碍：极个别发生肝肾功能不全，靶动物原本就存在严重的系统疾病，其与特比萘芬摄入之间的因果关系尚未确定。皮肤和皮下组织疾病：皮疹、荨麻疹等不良反应。不得超过推荐剂量使用本品，高剂量给药可能对犬产生一定肝肾毒性；肝、肾功能不全的犬，不得使用本品；按推荐剂量使用本品，犬出现恶心、呕吐、尿液发黑或粪便颜色变浅时应立即停药，并报告兽医；对盐酸特比萘芬过敏的犬禁用。由中国农业大学、湖北中博绿亚生物技术有限公司、上海汉维生物医药科技有限公司、南京金盾动物药业有限责任公司、瑞普（天津）生物药业有限公司、浙江昂利康动保科技有限公司6家单位联合申请注册获得批准。此外，获得同品种批准的还有天津市保灵动物保健品有限公司、江西省保灵动物保健品有限公司、浙江海正动物保健品有限公司3家单位。

5. 复合亚氯酸钠泡腾片。本品为类白色片。属强氧化剂，溶于水后生成二氧化氯而发挥杀菌作用。

对细菌繁殖体、细菌芽孢、真菌和病毒都有杀灭作用。本品用于养殖水体、畜禽饮水、水线、畜禽圈舍及器具等消毒，防治水产养殖鱼虾的出血、烂鳃、肠炎等细菌性疾病。以本品计，浸泡或喷雾。①畜禽舍环境消毒、空气消毒、浸涤器具、设备、水线消毒，1：（1 000～2 000）稀释，即每1片兑水1～2kg；口蹄疫、禽流感等病毒消毒，1：1 000稀释，即每1片兑水1kg。②畜禽饮用水消毒，1：（100 000～200 000）稀释，即每1片兑水100～200kg，混合均匀。水产养殖鱼、虾消毒，用水稀释200～500倍后全池均匀泼洒，每亩100～200片（水深1米），预防时10～15日使用一次，病情严重者隔日用一次，连续使用2次。本品易潮解失效，药片暴露后，必须即时使用。勿与酸性物、强还原剂共贮共运，勿受潮。由清远海贝生物技术有限公司、石家庄卫科生物科技有限公司、北京康牧生物科技有限公司、广州市和生堂动物药业有限公司、华南农业大学5家单位联合申请注册获得批准。

6. 非泼罗尼溶液。本品为黄色澄清油状液体。非泼罗尼是苯基吡唑类杀虫剂，对GABA支配的氯化物代谢表现出严重的阻碍作用，干扰氯离子在中枢神经系统突触前后膜之间的正常传递，引起体外寄生虫中枢神经系统紊乱，导致死亡；以胃毒作用为主，兼有触杀和一定的内吸作用。本品用于驱杀犬体表的跳蚤。使用前，取本品一支，开启后将内容物挤入100mL带刻度喷雾瓶中，加水至100mL，并轻轻震荡摇匀，按3～6mL/kg体重逆毛喷洒，每月1次。本品仅供外用，禁止内服；加水稀释后24h内用完；使用本品后两日内请勿给宠物洗澡。由南京威特动物药品有限公司、江西省保灵动物保健品有限公司、湖北回盛生物科技有限公司、济南广盛源生物科技有限公司、河北科星药业有限公司、江苏朗博特动物药品有限公司、杭州润宠归美生物科技有限公司、安徽中龙神力生物科技有限公司8家单位联合申请注册获得批准。

7. 卡洛芬注射液。本品为几乎无色至淡黄色液体。卡洛芬是一种非甾体类抗炎药，具有解热、镇痛、抗炎作用，其作用机制与抑制环氧酶活性有关。卡洛芬可选择性地抑制COX-2，从而抑制前列腺素合成。卡洛芬还可抑制大鼠的多形核白细胞（PMN）中几种前列腺素的释放，表明可抑制急性（PMN系统）和慢性（滑膜细胞系统）炎症反应。卡洛芬对体液免疫和细胞免疫反应有调节作用。卡洛芬通过抑制前列腺素的生物合成，对破骨细胞激活因子（OAF）、前列腺素 E_1 和前列腺素 E_2 生成具有抑制作用。用于缓解犬骨关节炎引起的疼痛和炎症，用于犬软组织和骨外科手术的术后镇痛；与抗生素联合使用，缓解牛急性传染性呼吸系统疾病和急性乳腺炎的临床症状。以卡洛芬计，皮下注射：每1kg体重，犬4.4mg，一日1次；或每1kg体重，犬2.2mg，一日2次；牛：一次量，每1kg体重1.4mg。已报道的犬不良反应按发生频率由高到低为：消化系统，呕吐、腹泻/软便、胃肠道溃疡或出血等；肝脏，食欲不振、呕吐、黄疸、急性肝毒性、肝酶升高、肝功能异常等；神经系统，共济失调、局部麻痹、瘫痪、癫痫等；泌尿系统，血尿、多饮/多尿、尿失禁、尿道感染、氮质血症、急性肾功能衰竭等；行为，镇静、嗜睡、多动、烦躁不安、好斗；血液系统，免疫介导的溶血性贫血和血小板减少症、失血性贫血、鼻出血；皮肤，瘙痒、脱落增多、脱毛、化脓性湿性皮炎，坏死性脂膜炎/血管炎，腹侧瘀斑；过敏反应，面部肿胀、荨麻疹、红斑。在牛的注射部位可能出现短暂的局部反应。本品不能用于猫；仅供皮下注射使用，禁止肌内注射；禁止超过规定的剂量和疗程给药；6周龄以下或老年犬时，可能出现其他风险，必须使用时，应降低使用剂量并加以临床管理；禁用于妊娠、配种或哺乳期的犬；禁用于具有出血性疾病（如血友病等）的犬；禁用于脱水、肾功能、心血管和/或肝功能不全的犬，或与利尿药合用治疗，可能增加肾脏毒性，与具有潜在肾脏毒性药物合用时应慎用并进行监测；禁止与其他抗炎药（如其他非甾体类抗炎药或皮质类固醇药）合用，合用有可能增加胃肠道溃疡和/或穿孔等风险；禁用于患有心脏、肝脏或肾脏功能损伤的牛；禁用于胃肠溃疡或出血的患病牛；禁用于存在凝血功能障碍的牛；禁用于任何脱水、失血性休克或低血压的牛，因为存在增加肾毒性的潜在风险，避免与存在肾毒性的药物联合用药。休药期牛21日，弃奶期0日。由北京宇和金兴生物医药有限公司、河南官渡生物工程有限公司、齐鲁动物保健品有限公司、浙江海正动物保健品有限公司、合肥中龙神力动物药业有限公司、江西省保灵动物保健品有限公司、中国农业科学院兰州畜牧与兽药研究所7家单位联合申请注册获得批准。

8. 美洛昔康注射液。本品为黄色澄明液体。属于解热镇痛非甾体抗炎药。美洛昔康通过抑制前列腺素的合成发挥作用，发挥抗炎、抗渗出、镇痛和解热作用。美洛昔康能减少白细胞向炎症组织的趋化，在一定程度上能抑制胶原蛋白诱导的血小板聚集，也可抑制大肠杆菌内毒素诱导生成血栓素 B_2。本品配合适宜的抗菌药使用，辅助治疗牛急性呼吸道感染以缓解牛的临床症状；配合抗菌药使用，辅助治疗牛急性乳腺炎。配合内服补液使用，辅助治疗牛腹泻以缓解超过一周龄的犊牛与青年非泌乳牛的临床症状。用于跛行与炎症以减轻患猪非感染性运动异常的症状；配合适宜的抗菌药使用，辅助治疗猪产后败血症与毒血症（乳腺炎-子宫炎-无乳综合征）。以美洛昔康计，牛皮下或静脉注射：配合适宜的抗菌药或内服补液使用，一次量，每 1kg 体重，牛 0.5mg，仅用一次。猪肌内注射：配合适宜的抗菌药使用，一次量，每 1kg 体重，猪 0.4mg。若需要，24h 之后，再注射一次。不得用于肝功能、心功能或肾功能损伤、出血异常，或胃肠道溃疡的动物；不得用于对本品过敏的动物；不得用于治疗 1 周龄以内的犊牛腹泻；具有潜在肾毒性，慎用于严重脱水、血容量减少或低血压等需要注射补液的动物；禁与糖皮质激素、其他非甾体类抗炎药或抗凝血药合用。休药期牛 15 日，弃奶期 5 日；猪 5 日。由百美达动物保健品有限公司申请注册获得批准。

9. 非泼罗尼二氯苯醚菊酯滴剂。本品为黄色澄清液体。非泼罗尼属于苯基吡唑类药物。通过抑制 γ-氨基丁酸（GABA）复合物并与氯离子通道结合，从而阻碍氯离子在前后突触间的跨膜运输，导致寄生虫出现中枢神经系统紊乱直至死亡。二氯苯醚菊酯是一种Ⅰ型拟除虫菊酯类药物，其影响脊椎动物和非脊椎动物的电压门控钠通道。通过减缓激活和失活特性影响钠通道，从而导致寄生虫的过度兴奋直至死亡。用于预防和治疗犬体表的跳蚤、蜱虫感染。外用。将犬背毛拨开，暴露皮肤。将药液均匀点涂在宠物的背部（从肩部至尾根部）裸露的皮肤上，每次 1 支。使用本品后，涂药部位会出现短暂性皮肤反应（瘙痒或发红）及全身性瘙痒。偶尔观察到短暂的行为改变（常为躁动）及呕吐（十分罕见）。如果犬舔舐本品，可见短暂的流涎。不可用于对本品主成分或辅料过敏的动物；不可用于兔，有可能致死；也不可用于猫，因猫无法代谢二氯苯醚菊酯，本产品对猫为剧毒并可能致死；不可用于患病（系统性疾病、发烧等）或恢复中的动物；12 周龄以下或体重不足 1.5kg 的犬慎用。非泼罗尼和二氯苯醚菊酯的实验室研究未显示致畸性或胚胎毒性作用，但未对妊娠和哺乳期犬进行研究，应经兽医医疗风险评估后方能使用本品。由法国维克有限公司申请注册获得批准。

10. 氟雷拉纳滴剂。本品为无色至黄色液体。氟雷拉纳是一种异噁唑啉类杀虫剂和杀螨剂，其作用机理主要通过干扰 γ-氨基丁酸（GABA）门控氯离子通道，使氯离子无法渗透进入突触后膜，干扰神经系统的跨膜信号传递，导致昆虫神经系统紊乱，进而死亡。氟雷拉纳与脒类、大环内酯类、拟除虫菊酯类、狄氏剂等无交叉耐药性。氟雷拉纳为全身性抗寄生虫药，驱杀犬猫体表的跳蚤和蜱的作用可持续 12 周。氟雷拉纳对成年跳蚤（猫栉首蚤）起效快，持续时间长，还可阻止跳蚤产卵，破坏跳蚤的生命周期。氟雷拉纳对硬蜱属及血红扇头蜱也有杀灭作用。用于治疗犬、猫体表的跳蚤（猫栉首蚤）感染，治疗犬体表的蜱（血红扇头蜱、长角血蜱、变异革蜱）感染，治疗猫体表的蜱（血红扇头蜱、长角血蜱、变异革蜱）感染。本品可作为跳蚤过敏性皮炎（FAD）临床治疗方案的一部分进行使用。以氟雷拉纳计，外用，将本品滴于犬后背肩部到臀部间的皮肤或猫头骨底部的皮肤，每 1kg 体重，犬≥25mg，猫≥40mg，每 12 周给药 1 次。治疗猫变异革蜱感染，每 8 周给药 1 次。临床研究中个别犬给药部位出现轻度和一过性皮肤反应，如红斑和脱毛（占治疗犬的 1.2%）；个别猫给药部位出现轻度和一过性皮肤反应，如红斑和瘙痒（占治疗猫的 2.2%）；个别猫在给药后不久可观察到以下其他症状：倦怠/震颤/厌食（占治疗猫的 0.9%）或呕吐/唾液分泌过多（占治疗猫的 0.4%）；猫非常罕见出现抽搐反应（<治疗猫的 0.01%）。小于 8 周龄或体重低于 2kg 的犬不得使用，小于 11 周龄或体重低于 1.2kg 的猫不得使用。本品为外用药，不得内服。对本品过敏的犬/猫不得使用；有神经系统疾病史的犬/猫应谨慎使用本品；给药间隔不得短于 8 周；对妊娠期和哺乳期猫的安全性尚未进行研究，建议经兽医意见评估后确定是否用药；具有轻微刺激性，不得滴于犬/猫皮肤破损处。应避免与犬/猫眼睛接触。由英特威国际有限公司申请注册获得批准。

11. 那西肽预混剂。本品那西肽属于畜禽专用抗生素。对革兰氏阳性菌的抗菌活性较强，如葡萄球菌、梭状芽孢杆菌对其敏感。作用机制是抑制细菌蛋白质合成，低浓度抑菌，高浓度有杀菌作用。用于控制产气荚膜梭菌引起的鸡坏死性肠炎。以那西肽计，混饲：每 1 000kg 饲料，鸡 40～80g。连用 7 日。产蛋供人食用的鸡，在产蛋期不得使用。由浙江汇能生物股份有限公司申请注册获得批准。

12. 次氯酸溶液。本品为无色澄清液体。稳定的次氯酸分子可渗入菌体内，与有机大分子物质发生氧化反应，从而杀死病原微生物。高效杀灭细菌繁殖体等。用于畜禽环境、器具、饮水等消毒。以本品计，1∶(5～10) 倍稀释溶液用于畜禽环境和器具物理表面喷洒消毒，1∶100 倍稀释溶液用于饮水消毒。本品为外用消毒剂，不得口服；有机物会干扰消毒，应清洗后再进行消毒。由南通闪水生物科技有限公司、江苏省畜产品质量检验测试中心（江苏省兽药饲料质量检验所）、江苏九天医疗科技有限公司、南京道奇科技有限公司 4 家单位联合申请注册获得批准。此外，获得同品种批准的还有中国农业科学院兰州畜牧与兽药研究所、中天朗洁（北京）环保科技有限公司、格格巫（珠海）生物科技有限公司、精华药业（成都）有限公司、山东信得科技股份有限公司、内蒙古瑞普大地生物药业有限责任公司、天康制药股份有限公司、山东德信生物科技有限公司8家单位。

13. 穿琥宁注射液。本品为几乎无色至淡黄色的澄明液体。穿琥宁对细菌内毒素引发的发热具有较好的退热效果，而且具有一定的抗炎作用；可以增强肾上腺皮质功能，使得机体对病原体感染的应急能力得到明显的提升；可以增强毛细血管壁通透性，有效对抗肾上腺素急性肺水肿的发生；对部分病毒有灭活的作用，如流感病毒、呼吸道合胞病毒等。用于肺炎链球菌所致的犬呼吸道感染。以穿琥宁计，皮下注射：每1kg体重，犬5mg，一日2次，连用5日。在使用过程中偶有发热、气紧现象，停止用药即恢复正常；用药过程应定期检查血象，发现血小板减少应及时停药，并给予相应处理；本品忌与酸、碱性药物或含有亚硫酸氢钠、焦亚硫酸钠为抗氧剂的药物配伍；本品不宜与氨基糖苷类、喹诺酮类药物同用。由四川育强科技有限公司、四川欧邦生物科技有限公司、湖北武当动物药业有限责任公司、河北呈盛堂动物药业有限公司、瑞普（天津）生物药业有限公司、华北制药集团动物保健品有限责任公司、四川育强本草生物技术有限公司、江西安立摩生物技术有限公司8家单位联合申请注册获得批准。

14. 溴氰菊酯项圈。本品为深灰色至黑色可见白色晶体的聚氯乙烯塑料项圈。溴氰菊酯为人工合成的拟除虫菊酯类杀虫剂。它通过干扰虫体神经细胞的电压依赖性钠离子通道活性，延迟和延长该通道激活与失活，导致寄生虫高度兴奋，直至死亡。犬佩戴项圈后，溴氰菊酯可以从项圈中缓慢且持续地低浓度释放，溴氰菊酯不能被犬广泛吸收，但能从接触项圈部位扩散至整个皮肤，以驱杀蜱/驱杀虫浓度存在于犬的毛发中。本品对跳蚤的驱杀作用可维持4个月，对蜱的驱杀作用可维持6个月。用于驱杀犬的跳蚤（猫栉首蚤、致痒蚤）感染，驱杀犬的蜱（血红扇头蜱、长角血蜱）感染。外用。驱杀跳蚤时，每4个月更换项圈；驱杀蜱时，每6个月更换项圈。罕见（1/10 000＜发生率≤1/1 000）局部皮肤反应（如发痒、发红、脱毛），一般发生在颈部皮肤。非常罕见（发生率＜1/10 000）与皮肤刺激相关的改变行为（如嗜睡或多动）、胃肠道症状（如呕吐、腹泻）和神经肌肉症状（如共济失调、肌肉震颤）。不得用于7周龄以下的幼犬；溴氰菊酯对猫有害，不得用于猫；对溴氰菊酯过敏的犬勿使用本品；当犬存在跳蚤和蜱混合感染时，需4个月更换项圈；不推荐用于孕期及哺乳期犬；不要与其他含有有机磷酸酯的体外杀寄生虫剂同时使用。由荷兰贝帮有限公司申请注册获得批准。

15. 注射用乌司他丁。本品为白色至微黄色冻干块状物或粉末，复溶后应为无色至黄色的澄清液体，可带轻微乳光。本品系从人尿提取精制的糖蛋白，属蛋白酶抑制剂，具有抑制胰蛋白酶等各种胰酶活性的作用，可用于犬胰腺炎的治疗。用于多种原因引起的犬胰腺炎等炎症的治疗。静脉注射：每1kg体重，犬2 500～5 000单位，用氯化钠注射液或5%葡萄糖注射液溶解，每日1次，连用5～7日。由山东爱士津生物技术有限公司、烟台爱士津动物保健品有限公司、扬州艾迪制药有限公司、江苏艾迪药业股份有限公司4家单位联合申请注册获得批准。

16. 注射用重组绒促性素。本品为白色冻干块状物或粉末。本品为促性腺激素类药，具有促卵泡激素（FSH）和促黄体生成素（LH）样作用。本品能促使亲鱼性腺成熟，对于雌鱼能促进卵泡成熟和诱导排卵，对雄鱼能促进精细胞生长发育和精子形成。用于鲢亲鱼的催产。以重组绒促性素计，胸鳍或腹鳍基部注射：注射总量，每1kg体重，雌性鲢亲鱼1 200单位，雄性鲢亲鱼600单位，仅用1次或一日内分2次注射。本品用生理盐水稀释后，亲鱼胸鳍或腹鳍无鳞部位45度注射。需两次注射时，第一针注射全量的1/10～1/6，8～12h后注射全量的剩余药品。由于亲鱼排卵受到水温、水流、天气等条件影响较大，使用时，剂量可调整的范围为800～1 600单位/kg。由宁波人健药业集团股份有限公司、浙江人健生物制药有限公司、宁波第二激素厂3家单位联合申请注册获得批准。

17. 美洛昔康注射液。本品为黄色的澄明液体。属于解热镇痛非甾体抗炎药。美洛昔康通过抑制前列腺素的合成，发挥抗炎、抗渗出、镇痛和解热作用。美洛昔康能减少白细胞向炎症组织的趋化，在一定程度上能抑制胶原蛋白诱导的血小板聚集，也可抑制大肠杆菌内毒素诱导生成血栓素 B_2。配合适宜的抗菌药使用，辅助治疗急性呼吸道感染以缓解牛的临床症状；配合抗菌药使用，辅助治疗急性乳腺炎；配合内服补液使用，辅助治疗腹泻以缓解超过一周龄的犊牛与青年非泌乳牛的临床症状。以美洛昔康计，牛皮下注射：配合适宜的抗菌药或内服补液使用，一次量，每1kg体重0.5mg（即每150kg体重本品2.5mL），仅用一次。牛皮下注射本品后，注射部位会出现（发生率＜10%）一过性肿胀；非常罕见的情况下（发生率＜1/10 000）发生严重（包括致死）的过敏反应，应对症治疗。不得用于肝功能、心功能或肾功能损伤、出血异常，或胃肠道溃疡的牛；不得用于对本品过敏的牛；不得用于治疗1周龄以内的犊牛腹泻；具有潜在肾毒性，慎用于严重脱水、血容量减少或低血压等需要注射补液的牛；禁与糖皮质激素、其他非甾体类抗炎药或抗凝血药合用。休药期牛15日；弃奶期5日。由道法玛药物研制公司申请注册获得批准。

18. 酒石酸布托啡诺注射液。本品为无色的澄明液体。本品可激动K-阿片肽受体，对μ-受体则具激动和拮抗双重作用。它主要与中枢神经系统（CNS）中的这些受体相互作用，间接发挥其药理作用包括镇痛作用，如术后、创伤疼痛等；除镇痛作用外，对CNS的影响包括减少呼吸系统自发性的呼吸、咳嗽、兴奋呕吐中枢、缩瞳、镇静等药理作用，其作用可能是通过非CNS作用机制实现的。本品为镇痛药，用于治疗猫重大/轻微创伤疼痛或与手术相关的疼痛。以布托啡诺计，皮下注射：每1kg体重，猫0.4mg，一日最多4次，连用2日，或遵医嘱。可能会出现注射部位疼痛、呼吸抑制、散瞳、定向障碍、吞咽/舔和镇静等。怀孕的母猫、繁殖的公猫或小于4个月龄的小猫安全性尚未确定，不建议使用；禁止用于有肝病史的猫；对本品有过敏史的猫不得使用。由北京塞尔斯医药科技有限公司、江苏中牧倍康药业有限公司2家单位联合申请注册获得批准。

19. 乐替拉纳咀嚼片（猫用）。本品为带有褐色斑点的白色至褐色圆片。乐替拉纳是异噁唑啉类的体外抗寄生虫药，通过抑制γ-氨基丁酸（GABA）门控氯离子通道，导致昆虫出现阵挛性麻痹引起死亡。乐替拉纳是异噁唑啉类药物的一种纯的对映异构体，对跳蚤（猫栉首蚤和犬栉首蚤）和蜱（篦子硬蜱）具有快速和持久的杀灭活性。体外试验中，对有机氯杀虫剂（环戊二烯类杀虫剂，如狄氏剂）、苯基吡唑类杀虫剂（如非泼罗尼）、新烟碱类杀虫剂（如吡虫啉）、甲脒类杀虫剂（如双甲脒）和拟除虫菊酯类杀虫剂（如氯氰菊酯）的耐药性并不影响乐替拉纳的活性。对于跳蚤，使用本品后，药物活性成分与跳蚤接触12h内起效，药效持续1个月。给药后8h内可杀死给药前附着在猫身上的跳蚤。对于蜱，使用本品后，药物活性成分与蜱接触24h内起效，药效持续1个月。给药后18h内可杀死给药前附着于猫身上的蜱。对于猫身上已经存在和新感染的跳蚤，本品可在跳蚤产卵前将其杀灭。因此，本品能阻断跳蚤的生命周期，预防猫在活动区域内被环境中的跳蚤感染。用于治疗猫跳蚤和蜱感染。本品可作为控制跳蚤过敏性皮炎（FAD）方案的一部分来应用。以乐替拉纳计，口服：每1kg体重，猫6～24mg。每月1次。体重在0.5kg以下或年龄小于8周龄的猫须根据兽医意见谨慎使用。由于没有足够的数据来支持在幼猫中杀灭蜱的有效性，因此不推荐5月龄或以下的幼猫使用本品治疗蜱的感染；跳蚤和蜱必须接触猫并开始刺入时才可接触到药物的有效成分，因此不能排除通过寄生虫为媒介进行疾病传播的风险；尚未确定本品在妊娠和泌乳猫中的安全性，需根据兽医意见谨慎使用；尚未确定本品在育种猫中的安全性，需根据兽医意见谨慎使用。由美国礼蓝动物保健有限公司申请注册获得批准。

20. 布舍瑞林注射液。本品为无色或几乎无色的澄明液体。布舍瑞林是促性腺激素释放激素的一种合成类似物，其活性与天然促性腺激素释放激素（GnRH）相似，可刺激垂体释放促卵泡激素（FSH）和促黄体生成素（LH）到血液中，高于临床推荐剂量给药不会增加FSH和LH的释放量。布舍瑞林可同时刺激性腺类固醇分泌，用于母猪集中排卵。经产母猪：用于诱导同期发情后集中排卵，实现单次定时输精。肌内注射：一次量，经产母猪断奶后83～89h使用本品2.5mL。给药后30～33h对出现发情表现的经产母猪进行单次人工输精，个别未发情的经产母猪可等出现发情表现时再进行单次人工输精。不得用于怀孕和哺乳期母猪；不按推荐方案使用本产品可能会导致卵泡囊肿的形成，且可能影响生育力。休药期猪0日。由天津市中升挑战生物科技有限公司、厦门欧瑞捷生物科技有限公司、苏州素仕生物科技有限公司3家单位联合申请注册获得批准。

21. 普拉沙星片。本品为微黄色至淡褐色双面刻痕片。本品为氟喹诺酮类抗菌药。普拉沙星与细菌DNA旋转酶和拓扑异构酶IV可逆性结合，干扰细菌DNA复制、转录、重组等发挥作用，使细菌快速死亡，杀菌速度和程度与药物浓度成正比。尽管普拉沙星在体外对革兰氏阴性菌（包括厌氧菌）和革兰氏阳性菌具有广谱杀菌活性，但本品仅允许用于已批准的适应证中敏感菌感染，且应按推荐的用法与用量使用。犬：用于治疗中间葡萄球菌属（包括伪中间葡萄球菌）敏感菌株引起的伤口感染、浅表和深层脓皮病；治疗大肠杆菌和中间葡萄球菌属（包括伪中间葡萄球菌）敏感菌株引起的急性尿道感染。存在卟啉单胞菌属和普雷沃氏菌属敏感菌株引起的齿龈和牙周组织严重感染的情况下，可用作牙周基础治疗或牙周手术治疗的辅助治疗药物。猫：用于治疗由多杀性巴氏杆菌、大肠杆菌和中间葡萄球菌属（包括伪中间葡萄球菌）敏感菌株引起的急性上呼吸道感染。以普拉沙星计，内服：每1kg体重，犬、猫3mg，一日1次。犬、猫罕见（1/1 000>发生率>1/10 000）发生轻度、短暂性胃肠道紊乱，如呕吐。不得用于对氟喹诺酮类药物过敏的犬猫；不得用于患有中枢神经系统紊乱（如癫痫）的犬猫，可能导致这类动物癫痫发作；不得用于患有持续性关节软骨损伤的犬猫，可能会加重病情；有肾功能损伤的犬应慎用，因为普拉沙星主要通过肾脏排泄，肾功能受损可能导致药物排泄率降低；由于可能会影响关节软骨的发育，因此不得用于生长期的犬，如小于12月龄的大多数品种犬，或小于18月龄的巨型犬。由于缺乏研究数据，不得用于小于6周龄的猫；对妊娠期和哺乳期犬猫的安全性尚未确定，本品可透过胎盘并分布到乳汁中，故妊娠期或哺乳期犬猫不得使用；本品用于患有严重齿龈炎和牙周炎的犬时，用药前进行洁牙（清除牙结石和牙菌斑）或拔牙是保证药效的前提条件，作为牙周基础治疗或牙周手术治疗的辅助治疗药物使用时，本品仅用于单独进行牙周基础治疗无效的犬；脓皮病多继发于基础疾病，建议确定病因并进行相应治疗；普拉沙星可能会增加皮肤对阳光的敏感性，因此犬猫在治疗期间应减少阳光暴露；本品与抗酸剂、硫糖铝、多种维生素制剂或乳制品等含有金属阳离子的物质同服，可能会降低本品的吸收；与茶碱同服，可通过改变茶碱的代谢而提高血浆茶碱水平；与地高辛同服，可能会增加地高辛的口服生物利用度。故不应与上述物质或药物同服。由于在中枢神经系统中可能存在药效学相互作用，有癫痫史的犬猫不得同时使用本品和非甾体抗炎药（NSAIDs）；犬猫超剂量使用可能出现呕吐和软便。本品无特效解毒药，若中毒需给予对症治疗。由美国礼蓝动物保健有限公司申请注册获得批准。

22. 复方沙罗拉纳咀嚼片。本品为圆光滑的红棕色五边形片，一面分别凹刻有数字3（规格1）、6（规格2）、12（规格3）、24（规格4）、48（规格5）和72（规格6）。沙罗拉纳是异噁唑啉类杀螨剂和杀虫剂。主要阻断昆虫和蜱螨中枢神经系统的配体门控氯离子通道。沙罗拉纳与GABA受体和谷氨酸受体结合，阻止氯离子吸收，使神经兴奋性增强，导致寄生虫死亡。沙罗拉纳与已知的烟碱类杀虫剂结合位点或其他GABA靶点的杀虫剂（如新烟碱类、非泼罗尼、米尔贝肟、阿维菌素和环二烯）无相互作用。沙罗拉纳可在治疗48h内杀死动物身上已有或新感染的蜱虫。沙罗拉纳可在治疗8h内杀死动物身上已有的跳蚤；对新附着的跳蚤12～24h起效，作用可达5周。在跳蚤产卵前可将其杀死以避免犬携带的跳蚤污染环境。莫昔克丁是第二代大环内酯类米尔贝霉素化合物，主要通过干扰谷氨酸介导（小部分γ-氨基丁酸介导）的氯离子通道在神经肌肉接头处的信号传递，使突触后连接的通道打开，允许氯离子内流，最终导致虫体弛缓性麻痹而死亡。莫昔克丁对犬弓首蛔虫、犬钩口线虫和犬心丝虫有效。噻嘧啶是烟碱型乙酰胆碱受体（nAChR）激动剂。噻嘧啶不与M受体结合，选择性与线虫的N受体结合，模拟烟碱样作用。与受体结合后，离子通道打开，允许阳离子内流，使线虫肌肉细胞去极化，兴奋性增强，最终导致虫体痉挛性麻痹而死亡。噻嘧啶对犬弓首蛔虫、狮弓首蛔虫、犬钩口线虫、狭头弯口线虫有效。用于治疗犬蜱（六角硬蜱、篦子硬蜱、血红扇头蜱和网纹革蜱）感染；用于治疗犬跳蚤（猫栉首蚤和犬栉首蚤）感染；用于治疗犬弓首蛔虫未成熟成虫（L5）和成虫，狮弓首蛔虫成虫感染；用于治疗犬钩口线虫（L4）幼虫、未成熟成虫（L5）和成虫，狭头弯口线虫成虫感染；用于预防犬心丝虫病。以沙罗拉纳、莫昔克丁和噻嘧啶计，内服：一次量，每1kg体重，犬沙罗拉纳1.2～2.4mg，莫昔克丁0.024～0.048mg和噻嘧啶5～10mg；每月一次。十分罕见（发生率＜1/10 000）呕吐和腹泻等胃肠道症状和嗜睡、厌食/食欲不振等全身症状；十分罕见（发生率＜1/10 000）震颤、共济失调或抽搐等神经症状。这些症状多数是轻微和短暂的。不得用于对本品过敏的犬；由于缺少可用数据，8周龄以下和/或体重低于1.25kg的幼犬应经兽医风险评估后使用；由于尚未确定本品在妊娠、哺乳或繁殖犬的安全性，不推荐用于这些动物；由于频繁、重复使用，可能对某一类抗寄生虫药产生寄生虫耐药性。由硕腾公司申请注册获得批准。

23. 普拉沙星内服混悬液。本品为微黄色至淡棕色的混悬液。本品为氟喹诺酮类抗菌药。普拉沙星与细菌DNA旋转酶和拓扑异构酶Ⅳ可逆性结合，干扰细菌DNA复制、转录、重组等发挥作用，使细菌快速死亡，杀菌速度和程度与药物浓度成正比。尽管普拉沙星在体外对革兰氏阴性菌（包括厌氧菌）和革兰氏阳性菌具有广谱杀菌活性，但本品仅允许用于已批准的适应证中敏感菌感染，且应按推荐的用法与用量使用。用于治疗由多杀性巴氏杆菌、大肠杆菌和中间葡萄球菌属（包括伪中间葡萄球菌）敏感菌株引起的猫急性上呼吸道感染；由多杀性巴氏杆菌和中间葡萄球菌属（包括伪中间葡萄球菌）敏感菌株引起的猫伤口感染和脓肿。用前摇匀。以普拉沙星计，内服：每1kg体重，猫5mg，一日1次。猫罕见（1/1 000＞发生率＞1/10 000）发生轻度、短暂性胃肠道紊乱，如呕吐。不得用于对氟喹诺酮类药物过敏的猫；不得用于患有中枢神经系统紊乱（如癫痫）的猫，可能导致这类动物癫痫发作；不得用于患有持续性关节软骨损伤的猫，可能会加重病情；由于缺乏研究数据，不得用于小于6周龄的猫；对妊娠期和哺乳期猫的安全性尚未确定，本品可透过胎盘并分布到乳汁中，故妊娠期和哺乳期的猫不得使用。普拉沙星可能会增加皮肤对阳光的敏感性，因此猫在治疗期间应减少阳光暴露。本品与抗酸剂、硫糖铝、多种维生素制剂或乳制品等含有金属阳离子的物质同服，可能会降低本品的吸收；与茶碱同服，可通过改变茶碱的代谢而提高血浆茶碱水平；与地高辛同服，可能会增加地高辛的口服生物利用度；故不应与上述物质或药物同服。由于在中枢神经系统中可能存在药效学相互作用，有癫痫史的猫不得同时使用本品和非甾体抗炎药

(NSAIDs)。在缺乏相容性研究的情况下，本品不得与其他兽药联用；超剂量使用可能会出现呕吐。本品无特效解毒药，若中毒需给予对症治疗。由美国礼蓝动物保健有限公司申请注册获得批准。

24. 非泼罗尼二氯苯醚菊酯滴剂（犬用）。本品为无色至棕黄色澄清溶液。本品为氟喹诺酮类抗菌药。普拉沙星与细菌 DNA 旋转酶和拓扑异构酶Ⅳ可逆性结合，干扰细菌 DNA 复制、转录、重组等发挥作用，使细菌快速死亡，杀菌速度和程度与药物浓度成正比。尽管普拉沙星在体外对革兰氏阴性菌（包括厌氧菌）和革兰氏阳性菌具有广谱杀菌活性非泼罗尼是广谱杀虫药。与昆虫中枢神经细胞膜上的 γ-氨基丁酸（GABA）受体结合，关闭神经细胞的氯离子通道，从而干扰中枢神经系统的正常功能而导致昆虫死亡。主要通过胃毒和触杀起作用，也具有一定的内吸作用。二氯苯醚菊酯属Ⅰ型菊酯类杀虫剂、杀螨剂和驱虫剂，主要影响脊椎动物和无脊椎动物的电压依赖性通道，延迟和延长该通道激活与失活，导致寄生虫高度兴奋，直至死亡。两者联合使用，具有协同作用。本品还可抑制蜱、白蛉、蚊子吸血，减少血媒性传染病的发生和传播。用于预防和治疗犬跳蚤、蜱虫感染，驱避和杀灭蚊子及白蛉。

一次治疗可在 4 周内预防新的跳蚤（猫栉首蚤）感染；一次治疗可杀死蜱虫（血红扇头蜱、长角血蜱）并在治疗后 4 周内驱避蜱虫；对蚊子（白纹伊蚊、埃及伊蚊）的杀灭作用可持续 3 周，对蚊子（尖音库蚊、白纹伊蚊、埃及伊蚊）驱避作用持续 4 周；对白蛉（恶毒白蛉）的驱避作用（防止吸血）和杀灭作用均可持续 3 周。局部外用：分开犬头骨与肩胛骨之间的颈背部毛发，将给药器中的全部药量分两点滴至皮肤。每月给药一次。根据犬的体外寄生虫感染情况，可能需要重复治疗。重复给药时，两次给药至少间隔 4 周。非常罕见（发生率＜1/10 000）在用药部位出现一过性皮肤反应（皮肤变色、局部毛发脱落、发痒、发红）和全身发痒或毛发脱落；推荐剂量下犬非常罕见（发生率＜1/10 000）出现唾液分泌过度、可逆性神经体征（对刺激的敏感度增加、极度活跃、肌肉震颤、沮丧、其他神经体征）或呕吐；犬舔舐用药部位可能会出现一过性唾液分泌过多、呕吐。不得用于猫和兔，本品可能会导致猫和兔死亡；不得用于患病或正在康复的犬；不得用于已知对本品活性成分及辅料过敏的犬；体重小于 2kg 或 8 周龄以下的犬、妊娠期和哺乳期内的犬使用前请遵医嘱。由德国勃林格殷格翰动物保健有限公司法国吐鲁兹生产厂申请注册获得批准。

25. 烯丙孕素片。本品为薄膜衣片，除去包衣后显白色至类白色。本品属于性激素类药。烯丙孕素与天然黄体酮的作用类似。给药期间能够抑制脑垂体分泌促性腺激素，阻止卵泡发育及发情；给药结束后，脑垂体恢复分泌促性腺激素，促进卵泡发育与发情。停药时卵泡发育程度一致，加上促性腺激素的分泌同步恢复，促使所有动物在停药 5～8 日后同期发情。用于控制后备母猪同期发情。以烯丙孕素计，直接放置于饲喂槽或拌在饲料中内服。一次量，后备母猪 20mg（1 片）/头，一日 1 次，连用 18 日。休药期猪 9 日。给药量不足可能导致卵泡囊肿。仅用于至少发情过一次的性成熟的母猪；有急性、亚急性慢性子宫内膜炎的母猪慎用。由宁波第二激素厂、宁波舒生生物科技有限公司 2 家单位联合申请注册获得批准。

26. 复方癸甲氯铵溶液。本品为淡蓝色的澄清液体，有果香味。本品为消毒防腐药。季铵盐的杀灭微生物作用源自其分子中季铵氮的阳离子头基与细胞膜中的酸性磷脂的带负电头基之间的相互作用，一旦二者结合，季铵盐的疏水尾基就会嵌入到微生物疏水膜的内部，在较高的季铵盐浓度下，细胞膜就会与季铵盐形成混合胶束聚集体从而被瓦解。季铵盐类消毒剂在低浓度下有抑菌作用，较高浓度时可杀灭大多数种类的细菌繁殖体与部分病毒。主要用于养殖场日常消毒。可有效杀灭大肠杆菌、金黄色葡萄球菌、鸡新城疫病毒、鸡法氏囊病毒、猪细小病毒及猪瘟病毒等。以本品计，临用前用水按一定比例稀释喷雾或喷洒消毒。常规消毒，1∶(1 000～2 000) 稀释；杀灭病毒，以 1∶(400～800) 稀释。仅用于至少发情过一次的性成熟的母猪。有急性、亚急性慢性子宫内膜炎的母猪慎用。由中国农业大学、成都科宏达科技有限公司、河北远征药业有限公司 3 家单位联合申请注册获得批准。

27. 阿莫西林注射液。本品为微细颗粒的混悬液，静置后微细颗粒下沉，振摇后成均匀的类白色混悬液。β-内酰胺类抗生素。阿莫西林通过抑制细菌细胞壁的合成，使生长期的细菌迅速成为球状体而破裂、溶菌。其对敏感的革兰氏阳性菌和部分革兰氏阴性菌具有良好的抗菌活性，如多杀性巴氏杆菌和溶血性曼氏杆菌等，但某些菌株产生的 β-内酰胺酶可使阿莫西林失活。用于治疗猪、牛由阿莫西林敏感菌引起的革兰氏阳性菌和革兰氏阴性菌感染。以阿莫西林计，肌内注射：一次量，每 1kg 体重，猪、牛 15mg。必要时 48h 后再注射一次。本品可能导致过敏现象，偶尔会出现严重的过敏反应，如过敏性休克；少数动物注射部位有轻微局部反应，持续时间短，无须特殊处理即可恢复；对 β-内酰胺类抗生素过敏的动物不得使用；严重肾功能不全、无尿、少尿动物不得使用；对阿莫西林耐药的动物不得使用；阿莫西林在实验动物研究中未发现致畸作用、细胞毒性和胚胎毒性，但未对靶动物在妊娠期和泌乳期的耐受性进行相关研究，因此妊娠和哺乳期动物使用本品应经兽医进行风险/利益评估。仅用于至少发情过一次的性成熟的母猪；有急性、亚急性慢性子宫内膜炎的母猪慎用。休药期猪 20 日；牛 18 日；弃奶期 3 日。由法国诗华动物保健公司申请注册获得批准。

28. 盐酸头孢噻呋注射液。本品为细微颗粒的混悬液，静置后微细颗粒下沉，振摇后呈均匀的类白色油状混悬液。本品为β-内酰胺类抗生素。头孢噻呋通过阻断细菌细胞壁的合成而杀菌，抗菌谱广，对革兰氏阴性菌和革兰氏阳性菌均有较强的抗菌作用。肌内注射和皮下注射吸收迅速，在猪、牛体内血药浓度达峰时间分别为 4h 和 5h，血液和组织中药物浓度高，在炎症反应部位有聚集作用，有效血药浓度持续时间长，可完全被生物利用，主要通过动物尿液和粪便排出。用于治疗猪由肺炎放线杆菌、多杀巴氏杆菌和猪链球菌感染引起的呼吸系统疾病；用于治疗由牛坏死性梭杆菌和产黑色素拟杆菌引起的奶牛急性腐蹄病。以头孢噻呋计，猪肌内注射：一次量，每 1kg 体重 3mg（相当于每 16kg 体重使用本品 1mL），一日 1 次，连用 3 日；牛皮下注射：一次量，每 1kg 体重 1mg（相当于每 50kg 体重使用本品 1mL），一日 1 次，连用 3 日。非常罕见（发生率＜1/10 000）过敏反应。如发生过敏反应，应停药；猪注射本品后，一些猪的注射部位出现轻微局部反应（如筋膜变色、脂肪变色等），反应可持续 20 日；牛注射本品后，罕见（1/10 000＜发生率＜1/1 000）注射部位出现轻微局部反应（如组织水肿、结缔组织增厚、皮下组织和/或筋膜表面变色等），大部分局部症状可在 10 日内消失，组织变色可持续 28 日或更长。对头孢菌素或β-内酰胺类抗生素过敏的牛和猪不得使用。对其他头孢菌素或β-内酰胺类抗生素耐药时，不得使用；禁止静脉注射；不得用于家禽（包括蛋鸡）；本品对实验动物无生殖毒性，怀孕母猪或母牛应经兽医评估后使用。休药期牛 8 日，弃奶期 12h；猪 5 日。由法国诗华动物保健公司申请注册获得批准。

29. 复方二氯苯醚菊酯吡丙醚滴剂。本品为淡黄色至浅棕色的澄清液体。二氯苯醚菊酯属Ⅰ型菊酯类杀虫剂、杀螨剂和驱虫剂，主要影响脊椎动物和无脊椎动物的电压依赖性钠通道，延迟和延长该通道激活与失活，导致寄生虫高度兴奋，直至死亡。吡丙醚是一种昆虫生长调节剂（IGR），为昆虫保幼激素类似物，可使成年跳蚤失去产卵能力并抑制幼蚤的发育。接触后，通过阻止卵、幼虫和蛹的发育，防止成虫的出现。成年跳蚤接触、摄入后，在卵成熟和产卵前可抑制虫卵的发育，可阻止跳蚤卵和幼虫侵染动物，防止二次感染。非泼罗尼是苯吡唑类新型杀虫剂。与昆虫中枢神经细胞膜上的γ-氨基丁酸（GABA）受体结合，关闭神经细胞的氯离子通道，从而干扰中枢神经系统的正常功能而导致昆虫死亡。主要是通过胃毒和触杀起作用，也具有一定的内吸作用。用于预防和治疗犬体表的蜱、虱子以及跳蚤感染，抑制蚊子叮咬。外用，滴于皮肤，分开犬颈背部毛发，裸露皮肤，将药液沿短线均匀滴于皮肤表面，每月给药一次。极少数患犬会在用药部位出现皮肤过敏症状（发红，抓挠，或其他不适的迹象）；极罕见敏感体质的犬使用后出现胃肠道症状如呕吐或腹泻。仅适用于 8 周龄及以上、体重不小于 2kg 的犬外用；请勿在 30 天内重复使用本品；虚弱、年老、怀孕、哺乳期的犬，或已知对杀虫剂过敏的犬，请谨慎使用。由瑞普（天津）生物药业有限公司、成都中牧生物药业有限公司、天津瑞普生物技术股份有限公司 3 家单位联合申请注册获得批准。

30. 复方硝酸咪康唑洗剂。本品为微黄色至黄色黏稠澄清液体。硝酸咪康唑为广谱抗真菌药，其作用机制是抑制真菌细胞膜的合成，以及影响其代谢过程，对皮肤癣菌、念珠菌等有抗菌作用，对某些革兰阳性球菌也有一定疗效。葡萄糖酸氯己定为阳离子型表面活性防腐剂，具有广谱抗菌作用，其作用机制是改变细菌细胞膜的通透性。用于治疗和控制犬由犬小孢子菌、厚皮马拉色菌和中间葡萄球菌引起的脂溢性皮炎。外用：每 1kg 体重，犬 1～2mL，视被毛厚度而定。每周 2 次，直到皮肤患部症状消退，然后每周 1 次或根据病情控制需要使用。用干净的水彻底浸湿毛皮，将本品涂在全身多处，按摩至被毛和皮肤上并产生泡沫，确保嘴唇周围、尾巴下方和脚趾之间能充分接触香波。静置 10 分钟，然后用清水冲洗干净，在温暖、通风环境中自然风干。本品对皮肤和眼有轻度刺激性；可能会引起瘙痒、发红等轻度皮肤反应。哺乳期母犬使用本品后，避免幼犬与其在毛发干燥前接触；避免动物在洗发或毛发干燥前舔舐；避免动物在洗发过程中通过鼻子和嘴巴吸入本品。由佛山市南海东方澳龙制药有限公司、江苏朗博特动物药品有限公司、泰州博莱得利生物科技有限公司、广东省农产品质量安全中心（广东省绿色食品发展中心）4 家单位联合申请注册获得批准。

31. 环孢素内服溶液。本品为淡黄色或黄色的澄清油状液体。环孢素是一种选择性免疫调节剂，特异性、可逆性作用于 T 淋巴细胞。环孢素在治疗过敏性皮炎中发挥抗炎和止痒作用。环孢素通过阻止 IL-2 和其他 T 细胞衍生细胞因子的产生，优先抑制抗原刺激下 T 淋巴细胞的活化。环孢素也可以抑制皮肤免疫系统的抗原呈递功能。它同样可以阻断嗜酸性粒细胞的募集和活化、角质形成细胞产生细胞因子、朗格汉斯细胞的功能、肥大细胞的脱颗粒，从而阻断组胺和促炎细胞因子的释放。环孢素并不抑制造血干细胞，亦不影响吞噬细胞的功能。本品用于治疗猫慢性过敏性皮炎。以有效成分计，内服：每1kg体重，猫7mg（相当于以本品计。内服：每1kg体重，猫0.07mL）。治疗初期，本品应每日给药，直至观察到满意的临床症状改善（通常4～8周内）。应定期重新评估患猫并复核治疗方案。一旦过敏性皮炎的临床体征得到满意控制，本品可每隔一天给药一次。在每隔一天给药一次即可控制临床症状的一些病例中，兽医可每3～4天给予本品一次。当临床症状得到控制时可停止治疗。当临床症状复发时，应恢复至每日给药进行治疗，在某些情况下，可能需要进行重复治疗。本品治疗期间可能发生食欲下降和体重减轻，建议监测体重。体重显著降低可能导致肝脏脂质沉积。如果在治疗期间发生持续的、渐进性体重减轻，建议停止治疗，直至确定原因；非常常见胃肠道紊乱，如呕吐和腹泻。这些症状通常是轻微和短暂的，不需要停止治疗。本品不得用于感染白血病病毒（FeLV）或免疫缺陷病毒（FIV）的猫；本品不得用于有恶性疾病史或进行性恶性疾病史的猫；尚未在6月龄以下或体重低于2.3kg的猫中评估环孢素的有效性和安全性。不得用于6月龄以下或体重低于2.3kg的猫；尚未在雄性种猫或在妊娠期或哺乳期母猫中研究药物的安全性。在用于繁殖期、妊娠期或哺乳期的猫之前，应进行全面的风险/效益分析；环孢素可能引起血糖水平升高。尚未评价环孢素对患有糖尿病的猫的影响。患有糖尿病的猫不建议使用环孢素；环孢素虽然不诱发肿瘤，但可以抑制T淋巴细胞，因此用环孢素治疗可能增加临床上明显的恶性肿瘤的发生率。如果在接受环孢素治疗的猫中观察到淋巴结病变，建议进行进一步的临床研究，必要时停止治疗；环孢素可增加氨基糖苷类抗生素和甲氧苄啶的肾毒性。不建议环孢素与这些活性成分同时使用；对于弓形虫血清呈阴性的猫，在治疗期间感染时会有患上弓形虫病的风险。在极少的情况下可能会致命。由上海汉维生物医药科技有限公司、上海市动物疫病预防控制中心2家单位联合申请注册获得批准。

32. 盐酸恩诺沙星颗粒。本品为白色至类白色颗粒。恩诺沙星属氟喹诺酮类动物专用的广谱杀菌药。对大肠埃希菌、沙门氏菌、克雷伯氏菌、布鲁氏菌、巴氏杆菌、胸膜肺炎放线杆菌、丹毒杆菌、变形杆菌、黏质沙雷氏菌、化脓性棒状杆菌、败血波特氏菌、金黄色葡萄球菌、支原体、衣原体等均有良好作用，对铜绿假单胞菌和链球菌的作用较弱，对厌氧菌作用微弱。对敏感菌有明显的抗菌后效应。本品的抗菌作用机制是抑制细菌DNA旋转酶，干扰细菌DNA的复制、转录和修复重组，细菌不能正常生长繁殖而死亡。用于治疗由胸膜肺炎放线杆菌、多杀巴氏杆菌、副猪嗜血杆菌、链球菌等敏感菌引起的猪呼吸道疾病。以恩诺沙星计，拌料给药，一次量，每1kg体重，猪7.5mg，对于严重或慢性呼吸道疾病的病例，可以在48h后补充给药一次。本品使幼龄动物软骨发生变性，影响骨骼发育并引起跛行及疼痛；消化系统的反应有呕吐、食欲不振、腹泻等；皮肤反应有红斑、瘙痒、荨麻疹及光敏反应等。对中枢系统有潜在的兴奋作用，诱导癫痫发作；食肉动物及肾功能不良患畜慎用，可偶发结晶尿；本品耐药菌株呈增多趋势，不应在亚治疗剂量下长期使用。休药期猪10日。由瑞普（天津）生物药业有限公司、山西瑞象生物药业有限公司、天津瑞普生物技术股份有限公司、中国农业科学院兰州畜牧与兽药研究所4家单位联合申请注册获得批准。

33. 注射用泮托拉唑钠。本品为白色或类白色疏松块状物或（和）粉末。本品为胃壁细胞质子泵抑制剂，在中性和弱酸性条件下相对稳定，在强酸性条件下迅速活化，从而对H^+、K^+-ATP酶具有更好的选择性。本品能特异性地抑制壁细胞顶端膜构成的分泌性微管和胞浆内的管状泡上的H^+、K^+-ATP酶，引起该酶不可逆性的抑制，从而有效地抑制胃酸的分泌。本品抑酸能力强大。它不仅能非竞争性抑制促胃液素、组胺、胆碱引起的胃酸分泌，还能抑制不受胆碱或H2受体阻断剂影响的部分基础胃酸分泌。用于辅助治疗犬有呕吐、出血或溃疡等消化道症状的相关疾病。以泮托拉唑计，静脉注射：一次量，每1kg体重，犬2mg，一日1次，连用7日。用0.9%氯化钠注射液溶解，本品溶解和稀释后必须在4h内用完，禁止用其他溶剂或其他药物溶解和稀释。本品抑制胃酸分泌的作用强，时间长，故应用本品时不宜同时再口服其他抗酸剂或抑酸剂。为防止抑酸过度，在一般消化性溃疡等疾病时，不建议大剂量长期应用；本品发生变色后不能再使用。由山东爱士津生物技术有限公司、山东绿叶制药有限公司、烟台爱士津动物保健品有限公司3家单位联合申请注册获得批准。

34. 枫蓼胶囊。本品为牛耳枫、辣蓼经提取加工制成的胶囊剂，具有清热除湿化滞之功能，主治犬急性胃肠炎属伤食泄泻型及湿热泄泻型，证见腹痛、泄泻、呕吐等。口服，一次量，每1kg体重，犬90～180mg。一日2次，连用5日。本品对老龄犬、育种用犬、怀孕或哺乳母犬，患有先天性心脏病、严重高血压、严重肝肾功能不全、恶性肿瘤等严重疾病，以及有药物过敏史或不良反应史的犬安全性尚未得到证实，使用前需遵从兽医建议；超量使用（约为推荐剂量15倍），对亚慢性毒性试验大鼠食欲、饮欲和增重存在影响，超过推荐剂量使用前需遵从兽医建议。由北京生泰尔科技股份有限公司、爱迪森（北京）生物科技有限公司、生泰尔（内蒙古）科技有限公司、北京爱宠族科技有限公司、爱宠族（江苏）科技有限公司5家单位联合申请注册获得批准。

35. 黄柏滴耳液。本品为黄柏经提取加工制成的滴耳剂，具有清热燥湿，泻火解毒之功能，主治犬细菌、真菌感染引起的外耳道炎。滴耳：一次量，犬6～8滴，一日2次，日给药间隔6～8h，连用7～14日。或遵医嘱。本品对破损皮肤具有刺激性。由北京生泰尔科技股份有限公司、爱迪森（北京）生物科技有限公司、生泰尔（内蒙古）科技有限公司、北京爱宠族科技有限公司、爱宠族（江苏）科技有限公司5家单位联合申请注册获得批准。

36. 荆鲜止痒涂剂。本品为白鲜皮、土荆皮、苦参经提取加工制成的涂剂，具有燥湿杀虫，祛风止痒之功能，主治犬真菌、细菌引起的皮肤瘙痒症。外用：涂于患处，一日2次，连用7～14日。或遵医嘱。由北京生泰尔科技股份有限公司、爱迪森（北京）生物科技有限公司、生泰尔（内蒙古）科技有限公司、北京爱宠族科技有限公司、爱宠族（江苏）科技有限公司5家单位联合申请注册获得批准。

37. 五皮口服液。本品为桑白皮、陈皮等经提取制成的合剂，具有行气、化湿、利水之功能，主治鸡痛风。混饮：每1L水，鸡4mL，连用5日。由西安雨田农业科技股份有限公司、西安市昌盛动物保健品有限公司、河南天纳图实业有限公司、潍坊诺达药业有限公司、济南亿民动物药业有限公司、陕西鑫诚大唐畜牧有限公司、福建贝迪药业有限公司、江西仲襄本草生物有限公司8家单位联合申请注册获得批准。

38. 蒲虎颗粒。本品为蒲公英、虎杖等经提取制成的颗粒，具有清热解毒，抗炎消肿之功能，主治鸡外感风热，内郁化火所致的风热感冒，证见发热、流黄色黏稠鼻液、咳嗽、啰音、目赤肿胀、精神沉郁等。混饮：每1kg体重，鸡0.5g，将药物加入全天饮水量10%～20%的水中，供鸡集中饮用，每日一次，连用5日。由河南新正好生物工程有限公司、洛阳惠中兽药有限公司、河北农业大学、普莱柯生物工程股份有限公司、山东金铸基药业有限公司、广西大学、北京中农华正兽药有限责任公司、江西成必信生物科技有限公司、河南众科博奕生物科技有限公司9家单位联合申请注册获得批准。

39. 地黄归芩胶囊。本品为地黄、当归等药材经提取加工制成的胶囊剂，具有凉血润燥，祛风止痒之功能，主治犬血热风燥型皮肤瘙痒症，证见瘙痒、红斑、脱毛等。口服：一次量，每1kg体重，犬40～80mg，一日2次，连用14日。本品对育种用犬、怀孕或哺乳母犬安全性尚未得到证实，使用前需遵从兽医建议；对3kg以下犬使用本品时需遵从兽医建议；本品对感染性皮肤瘙痒未进行临床试验研究，疗效不明确。由北京生泰尔科技股份有限公司、爱迪森（北京）生物科技有限公司、生泰尔（内蒙古）科技有限公司、北京爱宠族科技有限公司、爱宠族（江苏）科技有限公司、喜禽（黑龙江）药业有限公司6家单位联合申请注册获得批准。

40. 千里光颗粒。本品为千里光经提取加工制成的颗粒剂，具有清热解毒，利湿之功能，主治犊牛湿热痢疾。口服：一次量，每1kg体重，犊牛0.4g，每日1次，连用3日。由北京生泰尔科技股份有限公司、生泰尔（内蒙古）科技有限公司、爱迪森（北京）生物科技有限公司、北京爱宠族科技有限公司、爱宠族（江苏）科技有限公司、喜禽（黑龙江）药业有限公司6家单位联合申请注册获得批准。

41. 复方黄芩素乳房注入剂（泌乳期）。本品为黄芩素、阿莫西林三水合物与适宜辅料制成的灭菌油性混悬液。阿莫西林是一种广谱抗生素，通过抑制细菌细胞壁合成而发挥杀菌作用，对引起奶牛乳腺炎的多种革兰氏阳性细菌和革兰氏阴性细菌均有较好杀菌活性。黄芩素可通过抑制青霉素酶和青霉素结合蛋白3的活性来增强阿莫西林抗菌活性，增强耐甲氧西林金黄色葡萄球菌对阿莫西林的敏感性。两者联用对产青霉素酶金黄色葡萄球菌和耐甲氧西林金黄色葡萄球菌均具有较好的杀菌效果。用于治疗金黄色葡萄球菌（尤其耐甲氧西林金黄色葡萄球菌）、链球菌以及大肠杆菌引起的泌乳期奶牛乳腺炎。乳管注入：挤奶后每乳室5g，每隔12h给药1次，连用3次。使用本品后，未对牛奶之外的肌肉等其他可食性组织中的兽药残留进行安全性研究，请勿食用；治疗期间的牛奶不能用于人食用；禁用于对青霉素敏感的奶牛，对青霉素过敏者勿接触本品，使用人员操作时要小心以免直接接触产品中的药物。弃奶期72h。由中国农业大学、成都中牧生物药业有限公司、重庆方通动物药业有限公司、浙江博信药业股份有限公司、北京中农大动物保健品集团湘潭兽药厂5家单位联合申请注册获得批准。

42. 麻芩止咳颗粒。本品为麻黄、黄芩等经提取制成的颗粒剂，具有清热宣肺，平喘之功能，主治猪肺热咳喘，证见发热、咳嗽、气促喘粗等。内服：每1kg体重，猪0.1g，连用5～7日。由北京生泰尔科技股份有限公司、生泰尔（内蒙古）科技有限公司、爱迪森（北京）生物科技有限公司、爱宠族（江苏）科技有限公司、五洲牧洋（黑龙江）科技有限公司5家单位联合申请注册获得批准。

43. 麻芩止咳颗粒。本品为麻黄、黄芩等经提取制成的合剂，具有清热宣肺，平喘之功能，主治鸡肺热咳喘，证见发热，精神萎靡，咳嗽，甩鼻，喘鸣，伸颈呼吸，食欲不振。混饮：每1kg体重，鸡0.35mL，连用5日。由中国农业大学、保定冀中药业有限公司、保定冀中生物科技有限公司、保定阳光本草药业有限公司、河北金达福药业有限公司5家单位联合申请注册获得批准。

44. 广金钱草片。本品为广金钱草经提取加工制成的片剂，具有清热利尿、通淋排石之功能，主治犬尿石症引起的尿频、尿急、尿痛、排尿不畅等症状。口服：一次量，每1kg体重，犬90～180mg，每日2次，7天为1疗程，连用3～4个疗程。由北京生泰尔科技股份有限公司、爱迪森（北京）生物科技有限公司、生泰尔（内蒙古）科技有限公司、北京爱宠族科技有限公司、爱宠族（江苏）科技有限公司5家单位联合申请注册获得批准。

45. 芍甘和胃胶囊。本品为白芍、甘草等经提取制成的胶囊剂。具有舒肝和胃，缓急止痛之功能，主治犬慢性胃炎引起的呕吐、厌食、腹痛等。口服：一次量，每1kg体重，犬24～48mg。一日2次，连用14日。由北京生泰尔科技股份有限公司、爱迪森（北京）生物科技有限公司、生泰尔（内蒙古）科技有限公司、北京爱宠族科技有限公司、爱宠族（江苏）科技有限公司、五洲牧洋（黑龙江）科技有限公司6家单位联合申请注册获得批准。

46. 救必应提取散。本品为救必应经提取加工制成的散剂，具有清热利湿、抗菌消炎之功能，主治鸡大肠杆菌病。混饮：每1L水，鸡1.5g，全天自由饮水，连用7日。本品不宜过量使用，否则可能对肝脏机能有一定影响。由青岛蔚蓝生物股份有限公司、河北征宇制药有限公司、瑞普（天津）生物药业有限公司、郑州福源动物药业有限公司、青岛动保国家工程技术研究中心有限公司、齐鲁晟华制药有限公司、青岛康地恩动物药业有限公司、山东乾德生物有限公司、江西博莱大药厂有限公司、山东省农业科学院家禽研究所、广西大学11家单位联合申请注册获得批准。

（以上内容以农业农村部公告为准）

（徐倩）

饲料酶制剂

饲用酶制剂是一种绿色环保的饲料添加剂，能够帮助养殖动物消化饲料中的抗营养因子，释放营养成分，提高非常规饲料原料的添加比例，降低饲料成本。随着研究的深入，饲用酶制剂在非营养领域的应用也逐渐显现，如改善动物肠道健康、抗氧化等方面的作用。目前，饲用酶制剂已成为常规添加剂，并且在畜禽生产中得到了广泛应用。

一、饲用酶制剂产量

2023年，饲料酶制剂市场呈现出积极的恢复性增长态势，总体销量较上一年度增长3%～5%。这一回升主要得益于以下几方面。

1. 市场环境改善。随着全球经济逐渐走出新冠疫情阴影，畜产品市场需求回暖，饲料产量随之提升，刺激了酶制剂的销售。

2. 成本控制策略。面对原料成本的持续上涨，饲料生产商更倾向于使用酶制剂来优化饲料配方，降低生产成本，尤其是在非营养性添加剂如植酸酶的应用上，因其能有效替代成本高昂的磷酸盐，用量增长显著。在低蛋白质日粮使用上，终端养殖企业也会使用蛋白酶降本增效，提高原料蛋白利用效率。

3. 技术革新。新酶种的开发与现有酶制剂性能的提升，如耐温性与耐酸性增强，拓宽了应用范围，促进了销量增长。

4. 产量预测。预计在接下来的一年里，随着市场需求的进一步增长和技术创新的推动，饲用酶制剂的产量将继续保持稳定增长。

二、饲用酶制剂行业发展动态

1. 行业结构调整。

（1）龙头企业市场份额。随着行业结构的调整，龙头企业通过技术创新和市场拓展，市场份额有所增加。广东溢多利成立了33年，经历饲料酶制剂产业发展历程，目前在国内饲用酶制剂市场占有率为最高。

（2）中型企业发展。中型酶制剂企业凭借价格优势和灵活的市场策略，成功抢占了部分市场份额。

2. 产品创新与迭代。

（1）新产品开发。2023年，多家企业推出了具有更高抗逆性、更广应用场景的新型酶制剂产品。

（2）研发投入加大。为了适应原料多元化和市场需求的变化，企业加大了研发投入，产品更新迭代周期进一步缩短。

3. 蛋白酶市场前景。

（1）蛋白酶需求增长。由于饲料原料价格波动、养殖企业降本需要，更重要的是低蛋白质日粮的推广都将使得蛋白酶需求迎来爆发性增长。

（2）技术突破。蛋白酶的耐温性问题取得重要进展，预计在未来将有更多高效、稳定的蛋白酶产品投入市场。近些年针对蛋白酶进行了升级改造，抗逆性能提升显著，预计未来会有较大增长。

三、饲用酶制剂行业的机遇和挑战

1. 行业机遇。

(1) 饲料原料价格波动。高企的饲料原料价格推动了对高效酶制剂的需求，为行业带来了新的增长机遇。

(2) 低蛋白质日粮推广。低蛋白质日粮的推广为酶制剂行业提供了更广阔的市场空间。

2. 行业挑战。

(1) 市场竞争加剧。随着市场的扩大，竞争也日益激烈，企业需要通过技术创新和品牌建设提升竞争力。

(2) 知识产权保护。加强知识产权保护，防止菌种流失，维护企业的研发成果和市场权益。

(3) 新产品研发。面对蛋白质资源的日益紧张，一系列新兴技术应运而生，包括原料的预消化处理和发酵技术等，这些技术的核心目标是提升蛋白质的消化率和生物利用度。如何实现酶制剂与微生物更高效的协同作用，成为了科研和工业应用中的关键问题。这一趋势不仅揭示了行业发展的巨大潜力，同时也对酶制剂技术提出了新的挑战和要求。

3. 可持续发展。

(1) 环保法规。随着环保法规的日益严格，绿色、环保的酶制剂产品将成为行业发展的重要方向。

(2) 社会责任。企业需要承担更多的社会责任，通过研发高效、环保的产品，推动行业的可持续发展。

(李阳源)

饲用酵母源饲料

一、饲料酵母介绍

酵母菌是一种单细胞真菌，在有氧和无氧环境都能生存，属于兼性厌氧菌，在有氧气的环境中，将葡萄糖转化为水和二氧化碳，生长较快；在无氧环境中，通过将糖类转化成为二氧化碳和酒精来获取能量。因此，酵母能够高效地将无机氮源转化为有机氮源制造人类所需蛋白质。

酵母源生物饲料是以酵母为生物饲料或载体，利用现代生物技术，并结合微生物发酵而获得的一系列与酵母相关的具有特定营养或功能的天然的、安全的饲料原料及饲料添加剂产品。

通过近40年的发展，酵母源生物饲料已经成为一个不可替代的且独立的细分市场，酵母年产能以5%～6%的速度递增。2023年，在饲料添加剂目录中饲料酵母产品主要包含酵母铜、酵母铁、酵母锰、酵母硒、酵母铬、产朊假丝酵母、酿酒酵母、红法夫酵母和β-1,3-D-葡聚糖（源自酿酒酵母）等产品；在饲料原料目录中饲料酵母主要包含啤酒酵母粉、啤酒酵母泥、酵母水解物、食品酵母粉、产朊假丝酵母蛋白、酿酒酵母培养物、酿酒酵母提取物、酿酒酵母细胞壁等产品。

饲料酵母作为一种绿色、天然的生物产品，成本低廉，营养丰富，其富含蛋白质（40%以上）、核酸（8%以上）、β-葡聚糖（20%以上）、甘露聚糖（20%以上），另外还含有丰富的B族维生素、微量元素、辅酶、矿物质及未知生长因子等有益成分，随着对酵母中的生物活性化合物深入研究，对其的开发、应用也将会越来越广泛，故而饲料酵母具有广泛的应用前景和巨大的开发潜力。

二、市场行情分析

1. 啤酒酵母市场行情。2014—2020年，啤酒消费量出现连续7年持续下滑，对应的啤酒酵母产量也呈现持续下降，2021和2022年啤酒消费量出现小幅度提升。国家统计局数据显示，2023年1—12月全国啤酒产量为3 555.5×10^7L，啤酒酵母泥约占啤酒产量的0.15%（干物质）。据此推算，利用啤酒酵母泥生产出来的干态啤酒酵母总量为5.33万t，同比略下降0.3%，详见表1。

表1 近十年全国啤酒酵母总产量统计

年份	全国啤酒总产量（×10^7L）	全国啤酒酵母总产量（万t）	增长率（%）（相比上年）
2023	3 555.5	5.33	−0.3
2022	3 568	5.35	+0.18
2021	3 562	5.34	+4.50
2020	3 411	5.11	−9.5
2019	3 765	5.65	−1.2
2018	3 812	5.72	−13.3
2017	4 401	6.60	−2.36
2016	4 506	6.76	−4.38
2015	4 716	7.07	−4.20
2014	4 921	7.38	−2.77

啤酒酵母泥产量下降而饲料酵母的需求却持续火热，上游啤酒厂强势上涨酵母泥招标价格，啤酒酵母加工原料成本一路走高。因此，酵母已然成为一个资源型产品，价格会持续升高，这将会导致附加值低的

酵母粉的产量越来越低，迫使企业继续向利用价值和附加值更高的破壁型酵母、酵母提取物和酵母细胞壁等产品转型。

2. 糖蜜酵母市场行情。国内酵母总产能约 67 万 t，其中用于饲用糖蜜酵母约占 8%，总产能约为 5.4 万 t，但糖蜜酵母近年来一直深受糖蜜价格波动的影响，加之能源成本、人工费用等均同比上涨，导致糖蜜酵母企业普遍面临盈利难、增量难的困境，为了缓解糖蜜的“卡脖子”问题，头部企业纷纷布局水解糖生产线，因此 2023 年全年糖蜜总需求有所回落，糖蜜价格也不再追高有所回落。

三、酵母使用情况

近年来，鱼粉、动物蛋白原料价格高企，加之全面实施限抗禁抗以来，酵母在鱼粉替代和增强机体免疫方面发挥了巨大功效，整个酵母源饲料用量较往年约增加 2%，其中面包酵母超 5.5 万 t 用量，啤酒酵母超 3.5 万 t，酵母粉 2 万 t，其他酵母源产品用量都有不同比例的增加，主要饲料酵母产品的销量统计详情见表 2。

表 2 近 3 年主要新型酵母源生物饲料产销量统计

产品名称	2023 年产销量（t）	2022 年产销量（t）	2021 年产销量（t）
活性干酵母	11 500	12 000	10 500
酵母粉	9 500	10 000	8 000
酵母水解物	35 000	30 000	25 000
酿酒酵母细胞壁	18 000	20 000	16 000
酵母硒	6 325	6 500	6 150
合计	80 325	78 500	65 650

四、行业格局动态

1. 产能加快向行业头部企业集中。酵母源生物饲料目前以啤酒酿造后排放的酵母泥经加工得到的菌体或菌体组成物以及以糖蜜或淀粉水解糖发酵得到的酿酒酵母为主，近年来随着啤酒行业兼并重组，啤酒行业逐渐出现一些如 50 万到 100 万千升级别的大厂，啤酒产能集中度趋势逐渐明显，啤酒酵母泥加工饲料酵母集中度提升，涌现了广东雅琪生物科技股份有限公司等年处理能力万吨以上干粉酵母相关产品的规模以上企业；与此同时面包酵母产业逐渐被全球三大酵母发酵企业兼并垄断，面包酵母行业产能加快向行业头部企业集中，竞争进一步加剧。

2. 成本费用提升较快、倒逼企业产品升级。不管是上游啤酒酵母泥招标价格还是酿酒酵母发酵的碳源如糖蜜及淀粉水解糖，抑或是生产环节的能源、人工还是下游环保治理费用和物流费用等成本均全面提升，这一现状倒逼企业加大研发投入，通过使用传统遗传育种、现代基因工程技术、高密度发酵技术以及酶工程技术等先进技术大大提高了酵母源生物饲料产品的诱食性、利用率和营养保健功能。

五、饲用酵母未来发展思路

饲料酵母作为一种纯天然的功能性饲料添加剂，可向动物胃肠道内的微生物提供代谢营养底物，通过滋养微生物和刺激它们的代谢活性维持和改善动物胃肠道内的微生物生态环境，可显著提高动物机体的抗应激能力、提高机体免疫力、减少抗生素使用、改善生态环境、保障食品安全、提高产品品质，同时可以改善饲料的适口性和消化性能、提高饲料利用率和养殖效益。

2023 年在鱼粉鱼油越来越短缺、动物和植物蛋白价格居高不下的大环境下，酵母源饲料产品在畜禽、水产、反刍、特种养殖、宠物喂养等饲料细分领域得到广泛的应用，向酵母要蛋白的观点深入人心、以酵母为代表的单细胞蛋白产业及其衍生物得到业界专家和同行的高度关注和认可。例如一座占地不多，年产 10 万 t 的酵母工厂，按含 45%的蛋白计算，相当于一年产 4.5 万 t 蛋白。1 亩大豆亩产 200kg 计算，含蛋白质 40%，则一年为 80kg 蛋白质，所以一个单细胞蛋白工厂相当于 56.25 万亩土地所产大豆。

因此，以酵母为代表的单细胞蛋白未来在优质蛋白源的补充、食品安全和智慧农业发展上将扮演极其重要的角色，但与此同时酵母源生物饲料行业也面临诸多挑战，如：①行业内出现劣币驱逐良币的现象，主要以一些作坊式地下工厂，在环保、安全管理、环境卫生及工人权益、产品质量要求等方面低标准甚至零标准，从而影响酵母行业正常发展；②饲料酵母终端消费成本高，如何让所有企业都用得起酵母，是饲料酵母行业急需解决的难题。

因此，为了饲用酵母行业更加健康稳健地发展，有以下 5 点呼吁。

1. 组建饲料酵母行业协会。近年来，中国成为全球酵母产能增长最为迅猛的区域，目前行业急需统一制定行业生产、加工以及产品标准，提高我国饲料酵母生产企业的竞争力，组建行业协会，为行业健康和可持续发展建言献策，抛弃单兵作战模式，资源整合，形成利益共同体，统一制定行业生产、加工以及产品标准，这样才能极大地提高我国饲料酵母生产企业的竞争力。

2. 进一步规范市场行为。政府加大处理力度，规范企业的公平竞争环境，保护市场价格，减少恶意竞争。

3. 加大研发投入。对于酵母及衍生物的某些功能特点，多以“未知因子”作用效果解释，未曾做到真正探究，这些问题仍是今后需要研究的重点，加大对酵母源生物饲料产品的投入与研究，促进整个酵母生物饲料业健康、良性、快速发展，为推动饲料和食品安全做出积极贡献。

4. 开发新产品。不断开发新饲料酵母新品种，为饲料酵母持续注入新鲜血液，同时在稳定现有产品产销能力下，拓展酵母在饲料行业的使用。

5. 销售模式创新。运用互联网和跨界思维，大胆创新，引入粉丝经济、物联经济、资本经济，实现多点盈利、多方共赢的局面。

（陈训银　董爱华　汤学敏）

2023 年益生素应用研究进展

在饲料禁抗和兽药减抗的背景下，寻找绿色、安全、高效的饲用抗生素替代物是目前畜牧业的一大研究热点。益生素是一种无毒、无药物残留、无耐药性兼绿色环保的生物活性制剂，具有调节肠道微生态平衡、改善肠道屏障、提高免疫力、增强抗氧化功能、促进营养物质的消化和吸收等作用，是理想的饲用抗生素替代物之一，在畜禽养殖生产中得到了广泛的应用。2023 年，我国关于益生素的研究应用主要涉及家禽、猪、反刍动物、水产养殖和特种经济动物等领域，现对其进行归纳整理，为益生素在动物生产中的广泛应用提供科学依据。

一、益生素研究概述

益生素（Probiotics）又称为益生菌、微生态制剂或饲用微生物添加剂，是指可以直接饲喂动物并通过改善宿主肠道微生态平衡对宿主发挥有益作用，从而达到预防消化道疾病和促进生长双重作用的生物活性添加剂。益生素可按作用效果分为生长促进剂和微生态治疗剂；按所用菌种的不同分为乳酸菌制剂、芽孢杆菌制剂和酵母菌制剂等；按照制剂含菌成分和组合，分为单一菌剂和复合菌剂。

《饲料添加剂品种目录（2013）》（农业农村部 2045 号公告）规定的可直接饲喂动物的饲料级微生物添加剂菌种共 34 种，包括地衣芽孢杆菌、枯草芽孢杆菌、两歧双歧杆菌、粪肠球菌、屎肠球菌、乳酸肠球菌、嗜酸乳杆菌、干酪乳杆菌、德式乳杆菌乳酸亚种（原名：乳酸乳杆菌）、植物乳杆菌、乳酸片球菌、戊糖片球菌、产朊假丝酵母、酿酒酵母、沼泽红假单胞菌、婴儿双歧杆菌、长双歧杆菌、短双歧杆菌、青春双歧杆菌、嗜热链球菌、罗伊氏乳杆菌、动物双歧杆菌、黑曲霉、米曲霉、迟缓芽孢杆菌、短小芽孢杆菌、纤维二糖乳杆菌、发酵乳杆菌、德式乳杆菌保加利亚种（原名：保加利亚乳杆菌）、产丙酸丙酸杆菌、布氏乳杆菌、副干酪乳杆菌、凝结芽孢杆菌、侧孢芽孢杆菌。2021 年，农业农村部办公厅发布《直接饲喂微生物和发酵制品生产菌株坚定及其安全性评价指南》对在饲料中添加或直接饲喂给动物的活的微生物，规定了安全使用基本原则、基本要求、评价方法与结构判定，为畜禽生产中的科学应用提供指导。

二、益生素的作用机理

益生素可通过增强肠道黏膜屏障功能、促进有益菌增殖、阻止病原菌的黏附和定植的方式调节动物消化道微生态平衡，保护动物健康。厌氧菌作为肠道内的优势菌群占 99%，主要包括双歧杆菌和乳酸杆菌等，而需氧菌及兼性厌氧菌只占 1%。益生素提供的有益菌（芽孢杆菌）进入肠道后，消耗大量氧气，抑制其他需氧有害菌（大肠杆菌和沙门氏菌）的生长繁殖，促进厌氧有益菌（乳酸杆菌和双歧杆菌）的生长繁殖。同时益生素生长代谢过程中，会产生抗菌活性产物，如过氧化氢和有机酸等，抑制有害菌生长，恢复肠道菌群生态平衡。

益生素与致病菌有相同或者相似的抗原物质，部分有益菌刺激机体肠道产生干扰素，增强动物机体中吞噬细胞和免疫细胞的活性，加强动物的免疫应答能力，增强机体非特异性免疫并启动特异性免疫应答，从而提高机体的免疫力。

益生素可产生蛋白酶、脂肪酶和淀粉酶，直接消化饲料中营养成分，提高饲料消化率；可降解饲料中的抗营养因子，提高饲料利用率；还能合成一定量的 B 族维生素和氨基酸，提高饲料转化率。另外，益生素还可利用果胶、纤维素及半纤维素等动物本身不能直接利用的物质，提高动物的生产性能。

三、益生素在畜牧生产中的应用

益生素在畜牧生产中的应用研究涉及家禽、猪、反刍动物、水产养殖、特种经济动物等领域。在研究对象方面，研究较多的是家禽、猪和反刍动物；在益生菌种类方面，研究较多的是芽孢杆菌、乳酸菌、丁酸梭菌和酵母菌；在应用形式方面，常用单一益生素、复合益生素、益生素与酶制剂或植物提取物配伍及益生素发酵饲料；就应用效果而言，益生素主要通过维持肠道微生态平衡，调节菌群组成，改善肠道屏障功能，促进消化吸收，提高生产性能，增强机体的免疫能力和抗氧化功能，抵御疾病侵袭，促进生长等方式发挥作用。以下将着重从5个方面综述2023年益生素在畜牧生产中的应用研究进展。

1. 益生素在家禽生产中的应用。2023年我国有关益生素在家禽生产中的应用研究，按照研究对象、益生素组成、添加剂量、试验期、应用效果等方面内容归纳成附表1。从研究对象来看，益生素在家禽上的研究主要集中于白羽肉鸡、黄羽肉鸡和蛋鸡，此外在地方鸡种、肉鸭和鹅中也有所涉及。就应用形式而言，益生素在家禽生产中存在单一益生素、复合益生素、益生素与益生元配伍、益生素与植物提取物配伍、益生素与酶制剂配伍及益生素发酵饲料等多种形式，主要的益生菌种类有芽孢杆菌、乳酸菌和丁酸梭菌等。从应用效果来看，益生素的使用可以提高家禽生长性能、饲料利用率、屠宰性能、抗氧化能力和免疫功能；可以改善肠道组织形态，调节肠道菌群结构，保持肠道健康；改善肉品质和蛋品质；可以缓解家禽由于热应激和免疫应激引起的腹泻和坏死性肠炎等损伤，治疗鸡白痢和球虫病等疾病；此外还降低了鸡舍 NH_3 的含量，提高了肉鸡养殖的经济效益。

2. 益生菌在猪生产中的应用。2023年我国有关益生素在猪生产中的应用研究见附表2。由附表2可见，在养猪生产中，益生菌主要用于哺乳仔猪和断奶仔猪。从应用菌种来看，枯草芽孢杆菌、丁酸梭菌和乳酸菌等研究较多。从使用方法上看，可单一添加，也可复合添加多种益生菌。从应用效果来看，在日粮中加入乳酸菌或芽孢杆菌对肠道感染的哺乳猪恢复效果明显，能提高生长性能，促进养分的消化吸收，并能提高乳猪的免疫能力；断奶仔猪适量添加益生素，可提高肠道屏障功能，缓解断奶应激，维持肠道微生态区系平衡，促进营养物质吸收，提高免疫功能，减少炎症与腹泻的发生，维持机体健康；在育肥猪饲料中添加益生素可以改善育肥猪胴体性状、生产性能、抗氧化能力和肉品质，提高经济效益；益生素还可以提高母猪的繁殖性能和免疫力。此外，还有减少粪便中有害菌丰度，进而改善畜舍环境质量的功效。

3. 益生素在反刍动物生产中的应用。2023年我国有关益生素在反刍动物生产中的应用研究见附表3。由附表3可知，反刍动物中研究较多的益生素有乳酸菌、芽孢杆菌、丁酸梭菌、酵母菌、复合益生菌等。在反刍动物饲料中添加益生菌可调节瘤胃微生物菌群结构，增加瘤胃微生物丰富度与多样性；提高饲料的适口性和采食量，提高干物质、有机物、酸性洗涤纤维和中性洗涤纤维的消化率；可优化肠道菌群结构，提高有益菌丰度，降低有害菌丰度；增强反刍动物的抗氧化能力和免疫力；改善肉牛和肉羊的生长性能、屠宰性能和胴体品质，从而提高经济效益。

4. 益生素在水产养殖中的应用。2023年我国益生素在水产养殖中的应用见附表4。从研究对象来看，益生素在水产养殖中的应用研究主要集中在凡钠滨对虾、南美白对虾、罗非鱼、鲫、鲤、鲈鱼和鳟鱼。从应用菌种来看，枯草芽孢杆菌、乳酸菌和丁酸梭菌研究最多。从应用效果来看，在水产饲料中添加益生素可以提高水产动物消化酶活性，促进营养物质吸收；改善肠道结构形态，调节肠道菌群平衡，提高有益菌丰度，减少病原菌丰度，增强免疫功能和抗氧化能力；促进机体生长，提高存活率和生产性能，提升水产养殖的经济效益。此外，益生素还可以有效改善水质pH、氨氮和亚硝态氮含量，降低鱼虾的发病率。

5. 益生素在特种经济动物中的应用。2023年我国有关益生素在特种经济动物上的研究主要涉及伊拉肉兔、獭兔、塔里木鸽等（附表5）。日粮中添加单一或复合益生素，能够提高生长性能，提高养分表观消化率，提高成活率；促进肠道发育、改善肠道微生物组成和影响肠道代谢物变化；增强免疫力和提高抗氧化功能；促进脂类沉积，提高屠宰性能，从而提高经济效益。

四、小结

益生素在维持畜禽胃肠道菌群平衡、防治消化道疾病、改善畜禽产品品质等方面发挥积极的作用，在促进养殖业可持续发展方面应用前景广阔。但由于菌种组成、加工方式、储存条件、添加剂量等不同，益生素的作用效果存在较大差异，因此最适益生菌菌株的筛选和生产、更加便捷的储存方式与添加方式、更加科学的加工方式和添加剂量等将成为未来益生素研究的重要方向。同时还需加强益生素与酶制剂、植物提取物、益生元等添加剂之间的科学配伍研究，最大限度地发挥益生素的功效。

（张莉莉　王恬）

寡糖对畜禽益生作用研究进展

自抗生素因为耐药性问题被禁止作为畜禽业的促生长制剂以来，人们发现了许多非抗生素促进剂来代替抗生素使用。这些非抗生素促进剂包括精油、外源酶、草药、有机酸、益生元和益生菌。益生元被定义为“一种选择性发酵的成分，可使胃肠道微生物区系的成分或活性发生特定变化，从而有益于宿主的健康。”益生元可以被肠道中有益细菌发酵，在其发酵过程中，产生挥发性脂肪酸（VFA），例如乙酸、丙酸和丁酸，VFA可以降低肠道内的pH，从而抑制部分病原菌的生长，故可以提高畜禽的生产性能。益生元通常由低聚糖和膳食纤维组成。

寡糖，又称功能性低聚糖（functional oligosaccharides，OS），来源于高等植物、藻类、细菌、酵母和真菌。IUPAC-IUBMB联合委员会根据生物化学命名法将其定义为由3～10个单糖单元通过α、β型等糖苷键连接形成的带有支链或直链的天然存在的碳水化合物。在分子量上，它们是介于单糖和多糖之间的中间化学结构。寡糖与多种生物过程有关，如抗细菌和病毒感染、抗氧化、抗诱变、抑制肿瘤转移、凝血级联等许多其他药理学活动，并且发现绝大多数寡糖相对无毒，不会引起重大副作用。基于上述特性，寡糖常作为抗生素替代品在动物饲料中使用。常见的寡糖有壳寡糖（chitooligosaccharides，COS）、甘露寡糖（mannan oligosaccharides，MOS）、果寡糖（fructooligosaccharides，FOS）、低聚木糖（xylooligosaccharides，XOS）、低聚半乳糖（galactooligosaccharides，GOS）、棉子糖低聚糖（raffinose oligosaccharide，RFO）、低异麦芽糖（isomalto-oligosaccharide，IOS）和大豆寡糖（soy-oligosaccharides，SBOS）。寡糖也具有甜味、口感好等其他特性，也被食品行业看作糖和脂肪的代替品。寡糖在健康方面的益处和其他优良特性，使其可以在食品、制药和畜牧业等领域应用。基于市场日益增加的对寡糖制品的需求，不仅要进一步开发和优化传统和新型低聚糖的生产方法，更需要对这些寡糖所需的理想剂量进行更进一步的生物活性评估。因此，在本综述中，我们讨论了2022年常见寡糖对畜禽生产性能、胴体性状、抗氧化指标、免疫反应以及肠道健康的影响，为寡糖添加剂的产业化应用提供了参考。

一、功能性寡糖的种类及益生作用机制

（一）壳寡糖（COS）

壳寡糖（COS）是自然界中唯一带正电荷阳离子碱性氨基低聚糖，是动物性纤维素，是甲壳素的衍生物，在自然界的储量仅次于纤维素。壳寡糖是由来源于虾蟹壳的壳聚糖降解成的带有氨基的小分子寡糖，是聚合度2～20的糖链。COS通常由β-1,4-O-糖苷键连接的n-乙酰氨基葡萄糖（N-acetylglucosamine，GlcNAc）或氨基葡萄糖（glucosamine，GlcN）单元组成。COS可以由确定的聚合度（degree of polymerization，DP）与不同的n-乙酰化程度（degree of N-acetylation，DA）生成，但是n-乙酰化模式（pattern of N-acetylation，PA）一般是随机的。同壳寡糖是仅由GlcN（D单位）或GlcNAc（A单位）组成的低聚物，而异壳寡糖由D和A单位组成，但其DP、DA、脱乙酰度（DD）和N-乙酰基残基在低聚物链中的位置不同。研究发现，具有较高DP（6或更高）和低平均分子质量（molecular weight，MW）的COS比具有低DP和高MW的低聚物具有更高的生物活性（图1）。

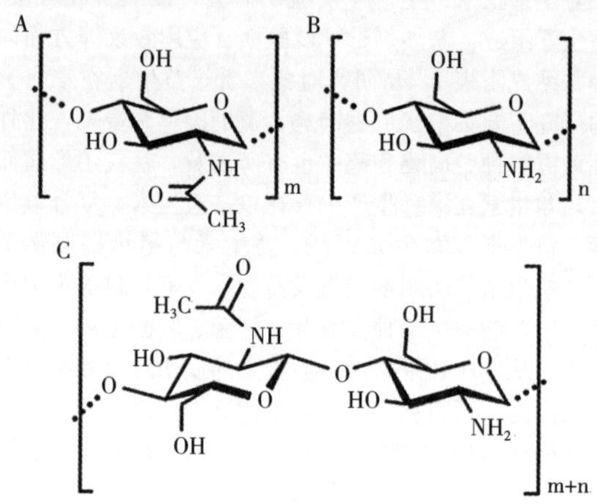

图1 （A）n-乙酰化COS、（B）n-去乙酰化COS、（C）部分n-去乙酰化COS，m=DP=2-20、n=DP=2-20、m+n=DP=2-20

COS的生物学功能和作用机制。

（1）抗菌作用。有研究表明低分子量的壳聚糖或壳寡糖对临床上重要的革兰氏阳性和革兰氏阴性菌（如蜡样芽孢杆菌、大肠埃希菌、小肠结肠炎耶尔森菌和地衣芽孢杆菌）具有高效的灭杀作用。研究人员目前认为COS结构中的初级氨基是其抗菌能力的原因，COS通过改变细胞膜的通透性导致微生物细胞死亡。带正电荷的COS可以通过结合存在于微生物细胞中的带负电荷的大分子成分从而进入到微生物的细胞壁中，阻断RNA转录。并且COS的DP、DA和是否脱乙酰化均在抗菌活性中发挥着重要作用。当DP≥5、完全脱乙酰化时有更强的抗菌能力，有研究也报道当COS包含更多的乙酰化序列（较少的去乙酰化序列）和较少的游离氨基时，表现出出更强的抗菌活性。

（2）抗氧化作用。COS具有清除自由基的能力，通过中断自由基链反应来抑制氧化损伤。但其清除自由基的分子机制尚不清楚，推测COS的氨基与不稳定自由基反应形成稳定的自由基。并且COS的抗氧化活性也受DD和MW的影响，大量研究报道了随着MW的降低，其抗氧化活性增加，在COS中给定乙酰化和去乙酰化单位比的分子相对数量与其抗氧化活性之间也发现了相关性。研究发现超过三聚体的COS具有较好的抗氧化活性，而DP 10-12的COS具有最好的抗氧化活性。

（3）抗炎症作用。COS的抗炎症能力取决于其

理化性质。有研究报道，酶法合成的低 DP 的 COS 表现出更强的抗炎症能力，并且有学者证实 COS 可以通过参与多种分子机制来抑制炎症反应。COS 可抑制脂多糖（lipopolysaccharide，LPS）诱导的炎症基因表达，该基因表达与 NF-κB（nuclear factor kappa-light-chain-enhancer of activated B cells）核易位的降低有关。因此，COS 可以减弱 LPS 诱导的血管内皮炎症反应。有研究表明，COS 可通过下调丝裂原活化蛋白激酶（MAPK，mitogen-activated protein kinases）的磷酸化水平，激活 NF-κB 和激活蛋白 1（AP-1），抑制 LPS 诱导的巨噬细胞中白细胞介素 6（IL-6）和 TNF-α 的产生。并且 COS 的衍生物也被证实能够通过抑制细胞内信号来增强抗炎活性，COS 与咖啡酸衍生物能够在 LPS 刺激的 RAW264.7 巨噬细胞中发挥抗炎能力，在转录和翻译水平上抑制 NO 的产生和 iNOS 的表达，并通过抑制 MAPK 信号通路上的蛋白表达来发挥抗炎活性。

（4）免疫调节作用。COS 对增强先天免疫系统和适应性免疫系统都是有益的。目前主要认为 COS 通过与巨噬细胞表面的膜受体相互作来发挥免疫调节作用，依赖于 toll 样受体 4（TLR4）。并且 COS 通过对巨噬细胞的趋化作用来影响和增强巨噬细胞的迁移。COS 促进细胞因子的基因转录和蛋白分泌可能是阐明免疫的少数分子机制。有研究报道了低分子量 COS 对 RAW264.7 巨噬细胞的免疫刺激活性及其作用机制。分子量为 3kDa 和 50kDa 的 COS 可引起显著的免疫调节反应，这与剂量和分子量有关。此外，COS 还能促进 NF-κB 和 AP-1 通路中重要分子基因的表达，诱导 RAW264.7 巨噬细胞中蛋白磷酸化。

（二）甘露寡糖（MOS）

甘露寡糖（MOS）可由棕榈仁饼（PKC）和椰肉粕（CM）等各种工业种植业的非食用甘露聚糖成分产生。这两种农工业副产品被认为是甘露聚糖的主要来源。近年来，设计构建了一条“淀粉-甘露糖-甘露寡糖”生物转化合成的新技术路线，能够利用储备丰富的淀粉高效制备 MOS。MOS 是通过糖苷键连接的甘露糖重复单元的短链，一般可分为两大类：α-MOS 和 β-MOS。α-MOS 是通过酵母细胞壁甘露聚糖裂解 α-（1-6）键获得的，而 β-MOS 通常是通过植物甘露聚糖裂解 β-（1-4）-糖苷键获得的。例如酿酒酵母甘露寡糖指由甘露糖和葡萄糖组成的寡糖，其主链是由甘露糖与葡萄糖或半乳糖残基通过 α-1,6 糖苷键而连接，侧链则主要通过 α-1,2 和 α-1,3 糖苷键连接组成。而魔芋甘露寡糖是由分子比为 1∶115 的葡萄糖和甘露糖残基通过 β-1,4-D-甘露吡喃糖苷键聚合而成，其侧链是由 β-1,3 糖苷键连接而成（图 2）。

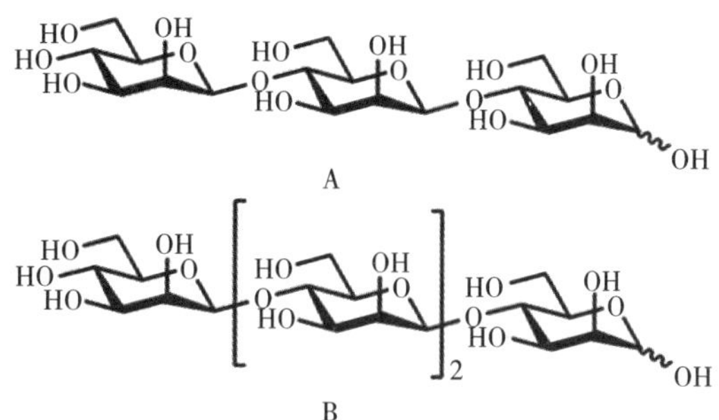

图 2　甘露寡糖（MOS）分子结构

MOS 的生物学功能和作用机制。

（1）调节肠道微生物作用。MOS 以其结合和限制肠道病原体定植的能力而闻名，如沙门氏菌、大肠杆菌、弯曲杆菌等。沙门氏菌等有害菌主要依赖于其表面或菌毛上的外源凝集素与肠上皮细胞上的甘露糖、半乳糖、岩藻糖等受体结合，在宿主消化道黏膜上吸附和定植后产生致病作用。因此使用特定的碳水化合物与其表面或菌毛上的外源凝集素结合，能够竞争性抑制病原菌定植在肠上皮细胞上，对肠道造成伤害。MOS 因为主链主要由 α-1,6 糖苷键组成，并含有丰富的 α-1,3 和 α-1,2 侧链而对带有 I 型菌毛病原菌产生超强的结合。总结得出，当 MOS 阻断革兰氏阴性致病菌对肠道的附着和定殖时，可使肠道内原生有益菌群大量繁殖，使得肠道释放出更多的营养物质用于瘦肉组织生长，提高宿主动物的免疫力。

（2）抗氧化作用。MOS 可以有效清除氧自由基，比如羟自由基（·OH）、超氧阴离子（O^{2-}）、二铵盐（ABTS+）、1,1-二苯基-2-三硝基苯肼（DPPH）自由基和螯合 Fe^{2+} 等。据报道，在体外试验中，从不同甘露聚糖底物中获得的 MOS 对 ABTS+·和 DPPH 均有清除活性。并认为低聚糖中的 C-2 和 C-6 羟基转移 h 原子与 ABTS+·自由基反应。因此，低聚糖即使在较低浓度下也能清除自由基。不同甘露聚糖生成的 MOS 均能螯合 Fe^{2+}。螯合作用与水解液浓度的增加成正比。MOS 和 Fe^{2+} 之间形成螯合物的可能原因是甘露糖部分中存在的甘露糖分子的 O-1、O-2 和 O-3。

（3）抗糖基化作用。MOS 具有抗糖基化的特性，因其结构中不含有半乳糖，可能有助于减缓衰老、糖尿病并发症和动脉硬化。据报道，在体外试验中，来自魔芋葡甘聚糖和棕榈仁饼粕的 MOS 对晚期糖基化终产物（AGEs）的抑制作用分别为 54.38% 和 56.31%，可能的原因是在 MOS 存在较少或不存在半乳糖，而单糖，尤其是半乳糖和少量支链糖促进非酶糖基化反应，并且较少的支链糖比支链糖表现出更高的抗糖基化特性。2 型糖尿病是一种胰腺 β 细胞失去功能时发生的慢性代谢疾病。从魔芋葡甘聚糖中提取的 MOS 通过增加嗜粘阿克曼氏菌（*Akkermansia muciniphila*）和假长双歧杆菌（*Bifidobacterium pseudolongum*）的数量，降低理研菌科（*Rikenellaceae*）和梭菌（*Clostridiales*）的密度来调节肠道菌群。在分子水平上，MOS 通过激活 GLUT－2 并转运至细胞膜，可上调瘦素相关蛋白的表达，下调胰岛素信号通路蛋白负调控因子、蛋白酪氨酸磷酸酶 1B 和细胞因子信号抑制因子 3 的表达，从而调节胰岛素信号通路，从而改善葡萄糖和胰岛素耐受性。

（4）免疫调节作用。MOS 能够通过影响肠道菌群来调节宿主免疫力，减轻肠道炎症。MOS 被发现可以缓解 IBD 症状。MOS 作用于硫酸葡聚糖钠诱导的结肠炎小鼠可促进大肠菌群的生长，降低不同促炎细胞因子（IL－5、IL－1a、IL－1b、G－CSF 和 MCP－1）的表达。此外，MOS 使结肠和小肠杯状细胞中 muc2（肠黏液蛋白）的表达正常化。MOS 还能调节肉鸡的免疫应答。一旦 toll 样受体识别 MOS，就会触发促炎细胞因子的级联反应，包括上调白细胞介素-12 和 IFN-g，进一步刺激 T 细胞、自然杀伤细胞和巨噬细胞 MOS 的增殖，不仅调节先天免疫，还能增强抗几种病毒感染的抗体滴度，如法氏囊病病毒、新城疫病毒和禽流感病毒，来提高宿主的免疫力。

（三）果寡糖（FOS）

果寡糖（Fructooligosaccharide，FOS）是指一类由果糖残基和 D-果糖分子通过 β－1,2 糖苷键连接而成的小分子杂多糖。GF 通过 β－1,2 糖苷键与一分子 D-果糖、二分子 D-果糖和三分子 D-果糖形成的寡糖分别叫蔗果三糖（GF_2）、蔗果四糖（GF_3）、蔗果五糖（GF_4），其分子结构如图 3 所示。FOS 在约 30 000 种植物中天然存在，如桔梗科、菊科、龙胆科、半边莲、金虎尾科、报春花、紫草科等。FOS 也具有低热值、高水溶性、相对热稳定性和酸稳定性、成胶性和贮存稳定性等优良性质。生产果寡糖主要采用人工合成法，目前很多国内外厂家利用糖基转移法来生产果寡糖，即利用 β-呋喃果糖苷酶（E. C. 3. 2. 1. 26）将蔗糖（GF）的一个果糖单位（F）转移到另一蔗糖分子的果糖末端，形成 GF_2、GF_3、GF_4 等。

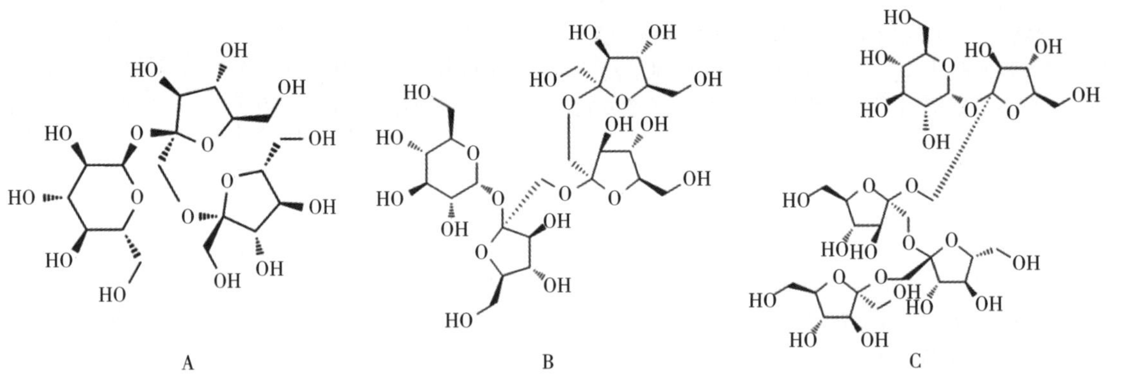

A　B　C

图 3　果寡糖（FOS）分子结构

FOS 的生物学功能和作用机。

（1）调节肠道微生物作用。果寡糖可以在动物消化道的后端被双歧杆菌和乳酸杆菌作为营养基质选择性利用，发酵产生的挥发性脂肪酸可以降低肠道的氧化还原电势和 pH，从而有效阻止病原菌在肠道中定植，达到抑制病原菌的目的；同时，有害菌因不能分泌可分解果寡糖的果糖酶而被抑制繁殖。直接吸收外源性毒素，当肠道存在果寡糖时，可与毒素相结合，甚至可以把与毒素结合的肠黏膜上皮细胞的糖基置换下来，从而减少毒素与肠黏膜上皮细胞结合的机会。

（2）调节营养物质代谢作用。果寡糖在动物肝脏中主要以丙酸的形式代谢，到达肝脏的丙酸在肝脏内调控胆固醇的合成，从而加强脂质的代谢。蛋白质和氨基酸代谢产生对甲酚、苯酚、4-乙基苯酚、吲哚、3-甲基吲哚等毒素，果寡糖能通过两种途径，使蛋白质的腐败被抑制和合成菌体蛋白，有效降低粪中此类物质的含量，因此粪氮排出量增加。

（3）免疫调节作用。肠道中的双歧杆菌分泌胞外糖苷酶，这种酶能使肠黏膜上皮细胞产生的多糖物质降解，从而阻止致病菌和毒素在肠黏膜上的定植，果寡糖可以促进这些有益菌的增殖；果寡糖作为抗原和免疫佐剂可以直接参与到机体体液免疫和细胞免疫的过程中。

（四）低聚木糖（XOS）

低聚木糖（Xylooligosaccharides，XOS）由木聚糖酶水解木聚糖而来，由木糖单元通过 β－1,4 糖苷键连接而成，主要成分为木糖、木二糖、木三糖及少量木三糖以上的木聚糖，木二糖和木三糖的分子结构如图 4 所示。生产低聚木糖主要是酶解法，商业上生产木寡糖主要是以含有木质纤维素（Lignocellulosic

Material，LCM）的物质为原料，通过食品级的木聚糖酶水解后，一般以β-1,4-内切木聚糖酶为主，分离精制而成的。并且木聚糖天然存在于饲料中，并已被证明会导致消化黏度增加，从而降低养分的消化率和生长。因为常见谷物中还存在变异很大的木聚糖酶抑制剂，所以对于在饲料中补充木聚糖酶与补充低聚木糖的问题，以及两者在单胃家畜肠道健康和性能方面的共生问题仍有待讨论（图4）。

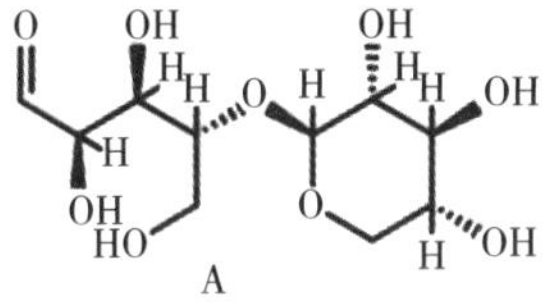

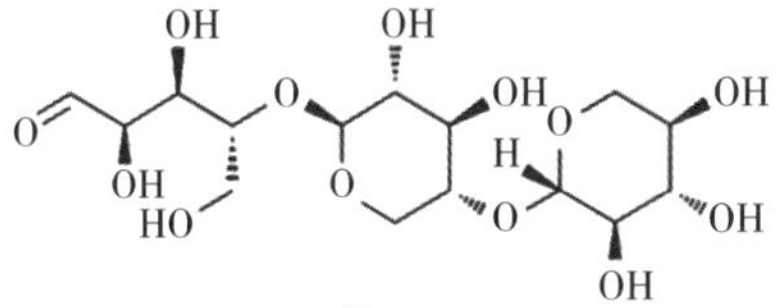

图4 木二糖和木三糖的分子结构

（五）低聚半乳糖（GOS）

低聚半乳糖（Galactooligosaccharides，GOS）由各种β-糖苷键连接的半乳糖单元组成，半乳糖或葡萄糖位于还原端。已知糖苷键包括β（1-2）、β（1-3）、β（1-4）和β（1-6）等，聚合度（DP）为3-8。其天然存在于香蕉、洋蓟、洋葱、大蒜和蜂蜜等食物中，工业生产GOS通常使用β-半乳糖苷酶对工业副产品中的乳糖进行酶转半乳糖基化。牛乳及羊乳中寡糖以唾液酸寡糖为主，人乳寡糖（Human milk oligosaccharides，HMO）的核心结构为一个乳糖单元［Gal（β1-4）Glc］或N-乙酰乳糖胺［Gal（β1-4）GIcNAc］。GOS具有稳定的物理性质，例如可以在160℃中性pH或120℃ pH＝3的条件下存在10分钟，并且不被消化酶消化，但易在结肠中发酵。根据广泛研究得出，与FOS类似，GOS具有显著的双生活性，有助于增加短链脂肪酸（SCFAs）的产生，这与降低患结直肠癌的风险、增加矿物质吸收和降低血液胆固醇水平有关。β-半乳糖苷酶可以通过转糖苷作用将乳糖转化为低聚半乳糖，过程如图5所示。

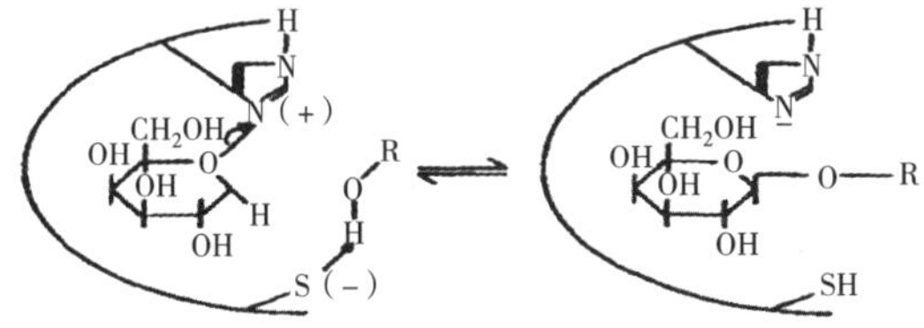

图5 半乳糖苷酶合成低聚糖的反应

二、饲粮中添加寡糖对畜禽的益生作用

（一）壳寡糖在生产中的研究进展及应用

在单胃动物中的研究进展及应用。

（1）家禽生产方面。Zhang等（2022）研究报道，在孵化第12.5天胚蛋注射5mg COS，COS组中利用多糖的细菌（包括约氏乳杆菌、粪拟杆菌和*Bacteroides salanitronis*）相对丰度较高，而一些机会致病菌的相对丰度低于对照组。COS组富含糖异生、L-异亮氨酸降解、L-组氨酸生物合成和脂肪酸生物合成的途径，并且COS组的丙酸含量更高。结果说明：用5mg COS可能对肉鸡进行早期营养调节肠道微生物组、相关代谢途径和SCFA的产生，进而影响肉鸡的肠道健康和整体健康以及生产性能。另外，Chang等（2022）在肉鸡日粮中分别添加COS、IMO、RFO，研究得出添加30mg/kg COS显著提高了血清IgM、T-SOD水平，在三种寡糖中效果最显著，并且所使用的是DP较低的COS，与先前研究一致。并且添加COS显著提高了平均日增重（ADG）、平均日采食量（ADFI）、回肠绒毛高度和VH/CD比，降低了隐窝深度（CD），增加了29～56d肉鸡的肠道微生物丰度，认为提高生产性能可能与饲粮中添加COS后肠道菌群的变化有关。研究表明，在1～14日龄肉鸡日粮中添加400～800mg/kg的COS，上调了肠道营养转运蛋白和紧密连接蛋白的表达水平，增强了小肠抗氧化酶活性，下调了空肠中TLR4、MyD88、NF-κB p65和IL-1β的水平，与对照组相比，添加COS组肉鸡的十二指肠相对重量和绒毛表面积显著高于对照组，说明COS能够通过促进1～14日龄肉鸡肠道发育、缓解肠道炎症和增强抗氧化能力来改善肠道功能。此外，在肉鸡基础日粮中添加400mg/kg的COS提高了腿肌的自由基清除能力，提升了抗氧化酶活性和上调了抗氧化相关基因的表达水平，并且COS组肉鸡腿肌中粗蛋白含量增加，剪切力降低，脂肪酸组成得到改善，腿肌中肌纤维更多向氧化性肌纤维转化，说明添加COS能够改善肉鸡腿肌的肉品质，这可能与COS能够提高肉鸡腿肌抗氧化能力和促进肌纤维转化有关。在另一项试验研究中也证实了这一点，在日粮中添加600mg/kg COS能够提高家禽生长性能、胸肌相对重量，降低腹部脂肪相对重量，改善胸肌和腿肌屠宰后的pH、色泽和滴水损失，以及通过提高自由基活性、抗氧化酶活性和激活Nrf2信号通路中的基因表达来增强胸肌和腿肌的抗氧化能力。

多项研究表明，COS处理可优化产蛋高峰期蛋鸡的生产性能和蛋品质。Gu等（2022）研究发现，饲粮添加15mg/kg COS时，未攻毒蛋鸡产蛋率最高，饲料转化率最低，并显著提高健康蛋鸡鸡蛋的蛋白高度和哈氏单位。此外，在LPS攻毒蛋鸡的饲料中添加15mg/kg COS，显著降低了空肠IFN-γ、IL-1β和回肠IgM水平，增加了空肠occludin和回肠claudin-2、NRF2和HO-1基因的表达。说明COS可以提高转录因子NRF2及其靶基因HO-1的表达以发挥抗氧化功能，这种改变也可能是COS在蛋鸡中的抗炎作用的可能解释。此外，在日粮中添加0.1、0.2和0.5g/kg的COS能够显著提高蛋鸡血清中免疫球蛋白、禽流感和新城疫抗体的浓度，降低血清中钙离子的浓度，这可能是钙离子被运输到子宫形成蛋壳，并且与对照组相比，饲喂COS的蛋鸡输卵管、睾丸和肠道的组织形态均有所改善，输卵管腺体数量得到增加，睾丸生精小管数量和直径增加。这表明在基础日粮中添加COS对蛋鸡免疫功能和生产性能有积极的影响。

(2) 猪生产方面。在断奶期，补充不同分子量的COS可改善日增重、饲料效率并降低腹泻评分。Yu等研究报道，对于肠毒素性大肠杆菌（ETEC）攻毒的断奶仔猪，添加COS能够部分逆转ETEC引起的平均日增重和平均日采食量的负变化，从而缓解饲料转化率的增加。与对照组相比，COS促进*Phascolarctobacterium*、*Prevotella*和*Prevotella* _ 9等有益菌群成为仔猪的主要肠道菌群，降低了仔猪患病风险。然而，COS处理也降低了仔猪肠道中乳酸杆菌、链球菌和阿那罗沃夫的丰度。并且COS对ETEC引起的$STAT_3$ mRNA相对表达丰度的增加有显著的抑制作用。与CON组相比，COS、ETEC和COS * ETEC组中的IL-10和$FOXP_3$ mRNA显著降低，说明COS可能有利于通过调节微生物群和Th_{17}/Treg平衡相关的免疫信号通路来改善生长性能和减轻ETEC导致的肠道炎症。此外，研究表明，对于LPS攻毒的断奶仔猪，添加COS能够减轻仔猪的氧化损伤，并且可以通过调节线粒体凋亡和MAPK通路来减轻LPS导致的仔猪肠道炎症。与攻毒组相比，COS激活了p38、pp38和MyD88的表达，并且抑制了MAPK信号通路中JNK1和JNK2的表达和磷酸化。

（二）甘露寡糖在生产中的研究现状及应用

1. 在单胃动物中的研究进展及应用。 Rehman等(2022)研究得到日粮添加MOS和硒纳米颗粒(SeNPs)通过增加胰脏和法氏囊器官指数、十二指肠和空肠绒毛高度（VH）、绒毛表面积（VSA）、VH∶CD，以及血清胆固醇和回肠IEL密度来缓解肉鸡在高放养密度（HSD）下的应激状况。Teng等报道，肉鸡日粮中添加0.04% MOS显著提高了其14d体重（BW）和体增重（BWG）；联合添加MOS和β-葡聚糖显著增加了其空肠绒毛高度。Biswas等研究得出，肉鸡日粮中添加0.2% MOS显著提高了其大腿、胸部、背部和腿的相对重量，降低了胆固醇和脂肪含量；添加0.1%和0.2% MOS显著提高了其持水能力（WHC）和提取物释放量（ERV）；添加0.1%、0.2% MOS和0.2% FOS降低了鲜肉中标准板计数（SPC）、大肠菌群和葡萄球菌水平；显著提高了鸡胸肉和腿肉的DPPH（1,1二苯基2苦味肼）值，降低了脂质氧化水平（游离脂肪酸）。另外，在蛋鸡日粮中添加0.1、0.2、0.5g/kg MOS显著提高了蛋鸡血清中免疫球蛋白和禽流感抗体的水平，与对照组相比，饲喂0.1g/kg和0.2g/kg MOS的蛋鸡输卵管（峡部）数量增加，睾丸生精小管数量增加，小肠形态改善，这可能是由于MOS具有抗氧化剂的作用，能够保护输卵管、睾丸和小肠组织形态结构免受自由基的破坏影响。

猪生产方面。Yu等研究得出，仔猪日粮中添加0.3% MOS可显著降低产肠毒素大肠埃希菌（ETEC）诱导仔猪腹泻发生率；显著提高因产肠毒素大肠埃希菌（ETEC）诱导而降低的空肠黏膜GSH-Px和SOD的含量；显著提高因产肠毒素大肠埃希菌（ETEC）诱导而降低的sIgA阳性细胞的丰度；显著降低因产肠毒素大肠埃希菌（ETEC）诱导而升高的血清中D-乳酸和DAO的浓度；降低ETEC诱导的IECs凋亡总量；降低因产肠毒素大肠埃希菌（ETEC）诱导而升高的十二指肠和空肠黏膜TLR4和NF-κB的表达水平。一项试验研究中，合成了甘露寡糖硒（MOSS）并添加在断奶仔猪基础日粮中，以研究MOSS对ETEC诱发的断奶仔猪腹泻的影响，试验结果发现在日粮中添加MOSS增加了大肠杆菌处理组断奶仔猪的平均日增重和平均日采食量，显著降低了仔猪腹泻指数和频率，并且显著降低ETEC导致的仔猪炎症刺激和氧化应激。

2. 在复胃动物中的研究进展及应用。 MOS能够通过调节生物胃肠道微生物群，进而改善机体胃肠道功能和免疫功能、生产性能。Liu等（2022）报道，在湖羊羔羊日粮中添加MOS显著提高了有机质(OM)、粗蛋白（CP）、醚提取物（EE）、钙（Ca）和磷（P）的表观消化率以及不饱和脂肪酸（UFA）的比例，降低羔羊腹泻率和饱和脂肪酸（SFA）比例($P<0.05$)。通过代谢组分析得到MOS上调了血清中甘油磷脂乙醇胺和甘油磷脂的浓度，从而通过甘油磷脂代谢和甘油磷脂代谢途径增加了肌肉和脂肪组织中UFA的比例，说明MOS通过甘油酯和甘油磷脂代谢途径有益于早期湖羊的健康、营养利用和脂肪酸组成。另一方面，Yang等（2022）研究发现在黑山

羊羔羊时期补充 MOS 可以提高血清 CAT 含量、降低 MDA 含量，通过提高血清 IL－4 和降低 IL－6 水平来减少炎症反应，并促进 IgA 分泌和乳酸杆菌在回肠的定植，这可能是维持肠道健康和提高新生反刍动物存活率的有效方法。

（三）果寡糖在生产中的研究进展及应用

1. 在单胃动物中的研究进展及应用。

（1）家禽生产方面。FOS 可以通过抑制黏附来减少家禽胃肠道中的病原体。Froebel 等研究报道，使用包括 FOS 在内的 4 种益生元处理鼠伤寒沙门氏菌和空肠弯曲杆菌体外黏附 LMH 的鸡上皮细胞系时，FOS 对两种病原体的黏附都有抑制作用，但使贴壁沙门氏菌的减少量最大（50.79%），但具体机制尚不清楚。益生元和益生菌协同作用已成为治疗各种疾病的有效生物治疗方法。Mohammed 等研究得出，饲粮中添加合生元（FOS 和 4 种选定微生物菌株的混合物）使得热应激（HS）肉鸡在发出第一次发声之前潜伏期显著减短，在隔离测试期间发声次数显著增多。添加 1g/kg 合生元组在触摸测试期间接近人类的鸟类数量显著增多，显著提高了肉鸡血浆色氨酸含量，显著降低了嗜异性/淋巴细胞（H/L）比值。色氨酸是 5-羟色胺能功能的关键组成部分，通过减少 HS 连接的氧化应激参与体温调节，并直接作为情绪、恐惧和相关行为的重要决定因素。合生元可能对色氨酸代谢产生影响，导致通过微生物组-肠-脑轴增加脑 5-羟色胺浓度，改善了热应激条件下肉鸡的恐惧状态和相关应激反应。此外，Song 等（2022）研究得出，与对照组相比，日粮中添加 FOS 和植物乳杆菌显著增加肉鸡的平均日增重和钙磷消化率，显著增加血清 IgA、IgG 和 IL－10 水平，降低了血清 TNF-α、IL－2 和 IL－6 水平，降低 MDA 水平，增加 SOD 水平。与对照组和金霉素比，FOS 和植物乳杆菌组中鸡乳酸杆菌种群显著增加。因此，FOS 和植物乳杆菌通过增强免疫球蛋白浓度的产生以及各种炎症相关细胞因子的调节表达来增强全身抗体反应，而乳酸菌种群的增加可能是免疫和抗氧化特性的原因。添加 FOS 也对蛋鸡的生产性能产生积极影响。在海兰褐蛋鸡基础日粮中添加 0.6%的 FOS 显著改善了鸡蛋蛋白与蛋黄的相对重量，蛋黄颜色和蛋白指数，增加了蛋鸡血清中抗氧化酶和免疫球蛋白浓度，改善了空肠的形态结构，提高粗蛋白和氨基酸的消化率。

（2）猪生产方面。FOS 不仅能促进断奶猪生长，还能有效减少致病菌在肠道的定植。Liu 等研究报道，对于肠毒素性大肠杆菌（ETEC）攻毒的断奶仔猪，饲喂添加 2.5g/kg FOS 显著提高了仔猪日增重、粗蛋白质表观消化率（CP）、总能（GE）和粗灰分（ash），降低了腹泻发生率，还升高了血浆中 IgA 和 IgG 的浓度，这可能与 FOS 刺激免疫器官的生长发育，促进淋巴细胞分化，增强细胞免疫和体液免疫有关。添加 FOS 可降低血浆中 D-乳酸的含量，增加绒毛高度和 V/C 比值，下调空肠和回肠中 IL－6 和 TNF-α 以及十二指肠中 IL－1β 和 TNF-α 的 mRNA 表达。添加 FOS 显著提高了盲肠食糜中 SCFA 浓度，降低了盲肠中大肠杆菌的丰度，但显著增加了盲肠中双歧杆菌和芽孢杆菌的丰度。这可能是由于致病菌如大肠杆菌不能利用益生元。说明有益细菌发酵的产物提供了一个酸性环境，这对抑制有害细菌的生长很重要。FOS 的添加不仅提高了十二指肠和空肠中 ZO－1 的表达水平，还提高了回肠中 occludin 和 FATP4 的表达水平，提高了营养转运蛋白（LAT1、CAT1、SGLT1 和 GLUT2）的表达水平，改善了猪肠道完整性和上皮功能。此外，Zhang 等研究报道，补充 FOS 显著降低了第 0～7 天和第 0～21 天断奶仔猪的腹泻发生率，可改善 Nrf2 的抗氧化酶活性和表达，并降低血清中 D-乳酸浓度和 TNF-α 浓度。显著增加了回肠黏膜中 claudin－1、claudin－2、claudin－4 和 occludin 的 mRNA 表达，提高了结肠黏膜中 ZO－1、claudin－1、occludin 和 pBD－1 的 mRNA 表达，FOS 增加了肠道中 Sharpea、Megasphaera 和 Bacillus 的数量（$P<0.05$）。相关性分析表明，回肠黏膜 occludin 和 claudin－1mRNA 表达与 Sharpea 和 Bacillus 种群呈显著正相关（$P<0.05$）。结肠黏膜 occludin、claudin－1mRNA 表达量与 *Sharpea*、*lactobococcus*、*Bifidobacterium* 丰度呈显著正相关（$P<0.05$）。添加 FOS 对母猪的繁殖性能也有有利影响，在母猪妊娠后期日粮中添加 FOS 可以显著降低仔猪死产数量和死产率，提高母猪胰岛素敏感性和胎盘血管生成标志物的表达水平，这可能是死产率降低的原因。同时添加 FOS 提高了母猪产前粪便评分，增加母猪粪便中的双歧杆菌丰度，降低大肠杆菌丰度，活跃母猪肠道，有助于减少母猪围产期长时间便秘。在仔猪无纤维饮食基础上添加 3%的 FOS 降低了仔猪血清总胆固醇浓度，减少仔猪的脂质合成，通过微生物功能预测发现补充 FOS 往往能提高表达胆汁酸代谢酶的肠道细菌的相对丰度，这可能是脂质合成减少的原因。总而言之，FOS 对改善肠道健康状况的作用与提高宿主的抗氧化能力、优化肠道微生物组成和提高 SCFA 产量有关，定植细菌的代谢产物通过激活 Nrf2 信号通路来增加肠上皮细胞的抗氧化能力，从而影响宿主的生理状态和稳定状态。

2. 在复胃动物中的研究进展及应用。FOS 如何影响反刍动物早期的 GIT 微生物群目前知之甚少。Quijada 等报道，日粮添加甜菜低聚果糖和大蒜残渣能够显著增加新生羔羊的平均日体重，羔羊粪便菌群中细菌多样性较低，双歧杆菌、肠球菌、乳酸杆菌和韦荣氏球菌的细菌多样性更高，但可能需要进一步研究完成宏基因组测序，以便深入表征微生物群落及其基因组内容，并确定关键生物作为益生菌的潜在来源。

(四) 低聚木糖在生产中的研究进展及应用

在单胃动物中的研究进展及应用。

家禽生产方面。低聚木糖和木聚糖酶的组合可以降低饲粮在肠道中的黏度，提高营养吸收，并刺激肠道微生物群落更有效地降解纤维和产生短链脂肪酸，来提高性能。González-Ortiz 报道，饲粮添加 XOS 和木聚糖酶显著提高了肉鸡育肥期可消化 DM、有机质 (OM)、灰分和能量的采食量（$P<0.01$），使得饲喂缺乏能量和 AA 不足的饲粮的肉鸡生产性能、可消化的营养和能量达到对照组相近的水平。相似地，Singh 等（2022）研究报道，在肉鸡日粮添加木聚糖酶能极显著提高育肥期和全期的平均日增重（ADG）和最终增重（FBWG），而添加 100mg/kg XOS 可显著提高 IL－10 和 IL－4 基因水平表达。XOS 和木聚糖酶均能提高乙酸产量，且不存在加性效应。木聚糖酶增加总 SCFA（$P<0.01$），XOS 有增加趋势（P＝0.052），添加 0.01％木聚糖酶可提高瘤胃球菌科 (*Ruminococcaceae*) 的平均比例（$P<0.01$）。由此可见，在饲粮中添加木聚糖酶和 XOS 可通过增加盲肠发酵增加 SCFA 的产量。然而，这种改善可能并不一定依赖于微生物群多样性的变化或黏膜吸收表面的增强。该研究添加木聚糖酶和 XOS 造成的生产性能的差异，可能由于 XOS 水平偏低，导致未产生足够的 SCFA，但对 XOS 组中 SCFA 的大幅增加可能归因于其启动盲肠菌群，以增强选择性底物的发酵。Natalie 等肉鸡高粱基础日粮中添加麦麸和 2 000mg/kg XOS 显著增加 35d 体重，添加麦麸和 XOS 增加了采食量 (FI) 和体增重（BWG）；添加麦麸、2 000mg/kg XOS 和木聚糖酶时，回肠 XOS 浓度最大，增加了盲肠总 SCFA、乙酸和丁酸浓度以及木聚糖酶和纤维素酶活性。在另外一项研究中也发现，在肉鸡日粮中添加不同水平的 XOS，盲肠菌群中的双歧杆菌丰度随着 XOS 水平的增高呈线性增加，而产气荚膜梭菌丰度随之降低，说明添加 XOS 对肉鸡的肠道菌群具有有益的影响。此外，Lin 等（2022）报道添加 500mg/kg XOS 显著增加对照组肉鸡的 WG，有助于减轻艾美耳球虫引起的 DM 表观回肠消化率下降 (P＝0.052) 和 claudin－1 上调（$P<0.05$），降盲肠低异丁酸（P＝0.08）和异戊酸（P＝0.062）的浓度，并认为 XOS 可能作为信号分子来调节微生物群落适应消化阿拉伯木聚糖。总而言之，我们需要进一步研究以确定肉鸡获得最大 SCFA 产量所需的最佳 XOS 水平。

Wang 等曾报道，与对照组肉鸡相比，100mg/kg XOS＋（γ 辐照黄芪多糖）IAPS 组提高了肉鸡 ADG 和降低了 F/G，增加了所有肠段的绒毛高度（VH）、空肠杯状细胞数和 VH 与隐窝深度比（VH/CD）。XOS＋IAPS 组在空肠中显示出更低的血浆 D-乳酸浓度和更高的 claudin－1、claudin－3 和 occludin mRNA 表达（$P<0.05$），与抗生素组效果相当。Wang 等（2022）通过进一步研究发现，XOS 和 IAPS 存在相互作用，100mg/kg XOS＋IAPS 组增强了血清溶菌酶和 T-AOC 活性，降低了 MDA 浓度，提高了空肠黏膜 IL－2mRNA 表达水平，增加了十二指肠和空肠中产生 IgA 的细胞的数量，增加了厚壁菌门与拟杆菌门的比例、瘤胃球菌科的比例，以及 *Barnesiella* 和 *Negativibacillus* 的比例（$P<0.05$）。并且 XOS 和 IAPS 的组合效应优于金霉素、XOS 或 IAPS 的单独效应。故推测 XOS 和 IAPS 的补充剂量有利于增强一些产生 SCFAs 的细菌的发酵，但这些底物不足以产生大量的 SCFAs，但能够为肉鸡提供更好的氧化还原环境和更完整的黏膜免疫屏障功能。最新研究表明，在肉鸡日粮中添加 0.5％XOS 和 1％富含阿拉伯木聚糖的小麦可以提高肉鸡 5％的饲料效率，减少约 19％维持胃肠道的能量，通过蛋白质组学分析发现 XOS 减少上皮细胞迁移和分化、肌动蛋白聚合，从而减少维持空肠的能量需求来提高肉鸡生长效率。

(五) 低聚半乳糖在生产中的研究进展及应用

1. 低聚半乳糖在单胃动物中的研究进展及应用。

(1) 家禽生产方面。有研究表明 GOS 通过增加肉鸡体内编码紧密连接、黏液蛋白和宿主防御肽的基因表达，加强了肠道的物理和免疫屏障，同时抑制全身的炎症反应。Slawinska 等曾报道，12d 胚蛋注射 GOS 可缓解在热应激下肉鸡的体重和饲料效率的下降，减少足垫皮炎（FPD）的发生率，调节肉鸡的体温来降低死亡率。另外，Tavaniello 等报道，胚蛋注射 GOS 能够缓解热应激对蛋鸡肉质性状的不良影响，降低总饱和脂肪酸（SFA）、增加单不饱和脂肪酸 (MUFA) 含量。相似地，Yang 等（2022）研究得出，GOS 处理显著提高了肉鸡血液中脂肪酶和 α-淀粉酶的活性，促进了鸡的脂肪合成和淀粉水解，并推测 GOS 刺激了肉鸡厚壁菌和拟杆菌的组成发生变化，从而进一步改变 LysoPC 的含量，并影响肉鸡的脂质积累。此外，Madej 等在鸡蛋中注射 GOS 后增加了孵化出的肉鸡 21d 盲肠扁桃体（CT）（CD4＋和 CD8＋细胞）和脾脏（CD8＋细胞）中参与细胞免疫的细胞数。

Richards等研究得出，肉鸡日粮中添加GOS制剂可提高其生长速度、35d平均体重、增加发育中鸡肠道回肠绒毛中杯状细胞的密度、增加IL-17A基因表达，降低IL-10基因表达，同时发现增加特定乳杆菌的丰度，即*L. crispatus* DC21.1和*L. johnsonii* DC22.2，并确定其是促进生长速度和肠道健康的关键物种。Lafontaine等进一步研究得出，添加GOS显著提高了空肠弯曲杆菌定植肉鸡的生长速度、35d平均体重、短暂增加了空肠弯曲杆菌定植肉鸡的绒毛长度和隐窝深度；上调回肠和盲肠IL-17A转录水平，抑制IL-17F在空肠弯曲杆菌定植后的转录水平，增加盲肠中约氏乳杆菌的丰度。以上研究表明，GOS可以与特定菌协同调节宿主的肠道健康和先天免疫，提高生产性能，减少环境或病原体造成的负面影响，并提高动物福利。

（2）猪生产方面。研究证明GOS可以通过调节哺乳仔猪的肠道微生物群，从而对肠道功能产生有益影响。Gao等曾报道，在LPS攻毒前饲喂1g/kg GOS可显著降低哺乳仔猪由LPS引起的MDA和ROS含量增加，提高T-AOC活性，增加了结肠黏膜中*norank _ f _ Muribaculaceae*和*Romboutsia*的相对丰度，降低异普氏菌、弯曲杆菌和幽门螺杆菌的相对丰富度。并且GOS显著降低IL-1β、IL-6、TNF-α、CD14的浓度，以及TLR4和MyD88的相对mRNA表达。此外，GOS显著降低MUC2的相对mRNA表达，显著增加Claudin-1和ZO-1的蛋白表达。因此，作者认为GOS补充剂增加了产生SCFAs的细菌的相对丰度，高浓度的SCFAs可能有助于减少LPS攻毒乳猪促炎细胞因子的分泌并维持结肠上皮屏障功能。进而Tian等（2022）报道，早期补充GOS可提高哺乳仔猪因LPS诱导的十二指肠乳糖酶、回肠麦芽糖酶、蔗糖酶、十二指肠和空肠淀粉酶降低，提高营养吸收基因的表达水平，降低促凋亡因子表达，提高被LPS诱导而降低的HO-1和NQO-1的表达，激活AMPK。并且推测，肠道微生物群衍生的丁酸能够介导GOS激活哺乳仔猪肠黏膜中的AMPK信号，这些变化可以减轻LPS对AMPK的抑制作用。然而，GOS激活AMPK的机制仍需进一步研究。此外，补充GOS可对母猪的繁殖性能产生影响。在经产母猪的基础日粮中添加600mg/kg GOS有缩短母猪分娩过程的趋势，添加600mg/kg GOS和100mg/kg或200mg/kg猪胆酸显著增加了出生仔猪的平均体重，提高了母猪初乳免疫球蛋白IgA，显著降低了肠道菌群中链球菌的相对丰度和血清甘油三酯的水平，并发现链球的相对丰度菌与甘油三酯的含量成正相关，说明补充GOS可以通过调节肠道微生物群的组成来改善脂质代谢紊乱。

2. 低聚半乳糖在复胃动物中的研究进展及应用。 王飞飞等在牛奶中添加低聚半乳糖显著提高了犊牛1～4周龄腹泻率，提高了血清中钙和镁的含量，有提高血清HDL含量的趋势，对脂代谢有积极影响。进而Chang等（2022）研究发现，犊牛断奶前补充GOS具有持续作用，可增加犊牛断奶时的ADG和体重，降低其腹泻发生率，改善瘤胃微生物结构，并通过增加拟杆菌和普氏菌的相对丰度和减少有害细菌的丰度促进瘤胃发酵，但具体调控机制有待进一步探究。在犊牛日粮中持续添加GOS，增加了犊牛的ADG和肠道后端的发酵，特别是增加了醋酸盐和丙酸盐的产量，并且ADG和短链脂肪酸浓度随GOS呈时间依赖性增加。同时，研究发现添加GOS延缓了犊牛肠道内双歧杆菌的自然衰减，促进了肠道后端微生物组的成熟和稳定。此外，Cai等（2022）报道，口服2% GOS显著降低了犊牛中、重度肺病的病变比例。GOS显著降低犊牛BALF中IL-8、TNF-α、IL-6和IL-1β的含量，抑制了犊牛肺中溶血性曼氏杆菌-LPS lgG的水平和犊牛的溶血性曼氏杆菌阳性率感染，抑制了体内NLRP3炎症小体的激活。并认为肺部炎症与NLRP3炎症小体的激活可能有关，而GOS通过抑制caspase-1的激活以及ATP、ROS和MDA的产生，显著降低了TLR4的表达，降低了p38、ERK1/2、JNK1/2 MAPK和NF-κB p65的磷酸化来抑制NLRP3炎性小体激活，进而减轻呼吸道和全身炎症反应。

三、小结与展望

寡糖的种类繁多，壳寡糖、甘露寡糖、果寡糖、低聚木糖、低聚半乳糖是畜禽生产过程中常用的5类，可以通过提高畜禽肠道发育、形态水平从而促进畜禽生长发育、提高抗病能力和生产性能。寡糖在动物生产领域有很大的应用前景，是抗生素的有效替代品。然而，寡糖发挥作用的机理并不明确。因此，畜禽生产过程中对寡糖的使用目前主要基于经验累积。

未来的研究应重点探讨寡糖生物活性背后的具体机制，这将有利于更合理更有效地发挥寡糖的功能。

（赵丽红）

附表 1　益生素在家禽生产中的应用

研究对象	益生素组成	添加剂量（饲料）	试验期	应用效果	参考文献
白羽肉鸡	丁酸梭菌（有效活菌数≥1×10^9 CFU/g）	100、200、400、600mg/kg	43d	饲粮中添加 400mg/kg 丁酸梭菌制剂能够提高白羽肉鸡生长性能和免疫功能，改善肠道组织形态，调节肠道菌群结构，保持肠道健康	李莹等
爱拔益加（AA）肉仔鸡	丁酸梭菌（活菌数为：1×10^9 CFU/g）	250、500、750、1 000mg/kg	42d	可提高生产性能，增强免疫力，改善小肠黏膜形态，调节盲肠菌群，最适宜添加剂量为 1 000mg/kg	张作栋等
罗氏 308 商品肉仔鸡	丁酸梭菌（活菌数≥1.0×10^{10}CFU/g）	50mg/kg	42d	可促进肠道发育、改善肠道健康、提高商品肉鸡的生产性能和屠宰性能，提高养分和氨基酸利用率，并有一定的替抗效果	李爱军
爱拔益加（AA）肉仔鸡	丁酸梭菌（活菌数 3.0×10^9 CFU/g）	1×10^9 CFU/kg	42d	能提高肉鸡的生长性能和饲料利用率，改善肉鸡肠道形态，降低空肠黏膜 IL－1β、肿瘤坏死因子－α（*TNF－α*）、*Caspase*－1 和 *IL*－18 mRNA 相对表达水平，显著上调小环蛋白－1（*ZO*－1）和闭合蛋白－1（*Claudin*－1）mRNA 相对表达水平，提升肠道免疫和屏障功能，并能在一定程度上缓解肉鸡的肠道细胞焦亡	李文嘉等
麻黄肉鸡	丁酸梭菌（活菌数 5×10^8 CFU/g）	2×10^5 CFU/g 和5×10^5 CFU/g	84d	添加 2×10^5 CFU/g 的丁酸梭菌可以改善肠道指数，提高日增重和饲料转化率，并能提高鸡体液免疫应答能力和抗体持续时间	蒋玲艳等
罗氏 308 商品肉仔鸡	丁酸梭菌（活菌数≥1.0×10^{10}CFU/g）	50mg/kg	42d	可提高商品肉鸡的生长性能和屠宰性能，提高免疫器官指数等免疫功能，获得更好的养殖效益，多数指标与添加抗生素组相当，有良好的替抗效果	李洪涛等
庄河大骨鸡	丁酸梭菌（活菌数 3.0×10^9 CFU/g）	500mg/kg 1 000mg/kg	21d	可以提高庄河大骨鸡的生长性能、胸肌率和免疫功能	吴欣苡等
高邮鸭	复合益生菌（丁酸梭菌＋枯草芽孢杆菌）	3×10^5CFU/g 和 5×10^8 CFU/g	60d	改善其肠道显微结构，在全价日粮随机采食的饲喂模式下，与枯草芽孢杆菌相比，丁酸梭菌对鸭肠道发育的作用更优	朱春红等
番鸭	丁酸梭菌	2×10^9 CFU/kg	21d	在番鸭后期饲喂丁酸梭菌改变肠道内菌群结构，可能通过增加厚壁菌门的相对丰度，减少拟杆菌门的相对丰度，从而增加番鸭腹部脂肪沉积	樊倩等
SPF 雏鸡	丁酸梭菌（活菌数 4.0×10^8 CFU/mL）	0.5mL	3d	丁酸梭菌能够缓解肠炎沙门菌造成的病理损伤，恢复沙门菌感染造成的肠道内厌氧细菌减少，保证肠道内的厌氧环境，抑制肠炎沙门菌在雏鸡体内定植	张雪松

（续）

研究对象	益生素组成	添加剂量（饲料）	试验期	应用效果	参考文献
灵山土鸡	复合益生菌（枯草芽孢杆菌≥4.5×10^9 CFU/g、丁酸梭菌≥2.0×10^8 CFU/g）	1 000g/t	24d	复合益生菌能够提高公鸡免疫球蛋白 M 含量，改善灵山土鸡机体免疫功能	章岳军等
樱桃谷鸭	复合菌：凝结芽孢杆菌（活菌数 1.0×10^9CFU/mL）和丁酸梭菌（活菌数 1.0×10^9CFU/mL）	复合菌总添加量为 0.03%	42d	与单一菌制剂相比，凝结芽孢杆菌和丁酸梭菌复合菌制剂更有利于促进樱桃谷鸭的生长性能，提高血清总蛋白、白蛋白、高密度脂蛋白胆固醇含量，降低血清谷丙转氨酶活性，改善小肠形态，提高免疫力，维护肠道菌群结构。凝结芽孢杆菌和丁酸梭菌添加比例为 2∶1 时效果最优	邹函峪等
海兰褐蛋鸡	丁酸梭菌（活菌数 2.0×10^9 CFU/g）	250、500、1 000mg/kg	60d	可以显著改善蛋鸡生产性能、蛋品质，有效提高机体健康水平，建议在蛋鸡日粮中添加 1 000mg/kg 丁酸梭菌	庞孟瑶
爱拔益加（AA）肉仔鸡	丁酸梭菌（活菌数 1.0×10^{13} CFU/kg）	1.0×10^9 CFU/kg	28d	能够提高肉鸡盲肠黏膜的转运功能，增强抗氧化应激能力以及肠黏膜屏障功能，从而改善肠道健康和促进生长性能	孙向丽等
爱拔益加（AA）肉仔鸡	凝结芽孢杆菌（活菌数 1.10×10^{10}CFU/g）丁酸梭菌（活菌数 7.10×10^9 CFU/g）	凝结芽孢杆菌制剂 0.9kg/t、丁酸梭菌 1.4kg/t	42d	饲用凝结芽孢杆菌、丁酸梭菌通过调节肠道菌群，不同程度改善了肉鸡生长性能；且凝结芽孢杆菌作用效果优于丁酸梭菌	朱晓东
黄羽肉鸡	丁酸梭菌（活菌数 5.0×10^8 CFU/g）和酿酒酵母（活菌数 2.0×10^{10} CFU/g）	2×10^5 CFU/g 丁酸梭菌 1×10^7 CFU/g 酿酒酵母	84d	在中青年黄羽肉鸡日粮中单独添加低剂量的丁酸梭菌、酵母菌或丁酸梭菌-酵母复合物可提高肉鸡生长性能和禽流感疫苗免疫应答水平及抗体保持时间	蒋玲艳等
罗氏 308 肉鸡	玉米乳杆菌 丁酸梭菌	1.0×10^9 CFU/kg	35d	日粮中添加 1.0×10^9 CFU/kg 玉米乳杆菌与 1.0×10^9 CFU/kg 丁酸梭菌，对感染肉鸡的生长性能无影响，但可一定程度缓解因感染引起的肉鸡肠道炎症反应	何来等
番鸭	丁酸梭菌（活菌数 1.0×10^9 CFU/g）	50mg/kg	70d	育雏期饲粮中添加丁酸梭菌可以提高育雏期番鸭的生长性能，改善育肥期番鸭的肉品质，提高育肥期番鸭肌肉中部分氨基酸含量	付子贤等

（续）

研究对象	益生素组成	添加剂量（饲料）	试验期	应用效果	参考文献
爱拔益加（AA）肉鸡	鼠李糖乳杆菌（活菌数≥5×10^9 CFU/g）；枯草芽胞杆菌（活菌数≥2×10^{10} CFU/g）；酵母菌（活菌数≥2×10^{10} CFU/g）；复合型微生态制剂：乳酸菌和枯草芽胞杆菌（活菌含量≥1×10^{10}CFU/g），二者等量相混，酵母菌为饲料中添加	鼠李糖乳杆菌：前期100g/kg温水，后期200g/kg温水；枯草芽胞杆菌：前期100g/kg温水，后期200g/kg温水；酵母菌：1kg/t；复合型微生态制剂：前期100g/kg温水＋1kg/t酵母菌，后期200g/kg温水＋1kg/t酵母菌	41d	复合微生态制剂饲喂能够显著提高肉鸡成活率和生产性能，改善肉鸡的屠宰性能，降低鸡舍 NH_3 的含量，提高肉鸡养殖的经济效益	张小敏等
籽鹅	植物乳杆菌 乳酸片球菌	植物乳杆菌1×10^9CFU/kg；乳酸片球菌1×10^9CFU/kg	28d	乳酸菌能够提高籽鹅生长性能，改善其肠道微生态环境，提高其免疫能力，且乳酸片球菌效果优于植物乳杆菌	白长胜等
凌云乌鸡	复合乳酸菌由双歧杆菌、嗜酸乳杆菌和植物乳杆菌组成，活菌数合计2.0×10^{10}CFU/g；枯草芽孢杆菌活菌数1.5×10^8CFU/g	常规饮水中添加3.0%复合乳酸菌、3.5%枯草芽孢杆菌	42d	饲喂复合乳酸菌、有机硒、复方中药和枯草芽孢杆菌均可提高凌云乌鸡的平均日增重，降低其料重比，提高免疫器官指数和血清免疫指标，同时提高盲肠微生物多样性及群落相对丰度，尤其以饲喂复合乳酸菌的效果更佳	周俊华
良凤花肉鸡	嗜酸乳杆菌	4.5×10^7CFU/g	84d	饲粮中添加乳酸菌可提高育成期和育肥期肉鸡生长性能，提高屠宰性能和营养物质表观代谢率，对肉品质无不良影响，且不损伤肉鸡肝脏功能。	李帅兵等
爱拔益加（AA）肉鸡	乳酸杆菌（活菌数1.0×10^5 CFU/g）	0.2、0.4、0.6g/kg	42d	在日粮中加入0.4g/kg的乳酸菌制剂效果最佳，能促进肉鸡生长性能，提高免疫器官指数和免疫功能	段鹏等
浙东白鹅种母鹅	乳酸菌素（活力值为1 500 AU/mL）	0.01%、0.02%、0.04%	150d	日粮中添加0.02%的乳酸菌素能够提高浙东白鹅母鹅繁殖性能与蛋品质，改善脂质代谢	陈淑芳等
爱拔益加（AA）肉鸡	屎肠球菌（活菌数2.0×10^{10} CFU/g）枯草芽孢杆菌（活菌数2.0×10^{10} CFU/g）	200、400g/t	42d	单独或联合添加屎肠球菌、枯草芽孢杆菌均可改善肉鸡的生长性能、屠宰性能，提高消化机能和免疫能力，且以联合添加时效果较佳；此外，单独添加屎肠球菌或联合添加屎肠球菌、枯草芽孢杆菌还可改善肉鸡的盲肠菌群结构，提高盲肠菌群的多样性	黄金贵等

（续）

研究对象	益生素组成	添加剂量（饲料）	试验期	应用效果	参考文献
爱拔益加（AA）肉鸡	贝莱斯芽孢杆菌	100、200×10^{10}CFU/t饮用水	42d	能够提高肉鸡的生长性能，降低料肉比及霉菌毒素代谢量，减少霉菌毒素对动物机体的影响	林洋等
爱拔益加（AA）肉鸡	贝莱斯芽孢杆菌（活菌数9.0×10^8 CFU/g）戊糖片球菌（活菌数9.0×10^8 CFU/g）1∶1混合后，活菌数为9.0×10^8 CFU/g	700mg/kg	21d	贝莱斯芽孢杆菌A2和戊糖片球菌xy46联合使用能拮抗发霉饲料造成的肉鸡体重和采食量下降减轻了由发霉饲料导致的生产性能降低；益生菌联合使用改善了发霉饲料造成肉鸡肠道屏障损伤，并且减轻由霉菌毒素造成的肠道炎症反应	李佳晖
爱拔益加（AA）肉仔鸡	地衣芽孢杆菌制剂（活菌数≥1×10^9 CFU/g）	250mg/kg	43d	地衣芽孢杆菌能够改善白羽肉鸡的生长性能，增强免疫功能，改善肠道结构，降低盲肠微生物多样性，增加盲肠有益菌属占比，保障肉鸡健康生长	胡琴琴等
黄羽肉鸡	地衣芽孢杆菌（活菌数1×10^9 CFU/g）	500、1 000mg/kg	56d	饲粮添加地衣芽孢杆菌可调节厚壁菌门和另枝菌属的相对丰度，提高血清免疫力和抗氧化能力，改善肠道形态结构，进而提高黄羽肉鸡生长性能，且饲粮添加1 000mg/kg较500mg/kg地衣芽孢杆菌效果更优	李奎等
灵山香鸡	复合益生菌：乳酸菌（乳酸片球菌、保加利亚乳杆菌、干酪乳酸菌、嗜酸乳杆菌、双歧杆菌）、酵母菌（啤酒酵母、假丝酵母）等有益微生物组成，有效菌含量≥2×10^8 CFU/mL	0.2%	56d	单独添加复合益生菌对改善灵山香鸡产蛋后期脂代谢、促进肠道健康要优于其他组	杜成龙
快大型黄羽肉鸡	枯草芽孢杆菌（活菌数≥2.0×10^{11} CFU/kg）	200mg/kg	63d	饲粮单独添加复合酶或枯草芽孢杆菌均可增强黄羽肉鸡肝脏抗氧化能力和代谢功能，降低盲肠有害菌数量，改善黄羽肉鸡肉品质，但两者联合添加时并没有表现出协同作用	叶金玲
樱桃谷鸭	复合微生态制剂：枯草芽孢杆菌（活菌数≥1×10^6 CFU/g）、嗜酸乳杆菌（活菌数≥1×10^6 CFU/g）和发酵产物，按照枯草芽孢杆菌和嗜酸乳杆菌1∶1比例混）	300、500、700mg/kg	42d	樱桃谷鸭饲粮中添加复合微生态制剂可以提高樱桃谷鸭生长性能，提高机体抗氧化能力，改善胸肌肉品质，添加500mg/kg复合微生态制剂效果较好	张萌慧等

（续）

研究对象	益生素组成	添加剂量（饲料）	试验期	应用效果	参考文献
白羽肉鸡	复合益生菌制剂配方和活菌数：地衣芽孢杆菌 1.0×10^9 CFU/mL、枯草芽孢杆菌 1.0×10^9 CFU/mL、丁酸梭菌 5.0×10^5 CFU/mL	饮水添加 0.2%和 0.4%复合益生菌	42d	饮水添加复合型益生菌增强肉鸡生长性能、肌肉品质、抗氧化和短链脂肪酸含量，且高剂量组作用效果优于低剂量组	姚先赐等
科宝肉鸡	复合益生菌 1：丁酸梭菌∶屎肠球菌∶枯草芽孢杆菌∶玉米乳杆菌∶植物乳杆菌的比例为 1∶1∶1∶3.5∶3.5（活菌数 1×10^{10} CFU/kg）；复合益生菌 2：丁酸梭菌∶屎肠球菌∶枯草芽孢杆菌∶副干酪乳杆菌的比例为 1∶1∶1∶7（活菌数 1×10^{10}CFU/kg）	1% 复合益生菌 1 1% 复合益生菌 2	42d	日粮中添加以副干酪乳杆菌为主的复合益生菌可缓解产气荚膜梭菌对肉鸡生产性能的负面影响，添加以乳酸杆菌为主的复合益生菌对肉鸡肠道健康具有一定改善作用	刘志鹏等
肉鸭	复合益生菌（枯草芽孢杆菌活菌数为 1.5×10^9 CFU/g，植物乳杆菌活菌数为 1.5×10^9 CFU/g）。	0.5%、1.0%、1.5%	28d	日粮中添加复合益生菌能够促进肉鸭生长，提高肉鸭免疫力，增加肠道有益微生物数量，减少有害菌数量，维护肠道健康，促进机体对营养物质的消化，提高养分的利用效率，肉鸭日粮中添加 1.0% 复合益生菌效果较好	郭耀等
绍兴鸭	复合益生菌：嗜酸乳杆菌 1×10^9 CFU/g、屎肠球菌 1×10^9 CFU/g、枯草芽孢杆菌 1×10^9 CFU/g、地衣芽孢杆菌 1×10^9 CFU/g	100mg/kg、 200mg/kg、 300mg/kg	30d	可降低绍兴鸭料重比，提高血清中 IgM、IgA 含量；增加盲肠中乙酸含量以及拟杆菌门和拟杆菌属的丰度，降低厚壁菌门的丰度，且在配合饲料中添加 100～200mg/kg 剂量较好	卢丽枝等
爱拔益加（AA）肉公鸡	凝结芽孢杆菌（活菌数为 500 亿 CFU/g）	0.2×10^7、1.0×10^7 5.0×10^7 CFU/g	14d	高温养殖条件下，饲用凝结芽孢杆菌可通过维持肠道形态及菌群平衡增强肠道健康状况，从而在一定程度上改善了肉鸡生长性能	肖明霞等
海兰褐商品蛋鸡	枯草芽孢杆菌（活菌数≥ 5.5×10^8 CFU/g）	0.2%和 0.4%	87～93 周	与对照组相比，饲粮添加 0.2%和 0.4%的枯草芽孢杆菌可显著降低血清总胆固醇（TC）和低高密度脂蛋白（HDL）的含量	任跃昌等
温氏麻黄 4 号肉仔公鸡	枯草芽孢杆菌（活菌数 1.0×10^{10}CFU/g）	100mg/kg	80d	饲粮添加枯草芽孢杆菌可缓解因攻毒造成的肉鸡血清生化指标改变、肠道形态和肠道屏障功能损伤以及盲肠菌群结构改变带来的生产性能下降	刘扬斌
爱拔益加（AA）肉仔鸡	枯草芽孢杆菌（活菌数≥ 2.0×10^9 CFU/g）	100、250、500mg/kg	35d	枯草芽孢杆菌 BC02 的效果优于抗菌脂肽，添加 500mg/kg 枯草芽孢杆菌 BC02 能够促进肉鸡生产性能、提高抗氧化能力并改善其肠道健康	张燕

（续）

研究对象	益生素组成	添加剂量（饲料）	试验期	应用效果	参考文献
爱拔益加（AA）肉仔鸡	枯草芽孢杆菌（活菌数≥1.0×10^9 CFU/g）	100、200、400mg/kg	42d	枯草芽孢杆菌能够改善肉鸡的生长性能、屠宰性能、肉品质、免疫功能、抗氧化功能和肠道形态，添加量为200mg/kg时作用效果最好	李泽然
爱拔益加（AA）肉仔鸡	枯草芽孢杆菌（活菌数≥5.0×10^9 CFU/g）	200g/t	28d	可显著降低小肠促炎细胞因子的表达，提高紧密连接蛋白Claudin－1、Occludin、ZO－1和MUC2mRNA的表达量，增加肠道VH及V/C的比值，有效缓解了免疫应激对肠道形态结构的损伤，促进小肠的生长发育，维持肠道健康	秦士贞等
海兰灰蛋雏鸡	枯草芽孢杆菌（活菌数2.0×10^{11}CFU/g）	0.5g/kg	170d	枯草芽孢杆菌、酵母细胞壁和复合物都可以降低机体炎症反应，改善肠道形态结构，促进股骨生长，改善蛋品质	张奇
爱拔益加（AA）肉仔鸡	枯草芽孢杆菌（活菌数1.0×10^{11}CFU/g）	5.0×10^9CFU/kg 6.0×10^9CFU/kg	42d	枯草芽孢杆菌具有提高肉鸡抗氧化能力、调节免疫功能、维护肠道屏障的功能，和壳寡糖混合使用有同样效果	刘叶青
罗曼粉蛋雏鸡	枯草芽孢杆菌（活菌数6×10^6 CFU/g）屎肠球菌（活菌数4×10^5 CFU/g）	200mg/kg枯草芽孢杆菌、200mg/kg屎肠球菌、200mg/kg枯草芽孢杆菌＋200mg/kg屎肠球菌	30周	枯草芽孢杆菌提高了饲料利用率，增强免疫功能，改善了肠道形态，加强屏障功能和优势菌群的相对丰度。屎肠球菌通过提高血清中繁殖激素的含量，升高了蛋鸡产蛋率，抑制炎性因子表达，增强免疫力，改善肠道形态，维持肠道菌群的稳定性。二者联合使用对蛋鸡产蛋性能、生殖激素、免疫功能有促进作用，改善肠道形态，降低炎性因子的表达，但对肠道菌群的改善效果不明显	齐梦迪
爱拔益加（AA）肉仔鸡	枯草芽孢杆菌（活菌数≥1.0×10^9 CFU/g）	1‰和1.5‰	40d	提高小肠绒毛长度和隐窝深度，促进肠道消化吸收能力，降低血清LDL-c浓度，改善机体脂代谢；促进空肠甲基转移酶*Dnmt3a*和*Dnmt3b*表达，上调*Pparα*和*Rxrα*启动子区域CpG岛甲基化水平，抑制*Pparα*和*Rxrα*的转录，进而作用于PPAR信号通路，下调下游脂代谢相关基因的表达，整体降低肠道脂代谢	李寒梅
科宝肉仔鸡	纳豆芽孢杆菌（活菌数≥1.0×10^{11} CFU/g）	300mg/kg	42d	纳豆芽孢杆菌能够改善肠道菌群结构，提高肠道菌群丰富度和多样性，增强机体免疫功能，进而提高肉仔鸡生长性能	王丁等
益生909肉鸡公雏	侧孢短芽孢杆菌（活菌≥5.0×10^{10} CFU/g）	100mg/kg 300mg/kg 500mg/kg	42d	日粮中添加侧孢短芽孢杆菌可以有效提高肉鸡的饲料转化率，增强机体的抗氧化能力，改善肉品质和肠道菌群组成。本试验条件下，添加300mg/kg的侧孢短芽孢杆菌效果最佳。	付立

（续）

研究对象	益生素组成	添加剂量（饲料）	试验期	应用效果	参考文献
罗曼粉蛋鸡	鼠李糖乳杆菌（活菌数 1.0×10^{10} CFU/g）	100、200、300、500mg/kg	35d	在罗曼粉蛋鸡日粮中添加 100～300mg/kg 鼠李糖乳杆菌能够提高罗曼粉蛋鸡的产蛋率和平均蛋重，改善蛋品质，提高抗氧化功能及免疫功能	黄明媛等
海兰褐蛋鸡	嗜酸乳杆菌（活菌数≥1.0×10^{6} CFU/g） 枯草芽孢杆菌（活菌数≥1.0×10^{6} CFU/g）	250、500mg/kg	49d	饲粮添加嗜酸乳杆菌和枯草芽孢杆菌复合制剂可以提高肠道抗氧化能力，增加盲肠内容物中短链脂肪酸水平，减少肠道内容物中氨氮含量，从而提高产蛋后期蛋鸡的生产性能	陈欣等
天府绿壳蛋鸡	复合益生菌：枯草芽孢杆菌≥1×10^{9} CFU/g，乳酸菌≥2×10^{7} CFU/g 和酵母菌≥1×10^{7} CFU/g	0.1%	4～66 周	饲粮中添加复合益生菌可通过减缓子宫部组织损伤，调节子宫部内生物矿化相关基因的表达，改善子宫部内微生物菌群，进而提高蛋鸡的蛋品质，改善蛋壳超微结构	李丹
爱拔益加（AA）肉公鸡	凝结芽孢杆菌（活菌数≥5.0×10^{10} CFU/g）	0.2×10^{7} CFU/g 1.0×10^{7} CFU/g 5.0×10^{7} CFU/g	14d	凝结芽孢杆菌通过增加热应激肉鸡肠道消化酶活性、调节肠道菌群、维持肠道形态、促进肠上皮细胞营养转运载体蛋白表达，提高热应激肉鸡对饲料营养的消化吸收能力，从而改善热应激肉鸡生长性能	肖明霞
爱拔益加（AA）肉鸡	丁酸梭菌、枯草芽孢杆菌、地衣芽孢杆菌、丁酸梭菌与地衣芽孢杆菌配伍（复合菌）、粪肠球菌	400g/t 丁酸梭菌制剂、1 000g/t 枯草芽孢杆菌制剂、1 000g/t 地衣芽孢杆菌制剂、400g/t 丁酸梭菌制剂＋1 000g/t 地衣芽孢杆菌制剂、1 000g/t 粪肠球菌制剂	43d	饲粮中添加丁酸梭菌、枯草芽孢杆菌、地衣芽孢杆菌、复合菌能提高白羽肉鸡的生长性能，增加养殖效益；本试验条件下，枯草芽孢杆菌对白羽肉鸡生长性能的促进作用及养殖效益最佳	李莹等
爱拔益加（AA）肉鸡	复合益生菌：嗜酸乳杆菌活菌数≥ 1×10^{6} CFU/g，枯草芽孢杆菌活菌数≥ 1×10^{6} CFU/g	250g/t 水	40d	饮水添加 250g/t 嗜酸乳杆菌和枯草芽孢杆菌复合益生菌制剂能提高肉鸡的生产性能和养分利用率，增加经济效益	戚营营等
罗曼粉蛋鸡	屎肠球菌（活菌数 3.0×10^{10} CFU/g） 枯草芽孢杆菌（活菌数 2.0×10^{9} CFU/g）	200mg/kg	30 周	枯草芽孢杆菌可以提高蛋鸡育雏育成期生长性能，改善血清生化指标及促进肠道健康，并且育雏育成期添加可以提高产蛋期生产性能，效果优于屎肠球菌和两种益生菌联用	李铁

附表 2 益生素在猪生产中的应用

研究对象	益生素组成	添加剂量（饲料）	试验期	应用效果	参考文献
“长×大”断奶仔猪	丁酸梭菌 CBX 2021（活菌数 3×10^8 CFU/mL）	5mL	28d	可以通过优化肠道菌群结构和代谢功能，加速断奶仔猪的生长发育，提高免疫和肠道屏障功能，减少炎症和腹泻发生	刘鑫
“杜×长×大”三元杂交断奶仔猪	丁酸梭菌	500、2 000mg/kg	30d	丁酸梭菌能够改善仔猪盲肠菌群结构，增加菌群代谢产生的短链脂肪酸含量，从而改善肠道内环境的稳态，有利于断奶仔猪的健康生长	张红芳等
“长×大”二元杂交断奶仔猪	丁酸梭菌（活菌数 3.0×10^9 CFU/g）	15、30、60g/t	35d	添加 30～60g/t 丁酸梭菌可提高断奶仔猪生长性能，提升机体免疫功能和抗氧化能力，促进肠道发育	崔锦等
仔猪	丁酸梭菌（活菌数 3.0×10^9 CFU/g）	250、500、750mg/kg	60d	在日粮中加入 500mg/kg 的丁酸梭菌能明显增加仔猪的 ADG、ADFI 以及 DM、CP、Ash、EE 的养分消化率，但对 F/G 无显著影响，在饲料中加入 750mg/kg 的丁酸梭菌能显著增加 ADFI、F/G，但会减少 DM、CP、EE 的养分消化率	刘燕娜等
断奶仔猪	包被布拉迪活性酵母菌（活菌数 3.0×10^{10} CFU/g）	0.25、0.50、1.00g/kg 包被布拉迪	28d	断奶仔猪饲喂适量的包被布拉迪活性酵母菌可提高生长性能、抗氧化性能及免疫力，改善肠道菌群结构，且包被布拉迪活性酵母菌的适宜添加水平为 0.50g/kg	周昊和况丹
“杜×长×大”三元断奶仔猪	酵母菌（活菌数 1.0×10^8CFU/kg）	0、0.05%、0.10%、0.15%、0.20%	28d	在断奶仔猪日粮中添加 0.10%～0.20%的酵母菌可改善仔猪生长性能，降低腹泻率，改善肠道健康，建议日粮中添加 0.15%的酵母菌	陈早
“杜×长×大”三元杂交育肥猪	酵母菌（活菌数 1.0×10^{10}CFU/kg）	0、0.2、0.4、0.8	56d	在育肥猪养殖中添加适量的酵母菌制剂可以提高育肥猪的试验末体重及平均日增重，并显著降低了料重比，提高了饲料转化率，且在育肥猪养殖中添加 0.4～0.8g/kg 的酵母菌制剂比价适宜	徐如金等
“杜×长×大”三元杂交猪	草本复合微生态制剂：双歧杆菌（$\geqslant1\times10^9$ CFU/g）、枯草芽孢杆菌（$\geqslant2\times10^{10}$ CFU/g）、乳酸菌（$\geqslant1\times10^{10}$ CFU/g）、酵母菌（$\geqslant1\times10^{10}$CFU/g）；猪源性乳酸菌复合微生态制剂：猪源乳酸菌（乳酸杆菌和肠球菌）、酵母菌、芽孢杆菌、两歧双歧杆嗜酸乳杆菌、酿酒酵母、枯草芽孢杆菌（有效活菌含量均$\geqslant5\times10^8$ CFU/g）；多种芽孢杆菌复合微生态制剂：枯草芽孢杆菌（$\geqslant5\times10^9$ CFU/g）、凝结芽孢杆菌（$\geqslant5\times10^9$ CFU/g）、短小芽孢杆菌（$\geqslant5\times10^9$ CFU/g）	0.50% 复合微生态制剂、0.10% 猪源性乳酸菌微生态制剂、0.05% 多种芽孢杆菌复合微生态制剂	126d	3 种微生态制剂对猪生长性能均具有促进作用，草本复合微生态制剂能够较好地改善猪肉品质，猪源性乳酸复合微生态制剂能够较好地提升胴体性状。3 种微生态制剂对粪便丰度指数、多样性指数及菌群结构具有一定影响	张磊等

（续）

研究对象	益生素组成	添加剂量（饲料）	试验期	应用效果	参考文献
28 日龄三元断奶仔猪	复合乳酸菌制剂：植物乳杆菌与罗伊氏乳杆菌	前期：1×10^9 CFU/kg，占饲料重 0.1%，后期：5×10^8 CFU/kg，占饲料重 0.05%	28d	与对照组相比，添加复合益生菌制剂的断奶仔猪平均日增重、采食量和饲料转化率有改善的趋势，肠道 LAB 数量显著增加，大肠型细菌数量显著降低。饲喂添加复合乳酸菌制剂的饲料后，断奶仔猪肠道 LAB 与大肠型细菌数量比率显著增加，粪便指数、腹泻率和腹泻指数显著降低。	杜丽欣
断奶仔猪	乳酸菌（活菌数 1×10^9 CFU/g）	0%、0.1%、0.2%、0.3%	28d	乳酸菌能提高断奶仔猪生长性能，改善养分消化率和肠道健康，本试验条件下乳酸菌的最佳添加水平为 0.2%	贾荣玲等
乳猪	乳酸杆菌（活菌数 1×10^5 CFU/g）、芽孢杆菌（活菌数 1×10^9 CFU/mL）	0.2g/kg 乳酸菌、0.2g/kg 芽孢杆菌	30d	在日粮中加入乳酸菌或芽孢杆菌对肠道感染的乳猪恢复效果明显，能促进生长性能，提高养分的消化吸收，并能提高乳猪的免疫能力	段鹏
哺乳母猪	乳酸菌素	0.25g/kg	54d	可改善母猪的繁殖性能，提高哺乳仔猪的生长性能	徐瑞等
断奶仔猪	凝结芽孢杆菌（活菌数 1×10^{10}CFU/g）	1.0×10^7、1.5×10^7、3.0×10^7CFU/g	28d	在仔猪生产中使用凝结芽孢杆菌可以提高仔猪的生长性能，增强机体免疫力，改善肠道菌群健康，综合养殖成本考虑，凝结芽孢杆菌适宜添加量为 1.5×10^7CFU/g	夏英姿等
巴马小型猪	枯草芽孢杆菌 GL-4、GL-5、GL-8 和干酪乳杆菌 HJD	每千克日粮喷洒 30、10、15mL 的 1×10^7 CFU/mL 枯草芽孢杆菌	28d	饲料中添加 GL-4、GL-5、GL-8、干酪乳杆菌 HJD 的不同组合可以改善试验猪的料重比和营养物质表观消化率，提高了免疫水平和粪便中厚壁菌门与拟杆菌门比值及短链脂肪酸含量	陈童锦悦
“杜×长×大”三元断奶仔猪	复合益生菌由枯草芽孢杆菌、植物乳杆菌及酵母菌组成，有效活菌数为 1.0×10^{10} CFU/g	0、0.1%、0.2%、0.4%、0.8%	28d	日粮中添加复合益生菌可有效提高断奶仔猪的生长性能，降低腹泻率，增加有益菌数量，降低有害菌数量，提高仔猪对饲料养分的消化率，且复合益生菌的最适添加剂量为 0.4%	王小建等
外三元断奶仔猪	复合益生菌剂：乳酸杆菌：枯草芽孢杆菌：产朊假丝酵母（1：1：2），总有效活菌数≥ 1.0×10^9CFU/mL	1.0×10^9 CFU/头，饮水	28d	饮水中添加复合益生菌剂能改善仔猪肠道菌群平衡，增强机体免疫力，具有良好的促生长作用，具备一定的应用前景	陈亚强和彭津津
杜长母猪	复合微生态制剂：枯草芽孢杆菌、乳酸菌和粪肠球菌（活菌数为 1.0×10^9CFU/g）	200、400mg/kg	80d	可以提高母猪繁殖性能和免疫功能	王李辉和张文静

（续）

研究对象	益生素组成	添加剂量（饲料）	试验期	应用效果	参考文献
三元杂交育肥猪	枯草芽孢杆菌（活菌数≥1.0×10^{9} CFU/g）	100、200、300mg/kg	63d	育肥猪日粮中添加 BS 对生长性能无明显影响，但能在一定程度上提高血浆抗氧化能力，因不受添加剂量的影响，添加 100mg/kg BS 比较适宜	张献芳等
育肥从江香猪	复合微生态制剂：植物乳杆菌（1×10^{10}CFU/g）、布氏乳杆菌（1×10^{10}CFU/g）、枯草芽孢杆菌（$>2\times10^{10}$CFU/g）、酿酒酵母（活细胞数$>2\times10^{10}$CFU/g）以 4∶4∶1∶1 比例混合制成的复合制剂	160g/t 水芋青料	50d	能提高香猪生产性能指标，增加肠道中有益菌丰度，降低潜在致病菌丰度，改变脾脏、空肠和结肠组织中细胞因子含量和转录水平；具有促进香猪生长，改善肠道菌群结构，调节免疫功能的作用	张宇鑫

附表 3 益生素在反刍动物生产中的应用

研究对象	益生素组成	添加剂量（饲料）	试验期	应用效果	参考文献
杜泊×小尾寒羊杂一代母羊	丁酸梭菌（活菌数为 5.0×10^{8}CFU/g）	5g/d/头	90d	饲粮添加丁酸梭菌可提升绵羊的生长性能和肉品质，促进骨骼肌生长发育，其机制可能与丝氨酸/苏氨酸蛋白激酶（Akt）信号通路、MyoG/MSTN 系统及 CAPN－1/CAST 系统有关	陈晓雨等
1 日龄荷斯坦母犊牛	丁酸梭菌（活菌数≥1.0×10^{10} CFU/g） 酿酒酵母（活菌数≥2.0×10^{10} CFU/g）	2.0×10^{9} CFU/g 丁酸梭菌、8.0×10^{9} CFU/g 酿酒酵母、2.0×10^{9} CFU/g 丁酸梭菌＋8.0×10^{9} CFU/g 酿酒酵母	60d	补饲丁酸梭菌和酿酒酵母能够促进犊牛的生长发育，减少疾病发生，并提高犊牛瘤胃内有益菌群的相对丰度和有益代谢物的相对含量；补饲酿酒酵母可以改善犊牛的抗氧化力和免疫力，与丁酸梭菌配伍使用还具有协同作用	杨万强
荷斯坦奶牛	丁酸梭菌（活菌数≥1.0×10^{9}CFU/g）	15、30、60g/（头·d）	42d	添加丁酸梭菌可一定程度上改善体外发酵，提高营养物质中 NDF 降解率并提高奶牛产量和乳成分总量，且与丁酸梭菌的添加量有关，综合考虑，推荐添加量为 30g/（头·d）	王璐菊
2 日龄荷斯坦母犊牛	丁酸梭菌（活菌数 5.0×10^{9} CFU/g）	8g/d	90d	显著提高试验全期犊牛体重，影响瘤胃发酵；降低炎症因子水平和腹泻频率，有助于改善肠道屏障功能；显著增加肠道内产短链脂肪酸菌等益生菌的丰度，益于肠道健康。	王燕南
阿尔巴斯山羊	丁酸梭菌（活菌数≥1.0×10^{9}CFU/g）	2.0×10^{8} CFU/kg 1.0×10^{9} CFU/kg	70d	有助于改善山羊肉品质；优化微生物区系结构，降低有害梭菌属（Clostridium）的相对丰度；通过调节肠道微生物区系和血液代谢物的表达，可有效缓解因 LPS 诱导的山羊急性免疫应激反应，提高机体免疫力和抗氧化功能	张城瑞
豫东山羊	丁酸梭菌（活菌数 1.0×10^{10} CFU/g）	30mg/kg	35d	能提高豫东山羊的生产性能和抗氧化能力，提高饲料的消化利用率和改善羊肉品质，促进瘤胃发酵和肠道发育，优化胃肠道菌群组成	张环宇
荷斯坦犊牛	枯草芽孢杆菌（活菌数 2.0×10^{9} CFU/g）、腊样芽孢杆菌（活菌数 1.0×10^{9} CFU/g）、乳酸杆菌（活菌数 1.0×10^{10} CFU/g）、酵母菌（活菌数 2.0×10^{10} CFU/g）、粪肠球菌（活菌数 1.0×10^{9} CFU/g）、地衣芽孢杆菌（活菌数 2.0×10^{10} CFU/g）	0.1%枯草芽孢杆菌、0.05%腊样芽孢杆菌、0.2%乳酸杆菌、0.1%酵母菌、0.05%粪肠球菌和 0.1%地衣芽孢杆菌	75d	益生菌对断奶后犊牛生长发育性能均有促进作用，乳酸菌和粪肠球菌效果更明显；益生菌对犊牛 DM、OM、NDF、ADF 表观消化率及氮代谢有显著提升，粪肠球菌、酵母菌和乳酸菌在 NDF 和 ADF 表观消化率要优于其他益生菌；粪肠球菌可提高犊牛免疫球蛋白含量，益生菌能降低犊牛腹泻发生的概率，乳酸菌和粪肠球菌的降低的效果更佳	王丽娟等

（续）

研究对象	益生素组成	添加剂量（饲料）	试验期	应用效果	参考文献
新生荷斯坦犊牛	复合乳酸菌为3种乳酸菌组成；复合酵母菌）为2种酵母菌组成；复合乳酸菌+酵母菌为复合乳酸菌（L）+复合酵母菌（S）组成。所有益生菌粉的比例均为1∶1	3g/d/头复合乳酸菌；2g/d/头复合酵母菌；5g/d/头复合乳酸菌+酵母菌	100d	复合益生菌可以提高新生期犊牛血清免疫抗氧化能力，优化肠道菌群结构，提高有益菌丰度，降低有害菌属丰度，同时提升血浆抗炎代谢物水平、显著富集犊牛碳水化合物代谢、蛋白质合成和脂肪沉积等与生长性能相关的代谢通路，提高对抗生素耐药基因的抵抗力，对于保护新生期犊牛肠道健康、降低腹泻率、促进生长性能的发挥起到重要作用	刘波
荷斯坦奶牛	复合益生菌：酿酒酵母菌（活菌数为 2.0×10^{8} CFU/mL）、枯草芽孢杆菌（活菌数为 2.0×10^{8} CFU/mL）、屎肠球菌（活菌数为 2.0×10^{8}CFU/mL）	三种益生菌不同配比关系	20d	复合微生物制剂可以有效改善以荷斯坦奶牛为例的反刍动物瘤胃调控，降低瘤胃中乙酸、丁酸浓度，增加丙酸浓度，降低乙酸/丙酸值，使瘤胃发酵向丙酸型发酵转变，同时降低氨态氮浓度，改善瘤胃代谢水平，增加奶牛产奶量和乳蛋白率，提高反刍动物生产性能	王诚等
锦江公牛	高GSH酵母培养物	0.5%、1.0%	62d	能显著改善热应激肉牛的日增重，降低了料重比等生长性能指标，改善了机体抗氧化能力，提高瘤胃发酵功能	张弦
滩羊	酿酒酵母菌、乳酸菌、酿酒酵母菌+乳酸菌	2%的接种量发酵玉米秸秆	75d	使用酿酒酵母菌与乳酸菌对玉米稻秆进行发酵后，可以有效地提升玉米秸秆品质，提高滩羊的生长性能、瘤胃消化酶活性及干物质消化率、降低料重比及氮排放	马步仓
黑藏羊	复合乳酸菌：戊糖片球菌、海氏肠球菌、戊糖乳杆菌，按照1∶1∶1比例制备，活菌数≥ 1.0×10^{9}CFU/g	300mg/kg 复合乳酸菌	74d	黑藏羊日粮中添加复合乳酸菌可通过提高血清与脾脏、肝脏、肾脏及空肠中抗炎因子含量，降低促炎因子含量提高免疫机能；通过增加胃肠道有益菌数量、减少致病菌数量调节胃肠道微生态平衡；进而促进生长性能，改善肉品风味	张明芳
西蒙塔尔断奶犊牛	复合益生菌：枯草芽孢杆菌、植物乳杆菌与低聚果糖组混合，活菌数≥ 3×10^{8}CFU/mL	4、8、16g/d	90d	犊牛精料中添加8g/d复合微生态制剂时，能明显提升增重、采食量、饲料转化率、粪便中乳酸菌数量；降低氮、磷含量，以及大肠杆菌数量和腹泻发病率	马强等
萨能奶山羊	复合益生菌：干酪乳杆菌（活菌数≥ 1.0×10^{8} CFU/g）和酿酒酵母（活菌数为≥ 0.2×10^{8} CFU/g）	10g/d	36d	复合微生态制剂通过提高机体免疫球蛋白含量和抗氧化性能促进了反刍动物的健康，提高生产性能，改善瘤胃发酵参数，改善瘤胃微生物菌群结构	陈情情
寒蒙杂交公羊	植物乳杆菌活菌数为（1.72±0.35）× 10^{9} CFU/g；乳酸片球菌活菌数为（1.53±0.31）× 10^{9} CFU/g	植物乳杆菌 1×10^{9} CFU/kg；乳酸片球菌 1×10^{9} CFU/kg	90d	日粮添加乳酸菌可提高肉羊生长性能，调节血清生化指标，分离后的乳酸片球菌总体效果优于市售普通植物乳杆菌	逯晋忠等

（续）

研究对象	益生素组成	添加剂量（饲料）	试验期	应用效果	参考文献
藏羊羔羊	枯草芽孢杆菌、产朊假丝酵母、山楂、大麦芽、酵母培养物等，活菌数≥20亿	0.2%	42d	日粮中添加0.2%益生素能够明显促进藏羊羔羊的生长性能，并在一定程度上能够增加瘤胃有益菌的丰度	周力等
安格斯犊牛	复合乳酸菌制剂（由乳酸片球菌和植物乳杆菌组成，其比例为1∶1，有效活菌数为1×10^{10} CFU/g）	灌喂15mL，2次/d	7d	饲喂复合乳酸菌制剂对犊牛的肠道微生态环境具有一定的积极作用	包海林等
杜寒杂交育肥羊	复合微生态制剂：枯草芽孢杆菌、双歧杆菌、酵母菌、乳酸杆菌，混合比例为1∶1∶1∶1，其中枯草芽孢杆菌有效活菌数≥8×10^{9} CFU/g，双歧杆菌、酵母菌及乳酸杆菌有效活菌数均≥1×10^{9} CFU/g	0.10%、0.20%、0.40%	60d	可以有效促进肉羊生长性能，提高肉羊屠宰性能和机体免疫能力；综合考虑养殖经济效益，复合微生态制剂在肉羊养殖中的推荐添加量为0.20%	王艳萍等
湖寒杂交肉羊	复合微生物制剂由酵母菌、乳酸菌、双歧杆菌、粪肠球菌和枯草芽孢杆菌组成，活菌总数6.0×10^{9} CFU/g	1.20%	60d	复合微生物制剂可提高肉羊生长性能，改善血清生化指标，增强免疫功能	李慧梅
肉羊	乳酸菌	20g/t	56d	枯草芽孢杆菌可提高肉羊生产性能，作用效果优于黄芪	郑殿重
育肥羊	枯草芽孢杆菌有效活菌数为1 000亿CFU/g	0、25、50、75mg/kg	60d	基础日粮+50、75mg/kg的枯草芽孢杆菌具有提高育肥羊生长性能、抗氧化及免疫机能的作用，从经济效益看，枯草芽孢杆菌适宜添加量为50mg/kg	何振虎等
荷斯坦母牛犊	芽孢杆菌：枯草芽孢杆菌活菌数≥1.6×10^{9} CFU/g、地衣芽孢杆菌活菌数≥1.6×10^{9} CFU/g	1g/d	56d	提高了犊牛对饲料干物质和粗蛋白的消化率的趋势；还可以提高断奶前犊牛的血浆免疫球蛋白G和总抗氧化能力的含量；降低了28日龄犊牛瘤胃微生物的α多样性；增加了肠道中部分有益菌群的丰度	程传腾

附表 4　益生素在水产养殖中的应用

研究对象	益生素组成	添加剂量（饲料）	试验期	应用效果	参考文献
吉富罗非鱼	丁酸梭菌	0、0.2%、0.5%、1.0%	31d	饵料中添加适宜水平的丁酸梭菌可提高吉富罗非鱼幼鱼的生长性能，改善血清生化指标，增强抗氧化性能，丁酸梭菌的适宜添加量为 0.5×10^{10} CFU/g	覃美兰等
克氏原螯虾	丁酸梭菌	1×10^{11}CFU/kg	14d	在饲料中添加丁酸梭菌可以提高克氏原螯虾的抗氧化能力，减少其血细胞的凋亡，刺激克氏原螯虾产生免疫活性物质，在嗜水气单胞菌感染中对克氏原螯虾有一定的保护作用	翟昱翔
南美白对虾	丁酸梭菌	1×10^{7}CFU/g	30d	有助于提高南美白对虾对溶藻弧菌感染的抵抗力，调节南美白对虾肠道微生物菌群的结构	李鹏飞
七彩神仙鱼	丁酸梭菌	1×（10^4、10^5、10^6、10^7和 10^8 CFU/g）	8 周	可以改善肠道结构，提高肠道消化和抗氧化能力，增加肠道短链脂肪酸的分泌和营养利用率	朱建国等
中华绒螯蟹幼蟹	丁酸梭菌	10^5、10^6、10^7 CFU/g	40d	对中华绒螯蟹肝胰腺抗氧化性、消化能力及非特异性免疫功能提升效果较好	彭佳慧等
三倍体虹鳟幼鱼	丁酸梭菌	0.50%	56d	低鱼粉饲料中添加 0.50% CB 和 1.00% Ala-Gln 对保护三倍体虹鳟的肠道健康较两者单独添加更高效	刘思源
大口黑鲈	丁酸梭菌（活菌数 2.0×10^{10} CFU/g）	0.05%	56d	添加 0.05% 的丁酸梭菌可改善豆粕替代鱼粉比例达到 50% 对大口黑鲈生长性能和抗氧化能力造成的负面影响	矣林圆等
草鱼	丁酸梭菌	10^7、10^8、10^9 CFU/g	56d	可以提高草鱼的生长性能、血清抗氧化能力、机体免疫力以及抗病能力	侯廷龙等
卵形鲳鲹幼鱼	丁酸梭菌（活菌数 1.0×10^{10} CFU/mL）	0、0.25%、0.5%、1.0%、2.0%、4.0%、	60d	可提高卵形鲳鲹幼鱼的末均质量、增重率以及特定生长率，提高血清总蛋白和葡萄糖含量，改变门水平上和属水平上的肠道菌群组成，提高肠道短链脂肪酸含量。本试验条件下，饲料中丁酸梭菌适宜添加量为 2.0%	吴杨等
尼罗罗非鱼	植物乳杆菌 LP-37 戊糖片球菌 PP-23	植物乳杆菌（1×10^6 CFU/g、1×10^7 CFU/g、1×10^8 CFU/g）；戊糖片球菌（1×10^6 CFU/g、1×10^7 CFU/g、1×10^8CFU/g）	60d	1.0×10^8 CFU/g 的植物乳杆菌 LP-37 和 1.0×10^7 CFU/g 的戊糖片球菌 PP-23 可显著提高尼罗罗非鱼的生长速度，提高其消化酶活性，改善其肠道组织结构，并改变免疫基因 IL-1β 与 IFN-Y 的表达	路广金等

（续）

研究对象	益生素组成	添加剂量（饲料）	试验期	应用效果	参考文献
大口黑鲈	植物乳杆菌 LP－37；戊糖片球 PP－23；乳酸菌	1×10^8 CFU/g 植物乳杆菌 LP－37；1×10^7 CFU/g 戊糖片球菌 PP－23；1×10^8 CFU/g LP－37＋1×10^7 CFU/g PP－23；1×10^6 CFU/g 乳酸菌	42d	饲料中添加乳酸菌制剂可显著改善大口黑鲈肠道健康，提高免疫力和生长性能，以乳酸菌组效果最优	杨振燕等
鲤鱼	乳酸菌制剂活菌含量≥10^6CFU/g	0.5%、1%	60d	鲤鱼饲饵中添加乳酸菌可以改善其生长性能和肠道消化酶活性，在本试验中，1% 乳酸菌的添加效果最佳	齐富刚等
泥鳅幼鱼	贝莱斯芽孢杆菌 MSP05	0、1×10^6、1×10^7、1×10^8 CFU/g	56 周	显著促进泥鳅幼鱼生长，提高其消化酶、抗氧化酶活性，改善其肠道形态，提升其非特异性免疫及对嗜水气单胞菌的抗病力	孟文蓉等
大口黑鲈	热带芽孢杆菌；传染病研究所副芽孢杆菌	1×10^4 和 1×10^6 CFU/g	60d	改善大口黑鲈养殖水体的水质，改善养殖水体的藻类结构；促进大口黑鲈生长、增强消化和免疫力；促进大口黑鲈肠道菌群平衡及提高肠道菌群多样性等作用	王世贵等
鲫鱼	地衣芽孢杆菌	3% 体重	42d	有效提高鲫鱼血清抗氧化能力，提高其免疫功能，还能提高鲫鱼肠绒毛高度及肌肉层厚度，缓解肝脏组织结构损伤	么宝兰等
凡纳滨对虾	复合菌发酵剂：鼠李糖乳杆菌、枯草芽孢杆菌、酿酒酵母、索氏鲸杆菌（活菌数 1.0×10^{10}CFU/g）	5kg 复合菌发酵剂溶于 200kg、37℃ 温水中，再与 800kg 基础饲料混合	42d	发酵软颗粒饲料能够提高凡纳滨对虾生长性能，增强免疫力，调节肠道菌群组成，维持肝胰腺和肠道健康	韩瑞玲等
杂交石斑鱼	复合益生素：枯草芽孢杆菌（活菌数 2.5×10^9 CFU/g）；嗜酸乳杆菌（活菌数 2.0×10^7CFU/g）	0%、0.01%、0.10%和 1.00%	22d	可改善杂交石斑鱼肠道组织形态及消化吸收功能，强化肠道的抗氧化能力，提高益生菌的相对丰度，加强了肠道菌群对碳源的有效利用，改善肠道免疫平衡，对杂交石斑鱼的肠道健康具有积极作用	蒋鑫涛等
鲫鱼	枯草芽孢杆菌（活菌数 1.0×10^8CFU/g）	0.1%、0.2%和 0.4%	56d	在鲫养殖饵料中添加 0.2%和 0.4%的枯草芽孢杆菌可以提高鲫机体的非特异性免疫功能，且综合数据结果，在鲫的养殖中使用 0.2%的枯草芽孢杆菌即可	杜洪义

（续）

研究对象	益生素组成	添加剂量（饲料）	试验期	应用效果	参考文献
鲫鱼	枯草芽孢杆菌（活菌数 1.5×10^8 CFU/mL） 粪肠球菌（活菌数 2.0×10^8 CFU/mL）		47d	枯草芽孢杆菌和粪肠球菌可有效促进鲫鱼生长，改善鲫鱼肠道菌群结构，增强其免疫机能	何琴等
鲫	枯草芽孢杆菌（活菌数 $\geq1.0\times10^8$ CFU/mL） 粪肠球菌（活菌数 $\geq2.0\times10^8$ CFU/mL）		50d	投喂添加有枯草芽孢杆菌和粪肠球菌基础饲料鲫的生长性能最优，且饲料利用率最高	张志新等
南美白对虾	凝结芽孢杆菌 BC320（活菌数 1.0×10^{10} CFU/g）	0、0.5‰、1‰、1.5‰	40d	可促进南美白对虾生长，提高其非特异性免疫水平	常金涛等
鲤	凝结芽孢杆菌	10^7、10^8、10^9 CFU/g	56d	可以减少镉暴露下鲤肝脏镉含量，缓解氧化应激，抑制炎症反应	常绪路等
南美白对虾	凝结芽孢杆菌（活菌数 1.0×10^{10} CFU/g）	0、0.02%、0.04%、0.08%	42d	可促进南美白对虾生长，提高免疫能力，以 0.04%添加量较好	郑宗林等
澳洲淡水龙虾	植物乳杆菌加枯草芽孢杆菌、根瘤菌加枯草芽孢杆菌	1.0×10^7 CFU/g 喷洒到饲料	14d	显著提高消化酶活力和免疫功能	宋雪飞等
杂交黄颡鱼	贝莱斯芽孢杆菌	0、0.90×10^8、0.80×10^9、0.85×10^{10}、0.90×10^{11}、0.83×10^{12} CFU/kg	42d	促进杂交黄颡鱼生长、肝脏代谢，以及肝脏和肠道健康，改善杂交黄颡鱼的肠道微生物结构。但添加过多时，益生作用会减弱甚至产生负影响	吉哲慧等
鲤	3 株乳酸菌 *L. lactis* Q－8、*L. lactis* Q－9、*L. lactis* Z－2	5×10^8 CFU/g	60d	3 种乳酸乳球菌均能有效改善鲤的肠道健康、先天免疫应答和抗氧化能力，并且联合使用的效果优于单一菌株	刘小贝等
鲫	芽孢杆菌	2×10^7、4×10^7、2×10^8 CFU/kg	60d	鲫鱼饲料中芽孢杆菌添加水平为 4×10^7 CFU/kg 时，鱼体生长性能、肝脏和肠道健康状况最好	李婷等
鲤鱼	枯草芽孢杆菌 乳酸乳球菌	枯草芽孢杆菌、乳酸乳球菌及复合菌 1×10^8、1×10^8、2×10^8 CFU/g	42d	可促进鲤鱼生长，提高鲤鱼肠道消化酶活性、抗氧化能力和非特异性免疫功能	杨泽敏等

（续）

研究对象	益生素组成	添加剂量（饲料）	试验期	应用效果	参考文献
小龙虾	枯草芽孢杆菌 CP－3（活菌数≥1.0×10^9CFU/g）＋乳酸菌菌剂（活菌数≥1.0×10^9CFU/g）＋酵母菌菌剂（活菌数≥1.0×10^9 CFU/g）	枯草芽孢杆菌 CP－3 添加量（1%、4%、7%）、乳酸菌添加量（0.1%、0.4%、0.7%）、酵母菌添加量（0.1%、0.4%、0.7%）	35d	投喂微生物制剂饵料可影响小龙虾肠道细菌群落的生长，小龙虾肠道菌群更趋向丰富和稳定	杨晗月等
方斑东风螺	凝结芽孢杆菌 地衣芽孢杆菌	质量浓度为 2.5 $g\cdot m^{-3}$	10d	可以提高机体免疫力和抗病性，在一定程度上提高消化酶活性、促进幼体生长和提高成活率，且效果优于磺胺甲恶唑	张钰伟等
斑点叉尾鮰	芽孢杆菌 乳酸菌	—	11 周	芽孢杆菌和乳酸菌可改善斑点叉尾鮰肠道微生物群落，增加群落多样性，提高伯克霍尔德菌属等有益菌的相对丰度，提高吲哚类化合物含量，降低黄嘌呤酸的含量，继而提高斑点叉尾鮰免疫力，维持肠道菌群稳态	周丽颖等

附表 5　益生素在特种经济动物中的应用

研究对象	益生素组成	添加剂量（饲料）	试验期	应用效果	参考文献
伊拉肉兔	丁酸梭菌	100g/t	30d	能够提高伊拉肉兔生长性能，改善肠道形态结构和盲肠微生物区系，提高机体肠道黏膜免疫功能和抗氧化能力，有益于维持肠道健康，提高成活率	刘公言等
雄性家兔	丁酸梭菌（活菌数 1×10^9 CFU/g）	100、250、400mg/kg	30d	日粮中添加 400mg/kg 丁酸梭菌可显著提高家兔生长性能，促进脂类沉积，改善家兔机体免疫功能	王冯玲
塔里木鸽	复合益生菌：植物乳杆菌（活菌数 1.4×10^9 CFU/g）、丁酸梭菌（活菌数 5×10^9 CFU/g）	0.3% 植物乳杆菌＋0.06% 丁酸梭菌、0.6% 植物乳杆菌＋0.12% 丁酸梭菌、1.2% 植物乳杆菌＋0.24% 丁酸梭菌	28d	可以改善塔里木鸽生长性能、血清生化指标，提高屠宰性能，以添加中水平复合益生菌组（0.6% 植物乳杆菌＋0.12% 丁酸梭菌）饲喂效果最好	马嘉月等
伊普吕断奶肉兔	丁酸梭菌（活菌数 1×10^{10} CFU/g）	400mg/kg	40d	可通过促进肠道发育、改善肠道微生物组成和影响肠道代谢物变化，增加肉兔对营养物质消化率，从而提高断奶兔的生长性能；可增加机体的抗氧化能力和肌肉品质	王钰滟
伊拉肉兔	丁酸梭菌（活菌数 2×10^8 CFU/g）	200、400、600mg/kg	35d	饲粮中添加丁酸梭菌可改变伊拉兔盲肠菌群结构和微生物多样性，改变粪便 SCFAs 含量，且盲肠菌群相对丰度与粪便 SCFAs 含量表现出相关性	卢佳宁等
獭兔	酵母菌和凝结芽孢杆菌	0.01%、0.02% 和 0.04%酵母菌-凝结芽孢杆菌联合发酵培养物	56d	酵母菌-凝结芽孢杆菌联合发酵培养物可改善獭兔肠道形态，降低肠道通透性，对空肠、回肠和盲肠内 pH 以及盲肠发酵均无显著影响，但能够提高盲肠微生物多样性	王国洲等
伊拉肉兔	枯草芽孢杆菌和酵母培养物	1 000mg/kg 枯草芽孢杆菌、3 000mg/kg 酵母培养物、1 000mg/kg 枯草芽孢杆菌＋3 000mg/kg 酵母培养物	30d	3 000mg/kg 酵母培养物或与 1 000mg/kg 枯草芽孢杆菌联用，能提高断奶仔兔养分表观消化率，改善免疫力，增强抗氧化能力和抗应激能力，改善生长性能	刁慧等
伊拉肉兔	枯草芽孢杆菌、地衣芽孢杆菌各占 50%	400mg/kg	35d	与饲粮中添加抗生素相比，复合芽孢杆菌和复合酶制剂的饲喂效果更好，二者均可同时提高肉兔生产性能和免疫机能，本试验条件下复合酶制剂的效果最好	李方方等

酸化剂及丁酸钠在畜禽饲料中的应用研究与进展

随着养殖企业中饲用抗生素的频繁与大量使用，其所带来的细菌耐药性增强、环境污染严重等弊端愈发明显，引发了人们对食品安全的重视。在我国全面实施畜禽饲料禁抗战略的大背景下，对环境和人类安全无害的替抗产品在市场上逐渐兴起，酸化剂作为一种绿色无污染的功能性饲料添加剂产品，在畜禽生长性能、免疫功能以及肠道健康等方面发挥着积极作用。本文综述了 2023 年度酸化剂在肉鸡、蛋鸡和猪生产中的应用研究进展，介绍了丁酸钠作为一种新型高效的有机酸盐添加剂在畜禽饲料中的应用效果。酸化剂在畜禽生产中具有广阔的应用前景，但还需进一步深入研究其作用机制，优化其使用剂量和方式，开发新型高效复合酸化剂产品，更好地服务于现代畜牧业的发展。

一、酸化剂在畜禽饲料中的研究与应用

1. 酸化剂在肉鸡生产中的应用。肉鸡生产中的主要目标是提高生长速度、改善饲料转化率、降低疾病发生率。大量研究表明，在肉鸡日粮中添加酸化剂可有效实现上述目标。袁小陵等（2023）系统研究了不同种类的酸化剂对白羽肉鸡生产性能的影响，通过体外抑菌试验初步探究单一酸化剂和复合酸化剂对常见致病菌的抑菌效果；经过动物饲养试验，以单一酸化剂（苯甲酸、富马酸）和复合酸化剂（含 60%富马酸、25%甲酸、0.2%丙酸）为添加剂，以白羽肉鸡为试验动物，探讨试验所用酸对白羽肉鸡生长性能、肠道屏障和肠道菌群的影响，结果表明，酸化剂均能不同程度地抑制大肠杆菌、金黄色葡萄球菌、沙门氏菌的生长。与另外两种单一酸相比，复合酸化剂的抑菌杀菌能力最强，最小抑菌浓度（MIC）和最小杀菌浓度（MBC）为 0.5mg/mL。富马酸对大肠杆菌、沙门氏菌的抑菌效果高于金黄色葡萄球菌，苯甲酸则对金黄色葡萄球菌、沙门氏菌的抑菌效果更好，发现在日粮中添加 0.3%的复合酸化剂，可显著提高 21～42 日龄肉鸡的平均日增重和饲料转化率，改善胴体品质，提高免疫器官指数，改善肠道屏障功能和肠道菌群多样性。尹苗等（2022，2023）报道，联合使用复合酸化剂和中草药提取物，可显著提高肉鸡的生长性能、免疫功能和抗氧化能力，玉屏风散提取物和复合酸化剂对大肠杆菌和金黄色葡萄球菌都有一定的抑菌效果，单独使用时最小抑菌浓度（MIC）为 2mg/mL，最小杀菌浓度（MBC）为 62.5mg/mL；玉屏风散提取物和复合酸化剂联合使用时，对大肠杆菌和金黄色葡萄球菌抑菌效果呈协同效应，且对金黄色葡萄球菌的抑菌效果优于大肠杆菌，饲料中添加玉屏风散提取物和复合酸化剂能极显著改善肉鸡抗氧化能力，极显著降低血液中转氨酶活性，增强机体免疫能力，从而显著提高白羽肉鸡生产性能，组合添加的效果优于单独添加，联合添加量为玉屏风散提取物 600mg/kg＋复合酸化剂 2 000mg/kg 效果更佳。张燕利（2023）发现，复合酸化剂或植物精油显著提高了十二指肠、回肠、空肠的绒毛高度和隐窝深度的比值（VH/CD），改善了肉鸡肠道形态，一定程度上提高了空肠屏障基因的表达水平，显著提高盲肠微生物多样性、丰富度及有益菌的丰度，改善菌群结构，增强了肉鸡小肠的屏障功能，在日粮中添加复合酸化剂和植物精油能显著提高 AA 肉鸡的生长性能、小肠屏障功能及在一定程度上提高肉品质，能对抗生素进行有效替代，两者联用效果好于单用，具有协同作用，添加复合酸化剂 1g/kg＋植物精油 100mg/kg 效果最佳。杨凡祎（2023）采用响应面法，饮水型复合酸化剂体外筛选缓冲力、日粮系酸力的改变量和大肠杆菌抑菌圈，以及固体型复合酸化剂体外筛选缓冲力、日粮系酸力的改变量和大肠杆菌抑菌圈都取最高，优化了一种新型复合酸化剂配方，在肉鸡生产中取得了良好的应用效果。

此外，酸化剂还可通过调节肠道菌群、提高消化酶活性等途径，改善肉鸡肠道健康（庞怡等，2023）。金旭等（2023）探究 3 种益生菌分别与酸化剂联用对肉鸡生长性能、抗氧化能力和肠道健康的影响，试验设计分对照组（CON 组）、酸化剂组（ACI 组）、“酸化剂＋地衣芽孢杆菌”组（ACI＋BL 组）、“酸化剂＋凝结芽孢杆菌”组（ACI＋BC 组）和“酸化剂＋丁酸梭菌”组（ACI＋CB 组）共 5 组，结果表明，益生菌与酸化剂联用，可显著提高肉鸡生长性能、抗氧化能力和肠道健康水平。李贞明等（2023）报道，饲粮中联合添加 0.5%腐殖酸钠和酸化剂可显著提高黄羽肉鸡生长性能、屠宰性能和胸肌的抗氧化功能，并改善肉品质。李万军（2023a，2023b）研究发现，益生菌、酸化剂、酶制剂三者联用，可全面改善大骨鸡的生长性能、肉品质、血清生化指标、抗氧化能力和免疫功能。郭钰君（2023）在肉鸡饮水中添加酸化剂（2-羟基-4-甲硫基丁酸、乳酸和磷酸，其中 2-羟基-4-甲硫基丁酸 244%）研究对饮水硬度和酸度的影响及体外抗菌作用，以及饮水酸化剂对肉鸡生产性能、肠道健康和胫骨质量的影响，对饮水酸化剂进行筛选，通过体外筛选优化了一种饮水酸化剂，添加后可显著提高肉鸡生产性能、胫骨质量和肠道健康水平。

综上所述，酸化剂可通过多种途径改善肉鸡生长性能和健康状况，在肉鸡生产中具有广阔的应用前景。但不同种类、剂量的酸化剂效果差异较大，还需

进一步优化使用方案，并加强与其他添加剂的联用研究，更好地发挥协同增效作用。

2. 酸化剂在蛋鸡生产中的应用。蛋鸡生产的主要目标是提高产蛋率、改善蛋品质、延长产蛋高峰期。研究表明，酸化剂在蛋鸡生产中同样发挥着重要作用。何纪垲等（2023a，2023b）系统研究了酸化剂在蛋鸡生产中的作用机理及应用效果，探讨饮水中添加酸化剂对产蛋后期蛋鸡产蛋性能、蛋壳质量、血清生化指标及抗氧化能力的影响。分别设对照组以及0.10%、0.15%、0.20%酸化剂添加组，试验期28d。结果显示，与对照组相比，饮水中添加0.10%和0.15%的酸化剂能够显著提高产蛋后期蛋鸡的平均蛋重、合格蛋率、蛋壳厚度及蛋壳强度（$P<0.05$），降低破蛋率（$P<0.05$）及蛋鸡的死亡率，同时显著增强蛋鸡血清、肝脏总抗氧化能力（T-AOC）（$P<0.05$），显著降低血清、肝脏丙二醛（MDA）含量（$P<0.05$）。董雯雯等（2023）研究饮水型精油复合酸化剂对蛋鸡生产性能、蛋品质及抑菌效果的影响，各组蛋鸡饲喂基础日粮，试验组在饮水中分别添加0.05%、0.10%和0.20%精油复合酸化剂，结果显示，与对照组相比，添加0.10%、0.20%精油复合酸化剂的蛋鸡产蛋率显著提高（$P<0.05$），不同浓度精油复合酸化剂均能够明显降低饮水pH，抑制大肠杆菌和沙门氏菌生长，添加0.10%精油复合酸化剂可增加经济效益。在蛋鸡饮水中添加精油复合酸化剂，不仅可以提高蛋鸡生产性能和蛋品质，还具有显著的抑菌作用。嵇宏杰等（2023）研究酸化剂对金陵白鸭产蛋后期产蛋性能、蛋品质、血液生化、抗氧化和免疫指标的影响，对照组鸭饲喂基础日粮，试验组分别在基础日粮中添加0.10%、0.15%、0.20%酸化剂，结果表明酸化剂可提高金陵白鸭的产蛋性能、蛋品质和免疫功能，改善血液生化和抗氧化指标。

总之，酸化剂在蛋鸡生产中可通过改善产蛋性能、蛋品质、抗氧化能力和肠道健康等多个方面，提高蛋鸡综合生产性能。针对不同生产阶段蛋鸡的生理特点，优化酸化剂的使用方案，并探索与其他添加剂的联用效果，将有助于充分发挥酸化剂的应用价值。

3. 酸化剂在猪生产中的应用。在猪生产中，尤其是仔猪断奶阶段，肠道疾病和生长停滞问题较为突出。大量研究证实，酸化剂可有效缓解仔猪断奶应激，提高生长性能和抗病力。杨婷和冯凡（2023）报道，酸化剂作为一种环保、高效的饲料添加剂，可以提高饲料利用率和幼龄动物生长率、改善肠道微生物区系，促进肠道生长发育，抑制有害病菌，提高免疫力，降低胃肠道pH，提高消化吸收能力等作用，在早期断奶仔猪生产中应用越来越普遍，在断奶仔猪日粮中添加酸化剂，可显著提高采食量和日增重，降低腹泻发生率。赵硕（2023）系统研究了复合型酸化剂对仔猪生长、免疫和肠道菌群及代谢物的调节作用，研究发现复合型酸化剂能够显著提高仔猪日增重以及降低腹泻率，是通过调节仔猪肠道微生物群，提高仔猪肠道中有益菌株数量，提升仔猪肠道中乙酸、丁酸及总短链脂肪酸含量，增强仔猪免疫功能等方面发挥积极作用，进而推测酸化剂是通过调节仔猪肠道内环境状态，实现改善仔猪的生长性能及健康状况的，且在此试验过程中发现复合型酸化剂的作用效果优于单一酸化剂的作用效果。项新东（2023）报道，早期断奶仔猪由于受到生理、营养和环境等多种应激源的影响，容易出现断奶应激现象，如生长发育迟缓、腹泻以及死亡率高等问题。酸化剂能降低仔猪食糜pH、抑制致病菌增殖和维持肠道菌群的平衡，提高仔猪的生长性能，研究评价两种新型酸化剂对断奶仔猪生长性能和肠道健康的影响。试验选用360头21日龄的断奶仔猪（5.3±0.6）kg，随机分为3组，3个处理组的断奶仔猪饲喂相同的基础饲粮，对照组饮用自来水，两个处理组饮用的自来水中分别添加2.0L/t不同组成成分的酸化剂OA1和OA2，测定并分析结果发现，酸化剂可提高断奶仔猪的生长性能、免疫功能和抗氧化能力，改善肠道菌群结构，酸化剂OA1和OA2都可以调节仔猪机体的氧化还原稳态、免疫力和肠道微生物稳态，改善断奶仔猪的生长性能和健康状况。

此外，酸化剂在育肥猪、母猪等不同生产阶段均有良好的应用效果。王鑫源等和王冠军等（2023）综述了酸化剂在猪生产中的应用研究进展，表明其可广泛应用于各个生产阶段，改善猪的生长性能和健康状况。马军（2023）重点研究了酸化剂在断奶仔猪生产中的应用，发现其可有效提高生产性能，降低腹泻发生率。李祯等（2023）研究包被植物精油和酸化剂复合物对育肥猪生长性能、血清生化指标及免疫功能的影响，对照组饲喂基础日粮，试验组饲喂基础日粮中添加1g/kg包被植物精油和酸化剂复合物的试验日粮。结果表明，日粮添加植物精油和酸化剂复合物显著提高育肥猪末重、平均日增重以及血清总蛋白、免疫球蛋白M和免疫球蛋白G的含量（$P<0.05$），显著降低料重比和血清尿素氮含量（$P<0.05$），对平均日采食量、人血白蛋白和免疫球蛋白A含量无显著性影响（$P>0.05$）。包被植物精油和酸化剂复合物可显著提高育肥猪生长性能，改善血清生化指标和免疫功能。韩生财等（2023）发现，通过在高原地区生猪日粮中添加不同比例的乳酸、柠檬酸和二者复合酸，观测生猪育肥性能、健康状况和养殖效益。结果表明，在日粮中添加酸化剂能显著改善育肥效果，其中以0.5%复合酸添加组（HH1）和1%复合酸添加组（HH2）的日增重最高，添加酸化剂能有效提高育肥猪健康水平，提高成活率，试验期内对照组（CT）发病率和死亡率分别为16.7%和6.7%，0.5%复合酸添加组（HH1）的头均利润最高，为185.6元/头。在高原地区生猪育肥日粮中添加酸化剂，可显著提高采食量和日增重，改善饲料报酬，适合在特殊气候环境下推广应用。韩梦琪等（2023）探讨了新型酸化剂对断奶仔猪的应用效果和经济效益，通过添加3种新型酸化剂（正优酸123、正优酸LF和正优酸OCL）饲喂仔猪，测定仔猪的日增重、日采食量、料肉比、腹泻率。结果表明，添加正优酸123、正优酸OCL、正优酸LF和酸化剂A的料肉比与对照组相比显著降低，腹泻率也显著降低，3种新型酸化剂在提高仔猪生长性能和改善腹泻方面效果更优，添加后可显著提高断奶仔猪的生长性能。

综上所述，酸化剂在猪生产中的应用主要集中在改善生长性能、缓解断奶应激、调节肠道健康等方面。针对不同生理阶段猪的特点，优化酸化剂的使用剂量和方式，并加强与其他功能性添加剂的联用研究，将有助于进一步提高酸化剂的应用效果，促进猪的健康养殖。

二、丁酸钠在畜禽饲料中的研究与应用

1. 丁酸钠在肉鸡饲料中的应用。丁酸钠是一种新型高效的有机酸盐类酸化剂，因其独特的肠道保护和促生长作用而备受关注。王宗伟等（2023）系统阐述了丁酸钠调控肠道屏障的作用机制及其在肉鸡养殖中的应用。研究表明，丁酸钠可通过多种途径改善肉鸡肠道健康，包括调节肠道pH和菌群平衡、提高消化酶活性、增强肠黏膜屏障功能、抑制肠道炎症等。万根等（2023a，2023b）研究日粮添加包被丁酸钠（CSB）对急性热应激肉鸡抗氧化、免疫功能及肝脏结构的影响，为阐释急性热应激对肉鸡的损伤机制及营养调控手段提供科学理论依据。5组分别为常温组（NT组）、热应激组（HS组）和3个热应激同时添加CSB组（HS＋CSB组），结果表明日粮添加CSB可提高肉鸡抗氧化能力，有效缓解急性热应激所致的炎性反应，减轻肝脏功能结构损伤，以900mg/kg CSB添加剂量的效果最佳。因此，在热应激条件下，饲粮中添加包被丁酸钠可显著缓解肉鸡的生长抑制和氧化应激损伤，提高抗氧化能力和免疫功能，保护肝脏组织结构。张硕等（2023）研究竹叶黄酮（BLF）与包膜丁酸钠（CSB）对仙居鸡抗氧化、免疫功能及相关基因表达的影响，试验随机分成5组，对照组饲喂基础日粮，ZNB组在基础日粮中添加40mg/kg杆菌肽锌，BLF组在基础日粮中添加500mg/kg BLF，CSB组在基础日粮中添加500mg/kg CSB，复配组在基础日粮中添加500mg/kg BLF＋500mg/kg CSB。结果表明，日粮中添加500mg/kg BLF、500mg/kg CSB可提高仙居鸡机体抗氧化和免疫功能，调节肝脏抗氧化和脾脏免疫相关基因的表达，BLF与CSB复合添加无协同效应。郜航等（2023）研究包被丁酸钠（CSB）和维生素 D_3（VD_3）对肉鸡脂代谢和抗氧化能力的影响。试验随机分为4组，分别为对照组（Con）：基础日粮（含3 000IU/kg VD_3）；VD_3 组：基础日粮＋额外2 000IU/kg VD_3；CSB组：基础日粮＋1g/kg CSB；VD_3＋CSB组：基础日粮＋额外2 000IU/kg VD_3＋1g/kg CSB，结果表明日粮中补充包被丁酸钠和维生素 D_3，可调节肉鸡脂代谢，提高抗氧化能力。

此外，丁酸钠还可通过调节肠道菌群、缓解肠道炎症等途径，改善肉鸡肠道健康和免疫功能。白钰迪（2023）报道，丁酸类化合物和黄芪多糖均有改善生长性能，屠宰性能的作用、提高机体免疫功能、增强抗氧化能力的作用等，为探究在养殖生产中应用包被丁酸钠和黄芪多糖作为饲料添加剂替代抗生素，开展试验研究。在饲料中添加包被丁酸钠和黄芪多糖进行饲喂，每个组分别饲喂：基础日粮，基础日粮中添加1 000mg/kg黄芪多糖，基础日粮中添加250mg/kg包被丁酸钠，基础日粮中添加500mg/kg包被丁酸钠，基础日粮中添加1 000mg/kg包被丁酸钠，基础日粮中添加500mg/kg包被丁酸钠和1 000mg/kg黄芪多糖。结果证实包被丁酸钠和黄芪多糖可以提高肉鸡的生长性能、改善肉鸡血清抗氧化功能、血清免疫功能，促进肉鸡肠道微生物的生长和繁殖，且饲粮中联合添加500mg/kg的包被丁酸钠和1 000mg/kg黄芪多糖效果最佳。牛强（2023）报道，热应激是一种非特异性应激源严重威胁肉鸡健康，热应激期间肉鸡喘息不停和耗氧量增加，这会对肺部造成巨大压力。丁酸钠（SB）具有广泛的生物学功能，包括抑制病原菌，提高免疫力和增强抗氧化能力，研究了日粮添加SB对肉鸡热应激肺损伤的缓解作用及其对肠肺微生物群的影响。试验随机分为5组，分别是常温组（NT）、热应激组（HS）、热应激组加SB（HS＋SB）、热应激组加抗生素（HS＋AB）和热应激组加AB和SB（HS＋AB＋SB）。结果显示热应激及肠道微生物紊乱影响下发挥重要作用的肉鸡肺微生物属相似，这些改变与肺损伤相关，日粮添加SB则能缓解。SB调节的肺微生物功能在细胞运动、神经系统、环境适应、排泄系统、内分泌系统和免疫系统通路处于活跃水平，这些通路的富集与刺激细菌行为、调节精神状态、增强机体环境适应性以及增强免疫有关。因此，研究表明日粮添加SB可有效缓解肉鸡热应激肺损伤，在此过程中SB调节的肠肺微生物可能发挥

了重要作用。张燕（2023）研究分析SB对肉鸡的生长性能、胫骨参数、病理特征、抗氧化性能等影响，探究不同剂量SB对胫骨软骨发育不良（TD）肉鸡的治疗作用；基于Wnt/B-catenin信号通路探究不同剂量SB对TD肉鸡体内成骨基因表达的调节；基于16S rRNA测序技术探究SB对TD肉鸡肠道菌群的影响及其与TD的联系，结果发现丁酸钠可治疗福美双诱导的肉鸡胫骨软骨发育不良，改善肠道菌群失调。

2. 丁酸钠在蛋鸡饲料中的应用。在蛋鸡生产中，丁酸钠同样具有广阔的应用前景。赵心念等（2023）研究饲料中添加丁酸钠对海兰褐蛋公雏生长性能、血清生化指标和抗氧化性能的影响，对照组饲喂基础饲粮，处理组日粮添加500mg/kg丁酸钠，结果表明饲粮添加500mg/kg丁酸钠在一定程度上提高了海兰褐蛋公雏的生长性能和血清抗氧化性能。刘震等（2023）研究了保健砂中添加不同浓度包被丁酸钠对种鸽和乳鸽的生长性能、屠宰性能及免疫器官指数的影响，试验随机分成4组，对照组种鸽饲喂保健砂，A、B、C组分别在保健砂中添加0.1%，0.2%，0.4%的包被丁酸钠。结果发现，包被丁酸钠可提高种鸽和乳鸽的生长性能、屠宰性能、免疫器官指数和消化酶活性。此外，酸化剂还可通过调节肠道菌群、影响肠道发酵特性等途径，间接改善蛋鸡生产性能。莫庆楠等（2023）探究丁酸钠与沸石混合添加对蛋鸡盲肠内容物体外发酵过程中产氨量及微生物群落变化的影响，取白来航蛋鸡盲肠内容物获取体外发酵菌源，试验分为4组：对照组（无任何添加，CT组），添加0.15%丁酸钠组（A组），添加1.5%沸石组（B组）及添加“0.15%丁酸钠＋1.5%沸石”组（C组），试验结果表明，与单一添加丁酸钠或沸石相比，丁酸钠与沸石混合添加在体外发酵条件下可更有效减少氨气产生，同时改善盲肠内容物中微生物结构，丁酸钠与沸石混合添加，可显著影响蛋鸡盲肠内容物的体外发酵特性，改善肠道健康。蛋鸡脂肪肝出血综合征（FLHS）是产蛋高峰期蛋鸡常见的一种营养代谢病，给养禽业造成巨大损失。余小青（2023）研究发现，FLHS形成过程中肠道微生物代谢产物丁酸产量下降；通过日粮补充丁酸钠（SB）能否缓解FLHS蛋鸡肝脏脂质沉积，开展了SB、铁死亡抑制剂Fer-1和激活剂RSL3对游离脂肪酸（FFAs）诱导鸡原代肝细胞脂质代谢、铁死亡相关指标的影响研究，研究结果阐明了丁酸钠通过GPX4抑制铁死亡，从而改善游离脂肪酸诱导的鸡原代肝细胞脂质沉积的作用机制，并得到结论为FFAs诱导鸡肝细胞脂肪沉积，SB能通过GPX4抑制铁死亡来缓解鸡肝细胞脂肪变性。

总之，丁酸钠可通过调节肠道微环境、增强肠道屏障功能、改善肠道菌群结构等多种途径，提高蛋鸡生长性能和机体健康水平。进一步加强丁酸钠在蛋鸡生产中的应用研究，优化其使用剂量和方式，挖掘其与其他添加剂的协同作用，将有助于充分发挥丁酸钠的应用价值，促进蛋鸡产业健康可持续发展。

3. 丁酸钠在猪生产中的应用。丁酸钠在猪生产中的应用主要集中在断奶仔猪阶段。宋凤香等（2023）为探索不同类型丁酸钠对仔猪生产性能的影响，开展对丁酸钠进行包衣工艺处理，试验分为3组，A组饲喂基础日粮（对照组），B组饲喂0.2%普通丁酸钠＋基础日粮，C组饲喂0.25%包衣丁酸钠＋基础日粮。结果表明，对丁酸钠进行包衣处理能显著提高断奶仔猪生产性能、促进生长、减少仔猪腹泻的发生。梁文琪（2023）为探索降低日粮粗蛋白（CP）水平与饲粮添加丁酸钠对断奶仔猪生长性能和肠道健康的影响。试验分4组，2个CP水平（18.8%和22.2%）和2个丁酸钠剂量（0和1kg/t）的双因子实验，结果表明在低蛋白质日粮中添加丁酸钠，可显著改善断奶仔猪的生长性能和肠道健康状况。黄艺珠（2023）为了探究丁酸钠对低断乳重仔猪生产性能和肠绒毛的影响，试验随机分成2个处理组，对照组饲喂基础日粮，试验组饲喂“基础日粮＋0.2%丁酸钠”。结果表明，在低断乳重仔猪日粮中添加丁酸钠可以提高仔猪的生产性能，并增加肠绒毛的高度。

此外，丁酸钠在其他动物生产中也具有良好的应用效果。倪萌柯（2023）发现，新西兰白兔日粮中添加乙酸钠和丁酸钠可降低饲料转化率和腹泻指数、提高肌纤维总数和肌纤维密度、保护盲肠绒毛完整性和提高盲肠的抗氧化应激和免疫能力，并提高盲肠微生物组多样性和益生菌群丰度。研究结果表明，乙酸钠和丁酸钠可通过激活Wnt/B-catenin信号通路促进盲肠上皮细胞的增殖和迁移。李馨童等（2023）为研究牛奶中丁酸钠添加量对哺乳期荷斯坦犊牛生长性能、血液生化指标和健康状况的影响，选取健康的荷斯坦犊牛共80头，分为4个处理组，分别为对照组（不加丁酸钠）、加4.4g/d丁酸钠组、8.8g/d丁酸钠组、17.6g/d丁酸钠组，结果表明牛奶中添加丁酸钠可以提高犊牛的生长性能、抗氧化功能和机体免疫力，改善犊牛的健康状况，且添加8.8g/d效果最佳。纪雯雯等（2023）研究丁酸钠对哺乳期湖羊羔羊生长性能、血浆指标和瘤胃发育的影响。丁酸钠组（SB组）口腔灌服1.8mL/kg BW丁酸钠，对照组（Con组）灌服相同体积的生理盐水。结果发现，添加丁酸钠可以改善羔羊抗氧化能力和免疫功能，抑制瘤胃上皮细胞凋亡相关基因的表达，促进瘤胃上皮细胞增殖发育、挥发性脂肪酸吸收和代谢相关基因的表达，改善羔羊的瘤胃发酵功能，从而提高哺乳期湖羊羔羊的生长性能。郭延辉等（2023）研究饲料添加丁酸钠对离乳期梅花鹿生长性能、抗氧化和免疫功能的影响，试验分为4组，每组3个重复，每个重复4只梅花鹿。对照组饲喂梅花鹿基础饲粮，丁酸钠1、2、3（CSB1，CSB2，CSB3）组饲喂含有50，100、200mg/kg丁酸钠的梅花鹿仔鹿基础日粮。结果表明，丁酸钠具有提高离乳期雄性梅花鹿生产性能、营养物质消化率、免疫及抗氧化功能的作用，其中以CSB3组添加量最为适宜。张展赫（2023）系统研究了开食料和牛奶中添加丁酸钠对犊牛生长性能、胃肠道物理屏障和微生物区系的影响。结果表明，开食料和牛奶中添加丁酸钠会提高哺乳犊牛的免疫力，降低炎症反应，提升胃肠道的物理屏障功能，改善犊牛胃肠道微生物区系，开食料丁酸钠和牛奶丁酸钠对犊牛的生长性能、胃肠道发育以及微生物区系的影响没有交互作用，但是具有可加效应，建议在开食料和牛奶中同时添加丁酸钠，促进犊牛的健康发育。

三、结语

随着人们生活水平的提高，对畜禽产品的数量和质量提出了更高的要求。在“限抗”大背景下，开发新型高效、绿色安全的饲料添加剂迫在眉睫。酸化剂因其独特的肠道调控和促生长作用，成为学术界和产业界的研究热点。大量研究表明，酸化剂可有效替代传统的抗生素生长促进剂，在提高畜禽生产性能的同时，显著改善肠道健康状况，提高机体免疫力，其作用机制主要包括调节肠道pH、抑制有害菌生长、促进有益菌增殖、提高消化酶活性、维持肠道结构完整性等。其中丁酸钠以其优异的肠道保护和促生长效果而备受关注，在肉鸡、蛋鸡、猪等畜种生产中均取得了良好的应用效果。酸化剂已成为现代畜禽生产中不可或缺的功能性添加剂，在提高动物生产性能、维持肠道健康、增强机体免疫力等方面发挥着重要作用。由于人们对食品安全和动物福利的日益重视，开发绿色高效的酸化剂产品，深入研究其作用机制，优化其使用方案，将成为未来的重要发展方向。同时，还需加强酸化剂与其他功能性添加剂的联用研究，充分发挥协同增效作用，更好地服务于现代畜牧业的可持续发展。总之，开发新型高效、绿色安全的酸化剂产品，优化其使用方案，挖掘其在不同畜种、不同生产阶段的应用潜力，对于促进畜牧业转型升级、保障动物食品安全具有重要意义。这需要产学研各界的共同努力，加强协同创新，为推动我国畜牧业高质量发展贡献智慧和力量。

（李祥）

饲草产业发展概况

2023年，饲草产业稳步发展，在粮改饲、振兴奶业苜蓿发展行动等政策的支持下，优质饲草供给能力不断提升，全国利用耕地种植饲草面积近1.3亿亩，产量9 200万t（折风干草），同比分别增长4.0%、3.7%，为草食畜牧业发展提供了有力支撑。

一是饲草种业持续推进。全国饲草种子总产量约7.5万t。新品种测试、审定等基础性工作扎实推进，开展40个品种、1 380个小区的区域试验，审定通过饲草新品种20个，累计审定通过饲草品种达到656个。

二是饲草产业集约化发展步伐加快。各地培育了一批专业化“种、收、贮、加、销”服务组织，饲草生产机械化、组织化水平大幅提升，带动饲草单产水平持续提高。粮改饲项目省份青贮玉米平均亩产3.45t，比上年增加9.9%。

三是饲草加工业快速发展。全国从事饲草生产加工的企业、农牧民专业合作社超过1 300家，主要集中在甘肃、青海、内蒙古、宁夏、四川、陕西等省份，产品以紫花苜蓿草捆、青贮玉米裹包和燕麦草捆为主。

四是草产品进口量明显下降。草产品进口总量108.77万t，同比下降45%，其中苜蓿干草进口100.05万t，下降44%；燕麦草进口7.20万t，下降53%；苜蓿颗粒进口1.51万t，下降59%。草种子进口5.06万t，同比下降3%。

饲料质量安全监管

制定印发《2023年饲料质量安全监管工作方案》，统筹运用监督抽查、产品例行监测、风险预警和现场检查等手段，全面实施“双随机、一公开”监管。各地从饲料生产企业、经营门店和养殖场户抽检饲料产品15 693批次，总体合格率98.7%。组织部属有关单位开展重点饲料产品例行监测，从饲料生产、经营使用、互联网销售、养殖环节抽检饲料和饲料添加剂产品1 609批次。组织工作组对14个省份的100家饲料和饲料添加剂生产企业进行现场检查，现场提出整改意见，要求地方管理部门督促企业立行立改。

“瘦肉精”专项监测

派出工作组赴黑龙江、吉林、辽宁、河北、江苏、安徽、河南、山东 8 个省份的 26 个肉牛肉羊养殖大县开展飞行检查，随机选取部分肉牛肉羊养殖场户，采集牛羊尿液、毛发样品开展现场筛查和确证检测。督促有关省份切实落实属地管理责任，依法依规查处飞行检查发现的问题，严厉打击使用“瘦肉精”的违法行为。

粮改饲工作

2023年，粮改饲项目在河北、山西、内蒙古、辽宁、吉林、黑龙江、安徽、山东、河南、湖北、湖南、广西、四川、贵州、云南、西藏、陕西、甘肃、青海、宁夏、新疆21个省份以及新疆生产建设兵团、青岛市和北大荒农垦集团有限公司实施。支持规模化草食家畜养殖场户、企业、农民合作社以及专业化饲草收储服务组织等主体，收储使用青贮玉米、苜蓿、饲用燕麦、黑麦草、饲用黑麦、饲用高粱等优质饲草，兼顾各地有饲用需求的饲料桑、饲用大麦、杂交狼尾草、甜高粱、小黑麦、皇竹草等区域特色饲草品种。截至2023年12月底，项目省份共完成收储面积2 325万亩，累计收储全株青贮玉米、苜蓿等优质饲草6 850万t。

饲草种子质量监测

组织9家省部级草种质检机构，在北京、内蒙古、江西、河南、四川、贵州、甘肃、宁夏、新疆9个省份开展主要饲草种子质量监测。全年共获取主要饲草种子监测样品1 494批次，合格饲草种子1 163批次，合格率为77.8%，其中国产种子合格率75.0%、进口种子合格率82.6%。编写《2023年全国主要饲草种子质量监测报告》。

饲料行政许可

2023年，围绕豆粕减量替代行动，坚持高标准与高效率并重，依法依规开展饲料和饲料添加剂评审。一是优化评审流程，加快新产品评审。评审通过5个新饲料添加剂（马克斯克鲁维酵母、红三叶草提取物、胰酶、硫酸镁钾、甜叶菊提取物）和1个新饲料原料（荚膜甲基球菌蛋白），核发新产品证书6个；增补12个产品进入《饲料原料目录》和《饲料添加剂品种目录》，3个进口饲料产品批准在我国允许使用，并对4个饲料产品进行了扩项和修订。二是强化服务，提升评审效率。对42个（次）企业咨询事项进行评议，明确产品申报的可行性和申报渠道，提出申报重点关注的建议；严把申报材料审核关，提高上会材料质量，减少无效评审；加强与申报单位沟通，开展产品申报周期全流程服务，跟踪申报材料整改情况；制定发布《植物提取物类饲料添加剂申报指南》，进一步规范该类饲料添加剂的评审，为企业申报提供指导。三是开源提效，扩大蛋白来源。评审通过乙醇梭菌蛋白的适用范围从鱼类扩大至猪禽；评审通过甲基荚膜球菌蛋白作为新饲料原料投入生产；将四爿藻、等鞭金藻、褐指藻等3个藻类产品纳入饲料原料目录。四是按时完成产品进口登记证核发。批准943种饲料和饲料添加剂产品在我国登记或续展登记，并颁发进口登记证。

进口饲料和饲料添加剂管理

中华人民共和国农业农村部公告

第 641 号

根据《进口饲料和饲料添加剂登记管理办法》有关规定，批准法国蒙赫巴蒂公司等 78 家公司生产的 154 种饲料和饲料添加剂产品在我国登记或续展登记，并颁发进口登记证（附件 1）。批准（加拿大）艾尔麦乐宠物产品有限公司生产的“T28 纽顿小型 & 玩赏犬全价犬粮鲑鱼 & 鳟鱼配方”“T24 纽顿全价猫粮鲑鱼 & 鳟鱼配方”和新西兰阿尔卑斯出口有限公司生产的“iti 依蒂鸡肉三文鱼配方风干猫粮”产品改变质量标准，重新颁发进口登记证，原登记证“（2022）外饲准字 470 号”“（2022）外饲准字 468 号”“（2022）外饲准字 726 号”作废。

批准 4 个产品的申请企业名称、生产厂家名称及生产地址名称变更（附件 2）。所登记产品的监督检验，按中华人民共和国国家标准和我部发布的质量标准执行。

特此公告。

附件：1. 进口饲料和饲料添加剂产品登记证目录（2023－01）

2. 换发进口饲料和饲料添加剂产品登记证目录（2023－01）

农业农村部

2023 年 1 月 13 日

附件 1

进口饲料和饲料添加剂产品登记证目录（2023－01）

登记证号	通用名称	商品名称	产品类别	使用范围	生产厂家	有效期限	备注
（2023）外饲准字 001 号	混合型饲料添加剂 香味物质 Feed Additives Mixture Flavouring Substances	禽保净 C PX RED PROTECT C	混合型饲料添加剂 Feed Additives Mixture	家禽 Poultry	法国蒙赫巴蒂公司 MANGHEBATI SAS, France	2023.01—2028.01	新办
（2023）外饲准字 002 号	混合型饲料添加剂 牛磺酸 Feed Additives Mixture Taurine	森牧福畜安 SENMU IMMUNIVAP	混合型饲料添加剂 Feed Additives Mixture	养殖动物 All species or categories of animals	（台湾）罗仕企业有限公司 LO SHIH ENTERPRISE CO.，LTD.	2023.01—2028.01	新办
（2023）外饲准字 003 号	混合型饲料添加剂 柠檬酸 乳酸 Feed Additives Mixture Citric Acid Lactic Acid	思倍斯 CITROBEX	混合型饲料添加剂 Feed Additives Mixture	家禽、猪、兔、犊牛 Poultry，Swine，Rabbits，Calves	威隆（波兰）制药有限公司 Vetoquinol Biowet Sp z o. o.，Poland	2023.01—2028.01	新办
（2023）外饲准字 004 号	混合型饲料添加剂 枯草芽孢杆菌 Feed Additives Mixture *Bacillus subtilis*	洛东 A-9000 SUPER RAKUTO A-9000	混合型饲料添加剂 Feed Additives Mixture	猪、家禽、牛、水产养殖动物 Swine，Poultry，Cattle，Aquaculture animals	日本洛东化成工业株式会社 RAKUTO KASEI INDUSTRIAL CO.，LTD.，Japan	2023.01—2028.01	新办
（2023）外饲准字 005 号	混合型饲料添加剂 酶制剂 Feed Additives Mixture Enzymes	钮乐思酶 Nutrase Xyla HS	混合型饲料添加剂 Feed Additives Mixture	单胃动物 Monogastric animals	（荷兰）Mondial Nutrition B. V. Mondial Nutrition B. V.，the Netherlands	2023.01—2028.01	新办
（2023）外饲准字 006 号	混合型饲料添加剂 甲酸 磷酸 柠檬酸钙 Feed Additives Mixture Formic Acid Phosphoric Acid Calcium Citrate	吉纳斯 Genius Acid	混合型饲料添加剂 Feed Additives Mixture	养殖动物 All species or categories of animals	荷兰 FF 化学品公司 FF Chemicals B. V.，the Netherlands	2023.01—2028.01	新办

（续）

登记证号	通用名称	商品名称	产品类别	使用范围	生产厂家	有效期限	备注
（2023）外饲准字 007 号	混合型饲料添加剂 矿物元素 Feed Additives Mixture Minerals	畜健源 Biobuffer	混合型饲料添加剂 Feed Additives Mixture	牛 Cattle	纽崔芬斯（比利时） NUTRIFORCE，Belgium	2023.01—2028.01	新办
（2023）外饲准字 008 号	混合型饲料添加剂：山梨糖醇，蛋氨酸羟基类似物，氯化胆碱 Feed Additives Mixture：Sorbitol，Methionine Hydroxy Analogue，Choline Chloride	迪妥斯 DigestSea Still	混合型饲料添加剂 Feed Additives Mixture	猪、鸡、牛、水产养殖动物 Swine，Chicken，Cattle，Aquaculture animals	（法国）欧密斯股份有限公司 OLMIX SA，France	2023.01—2028.01	新办
（2023）外饲准字 009 号	混合型饲料添加剂 防霉剂 Feed Additives Mixture Preservatives	强佰仕 360 JS-360	混合型饲料添加剂 Feed Additives Mixture	养殖动物 All species or categories of animals	加拿大 Jumpstart 环境技术公司 Jumpstart Environmental Technologies Inc.，Canada	2023.01—2028.01	新办
（2023）外饲准字 010 号	混合型饲料添加剂 微生物 Feed Additives Mixture Live Micro-organisms	贸速宝 C MoreSpore C	混合型饲料添加剂 Feed Additives Mixture	家畜、家禽、水产养殖动物 Livestock，Poultry，Aquaculture animals	（台湾）贸立实业股份有限公司 More-standing Enterprise Co.，Ltd	2023.01—2028.01	新办
（2023）外饲准字 011 号	混合型饲料添加剂—香味物质 Feed Additives Mixture-Flavouring Substances	舒停 PARLAC-SL	混合型饲料添加剂 Feed Additives Mixture	反刍动物 Ruminants	法国碧欧力法有限公司 Biodevas Laboratoires，France	2023.01—2028.01	新办
（2023）外饲准字 012 号	混合型饲料添加剂—香味物质 Feed Additives Mixture-Flavouring Substances	迪格玛 DigeMax Aqua	混合型饲料添加剂 Feed Additives Mixture	水产养殖动物 Aquaculture animals	（荷兰）Animal Health Concepts B. V. Animal Health Concepts B. V.，the Netherlands	2023.01—2028.01	新办
（2023）外饲准字 013 号	养殖动物用复合预混合饲料 Premix for All Species	阿瓦尔高品质 AVAL PREMIUM	添加剂预混合饲料 Feed Additive Premix	养殖动物 All species or categories of animals	西班牙百卫公司 BIOVET S. A.，Spain	2023.01—2028.01	新办
（2023）外饲准字 014 号	养殖动物用维生素预混合饲料 Vitamin Premix for All Species Animals	阿瓦尔 9 AVAL 9	添加剂预混合饲料 Feed Additive Premix	养殖动物 All species or categories of animals	西班牙百卫公司 BIOVET S. A.，Spain	2023.01—2028.01	新办

（续）

登记证号	通用名称	商品名称	产品类别	使用范围	生产厂家	有效期限	备注
(2023) 外饲准字 015 号	复合预混合饲料（鸟，猪，兔，犊牛，马） Compound Premixed Feed for Birds, Swine, Rabbits, Calves and Horses	雅士勇 ASCOREQUIL	添加剂预混合饲料 Feed Additive Premix	鸟、猪、兔、犊牛、马 Birds, Swine, Rabbits, Calves, Horses	威隆（波兰）制药有限公司 Vetoquinol Biowet Sp z o. o., Poland	2023.01—2028.01	新办
(2023) 外饲准字 016 号	猪，鸡，鸭，牛，鱼和虾用微量元素预混合饲料 Trace Mineral Premix for Pigs, Chickens, Ducks, Cattle, Fish and Shrimp	E-MAX 爱玛丝 E-MAX	添加剂预混合饲料 Feed Additive Premix	猪、鸡、鸭、牛、鱼、虾 Swine, Chicken, Ducks, Cattle, Fish, Shrimp	韩国碧恩碧有限公司 B&B KOREA CO., LTD, Korea	2023.01—2028.01	新办
(2023) 外饲准字 017 号	牛复合预混合混料 Cattle Premix	科森 Ketosen Oral	添加剂预混合饲料 Feed Additive Premix	牛 Cattle	荷兰 Interchemie werken "De Adelaar" B. V. 公司 Interchemie Werken " De Adelaar " B. V., the Netherlands	2023.01—2028.01	新办
(2023) 外饲准字 018 号	牛、羊用微量元素预混合饲料 Premixed Feed of Trace Elements for Cattle and Goat	瑞典 SP-牛 山羊矿物舔砖 SP Universal	添加剂预混合饲料 Feed Additive Premix	牛、羊 Cattle, Sheep	瑞典萨利尼提盐业有限公司（工厂） SALINITY AB, Sweden	2023.01—2028.01	新办
(2023) 外饲准字 019 号	鱼油 Fish Oil	鱼油 Fish Oil	单一饲料 Single Feed	养殖动物（反刍动物除外） All species or categories of animals (Not including ruminant)	（越南）天发生产贸易有限责任公司 THIEN PHAT MANUFACTURING AND TRADING CO., LTD., Vietnam	2023.01—2028.01	新办
(2023) 外饲准字 020 号	鱼粉 Fishmeal	红鱼粉-3 级 Red Fish Meal-Grade 3	单一饲料 Single Feed	养殖动物（反刍动物除外） All species or categories of animals (Not including ruminant)	（越南）坚雄股份公司分公司—坚雄鱼粉厂 Branch of Kien Hung Joint Stock Company-Kien Hung Fish Meal Factory, Vietnam	2023.01—2028.01	新办

（续）

登记证号	通用名称	商品名称	产品类别	使用范围	生产厂家	有效期限	备注
(2023) 外饲准字 021 号	鱼油 Fish Oil	鱼油 Fish Oil	单一饲料 Single Feed	养殖动物（反刍动物除外） All species or categories of animals (Not including ruminant)	印度尼西亚海源有限公司 PT Sumber Yalasamudra，Indonesia	2023.01—2028.01	新办
(2023) 外饲准字 022 号	鱼粉 Fishmeal	红鱼粉（三级） Red Fish Meal (Grade III)	单一饲料 Single Feed	养殖动物（反刍动物除外） All species or categories of animals (Not including ruminant)	印度尼西亚海源有限公司 PT Sumber Yalasamudra，Indonesia	2023.01—2028.01	新办
(2023) 外饲准字 023 号	鱼粉 Fishmeal	红鱼粉（三级至一级） Fishmeal-Mixed Species Small Fish (Trawler)	单一饲料 Single Feed	养殖动物（反刍动物除外） All species or categories of animals (Not including ruminant)	（马来西亚）爱玛晨鱼粉私人有限公司 Amazing Desire SDN BHD，Malaysia	2023.01—2028.01	新办
(2023) 外饲准字 024 号	鱼粉 Fishmeal	红鱼粉（三级） Red Fishmeal (grade III)	单一饲料 Single Feed	养殖动物（反刍动物除外） All species or categories of animals (Not including ruminant)	泰国大汉鱼粉有限公司 APITOON FISH MEAL COMPANY LIMITED，Thailand	2023.01—2028.01	新办
(2023) 外饲准字 025 号	鱼粉 Fishmeal	红鱼粉（三级） Red Fishmeal (grade III)	单一饲料 Single Feed	养殖动物（反刍动物除外） All species or categories of animals (Not including ruminant)	泰国海星有限公司 STARFISH CO.，LTD.，Thailand	2023.01—2028.01	新办

（续）

登记证号	通用名称	商品名称	产品类别	使用范围	生产厂家	有效期限	备注
(2023) 外饲准字 026 号	鱼油 Fish Oil	鱼油（饲料级） Fish Oil (Feed Grade)	单一饲料 Single Feed	养殖动物（反刍动物除外） All species or categories of animals (Not including ruminant)	智利 ALIMENTOS PESQUEROS SPA 公司 ALIMENTOS PESQUEROS SPA, Chile	2023.01—2028.01	新办
(2023) 外饲准字 027 号	虾粉 Shrimp Meal	虾粉 Shrimp meal	单一饲料 Single Feed	养殖动物（反刍动物除外） All species or categories of animals (Not including ruminant)	（缅甸）仰光渔业发展有限公司（鱼粉厂） Yangon Fishery Development Company Limited (Fish Meal), Myanmar	2023.01—2028.01	新办
(2023) 外饲准字 028 号	鱼粉 Fishmeal	红鱼粉（三级） Fish Meal	单一饲料 Single Feed	养殖动物（反刍动物除外） All species or categories of animals (Not including ruminant)	（越南）云屯责任有限公司—南—和—意厂（分支） Nam-Hoa-Y Factory-Branch of Van Don Company Limited, Vietnam	2023.01—2028.01	新办
(2023) 外饲准字 029 号	鹦鹉配合饲料 Parrot Compound Food	天然虎皮鹦鹉粮 PUUR Budgie	配合饲料 Compound Feed	观赏鸟 Ornamental birds	荷兰维特魔轮公司 Witte Molen B. V., the Netherlands	2023.01—2028.01	新办
(2023) 外饲准字 030 号	鹦鹉配合饲料 Parrot Compound Food	天然牡丹鹦鹉粮 PUUR Lovebird	配合饲料 Compound Feed	观赏鸟 Ornamental birds	荷兰维特魔轮公司 Witte Molen B. V., the Netherlands	2023.01—2028.01	新办
(2023) 外饲准字 031 号	鹦鹉配合饲料 Parrot Compound Food	天然玄凤小葵鹦鹉粮 PUUR Large Parakeet & Cockatoo	配合饲料 Compound Feed	观赏鸟 Ornamental birds	荷兰维特魔轮公司 Witte Molen B. V., the Netherlands	2023.01—2028.01	新办
(2023) 外饲准字 032 号	鹦鹉配合饲料 Parrot Compound Food	天然鹦鹉粮 PUUR Parrot	配合饲料 Compound Feed	观赏鸟 Ornamental birds	荷兰维特魔轮公司 Witte Molen B. V., the Netherlands	2023.01—2028.01	新办
(2023) 外饲准字 033 号	鹦鹉配合饲料 Parrot Compound Food	田园虎皮鹦鹉粮 COUNTRY Budgie	配合饲料 Compound Feed	观赏鸟 Ornamental birds	荷兰维特魔轮公司 Witte Molen B. V., the Netherlands	2023.01—2028.01	新办

（续）

登记证号	通用名称	商品名称	产品类别	使用范围	生产厂家	有效期限	备注
(2023) 外饲准字 034 号	鹦鹉配合饲料 Parrot Compound Food	田园玄凤小葵鹦鹉粮 COUNTRY Large Parakeet	配合饲料 Compound Feed	观赏鸟 Ornamental birds	荷兰维特魔轮公司 Witte Molen B. V., the Netherlands	2023.01—2028.01	新办
(2023) 外饲准字 035 号	鹦鹉配合饲料 Parrot Compound Food	田园牡丹鹦鹉粮 COUNTRY Lovebird	配合饲料 Compound Feed	观赏鸟 Ornamental birds	荷兰维特魔轮公司 Witte Molen B. V., the Netherlands	2023.01—2028.01	新办
(2023) 外饲准字 036 号	宠物营养补充剂 成年期猫维生素矿物质微量元素 Pet Nutrition Supplement Vitamin Minerals for Adult Cat	悦补利康 P（膏剂） Renal P pasta	宠物添加剂预混合饲料 Pet Feed Additive Premix	猫 Cats	意大利 ACEL pharma S. r. l ACEL pharma S. r. l, Italy	2023.01—2028.01	新办
(2023) 外饲准字 037 号	宠物配合饲料成年期猫粮 Pet Compound Feed Adult Cat Feed	Voraz 猫粮 Voraz Cat	宠物配合饲料 Pet Compound Feed	猫 Cats	阿根挺 AGRO INDUSTRIAS BAIRES S. A. AGRO INDUSTRIAS BAIRES S. A., Argentina	2023.01—2028.01	新办
(2023) 外饲准字 038 号	宠物配合饲料成年期犬粮 Pet Compound Feed Adults Dog Food	Voraz 牛肉味成犬粮 Voraz adult dogs beef flavor	宠物配合饲料 Pet Compound Feed	犬 Dogs	阿根挺 AGRO INDUSTRIAS BAIRES S. A. AGRO INDUSTRIAS BAIRES S. A., Argentina	2023.01—2028.01	新办
(2023) 外饲准字 039 号	宠物配合饲料幼年期犬粮 Pet Compound Feed Puppy Food	Voraz 牛肉鸡肉配方幼犬粮 Voraz complete food for junior dogs mix of flavors beef and chicken	宠物配合饲料 Pet Compound Feed	犬 Dogs	阿根挺 AGRO INDUSTRIAS BAIRES S. A. AGRO INDUSTRIAS BAIRES S. A., Argentina	2023.01—2028.01	新办
(2023) 外饲准字 040 号	全价宠物食品 猫粮 Pet Compound Feed for Cat	卫仕 GS 全阶段鲜肉猫粮（鱼肉配方） Nourse Golden Selected Rich in fresh salmon for All Stage Cat	宠物配合饲料 Pet Compound Feed	猫 Cats	（比利时）菲德氏宠物食品有限公司 Fides Petfood, Belgium	2023.01—2028.01	新办

（续）

登记证号	通用名称	商品名称	产品类别	使用范围	生产厂家	有效期限	备注
(2023) 外饲准字 041 号	全价宠物食品 猫粮 Pet Compound Feed for Cat	卫仕 GS 全阶段鲜肉猫粮（鸡肉配方） Nourse Golden Selected Rich in fresh chicken meat for All Stage Cat	宠物配合饲料 Pet Compound Feed	猫 Cats	（比利时）菲德氏宠物食品有限公司 Fides Petfood，Belgium	2023.01—2028.01	新办
(2023) 外饲准字 042 号	全价宠物食品 成年期猫粮 Pet Compound Feed for Adult Cat	卫仕 GS 鲜肉成猫粮（鸡肉配方） Nourse Golden Selected Rich in fresh chicken meat for Adult Cat	宠物配合饲料 Pet Compound Feed	猫 Cats	（比利时）菲德氏宠物食品有限公司 Fides Petfood，Belgium	2023.01—2028.01	新办
(2023) 外饲准字 043 号	全价宠物食品 幼年期猫粮 Pet Compound Feed for Kitten	卫仕 GS 鲜肉幼猫粮（鸡肉配方） Nourse Golden Selected Rich in fresh chicken meat for Kitten	宠物配合饲料 Pet Compound Feed	猫 Cats	（比利时）菲德氏宠物食品有限公司 Fides Petfood，Belgium	2023.01—2028.01	新办
(2023) 外饲准字 044 号	宠物配合饲料 猫粮 Pet Compound Feed for Cat	MAWSON 风干含牛肉配方全价猫粮 MAWSON AIR-DRIED BEEF COMPLETE BALANCED CAT FOOD	宠物配合饲料 Pet Compound Feed	猫 Cats	新西兰优质食品有限公司 Premium Food NZ Limited，New Zealand	2023.01—2028.01	新办
(2023) 外饲准字 045 号	宠物配合饲料 猫粮 Pet Compound Feed for Cat	MAWSON 风干鸡肉配方全价猫粮 MAWSON AIR-DRIED CHICKEN COMPLETE BALANCED CAT FOOD	宠物配合饲料 Pet Compound Feed	猫 Cats	新西兰优质食品有限公司 Premium Food NZ Limited，New Zealand	2023.01—2028.01	新办

（续）

登记证号	通用名称	商品名称	产品类别	使用范围	生产厂家	有效期限	备注
（2023）外饲准字046号	全价宠物食品 犬粮 Complete Pet Food for Dog	比心无谷物—鲜鲑鱼配方全犬粮 Petssion® Rich in Fresh Salmon for Dog	宠物配合饲料 Pet Compound Feed	犬 Dogs	（比利时）菲德氏宠物食品有限公司 FIDES PETFOOD，Belgium	2023.01—2028.01	新办
（2023）外饲准字047号	全价宠物食品 猫粮 Pet Compound Feed for Cats	Stella & Chewy's星益生趣高蛋白主食冻干生食猫粮—鸡肉配方 Stella & Chewy's high protein freeze dried raw chicken recipe cat food	宠物配合饲料 Pet Compound Feed	猫 Cats	星益生趣宠物食品美国总公司 STELLA & CHEWY'S LLC，USA	2023.01—2028.01	新办
（2023）外饲准字048号	全价宠物食品 犬粮 Pet Compound Feed for Dogs	Stella & Chewy's星益生趣高蛋白主食冻干生食肉饼犬粮—鸡肉配方 Stella & Chewy's high protein freeze dried raw dinner patties chicken recipe dog food	宠物配合饲料 Pet Compound Feed	犬 Dogs	星益生趣宠物食品美国总公司 STELLA & CHEWY'S LLC，USA	2023.01—2028.01	新办
（2023）外饲准字049号	宠物配合饲料 成年期猫粮 Pet Compound Feed for Adult Cats	OPTIMA NOVA 鸡肉马铃薯配方无谷成猫粮 OPTIMA NOVA ADULT CAT Chicken & Potato GRAIN FREE	宠物配合饲料 Pet Compound Feed	猫 Cats	西班牙 Visan 宠物食品科技工业有限公司 VISAN INDUSTRIAS ZOOTECNICAS，S. L，Spain	2023.01—2028.01	新办
（2023）外饲准字050号	宠物配合饲料 成年期猫粮 Pet Compound Feed for Adult Cats	OPTIMA NOVA 三文鱼马铃薯配方无谷成猫粮 OPTIMA NOVA CAT Adult Salmon & Potato GRAIN FREE	宠物配合饲料 Pet Compound Feed	猫 Cats	西班牙 Visan 宠物食品科技工业有限公司 VISAN INDUSTRIAS ZOOTECNICAS，S. L，Spain	2023.01—2028.01	新办

（续）

登记证号	通用名称	商品名称	产品类别	使用范围	生产厂家	有效期限	备注
(2023）外饲准字 051 号	宠物配合饲料 成年期犬粮 Pet Compound Feed for Adult Dogs	OPTIMA NOVA 易消化兔肉马铃薯配方无谷成犬粮 OPTIMA NOVA ADULT Digestive Rabbit & Potato GRAIN FREE	宠物配合饲料 Pet Compound Feed	犬 Dogs	西班牙 Visan 宠物食品科技工业有限公司 VISAN INDUSTRIAS ZOOTECNICAS, S. L, Spain	2023. 01—2028. 01	新办
(2023）外饲准字 052 号	宠物配合饲料 幼年期犬粮 Pet Compound Feed for Puppy	OPTIMA NOVA 易消化兔肉马铃薯配方无谷幼犬粮 OPTIMA NOVA PUPPY Digestive Rabbit & Potato GRAIN FREE	宠物配合饲料 Pet Compound Feed	犬 Dogs	西班牙 Visan 宠物食品科技工业有限公司 VISAN INDUSTRIAS ZOOTECNICAS, S. L, Spain	2023. 01—2028. 01	新办
(2023）外饲准字 053 号	宠物配合饲料 幼年期犬粮 Pet Compound Feed for Puppy	OPTIMA NOVA 低敏三文鱼马铃薯配方无谷幼犬粮 OPTIMA NOVA PUPPY Sensitive Salmon & Potato GRAIN FREE	宠物配合饲料 Pet Compound Feed	犬 Dogs	西班牙 Visan 宠物食品科技工业有限公司 VISAN INDUSTRIAS ZOOTECNICAS, S. L, Spain	2023. 01—2028. 01	新办
(2023）外饲准字 054 号	宠物配合饲料 成年期犬粮 Pet Compound Feed for Adult Dogs	OPTIMA NOVA 低敏三文鱼马铃薯配方无谷成犬粮 OPTIMA NOVA ADULT Sensitive Salmon & Potato GRAIN FREE	宠物配合饲料 Pet Compound Feed	犬 Dogs	西班牙 Visan 宠物食品科技工业有限公司 VISAN INDUSTRIAS ZOOTECNICAS, S. L, Spain	2023. 01—2028. 01	新办

（续）

登记证号	通用名称	商品名称	产品类别	使用范围	生产厂家	有效期限	备注
（2023）外饲准字 055 号	宠物配合饲料 小型犬成年期犬粮 Pet Compound Feed for Mini Adult Dogs	OPTIMA NOVA 鸡肉马铃薯配方无谷成犬粮—小型犬 OPTIMA NOVA ADULT Mini GRAIN FREE Chicken & Potato	宠物配合饲料 Pet Compound Feed	犬 Dogs	西班牙 Visan 宠物食品科技工业有限公司 VISAN INDUSTRIAS ZOOTECNICAS，S. L，Spain	2023. 01—2028. 01	新办
（2023）外饲准字 056 号	宠物配合饲料 成年期猫粮 Pet Compound feed for Adult Cats	OPTIMA NOVA 兔肉马铃薯配方无谷成猫粮 OPTIMA NOVA CAT Adult Rabbit & Potato GRAIN FREE	宠物配合饲料 Pet Compound Feed	猫 Cats	西班牙 Visan 宠物食品科技工业有限公司 VISAN INDUSTRIAS ZOOTECNICAS，S. L，Spain	2023. 01—2028. 01	新办
（2023）外饲准字 057 号	全价宠物食品 猫粮 Pet Compound Feed for Cat	卡格吞拿鱼三文鱼和枸杞子配方猫罐 Kakato Tuna，Salmon & Goji Berries	宠物配合饲料 Pet Compound Feed	猫 Cats	（泰国）东南亚罐头包装有限公司 Southeast Asian Packaging and Canning Limited，Thailand	2023. 01—2028. 01	新办
（2023）外饲准字 058 号	全价宠物食品 猫粮 Pet Compound Feed for Cat	卡格鸡肉蔬菜配方添加扇贝猫罐 Kakato Chicken，Scallop & Vegetables	宠物配合饲料 Pet Compound Feed	猫 Cats	（泰国）东南亚罐头包装有限公司 Southeast Asian Packaging and Canning Limited，Thailand	2023. 01—2028. 01	新办
（2023）外饲准字 059 号	全价宠物食品 猫粮 Pet Compound Feed for Cat	卡格海洋鱼配方猫罐 Kakato Ocean Fish	宠物配合饲料 Pet Compound Feed	猫 Cats	（泰国）东南亚罐头包装有限公司 Southeast Asian Packaging and Canning Limited，Thailand	2023. 01—2028. 01	新办
（2023）外饲准字 060 号	全价宠物食品 猫粮 Pet Compound Feed for Cat	卡格鸡肉和羊肉配方猫罐 Kakato Chicken & Lamb	宠物配合饲料 Pet Compound Feed	猫 Cats	（泰国）东南亚罐头包装有限公司 Southeast Asian Packaging and Canning Limited，Thailand	2023. 01—2028. 01	新办

（续）

登记证号	通用名称	商品名称	产品类别	使用范围	生产厂家	有效期限	备注
(2023) 外饲准字 061 号	全价宠物食品 猫粮 Pet Compound Feed for Cat	卡格鸡肉配方添加牛肉猫罐 Kakato Chicken & Beef	宠物配合饲料 Pet Compound Feed	猫 Cats	（泰国）东南亚罐头包装有限公司 Southeast Asian Packaging and Canning Limited, Thailand	2023. 01—2028. 01	新办
(2023) 外饲准字 062 号	全价宠物食品 猫粮 Pet Compound Feed for Cat	卡格鸡肉配方添加鸭肉猫罐 Kakato Chicken & Duck	宠物配合饲料 Pet Compound Feed	猫 Cats	（泰国）东南亚罐头包装有限公司 Southeast Asian Packaging and Canning Limited, Thailand	2023. 01—2028. 01	新办
(2023) 外饲准字 063 号	全价宠物食品 猫粮 Pet Compound Feed for Cat	卡格三文鱼和翡翠贻贝配方猫罐 Kakato Salmon & Perna Mussels	宠物配合饲料 Pet Compound Feed	猫 Cats	（泰国）东南亚罐头包装有限公司 Southeast Asian Packaging and Canning Limited, Thailand	2023. 01—2028. 01	新办
(2023) 外饲准字 064 号	全价宠物食品成年期犬粮 Pet Complete Food of Adult Dog	野胃全价犬粮鸡肉牛肚配方 TRIPEPET Beef Tripe & Chicken Formula for Dogs	宠物配合饲料 Pet Compound Feed	犬 Dogs	（新西兰）爱德胜宠物产品有限公司 Addiction Foods NZ Ltd., New Zealand	2023. 01—2028. 01	新办
(2023) 外饲准字 065 号	全价宠物食品成年期犬粮 Pet Complete Food of Adult Dog	野胃全价犬粮含鹿肚 TRIPEPET Venison Tripe Formula for Dogs	宠物配合饲料 Pet Compound Feed	犬 Dogs	（新西兰）爱德胜宠物产品有限公司 Addiction Foods NZ Ltd., New Zealand	2023. 01—2028. 01	新办
(2023) 外饲准字 066 号	全价宠物食品小型犬犬粮 Pet Compound Feed for Small Breed Dog	T28 纽顿小型 & 玩赏犬全价犬粮鲑鱼 & 鳟鱼配方 T28 NutramNumber Total Small & Toy Breed Dog Food Salmon & Trout Recipe	宠物配合饲料 Pet Compound Feed	犬 Dogs	（加拿大）艾尔麦乐宠物产品有限公司 Elmira Pet Products Ltd., Canada	2023. 01—2028. 01	新办

（续）

登记证号	通用名称	商品名称	产品类别	使用范围	生产厂家	有效期限	备注
(2023) 外饲准字 067 号	全价宠物食品猫粮 Pet Compound Feed for Cat	T24 纽顿全价猫粮鲑鱼 & 鳟鱼配方 T24 NutramNumber Total Cat Food Salmon & Trout Recipe	宠物配合饲料 Pet Compound Feed	猫 Cats	（加拿大）艾尔麦乐宠物产品有限公司 Elmira Pet Products Ltd.，Canada	2023.01—2028.01	新办
(2023) 外饲准字 068 号	全价宠物食品幼年期猫粮 Pet Compound Food for Kitten	FAELIE 菲莉荒野经典系列幼猫粮 FAELIE Wilderness Classic Recipe for Kitten	宠物配合饲料 Pet Compound Feed	猫 Cats	泰国 Nutrix Public 有限公司 Nutrix Public Company Limited，Thailand	2023.01—2028.01	新办
(2023) 外饲准字 069 号	全价宠物食品幼年期犬粮 Pet Compound Food for Puppy	FAELIE 菲莉荒野经典系列幼犬粮 FAELIE Wilderness Classic Recipe for Puppy	宠物配合饲料 Pet Compound Feed	犬 Dogs	泰国 Nutrix Public 有限公司 Nutrix Public Company Limited，Thailand	2023.01—2028.01	新办
(2023) 外饲准字 070 号	全价宠物食品犬粮 Pet Compound Food for Dog	FAELIE 菲莉荒野经典系列三文鱼味犬粮 FAELIE Wilderness Classic Salmon Flavor for Dog	宠物配合饲料 Pet Compound Feed	犬 Dogs	泰国 Nutrix Public 有限公司 Nutrix Public Company Limited，Thailand	2023.01—2028.01	新办
(2023) 外饲准字 071 号	全价宠物食品猫粮 Pet Compound Food for Cat	FAELIE 菲莉荒野经典系列三文鱼味猫粮 FAELIE Wilderness Classic Salmon Flavor for Cat	宠物配合饲料 Pet Compound Feed	猫 Cats	泰国 Nutrix Public 有限公司 Nutrix Public Company Limited，Thailand	2023.01—2028.01	新办
(2023) 外饲准字 072 号	全价宠物食品成年期猫粮 Pet Complete Food of Adult Cat	野胃全价猫粮含火鸡肉牛肚配方 TRIPEPET Turkey & Beef Tripe Formula for Cats	宠物配合饲料 Pet Compound Feed	猫 Cats	（新西兰）爱德胜宠物产品有限公司 Addiction Foods NZ Ltd，New Zealand	2023.01—2028.01	新办

（续）

登记证号	通用名称	商品名称	产品类别	使用范围	生产厂家	有效期限	备注
(2023) 外饲准字 073 号	全价宠物食品成年期猫粮 Pet Compound Feed for Adult Cat	全价宠物食品成猫粮 Complete Pet Food For Adult Cats	宠物配合饲料 Pet Compound Feed	猫 Cats	西班牙联合宠物食品公司 UNITED PETFOOD SPAIN，S.L.，Spain	2023.01—2028.01	新办
(2023) 外饲准字 074 号	全价宠物食品猫粮 Pet Compound Feed for Cats	iti 依蒂鸡肉小牛肉配方风干猫粮 iti Kiti Chicken & Veal Recipe-Air Dried Cat Food	宠物配合饲料 Pet Compound Feed	猫 Cats	新西兰阿尔卑斯出口有限公司 Alpine Export NZ Limited，New Zealand	2023.01—2028.01	新办
(2023) 外饲准字 075 号	全价宠物食品猫粮 Pet Compound Feed for Cats	iti 依蒂牛肉鳗鱼配方风干猫粮 iti Kiti Beef & Eel Recipe-Air Dried Cat Food	宠物配合饲料 Pet Compound Feed	猫 Cats	新西兰阿尔卑斯出口有限公司 Alpine Export NZ Limited，New Zealand	2023.01—2028.01	新办
(2023) 外饲准字 076 号	全价宠物食品猫粮 Pet Compound Feed for Cats	iti 依蒂羊肉卡瓦鱼配方风干猫粮 iti Kiti Lamb & Kahawai Recipe-Air Dried Cat Food	宠物配合饲料 Pet Compound Feed	猫 Cats	新西兰阿尔卑斯出口有限公司 Alpine Export NZ Limited，New Zealand	2023.01—2028.01	新办
(2023) 外饲准字 077 号	全价宠物食品猫粮 Pet Compound Feed for Cats	iti 依蒂鸡肉三文鱼配方风干猫粮 iti Kiti Chicken & Salmon Recipe-Air Dried Cat Food	宠物配合饲料 Pet Compound Feed	猫 Cats	新西兰阿尔卑斯出口有限公司 Alpine Export NZ Limited，New Zealand	2023.01—2028.01	新办
(2023) 外饲准字 078 号	全价宠物食品猫粮 Pet Compound Food for Cat	密格里奥．卡托 经典系列含三文鱼肉泥餐盒装猫粮 Migliorgatto Classic Patè with Salmon complete catfood Alutray	宠物配合饲料 Pet Compound Feed	猫 Cats	（意大利）茉兰朵股份有限公司 MORANDO SPA，Italy	2023.01—2028.01	新办

（续）

登记证号	通用名称	商品名称	产品类别	使用范围	生产厂家	有效期限	备注
(2023) 外饲准字 079 号	全价宠物食品猫粮 Pet Compound Food for Cat	密格里奥．卡托 绝育猫专用含三文鱼和大米肉泥餐盒装猫粮 Migliorgatto Sterilized Patè with Salmon and Rice complete catfood Alutray	宠物配合饲料 Pet Compound Feed	猫 Cats	（意大利）茉兰朵股份有限公司 MORANDO SPA，Italy	2023.01—2028.01	新办
(2023) 外饲准字 080 号	全价宠物食品猫粮 Pet Compound Food for Cat	密格里奥．卡托 绝育猫专用含鱼和虾肉泥餐盒装猫粮 Migliorgatto Sterilized Patè with Fish and Shrimps complete catfood Alutray	宠物配合饲料 Pet Compound Feed	猫 Cats	（意大利）茉兰朵股份有限公司 MORANDO SPA，Italy	2023.01—2028.01	新办
(2023) 外饲准字 081 号	全价宠物食品成年期猫粮 Pet Compound Food for Adult Cat	茉兰朵 专业系列含兔肉肉泥罐装猫粮 Morando Professional Patè with Rabbit complete catfood Can	宠物配合饲料 Pet Compound Feed	猫 Cats	（意大利）茉兰朵股份有限公司 MORANDO SPA，Italy	2023.01—2028.01	新办
(2023) 外饲准字 082 号	全价宠物食品成年期犬粮 Pet Compound Food for Adult Dog	茉兰朵 专业系列含鳕鱼肉泥罐装狗粮 Morando Professional Patè with Cod Fish complete dogfood Can	宠物配合饲料 Pet Compound Feed	犬 Dogs	（意大利）茉兰朵股份有限公司 MORANDO SPA，Italy	2023.01—2028.01	新办
(2023) 外饲准字 083 号	全价宠物食品成年期犬粮 Pet Compound Food for Adult Dog	茉兰朵 专业系列含金枪鱼肉泥罐装狗粮 Morando Professional Patè with Tuna complete dogfood Can	宠物配合饲料 Pet Compound Feed	犬 Dogs	（意大利）茉兰朵股份有限公司 MORANDO SPA，Italy	2023.01—2028.01	新办

（续）

登记证号	通用名称	商品名称	产品类别	使用范围	生产厂家	有效期限	备注
(2023) 外饲准字 084 号	全价宠物食品成年期犬粮 Pet Compound Food for Adult Dog	茉兰朵 专业系列含三文鱼肉泥罐装狗粮 Morando Professional Patè with Salmon complete dog-food Can	宠物配合饲料 Pet Compound Feed	犬 Dogs	（意大利）茉兰朵股份有限公司 MORANDO SPA，Italy	2023. 01—2028. 01	新办
(2023) 外饲准字 085 号	全价宠物食品成年期犬粮 Pet Compound Food for Adult Dog	茉兰朵 专业系列含兔肉肉泥罐装狗粮 Morando Professional Patè with Rabbit complete dog-food Can	宠物配合饲料 Pet Compound Feed	犬 Dogs	（意大利）茉兰朵股份有限公司 MORANDO SPA，Italy	2023. 01—2028. 01	新办
(2023) 外饲准字 086 号	全价宠物食品成年期犬粮 Pet Compound Food for Adult Dog	茉兰朵 专业系列含羊肉肉泥罐装狗粮 Morando Professional Patè with Lamb complete dog-food Can	宠物配合饲料 Pet Compound Feed	犬 Dogs	（意大利）茉兰朵股份有限公司 MORANDO SPA，Italy	2023. 01—2028. 01	新办
(2023) 外饲准字 087 号	全价宠物食品成年期犬粮 Pet Compound Food for Adult Dog	茉兰朵 专业系列含猪肉肉泥罐装狗粮 Morando Professional Patè with Pork complete dogfood Can	宠物配合饲料 Pet Compound Feed	犬 Dogs	（意大利）茉兰朵股份有限公司 MORANDO SPA，Italy	2023. 01—2028. 01	新办
(2023) 外饲准字 088 号	全价宠物食品猫粮 Pet Compound Food for Cat	密格里奥．卡托 独特系列熟猪肉配方慕斯罐装猫粮 Migliorgatto Unico Mousse Ham complete catfood Can	宠物配合饲料 Pet Compound Feed	猫 Cats	（意大利）茉兰朵股份有限公司 MORANDO SPA，Italy	2023. 01—2028. 01	新办

（续）

登记证号	通用名称	商品名称	产品类别	使用范围	生产厂家	有效期限	备注
（2023）外饲准字 089 号	全价宠物食品猫粮 Pet Compound Food for Cat	密格里奥．卡托独特系列熟猪肉配方慕斯袋装猫粮 Migliorgatto Unico Mousse Ham complete catfood Pouch	宠物配合饲料 Pet Compound Feed	猫 Cats	（意大利）茉兰朵股份有限公司 MORANDO SPA，Italy	2023.01—2028.01	新办
（2023）外饲准字 090 号	全价宠物食品成年期犬粮 Pet Compound Food for Adult Dog	密格里奥．肯独特系列熟猪肉配方肉泥罐装狗粮 Migliorcane Unico Patè Ham complete dogfood Can	宠物配合饲料 Pet Compound Feed	犬 Dogs	（意大利）茉兰朵股份有限公司 MORANDO SPA，Italy	2023.01—2028.01	新办
（2023）外饲准字 091 号	饲料添加剂 乳酸 Feed Additive Lactic Acid	普拉克 80 LAFEED 80	饲料添加剂 Feed Additive	养殖动物 All species or categories of animals	普拉克（泰国）有限公司 PURAC（Thailand）LTD.，Thailand	2023.01—2028.01	续展
（2023）外饲准字 092 号	混合型饲料添加剂 葡萄籽提取物 Feed Additives Mixture Grape seed extract	诺葡 PX100 Nor-Grape PX 100	混合型饲料添加剂 Feed Additives Mixture	养殖动物（犬除外） All species or categories of animals（Not including Dog）	（法国）诺富得公司 NOR-FEED SAS，France	2023.01—2028.01	续展
（2023）外饲准字 093 号	混合型饲料添加剂 香味物质 Feed Additives Mixture Flavouring Substances	普乐新金金 Cinergy Fit 3S	混合型饲料添加剂 Feed Additives Mixture	猪 Swine	法国普乐维美公司 PROVIMI FRANCE，France	2023.01—2028.01	续展
（2023）外饲准字 094 号	混合型饲料添加剂 香味物质 Feed Additives Mixture Flavouring Substances	普乐新金金（浓缩型） Cinergy Fit 3S（cc）	混合型饲料添加剂 Feed Additives Mixture	猪 Swine	法国普乐维美公司 PROVIMI FRANCE，France	2023.01—2028.01	续展
（2023）外饲准字 095 号	混合型饲料添加剂 香味物质 Feed Additives Mixture Flavouring Substances	保比粉 5% Ecodiar Powder 5%	混合型饲料添加剂 Feed Additives Mixture	猪、家禽、牛 Swine，Poultry，Cattle	希腊依可发公司 Ecopharm Hellas S. A.，Greece	2023.01—2028.01	续展

（续）

登记证号	通用名称	商品名称	产品类别	使用范围	生产厂家	有效期限	备注
(2023) 外饲准字 096 号	混合型饲料添加剂 香味物质 Feed Additives Mixture Flavouring Substances	保比液 5% Ecodiar Liquid 5%	混合型饲料添加剂 Feed Additives Mixture	猪、家禽、牛 Swine, Poultry, Cattle	希腊依可发公司 Ecopharm Hellas S. A., Greece	2023.01—2028.01	续展
(2023) 外饲准字 097 号	添加剂预混合饲料 Feed Additive Premix	开萝镁 CAROMAG	添加剂预混合饲料 Feed Additive Premix	牛 Cattle	德国威廉绍曼爱尔斯雷本有限责任公司 H. W. Schaumann Eilsleben GmbH., Germany	2023.01—2028.01	续展
(2023) 外饲准字 098 号	鱼粉 Fishmeal	红鱼粉（三级） Red Fishmeal (Grade Ⅲ)	单一饲料 Single Feed	养殖动物（反刍动物除外） All species or categories of animals (Not including ruminant)	毛里塔尼亚 MAH EL TURK-SARL 公司 MAH EL TURK-SARL, Mauritania	2023.01—2028.01	续展
(2023) 外饲准字 099 号	牛肉骨粉 Bovine Meat and Bone Meal	牛肉骨粉 Bovine Meat and Bone Meal	单一饲料 Single Feed	养殖动物（反刍动物除外） All species or categories of animals (Not including ruminant)	阿根廷 Swift Argentina S. A. 公司 Pontevedra 工厂 Swift Argentina S. A., plant in Pontevedra, Argentina	2023.01—2028.01	续展
(2023) 外饲准字 100 号	全价宠物食品大型犬幼年期犬粮 Compound Pet Food-Large Breed Puppy Dog Food	嗗达幼犬大型犬犬粮 Woofstard Holistic Puppy Large Breed Dog Food	宠物配合饲料 Pet Compound Feed	犬 Dogs	比利时联合宠物食品公司 UNITED PETFOOD PRODUCERS NV, Belgium	2023.01—2028.01	续展
(2023) 外饲准字 101 号	全价宠物食品犬粮 Compound Pet Food-Dog Food	嗗达全犬期无谷海洋鱼配方犬粮 Woofstard Holistic Salmon & White Fish Grain Free ALS Dog Food	宠物配合饲料 Pet Compound Feed	犬 Dogs	比利时联合宠物食品公司 UNITED PETFOOD PRODUCERS NV, Belgium	2023.01—2028.01	续展

（续）

登记证号	通用名称	商品名称	产品类别	使用范围	生产厂家	有效期限	备注
(2023) 外饲准字 102 号	全价宠物食品猫粮 Complete Pet Food-Cat Food	喵达全猫期无谷海洋鱼配方猫粮 Meowstard Holistic Salmon & Herring Grain Free ALS Cat Food	宠物配合饲料 Pet Compound Feed	猫 Cats	比利时联合宠物食品公司 UNITED PETFOOD PRODUCERS NV，Belgium	2023.01—2028.01	续展
(2023) 外饲准字 103 号	全价宠物食品大型犬成年期犬粮 Compound Pet Food-Large Breed Adult Dog Food	嗜达成犬大型犬犬粮 Woofstard Holistic Adult Large Breed Dog Food	宠物配合饲料 Pet Compound Feed	犬 Dogs	比利时联合宠物食品公司 UNITED PETFOOD PRODUCERS NV，Belgium	2023.01—2028.01	续展
(2023) 外饲准字 104 号	饲料添加剂 二十二碳六烯酸 (DHA) Feed Additive Doco-sahexaenoic Acid (DHA)	二十二碳六烯酸 (DHA) DHAgold S17-B	饲料添加剂 Feed Additive	养殖动物 All species or categories of animals	帝斯曼营养产品美国有限公司 DSM Nutritional Products，USA	2023.01—2028.01	续展
(2023) 外饲准字 105 号	混合型饲料添加剂 角蛋白酶（产自地衣芽孢杆菌） Feed Additives Mixture Keratinase (Source: *Bacillus licheniformis*)	赛和素 DP100 Cibenza® DP100	混合型饲料添加剂 Feed Additives Mixture	猪、家禽、水产养殖动物 Swine，Poultry，Aquaculture animals	（美国）诺伟司国际公司 Novus International，Inc.，USA	2023.01—2028.01	续展
(2023) 外饲准字 106 号	混合型饲料添加剂 大蒜素 香芹酚 Feed Additives Mixture Garlicin Carvacrol	艾可特肠康 Alquernat Zycox	混合型饲料添加剂 Feed Additives Mixture	猪、家禽 Swine，Poultry	西班牙 Biovet，SA 有限公司 Biovet，SA，Spain	2023.01—2028.01	续展
(2023) 外饲准字 107 号	混合型饲料添加剂 维生素 矿物元素 Feed Additives Mixture Vitamins Minerals	艾可肥蛋佳 ALQUERFEED LAYERS	混合型饲料添加剂 Feed Additives Mixture	家禽 Poultry	西班牙 Biovet，SA 有限公司 Biovet，SA，Spain	2023.01—2028.01	续展
(2023) 外饲准字 108 号	混合型饲料添加剂 酶制剂 Feed Additives Mixture Enzymes	特威宝 FD（浓缩物） ALLZYME FD CONCENTRATE	混合型饲料添加剂 Feed Additives Mixture	养殖动物 All species or categories of animals	美国奥特奇公司 Alltech Inc.，USA	2023.01—2028.01	续展

（续）

登记证号	通用名称	商品名称	产品类别	使用范围	生产厂家	有效期限	备注
(2023) 外饲准字 109 号	混合型饲料添加剂 枯草芽孢杆菌 Feed Additives Mixture *Bacillus subtilis*	饲勇 Strong	混合型饲料添加剂 Feed Additives Mixture	畜禽、水产养殖动物 Livestock，Poultry，Aquaculture animals	台湾百泰生物科技股份有限公司新竹科学园区分公司 Bion Tech Inc.，HSIP Branch Office	2023. 01—2028. 01	续展
(2023) 外饲准字 110 号	混合型饲料添加剂 香味物质 Feed Additives Mixture Flavouring Substances	喜呼宝® MENTOFIN®	混合型饲料添加剂 Feed Additives Mixture	畜禽 Livestock，Poultry	特休沃德国有限公司 THESEO Deutschland GmbH，Germany	2023. 01—2028. 01	续展
(2023) 外饲准字 111 号	混合型饲料添加剂 矿物元素 Feed Additives Mixture Minerals	Cytozyme 猪饲料营养补充剂（液体） Cytozyme for Swine（Liquid）	混合型饲料添加剂 Feed Additives Mixture	猪 Swine	（美国）细胞酶实验室有限公司 Cytozyme Laboratories Inc.，USA	2023. 01—2028. 01	续展
(2023) 外饲准字 112 号	混合型饲料添加剂 矿物元素 Feed Additives Mixture Minerals	Cytozyme 家禽饲料营养补充剂（液体） Cytozyme for Poultry（Liquid）	混合型饲料添加剂 Feed Additives Mixture	家禽 Poultry	（美国）细胞酶实验室有限公司 Cytozyme Laboratories Inc.，USA	2023. 01—2028. 01	续展
(2023) 外饲准字 113 号	混合型饲料添加剂 枯草芽孢杆菌 Feed Additives Mixture *Bacillus subtilis*	净力康 PLUS CleanlyCan PLUS	混合型饲料添加剂 Feed Additives Mixture	畜禽、水产养殖动物 Livestock，Poultry，Aquaculture animals	台湾博尧生物科技股份有限公司 Bioyo Biotech Co.，Ltd.	2023. 01—2028. 01	续展
(2023) 外饲准字 114 号	混合型饲料添加剂 枯草芽孢杆菌 Feed Additives Mixture *Bacillus subtilis*	活力旺 Healthy Want	混合型饲料添加剂 Feed Additives Mixture	畜禽、水产养殖动物 Livestock，Poultry，Aquaculture animals	台湾博尧生物科技股份有限公司 Bioyo Biotech Co.，Ltd.	2023. 01—2028. 01	续展
(2023) 外饲准字 115 号	混合型饲料添加剂 植物乳杆菌 Feed Additives Mixture *Lactobacillus plantarum*	猪圆满 Full Achievement	混合型饲料添加剂 Feed Additives Mixture	畜禽、水产养殖动物 Livestock，Poultry，Aquaculture animals	台湾博尧生物科技股份有限公司 Bioyo Biotech Co.，Ltd.	2023. 01—2028. 01	续展
(2023) 外饲准字 116 号	混合型饲料添加剂 枯草芽孢杆菌 Feed Additives Mixture *Bacillus subtilis*	肌力健 PLUS Peptide Gain PLUS	混合型饲料添加剂 Feed Additives Mixture	畜禽、水产养殖动物 Livestock，Poultry，Aquaculture animals	台湾博尧生物科技股份有限公司 Bioyo Biotech Co.，Ltd.	2023. 01—2028. 01	续展

（续）

登记证号	通用名称	商品名称	产品类别	使用范围	生产厂家	有效期限	备注
(2023) 外饲准字 117 号	混合型饲料添加剂 矿物质 酸度调节剂 Feed Additives Mixture Minerals Acidity Regulator	安宁健 Anigane	混合型饲料添加剂 Feed Additives Mixture	养殖动物 All species or categories of animals	澳洲农业化学有限公司 Rural Chemical Industries (Aust.) Pty. Ltd., Australia	2023.01—2028.01	续展
(2023) 外饲准字 118 号	混合型饲料添加剂 牛至香酚 Feed Additives Mixture Oregano Carvacrol (Origanum aetheroleum)	诺必达®预混剂+ Ropadiar Powder Plus	混合型饲料添加剂 Feed Additives Mixture	养殖动物 All species or categories of animals	荷兰罗帕法姆国际有限公司 Ropapharm International B. V., the Netherlands	2023.01—2028.01	续展
(2023) 外饲准字 119 号	混合型饲料添加剂 香味物质 Feed Additives Mixture Flavouring Substances	欧氧克 AntaOx Aqua	混合型饲料添加剂 Feed Additives Mixture	养殖动物 All species or categories of animals	（德国）艾柯博士动物营养有限两合公司 Dr. Eckel Animal Nutrition GmbH & Co. KG, Germany	2023.01—2028.01	续展
(2023) 外饲准字 120 号	混合型饲料添加剂 酸度调节剂 Feed Additives Mixture Acidity Regulators	优酸 BioAcid	混合型饲料添加剂 Feed Additives Mixture	猪、家禽、牛 Swine, Poultry, Cattle	韩国 DAEHO 株式会社 DAEHO Co., Ltd., Korea	2023.01—2028.01	续展
(2023) 外饲准字 121 号	混合型饲料添加剂 植物乳杆菌 乳酸肠球菌 Feed Additives Mixture *Lactobacillus Plantarum Enterococcus Lactis*	酪多精 Lactozyme	混合型饲料添加剂 Feed Additives Mixture	养殖动物 All species or categories of animals	台湾酪多精生物科技股份有限公司 Lactozyme Biotechnology Co., Ltd.	2023.01—2028.01	续展
(2023) 外饲准字 122 号	混合型饲料添加剂 植物乳杆菌 乳酸肠球菌 Feed Additives Mixture *Lactobacillus Plantarum Enterococcus Lactis*	富畜美 Ferozyme	混合型饲料添加剂 Feed Additives Mixture	养殖动物 All species or categories of animals	台湾酪多精生物科技股份有限公司 Lactozyme Biotechnology Co., Ltd.	2023.01—2028.01	续展
(2023) 外饲准字 123 号	混合型饲料添加剂 植物乳杆菌 乳酸肠球菌 Feed Additives Mixture *Lactobacillus Plantarum Enterococcus Lactis*	育佳 YOCA	混合型饲料添加剂 Feed Additives Mixture	养殖动物 All species or categories of animals	台湾酪多精生物科技股份有限公司 Lactozyme Biotechnology Co., Ltd.	2023.01—2028.01	续展

（续）

登记证号	通用名称	商品名称	产品类别	使用范围	生产厂家	有效期限	备注
(2023) 外饲准字 124 号	混合型饲料添加剂 木聚糖酶（产自长柄木霉） Feed Additives Mixture Xylanase (Source: *Trichoderma longibrachiatum*)	超浓缩木聚糖酶 Xylanase 2XP CONC	混合型饲料添加剂 Feed Additives Mixture	猪、家禽 Swine, Poultry	（墨西哥）Enmex, S. A. de C. V Enmex, S. A. de C. V, Mexico	2023.01—2028.01	续展
(2023) 外饲准字 125 号	混合型饲料添加剂 果寡糖 Feed Additives Mixture Fructo-oligosaccharide	仔猪黄金 Eco pig	混合型饲料添加剂 Feed Additives Mixture	仔猪 Piglets	韩国 AD 生物科技有限公司 ADbiotech Co., Ltd., Korea	2023.01—2028.01	续展
(2023) 外饲准字 126 号	混合型饲料添加 防腐防霉剂 Feed Additives Mixture Preservatives	康富青 M Maize Kofasil® Liquid	混合型饲料添加剂 Feed Additives Mixture	青贮饲料 Silage	德国爱德康公司 ADDCON GmbH, Germany	2023.01—2028.01	续展
(2023) 外饲准字 127 号	牛精料补充料 Cattle Supplementary Concentrate	CVAG 植物源性精料补充料 CVAG Plant-Based Compound Feed	精料补充料 Supplementary Concentrate	牛 Cattle	美国加州农业集团 Central Valley Ag Grinding Inc, USA	2023.01—2028.01	续展
(2023) 外饲准字 128 号	奶牛精料补充料 Dairy Supplementary Concentrate	CVAG 奶牛精料补充料 CVAG Dairy Compound Feed	精料补充料 Supplementary Concentrate	奶牛 Dairy cattle	美国加州农业集团 Central Valley Ag Grinding Inc, USA	2023.01—2028.01	续展
(2023) 外饲准字 129 号	猪肉骨粉 Porcine Meat and Bone Meal	猪肉骨粉 Porcine Meat and Bone Meal	单一饲料 Single Feed	猪、家禽、水产养殖动物 Swine, Poultry, Aquaculture animals	美国史密斯费尔德鲜肉公司克林顿工厂 SMITHFIELD FRESH MEATS CORP. CLINTON PLANT, USA	2023.01—2028.01	续展
(2023) 外饲准字 130 号	鱼油 Fish Oil	鱼油（饲料级） Fish Oil (Feed Grade)	单一饲料 Single Feed	养殖动物（反刍动物除外） All species or categories of animals (Not including ruminant)	厄瓜多尔 Fortidex S. A. 公司 Data de Posorja 工厂 Fortidex S. A., Data de Posorja Plant, Ecuador	2023.01—2028.01	续展

（续）

登记证号	通用名称	商品名称	产品类别	使用范围	生产厂家	有效期限	备注
（2023）外饲准字 131 号	鱼油 Fish Oil	鱼油（饲料级） Fish Oil（Feed Grade）	单一饲料 Single Feed	养殖动物（反刍动物除外） All species or categories of animals（Not including ruminant）	墨西哥 Maz Industrial S. A. de C. V.，公司 Maz Industrial S. A. de C. V.，Mexico	2023.01—2028.01	续展
（2023）外饲准字 132 号	牛肉骨粉 Bovine Meat and Bone Meal	牛肉骨粉 Bovine Meat and Bone Meal	单一饲料 Single Feed	养殖动物（反刍动物除外） All species or categories of animals（Not including ruminant）	乌拉圭 Cardama 公司 Cardama S. A.，Uruguay	2023.01—2028.01	续展
（2023）外饲准字 133 号	喷雾干燥猪血浆蛋白粉 Spray Dried Porcine Plasma Protein Meal	喷雾干燥猪血浆蛋白粉 AP820P	单一饲料 Single Feed	养殖动物（反刍动物除外） All species or categories of animals（Not including ruminant）	西班牙 APC EUROPE S. L. U 公司 APC EUROPE S. L. U，Spain	2023.01—2028.01	续展
（2023）外饲准字 134 号	喷雾干燥猪血浆蛋白粉 Spray Dried Porcine Plasma Protein Meal	喷雾干燥猪血浆蛋白（颗粒） APPETEIN GS	单一饲料 Single Feed	养殖动物（反刍动物除外） All species or categories of animals（Not including ruminant）	西班牙 APC EUROPE S. L. U 公司 APC EUROPE S. L. U，Spain	2023.01—2028.01	续展
（2023）外饲准字 135 号	鱼油 Fish Oil	秘鲁鱼油（饲料级） Peruvian Fish Oil（Feed Grade）	单一饲料 Single Feed	养殖动物（反刍动物除外） All species or categories of animals（Not including ruminant）	秘鲁 CFG Investment S. A. C. 公司 Paracas 工厂 Manufacturer & Address：CFG Investment S. A. C.，Plant Paracas，Peru	2023.01—2028.01	续展

（续）

登记证号	通用名称	商品名称	产品类别	使用范围	生产厂家	有效期限	备注
(2023) 外饲准字 136 号	鱼油 Fish Oil	鱼油 Fish Oil	单一饲料 Single Feed	养殖动物（反刍动物除外） All species or categories of animals (Not including ruminant)	（毛里塔尼亚）鱼粉鱼油有限责任公司 SFHP SARL, Mauritania	2023.01—2028.01	续展
(2023) 外饲准字 137 号	酿酒酵母培养物 *Saccharomyces cerevisiae* Culture	宝利肥 100 THEPAX 100	单一饲料 Single Feed	养殖动物 All species or categories of animals	意大利拓大公司 DOX-AL ITALIA SPA, Italy	2023.01—2028.01	续展
(2023) 外饲准字 138 号	观赏鱼配合饲料 Ornamental Fish Compound Feed	SQ 超色扬—鱼饲料 SQ SERIES CHO-IRO-AGE	配合饲料 Compound Feed	观赏鱼 Ornamental Fish	日本共鳞食品工业株式会社 九州工厂 KYORIN FOOD INDUSTRIES LTD. Kyushu Factory, Japan	2023.01—2028.01	续展
(2023) 外饲准字 139 号	观赏鱼配合饲料 Ornamental Fish Compound Feed	SQ 超增体—鱼饲料 SQ SERIES CHO-ZOUTAI	配合饲料 Compound Feed	观赏鱼 Ornamental Fish	日本共鳞食品工业株式会社 九州工厂 KYORIN FOOD INDUSTRIES LTD. Kyushu Factory, Japan	2023.01—2028.01	续展
(2023) 外饲准字 140 号	观赏鱼配合饲料 Ornamental Fish Compound Feed	Hikari 琵琶威化—鱼饲料 ALGAE WAFERS	配合饲料 Compound Feed	观赏鱼 Ornamental Fish	日本共鳞食品工业株式会社 加西工厂 KYORIN FOOD INDUSTRIES LTD. Kasai Factory, Japan	2023.01—2028.01	续展
(2023) 外饲准字 141 号	观赏鱼配合饲料 Ornamental Fish Compound Feed	Hikari 血鹦鹉—鱼饲料 BLOOD-RED PARROT PLUS	配合饲料 Compound Feed	观赏鱼 Ornamental Fish	日本共鳞食品工业株式会社 九州工厂 KYORIN FOOD INDUSTRIES LTD. Kyushu Factory, Japan	2023.01—2028.01	续展
(2023) 外饲准字 142 号	龟配合饲料 Turtle Compound Feed	Hikari 复合水龟粮 KAME NO ESA	配合饲料 Compound Feed	龟 Turtles	日本共鳞食品工业株式会社 加西工厂 KYORIN FOOD INDUSTRIES LTD. Kasai Factory, Japan	2023.01—2028.01	续展

（续）

登记证号	通用名称	商品名称	产品类别	使用范围	生产厂家	有效期限	备注
(2023) 外饲准字 143 号	龟配合饲料 Turtle Compound Feed	Hikari 善玉菌水龟粮 KAMEPROS	配合饲料 Compound Feed	龟 Turtles	日本共鳞食品工业株式会社 九州工厂 KYORIN FOOD INDUSTRIES LTD. Kyushu Factory, Japan	2023.01—2028.01	续展
(2023) 外饲准字 144 号	观赏鱼配合饲料 Ornamental Fish Compound Feed	Hikari 兰寿金鱼用—鱼饲料 LIONHEAD	配合饲料 Compound Feed	观赏鱼 Ornamental Fish	日本共鳞食品工业株式会社 加西工厂 KYORIN FOOD INDUSTRIES LTD. Kasai Factory, Japan	2023.01—2028.01	续展
(2023) 外饲准字 145 号	观赏鱼配合饲料 Ornamental Fish Compound Feed	Hikari 狮头金鱼用—鱼饲料 ORANDA GOLD	配合饲料 Compound Feed	观赏鱼 Ornamental Fish	日本共鳞食品工业株式会社 加西工厂 KYORIN FOOD INDUSTRIES LTD. Kasai Factory, Japan	2023.01—2028.01	续展
(2023) 外饲准字 146 号	观赏鱼配合饲料 Ornamental Fish Compound Feed	Hikari 咲锦鲤饲料育成用—鱼饲料 SAKI-HIKARI BALANCE	配合饲料 Compound Feed	观赏鱼 Ornamental Fish	日本共鳞食品工业株式会社 加西工厂 KYORIN FOOD INDUSTRIES LTD. Kasai Factory, Japan	2023.01—2028.01	续展
(2023) 外饲准字 147 号	观赏鱼配合饲料 Ornamental Fish Compound Feed	Hikari 樱花金鱼饲料色扬用—鱼饲料 SAKI-HIKARI FANCY GOLDFISH COLOR	配合饲料 Compound Feed	观赏鱼 Ornamental Fish	日本共鳞食品工业株式会社 福崎工厂 KYORIN FOOD INDUSTRIES LTD. Fukusaki Factory, Japan	2023.01—2028.01	续展
(2023) 外饲准字 148 号	观赏鱼配合饲料 Ornamental Fish Compound Feed	Hikari 咲锦鲤饲料色扬用—鱼饲料 SAKI-HIKARI COLOR ENHANCING	配合饲料 Compound Feed	观赏鱼 Ornamental Fish	日本共鳞食品工业株式会社 加西工厂 KYORIN FOOD INDUSTRIES LTD. Kasai Factory, Japan	2023.01—2028.01	续展
(2023) 外饲准字 149 号	观赏鱼配合饲料 Ornamental Fish Compound Feed	Hikari 咲锦鲤饲料增体用—鱼饲料 SAKI-HIKARI GROWTH	配合饲料 Compound Feed	观赏鱼 Ornamental Fish	日本共鳞食品工业株式会社 加西工厂 KYORIN FOOD INDUSTRIES LTD. Kasai Factory, Japan	2023.01—2028.01	续展

（续）

登记证号	通用名称	商品名称	产品类别	使用范围	生产厂家	有效期限	备注
(2023）外饲准字 150 号	龟配合饲料 Turtle Compound Feed	Hikari 三色水龟粮 TURTLE STICKS	配合饲料 Compound Feed	龟 Turtles	日本共鳞食品工业株式会社 福崎工厂 KYORIN FOOD INDUSTRIES LTD. Fukusaki Factory，Japan	2023.01—2028.01	续展
(2023）外饲准字 151 号	啮齿动物配合饲料 Rodents Compound Feed	5CJL 优质鼠类饲料 5CJL JL Rat & Mouse Auto 6F C	配合饲料 Compound Feed	啮齿动物 Rodents	美国 PMI 营养国际有限责任公司（里士满工厂） PMI Nutrition International，LLC.（plant in Richmond），USA	2023.01—2028.01	续展
(2023）外饲准字 152 号	啮齿动物配合饲料 Rodents Compound Feed	5CC4 CR 14%优质鼠类饲料 5CC4 Certified CR 14% Protein C Irradiated	配合饲料 Compound Feed	啮齿动物 Rodents	美国 PMI 营养国际有限责任公司（里士满工厂） PMI Nutrition International，LLC.（plant in Richmond），USA	2023.01—2028.01	续展
(2023）外饲准字 153 号	犊牛配合饲料 Compound Feed for Calves	嘉康利 ELEVAGE EXTRA	配合饲料 Compound Feed	犊牛 Calves	法国雷提耶—弗洛米乳业公司 Societe Laitiere De Retiers，France	2023.01—2028.01	续展
(2023）外饲准字 154 号	全价宠物食品犬处方粮 Pet Compound Food for Dog Prescription Feed	斯巴奇 CID 肠道健康犬粮 SPECIFIC CID Digestive Support	宠物配合饲料 Pet Compound Feed	犬 Dogs	比利时 Fides Petfood Fides Petfood，Belgium	2023.01—2028.01	续展

附件 2

换发进口饲料和饲料添加剂产品登记证目录（2023－01）

登记证号	商品名称	通用名称	变更内容	原名称	变更名称
（2019）外饲准字 192 号	艾多乳 Aldosperse O—20 KFG	混合型饲料添加剂 聚氧乙烯 20 山梨醇酐单油酸酯 单硬脂酸甘油酯 Feed Additives Mixture Polyoxyethylene (20) Sorbitan Mono-oleate Glyceryl Monosterate	申请企业名称	美国龙沙有限责任公司 Lonza LLC，USA	美国奥沙达有限公司 Arxada LLC，USA
			生产厂家名称	美国龙沙有限责任公司 Lonza LLC，USA	美国奥沙达有限公司 Arxada LLC，USA
（2019）外饲准字 363 号	科百瑞 CholiPEARL	混合型饲料添加剂 氯化胆碱 Feed Additives Mixture Choline Chloride	生产地址名称	意大利 Kemin Cavriago S. R. L. Kemin Cavriago S. R. L.，Leopardi 2/C，42025 Cavriago R. E.，Italy	意大利 Kemin Cavriago S. R. L. Kemin Cavriago S. R. L.，Cavriago (RE) -via Don Pasquino Borghi 3-3H-42025，Italy
（2021）外饲准字 267 号	乐百瑞 LysiPEARL	混合型饲料添加剂 L-赖氨酸盐酸盐 Feed Additives Mixture L-Lysine Monohydrochloride	生产地址名称	意大利 KEMIN CAVRIAGO S. R. L. KEMIN CAVRIAGO S. R. L.，Leopardi 2/C，42025 Cavriago R. E.，Italy	意大利 Kemin Cavriago S. R. L. Kemin Cavriago S. R. L.，Cavriago (RE) -via Don Pasquino Borghi 3-3H-42025，Italy
（2021）外饲准字 282 号	美百瑞 MetiPEARL	混合型饲料添加剂 DL-蛋氨酸 Feed Additives Mixture DL-Methionine	生产地址名称	意大利 KEMIN CAVRIAGO S. R. L. KEMIN CAVRIAGO S. R. L.，Leopardi 2/C，42025 Cavriago R. E.，Italy	意大利 Kemin Cavriago S. R. L. Kemin Cavriago S. R. L.，Cavriago (RE) -via Don Pasquino Borghi 3-3H-42025，Italy

中华人民共和国农业农村部公告

第 662 号

根据《进口饲料和饲料添加剂登记管理办法》有关规定，批准金海威（越南）有限责任公司等 106 家公司生产的 233 种饲料和饲料添加剂产品在我国登记或续展登记，并颁发进口登记证（附件 1）。批准斯洛文尼亚天宁有限公司生产的“福美酚 TO 50”“福美酚 ACO 35”产品改变质量标准，重新颁发进口登记证，原登记证“(2021) 外饲准字 598 号”“(2021) 外饲准字 599 号”作废。

批准 19 个产品的中文商品名称、申请企业名称、生产厂家名称及生产地址名称变更（附件 2）。所登记产品的监督检验，按中华人民共和国国家标准和我部发布的质量标准执行。

特此公告。

附件：1. 进口饲料和饲料添加剂产品登记证目录（2023－02）

2. 换发进口饲料和饲料添加剂产品登记证目录（2023－02）

农业农村部

2023 年 3 月 25 日

附件 1

进口饲料和饲料添加剂产品登记证目录（2023－02）

登记证号	通用名称	商品名称	产品类别	使用范围	生产厂家	有效期限	备注
（2023）外饲准字 155 号	饲料添加剂 碘酸钙 Feed Additive Calcium Iodate	一水碘酸钙 Calcium Iodate Monohydrate	饲料添加剂 Feed Additive	养殖动物 All species or categories of animals	金海威（越南）责任有限公司 GHW (Vietnam) Co., Ltd., Vietnam	2023.03—2028.03	新办
（2023）外饲准字 156 号	饲料添加剂 氯化钠 Feed Additive Sodium Chloride	瑞典 SP-矿物盐舔砖 SP Natural	饲料添加剂 Feed Additive	养殖动物 All species or categories of animals	瑞典 SALINITY 公司（工厂） SALINITY AB, Sweden	2023.03—2028.03	新办
（2023）外饲准字 157 号	饲料添加剂 酿酒酵母 Feed Additive *Saccharomyces cerevisiae*	瘤胃康 Levucell SC 20	饲料添加剂 Feed Additive	反刍动物，马 Ruminant, Horse	（德国）拉曼 Wieninger 有限责任公司 Lallemand Wieninger GmbH, Germany	2023.03—2028.03	新办
（2023）外饲准字 158 号	饲料添加剂—可食脂肪酸钙盐 Feed Additive-Calcium Salt of Edible Fatty Acid	孕安宝 Essentiom™	饲料添加剂 Feed Additive	反刍动物 Ruminant	美国切迟杜威公司 Old Fort 工厂 Church & Dwight Company, Inc. Old Fort Plant, USA	2023.03—2028.03	新办
（2023）外饲准字 159 号	混合型饲料添加剂香味物质 Feed Additives Mixture Flavouring Substances	优卡萨 Eucasal	混合型饲料添加剂 Feed Additives Mixture	畜禽 Livestock, Poultry	（德国）恩威萨集团有限公司 Envisal GmbH, Germany	2023.03—2028.03	新办
（2023）外饲准字 160 号	混合型饲料添加剂 酿酒酵母 Feed Additives Mixture *Saccharomyces Cerevisiae*	佰霉佰净 Eagle Bentonite Powder	混合型饲料添加剂 Feed Additives Mixture	养殖动物 All species or categories of animals	韩国鹰威科技有限公司 Eagle Vet Tech Co., Ltd., Korea	2023.03—2028.03	新办
（2023）外饲准字 161 号	混合型饲料添加剂 防霉剂 Feed Additives Mixture Preservatives	沥普汀 Rehydrapro	混合型饲料添加剂 Feed Additives Mixture	养殖动物 All species or categories of animals	西班牙皮特鲁巴公司 ANDRÉS PINTALUBA, S. A., Spain	2023.03—2028.03	新办

（续）

登记证号	通用名称	商品名称	产品类别	使用范围	生产厂家	有效期限	备注
（2023）外饲准字 162 号	混合型饲料添加剂 丙酸钙 Feed Additives Mixture Calcium Propionate	钮霉克 FREE-TOX XP	混合型饲料添加剂 Feed Additives Mixture	养殖动物 All species or categories of animals	（荷兰）Mondial Nutrition B. V. Mondial Nutrition B. V., the Netherlands	2023. 03—2028. 03	新办
（2023）外饲准字 163 号	混合型饲料添加剂 丙酸钙 Feed Additives Mixture Calcium Propionate	内毒克 ENDOBAN	混合型饲料添加剂 Feed Additives Mixture	养殖动物 All species or categories of animals	（荷兰）Mondial Nutrition B. V. Mondial Nutrition B. V., the Netherlands	2023. 03—2028. 03	新办
（2023）外饲准字 164 号	混合型饲料添加剂 丙酸钙 Feed Additives Mixture Calcium Propionate	钮霉克 FREE-TOX XP	混合型饲料添加剂 Feed Additives Mixture	养殖动物 All species or categories of animals	（比利时）NUTREX NUTREX, Belgium	2023. 03—2028. 03	新办
（2023）外饲准字 165 号	混合型饲料添加剂 丙酸钙 Feed Additives Mixture Calcium Propionate	内毒克 ENDOBAN	混合型饲料添加剂 Feed Additives Mixture	养殖动物 All species or categories of animals	（比利时）NUTREX NUTREX, Belgium	2023. 03—2028. 03	新办
（2023）外饲准字 166 号	混合型饲料添加剂 硫酸亚铁 Feed Additive Mixture Ferrous Sulfate	雷德蒙矿物质调节剂 REDMOND CONDITIONER NATURAL ANTI-CAKING AGENT FOR ALL CLASSES OF LIVESTOCK	混合型饲料添加剂 Feed Additives Mixture	家畜 Livestock	（美国）雷德蒙矿物质有限公司 Redmond Minerals. Inc., USA	2023. 03—2028. 03	新办
（2023）外饲准字 167 号	混合型饲料添加剂 硫酸亚铁 Feed Additives Mixture Ferrous Sulfate	雷德蒙马匹电解质补充剂 REDMOND DAILY RED FORTFIED MINERAL MIX FOR ALL BREEDS AND DISIPLINES OF HORSES	混合型饲料添加剂 Feed Additives Mixture	马 Horse	（美国）雷德蒙矿物质有限公司 Redmond Minerals. Inc., USA	2023. 03—2028. 03	新办

（续）

登记证号	通用名称	商品名称	产品类别	使用范围	生产厂家	有效期限	备注
（2023）外饲准字168号	混合型饲料添加剂 硫酸亚铁 Feed Additives Mixture Ferrous Sulfate	雷德蒙矿物质10号 REDMOND 10 FINE PREMIUM MINERAL SALT	混合型饲料添加剂 Feed Additives Mixture	家畜 Livestock	（美国）雷德蒙矿物质有限公司 Redmond Minerals. Inc.，USA	2023.03—2028.03	新办
（2023）外饲准字169号	混合型饲料添加剂 单宁酸 Feed Additives Mixture Tannic Acid	单丹 TANTAN	混合型饲料添加剂 Feed Additives Mixture	养殖动物 All species or categories of animals	马来西亚迪捷市场（马）有限公司 PANFAST MARKETING（M）SDN BHD，Malaysia	2023.03—2028.03	新办
（2023）外饲准字170号	混合型饲料添加剂 氯化钠 氯化钾 Feed Additives Mixture Sodium Chloride Potassium Chloride	维达福 Denkacare Vitalfort	混合型饲料添加剂 Feed Additives Mixture	犊牛、羔羊、仔猪、马驹、奶牛 Calves，Lambs，Piglets，Foals，Dairy cattle	荷兰登卡维特有限公司 Denkavit Nederland B. V.，the Netherlands	2023.03—2028.03	新办
（2023）外饲准字171号	混合型饲料添加剂 氧化锌 Feed Additives Mixture Zinc Oxide	康乐泰550 COLOPRO 550	混合型饲料添加剂 Feed Additives Mixture	猪、鸡、反刍动物、虾 Swine，Chicken，Ruminant，Shrimp	康乐泰生物科技（泰国）有限公司（工厂） Colotex Bio-Technology（Thailand）Co.，Ltd.，Thailand	2023.03—2028.03	新办
（2023）外饲准字172号	混合型饲料添加剂 防霉剂 Feed Additives Mixture Preservatives	安生顺 Escent Plus	混合型饲料添加剂 Feed Additives Mixture	养殖动物 All species or categories of animals	比利时壹诺有限公司 INNOV AD NV/SA，Belgium	2023.03—2028.03	新办
（2023）外饲准字173号	混合型饲料添加剂 丁酸钠 Feed Additives Mixture Sodium Butyrate	丁酸盐开 Butyron	混合型饲料添加剂 Feed Additives Mixture	养殖动物 All species or categories of animals	西班牙伊古索尔创新有限公司 IGUSOL ADVANCE S. A.，Spain	2023.03—2028.03	新办
（2023）外饲准字174号	混合型饲料添加剂 甲酸 Feed Additives Mixture Formic Acid	纽益可 NUCLEODRINK	混合型饲料添加剂 Feed Additives Mixture	鸡 Chicken	意大利普索尔公司 Prosol S. P. A，Italy	2023.03—2028.03	新办

（续）

登记证号	通用名称	商品名称	产品类别	使用范围	生产厂家	有效期限	备注
(2023) 外饲准字 175 号	混合型饲料添加剂 微生物 Feed Additives Mixture Live Microorganisms	水易维 MICRO-MAX	混合型饲料添加剂 Feed Additives Mixture	家禽，猪，虾、鱼 Poultry，Swine，Shrimp，Fish	（泰国）科莫宝生物科技有限公司 K. M. P. Biotech Co.，Ltd.，Thailand	2023. 03—2028. 03	新办
(2023) 外饲准字 176 号	混合型饲料添加剂 微生物 Feed Addtives Mixture Live Microorganisms	青贮宝 FC-O SiloSolve®FC O	混合型饲料添加剂 Feed Additives Mixture	反刍动物 Ruminant	科汉森捷克有限公司 Chr. Hansen Czech Republic，s. r. o.，Czech Republic	2023. 03—2028. 03	新办
(2023) 外饲准字 177 号	混合型饲料添加剂 微生物 Feed Additives Mixture Live Microorganisms	酸维佳 BS PLUS	混合型饲料添加剂 Feed Additives Mixture	家禽、猪、虾、鱼 Poultry，Swine，Shrimp，Fish	（泰国）科莫宝生物科技有限公司 K. M. P. Biotech Co.，Ltd.，Thailand	2023. 03—2028. 03	新办
(2023) 外饲准字 178 号	混合型饲料添加剂 枯草芽孢杆菌 地衣芽孢杆菌 Feed Additives Mixture *Bacillus subtilis Bacillus licheniformis*	百奥美—强力宝 BioPlus® YC	混合型饲料添加剂 Feed Additives Mixture	猪 Swine	美国科汉森有限公司威斯康星州工厂 Chr Hansen Inc.，Plant WI，USA	2023. 03—2028. 03	新办
(2023) 外饲准字 179 号	混合型饲料添加剂 枯草芽孢杆菌 地衣芽孢杆菌 Feed Additives Mixture *Bacillus subtilis Bacillus licheniformis*	速益卫 Solvens®	混合型饲料添加剂 Feed Additives Mixture	猪 Swine	美国科汉森有限公司威斯康星州工厂 Chr Hansen Inc.，Plant WI，USA	2023. 03—2028. 03	新办
(2023) 外饲准字 180 号	混合型饲料添加剂香味物质 Feed Additives Mixture Flavouring Substances	嘉普乐安 Noyau Beefmix Global	混合型饲料添加剂 Feed Additives Mixture	育肥牛 Finishing cattle	法国普乐维美公司 PROVIMI FRANCE，France	2023. 03—2028. 03	新办
(2023) 外饲准字 181 号	混合型饲料添加剂 酸度调节剂 Feed Additives Mixture Acidity Regulators	补水凝胶 HydroGel	混合型饲料添加剂 Feed Additives Mixture	啮齿动物 Rodents	美国纯水公司 ClearH$_2$O Inc，USA	2023. 03—2028. 03	新办

（续）

登记证号	通用名称	商品名称	产品类别	使用范围	生产厂家	有效期限	备注
（2023）外饲准字 182 号	混合型饲料添加剂 香味物质 Feed Additives Mixture Flavouring Substances	康安畜 C KOD ATM C	混合型饲料添加剂 Feed Additives Mixture	家禽、公牛犊、猪 Poultry，Bull calves，Swine	法国蒙赫巴蒂公司 MANGHEBATI SAS，France	2023.03—2028.03	新办
（2023）外饲准字 183 号	混合型饲料添加剂 嗜酸乳杆菌 Feed Additives Mixture *Lactobacillus acidophilus*	嗜酸乳杆菌 D2/CSL Lactobacillus Acidophilus D2/CSL	混合型饲料添加剂 Feed Additives Mixture	鸡、犬、猫 Chickens，Dogs，Cats	意大利 CSL 奶牛试验中心 Centro Sperimentale del Latte S. r. l.，Italy	2023.03—2028.03	新办
（2023）外饲准字 184 号	混合型饲料添加剂 枯草芽孢杆菌 短小芽孢杆菌 Feed Additive Mixture *Bacillus subtilis Bacillus pumilus*	诺肠康 Novela® ECL	混合型饲料添加剂 Feed Additives Mixture	家禽 Poultry	美国联合动物健康有限公司 United Animal Health，Inc.，USA	2023.03—2028.03	新办
（2023）外饲准字 185 号	混合型饲料添加剂：蛋白酶（产自米曲霉） Feed Additives Mixture：Protease（Source：*Aspergillus oryzae*）	茹勃士 Easy-immune	混合型饲料添加剂 Feed Additives Mixture	猪、家禽 Swine，Poultry	（台湾）生百兴业有限公司宜兴厂 Life Rainbow Biotech Co.，Ltd. Yixing Factory	2023.03—2028.03	新办
（2023）外饲准字 186 号	混合型饲料添加剂：酿酒酵母 Feed Additives Mixture：*Saccharomyces cerevisiae*	霉解灵 MinoBinder	混合型饲料添加剂 Feed Additives Mixture	猪、家禽 Swine，Poultry	（台湾）阿米诺元生技股份有限公司 Amino Gain Biotechnology CO.，LTD.	2023.03—2028.03	新办
（2023）外饲准字 187 号	混合型饲料添加剂：酿酒酵母 Feed Additives Mixture：*Saccharomyces cerevisiae*	诺霉净 MinoBinder Plus	混合型饲料添加剂 Feed Additives Mixture	猪、家禽 Swine，Poultry	（台湾）阿米诺元生技股份有限公司 Amino Gain Biotechnology CO.，LTD.	2023.03—2028.03	新办
（2023）外饲准字 188 号	混合型饲料添加剂 酿酒酵母枯草芽孢杆菌 Feed Additives Mixture *Saccharomyces cerevisiae Bacillus subtilis*	阿奇维 Achieve[FE]	混合型饲料添加剂 Feed Additives Mixture	养殖动物 All species or categories of animals	美国麦克罗生物公司 MicroBasics，LLC，USA	2023.03—2028.03	新办

（续）

登记证号	通用名称	商品名称	产品类别	使用范围	生产厂家	有效期限	备注
（2023）外饲准字 189 号	混合型饲料添加剂 酿酒酵母 Feed Additives Mixture *Saccharomyces cerevisiae*	苏维斯 SURVEILLANCE^{PRT}	混合型饲料添加剂 Feed Additives Mixture	养殖动物 All species or categories of animals	美国麦克罗生物公司 MicroBasics，LLC，USA	2023.03—2028.03	新办
（2023）外饲准字 190 号	混合型饲料添加剂木聚糖酶（产自李氏木霉），淀粉酶（产自地衣芽孢杆菌） Feed Additives Mixture Xylanase（Source：*Trichoderma reesei*），Amylase（Source：*Bacillus licheniformis*）	爱特康® XA 401 TPT Axtra® XA 401 TPT	混合型饲料添加剂 Feed Additives Mixture	猪、家禽 Swine，Poultry	丹尼斯克美国有限公司（Cedar Rapids 工厂） Danisco US Inc.（Cedar Rapids Plant），USA	2023.03—2028.03	新办
（2023）外饲准字 191 号	混合型饲料添加剂木聚糖酶（产自李氏木霉） Feed Additives Mixture Xylanase（Source：*Trichoderma reesei*）	丹尼斯克木聚糖酶 60000 G Danisco Xylanase 60000 G	混合型饲料添加剂 Feed Additives Mixture	猪、家禽 Swine，Poultry	芬兰饲料国际有限公司 Finnfeeds Oy，Finland	2023.03—2028.03	新办
（2023）外饲准字 192 号	混合型饲料添加剂 矿物元素 Feed Additives Mixture Minerals	钙立勃 Calibol®	混合型饲料添加剂 Feed Additives Mixture	奶牛 Dairy cattle	丹麦罗德农业股份有限公司 R2 Agro A/S，Denmark	2023.03—2028.03	新办
（2023）外饲准字 193 号	混合型饲料添加剂—酸度调节剂 Feed Additives Mixture-Acidity Regulators	维肠安 AviPremium 500	混合型饲料添加剂 Feed Additives Mixture	猪 Swine	意大利 Vetagro S. p. A 股份公司 Vetagro S. p. A.，Italy	2023.03—2028.03	新办
（2023）外饲准字 194 号	混合型饲料添加剂—甘油脂肪酸酯 Feed Additives Mixture-Glycerine Fatty Acid Ester	希特力佳 Lauri® Plus P	混合型饲料添加剂 Feed Additives Mixture	猪、禽、水产养殖动物 Swine，Poultry，Aquaculture animals	富兰克林（爱尔兰）生物制药有限公司 FRANKLIN PHARMACEUTICALS LTD.，Ireland	2023.03—2028.03	新办
（2023）外饲准字 195 号	混合型饲料添加剂—甘油脂肪酸酯 Feed Additives Mixture-Glycerine Fatty Acid Ester	希迪舒 Lauri® P	混合型饲料添加剂 Feed Additives Mixture	猪、禽、水产养殖动物 Swine，Poultry，Aquaculture animals	富兰克林（爱尔兰）生物制药有限公司 FRANKLIN PHARMACEUTICALS LTD.，Ireland	2023.03—2028.03	新办

（续）

登记证号	通用名称	商品名称	产品类别	使用范围	生产厂家	有效期限	备注
（2023）外饲准字196号	混合型饲料添加剂—包被的美国栗树叶提取物 Feed Additives Mixture-Microencapsulated Chestnut leaves extract	维肠宁 Zincoret® ST	混合型饲料添加剂 Feed Additives Mixture	养殖动物 All species or categories of animals	意大利Vetagro S. p. A 股份公司 Vetagro S. p. A.，Italy	2023.03—2028.03	新办
（2023）外饲准字197号	混合型饲料添加剂：氧化镁 Feed Additives Mixture：Magnesium Oxide	普特康 Prosea	混合型饲料添加剂 Feed Additives Mixture	猪 Swine	爱尔兰马里戈特有限公司 Marigot Ltd，Ireland	2023.03—2028.03	新办
（2023）外饲准字198号	混合型饲料添加剂：氧化镁 Feed Additives Mixture：Magnesium Oxide	珀特康 Pinasco	混合型饲料添加剂 Feed Additives Mixture	猪 Swine	爱尔兰马里戈特有限公司 Marigot Ltd，Ireland	2023.03—2028.03	新办
（2023）外饲准字199号	混合型饲料添加剂 酸度调节剂 Feed Additives Mixture Acidity Regulators	艾咖酸 AQUAACID	混合型饲料添加剂 Feed Additives Mixture	鸡 Chicken	（台湾）洪氏生化科技股份有限公司 HUNG M&S BIOCHEM TECHNOLOGY Co.，Ltd.	2023.03—2028.03	新办
（2023）外饲准字200号	混合型饲料添加剂 微生物 Feed Additives Mixture Live Microorganisms	AquaStar®百苗宝 AquaStar® GH	混合型饲料添加剂 Feed Additives Mixture	鱼、虾 Fish，Shrimp	百奥明新加坡私人有限公司 BIOMIN Singapore Pte. Ltd.，Singapore	2023.03—2028.03	新办
（2023）外饲准字201号	混合型饲料添加剂 酸度调节剂 Feed Additive Mixture Acidity Regulators	福可兴® Forticoat®	混合型饲料添加剂 Feed Additives Mixture	生长育肥猪、家禽 Growing-finishing swine，Poultry	荷兰赛尔可公司 Selko BV，the Netherlands	2023.03—2028.03	新办
（2023）外饲准字202号	混合型饲料添加剂 酸度调节剂 Feed Additive Mixture Acidity Regulators	肥酸宝 Fysal®-MP	混合型饲料添加剂 Feed Additives Mixture	生长育肥期养殖动物 Growing-finishing categories of animals	荷兰赛尔可公司 Selko BV，the Netherlands	2023.03—2028.03	新办

（续）

登记证号	通用名称	商品名称	产品类别	使用范围	生产厂家	有效期限	备注
(2023) 外饲准字 203 号	混合型饲料添加剂 香味物质 Feed Additives Mixture Flavouring Substances	潘自然 代码 X60-6986 XTRACT Nature, code X60-6986	混合型饲料添加剂 Feed Additives Mixture	单胃动物、幼龄反刍动物、水产养殖动物 Monogastric animal, Infancy ruminant, Aquaculture animals	艾地盟国际有限公司（瑞士） ADM International Sàrl, Switzerland	2023.03—2028.03	新办
(2023) 外饲准字 204 号	混合型饲料添加剂 香味物质 Feed Additives Mixture Flavouring Substances	潘食乐 代码 X60-6936 XTRACT Instant, code X60-6936	混合型饲料添加剂 Feed Additives Mixture	单胃动物、幼龄反刍动物、水产养殖动物 Monogastric animal, Infancy ruminant, Aquaculture animals	艾地盟国际有限公司（瑞士） ADM International Sàrl, Switzerland	2023.03—2028.03	新办
(2023) 外饲准字 205 号	混合型饲料添加剂 香味物质 Feed Additives Mixture Flavouring Substances	爱嗜特 代码 X60-7035 XTRACT CAPS XL, code X60-7035	混合型饲料添加剂 Feed Additives Mixture	家禽、猪、反刍动物 Poultry, Swine, Ruminant	艾地盟国际有限公司（瑞士） ADM International Sàrl, Switzerland	2023.03—2028.03	新办
(2023) 外饲准字 206 号	混合型饲料添加剂：单宁酸 Feed Additives Mixture: Tannic acid	福美酚 TO 50 Farmatan TO 50	混合型饲料添加剂 Feed Additives Mixture	养殖动物 All species or categories of animals	斯洛文尼亚天宁有限公司 Tanin Sevnica d. d., Slovenia	2023.03—2028.03	新办
(2023) 外饲准字 207 号	混合型饲料添加剂：单宁酸，乳酸 Feed Additives Mixture: Tannic acid, Lactic acid	福美酚 ACO 35 Farmatan ACO 35	混合型饲料添加剂 Feed Additives Mixture	养殖动物 All species or categories of animals	斯洛文尼亚天宁有限公司 Tanin Sevnica d. d., Slovenia	2023.03—2028.03	新办
(2023) 外饲准字 208 号	畜禽维生素预混合饲料 Vitamin Premix for Livestock and Poultry	迪麦素 Stimosol Oral	添加剂预混合饲料 Feed Additive Premix	家禽、猪、反刍动物 Poultry, Swine, Ruminant	荷兰 Interchemie werken "De Adelaar" B. V. 公司 Interchemie werken "De Adelaar" B. V., the Netherlands	2023.03—2028.03	新办
(2023) 外饲准字 209 号	鱼油 Fish Oil	Dr. Clauder's BARF 系列三文鱼油 DC BARF Salmon Oil Traditional	单一饲料 Single Feed	犬、猫 Dogs, Cats	德国 Dr. Clauder GmbH & Co. KG Dr. Clauder GmbH & Co. KG, Germany	2023.03—2028.03	新办

（续）

登记证号	通用名称	商品名称	产品类别	使用范围	生产厂家	有效期限	备注
（2023）外饲准字 210 号	鱼粉 Fishmeal	大品蒸汽干燥红鱼粉（三级） Dapin Steam Dried Red Fish Meal（III）	单一饲料 Single Feed	畜禽、水产养殖动物（反刍动物除外） Livestock，Poultry，Aquaculture animals（Not including ruminant）	刚果荣昌有限公司 RONG CHANG SARLU.，Congo	2023.03—2028.03	新办
（2023）外饲准字 211 号	白鱼粉 White Fishmeal	白鱼粉（二级） White Fishmeal	单一饲料 Single Feed	畜禽、水产养殖动物（反刍动物除外） Livestock，Poultry，Aquaculture animals（Not including ruminant）	（俄罗斯）“奥泽诺夫斯基鱼罐头厂 55 号股份公司”鱼类加工厂 “Ozernovsky Fish Canning Plant No 55，JSC”，Russia	2023.03—2028.03	新办
（2023）外饲准字 212 号	鱼油 Fish Oil	毛里塔尼亚鱼油 Mauritania fish oil	单一饲料 Single Feed	猪、水产养殖动物 Swine，Aquaculture animals	毛里塔尼亚海洋食品有限责任公司 MAURITANIA SEA FOOD SARL，Mauritania	2023.03—2028.03	新办
（2023）外饲准字 213 号	鱼粉 Fishmeal	毛里塔尼亚红鱼粉（一级） Mauritania red fishmeal（I）	单一饲料 Single Feed	畜禽、水产养殖动物（反刍动物除外） Livestock，Poultry，Aquaculture animals（Not including ruminant）	毛里塔尼亚海洋食品有限责任公司 MAURITANIA SEA FOOD SARL，Mauritania	2023.03—2028.03	新办
（2023）外饲准字 214 号	鱼溶浆 Fish Soluble Paste	毛里塔尼亚鱼溶浆 Mauritania fish soluble	单一饲料 Single Feed	猪、水产养殖动物 Swine，Aquaculture animals	毛里塔尼亚海洋食品有限责任公司 MAURITANIA SEA FOOD SARL，Mauritania	2023.03—2028.03	新办
（2023）外饲准字 215 号	鱼粉 Fishmeal	鱼粉 Fish Meal	单一饲料 Single Feed	养殖动物（反刍动物除外） All species or categories of animals（Not including ruminant）	（巴西）湃腾有限公司 Indústria de Rações Patense Ltda，Brazil	2023.03—2028.03	新办

（续）

登记证号	通用名称	商品名称	产品类别	使用范围	生产厂家	有效期限	备注
(2023) 外饲准字 216 号	鱼粉 Fishmeal	红鱼粉（二级）Fish meal	单一饲料 Single Feed	养殖动物（反刍动物除外）All species or categories of animals (Not including ruminant)	越南海安有限公司 Hai An Company Limited, Vietnam	2023.03—2028.03	新办
(2023) 外饲准字 217 号	鱼粉 Fishmeal	红鱼粉（三级）Red Fish Meal（Ⅲ）	单一饲料 Single Feed	养殖动物（反刍动物除外）All species or categories of animals (Not including ruminant)	（越南）天发生产贸易有限责任公司 THIEN PHAT MANUFACTURING AND TRADING CO., LTD., Vietnam	2023.03—2028.03	新办
(2023) 外饲准字 218 号	菜籽粕 Canola Meal	菜籽粕（澳大利亚菜籽）Canola Meal (Australian Seeds)	单一饲料 Single Feed	猪、家禽、鱼 Swine, Poultry, Fish	阿拉伯联合酋长国杜拜食用油有限公司 EDIBLE OIL CO (D) (L. L. C), United Arab Emirates	2023.03—2028.03	新办
(2023) 外饲准字 219 号	白鱼粉 White Fishmeal	白鱼粉（二级）White Fishmeal (II)	单一饲料 Single Feed	鱼、虾、家禽 Fish, Shrimp, Poultry	俄罗斯 Mintay DV 有限公司 Mintay DV Co., Ltd., Russia	2023.03—2028.03	新办
(2023) 外饲准字 220 号	鱼粉 Fishmeal	红鱼粉（三级）Red Fishmeal (grade III)	单一饲料 Single Feed	鱼、虾、家禽 Fish, Shrimp, Poultry	俄罗斯 Mintay DV 有限公司 Mintay DV Co., Ltd., Russia	2023.03—2028.03	新办
(2023) 外饲准字 221 号	鱼油 Fish Oil	鱼油（饲料级）Fish Oil (Feed Grade)	单一饲料 Single Feed	鱼、虾、家禽 Fish, Shrimp, Poultry	俄罗斯 Mintay DV 有限公司 Mintay DV Co., Ltd., Russia	2023.03—2028.03	新办
(2023) 外饲准字 222 号	白鱼粉 White Fishmeal	白鱼粉（二级）White Fishmeal (II)	单一饲料 Single Feed	畜禽、水产养殖动物（反刍动物除外）Livestock, Poultry, Aquaculture animals (Not including ruminant)	俄罗斯“奥斯特罗夫诺伊”水产品联合加工厂有限责任公司（登记号：CH-867）FISH FACTORY "OSTROVNOY" LLC., (Register No. CH-867), Russia	2023.03—2028.03	新办

（续）

登记证号	通用名称	商品名称	产品类别	使用范围	生产厂家	有效期限	备注
(2023) 外饲准字 223 号	全价宠物食品成年期犬粮 Pet Complete Food for Adult Dog	佰芙深海庄园成犬粮 Pet Proh Selected Ocean Fish Adult	宠物配合饲料 Pet Compound Feed	犬 Dogs	西班牙联合宠物食品公司 United Petfood Spain, S. L., Spain	2023.03—2028.03	新办
(2023) 外饲准字 224 号	全价宠物食品幼年期犬粮 Pet Compound Food for Puppy	佰芙深海庄园幼犬粮 Pet Proh Selected Ocean Fish Puppy	宠物配合饲料 Pet Compound Feed	犬 Dogs	西班牙联合宠物食品公司 United Petfood Spain, S. L., Spain	2023.03—2028.03	新办
(2023) 外饲准字 225 号	全价宠物食品幼年期猫粮 Pet Complete Food for Kitten	佰芙深海庄园幼猫粮 Pet Proh Selected Ocean Fish Kitten	宠物配合饲料 Pet Compound Feed	猫 Cats	西班牙联合宠物食品公司 United Petfood Spain, S. L., Spain	2023.03—2028.03	新办
(2023) 外饲准字 226 号	全价宠物食品成年期猫粮 Pet Complete Food for Adult Cat	佰芙深海庄园成猫粮 Pet Proh Selected Ocean Fish Adult Cat	宠物配合饲料 Pet Compound Feed	猫 Cats	西班牙联合宠物食品公司 United Petfood Spain, S. L., Spain	2023.03—2028.03	新办
(2023) 外饲准字 227 号	鱼粉 Fishmeal	红鱼粉（三级） Red Fishmeal (grade III)	单一饲料 Single Feed	畜禽、水产养殖动物（反刍动物除外） Livestock, Poultry, Aquaculture animals (Not including ruminant)	俄罗斯“奥斯特罗夫诺伊”水产品联合加工厂有限责任公司（登记号：CH-867） FISH FACTORY “OSTROVNOY” LLC., (Register No. CH-867), Russia	2023.03—2028.03	新办
(2023) 外饲准字 228 号	白鱼粉 White Fishmeal	白鱼粉（二级） White Fishmeal (II)	单一饲料 Single Feed	家禽、水产养殖动物 Poultry, Aquaculture animals	俄罗斯马加丹特拉尔弗洛特有限公司 LLC “MAGADANTRALFLOT”, Russia	2023.03—2028.03	新办
(2023) 外饲准字 229 号	酵母水解物 Hydrolyzed Yeast	百海壮 BIOHYDRO SELECT	单一饲料 Single Feed	养殖动物 All species or categories of animals	巴西同鼎农业有限公司 Yessinergy do Brasil Agroindustrial Ltda, Brazil	2023.03—2028.03	新办

（续）

登记证号	通用名称	商品名称	产品类别	使用范围	生产厂家	有效期限	备注
(2023) 外饲准字 230 号	玉米干酒精糟 Corn Distillers Dried Grains (DDG)	玉米干酒精糟 Corn Distillers Dried Grains (DDG)	单一饲料 Single Feed	家禽、猪、牛、水产养殖动物、宠物 Poultry, Swine, Cattle, Aquaculture animals, Pets	(美国) 安德森玛拉松控股有限公司-Denison 工厂 The Andersons Marathon Holdings LLC, USA	2023.03—2028.03	新办
(2023) 外饲准字 231 号	犊牛配合饲料 Compound Feed for Calves	爱沃补充料 ELVOR COMPLEMENTARY HP	配合饲料 Compound Feed	犊牛 Calves	法国硕菲沃公司 SOFIVO S. A. S., France	2023.03—2028.03	新办
(2023) 外饲准字 232 号	犊牛配合饲料 Compound Feed for Calves (Milk Replacer for Calves)	优乳益 Eurolac Green Premium	配合饲料 Compound Feed	犊牛 Calves	荷兰希尔斯公司 SCHILS B. V., the Netherlands	2023.03—2028.03	新办
(2023) 外饲准字 233 号	宠物营养补充剂 微生物 Complementary Pet Food Live Microorganisms	派布鲁宠物益生菌 PetBrew	宠物添加剂预混合饲料 Pet Feed Additive Premix	犬、猫 Dogs, Cats	(新西兰) 拜奥布鲁有限公司 BioBrew Limited, New Zealand	2023.03—2028.03	新办
(2023) 外饲准字 234 号	宠物营养补充剂 犬和猫 多糖和寡糖 Pet Nutritional Supplements Polysaccharides and Oligosaccharides for Dogs and Cats	益留消 Fucoidan	宠物添加剂预混合饲料 Pet Feed Additive Premix	犬、猫 Dogs, Cats	(台湾) 璿智国际宠物科技有限公司 (东区) WISDOM International Pet Science Co., LTD. (East District)	2023.03—2028.03	新办
(2023) 外饲准字 235 号	宠物营养补充剂 犬和猫 DL-蛋氨酸 Pet Nutritional Supplements DL-Methionine for Dogs and Cats	益甘乐 Silybin	宠物添加剂预混合饲料 Pet Feed Additive Premix	犬、猫 Dogs, Cats	(台湾) 璿智国际宠物科技有限公司 (东区) WISDOM International Pet Science Co., LTD. (East District)	2023.03—2028.03	新办

（续）

登记证号	通用名称	商品名称	产品类别	使用范围	生产厂家	有效期限	备注
（2023）外饲准字 236 号	宠物营养补充剂 犬和猫 微量元素和氨基酸 Pet Nutritional Supplements Trace Elements and Amino Acid for Dogs and Cats	益申乐 Lanon	宠物添加剂预混合饲料 Pet Feed Additive Premix	犬、猫 Dogs，Cats	（台湾）瑨智国际宠物科技有限公司（东区） WISDOM International Pet Science Co.，LTD.（East District）	2023.03—2028.03	新办
（2023）外饲准字 237 号	宠物营养补充剂 猫 Pet Nutritional Supplements for Cats	益泌乐猫 Cranberry	宠物添加剂预混合饲料 Pet Feed Additive Premix	猫 Cats	（台湾）瑨智国际宠物科技有限公司（东区） WISDOM International Pet Science Co.，LTD.（East District）	2023.03—2028.03	新办
（2023）外饲准字 238 号	宠物营养补充剂 犬和猫 Pet Nutritional Supplements for Dogs and Cats	益泌乐 Noni Fruit	宠物添加剂预混合饲料 Pet Feed Additive Premix	犬、猫 Dogs，Cats	（台湾）瑨智国际宠物科技有限公司（东区） WISDOM International Pet Science Co.，LTD.（East District）	2023.03—2028.03	新办
（2023）外饲准字 239 号	宠物营养补充剂 Pet Nutrition Supplement	哆咕喵宠物亮毛片 DOOG MIU PET SKIN & COAT	宠物添加剂预混合饲料 Pet Feed Additive Premix	犬、猫 Dogs，Cats	（美国）维林斯营养品公司 Willings Nutraceutical Corp，USA	2023.03—2028.03	新办
（2023）外饲准字 240 号	宠物营养补充剂 Pet Nutrition Supplement	派萌宠．肠健健 petMOD INTESTINAL	宠物添加剂预混合饲料 Pet Feed Additive Premix	犬、猫 Dogs，Cats	意大利普索尔公司 Prosol S. P. A，Italy	2023.03—2028.03	新办
（2023）外饲准字 241 号	宠物营养补充剂猫维生素 氨基酸 Pet Nutrition Supplement Vitamin，Amino Acid for Cat	Dr. Clauder's 猫用牛磺酸抗毛球营养膏 Dr. Clauder's AntiHair-ball Paste withTaurin Paste for cats	宠物添加剂预混合饲料 Pet Feed Additive Premix	猫 Cats	德国 Dr. Clauder GmbH & Co. KG Dr. Clauder GmbH & Co. KG，Germany	2023.03—2028.03	新办

（续）

登记证号	通用名称	商品名称	产品类别	使用范围	生产厂家	有效期限	备注
（2023）外饲准字 242 号	宠物配合饲料猫粮 Pet Compound Feed for Cats	肉球世界歪嘴猫主食罐—鸡肉配方 PAW PAW LAND Fussy Cat Premium Balanced Food-Chicken Flavor	宠物配合饲料 Pet Compound Feed	猫 Cats	（台湾）兴濠有限公司苗栗厂 HSING HAO Co., Ltd.	2023. 03—2028. 03	新办
（2023）外饲准字 243 号	宠物配合饲料猫粮 Pet Compound Feed for Cats	肉球世界歪嘴猫主食罐—鸡肉鲑鱼配方 PAW PAW LAND Fussy Cat Premium Balanced Food-Chicken & Salmon Flavor	宠物配合饲料 Pet Compound Feed	猫 Cats	（台湾）兴濠有限公司苗栗厂 HSING HAO Co., Ltd.	2023. 03—2028. 03	新办
（2023）外饲准字 244 号	宠物配合饲料猫粮 Pet Compound Feed for Cats	肉球世界歪嘴猫主食罐—鸡肉鲣鱼配方 PAW PAW LAND Fussy Cat Premium Balanced Food-Chicken & Bonito Flavor	宠物配合饲料 Pet Compound Feed	猫 Cats	（台湾）兴濠有限公司苗栗厂 HSING HAO Co., Ltd.	2023. 03—2028. 03	新办
（2023）外饲准字 245 号	宠物配合饲料猫粮 Pet Compound Feed for Cats	肉球世界歪嘴猫主食罐—鸡肉牛肉配方 PAW PAW LAND Fussy Cat Premium Balanced Food-Chicken & Beef Flavor	宠物配合饲料 Pet Compound Feed	猫 Cats	（台湾）兴濠有限公司苗栗厂 HSING HAO Co., Ltd.	2023. 03—2028. 03	新办
（2023）外饲准字 246 号	宠物配合饲料猫粮 Pet Compound Feed for Cats	肉球世界歪嘴猫主食罐—鸡肉鲔鱼配方 PAW PAW LAND Fussy Cat Premium Balanced Food-Chicken & Tuna Flavor	宠物配合饲料 Pet Compound Feed	猫 Cats	（台湾）兴濠有限公司苗栗厂 HSING HAO Co., Ltd.	2023. 03—2028. 03	新办

（续）

登记证号	通用名称	商品名称	产品类别	使用范围	生产厂家	有效期限	备注
（2023）外饲准字 247 号	宠物配合饲料猫粮 Pet Compound Feed for Cats	肉球世界歪嘴猫主食罐—鲔鱼配方 PAW PAW LAND Fussy Cat Premium Balanced Food-Tuna Flavor	宠物配合饲料 Pet Compound Feed	猫 Cats	（台湾）兴濠有限公司苗栗厂 HSING HAO Co., Ltd.	2023.03—2028.03	新办
（2023）外饲准字 248 号	宠物配合饲料成年期犬粮 Pet Compound Feed for Adult Dog	AFURERU-成犬—半保湿主食 500g AFURERU Semi moist food for adult dog 500g	宠物配合饲料 Pet Compound Feed	犬 Dogs	（日本）九州宠物食品（株）本社工场 Kyushupetfood Co., Ltd. Head factory, Japan	2023.03—2028.03	新办
（2023）外饲准字 249 号	宠物配合饲料成年期猫粮 Pet Compound Feed for Adult Cat	AFURERU-成猫—半保湿主食 240g AFURERU Semi moist food for adult cat 240g	宠物配合饲料 Pet Compound Feed	猫 Cats	（日本）九州宠物食品（株）本社工场 Kyushupetfood Co., Ltd. Head factory, Japan	2023.03—2028.03	新办
（2023）外饲准字 250 号	全价宠物食品成猫粮 Complete Pet Food for Adult Cat	Fussie Cat® Market 鸡肉和火鸡肉配方猫粮 Fussie Cat® Market Fresh Chicken & Turkey Meal Recipe	宠物配合饲料 Pet Compound Feed	猫 Cats	美国巴雷特宠物食品创新有限公司 Barrett AG Service Inc. DBA Barrett Petfood Innovations, USA	2023.03—2028.03	新办
（2023）外饲准字 251 号	全价宠物食品成猫粮 Complete Pet Food for Adult Cat	Fussie Cat® Market 鸭肉和鹌鹑肉配方猫粮 Fussie Cat® Market Fresh Quail & Duck Meal Recipe	宠物配合饲料 Pet Compound Feed	猫 Cats	美国巴雷特宠物食品创新有限公司 Barrett AG Service Inc. DBA Barrett Petfood Innovations, USA	2023.03—2028.03	新办
（2023）外饲准字 252 号	全价宠物食品猫粮 Complete Pet Food for Cat	Fussie Cat® Market 鸡肉和三文鱼配方猫粮 Fussie Cat® Market Fresh Salmon & Chicken Meal Recipe	宠物配合饲料 Pet Compound Feed	猫 Cats	美国巴雷特宠物食品创新有限公司 Barrett AG Service Inc. DBA Barrett Petfood Innovations, USA	2023.03—2028.03	新办

（续）

登记证号	通用名称	商品名称	产品类别	使用范围	生产厂家	有效期限	备注
(2023) 外饲准字 253 号	全价宠物食品犬粮 Complete Pet Food for Dog	Zignature®鸭肉配方犬粮 Zignature® Duck Formula (Dry)	宠物配合饲料 Pet Compound Feed	犬 Dogs	美国巴雷特宠物食品创新有限公司 Barrett AG Service Inc. DBA Barrett Petfood Innovations, USA	2023.03—2028.03	新办
(2023) 外饲准字 254 号	全价宠物食品犬粮 Complete Pet Food for Dog	Zignature®羊肉配方犬粮 Zignature® Lamb Formula (Dry)	宠物配合饲料 Pet Compound Feed	犬 Dogs	美国巴雷特宠物食品创新有限公司 Barrett AG Service Inc. DBA Barrett Petfood Innovations, USA	2023.03—2028.03	新办
(2023) 外饲准字 255 号	全价宠物食品犬粮 Complete Pet Food for Dog	Zignature®猪肉配方犬粮 Zignature® Pork Formula (Dry)	宠物配合饲料 Pet Compound Feed	犬 Dogs	美国巴雷特宠物食品创新有限公司 Barrett AG Service Inc. DBA Barrett Petfood Innovations, USA	2023.03—2028.03	新办
(2023) 外饲准字 256 号	全价宠物食品犬粮 Complete Pet Food for Dog	Zignature®三文鱼和鳟鱼配方犬粮 Zignature® Trout & Salmon Meal Formula (Dry)	宠物配合饲料 Pet Compound Feed	犬 Dogs	美国巴雷特宠物食品创新有限公司 Barrett AG Service Inc. DBA Barrett Petfood Innovations, USA	2023.03—2028.03	新办
(2023) 外饲准字 257 号	全价宠物食品犬粮 Complete Pet Food for Dog	Zignature®火鸡肉配方犬粮 Zignature® Turkey Formula (Dry)	宠物配合饲料 Pet Compound Feed	犬 Dogs	美国巴雷特宠物食品创新有限公司 Barrett AG Service Inc. DBA Barrett Petfood Innovations, USA	2023.03—2028.03	新办
(2023) 外饲准字 258 号	全价宠物食品犬粮 Complete Pet Food for Dog	Zignature®火鸡肉和羊肉配方犬粮 Zignature® Zssential Formula (Dry)	宠物配合饲料 Pet Compound Feed	犬 Dogs	美国巴雷特宠物食品创新有限公司 Barrett AG Service Inc. DBA Barrett Petfood Innovations, USA	2023.03—2028.03	新办
(2023) 外饲准字 259 号	全价宠物食品犬粮 Pet Compound Food for Dogs	Vital Essentials 冷冻干燥小肉粒犬粮 鸭肉配方 Vital Essentials Freeze-Dried Duck Mini Nibs Dog Food	宠物配合饲料 Pet Compound Feed	犬 Dogs	美国 Carnivore Meat 有限公司 Carnivore Meat Company, LLC., USA	2023.03—2028.03	新办

（续）

登记证号	通用名称	商品名称	产品类别	使用范围	生产厂家	有效期限	备注
(2023) 外饲准字 260 号	全价宠物食品犬粮 Pet Compound Food for Dogs	Vital Essentials 冷冻干燥小肉粒犬粮 鸡肉配方 Vital Essentials Freeze-Dried Chicken Mini Nibs Dog Food	宠物配合饲料 Pet Compound Feed	犬 Dogs	美国 Carnivore Meat 有限公司 Carnivore Meat Company, LLC., USA	2023.03—2028.03	新办
(2023) 外饲准字 261 号	全价宠物食品犬粮 Pet Compound Food for Dogs	Vital Essentials 冷冻干燥小肉粒犬粮 兔肉配方 Vital Essentials Freeze-Dried Rabbit Mini Nibs Dog Food	宠物配合饲料 Pet Compound Feed	犬 Dogs	美国 Carnivore Meat 有限公司 Carnivore Meat Company, LLC., USA	2023.03—2028.03	新办
(2023) 外饲准字 262 号	全价宠物食品犬粮 Pet Compound Food for Dogs	Vital Essentials 冷冻干燥小肉粒犬粮 火鸡肉配方 Vital Essentials Freeze-Dried Turkey Mini Nibs Dog Food	宠物配合饲料 Pet Compound Feed	犬 Dogs	美国 Carnivore Meat 有限公司 Carnivore Meat Company, LLC., USA	2023.03—2028.03	新办
(2023) 外饲准字 263 号	全价宠物食品猫粮 Pet Compound Food for Cats	Vital Essentials 冷冻干燥晚餐肉饼猫粮 鸭肉配方 Vital Essentials Freeze-Dried Duck Dinner Patties Cat Food	宠物配合饲料 Pet Compound Feed	猫 Cats	美国 Carnivore Meat 有限公司 Carnivore Meat Company, LLC., USA	2023.03—2028.03	新办
(2023) 外饲准字 264 号	全价宠物食品猫粮 Pet Compound Food for Cats	Vital Essentials 冷冻干燥小肉粒猫粮 鸡肉配方 Vital Essentials Freeze-Dried Chicken Mini Nibs Cat Food	宠物配合饲料 Pet Compound Feed	猫 Cats	美国 Carnivore Meat 有限公司 Carnivore Meat Company, LLC., USA	2023.03—2028.03	新办

（续）

登记证号	通用名称	商品名称	产品类别	使用范围	生产厂家	有效期限	备注
(2023）外饲准字 265 号	全价宠物食品猫粮 Pet Compound Food for Cats	Vital Essentials 冷冻干燥小肉粒猫粮 鸭肉配方 Vital Essentials Freeze-Dried Duck Mini Nibs Cat Food	宠物配合饲料 Pet Compound Feed	猫 Cats	美国 Carnivore Meat 有限公司 Carnivore Meat Company，LLC.，USA	2023. 03—2028. 03	新办
(2023）外饲准字 266 号	全价宠物食品猫粮 Pet Compound Food for Cats	Vital Essentials 冷冻干燥小肉粒猫粮 兔肉配方 Vital Essentials Freeze-Dried Rabbit Mini Nibs Cat Food	宠物配合饲料 Pet Compound Feed	猫 Cats	美国 Carnivore Meat 有限公司 Carnivore Meat Company，LLC.，USA	2023. 03—2028. 03	新办
(2023）外饲准字 267 号	全价宠物食品猫粮 Pet Compound Food for Cats	Vital Essentials 冷冻干燥晚餐肉饼猫粮 兔肉配方 Vital Essentials Freeze-Dried Rabbit Dinner Patties Cat Food	宠物配合饲料 Pet Compound Feed	猫 Cats	美国 Carnivore Meat 有限公司 Carnivore Meat Company，LLC.，USA	2023. 03—2028. 03	新办
(2023）外饲准字 268 号	全价宠物食品猫粮 Pet Compound Food for Cats	Vital Essentials 冷冻干燥小肉粒猫粮 火鸡肉配方 Vital Essentials Freeze-Dried Turkey Mini Nibs Cat Food	宠物配合饲料 Pet Compound Feed	猫 Cats	美国 Carnivore Meat 有限公司 Carnivore Meat Company，LLC.，USA	2023. 03—2028. 03	新办
(2023）外饲准字 269 号	全价宠物食品猫粮 Pet Compound Food for Cats	Vital Essentials 冷冻干燥晚餐肉饼猫粮 鸡肉配方 Vital Essentials Freeze-Dried Chicken Dinner Patties Cat Food	宠物配合饲料 Pet Compound Feed	猫 Cats	美国 Carnivore Meat 有限公司 Carnivore Meat Company，LLC.，USA	2023. 03—2028. 03	新办

（续）

登记证号	通用名称	商品名称	产品类别	使用范围	生产厂家	有效期限	备注
（2023）外饲准字 270 号	全价宠物食品小型犬犬粮 Pet Compound Feed for Small-breed Dogs	素力高® Mighty Mini™ 含牛肉、红薯 & 苹果配方狗粮 Solid Gold® Mighty Mini with Beef, Sweet Potato & Apple Dog Food	宠物配合饲料 Pet Compound Feed	犬 Dogs	美国 C. J. 食品股份有限公司 C. J. Foods, Inc., USA	2023.03—2028.03	新办
（2023）外饲准字 271 号	全价宠物食品成年期犬粮 Pet Compound Feed For Adult Dogs	素力高® Nutrient Boost™ Hund-N-Flocken™ 含牛肉，糙米 & 大麦狗粮 Solid Gold® Nutrient-Boost Hund-N-Flocken with Beef, Brown Rice & Pearled Barley Dog Food	宠物配合饲料 Pet Compound Feed	犬 Dogs	美国 C. J. 食品股份有限公司 C. J. Foods, Inc., USA	2023.03—2028.03	新办
（2023）外饲准字 272 号	全价宠物食品成年期犬粮 Pet Compound Feed for Adult Dogs	素力高® Nutrient Boost™ Hund-N-Flocken™ 含鲜鸡肉，糙米 & 大麦狗粮 Solid Gold® Nutrient-Boost Hund-N-Flocken with Chicken, Brown Rice & Pearled Barley Dog Food	宠物配合饲料 Pet Compound Feed	犬 Dogs	美国 C. J. 食品股份有限公司 C. J. Foods, Inc., USA	2023.03—2028.03	新办
（2023）外饲准字 273 号	全价宠物食品成年期犬粮 Pet Compound Feed for Adult Dogs	素力高® Nutrient Boost™ Hund-N-Flocken™ 含羊肉，糙米 & 大麦狗粮 Solid Gold® NutrientBoost Hund-N-Flocken with Lamb, Brown Rice & Pearled Barley Dog Food	宠物配合饲料 Pet Compound Feed	犬 Dogs	美国 C. J. 食品股份有限公司 C. J. Foods, Inc., USA	2023.03—2028.03	新办

（续）

登记证号	通用名称	商品名称	产品类别	使用范围	生产厂家	有效期限	备注
（2023）外饲准字 274 号	全价宠物食品成年期犬粮 Pet Compound Feed for Adult Dogs	素力高® Sunday Sunrise™含羊肉、红薯 & 豌豆狗粮 Solid Gold® Sunday Sunrise Lamb, Sweet Potato & Pea Recipe Dog Food	宠物配合饲料 Pet Compound Feed	犬 Dogs	美国 C. J. 食品股份有限公司 C. J. Foods, Inc., USA	2023. 03—2028. 03	新办
（2023）外饲准字 275 号	全价宠物食品猫粮 Pet Compound Feed for Cats	素力高® Nutrient Boost™ Katz-n-Flocken™含羊肉，糙米 & 大麦猫粮 Solid Gold® Nutrient-Boost Katz-n-Flocken with Lamb, Brown Rice & Pearled Barley Cat Food	宠物配合饲料 Pet Compound Feed	猫 Cats	美国 C. J. 食品股份有限公司 C. J. Foods, Inc., USA	2023. 03—2028. 03	新办
（2023）外饲准字 276 号	全价宠物食品猫粮 Pet Compound Food for Cats	Vital Essentials 冷冻干燥小肉粒猫粮 牛肉 & 鸡肉配方 Vital Essentials Freeze-Dried Beef & Chicken Mini Nibs Cat Food	宠物配合饲料 Pet Compound Feed	猫 Cats	美国 Carnivore Meat 有限公司 Carnivore Meat Company, LLC., USA	2023. 03—2028. 03	新办
（2023）外饲准字 277 号	全价宠物食品猫粮 Pet Compound Food for Cats	Vital Essentials 冷冻干燥晚餐肉饼猫粮 牛肉 & 鸡肉配方 Vital Essentials Freeze-Dried Beef & Chicken Dinner Patties Cat Food	宠物配合饲料 Pet Compound Feed	猫 Cats	美国 Carnivore Meat 有限公司 Carnivore Meat Company, LLC., USA	2023. 03—2028. 03	新办

（续）

登记证号	通用名称	商品名称	产品类别	使用范围	生产厂家	有效期限	备注
（2023）外饲准字 278 号	全价宠物食品猫粮 Pet Compound Food for Cats	Vital Essentials 冷冻干燥小肉粒猫粮 猪肉配方 Vital Essentials Freeze-Dried Pork Mini Nibs Cat Food	宠物配合饲料 Pet Compound Feed	猫 Cats	美国 Carnivore Meat 有限公司 Carnivore Meat Company，LLC.，USA	2023.03—2028.03	新办
（2023）外饲准字 279 号	全价宠物食品猫粮 Pet Compound Food for Cats	Vital Essentials 冷冻干燥晚餐肉饼猫粮 猪肉配方 Vital Essentials Freeze-Dried Pork Dinner Patties Cat Food	宠物配合饲料 Pet Compound Feed	猫 Cats	美国 Carnivore Meat 有限公司 Carnivore Meat Company，LLC.，USA	2023.03—2028.03	新办
（2023）外饲准字 280 号	全价宠物食品猫粮 Pet Compound Food for Cats	Vital Essentials 冷冻干燥晚餐肉饼猫粮 火鸡肉配方 Vital Essentials Freeze-Dried Turkey Dinner Patties Cat Food	宠物配合饲料 Pet Compound Feed	猫 Cats	美国 Carnivore Meat 有限公司 Carnivore Meat Company，LLC.，USA	2023.03—2028.03	新办
（2023）外饲准字 281 号	全价宠物食品犬粮 Pet Compound Food for Dogs	Vital Essentials 冷冻干燥晚餐肉饼狗粮 鸡肉配方 Vital Essentials Freeze-Dried Chicken Dinner Patties Dog Food	宠物配合饲料 Pet Compound Feed	犬 Dogs	美国 Carnivore Meat 有限公司 Carnivore Meat Company，LLC.，USA	2023.03—2028.03	新办
（2023）外饲准字 282 号	全价宠物食品犬粮 Pet Compound Food for Dogs	Vital Essentials 冷冻干燥晚餐肉饼狗粮 鸭肉配方 Vital Essentials Freeze-Dried Duck Dinner Patties Dog Food	宠物配合饲料 Pet Compound Feed	犬 Dogs	美国 Carnivore Meat 有限公司 Carnivore Meat Company，LLC.，USA	2023.03—2028.03	新办

（续）

登记证号	通用名称	商品名称	产品类别	使用范围	生产厂家	有效期限	备注
(2023) 外饲准字 283 号	全价宠物食品犬粮 Pet Compound Food for Dogs	Vital Essentials 冷冻干燥晚餐肉饼狗粮 兔肉配方 Vital Essentials Freeze-Dried Rabbit Dinner Patties Dog Food	宠物配合饲料 Pet Compound Feed	犬 Dogs	美国 Carnivore Meat 有限公司 Carnivore Meat Company, LLC., USA	2023.03—2028.03	新办
(2023) 外饲准字 284 号	全价宠物食品犬粮 Pet Compound Food for Dogs	Vital Essentials 冷冻干燥晚餐肉饼狗粮 火鸡肉配方 Vital Essentials Freeze-Dried Turkey Dinner Patties Dog Food	宠物配合饲料 Pet Compound Feed	犬 Dogs	美国 Carnivore Meat 有限公司 Carnivore Meat Company, LLC., USA	2023.03—2028.03	新办
(2023) 外饲准字 285 号	全价宠物食品犬粮 Pet Compound Food for Dogs	Vital Essentials 冷冻干燥肉粒犬粮 鸡肉配方 Vital Essentials Freeze-Dried Chicken Nibblets Dog Food	宠物配合饲料 Pet Compound Feed	犬 Dogs	美国 Carnivore Meat 有限公司 Carnivore Meat Company, LLC., USA	2023.03—2028.03	新办
(2023) 外饲准字 286 号	猫成年期皮肤被毛全价处方粮 Complete Adult Cat Skin & Coat Feed	皇家成猫皮肤被毛处方湿粮 Skin & Coat	宠物配合饲料 Pet Compound Feed	猫 Cats	玛氏奥地利有限公司 MARS AUSTRIA OG., Austria	2023.03—2028.03	新办
(2023) 外饲准字 287 号	全价幼年期猫粮 Complete Kitten Food	原始猎食渴望幼年猫猫粮 ORIJEN Kitten Food	宠物配合饲料 Pet Compound Feed	猫 Cats	美国冠军宠物食品公司 Champion Petfoods USA	2023.03—2028.03	新办
(2023) 外饲准字 288 号	全价宠物食品成年期犬粮 Pet Compound Feed for Adult Dog	比利玛格全价超级食品成犬罐头 含牛肉和三文鱼 Billy + Margot Beef & Salmon with Superfoods for Adult Dogs	宠物配合饲料 Pet Compound Feed	犬 Dogs	澳大利亚宠物食品有限公司（Ingleburn 工厂） Australian Pet Brands Pty Ltd (Ingleburn), Australian	2023.03—2028.03	新办

（续）

登记证号	通用名称	商品名称	产品类别	使用范围	生产厂家	有效期限	备注
（2023）外饲准字 289 号	全价宠物食品猫粮 Pet Complete Food for Cat	温泉天然无谷火鸡肉三文鱼配方猫粮添加蔬菜和浆果 Spring Naturals Grain Free Turkey & Salmon Dinner with a Medley of Garden Greens & Berries Cat Recipe	宠物配合饲料 Pet Compound Feed	猫 Cats	美国 C. J. 食品股份有限公司 C. J. Foods, Inc., USA	2023. 03—2028. 03	新办
（2023）外饲准字 290 号	全价宠物食品猫粮 Pet Complete Food for Cat	温泉天然无谷鸡肉配方猫粮添加蔬菜和浆果 Spring Naturals Grain Free Chicken Dinner with a Medley of Garden Greens & Berries Cat Recipe	宠物配合饲料 Pet Compound Feed	猫 Cats	美国 C. J. 食品股份有限公司 C. J. Foods, Inc., USA	2023. 03—2028. 03	新办
（2023）外饲准字 291 号	全价宠物食品成年期猫粮 Pet Compound Feed for Adult Cat	全价 至宠凯特 金枪鱼配方 成猫主食粮 Pamper De Cat Tuna in Gravy	宠物配合饲料 Pet Compound Feed	猫 Cats	（泰国）普莱米尔罐头实业有限公司 Premier Canning Industry Co., Ltd., Thailand	2023. 03—2028. 03	新办
（2023）外饲准字 292 号	全价宠物食品成年期猫粮 Pet Compound Feed for Adult Cat	全价 至宠凯特 金枪鱼干金枪鱼配方 成猫主食粮 Pamper De Cat Tuna with Smoke Tuna in Gravy	宠物配合饲料 Pet Compound Feed	猫 Cats	（泰国）普莱米尔罐头实业有限公司 Premier Canning Industry Co., Ltd., Thailand	2023. 03—2028. 03	新办
（2023）外饲准字 293 号	全价宠物食品成年期猫粮 Pet Compound Feed for Adult Cat	全价 至宠凯特 金枪鱼小银鱼配方 成猫主食粮 Pamper De Cat Tuna with Whitebait in Gravy	宠物配合饲料 Pet Compound Feed	猫 Cats	（泰国）普莱米尔罐头实业有限公司 Premier Canning Industry Co., Ltd., Thailand	2023. 03—2028. 03	新办

（续）

登记证号	通用名称	商品名称	产品类别	使用范围	生产厂家	有效期限	备注
(2023) 外饲准字 294 号	全价宠物食品成年期猫粮 Pet Compound Feed for Adult Cat	全价 至宠凯特 金枪鱼扇贝配方 成猫主食粮 Pamper De Cat Tuna with Scallop in Gravy	宠物配合饲料 Pet Compound Feed	猫 Cats	（泰国）普莱米尔罐头实业有限公司 Premier Canning Industry Co., Ltd., Thailand	2023. 03—2028. 03	新办
(2023) 外饲准字 295 号	全价宠物食品成年期猫粮 Pet Compound Feed for Adult Cat	全价 至宠凯特 金枪鱼虾配方 成猫主食粮 Pamper De Cat Tuna with Shrimp in Gravy	宠物配合饲料 Pet Compound Feed	猫 Cats	（泰国）普莱米尔罐头实业有限公司 Premier Canning Industry Co., Ltd., Thailand	2023. 03—2028. 03	新办
(2023) 外饲准字 296 号	全价宠物食品成年期猫粮 Pet Compound Feed for Adult Cat	全价 至宠凯特 金枪鱼马鲛鱼配方 成猫主食粮 Pamper De Cat Tuna with Mackerel in Gravy	宠物配合饲料 Pet Compound Feed	猫 Cats	（泰国）普莱米尔罐头实业有限公司 Premier Canning Industry Co., Ltd., Thailand	2023. 03—2028. 03	新办
(2023) 外饲准字 297 号	全价宠物食品成年期猫粮 Pet Compound Feed for Adult Cat	全价 至宠凯特 鸡肉牛肉配方 成猫主食粮 Pamper De Cat Chicken with Beef in Gravy	宠物配合饲料 Pet Compound Feed	猫 Cats	（泰国）普莱米尔罐头实业有限公司 Premier Canning Industry Co., Ltd., Thailand	2023. 03—2028. 03	新办
(2023) 外饲准字 298 号	全价宠物食品成年期猫粮 Pet Compound Feed for Adult Cat	全价 至宠凯特 鸡肉羊肉配方 成猫主食粮 Pamper De Cat Chicken with Lamb in Gravy	宠物配合饲料 Pet Compound Feed	猫 Cats	（泰国）普莱米尔罐头实业有限公司 Premier Canning Industry Co., Ltd., Thailand	2023. 03—2028. 03	新办
(2023) 外饲准字 299 号	全价宠物食品成年期猫粮 Pet Compound Feed for Adult Cat	全价 至宠凯特 鸡肉马鲛鱼配方 成猫主食粮 Pamper De Cat Chicken with Mackerel in Gravy	宠物配合饲料 Pet Compound Feed	猫 Cats	（泰国）普莱米尔罐头实业有限公司 Premier Canning Industry Co., Ltd., Thailand	2023. 03—2028. 03	新办
(2023) 外饲准字 300 号	全价宠物食品猫粮 Pet Complete Feed for Cat	Caru Classics 鸡肉配方猫罐 Caru Classics Chicken Stew for Cats	宠物配合饲料 Pet Compound Feed	猫 Cats	美国 IPMPC 纳特帕克宠物公司 IPMPC, LLC DBA NATURPAK PET, USA	2023. 03—2028. 03	新办

（续）

登记证号	通用名称	商品名称	产品类别	使用范围	生产厂家	有效期限	备注
(2023) 外饲准字 301 号	全价宠物食品猫粮 Pet Complete Feed for Cat	Caru Classics 鸡肉蟹配方猫罐 Caru Classics Chicken & Crab Stew for Cats	宠物配合饲料 Pet Compound Feed	猫 Cats	美国 IPMPC 纳特帕克宠物公司 IPMPC，LLC DBA NATURPAK PET，USA	2023.03—2028.03	新办
(2023) 外饲准字 302 号	全价宠物食品猫粮 Pet Complete Feed for Cat	Caru Classics 含三文鱼火鸡肉配方猫罐 Caru Classics Wild Salmon & Turkey Stew for Cats	宠物配合饲料 Pet Compound Feed	猫 Cats	美国 IPMPC 纳特帕克宠物公司 IPMPC，LLC DBA NATURPAK PET，USA	2023.03—2028.03	新办
(2023) 外饲准字 303 号	全价宠物食品猫粮 Pet Complete Feed for Cat	Caru Classics 火鸡肉配方猫罐 Caru Classics Turkey Stew for Cats	宠物配合饲料 Pet Compound Feed	猫 Cats	美国 IPMPC 纳特帕克宠物公司 IPMPC，LLC DBA NATURPAK PET，USA	2023.03—2028.03	新办
(2023) 外饲准字 304 号	全价宠物食品成年期犬粮 Pet Complete Feed for Adult Dog	Caru Daily Dish 含牛肉配方犬罐 Caru Daily Dish Beef Stew for Dogs	宠物配合饲料 Pet Compound Feed	犬 Dogs	美国 IPMPC 纳特帕克宠物公司 IPMPC，LLC DBA NATURPAK PET，USA	2023.03—2028.03	新办
(2023) 外饲准字 305 号	全价宠物食品成年期犬粮 Pet Complete Feed for Adult Dog	Caru Daily Dish 含牛肉鸡肉犬罐 Caru Daily Dish Beef with Chicken Stew for Dogs	宠物配合饲料 Pet Compound Feed	犬 Dogs	美国 IPMPC 纳特帕克宠物公司 IPMPC，LLC DBA NATURPAK PET，USA	2023.03—2028.03	新办
(2023) 外饲准字 306 号	全价宠物食品成年期犬粮 Pet Complete Feed for Adult Dog	Caru Daily Dish 含火鸡肉三文鱼配方犬罐 Caru Daily Dish Turkey with Wild Salmon Stew for Dogs	宠物配合饲料 Pet Compound Feed	犬 Dogs	美国 IPMPC 纳特帕克宠物公司 IPMPC，LLC DBA NATURPAK PET，USA	2023.03—2028.03	新办

（续）

登记证号	通用名称	商品名称	产品类别	使用范围	生产厂家	有效期限	备注
(2023) 外饲准字 307 号	全价宠物食品猫粮 Pet Compound Food for Cats	生鲜本能经典无谷鸡肉配方猫粮 Instinct Original Grain-Free Recipe with Real Chicken for Cats	宠物配合饲料 Pet Compound Feed	猫 Cats	美国完美宠物食品有限责任公司 PERFECTION PET FOODS, USA	2023.03—2028.03	新办
(2023) 外饲准字 308 号	全价宠物食品成年期猫粮 Pet Compound Food for Adult Cats	生鲜本能 LID 无谷火鸡肉配方猫粮 Instinct Limited Ingredient Diet Grain-Free Recipe with Real Turkey for Cats	宠物配合饲料 Pet Compound Feed	猫 Cats	美国完美宠物食品有限责任公司 PERFECTION PET FOODS, USA	2023.03—2028.03	新办
(2023) 外饲准字 309 号	全价宠物食品成年期猫粮 Pet Compound Food for Adult Cats	生鲜本能高蛋白无谷鸡肉配方猫粮 Instinct Ultimate Protein Grain-Free Cage-Free Chicken Recipe for Cats	宠物配合饲料 Pet Compound Feed	猫 Cats	美国完美宠物食品有限责任公司 PERFECTION PET FOODS, USA	2023.03—2028.03	新办
(2023) 外饲准字 310 号	全价宠物食品成年期猫粮 Pet Compound Food for Adult Cats	Instinct®生鲜本能长鲜伴系列™牛肉鳕鱼配方冻干猫粮 Instinct® Raw Longevity™ 100% Freeze-Dried Raw Meals Grass-Fed Beef & Wild-Caught Cod Recipe for Cat	宠物配合饲料 Pet Compound Feed	猫 Cats	美国美爱工业百利宠物食品公司 MI INDUSTRIES DBA NATURE'S VARIETY, USA	2023.03—2028.03	新办

（续）

登记证号	通用名称	商品名称	产品类别	使用范围	生产厂家	有效期限	备注
(2023) 外饲准字 311 号	全价宠物食品成年期猫粮 Pet Compound Food for Adult Cats	Instinct®生鲜本能长鲜伴系列™兔肉配方冻干猫粮 Instinct® Raw Longevity™ 100% Freeze-Dried Raw Meals Farm-Raised Rabbit Recipe for Cat	宠物配合饲料 Pet Compound Feed	猫 Cats	美国美爱工业百利宠物食品公司 MI INDUSTRIES DBA NATURE'S VARIETY, USA	2023.03—2028.03	新办
(2023) 外饲准字 312 号	全价宠物食品猫粮 Pet Compound Food for Cats	Instinct 生鲜本能原食生鲜系列无谷鸡肉配方猫粮 Instinct Raw Boost Grain-Free Recipe with Real Chicken for Cat	宠物配合饲料 Pet Compound Feed	猫 Cats	美国 BARRETT 宠物食品创新有限公司 BARRETT AG SERVICE DBA BARRETT PETFOOD INNOVATIONS, USA	2023.03—2028.03	新办
(2023) 外饲准字 313 号	全价宠物食品幼年期猫粮 Pet Compound Food for Kittens	Instinct 生鲜本能经典无谷含鸡肉配方幼猫粮 Instinct Original Grain-Free Recipe with Real Chicken for Kittens	宠物配合饲料 Pet Compound Feed	猫 Cats	美国 BARRETT 宠物食品创新有限公司 BARRETT AG SERVICE DBA BARRETT PETFOOD INNOVATIONS, USA	2023.03—2028.03	新办
(2023) 外饲准字 314 号	全价宠物食品小型犬犬粮 Pet Compound Food for Small Breed Dogs	Instinct 生鲜本能经典无谷鸡肉配方小型犬犬粮 Instinct Original Grain-Free Recipe with Real Chicken for Small Breed Dogs	宠物配合饲料 Pet Compound Feed	犬 Dogs	美国 BARRETT 宠物食品创新有限公司 BARRETT AG SERVICE DBA BARRETT PETFOOD INNOVATIONS, USA	2023.03—2028.03	新办
(2023) 外饲准字 315 号	全价宠物食品犬粮 Pet Compound Food for Dogs	Instinct 生鲜本能必臻含大麦牛肉犬粮 Instinct Be Natural Real Beef & Barley Recipe for Dog	宠物配合饲料 Pet Compound Feed	犬 Dogs	美国 BARRETT 宠物食品创新有限公司 BARRETT AG SERVICE DBA BARRETT PETFOOD INNOVATIONS, USA	2023.03—2028.03	新办

（续）

登记证号	通用名称	商品名称	产品类别	使用范围	生产厂家	有效期限	备注
(2023）外饲准字316号	全价宠物食品犬粮 Pet Compound Food for Dogs	Instinct生鲜本能必臻鸡肉糙米配方犬粮 Instinct Be Natural Real Chicken & Brown Rice Recipe for Dog	宠物配合饲料 Pet Compound Feed	犬 Dogs	美国BARRETT宠物食品创新有限公司 BARRETT AG SERVICE DBA BARRETT PETFOOD INNOVATIONS, USA	2023.03—2028.03	新办
(2023）外饲准字317号	全价宠物食品猫粮 Pet Compound Food for Cats	Instinct生鲜本能经典无谷含三文鱼配方猫粮 Instinct Original Grain-Free Recipe with Real Salmon for Cat	宠物配合饲料 Pet Compound Feed	猫 Cats	美国BARRETT宠物食品创新有限公司 BARRETT AG SERVICE DBA BARRETT PETFOOD INNOVATIONS, USA	2023.03—2028.03	新办
(2023）外饲准字318号	全价宠物食品犬粮 Pet Compound Food for Dogs	Instinct生鲜本能经典无谷含三文鱼配方犬粮 Instinct Original Grain-Free Recipe with Real Salmon for Dog	宠物配合饲料 Pet Compound Feed	犬 Dogs	美国BARRETT宠物食品创新有限公司 BARRETT AG SERVICE DBA BARRETT PETFOOD INNOVATIONS, USA	2023.03—2028.03	新办
(2023）外饲准字319号	全价宠物食品成年期猫粮 Pet Complete Food of Adult Cat	野胃全价猫粮鸡肉鹿肚配方 TRIPEPET Chicken & Venison Tripe Formula for Cats	宠物配合饲料 Pet Compound Feed	猫 Cats	（新西兰）爱德胜宠物产品有限公司 Addiction Foods NZ Ltd，New Zealand	2023.03—2028.03	新办
(2023）外饲准字320号	全价宠物食品成年期犬粮 Pet Compound Feed for Adult Dog	天然猎手成犬粮 ODWALLA ADULTOS	宠物配合饲料 Pet Compound Feed	犬 Dogs	阿根廷毕拉尔饲料集团有限公司（SENASA登记证号：005/A/E) GRUPO PILAR S. A.（SENASA No：005/A/E)，Argentina	2023.03—2028.03	新办
(2023）外饲准字321号	全价宠物食品猫粮 Pet Compound Feed for Cat	T24＋纽顿鲑鱼&鳟鱼配方益生菌猫粮 T24 ＋ NutramNumber Total Cat Food Salmon & Trout Recipe with Probiotics	宠物配合饲料 Pet Compound Feed	猫 Cats	（加拿大）艾尔麦乐宠物产品有限公司 Elmira Pet Products Ltd.，Canada	2023.03—2028.03	新办

（续）

登记证号	通用名称	商品名称	产品类别	使用范围	生产厂家	有效期限	备注
（2023）外饲准字 322 号	全价宠物食品犬粮 Pet Compound Food for Dog	T25＋纽顿鲑鱼 & 鳟鱼配方益生菌犬粮 T25 ＋ NutramNumber Total Dog Food Salmon & Trout Recipe with probiotics	宠物配合饲料 Pet Compound Feed	犬 Dogs	（加拿大）艾尔麦乐宠物产品有限公司 Elmira Pet Products Ltd.，Canada	2023.03—2028.03	新办
（2023）外饲准字 323 号	全价宠物食品犬粮 Pet Compound Food for Dog	T26＋纽顿羊肉配方益生菌犬粮 T26 ＋ NutramNumber Total Dog Food Lamb Recipe with Probiotics	宠物配合饲料 Pet Compound Feed	犬 Dogs	（加拿大）艾尔麦乐宠物产品有限公司 Elmira Pet Products Ltd.，Canada	2023.03—2028.03	新办
（2023）外饲准字 324 号	全价宠物食品犬粮 Pet Compound Feed for Dog	T28＋纽顿鲑鱼 & 鳟鱼配方小颗粒益生菌犬粮 T28 ＋ NutramNumber Total Small Bites Dog Food Salmon & Trout Recipe with Probiotics	宠物配合饲料 Pet Compound Feed	犬 Dogs	（加拿大）艾尔麦乐宠物产品有限公司 Elmira Pet Products Ltd.，Canada	2023.03—2028.03	新办
（2023）外饲准字 325 号	全价宠物食品犬粮 Pet Compound Food for Dog	T29＋纽顿羊肉配方小颗粒益生菌犬粮 T29 ＋ NutramNumber Total Small Bites Dog Food Lamb Recipe with probiotics	宠物配合饲料 Pet Compound Feed	犬 Dogs	（加拿大）艾尔麦乐宠物产品有限公司 Elmira Pet Products Ltd.，Canada	2023.03—2028.03	新办

（续）

登记证号	通用名称	商品名称	产品类别	使用范围	生产厂家	有效期限	备注
(2023）外饲准字 326 号	全价宠物食品成年期犬粮 Pet Compound Feed for Adult Dog	Go！Solutions 多肉系列无谷含鸡肉火鸡肉＋鸭肉配方成犬粮 Go！Solutions Carnivore Grain-free Chicken Turkey＋Duck Adult Recipe for Dogs	宠物配合饲料 Pet Compound Feed	犬 Dogs	（美国）飒天宠物营养有限责任公司 Southern Tier Pet Nutrition，LLC，USA	2023.03—2028.03	新办
(2023）外饲准字 327 号	全价宠物食品猫粮 Pet Compound Feed for Cat	Go！Solutions 美毛系列鸡肉配方添加谷物猫粮 Go！Solutions Skin＋Coat Care Chicken Recipe with Grains for Cats	宠物配合饲料 Pet Compound Feed	猫 Cats	（美国）飒天宠物营养有限责任公司 Southern Tier Pet Nutrition，LLC，USA	2023.03—2028.03	新办
(2023）外饲准字 328 号	全价宠物食品猫粮 Pet Compound Feed for Cat	Go！Solutions 美毛系列无谷含三文鱼配方室内猫猫粮 Go！Solutions Skin＋Coat Care Grain-free Salmon Recipe for Indoor Cats	宠物配合饲料 Pet Compound Feed	猫 Cats	（美国）飒天宠物营养有限责任公司 Southern Tier Pet Nutrition，LLC，USA	2023.03—2028.03	新办
(2023）外饲准字 329 号	全价宠物食品猫粮 Pet Compound Feed for Cat	Go！Solutions 多肉系列无谷含鸡肉火鸡肉＋鸭肉配方猫粮 Go！Solutions Carnivore Grain-free Chicken Turkey ＋ Duck Recipe for Cats	宠物配合饲料 Pet Compound Feed	猫 Cats	（美国）飒天宠物营养有限责任公司 Southern Tier Pet Nutrition，LLC，USA	2023.03—2028.03	新办

（续）

登记证号	通用名称	商品名称	产品类别	使用范围	生产厂家	有效期限	备注
(2023）外饲准字 330 号	全价宠物食品幼年期猫粮 Pet Compound Feed for Kitten	NOW FRESH 无谷含火鸡肉配方添加三文鱼鸭肉幼猫粮 NOW FRESH GRAIN FREE KITTEN RECIPE WITH TURKEY, SALMON & DUCK FOR CATS	宠物配合饲料 Pet Compound Feed	猫 Cats	（美国）飒天宠物营养有限责任公司 Southern Tier Pet Nutrition，LLC，USA	2023.03—2028.03	新办
(2023）外饲准字 331 号	全价宠物食品成年期猫粮 Pet Compound Feed for Adult Cat	NOW FRESH 无谷含火鸡肉配方添加三文鱼鸭肉成猫粮 NOW FRESH GRAIN FREE ADULT RECIPE WITH TURKEY, SALMON & DUCK FOR CATS	宠物配合饲料 Pet Compound Feed	猫 Cats	（美国）飒天宠物营养有限责任公司 Southern Tier Pet Nutrition，LLC，USA	2023.03—2028.03	新办
(2023）外饲准字 332 号	全价宠物食品老年期猫粮 Pet Compound Feed for Senior Cat	NOW FRESH 无谷含火鸡肉配方添加三文鱼鸭肉老年猫粮 NOW FRESH GRAIN FREE SENIOR RECIPE WITH TURKEY, SALMON & DUCK FOR CATS	宠物配合饲料 Pet Compound Feed	猫 Cats	（美国）飒天宠物营养有限责任公司 Southern Tier Pet Nutrition，LLC，USA	2023.03—2028.03	新办

（续）

登记证号	通用名称	商品名称	产品类别	使用范围	生产厂家	有效期限	备注
(2023) 外饲准字 333 号	全价宠物食品成年期犬粮 Pet Compound Feed for Adult Dogs	NOW FRESH 无谷含火鸡肉配方添加三文鱼鸭肉成犬粮 NOW FRESH GRAIN FREE ADULT RECIPE WITH TURKEY, SALMON & DUCK FOR DOGS	宠物配合饲料 Pet Compound Feed	犬 Dogs	（美国）飒天宠物营养有限责任公司 Southern Tier Pet Nutrition, LLC, USA	2023.03—2028.03	新办
(2023) 外饲准字 334 号	全价宠物食品成年期犬粮 Pet Compound Feed for Adult Dog	NOW FRESH 无谷成犬粮 NOW FRESH GRAIN FREE ADULT DOG FOOD RECIPE	宠物配合饲料 Pet Compound Feed	犬 Dogs	（美国）飒天宠物营养有限责任公司 Southern Tier Pet Nutrition, LLC, USA	2023.03—2028.03	新办
(2023) 外饲准字 335 号	全价宠物食品小型犬犬粮 Pet Compound Feed for Small Breed Dog	NOW FRESH 无谷小型犬全犬粮 NOW FRESH GRAIN FREE SMALL BREED ALL AGES DOG FOOD RECIPE	宠物配合饲料 Pet Compound Feed	犬 Dogs	（美国）飒天宠物营养有限责任公司 Southern Tier Pet Nutrition, LLC, USA	2023.03—2028.03	新办
(2023) 外饲准字 336 号	全价宠物食品幼年期猫粮 Pet Compound Feed for Kitten	NOW FRESH 无谷幼猫粮 NOW FRESH GRAIN FREE KITTEN CAT FOOD RECIPE	宠物配合饲料 Pet Compound Feed	猫 Cats	（美国）飒天宠物营养有限责任公司 Southern Tier Pet Nutrition, LLC, USA	2023.03—2028.03	新办

（续）

登记证号	通用名称	商品名称	产品类别	使用范围	生产厂家	有效期限	备注
(2023) 外饲准字 337 号	全价宠物食品成猫粮 Pet Compound Feed for Adult Cat	NOW FRESH 无谷成猫粮 NOW FRESH GRAIN FREE ADULT CAT FOOD RECIPE	宠物配合饲料 Pet Compound Feed	猫 Cats	（美国）飒天宠物营养有限责任公司 Southern Tier Pet Nutrition，LLC，USA	2023.03—2028.03	新办
(2023) 外饲准字 338 号	全价宠物食品老年期猫粮 Pet Compound Feed for Senior Cat	NOW FRESH 无谷老猫粮 NOW FRESH GRAIN FREE SENIOR CAT FOOD RECIPE	宠物配合饲料 Pet Compound Feed	猫 Cats	（美国）飒天宠物营养有限责任公司 Southern Tier Pet Nutrition，LLC，USA	2023.03—2028.03	新办
(2023) 外饲准字 339 号	全价宠物食品成年期犬粮 Complete Pet Food of Adult Dogs	梦吉单一蛋白系列罐头兔肉苹果配方 Monge Monoprotein Paté Rabbit with Apple	宠物配合饲料 Pet Compound Feed	犬 Dogs	意大利 Monge & C. S. p. A Monge & C. S. p. A，Italy	2023.03—2028.03	新办
(2023) 外饲准字 340 号	全价宠物食品成年期犬粮 Complete Pet Food of Adult Dogs	梦吉单一蛋白系列罐头金枪鱼配方 Monge Monoprotein Paté Only Tuna	宠物配合饲料 Pet Compound Feed	犬 Dogs	意大利 Monge & C. S. p. A Monge & C. S. p. A，Italy	2023.03—2028.03	新办
(2023) 外饲准字 341 号	全价宠物食品成年期犬粮 Complete Pet Food of Adult Dogs	爱优特犬单一蛋白系列罐头羊肉配方 Special Dog Excellence Paté Monoprotein Only Lamb	宠物配合饲料 Pet Compound Feed	犬 Dogs	意大利 Monge & C. S. p. A Monge & C. S. p. A，Italy	2023.03—2028.03	新办
(2023) 外饲准字 342 号	全价宠物食品成年期猫粮 Complete Pet Food of Adult Cats	爱优乐莎喵罐头鸡肉配方 LeChat Excellence Flakes Only Chicken	宠物配合饲料 Pet Compound Feed	猫 Cats	意大利 Monge & C. S. p. A Monge & C. S. p. A，Italy	2023.03—2028.03	新办

（续）

登记证号	通用名称	商品名称	产品类别	使用范围	生产厂家	有效期限	备注
(2023) 外饲准字 343 号	全价宠物食品成年期猫粮 Complete Pet Food of Adult Cats	梦吉单一蛋白系列罐头鸡肉配方 Monge Monoprotein Flakes of Only Chicken	宠物配合饲料 Pet Compound Feed	猫 Cats	意大利 Monge & C. S. p. A Monge & C. S. p. A, Italy	2023.03—2028.03	新办
(2023) 外饲准字 344 号	全价宠物食品成年期猫粮 Complete Pet Food of Adult Cats	梦吉单一蛋白系列罐头火鸡肉配方 Monge Monoprotein Flakes of Only Turkey	宠物配合饲料 Pet Compound Feed	猫 Cats	意大利 Monge & C. S. p. A Monge & C. S. p. A, Italy	2023.03—2028.03	新办
(2023) 外饲准字 345 号	全价宠物食品成年期猫粮 Complete Pet Food of Adult Cats	梦吉单一蛋白系列罐头鸡肉豌豆配方 Monge Monoprotein Flakes of Chicken with Peas	宠物配合饲料 Pet Compound Feed	猫 Cats	意大利 Monge & C. S. p. A Monge & C. S. p. A, Italy	2023.03—2028.03	新办
(2023) 外饲准字 346 号	全价宠物食品成年期犬粮 Complete Pet Food of Adult Dogs	梦吉单一蛋白系列罐头羊肉蓝莓配方 Monge Monoprotein Paté Lamb with Bluberries	宠物配合饲料 Pet Compound Feed	犬 Dogs	意大利 Monge & C. S. p. A Monge & C. S. p. A, Italy	2023.03—2028.03	新办
(2023) 外饲准字 347 号	全价宠物食品成年期猫粮 Complete Pet Food of Adult Cats	梦吉单一蛋白系列罐头火鸡肉胡萝卜配方 Monge Monoprotein Flakes of Turkey with Carrots	宠物配合饲料 Pet Compound Feed	猫 Cats	意大利 Monge & C. S. p. A Monge & C. S. p. A, Italy	2023.03—2028.03	新办
(2023) 外饲准字 348 号	混合型饲料添加剂 酸度调节剂 Feed Additives Mixture Acidity Regulators	启基宝力精 Polygen	混合型饲料添加剂 Feed Additives Mixture	家禽 Poultry	台湾启基生技股份有限公司 Spiregene Biotech Co., Ltd	2023.03—2028.03	续展
(2023) 外饲准字 349 号	复合预混和饲料 Premix	可力可利颗粒 Glycoline Pellets	添加剂预混合饲料 Feed Additive Premix	反刍动物 Ruminant	（法国）VITALAC VITALAC, France	2023.03—2028.03	续展

（续）

登记证号	通用名称	商品名称	产品类别	使用范围	生产厂家	有效期限	备注
(2023) 外饲准字 350 号	鸡复合预混合饲料 Chicken Premix	爱益佳 AviCare SL	添加剂预混合饲料 Feed Additive Premix	鸡 Chicken	德国 Biochem 添加剂贸易和生产有限公司 Biochem Zusatzstoffe Handels-und Produktionsgesellschaft mbH，Germany	2023.03—2028.03	续展
(2023) 外饲准字 351 号	酿酒酵母培养物 Saccharomyces cerevisiae Yeast Culture	益康 XP（有机） XP Green	单一饲料 Single Feed	养殖动物 All species or categories of animals	美国达农威公司 Diamond V Mills，LLC，USA	2023.03—2028.03	续展
(2023) 外饲准字 352 号	猪肠膜蛋白粉 Porcine Mucosa Protein Powder	MucoPro 80P 肠膜蛋白粉 MucoPro Powder 80P	单一饲料 Single Feed	养殖动物（反刍动物除外） All species or categories of animals（Not including ruminant）	索纳克贝赫姆（荷兰）有限公司 SONAC BURGUM B. V.，the Netherlands	2023.03—2028.03	续展
(2023) 外饲准字 353 号	鱼油 Fish Oil	大品鱼油（饲料级） Dapin Fish Oil（Feed Grade）	单一饲料 Single Feed	畜禽、水产养殖动物（反刍动物除外） Livestock，Poultry，Aquaculture animals（Not including ruminant）	刚果荣昌有限公司 RONG CHANG SARLU.，Congo	2023.03—2028.03	续展
(2023) 外饲准字 354 号	含可溶物的玉米干酒精糟 Corn Distillers Dried Grains with Solubles	ADM 哥伦布 DDGS ADM Columbus DDGS	单一饲料 Single Feed	猪、家禽、牛 Swine，Poultry，Cattle	美国艾地盟公司（Columbus 工厂） Archer Daniels Midland DBA Vantage Corn Processors，USA	2023.03—2028.03	续展
(2023) 外饲准字 355 号	鱼粉 Fishmeal	红鱼粉（一级） Fish meal (I)	单一饲料 Single Feed	养殖动物（反刍动物除外） All species or categories of animals（Not including ruminant）	毛里塔尼亚冷冻和鱼类加工有限责任公司 MCF SARL，Mauritania	2023.03—2028.03	续展

（续）

登记证号	通用名称	商品名称	产品类别	使用范围	生产厂家	有效期限	备注
（2023）外饲准字 356 号	白鱼粉 White Fishmeal	白鱼粉（二级） White Fishmeal (Grade Ⅱ)	单一饲料 Single Feed	畜禽、水产养殖动物（反刍动物除外） Livestock, Poultry, Aquaculture animals (Not including ruminant)	俄罗斯纳霍德卡活跃海洋渔业基地公众股份公司（工船名称"Nikolay Chepik"，工船号：CH-39K） PJSC "NBAMR" Public Joint Stock Company "Nakhodka Active Marine Fishery Base", Produced on Board at vessel "Nikolay Chepik", Official No. CH-39K, Russia	2023.03—2028.03	续展
（2023）外饲准字 357 号	鱼粉 Fishmeal	红鱼粉（二级） Fish meal (Grade II)	单一饲料 Single Feed	养殖动物（反刍动物除外） All species or categories of animals (Not including ruminant)	（毛里塔尼亚）科福瑞玛蛋白有限公司 COFRIMA PROTEINE SARL, Mauritania	2023.03—2028.03	续展
（2023）外饲准字 358 号	白鱼粉 White Fishmeal	白鱼粉（二级） White Fishmeal (Grade Ⅱ)	单一饲料 Single Feed	畜禽、水产养殖动物（反刍动物除外） Livestock, Poultry, Aquaculture animals (Not including ruminant)	俄罗斯纳霍德卡活跃海洋渔业基地公众股份公司（工船名称"Kapitan Faleyev"，工船号：CH-58K） PJSC "NBAMR" Public Joint Stock Company "Nakhodka Active Marine Fishery Base", Produced on Board at vessel "Kapitan Faleyev", Official No. CH-58K, Russia	2023.03—2028.03	续展
（2023）外饲准字 359 号	白鱼粉 White Fishmeal	白鱼粉（二级） White Fishmeal (II)	单一饲料 Single Feed	养殖动物（反刍动物除外） All species or categories of animals (Not including ruminant)	美国 WESTWARD SEAFOODS, INC. 公司（工船加工，工船名"M/V Northern Victor"渔业加工许可证编号：4078） WESTWARD SEAFOODS, INC., Produced on Board at vessel "M/V Northern Victor" (Processor Permit No. 4078), USA	2023.03—2028.03	续展

（续）

登记证号	通用名称	商品名称	产品类别	使用范围	生产厂家	有效期限	备注
(2023）外饲准字 360 号	鱼粉 Fishmeal	红鱼粉（三级） Red Fishmeal (Grade III)	单一饲料 Single Feed	养殖动物（反刍动物除外） All species or categories of animals (Not including ruminant)	毛里塔尼亚 Alfa Services Limited (Sarl) 公司 Alfa Services Limited (Sarl), Mauritania	2023.03—2028.03	续展
(2023）外饲准字 361 号	鱼粉 Fishmeal	红鱼粉（三级） Red Fishmeal (Grade III)	单一饲料 Single Feed	畜禽、水产养殖动物（反刍动物除外） Livestock, Poultry, Aquaculture animals (Not including ruminant)	智利 LOTA 蛋白质有限公司 LOTA PROTEIN S. A., Chile	2023.03—2028.03	续展
(2023）外饲准字 362 号	白鱼粉 White Fishmeal	白鱼粉（二级） White Fishmeal (II)	单一饲料 Single Feed	家禽、水产养殖动物 Poultry, Aquaculture animals	俄罗斯"AKROS" Fishing JSC 公司，工船加工，工船名称"Vilyuchinsky" 工船批准号：CH-15A "AKROS" Fishing JSC, (Produced on Broad at vessel "Vilyuchinsky", Register No. CH-15A), Russia	2023.03—2028.03	续展
(2023）外饲准字 363 号	白鱼粉 White Fishmeal	白鱼粉（二级） White Fishmeal (II)	单一饲料 Single Feed	家禽、水产养殖动物 Poultry, Aquaculture animals	俄罗斯"AKROS" Fishing JSC 公司，工船加工，工船名称"Viktoria-1"工船批准号：CH-18A "AKROS" Fishing JSC, (Produced on Broad at vessel "Viktoria-1", Register No. CH-18A), Russia	2023.03—2028.03	续展
(2023）外饲准字 364 号	饲料添加剂 DL-蛋氨酸 Feed Additive DL-Methionine	西尔包被蛋氨酸 65% SIL METHIONINE 65% COATED	饲料添加剂 Feed Additive	反刍动物 Ruminant	意大利西拉公司 SILA S. p. A., Italy	2023.03—2028.03	续展

（续）

登记证号	通用名称	商品名称	产品类别	使用范围	生产厂家	有效期限	备注
（2023）外饲准字 365 号	混合型饲料添加剂 香味物质 Feed Additives Mixture Flavouring Substances	奥利欧（液体）LX189 L3 OLEOBIOTEC® POULTRY L LX189 L3	混合型饲料添加剂 Feed Additives Mixture	养殖动物 All species or categories of animals	法国馥蒂公司 Laboratoires Phode S. A. S., France	2023. 03—2028. 03	续展
（2023）外饲准字 366 号	混合型饲料添加剂 姜黄浸膏 Feed Additives Mixture Curcuma Longa L	馥力康（禽）FX 601 P1 FORCE 6 VOLAILLE-FX 601 P1	混合型饲料添加剂 Feed Additives Mixture	家禽 Poultry	法国馥蒂公司 Laboratoires Phode S. A. S., France	2023. 03—2028. 03	续展
（2023）外饲准字 367 号	混合型饲料添加剂 姜黄浸膏 Feed Additives Mixture Curcuma Longa L	馥力康（猪）FX 602 P1 FORCE 6 PORC-FX 602 P1	混合型饲料添加剂 Feed Additives Mixture	猪 Swine	法国馥蒂公司 Laboratoires Phode S. A. S., France	2023. 03—2028. 03	续展
（2023）外饲准字 368 号	混合型饲料添加剂 酶制剂 Feed Additives Mixture Enzymes	特威宝 PT（浓缩物） ALLZYME PT CONCENTRATE	混合型饲料添加剂 Feed Additives Mixture	养殖动物 All species or categories of animals	美国奥特奇公司 Alltech Inc., USA	2023. 03—2028. 03	续展
（2023）外饲准字 369 号	混合型饲料添加剂 氯化胆碱 Feed Additives Mixture Choline Chloride	斯多利佳 STA-CHOL premium	混合型饲料添加剂 Feed Additives Mixture	反刍动物 Ruminant	百尔康（意大利）大药厂 Balchem Italia S. r. l., Italy	2023. 03—2028. 03	续展
（2023）外饲准字 370 号	混合型饲料添加剂 香味物质 Feed Additives Mixture Flavouring Substances	纽埃特沙诺克 GM SANACORE GM	混合型饲料添加剂 Feed Additives Mixture	鱼、虾 Fish, Shrimp	比利时纽埃特国际营养公司（Beveren-Waas 工厂） NUTRI-AD International N. V.（Beveren-Waas Plant）, Belgium	2023. 03—2028. 03	续展
（2023）外饲准字 371 号	混合型饲料添加剂 L-赖氨酸盐酸盐 Feed Additives Mixture L-Lysine Monohydrochloride	赖安司 Easypill L-Lysine	混合型饲料添加剂 Feed Additives Mixture	猫 Cats	法国 Vetinnov 公司 VETINNOV MANUFACTURING, France	2023. 03—2028. 03	续展

（续）

登记证号	通用名称	商品名称	产品类别	使用范围	生产厂家	有效期限	备注
(2023) 外饲准字 372 号	混合型饲料添加剂 香味物质 Feed Additives Mixture Flavouring Substances	泰瑞宝—粉体 Mix-Oil Powder	混合型饲料添加剂 Feed Additives Mixture	养殖动物 All species or categories of animals	意大利 A. W. P. 有限公司（工厂） A. W. P. s. r. l.，Italy	2023. 03—2028. 03	续展
(2023) 外饲准字 373 号	混合型饲料添加剂 香味物质 Feed Additives Mixture Flavouring Substances	泰瑞宝—液体 Mix-Oil Liquid	混合型饲料添加剂 Feed Additives Mixture	养殖动物 All species or categories of animals	意大利 A. W. P. 有限公司（工厂） A. W. P. s. r. l.，Italy	2023. 03—2028. 03	续展
(2023) 外饲准字 374 号	混合型饲料添加剂 微生物 Feed Additives Mixture Live Microorganisms	班克 2.0 Sporezyme-Plus	混合型饲料添加剂 Feed Additives Mixture	断奶仔猪、肉仔鸡 Weaned piglets，Broiler	韩国宇进株式会社 WooGene B & G Co.，Ltd.，Korea	2023. 03—2028. 03	续展
(2023) 外饲准字 375 号	奶牛复合预混合饲料 Dairy Cow Premix	可力可利液体 GLYCOLINE LIQUID	添加剂预混合饲料 Feed Additive Premix	奶牛 Dairy cattle	法国 Vitalac 公司 Vitalac，France	2023. 03—2028. 03	续展
(2023) 外饲准字 376 号	犊牛羔羊用复合预混合饲料 Premix for Calves and Lambs	犊益康 Calf protector	添加剂预混合饲料 Feed Additive Premix	犊牛、羔羊 Calves，Lambs	德国 Biochem 添加剂贸易和生产有限公司 Biochem Zusatzstoffe Handels-und Produktionsgesellschaft mbH，Germany	2023. 03—2028. 03	续展
(2023) 外饲准字 377 号	养殖动物用复合预混合饲料 Compound Premixed Feed for Farm Animals	爱力佳 Arcavit P Forte	添加剂预混合饲料 Feed Additive Premix	养殖动物 All species or categories of animals	意大利阿卡公司 Prodotti Arca S. r. l.，Italy	2023. 03—2028. 03	续展
(2023) 外饲准字 378 号	养殖动物用复合预混合饲料 Compound Premix Feed for Farm Animals	爱乐多 Arcavit ADE-C	添加剂预混合饲料 Feed Additive Premix	养殖动物 All species or categories of animals	意大利阿卡公司 Prodotti Arca S. r. l.，Italy	2023. 03—2028. 03	续展
(2023) 外饲准字 379 号	鱼溶浆粉 Fish Soluble Powder	宝肽芬 Peptiva	单一饲料 Single Feed	畜禽、水产养殖动物（反刍动物除外） Livestock，Poultry，Aquaculture animals（Not including ruminant）	美国华达生化科技有限公司 Vitech Bio-Chem Corporation，USA	2023. 03—2028. 03	续展

（续）

登记证号	通用名称	商品名称	产品类别	使用范围	生产厂家	有效期限	备注
(2023) 外饲准字 380 号	棉籽粕 Cottonseed Meal	棉籽粕（五级） Cottonseed meal (V)	单一饲料 Single Feed	养殖动物 All species or categories of animals	坦桑尼亚杰龙控股（坦桑尼亚）有限公司 Jielong Holdings (Tanzania) Limited, Tanzania	2023.03—2028.03	续展
(2023) 外饲准字 381 号	牛肉骨粉 Bovine Meat and Bone Meal	牛肉骨粉 Bovine meat and bone meal	单一饲料 Single Feed	畜禽、水产养殖动物（反刍动物除外） Livestock, Poultry, Aquaculture animals (Not including ruminant)	澳大利亚 A. J. Bush & Sons（生产者）有限公司 A. J. Bush & Sons (Manufactures) Pty. Ltd., Australia	2023.03—2028.03	续展
(2023) 外饲准字 382 号	生长育肥猪配合饲料 Growing-finishing Swine Compound Feed	育肥猪配合饲料 ПЪЛНОЦЕНЕН ФУРАЖ ЗА ПРАСЕТА	配合饲料 Compound Feed	生长育肥猪 Growing-finishing swine	保加利亚天世农饲料有限公司 BULGARIA TIANSHINONG FEED CO. LTD, Bulgaria	2023.03—2028.03	续展
(2023) 外饲准字 383 号	宠物营养补充剂 矿物元素 Complementary Pet Food Minerals	超灵动 Superflex	宠物添加剂预混合饲料 Pet Feed Additive Premix	犬、猫 Dogs, Cats	新西兰 UBBIO Ltd UBBIO Ltd, New Zealand	2023.03—2028.03	续展
(2023) 外饲准字 384 号	宠物营养补充剂 矿物元素 Complementary Pet Food Minerals	超灵动 VS Superflex VS	宠物添加剂预混合饲料 Pet Feed Additive Premix	犬、猫 Dogs, Cats	新西兰 UBBIO Ltd UBBIO Ltd, New Zealand	2023.03—2028.03	续展
(2023) 外饲准字 385 号	宠物营养补充剂 矿物元素 Complementary Pet Food Minerals	超灵动 V Superflex V	宠物添加剂预混合饲料 Pet Feed Additive Premix	犬、猫 Dogs, Cats	新西兰 UBBIO Ltd UBBIO Ltd, New Zealand	2023.03—2028.03	续展
(2023) 外饲准字 386 号	鱼粉 Fishmeal	红鱼粉（三级） Red Fishmeal (III)	单一饲料 Single Feed	畜禽、水产养殖动物（反刍动物除外） Livestock, Poultry, Aquaculture animals (Not including ruminant)	印度 Janatha 鱼粉和鱼油产品公司 Janatha Fish Meal & Oil Products, India	2023.03—2028.03	新办
(2023) 外饲准字 387 号	全价宠物食品成年期猫粮 Pet Compound Food for Adult Cats	Instinct 生鲜本能高蛋白无谷鸭肉配方猫粮 Instinct Ultimate Protein Grain-Free Cage-Free Duck Recipe for Cat	宠物配合饲料 Pet Compound Feed	猫 Cats	美国 BARRETT 宠物食品创新有限公司 BARRETT AG SERVICE DBA BARRETT PETFOOD INNOVATIONS, USA	2023.03—2028.03	新办

附件 2

换发进口饲料和饲料添加剂产品登记证目录（2023－02）

登记证号	商品名称	通用名称	变更内容	原名称	变更名称
（2021）外饲准字 449 号	超级赛克灵 ECO B. S	混合型饲料添加剂 枯草芽孢杆菌 Feed Additives Mixture *Bacillus Subtilis*	中文商品名称	超级赛克灵	金币安立
（2020）外饲准字 270 号	宝瑞滋猫粮 Old Prince Super Premium Cats	宠物配合饲料成年期猫粮 Pet Compound Feed Adult Cats Food	中文商品名称	宝瑞滋猫粮	淘力派猫粮
（2020）外饲准字 271 号	宝瑞滋室内猫粮 Old Prince Super Premium Cats Indoor	宠物配合饲料成年期猫粮 Pet Compound Feed Adult Cats Food	中文商品名称	宝瑞滋室内猫粮	淘力派室内猫粮
（2020）外饲准字 273 号	宝瑞滋幼犬粮 Old Prince Super Premium Puppies	宠物配合饲料幼年期犬粮 Pet Compound Feed Puppies Dog Food	中文商品名称	宝瑞滋幼犬粮	淘力派幼犬粮
（2020）外饲准字 274 号	宝瑞滋小型犬幼犬粮 Old Prince Super Premium Puppies Small Breed	宠物配合饲料小型犬幼年期犬粮 Pet Compound Feed Small Breed Puppies Dog Food	中文商品名称	宝瑞滋小型犬幼犬粮	淘力派小型犬幼犬粮
（2020）外饲准字 275 号	宝瑞滋泌尿保护猫粮 Old Prince Super Premium Cats Urinary	宠物配合饲料成年期猫粮 Pet Compound Feed Adult Cats Food	中文商品名称	宝瑞滋泌尿保护猫粮	淘力派泌尿保护猫粮
（2020）外饲准字 276 号	宝瑞滋小型犬成犬粮 Old Prince Super Premium Adults Small Breed	宠物配合饲料小型犬成年期犬粮 Pet Compound Feed Small Breed Adults Dog Food	中文商品名称	宝瑞滋小型犬成犬粮	淘力派小型犬成犬粮

（续）

登记证号	商品名称	通用名称	变更内容	原名称	变更名称
（2020）外饲准字 277 号	宝瑞滋羊肉大米配方犬粮 Old Prince Super Premium Lamb and Rice	宠物配合饲料成年期犬粮 Pet Compound Feed Adults Dog Food	中文商品名称	宝瑞滋羊肉大米配方犬粮	淘力派羊肉大米配方犬粮
（2020）外饲准字 278 号	宝瑞滋幼猫粮 Old Prince Super Premium Kittens	宠物配合饲料幼年期猫粮 Pet Compound Feed Kittens Food	中文商品名称	宝瑞滋幼猫粮	淘力派幼猫粮
（2020）外饲准字 279 号	宝瑞滋成犬粮 Old Prince Super Premium Adults	宠物配合饲料成年期犬粮 Pet Compound Feed Adults Dog Food	中文商品名称	宝瑞滋成犬粮	淘力派成犬粮
（2020）外饲准字 792 号	卢米嘉 TCB 250 LUMIGARD TCB 250	混合型饲料添加剂 苯甲酸 香芹酚 Feed Additives Mixture Benzoic Acid Carvacrol	生产厂家名称	法国 MIXSCIENCE 公司 MIXSCIENCE，7 AVENUE RENE CASSIN，ZI DE BELLITOURNE，53200 AZE，France	法国 MIXSCIENCE 公司 MIXSCIENCE，7 AVENUE RENE CASSIN，ZONE INDUSTRIELLE DE BELLITOURNE，AZE 53200 CHATEAU GONTIER SUR MAYENNE，France
（2022）外饲准字 233 号	俄罗斯白鱼粉（三级至一级） Russia White Fishmeal（III to I）	白鱼粉 White Fishmeal	生产地址名称	俄罗斯 LLC Vostokrybprom 公司（工船加工，工船名称 FV Ivan Kalinin 工船号 CH-62L） LLC Vostokrybprom（FV Ivan Kalinin CH-62L），Russia	俄罗斯 LLC Vostokrybprom 公司（工船加工，工船名称 FV Ivan Kalinin 工船号 RU-027/DY38722） LLC Vostokrybprom（FV Ivan Kalinin RU-027/DY38722），Russia
（2019）外饲准字 085 号	美枯源 Growgen 11	混合型饲料添加剂 枯草芽孢杆菌 Feed Additives Mixture *Bacillus subtilis*	申请企业名称	（日本）株式会社目黑研究所 Meguro Institute Co.，Ltd.，Japan	（日本）株式会社帝人目黑研究所 TEIJIN MEGURO INSTITUTE CO.，LTD.，Japan
			生产厂家名称	（日本）株式会社目黑研究所加西工厂 Meguro Institute Co.，Ltd.，Kasai Factory，318-1 Aza-kotaninoue-otsu， Hanjyo-cho，Kasai-city，Hyogo 675-2101，Japan	（日本）株式会社帝人目黑研究所加西工厂 TEIJIN MEGURO INSTITUTE CO.，LTD. KASAI FACTORY，318-1 Aza-kotaninoue-otsu，Hanjyo-cho，Kasai-city，Hyogo 675-2101，Japan

（续）

登记证号	商品名称	通用名称	变更内容	原名称	变更名称
（2019）外饲准字 569 号	红鱼粉（三级） Red Fishmeal（Ⅲ）	鱼粉 Fishmeal	申请企业名称	南非先锋渔业（西海岸）有限公司 Pioneer Fishing（West Coast）（Pty）Ltd.，South Africa	南非先锋渔业有限公司 Pioneer Fishing（Pty）Ltd，South Africa
			生产厂家名称	南非先锋渔业（西海岸）有限公司 Pioneer Fishing（West Coast）（Pty）Ltd.，Sandy Point Harbour，ST Helena Bay，South Africa	南非先锋渔业有限公司 Pioneer Fishing（Pty）Ltd，Sandy Point Harbour，ST Helena Bay，South Africa
（2021）外饲准字 286 号	牛肉骨粉 Bovine Meat and Bone Meal	牛肉骨粉 Bovine Meat and Bone Meal	申请企业名称	阿根廷 Marfrig S. A. 有限公司（注册号 1113） Marfrig Argentina S. A.（No. 1113），Argentina	阿根廷 QUICKFOOD S. A. 快捷食品有限公司 QUICKFOOD S. A.，Argentina
			生产厂家名称	阿根廷 Marfrig S. A. 有限公司（注册号 1113） Marfrig Argentina S. A.（No. 1113），Pinglesy Europa，Villa Mercedes，Prov de San Luis，Argentina	阿根廷 QUICKFOOD S. A. 快捷食品有限公司 QUICKFOOD S. A.，Pingles y Europa，Villa Mercedes，Prov de San Luis，Argentina
（2022）外饲准字 097 号	力思美 Fra Lecimax Dry	混合型饲料添加剂 卵磷脂 Feed Additives Mixture Lecithin	申请企业名称	荷兰 Framelco B. V. 公司 Framelco B. V.，the Netherlands	安迪苏（荷兰）有限公司 Adisseo NL B. V.，the Netherlands
			生产厂家名称	荷兰 Framelco B. V. 公司 Framelco B. V.，Ramgatseweg 46-48，4941 VS Raamsdonksveer，the Netherlands	安迪苏（荷兰）有限公司 Adisseo NL B. V.，Ramgatseweg 46-48，4941 VS Raamsdonksveer，the Netherlands
（2022）外饲准字 339 号	艾希托 Fra AC 34 Liquid	混合型饲料添加剂 可食用脂肪酸单双甘油酯 甘油脂肪酸脂 Feed Additives Mixture Mono-/diglycerides of Edible Fatty Acids Glycerine Fatty Acid Ester	申请企业名称	荷兰 Framelco B. V. 公司 Framelco B. V.，the Netherlands	安迪苏（荷兰）有限公司 Adisseo NL B. V.，the Netherlands
			生产厂家名称	荷兰 Framelco B. V. 公司 Framelco B. V.，Ramgatseweg 46-48，4941 VS Raamsdonksveer，the Netherlands	安迪苏（荷兰）有限公司 Adisseo NL B. V.，Ramgatseweg 46-48，4941 VS Raamsdonksveer，the Netherlands

（续）

登记证号	商品名称	通用名称	变更内容	原名称	变更名称
（2022）外饲准字 340 号	希特力 Fra C12 Dry	混合型饲料添加剂 可食用脂肪酸单双甘油酯 甘油脂肪酸脂 甘油 Feed Additives Mixture Mono-/diglycerides of Edible Fatty Acids Glycerine Fatty Acid Ester Glycerine	申请企业名称	荷兰 Framelco B. V. 公司 Framelco B. V.，the Netherlands	安迪苏（荷兰）有限公司 Adisseo NL B. V.，the Netherlands
			生产厂家名称	荷兰 Framelco B. V. 公司 Framelco B. V.，Ramgatseweg 46-48，4941 VS Raamsdonksveer，the Netherlands	安迪苏（荷兰）有限公司 Adisseo NL B. V.，Ramgatseweg 46-48，4941 VS Raamsdonksveer，the Netherlands
（2022）外饲准字 619 号	莱力舒 Fra Lac 34 Dry	混合型饲料添加剂 可食用脂肪酸单双甘油酯、乳酸和甘油 Feed Additives Mixture Mono-/diglycerides of Edible Fatty Acids，Lactic Acid and Glycerin	申请企业名称	荷兰 Framelco B. V. 公司 Framelco B. V.，the Netherlands	安迪苏（荷兰）有限公司 Adisseo NL B. V.，the Netherlands
			生产厂家名称	荷兰 Framelco B. V. 公司 Framelco B. V.，Ramgatseweg 46-48，4941 VS Raamsdonksveer，the Netherlands	安迪苏（荷兰）有限公司 Adisseo NL B. V.，Ramgatseweg 46-48，4941 VS Raamsdonksveer，the Netherlands

中华人民共和国农业农村部公告

第 675 号

根据《进口饲料和饲料添加剂登记管理办法》有关规定，批准（印度）普瑞森胶体有限公司等 98 家公司生产的 178 种饲料和饲料添加剂产品在我国登记或续展登记，并颁发进口登记证（附件 1）。

批准 4 个产品的中文商品名称、申请企业名称、生产厂家名称变更（附件 2）。所登记产品的监督检验，按中华人民共和国国家标准和我部发布的质量标准执行。

特此公告。

附件：1. 进口饲料和饲料添加剂产品登记证目录（2023－03）

2. 换发进口饲料和饲料添加剂产品登记证目录（2023－03）

农业农村部

2023 年 6 月 5 日

附件 1

进口饲料和饲料添加剂产品登记证目录（2023－03）

登记证号	通用名称	商品名称	产品类别	使用范围	生产厂家	有效期限	备注
（2023）外饲准字 388 号	饲料添加剂 瓜尔胶 Feed Additive Guar gum	瓜尔胶 Guar gum treated and pulverised	饲料添加剂 Feed Additive	养殖动物 All species or categories of animals	（印度）普瑞森胶体有限公司 Premcem Gums Pvt. Ltd，India	2023. 06—2028. 06	新办
（2023）外饲准字 389 号	饲料添加剂 凝结芽孢杆菌 Feed Additive *Bacillus coagulans*	凯宠宝 BC30 GanedenBC30® 15B CFU KD FOR PET	饲料添加剂 Feed Additive	犬、猫 Dogs，Cats	Jeneil 生物科技有限公司（美国） Jeneil Biotech，Inc.，USA	2023. 06—2028. 06	新办
（2023）外饲准字 390 号	饲料添加剂 酶制剂 Feed Additive Enzyme	酶力无限 ATTzyme	饲料添加剂 Feed Additive	猪、家禽、反刍动物、水产养殖动物 Swine，Poultry，Ruminant，Aquaculture animals	韩国英赛得科技有限公司 Insect Biotech Co.，Ltd，Korea	2023. 06—2028. 06	新办
（2023）外饲准字 391 号	饲料添加剂 酶制剂 Feed Additives Enzyme	热益添 BHRYT	饲料添加剂 Feed Additives Mixture	猪、家禽、反刍动物、水产养殖动物 Swine，Poultry，Ruminant，Aquaculture Animals	韩国英赛得科技有限公司 Insect Biotech Co.，Ltd，Korea	2023. 06—2028. 06	新办
（2023）外饲准字 392 号	混合型饲料添加剂 植物乳杆菌 Feed Additives Mixture *Lactobacillus plantarum*	贮多鲜—青贮剂 LACTOSIL	混合型饲料添加剂 Feed Additives Mixture	养殖动物 All species or categories of animals	意大利 CSL 奶牛试验中心 Centro Sperimentale del Latte S. r. l.，Italy	2023. 06—2028. 06	新办
（2023）外饲准字 393 号	混合型饲料添加剂 微生物 Feed Additives Mixture Microorganism	益克林 COOLSHOT SPECIAL	混合型饲料添加剂 Feed Additives Mixture	青贮饲料 Silage	韩国善柏生物株式会社 SUN BIO CO.，LTD.，Korea	2023. 06—2028. 06	新办

（续）

登记证号	通用名称	商品名称	产品类别	使用范围	生产厂家	有效期限	备注
（2023）外饲准字 394 号	混合型饲料添加 L-赖氨酸盐酸盐 Feed Additives Mixture L-Lysine Hydrochloride	乳美特 RUMASTER 50	混合型饲料添加剂 Feed Additives Mixture	反刍动物 Ruminant	百尔康（意大利）大药厂 Balchem Italia S. r. l，Italy	2023. 06—2028. 06	新办
（2023）外饲准字 395 号	混合型饲料添加剂 DL-蛋氨酸 Feed Additives Mixture DL-Methionine	普美特 PRO-MET 70	混合型饲料添加剂 Feed Additives Mixture	反刍动物 Ruminant	百尔康（意大利）大药厂 Balchem Italia S. r. l，Italy	2023. 06—2028. 06	新办
（2023）外饲准字 396 号	混合型饲料添加剂 一水硫酸亚铁氯化钠 Feed Additives Mixture Ferrous Sulfate Monohydrate Sodium Chloride	佧益达 Active D Gold	混合型饲料添加剂 Feed Additives Mixture	猪，家禽，水产养殖动物 Swine，Poultry，Aquaculture animals	德国佧犇泰饲料添加剂有限公司 Phytobiotics Futterzusatzstoffe GmbH，Germany	2023. 06—2028. 06	新办
（2023）外饲准字 397 号	混合型饲料添加剂 香味物质 Feed Additives Mixture Flavouring Substances	艾威福 ALLIGANO	混合型饲料添加剂 Feed Additives Mixture	鸡 Chicken	（台湾）洪氏生化科技股份有限公司 HUNG M&S BIOCHEM TECHNOLOGY Co.，Ltd.	2023. 06—2028. 06	新办
（2023）外饲准字 398 号	混合型饲料添加剂 甲酸 Feed Additives Mixture Formic Acid	米伽酸 Megacid-F	混合型饲料添加剂 Feed Additives Mixture	猪、家禽、水产养殖动物 Swine，Poultry，Aquaculture animals	（马来西亚）欧密伽营养有限公司 NUMEGA NUTRITION SDN. BHD.，Malaysia	2023. 06—2028. 06	新办
（2023）外饲准字 399 号	混合型饲料添加剂 甲酸 Feed Additives Mixture Formic Acid	黄金甲 Megacid-FL	混合型饲料添加剂 Feed Additives Mixture	猪、家禽、水产养殖动物 Swine，Poultry，Aquaculture animals	（马来西亚）欧密伽营养有限公司 NUMEGA NUTRITION SDN. BHD.，Malaysia	2023. 06—2028. 06	新办
（2023）外饲准字 400 号	混合型饲料添加剂 酸化剂 Feed Additives Mixture Acidity Regulators	普肥特 Prefect	混合型饲料添加剂 Feed Additives Mixture	养殖动物 All species or categories of animals	英国安彭利集团公司 Anpario plc，UK	2023. 06—2028. 06	新办

（续）

登记证号	通用名称	商品名称	产品类别	使用范围	生产厂家	有效期限	备注
（2023）外饲准字 401 号	混合型饲料添加剂 木聚糖酶 Feed Additives Mixture Xylanase	超能 X Super X	混合型饲料添加剂 Feed Additives Mixture	猪、家禽、水产养殖动物 Swine，Poultry，Aquaculture animals	（马来西亚）欧密伽营养有限公司 NUMEGA NUTRITION SDN. BHD.，Malaysia	2023. 06—2028. 06	新办
（2023）外饲准字 402 号	混合型饲料添加剂 乳化剂 Feed Additives Mixture Emulsifying Agents	麦克力 Maxilys Plus	混合型饲料添加剂 Feed Additives Mixture	养殖动物 All species or categories of animals	比利时壹诺有限公司 INNOV AD NV/SA，Belgium	2023. 06—2028. 06	新办
（2023）外饲准字 403 号	混合型饲料添加剂 香味物质 Feed Additives Mixture Flavouring Substances	立威牛至油 Regavit Aqua Powder	混合型饲料添加剂 Feed Additives Mixture	鱼、虾 Fish，Shrimp	希腊依可发公司 Ecopharm Hellas S. A.，Greece	2023. 06—2028. 06	新办
（2023）外饲准字 404 号	混合型饲料添加剂 香味剂 Feed Additives Mixture Flavouring Agents	阿力萨 Allisal	混合型饲料添加剂 Feed Additives Mixture	蛋鸡 Laying hen	（德国）恩威萨集团有限公司 Envisal GmbH，Germany	2023. 06—2028. 06	新办
（2023）外饲准字 405 号	混合型饲料添加剂 氯化钠 氯化钾 Feed Additives Mixture Sodium Chloride Potassium Chloride	正大—维达福 CP Vitalfort	混合型饲料添加剂 Feed Additives Mixture	犊牛、羔羊、仔猪、马驹、奶牛 Calves，lambs，Piglets，Foal，Dairy cattle	荷兰登卡维特有限公司 Denkavit Nederland B. V.，the Netherlands	2023. 06—2028. 06	新办
（2023）外饲准字 406 号	混合型饲料添加剂 聚乙二醇甘油蓖麻酸酯 Feed Additives Mixture Glyceryl Polyethylenglycol Ricinoleate	艾维蒙拓普 GP10 AVI-MUL TOP GP 10	混合型饲料添加剂 Feed Additives Mixture	养殖动物 All species or categories of animals	意大利萨博公司 Sabo S. p. A，Italy	2023. 06—2028. 06	新办
（2023）外饲准字 407 号	混合型饲料添加剂 氯化胆碱 Feed Additives Mixture Choline Chloride	动物饲料添加剂氯化胆碱 Animal Feed Additive Choline Chloride	混合型饲料添加剂 Feed Additives Mixture	养殖动物 All species or categories of animals	金海威（越南）责任有限公司 GHW（Vietnam）Co.，Ltd.，Vietnam	2023. 06—2028. 06	新办

（续）

登记证号	通用名称	商品名称	产品类别	使用范围	生产厂家	有效期限	备注
（2023）外饲准字408号	混合型饲料添加剂 氯化钠 氯化钾 Feed Additives Mixture Sodium Chloride Potassium Chloride	正大—维达灵 CP Vitallin	混合型饲料添加剂 Feed Additives Mixture	犊牛、羔羊 Calves，Lambs	荷兰登卡维特有限公司 Denkavit Nederland B. V.，the Netherlands	2023.06—2028.06	新办
（2023）外饲准字409号	混合型饲料添加剂 酸度调节剂（液体） Feed Additives Mixture Acidity Regulators（Liquid）	金膳酸 福享C MS Goldfeed Welfare C	混合型饲料添加剂 Feed Additives Mixture	猪、家禽 Swine，Poultry	荷兰四海谱集团 Schippers Europe B. V.，the Netherlands	2023.06—2028.06	新办
（2023）外饲准字410号	混合型饲料添加剂 酸度调节剂（液体） Feed Additives Mixture Acidity Regulators（Liquid）	金膳酸 福享优选C MS Goldfeed Welfare Premium C	混合型饲料添加剂 Feed Additives Mixture	猪、家禽 Swine，Poultry	荷兰四海谱集团 Schippers Europe B. V.，the Netherlands	2023.06—2028.06	新办
（2023）外饲准字411号	混合型饲料添加剂 酸度调节剂（液体） Feed Additives Mixture Acidity Regulators（Liquid）	金膳酸 健怡优选C MS Goldfeed Health Premium C	混合型饲料添加剂 Feed Additives Mixture	猪、家禽 Swine，Poultry	荷兰四海谱集团 Schippers Europe B. V.，the Netherlands	2023.06—2028.06	新办
（2023）外饲准字412号	混合型饲料添加剂 酸度调节剂（液体） Feed Additives Mixture Acidity Regulators（Liquid）	金膳酸 健怡C MS Goldfeed Health C	混合型饲料添加剂 Feed Additives Mixture	猪、家禽 Swine，Poultry	荷兰四海谱集团 Schippers Europe B. V.，the Netherlands	2023.06—2028.06	新办
（2023）外饲准字413号	混合型饲料添加剂 凝结芽孢杆菌 Feed Additives Mixture *Bacillus coagulans*	混合型饲料添加剂 凝结芽孢杆菌 PFC 5161 PFC 5161	混合型饲料添加剂 Feed Additives Mixture	犬、猫 Dog，Cats	（美国）雀巢普瑞纳宠物食品有限公司 Nestle Purina PetCare Co.，USA	2023.06—2028.06	新办
（2023）外饲准字414号	混合型饲料添加剂 凝结芽孢杆菌 Feed Additives Mixture *Bacillus coagulans*	混合型饲料添加剂 凝结芽孢杆菌 PFC 3218 PFC 3218	混合型饲料添加剂 Feed Additives Mixture	犬、猫 Dog，Cats	（美国）雀巢普瑞纳宠物食品有限公司 Nestle Purina PetCare Co.，USA	2023.06—2028.06	新办

（续）

登记证号	通用名称	商品名称	产品类别	使用范围	生产厂家	有效期限	备注
（2023）外饲准字 415 号	混合型饲料添加剂：丙酸，甲酸，苯甲酸，乳酸，柠檬酸，山梨酸 Feed Additives Mixture Propionic Acid，Formic Acid，Benzoic Acid，Lactic Acid，Citric Acid，Sorbic Acid	巧妙酸 S Schaumacid S	混合型饲料添加剂 Feed Additives Mixture	猪、家禽 Swine，Poultry	德国里格拉纳有限责任公司 Ligrana GmbH，Germany	2023.06—2028.06	新办
（2023）外饲准字 416 号	混合型饲料添加剂：1，8-桉叶素，α-松油醇，α-蒎烯，d-苧烯，β-蒎烯，β-石竹烯 Feed Additives Mixture：1，8-cineole，α-Terpineol，α-Pinene，d-Limonene，β-Pinene，beta-Caryophyllene	科莱美 PX KERLAIT	混合型饲料添加剂 Feed Additives Mixture	猪、牛、家禽、鱼、虾 Swine，Cattle，Poultry，Fish，Shrimp	法国蒙赫巴蒂公司 Manghebati SAS，France	2023.06—2028.06	新办
（2023）外饲准字 417 号	混合型饲料添加剂 可食用脂肪酸单甘油酯 Feed Additives Mixture Monoglycerides of Edible Fatty Acids	力保威 LipoVital GL	混合型饲料添加剂 Feed Additives Mixture	单胃动物 Monogastric animal	（马来西亚）百事美营养公司 BERG & SCHMIDT NUTRITION SDN BHD，Malaysia	2023.06—2028.06	新办
（2023）外饲准字 748 号	混合型饲料添加剂 酸度调节剂 矿物元素 Feed Additives Mixture Acidity Regulators Minerals	艾克菲 ALPHACALPHOS	混合型饲料添加剂 Feed Additives Mixture	奶牛、羊 Dairy cattle，Sheep	法国 ALPHATECH 公司 ALPHATECH，France	2023.06—2028.06	新办
（2023）外饲准字 419 号	混合型饲料添加剂 微生物 Feed additives Mixture Live Microorganisms	百禽康®F浓缩版 PoultryStar® me conc.	混合型饲料添加剂 Feed Additives Mixture	家禽 Poultry	百奥明新加坡私人有限公司 BIOMIN Singapore Pte. Ltd.，Singapore	2023.06—2028.06	新办

（续）

登记证号	通用名称	商品名称	产品类别	使用范围	生产厂家	有效期限	备注
（2023）外饲准字 420 号	混合型饲料添加剂 木聚糖酶（产自米曲霉） Feed additives Mixture Xylanase (Source: *Aspergillus oryzae*)	乐多仙®WX 5000 RONOZYME® WX 5000	混合型饲料添加剂 Feed Additives Mixture	家禽、猪 Poultry, Swine	丹麦诺维信公司 Novozymes A/S, Denmark	2023.06—2028.06	新办
（2023）外饲准字 421 号	混合型饲料添加剂 枯草芽孢杆菌 Feed Additives Mixture *Bacillus Subtilis*	常齐益 Baymix® Grobig® BS	混合型饲料添加剂 Feed Additives Mixture	猪、家禽 Poultry, Swine	拜耳（墨西哥）有限公司 Bayer de México, S. A. de C. V., Mexico	2023.06—2028.06	新办
（2023）外饲准字 422 号	混合型饲料添加剂 L-赖氨酸盐酸盐 Feed Additives Mixture L-Lysine Monohydrochloride	西尔包被赖氨酸 50% SIL Lysine 50% COAT-ED	混合型饲料添加剂 Feed Additives Mixture	反刍动物 Ruminant	意大利西拉公司 SILA S. p. A, Italy	2023.06—2028.06	新办
（2023）外饲准字 423 号	混合型饲料添加剂 香味物质 Feed Additives Mixture Flavouring Substances	艾可特肠优 ALQUERNAT NEBSUI PREMIX	混合型饲料添加剂 Feed Additives Mixture	养殖动物 All species or categories of animals	西班牙百卫公司 BIOVET S. A., Spain	2023.06—2028.06	新办
（2023）外饲准字 424 号	马复合预混合饲料 氨基酸 维生素 矿物元素 微生物 Horse Premix Amino Acids Vitamins Minerals Live Microorganisms	倍活 电解质平衡补充剂 Plusvital Tryptocool	添加剂预混合饲料 Feed Additive Premix	马 Horses	爱尔兰大卫泰勒动物营养有限公司 DAVID TAYLOR ANIMAL NUTR LTD, Ireland	2023.06—2028.06	新办
（2023）外饲准字 425 号	育肥羊用复合预混合饲料 Premix for Finishing sheep	益特高（羊） INTEGRALAMBS-1	添加剂预混合饲料 Feed Additive Premix	育肥羊 Finishing sheep	（西班牙）INZAR, S. L. INZAR, S. L., Spain	2023.06—2028.06	新办
（2023）外饲准字 426 号	犊牛和羊羔用复合预混合饲料 Premix for Calves and Lambs	迪特 DITER	添加剂预混合饲料 Feed Additive Premix	犊牛、羔羊 Calves, Lambs	（西班牙）INZAR, S. L. INZAR, S. L., Spain	2023.06—2028.06	新办
（2023）外饲准字 427 号	羊用微量元素预混合饲料 Trace Mineral Premix for Goats and Sheep	KNZ 羊用盐舔块 KNZ sheep	添加剂预混合饲料 Feed Additive Premix	羊 Sheep	（荷兰）亨厄洛特种盐有限公司 Hengelo Salt Specialties B. V., the Netherlands	2023.06—2028.06	新办

（续）

登记证号	通用名称	商品名称	产品类别	使用范围	生产厂家	有效期限	备注
(2023) 外饲准字 428 号	奶牛和羊用复合预混合饲料 Premix for Dairy Cattle and Sheep	可力可利粉末 GLYCOLINE powder	添加剂预混合饲料 Feed Additive Premix	奶牛、羊 Dairy cattle, Sheep	（法国）VITALAC VITALAC, France	2023.06—2028.06	新办
(2023) 外饲准字 429 号	犊牛和羊羔复合预混合饲料 Premix for Calves and Lambs	正大—维达健 CP Vitaladd	添加剂预混合饲料 Feed Additive Premix	犊牛、羔羊 Calves, Lambs	荷兰登卡维特有限公司 Denkavit Nederland B. V., the Netherlands	2023.06—2028.06	新办
(2023) 外饲准字 430 号	犊牛/羔羊/马驹复合预混合饲料 Premix for Calves, Lambs, Foals	正大—维达康 CP Vitalcure	添加剂预混合饲料 Feed Additive Premix	犊牛、羔羊、马驹 Calves, Lambs, Foals	荷兰登卡维特有限公司 Denkavit Nederland B. V., the Netherlands	2023.06—2028.06	新办
(2023) 外饲准字 431 号	菜籽粕 Rapeseed Meal	菜籽粕 Rapeseed Meal	单一饲料 Single Feed	养殖动物 All species or categories of animals	（俄罗斯）布拉格—鄂木斯克有限责任公司（Omsk oblast 工厂） Blago-Omsk LLC, Russia	2023.06—2028.06	新办
(2023) 外饲准字 432 号	菜籽粕 Rapeseed Meal	菜籽粕 Rapeseed Meal	单一饲料 Single Feed	养殖动物 All species or categories of animals	（俄罗斯）布拉格—巴尔瑙尔有限责任公司（Altay krai 工厂） Blago-Barnaul LLC, Russia	2023.06—2028.06	新办
(2023) 外饲准字 433 号	鱼油 Fish Oil	北极宠物三文鱼油 Pet Arctic Salmon Oil	单一饲料 Single Feed	犬、猫 Dogs, Cats	（挪威）霍夫赛思生物保健有限公司 Hofseth BioCare ASA Avd. Midsund, Norway	2023.06—2028.06	新办
(2023) 外饲准字 434 号	酵母水解物 Yeast Hydrolysate	百芳 BIOFRONT SELECT	单一饲料 Single Feed	养殖动物 All species or categories of animals	巴西同鼎农业有限公司 Yessinergy do Brasil Agroindustrial Ltda, Brazil	2023.06—2028.06	新办
(2023) 外饲准字 435 号	牛肉骨粉 Bovine Meat and Bone Meal	牛肉骨粉 Meat and Bone Meal (Bovine)	单一饲料 Single Feed	家禽、猪、水产养殖动物 Poultry, Swine, Aquaculture animals	阿根廷黑竹公司 Black Bamboo Enterprises S. A., Argentina	2023.06—2028.06	新办

（续）

登记证号	通用名称	商品名称	产品类别	使用范围	生产厂家	有效期限	备注
（2023）外饲准字 436 号	啤酒酵母粉 *Saccharomyces cerevisiae* Yeast	熙补乐 Maxi Cell Pro 350	单一饲料 Single Feed	养殖动物 All species or categories of animals	巴西 ICC Industrial Com. Exp. e Imp. S. A. 公司 ICC Industrial Com. Exp. e Imp. S. A., Brazil	2023. 06—2028. 06	新办
（2023）外饲准字 437 号	白鱼粉 White Fishmeal	白鱼粉（二级） White Fishmeal （Grade II）	单一饲料 Single Feed	家禽、水产养殖动物 Poultry, Aquaculture animals	俄罗斯 LLC “MAGADANTRALFLOT” 公司 LLC “MAGADANTRALFLOT”, Russia	2023. 06—2028. 06	新办
（2023）外饲准字 438 号	鱼粉 Fish Meal	红鱼粉（三级） Brown Fish meal （Grade III）	单一饲料 Single Feed	猪、家禽、水产养殖动物 Swine, Poultry, Aquaculture animals	阿曼联合渔业有限责任公司 UNITED FISH LLC, Oman	2023. 06—2028. 06	新办
（2023）外饲准字 439 号	鱼排粉 Fish Meal From By-product of Fish Processing	鱼排粉 Fish meal from by-product of fish processing	单一饲料 Single Feed	猪、家禽、水产养殖动物 Swine, Poultry, Aquaculture animals	秘鲁钦博塔渔业罐头食品—拉钦博塔纳公司 PESQUERA CONSERVAS DE CHIMBOTE-LA CHIMBOTANA S. A. C., Peru	2023. 06—2028. 06	新办
（2023）外饲准字 440 号	白鱼粉 White Fishmeal	白鱼粉（二级） White Fishmeal (II)	单一饲料 Single Feed	畜禽、水产养殖动物 Livestock, Poultry, Aquaculture animals	阿根廷艾斯特雷玛股份有限公司 ESTREMAR S. A. U., Argentina	2023. 06—2028. 06	新办
（2023）外饲准字 441 号	猪肉骨粉 Pork Bone and Meat Meal	优壮 P Pork Meat Meal	单一饲料 Single Feed	猪、家禽、水产养殖动物 Swine, Poultry, Aquaculture animals	（西班牙）普特因 PROTEÍNAS Y DERIVADOS, S. L., Spain	2023. 06—2028. 06	新办
（2023）外饲准字 442 号	猪肠膜蛋白粉 Dried Hydrolyzed Protein of Porcine	优舒蛋白 PEPTOSAN	单一饲料 Single Feed	养殖动物 All species or categories of animals	（西班牙）科佩桑雷德 COPERSAM RED S. L., Spain	2023. 06—2028. 06	新办

（续）

登记证号	通用名称	商品名称	产品类别	使用范围	生产厂家	有效期限	备注
(2023) 外饲准字 443 号	虾配合饲料 Shrimp Compound Feed	虾苗普乐 Z Pro	配合饲料 Compound Feed	虾 Shrimp	（美国）齐格勒兄弟公司 Zeigler Bros., Inc., USA	2023.06—2028.06	新办
(2023) 外饲准字 444 号	弱小体质的牛羊猪猫狗配合饲料 Compound Feed for Weak Constitution Cattle Sheep Pig Cat Dog	佧益乳 Immune Milk Gold	配合饲料 Compound Feed	犊牛、羔羊、仔猪、犬、猫 Calves, Lambs, Piglets, Dogs, Cats	德国佧犇泰饲料添加剂有限公司 Phytobiotics Futterzusatzstoffe GmbH, Germany	2023.06—2028.06	新办
(2023) 外饲准字 445 号	宠物营养补充剂 Pet Nutrition Supplement	艾美晶 Vision Booster	宠物添加剂预混合饲料 Pet Feed Additive Premix	犬、猫 Dogs, Cats	（台湾）沛富生物科技股份有限公司 PETFOOD BIOTECHNOLOGY CO., LTD	2023.06—2028.06	新办
(2023) 外饲准字 446 号	宠物营养补充剂 Pet Nutrition Supplement	美益骨 Joint&Bone Booster	宠物添加剂预混合饲料 Pet Feed Additive Premix	犬、猫 Dogs, Cats	（台湾）沛富生物科技股份有限公司 PETFOOD BIOTECHNOLOGY CO., LTD	2023.06—2028.06	新办
(2023) 外饲准字 447 号	宠物营养补充剂 Pet Nutrition Supplement	Healthcare 1 PLUS 综合维生素片 Healthcare 1 PLUS	宠物添加剂预混合饲料 Pet Feed Additive Premix	犬、猫 Dogs, Cats	（韩国）友立佳制药有限公司 Woorigapharm. co., Ltd, Korea	2023.06—2028.06	新办
(2023) 外饲准字 448 号	宠物营养补充剂 Pet Nutrition Supplement	Healthcare 2 PLUS 免疫片 Healthcare 2 PLUS	宠物添加剂预混合饲料 Pet Feed Additive Premix	犬、猫 Dogs, Cats	（韩国）友立佳制药有限公司 Woorigapharm. co., Ltd, Korea	2023.06—2028.06	新办
(2023) 外饲准字 449 号	宠物营养补充剂 Pet Nutrition Supplement	Healthcare 3 PLUS 关节片 Healthcare 3 PLUS	宠物添加剂预混合饲料 Pet Feed Additive Premix	犬、猫 Dogs, Cats	（韩国）友立佳制药有限公司 Woorigapharm. co., Ltd, Korea	2023.06—2028.06	新办
(2023) 外饲准字 450 号	宠物营养补充剂 Pet Nutrition Supplement	Healthcare 5 PLUS 皮毛保健片 Healthcare 5 PLUS	宠物添加剂预混合饲料 Pet Feed Additive Premix	犬、猫 Dogs, Cats	（韩国）友立佳制药有限公司 Woorigapharm. co., Ltd, Korea	2023.06—2028.06	新办
(2023) 外饲准字 451 号	宠物营养补充剂 Pet Nutrition Supplement	博乐丹—关节健（猫用） ArthriAid Omega Gel	宠物添加剂预混合饲料 Pet Feed Additive Premix	猫 Cats	卡尔公司（爱尔兰工厂） Swedencare Ireland Ltd., Ireland	2023.06—2028.06	新办

（续）

登记证号	通用名称	商品名称	产品类别	使用范围	生产厂家	有效期限	备注
(2023) 外饲准字 452 号	宠物营养补充剂 Pet Nutrition Supplement	派可清® ASBRIP® Pets	宠物添加剂预混合饲料 Pet Feed Additive Premix	犬、猫 Dogs，Cats	凯塔斯（西班牙）有限公司 CATALYSIS，S. L.，Spain	2023.06—2028.06	新办
(2023) 外饲准字 453 号	宠物营养补充剂 氨基酸 维生素 Pet Nutrition Supplement Amino Acids Vitamins	派固威® FOLREX® Pets	宠物添加剂预混合饲料 Pet Feed Additive Premix	犬、猫 Dogs，Cats	凯塔斯（西班牙）有限公司 CATALYSIS，S. L.，Spain	2023.06—2028.06	新办
(2023) 外饲准字 454 号	宠物营养补充剂 犬 啤酒酵母粉 维生素 Pet Nutrition Supplement Dog Beer Yeast Powder Vitamin	犬力坚 肠道健康 Vet FiLL Gut Health	宠物添加剂预混合饲料 Pet Feed Additive Premix	犬、猫 Dogs，Cats	韩国 C. L. Pharm Co.，Ltd 公司 C. L. Pharm Co.，Ltd，Korea	2023.06—2028.06	新办
(2023) 外饲准字 455 号	宠物营养补充剂 Pet Nutritional Supplements	乐宠吉多利肾 LoveMyPet _ Ketorenal	宠物添加剂预混合饲料 Pet Feed Additive Premix	犬、猫 Dogs，Cats	（台湾）信得生物科技有限公司 DV nutraceutical company	2023.06—2028.06	新办
(2023) 外饲准字 456 号	全价 猫粮 Complete Cat Food	Dr. Gary's BEST BREED 贝思比猫咪大餐无谷鸡肉蔬菜白身鱼配方全价猫粮 Dr. Gary's BEST BREED Grain Free Cat Diet Chicken & Whitefish Meals with Vegetables	宠物配合饲料 Pet Compound Feed	猫 Cats	美国俄亥俄宠物食品有限责任公司 Ohio Pet Foods Inc，USA	2023.06—2028.06	新办
(2023) 外饲准字 457 号	全价 猫粮 Complete Cat Food	Dr. Gary's BEST BREED 贝思比猫咪大餐全谷物鸡肉鲱鱼配方全价猫粮 Dr. Gary's BEST BREED Cat Diet Chicken & Herring Meals with Whole Grains	宠物配合饲料 Pet Compound Feed	猫 Cats	美国俄亥俄宠物食品有限责任公司 Ohio Pet Foods Inc，USA	2023.06—2028.06	新办

（续）

登记证号	通用名称	商品名称	产品类别	使用范围	生产厂家	有效期限	备注
（2023）外饲准字 458 号	全价 幼年期犬粮 Complete Puppy Food	Dr. Gary's BEST BREED 贝思比幼年营养全价犬粮 Dr. Gary's Best Breed Puppy Recipe	宠物配合饲料 Pet Compound Feed	犬 Dogs	美国俄亥俄宠物食品有限责任公司 Ohio Pet Foods Inc，USA	2023.06—2028.06	新办
（2023）外饲准字 459 号	全价 老年期犬粮 Complete Senior Dog Food	Dr. Gary's BEST BREED 贝思比老年膳养全价犬粮 Dr. Gary's Best Breed Senior Dog Recipe	宠物配合饲料 Pet Compound Feed	犬 Dogs	美国俄亥俄宠物食品有限责任公司 Ohio Pet Foods Inc，USA	2023.06—2028.06	新办
（2023）外饲准字 460 号	全价 犬粮 Complete Dog Food	Dr. Gary's BEST BREED 贝思比农场食谱无谷鸡肉蔬菜鸭肉配方全价犬粮 Dr. Gary's BEST BREED Grain Free Farmer's Recipe Chicken & Duck with Vegetables	宠物配合饲料 Pet Compound Feed	犬 Dogs	美国俄亥俄宠物食品有限责任公司 Ohio Pet Foods Inc，USA	2023.06—2028.06	新办
（2023）外饲准字 461 号	全价 犬粮 Complete Dog Food	Dr. Gary's BEST BREED 贝思比原野清溪食谱全谷物含羔羊白身鱼蔬菜配方全价犬粮 Dr. Gary's BEST BREED Field & Stream Recipe Lamb & Whitefish Meals with Whole Grains & Vegetables	宠物配合饲料 Pet Compound Feed	犬 Dogs	美国俄亥俄宠物食品有限责任公司 Ohio Pet Foods Inc，USA	2023.06—2028.06	新办

（续）

登记证号	通用名称	商品名称	产品类别	使用范围	生产厂家	有效期限	备注
（2023）外饲准字462号	全价 玩具犬、小型犬犬粮 Complete Toy-Small Breed Dog Food	Dr. Gary's BEST BREED贝思比小型陪伴犬食谱全谷物鸡肉白身鱼蔬菜配方全价犬粮 Dr. Gary's Best Breed Toy-Small Breed Recipe Chicken & Whitefish Meals with Whole Grains & Vegetables	宠物配合饲料 Pet Compound Feed	犬 Dogs	美国俄亥俄宠物食品有限责任公司 Ohio Pet Foods Inc，USA	2023.06—2028.06	新办
（2023）外饲准字463号	全价 宠物食品 猫粮 Pet Compound Feed for Cats	Stella&Chewy's星益生趣冻干生食涂层无谷猫粮—含无笼散养鸭肉配方 Stella & Chewy's Freeze Dried Raw Coated Cage Free No Grain Cat Kibble Duck Recipe	宠物配合饲料 Pet Compound Feed	猫 Cats	美国巴雷特宠物食品创新有限公司 BARRETT AG SERVICE INC DBA BARRETT PETFOOD INNOVATIONS，USA	2023.06—2028.06	新办
（2023）外饲准字464号	全价 宠物食品 犬粮 Pet Compound Feed for Dogs	Stella&Chewy's星益生趣高蛋白主食冻干生食肉饼犬粮—含牛肉配方 Stella & Chewy's High Protein Freeze Dried Raw Dinner Patties with Beef Recipe Dog Food	宠物配合饲料 Pet Compound Feed	犬 Dogs	星益生趣宠物食品美国总公司 STELLA & CHEWY'S LLC，USA	2023.06—2028.06	新办
（2023）外饲准字465号	全价 宠物食品 犬粮 Pet Compound Feed for Dogs	Stella&Chewy's星益生趣高蛋白主食拌饭冻干犬粮—含牛肉配方 Stella & Chewy's High Protein Freeze Dried Raw Meal Mixers with Beef Recipe Dog Food	宠物配合饲料 Pet Compound Feed	犬 Dogs	星益生趣宠物食品美国总公司 STELLA & CHEWY'S LLC，USA	2023.06—2028.06	新办

（续）

登记证号	通用名称	商品名称	产品类别	使用范围	生产厂家	有效期限	备注
(2023) 外饲准字 466 号	全价 宠物食品 犬粮 Pet Compound Feed for Dogs	Stella&Chewy's 星益生趣高蛋白主食拌饭冻干犬粮—鸡肉配方 Stella & Chewy's High Protein Freeze Dried Raw Meal Mixers Chicken Recipe Dog Food	宠物配合饲料 Pet Compound Feed	犬 Dogs	星益生趣宠物食品美国总公司 STELLA & CHEWY'S LLC, USA	2023.06—2028.06	新办
(2023) 外饲准字 467 号	全价 宠物食品 猫粮 Pet Compound Feed for Cats	Stella&Chewy's 星益生趣冻干生食混合无谷猫粮—野生捕捞鱼配方 Stella & Chewy's Freeze Dried Raw Blend Wild Caught Fish Recipe No Grain Cat Kibble	宠物配合饲料 Pet Compound Feed	猫 Cats	美国巴雷特宠物食品创新有限公司 BARRETT AG SERVICE INC DBA BARRETT PETFOOD INNOVATIONS, USA	2023.06—2028.06	新办
(2023) 外饲准字 468 号	宠物配合饲料幼年期猫粮 Pet Compound Feed for Kitten	冰峰幼猫粮 FIRST CLASS KITTEN	宠物配合饲料 Pet Compound Feed	猫 Cat	西班牙希恩蒂食品股份公司 C&D FOODS SPAIN S. A., Spain	2023.06—2028.06	新办
(2023) 外饲准字 469 号	宠物配合饲料成年期猫粮 Pet Compound Feed for Adult Cat	冰峰绝育猫粮 FIRST CLASS STERIL-IZED	宠物配合饲料 Pet Compound Feed	猫 Cat	西班牙希恩蒂食品股份公司 C&D FOODS SPAIN S. A., Spain	2023.06—2028.06	新办
(2023) 外饲准字 470 号	宠物配合饲料成年期犬粮 Pet Compound Feed for Adult Dog	华菲优能成犬粮 WOOFFY PREMIUM HIGH ENERGY	宠物配合饲料 Pet Compound Feed	犬 Dogs	西班牙希恩蒂食品股份公司 C&D FOODS SPAIN S. A., Spain	2023.06—2028.06	新办
(2023) 外饲准字 471 号	宠物配合饲料中大型犬成年期犬粮 Pet Compound Feed for Medium and Large Breed Adult Dog	冰峰大中型犬成犬粮 FIRST CLASS ADULT MEDIUM/MAXI	宠物配合饲料 Pet Compound Feed	犬 Dogs	西班牙希恩蒂食品股份公司 C&D FOODS SPAIN S. A., Spain	2023.06—2028.06	新办
(2023) 外饲准字 472 号	宠物配合饲料成年期猫粮 Pet Compound Feed for Adult Cat	冰峰成猫粮 FIRST CLASS ADULT	宠物配合饲料 Pet Compound Feed	猫 Cat	西班牙希恩蒂食品股份公司 C&D FOODS SPAIN S. A., Spain	2023.06—2028.06	新办

（续）

登记证号	通用名称	商品名称	产品类别	使用范围	生产厂家	有效期限	备注
(2023) 外饲准字 473 号	宠物配合饲料小型犬幼年期犬粮 Pet Compound Feed for Small Breed Puppy	冰峰小型犬幼犬粮 FIRST CLASS PUPPY SMALL	宠物配合饲料 Pet Compound Feed	犬 Dogs	西班牙希恩蒂食品股份公司 C&D FOODS SPAIN S. A.，Spain	2023. 06—2028. 06	新办
(2023) 外饲准字 474 号	宠物配合饲料小型犬成年期犬粮 Pet Compound Feed for Small Breed Adult Dog	冰峰小型犬成犬粮 FIRST CLASS ADULT SMALL	宠物配合饲料 Pet Compound Feed	犬 Dogs	西班牙希恩蒂食品股份公司 C&D FOODS SPAIN S. A.，Spain	2023. 06—2028. 06	新办
(2023) 外饲准字 475 号	宠物配合饲料中大型犬幼年期犬粮 Pet Compound Feed for Medium and Large Breed Puppy	冰峰大中型犬幼犬粮 FIRST CLASS PUPPY MEDIUM MAXI	宠物配合饲料 Pet Compound Feed	犬 Dogs	西班牙希恩蒂食品股份公司 C&D FOODS SPAIN S. A.，Spain	2023. 06—2028. 06	新办
(2023) 外饲准字 476 号	宠物配合饲料 成年期犬粮 Pet Compound Feed for Adult Dog	爱娜玛特 无谷萨哈鸡肉鸭肉配方成犬粮 Annamaet Grain Free Sal-cha Poulet Formula Dog Food	宠物配合饲料 Pet Compound Feed	犬 Dogs	美国俄亥俄宠物食品有限责任公司 Ohio Pet Foods Inc，USA	2023. 06—2028. 06	新办
(2023) 外饲准字 477 号	宠物配合饲料 成年期犬粮 Pet Compound Feed for Adult Dog	爱娜玛特 无谷里昂低脂鸡肉配方犬粮 Annamaet Grain Free Lean Low Fat Formula Dog Food	宠物配合饲料 Pet Compound Feed	犬 Dogs	美国俄亥俄宠物食品有限责任公司 Ohio Pet Foods Inc，USA	2023. 06—2028. 06	新办
(2023) 外饲准字 478 号	宠物配合饲料 成年期犬粮 Pet Compound Feed for Adult Dog	爱娜玛特 无谷深海鱼配方犬粮 Annamaet Grain Free Aqualuk Cold Water For-mula Dog Food	宠物配合饲料 Pet Compound Feed	犬 Dogs	美国俄亥俄宠物食品有限责任公司 Ohio Pet Foods Inc，USA	2023. 06—2028. 06	新办

（续）

登记证号	通用名称	商品名称	产品类别	使用范围	生产厂家	有效期限	备注
（2023）外饲准字 479 号	宠物配合饲料 猫粮 Pet Compound Feed for Cat	爱娜玛特 经典鸡肉糙米配方猫粮 Annamaet Original Feline Chicken Meal & Brown Rice Formula Cat Food	宠物配合饲料 Pet Compound Feed	猫 Cats	美国俄亥俄宠物食品有限责任公司 Ohio Pet Foods Inc，USA	2023. 06—2028. 06	新办
（2023）外饲准字 480 号	宠物配合饲料 成年期、妊娠期和哺乳期犬粮 Pet Compound Feed for Adult，Gestation and Lactation Dog	爱娜玛特 经典鸡肉糙米配方成犬粮 Annamaet Original Adult Chicken Meal & Brown Rice Formula Dog Food	宠物配合饲料 Pet Compound Feed	犬 Dogs	美国俄亥俄宠物食品有限责任公司 Ohio Pet Foods Inc，USA	2023. 06—2028. 06	新办
（2023）外饲准字 481 号	宠物配合饲料 猫粮 Pet Compound Feed for Cat	MAWSON 牌鸡肉和鳕鳖鱼配方全价猫粮 MAWSON AIR-DRIED CHICKEN & LING COMPLETE BALANCED CAT FOOD	宠物配合饲料 Pet Compound Feed	猫 Cats	新西兰优质食品有限公司 Premium Food NZ Limited，New Zealand	2023. 06—2028. 06	新办
（2023）外饲准字 482 号	宠物配合饲料 猫粮 Pet Compound Feed for Cat	MAWSON 牌含牛肺和鳕鳖鱼配方全价猫粮 MAWSON AIR-DRIED BEEF & LING COMPLETE BALANCED CAT FOOD	宠物配合饲料 Pet Compound Feed	猫 Cats	新西兰优质食品有限公司 Premium Food NZ Limited，New Zealand	2023. 06—2028. 06	新办
（2023）外饲准字 483 号	全价 宠物食品犬粮 Pet Compound Food for Dog	密格里奥．肯 独特系列熟猪肉配方肉泥餐盒装狗粮 Migliorcane Unico Patè Ham complete dogfood Alutray	宠物配合饲料 Pet Compound Feed	犬 Dogs	（意大利）茉兰朵股份有限公司 MORANDO SPA，Italy	2023. 06—2028. 06	新办

（续）

登记证号	通用名称	商品名称	产品类别	使用范围	生产厂家	有效期限	备注
（2023）外饲准字 484 号	全价 宠物食品成年期犬粮 Pet Compound Food for Adult Dogs	枫趣盛宴含鸭肉柑橘配方全价无谷成犬粮 Pronature Holistic Dog Food-Adult-All breeds-Grain Free-Duck a I'Orange formula	宠物配合饲料 Pet Compound Feed	犬 Dogs	（美国）飒天宠物营养有限责任公司 Southern Tier Pet Nutrition，LLC，USA	2023.06—2028.06	新办
（2023）外饲准字 485 号	全价 宠物食品成年期猫粮 Pet Compound Feed for Adult Cat	Halo Holistic 全价成猫干粮野生白鱼味 Halo Holistic Adult Cat Healthy Grains Wild Caught Whitefish Recipe	宠物配合饲料 Pet Compound Feed	猫 Cats	美国 BARRETT 宠物食品创新有限公司（Little Falls 工厂） Barrett Ag Service INC DBA Barrett Petfood Innovations，USA	2023.06—2028.06	新办
（2023）外饲准字 486 号	全价 宠物食品猫粮 Pet Complete Food for Cats	Primo 鸡肉配方软慕斯猫罐 Primo cat ultra soft mousse chicken recipe	宠物配合饲料 Pet Compound Feed	猫 Cats	（泰国）爱泰股份有限公司 i-Tail Corporation Public Company Limited，Thailand	2023.06—2028.06	新办
（2023）外饲准字 487 号	全价 宠物食品猫粮 Pet Complete Food for Cats	Primo 鸡肉 & 吞拿鱼配方软慕斯猫罐 Primo cat ultra soft mousse chicken with tuna recipe	宠物配合饲料 Pet Compound Feed	猫 Cats	（泰国）爱泰股份有限公司 i-Tail Corporation Public Company Limited，Thailand	2023.06—2028.06	新办
（2023）外饲准字 488 号	全价 宠物食品猫粮 Pet Complete Food of Cat	野胃全价全龄猫粮鸡肉牛肚配方 TRIPEPET Chicken & Beef Tripe Formula for Cats of All Life Stages	宠物配合饲料 Pet Compound Feed	猫 Cats	（新西兰）爱德胜宠物产品有限公司 Addiction Foods NZ Ltd，New Zealand	2023.06—2028.06	新办

（续）

登记证号	通用名称	商品名称	产品类别	使用范围	生产厂家	有效期限	备注
(2023）外饲准字 489 号	全价 宠物食品猫粮 Pet Complete Food for Cat	Flyzoo 无谷鸡肉火鸡肉鱼配方 Flyzoo Grain Free Deboned Chicken, Turkey & Fish Meals Recipe	宠物配合饲料 Pet Compound Feed	猫 Cats	（美国）飒天宠物营养有限责任公司 SOUTHERN TIER PET NUTRITION LLC, USA	2023.06—2028.06	新办
(2023）外饲准字 490 号	全价 宠物食品猫粮 Pet Complete Food for Cat	Flyzoo 无谷六种鱼配方 Flyzoo Grain Free Six Fish Recipe	宠物配合饲料 Pet Compound Feed	猫 Cats	（美国）飒天宠物营养有限责任公司 SOUTHERN TIER PET NUTRITION LLC, USA	2023.06—2028.06	新办
(2023）外饲准字 491 号	小型犬全价犬粮 Pet Compound Food for Small Breed Dog	T29 纽顿小型犬全价犬粮羊肉 & 兵豆配方 T29 NutramNumber Total Small Breed Dog Food Lamb & Lentils Recipe	宠物配合饲料 Pet Compound Feed	犬 Dogs	（加拿大）艾尔麦乐宠物食品公司 Elmira Pet Products Ltd., Canada	2023.06—2028.06	新办
(2023）外饲准字 492 号	全价 宠物食品成年期猫粮 Complete Pet Food of Adult Cats	乐莎喵 Fresh 系列餐盒含三文鱼 LeChat Fresh Paté and Chunkies with Salmon	宠物配合饲料 Pet Compound Feed	猫 Cats	意大利 Monge & C. S.p.A Monge & C. S. p. A, Italy	2023.06—2028.06	新办
(2023）外饲准字 493 号	全价 宠物食品幼年期猫粮 Complete Pet Food of Kitten	梦吉炙烤系列猫餐包幼猫含挪威三文鱼配方 Monge Grill oven cooked chunkies in jelly Kitten Rich in Norvegian Salmon	宠物配合饲料 Pet Compound Feed	猫 Cats	意大利 Monge & C. S.p.A Monge & C. S. p. A, Italy	2023.06—2028.06	新办
(2023）外饲准字 494 号	全价 宠物食品成年期猫粮 Complete Pet Food of Adult Cats	梦吉炙烤系列猫餐包成猫新西兰羊肉配方 Monge Grill oven cooked chunkies in jelly Adult Cat Rich in New Zealand Lamb	宠物配合饲料 Pet Compound Feed	猫 Cats	意大利 Monge & C. S.p.A Monge & C. S. p. A, Italy	2023.06—2028.06	新办

（续）

登记证号	通用名称	商品名称	产品类别	使用范围	生产厂家	有效期限	备注
（2023）外饲准字 495 号	全价 宠物食品幼年期猫粮 Complete Pet Food of Kitten	梦吉单一蛋白系列餐包鳟鱼配方 Monge Natural Superpremium Monoprotein Trout Paté	宠物配合饲料 Pet Compound Feed	猫 Cats	意大利 Monge & C. S. p. A Monge & C. S. p. A，Italy	2023.06—2028.06	新办
（2023）外饲准字 496 号	全价 宠物食品小型犬成年期犬粮 Pet Compound Feed for Small Breed Adult Dog	Halo Elevate 无谷全价小型成犬干粮猪肉 & 牛肉味 Halo Elevate Dog Grain Free Small Breed Red Meat Recipe Dry Food	宠物配合饲料 Pet Compound Feed	犬 Dogs	美国 BARRETT 宠物食品创新有限公司（Little Falls 工厂） Barrett Ag Service INC DBA Barrett Petfood Innovations，USA	2023.06—2028.06	新办
（2023）外饲准字 497 号	全价 宠物食品成年期猫粮 Pet Compound Feed for Adult Cat	Halo Elevate 无谷全价成猫干粮鸡肉味 Halo Elevate Adult Cat Grain Free Chicken Recipe	宠物配合饲料 Pet Compound Feed	猫 Cats	美国 BARRETT 宠物食品创新有限公司（Little Falls 工厂） Barrett Ag Service INC DBA Barrett Petfood Innovations，USA	2023.06—2028.06	新办
（2023）外饲准字 498 号	全价 宠物食品幼年期猫粮 Pet Compound Feed for Kitten	Halo Elevate 无谷全价幼猫干粮鸡肉味 Halo Elevate Kitten Grain Free Chicken Recipe	宠物配合饲料 Pet Compound Feed	猫 Cats	美国 BARRETT 宠物食品创新有限公司（Little Falls 工厂） Barrett Ag Service INC DBA Barrett Petfood Innovations，USA	2023.06—2028.06	新办
（2023）外饲准字 499 号	全价 宠物食品成年期犬粮 Pet Compound Feed for Adult Dog	Halo Elevate 无谷全价成犬干粮鸡肉味 Halo Elevate Dog Grain Free Chicken Recipe Dry Food	宠物配合饲料 Pet Compound Feed	犬 Dogs	美国 BARRETT 宠物食品创新有限公司（Little Falls 工厂） Barrett Ag Service INC DBA Barrett Petfood Innovations，USA	2023.06—2028.06	新办

（续）

登记证号	通用名称	商品名称	产品类别	使用范围	生产厂家	有效期限	备注
(2023) 外饲准字 500 号	全价 宠物食品成年期犬粮 Pet Compound Feed for Adult Dog	Halo Elevate 无谷全价成犬干粮猪肉 & 牛肉味 Halo Elevate Dog Grain Free Red Meat Recipe Dry Food	宠物配合饲料 Pet Compound Feed	犬 Dogs	美国 BARRETT 宠物食品创新有限公司（Little Falls 工厂） Barrett Ag Service INC DBA Barrett Petfood Innovations，USA	2023. 06—2028. 06	新办
(2023) 外饲准字 501 号	全价 宠物食品小型犬成年期犬粮 Pet Compound Feed for Small Breed Adult Dog	Halo Elevate 无谷全价小型成犬干粮鸡肉味 Halo Elevate Dog Grain Free Small Breed Chicken Recipe Dry Food	宠物配合饲料 Pet Compound Feed	犬 Dogs	美国 BARRETT 宠物食品创新有限公司（Little Falls 工厂） Barrett Ag Service INC DBA Barrett Petfood Innovations，USA	2023. 06—2028. 06	新办
(2023) 外饲准字 502 号	全价 宠物食品成年期犬粮 Pet Compound Feed for Adult Dog	Halo Elevate 无谷全价成犬干粮三文鱼味 Halo Elevate Dog Grain Free Salmon Recipe Dry Food	宠物配合饲料 Pet Compound Feed	犬 Dogs	美国 BARRETT 宠物食品创新有限公司（Little Falls 工厂） Barrett Ag Service INC DBA Barrett Petfood Innovations，USA	2023. 06—2028. 06	新办
(2023) 外饲准字 503 号	全价 宠物食品成年期猫粮 Pet Compound Feed for Adult Cat	Halo Holistic 全价成猫干粮散养鸡肉味 Halo Holistic Adult Cat Healthy Grains Cage-free Chicken Recipe	宠物配合饲料 Pet Compound Feed	猫 Cats	美国 BARRETT 宠物食品创新有限公司（Little Falls 工厂） Barrett Ag Service INC DBA Barrett Petfood Innovations，USA	2023. 06—2028. 06	新办
(2023) 外饲准字 504 号	全价 宠物食品成年期猫粮 Pet Compound Feed for Adult Cat	Halo Holistic 无谷全价室内成猫干粮散养鸡肉味 Halo Holistic Indoor Cat Grain Free Cage-free Chicken Recipe	宠物配合饲料 Pet Compound Feed	猫 Cats	美国 BARRETT 宠物食品创新有限公司（Little Falls 工厂） Barrett Ag Service INC DBA Barrett Petfood Innovations，USA	2023. 06—2028. 06	新办

（续）

登记证号	通用名称	商品名称	产品类别	使用范围	生产厂家	有效期限	备注
（2023）外饲准字 505 号	全价 宠物食品幼年期猫粮 Pet Compound Feed for Kitten	Halo Holistic 无谷全价幼猫干粮散养鸡肉味 Halo Holistic Kitten Grain Free Cage-free Chicken Recipe	宠物配合饲料 Pet Compound Feed	猫 Cats	美国 BARRETT 宠物食品创新有限公司（Little Falls 工厂） Barrett Ag Service INC DBA Barrett Petfood Innovations，USA	2023.06—2028.06	新办
（2023）外饲准字 506 号	全价 宠物食品成年期猫粮 Pet Compound Feed for Adult Cat	Halo Holistic 无谷全价室内成猫干粮野生三文鱼&白鱼味 Halo Holistic Indoor Cat Grain Free Wild-Caught Salmon and Whitefish Recipe	宠物配合饲料 Pet Compound Feed	猫 Cats	美国 BARRETT 宠物食品创新有限公司（Little Falls 工厂） Barrett Ag Service INC DBA Barrett Petfood Innovations，USA	2023.06—2028.06	新办
（2023）外饲准字 507 号	全价 宠物食品小型犬成年期犬粮 Pet Compound Feed for Small Breed Adult Dog	Halo Holistic 全价小型成犬干粮散养鸡肉&糙米味 Halo Holistic Small Breed Healthy Grains Cage-free Chicken & Brown Rice Recipe	宠物配合饲料 Pet Compound Feed	犬 Dogs	美国 BARRETT 宠物食品创新有限公司（Little Falls 工厂） Barrett Ag Service INC DBA Barrett Petfood Innovations，USA	2023.06—2028.06	新办
（2023）外饲准字 508 号	全价 宠物食品成年期猫粮 Pet Compound Feed for Adult Cat	Halo Elevate 无谷全价室内成猫干粮鸡肉味 Halo Elevate Indoor Cat Grain Free Chicken Recipe	宠物配合饲料 Pet Compound Feed	猫 Cats	美国 BARRETT 宠物食品创新有限公司（Little Falls 工厂） Barrett Ag Service INC DBA Barrett Petfood Innovations，USA	2023.06—2028.06	新办
（2023）外饲准字 509 号	全价 宠物食品成年期猫粮 Pet Compound Feed for Adult Cat	Halo Holistic 全价成猫干粮野生三文鱼&白鱼味 Halo Holistic Adult Cat Healthy Grains Wild-Caught Salmon & Whitefish Recipe	宠物配合饲料 Pet Compound Feed	猫 Cats	美国 BARRETT 宠物食品创新有限公司（Little Falls 工厂） Barrett Ag Service INC DBA Barrett Petfood Innovations，USA	2023.06—2028.06	新办

（续）

登记证号	通用名称	商品名称	产品类别	使用范围	生产厂家	有效期限	备注
（2023）外饲准字 510 号	全价 宠物食品成年期猫粮 Pet Compound Feed for Adult Cats	Wellness® 宠物健康 CORE® Signature Selects® 系列 鸡肉 & 火鸡肉配方 成猫肉块主食罐 Wellness CORE Signature Selects Chunky Boneless Chicken & Turkey Entrée in Sauce for Adult Cats	宠物配合饲料 Pet Compound Feed	猫 Cats	泰国 Southeast Asian Packaging and Canning 有限公司（Praksa 工厂） Southeast Asian Packaging and Canning Limited，Thailand	2023.06—2028.06	新办
（2023）外饲准字 511 号	全价 宠物食品成年期猫粮 Pet Compound Feed for Adult Cats	Wellness® 宠物健康 CORE® Signature Selects® 系列 金枪鱼 & 野生三文鱼配方 成猫肉酱主食罐 Wellness CORE Signature Selects Pate Skipjack Tuna & Wild Salmon Entrée for Adult Cats	宠物配合饲料 Pet Compound Feed	猫 Cats	泰国 Southeast Asian Packaging and Canning 有限公司（Praksa 工厂） Southeast Asian Packaging and Canning Limited，Thailand	2023.06—2028.06	新办
（2023）外饲准字 512 号	全价 宠物食品成年期猫粮 Pet Compound Feed for Adult Cats	Wellness® 宠物健康 CORE® Signature Selects® 系列 鸡肉 & 鸡肝配方 成猫肉丝主食罐 Wellness CORE Signature Selects Shredded Boneless Chicken & Chicken Liver Entrée in Sauce for Adult Cats	宠物配合饲料 Pet Compound Feed	猫 Cats	泰国 Southeast Asian Packaging and Canning 有限公司（Praksa 工厂） Southeast Asian Packaging and Canning Limited，Thailand	2023.06—2028.06	新办

（续）

登记证号	通用名称	商品名称	产品类别	使用范围	生产厂家	有效期限	备注
（2023）外饲准字 513 号	全价 宠物食品成年期猫粮 Pet Compound Feed for Adult Cats	Wellness® 宠物健康 CORE® Signature Selects® 系列 鸡肉配方 成猫肉丝主食罐 Wellness CORE Signature Selects Shredded Boneless Chicken Entrée in Sauce for Adult Cats	宠物配合饲料 Pet Compound Feed	猫 Cats	泰国 Southeast Asian Packaging and Canning 有限公司（Praksa 工厂） Southeast Asian Packaging and Canning Limited，Thailand	2023.06—2028.06	新办
（2023）外饲准字 514 号	全价 宠物食品幼年期猫粮 Pet Compound Feed for Kitten	Wellness® 宠物健康 CORE® Signature Selects® 系列 鸡肉 & 火鸡肉配方 幼猫肉酱主食罐 Wellness CORE Signature Selects Pate Kitten Boneless Chicken & Turkey Entrée	宠物配合饲料 Pet Compound Feed	猫 Cats	泰国 Southeast Asian Packaging and Canning 有限公司（Praksa 工厂） Southeast Asian Packaging and Canning Limited，Thailand	2023.06—2028.06	新办
（2023）外饲准字 515 号	全价 宠物食品成年期猫粮 Pet Compound Feed for Adult Cats	Wellness® 宠物健康 CORE® Signature Selects® 系列 金枪鱼配方 成猫肉酱主食罐 Wellness CORE Signature Selects Pate Skipjack Tuna Entrée for Adult Cats	宠物配合饲料 Pet Compound Feed	猫 Cats	泰国 Southeast Asian Packaging and Canning 有限公司（Praksa 工厂） Southeast Asian Packaging and Canning Limited，Thailand	2023.06—2028.06	新办

（续）

登记证号	通用名称	商品名称	产品类别	使用范围	生产厂家	有效期限	备注
（2023）外饲准字 516 号	全价 宠物食品成年期猫粮 Pet Compound Feed for Adult Cats	Wellness® 宠物健康 CORE® Signature Selects® 系列 鸡肉 & 野生三文鱼配方 成猫肉块主食罐 Wellness CORE Signature Selects Chunky Boneless Chicken & Wild Salmon Entrée in Sauce for Adult Cats	宠物配合饲料 Pet Compound Feed	猫 Cats	泰国 Southeast Asian Packaging and Canning 有限公司（Praksa 工厂） Southeast Asian Packaging and Canning Limited，Thailand	2023.06—2028.06	新办
（2023）外饲准字 517 号	全价 宠物食品幼年期犬粮 Pet Compound Feed for Puppies	Wellness® 宠物健康 Complete Health® 系列 幼犬鸡肉、燕麦及三文鱼配方天然粮，添加维生素、氨基酸及矿物元素 Wellness Complete Health Puppy Deboned Chicken, Oatmeal & Salmon Meal Recipe	宠物配合饲料 Pet Compound Feed	犬 Dogs	美国 Wellness Pet 有限责任公司 Wellness Pet，LLC，USA	2023.06—2028.06	新办
（2023）外饲准字 518 号	全价 宠物食品幼年期猫粮 Pet Compound Feed for Kitten	Wellness® 宠物健康 Complete Health® 系列 幼猫鸡肉无谷配方天然粮，添加维生素、氨基酸及矿物元素 Wellness Complete Health Grain Free Kitten Deboned Chicken & Chicken Meal Recipe	宠物配合饲料 Pet Compound Feed	猫 Cats	美国 Wellness Pet 有限责任公司 Wellness Pet，LLC，USA	2023.06—2028.06	新办

（续）

登记证号	通用名称	商品名称	产品类别	使用范围	生产厂家	有效期限	备注
(2023) 外饲准字 519 号	全价 宠物食品成年期猫粮 Pet Compound Feed for Adult Cats	Wellness® 宠物健康 CORE® 系列 成猫火鸡肉 & 鸡肉无谷配方天然粮，添加维生素、氨基酸及矿物元素 Wellness CORE Cat Original Deboned Turkey, Turkey Meal & Chicken Meal Recipe	宠物配合饲料 Pet Compound Feed	猫 Cats	美国 Wellness Pet 有限责任公司 Wellness Pet, LLC, USA	2023.06—2028.06	新办
(2023) 外饲准字 520 号	鱼粉 Fishmeal	蒸汽烘干红鱼粉（III） Steam Dried Fishmeal (III)	单一饲料 Single Feed	猪、家禽、水产养殖动物 Swine, Poultry, Aquaculture animals	印度罗杰鱼粉 & 鱼油公司 Raj Fishmeal and Oil Company, India	2023.06—2028.06	续展
(2023) 外饲准字 521 号	鱼粉 Fishmeal	红鱼粉（二级） Fish meal (Grade II)	单一饲料 Single Feed	畜禽、水产养殖动物 Livestock, Poultry, Aquaculture animals	（毛里塔尼亚）鱼粉鱼油有限责任公司 SFHP SARL, Mauritania	2023.06—2028.06	续展
(2023) 外饲准字 522 号	鱼粉 Fishmeal	红鱼粉（三级） Red fish meal (III)	单一饲料 Single Feed	养殖动物 All species or categories of animals	（越南）旅游投资与水产发展股份公司 Travel Investment And Seafood Development Corporation, Vietnam	2023.06—2028.06	续展
(2023) 外饲准字 523 号	白鱼粉 White Fishmeal	阿拉斯加牌白鱼粉（二级） Alaska Brands White Fishmeal (Grade II)	单一饲料 Single Feed	家禽、水产养殖动物 Poultry, Aquaculture animals	美国 Golden 阿拉斯加海鲜有限公司 Golden Alaska Seafoods, USA	2023.06—2028.06	续展
(2023) 外饲准字 524 号	白鱼粉 White Fishmeal	白鱼粉（二级） White Fishmeal (II)	单一饲料 Single Feed	家禽、水产养殖动物 Poultry, Aquaculture animals	俄罗斯 "AKROS" Fishing JSC 公司 "AKROS" Fishing JSC, Russia	2023.06—2028.06	续展
(2023) 外饲准字 525 号	白鱼粉 White Fishmeal	白鱼粉（二级） White Fishmeal (II)	单一饲料 Single Feed	家禽、水产养殖动物 Poultry, Aquaculture animals	俄罗斯 "AKROS" Fishing JSC 公司 "AKROS" Fishing JSC, Russia	2023.06—2028.06	续展

（续）

登记证号	通用名称	商品名称	产品类别	使用范围	生产厂家	有效期限	备注
(2023) 外饲准字 526 号	白鱼粉 White Fishmeal	白鱼粉（二级） White Fishmeal (Grade II)	单一饲料 Single Feed	家禽、水产养殖动物 Poultry, Aquaculture animals	俄罗斯 LLC "ROLIZ" 公司 LLC "ROLIZ", Russia	2023.06—2028.06	续展
(2023) 外饲准字 527 号	鱼粉 Fishmeal	红鱼粉（三级） Red Fishmeal (Grade III)	单一饲料 Single Feed	猪、家禽、水产养殖动物，Swine, Poultry, Aquaculture animals	智利三文鱼油公司（Calbuco 工厂） Salmonoil S. A. (Calbuco Plant), Chile	2023.06—2028.06	续展
(2023) 外饲准字 528 号	白鱼粉 White Fishmeal	白鱼粉（二级） White Fishmeal (II)	单一饲料 Single Feed	家禽，水产养殖动物 Poultry, Aquaculture animals	俄罗斯 "AKROS" Fishing JSC 公司 "AKROS" Fishing JSC, Russia	2023.06—2028.06	续展
(2023) 外饲准字 529 号	鱼粉 Fishmeal	红鱼粉（三级） Red Fishmeal (Grade III)	单一饲料 Single Feed	猪、家禽、水产养殖动物，Swine, Poultry, Aquaculture animals	智利 BLUMAR SA, CORRAL 工厂 BLUMAR SA, CORRAL PLANT, Chile	2023.06—2028.06	续展
(2023) 外饲准字 530 号	鱼粉 Fishmeal	红鱼粉（三级） Red Fishmeal (III)	单一饲料 Single Feed	猪、家禽、水产养殖动物，Swine, Poultry, Aquaculture animals	厄瓜多尔 POLAR 渔业公司 EMPRESA PESQUERA POLAR S. A., Ecuador	2023.06—2028.06	续展
(2023) 外饲准字 531 号	白鱼粉 White Fishmeal	白鱼粉（一级） White Fishmeal (I)	单一饲料 Single Feed	养殖动物 All species or categories of animals	俄罗斯 PILENGA 公司（工船 PILENGA-2 CH-16H） JSC PILENGA (F/V "PILENGA-2" CH-16H), Russia	2023.06—2028.06	续展
(2023) 外饲准字 532 号	白鱼粉 White Fishmeal	白鱼粉（一级） White Fishmeal (I)	单一饲料 Single Feed	畜禽、水产养殖动物（反刍动物除外） Livestock, Poultry, Aquaculture animals (Not including ruminant)	俄罗斯 PILENGA 公司（工船 PILENGA CH-01H） JSC PILENGA (F/V "PILENGA" CH-01H), Russia	2023.06—2028.06	续展
(2023) 外饲准字 533 号	鱼粉 Fishmeal	秘鲁蒸汽干燥鱼粉（三级） PERUVIAN STEAM DRIED FISHMEAL (III)	单一饲料 Single Feed	畜禽、水产养殖动物（反刍动物除外） Livestock, Poultry, Aquaculture animals (Not including ruminant)	秘鲁 CFG INVESTMENT S. A. C. 公司 PARACAS 工厂 CFG INVESTMENT S. A. C., Plant PARACAS, Peru	2023.06—2028.06	续展

（续）

登记证号	通用名称	商品名称	产品类别	使用范围	生产厂家	有效期限	备注
（2023）外饲准字 534 号	鱼配合饲料 Fish Compound Feed	三福饲料（鱼饲料 0.2～12mm） Fish Feed	配合饲料 Compound Feed	鱼 Fish	智利维它公司 VITAPRO CHILE S. A.，Chile	2023.06—2028.06	续展
（2023）外饲准字 535 号	饲料添加剂 天然类固醇萨洒皂角苷（源自丝兰） Feed Additive YUCCA（Yucca Schidigera Extract）	皂苷宝 BIO-YUCCA	饲料添加剂 Feed Additive	养殖动物 All species or categories of animals	美国国际生物营养有限公司 Bio-Nutrition International，Inc.，USA	2023.06—2028.06	续展
（2023）外饲准字 536 号	饲料添加剂 二甲酸钾 Feed Additive Potassium Diformate	爱康美 FORMI®	饲料添加剂 Feed Additive	猪 Swine	爱德康挪威公司 ADDCON Nordic AS，Norway	2023.06—2028.06	续展
（2023）外饲准字 537 号	饲料添加剂 丙酸 Feed Additive Propionic Acid	露保细® Luprosil®	饲料添加剂 Feed Additive	养殖动物 All species or categories of animals	（德国）巴斯夫欧洲公司 BASF SE，Germany	2023.06—2028.06	续展
（2023）外饲准字 538 号	饲料添加剂 丙三醇 Feed Additive Glycerine	Superol K 甘油，USP＊/FCC Superol K Glycerin，USP＊/FCC	饲料添加剂 Feed Additive	宠物 Pets	（马来西亚）费尔达宝洁油脂化工有限公司 FPG Oleochemicals Sdn. Bhd.，Malaysia	2023.06—2028.06	续展
（2023）外饲准字 539 号	饲料添加剂 丙二醇 Feed Additive Propylene glycol	丙二醇 GLYCO-PLUS	饲料添加剂 Feed Additive	畜禽 Livestock，Poultry	意大利新饲料团队责任有限公司 New Feed Team srl，Italy	2023.06—2028.06	续展
（2023）外饲准字 540 号	混合型饲料添加剂 柠檬酸 甲酸钙 Feed Additives Mixture Citric Acid Calcium Formate	赛弗 HT SAFE HT	混合型饲料添加剂 Feed Additives Mixture	猪、牛、家禽 Swine，Cattle，Poultry	意大利新饲料团队责任有限公司 New Feed Team srl，Italy	2023.06—2028.06	续展
（2023）外饲准字 541 号	混合型饲料添加剂 苹果酸 氨基酸 维生素 Feed Additives Mixture Malic Acid Amino Acids Vitamins	百舒泰（液体） VIUSID VET（Liquid）	混合型饲料添加剂 Feed Additives Mixture	畜禽、水产养殖动物 Livestock，Poultry，Aquaculture animals	凯塔斯（西班牙）有限公司 CATALYSIS，S. L.，Spain	2023.06—2028.06	续展

（续）

登记证号	通用名称	商品名称	产品类别	使用范围	生产厂家	有效期限	备注
(2023) 外饲准字 542 号	混合型饲料添加剂 桉叶油 Feed Additives Mixture Eucalyptus Essential Oil	美福露 Menflu	混合型饲料添加剂 Feed Additives Mixture	养殖动物 All species or categories of animals	台湾信逢股份有限公司 New Well Power Co. Ltd.	2023. 06—2028. 06	续展
(2023) 外饲准字 543 号	混合型饲料添加剂 矿物元素 Feed Additive Mixture Minerals	犊牛用补液盐片 HydraBoost calf Tab	混合型饲料添加剂 Feed Additives Mixture	犊牛 Calves	法国 SYNERGIE PROD SYNERGIE PROD, France	2023. 06—2028. 06	续展
(2023) 外饲准字 544 号	混合型饲料添加剂 维生素 矿物元素 Feed Additives Mixture Vitamins Minerals	好妈咪-1000 BIOSOW PREMIX	混合型饲料添加剂 Feed Additives Mixture	母猪 Sow	新加坡威发药业有限公司 Vetpharm Laboratories (S) Pte. Ltd., Singapore	2023. 06—2028. 06	续展
(2023) 外饲准字 545 号	混合型饲料添加剂 维生素 Feed Additives Mixture Vitamins	威力素 Biolact Premix	混合型饲料添加剂 Feed Additives Mixture	养殖动物 All species or categories of animals	新加坡威发药业有限公司 Vetpharm Laboratories (S) Pte. Ltd., Singapore	2023. 06—2028. 06	续展
(2023) 外饲准字 546 号	混合型饲料添加剂 美国栗树叶提取物 Feed Additives Mixture Chestnut Leaves Extract	丹宁诺 TANNINO 50	混合型饲料添加剂 Feed Additives Mixture	猪、家禽 Swine, Poultry	百尔康（意大利）大药厂 Balchem Italia S. r. l., Italy	2023. 06—2028. 06	续展
(2023) 外饲准字 547 号	混合型饲料添加剂 氯化胆碱 Feed Additives Mixture Choline Chloride	福尔邦 FIBRASE	混合型饲料添加剂 Feed Additives Mixture	反刍动物 Ruminant	百尔康（意大利）大药厂 Balchem Italia S. r. l., Italy	2023. 06—2028. 06	续展
(2023) 外饲准字 548 号	混合型饲料添加剂 L-赖氨酸盐酸盐 Feed Additives Mixture L-Lysine Monohydrochloride	过瘤胃赖氨酸 AjiPro-L	混合型饲料添加剂 Feed Additives Mixture	反刍动物 Ruminant	味之素（美国）哈特兰德公司（工厂） AJINOMOTO HEARTLAND, INC (PLANT), USA	2023. 06—2028. 06	续展
(2023) 外饲准字 549 号	混合型饲料添加剂 枯草芽孢杆菌 地衣芽孢杆菌 Feed Additives Mixture *Bacillus subtilis Bacillus licheniformis*	百奥美—强力宝 BioPlus® YC	混合型饲料添加剂 Feed Additives Mixture	猪、牛、火鸡 Swine, Cattle, Turkeys	科汉森捷克有限公司 Chr. Hansen Czech Republic, s. r. o., Czech Republic	2023. 06—2028. 06	续展

（续）

登记证号	通用名称	商品名称	产品类别	使用范围	生产厂家	有效期限	备注
(2023) 外饲准字 550 号	混合型饲料添加剂 枯草芽孢杆菌 Feed Additives Mixture *Bacillus subtilis*	佳利保 GalliPro®	混合型饲料添加剂 Feed Additives Mixture	鸡 Chicken	科汉森捷克有限公司 Chr. Hansen Czech Republic, s. r. o., Czech Republic	2023.06—2028.06	续展
(2023) 外饲准字 551 号	混合型饲料添加剂 矿物元素 Feed Additives Mixture Minerals	妙产安 Tonipart CH	混合型饲料添加剂 Feed Additives Mixture	母猪 Sow	法国 Mg2mix 有限公司 Mg2mix, France	2023.06—2028.06	续展
(2023) 外饲准字 552 号	犬维生素预混合饲料 Dog Vitamin Premix	优妥 NEUOLAC	添加剂预混合饲料 Feed Additive Premix	犬 Dogs	新加坡威发药业有限公司 Vetpharm Laboratories (S) Pte. Ltd., Singapore	2023.06—2028.06	续展
(2023) 外饲准字 553 号	复合预混合饲料反刍动物用 Premix for Ruminant	派克多 Pectolit 2010	添加剂预混合饲料 Feed Additive Premix	反刍动物 Ruminant	德国麦尔威股份有限公司 Miavit GmbH, Germany	2023.06—2028.06	续展
(2023) 外饲准字 554 号	鱼油 Fish Oil	鱼油（饲料级） Fish Oil (Feed Grade)	单一饲料 Single Feed	畜禽、水产养殖动物（反刍动物除外） Livestock, Poultry, Aquaculture animals (Not including ruminant)	智利 Blumar S. A. 公司 Corral 工厂 Blumar S. A., Plant in Corral, Chile	2023.06—2028.06	续展
(2023) 外饲准字 555 号	豆粕（过瘤胃保护） Soybean Meal (Rumen Bypass Processed)	利乳宝 BIO-PASS	单一饲料 Single Feed	养殖动物 All species or categories of animals	美国国际生物营养有限公司 Bio-Nutrition International, Inc., USA	2023.06—2028.06	续展
(2023) 外饲准字 556 号	柠檬酸糟 Extracted Citric Acid Presscake	饲益美 CitriStim	单一饲料 Single Feed	畜禽、宠物、水产养殖动物 Livestock, Poultry, Pets, Aquaculture animals	美国 ADM 动物营养 ADM Animal Nutrition, USA	2023.06—2028.06	续展
(2023) 外饲准字 557 号	酿酒酵母提取物 *Saccharomyces cerevisiae* Extract	新普乐 NUPRO	单一饲料 Single Feed	养殖动物 All species or categories of animals	美国奥特奇公司 Alltech Inc., USA	2023.06—2028.06	续展

（续）

登记证号	通用名称	商品名称	产品类别	使用范围	生产厂家	有效期限	备注
(2023) 外饲准字 558 号	鱼油 Fish Oil	鱼油（饲料级） Fish Oil (Feed Grade)	单一饲料 Single Feed	畜禽、水产养殖动物（反刍动物除外） Livestock, Poultry, Aquaculture animals (Not including ruminant)	智利三文鱼油公司（Calbuco 工厂） Salmonoil S. A. (Calbuco Plant), Chile	2023. 06—2028. 06	续展
(2023) 外饲准字 559 号	啤酒酵母粉 Brewer's Yeast	永利康 BIOTAMIN AQUA	单一饲料 Single Feed	水产养殖动物 Aquaculture animals	瑞士凯摩福玛股份有限公司 Chemoforma AG, Switzerland	2023. 06—2028. 06	续展
(2023) 外饲准字 560 号	啤酒酵母粉 Brewer's Yeast	爱世康 BIOTAMIN	单一饲料 Single Feed	猪、鸡、牛 Swine, Chicken, Cattle	瑞士凯摩福玛股份有限公司 Chemoforma AG, Switzerland	2023. 06—2028. 06	续展
(2023) 外饲准字 561 号	酿酒酵母细胞壁 *Saccharomyces cerevisiae* cell wall	普壮素 IMMUNOWALL	单一饲料 Single Feed	养殖动物 All species or categories of animals	巴西 Alcoeste Destilaria Fernandópolis S/A 公司 Alcoeste Destilaria Fernandópolis S/A, Brazil	2023. 06—2028. 06	续展
(2023) 外饲准字 562 号	鱼配合饲料 Fish Compound Feed	海丰牌锦鲤观赏鱼饲料 Hai Feng Koi Ornamental Fish Food	配合饲料 Compound Feed	鱼 Fish	台湾海丰饲料股份有限公司 Hai Feng Feeds Co., Ltd.	2023. 06—2028. 06	续展
(2023) 外饲准字 563 号	仔猪配合饲料 Piglet Compound Feed	安补乐 Nutrilac	配合饲料 Compound Feed	仔猪 Piglets	荷兰 Nukamel Productions B. V. 公司 Nukamel Productions B. V., the Netherlands	2023. 06—2028. 06	续展
(2023) 外饲准字 564 号	虾苗配合饲料 Shrimp Fry Compound Feed	滋丰牌滋丰薄片 Tzu Feng Shrimp Flakes (Shrimp Fry)	配合饲料 Compound Feed	虾苗 Shrimp Fry	台湾滋丰水产资材有限公司 Tzu Feng Aquacultural Supplies Co., Ltd	2023. 06—2028. 06	续展
(2023) 外饲准字 565 号	饲料添加剂 甘油脂肪酸脂 Feed Additive Glycerine Fatty Acid Ester	帕斯芙 PALMSURF MCT 60/40	饲料添加剂 Feed Additive	猪、家禽、犊牛、宠物 Swine, Poultry, Calves, Pets	马来西亚 IOI 酯化有限公司 IOI ESTERCHEM (M) SDN BHD, Malaysia	2023. 06—2028. 06	新办

附件 2

换发进口饲料和饲料添加剂产品登记证目录（2023－03）

登记证号	商品名称	通用名称	变更内容	原名称	变更名称
（2023）外饲准字 091 号	LAFEED 80	饲料添加剂 乳酸 Feed Additive Lactic Acid	中文产品名称	普拉克 80	普拉克 LAFEED 80
（2023）外饲准字 185 号	茹勃士 Easy-immune	混合型饲料添加剂：蛋白酶（产自米曲霉） Feed Additives Mixture：Protease（Source：*Aspergillus oryzae*）	中文产品名称	茹勃士	菇勃士
（2023）外饲准字 172 号	安生顺 Escent Plus	混合型饲料添加剂 防霉剂 Feed Additives Mixture Preservatives	中文产品名称	安生顺	壹生佳 S
（2022）外饲准字 477 号	西尔包被氯化胆碱 25% SIL CHOLINE 25% COATED	混合型饲料添加剂 氯化胆碱 Feed Additives Mixture Choline Chloride	申请企业名称	意大利西拉公司 SILA Srl，Italy	意大利西拉公司 SILA S. p. A，Italy
			生产厂家名称	意大利西拉公司 SILA Srl，Via E. Fermi，1，30033 Noale（VE），Italy	意大利西拉公司 SILA S. p. A，Via E. Fermi，1，30033 Noale（VE），Italy

中华人民共和国农业农村部公告

第 695 号

根据《进口饲料和饲料添加剂登记管理办法》有关规定，批准挪威鲍利葛工业公司等 69 家公司生产的 121 种饲料和饲料添加剂产品在我国登记或续展登记，并颁发进口登记证（附件 1）。

批准 3 个产品的中文商品名称、英文商品名称、生产地址名称变更（附件 2）。所登记产品的监督检验，按中华人民共和国国家标准和农业农村部发布的质量标准执行。

特此公告。

附件：1. 进口饲料和饲料添加剂产品登记证目录（2023－04）

2. 换发进口饲料和饲料添加剂产品登记证目录（2023－04）

农业农村部

2023 年 7 月 28 日

附件 1

进口饲料和饲料添加剂产品登记证目录（2023－04）

登记证号	通用名称	商品名称	产品类别	使用范围	生产厂家	有效期限	备注
（2023）外饲准字 566 号	饲料添加剂 木质素磺酸盐 Feed Additive Lignin Sulfonate	木质素磺酸钙 nOrigo 500	饲料添加剂 Feed Additive	养殖动物 All species or categories of animals	挪威鲍利葛工业公司 Borregaard AS，Norway	2023.07—2028.07	新办
（2023）外饲准字 567 号	饲料添加剂 L-精氨酸 Feed Additive L-Arginine	饲料级 L-精氨酸 L-Arginine Feed Grade	饲料添加剂 Feed Additive	养殖动物 All species or categories of animals	韩国大象株式会社 Daesang Corporation，Korea	2023.07—2028.07	新办
（2023）外饲准字 568 号	混合型饲料添加剂 氯化胆碱 Feed Additives Mixture Choline Chloride	科金瑞™ CholiGEM™	混合型饲料添加剂 Feed Additives Mixture	奶牛、肉牛、小型反刍动物 Dairy cattle，Beef cattle，Small ruminants	意大利建明卡夫里亚戈有限公司 Kemin Cavriago S. R. L. Italy	2023.07—2028.07	新办
（2023）外饲准字 569 号	混合型饲料添加剂 烟酰胺 氯化胆碱 Feed Additives Mixture Niacinamide Choline Chloride	优浓奥奶净 OmniGen® C	混合型饲料添加剂 Feed Additives Mixture	家禽、猪、反刍动物 Poultry，Swine，Ruminant	美国王子农产品公司 Prince Agri Products，Inc.，USA	2023.07—2028.07	新办
（2023）外饲准字 570 号	混合型饲料添加剂 天然三萜烯皂角苷（源自可来雅皂角树）、天然类固醇萨洒皂角苷（源自丝兰） Feed Additives Mixture Triterpenic saponins（Quillaja Saponaria Extract），YUCCA（Yucca Schidigera Extract）	增效唛植肥 Magni-Phi Ultra	混合型饲料添加剂 Feed Additives Mixture	猪、家禽、牛、鱼、虾 Swine，Poultry，Cattle，Fish，Shrimp	沙漠王墨西哥公司 Desert King de México，S. de R. L. de C. V.，Mexico	2023.07—2028.07	新办

（续）

登记证号	通用名称	商品名称	产品类别	使用范围	生产厂家	有效期限	备注
(2023) 外饲准字 571 号	混合型饲料添加剂 抗氧化剂 二丁基羟基甲苯（BHT） Feed Additives Mixture Antioxidant Butylated Hydroxytoluene (BHT)	艾及多 Agidol Feed Grade sort P	混合型饲料添加剂 Feed Additives Mixture	养殖动物 All species or categories of animals	（俄罗斯）斯捷尔利塔马克石化厂股份公司 JSC "Sterlitamak Petrochemical Plant", Russia	2023.07—2028.07	新办
(2023) 外饲准字 572 号	混合型饲料添加剂硒代蛋氨酸羟基类似物 Feed Additives Mixture Selenomethionine Hydroxy Analogue	喜利硒 2%硒 Selisseo 2% Se	混合型饲料添加剂 Feed Additives Mixture	养殖动物 All species or categories of animals	德国明赛产品有限公司 MinAscent Leuna Production GmbH, Germany	2023.07—2028.07	新办
(2023) 外饲准字 573 号	混合型饲料添加剂：甲酸 Feed Additives Mixture: Formic acid	巧妙酸（可净） Schaumacid Clean	混合型饲料添加剂 Feed Additives Mixture	猪、鸡、鱼、犬、猫 Swine, Chicken, Fish, Dogs, Cats	德国里格拉纳有限责任公司 Ligrana GmbH, Germany	2023.07—2028.07	新办
(2023) 外饲准字 574 号	混合型饲料添加剂 植物乳杆菌 戊糖片球菌 Feed Additives Mixture *Lactobacillus plantarum Pediococcus pentosaceus*	安贮乐 UO EGALIS® ULTRA OA	混合型饲料添加剂 Feed Additives Mixture	反刍动物 Ruminant	美国奥特奇公司 ALLTECH INC., USA	2023.07—2028.07	新办
(2023) 外饲准字 575 号	混合型饲料添加剂 酶制剂 Feed Additives Mixture Enzymes	特威宝™酶宝（浓缩物） ALLZYME® SPECTRUM CONCENTRATE	混合型饲料添加剂 Feed Additives Mixture	养殖动物 All species or categories of animals	美国奥特奇公司 ALLTECH, INC., USA	2023.07—2028.07	新办
(2023) 外饲准字 576 号	混合型饲料添加剂 酶制剂 Feed Additives Mixture Enzymes	特威宝™酶宝 BY ALLZYME® SPECTRUM BY	混合型饲料添加剂 Feed Additives Mixture	家禽 Poultry	美国奥特奇公司 ALLTECH, INC., USA	2023.07—2028.07	新办
(2023) 外饲准字 577 号	混合型饲料添加剂 蛋白锌 Feed Additives Mixture Zinc Proteinate	奇飞速™ FINFAST™	混合型饲料添加剂 Feed Additives Mixture	猪 Swine	美国奥特奇公司 ALLTECH, INC., USA	2023.07—2028.07	新办

（续）

登记证号	通用名称	商品名称	产品类别	使用范围	生产厂家	有效期限	备注
（2023）外饲准字 578 号	混合型饲料添加剂 调味物质 Feed Additives Mixture Flavouring Substances	NBG 护肠盾 NBG ENTEROSHIELD	混合型饲料添加剂 Feed Additives Mixture	养殖动物 All species or categories of animals	西班牙 BA 股份公司 BAUCELLS ALIBES，S. A.，Spain	2023.07—2028.07	新办
（2023）外饲准字 579 号	混合型饲料添加剂 矿物元素 Feed Additives Mixture Minerals	卓仁库开心露 JorenkuCalciliq	混合型饲料添加剂 Feed Additives Mixture	鸡 Chicken	（丹麦）卓仁库股份有限公司 Jorenku A/S，Denmark	2023.07—2028.07	新办
（2023）外饲准字 580 号	混合型饲料添加剂 香味物质 天然类固醇萨洒皂角苷（源自丝兰） Feed Additives Mixture Flavoring Substances YUCCA（Yucca Schidigera Extract）	奇来福 Q-Life	混合型饲料添加剂 Feed Additives Mixture	家禽 Poultry	韩国易杰生物科技有限公司 EASY BIO，Inc，Korea	2023.07—2028.07	新办
（2023）外饲准字 581 号	观赏鸟用液体复合预混合饲料 Liquid Premixed Feed for Ornamental Birds	繁育期活力素 BREEDER PLUS FERTIL	添加剂预混合饲料 Feed Additive Premix	观赏鸟 Ornamental birds	（意大利）奥尼塔利亚产品服务公司 ORNITALIA PRODUCT SERVICE S. R. L.，Italy	2023.07—2028.07	新办
（2023）外饲准字 582 号	混合型饲料添加剂 枯草芽孢杆菌 Feed Additives Mixture *Bacillus subtilis*	酵益密码（液体） Ferment Cryptogram（Liquid）	混合型饲料添加剂 Feed Additives Mixture	畜禽、水产养殖动物 Livestock，poultry，Aquaculture animals	台湾歌美时企业股份有限公司 Commex Biotechnology Co.，Ltd.	2023.07—2028.07	新办
（2023）外饲准字 583 号	混合型饲料添加剂 枯草芽孢杆菌 Feed Additives Mixture *Bacillus subtilis*	酵益密码（粉末） Ferment Cryptogram（Powder）	混合型饲料添加剂 Feed Additives Mixture	畜禽、水产养殖动物 Livestock，Poultry，Aquaculture animals	台湾歌美时企业股份有限公司 Commex Biotechnology Co.，Ltd.	2023.07—2028.07	新办
（2023）外饲准字 584 号	马复合预混合饲料 氨基酸 维生素 矿物元素 Horse Premix Amino Acids，Vitamins and Minerals	倍活 赛马营养糖浆 Plusvital Racing Syrup	添加剂预混合饲料 Feed Additive Premix	马 Horses	爱尔兰大卫泰勒动物营养有限公司 DAVID TAYLOR ANIMAL NUTR LTD，Ireland	2023.07—2028.07	新办
（2023）外饲准字 585 号	马复合预混合饲料 氨基酸 维生素 矿物元素 Horse Premix Amino Acids Vitamins and Minerals	倍活 成长期骨骼强壮补充剂 Plusvital Breeding Robust	添加剂预混合饲料 Feed Additive Premix	马 Horses	爱尔兰大卫泰勒动物营养有限公司 DAVID TAYLOR ANIMAL NUTR LTD，Ireland	2023.07—2028.07	新办

（续）

登记证号	通用名称	商品名称	产品类别	使用范围	生产厂家	有效期限	备注
(2023) 外饲准字 586 号	马维生素预混合饲料 dl-α-生育酚乙酸酯、维生素 C Horse Vitamin Premix dl-alpha-Tocopherol Acetate, Vitamin C	倍活 高效电解质平衡补充剂 Plusvital Electrolyte Plus	添加剂预混合饲料 Feed Additive Premix	马 Horses	爱尔兰大卫泰勒动物营养有限公司 DAVID TAYLOR ANIMAL NUTR LTD, Ireland	2023.07—2028.07	新办
(2023) 外饲准字 587 号	马复合预混合饲料 氨基酸 维生素 矿物元素 Horse Premix Amino Acids Vitamins and Minerals	倍活 繁育成长营养糖浆 Plusvital Breeding Syrup	添加剂预混合饲料 Feed Additive Premix	马 Horses	爱尔兰大卫泰勒动物营养有限公司 DAVID TAYLOR ANIMAL NUTR LTD, Ireland	2023.07—2028.07	新办
(2023) 外饲准字 588 号	马复合预混合饲料 氨基酸 维生素 矿物元素 Horse Premix Amino Acids Vitamins and Minerals	倍活 运动营养糖浆 Plusvital Sport Syrup	添加剂预混合饲料 Feed Additive Premix	马 Horses	爱尔兰大卫泰勒动物营养有限公司 DAVID TAYLOR ANIMAL NUTR LTD, Ireland	2023.07—2028.07	新办
(2023) 外饲准字 589 号	马复合预混合饲料 氨基酸 维生素 矿物元素 微生物 Horse Premix Amino Acids Vitamins Minerals and Live Micro-organisms	倍活 肠胃功能调节补充剂 Plusvital Neutragast	添加剂预混合饲料 Feed Additive Premix	马 Horses	爱尔兰大卫泰勒动物营养有限公司 DAVID TAYLOR ANIMAL NUTR LTD, Ireland	2023.07—2028.07	新办
(2023) 外饲准字 590 号	赛鸽用复合预混料 矿物元素 Compound Premix for Racing Pigeon only Minerals	比尔佳液体矿物预混剂 Belgasol®	添加剂预混合饲料 Feed Additive Premix	鸽 Pigeon	（荷兰）比尔佳迪威德公司 BELGICA DE WEERD B. V., the Netherlands	2023.07—2028.07	新办
(2023) 外饲准字 591 号	禽用复合预混合饲料 Compound Premix for Poultry	朋特力核苷营养液 POULTRY TONIC WITH NUCLEOTIDES	添加剂预混合饲料 Feed Additive Premix	家禽 Poultry	南非爱仕科有限公司 Ashkan Consulting (Pty) Ltd, South Africa	2023.07—2028.07	新办
(2023) 外饲准字 592 号	大豆浓缩蛋白 Soybean Protein Concentrate	AX3 Gastric® GMO 大豆浓缩蛋白 AX3 Gastric® GMO	单一饲料 Single Feed	养殖动物 All species or categories of animals	丹麦 Triple A 公司 Triple A a/s, Denmark	2023.07—2028.07	新办

（续）

登记证号	通用名称	商品名称	产品类别	使用范围	生产厂家	有效期限	备注
(2023) 外饲准字 593 号	酵母水解物 Yeast Hydrolysate	乳脉嘉 Rumen Yeast	单一饲料 Single Feed	牛 Cattle	巴西 ICC Industrial Com. Exp. E Imp. S. A. 公司 Macatuba 工厂 ICC Industrial Com. Exp. E Imp. S. A, Macatuba Plant, Brazil	2023.07—2028.07	新办
(2023) 外饲准字 594 号	酵母水解物 Yeast Hydrolysate	赖斯壮 Lyscell	单一饲料 Single Feed	猪、禽、水产养殖动物、宠物、牛、马 Swine, Poultry, Aquaculture animals, Pet, Cattle, Horses	巴西 ICC Industrial Com. Exp. E Imp. S. A. 公司 Macatuba 工厂 ICC Industrial Com. Exp. E Imp. S. A, Macatuba Plant, Brazil	2023.07—2028.07	新办
(2023) 外饲准字 595 号	酵母细胞壁 Yeast Cell Wall	普壮素 Immunowall	单一饲料 Single Feed	猪、禽、水产养殖动物、宠物、牛、马 Swine, Poultry, Aquaculture animals, Pet, Cattle, Horses	巴西 ICC Industrial Com. Exp. E Imp. S. A. 公司 Macatuba 工厂 ICC Industrial Com. Exp. E Imp. S. A, Macatuba Plant, Brazil	2023.07—2028.07	新办
(2023) 外饲准字 596 号	酿酒酵母细胞壁 *Saccharomyces cerevisiae* Cell Wall	葡励晃 M-Glucan	单一饲料 Single Feed	养殖动物 All species or categories of animals	丹麦 De Danske Gærfabrikker A/S 公司 De Danske Gærfabrikker A/S, Denmark	2023.07—2028.07	新办
(2023) 外饲准字 597 号	猪肉骨粉 Pork Bone and Meat Meal	优壮 L Pork Meat Meal	单一饲料 Single Feed	猪、家禽、水产养殖动物 Swine, Poultry, Aquaculture animals	(西班牙) 美味小猪 LE PORC GOURMET, S. A, Spain	2023.07—2028.07	新办
(2023) 外饲准字 598 号	磷虾粉 KRILL MEAL	磷虾粉 KRILL MEAL	单一饲料 Single Feed	水产养殖动物 Aquaculture animals	韩国东远产业株式会社 (BUSAN COLD STORAGE CENTER) DONGWAN INDUSTRIES CO., LTD BUSAN COLD STORAGE CENTER, Korea	2023.07—2028.07	新办

（续）

登记证号	通用名称	商品名称	产品类别	使用范围	生产厂家	有效期限	备注
(2023) 外饲准字 599 号	鱼油 Fish Oil	鱼油（饲料级） Fish Oil (feed grade)	单一饲料 Single Feed	家禽、水产养殖动物 Poultry, Aquaculture animals	俄罗斯 LLC "MAGADANTRALFLOT" 公司 LLC "MAGADANTRALFLOT", Russia	2023.07—2028.07	新办
(2023) 外饲准字 600 号	鱼油 Fish Oil	鱼油（饲料级） Fish Oil (Feed Grade)	单一饲料 Single Feed	猪、家禽、水产养殖动物 Swine, Poultry, Aquaculture animal	巴基斯坦阿比登公司 ABIDEEN AND COMPANY, Pakistan	2023.07—2028.07	新办
(2023) 外饲准字 601 号	牛肉骨粉 Bovine Meat and Bone Meal	牛肉骨粉 Bovine Meat and Bone Meal	单一饲料 Single Feed	猪、家禽、宠物 Swine, Poultry, Pets	乌拉圭 Frigorifico Matadero Pando (Ontilcor S. A.) 公司 Frigorifico Matadero Pando (Ontilcor S. A.), Uruguay	2023.07—2028.07	新办
(2023) 外饲准字 602 号	牛肉骨粉 Bovine Meat and Bone Meal	牛肉骨粉 Bovine Meat and Bone Meal	单一饲料 Single Feed	猪、家禽、宠物 Swine, Poultry, Pets	阿根廷钻石蛋白公司 DIAMOND PROTEIN S. A., Argentina	2023.07—2028.07	新办
(2023) 外饲准字 603 号	鱼粉 Fishmeal	红鱼粉（三级） Brown Fishmeal (Grade III)	单一饲料 Single Feed	猪、家禽、宠物 Swine, Poultry, Pets	阿曼金鳍国际有限责任公司 GOLD FIN INTERNATIONAL LLC, Oman	2023.07—2028.07	新办
(2023) 外饲准字 604 号	鱼油 Fish oil	鱼油（饲料级） Fish Oil (Feed Grade)	单一饲料 Single Feed	猪、家禽、宠物 Swine, Poultry, Pets	阿曼金鳍国际有限责任公司 GOLD FIN INTERNATIONAL LLC, Oman	2023.07—2028.07	新办
(2023) 外饲准字 605 号	白鱼粉 White Fishmeal	白鱼粉（二级） White Fishmeal	单一饲料 Single Feed	畜禽、水产养殖动物（反刍动物除外） Livestock, Poultry, Aquaculture animal (Not including ruminant)	（俄罗斯）德弗里斯有限公司沙皇渔业加工母船 LLC "DEFRISE" Fish Factory Vessel "TSAR", Russia	2023.07—2028.07	新办

（续）

登记证号	通用名称	商品名称	产品类别	使用范围	生产厂家	有效期限	备注
(2023) 外饲准字 606 号	鱼粉 Fishmeal	鱼粉（三级） Fishmeal（Ⅲ）	单一饲料 Single Feed	家禽、水产养殖动物 Poultry, Aquaculture animal	越南智兴进出口生产贸易有限责任公司 TRIHUNG PRODUCING TRADING IM-EXPORT COMPANY LIMITED, Vietnam	2023.07—2028.07	新办
(2023) 外饲准字 607 号	鱼粉 Fishmeal	双马海鱼粉（三级） Double Horse Sea Fishmeal	单一饲料 Single Feed	畜禽、水产养殖动物（反刍动物除外） Livestock, Poultry, Aquaculture animal (Not including ruminant)	越南禾瑞康水产物料加工有限公司 HONOROAD VIETNAM AQUATIC FEED INGREDIENT PROCESSING CO., LTD, Vietnam	2023.07—2028.07	新办
(2023) 外饲准字 608 号	鱼粉 Fishmeal	双马鱼粉（三级至二级） Double Horse Fishmeal	单一饲料 Single Feed	畜禽、水产养殖动物（反刍动物除外） Livestock, Poultry, Aquaculture animal (Not including ruminant)	越南禾瑞康水产物料加工有限公司 HONOROAD VIETNAM AQUATIC FEED INGREDIENT PROCESSING CO., LTD, Vietnam	2023.07—2028.07	新办
(2023) 外饲准字 609 号	观赏鸟配合饲料 Compound Feed of Ornamental Birds	红色鸡蛋食品 WIMOSOFT ROSSO	配合饲料 Compound Feed	观赏鸟 Ornamental birds	（意大利）奥尼塔利亚产品服务公司 ORNITALIA PRODUCT SERVICE S. R. L., Italy	2023.07—2028.07	新办
(2023) 外饲准字 610 号	观赏鸟配合饲料 Compound Feed of Ornamental Birds	完美雀科鸡蛋食品 NO PROBLEM	配合饲料 Compound Feed	观赏鸟 Ornamental birds	（意大利）奥尼塔利亚产品服务公司 ORNITALIA PRODUCT SERVICE S. R. L., Italy	2023.07—2028.07	新办
(2023) 外饲准字 611 号	观赏鸟配合饲料 Compound Feed of Ornamental Birds	完美金丝雀鸡蛋食品 NO PROBLEM CANARINI	配合饲料 Compound Feed	观赏鸟 Ornamental birds	（意大利）奥尼塔利亚产品服务公司 ORNITALIA PRODUCT SERVICE S. R. L., Italy	2023.07—2028.07	新办
(2023) 外饲准字 612 号	宠物营养补充剂 葡萄糖胺和硫酸软骨素 Pet Nutrition Supplement Glucosamine and Chondroitin Sulphate	Suppleo 关节舒 Suppleo JOINT COMFORT	宠物添加剂预混合饲料 Pet Feed Additive Premix	犬、猫 Dogs, Cats	意大利弗兰肯股份有限公司 FRIULCHEM S. p. A, Italy	2023.07—2028.07	新办

（续）

登记证号	通用名称	商品名称	产品类别	使用范围	生产厂家	有效期限	备注
(2023) 外饲准字 613 号	宠物营养补充剂 微量元素和维生素 Pet Nutrition Supplement Trace Elements and Vitamins	Suppleo 皮毛康 Suppleo BIO-SKIN	宠物添加剂预混合饲料 Pet Feed Additive Premix	犬、猫 Dogs，Cats	意大利弗兰肯股份有限公司 FRIULCHEM S. p. A，Italy	2023. 07—2028. 07	新办
(2023) 外饲准字 614 号	宠物营养补充剂犬和猫酶制剂 Pet Nutritional Supplements Enzyme for Dogs and Cats	益酶乐 Zymogens	宠物添加剂预混合饲料 Pet Feed Additive Premix	犬、猫 Dogs，Cats	（台湾）瑨智国际宠物科技有限公司（东区） WISDOM International Pet Science Co.，LTD.（East District）	2023. 07—2028. 07	新办
(2023) 外饲准字 615 号	宠物营养补充剂 L-色氨酸 透明质酸 Pet Nutritional Supplements L-tryptophan Hyaluronic Acid	沙斯多芬 Protexin Cystophan	宠物添加剂预混合饲料 Pet Feed Additive Premix	猫 Cats	ADM 英国普乐特新有限公司 ADM Protexin Limited，UK	2023. 07—2028. 07	新办
(2023) 外饲准字 616 号	宠物营养补充剂 Pet Nutrition Supplement	博乐丹—应激营养液 KalmAid	宠物添加剂预混合饲料 Pet Feed Additive Premix	犬、猫 Dogs，Cats	卡尔公司（爱尔兰工厂） Swedencare Ireland Ltd.，Ireland	2023. 07—2028. 07	新办
(2023) 外饲准字 617 号	宠物营养补充剂 Pet Nutrition Supplement	博乐丹—关节健 ArthriAid Omega	宠物添加剂预混合饲料 Pet Feed Additive Premix	犬、猫 Dogs，Cats	卡尔公司（爱尔兰工厂） Swedencare Ireland Ltd.，Ireland	2023. 07—2028. 07	新办
(2023) 外饲准字 618 号	宠物营养补充剂 Pet Nutrition Supplement	博乐丹—赖氨酸膏（猫用） LysineAid Gel	宠物添加剂预混合饲料 Pet Feed Additive Premix	猫 Cats	卡尔公司（爱尔兰工厂） Swedencare Ireland Ltd.，Ireland	2023. 07—2028. 07	新办
(2023) 外饲准字 619 号	宠物营养补充剂 Pet Nutrition Supplement	博乐丹—应激膏（猫用） KalmAid Gel	宠物添加剂预混合饲料 Pet Feed Additive Premix	猫 Cats	卡尔公司（爱尔兰工厂） Swedencare Ireland Ltd.，Ireland	2023. 07—2028. 07	新办
(2023) 外饲准字 620 号	宠物营养补充剂 葡萄糖胺盐酸盐硫酸软骨素 Pet Nutrition Supplement Glucosamine Hydrochloride Chondroitin Sulfate	丰兹跃 FuzziFrand Jointphirst Tablets	宠物添加剂预混合饲料 Pet Feed Additive Premix	犬、猫 Dogs，Cats	美国嘉曼公司 Garmon Corporation，USA	2023. 07—2028. 07	新办

（续）

登记证号	通用名称	商品名称	产品类别	使用范围	生产厂家	有效期限	备注
(2023) 外饲准字 621 号	宠物营养补充剂 Pet Nutrition Supplement	优纤宝 WEIGHT CONTROL BOOSTER	宠物添加剂预混合饲料 Pet Feed Additive Premix	犬、猫 Dogs，Cats	（台湾）沛富生物科技股份有限公司 PETFOOD BIOTECHNOLOGY CO., LTD	2023.07—2028.07	新办
(2023) 外饲准字 622 号	宠物营养补充剂 Pet Nutrition Supplement	舒肤净 SKIN & HAIR HEALTH BOOSTER	宠物添加剂预混合饲料 Pet Feed Additive Premix	犬、猫 Dogs，Cats	（台湾）沛富生物科技股份有限公司 PETFOOD BIOTECHNOLOGY CO., LTD	2023.07—2028.07	新办
(2023) 外饲准字 623 号	全价宠物食品 幼年期猫粮 Compound Pet Food Kitten Cat Food	伟嘉®妙鲜包®全价幼猫猫粮海洋鱼味 Whiskas® Pouch Kitten Ocean Fish Flavor	宠物配合饲料 Pet Compound Feed	猫 Cats	玛氏宠物护理泰国公司 Mars Petcare (Thailand) Co., Ltd., Thailand	2023.07—2028.07	新办
(2023) 外饲准字 624 号	全价宠物食品 幼年期猫粮 Compound Pet Food Kitten Cat Food	伟嘉®妙鲜包®全价幼猫猫粮牛肉味 Whiskas® Pouch Kitten Beef Flavor	宠物配合饲料 Pet Compound Feed	猫 Cats	玛氏宠物护理泰国公司 Mars Petcare (Thailand) Co., Ltd., Thailand	2023.07—2028.07	新办
(2023) 外饲准字 625 号	全价宠物食品 成年期老年期猫粮 Compound Pet Food Adult and Senior Cat Food	伟嘉®妙鲜包®全价大龄猫猫粮海洋鱼味 Whiskas® Pouch Senior Cat Ocean Fish Flavor	宠物配合饲料 Pet Compound Feed	猫 Cats	玛氏宠物护理泰国公司 Mars Petcare (Thailand) Co., Ltd., Thailand	2023.07—2028.07	新办
(2023) 外饲准字 626 号	全价宠物食品 成年期猫粮 Compound Pet Food Adult Cat Food	伟嘉®妙鲜包®全价成猫猫粮牛肉味 Whiskas® Pouch Adult Cat Beef Flavor	宠物配合饲料 Pet Compound Feed	猫 Cats	玛氏宠物护理泰国公司 Mars Petcare (Thailand) Co., Ltd., Thailand	2023.07—2028.07	新办
(2023) 外饲准字 627 号	全价宠物食品 成年期猫粮 Compound Pet Food Adult Cat Food	伟嘉®妙鲜包®全价成猫猫粮金枪鱼味 Whiskas® Pouch Adult Cat Tuna Flavor	宠物配合饲料 Pet Compound Feed	猫 Cats	玛氏宠物护理泰国公司 Mars Petcare (Thailand) Co., Ltd., Thailand	2023.07—2028.07	新办

（续）

登记证号	通用名称	商品名称	产品类别	使用范围	生产厂家	有效期限	备注
(2023) 外饲准字 628 号	全价宠物食品 成年期猫粮 Compound Pet Food Adult Cat Food	伟嘉®妙鲜包®全价成猫猫粮鸡肉味 Whiskas® Pouch Adult Cat Chicken Flavor	宠物配合饲料 Pet Compound Feed	猫 Cats	玛氏宠物护理泰国公司 Mars Petcare（Thailand）Co.，Ltd.，Thailand	2023.07—2028.07	新办
(2023) 外饲准字 629 号	全价宠物食品 成年期猫粮 Compound Pet Food Adult Cat Food	伟嘉®妙鲜包®全价成猫猫粮海洋鱼味 Whiskas® Pouch Adult Cat Ocean Fish Flavor	宠物配合饲料 Pet Compound Feed	猫 Cats	玛氏宠物护理泰国公司 Mars Petcare（Thailand）Co.，Ltd.，Thailand	2023.07—2028.07	新办
(2023) 外饲准字 630 号	全价宠物食品 幼年期猫粮 Compound Pet Food Kitten Cat Food	伟嘉®妙鲜包®全价幼猫猫粮金枪鱼味 Whiskas® Pouch Kitten Tuna Flavor	宠物配合饲料 Pet Compound Feed	猫 Cats	玛氏宠物护理泰国公司 Mars Petcare（Thailand）Co.，Ltd.，Thailand	2023.07—2028.07	新办
(2023) 外饲准字 631 号	全价宠物食品 犬粮 Pet Compound Feed for Dogs	Stella & Chewy's 星益生趣无谷 RC 冻干涂层低温烘焙犬粮—无笼散养鸡肉配方 Stella & Chewy's Grain-Free Freeze Dried Raw Coated Baked Dog Kibble-Cage Free Chicken	宠物配合饲料 Pet Compound Feed	犬 Dogs	星益生趣宠物食品美国总公司 STELLA & CHEWY'S LLC，USA	2023.07—2028.07	新办
(2023) 外饲准字 632 号	全价宠物食品 犬粮 Pet Compound Feed for Dogs	Stella & Chewy's 星益生趣无谷 RB 冻干混合低温烘焙犬粮—无笼散养鸡肉配方添加鸭肉鹌鹑肉 Stella & Chewy's Grain-Free Freeze Dried Raw Blend Baked Dog Kibble-Cage Free Chicken with Duck & Quail	宠物配合饲料 Pet Compound Feed	犬 Dogs	星益生趣宠物食品美国总公司 STELLA & CHEWY'S LLC，USA	2023.07—2028.07	新办

（续）

登记证号	通用名称	商品名称	产品类别	使用范围	生产厂家	有效期限	备注
（2023）外饲准字 633 号	全价宠物食品 犬粮 Pet Compound Feed for Dogs	Stella & Chewy's 星益生趣无谷 RC 冻干涂层低温烘焙犬粮—含无笼散养鸭肉配方 Stella & Chewy's Grain-Free Freeze Dried Raw Coated Baked Dog Kibble-Cage Free Duck	宠物配合饲料 Pet Compound Feed	犬 Dogs	星益生趣宠物食品美国总公司 STELLA & CHEWY'S LLC，USA	2023.07—2028.07	新办
（2023）外饲准字 634 号	全价宠物食品 犬粮 Pet Compound Feed for Dogs	Stella & Chewy's 星益生趣无谷 RC 冻干涂层低温烘焙犬粮—含草饲牛肉 Stella & Chewy's Grain-Free Freeze Dried Raw Coated Baked Dog Kibble-Grass Fed Beef	宠物配合饲料 Pet Compound Feed	犬 Dogs	星益生趣宠物食品美国总公司 STELLA & CHEWY'S LLC，USA	2023.07—2028.07	新办
（2023）外饲准字 635 号	全价 幼年期猫粮 Complete Cat Food For Kitten	Dr. Gary's BEST BREED 贝思比全方位幼年营养全价猫粮 Dr. Gary's Best Breed Holistic Kitten Recipe	宠物配合饲料 Pet Compound Feed	猫 Cats	美国俄亥俄宠物食品有限责任公司 Ohio Pet Foods Inc，USA	2023.07—2028.07	新办
（2023）外饲准字 636 号	全价 犬粮 Complete Dog Food	Dr. Gary's BEST BREED 贝思比海洋食谱无谷三文鱼白身鱼蔬菜配方全价犬粮 Dr. Gary's Best Breed Grain Free Ocean Recipe Salmon & Whitefish Meals with Vegetables	宠物配合饲料 Pet Compound Feed	犬 Dogs	美国俄亥俄宠物食品有限责任公司 Ohio Pet Foods Inc，USA	2023.07—2028.07	新办

（续）

登记证号	通用名称	商品名称	产品类别	使用范围	生产厂家	有效期限	备注
(2023) 外饲准字 637 号	全价宠物食品小型犬犬粮 Pet Compound Food for Small Breed Dogs	Instinct 生鲜本能经典无谷鸡肉配方小型犬犬粮 Instinct Original Grain-Free Recipe with Real Chicken for Small Breed Dogs	宠物配合饲料 Pet Compound Feed	犬 Dogs	美国阿尔菲亚集团西捷食品股份有限公司 ALPHIA DBA C J FOODS INC，USA	2023.07—2028.07	新办
(2023) 外饲准字 638 号	全价宠物食品小型犬犬粮 Pet Compound Food for Small Breed Dogs	Instinct 生鲜本能原食生鲜无谷鸡肉配方小型犬犬粮 Instinct Raw Boost Grain-Free Recipe with Real Chicken for Small Breed Dogs	宠物配合饲料 Pet Compound Feed	犬 Dogs	美国阿尔菲亚集团西捷食品股份有限公司 ALPHIA DBA C J FOODS INC，USA	2023.07—2028.07	新办
(2023) 外饲准字 639 号	全价宠物食品幼年期犬粮 Pet Compound Food for Puppy	宠物健康优选美味系列幼犬粮 Pet Optimizing Healthy Delicious Recipe for Puppy	宠物配合饲料 Pet Compound Feed	犬 Dogs	泰国 Nutrix Public 有限公司 Nutrix Public Company Limited，Thailand	2023.07—2028.07	新办
(2023) 外饲准字 640 号	全价宠物食品犬粮 Pet Compound Food for Dog	MSXWELR 麦乐斯极致领先系列三文鱼味犬粮 MSXWELR Extreme Pioneer Salmon Flavor for Dog	宠物配合饲料 Pet Compound Feed	犬 Dogs	泰国 Nutrix Public 有限公司 Nutrix Public Company Limited，Thailand	2023.07—2028.07	新办
(2023) 外饲准字 641 号	全价宠物食品成年期猫粮 Pet Complete Food for Adult Cats	粉钻无谷主食成猫罐牛肉配方 PINK DIAMOND Grain Free Beef Recipe for Adult Cat	宠物配合饲料 Pet Compound Feed	猫 Cats	新西兰 PetfoodNZ 国际有限公司 PetfoodNZ International Limited，New Zealand	2023.07—2028.07	新办

（续）

登记证号	通用名称	商品名称	产品类别	使用范围	生产厂家	有效期限	备注
(2023) 外饲准字 642 号	全价宠物食品成年期猫粮 Pet Complete Food for Adult Cats	粉钻无谷主食成猫罐鸡肉配方 PINK DIAMOND Grain Free Chicken Recipe for Adult Cat	宠物配合饲料 Pet Compound Feed	猫 Cats	新西兰 PetfoodNZ 国际有限公司 PetfoodNZ International Limited，New Zealand	2023.07—2028.07	新办
(2023) 外饲准字 643 号	全价宠物食品成年期猫粮 Pet Complete Food for Adult Cats	粉钻无谷主食成猫罐羊肉配方 PINK DIAMOND Grain Free Lamb Recipe for A-dult Cat	宠物配合饲料 Pet Compound Feed	猫 Cats	新西兰 PetfoodNZ 国际有限公司 PetfoodNZ International Limited，New Zealand	2023.07—2028.07	新办
(2023) 外饲准字 644 号	全价宠物食品成年期猫粮 Pet Complete Food for Adult Cats	粉钻无谷主食成猫罐三文鱼配方 PINK DIAMOND Grain Free Salmon Recipe for Adult Cat	宠物配合饲料 Pet Compound Feed	猫 Cats	新西兰 PetfoodNZ 国际有限公司 PetfoodNZ International Limited，New Zealand	2023.07—2028.07	新办
(2023) 外饲准字 645 号	全价宠物食品成年期猫粮 Pet Complete Food for Adult Cats	粉钻无谷主食成猫罐鹿肉配方 PINK DIAMOND Grain Free Venison Recipe for Adult Cat	宠物配合饲料 Pet Compound Feed	猫 Cats	新西兰 PetfoodNZ 国际有限公司 PetfoodNZ International Limited，New Zealand	2023.07—2028.07	新办
(2023) 外饲准字 646 号	全价宠物食品成年期猫粮 Pet Complete Food for Adult Cats	枫趣牛肉配方主食成猫罐 Pronature beef recipe a-dult cat canned food	宠物配合饲料 Pet Compound Feed	猫 Cats	新西兰 PetfoodNZ 国际有限公司 PetfoodNZ International Limited，New Zealand	2023.07—2028.07	新办
(2023) 外饲准字 647 号	全价宠物食品成年期猫粮 Pet Complete Food for Adult Cats	枫趣鸡肉配方主食成猫罐 Pronature chicken recipe adult cat canned food	宠物配合饲料 Pet Compound Feed	猫 Cats	新西兰 PetfoodNZ 国际有限公司 PetfoodNZ International Limited，New Zealand	2023.07—2028.07	新办

（续）

登记证号	通用名称	商品名称	产品类别	使用范围	生产厂家	有效期限	备注
(2023) 外饲准字 648 号	全价宠物食品成年期猫粮 Pet Complete Food for Adult Cats	枫趣羊肉配方主食成猫罐 Pronature lamb recipe adult cat canned food	宠物配合饲料 Pet Compound Feed	猫 Cats	新西兰 PetfoodNZ 国际有限公司 PetfoodNZ International Limited, New Zealand	2023.07—2028.07	新办
(2023) 外饲准字 649 号	全价宠物食品成年期猫粮 Pet Complete Food for Adult Cats	枫趣三文鱼配方主食成猫罐 Pronature salmon recipe adult cat canned food	宠物配合饲料 Pet Compound Feed	猫 Cats	新西兰 PetfoodNZ 国际有限公司 PetfoodNZ International Limited, New Zealand	2023.07—2028.07	新办
(2023) 外饲准字 650 号	全价宠物食品成年期猫粮 Pet Complete Food for Adult Cats	枫趣鹿肉配方主食成猫罐 Pronature venison recipe adult cat canned food	宠物配合饲料 Pet Compound Feed	猫 Cats	新西兰 PetfoodNZ 国际有限公司 PetfoodNZ International Limited, New Zealand	2023.07—2028.07	新办
(2023) 外饲准字 651 号	饲料添加剂 L-缬氨酸 Feed Additive L-Valine	饲料级 L-缬氨酸 L-Valine Feed Grade	饲料添加剂 Feed Additive	养殖动物 All species or categories of animals	韩国大象株式会社 Daesang Corporation, Korea	2023.07—2028.07	续展
(2023) 外饲准字 652 号	饲料添加剂 L-精氨酸 Feed Additive L-Arginine	饲料级 L-精氨酸 L-Arginine Feed Grade	饲料添加剂 Feed Additive	养殖动物 All species or categories of animals	韩国大象株式会社 Daesang Corporation, Korea	2023.07—2028.07	续展
(2023) 外饲准字 653 号	鱼粉 Fishmeal	红鱼粉（三级） Red Fishmeal (Grade III)	单一饲料 Single Feed	畜禽、水产养殖动物（反刍动物除外） Livestock, Poultry, Aquaculture animals (Not including ruminant)	智利 FIORDO AUSTRAL 渔业公司 PESQUERA FIORDO AUSTRAL S. A., Chile	2023.07—2028.07	续展
(2023) 外饲准字 654 号	鱼粉 Fishmeal	红鱼粉（三级） Red Fishmeal (III)	单一饲料 Single Feed	家禽、猪、水产养殖动物 Poultry, Swine, Aquaculture animals	墨西哥 Maz Industrial, S. A. de C. V. 公司 Maz Industrial, S. A. de C. V., Mexico	2023.07—2028.07	续展

（续）

登记证号	通用名称	商品名称	产品类别	使用范围	生产厂家	有效期限	备注
(2023) 外饲准字 655 号	鱼粉 Fishmeal	红鱼粉（三级）Red Fishmeal (III)	单一饲料 Single Feed	畜禽、水产养殖动物（反刍动物除外）Livestock, Poultry, Aquaculture animals (Not including ruminant)	新西兰独立渔业有限公司 INDEPENDENT FISHERIES LTD, New Zealand	2023.07—2028.07	续展
(2023) 外饲准字 656 号	白鱼粉 White Fishmeal	白鱼粉（二级）White Fishmeal (II)	单一饲料 Single Feed	畜禽、水产养殖动物（反刍动物除外）Livestock, Poultry, Aquaculture animals (Not including ruminant)	新西兰独立渔业有限公司 INDEPENDENT FISHERIES LTD, New Zealand	2023.07—2028.07	续展
(2023) 外饲准字 657 号	鱼粉 Fishmeal	红鱼粉（三级）Red Fishmeal (III)	单一饲料 Single Feed	畜禽、水产养殖动物（反刍动物除外）Livestock, Poultry, Aquaculture animals (Not including ruminant)	新西兰独立渔业有限公司 INDEPENDENT FISHERIES LTD, New Zealand	2023.07—2028.07	续展
(2023) 外饲准字 658 号	白鱼粉 White Fishmeal	白鱼粉（二级）White Fishmeal (II)	单一饲料 Single Feed	畜禽、水产养殖动物（反刍动物除外）Livestock, Poultry, Aquaculture animals (Not including ruminant)	新西兰独立渔业有限公司 INDEPENDENT FISHERIES LTD, New Zealand	2023.07—2028.07	续展
(2023) 外饲准字 659 号	鱼粉 Fishmeal	红鱼粉（三级）Fishmeal (Grade III)	单一饲料 Single Feed	畜禽、水产养殖动物（反刍动物除外）Livestock, Poultry, Aquaculture animals (Not including ruminant)	（毛里塔尼亚）越海龙鱼粉厂 INCHIRI ENTREPRENARIAT. Sarl, Mauritania	2023.07—2028.07	续展

（续）

登记证号	通用名称	商品名称	产品类别	使用范围	生产厂家	有效期限	备注
（2023）外饲准字 660 号	鱼粉 Fishmeal	红鱼粉（三级至一级） Fishmeal (Grade III to I)	单一饲料 Single Feed	畜禽、水产养殖动物（反刍动物除外） Livestock, Poultry, Aquaculture animals (Not including ruminant)	（毛里塔尼亚）中毛鱼粉厂 SINO-RIM SA, Mauritania	2023.07—2028.07	续展
（2023）外饲准字 661 号	白鱼粉 White Fishmeal	白鱼粉（二级） White Fishmeal (Grade II)	单一饲料 Single Feed	畜禽、水产养殖动物（反刍动物除外） Livestock, Poultry, Aquaculture animals (Not including ruminant)	俄罗斯纳霍德卡活跃海洋渔业基地公众股份公司（工船名称"Ilya Konovalov"，工船号：CH-65K） PJSC "NBAMR" Public Joint Stock Company "Nakhodka Active Marine Fishery Base", Produced on Board at vessel "Ilya Konovalov", Official No. CH-65K, Russia	2023.07—2028.07	续展
（2023）外饲准字 662 号	白鱼粉 White Fishmeal	白鱼粉（二级） White Fishmeal (Grade II)	单一饲料 Single Feed	畜禽、水产养殖动物（反刍动物除外） Livestock, Poultry, Aquaculture animals (Not including ruminant)	俄罗斯纳霍德卡活跃海洋渔业基地公众股份公司（工船名称"Kapitan Maslovets"，工船号：CH-26K） PJSC "NBAMR" Public Joint Stock Company "Nakhodka Active Marine Fishery Base", Produced on Board at vessel "Kapitan Maslovets", Official No. CH-26K, Russia	2023.07—2028.07	续展
（2023）外饲准字 663 号	饲料添加剂 乳酸片球菌 Feed Additive *Pediococcus acidilactici*	倍特赛 Bactocell	饲料添加剂 Feed Additive	猪、家禽、水产养殖动物 Swine, Poultry, Aquaculture animals	法国拉曼股份公司 Lallemand S. A. S., France	2023.07—2028.07	续展
（2023）外饲准字 664 号	饲料添加剂 可食脂肪酸钙盐 Feed Additive Calcium Salt of Edible Fatty Acid	乳加多 Palmifat Plus	饲料添加剂 Feed Additive	家畜 Livestock	马来西亚 Ecolex Sdn. Bhd. 公司 Ecolex Sdn. Bhd., Malaysia	2023.07—2028.07	续展

（续）

登记证号	通用名称	商品名称	产品类别	使用范围	生产厂家	有效期限	备注
(2023) 外饲准字 665 号	饲料添加剂 dl-α-生育酚乙酸酯 Feed Additive dl-α-Tocopheryl Acetate	生育酚乙酸酯 Tocopheryl Acetate Technical Grade	饲料添加剂 Feed Additive	养殖动物 All species or categories of animals	瑞士帝斯曼营养产品有限公司 DSM Nutritional Products AG，Switzerland	2023.07—2028.07	续展
(2023) 外饲准字 666 号	饲料添加剂 烟酸 Feed Additive Niacin	烟酸 Niacin	饲料添加剂 Feed Additive	养殖动物 All species or categories of animals	瑞士奥沙达有限公司 Arxada Ltd.，Switzerland	2023.07—2028.07	续展
(2023) 外饲准字 667 号	饲料添加剂 甘氨酸锌 Feed Additive Zinc Glycinate	益可锌 25% E. C. O. Trace® Zn 25%	饲料添加剂 Feed Additive	猪 Swine	德国 Biochem 添加剂贸易和生产有限公司 Biochem Zusatzstoffe Handels-und Produktionsgesellschaft mbH，Germany	2023.07—2028.07	续展
(2023) 外饲准字 668 号	混合型饲料添加剂 维生素 D_3 Feed Additives Mixture Vitamin D_3	罗维素® D_3-500 ROVIMIX® D_3-500	混合型饲料添加剂 Feed Additives Mixture	养殖动物 All species or categories of animals	帝斯曼营养产品美国有限公司 DSM Nutritional Products，USA	2023.07—2028.07	续展
(2023) 外饲准字 669 号	混合型饲料添加剂 维生素 A 乙酸酯 Feed Additives Mixture Vitamin A Acetate	罗维素® A 500 WS ROVIMIX® A 500 WS	混合型饲料添加剂 Feed Additives Mixture	养殖动物 All species or categories of animals	帝斯曼营养产品法国有限公司 DSM Nutritional Products France SAS，France	2023.07—2028.07	续展
(2023) 外饲准字 670 号	混合型饲料添加剂 调味剂 Feed Additives Mixture Flavouring Agent	艾可替 Activo	混合型饲料添加剂 Feed Additives Mixture	养殖动物 All species or categories of animals	益威益营养科技（巴西）有限公司 Grasp Industria E Comercio Ltda，Brazil	2023.07—2028.07	续展
(2023) 外饲准字 671 号	混合型饲料添加剂 防霉剂 Feed Additives Mixture Preservatives	霉可办 Mycoban	混合型饲料添加剂 Feed Additives Mixture	畜禽、水产养殖动物 Livestock，Poultry，Aquaculture animals	（意大利）Eurofeed Technologies spa Eurofeed Technologies spa，Italy	2023.07—2028.07	续展
(2023) 外饲准字 672 号	混合型饲料添加剂 枯草芽孢杆菌 Feed Additives Mixture *Bacillus subtilis*	立净洁 BioFast	混合型饲料添加剂 Feed Additives Mixture	养殖动物 All species or categories of animals	台湾博尧生物科技股份有限公司 Bioyo Biotech Co.，Ltd	2023.07—2028.07	续展

（续）

登记证号	通用名称	商品名称	产品类别	使用范围	生产厂家	有效期限	备注
（2023）外饲准字 673 号	混合型饲料添加剂 酸度调节剂 Feed Additives Mixture Acidity Regulators	猪宝 500 Tetracid 500	混合型饲料添加剂 Feed Additives Mixture	猪 Swine	加拿大集富动物营养公司 Jefo Nutrition Inc.，Canada	2023.07—2028.07	续展
（2023）外饲准字 674 号	混合型饲料添加剂 蛋白酶（产自枯草芽孢杆菌） Feed Additives Mixture Protease (Source：*Bacillus subtilis*)	杰富宝 125 PT 125	混合型饲料添加剂 Feed Additives Mixture	猪、家禽、鱼、虾 Swine，Poultry，Fish，Shrimp	加拿大集富动物营养公司 Jefo Nutrition Inc.，Canada	2023.07—2028.07	续展
（2023）外饲准字 675 号	混合型饲料添加剂 香味物质 Feed Additives Mixture Flavouring Substances	椒力素 ID PHYT CAPCIN P2T 02.50	混合型饲料添加剂 Feed Additives Mixture	养殖动物 All species or categories of animals	（瑞士）Erbo Spraytec AG 股份公司 Erbo Spraytec AG，Switzerland	2023.07—2028.07	续展
（2023）外饲准字 676 号	混合型饲料添加剂香味物质 Feed Additives Mixture Flavouring Substances	可安松 Coxasan Oral	混合型饲料添加剂 Feed Additives Mixture	家禽 Poultry	荷兰 Interchemie werken “De Adelaar” B. V. 公司 Interchemie werken “De Adelaar” B. V.，the Netherlands	2023.07—2028.07	续展
（2023）外饲准字 677 号	混合型饲料添加剂 轻质碳酸钙 Feed Additives Mixture Calcium carbonate	霉可吸® MYCOSORB	混合型饲料添加剂 Feed Additives Mixture	养殖动物 All species or categories of animals	美国奥特奇公司 Alltech Inc.，USA	2023.07—2028.07	续展
（2023）外饲准字 678 号	混合型饲料添加剂 防腐剂 Feed Additives Mixture Preservatives	保湿宝 Preserve-M	混合型饲料添加剂 Feed Additives Mixture	养殖动物 All species or categories of animals	泰国 PVTM 有限公司 PVTM Company Limited，Thailand	2023.07—2028.07	续展
（2023）外饲准字 679 号	混合型饲料添加剂 植物乳杆菌 植酸酶（产自黑曲霉） Feed Additives Mixture *Lactobacillus plantarum* Phytase（Source：*Aspergillus niger*）	喜多佳 SEACA	混合型饲料添加剂 Feed Additives Mixture	养殖动物 All species or categories of animals	台湾贸晖实业股份有限公司 MORE WSEE ENTERPRISE CO.，LTD	2023.07—2028.07	续展

（续）

登记证号	通用名称	商品名称	产品类别	使用范围	生产厂家	有效期限	备注
(2023) 外饲准字 680 号	虾用微量元素预混合饲料 Trace Mineral Premix for Shrimps	虾用矿物精 Mineral Premix for Shrimp Feeds	添加剂预混合饲料 Feed Additive Premix	虾 Shrimp	（台湾）领创生物科技股份有限公司 PREMIXSTAR BIOTECHNOLOGY CO., LTD.	2023.07—2028.07	续展
(2023) 外饲准字 681 号	鱼用维生素预混合饲料 Vitamin Premix for Fish	鱼用维生素 Vitamin Premix for Fish Feeds	添加剂预混合饲料 Feed Additive Premix	鱼 Fish	（台湾）领创生物科技股份有限公司 PREMIXSTAR BIOTECHNOLOGY CO., LTD.	2023.07—2028.07	续展
(2023) 外饲准字 682 号	啤酒酵母粉 Brewers Dried Yeast	普乐微™ DEMP	单一饲料 Single Feed	肉牛、奶牛 Beef cattle, Dairy cattle	美国奥特奇公司 Alltech Inc., USA	2023.07—2028.07	续展
(2023) 外饲准字 683 号	鱼油 Fish Oil	鱼油（饲料级） Fish Oil (Feed Grade)	单一饲料 Single Feed	畜禽、水产养殖动物 Livestock, Poultry, Aquaculture animals	墨西哥 Sardinas de Sonora S. A. de C. V. 公司 Sardinas de Sonora S. A. de C. V., Mexico	2023.07—2028.07	续展
(2023) 外饲准字 684 号	鱼油 Fish Oil	毛里塔尼亚鱼油 Mauritania fish oil	单一饲料 Single Feed	畜禽、水产养殖动物 Livestock, Poultry, Aquaculture animals	（毛里塔尼亚）大陆海洋食品有限公司 CONTINENTAL SEA FOOD SA, Mauritania	2023.07—2028.07	续展
(2023) 外饲准字 685 号	酿酒酵母培养物 *Saccharomyces cerevisiae* Yeast Culture	达农威 XPC Diamond V Original XPC	单一饲料 Single Feed	养殖动物 All species or categories of animals	美国达农威公司 Diamond V Mills, LLC., USA	2023.07—2028.07	续展
(2023) 外饲准字 686 号	观赏鱼配合饲料 Ornamental Fish Compound Feed	海丰宝赠红增色佳品饲料（细碎粒、小粒、中粒） Hai Feng Boh Chern Hong Fish Food (Mini Granules, Small Pellet, Medium Pellet)	配合饲料 Compound Feed	观赏鱼 Ornamental Fish	台湾海丰饲料股份有限公司 Hai Feng Feeds Co., Ltd	2023.07—2028.07	续展

附件 2

换发进口饲料和饲料添加剂产品登记证目录（2023－03）

登记证号	商品名称	通用名称	变更内容	原名称	变更名称
（2022）外饲准字 374 号	宝克瑞斯海鱼配方成年大型犬犬粮 PawChrisco seafish recipe adult large dog food	全价宠物食品大型犬成年期犬粮 Pet Compound Food for Large Adult Dog	中文商品名称	宝克瑞斯海鱼配方成年大型犬犬粮	宝来吃海鱼配方成年大型犬犬粮
			英文商品名称	PawChrisco seafish recipe adult large dog food	Paw Fiskeknas seafish recipe adult large dog food
（2022）外饲准字 800 号	博威钙 Bovikalc	混合型饲料添加剂 矿物质 Feed Additives Mixture Minerals	生产地址名称	勃林格殷格翰动物保健（丹麦）公司 Boehringer Ingelheim Animal Health Denmark A/S，Slagelsevej 88，4400 Kalundborg，Denmark	勃林格殷格翰动物保健（丹麦）公司 Boehringer Ingelheim Animal Health Denmark A/S，Slagelsevej 15，4400 Kalundborg，Denmark
（2019）外饲准字 396 号	达可® Diakur® Plus	复合预混合饲料 Premix	生产地址名称	勃林格殷格翰动物保健（丹麦）公司 Boehringer Ingelheim Animal Health Denmark A/S，Slagelsevej 88，4400 Kalundborg，Denmark	勃林格殷格翰动物保健（丹麦）公司 Boehringer Ingelheim Animal Health Denmark A/S，Slagelsevej 15，4400 Kalundborg，Denmark

中华人民共和国农业农村部公告

第 712 号

根据《进口饲料和饲料添加剂登记管理办法》有关规定，批准比利时壹诺有限公司等 64 家公司生产的 131 种饲料和饲料添加剂产品在我国登记或续展登记，并颁发进口登记证（附件 1）。批准美国王子农产品公司生产的“奥奶美®”产品生产场所迁址，重新颁发进口登记证，原登记证“（2020）外饲准字796 号”作废。

批准 25 个产品的中文商品名称、申请企业名称、生产厂家名称及生产地址名称变更（附件 2）。所登记产品的监督检验，按中华人民共和国国家标准和农业农村部发布的质量标准执行。

特此公告。

附件：1. 进口饲料和饲料添加剂产品登记证目录（2023 - 05）

2. 换发进口饲料和饲料添加剂产品登记证目录（2023 - 05）

农业农村部

2023 年 9 月 28 日

附件 1

进口饲料和饲料添加剂产品登记证目录（2023－05）

登记证号	通用名称	商品名称	产品类别	使用范围	生产厂家	有效期限	备注
（2023）外饲准字 687 号	混合型饲料添加剂 香味物质 Feed Additives Mixture Flavouring Substances	壹诺 甜橙香 Cibus Orange	混合型饲料添加剂 Feed Additives Mixture	养殖动物 All species or categories of animals	比利时壹诺有限公司 INNOV AD NV/SA，Belgium	2023. 09—2028. 09	新办
（2023）外饲准字 688 号	混合型饲料添加剂酿酒酵母 Feed Additives Mixture *Saccharomyces cerevisiae*	益赛福（标准型） ACTISAF Sc 47 STD	混合型饲料添加剂 Feed Additives Mixture	养殖动物 All species or categories of animals	乐斯福俄罗斯公司 SAF-NEVA LLC，Russia	2023. 09—2028. 09	新办
（2023）外饲准字 689 号	混合型饲料添加剂 香味剂 Feed Additives Mixture Flavouring Substances	优球净 SILVAFEED NUTRI A	混合型饲料添加剂 Feed Additives Mixture	养殖动物 All species or categories of animals	意大利 Ledoga S. r. l. Ledoga S. r. l.，Italy	2023. 09—2028. 09	新办
（2023）外饲准字 690 号	混合型饲料添加剂 天然三萜烯皂角苷（源自可来雅皂角树） Feed Additives Mixture Triterpenic saponins（Quillaja Saponaria Extract）	丝蓓宜 Feed SAP S15	混合型饲料添加剂 Feed Additives Mixture	家禽、猪、牛、虾、宠物 Poultry，Swine，Cattle，Shrimp，Pets	智利普兰蒂科技公司 Plantae Labs SpA，Chile	2023. 09—2028. 09	新办
（2023）外饲准字 691 号	混合型饲料添加剂 可食用脂肪酸单/双甘油酯 Feed additive Mixture Mono-/diglycerides of Edible Fatty Acids	力宝健 LIPO ZAP	混合型饲料添加剂 Feed Additives Mixture	养殖动物 All species or categories of animals	马来西亚熠克崃斯有限公司 Ecolex Sdn Bhd.，Malaysia	2023. 09—2028. 09	新办
（2023）外饲准字 692 号	混合型饲料添加剂 β-葡聚糖酶（产自长柄木霉） Feed Additives Mixture β-Glucanase（Source：*Trichoderma longibrachiatum*）	好特美 Suis 5000 Hostazym Suis 5000	混合型饲料添加剂 Feed Additives Mixture	家禽、断奶仔猪 Poultry，Weaned piglets	保加利亚标伟特股份有限公司 Biovet Joint Stock Company，Bulgaria	2023. 09—2028. 09	新办

（续）

登记证号	通用名称	商品名称	产品类别	使用范围	生产厂家	有效期限	备注
（2023）外饲准字 693 号	混合型饲料添加剂 β-葡聚糖酶（产自长柄木霉） Feed Additives Mixture β-Glucanase（Source：*Trichoderma longibrachiatum*）	好特美 Suis 7000 Hostazym Suis 7000	混合型饲料添加剂 Feed Additives Mixture	家禽、断奶仔猪 Poultry，Weaned piglets	保加利亚标伟特股份有限公司 Biovet Joint Stock Company，Bulgaria	2023. 09—2028. 09	新办
（2023）外饲准字 694 号	混合型饲料添加剂 矿物元素 Feed Additives Mixture Minerals	欧必旺 360 OBI 360	混合型饲料添加剂 Feed Additives Mixture	奶牛 Dairy cattle	法国纽崔瑟维斯公司 Nutri Service，France	2023. 09—2028. 09	新办
（2023）外饲准字 695 号	混合型饲料添加剂 硫酸亚铁，柠檬酸 Feed Additives Mixture Ferrous Sulfate，Citric Acid	纽美克 New Mix	混合型饲料添加剂 Feed Additives Mixture	猪 Swine	意大利科普集团有限公司 CARPIF SRL，Italy	2023. 09—2028. 09	新办
（2023）外饲准字 696 号	混合型饲料添加剂 硫酸铵 氯化镁 硫酸钙 Feed Additives Mixture Ammonium Sulfate Magnesium Chloride Calcium Sulfate	奥奶美® Animate® NGM	混合型饲料添加剂 Feed Additives Mixture	反刍动物 Ruminants	美国王子农产品公司 Prince Agri Products，Inc.，USA	2023. 09—2028. 09	新办
（2023）外饲准字 697 号	混合型饲料添加剂 二氧化硅 Feed Additives Mixture Silicon Dioxide	丹克霉 TOXIDEX PRIMUS	混合型饲料添加剂 Feed Additives Mixture	养殖动物 All species or categories of animals	（西班牙）DEX IBÉRICA，S. A. DEX IBÉRICA，S. A.，Spain	2023. 09—2028. 09	新办
（2023）外饲准字 698 号	混合型饲料添加剂 氯化胆碱 甜菜碱盐酸盐 DL-蛋氨酸 Feed Additives Mixture Choline Chloride Betaine Hydrochloride DL-Methionine	比利时瑞思科酮棒（B） Ketotop Bolus B	混合型饲料添加剂 Feed Additives Mixture	奶牛 Dairy cattle	法国 Mojac Technologies 工厂 Mojac Technologies，France	2023. 09—2028. 09	新办
（2023）外饲准字 699 号	奶牛复合预混合混料 Premix for Dairy Cows	比利时瑞思科酮棒（A） Ketotop Bolus A	添加剂预混合饲料 Feed Additive Premix	奶牛 Dairy cattle	法国 MOJAC TECHNOLOGIES 工厂 MOJAC TECHNOLOGIES，France	2023. 09—2028. 09	新办

（续）

登记证号	通用名称	商品名称	产品类别	使用范围	生产厂家	有效期限	备注
(2023) 外饲准字 700 号	复合预混合饲料 Premix	威力宝 POWELBONE	添加剂预混合饲料 Feed Additive Premix	家禽、猪 Poultry, Swine	新希望新加坡预混料私人有限公司 NEW HOPE SINGAPORE PREMIX PTE LTD, Singapore	2023.09—2028.09	新办
(2023) 外饲准字 701 号	维生素预混合饲料 Vitamin Premix	威力宝 A POWELBONE AKTIV-D	添加剂预混合饲料 Feed Additive Premix	家禽、猪、牛 Poultry, Swine, Cattle	新希望新加坡预混料私人有限公司 NEW HOPE SINGAPORE PREMIX PTE LTD, Singapore	2023.09—2028.09	新办
(2023) 外饲准字 702 号	家禽、猪、牛、羊和马维生素预混合饲料 Vitamin Premix for Poultry, Swine, Cattle, Sheep, Horses	爱乐维 APSA AMINOVIT	添加剂预混合饲料 Feed Additive Premix	家禽、猪、牛、羊、马 Poultry, Swine, Cattle, Sheep, Horses	西班牙皮特鲁巴公司 ANDRÉS PINTALUBA, S. A., Spain	2023.09—2028.09	新办
(2023) 外饲准字 703 号	养殖动物用维生素预混合饲料 Vitamin Premix for All Species or Categories of Animals	产乐维 APSA POLIVIT COMPLEX SE	添加剂预混合饲料 Feed Additive Premix	养殖动物 All species or categories of animals	西班牙皮特鲁巴公司 ANDRÉS PINTALUBA, S. A., Spain	2023.09—2028.09	新办
(2023) 外饲准字 704 号	养殖动物用复合预混合饲料 Premix for All Species or Categories of Animals	科维多 MAXIDOX	添加剂预混合饲料 Feed Additive Premix	养殖动物 All species or categories of animals	多科索意大利有限公司 Dox-AL Italia S. p. A, Italy	2023.09—2028.09	新办
(2023) 外饲准字 705 号	家禽复合预混合饲料 Premix for Poultry	科维抗 CALFAST PLUS	添加剂预混合饲料 Feed Additive Premix	家禽 Poultry	多科索意大利有限公司 Dox-AL Italia S. p. A, Italy	2023.09—2028.09	新办
(2023) 外饲准字 706 号	仔猪浓缩饲料 Piglets Concentrate Feed	百奥米尔克-P Biomilk-P	浓缩饲料 Concentrate Feed	仔猪 Piglets	（白俄罗斯）百奥康股份有限公司 Limited Liability Company “Biocom”, Belarus	2023.09—2028.09	新办
(2023) 外饲准字 707 号	犊牛浓缩饲料 Calves Concentrate Feed	百奥米尔克-16 标准 Biomilk-16 Standard	浓缩饲料 Concentrate Feed	犊牛 Calves	（白俄罗斯）百奥康股份有限公司 Limited Liability Company “Biocom”, Belarus	2023.09—2028.09	新办

（续）

登记证号	通用名称	商品名称	产品类别	使用范围	生产厂家	有效期限	备注
（2023）外饲准字708号	白鱼粉 White Fishmeal	白鱼粉（二级） White Fishmeal（grade II）	单一饲料 Single Feed	畜禽、水产养殖动物（反刍动物除外） Livestock，Poultry，Aquaculture animals（Not including ruminant）	俄罗斯“阿克罗斯”渔业有限公司（工船KOMANDOR，RU-041/ZJ63695） “AKROS” FISHING JSC，Produced on board at F/V “KOMANDOR”，Register No. RU-041/ZJ63695，Russia	2023.09—2028.09	新办
（2023）外饲准字709号	鱼粉 Fishmeal	双豚牌红鱼粉（三级） Double Dolphin Brand Red Fishmeal（Grade III）	单一饲料 Single Feed	家禽、猪、鱼、虾 Poultry，Swine，Fish，Shrimp	马来西亚全利鱼粉厂有限公司 QL Fishmeal Sdn. Bhd.，Malaysia	2023.09—2028.09	新办
（2023）外饲准字710号	白鱼粉 White Fishmeal	白鱼粉（二级） White Fishmeal（II）	单一饲料 Single Feed	家禽、水产养殖动物 Poultry，Aquaculture animals	俄罗斯VITYAZ-AVTO鱼类加工厂（登记编号CH-632） VITYAZ-AVTO CO.，LTD. fish-processing work-shop（Registration number：CH-632），Russia	2023.09—2028.09	新办
（2023）外饲准字711号	鱼粉 Fishmeal	红鱼粉（三级） Brown Fishmeal（III）	单一饲料 Single Feed	猪、家禽、水产养殖动物 Swine，Poultry，Aquaculture animals	印度INDO鱼粉鱼油私人有限公司 INDO FISH MEAL & OIL CO. PVT. LTD.，India	2023.09—2028.09	新办
（2023）外饲准字712号	鱼油 Fish Oil	鱼油（饲料级） Fish Oil（Feed Grade）	单一饲料 Single Feed	猪、家禽、水产养殖动物 Swine，Poultry，Aquaculture animals	印度INDO鱼粉鱼油私人有限公司 INDO FISH MEAL & OIL CO. PVT. LTD.，India	2023.09—2028.09	新办
（2023）外饲准字713号	鱼油 Fish Oil	鱼油（饲料级） Fish Oil（Feed Grade）	单一饲料 Single Feed	畜禽、水产养殖动物（反刍动物除外） Livestock，Poultry，Aquaculture animals（Not including ruminant）	俄罗斯“阿克罗斯”渔业有限公司（工船KOMANDOR，No. RU-041/ZJ63695） “AKROS” FISHING JSC，Produced on board at F/V “KOMANDOR”，Register No. RU-041/ZJ63695，Russia	2023.09—2028.09	新办

（续）

登记证号	通用名称	商品名称	产品类别	使用范围	生产厂家	有效期限	备注
（2023）外饲准字 714 号	白鱼粉 White Fishmeal	白鱼粉（二级） White Fishmeal（Ⅱ）	单一饲料 Single Feed	畜禽、水产养殖动物（反刍动物除外） Livestock，Poultry，Aquaculture animals（Not including ruminant）	（俄罗斯）KURILSKIY RYBAK 封闭式股份公司（鱼厂 YASNYY，CH-003） JSC KURILSKIY RYBAK（Fish Plant “YASNYY” CH-003），Russia	2023. 09—2028. 09	新办
（2023）外饲准字 715 号	鱼粉 Fishmeal	红鱼粉（二级） Red Fishmeal（Ⅱ）	单一饲料 Single Feed	畜禽、水产养殖动物（反刍动物除外） Livestock，Poultry，Aquaculture animals（Not including ruminant）	（俄罗斯）德弗里斯有限公司沙皇鱼业加工母船 工船号：RU-025/QQ41611 LLC “DEFRISE” Fish Factory Vessel “TSAR”，RU-025/QQ41611，Russia	2023. 09—2028. 09	新办
（2023）外饲准字 716 号	鱼粉 Fishmeal	巴拿马 Las Perlas 品牌鱼粉（三级） Panamanian Las Perlas brand Fishmeal（III）	单一饲料 Single Feed	畜禽、水产养殖动物（反刍动物除外） Livestock，Poultry，Aquaculture animals（Not including ruminant）	巴拿马 PROMARINA S. A. 公司 PROMARINA S. A.，Panama	2023. 09—2028. 09	新办
（2023）外饲准字 717 号	鱼粉 Fishmeal	俄罗斯白鱼粉（二级） Russian White Fishmeal（II）	单一饲料 Single Feed	水产养殖动物 Aquaculture animals	（俄罗斯）东方渔产工业有限公司 捕捞船名称 Vladimir Limanov（编号 RU-025/DQ41507） LLC Vostokrybprom Fishing vessel Vladimir Limanov（Register No. RU-025/DQ41507），Russia	2023. 09—2028. 09	新办
（2023）外饲准字 718 号	热带观赏鱼配合饲料 Compound Feed for Tropical Ornamental Fish	挑嘴灯鱼 & 小型热带鱼全天然蛋白鱿鱼大蒜鲜虾堡 TROPICAL MICRO PELLET	配合饲料 Compound Feed	观赏鱼 Ornamental fish	（台湾）天僖生技股份有限公司（淡水一厂） AZOO BIO CORPORATION	2023. 09—2028. 09	新办

（续）

登记证号	通用名称	商品名称	产品类别	使用范围	生产厂家	有效期限	备注
（2023）外饲准字 719 号	热带观赏鱼配合饲料 Compound Feed for Tropical Ornamental Fish	挑嘴野生中型热带鱼全天然蛋白鱿鱼大蒜虾肉堡 TROPICAL EXCELLENT BITS	配合饲料 Compound Feed	观赏鱼 Ornamental fish	（台湾）天億生技股份有限公司（淡水一厂） AZOO BIO CORPORATION	2023.09—2028.09	新办
（2023）外饲准字 720 号	热带观赏鱼配合饲料 Compound Feed for Tropical Ornamental Fish	挑嘴海水热带鱼全营养鱿鱼大蒜鲜虾堡 MARINE SHRIMP PATTIES	配合饲料 Compound Feed	观赏鱼 Ornamental fish	（台湾）天億生技股份有限公司（淡水一厂） AZOO BIO CORPORATION	2023.09—2028.09	新办
（2023）外饲准字 721 号	热带观赏鱼配合饲料 Compound Feed for Tropical Ornamental Fish	综合小型观赏鱼全营养海藻大蒜鲜虾堡 ORNAMENTAL FISH SHRIMP PATTIES	配合饲料 Compound Feed	观赏鱼 Ornamental fish	（台湾）天億生技股份有限公司（淡水一厂） AZOO BIO CORPORATION	2023.09—2028.09	新办
（2023）外饲准字 722 号	宠物营养补充剂 甘露寡糖和酵母硒 Pet Nutrition Supplement Manno-oligosaccharides and Selenium Yeast Complex	Suppleo 尿路康 Suppleo URINARY	宠物添加剂预混合饲料 Pet Feed Additive Premix	犬、猫 Dogs, Cats	意大利弗兰肯股份有限公司 FRIULCHEM S. p. A, Italy	2023.09—2028.09	
（2023）外饲准字 723 号	宠物营养补充剂 Pet Nutrition Supplement	肠顺君 Gut Health Booster	宠物添加剂预混合饲料 Pet Feed Additive Premix	犬、猫 Dogs, Cat	（台湾）沛富生物科技股份有限公司 PETFOOD BIOTECHNOLOGY CO., LTD	2023.09—2028.09	新办
（2023）外饲准字 724 号	宠物营养补充剂 Pet Nutrition Supplement	博乐丹—肠胃健 Stomax	宠物添加剂预混合饲料 Pet Feed Additive Premix	犬、猫 Dogs, Cat	卡尔公司（爱尔兰工厂） Swedencare Ireland Ltd., Ireland	2023.09—2028.09	新办
（2023）外饲准字 725 号	宠物营养补充剂 Pet Nutrition Supplement	哈乐蒂丝宠安幽 Hellotispet Helicobye	宠物添加剂预混合饲料 Pet Feed Additive Premix	犬、猫 Dogs, Cat	亚可有限责任公司 ARK Co., Ltd., Korea	2023.09—2028.09	新办

（续）

登记证号	通用名称	商品名称	产品类别	使用范围	生产厂家	有效期限	备注
(2023) 外饲准字 726 号	宠物配合饲料成年期犬粮 Pet Compound Feed for Adult Dog	我的家人只有你 高级 PAL&I 狗粮 All for Wan THE PREMIUM PAL&I Dog Food	宠物配合饲料 Pet Compound Feed	犬 Dogs	日本 BEST AMENITY FACTORY 株式会社（玉名工厂） BEST AMENITY FACTORY Co., Ltd., Japan	2023.09—2028.09	新办
(2023) 外饲准字 727 号	全价宠物食品 猫粮 Pet Compound Feed for Cats	Stella&Chewy's 星益生趣高蛋白主食冻干生食猫粮—三文鱼 & 鸡肉配方 Stella & Chewy's high protein freeze dried raw salmon and chicken recipe cat food	宠物配合饲料 Pet Compound Feed	猫 Cats	（美国）星益生趣宠物食品美国总公司 STELLA & CHEWY'S LLC, USA	2023.09—2028.09	新办
(2023) 外饲准字 728 号	宠物配合饲料猫粮 Pet Compound Feed for Cats	营佳®鸡肉配方猫粮 Nutriedge Chicken Recipe Cat Food	宠物配合饲料 Pet Compound Feed	猫 Cats	（美国）飒天宠物营养有限责任公司 Southern Tier Pet Nutrition LLC., USA	2023.09—2028.09	新办
(2023) 外饲准字 729 号	宠物配合饲料犬粮 Pet Compound Feed for Dogs	营佳®鸡肉配方犬粮 Nutriedge Chicken Recipe Dog Food	宠物配合饲料 Pet Compound Feed	犬 Dogs	（美国）飒天宠物营养有限责任公司 Southern Tier Pet Nutrition LLC., USA	2023.09—2028.09	新办
(2023) 外饲准字 730 号	宠物配合饲料成年期犬处方粮 Pet Compound Feed Veterinary Diets for Adult Dogs	微露滋羔羊肉配方关爱体重控制成犬处方粮 VeRUS Canine Weight Management Holistic Formula	宠物配合饲料 Pet Compound Feed	犬 Dogs	（美国）飒天宠物营养有限责任公司 Southern Tier Pet Nutrition LLC., USA	2023.09—2028.09	新办
(2023) 外饲准字 731 号	宠物配合饲料成年期犬粮 Pet Compound Feed for Adult Dogs	微露滋优质生活鲱鱼配方成犬粮 VeRUS Canine Advanced Opticoat Holistic Formula	宠物配合饲料 Pet Compound Feed	犬 Dogs	（美国）飒天宠物营养有限责任公司 Southern Tier Pet Nutrition LLC., USA	2023.09—2028.09	新办

（续）

登记证号	通用名称	商品名称	产品类别	使用范围	生产厂家	有效期限	备注
（2023）外饲准字 732 号	宠物配合饲料犬粮 Pet Compound Feed for Dogs	微露滋无谷优选鸡肉配方全犬粮 VeRUS Canine Life Virtue Holistic Formula	宠物配合饲料 Pet Compound Feed	犬 Dogs	（美国）飒天宠物营养有限责任公司 Southern Tier Pet Nutrition LLC.，USA	2023.09—2028.09	新办
（2023）外饲准字 733 号	宠物配合饲料犬粮 Pet Compound Feed for Dogs	微露滋无谷优选犬粮添加鸡软骨 VeRUS Canine Large Breed Puppy Holistic Formula	宠物配合饲料 Pet Compound Feed	犬 Dogs	（美国）飒天宠物营养有限责任公司 Southern Tier Pet Nutrition LLC.，USA	2023.09—2028.09	新办
（2023）外饲准字 734 号	宠物配合饲料犬粮 Pet Compound Feed for Dogs	微露滋无谷优选含三文鱼全犬粮 VeRUS Canine Cold Water Fish Holistic Formula	宠物配合饲料 Pet Compound Feed	犬 Dogs	（美国）飒天宠物营养有限责任公司 Southern Tier Pet Nutrition LLC.，USA	2023.09—2028.09	新办
（2023）外饲准字 735 号	宠物配合饲料成年期犬粮 Pet Compound Feed for Adult Dogs	微露滋低敏羔羊肉配方犬粮 VeRUS Canine Adult Maintenance Holistic Formula	宠物配合饲料 Pet Compound Feed	犬 Dogs	（美国）飒天宠物营养有限责任公司 Southern Tier Pet Nutrition LLC.，USA	2023.09—2028.09	新办
（2023）外饲准字 736 号	宠物配合饲料幼年期哺乳期怀孕期犬粮 Pet Compound Feed for Puppy, Nursing，Pregnant Dogs	微露滋优质生活鸡肉配方小颗粒犬粮 VeRUS Canine Puppy Advantage Holistic Formula	宠物配合饲料 Pet Compound Feed	犬 Dogs	（美国）飒天宠物营养有限责任公司 Southern Tier Pet Nutrition LLC.，USA	2023.09—2028.09	新办
（2023）外饲准字 737 号	宠物配合饲料犬粮 Pet Compound Feed for Dogs	微露滋优质生活鸡肉配方全犬粮 VeRUS Canine Life Advantage Holistic Formula	宠物配合饲料 Pet Compound Feed	犬 Dogs	（美国）飒天宠物营养有限责任公司 Southern Tier Pet Nutrition LLC.，USA	2023.09—2028.09	新办

（续）

登记证号	通用名称	商品名称	产品类别	使用范围	生产厂家	有效期限	备注
(2023) 外饲准字 738 号	全价宠物食品猫粮 Pet Compound Feed for Cats	MSXWELR 麦乐斯极致领先系列三文鱼味猫粮 MSXWELR Extreme Pioneer Salmon Flavor for Cat	宠物配合饲料 Pet Compound Feed	猫 Cats	泰国 Nutrix Public 有限公司 Nutrix Public Company Limited, Thailand	2023.09—2028.09	新办
(2023) 外饲准字 739 号	全价宠物食品成年期犬粮 Pet Compound Feed for Adult Dogs	宠物健康优选美味系列成犬粮 Pet Optimizing Healthy Delicious Recipe for Adult Dog	宠物配合饲料 Pet Compound Feed	犬 Dogs	泰国 Nutrix Public 有限公司 Nutrix Public Company Limited, Thailand	2023.09—2028.09	新办
(2023) 外饲准字 740 号	全价宠物食品成年期犬粮 Pet Compound Feed for Adult Dogs	比利玛格牛肉牛肝配方成犬餐盒 Billy + Margot Beef & Beef Liver with Superfood Recipe	宠物配合饲料 Pet Compound Feed	犬 Dogs	澳大利亚宠物食品有限公司（Ingleburn 工厂） Australian Pet Brands Pty Ltd, Australia	2023.09—2028.09	新办
(2023) 外饲准字 741 号	全价宠物食品犬粮 Pet Compound Feed for Dogs	比利玛格鸡肉配方犬粮 Billy + Margot Chicken and Superfood Blend for Dogs	宠物配合饲料 Pet Compound Feed	犬 Dogs	新西兰 King Country Pet Food 有限公司（厂家） King Country Pet Food New Zealand Limited, New Zealand	2023.09—2028.09	新办
(2023) 外饲准字 742 号	全价宠物食品猫粮 Pet Compound Feed for Cats	Timberwolf 草本魔力达科他牛肉配方猫粮 Timberwolf Dakota Beef Recipe Cat Food	宠物配合饲料 Pet Compound Feed	猫 Cats	美国 C.J. 食品股份有限公司 C. J. Foods, Inc., USA	2023.09—2028.09	新办
(2023) 外饲准字 743 号	全价宠物食品猫粮 Pet Compound Feed for Cats	Timberwolf 草本魔力大草原鸡肉配方猫粮 Timberwolf Serengeti Chicken Recipe Cat Food	宠物配合饲料 Pet Compound Feed	猫 Cats	美国 C.J. 食品股份有限公司 C. J. Foods, Inc., USA	2023.09—2028.09	新办

（续）

登记证号	通用名称	商品名称	产品类别	使用范围	生产厂家	有效期限	备注
（2023）外饲准字 744 号	全价宠物食品犬粮 Pet Compound Feed for Dogs	Timberwolf 草本魔力原野鸡肉配方狗粮 Timberwolf Wild & Natural Chicken Recipe Dog Food	宠物配合饲料 Pet Compound Feed	犬 Dogs	美国 C.J. 食品股份有限公司 C. J. Foods, Inc., USA	2023.09—2028.09	新办
（2023）外饲准字 745 号	全价宠物食品犬粮 Pet Compound Feed for Dogs	Timberwolf 草本魔力荒野羊肉配方狗粮 Timberwolf Wilderness Lamb Recipe Dog Food	宠物配合饲料 Pet Compound Feed	犬 Dogs	美国 C.J. 食品股份有限公司 C. J. Foods, Inc., USA	2023.09—2028.09	新办
（2023）外饲准字 746 号	全价宠物食品犬粮 Pet Compound Feed for Dogs	Timberwolf 草本魔力蓝海鲱鱼配方狗粮 Timberwolf Ocean Blue Herring Recipe Dog Food	宠物配合饲料 Pet Compound Feed	犬 Dogs	美国 C.J. 食品股份有限公司 C. J. Foods, Inc., USA	2023.09—2028.09	新办
（2023）外饲准字 747 号	全价宠物食品犬粮 Pet Compound Feed for Dogs	Timberwolf 草本魔力黑森林鹿肉配方狗粮 Timberwolf Black Forest Venison Recipe Dog Food	宠物配合饲料 Pet Compound Feed	犬 Dogs	美国 C.J. 食品股份有限公司 C. J. Foods, Inc., USA	2023.09—2028.09	新办
（2023）外饲准字 748 号	全价宠物食品犬粮 Pet Compound Feed for Dogs	RAWZ®无肉粉 LID 系列三文鱼配方全犬粮 RAWZ® Meal Free Limited Salmon Recipe	宠物配合饲料 Pet Compound Feed	犬 Dogs	美国阿尔菲亚公司 ALPHIA, USA	2023.09—2028.09	新办
（2023）外饲准字 749 号	全价宠物食品犬粮 Pet Compound Feed for Dogs	RAWZ®无肉粉 LID 系列鸭肉配方全犬粮 RAWZ® Meal Free Limited Duck Recipe	宠物配合饲料 Pet Compound Feed	犬 Dogs	美国阿尔菲亚公司 ALPHIA, USA	2023.09—2028.09	新办
（2023）外饲准字 750 号	宠物配合饲料成年期猫粮 Pet Compound Feed for Adult Cats	LOYAL CAT 成猫粮 LOYAL CAT	宠物配合饲料 Pet Compound Feed	猫 Cats	阿根廷萨拉迪约宠物食品有限公司 PET FOODS SALADILLO S. A., Argentina	2023.09—2028.09	新办

（续）

登记证号	通用名称	商品名称	产品类别	使用范围	生产厂家	有效期限	备注
（2023）外饲准字 751 号	全价宠物食品成年期犬粮 Pet Compound Feed for Adult Dogs	Taste of the Wild Pacific Stream 犬粮添加烟熏三文鱼 Taste of the Wild Pacific Stream Canine Recipe with Smoked Salmon	宠物配合饲料 Pet Compound Feed	犬 Dogs	（美国）帝尔文宠物食品 Diamond Pet Foods，USA	2023.09—2028.09	新办
（2023）外饲准字 752 号	全价小型及中型犬成年期犬粮 Pet Compound Feed for Small & Medium Adult Dogs	Sunday Pets 低温烘焙新鲜羊肉配方小型及中型犬成犬粮 Sunday Pets Gentle Bake Lamb Small & Medium Adult Dogs	宠物配合饲料 Pet Compound Feed	犬 Dogs	（新西兰）Sunday Pets 有限公司 Sunday Pets Limited，New Zealand	2023.09—2028.09	新办
（2023）外饲准字 753 号	全价小型及中型犬成年期犬粮 Pet Compound Feed for Small & Medium Adult Dogs	Sunday Pets 低温烘焙新鲜牛肉配方小型及中型犬成犬粮 Sunday Pets Gentle Bake Beef Small & Medium Adult Dogs	宠物配合饲料 Pet Compound Feed	犬 Dogs	（新西兰）Sunday Pets 有限公司 Sunday Pets Limited，New Zealand	2023.09—2028.09	新办
（2023）外饲准字 754 号	全价小型及中型犬幼年期犬粮 Pet Compound Feed for Small & Medium Puppy	Sunday Pets 低温烘焙新鲜羊肉配方小型及中型犬幼犬粮 Sunday Pets Gentle Bake Lamb Small & Medium Puppy	宠物配合饲料 Pet Compound Feed	犬 Dogs	（新西兰）Sunday Pets 有限公司 Sunday Pets Limited，New Zealand	2023.09—2028.09	新办
（2023）外饲准字 755 号	全价小型及中型犬成年期犬粮 Pet Compound Feed for Small & Medium Adult Dogs	Sunday Pets 低温烘焙新鲜野生鳕鱼配方小型及中型犬成犬粮 Sunday Pets Gentle Bake Hoki Small & Medium Adult Dogs	宠物配合饲料 Pet Compound Feed	犬 Dogs	（新西兰）Sunday Pets 有限公司 Sunday Pets Limited，New Zealand	2023.09—2028.09	新办

（续）

登记证号	通用名称	商品名称	产品类别	使用范围	生产厂家	有效期限	备注
（2023）外饲准字 756 号	全价犬粮 Pet Compound Feed for Dogs	Sunday Pets 新鲜羊肉配方冻干犬粮 Sunday Pets Raw Lamb Dogs & Puppies	宠物配合饲料 Pet Compound Feed	犬 Dogs	（新西兰）Sunday Pets 有限公司 Sunday Pets Limited，New Zealand	2023.09—2028.09	新办
（2023）外饲准字 757 号	全价猫粮 Pet Compound Feed For Cats	Sunday Pets 新鲜羊肉配方冻干猫粮 Sunday Pets Raw Lamb For Cats & Kitten	宠物配合饲料 Pet Compound Feed	猫 Cats	（新西兰）Sunday Pets 有限公司 Sunday Pets Limited，New Zealand	2023.09—2028.09	新办
（2023）外饲准字 758 号	全价犬粮 Pet Compound Feed for Dogs	Sunday Pets 新鲜牛肉配方冻干犬粮 Sunday Pets Raw Beef For Dogs & Puppies	宠物配合饲料 Pet Compound Feed	犬 Dogs	（新西兰）Sunday Pets 有限公司 Sunday Pets Limited，New Zealand	2023.09—2028.09	新办
（2023）外饲准字 759 号	全价猫粮 Pet Compound Feed For Cats	Sunday Pets 新鲜牛肉配方冻干猫粮 Sunday Pets Raw Beef For Cats & Kitten	宠物配合饲料 Pet Compound Feed	猫 Cats	（新西兰）Sunday Pets 有限公司 Sunday Pets Limited，New Zealand	2023.09—2028.09	新办
（2023）外饲准字 760 号	全价宠物食品成年期猫粮 Pet Compound Feed for Adult Cats	Blue Buffalo 原野精灵体重控制全价室内成猫猫粮含去骨鸡肉 Blue Buffalo Wild Spirit Indoor Adult Cat Weight Control with Deboned Chicken	宠物配合饲料 Pet Compound Feed	猫 Cats	美国完美宠物食品有限责任公司 PERFECTION PET FOODS，LLC，USA	2023.09—2028.09	新办
（2023）外饲准字 761 号	全价宠物食品老年期猫粮 Pet Compound Feed for Mature Cats	Blue Buffalo 原野精灵全价室内老猫猫粮 含去骨鸡肉 Blue Buffalo Wild Spirit with Deboned Chicken for Indoor Mature Cats	宠物配合饲料 Pet Compound Feed	猫 Cats	美国完美宠物食品有限责任公司 PERFECTION PET FOODS，LLC，USA	2023.09—2028.09	新办

（续）

登记证号	通用名称	商品名称	产品类别	使用范围	生产厂家	有效期限	备注
(2023) 外饲准字 762 号	全价宠物食品成年期猫粮 Pet Compound Feed for Adult Cats	Blue Buffalo 原野精灵全价室内成猫猫粮 含三文鱼 Blue Buffalo Wild Spirit with Salmon for Indoor Adult Cats	宠物配合饲料 Pet Compound Feed	猫 Cats	美国完美宠物食品有限责任公司 PERFECTION PET FOODS, LLC, USA	2023.09—2028.09	新办
(2023) 外饲准字 763 号	全价宠物食品幼年期猫粮 Pet Compound Feed for Kitten	Blue Buffalo 原野精灵全价室内幼猫猫粮 含去骨鸡肉 Blue Buffalo Wild Spirit with Deboned Chicken for Indoor Kittens	宠物配合饲料 Pet Compound Feed	猫 Cats	美国完美宠物食品有限责任公司 PERFECTION PET FOODS, LLC, USA	2023.09—2028.09	新办
(2023) 外饲准字 764 号	全价宠物食品成年期猫粮 Pet Compound Feed for Adult Cats	Blue Buffalo 原野精灵全价室内成猫猫粮 含去骨鸡肉 Blue Buffalo Wild Spirit with Deboned Chicken for Indoor Adult Cats	宠物配合饲料 Pet Compound Feed	猫 Cats	美国完美宠物食品有限责任公司 PERFECTION PET FOODS, LLC, USA	2023.09—2028.09	新办
(2023) 外饲准字 765 号	全价宠物食品成年期猫粮 Pet Compound Feed for Adult Cats	Blue Buffalo 原野精灵全价室内成猫猫粮 含鸭肉 Blue Buffalo Wild Spirit with Duck for Indoor Adult Cats	宠物配合饲料 Pet Compound Feed	猫 Cats	美国完美宠物食品有限责任公司 PERFECTION PET FOODS, LLC, USA	2023.09—2028.09	新办
(2023) 外饲准字 766 号	全价小型犬幼年期犬粮 Pet Compound Feed for Small Breed Juvenile Dogs	爱肯拿小型犬幼年期犬粮 ACANA PUPPY SMALL BREED DOG FOOD	宠物配合饲料 Pet Compound Feed	犬 Dogs	美国冠军宠物食品公司 Champion Petfoods USA Inc., USA	2023.09—2028.09	新办

（续）

登记证号	通用名称	商品名称	产品类别	使用范围	生产厂家	有效期限	备注
（2023）外饲准字 767 号	全价老年期犬粮 Pet Compound Feed for Senior Dogs	爱肯拿老年期犬粮 ACANA SENIOR DOG FOOD	宠物配合饲料 Pet Compound Feed	犬 Dogs	美国冠军宠物食品公司 Champion Petfoods USA Inc.，USA	2023.09—2028.09	新办
（2023）外饲准字 768 号	全价成年期猫粮 Pet Compound Feed for Adult Cats	原始猎食渴望室内伴侣猫粮 ORIJEN FIT & TRIM CAT FOOD	宠物配合饲料 Pet Compound Feed	猫 Cats	美国冠军宠物食品公司 Champion Petfoods USA Inc.，USA	2023.09—2028.09	新办
（2023）外饲准字 769 号	全价成年期犬粮 Pet Compound Feed for Adult Dogs	原始猎食渴望室内伴侣犬粮 ORIJEN FIT & TRIM DOG FOOD	宠物配合饲料 Pet Compound Feed	犬 Dogs	美国冠军宠物食品公司 Champion Petfoods USA Inc.，USA	2023.09—2028.09	新办
（2023）外饲准字 770 号	全价成年期猫粮 Pet Compound Feed for Adult Cats	原始猎食渴望八重守护成猫猫粮 ORIJEN GUARDIAN 8 ADULT CAT FOOD	宠物配合饲料 Pet Compound Feed	猫 Cats	美国冠军宠物食品公司 Champion Petfoods USA Inc.，USA	2023.09—2028.09	新办
（2023）外饲准字 771 号	全价幼年期犬粮 Pet Compound Feed for Juvenile Dogs	原始猎食渴望幼年期犬粮 ORIJEN PUPPY FOOD	宠物配合饲料 Pet Compound Feed	犬 Dogs	美国冠军宠物食品公司 Champion Petfoods USA Inc.，USA	2023.09—2028.09	新办
（2023）外饲准字 772 号	全价大型犬幼年期犬粮 Pet Compound Feed for Juvenile Large Breed Dogs	原始猎食渴望大型犬幼年期犬粮 ORIJEN PUPPY LARGE DOG FOOD	宠物配合饲料 Pet Compound Feed	犬 Dogs	美国冠军宠物食品公司 Champion Petfoods USA Inc.，USA	2023.09—2028.09	新办
（2023）外饲准字 773 号	全价猫粮 Pet Compound Feed for Cats	原始猎食渴望红肉配方猫粮 ORIJEN REGIONAL RED CAT FOOD	宠物配合饲料 Pet Compound Feed	猫 Cats	美国冠军宠物食品公司 Champion Petfoods USA Inc.，USA	2023.09—2028.09	新办

（续）

登记证号	通用名称	商品名称	产品类别	使用范围	生产厂家	有效期限	备注
(2023）外饲准字 774 号	全价犬粮 Pet Compound Feed for Dogs	原始猎食渴望红肉配方犬粮 ORIJEN REGIONAL RED DOG FOOD	宠物配合饲料 Pet Compound Feed	犬 Dogs	美国冠军宠物食品公司 Champion Petfoods USA Inc.，USA	2023.09—2028.09	新办
(2023）外饲准字 775 号	全价老年期犬粮 Pet Compound Feed for Senior Dogs	原始猎食渴望老年期犬粮 ORIJEN SENIOR DOG FOOD	宠物配合饲料 Pet Compound Feed	犬 Dogs	美国冠军宠物食品公司 Champion Petfoods USA Inc.，USA	2023.09—2028.09	新办
(2023）外饲准字 776 号	全价小型犬成年期犬粮 Pet Compound Feed for Adult Small Breed Dogs	爱肯拿小型犬成年期犬粮 ACANA ADULT SMALL BREED DOG FOOD	宠物配合饲料 Pet Compound Feed	犬 Dogs	美国冠军宠物食品公司 Champion Petfoods USA Inc.，USA	2023.09—2028.09	新办
(2023）外饲准字 777 号	全价犬粮 Pet Compound Feed for Dogs	爱肯拿海洋鱼配方犬粮 ACANA PACIFICA DOG FOOD	宠物配合饲料 Pet Compound Feed	犬 Dogs	美国冠军宠物食品公司 Champion Petfoods USA Inc.，USA	2023.09—2028.09	新办
(2023）外饲准字 778 号	全价犬粮 Pet Compound Feed for Dogs	爱肯拿草原鸡肉配方犬粮 ACANA PRAIRIE POULTRY FORMULA DOG FOOD	宠物配合饲料 Pet Compound Feed	犬 Dogs	美国冠军宠物食品公司 Champion Petfoods USA Inc.，USA	2023.09—2028.09	新办
(2023）外饲准字 779 号	全价幼年期猫粮 Pet Compound Feed for Kitten	爱肯拿幼年期猫粮 ACANA Kitten Food	宠物配合饲料 Pet Compound Feed	猫 Cats	美国冠军宠物食品公司 Champion Petfoods USA Inc.，USA	2023.09—2028.09	新办
(2023）外饲准字 780 号	全价小型犬成年期犬粮 Pet Compound Feed for Small Breed Adult Dogs	原始猎食渴望小型犬海洋鱼配方犬粮 ORIJEN Small Breed Marine Fish Formula Dog Food	宠物配合饲料 Pet Compound Feed	犬 Dogs	美国冠军宠物食品公司 Champion Petfoods USA Inc.，USA	2023.09—2028.09	新办

（续）

登记证号	通用名称	商品名称	产品类别	使用范围	生产厂家	有效期限	备注
(2023) 外饲准字 781 号	全价小型犬犬粮 Pet Compound Feed for Small Breed Dogs	原始猎食渴望小型犬原味犬粮 ORIJEN Small Breed Original Dog Food	宠物配合饲料 Pet Compound Feed	犬 Dogs	美国冠军宠物食品公司 Champion Petfoods USA Inc., USA	2023.09—2028.09	新办
(2023) 外饲准字 782 号	全价小型犬幼年期犬粮 Pet Compound Feed for Small Breed Juvenile Dogs	原始猎食渴望小型犬幼年期犬粮 ORIJEN Small Breed Puppy Food	宠物配合饲料 Pet Compound Feed	犬 Dogs	美国冠军宠物食品公司 Champion Petfoods USA Inc., USA	2023.09—2028.09	新办
(2023) 外饲准字 783 号	全价宠物食品 成年期猫粮 Pet Compound Feed for Adult Cats	伟嘉® 鸡肉巴丁鱼配方进口成猫全价慕斯罐 Whiskas® Complete and Balanced Adult Cat Food Chicken with Pangasius	宠物配合饲料 Pet Compound Feed	猫 Cats	（泰国）宋卡罐头工业有限公司（Rama 工厂） i-Tail Corporation Public Company Limited (Plant Rama), Thailand	2023.09—2028.09	新办
(2023) 外饲准字 784 号	全价宠物食品 成年期猫粮 Pet Compound Feed for Adult Cats	伟嘉® 鸡肉三文鱼配方进口成猫全价慕斯罐 Whiskas® Complete and Balanced Adult Cat Food Chicken with Salmon	宠物配合饲料 Pet Compound Feed	猫 Cats	（泰国）宋卡罐头工业有限公司（Rama 工厂） i-Tail Corporation Public Company Limited (Plant Rama), Thailand	2023.09—2028.09	新办
(2023) 外饲准字 785 号	全价宠物食品 成年期猫粮 Pet Compound Feed for Adult Cats	伟嘉® 鸡肉吞拿鱼配方进口成猫全价慕斯罐 Whiskas® Complete and Balanced Adult Cat Food Chicken with Tuna	宠物配合饲料 Pet Compound Feed	猫 Cats	（泰国）宋卡罐头工业有限公司（Rama 工厂） i-Tail Corporation Public Company Limited (Plant Rama), Thailand	2023.09—2028.09	新办
(2023) 外饲准字 786 号	饲料添加剂 酿酒酵母 Feed Additive *Saccharomyces cerevisiae*	瘤胃康 Levucell SC 20	饲料添加剂 Feed Additive	牛、羊、马 Cattle, Sheep, Horses	丹麦 De Danske Gærfabrikker A/S 公司 De Danske Gærfabrikker A/S, Denmark	2023.09—2028.09	续展

（续）

登记证号	通用名称	商品名称	产品类别	使用范围	生产厂家	有效期限	备注
(2023) 外饲准字 787 号	饲料添加剂 酿酒酵母 Feed Additive *Saccharomyces cerevisiae*	布拉迪 Levucell SB 20	饲料添加剂 Feed Additive	猪、家禽 Swine，Poultry	丹麦 De Danske Gærfabrikker A/S 公司 De Danske Gærfabrikker A/S，Denmark	2023. 09—2028. 09	续展
(2023) 外饲准字 788 号	混合型饲料添加剂 山梨糖醇 L-肉碱 氰钴胺（维生素 B_{12}） Feed Additives Mixture Sorbitol L-Carnitine Cyanocobalamin (Vitamin B_{12})	可瑞通 Carnitonic Oral	混合型饲料添加剂 Feed Additives Mixture	牛、马、羊、家禽、猪 Cattle，Horses，Sheep，Poultry，Swine	荷兰 Interchemie werken “De Adelaar” B. V. 公司 Interchemie werken “De Adelaar” B. V.，the Netherlands	2023. 09—2028. 09	续展
(2023) 外饲准字 789 号	混合型饲料添加剂 维生素和氨基酸 Feed Additive Mixture Vitamins and Amino Acids	英乐维 A+口服液 Introvit A+ Oral	混合型饲料添加剂 Feed Additives Mixture	牛、羊、猪、家禽 Cattle，Sheep，Swine，Poultry	荷兰 Interchemie werken “De Adelaar” B. V. 公司 Interchemie werken “De Adelaar” B. V.，the Netherlands	2023. 09—2028. 09	续展
(2023) 外饲准字 790 号	畜禽维生素预混合饲料 Vitamins Premix for Livestock and Poultry	维乐多 80 口服液 Vitol-80 C Oral	添加剂预混合饲料 Feed Additive Premix	牛、羊、家禽、猪 Cattle，Sheep，Poultry，Swine	荷兰 Interchemie werken “De Adelaar” B. V. 公司 Interchemie werken “De Adelaar” B. V.，the Netherlands	2023. 09—2028. 09	续展
(2023) 外饲准字 791 号	鸡用维生素预混合饲料 Vitamin Premix for Chicken	福德维 Fortevit	添加剂预混合饲料 Feed Additive Premix	鸡 Chicken	印度尼西亚美迪安有限公司 PT Medion Farma Jaya，Indonesia	2023. 09—2028. 09	续展
(2023) 外饲准字 792 号	白鱼粉 White Fishmeal	白鱼粉（二级） White Fishmeal (II)	单一饲料 Single Feed Fishmeal	家禽、水产养殖动物 Poultry，Aquaculture animals	俄罗斯 JSC “Tralflot” 股份公司（登记号：Register No. CH-857） JSC “Tralflot”，Produced on board at vessel PETR I，Register No. CH-857，Russia	2023. 09—2028. 09	续展
(2023) 外饲准字 793 号	鱼粉 Fishmeal	红鱼粉（三级） Red Fishmeal (III)	单一饲料 Single Feed	家禽、猪、水产养殖动物 Poultry，Swine，Aquaculture animals	巴基斯坦 Abideen and Company 公司 Abideen and Company，Pakistan	2023. 09—2028. 09	续展

（续）

登记证号	通用名称	商品名称	产品类别	使用范围	生产厂家	有效期限	备注
(2023) 外饲准字 794 号	鱼粉 Fishmeal	红鱼粉（三级） Red Fishmeal (III)	单一饲料 Single Feed	家禽、猪、水产养殖动物 Poultry, Swine, Aquaculture animals	马来西亚祥丰鱼粉厂有限公司 TANGAWIRA SDN. BHD., Malaysia	2023.09—2028.09	续展
(2023) 外饲准字 795 号	鱼粉 Fishmeal	红鱼粉（三级） Red Fishmeal (III)	单一饲料 Single Feed	家禽、猪、水产养殖动物 Poultry, Swine, Aquaculture animals	墨西哥 Sardinas de Sonora S.A. de C.V., 公司 Sardinas de Sonora S.A. de C.V., Mexico	2023.09—2028.09	续展
(2023) 外饲准字 796 号	鱼粉 Fishmeal	红鱼粉（三级） Fish meal	单一饲料 Single Feed	畜禽、水产养殖动物（反刍动物除外） Livestock, Poultry, Aquaculture animals (Not including ruminant)	毛里塔尼亚日昇海洋资源开发有限公司 Sunrise Oceanic Ressources Exploitation Company S.A, Mauritania	2023.09—2028.09	续展
(2023) 外饲准字 797 号	鱼粉 Fishmeal	红鱼粉（三级） Fish meal (Grade III)	单一饲料 Single Feed	家禽、猪、水产养殖动物 Poultry, Swine, Aquaculture animals	（毛里塔尼亚）科美渔业鱼粉股份有限公司 COMAPECHE FARINE sa, Mauritania	2023.09—2028.09	续展
(2023) 外饲准字 798 号	鱼粉 Fishmeal	红鱼粉（三级至一级） Fishmeal (Grade III to I)	单一饲料 Single Feed	畜禽、水产养殖动物（反刍动物除外） Livestock, Poultry, Aquaculture animals (Not including ruminant)	毛里塔尼亚金壮渔业有限公司 JIN-ZHUANG FISHING COMPANY SARL, Mauritania	2023.09—2028.09	续展
(2023) 外饲准字 799 号	白鱼粉 White Fishmeal	白鱼粉（一级） White Fishmeal (I)	单一饲料 Single Feed	畜禽、水产养殖动物（反刍动物除外） Livestock, Poultry, Aquaculture animals (Not including ruminant)	（俄罗斯）KURILSKIY RYBAK 封闭式股份公司（鱼厂 KRABOZAVODSK, CH-18G） JSC KURILSKIY RYBAK (Fish Plant "KRABOZAVODSK" CH-18G), Russia	2023.09—2028.09	续展

（续）

登记证号	通用名称	商品名称	产品类别	使用范围	生产厂家	有效期限	备注
(2023) 外饲准字 800 号	白鱼粉 White Fishmeal	白鱼粉（一级） White Fishmeal (I)	单一饲料 Single Feed	畜禽、水产养殖动物（反刍动物除外） Livestock, Poultry, Aquaculture animals (Not including ruminant)	（俄罗斯）PORONAY 有限责任公司（工船 Mys Datta, CH-47A） PORONAY CO., LTD (F/V "Mys Datta", CH-47A), Russia	2023.09—2028.09	续展
(2023) 外饲准字 801 号	白鱼粉 White Fishmeal	白鱼粉（一级） White Fishmeal (I)	单一饲料 Single Feed	畜禽、水产养殖动物（反刍动物除外） Livestock, Poultry, Aquaculture animals (Not including ruminant)	（俄罗斯）OSTROV SAKHALIN 有限公司（工船 Ostrov Sakhalin CH-14H） JSC OSTROV SAKHALIN (F/V "Ostrov Sakhalin", CH-14H), Russia	2023.09—2028.09	续展
(2023) 外饲准字 802 号	白鱼粉 White Fishmeal	白鱼粉（一级） White Fishmeal (I)	单一饲料 Single Feed	畜禽、水产养殖动物（反刍动物除外） Livestock, Poultry, Aquaculture animals (Not including ruminant)	（俄罗斯）OSTROV SAKHALIN 有限公司（工船 ANIVA CH-15H） JSC OSTROV SAKHALIN (F/V "ANIVA", CH-15H), Russia	2023.09—2028.09	续展
(2023) 外饲准字 803 号	白鱼粉 White Fishmeal	白鱼粉（一级） White Fishmeal (I)	单一饲料 Single Feed	畜禽、水产养殖动物（反刍动物除外） Livestock, Poultry, Aquaculture animals (Not including ruminant)	（俄罗斯）PRODUCTION ASSOCIATION SAKHALINRYBAKSOYUZ 有限责任公司（工船 MYS DOKUCHAEVA, CH-45A） LLC PRODUCTION ASSOCIATION SAKHALINRYBAKSOYUZ, F/V "MYS DOKUCHAEVA", CH-45A, Russia	2023.09—2028.09	续展
(2023) 外饲准字 804 号	饲料添加剂 碘酸钙 Feed Additive Calcium Iodate	一水碘酸钙 Calcium Iodate Monohydrate	饲料添加剂 Feed Additive	养殖动物 All species or categories of animals	（印度）口径化学品私人有限公司 Calibre Chemicals Pvt. Ltd., India	2023.09—2028.09	续展

（续）

登记证号	通用名称	商品名称	产品类别	使用范围	生产厂家	有效期限	备注
(2023) 外饲准字 805 号	饲料添加剂 碘酸钾 Feed Additive Potassium Iodate	碘酸钾 Potassium Iodate	饲料添加剂 Feed Additive	养殖动物 All species or categories of animals	（印度）口径化学品私人有限公司 Calibre Chemicals Pvt. Ltd., India	2023.09—2028.09	续展
(2023) 外饲准字 806 号	混合型饲料添加剂 丙酸 壬酸 2-己烯醛 Feed Additives Mixture Propionic acid Nonanoic acid 2-hexenal	斐妙 FINIO	混合型饲料添加剂 Feed Additives Mixture	养殖动物 All species or categories of animals	（英国）新赛公司 Synthite Ltd, UK	2023.09—2028.09	续展
(2023) 外饲准字 807 号	混合型饲料添加剂 维生素 矿物元素 Feed Additives Mixture Vitamins Minerals	多产素 Multi Mix	混合型饲料添加剂 Feed Additives Mixture	母猪 Sow	台湾新健南股份有限公司 GOLDEN JOHN ENTERPRISE INC.	2023.09—2028.09	续展
(2023) 外饲准字 808 号	混合型饲料添加剂 L-抗坏血酸-2-磷酸酯 Feed Additives Mixture L-Ascorbyl-2-Phosphate	罗维素 安定-C35 Rovimix® Stay-C35	混合型饲料添加剂 Feed Additives Mixture	养殖动物 All species or categories of animals	帝斯曼营养产品法国有限公司 DSM Nutritional Products France SAS, France	2023.09—2028.09	续展
(2023) 外饲准字 809 号	混合型饲料添加剂 布氏乳杆菌 Feed Additives Mixture *Lactobacillus buchneri*	康富青 S KOFASIL® S	混合型饲料添加剂 Feed Additives Mixture	青贮饲料 Silage	（德国）爱德康欧洲有限公司 ADDCON Europe GmbH, Germany	2023.09—2028.09	续展
(2023) 外饲准字 810 号	混合型饲料添加剂 植物乳杆菌 Feed Additives Mixture *Lactobacillus plantarum*	康富青 L KOFASIL® LAC	混合型饲料添加剂 Feed Additives Mixture	青贮饲料 Silage	（德国）爱德康欧洲有限公司 ADDCON Europe GmbH, Germany	2023.09—2028.09	续展
(2023) 外饲准字 811 号	混合型饲料添加剂 地衣芽孢杆菌 Feed additives Mixture *Bacillus licheniformis*	保卫菌 100 B-Act100	混合型饲料添加剂 Feed Additives Mixture	鸡 Chicken	保加利亚标伟特股份有限公司 Biovet Joint Stock Company, Bulgaria	2023.09—2028.09	续展

（续）

登记证号	通用名称	商品名称	产品类别	使用范围	生产厂家	有效期限	备注
（2023）外饲准字 812 号	鸡肉粉 Chicken By-Product Meal	鸡肉粉 Chicken By-Product Meal	单一饲料 Single Feed	鸡、猪、鱼、宠物 Chicken, Swine, Fish, Pets	美国泰森食品公司 Tyson Foods, Inc., USA	2023. 09—2028. 09	续展
（2023）外饲准字 813 号	单一饲料 酿酒酵母提取物 Single Feed *Saccharomyces cerevisiae* Extract	新普乐 NUPRO CN	单一饲料 Single Feed	养殖动物 All species or categories of animals	巴西奥特奇公司（São Pedro do Ivaí 工厂） Alltech do Brasil Agroindustrial Ltda. (São Pedro do Ivaí Plant), Brazil	2023. 09—2028. 09	续展
（2023）外饲准字 814 号	单一饲料 啤酒酵母粉 Single Feed Brewers Dried Yeast	普乐微 DEMP CN	单一饲料 Single Feed	养殖动物 All species or categories of animals	巴西奥特奇公司（São Pedro do Ivaí 工厂） Alltech do Brasil Agroindustrial Ltda. (São Pedro do Ivaí Plant), Brazil	2023. 09—2028. 09	续展
（2023）外饲准字 815 号	鱼油 Fish Oil	鱼油 Fish Oil	单一饲料 Single Feed	畜禽、水产养殖动物（反刍动物除外） Livestock, Poultry, Aquaculture animals (Not including ruminant)	毛里塔尼亚日昇海洋资源开发有限公司 Sunrise Oceanic Ressources Exploitation Company S. A, Mauritania	2023. 09—2028. 09	续展
（2023）外饲准字 816 号	宠物配合饲料犬粮 Pet Compound Feed for Dogs	雅思 ARTEMIS 无谷火鸡鹰嘴豆配方全价犬粮 Artemis Osopure Grain Free Turkey and Garbanzo	宠物配合饲料 Pet Compound Feed	犬 Dogs	（美国）飒天宠物营养有限责任公司 Southern Tier Pet Nutrition, LLC, USA	2023. 09—2028. 09	续展
（2023）外饲准字 817 号	宠物配合饲料犬粮 Pet Compound Feed for Dogs	雅思 ARTEMIS 无谷鸭肉鹰嘴豆配方全价犬粮 Artemis Osopure Grain Free Duck and Garbanzo	宠物配合饲料 Pet Compound Feed	犬 Dogs	（美国）飒天宠物营养有限责任公司 Southern Tier Pet Nutrition, LLC, USA	2023. 09—2028. 09	续展

附件 2

换发进口饲料和饲料添加剂产品登记证目录（2023－05）

登记证号	商品名称	通用名称	变更内容	原名称	变更名称
（2022）外饲准字 557 号	妙维食鸡肉金枪鱼配方主食猫罐头 Meowishy Chicken with Tuna Pate for Cat	全价宠物食品幼年期/妊娠期/哺乳期猫粮 Pet Compound Feed for Kitten/Pregnancy/Lactation Cat	申请企业名称	泰万发工业有限公司 Thai Union manufacturing Company Limited, Thailand	（泰国）爱泰股份有限公司 i-Tail Corporation Public Company Limited., Thailand
			生产厂家名称	泰万发工业有限公司 Thai Union manufacturing Company Limited, 30/24 Rama 2 Road, Mueang Samut Sakhon District, Samut Sakhon 74000, Thailand	（泰国）爱泰股份有限公司 i-Tail Corporation Public Company Limited. 30/24 Rama 2 Road, Mueang Samut Sakhon District, Samut Sakhon 74000, Thailand
（2021）外饲准字 768 号	磷虾粉 Krill Meal	磷虾粉 Krill Meal	申请企业名称	智利 Deris S. A. 公司 Deris S. A., Chile	智利 PESCA CHILE S. A. 公司 PESCA CHILE S. A., Chile
			生产厂家名称	智利 DERIS S. A. 公司（工船加工，工船名：ANTARCTIC ENDEAVOUR，工船号：2505） DERIS S. A.（Produced on Board at vessel ANTARCTIC ENDEAVOUR, Official No. 2505），Chile	智利 PESCA CHILE S. A. 公司（工船加工，工船名：ANTARCTIC ENDEAVOUR，工船号：2505） PESCA CHILE S. A.（Produced on Board at vessel ANTARCTIC ENDEAVOUR, Official No. 2505），Chile
（2022）外饲准字 810 号	罗维素® Hy・D® 1.25% ROVIMIX® Hy・D® 1.25%	混合型饲料添加剂 25-羟基维生素 D_3 Feed Additives Mixture 25-Hydroxy Vitamin D_3	申请企业名称	帝斯曼营养产品美国有限公司 DSM Nutritional Products Inc., USA	帝斯曼营养产品美国有限公司 DSM Nutritional Products, USA
			生产厂家名称及地址名称	帝斯曼营养产品美国有限公司 DSM Nutritional Products Inc., 206 Macks Island Drive, Belvidere, NJ 07823-1113, USA	帝斯曼营养产品美国有限公司 DSM Nutritional Products, 206 Macks Island Drive, Belvidere, NJ 07823, USA
（2022）外饲准字 224 号	粒克溶 Multisol-G	养殖动物用复合预混合饲料 Premix for All Species or Categories of Animals	中文商品名称	粒克溶 Multisol-G	美替绍 Multisol-G

（续）

登记证号	商品名称	通用名称	变更内容	原名称	变更名称
（2023）外饲准字 566 号	木质素磺酸钙 nOrigo 500	饲料添加剂 木质素磺酸盐 Feed Additive Lignin Sulfonate	中文商品名称	木质素磺酸钙 nOrigo 500	挪睿格 500 nOrigo 500
（2019）外饲准字 326 号	比利—玛格羊肉配方超级食品全价成年犬犬粮 Billy ＋ Margot Lamb＋ Superfood Blend Complete& Balanced Food For Adult Dogs	全价宠物食品成年期犬粮 Pet Compound Feed for Adult Dogs	中文商品名称	比利—玛格羊肉配方超级食品 全价成年犬犬粮 Billy ＋ Margot Lamb＋ Superfood Blend Complete& Balanced Food For Adult Dogs	比利玛格 羊肉配方 全价成年期犬粮 Billy ＋ Margot Lamb ＋ Superfood Blend Complete& Balanced Food For Adult Dogs
（2020）外饲准字 088 号	比利—玛格 牛肉配方超级食品全价成年犬犬粮 Billy ＋ Margot Beef＋ Superfood Recipe Complete & Balanced Food For Adult Dogs	全价宠物食品成年期犬粮 Pet Compound Feed for Adult Dogs	中文商品名称	比利—玛格 牛肉配方超级食品 全价成年犬犬粮 Billy ＋ Margot Beef＋ Superfood Recipe Complete & Balanced Food For Adult Dogs	比利玛格 牛肉配方 全价成年期犬粮 Billy ＋ Margot Beef＋ Superfood Recipe Complete & Balanced Food For Adult Dogs
（2019）外饲准字 325 号	比利—玛格三文鱼配方超级食品全价成年犬犬粮 Billy ＋ Margot Salmon＋ Superfood Blend Complete& Balanced Food For Adult Dogs	全价宠物食品成年期犬粮 Pet Compound Feed for Adult Dogs	中文商品名称	比利—玛格三文鱼配方超级食品 全价成年犬犬粮 Billy ＋ Margot Salmon＋ Superfood Blend Complete& Balanced Food For Adult Dogs	比利玛格 三文鱼配方 全价成年期犬粮 Billy ＋ Margot Salmon ＋ Superfood Blend Complete& Balanced Food For Adult Dogs
（2020）外饲准字 089 号	比利—玛格 三文鱼配方超级食品 全价幼犬犬粮 Billy ＋ Margot Salmon＋ Superfood Recipe Complete & Balanced Food For Puppies	全价宠物食品幼年期犬粮 Pet Compound Feed for Puppies	中文商品名称	比利—玛格 三文鱼配方超级食品 全价幼犬犬粮 Billy ＋ Margot Salmon＋ Superfood Recipe Complete & Balanced Food For Puppies	比利玛格 三文鱼配方 全价幼年期犬粮 Billy ＋ Margot Salmon＋ Superfood Recipe Complete & Balanced Food For Puppies
（2020）外饲准字 929 号	比利—玛格 含野生海鱼配方超级食品全价老年犬粮 Billy ＋ Margot Wild Oceanfish and Superfood Recipe Complete & Balanced Food for Senior Dogs	全价宠物食品老年期犬粮 Pet Compound Feed for Senior Dogs	中文商品名称	比利—玛格 含野生海鱼配方超级食品全价老年犬粮 Billy ＋ Margot Wild Oceanfish and Superfood Recipe Complete & Balanced Food for Senior Dogs	比利玛格 含野生海鱼配方 全价老年期犬粮 Billy ＋ Margot Wild Oceanfish and Superfood Recipe Complete & Balanced Food for Senior Dogs

（续）

登记证号	商品名称	通用名称	变更内容	原名称	变更名称
（2021）外饲准字 048 号	Billy Margot 牛肉配方成犬罐头 Billy Margot Adult Beef Recipe	全价宠物食品成年期犬粮 Pet Compound Food for Adult Dogs	中文商品名称	Billy Margot 牛肉配方成犬罐头 Billy Margot Adult Beef Recipe	比利玛格 牛肉配方成犬罐头 Billy Margot Adult Beef Recipe
（2021）外饲准字 050 号	Billy Margot 三文鱼配方幼犬罐头 Billy Margot Puppy Salmon Recipe	全价宠物食品幼年期犬粮 Pet Compound Food for Puppies	中文商品名称	Billy Margot 三文鱼配方幼犬罐头 Billy Margot Puppy Salmon Recipe	比利玛格 三文鱼配方幼犬罐头 Billy Margot Puppy Salmon Recipe
（2021）外饲准字 351 号	Billy Margot 羊肉配方成犬罐头 Billy Margot Adult Lamb Recipe	全价宠物食品成年期犬粮 Pet Compound Food for Adult Dogs	中文商品名称	Billy Margot 羊肉配方成犬罐头 Billy Margot Adult Lamb Recipe	比利玛格 羊肉配方成犬罐头 Billy Margot Adult Lamb Recipe
（2021）外饲准字 936 号	比利玛格含牛肉三文鱼配方超级食品成犬餐盒 Billy Margot Grain Free Beef & Salmon with Superfoods Loaf for Adult Dogs	全价宠物食品成年期犬粮 Pet Compound Feed for Adult Dogs	中文商品名称	比利玛格含牛肉三文鱼配方超级食品成犬餐盒 Billy Margot Grain Free Beef & Salmon with Superfoods Loaf for Adult Dogs	比利玛格 含牛肉三文鱼配方成犬餐盒 Billy Margot Grain Free Beef & Salmon with Superfoods Loaf for Adult Dogs
（2021）外饲准字 938 号	比利玛格含羊肉配方超级食品成犬罐头 BILLY + MARGOT Lamb with Superfoods for Adult Dogs	全价宠物食品成年期犬粮 Pet Compound Feed for Adult Dogs	中文商品名称	比利玛格含羊肉配方超级食品成犬罐头 BILLY + MARGOT Lamb with Superfoods for Adult Dogs	比利玛格 含羊肉配方成犬罐头 BILLY + MARGOT Lamb with Superfoods for Adult Dogs
（2021）外饲准字 939 号	比利玛格含牛肉配方超级食品成犬罐头 BILLY + MARGOT Beef with Superfoods for Adult Dogs	全价宠物食品成年期犬粮 Pet Compound Feed for Adult Dogs	中文商品名称	比利玛格含牛肉配方超级食品成犬罐头 BILLY + MARGOT Beef with Superfoods for Adult Dogs	比利玛格 含牛肉配方成犬罐头 BILLY + MARGOT Beef with Superfoods for Adult Dogs
（2023）外饲准字 288 号	比利玛格全价超级食品成犬罐头含牛肉和三文鱼 Billy + Margot Beef & Salmon with Superfoods for Adult Dogs	全价宠物食品成年期犬粮 Pet Compound Feed for Adult Dogs	中文商品名称	比利玛格全价超级食品成犬罐头 含牛肉和三文鱼 Billy + Margot Beef & Salmon with Superfoods for Adult Dogs	比利玛格 含牛肉和三文鱼成犬罐头 Billy + Margot Beef & Salmon with Superfoods for Adult Dogs

（续）

登记证号	商品名称	通用名称	变更内容	原名称	变更名称
（2021）外饲准字 491 号	AP301G 喷雾干燥牛血球蛋白（颗粒） AP301G Spray Dried Animal Blood Cells	喷雾干燥牛血球蛋白粉 Spray Dried Bovine Blood Cells	申请企业名称	美国 APC Inc. 公司 APC Inc.，USA	美国 APC LLC 公司 APC LLC，USA
			生产厂家名称	美国 APC Inc. 公司 Dubuque 工厂 APC Inc.，Plant Dubuque，1300 Inland Lane，Dubuque，Iowa 52003，USA	美国 APC LLC 公司 Dubuque 工厂 APC LLC，Plant Dubuque，1300 Inland Lane，Dubuque，Iowa 52003，USA
（2021）外饲准字 492 号	AP920 喷雾干燥牛血浆蛋白粉 AP920 Bovine Animal Plasma	喷雾干燥牛血浆蛋白粉 Spray Dried Bovine Plasma Protein Meal	申请企业名称	美国 APC Inc. 公司 APC Inc.，USA	美国 APC LLC 公司 APC LLC，USA
			生产厂家名称	美国 APC Inc. 公司 Dubuque 工厂 APC Inc.，Plant Dubuque，1300 Inland Lane，Dubuque，Iowa 52003，USA	美国 APC LLC 公司 Dubuque 工厂 APC LLC，Plant Dubuque，1300 Inland Lane，Dubuque，Iowa 52003，USA
（2021）外饲准字 493 号	AP301 喷雾干燥牛血球蛋白粉 AP301 Spray Dried Animal Blood Cells	喷雾干燥牛血球蛋白粉 Spray Dried Bovine Blood Cells	申请企业名称	美国 APC Inc. 公司 APC Inc.，USA	美国 APC LLC 公司 APC LLC，USA
			生产厂家名称	美国 APC Inc. 公司 Dubuque 工厂 APC Inc.，Plant Dubuque，1300 Inland Lane，Dubuque，Iowa 52003，USA	美国 APC LLC 公司 Dubuque 工厂 APC LLC，Plant Dubuque，1300 Inland Lane，Dubuque，Iowa 52003，USA
（2021）外饲准字 494 号	AP301 喷雾干燥牛血球蛋白粉 AP301 Spray Dried Animal Blood Cells	喷雾干燥牛血球蛋白粉 Spray Dried Bovine Blood Cells	申请企业名称	美国 APC Inc. 公司 APC Inc.，USA	美国 APC LLC 公司 APC LLC，USA
			生产厂家名称	美国 APC Inc. 公司 Sublette 工厂 APC Inc.，Plant Sublette，1197 Highway 83，Sublette，Kansas 67877，USA	美国 APC LLC 公司 Sublette 工厂 APC LLC，Plant Sublette，1197 Highway 83，Sublette，Kansas 67877，USA
（2021）外饲准字 495 号	AP920 喷雾干燥牛血浆蛋白粉 AP920 Bovine Animal Plasma	喷雾干燥牛血浆蛋白粉 Spray Dried Bovine Plasma Protein Meal	申请企业名称	美国 APC Inc. 公司 APC Inc.，USA	美国 APC LLC 公司 APC LLC，USA
			生产厂家名称	美国 APC Inc. 公司 Sublette 工厂 APC Inc.，Plant Sublette，1197 Highway 83，Sublette，Kansas 67877，USA	美国 APC LLC 公司 Sublette 工厂 APC LLC，Plant Sublette，1197 Highway 83，Sublette，Kansas 67877，USA

（续）

登记证号	商品名称	通用名称	变更内容	原名称	变更名称
（2021）外饲准字 496 号	AP820 喷雾干燥猪血浆蛋白粉 AP 820 Porcine Animal Plasma	喷雾干燥猪血浆蛋白粉 Spray Dried Porcine Animal Plasma	申请企业名称	美国 APC Inc. 公司 APC Inc.，USA	美国 APC LLC 公司 APC LLC，USA
			生产厂家名称	美国 APC Inc. 公司 Selma 工厂 APC Inc.，Plant Selma，1451 West Nobel Street，Selma，NC 27576，USA	美国 APC LLC 公司 Selma 工厂 APC LLC，Plant Selma，1451 West Nobel Street，Selma，NC 27576，USA
（2021）外饲准字 497 号	AP920 喷雾干燥猪血浆蛋白粉 AP 920 Porcine Animal Plasma	喷雾干燥猪血浆蛋白粉 Spray Dried Porcine Animal Plasma	申请企业名称	美国 APC Inc. 公司 APC Inc.，USA	美国 APC LLC 公司 APC LLC，USA
			生产厂家名称	美国 APC Inc. 公司 Selma 工厂 APC Inc.，Plant Selma，1451 West Nobel Street，Selma，NC 27576，USA	美国 APC LLC 公司 Selma 工厂 APC LLC，Plant Selma，1451 West Nobel Street，Selma，NC 27576，USA
（2021）外饲准字 643 号	Appetein 喷雾干燥牛血浆蛋白粉 Appetein Bovine Animal Plasma	喷雾干燥牛血浆蛋白粉 Spray Dried Bovine Plasma Protein Meal	申请企业名称	美国 APC Inc. 公司 APC Inc.，USA	美国 APC LLC 公司 APC LLC，USA
			生产厂家名称	美国 APC Inc. 公司 Dubuque 工厂 APC Inc.，Plant Dubuque，1300 Inland Lane，Dubuque，Iowa 52003，USA	美国 APC LLC 公司 Dubuque 工厂 APC LLC，Plant Dubuque，1300 Inland Lane，Dubuque，Iowa 52003，USA

中华人民共和国农业农村部公告

第 728 号

根据《进口饲料和饲料添加剂登记管理办法》有关规定，批准德国 Biochem 添加剂贸易和生产有限公司等 68 家公司生产的 126 种饲料和饲料添加剂产品在我国登记或续展登记，并颁发进口登记证（附件 1）。批准玛氏奥地利有限公司生产的“皇家成犬心脏全价处方湿粮罐头”“皇家大型犬幼犬全价湿粮”“皇家中型犬幼犬全价湿粮”“皇家成年期去毛球全价猫粮湿粮（浓汤肉块）”“皇家小型犬幼犬全价湿粮”改变产品质量标准，重新颁发进口登记证，原登记证“（2021）外饲准字 880 号”“（2020）外饲准字 839 号”“（2019）外饲准字 543 号”“（2020）外饲准字 764 号”“（2019）外饲准字 534 号”作废。

批准 10 个产品的中文商品名称、申请企业名称及生产厂家名称变更（附件 2）。所登记产品的监督检验，按中华人民共和国国家标准和农业农村部发布的质量标准执行。

特此公告。

附件：1. 进口饲料和饲料添加剂产品登记证目录（2023－06）

2. 换发进口饲料和饲料添加剂产品登记证目录（2023－06）

农业农村部

2023 年 11 月 27 日

附件 1

进口饲料和饲料添加剂产品登记证目录（2023－06）

登记证号	通用名称	商品名称	产品类别	使用范围	生产厂家	有效期限	备注
(2023）外饲准字 818 号	饲料添加剂 甘氨酸铁络（螯）合物 Feed Additive Ferrous Glycine Complex (or Chelate)	益可铁 20% E. C. O. Trace® Fe 20%	饲料添加剂 Feed Additive	养殖动物 All species or categories of animals	德国 Biochem 添加剂贸易和生产有限公司 Biochem Zusatzstoffe Handels-und Produktionsgesellschaft mbH，Germany	2023.11—2028.11	新办
(2023）外饲准字 819 号	混合型饲料添加剂 矿物质微量元素 酸度调节剂 氨基酸 Feed Additive Mixture Minerals Acidity Regulator Amino Acids	诺优 Nutrisol Oral	混合型饲料添加剂 Feed Additives Mixture	猪、家禽 Swine，Poultry	荷兰 Interchemie werken “De Adelaar” B. V. 公司 Interchemie werken “De Adelaar” B. V.，the Netherlands	2023.11—2028.11	新办
(2023）外饲准字 820 号	混合型饲料添加剂 防霉剂 Feed Additive Mixture Preservatives	司润保™ Fylax® Flow	混合型饲料添加剂 Feed Additives Mixture	猪、鸡、鱼、犬、猫 Swine，Chicken，Fish，Dogs，Cats	荷兰赛尔可公司 Selko BV，the Netherlands	2023.11—2028.11	新办
(2023）外饲准字 821 号	混合型饲料添加剂 防霉剂 Feed Additive Mixture Preservatives	加强菲乐斯 Fylax® Forte-HC Liquid	混合型饲料添加剂 Feed Additives Mixture	养殖动物 All species or categories of animals	荷兰赛尔可公司 Selko BV，the Netherlands	2023.11—2028.11	新办
(2023）外饲准字 822 号	混合型饲料添加剂 五水硫酸铜 Copper Sulfate Pentahydrate	得利净 B-SAFE HC	混合型饲料添加剂 Feed Additives Mixture	猪、禽、水产养殖动物 Swine，Poultry，Aquaculture animals	法国 NEOVIA 公司 SERMIX 工厂 NEOVIA，Plant SERMIX，France	2023.11—2028.11	新办
(2023）外饲准字 823 号	混合型饲料添加剂 酿酒酵母 Feed Additives Mixture *Saccharomyces cerevisiae*	先泌素 LACTURE	混合型饲料添加剂 Feed Additives Mixture	畜禽 Livestock，Poultry	（美国）先拓生物科技公司 PioTech Co，USA	2023.11—2028.11	新办

（续）

登记证号	通用名称	商品名称	产品类别	使用范围	生产厂家	有效期限	备注
（2023）外饲准字 824 号	混合型饲料添加剂 β-1，3-D-葡聚糖（源自酿酒酵母） Feed Additives Mixture β-1，3-D-glucan（Source：*Saccharomyces cerevisiae*）	凯宠宝 Wellmune Wellmune for Pets NA	混合型饲料添加剂 Feed Additives Mixture	犬、猫 Dogs，Cats	Blendco 有限责任公司（美国） Blendco LLC，USA	2023. 11—2028. 11	新办
（2023）外饲准字 825 号	混合型饲料添加剂 氯化锌 Feed Additives Mixture Zinc Chloride	奥吉迈 agromed® ROI	混合型饲料添加剂 Feed Additives Mixture	家禽、猪 Poultry，Swine	德国韦斯特坎普公司 Holzmühle Westerkamp GmbH，Germany	2023. 11—2028. 11	新办
（2023）外饲准字 826 号	混合型饲料添加剂 香味物质 Feed Additives Mixture Flavouring Substances	爱喜康 ESSEN-UP	混合型饲料添加剂 Feed Additives Mixture	养殖动物 All species or categories of animals	西班牙普多星公司 PRODUMIX S. A.，Spain	2023. 11—2028. 11	新办
（2023）外饲准字 827 号	混合型饲料添加剂 香味物质 Feed Additives Mixture Flavouring Substances	安福乐 Aflorin P L	混合型饲料添加剂 Feed Additives Mixture	养殖动物 All species or categories of animals	比利时壹诺有限公司 INNOV AD NV/SA，Belgium	2023. 11—2028. 11	新办
（2023）外饲准字 828 号	混合型饲料添加剂 酸度调节剂 Feed Additives Mixture Acidity Regulators	壹生佳 L Escent Plus L	混合型饲料添加剂 Feed Additives Mixture	养殖动物 All species or categories of animals	比利时壹诺有限公司 INNOV AD NV/SA，Belgium	2023. 11—2028. 11	新办
（2023）外饲准字 829 号	混合型饲料添加剂 月桂酸 Feed Additives Mixture Lauric Acid	鲲能＋ BEWI-SPRAY® 99 Aqua	混合型饲料添加剂 Feed Additives Mixture	鱼 Fish	（德国）倍卫它农业有限公司 BEWITAL agri GmbH & Co. KG，Germany	2023. 11—2028. 11	新办
（2023）外饲准字 830 号	混合型饲料添加剂 香味物质 Feed Additives Mixture Flavouring Substances	湃甘灵 Pathorol	混合型饲料添加剂 Feed Additives Mixture	虾 Shrimp	新加坡建明工业（亚洲）私人有限公司 Kemin Industries（Asia）Pte.，Ltd.，Singapore	2023. 11—2028. 11	新办

（续）

登记证号	通用名称	商品名称	产品类别	使用范围	生产厂家	有效期限	备注
（2023）外饲准字 831 号	混合型饲料添加剂 维生素 A 乙酸酯 维生素 D_3 Feed Additives Mixture Vitamin A Acetate Vitamin D_3	罗维素® AD_3 1000/200 ROVIMIX® AD_3 1000/200	混合型饲料添加剂 Feed Additives Mixture	养殖动物 All species or categories of animals	瑞士帝斯曼营养产品有限公司 DSM Nutritional Products Ltd., Switzerland	2023.11—2028.11	新办
（2023）外饲准字 832 号	混合型饲料添加剂 香味物质 Feed Additives Mixture Flavouring Substances	爱可滋 I-COX	混合型饲料添加剂 Feed Additives Mixture	仔猪 Piglets	西班牙爱彼瑞卡有限公司 PH IBERICA, S. L., Spain	2023.11—2028.11	新办
（2023）外饲准字 833 号	混合型饲料添加剂 氨基酸 Feed Additives Mixture Amino Acids	奥美佳蛋白 FMR Omega 3	混合型饲料添加剂 Feed Additives Mixture	猪、家禽、水产养殖动物 Swine, Poultry, Aquaculture animals	荷兰 P. C. Van Tuijl Kesteren B. V. 公司 P. C. van Tuijl Kesteren B. V., the Netherlands	2023.11—2028.11	新办
（2023）外饲准字 834 号	混合型饲料添加剂 氨基酸 Feed Additives Mixture Amino Acids	JPC 56 蛋白 JPC 56	混合型饲料添加剂 Feed Additives Mixture	猪、家禽、水产养殖动物 Swine, Poultry, Aquaculture animals	荷兰 P. C. Van Tuijl Kesteren B. V. 公司 P. C. van Tuijl Kesteren B. V., the Netherlands	2023.11—2028.11	新办
（2023）外饲准字 835 号	混合型饲料添加剂 维生素 氨基酸 矿物质微量元素 Feed Additive Mixture Vitamins Amino Acids Minerals	强力英乐维 WS Introvit A+ WS	混合型饲料添加剂 Feed Additives Mixture	猪、家禽、反刍动物 Swine, Poultry, Ruminant	荷兰 Interchemie werken “De Adelaar” B. V. 公司 Interchemie werken “De Adelaar” B. V., the Netherlands	2023.11—2028.11	新办
（2023）外饲准字 836 号	仔猪微量元素预混合饲料 Trace Minerals Premix for Piglets	特普艾恩 Triple-Iron	添加剂预混合饲料 Feed Additive Premix	仔猪 Piglets	（丹麦）卓仁库股份有限公司 Jorenku A/S, Denmark	2023.11—2028.11	新办
（2023）外饲准字 837 号	酿酒酵母提取物 *Saccharomyces cerevisiae* Extract	莱特素 G NuTaste function G	单一饲料 Single Feed	养殖动物 All species or categories of animals	德国莱博有限公司 Leiber GmbH, Germany	2023.11—2028.11	新办
（2023）外饲准字 838 号	酿酒酵母提取物 *Saccharomyces cerevisiae* Extract	莱特素 XSR NuTaste function XSR	单一饲料 Single Feed	养殖动物 All species or categories of animals	德国莱博有限公司 Leiber GmbH, Germany	2023.11—2028.11	新办

(续)

登记证号	通用名称	商品名称	产品类别	使用范围	生产厂家	有效期限	备注
(2023) 外饲准字 839 号	酿酒酵母提取物 *Saccharomyces cerevisiae* Extract	莱特素 N NuTaste function N	单一饲料 Single Feed	养殖动物 All species or categories of animals	德国莱博有限公司 Leiber GmbH, Germany	2023. 11—2028. 11	新办
(2023) 外饲准字 840 号	酿酒酵母提取物 *Saccharomyces cerevisiae* Extract	莱特素 DC NuTaste function DC	单一饲料 Single Feed	养殖动物 All species or categories of animals	德国莱博有限公司 Leiber GmbH, Germany	2023. 11—2028. 11	新办
(2023) 外饲准字 841 号	菜籽粕 Rapeseed Meal	菜籽粕 Rapeseed Meal	单一饲料 Single Feed	养殖动物 All species or categories of animals	(俄罗斯) 阿斯腾股份公司米列罗沃分公司 Millerovo branch of Aston JSC, Russia	2023. 11—2028. 11	新办
(2023) 外饲准字 842 号	菜籽粕 Rapeseed Meal	菜籽粕 Rapeseed Meal	单一饲料 Single Feed	养殖动物 All species or categories of animals	(俄罗斯) 阿斯腾股份公司莫罗佐夫分公司 Morozovsk Branch of Aston JSC, Russia	2023. 11—2028. 11	新办
(2023) 外饲准字 843 号	鱼粉 Fishmeal	红鱼粉 (三级) Fish meal	单一饲料 Single Feed	畜禽、水产养殖动物 (反刍动物除外) Livestock, Poultry, Aquaculture animals (Not including ruminant)	印度杰尼法公司 M/s. JENEFA INDIA, India	2023. 11—2028. 11	新办
(2023) 外饲准字 844 号	酵母水解物 Yeast Hydrolysate	艾薇可 I-CARE	单一饲料 Single Feed	养殖动物 All species or categories of animals	意大利普索尔公司 Prosol S. P. A, Italy	2023. 11—2028. 11	新办
(2023) 外饲准字 845 号	鱼油 Fish Oil	鱼油 (饲料级) Fish Oil (feed grade)	单一饲料 Single Feed	家禽、鱼、虾 Poultry, Fish, Shrimp	俄罗斯列宁集团渔庄 (海岸鱼加工厂登记号 CH-A93) Collective Farm Fishery by V. I. Lenin, Russia (Fish Processing Factory Register number CH-A93), Russia	2023. 11—2028. 11	新办

（续）

登记证号	通用名称	商品名称	产品类别	使用范围	生产厂家	有效期限	备注
（2023）外饲准字 846 号	鱼油 Fish Oil	鱼油（饲料级） Fish Oil (feed grade)	单一饲料 Single Feed	家禽、鱼、虾 Poultry, Fish, Shrimp	（俄罗斯）奥斯特罗夫诺伊水产品联合加工厂有限公司（工船 AHTIAR, No. RU-065/GD36847） FISH FACTORY "OSTROVNOY" LLC (Produced on Board at vessel "AHTIAR", Register No. RU-065/GD36847), Russia	2023.11—2028.11	新办
（2023）外饲准字 847 号	鱼粉 Fishmeal	红鱼粉（三级） Red Fishmeal (Grade III)	单一饲料 Single Feed	畜禽、水产养殖动物（反刍动物除外） Livestock, Poultry, Aquaculture animals (Not including ruminant)	（俄罗斯）奥斯特罗夫诺伊水产品联合加工厂有限公司（工船 AHTIAR, No. RU-065/GD36847） FISH FACTORY "OSTROVNOY" LLC (Produced on Board at vessel "AHTIAR", Register No. RU-065/GD36847), Russia	2023.11—2028.11	新办
（2023）外饲准字 848 号	白鱼粉 White Fishmeal	白鱼粉（二级） White Fishmeal (II)	单一饲料 Single Feed	鱼、虾、家禽 Fish, Shrimp, Poultry	（俄罗斯）奥斯特罗夫诺伊水产品联合加工厂有限公司（工船 AHTIAR, No. RU-065/GD36847） FISH FACTORY "OSTROVNOY" LLC (Produced on Board at vessel "AHTIAR", Register No. RU-065/GD36847), Russia	2023.11—2028.11	新办
（2023）外饲准字 849 号	白鱼粉 White Fishmeal	白鱼粉（二级） White Fishmeal (grade II)	单一饲料 Single Feed	鱼、虾、家禽 Fish, Shrimp, Poultry	俄罗斯卡姆恰特特拉尔夫洛特有限责任公司（登记编号 RU-041/MU33270） LLC "KAMCHATTRALFLOT", (REGISTRATION NUMBER RU-041/MU33270)	2023.11—2028.11	新办

（续）

登记证号	通用名称	商品名称	产品类别	使用范围	生产厂家	有效期限	备注
（2023）外饲准字 850 号	白鱼粉 White Fishmeal	白鱼粉（二级） White Fishmeal（grade II）	单一饲料 Single Feed	鱼、虾、家禽 Fish，Shrimp，Poultry	俄罗斯北方人民渔业劳动组合有限公司（鱼加工厂登记号 CH-192） Co. LLC "Narody Severa"（Register number CH-192），Russia	2023.11—2028.11	新办
（2023）外饲准字 851 号	喷雾干燥猪血球蛋白粉 Spray Dried Porcine Blood Cells	AP301-喷雾干燥猪血球蛋白粉 AP 301-Swine Animal Red Cells	单一饲料 Single Feed	猪、家禽、水产养殖动物、宠物 Swine，Poultry，Aquaculture animals，Pets	巴西 APC do Brasil Ltda. 公司 Chapecó 工厂 APC do Brasil Ltda.，Plant Chapecó，Brazil	2023.11—2028.11	新办
（2023）外饲准字 852 号	喷雾干燥猪血浆蛋白粉 Spray Dried Porcine Plasma Protein Meal	AP920-喷雾干燥猪血浆蛋白粉 AP 920-Procine Animal Plasma	单一饲料 Single Feed	猪、家禽、水产养殖动物、宠物 Swine，Poultry，Aquaculture animals，Pets	巴西 APC do Brasil Ltda. 公司 Chapecó 工厂 APC do Brasil Ltda.，Plant Chapecó，Brazil	2023.11—2028.11	新办
（2023）外饲准字 853 号	酵母水解物 Yeast Hydrolysate	亿勒赛 Yela Prosecure	单一饲料 Single Feed	养殖动物 All species or categories of animals	拉曼巴西有限公司 LALLEMAND BRASIL LTDA，Brazil	2023.11—2028.11	新办
（2023）外饲准字 854 号	斗鱼配合饲料 Compound Feed for Betta Fish	赛级斗鱼均衡营养颗粒 Atison's Betta Food	配合饲料 Compound Feed	鱼 Fish	（泰国）海洋饲料公司 Marine Nutrition Company Limited，Thailand	2023.11—2028.11	新办
（2023）外饲准字 855 号	宠物营养补充剂 Pet Nutrition Supplement	哆咕喵宠物乳铁蛋白营养酵母免疫片 DOOG MIU PET Lactoferrin & EpiCor	宠物添加剂预混合饲料 Pet Feed Additive Premix	犬、猫 Dogs，Cats	（美国）维林斯营养品公司 Willings Nutraceutical Corp，USA	2023.11—2028.11	新办
（2023）外饲准字 856 号	宠物营养补充剂 Pet Nutrition Supplement	Viyo 猫用营养补充剂 Viyo Recuperation for Cats	宠物添加剂预混合饲料 Pet Feed Additive Premix	猫 Cats	（比利时）Lugi 宠物食品生产公司 LPP，Belgium	2023.11—2028.11	

（续）

登记证号	通用名称	商品名称	产品类别	使用范围	生产厂家	有效期限	备注
（2023）外饲准字 857 号	宠物营养补充剂 Pet Nutrition Supplement	Viyo 犬用营养补充剂 Viyo Recuperation for Dogs	宠物添加剂预混合饲料 Pet Feed Additive Premix	犬 Dogs	（比利时）Lugi 宠物食品生产公司 LPP，Belgium	2023.11—2028.11	新办
（2023）外饲准字 858 号	宠物营养补充剂 Pet Nutrition Supplement	Viyo 猫用肠道营养补充液 Viyo Imune+ for Cats	宠物添加剂预混合饲料 Pet Feed Additive Premix	猫 Cats	（比利时）Lugi 宠物食品生产公司 LPP，Belgium	2023.11—2028.11	新办
（2023）外饲准字 859 号	宠物营养补充剂 Pet Nutrition Supplement	Viyo 猫用营养增强剂 Viyo Reinforces for Cats	宠物添加剂预混合饲料 Pet Feed Additive Premix	猫 Cats	（比利时）Lugi 宠物食品生产公司 LPP，Belgium	2023.11—2028.11	新办
（2023）外饲准字 860 号	宠物营养补充剂 Pet Nutrition Supplement	Viyo 犬用营养增强剂 Viyo Reinforces for Dogs	宠物添加剂预混合饲料 Pet Feed Additive Premix	犬 Dogs	（比利时）Lugi 宠物食品生产公司 LPP，Belgium	2023.11—2028.11	新办
（2023）外饲准字 861 号	宠物营养补充剂 Pet Nutrition Supplement	Viyo 犬用肠道营养补充液 Viyo Imune+ for Dogs	宠物添加剂预混合饲料 Pet Feed Additive Premix	犬 Dogs	（比利时）Lugi 宠物食品生产公司 LPP，Belgium	2023.11—2028.11	新办
（2023）外饲准字 862 号	宠物营养补充剂 Pet Nutrition Supplement	博乐丹—老年犬猫综合营养膏 SeniorAid	宠物添加剂预混合饲料 Pet Feed Additive Premix	犬、猫 Dogs，Cats	卡尔公司（爱尔兰工厂） Swedencare Ireland Ltd.，Ireland	2023.11—2028.11	新办
（2023）外饲准字 863 号	宠物营养补充剂 Pet Nutrition Supplement	博乐丹—老年猫综合营养膏 SeniorAid Gel	宠物添加剂预混合饲料 Pet Feed Additive Premix	猫 Cats	卡尔公司（爱尔兰工厂） Swedencare Ireland Ltd.，Ireland	2023.11—2028.11	新办
（2023）外饲准字 864 号	宠物营养补充剂 维生素 矿物质 氨基酸 Pet Nutrition Supplement Vitamins Minerals Amino Acids	赞卓斯营养活力粉 Total Nutritional Top-dress	宠物添加剂预混合饲料 Pet Feed Additive Premix	犬、猫 Dogs，Cats	美国当乐迈公司 Dynamite Marketing，Inc，USA	2023.11—2028.11	新办

（续）

登记证号	通用名称	商品名称	产品类别	使用范围	生产厂家	有效期限	备注
（2023）外饲准字 865 号	宠物配合饲料幼年期、妊娠期以及哺乳期猫粮 Pet Compound Feed for Kitten, Pregnant and Lactating Cat	公主幼猫主食罐鸡肉金枪鱼配方添加山羊奶 PRINCESS PREMIUM CLASSIC COMPLETE MEAL CHICKEN and TUNA with GOAT MILK in GRAVY FOR KITTEN	宠物配合饲料 Pet Compound Feed	猫 Cats	泰国 UNICORD 有限公司 UNICORD PUBLIC COMPANY LIMITED，Thailand	2023. 11—2028. 11	新办
（2023）外饲准字 866 号	宠物配合饲料成年期猫粮 Pet Compound Feed for Adult Cats	公主绝育呵护主食罐鸡肉金枪鱼配方 PRINCESS PREMIUM CLASSIC COMPLETE MEAL CHICKEN AND TUNA FOR STERILISED CATS	宠物配合饲料 Pet Compound Feed	猫 Cats	泰国 UNICORD 有限公司 UNICORD PUBLIC COMPANY LIMITED，Thailand	2023. 11—2028. 11	新办
（2023）外饲准字 867 号	全价宠物食品 小型犬犬粮 Pet Compound Feed for Small Breed Dogs	Stella & Chewy's 星益生趣无谷 RC 冻干涂层低温烘焙小型犬粮—无笼散养鸡肉配方 Stella & Chewy's Grain-Free Freeze Dried Raw Coated Baked Small Breed Dog Kibble-Cage Free Chicken	宠物配合饲料 Pet Compound Feed	犬 Dogs	星益生趣宠物食品美国总公司 STELLA & CHEWY'S LLC，USA	2023. 11—2028. 11	新办

（续）

登记证号	通用名称	商品名称	产品类别	使用范围	生产厂家	有效期限	备注
（2023）外饲准字 868 号	全价宠物食品 犬粮 Pet Compound Feed for Dogs	Stella & Chewy's 星益生趣无谷 RB 冻干混合低温烘焙犬粮—含草饲牛肉添加鹿肉 Stella & Chewy's Grain-Free Freeze Dried Raw Blend Baked Dog Kibble-Grass Fed Beef with Venison	宠物配合饲料 Pet Compound Feed	犬 Dogs	星益生趣宠物食品美国总公司 STELLA & CHEWY'S LLC，USA	2023. 11—2028. 11	新办
（2023）外饲准字 869 号	全价宠物食品 幼年期猫粮 Pet Compound Feed for Kitten	Stella & Chewy's 星益生趣冻干生食涂层无谷幼猫猫粮—无笼散养鸡肉配方 Stella & Chewy's freeze dried raw coated cage free chicken recipe no grain kitten kibble	宠物配合饲料 Pet Compound Feed	猫 Cats	美国巴雷特宠物食品创新有限公司 BARRETT AG SERVICE INC DBA BARRETT PETFOOD INNOVATIONS，USA	2023. 11—2028. 11	新办
（2023）外饲准字 870 号	全价宠物食品 猫粮 Pet Compound Feed for Cats	Stella & Chewy's 星益生趣冻干生食涂层无谷猫粮—野生捕捞鱼配方 Stella & Chewy's freeze dried raw coated wild caught fish recipe no grain cat kibble	宠物配合饲料 Pet Compound Feed	猫 Cats	美国巴雷特宠物食品创新有限公司 BARRETT AG SERVICE INC DBA BARRETT PETFOOD INNOVATIONS，USA	2023. 11—2028. 11	新办
（2023）外饲准字 871 号	全价宠物食品猫粮 Pet Compound Feed for Cats	LIBERTY 三文鱼配方猫粮 LIBERTY Dry Cat Food Salmon Recipe	宠物配合饲料 Pet Compound Feed	猫 Cats	美国 BARRETT 宠物食品创新有限公司 BARRETT AG SERVICE INC DBA BARRETT PETFOOD INNOVATIONS，USA	2023. 11—2028. 11	新办

（续）

登记证号	通用名称	商品名称	产品类别	使用范围	生产厂家	有效期限	备注
（2023）外饲准字 872 号	全价宠物食品成年期猫粮 Pet Compound Feed for Adult Cats	LIBERTY 含鸡肉配方易消化猫粮 LIBERTY Dry Cat Food Chicken Recipe Digestive Cat Health	宠物配合饲料 Pet Compound Feed	猫 Cats	美国 BARRETT 宠物食品创新有限公司 BARRETT AG SERVICE INC DBA BARRETT PETFOOD INNOVATIONS, USA	2023.11—2028.11	新办
（2023）外饲准字 873 号	全价宠物食品幼年期猫粮 Pet Compound Feed for Kitten	LIBERTY 鸡肉配方幼猫粮 LIBERTY Dry Cat Food Chicken Recipe Kitten Health	宠物配合饲料 Pet Compound Feed	猫 Cats	美国 BARRETT 宠物食品创新有限公司 BARRETT AG SERVICE INC DBA BARRETT PETFOOD INNOVATIONS, USA	2023.11—2028.11	新办
（2023）外饲准字 874 号	全价宠物食品猫粮 Pet Compound Feed for Cats	LIBERTY 鸡肉配方猫粮 LIBERTY Dry Cat Food Chicken Recipe	宠物配合饲料 Pet Compound Feed	猫 Cats	美国 BARRETT 宠物食品创新有限公司 BARRETT AG SERVICE INC DBA BARRETT PETFOOD INNOVATIONS, USA	2023.11—2028.11	新办
（2023）外饲准字 875 号	全价宠物食品成年期猫粮 Pet Compound Feed for Adult Cats	LIBERTY 含鸡肉三文鱼配方室内猫粮 LIBERTY Dry Cat Food Chicken & Salmon Recipe Indoor Cat Health	宠物配合饲料 Pet Compound Feed	猫 Cats	美国 BARRETT 宠物食品创新有限公司 BARRETT AG SERVICE INC DBA BARRETT PETFOOD INNOVATIONS, USA	2023.11—2028.11	新办
（2023）外饲准字 876 号	全价宠物食品成年期猫粮 Pet Compound Feed for Adult Cats	爱普士成猫粮鸡肉三文鱼配方 Applaws Adult Cat Chicken with Salmon Recipe Dry Food	宠物配合饲料 Pet Compound Feed	猫 Cats	美国 BARRETT 宠物食品创新有限公司 BARRETT AG SERVICE INC DBA BARRETT PETFOOD INNOVATIONS, USA	2023.11—2028.11	新办

（续）

登记证号	通用名称	商品名称	产品类别	使用范围	生产厂家	有效期限	备注
(2023) 外饲准字 877 号	全价宠物食品幼年期/哺乳期/妊娠期猫粮 Pet Compound Feed for Kitten/Pregnant/Nursing Cats	爱普士幼猫粮鸡肉配方 Applaws Kitten Chicken Recipe Dry Food	宠物配合饲料 Pet Compound Feed	猫 Cats	美国 BARRETT 宠物食品创新有限公司 BARRETT AG SERVICE INC DBA BARRETT PETFOOD INNOVATIONS，USA	2023. 11—2028. 11	新办
(2023) 外饲准字 878 号	犬成年期全价处方粮 Pet Compound Feed Veterinary Diet for Dogs	皇家成犬心脏全价处方湿粮罐头 Cardiac	宠物配合饲料 Pet Compound Feed	犬 Dogs	玛氏奥地利有限公司 Mars Austria OG，Austria	2023. 11—2028. 11	新办
(2023) 外饲准字 879 号	大型犬幼年期全价犬粮 Pet Compound Feed for Maxi Puppy	皇家大型犬幼犬全价湿粮 Maxi Puppy	宠物配合饲料 Pet Compound Feed	犬 Dogs	玛氏奥地利有限公司 Mars Austria OG，Austria	2023. 11—2028. 11	新办
(2023) 外饲准字 880 号	成年期全价猫粮 Pet Compound Feed for Adult Cats	皇家成年期去毛球全价猫粮湿粮（浓汤肉块） Hairball Care	宠物配合饲料 Pet Compound Feed	猫 Cats	玛氏奥地利有限公司 Mars Austria OG，Austria	2023. 11—2028. 11	新办
(2023) 外饲准字 881 号	中型犬幼年期全价犬粮 Pet Compound Feed for Medium Puppy	皇家中型犬幼犬全价湿粮 Medium Puppy	宠物配合饲料 Pet Compound Feed	犬 Dogs	玛氏奥地利有限公司 Mars Austria OG，Austria	2023. 11—2028. 11	新办
(2023) 外饲准字 882 号	小型犬幼年期全价犬粮 Pet Compound Feed for Mini Puppy	皇家小型犬幼犬全价湿粮 Mini Puppy	宠物配合饲料 Pet Compound Feed	犬 Dogs	玛氏奥地利有限公司 Mars Austria OG，Austria	2023. 11—2028. 11	新办
(2023) 外饲准字 883 号	成年期全价猫粮 Pet Compound Feed for Adult Cats	皇家感官盛宴猫湿粮—浓香四溢（浓汤肉块） Sensory smell gravy	宠物配合饲料 Pet Compound Feed	猫 Cats	玛氏奥地利有限公司 Mars Austria OG，Austria	2023. 11—2028. 11	新办
(2023) 外饲准字 884 号	成年期全价猫粮 Pet Compound Feed for Adult Cats	皇家感官盛宴猫湿粮—鲜美多汁（浓汤肉块） Sensory Taste gravy	宠物配合饲料 Pet Compound Feed	猫 Cats	玛氏奥地利有限公司 Mars Austria OG，Austria	2023. 11—2028. 11	新办

（续）

登记证号	通用名称	商品名称	产品类别	使用范围	生产厂家	有效期限	备注
（2023）外饲准字 885 号	犬成年期全价处方粮 Pet Compound Feed Veterinary Diet for Dogs	皇家成犬低过敏性全价处方湿粮罐头 Hypoallergenic	宠物配合饲料 Pet Compound Feed	犬 Dogs	玛氏奥地利有限公司 Mars Austria OG, Austria	2023. 11—2028. 11	
（2023）外饲准字 886 号	全价宠物食品犬粮 Pet Compound Feed For Dogs	PetKind Tripe Dry 含牛肉 & 牛肚犬粮 PetKind Tripe Dry Green Beef Tripe Formula	宠物配合饲料 Pet Compound Feed	犬 Dogs	新西兰 King Country 宠物食品有限公司 King Country Pet Food New Zealand Limited, New Zealand	2023. 11—2028. 11	新办
（2023）外饲准字 887 号	全价宠物食品犬粮 Pet Compound Feed For Dogs	PetKind Tripe Dry 含牛肚 & 绵羊肚犬粮 PetKind Tripe Dry Green Tripe & Red Meat Formula	宠物配合饲料 Pet Compound Feed	犬 Dogs	新西兰 King Country 宠物食品有限公司 King Country Pet Food New Zealand Limited, New Zealand	2023. 11—2028. 11	新办
（2023）外饲准字 888 号	全价宠物食品猫粮 Pet Compound Feed For Cats	PetKind Tripe Dry High Lands 含绵羊肚 & 牛肚猫粮 PetKind Tripe Dry For Cats Green Tripes & High Lands Formula	宠物配合饲料 Pet Compound Feed	猫 Cats	新西兰 King Country 宠物食品有限公司 King Country Pet Food New Zealand Limited, New Zealand	2023. 11—2028. 11	新办
（2023）外饲准字 889 号	全价宠物食品猫粮 Pet Compound Feed For Cats	PetKind Tripe Dry High Skies 含牛肚猫粮 Petkind Tripe Dry For Cats Green Tripes & High Skies Formula	宠物配合饲料 Pet Compound Feed	猫 Cats	新西兰 King Country 宠物食品有限公司 King Country Pet Food New Zealand Limited, New Zealand	2023. 11—2028. 11	新办
（2023）外饲准字 890 号	全价宠物食品犬粮 Pet Compound Feed For Dogs	PetKind Tripe Dry 含绵羊肚 & 三文鱼犬粮 PetKind Tripe Dry Green Tripe & Fresh Salmon Formula	宠物配合饲料 Pet Compound Feed	犬 Dogs	新西兰 King Country 宠物食品有限公司 King Country Pet Food New Zealand Limited, New Zealand	2023. 11—2028. 11	新办

（续）

登记证号	通用名称	商品名称	产品类别	使用范围	生产厂家	有效期限	备注
(2023) 外饲准字 891 号	全价宠物食品猫粮 Pet Compound Feed For Cats	PetKind Tripe Dry High Seas 含绵羊肚 & 三文鱼猫粮 PetKind Tripe Dry For Cats Green Tripes & High Seas Formula	宠物配合饲料 Pet Compound Feed	猫 Cats	新西兰 King Country 宠物食品有限公司 King Country Pet Food New Zealand Limited, New Zealand	2023.11—2028.11	新办
(2023) 外饲准字 892 号	全价宠物食品犬粮 Pet Compound Feed for Dogs	CHARM 野性魅力含鸭肉配方添加苹果犬粮 CHARM Duck with Apple Recipe Dog Food	宠物配合饲料 Pet Compound Feed	犬 Dogs	（美国）飒天宠物营养有限责任公司 Southern Tier Pet Nutrition, LLC, USA	2023.11—2028.11	新办
(2023) 外饲准字 893 号	全价宠物食品犬粮 Pet Compound Feed for Dogs	CHARM 野性魅力鸡肉鱼配方犬粮 CHARM Chicken & Fish Recipe Dog Food	宠物配合饲料 Pet Compound Feed	犬 Dogs	（美国）飒天宠物营养有限责任公司 Southern Tier Pet Nutrition, LLC, USA	2023.11—2028.11	新办
(2023) 外饲准字 894 号	全价宠物食品猫粮 Pet Compound Feed for Cats	CHARM 野性魅力海洋鱼配方猫粮 CHARM Ocean Fish Recipe Cat Food	宠物配合饲料 Pet Compound Feed	猫 Cats	（美国）飒天宠物营养有限责任公司 Southern Tier Pet Nutrition, LLC, USA	2023.11—2028.11	新办
(2023) 外饲准字 895 号	全价宠物食品猫粮 Pet Compound Feed for Cats	CHARM 野性魅力鸡肉鱼配方猫粮 CHARM Chicken & Fish Recipe Cat Food	宠物配合饲料 Pet Compound Feed	猫 Cats	（美国）飒天宠物营养有限责任公司 Southern Tier Pet Nutrition, LLC, USA	2023.11—2028.11	新办
(2023) 外饲准字 896 号	全价宠物食品猫粮 Pet Compound Feed for Cats	Go! Solutions 美毛系列无谷含三文鱼配方室内猫猫粮 Go! Solutions Skin+Coat Care Grain-free Salmon Recipe for Indoor Cats	宠物配合饲料 Pet Compound Feed	猫 Cats	西班牙联合宠物食品公司 UNITED PETFOOD SPAIN, S.L., Spain	2023.11—2028.11	新办

（续）

登记证号	通用名称	商品名称	产品类别	使用范围	生产厂家	有效期限	备注
（2023）外饲准字 897 号	全价宠物食品猫粮 Pet Compound Feed for Cats	Go！Solutions 多肉系列无谷含鸡肉火鸡肉＋鸭肉配方猫粮 Go！Solutions Carnivore Grain-free Chicken Turkey ＋ Duck Recipe for Cats	宠物配合饲料 Pet Compound Feed	猫 Cats	西班牙联合宠物食品公司 UNITED PETFOOD SPAIN，S. L.，Spain	2023.11—2028.11	新办
（2023）外饲准字 898 号	全价宠物食品猫粮 Pet Compound Feed for Cats	Go！Solutions 美毛系列鸡肉配方添加谷物猫粮 Go！Solutions Skin＋Coat Care Chicken Recipe with Grains for Cats	宠物配合饲料 Pet Compound Feed	猫 Cats	西班牙联合宠物食品公司 UNITED PETFOOD SPAIN，S. L.，Spain	2023.11—2028.11	新办
（2023）外饲准字 899 号	全价宠物食品幼年期猫粮 Pet Compound Feed for Kitten	NOW FRESH 无谷含火鸡肉配方添加三文鱼鸭肉幼猫粮 NOW FRESH GRAIN FREE KITTEN RECIPE WITH TURKEY，SALMON & DUCK FOR CATS	宠物配合饲料 Pet Compound Feed	猫 Cats	西班牙联合宠物食品公司 UNITED PETFOOD SPAIN，S. L.，Spain	2023.11—2028.11	新办
（2023）外饲准字 900 号	全价宠物食品成年期犬粮 Pet Compound Feed for Adult Dogs	NOW FRESH 无谷成犬粮 NOW FRESH GRAIN FREE ADULT DOG FOOD RECIPE	宠物配合饲料 Pet Compound Feed	犬 Dogs	西班牙联合宠物食品公司 UNITED PETFOOD SPAIN，S. L.，Spain	2023.11—2028.11	新办

（续）

登记证号	通用名称	商品名称	产品类别	使用范围	生产厂家	有效期限	备注
（2023）外饲准字 901 号	全价宠物食品成年期猫粮 Pet Compound Feed for Adult Cats	NOW FRESH 无谷含火鸡肉配方添加三文鱼鸭肉成猫粮 NOW FRESH GRAIN FREE ADULT RECIPE WITH TURKEY，SALMON & DUCK FOR CATS	宠物配合饲料 Pet Compound Feed	猫 Cats	西班牙联合宠物食品公司 UNITED PETFOOD SPAIN，S.L.，Spain	2023.11—2028.11	新办
（2023）外饲准字 902 号	全价宠物食品小型犬犬粮 Pet Compound Feed for Small Breed Dogs	NOW FRESH 无谷小型犬全犬粮 NOW FRESH GRAIN FREE SMALL BREED ALL AGES DOG FOOD RECIPE	宠物配合饲料 Pet Compound Feed	犬 Dogs	西班牙联合宠物食品公司 UNITED PETFOOD SPAIN，S.L.，Spain	2023.11—2028.11	新办
（2023）外饲准字 903 号	全价宠物食品成年期犬粮 Pet Compound Feed for Adult Dogs	NOW FRESH 无谷含火鸡肉配方添加三文鱼鸭肉成犬粮 NOW FRESH GRAIN FREE ADULT RECIPE WITH TURKEY，SALMON & DUCK FOR DOGS	宠物配合饲料 Pet Compound Feed	犬 Dogs	西班牙联合宠物食品公司 UNITED PETFOOD SPAIN，S.L.，Spain	2023.11—2028.11	新办
（2023）外饲准字 904 号	全价宠物食品成年期猫粮 Pet Compound Feed for Adult Cats	NOW FRESH 无谷成猫粮 NOW FRESH GRAIN FREE ADULT CAT FOOD RECIPE	宠物配合饲料 Pet Compound Feed	猫 Cats	西班牙联合宠物食品公司 UNITED PETFOOD SPAIN，S.L.，Spain	2023.11—2028.11	新办

（续）

登记证号	通用名称	商品名称	产品类别	使用范围	生产厂家	有效期限	备注
(2023）外饲准字 905 号	全价宠物食品老年期猫粮 Pet Compound Feed for Senior Cats	NOW FRESH 无谷含火鸡肉配方添加三文鱼鸭肉老年猫粮 NOW FRESH GRAIN FREE SENIOR RECIPE WITH TURKEY，SALMON & DUCK FOR CATS	宠物配合饲料 Pet Compound Feed	猫 Cats	西班牙联合宠物食品公司 UNITED PETFOOD SPAIN，S.L.，Spain	2023.11—2028.11	新办
(2023）外饲准字 906 号	全价宠物食品老年期猫粮 Pet Compound Feed for Senior Cats	NOW FRESH 无谷老猫粮 NOW FRESH GRAIN FREE SENIOR CAT FOOD RECIPE	宠物配合饲料 Pet Compound Feed	猫 Cats	西班牙联合宠物食品公司 UNITED PETFOOD SPAIN，S.L.，Spain	2023.11—2028.11	新办
(2023）外饲准字 907 号	全价宠物食品幼年期猫粮 Pet Compound Feed for Kitten	NOW FRESH 无谷幼猫粮 NOW FRESH GRAIN FREE KITTEN CAT FOOD RECIPE	宠物配合饲料 Pet Compound Feed	猫 Cats	西班牙联合宠物食品公司 UNITED PETFOOD SPAIN，S.L.，Spain	2023.11—2028.11	新办
(2023）外饲准字 908 号	全价宠物食品 成年期犬粮 Pet Compound Feed for Adult Dogs	宝路®妙鲜包®全价成犬犬粮鸡肉味 Pedigree® Pouch Adult Dog Chicken Flavor	宠物配合饲料 Pet Compound Feed	犬 Dogs	玛氏宠物护理泰国公司 Mars Petcare（Thailand）Co.，Ltd.，Thailand	2023.11—2028.11	新办
(2023）外饲准字 909 号	全价宠物食品 成年期犬粮 Pet Compound Feed for Adult Dogs	宝路®妙鲜包®全价成犬犬粮鸡肝味 Pedigree® Pouch Adult Dog Chicken Liver Flavor	宠物配合饲料 Pet Compound Feed	犬 Dogs	玛氏宠物护理泰国公司 Mars Petcare（Thailand）Co.，Ltd.，Thailand	2023.11—2028.11	新办

（续）

登记证号	通用名称	商品名称	产品类别	使用范围	生产厂家	有效期限	备注
（2023）外饲准字 910 号	全价宠物食品 幼年期犬粮 Pet Compound Feed for Puppy	宝路®妙鲜包®全价幼犬犬粮牛肉味 Pedigree® Pouch Puppy Beef Flavor	宠物配合饲料 Pet Compound Feed	犬 Dogs	玛氏宠物护理泰国公司 Mars Petcare（Thailand）Co., Ltd., Thailand	2023. 11—2028. 11	新办
（2023）外饲准字 911 号	全价宠物食品 成年期犬粮 Pet Compound Feed for Adult Dogs	宝路®妙鲜包®全价成犬犬粮牛肉味 Pedigree® Pouch Adult Dog Beef Flavor	宠物配合饲料 Pet Compound Feed	犬 Dogs	玛氏宠物护理泰国公司 Mars Petcare（Thailand）Co., Ltd., Thailand	2023. 11—2028. 11	新办
（2023）外饲准字 912 号	混合型饲料添加剂 氧化锌 Feed Additives Mixture Zine Oxide	集富锌宝 P JEFO ZINCO-PLUS P	混合型饲料添加剂 Feed Additives Mixture	家禽 Poultry	加拿大 Jefagro 科技有限公司 Jefagro Technologies Inc., Canada	2023. 11—2028. 11	续展
（2023）外饲准字 913 号	鱼粉 Fishmeal	红鱼粉（三级至二级）Fish meal（Grade III to II）	单一饲料 Single Feed	畜禽、水产养殖动物（反刍动物除外）Livestock, Poultry, Aquaculture animals（Not including ruminant）	（毛里塔尼亚）巴拉卡海产品有限公司 MOUHIT AL BARAKA SA, Mauritania	2023. 11—2028. 11	续展
（2023）外饲准字 914 号	白鱼粉 White Fishmeal	白鱼粉（一级）White Fishmeal（I）	单一饲料 Single Feed	畜禽、水产养殖动物（反刍动物除外）Livestock, Poultry, Aquaculture animals（Not including ruminant）	（俄罗斯）PRODUCTION ASSOCIATION SAKHALINRYBAKSOYUZ 有限责任公司（工船 MYS MENSHIKOVA, CH-48A）LLC PRODUCTION ASSOCIATION SAKHALINRYBAKSOYUZ（F/V "MYS MENSHIKOVA", CH-48A）, Russia	2023. 11—2028. 11	续展

（续）

登记证号	通用名称	商品名称	产品类别	使用范围	生产厂家	有效期限	备注
(2023) 外饲准字 915 号	白鱼粉 White Fishmeal	白鱼粉（一级） White Fishmeal (I)	单一饲料 Single Feed	畜禽、水产养殖动物（反刍动物除外） Livestock, Poultry, Aquaculture animals (Not including ruminant)	（俄罗斯）PRODUCTION ASSOCIATION SAKHALINRYBAKSOYUZ 有限责任公司（工船 MYS LEVENORNA CH-46A） LLC PRODUCTION ASSOCIATION SAKHALINRYBAKSOYUZ (F/V "MYS LEVENORNA", CH-46A), Russia	2023.11—2028.11	续展
(2023) 外饲准字 916 号	白鱼粉 White Fishmeal	白鱼粉（二级） White Fishmeal (grade II)	单一饲料 Single Feed	畜禽、水产养殖动物（反刍动物除外） Livestock, Poultry, Aquaculture animals (Not including ruminant)	俄罗斯 JSC "SAKHALIN LEASING FLOT" 公司（工船加工，工船名 F/V "MYS KRUZENSHTERNA" 工船号：CH-37A） JSC "SAKHALIN LEASING FLOT" (F/V "MYS LEVENORNA" CH-37A), Russia	2023.11—2028.11	续展
(2023) 外饲准字 917 号	红鱼粉 Fishmeal	全利高品质蒸汽红鱼粉（三级） QL Prime Grade Steam Dried Fishmeal (Grade III)	单一饲料 Single Feed	家禽、猪、鱼、虾 Poultry, Swine, Fish, Shrimp	马来西亚全利兴楼鱼粉厂有限公司 QL Endau Fishmeal Sdn. Bhd., Malaysia	2023.11—2028.11	续展
(2023) 外饲准字 918 号	鱼粉 Fishmeal	红鱼粉（三级） Red Fishmeal (Grade III)	单一饲料 Single Feed	猪、家禽、鱼、虾 Swine, Poultry, Fish, Shrimp	智利 ALIMENTOS PESQUEROS SPA 公司 ALIMENTOS PESQUEROS SPA, Chile	2023.11—2028.11	续展
(2023) 外饲准字 919 号	白鱼粉 White Fishmeal	白鱼粉（二级） White Fishmeal (grade II)	单一饲料 Single Feed	猪、鱼、虾 Swine, Fish, Shrimp	丹麦 FF SKAGEN A/S 公司 FF SKAGEN A/S, Denmark	2023.11—2028.11	续展

（续）

登记证号	通用名称	商品名称	产品类别	使用范围	生产厂家	有效期限	备注
（2023）外饲准字 920 号	鱼粉 Fishmeal	红鱼粉（三级） Red Fishmeal（grade III）	单一饲料 Single Feed	猪、家禽、水产养殖动物 Swine，Poultry，Aquaculture animals	墨西哥 Selecta de Guaymas，S. A. de C. V. 公司 Selecta de Guaymas，S. A. de C. V.，Mexico	2023. 11—2028. 11	续展
（2023）外饲准字 921 号	白鱼粉 White Fishmeal	阿拉斯加白鱼粉（二级） ALASKAN WHITE FISHMEAL（II）	单一饲料 Single Feed	畜禽、水产养殖动物（反刍动物除外） Livestock，Poultry，Aquaculture animals（Not including ruminant）	美国 Kodiak 鱼粉公司 Kodiak 工厂 Kodiak Fishmeal Company，Kodiak Plant，USA	2023. 11—2028. 11	续展
（2023）外饲准字 922 号	白鱼粉 White Fishmeal	阿拉斯加白鱼粉（一级） ALASKA WHITE FISHMEAL（I）	单一饲料 Single Feed	畜禽、水产养殖动物（反刍动物除外） Livestock，Poultry，Aquaculture animals（Not including ruminant）	美国三叉海产品公司-C/P Starbound USCG＃944658（渔船） Trident Seafoods Corporation-C/P Starbound USCG＃944658（Fishing Vessel），USA	2023. 11—2028. 11	续展
（2023）外饲准字 923 号	饲料添加剂 酿酒酵母 Feed Additive *Saccharomyces cerevisiae*	维赛奥 Vistacell	饲料添加剂 Feed Additive	适用于猪、马、反刍动物 Swine，Horses，Ruminant	英联 Calsa 有限公司（英联马利墨西哥） AB Calsa，S. A. de C. V.（AB Mauri Mexico），Mexico	2023. 11—2028. 11	续展
（2023）外饲准字 924 号	饲料添加剂 D-泛酸钙 Feed Additive D-Calcium Pantothenate	罗维素®泛酸钙 Rovimix® Calpan	饲料添加剂 Feed Additive	养殖动物 All species or categories of animals	帝斯曼营养产品（英国）有限公司 DSM Nutritional Products（UK）Ltd.，UK	2023. 11—2028. 11	续展
（2023）外饲准字 925 号	混合型饲料添加剂 微生物 Feed Additives Mixture Live Microorganisms	百亿塔 Vital Feed	混合型饲料添加剂 Feed Additives Mixture	猪、家禽、奶牛 Swine，Poultry，Dairy cattle	韩国 Chebigen 公司 Chebigen Inc.，Korea	2023. 11—2028. 11	续展
（2023）外饲准字 926 号	混合型饲料添加剂 微生物 Feed Additives Mixture Live Microorganisms	台湾崧育活清（粉剂） Taiwan SunYeast Active Cleaner	混合型饲料添加剂 Feed Additives Mixture	畜禽 Livestock，Poultry	（台湾）崧育生物科技股份有限公司二厂 SUN YEAST BIOTECH CO.，LTD.	2023. 11—2028. 11	续展

（续）

登记证号	通用名称	商品名称	产品类别	使用范围	生产厂家	有效期限	备注
(2023) 外饲准字 927 号	混合型饲料添加剂 氧化镁 Feed Additives Mixture Magnesium Oxide	加强爱胃宝 Acid Buf 10	混合型饲料添加剂 Feed Additives Mixture	反刍动物 Ruminant	爱尔兰马里戈特有限公司 Marigot Ltd，Ireland	2023.11—2028.11	续展
(2023) 外饲准字 928 号	混合型饲料添加剂 微生物 Feed Mixture Additives Live Microorganisms	达特沃丽高 Doctor Oligo	混合型饲料添加剂 Feed Additives Mixture	养殖动物 All species or categories of animals	韩国 FARMTEC 会社 FARMTEC，Korea	2023.11—2028.11	续展
(2023) 外饲准字 929 号	混合型饲料添加剂 香味物质 维生素 Feed Additives Mixture Flavouring Substances Vitamins	佳益多 Garvital Oral	混合型饲料添加剂 Feed Additives Mixture	猪、家禽 Swine，Poultry	荷兰 Interchemie werken "De Adelaar" B. V. 公司 Interchemie werken "De Adelaar" B. V.，the Netherlands	2023.11—2028.11	续展
(2023) 外饲准字 930 号	混合型饲料添加剂 吡啶甲酸铬 Feed Additives Mixture Chromium Tripicolinate	铬精 0.2% Chromium Picolean	混合型饲料添加剂 Feed Additives Mixture	猪 Swine	意大利阿卡公司 Prodotti Arca S. r. l.，Italy	2023.11—2028.11	续展
(2023) 外饲准字 931 号	混合型饲料添加剂 地衣芽孢杆菌 Feed Additives Mixture *Bacillus licheniformis*	保卫菌 WSP B-Act® WSP	混合型饲料添加剂 Feed Additives Mixture	鸡 Chicken	保加利亚标伟特股份有限公司 Biovet Joint Stock Company，Bulgaria	2023.11—2028.11	续展
(2023) 外饲准字 932 号	混合型饲料添加剂 枯草芽孢杆菌 Feed Additives Mixture *Bacillus subtilis*	博菲奇 eXolution	混合型饲料添加剂 Feed Additives Mixture	猪、家禽 Swine，Poultry	韩国西梯茜公司 CTCBIO INC.，Korea	2023.11—2028.11	续展
(2023) 外饲准字 933 号	混合型饲料添加剂 尿素 Feed Additives Mixture Urea	奥优金™ II OPTIGEN™ II	混合型饲料添加剂 Feed Additives Mixture	牛 Cattle	美国奥特奇公司 Alltech Inc.，USA	2023.11—2028.11	续展
(2023) 外饲准字 934 号	混合型饲料添加剂 维生素 B_2 Feed Additives Mixture Vitamin B_2	罗维素® B_2 80-SD ROVIMIX® B_2 80-SD	混合型饲料添加剂 Feed Additives Mixture	养殖动物 All species or categories of animals	德国帝斯曼营养产品有限公司 DSM Nutritional Products GmbH，Germany	2023.11—2028.11	续展
(2023) 外饲准字 935 号	混合型饲料添加剂 L-抗坏血酸（维生素 C） Feed Additives Mixture L-Ascorbic Acid（Vitamin C）	罗维素® C-EC Rovimix® C-EC	混合型饲料添加剂 Feed Additives Mixture	养殖动物 All species or categories of animals	帝斯曼营养产品（英国）有限公司 DSM Nutritional Products（UK）Ltd.，UK	2023.11—2028.11	续展

（续）

登记证号	通用名称	商品名称	产品类别	使用范围	生产厂家	有效期限	备注
(2023) 外饲准字 936 号	混合型饲料添加剂 香味物质 Feed Additives Mixture Flavouring Substances	普乐新吉吉 Intella Fit (cc)	混合型饲料添加剂 Feed Additives Mixture	家禽 Poultry	法国普乐维美公司 PROVIMI France，France	2023. 11—2028. 11	续展
(2023) 外饲准字 937 号	妊娠母猪维生素预混合饲料 Pregnant Sow Vitamin Premix	美迪特 MEIDITE	添加剂预混合饲料 Feed Additive Premix	妊娠母猪 Pregnant Sow	法国 Mg2mix 有限公司 Mg2mix，France	2023. 11—2028. 11	续展
(2023) 外饲准字 938 号	鱼用维生素预混合饲料 Vitamin Premix for Fish	百奥鱼悦 Buri Kong	添加剂预混合饲料 Feed Additive Premix	鱼 Fish	日本生命科学株式会社 BIO SCIENCE CO.，LTD.，Japan	2023. 11—2028. 11	续展
(2023) 外饲准字 939 号	水产养殖动物用维生素预混合饲料 Vitamin Premix for Aquaculture Animals	百奥鱼安 Dr. OIL OK	添加剂预混合饲料 Feed Additive Premix	水产养殖动物 Aquaculture animals	日本生命科学株式会社 BIO SCIENCE CO.，LTD.，Japan	2023. 11—2028. 11	续展
(2023) 外饲准字 940 号	水解鱼蛋白粉 Powder of Hydrolysis Fish Protein	海之珍 Perfect Digest ™FPI-SD	单一饲料 Single Feed	养殖动物 All species or categories of animals	厄瓜多尔海洋蛋白公司 Marine Protein Marprot S. A.，Ecuador	2023. 11—2028. 11	续展
(2023) 外饲准字 941 号	鱼溶浆 Fish Soluble	渔肽泰 I 型 ScanPro 35/4	单一饲料 Single Feed	畜禽、宠物和鱼（鲑鱼除外） Livestock，Poultry，Pets，Fish (Not including salmon)	挪威 Scanbio Ingredients AS 公司 Scanbio Ingredients AS，Norway	2023. 11—2028. 11	续展
(2023) 外饲准字 942 号	双低菜籽粕 Double Low Canola Meal	双低菜籽粕 Double Low Canola Meal	单一饲料 Single Feed	猪、家禽、牛、水产养殖动物 Swine，Poultry，Cattle，Aquaculture animals	加拿大理查森油籽有限公司 Yorkton 工厂 Richardson Oilseed Ltd.，Yorkton Plant，Canada	2023. 11—2028. 11	续展
(2023) 外饲准字 943 号	双低菜籽粕 Double Low Canola Meal	双低菜籽粕 Double Low Canola Meal	单一饲料 Single Feed	猪、家禽、牛、水产养殖动物 Swine，Poultry，Cattle，Aquaculture animals	加拿大理查森油籽有限公司 Lethbridge 工厂 Richardson Oilseed Ltd.，Lethbridge Plant，Canada	2023. 11—2028. 11	续展

附件 2

换发进口饲料和饲料添加剂产品登记证目录（2023－06）

登记证号	商品名称	通用名称	变更内容	原名称	变更名称
（2021）外饲准字 818 号	生鲜本能经典无谷含三文鱼配方猫粮 Instinct Original Grain-Free Recipe with Real Salmon for Cat	全价宠物食品猫粮 Pet Compound Feed for Cats	中文商品名称	生鲜本能经典无谷含三文鱼配方猫粮 Instinct Original Grain-Free Recipe with Real Salmon for Cat	Instinct 天然百利经典无谷含三文鱼配方猫粮 Instinct Original Grain-Free Recipe with Real Salmon for Cat
			申请企业名称	美国 C.J. 食品股份有限公司 C.J. Foods，Inc.，USA	美国阿尔菲亚集团西捷食品股份有限公司 ALPHIA DBA C.J. FOODS，INC，USA
			生产厂家名称	美国 C.J. 食品股份有限公司（Bern 工厂） C.J. Foods，Inc.，USA	美国阿尔菲亚集团西捷食品股份有限公司（Bern 工厂） ALPHIA DBA C.J. FOODS，INC，USA
（2021）外饲准字 820 号	生鲜本能经典无谷含三文鱼配方犬粮 Instinct Original Grain-Free Recipe with Real Salmon for Dog	全价宠物食品犬粮 Pet Compound Feed for Dogs	中文商品名称	生鲜本能经典无谷含三文鱼配方犬粮 Instinct Original Grain-Free Recipe with Real Salmon for Dog	Instinct 天然百利经典无谷含三文鱼配方犬粮 Instinct Original Grain-Free Recipe with Real Salmon for Dog
			申请企业名称	美国 C.J. 食品股份有限公司 C.J. Foods，Inc.，USA	美国阿尔菲亚集团西捷食品股份有限公司 ALPHIA DBA C.J. FOODS，INC，USA
			生产厂家名称	美国 C.J. 食品股份有限公司（Bern 工厂） C.J. Foods，Inc.，USA	美国阿尔菲亚集团西捷食品股份有限公司（Bern 工厂） ALPHIA DBA C.J. FOODS，INC，USA
（2021）外饲准字 821 号	生鲜本能经典无谷鸡肉配方猫粮 Instinct Original Grain-Free Recipe with Real Chicken for Cat	全价宠物食品猫粮 Pet Compound Feed for Cats	中文商品名称	生鲜本能经典无谷鸡肉配方猫粮 Instinct Original Grain-Free Recipe with Real Chicken for Cat	Instinct 天然百利经典无谷鸡肉配方猫粮 Instinct Original Grain-Free Recipe with Real Chicken for Cat
			申请企业名称	美国 C.J. 食品股份有限公司 C.J. Foods，Inc.，USA	美国阿尔菲亚集团西捷食品股份有限公司 ALPHIA DBA C.J. FOODS，INC，USA
			生产厂家名称	美国 C.J. 食品股份有限公司（Bern 工厂） C.J. Foods，Inc.，USA	美国阿尔菲亚集团西捷食品股份有限公司（Bern 工厂） ALPHIA DBA C.J. FOODS，INC，USA

（续）

登记证号	商品名称	通用名称	变更内容	原名称	变更名称
（2021）外饲准字 822 号	生鲜本能必臻鸡肉糙米配方猫粮 Instinct Be Natural Recipe with Real Chicken and Brown Rice for Cats	全价宠物食品猫粮 Pet Compound Feed for Cats	中文商品名称	生鲜本能必臻鸡肉糙米配方猫粮 Instinct Be Natural Recipe with Real Chicken and Brown Rice for Cats	Instinct 天然百利必臻鸡肉糙米配方猫粮 Instinct Be Natural Recipe with Real Chicken and Brown Rice for Cats
			申请企业名称	美国 C. J. 食品股份有限公司 C. J. Foods，Inc.，USA	美国阿尔菲亚集团西捷食品股份有限公司 ALPHIA DBA C. J. FOODS，INC，USA
			生产厂家名称	美国 C. J. 食品股份有限公司（Bern 工厂） C. J. Foods，Inc.，USA	美国阿尔菲亚集团西捷食品股份有限公司（Bern 工厂） ALPHIA DBA C. J. FOODS，INC，USA
（2022）外饲准字 751 号	生鲜本能经典无谷鸡肉配方犬粮 Instinct Original Grain-Free Recipe with Real Chicken for Dogs	全价宠物食品犬粮 Pet Compound Feed for Dogs	中文商品名称	生鲜本能经典无谷鸡肉配方犬粮 Instinct Original Grain-Free Recipe with Real Chicken for Dogs	Instinct 天然百利经典无谷鸡肉配方犬粮 Instinct Original Grain-Free Recipe with Real Chicken for Dogs
			申请企业名称	美国 C. J. 食品股份有限公司 C. J. Foods，Inc.，USA	美国阿尔菲亚集团西捷食品股份有限公司 ALPHIA DBA C. J. FOODS，INC，USA
			生产厂家名称	美国 C. J. 食品股份有限公司（Bern 工厂） C. J. Foods，Inc.，USA	美国阿尔菲亚集团西捷食品股份有限公司（Bern 工厂） ALPHIA DBA C. J. FOODS，INC，USA
（2021）外饲准字 642 号	AP301 喷雾干燥猪血球蛋白粉 AP301	喷雾干燥猪血球蛋白粉 Spray Dried Porcine Blood Cells	申请企业名称	美国 APC Inc. 公司 APC Inc.，USA	美国 APC LLC 公司 APC LLC，USA
			生产厂家名称	美国 APC Inc. 公司 Arion 工厂 APC，Inc.，Plant Arion，2248 Lincoln Way，Arion，Iowa 51520，USA	美国 APC LLC 公司 Arion 工厂 APC LLC，Plant Arion，2248 Lincoln Way，Arion，Iowa 51520，USA
（2021）外饲准字 965 号	喷雾干燥猪血浆蛋白粉 AP 920	喷雾干燥猪血浆蛋白粉 Spray Dried Porcine Plasma Protein Meal	申请企业名称	美国 APC Inc. 公司 APC Inc.，USA	美国 APC LLC 公司 APC LLC，USA
			生产厂家名称	美国 APC Inc. 公司 Arion 工厂 APC，Inc.，Plant Arion，2248 Lincoln Way，Arion，Iowa 51520，USA	美国 APC LLC 公司 Arion 工厂 APC LLC，Plant Arion，2248 Lincoln Way，Arion，Iowa 51520，USA

（续）

登记证号	商品名称	通用名称	变更内容	原名称	变更名称
（2021）外饲准字 1000 号	谢乐剂 Solergy	混合型饲料添加剂 丙二醇 Feed Additives Mixture Propylene Glycol	中文商品名称	谢乐剂 Solergy	速能宝 Solergy
（2023）外饲准字 173 号	丁酸盐开 Butyron	混合型饲料添加剂 丁酸钠 Feed Additives Mixture Sodium Butyrate	中文商品名称	丁酸盐开 Butyron	补肠欣 Butyron
（2023）外饲准字 351 号	益康 XP（有机） XP Green	酿酒酵母培养物 *Saccharomyces Cerevisiae* Yeast Culture	中文商品名称	益康 XP（有机） XP Green	益康 XP Green XP Green

饲料质量监督与监测

为强化饲料质量安全监管，提高畜产品质量安全保障水平，根据《农业农村部办公厅关于印发〈2023年饲料质量安全监管工作方案〉的通知》（农办牧〔2023〕1号）要求，农业农村部畜牧兽医局统一部署并组织开展了2023年全国饲料质量安全监督抽查工作，饲料总体合格率为98.7%。

一、工作任务分工

2023年度饲料质量安全监管工作共包括7个方面的内容，具体承担单位和任务内容如下。

1. 饲料质量安全监督抽查。由各省级畜牧兽医部门负责，在辖区内按一定比例随机选择饲料生产企业、经营门店和养殖场（户）完成不少于8 800批次样品的监测，检测项目应覆盖质量、卫生、药物及非法添加物等指标。

2. 饲料和饲料添加剂产品例行监测。生产环节（饲料和饲料添加剂样品各360批次）和互联网销售环节（200批次饲料添加剂样品）例行监测工作由国家饲料质量检验检测中心（北京）承担，经营使用环节（饲料和饲料添加剂样品各200批次）例行监测工作由中国农业科学院饲料研究所承担，养殖环节自配料（250批次样品）例行监测工作由中国农业科学院北京畜牧兽医研究所承担。风险监测项目覆盖质量、卫生、药物和非法添加物等指标。

3. 饲料质量安全风险预警。主要由中国农业科学院饲料研究所、国家饲料质量检验检测中心（北京）等单位牵头完成。重点围绕饲用植物提取物、植物性饲料原料、微生物制剂、酶制剂、发酵饲料和宠物饲料等产品，有针对性地采集样品，检测筛查禁用物质、违规违禁药物、未知添加物等风险物质，分析评估产品质量安全风险；开展饲料及相关产品中二噁英等持久性有机污染物隐患排查，微生物发酵类产品及其生产菌株的合规性调查和安全性风险评估分析；研究建立饲料中风险物质筛查确证方法及应用平台。

4. 饲料和饲料添加剂生产企业现场检查。由全国畜牧总站负责制定具体实施方案并组织实施，在全国范围内随机选取不少于100家饲料和饲料添加剂生产企业，开展现场检查。

5. 饲料质量安全飞行检查。主要由农业农村部根据重大问题线索，组织部省市县有关单位人员成立联合工作组，对涉事企业进行突击飞行检查，及时查处违法违规行为；国家饲料质量检验检测中心（北京）负责对样品进行检验检测。

6. 饲料标签专项检查。由各省级畜牧兽医部门负责组织实施。全面强化对饲料生产和经营环节产品标签标示内容的监督管理，督促生产者和经营者严格落实饲料标签有关规定，依法依规标示相关内容，以杜绝扰乱市场的不规范标示行为。

7. 养殖环节“瘦肉精”专项监测。由国家饲料质量检验检测中心（北京）牵头完成，选择肉牛肉羊养殖重点省份开展拉网排查，组织开展已公布禁用的β-兴奋剂类物质专项监测，根据线索对养殖环节“瘦肉精”非法使用情况进行专项飞行检查。各省级畜牧兽医部门根据辖区内的实际情况，制定本省的监测计划，对猪牛羊养殖环节“瘦肉精”实施监测。

二、饲料质量安全监督抽查

2023年全国共抽检饲料产品15 693批次，检测项目包括质量、卫生、药物和非法添加物等4个方面。工作过程中，主要体现了以下工作特点：一是统筹运用监管信息。省级监督抽查与部级风险监测相结合，综合研判风险，形成工作合力。二是落实属地责任。按照上下联动、分级负责的原则，农业农村部于年初下达全年工作安排，下压任务，督促各地加强监管。各省级畜牧兽医部门采取“双随机、一公开”的监管方式，对辖区内的饲料生产企业、经营门店和养殖场（户）开展抽查，切实履行属地职责。三是实现全环节监管。按照工作安排，各省有针对性地对饲料生产、经营、使用环节开展监督抽查，确保饲料从生产到使用实现有效监管。四是实施信息化管理。各省份将抽样信息、检验结果和不合格检验结果报告上报至“全国饲料质量安全监管信息系统”，实现监管信息实时共享和互联互通。五是强化检打联动。督促各省级畜牧兽医部门在监管中发现问题或不合格产品的，应依法依规进行查处，对涉嫌犯罪的，应移送公安机关立案追查。

三、生产环节例行监测

生产环节风险监测抽检涉及 15 个省（自治区、直辖市），产品涵盖配合饲料、浓缩饲料、精料补充料、添加剂预混合饲料、饲料添加剂（饲料添加剂和混合型饲料添加剂），饲喂对象涵盖猪、禽、反刍动物和水产动物。

1. 样品数量和企业数量。共抽检 149 家饲料、饲料添加剂生产企业，采集样品 451 批次，其中饲料样品 321 批次、饲料添加剂样品 129 批次、饲料原料 1 批次。抽检样品数量排名前三的省份为浙江、福建、河北（图 1）。

2. 抽检样品按类型分布情况。2023 年生产环节风险监测工作中，配合饲料所占比例最高（共 128 批次，占比 28.4%），其次为混合型饲料添加剂（共 94 批次，占比 20.8%）（图 2）。

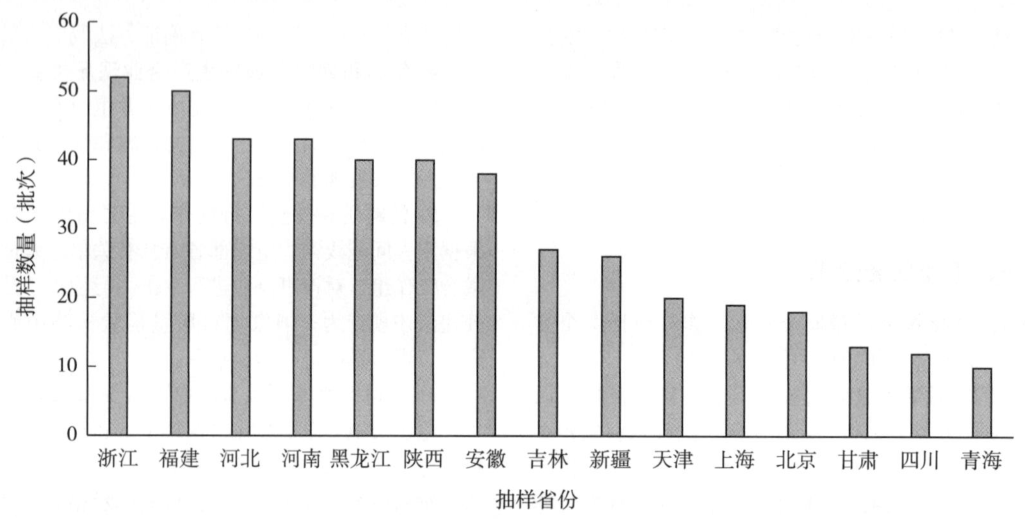

图 1　各省抽检样品情况

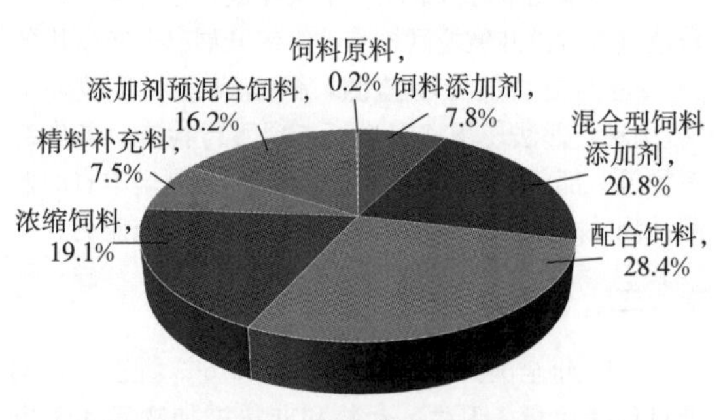

图 2　抽检样品占比

3. 抽检样品按饲喂对象的分布情况。抽检的样品根据饲喂对象进行分析，主要包括猪（母猪、仔猪、育肥、全阶段）、禽（肉禽、蛋禽、全阶段）、反刍动物和水产动物（鱼、虾等），其他产品为通用性饲料添加剂，以及少数通用型添加剂预混合饲料。不同饲喂对象抽样情况见表 1。

表 1　不同饲喂对象抽样情况

	猪	家禽	反刍动物	水产动物	通用
配合饲料	59	41	0	27	1
浓缩饲料	49	10	27	0	0
精料补充料	0	0	34	0	0
添加剂预混合饲料	30	18	14	2	9
饲料添加剂	0	0	0	0	129

4. 检测指标。检测指标包括饲料产品中的质量、铜锌、重金属和药物，以及饲料添加剂产品中的主质量和重金属等 4 个方面、29 个指标。对检测不合格指标情况进行分析，饲料产品不合格指标主要涉及莫能菌素、氟苯尼考、氯羟吡啶等药物以及铜、锌等微量元素，饲料添加剂产品不合格指标主要涉及主成分含量。

5. 发现的问题。结合监测结果分析，可以发现生产环节依然存在以下问题。

（1）铜锌超标问题依旧存在。铜锌超标占所有不合格产品的59%，情况较前两年有所降低，但仍是不合格的主要原因，主要集中在猪和反刍动物饲料。主要原因有以下三点：一是标签中对适用动物及生理阶段标识与规范要求不一致。例如规范中对仔猪以及断奶后前两周的仔猪都有明确的定义及对应铜锌限量要求，但企业在标签中未按照规范中的要求表述，或提供的信息不完整，导致判定范围发生变化，结果不合格。二是标签中对产品的使用方法描述模糊。例如反刍动物精料补充料的使用方法标识“同时饲喂大量牧草”，但未明确与草料的配比，因此只能按照最严要求判定结果不合格。三是生产过程交叉污染问题。对于部分超过标准值较低的产品生产企业进行调研，发现企业存在高锌、低锌产品共用一条生产线，但清洗产线时不完全，投料口等易富集部位清洗不彻底，同时企业未监控洗料中的铜锌含量，最终造成临近批次低锌产品的交叉污染。

（2）非法添加物部分超标但总体可控。本次监测的非法添加物根据前两年的各省监管情况和“中心”风险监测情况，将范围缩小至金霉素、氟苯尼考、莫能菌素、二硝托胺和氯羟吡啶。检出的非法添加物主要为氟苯尼考和莫能菌素，饲喂对象为猪。产品中非法添加物检出含量较低，不具有治病功能，怀疑一是企业生产过添加药物的产品造成交叉污染，二是使用的原料本底值较高，需要进一步排查。

四、互联网销售环节风险监测

1. 整体情况。2023年，任务承担单位随机从互联网购物平台购买标称为饲料添加剂产品的样品200批次，均为饲料添加剂和混合型饲料添加剂，标示生产企业76家，监测指标主要为非法添加物，采用的方法为《饲料中风险物质的筛查与确认导则　液相色谱-高分辨质谱法（LC-HRMS)》（农业农村部公告第312号）。

2. 监测结果。非法添加物检出主要集中在抗生素、解热镇痛药等。检出非法添加物的12份样品中，其中4份检出乙酰甲喹，2份检出二氢吡啶，2份检出癸氧喹酯，2份检出十六胺，1份检出阿斯巴甜，1份检出非纳西丁，共涉及生产企业9家。

3. 发现的问题。商品名称搞“擦边球”，暗示治疗功效。从网上收集的样品来看，很多产品虽满足饲料标签标准中要求的“不得标示具有预防或者治疗动物疾病作用的内容”，但其商品名称会暗示具有治疗疾病的功能，例如“肠炎灵”“病毒清”“保命散”等，并添加兽药等非法添加物质，使其在治疗疾病方面具有良好的功效，诱导养殖户使用。

产品鱼龙混杂，质量参差不齐。通过监测发现，互联网销售产品虚假宣传、夸大宣传现象频发。例如部分产品仅在网页上宣传功效和产品类型，实际产品无生产企业、生产许可证号、主要成分等相关信息；部分产品生产许可证号已过期；部分产品标示的产品名称为预混合饲料，企业生产许可证号为混合型饲料添加剂，存在不一致情况；部分产品组成成分未在《饲料添加剂品种目录》范围内。此外，一些产品价格低廉，与宣传所含成分明显不相匹配，存在质量问题显而易见。

五、养殖环节“瘦肉精”专项监测

受部畜牧兽医局委托，由国家饲料质量检验检测中心（北京）作为牵头单位，分别于2023年2月和9月，组织人员赴黑龙江、吉林、辽宁、河北、江苏、安徽、河南、山东8个省份的26个牛羊养殖大县，覆盖562个养殖场（户），共采集尿液样品1 156份、毛发样品853份。

六、工作建议

结合2023年实施全国饲料质量安全监管工作的各项任务情况，下一步工作中，应在以下几个方面予以重点关注。

1. 聚焦高风险产品。以混合型饲料添加剂为重点对象，加强对宣传具有替抗、提高免疫力，促生长功能的微生物饲料添加剂、生物发酵饲料以及含有天然植物提取物成分的产品持续监测。

2. 聚焦高风险因子。加大对抗生素、解热镇痛消炎药和肾上腺素等非法添加物的监测力度。对于近两年发现风险较高的项目，如铜、锌、莫能菌素、氟苯尼考等，持续开展监测；对于风险较低或未发现风险的，如氯霉素、土霉素、呋喃类药物等，降低监测频率；对于预警监测中发现的问题，例如违法使用二氢吡啶等，增加到风险监测指标中。

3. 组织宣传教育。建议各省级畜牧兽医管理部门利用手册、挂图、讲座等方式持续开展饲料法律法规、规章、规范性文件的宣传教育工作，逐步提高生产、经营、养殖环节人员的职业素质和守法意识。

（樊霞　刘晓露）

科技与推广

由中国海洋大学艾庆辉等主持完成的“海水养殖鱼类精准营养技术体系构建及产业化应用”获得2023年度国家科学技术进步奖二等奖，项目参加单位包括通威农业发展有限公司、广东海洋大学、中国水产科学研究院黄海水产研究所、集美大学、广东恒兴饲料实业股份有限公司、广东海大集团股份有限公司。项目针对海水养殖鱼类的营养需求和饲料利用效率问题进行了深入研究，通过产学研紧密合作，成功构建了一套精准营养技术体系，并实现了产业化应用。构建多元化食物供给体系，建设“蓝色粮仓”，是践行大食物观理念，保障国家粮食安全的重要举措。作为“蓝色粮仓”的重要组成，海水鱼养殖产业长期以来面临精准营养研究缺乏及由此导致的高效配合饲料开发技术落后等“卡脖子”问题，严重阻碍了海水鱼养殖产业的健康可持续发展。为解决上述问题，项目完成单位在国家杰出青年科学基金、国家海水鱼产业技术体系等项目支持下，历经数十年的产学研联合攻关，以大黄鱼、花鲈、石斑鱼等我国海水鱼养殖代表种为研究对象，采用传统营养学、细胞生物学和分子生物学等技术手段深入开展了海水鱼精准营养研究，构建和完善了基于营养代谢和营养免疫理论的海水鱼精准营养需求数据库，成功开发了非鱼源饲料原料高效利用技术和绿色靶向添加剂应用技术，构建了海水鱼精准营养配方体系，并研制了一系列海水鱼绿色高效配合饲料，为海水鱼定制了“健康营养食谱”。通过与水产饲料龙头企业推广应用，研究成果已覆盖超过全国80%的海水鱼配合饲料，累计推广超过400万t，产生了显著的经济社会效益，有力推动了我国水产养殖业的转型升级和健康可持续发展。

由中国农业科学院北京畜牧兽医研究所侯水生院士主持完成的“肉鸭高效育种技术创建与新品种培育及产业化”成果荣获2023年度国家科学技术进步奖二等奖，项目参加单位包括中国农业大学、内蒙古塞飞亚农业科技发展股份有限公司、山东新希望六和集团有限公司。肉鸭产业是我国畜牧业的重要组成部分，肉鸭年出栏量已经超过42亿只，产肉量超过1 000万t，是继猪肉和鸡肉之后的第三大肉类产业。针对我国肉鸭遗传育种理论与育种技术落后，特别是瘦肉型肉鸭品种的种源被引进品种垄断、单一品种不能满足多元化市场需求等限制我国肉鸭产业健康发展的问题，侯水生院士带领水禽育种与营养团队历经13年研究，在肉鸭遗传育种理论、育种技术和新品种培育方面取得了重大突破，成功培育了生长快、胸腿肉率高、皮脂率低的“中畜草原白羽肉鸭”和“中新白羽肉鸭”2个新品种及免填型北京烤鸭专用配套系，打破了国外品种的垄断，终止了传统填鸭生产工艺。项目成果先后获得北京市科技进步奖一等奖等省部级奖励，国家发明专利12项；项目培育的新品种、研发的新技术有力促进了我国肉鸭产业转型升级和乡村振兴，保障了我国肉鸭种业安全，并产生了巨大的经济效益、社会效益和生态效益。

为贯彻习近平总书记关于“保障粮食安全，要在增产和减损两端同时发力，持续深化食物节约各项行动”的重要指示精神，落实《中共中央 国务院关于做好2023年全面推进乡村振兴重点工作的意见》关于深入实施饲用豆粕减量替代行动要求，持续推进饲用豆粕减量替代。2023年4月，农业农村部印发了《饲用豆粕减量替代三年行动方案》。通过实施饲用豆粕减量替代行动，基本构建适合我国国情和资源特点的饲料配方结构，初步形成可利用饲料资源数据库体系、低蛋白高品质饲料标准体系、高效饲料加工应用技术体系、饲料节粮政策支持体系，畜禽养殖饲料转化效率明显提高，养殖业节粮降耗取得显著成效，实现“一降两增”，即豆粕用量占比持续下降，蛋白质饲料资源开发利用能力持续增强，优质饲草供给持续增加。方案坚持问题导向和系统思维，从供需两端同时发力，推进提效、开源、调结构等技术措施的应用，多措并举促节粮。主要技术路径：一是提效节粮，推广低蛋白质日粮技术。应用低蛋白质日粮技术，采用饲料精准配方和精细加工工艺，配合使用合成氨基酸、酶制剂等高效饲料添加剂，降低猪禽等配合饲料中的蛋白含量需求，减少饲料蛋白消耗，有效提高饲料蛋白利用效率。二是开源节粮，充分挖掘利用国内蛋白质饲料资源。挖掘微生物菌体蛋白、餐桌剩余食物、尿素等非蛋白氮资源、不适合食用的养殖动物屠体和血液等非常规蛋白资源，在落实跟踪监测要求的前提下，采取生物发酵、高温处理、酶解等工艺，辅助酶制剂提效、营养代谢调控等技术，进行安全高效饲料化利用，全方位拓展蛋白质饲料替代资源供给来源。三是调结构节粮，优化草食家畜饲草料结构。因地制宜利用耕地、盐碱地、滩地、草山草坡等土地资源，推广高产抗逆高蛋白饲草品种，有序开展粮草轮作套作、豆禾混播混收、免耕补播等栽培技术模式，推进作物全株高效饲用，提高牛羊养殖中优质饲草饲喂比重，推动“以草代料”。重点任务包括：实施饲料资源开发“筑基”行动，实施畜禽养殖低蛋白质日粮推进行动，实施新蛋白质饲料资源挖掘利用试点行动，实施增草节粮行动等。为推动深入实施豆粕减量替代行动，受农业农村部畜牧兽医局委托，全国畜牧总站组织编制了《猪低蛋白低豆粕多元化日粮配制技术要点》《肉牛低蛋白低豆粕多元化日粮配制技术要点》《肉羊低豆粕饲粮配制及饲养技术要点》《草鱼低蛋白低豆粕多元化日粮配制技术要点》，加强技术推广应用，促进饲料资源节约利用。

为落实“十四五”期间国家科技创新有关部署安排，国家重点研发计划“畜禽新品种培育与现代牧场科技创新”重点专项2023年启动实施了21个项目方向，其中包括13个饲料饲草相关项目方向。专项总体目标是：围绕保障“菜篮子”“肉盘子”“奶瓶子”等产品稳定供给，重点解决畜牧业生产中良种繁育、高效养殖与加工等关键科学问题与技术瓶颈。

方向1：高产饲用氨基酸微生物的基因编辑育种（基础研究类）。研究内容：针对我国饲用氨基酸尤其小品种饲用氨基酸菌种生产水平低、大而不强并严重受制于人等问题，利用多组学技术、人工智能与大数据分析技术，解析氨基酸高产菌株高效生产机制、合成途径的调控规律；设计新型CRISPR-Cas系统或其他高性能基因编辑系统，建立针对饲用氨基酸生产中常用底盘细胞谷氨酸棒杆菌、大肠杆菌、罗尔斯通氏菌等菌株的基因编辑工具箱，实现代谢途径设计重构；开发新型底盘细胞，研究利用秸秆等工农业副产物与CO_2等一碳原料为底物生产饲用氨基酸；筛选静态与动态控制元件，构建氨基酸生产菌株基因表达与碳代谢流调控技术，强化合成代谢途径，协同增加前体供应；建立重要菌种的系统改造技术体系；建立氨基酸高产菌株高通量筛选方法和菌株快速评价方法；构建高性能饲用氨基酸工业菌种，实现饲用氨基酸高效生物发酵合成，推进重要品种的应用示范。该项目由中国农业科学院北京畜牧兽医研究所牵头承担，预期建立饲用氨基酸生产常用菌株新型基因编辑工具，实现高效、精准、多重基因组编辑和改造，在底层建立知识产权保障；针对谷氨酸棒杆菌和大肠杆菌，开发1～2套具有自主知识产权的基因编辑系统，单基因编辑效率在80%以上，多基因编辑效率在50%以上；开发4～6种静态与动态调控元件，实现氨基酸合成效率或底物转化率提高30%以上；创制2～3种高效转化工农业副产物以及一碳原料生产氨基酸的菌种；建立饲用亮氨酸、精氨酸、苯丙氨酸等合成优化策略，产量提高50%以上，综合生产成本比当前降低15%以上；2～3种氨基酸实现产业化示范。技术就绪度由4级达到9级。

方向2：牛羊营养代谢平衡与甲烷减排技术（基础研究类）。研究内容：明确最佳能量利用效率的营养代谢平衡调控点，研究牛羊饲料碳氮平衡供应模式；研究奶牛在不同生长阶段的碳元素和氮元素的代谢和排放规律；解析牛羊饲料原料分子结构与营养特性的构效关系，探究饲料物理营养和化学营养组分调控牛羊能量利用的作用途径；研究瘤胃微生物与宿主能量代谢的内在关联，挖掘低甲烷产量的瘤胃微生物功能基因，构建高能量利用率的瘤胃微生物组干预措施；阐明天然或人工合成物质抑制甲烷产生的作用路径，研发促进牛羊能量利用的饲料添加剂；创建提高饲料利用效率、减少甲烷排放的牛羊节粮型日粮配制技术，集成牛羊营养增效的调控技术体系，并进行应用示范。该项目由中国科学院亚热带农业生态研究所牵头承担，预期建立奶牛碳、氮排放规律模型及参考指标1～2套；创新中国牛羊瘤胃甲烷能检测平台1个，筛选出高饲料转化率、低甲烷排放的标志性瘤胃微生物及代谢产物10种以上；提出反刍家畜瘤胃代谢平衡和微生物组调控技术5～8项；开发牛羊能量增效产品3～5个；建立高效低排放节粮型日粮配制技术5～10个，牛羊饲料转化率提高5%以上，瘤胃甲烷排放降低20%以上，消化能代谢率提高10%以上；构建牛羊营养增效的调控技术体系2个以上，建立牛羊示范场3～5个。预期实现节约100万t玉米当量的能量饲料。技术就绪度由6级达到9级。

方向3：饲料饲草真菌毒素危害控制与生物降解技术（基础研究类）。研究内容：建立隐蔽型真菌毒素快速精准检测方法，阐明其在畜禽体内释放、吸收、代谢和残留规律；精准评估主要真菌毒素和隐蔽型真菌毒素的联合毒性效应；驯化黄曲霉毒素、玉米赤霉烯酮、呕吐毒素降解菌株，筛选高效降解赭曲霉毒素、烟曲霉毒素及隐蔽型毒素的菌株，优化发酵工艺，创制新产品；构建真菌毒素高效降解酶的异源表达系统，阐明其降解机理；挖掘增强动物机体生物转化真霉菌毒素能力的功能活性物质，开发真菌毒素污染控制技术和产品。该项目由中国农业大学牵头承担，预期建立3～5种隐蔽型真菌毒素的快速检测方法；阐明主要真菌毒素和隐蔽型真菌毒素的联合毒性效应；研发真菌毒素危害控制新产品8～10种，其中5种以上实现产业化生产，体外48h降解率≥75%，体内降解率≥50%；建立饲料饲草中真菌毒素危害控制技术体系。技术就绪度由6级达到9级。

方向4：新型饲用免疫调节肽创制（共性关键技术类）。研究内容：利用生物工程和合成生物学技术，高通量筛选耐胃肠道消化酶的结构稳定的抗菌肽和免疫调节肽；通过破解基因簇重构、前体物合成、合成酶高效表达等关键技术，构建适合于不同需求的抗菌肽和免疫调节肽的微生物高效表达系统；研究抗菌肽和免疫调节肽的发酵工艺和分离纯化技术，制备抗菌肽和免疫调节肽产品；研究抗菌肽和免疫调节肽抗病原微生物感染机制，建立其替抗减抗配套应用技术。该项目由浙江大学牵头承担，预期筛选耐胃肠道消化酶的结构稳定的抗菌肽和免疫调节肽5种以上；提出适合于不同需求的活性肽生产技术2套以上，研制抗菌肽和免疫调节肽新产品4～6种，其中2种以上实现产业化生产；应用于畜禽养殖中，畜禽发病率降低5%以上，饲料转化效率提高5%以上。技术就绪度由5级达到8级。

方向5：饲用天然植物功能组分制备与产品创制（基础研究类）。研究内容：突破饲用天然植物提取物筛选、识别和获取的关键共性技术，建立高专属性分析识别新方法，挖掘饲用天然植物中具有抑菌、抗病毒等功能成分，建立饲用天然植物提取物特征图谱、功能组分、生物效应与靶点四位一体的数据库；研究黄酮类、多糖类、皂苷等植物提取物功能组分的高效制备、分离技术，研究其利用率低的化学结构基础及构效关系，创新基于靶向酶解、微生物发酵等的结构定向改造和修饰技术，重点突破生物利用度低、难以实现资源最大化利用的技术瓶颈，创制系列高活性饲料添加剂产品；开展豆科植物等的综合利用，研究植物提取物功能组分结构特征，建立基于天然植物提取物功能组分的动物营养调控与高效饲喂技术；建立相关植物提取物功能组分产品的生产规范、检测方法和产品标准。该项目由湖南农业大学牵头承担，预期完成20种饲用天然植物特征图谱构建及200余种功能组分测定与功效评价工作；创建饲用天然植物特征指纹图谱、功能组分、生物效应与靶点四位一体的数据库1个；研制天然植物功能组分制备、分离技术5～8套，创制黄酮类、多糖类、皂苷等天然植物活性物质产品10种以上，建成生产线2～3条，开发配套应用技术5项以上；制定国家/行业相关标准3～5项。技术就绪度由6级达到9级。

方向6：肉品质提升的饲料营养调控关键技术（基础研究类）。研究内容：在保持良好生产效率和胴体品质的基础上，研究降低劣质肉（PSE肉、RSE肉和DFD肉）发生率、提高肉生产效率的关键饲养技术；揭示影响肉系水力和肌内脂肪的肌肉代谢机制，研究建立提高肌肉系水力和肌内脂肪含量的营养需要模式；研究风味小分子及其前体物的生成和沉积规律，及其与消化道微生物代谢产物的关系，鉴别对肉风味物质沉积有重要贡献的关键营养素和功能性组分；研究影响肉色、脂肪色泽、嫩度和肌内脂肪含量的关键营养素和生物活性物质；根据优质肉的市场需求，研发生产特色优质肉的日粮配制技术。该项由中国农业大学牵头承担，预期突破降低猪、牛、羊劣质肉发生率、提高肉生产效率的关键饲料饲养技术，滴水损失高于5%的肉的发生率降低5%以上；研制提高猪、牛、羊和鸡肉品质和风味的新饲料添加剂5～8种，其中3种实现产业化生产示范；建立生产特色优质猪、牛、羊肉的日粮配制技术3～5个。技术就绪度由6级达到9级。

方向7：饲料饲草化学成分迁移与种养循环关键技术（基础研究类）。研究内容：构建不同生态环境主要饲料饲草产量、品质及水土环境特征数据库，阐明典型生态环境和种植模式下氮、磷和矿物元素在植物和土壤中的分布特征；研究主要营养素在土壤—植物—动物—废弃物—土壤之间的循环关系；研究主要营养素、重金属和其他有毒有害物质进入动物机体的迁移规律，探明不同生态环境下土地对畜禽排泄物的消纳能力；研究适用于不同作物种植和土地资源特性的畜禽排泄物肥料化、基质化、能源化利用技术，研究个性化有机肥营养均衡技术；研究典型生态类型现代牧场生产力可持续提升的种养循环机制，构建种养一体化绿色发展评价指标体系，提出不同生态区域的种养循环一体化模式。该项目由西北农林科技大学牵头承担，预期构建不同生态环境主要饲料饲草产量、品质及水土环境特征数据库1个；明确10种以上饲料饲草化学成分迁移转化规律，提出不同生态环境下土地对畜禽排泄物的消纳方式；阐明现代牧场生产力可持续提升的种养循环机制，研发畜禽粪污资源化处理与有机肥营养均衡技术5套以上；建立种养循环模式3套以上。技术就绪度由5级达到8级。

方向8：饲料及畜产品质量安全精准检测关键技

术与装备（基础研究类）。研究内容：针对影响饲料及畜产品质量安全的非法添加和过程污染产生的危害因子，研究饲料及畜产品中危害因子高通量智能化快检技术和配套装备；研发饲料及畜产品中持久性有机污染物等新兴风险超痕量确证技术；研制饲料及畜产品中危害因子模块化组合式全提取装备和主动侦查技术；研制饲料和畜产品质量安全监管用基体参比物质；构建饲料及畜产品中危害因子的精准检测智能化技术体系，相关技术及装备在各级饲料和畜产品监管部门示范应用。该项目由中国农业科学院农业质量标准与检测技术研究所牵头承担，预期开发智能化快检技术5项以上，相关装备2套，至少同时检测3类危害因子；超痕量确证技术6项以上；全提取前处理技术3～5项，相关装备1～2套；主动侦查技术2～3项；基体参比物质10种以上，至少3种获得国家标准物质证书；构建饲料及畜产品中危害因子精准检测技术体系1个；制修订国家或行业标准5项以上，在20个以上省市县级饲料和畜产品质检机构进行示范应用。核心技术就绪度达到8级。

方向9：特色非粮饲料资源开发利用关键技术（部省联动，共性关键技术类）。研究内容：针对白酒糟、竹笋等特色饲料资源丰富但开发利用程度低，研究降低菜粕中硫苷、植酸等抗营养因子及提高其营养价值的理化预处理与菌酶协同发酵技术；研究基于溶剂辅助的白酒糟脱木质素预处理技术，以及糠醛和木质素单体脱毒技术，筛选耐受糠醛的专用酵母菌，创制基于白酒糟的优质蛋白质饲料产品；研究榨菜、柑橘加工剩余物低成本破壁脱水预处理技术，筛选专用发酵菌剂，创制生物饲料产品；研究竹笋加工副产物氰甙和木质纤维素生物降解技术，开发饲料化高效利用技术；筛选富含蛋白的优质微藻种质资源，挖掘参与蛋白合成的优异基因资源和关键控制基因，创制高蛋白含量微藻新种质，开展高效低成本培养技术研究；筛选本土优质粗饲料资源，研究本土优质粗饲料资源配套高效综合利用技术；研究新型生物饲料在畜禽消化道的消化、吸收与代谢规律，完善特色饲料原料的营养价值基础数据。该项目由重庆市畜牧科学院牵头承担，预期创制发酵白酒糟、菜籽粕、竹笋等饲料新产品6～8个，筛选富蛋白藻株10～15株，创制高蛋白含量微藻新种质1份，菜粕中硫苷降低70%以上，植酸降低90%以上，小肽含量提高到20%以上；竹笋、榨菜加工剩余物的饲料化率实现零的突破，达到10%以上；柑橘加工剩余物的消化能含量提高20%以上；开发地方性非常规饲草料资源3～5个，研究本土优质粗饲料高效综合利用技术1～2套；进一步完善饲料原料营养价值数据库，建立饲料营养评价和信息共享平台1个；预期实现新增120万t大豆当量的蛋白质饲料和200万t玉米当量的能量饲料。技术就绪度由3～5级达到8级。

方向10：北方草地资源开发与草畜耦合集成示范（应用示范类）。研究内容：开展北方草地主要牧草资源开发、饲草功能成分挖掘及品质调控和质量提升关键技术研究；研究北方草地放牧场、割草场草地补播、水肥调控的生态系统多样性和稳定性以及生产力提升关键技术；研究不同区域草地低载畜率草畜资源精准优化配置关键技术；研究北方草原农牧交错区粮草耦合与畜牧业提质增效关键技术；构建北方草地和牧草资源高效利用、家畜精准饲养和环境友好的低碳型草地资源保护、利用与畜牧业一体化的高效草畜耦合技术体系。该项目由东北师范大学牵头承担，预期研发北方牧草资源利用和草地质量提升技术5～8项，草地生产力提高20%～25%；开发高产优质牧草资源5种以上，产量提升10%以上；制定标准5项以上；建立北方牧草资源利用和草地质量提升核心示范基地6个以上，累计推广草原面积1 000万亩以上；建立北方草地草畜耦合示范场15个以上，区域草畜生产力提高30%，累计示范推广牛羊350万头（只）。技术就绪度由7级达到9级。

方向11：城郊都市区现代牧场关键技术集成示范（应用示范类）。研究内容：针对都市畜产品保供和居民生产生活需求，研究制定氮元素和矿物元素的限量规定，集成畜禽营养供给“两低一高”饲料配制技术；研究不同生态区域畜禽养殖与自然环境的共生互补原理，探索畜禽粪污资源化利用与农业固碳减排关键技术，建立种养循环、零污染零排放的环境友好畜牧业发展模式；剖析畜牧产业链延伸和价值链提升限制性因素，探索城乡一体化“三产融合”畜禽产品高效生产关键技术，优化重组设计畜禽产品加工和流通消费的集成技术，构建畜牧产业链条持续延伸，并开展示范推广；研究大中城市畜禽生物安全关键控制点，构建生物安全体系；研究大中城市功能多样、高效生态、产业融合、城乡一体的城郊都市现代畜牧业发展方式，并开展示范。该项目由北京农学院牵头承担，预期开发节粮饲料配制技术4套、智慧养殖关键技术2套；建立种养循环、环境友好的城郊都市畜禽养殖标准化技术4～5套；提出种养循环、环境友好的大中城市城郊都市区现代畜牧业发展模式，建立示范点10个以上，累计示范推广生猪500万头、家禽1亿只、牛10万头、羊20万只以上。技术就绪度由6级达到9级。

方向12：特产动物高效养殖共性关键技术集成示范（应用示范类）。研究内容：研究集成特产动物（梅花鹿、狐狸、貉、驴、兔）发情率低、妊娠失败和死胎等的调控技术，提出其高效繁殖的技术方案；

开展梅花鹿、狐狸、貉、驴、兔对非常规饲料资源的营养价值评价；研究集成梅花鹿、狐狸、貉、驴、兔主要生产期低蛋白质日粮的精细化饲养关键技术，提出饲粮理想氨基酸模式；研究日粮蛋白和碳水化合物来源与结构在幼龄特产动消化道的微生物代谢机制及在体内转换利用的关键途径，明确调控节点，开发功能性饲料添加剂；集成梅花鹿、狐狸、貉、驴、兔的高效饲养管理技术，建设示范生产基地。该项目由吉林农业大学牵头承担，预期集成特产动物快繁技术3～5项，提高繁殖效率8%以上；初步建立特产动物非常规饲料资源营养价值数据库，提出特产动物主要生产期精细化饲养关键技术方案及饲粮理想氨基酸模式；研究日粮蛋白和碳水化合物来源与结构在特产动物不同生理阶段消化道的微生物代谢机制，幼龄特种动物发病率减少5个百分点以上；研发特产动物新型绿色饲料添加剂产品4～6个，饲料转化效率提高5%以上；构建特产动物精细化饲养技术体系3～5个，建立高效健康养殖示范场20个以上，累计示范推广1 000万头（只）以上。技术就绪度由3～5级达到7～9级。

方向13：蛋白质饲料生物合成前沿技术研究与产品创制（青年科学家、科技型中小企业，基础研究类）。研究内容：针对我国蛋白质饲料长期短缺、大豆进口居高不下的问题，设计和优化秸秆生物质、CO_2等一碳原料利用、合成调控、外泌等相关基因及蛋白元器件，创制和选育菌体蛋白工业制造的核心微生物菌种；选育可异养培养的微藻藻种，研究其低成本工业化生产技术；研究饲用昆虫的生物工程、基因编辑育种技术，培育新的昆虫品种，实现工业化生产。该方向共支持了8个项目，具体如下。

序号	项目名称	牵头承担单位
1	秸秆生物质高效酶解糖化和酵母单细胞蛋白创制	中国农业大学
2	高效利用秸秆合成微生物蛋白的菌种创制	中国农业科学院生物技术研究所
3	蛋白饲料生物合成前沿技术研究与产品创制	湖南农业大学
4	合成气（$CO/CO_2/H_2$）菌体蛋白生物合成和产品创制	中国农业科学院饲料研究所
5	甲烷菌体蛋白核心工业菌种的创制	北京大学
6	秸秆生物合成饲用蛋白工程化技术研发及蛋白饲料创制	中科康源（唐山）生物技术有限公司
7	大米蛋白饲料资源高值化利用关键技术研究与应用	湖南普菲克生物饲料有限公司
8	秸秆生物质蛋白饲料的合成生物学技术研究及产业化	浙江惠嘉生物科技股份有限公司

为深入贯彻落实党的二十大和中央农村工作会议精神，发挥科技对提升全国粮油等主要作物大面积单产的支撑作用，加快优质品种和先进适用技术推广应用，满足当前生产急需和未来产业发展需要，农业农村部组织遴选出2023年农业重大引领性技术10项、主导品种143个、主推技术176项；其中涉及畜禽水产饲料和饲养的农业重大引领性技术2项、主推技术18项，具体如下。

序号	技术名称	技术类别
1	豆粕减量替代技术	农业重大引领性技
2	黄羽肉鸡设施化立体养殖技术	农业重大引领性技
3	全株玉米青贮饲料霉菌毒素控制技术	农业主推技术
4	秸秆膨化发酵与饲喂关键技术	农业主推技术
5	蛋鸭发酵饲料饲养和旱养技术	农业主推技术
6	奶牛场数智化高效养殖技术	农业主推技术
7	绒肉兼用型绒山羊舍饲高效养殖技术	农业主推技术
8	蛋鸡减抗养殖适用技术	农业主推技术
9	藏羊高效养殖综合配套技术	农业主推技术
10	寒区畜禽微生态制剂与生物发酵饲料生产关键技术	农业主推技术

（续）

序号	技术名称	技术类别
11	蛋鸡低蛋白低豆粕多元化日粮生产技术	农业主推技术
12	兽药减量化、饲料环保化养殖技术	农业主推技术
13	肉牛日粮玉米豆粕减量替代技术	农业主推技术
14	天然活性物质改善奶牛健康高效养殖关键技术	农业主推技术
15	畜禽智慧养殖关键核心技术	农业主推技术
16	猪场废弃物源头减量关键技术	农业主推技术
17	秸秆饲料化加工利用关键技术	农业主推技术
18	鲫鱼养殖饲料精准配方与投喂技术	农业主推技术
19	特色淡水鱼饲料鱼粉豆粕替代技术	农业主推技术
20	水产生物活性饲料添加剂应用技术	农业主推技术

（吴子林）

饲料工业标准化

2023年，全国饲料工业标准化技术委员会（以下简称饲料标委会）紧紧围绕稳产保供、节粮增效、豆粕减量替代等行业重点工作，进一步增强标准体系建设、标准有效供给和基础支撑保障，促进饲料工业标准化发展由数量规模型向质量效益型转变，为做强现代饲料工业、夯实畜牧业发展基础作出了应有贡献。

一是增强标准体系建设。按照体系先行的要求，加快建设“结构合理、衔接配套、动态进出、开放兼容”的新型标准体系。在系统梳理各类标准的基础上，编制《饲料工业标准体系建设指南》，明确了今后一个时期饲料工业标准体系建设的指导思想、基本原则和建设内容。做好标准项目征集论证工作，新征集项目建议153项，推动立项标准45项，其中国家标准34项、行业标准11项，增加了项目储备，充实了标准体系。复审完成30项强制性国家标准，从适用性、规范性、时效性和协调性等方面，提出了复审结论建议。

二是增强标准有效供给。严格技术审查，聚焦行业发展和实际需求，加快标准制修订进度。共审查标准62项，其中国家标准25项、行业标准37项，同比增加3%；报批标准44项，其中国家标准23项、行业标准21项，同比增加26%；推动发布标准34项，其中国家标准15项、行业标准19项，同比增加89%（表1）。截至2023年，现行有效标准达624项，其中国家标准316项、行业标准308项，为规范行业生产、促进公平贸易和开展监督执法提供了技术支撑。

三是增强基础支撑保障。以提升标准质量和深度为主要目标，着力加强饲料标委会组织和能力建设。成功召开第六届饲料标委会、第二届水产饲料分委会换届成立会议，审议通过新的章程及秘书处工作细则。组织完成9项ISO国际相关标准投票工作，协助提供《国家标准化发展纲要》实施阶段性评估材料。组织开展标准宣贯培训活动，解读《饲料中粗纤维的含量测定》等新发布标准，讲解标准编写规则及制修订程序要求等标准化知识，累计培训1 000余人次，营造了学标准、懂标准、用标准的良好氛围。

表1　2023年发布的国家标准和农业行业标准

序号	标准编号	标准名称	代替标准编号
1	GB 7300.502—2023	饲料添加剂　第5部分：微生物　植物乳杆菌	
2	GB 7300.503—2023	饲料添加剂　第5部分：微生物　屎肠球菌	
3	GB 7300.504—2023	饲料添加剂　第5部分：微生物　嗜酸乳杆菌	
4	GB 7300.802—2023	饲料添加剂　第8部分：防腐剂、防霉剂和酸度调节剂　丙酸	GB/T 22145—2008
5	GB/T 13093—2023	饲料中细菌总数的测定	GB/T 13093—2006
6	GB/T 13882—2023	饲料中碘的测定	GB/T 13882—2010
7	GB/T 13883—2023	饲料中硒的测定	GB/T 13883—2008

（续）

序号	标准编号	标准名称	代替标准编号
8	GB/T 14699—2023	饲料　采样	GB/T 14699.1—2005
9	GB/T 22260—2023	饲料中蛋白质同化激素的测定　液相色谱-串联质谱法	GB/T 22260—2008
10	GB/T 42491—2023	饲料中淀粉总含量的测定　酶法	
11	GB/T 42956—2023	饲料中泰乐菌素、泰万菌素、替米考星的测定　液相色谱-串联质谱法	
12	GB/T 42957—2023	氨基酸产品和添加剂预混合饲料中赖氨酸、蛋氨酸和苏氨酸含量的测定	
13	GB/T 42959—2023	饲料微生物检验　采样	
14	GB/T 6439—2023	饲料中水溶性氯化物的测定	GB/T 6439—2007
15	GB/T 8381.3—2023	饲料中林可胺类药物的测定　液相色谱-串联质谱法	GB/T 8381.3—2005
16	NY/T 116—2023	饲料原料　稻谷	NY/T 116—1989
17	NY/T 129—2023	饲料原料　棉籽饼	NY/T 129—1989
18	NY/T 130—2023	饲料原料　大豆饼	NY/T 130—1989
19	NY/T 211—2023	饲料原料　小麦次粉	NY/T 211—1992
20	NY/T 216—2023	饲料原料　亚麻籽饼	NY/T 216—1992 NY/T 214—1992
21	NY/T 4269—2023	饲料原料　膨化大豆	
22	NY/T 4294—2023	挤压膨化固态宠物（犬、猫）饲料生产质量控制技术规范	
23	NY/T 4310—2023	饲料中吡啶甲酸铬的测定　高效液相色谱法	
24	NY/T 4347—2023	饲料添加剂　丁酸梭菌	
25	NY/T 4348—2023	混合型饲料添加剂　抗氧化剂通用要求	
26	NY/T 4359—2023	饲料中16种多环芳烃的测定　气相色谱-质谱法	
27	NY/T 4360—2023	饲料中链霉素、双氢链霉素和卡那霉素含量的测定　液相色谱-串联质谱法	
28	NY/T 4361—2023	饲料添加剂　α-半乳糖苷酶活力的测定	
29	NY/T 4362—2023	饲料添加剂　角蛋白酶活力的测定　分光光度法	
30	NY/T 4423—2023	饲料原料　酸价的测定	
31	NY/T 4424—2023	饲料原料　过氧化值的测定	
32	NY/T 4425—2023	饲料中米诺地尔的测定	
33	NY/T 4426—2023	饲料中二硝托胺的测定	农业部783号公告—5—2006
34	NY/T 4427—2023	饲料近红外光谱测定应用指南	

（田双喜）

饲料行业质量认证

2023年，认证行业按照“讲政治、强监管、促发展、保安全”的工作总思路和“一个大市场，两个强国，三个监管，四个安全”的工作着力点，聚焦“市场化、国际化、专业化、集约化、规范化”的发展要求，推进质量认证体系建设，以认证认可的高质量供给服务经济社会的高质量发展，彰显质量认证“传递信任，服务发展”的本质属性。

一、认证行业规模

截至2023年底，我国经中国国家认证认可监督管理委员会（CNCA）批准并持续从事认证业务的机构有1 064家，比上年减少21家；累计颁发有效认证证书373万张，比上年增长1.6%，连续多年发证数量世界第一；获证组织129万家，比上年增长27.7%。

二、饲料行业质量安全管理工作概述

（一）行业概况

2023年，全国工业饲料产值、产量双增长，行业创新发展步伐加快，饲用豆粕减量替代取得新成效。

1. 饲料工业总产值继续增长。全国饲料工业总产值14 018.3亿元，比上年增长6.5%；总营业收入13 304.4亿元，增长5.4%。其中，饲料产品产值12 721.1亿元、营业收入12 121.9亿元，分别增长7.7%、6.7%；饲料添加剂产品产值1 223.4亿元、营业收入1 110.3亿元，分别下降3.5%、4.9%；饲料机械产品产值73.8亿元、营业收入72.2亿元，分别下降12.4%、15.7%。

2. 工业饲料总产量再创新高。全国工业饲料总产量32 162.7万t，比上年增长6.6%。其中，配合饲料产量29 888.5万t，增长6.9%；浓缩饲料产量1 418.8万t，下降0.5%；添加剂预混合饲料产量709.1万t，增长8.7%。分品种看，猪饲料产量14 975.2万t，增长10.1%；蛋禽饲料产量3 274.4万t，增长2.0%；肉禽饲料产量9 510.8万t，增长6.6%；反刍动物饲料产量1 671.5万t，增长3.4%；水产饲料产量2 344.4万t，下降4.9%；宠物饲料产量146.3万t，增长18.2%；其他饲料产量240.2万t，增长7.6%。从销售方式看，散装饲料总量13 050.2万t，比上年增长21.9%，占配合饲料总产量的43.7%，提高5.4个百分点。

3. 饲料添加剂总产量小幅增长。全国饲料添加剂总产量1 505.6万t，比上年增长2.5%。其中，单一饲料添加剂产量1 388.5万t，增长1.4%；混合型饲料添加剂产量117.1万t，增长17.1%。氨基酸产量495.2万t，增长10.2%。酶制剂、微生物、非蛋白氮等产品产量保持增长，分别增长8.8%、10.8%、17.6%。维生素产品产量145.3万t，下降3.2%。矿物元素、抗氧化剂等产品产量下降，分别下降2.3%、5.1%。

4. 企业经营规模有所调整。全国10万t以上规模饲料生产厂1 050家，比上年增加103家；合计饲料产量19 647.3万t，比上年增长13.0%，在全国饲料总产量中的占比为61.1%，比上年提高3.5个百分点。全国有11家生产厂年产量超过50万t，比上年减少2家，单厂最大产量131.0万t。年产百万吨以上规模饲料企业集团33家，比上年减少3家；合计饲料产量占全国饲料总产量的56.1%，比上年减少1.5个百分点；其中有7家企业集团年产量超过1 000万t，比上年增加1家。

5. 优势区域布局保持稳定。全国饲料产量超千万吨省份13个，与上年持平，分别为山东、广东、广西、辽宁、河南、江苏、四川、湖北、河北、湖南、安徽、福建、江西。其中山东省产量达4 716.3万t，比上年增长5.2%；广东省产量3 610.7万t，增长3.2%。山东、广东两省饲料产品总产值继续保持在千亿以上，分别为1 812亿元和1 603亿元。全国有25个省份和新疆生产建设兵团饲料产量比上年增长，其中贵州、宁夏、海南、广西、陕西、甘肃、江西7个省份增幅超过10%。

6. 配方结构趋向多元化。全国饲料生产企业的玉米用量比上年增加7.0%，在配合饲料中的比例与上年持平。豆粕用量比上年下降11.8%，在配合饲料和浓缩饲料中的比例较上年下降2.6个百分点，菜粕、棉粕等其他饼粕用量增长7.8%。小麦、大麦用量大幅增加，稻谷、高粱用量减少。

7. 饲料新产品创新步伐加快。全年核发马克斯克鲁维酵母、红三叶草提取物、胰酶、硫酸镁钾、甜叶菊提取物等5个饲料添加剂新产品证书和荚膜甲基球菌蛋白饲料新产品证书，增补9个饲料原料进入《饲料原料目录》，增补5个饲料添加剂品种进入《饲料添加剂品种目录》，扩大1个饲料原料和2个饲料添加剂品种的适用范围。

（二）行业质量安全管理

饲料作为动物食品，质量安全工作是一个需要持续强化的过程。2023年度，饲料行业面临上下游双重挤压。上游以玉米、豆粕等大宗商品为代表的原料价格波动幅度较大，整体居于高位运行；下游养殖端受消费低迷的影响，整体景气度较差。饲料行业在质量安全管理方面开展了如下工作。

1. 在全国范围内开展饲料质量安全监督抽查工作。按照《农业农村部办公厅关于印发〈2023年饲料质量安全监管工作方案〉的通知》（农办牧〔2023〕1号）要求，各省农业农村厅相继组织开展了省内饲料质量安全监督抽检工作，并分别在2023年底前对本省饲料质量的抽检情况进行了通报。从2022年开始，农业农村部不再对全国饲料质量安全监督抽查的汇总结果进行通报。

2. 玉米和豆粕原料替代方面，控制原料质量。面对玉米原料价格增长过快，企业用小麦、稻谷、大麦、高粱等谷物原粮和麦麸、米糠等粮食加工副产物进行替代；对于豆粕用菜粕和棉粕替代。使用替代的每一个原料前，企业都对原料样品进行理化指标和卫生指标（真菌毒素、污染物、农药残留）的检测，符合使用要求的才进行采购。原料入厂时逐批次检测理化指标和毒素指标，毒素指标超标的原料拒收。

3. 随着替抗产品的广泛使用，其质量问题得到广泛关注。随着无抗养殖的深入，饲用酶制剂、饲用微生物制剂、酸化剂、抗菌肽、寡聚糖、大蒜素、中草药以及植物精油等抗生素替代品，正被越来越广泛地应用，其效能及产品的稳定性是所有饲料企业关心的问题。

三、行业质量认证工作开展情况简述

饲料及饲料添加剂行业开展的国内认证主要有质量管理体系认证（GB/T 19001）、食品安全管理体系认证（GB/T 22000）、危害分析与关键控制点认证（HACCP）、环境管理体系认证（GB/T 24001）、职业健康安全管理体系认证（GB/T 45001）、无抗饲料认证；国际认证有欧洲饲料添加剂和添加剂预混合饲料质量体系（FAMI-QS）认证、动物饲料生产中的良好生产规范（GMP＋）认证、全球食品安全标准（BRC）认证。

国内认证机构颁发给饲料企业（含宠物饲料）的食品安全管理体系认证（GB/T 22000）证书890张、危害分析与关键控制点认证（HACCP）证书53张，近3年饲料企业开展食品安全管理体系认证的企业数量基本稳定，保持在600～700家。

2023年饲料行业开展欧洲饲料添加剂和添加剂预混合饲料质量体系（FAMI-QS）认证的企业比2022年略有增长。据统计，2023年全球颁发FAMI-QS认证证书1 797张，颁发证书数量比2022年增长14.9%；其中中国颁发了629张，比2022增长21.7%，继续保持全球发证数量第一的地位。

行业内开展环境管理体系认证（GB/T 24001）、职业健康安全管理体系认证（GB/T 45001）的意愿不强，开展上述认证的企业不多。

四、北京华思联认证中心认证工作开展情况

（一）开展的国内认证业务

1. 管理体系认证。质量管理体系认证（GB/T 19001）；食品安全管理体系认证（GB/T 22000）；危害分析与关键控制点认证（HACCP）；环境管理体系认证（GB/T 24001）；职业健康安全管理体系认证（GB/T 45001）。

2. 产品认证。良好农业规范认证（ChinaGAP）；无抗产品认证；富硒产品认证；无抗鸡蛋产品认证；富硒鸡蛋产品认证；叶酸强化鸡蛋产品认证；叶黄素强化鸡蛋产品认证；ω-3多不饱和脂肪酸强化鸡蛋产品认证；清洁鸡蛋产品认证；非笼养鸡蛋产品认证；生态牧场认证；农场动物福利认证；“安心之选”宠物食品认证；宠物食品原料诚信产品认证。

（二）开展的国际认证业务

欧洲饲料添加剂和添加剂预混合饲料质量体系（FAMI-QS）；动物饲料生产中的良好生产规范（GMP＋）；食品安全全球标准（BRCGS）；全球良好农业规范（GlobalGAP）；国际食品标准（IFS）；犹太洁食认证（KOF-K Kosher）；清真认证（HALAL）。

（三）客户情况

从行业分布看，聚焦在畜牧行业的饲料生产企业、养殖企业、食品生产企业；生物发酵行业和化工行业的饲料添加剂生产企业，上述获证企业占到中心总获证企业75%以上，其中养殖企业、饲料及饲料添加剂生产企业获证企业占比达到80%以上。

从中心客户规模看，获证客户中企业集团、大中型企业比例超过50%，这些企业既有国有企业，亦有民营企业。

从行业统计看，2023年中心为饲料企业颁发的食品安全管理体系认证证书占到中国合格评定国家认可委员会（CNAS）认可的认证机构颁发的此类认证证书的50%以上；颁发的奶牛模块良好农业规范认证证书数量占到中国合格评定国家认可委员会（CNAS）认可的认证机构颁发的此类认证证书的95%以上；颁发的FAMI-QS认证证书占中国颁发此类证书的65%以上。

以上数据充分体现了中心聚集农牧行业的经营理念，展现出中心具有的饲料、饲料及食品添加剂、奶牛养殖等领域认证的独特优势。

（四）满足客户现有需求，并挖掘潜在需求，拓展认证业务领域

1. 获准开展农场动物福利认证工作。2023年2月，中心根据行业发展需要，结合农场动物福利要求，研发出针对奶牛开展动物福利认证实施规则，并获准开展农场动物福利产品认证工作。

动物福利认证基于国际上普遍认可的动物福利五项原则，从畜禽养殖最核心的生产要素即动物本身出发，以科学地善待动物、减少动物痛苦和应激反应、提供动物适宜的生长环境和营养、提高动物生存和健康水平为理念，营造养殖过程良性生态环境，协调养殖生产和环境保护关系，最终实现健康养殖生产，为人类提供健康、安全、营养的养殖产品。

2023年4月，黑龙江康贝牧业有限公司率先申请认证并获得中心颁发的农场动物福利产品认证证书。

2. 获准开展生态牧场认证。2023年4月，中心研发出奶牛、肉牛生态养殖认证实施规则和管理规范，并获准开展针对奶牛养殖及其产品开展生态牧场认证。

生态牧场认证主要是对奶牛、肉牛养殖过程中涉及的社会责任、环境友好、食品安全、资源提供、生态养殖、动物福利与健康、追溯系统、危机管理等进行规定。同时对奶牛养殖过程中可能存在的质量及食品安全风险进行识别、评估，建立相应的控制措施，并加以有效实施，确保符合实施认证规则、管理规范及客户要求。

3. 获准开展“宠物食品原料诚信产品”认证。为了更好地确保宠物食品安全，京东宠物联合中心推出业内首个“宠物食品原料诚信产品”认证标准。2023年7月，获准开展相关认证。

该项认证旨在从源头上保障宠物食品品质安全，推动宠物食品原料透明化，打造一个透明、可信赖、绿色可追溯的宠物食品产业链。截至2023年，获得“宠物食品原料诚信产品认证”品牌的有冠能、珍致、卫仕、纯福、江小傲、网易严选、麦富迪、蓝氏、鲜朗等获得认证，此外还有许多其他品牌正在申请认证审核中。

4. 获准开展鸡蛋类产品认证。2023年9月，中心研发的鸡蛋类认证实施规则和管理规范，获准开展相关认证。该认证项目包括ω-3多不饱和脂肪酸强化鸡蛋产品认证、叶酸强化产品鸡蛋产品认证、叶黄素强化鸡蛋产品认证、清洁鸡蛋产品认证。

5. 获准开展食品工业企业诚信管理体系认证。2023年9月，中心研发的食品工业企业诚信管理体系认证实施规则和驼乳粉生产企业审核专项要求，获准开展相关认证。

6. 获准开展负责任甄选产品认证。中心与中国水产流通与加工协会联合研发出具有中国特色的水产品系列认证标准——负责任甄选产品认证（RAP），其中《负责任甄选健康养殖管理规范-鳄类》《负责任甄选产品认证技术规范》，已获准开展相关认证。

该认证关注鳄鱼养殖过程的社会责任、食品安全、低碳可持续发展、环境友好、动物健康和福利、可追溯性、危机管理等内容，通过现场检查和产品抽样检测的方式来验证养殖企业是否满足负责任甄选养殖管理规范的要求。

2023年12月，海南鳄珍鳄鱼产业科技有限公司获得了中心颁发的首张负责任甄选产品认证（RAP）证书。

7. 获准开展甄选宠物医院管理体系认证。2023年12月，中心联合东西部兽医研发出甄选宠物医院管理体系认证实施规则和甄选宠物医院管理体系认证管理规范，并获得针对宠物医院开展相关认证的批准。

（五）助力行业开展兽用抗菌药使用的减量行动

1. 现场审核抗菌药使用的合法性、合规性。从2020年起，在通过认证行业主管部门的备案批准后，中心已先后推出“无抗饲料认证”“无抗畜禽产品认证”“宠物食品‘安心之选’认证”“无抗畜禽产品认证”等认证项目，目的就是与养殖场和饲料企业共同落实禁用政策，为行业树立依法经营的典范，向社会传递出信任。

中心通过现场审核，宣贯兽用抗菌药使用的减量

好处，审核抗菌药使用的合法性、合规性。

2. 编制水产类技术规范。为指导水产养殖场养殖健康、安全、营养、无抗生素残留的水产品，中心接受有关单位委托，编制了水产类技术规范。截至2023年已编制负责任甄选鳄类相关认证标准。

该规范针对社会责任、食品安全、可持续发展的环境保护、动物健康和福利、可追溯性等方面提出了要求。中心通过编制此类技术规范，从养殖环节规范抗菌药的使用。

（六）为重点客户提供增值服务

1. 继续为星巴克提供生鲜乳供应商审核服务。中心为星巴克企业管理（中国）有限公司提供技术服务，对其生鲜乳供应商的牧场实施现场验厂审核工作，2023年共完成了93家牧场的审核工作。

2. 为中粮肉食提供二方验厂服务和培训服务。2023年，中心受中粮肉食委托，继续对兽药（化药和疫苗）、混合型饲料添加剂、预混料工厂、检测所进行验厂，共计完成了73家工厂的验厂工作。

（七）定期进行质量安全风险评估，对获证企业风险排查

中心在定期风险评估中发现一些风险隐患，主要表现：一是获证企业中，中小型企业占有相当比例。中小型企业在管理上存在规范性不够、骨干人员相对流动性大的特点，在认证的有效性及其管理的一致性方面存在一定的认证风险；二是中心作为以食品农产品认证为主导的机构，存在认证风险相对不可控的问题，加大了食品农产品的认证风险。

中心针对中小企业法规意识不强，了解及掌握新法规不够，以及遵守饲料质量安全管理规范不到位的现象，为企业答疑解惑，帮助企业提升合规性风险的控制。

中心严格执行现场审核要求，减少食品农产品行业外认证企业及行业内不规范、风险高的企业比例，集中精力走专业化道路，集中自身优势，展开对行业内规范企业的认证。对不能按照认证审核标准要求执行的企业进行撤销处理。截至2023年12月底，中心QMS共办理撤销企业80家，FSMS共办理撤销企业26家，EMS共办理撤销企业2家，OHSMS共办理撤销企业1家，FAMI-QS共办理撤销企业34家，GMP+共办理撤销企业5家。

（八）国际合作认证业务稳定发展

中心开展的欧盟FAMI-QS认证业务继续保持在中国大陆的领先地位。

BRC分包业务稳定发展。

作为荷兰GMP+International授权可从事GMP+认证的唯一中国认证机构，中心在为企业提供GMP+认证和增值服务的同时，持续对GMP+、英国FEMAS等饲料认证标准进行跟踪研究，拟吸收其成熟有效的管控经验，为中国饲料行业质量和安全管理提供借鉴。

五、饲料行业认证活动的发展趋势

（一）体系认证方面

质量管理体系认证（GB/T 19001）、食品安全管理体系认证（GB/T 22000）业务基本稳定，认证客户增长量小于其他行业。

（二）产品认证方面

1. 无抗饲料产品、无抗畜禽产品认证需求较大。

2. 宠物行业发展带动了宠物食品消费量的增长和品种的多样化，宠物食品认证、宠物食品原料认证、宠物服务认证成为认证业务的增长点。

3. 我国从全面小康到全面现代化，百姓对农产品的需求已向“吃得健康、营养”转变。鸡蛋是老少摄取蛋白质的必需品，市场上对富含硒、ω-3、非笼养鸡蛋的需求旺盛，相关产品认证需求增长。

（三）国外认证方面

2023年随着全球经济的全面复苏，饲料和饲料添加剂出口恢复正常，申请FAMI-QS（欧洲饲料添加剂和添加剂预混合饲料质量体系）认证的企业稳中有升。

附件：2023年北京华思联认证中心部分获证企业名单

附件

2023 年北京华思联认证中心部分获证企业名单

序号	企业名称	序号	企业名称
1	中粮（北京）饲料科技有限公司	41	正大康地（澄海）有限公司
2	中粮饲料（佛山）有限公司	42	正大康地-汕头有限公司
3	中粮饲料（茂名）有限公司	43	正大康地（广州番禺）有限公司
4	中粮饲料（茂名）有限公司呼和浩特分公司	44	正大康地阳江饲料有限公司
5	中粮饲料（沛县）有限公司	45	正大康地农牧集团有限公司东莞分公司
6	中粮饲料（新沂）有限公司	46	英联饲料（上海）有限公司驻马店厂
7	中粮饲料（东台）有限公司	47	联英饲料（天津）有限公司
8	中粮饲料（黄石）有限公司	48	英联饲料（辽宁）有限公司哈尔滨分公司
9	中粮饲料（茂名）有限公司衡水分公司	49	英联饲料（上海）有限公司新乡工厂
10	中粮饲料（唐山）有限公司	50	英联饲料（辽宁）有限公司
11	中粮家佳康（张北）有限公司	51	英联动物营养（南通）有限公司
12	中粮东大（黑龙江）饲料科技有限公司	52	英联饲料（安徽）有限公司
13	中粮饲料（张家港）有限公司	53	英联动物营养（陕西）有限公司
14	中粮饲料（巢湖）有限公司	54	英联动物营养（陕西）有限公司
15	中粮饲料（日照）有限公司	55	河北新希望饲料有限公司
16	中粮饲料（黄冈）有限公司	56	黄冈新希望饲料科技有限公司
17	中粮饲料（荆州）有限公司	57	荆州新希望饲料有限公司
18	中粮饲料（成都）有限公司	58	昆明新希望动物营养食品有限公司
19	中粮（北京）饲料科技有限公司徐州分公司	59	长春新希望饲料有限公司
20	中粮（北京）饲料科技有限公司黄石分公司	60	鹰潭新希望饲料有限公司
21	中粮饲料（孝感）有限公司	61	宁夏新希望反刍动物营养食品有限公司
22	中粮饲料（银川）有限公司	62	江西新希望农牧科技有限公司
23	正大预混料（天津）有限公司	63	通辽新希望饲料有限公司
24	沈阳正大畜牧有限公司	64	兰州新希望饲料有限公司
25	正大预混料（杭州）有限公司	65	哈尔滨新希望饲料有限公司
26	正大预混料（广汉）有限公司	66	彭山新希望饲料有限公司
27	厦门正大农牧有限公司	67	丰顺新希望生物科技有限公司
28	天津正大农牧有限公司	68	宜春新希望农牧科技有限公司
29	长沙正大有限公司	69	潍坊新希望六和饲料科技有限公司
30	武汉正大有限公司	70	襄阳新希望六和饲料有限公司
31	武汉正大水产有限公司	71	大庆六和饲料有限公司
32	正大饲料（随州）有限公司	72	射阳六和饲料有限公司
33	正大饲料加工（锦州）有限公司	73	曹县六和饲料有限公司
34	广东正大康地动物保健有限公司	74	广州六和饲料有限公司
35	正大预混料（柳州）有限公司	75	江门市六和饲料有限公司
36	正大预混料（沈阳）有限公司	76	茂名六和饲料有限公司
37	康地饲料（中国）有限公司	77	江苏六和饲料有限公司
38	康地饲料（银川）有限公司	78	内蒙古博瑞饲料有限公司
39	康地饲料添加剂（天津）有限公司	79	长春博瑞科技股份有限公司
40	正大康地（开封）生物科技有限公司	80	石家庄博瑞正诚饲料有限公司

（续）

序号	企业名称	序号	企业名称
81	山东博瑞饲料有限公司	123	淮安禾丰饲料有限公司
82	黑龙江博瑞饲料有限公司	124	沈阳禾丰牧业有限公司
83	山西博瑞饲料有限公司	125	公主岭禾丰牧业有限责任公司
84	宁夏博瑞科技有限公司	126	沈阳农大禾丰饲料有限公司
85	新疆博润农牧有限公司	127	禾丰食品股份有限公司
86	奎屯博润祥农牧有限公司	128	长春禾丰饲料有限责任公司
87	卜蜂（广东）生物科技有限公司	129	衡水禾丰饲料有限公司
88	卜蜂（河北）生物科技有限公司	130	广东恒兴饲料实业股份有限公司
89	卜蜂（中国）生物科技有限公司	131	湛江恒兴特种饲料有限公司
90	青岛彩虹饲料有限公司	132	海南恒兴饲料实业有限公司
91	天津彩虹饲料有限公司	133	福建恒兴饲料有限公司
92	天津大北农生物科技有限公司	134	福州市珊瑚饲料有限公司
93	赤峰大北农农牧科技有限公司	135	中粮家佳康（吉林）有限公司
94	通辽大北农牧业科技有限公司	136	中粮家佳康（赤峰）有限公司
95	安徽省大北农农牧科技有限公司	137	中粮家佳康（东台）有限公司
96	蚌埠大北农农牧科技有限公司	138	中粮家佳康（吉林）有限公司长岭分公司
97	齐齐哈尔大北农饲料有限公司	139	赤峰家育饲料有限公司
98	谷实生物集团股份有限公司	140	河南普爱饲料股份有限公司
99	谷实生物科技（沈阳）有限公司	141	四川普爱饲料有限公司
100	谷实生物科技（长春）有限公司	142	湖南普爱生物饲料有限公司
101	石家庄市谷实鸿发生物科技有限公司	143	河南普丹美饲料有限公司
102	谷实生物科技（齐齐哈尔）有限公司	144	英联普美欣科技（江西）有限公司
103	谷实生物科技（佳木斯）有限公司	145	重庆特驱饲料有限公司
104	大庆谷实农牧科技有限公司	146	南充特驱饲料有限公司
105	揭阳国雄饲料有限公司	147	贵阳特驱希望农业科技有限公司
106	湛江国雄饲料有限公司	148	乐山特驱饲料有限公司
107	湛江国雄壹号土猪饲料有限公司	149	成都特驱农牧科技有限公司
108	武汉国雄饲料科技有限公司	150	宜宾特驱饲料有限公司
109	海大宠物食品（威海）有限公司	151	重庆市荣昌区特驱饲料有限公司
110	清远海大生物科技有限公司	152	广元特驱饲料有限公司
111	广东海大集团股份有限公司清远分公司	153	宜昌特驱饲料有限公司
112	菏泽海鼎饲料科技有限公司	154	宜春特驱饲料有限公司
113	湖州海皇生物科技有限公司	155	四川特驱农牧科技集团有限公司
114	珠海海壹水产饲料有限公司	156	四川特驱投资集团有限公司
115	阳江海壹生物科技有限公司	157	安徽天邦饲料科技有限公司
116	内蒙古汉恩生物科技有限公司	158	江苏天成科技集团南通饲料有限公司
117	湖北浩华生物技术有限公司	159	济南天惠饲料有限公司
118	北京三元禾丰牧业有限公司	160	通辽市天康饲料有限公司
119	唐山禾丰饲料有限公司	161	内蒙古天康饲料有限公司
120	沈阳禾丰反刍动物饲料有限公司	162	淮安通威饲料有限公司
121	上海禾丰饲料有限公司	163	海南海壹水产饲料有限公司
122	凌源禾丰牧业有限责任公司	164	连云港通威饲料有限公司

（续）

序号	企业名称	序号	企业名称
165	河南通威饲料有限公司	207	天津博菲德科技有限公司
166	佛山市高明通威饲料有限公司	208	湖南德邦生物科技股份有限公司
167	广东通威饲料有限公司	209	宁夏大成永康营养技术有限公司
168	无锡通威生物科技有限公司	210	大牧人牧业（黑龙江）集团有限公司
169	宾阳通威饲料有限公司	211	哈尔滨大牧人牧业有限公司
170	四川通威饲料有限公司	212	辽宁大牧人牧业有限公司
171	昆明通威饲料有限公司	213	山东大洋农牧科技发展有限公司
172	池州通威饲料有限公司	214	安徽东方天合生物技术有限责任公司
173	重庆市长寿通威饲料有限公司	215	重庆凡特施特生物科技有限公司
174	南宁通威生物科技有限公司	216	河北方田农牧科技有限公司
175	成都蓉崃通威饲料有限公司	217	辽宁菲迪饲料科技有限责任公司
176	沅江通威饲料有限公司	218	临沂福乐维生物科技有限公司
177	重庆通威饲料有限公司	219	沈阳富士大通科技有限公司
178	海南通威生物科技有限公司	220	光大畜牧（北京）有限公司
179	惠州通威生物科技有限公司	221	滑县光明牧业饲料有限公司
180	常德通威生物科技有限公司	222	上海光明荷斯坦饲料有限公司
181	通威农业发展有限公司德阳分公司	223	山东和达农牧有限公司
182	通威农业发展有限公司四川分公司	224	深圳市红瑞生物科技股份有限公司
183	南昌通威生物科技有限公司	225	黑龙江省宏望饲料有限责任公司
184	希杰（天津）饲料有限公司	226	哈尔滨华隆饲料开发有限公司
185	希杰（青岛）饲料有限公司	227	江西华农恒青农牧有限公司
186	希杰（哈尔滨）饲料有限公司	228	无锡华诺威动物保健品有限公司
187	希杰（沈阳）饲料有限公司	229	湖北华扬科技发展有限公司
188	希杰（聊城）饲料有限公司	230	青岛环山生物科技有限公司
189	希杰（长春）饲料有限公司	231	浙江吉宠动物营养科技有限公司
190	广安万千集团有限公司	232	四川吉隆达生物科技集团有限公司
191	四川省内江万千饲料有限公司	233	山东吉隆达生物科技有限公司
192	保定万千饲料有限公司	234	资阳嘉好饲料科技有限公司
193	南宁艾格菲饲料有限公司	235	江苏健荷牧业科技有限公司
194	德州爱地生物科技有限公司	236	宜兴市江山生物科技有限公司
195	济南安池饲料有限公司	237	浙江金申奶牛发展有限公司
196	山东安为先生物科技有限公司	238	四川金微健农牧科技有限公司
197	武汉安又泰生物科技有限公司	239	湖南金霞九鼎农牧有限公司
198	安佑生物科技集团股份有限公司	240	安徽金新农生物饲料有限公司
199	江苏敖众生物科技有限公司	241	江苏京牧生物技术有限公司
200	江苏奥迈生物科技有限公司	242	天津九州大地饲料有限公司
201	湖南百宜科技集团有限公司	243	张家口九州大地饲料有限公司
202	通威拜欧玛（无锡）生物科技有限公司	244	辽宁九州生物科技有限公司
203	上海邦成生物工程有限公司	245	菏泽开饭乐宠物食品科技有限公司
204	新津邦得科技有限公司	246	四川康贝尔生物科技有限公司
205	天津邦元生物科技有限公司	247	科菲特饲料（齐齐哈尔）有限公司
206	浙江播恩生物技术有限公司	248	北京科为博生物科技有限公司

（续）

序号	企业名称	序号	企业名称
249	南京可莱威生物科技有限公司	291	广州希望饲料有限公司
250	湖北老鬼生物科技有限公司	292	青岛先进饲料有限公司
251	广州骊加生物科技有限公司	293	昕嘉生物技术（长沙）有限公司
252	广州市联鲲生物科技有限公司	294	上海新邦生物科技有限公司
253	广东联鲲集团有限公司	295	河南新联农饲料有限公司
254	上海牧迪饲料有限公司	296	河南新逻辑营养生物技术有限公司
255	江苏牧迪饲料有限公司	297	上海新农科技股份有限公司松江分公司
256	上海纽瑞茵生物技术有限公司	298	四川新一美生物科技有限公司
257	广州品悦生物科技有限公司	299	龙岩鑫华港饲料有限公司
258	广州清科生物技术有限公司	300	广东信豚生物科技有限公司
259	广东驱动力生物科技集团股份有限公司	301	上海信元宠物食品有限公司
260	廊坊瑞康饲料有限公司	302	湖北雅琪生物科技有限公司
261	宁夏润土生物科技有限公司	303	内蒙古亚禾生物技术有限责任公司
262	萨诺（青岛）动物营养有限公司	304	辽宁亚禾营养科技有限责任公司
263	广东三行生物科技有限公司	305	甘肃亚盛本源生物科技有限公司
264	北京三元种业科技有限公司滦平饲料分公司	306	山东亚太海华生物科技有限公司
265	北京三元种业科技有限公司饲料分公司	307	江苏盐城源耀饲料有限公司
266	重庆桑禾动物药业有限公司	308	驻马店扬翔饲料有限公司
267	固安桑普生化技术有限公司	309	济南益佳饲料有限公司
268	福建深纳生物工程有限公司	310	河南银发生物科技有限公司
269	云南神农农业产业集团股份有限公司	311	广东有机宝生物科技股份有限公司
270	云南神农澄江饲料有限公司	312	广西玉林市鑫坚饲料有限公司
271	云南大理神农饲料有限公司	313	沈阳耘垦饲料有限公司
272	广西南宁神农饲料有限公司	314	六安市臻天然宠物食品股份有限公司
273	重庆生搏饲料有限公司	315	湖南正虹营田饲料有限责任公司
274	博尚生技实业（湛江）有限公司	316	湖南正虹力得饲料有限责任公司
275	源耀生物科技（盐城）股份有限公司	317	海阳中慧饲料有限公司
276	成都世纪投资有限公司	318	河北中农优嘉生物科技有限公司
277	佛山市雷米高动物营养保健科技有限公司	319	云南中浙东成生物科技有限公司
278	成都蜀星饲料有限公司	320	辽宁众友饲料有限公司
279	江苏蜀星饲料科技有限公司	321	河北资源益嘉饲料科技有限公司
280	河北舜天生物科技有限公司	322	北京同力兴科农业科技有限公司
281	天津硕普饲料有限公司	323	湛江粤华水产饲料有限公司
282	佳犇泰（江苏）生物技术有限公司	324	广东东腾饲料有限公司
283	泰高营养科技（湖南）有限公司	325	佛山市顺德区全兴水产饲料有限公司
284	思凯汀生物科技（珠海）有限公司	326	江苏天成科技集团有限公司
285	天津通和饲料有限公司宝坻分公司	327	陕西康达尔农牧科技有限公司
286	青岛统一饲料农牧有限公司	328	河南大陆农牧技术股份有限公司
287	江西万年华农恒青农牧有限公司	329	北京康华远景科技股份有限公司
288	广州微特加生物工程有限公司	330	广州天科生物科技有限公司
289	新疆希普生物科技股份有限公司新湖饲料分公司	331	广东科邦饲料科技有限公司
290	赣州希望饲料有限公司	332	上海黑马饲料有限公司

（续）

序号	企业名称	序号	企业名称
333	河南广安生物科技股份有限公司	347	天津瑞孚饲料有限公司
334	长沙兴嘉生物工程股份有限公司	348	广州市正百饲料科技有限公司
335	广州市诚一水产科技有限公司	349	广东京基智农科技有限公司
336	广东新南都饲料科技有限公司	350	江苏雅博动物健康科技有限责任公司
337	北京英惠尔生物技术有限公司	351	广东兴腾科生物科技有限公司
338	天津全药动物保健品有限公司	352	广东海因特生物技术集团有限公司
339	上海农好饲料股份有限公司	353	全能生物科技（天津）有限公司
340	大成永康营养技术（天津）有限公司	354	河南雄峰科技股份有限公司新郑分公司
341	烟台大乐饲料有限公司	355	海南歌颂饲料有限公司
342	广州爱保农生物科技有限公司	356	清远海贝生物技术有限公司
343	宇星饲料（德州）有限公司	357	北京昕大洋科技发展有限公司
344	厦门汇盛生物有限公司	358	上海百立生物科技有限公司
345	广州大台农饲料有限公司	359	北京宝麟马业科技有限公司顺义饲料分公司
346	江苏万瑞达生物科技股份有限公司		

2022/2023 中国饲料工业展览会

3月29—31日，由中国饲料工业协会主办的2022/2023中国饲料工业展览会在南京国际博览中心隆重举行，600多家企业盛装亮相，展馆内人潮涌动，超4万名专业观众专程来到展馆参加此次行业盛会。繁荣的展会现场，反映了本届中国饲料工业展览会巨大的影响力和对行业升级的助推力，也传递出大家对未来市场和行业发展的信心，新技术、新产品、新方向更是展示出行业持续发展的生命活力。

3月30日上午，本届展览会开幕式隆重举行。全国畜牧总站站长、中国饲料工业协会常务副会长兼秘书长王宗礼主持开幕式，农业农村部国家首席兽医师（官）李金祥出席开幕式并讲话。中国工程院院士、中国饲料工业协会会长李德发，中国工程院院士、中国农业大学教授谯仕彦出席会议。来自农业农村部、全国畜牧总站、中国农业科学院以及江苏、山东、广西、内蒙古等省份的农业农村系统负责人和国内外企业机构负责人参加了开幕式。

本届饲料工业展览会在规模上实现了升级，并突出国际化元素，为各国企业共享、交流提供了机遇，国内外影响力持续扩大。本届展会共汇集国内外600多家企业参展，其中包括10多个国家的20多家企业机构参展，展览面积达到7.5万m^2，展位2 996个，规模均较上一届增加25%以上。

本届展会集中展示了饲料加工、饲料原料、饲料添加剂、饲料机械，饲料检测检验和安全评价，畜禽养殖及畜产品加工，饲草种子、加工与青贮，病虫害防治、非洲猪瘟防控等多领域科技创新和产业发展的新技术、新产品、新方向。同时，展会期间，中国饲料工业协会还举办了多场行业论坛和技术交流活动，国内外知名专家学者和企业代表就行业热点问题和前沿技术进行深入探讨和交流。

在展馆设置上也进行了新的尝试。除常设大企业展区、添加剂展区、机械展区、原料展区和标准展区外，还特设了江苏馆，展示江苏饲料行业的风采。

展览会还联合多方媒体，为企业展览，展示、交流打造沉浸式交互体验，全面提升展览会的影响力、传播力和参与感。

本届展会以高端的“展会规模＋前沿的产品技术＋爆棚的人气”，以及展会创造价值的服务，赢得了参展企业和专业观众的认可。现场聚集了众多来自五湖四海的专业观众，对本次展出的新产品、新技术，观众与展商深入地沟通交流。

作为国内饲料行业规模最大、专业化程度最高、影响力传播力最强的第一品牌展览会，中国饲料工业展览会始自1996年创办以来，持续为搭建国内外畜牧饲料行业展示新成就、交流新经验、沟通新信息、传播新理念、促进新合作、推广新技术的重要平台而努力。中国饲料工业展览会将借助品牌影响力，继续为畜牧饲料行业和广大饲料企业服务，为行业持续稳定发展服务，推动行业迈向新征程。

中国饲料工业协会首届产业发展论坛

3月29日，以“聚焦高质量，启航新征程”为主题，由中国饲料工业协会主办的首届中国饲料产业发展论坛在南京召开。

中国饲料工业协会会长、中国工程院院士李德发，中国工程院院士、中国科学院亚热带农业生态研究所首席研究员印遇龙，中国工程院院士、中国农业大学动物科学技术学院教授谯仕彦，国务院发展研究中心农村经济研究部部长叶兴庆，全国畜牧总站站长、中国饲料工业协会常务副会长兼秘书长王宗礼，农业农村部畜牧兽医局副局长辛国昌，农业农村部畜牧兽医局饲料饲草处处长黄庆生等出席论坛开幕式。王宗礼站长主持论坛开幕式。

王宗礼站长、常务副会长兼秘书长指出，饲料工业是保障粮食安全和稳产保供的重要产业，它对建设农业强国和现代化强国起着至关重要的作用。近年来我国饲料工业发展快速增长、活力不断提升、结构持续优化、创新更加突出、数字化和智能化快速迭代。同时，我们也面临着资源约束，市场波动加剧等风险挑战。本次论坛从宏观经济到产业政策，从当下破局到赋能未来，旨在探讨饲料产业的现状、面临的问题以及未来发展的方向，聚焦饲料行业热点和难点，分享成功经验和典型案例，希望论坛实现促进交流，汇集智慧，凝聚产业发展力量。为推进我国农业现代化事业做出积极的贡献。

李德发院士在致辞中表示，近几年饲料行业稳中求进，展现出强大韧性，取得了举世瞩目的成绩。一是饲料产业持续稳定发展。2015—2022年，全国工业饲料总产量仅用7年时间，就完成由2亿t到3亿t突破，并连续12年位居世界首位。二是饲料产业规模化水平和综合实力继续提升。三是转型升级步伐加快。他指出，2023年是全面贯彻落实党的二十大精神的开局之年，也是加快建设农业强国的起步之年。站在新的起点，行业将面临更多的机遇和更大的挑战，使命不可推卸，困难必须克服。

他希望，中国饲料产业发展论坛以此为起点，坚持服务宗旨，立足发展需要，不务虚、不守旧，步步为营、稳扎稳打，为行业搭建好推动共生、共创、共赢的综合性交流平台，为建设农业强国贡献更多力量。

辛国昌副局长发表讲话。他提到，经过40多年的发展，我国已成为名副其实的饲料大国，饲料工业已经成为国民经济中举足轻重的大产业。他用“万家企业、亿吨产量、万亿产值”概括了我国饲料行业的体量。看企业，全国饲料和饲料添加剂生产企业超过1.35万家，百万吨以上企业36家，千万吨级规模企业集团已有6家。看产量，2022年工业饲料总产量达到3.02亿t，迈上了3亿t新台阶，再创历史新高，稳居全球第一。看产值，2022年饲料工业总产值达1.32万亿元，连续两年超过万亿元。

他指出，当前我国饲料行业取得长足发展的同时，也面临着重大的挑战，主要集中在3个方面：一是饲料粮特别是蛋白质饲料供应保障形势严峻。二是饲用豆粕减量替代尚未全面推行。三是饲料质量安全隐患仍然存在。下一步，农业农村部将聚焦饲料产业高质量发展，健全完善法规制度体系，加大政策支持力度，实施饲用豆粕减量替代行动，毫不放松抓好饲料质量安全监管，鼓励引导企业加大自主创新，持续提升饲料供应保障能力，更好地满足养殖业需求，为加快建设农业强国、推进农业农村现代化提供有力支撑。

最后，辛国昌副局长对饲料行业和企业提出了4点要求：一是守住质量安全底线，二是提高生产经营规范化水平，三是强化创新谋发展，四是积极履行社会责任。

当前，国际环境风云变幻，全球经济面临通胀高企、资源约束日益趋紧，原料进口形势多变，供应链脆弱矛盾突出，畜牧饲料行业面对的挑战比以往更加严峻复杂。在这种特殊背景下，大会邀请了业内多位院士、领导、知名专家和企业家代表分别就政策解读、形势分析、科技创新等内容进行分享与交流，共同探寻行业未来发展机遇。

主旨论坛分别由全国畜牧总站副站长杨劲松、中国农业科学院北京畜牧兽医研究所所长秦玉昌主持。

国务院发展研究中心农村经济研究部部长、研究员叶兴庆在《农业强国的中国特色与主攻方向》报告中表明，农业强国的中国特色主要表现在五方面：一是依靠自己力量端牢饭碗，二是依托双层经营体制发展农业，三是发展生态低碳农业，四是赓续农耕文明，五是扎实推进共同富裕。他指出，建设农业强国，必须把“供给保障强、科技装备强、经营体系强、产业韧性强、竞争能力强”作为主攻方向，不能有明显的短板弱项，不能“偏科”。最后，他强调，建设农业强国一定要注意方法论。第一，立足本地资源禀赋和发展阶段，解决本地农业农村发展最迫切、农民反映最强烈的实际问题，循序渐进、稳扎稳打，多做打基础、利长远的事情。第二，发挥各地比较优势，选准产业发展方向，突出地方特色。第三，在农业农村现代化转型过程中，既要有紧迫感，又要保持耐心，谋定而后动。第四，“三农”问题复杂度高，要增强系统观念，坚持目标导向和问题导向相结合，通过解决现实问题不断趋近长远目标。

中国工程院院士、中国农业大学动物科学技术学院教授谯仕彦作了题为《解决我国饲料蛋白资源短缺的路径》的报告。他首先分析了 2021—2022 我国饲料原料的供应情况。2022 年我国进口大豆 9 108 万 t，饲用 8 024 万 t，占比 88.1%；进口谷物 5 579 万 t，饲用 4 547 万 t，占比 81.5%。粮食安全的主要矛盾集中在饲料用粮。

截至 2023 年，替代豆粕的存量植物蛋白资源非常有限，因此必须充分开发其他蛋白质资源。解决蛋白质饲料资源短缺问题应该从五方面入手：一是提高养殖效率，二是提高机体氮沉积效率，三是开发新型蛋白质饲料资源，四是种养结合的一体化农业，五是培育不依赖于豆粕、高饲料转化效率的畜禽品种。他认为，在相当长时期内配制低蛋白质日粮仍然是解决蛋白质饲料资源短缺的最大依仗，实现畜禽日粮低蛋白，需要聚焦净能赖氨酸平衡、限制性氨基酸平衡、矿物元素及电解质平衡以及多元化日粮配制与节粮技术集成。

农业农村部畜牧兽医局饲料饲草处处长黄庆生作了题为《饲料行业创新趋势探讨》的报告。他首先介绍了当前我国饲料行业的发展形势。2022 年，全国养殖业饲料消耗量 4.54 亿 t，谷物、豆粕和粮食加工副产品饲用消费总量达 39 190 万 t，占粮食消费总量的 48%，高于 33%的食用和 17%的工业用消费占比。饲料蛋白消耗总量达 7 900 万 t，由进口原料提供的占比达 46.3%。他指出，饲用需求是拉动大豆进口的主要驱动力，保障蛋白质饲料原料供给，是保障我国粮食和重要农产品稳定安全供给的关键。

近年来，农业农村部加快推进饲料和饲料添加剂新产品评审制度改革，饲料行业创新步伐加快。2020 年以来，共核发新产品证书 10 个，扩大适用动物范围、含量规格降低及生产工艺变更等 8 个，纳入《饲料原料目录》或《饲料添加剂品种目录》12 个，超过 2012 年至 2019 年的总和。

黄庆生处长分析了当前饲料行业的热点和难点，主要集中在豆粕减量替代、养殖提效提质、饲料停抗退药等 3 个方面。行业创新方向应当围绕解决原料供需矛盾，开发饲料提效利用技术、产品以及新蛋白质饲料资源，如发酵饲料、酶制剂、非蛋白氮高效利用、营养素减排、微生物蛋白原料等；围绕饲料停抗需求，开发改善动物健康的技术和产品，如天然植物提取物、生物活性肽、饲用微生物等；围绕动物精准营养需求，针对新饲料配方结构开发补充动物必需营养素的技术和产品，如小品种氨基酸、维生素等。

黄庆生处长还介绍了近年来农业农村部在优化完善新产品评审管理服务上的具体举措，重点讲解了新饲料添加剂申报材料要求、饲料原料和饲料添加剂审批咨询服务工作机制、饲料和饲料添加剂评审工作规范等制度流程，解读了新出台的直接饲喂微生物和发酵制品生产菌株鉴定及其安全性评价指南、植物提取物类饲料添加剂申报指南等相关要求，帮助饲料和饲料添加剂新产品研发机构更准确地把握评价和评审要求，鼓励全行业进一步加快创新步伐。

全国畜牧总站统计信息处处长杨红杰作了题为《当前畜牧生产形势与产能调控》的报告。当前畜牧业生产已基本恢复到正常年份水平甚至略有增加，产业发展态势稳中向好。截至 2023 年，我国畜产品消费正由以前的季节性消费转向常年消费，少数民族为主消费转向全民消费、区域性消费转向全国性消费，我国畜牧业面临的最大挑战是养殖发展速度跟不上消费增长的速度。要解决这一问题，他特别指出只有将市场的“无形之手”（运用市场手段调减产能）和政府的“有形之手”（加大政策支持力度）有机结合起来，才能促进畜牧业持续健康发展。

国家粮油信息中心决策服务处处长张立伟作了题为《2023 年我国大豆等蛋白饲料形势分析与展望》的报告。受政策支持，我国 2022/2023 年度大豆和 2022 年菜籽的面积、产量均创新高，增产带动了我国蛋白粕和油籽总产量的增加。2022 年我国饲料产量创历史纪录，但蛋白粕消费出现下降。究其原因，一方面，饲料养殖行业大力推广低蛋白质日粮饲料配方和豆粕玉米减量替代方案；另一方面，杂粕进口量增加，生猪养殖收益和大豆粕价格剧烈波动，对豆粕消费影响也较大。预测 2022/2023 年度我国蛋白粕产量 9 646 万 t，同比增加 477 万 t；其中豆粕产量增加 346 万 t，增幅 4.75％。2023 年我国菜籽产量和进口大幅增加，国内菜籽粕供应充裕。未来几年我国大豆和油料产量将会继续保持增加的态势，大豆进口量将难以大幅增加。

经过 40 多年的改革开放发展，我国饲料企业充分利用了国内外市场和资源，不断提高了其国际竞争力，并涌现出一批具有全球竞争力的企业集团。这一切与企业家们拥有开阔的国际视野和敢于冒险的精神密切相关。可以说企业家们是推动饲料工业高质量发展和全面提升畜产品产量保供的主要力量和“压舱石”。

通威股份有限公司农牧总裁、通威农业发展有限公司总经理郭异忠和中农颖泰集团副董事长郭柑彤分别代表大型集团和添加剂创新企业发言。

本届论坛顺应时代新要求，议程紧凑、内容丰富。论坛从宏观经济到产业政策，从行业热点、难点到赋能产业未来，汇聚集体智慧和行业共识，为饲料行业发展注入了新的活力和动力。

出席本次论坛的还有，全国畜牧总站党委副书记、纪委书记聂善明，全国畜牧总站总畜牧师苏红田，江苏省农业农村厅总畜牧兽医师袁日进，中国农业科学院饲料研究所所长马莹，中国农业科学院农业质量标准与检测技术研究所党委书记汪飞杰，中国农业科学院农业质量标准与检测技术研究所副所长苏晓鸥，山东省畜牧兽医局二级巡视员鲍霞，中国奶业协会副秘书长邵明君，中国马业协会秘书长岳高峰等领导，以及农业农村部有关司局、全国畜牧总站，各省饲料管理部门、饲料工业（行业）协会、科研院所代表和人民日报社、新华社、农民日报社等媒体及行业同仁近千人参加论坛。

本次论坛得到了农业农村部、全国畜牧总站的大力支持。

中国饲料工业年鉴2024

地方篇

北京市饲料工业

【发展概况】

2023年，北京市饲料生产企业共81家，年末企业职工总人数为3 765人。全年饲料工业总产值78.1亿元，总营业收入77.8亿元。

饲料总产量139.3万t，同比下降5.7%。其中，配合饲料产量87.0万t，同比下降1.7%；浓缩饲料产量14.6万t，同比下降25.8%；添加剂预混合饲料产量35.3万t，同比下降4.7%。分品种看，猪饲料产量47.6万t，同比下降11.4%；蛋禽饲料产量19.6万t，同比下降13.9%；肉禽饲料产量20.6万t，同比增长13.0%；反刍动物饲料产量45.9万t，同比下降2.3%；水产饲料产量1.4万t，同比下降4.6%；宠物饲料产量2.3万t，同比下降6.6%；其他饲料产量1.9万t，同比下降10.0%。饲料添加剂总产量0.8万t，同比下降54.6%。

2023年，北京市饲料工业总出口额2 096万元，同比增长6.0%。饲料总出口量726t，同比增长14.5%。

【组织结构】

北京市农业农村局作为北京市的饲料行政管理部门，其中行政审批处、畜牧渔业处分别依法负责本市饲料行业的行政许可、行业管理和质量安全监管工作。北京市农业综合执法总队负责饲料行业监督执法工作；北京市畜牧总站负责饲料行业技术推广应用与服务等工作；北京市兽药饲料监测中心负责饲料产品质量安全监测检测等工作。

【主要工作】

（一）严格饲料行政审批事项办理

依法依规严把行政许可审批程序，2023年共办理“从事饲料、饲料添加剂生产的企业审批”申请53个，涉及饲料和饲料添加剂生产企业32个。“饲料和饲料添加剂委托生产备案”申请27个，涉及饲料和饲料添加剂生产企业8个。

（二）落实饲料质量安全监督抽查工作

根据农业农村部《2023年饲料质量安全监管工作方案》要求，结合《2023年北京市饲料质量安全监督抽查计划》内容，实际完成各类饲料样品监督抽查472批次，其中包括配合饲料、浓缩饲料、精料补充料147批，添加剂预混合饲料110批次，饲料添加剂和混合型饲料添加剂69批次，饲料原料73批，养殖环节饲料73批。涉及大兴、通州、平谷、怀柔、密云、顺义、延庆、房山、昌平等区的全部饲料生产企业。检测项目包括微量元素、维生素、氨基酸、重金属、非法添加物、霉菌毒素、微生物、添加剂主含量等40余项指标共计5 076项次。所有检测结果全部合格，合格率100%。

（三）落实行业监管责任，开展相关专项检查工作

全年共出动饲料监督执法人员7 914人次，检查生产、经营和使用单位2 709个次，下发监督检查单2 683套，发放宣传材料5 294份，查办案件48起，罚没款24.9万余元，没收不合格饲料1.9t。

1. 饲料和饲料添加剂生产企业现场检查。依托农业农村部饲料和饲料添加剂生产企业专项检查工作，对饲料企业生产许可条件、安全生产、原料管理、生产过程控制、产品质量控制5个部分内容，开展全市范围内现场检查。强化在产、停产企业隐患检查排查力度，把原址拆迁及停产1年以上的饲料、饲料添加剂生产企业作为重点，杜绝无生产条件继续生产的隐患。对存在隐患问题的企业，督促受检企业限期整改，发现违法行为，依法依规处理处罚，进一步规范市场秩序。全年共检查饲料生产单位数375个次，出动执法人员906人次，出动执法车辆281车次，查办案件7起，罚没款8.4万元。

2. 饲料标签专项检查。在2021—2022年工作基

础上继续开展饲料标签专项检查，以长效监管为举措，全面强化饲料生产和经营环节产品标签标示内容的监督管理，重点围绕饲料“原料组成”和“添加剂组成”是否符合《饲料原料目录》和《饲料添加剂目录》的标称要求，适用范围是否与目录公布的适用范围一致，是否符合饲料标签规定。通过检查产品通用名称、产品成分分析保证值等内容，是否存在虚假夸大宣传、扰乱市场的不规范标示行为。市区联合对40家企业进行饲料标签专项检查，提出整改意见9起，查办案件3起，罚没款0.9万元左右。

3. 饲料经营环节专项检查。加大经营环节监督执法力度，重点围绕宠物饲料经营。结合北京市特点，宠物饲料消费占饲料经营的比重逐年增加，为进一步规范经营市场秩序，降低违法行为的发生率。通过近年来持续摸底调查，在完善了监管对象信息库的基础上；加强宣传指导，强化监督，科学执法，确保饲料经营市场平稳有序。全市共排查饲料经营主体1 256家次，共出动执法人员4 562人次，执法车辆1 581车次，查办案件26起，罚没款15万余元，其中超10万元案件1起。

（四）落实饲料统计监测工作

组织企业保质保量完成数据上报工作：一是确保工作及时性和完整性，及时对未上报企业进行催报，确保本市企业上报率达100%。二是保障数据的准确性和可靠性，多级审核，层层把关，确保数据提交质量。旨在准确把握饲料生产概况，洞悉行业进展，为制定行业政策、谋划发展规划做好数据支撑工作。

（北京市农业农村局）

天津市饲料工业

【发展概况】

2023年，天津市各类饲料生产企业共198家，其中，配合饲料、浓缩饲料和精料补充料获证企业112家，添加剂预混合饲料获证企业86家，混合型饲料添加剂获证企业45家，饲料添加剂获证企业14家，单一饲料生产企业21家。2023年饲料总产量198.6万t，同比减少12.5%；总产值120.4亿元，同比减少1.2%。其中，配合饲料121.5万t，同比减少17.2%；浓缩饲料43.1万t，同比减少9.6%；添加剂预混合饲料31.7万t，同比增加4.4%；宠物饲料2.2万t，同比增加3.9%。

【主要工作】

（一）依法开展饲料质量安全管理，加强事中事后监管

一是组织市区两级饲料质量监管和农业综合行政执法部门，采取随机抽查、突击检查、专项检查等多种方式，按照企业全覆盖的要求，对生产经营企业进行现场检查。全年共计出动人员2 287人次，检查企业及经营门店共869家次。

二是突出重点环节，开展专项治理。严格贯彻落实全国农资打假专项治理行动视频会议精神和天津市农业农村委员会关于农资打假工作的安排部署，以打击生产经营伪劣饲料、无证套证生产及超范围添加等违法行为重点，净化饲料市场。开展饲料生产企业资质清查，对不符合《饲料和饲料添加剂管理条例》和生产许可条件规定的企业依法进行核查清理。根据市场热点和农业农村部工作部署，做好重点环节、重要节点饲料质量安全专项检查排查工作。

（二）加强饲料质量检测，健全“检打联动”机制

一是饲料质量安全监督抽查。抽查范围包括饲料和饲料添加剂生产企业、经营门店以及畜禽、水产养殖场（户）。2023年共计安排饲料质量监督抽检602批次，合格率为99.5%。其中，生产经营环节饲料质量安全监测350批次，养殖环节配合料（自配料）及槽料违禁品监测252批次。

二是依法依规查处饲料违法案件。2023年共处理饲料违法案件13起，共处罚金79 438.8元。

（三）开展饲料标签专项检查

一是加强饲料标签监管制度宣贯。面向饲料生产经营使用环节相关方开展饲料标签专项宣传，提高守法意识，加强行业自律，落实企业主体责任，共发放宣传资料2 000余份。

二是组织自查自纠。组织全市饲料生产企业对照饲料标签标准的有关规定，对其生产的饲料、饲料添加剂等产品标签逐一进行自查，及时纠正标签中的不规范标识情况，督促指导4家企业修订标签中不规范内容。

三是开展专项检查。企业自查后，各涉农区负责单位对饲料生产经营企业开展了现场检查。采取双随机的检查方式，重点对饲料产品和混合型饲料添加剂产品进行检查。共发现3起饲料生产企业生产饲料标签不符合规定的行为，已责令整改。

（四）落实饲料统计制度，加强生产形势监测

一是做好生产信息报送。督促指导饲料生产企业按照农业农村部饲料工业统计信息填报要求，按时做好统计信息填报工作。加强指导协调，督促企业及时准确上报生产信息，推动饲料企业全口径月度监测工作顺利开展。

二是开展数据分析研判。按季度汇总饲料生产情况，开展饲料生产动态分析和数据评估，提高统计监测信息精准性和行业发展趋势研判能力，提高行业发展趋势掌控水平。

（五）践行为民服务工作宗旨，为企业办实事解决困难

一是饲料生产企业办理自由销售许可证明，助力企业产品走向国际市场。按照《农业农村部办公厅关于办理饲料和饲料添加剂产品自由销售证明的通知》要求，为奥特奇生物制品有限公司等企业拟出口产品办理自由销售证明申请，出具市级自由销售许可证明14个。

二是答疑解惑，科学指导企业依法依规生产经营。全年共接受企业及区级执法部门咨询20余次，解答委托生产、跨境电商销售、进口产品登记等5类问题20个。

【存在问题】

一是由于监管手段和质量控制措施缺乏，饲料经营企业监管工作难度较大，存在着安全监管风险。

二是中小规模饲料生产企业实验室检测人员专业知识水平与检测能力还需进一步提高。

三是饲料企业发展存在不均衡。

【下一步重点工作】

一是加强饲料质量安全和生产安全检查。强化饲料生产企业原料管控、生产过程监管和产品质量管控。紧紧围绕管行业必须管安全，压实企业安全的主体责任，坚决杜绝安全生产事故。

二是加强饲料质量安全监测。计划全年安排饲料质量监督抽检600个样品，包括饲料和饲料添加剂生产、经营门店质量安全监督抽检300批次，养殖环节槽料（自配料）300批次。

（天津市农业农村委员会畜牧兽医处）

河北省饲料工业

【发展概况】

2023年，河北省饲料总产量1 453.5万t，比2022年的1 445.4万t，增长0.6%，总产值592亿元，比2022年的589亿元，增长0.5%。其中，宠物饲料52.9万t，总产值36.5亿元。猪料334.3万t，蛋禽料406.6万t，肉禽料452.4万t，水产料23.6万t，反刍料162.5万t，其他料21.4万t。

【主要工作】

（一）饲料监管

全省饲料质量稳中有升，“瘦肉精”监管趋于常态化。一是饲料产量再创新高。二是提升饲料质量安全水平。加大监督抽检工作力度，2023年全省饲料质量抽检450批次，其中225批次为监督抽检，225批次为风险抽检，全省饲料产品合格率达97%以上。三是全面推广豆粕减量化工作。按照农业农村部饲用豆粕减量替代三年行动方案及省委一号文件工作要求，全省多次组织饲料和养殖方面的专家就饲用豆粕减量替代工作展开专题研究，2023年5月印发了《河北省饲用豆粕减量替代三年行动方案》（冀农函〔2023〕84号），明确了工作目标和任务，同时成立了饲用豆粕减量替代工作领导小组，为全省饲用豆粕替代工作有效有序开展提供了保障。四是强化“瘦肉精”牵头监管机制，抓好协调联动机制的落实。落实和宣传好“瘦肉精”监管协调联动机制，召开厅内“瘦肉精”协调联动工作会议，全省启动“瘦肉精”专项整治百日行动方案。2023年省级风险抽检2 200批次，对沧州、秦皇岛、唐山、保定、石家庄、廊坊等“瘦肉精”高发地区或敏感地区开展“瘦肉精”飞行抽检。按时完成“瘦肉精”速测卡和溯源单的政府采购工作。配合农业农村部做好全省2003年“瘦肉精”的飞行抽检工作，在4个省的飞行抽检中，河北省仅检出1个羊毛样品阳性，检出数量最少。

（二）安全生产

全省全年畜禽屠宰、兽药、饲料行业安全生产形势稳定，未发生等级以上安全生产责任事故。一是认真贯彻落实国家和河北省安全生产工作要求。认真学习贯彻习近平总书记关于安全生产重要指示批示，国务院安全生产委员会和省委、省政府关于安全生产工作部署，严格执行安全生产十五条硬措施，认真组织开展重大事故隐患排查整治等专项行动，确保风险隐患动态清零。二是严格落实年度安全生产目标管理责任。逐级签定安全生产责任状，建立纵向到底、横向到边的安全生产责任体系。三是扎实开展行业安全生产风险隐患排查整治。先后组织开展重点行业安全生产专项行动、行业领域安全生产风险隐患专项整治检查、安全生产大排查大整治、农业领域秋冬季安全生产专项检查等行动，突出安全生产责任末端落实。四是及时分析研判部署行业安全生产工作。处务会月研究、厅领导季调度安全生产工作，并将安全生产与年度重点工作同部署、同安排、同检查。五是持续开展督导检查。截至2023年，省级共检查43个县（市、区）的57家畜禽屠宰企业、42家兽药生产企业、66家饲料生产企业，发现问题隐患95个，均向当地农业农村部门进行了交办并限期完成整改。六是认真组织行业应急救援演练。举办2023年度全省兽药饲料企业突发安全生产事故应急救援演练现场会，有效检验企业正确处理突发安全生产事故能力，推动行业重大事故隐患专项排查整治取得实效。七是畜禽屠宰安全生产纳入法治化。《河北省畜禽屠宰管理条例》把畜禽屠宰安全生产列为内容之一，标志着全省畜禽屠宰安全生产正式纳入法治化管理。

【下一步重点工作】

工作思路：以习近平新时代中国特色社会主义思想为指导，全力聚焦实施乡村振兴战略有效衔接，坚持以“四个最严”的标准强化畜禽屠宰、兽药、饲料行业监管，不断促进畜禽屠宰、兽药、饲料行业高质量发展。全面提高优质饲草供给能力和市场竞争力，确保全省草食畜牧业健康发展。

工作目标：全省饲料产品合格率达到98%以上。力争全年饲料产量 1 500 万 t，饲料产值达到 600 亿元。

工作举措：一是提升饲料质量安全水平。加大监督抽检工作力度，2024 年全省饲料质量抽检 450 批次，其中 225 批次为监督抽检，225 批次为风险抽检。力争全省饲料产品合格率达到 98%以上，并探索开展饲料“飞行抽检”工作。开展饲料专项整治工作，加大对监督抽检不合格产品的查处力度。宠物饲料稳中求进、稳中增效，在保持总体产能不变的情况下，提质增效，淘汰落后产能，争创品牌，打造“南和”这一中国宠物食品之乡的品牌。二是继续做好毛皮动物屠体饲料化实验工作。三是强化“瘦肉精”监管工作。抓好联动机制的落实，落实好“瘦肉精”百日专项整治行动。加强培训，落实监管责任，提高各级人员的监管水平，2024 年继续加大对牛、羊集中养殖区域和“瘦肉精”高发区的监管力度。强化监测力度，2024 年计划安排省级风险抽检 2 200 批次，对沧州、秦皇岛、唐山、保定等“瘦肉精”高发地区或敏感地区开展“瘦肉精”飞行抽检和“约谈机制”，探索“瘦肉精”监管的新方法、新手段。

（河北省农业农村厅）

山西省饲料工业

【发展概况】

2023 年，山西省饲料工业总产值 177.6 亿元，同比下降 0.9%；总营业收入 151.2 亿元，同比下降 7.1%。其中，饲料产品产值 175.8 亿元，营业收入 149.8 亿元，同比分别下降 0.9%和 6.7%；饲料添加剂产品产值 1.72 亿元，营业收入 1.4 亿元，同比分别下降 7.3%和 36.2%。

全省工业饲料总产量 491.8 万 t，同比下降 2.5%，占全国工业饲料总产量 1.5%，位于全国第 19 位。其中，配合饲料产量 468.6 万 t，同比下降 2.2%；浓缩饲料产量 15.9 万 t，同比下降 13.4%；添加剂预混合饲料产量 7.3 万 t，同比增长 11.9%。全省饲料添加剂总产量 10 557t，同比增长 29.8%，占全国饲料添加剂总产量 0.1%，位于全国第 27 位。其中，单一饲料添加剂产量 5 212t，同比增长 35.3%；混合型饲料添加剂产量 5 344t，同比增长 24.9%。

【工作内容】

（一）参加培训交流

为贯彻落实饲用豆粕减量替代行动要求，分别组织参加了全国畜牧总站举办的主要畜禽品种《低蛋白低豆粕多元化日粮生产技术规范》宣贯线上培训班和首届北方豆粕减量暨低蛋白质日粮替代技术研讨会，对豆粕减量和低蛋白质日粮替代工作进行了技术交流和经验分享，对推进生猪、蛋鸡、肉鸡等主要畜禽低蛋白质低豆粕多元化日粮生产技术规范的普及应用起到了良好的效果。

（二）印发工作方案

为确保山西省饲用豆粕减量替代行动取得实效，根据农业农村部《饲用豆粕减量替代三年行动方案》要求，起草印发《山西省饲用豆粕减量替代三年工作方案》，引导饲料和养殖行业减少饲用豆粕消耗，实现豆粕用量占比持续下降、蛋白质饲料资源开发利用能力持续增强、优质饲草供给持续增加的工作目标，促进饲料粮节约降耗。2023 年，全省饲料中豆粕用量占比为 13.7%。

（三）组织调查研究

为进一步提高饲料行业部门监管能力和技术服务水平，促进饲料工业和养殖业高质量发展，山西省组织开展了饲料工作现状调研。初步摸清了行业部门队伍和饲料工业发展现状，为今后工作推进提供参考。

（四）开展饲料抽检

积极开展饲料质量安全监督抽查检测工作，全年共抽检饲料 260 批次。其中，生产环节 155 批次，经营环节 47 批次，养殖环节 58 批次，不合格样品 3 批次，合格率为 98.8%。

【下一步重点工作】

下一步，山西省饲料工作将进一步提高政治站位，树立大食物观，充分认识豆粕减量替代对保障国家粮食安全的重要意义，组织有关专家积极挖掘、探索非常规饲料资源的利用，加大对饲料企业和养殖场户的技术指导，保障饲料粮供给，维护粮食安全。

一是启动地源性特色蛋白质饲料资源调查，组织各市相关部门开展地源性饲料原料资源调查，摸清全省非常规饲料资源的利用资源存量、分布及应用情况。

二是遴选 3～5 家全产业链饲料养殖企业开展豆粕减量替代试点，推广低蛋白质日粮、饲料精准配方和饲料精细加工等技术。

三是组织饲料企业参加 2024 年中国饲料工业展览会，提高品牌知名度，扩大市场影响力。

四是加大对全省饲料企业和养殖场户的技术指导，推广生猪、肉牛、肉羊等畜种的低蛋白质低豆粕多元化日粮配制技术，促进饲料资源节约利用。

（山西省畜牧中心）

内蒙古自治区饲料工业

【发展概况】

2023年内蒙古自治区饲料总产量为687.1万t，同比增长5.6%。其中，配合饲料产量587.8万t，同比增长4.5%；浓缩饲料产量81.2万t，同比增长10.1%；添加剂预混合饲料产量18.0万t，同比增长26.0%。分品种看，猪饲料产量271.2万t，同比增长11.2%；蛋禽饲料产量23.2万t，同比下降7.9%；肉禽饲料产量47.5万t，同比增长11.4%；反刍动物饲料产量343.3万t，同比增长1.8%。

全区饲料添加剂产量98.4万t，同比增长9.5%。其中，混合型饲料添加剂产量为4.2万t，与去年持平。

全区饲料总产值318.1亿元，同比增长4.6%；营业收入298.4亿元，同比增长2.7%。饲料添加剂总产值75.8亿元，同比下降1.6%；营业收入72.6亿元，同比增长2.6%。

【主要工作】

（一）饲料行政许可

加强生产许可管理。认真落实国务院《饲料和饲料添加剂管理条例》和农业农村部《饲料和饲料添加剂生产许可管理办法》等行政法规和其他规范性文件规定，进一步规范了内蒙古自治区饲料和饲料添加剂生产和管理。优化审批服务的同时，严格落实《饲料和饲料添加剂管理条例》和规范性文件，加强事中事后监管，健全审管衔接机制。饲料和饲料添加剂生产许可证申请及相关事项申报全部纳入自治区政务服务审批大厅，实现了申报、审批、发证环节申报主体与审批主体互不见面。并进一步完善生产许可专家现场审核工作程序、质量安全监督抽检工作方案，不断规范饲料添加剂生产、经营和使用行为。截至2023年底，内蒙古自治区饲料生产企业有464家。

（二）饲料质量安全管理规范示范企业创建

饲料企业标准化生产有力推进。以推动落实《饲料卫生标准》《饲料标签标准》和《饲料质量安全管理规范》3个强制性标准规范实施为牵引，全力推进饲料企业标准化生产。结合饲料质量安全监督检查、饲料生产安全大检查和安全月活动，对饲料生产企业全面进行现场监督检查，突出重点检查3个强制性标准规范实施标准化规范生产，对发现的问题及时进行纠正。

（三）饲料质量安全监管及“瘦肉精”专项整治

按照上下联动、分级负责的原则，完成了饲料质量安全监督抽查生产企业全覆盖、“瘦肉精”监测抽检肉牛肉羊生猪重点养殖区域全覆盖、获证饲料和饲料添加剂生产企业现场检查全覆盖。2023年，饲料质量安全监督抽检完成3 128批次，抽检合格率为97.9%；养殖环节“瘦肉精”专项监测抽检活畜尿样15 516批次，并抽检动物毛发20批次，全部零检出。充分发挥专项监测行动工作效能，严厉打击养殖环节违法使用“瘦肉精”等违禁添加物行为，不断提升饲料质量安全管理水平，有效确保了饲料和畜产品质量安全。

（四）机构建设和队伍素质稳步提升

结合全区饲料质量安全监管培训，组织全区各级饲料管理部门、监管执法机构以及相关管理部门近200多人系统培训学习了饲料标签相关法律法规制度；全区饲料和饲料添加剂标签检查生产企业和经营门店4 270家，对标示内容不规范、信息要素不全等企业（门店）责令进行了限期整改。

【存在问题】

（一）提升饲料利用效率成效不够明显

在养殖端，缺乏低蛋白质日粮配置、豆粕减量替代、秸秆等非粮资源高效利用等关键核心技术。

（二）生产加工检测环节缺乏政策支持

面对原料价格波动、提升技术装备等方面缺乏政策支持，抗风险和可持续发展能力不强。相关检验检测的市场化、社会化服务建设不足。

（三）经营环节质量意识有待提高

从饲料质量安全监督抽检情况来看，经营门店不合格产品占95%，且绝大部分是外埠饲料或饲料添加剂。经营门店对外埠饲料和添加剂的经销把关不严，需进一步提高饲料经营主体质量意识。

【下一步重点工作】

（一）稳步提升饲料利用效率

推广应用秸秆饲料化利用新技术新模式，提升秸秆饲料转化利用率；促进马铃薯、甜菜等作物以及果蔬、糟渣、基料等农副资源饲料化利用转化为便于工业化生产使用的饲料原料；应用高效低蛋白质氨基酸平衡日粮技术，精准配制低蛋白质日粮，减少饲料蛋白质消耗，有效提高饲料蛋白质利用效率。

（二）不断提升检验检测能力

支持饲料检验检测技改，完善检验检测实验室，开展饲料企业检测实验室能力验证，提升企业检测能力，做到获证生产企业监测抽检率达到100%，生产经营和使用环节普法、执法检查率达到100%，从源头保障动物产品质量安全。

（三）持续加强饲料质量安全监管

不断加强《饲料和饲料添加剂管理条例》《饲料质量安全管理规范》《饲料和饲料添加剂生产许可管理办法》以及相关法律法规和各项规章的培训，进一步强化上下、区域、部门联动机制，继续对肉牛、肉羊、生猪养殖环节“瘦肉精”等实施监测。加大“双随机”检测排查力度，“检打联动”做好“瘦肉精”专项监测工作。严厉打击养殖环节违法使用“瘦肉精”等违禁添加物行为，对违法违规行为始终保持高压严打态势，做到重拳出击、露头就打，进一步提升全区饲料质量安全管理水平，确保饲料质量安全。

（内蒙古自治区农牧厅饲料饲草处）

辽宁省饲料工业

2023年，辽宁省饲料产业坚持以习近平新时代中国特色社会主义思想为指导，全面贯彻落实党的二十大精神，聚焦“提质提效、开源增料”，持续推进饲用豆粕减量替代和节粮行动，聚焦“饲料工业高质量发展”，持续推进饲料产业链建设。饲料工业稳步发展，产量产值双增长。

【发展概况】

2023年全省饲料工业总产值745.7亿元，同比增长9.8%，居全国第五；营业收入658.1亿元，同比增长9.6%。其中，饲料产品产值723.5亿元，同比增长9.7%，营业收入636.4亿元，同比增长9.6%；饲料添加剂产品产值22.2亿元，同比增长12.2%，营业收入21.7亿元，同比增长8.3%。

2023年全省饲料工业总产量1 873.4万t，同比增长9.7%，居全国第四。按饲料类别分：配合饲料1 582.0万t，同比增长10.3%；浓缩饲料265.6万t，同比增长5.9%；添加剂预混合饲料23.4万t，同比增长9.7%。按动物品种分：猪饲料566.2万t，同比增长4.1%；蛋禽饲料180.8万t，同比下降3.1%；肉禽饲料853.9万t，同比增长19.1%；水产饲料39.0万t，同比下降2.8%；反刍动物饲料208.1万t，同比增长8.6%；宠物饲料2.4万t，同比增长100.3%；其他饲料23.0万t，同比下降13.8%。

饲料生产情况。全省共有浓缩饲料、配合饲料、精料补充料生产企业570家，添加剂预混合饲料生产企业159家，饲料企业生产能力9 726.7t/h，产业发展动力足。单厂年产量超过10万t的企业55家，合计产量占全省总产量的60.6%；单厂年产量超过50万t的企业1家；产量超200万t集团企业1家，产业集中度高。生猪饲料和肉禽饲料是辽宁省工业饲料主导产品，生猪饲料产量占全省饲料总产量的30.2%，肉禽饲料产量全省饲料总产量的45.6%。全年生猪、蛋禽、水产饲料产量基本与去年持平；肉禽饲料增长较快，反刍动物饲料产量增速放缓，宠物饲料虽规模较小，但发展势头良好。

饲料添加剂生产情况。全省共有饲料添加剂生产企业134家，其中年产值超亿元5家，超7亿元1家。产品以矿物元素及其络（螯）合物、氨基酸、维生素及类维生素为主。矿物元素及其络（螯）合物产量占全省饲料添加剂总产量一半以上，主要是营口、鞍山地区的以菱镁矿为原料的饲料添加剂产品，全国共有10家直接制备的单一饲料添加剂氧化镁生产企业，均位于辽宁省。

单一饲料生产情况。全省共有单一饲料生产企业183家，单一饲料总产量751.5万t，总产值347.3亿元。产品以谷物及其加工产品，油料籽实及其加工产品，陆生动物产品及其副产品，鱼、其他水生动物及其副产品为主。其中，豆粕产量占比85%，豆粕年产量超100万t的企业3家。

【主要工作】

（一）深入推进饲用豆粕减量替代

聚焦“提质提效、开源增料”，印发《辽宁省饲用豆粕减量替代三年行动方案》。成立了由分管副厅长为组长的饲用豆粕减量替代行动领导小组。组织开展饲料精准营养关键技术研究与应用，建立了以主要饲料原料净能值和7种氨基酸平衡为核心的辽宁省仔猪、生长肥育猪精准营养数据库。推广饲料精准配方和精细加工等关键技术，通过合理利用合成氨基酸、运用菌酶协同发酵技术等，提高饲料消化利用率。鼓励企业利用糙米混合物、非食用陈化粮替代豆粕玉米，精准实施豆粕等常规蛋白质饲料原料的减量替代，推动饲料配方结构多元化。推广优质饲草料加工、储存技术，增加青贮玉米等优质饲草料供应，降低养殖行业饲料蛋白质消耗。

（二）加强饲料质量安全监管

认真开展饲料和饲料添加剂产品质量安全监督抽查，加强养殖环节混合型饲料添加剂产品风险监测。全年开展监督抽查451批次，样品来自省内14个市的156家受检单位，检测项目涵盖药物、重金属、主成分含量等指标，抽检合格率97.3%，不合格项目为铜、锌超标和添加氟苯尼考。开展风险监测50批次，抽检样品来自省内部分市的23家受检单位，均为商品料，主要监测项目为二氢吡啶、地塞米松违法添加，监测合格率96.0%。开展饲料生产企业现场检查和饲料标签专项检查，做到饲料和饲料添加剂生产企业现场检查全覆盖，全年共检查生产经营主体3 555家次、出动监管执法人员6 910人次。

（三）规范生产管理工作

根据有关法规、规章、规范性文件等修订情况，结合省内生产实际，印发了12套生产企业从业人员法规考核试题和7份生产许可现场审核表，统一饲料和饲料添加剂生产许可现场审核标准，进一步加强饲料和饲料添加剂生产许可管理，确保委托下放各市的饲料生产许可审批事项接得住、办得好。举办辽宁省饲料监管工作培训班，针对饲料生产许可申报材料要求和现场审核要点、饲料质量安全管理规范执行要点、饲用豆粕减量替代工作重点、省级监督抽检常见问题、饲料标签常见问题等重点内容进行培训，进一步提升监管人员业务能力。

（四）优化营商环境建设

免除符合条件的饲料添加剂生产企业“续展”“增加产品品种”许可事项的现场审核，全年受理饲料添加剂生产许可申报67家，免除现场审核41家。对需同时办理饲料添加剂生产许可证和饲料添加剂产品批准文号的申请企业，实行2个审批事项联办，重复材料不再收取，实现一次性受理、一次性评审、一次性发证，提升审批效率。通过微信、电子邮件、快递等方式受理证明出具业务，实现企业办理证明出具事项零跑腿，全年办理委托生产备案55件，其中47件当日办结；出具自由销售证明65份，其中43份当日办结。

（五）推动提升企业标准化水平

为了培育一批致力于高质量发展且具有创新能力的行业领军企业，鼓励饲料生产企业通过高水平标准创建，培养会技术、懂标准、善经营的复合型人才，进一步助推全省饲料产业提质增效，经科学研判，在育肥猪、白羽肉鸡产品领域开展年度企业标准领跑者评选活动。评选活动在一定程度上推动全省饲料生产企业将产品指标要求向行业领先水平靠齐，进一步提高企业标准的规范化水平。

【存在问题】

辽宁省工业饲料中豆粕用量占比较高。一是浓缩饲料产量占比较高，近五年，浓缩饲料产量占全省工业饲料总产量的14.6%～18.2%，占全国浓缩饲料总产量的15.8%～18.4%，且浓缩料中豆粕添加比例大，导致豆粕使用量略有增加，豆粕占比同比增加1.1个百分点。二是辽宁省位于国内粮食主产区，有区域资源优势，2023年全省单一饲料豆粕产量641万t，且替代品相对匮乏，减量替代工作较难推动。

【下一步重点工作】

一是持续推进饲用豆粕减量替代。加强宣传引导，抓好创新技术示范推广，开展地源性特色蛋白质饲料资源调查，推动大型饲料生产企业构建地源性特色蛋白质资源营养和加工参数基础数据库。二是始终保持打击违法添加的高压态势。严厉打击违法添加和违规使用禁用、限用药物，套用饲料产品文号生产兽药产品等行为。强化行刑衔接，发现一起移送处理一起。三是加强饲料管理法规宣传培训，加大饲料相关法律法规宣传力度，进一步提升饲料生产经营主体和养殖场（户）的守法生产经营意识。

（辽宁省农业农村厅）

吉林省饲料工业

【发展概况】

2023年，吉林省共有注册饲料生产企业377家。全省饲料工业产品总产量601.2万t，其中，配合饲料514.1万t，浓缩饲料77.6万t，添加剂预混合饲料9.4万t。饲料添加剂总产量92.9万t。

【组织机构】

吉林省饲料工作办公室隶属于吉林省畜牧业管理局，与草原饲料处合署办公。在全省各市（州）、县（市、区）政府畜牧业管理部门中都设立了饲料工业行政管理部门。在质量检验上，有3个具有资质的省级饲料质量检验机构，分别隶属于省畜牧业管理部门、省质量监督管理部门和省商检管理部门。全省有12个市级饲料质量检验机构，其中3个隶属于畜牧管理部门，9个隶属于质量监督管理部门。目前还没有设立饲料质量监督检验机构。

【主要工作】

一是开展“两个安全”专项检查。为保障全省饲料行业无重大质量安全和生产安全事故发生，分别于3月和8月下发了《关于深入开展饲料质量安全和生产安全专项检查的通知》（吉牧饲发〔2023〕42号）、《关于开展饲料生产企业“双随机、一公开”监督检查工作的通知》（吉牧饲发〔2023〕115号），市（州）、县（市、区）按照省级方案部署，有序开展了“两个安全”专项检查和联合执法检查，严厉打击饲料行业涉及生产安全和质量安全的各类违纪违法行为。2023年，全省“双随机、一公开”检查36家饲料生产企业，共发现问题190个，已责令当地饲料管理部门监督整改。

二是开展饲料质量安全监测工作。及时安排部署饲料质量安全抽样监测工作，5月11日下发了《2023年饲料质量安全监督抽查工作方案》（吉牧饲发〔2023〕82号），对2023年饲料质量安全监测工作进行了全面部署。全年共完成了抽样检测任务810批次，抽检合格率95%以上，确保了饲料产品质量安全。

三是开展饲料禁抗抽样检测工作。为提高企业落实饲料禁抗应对能力，2023年共组织实施210批次饲料禁抗安全监测（由省兽药饲料检验监测所组织实施），现已全部抽样检测完毕，合格率为100%。

四是按照《农业农村部办公厅关于印发〈2023年饲料质量安全监管工作方案〉的通知》（农办牧〔2023〕1号）的工作安排，吉林省饲料工作办公室积极配合全部抽样组工作，共完成了103批次自配料抽样任务，切实把这项工作落到了实处。

五是深入推进饲料许可证审批“放管服”工作。按照省委、省政府关于行政审批“放管服”和“只跑一次”要求，吉林省畜牧业管理局优化明晰了饲料和饲料添加剂行政许可事项、格式要求，精简了申报材料内容，开展了网上备案工作。通过深化“放管服”改革，全年共开展行政审批事项121件，办结率100%。

六是2023年吉林省畜牧业管理局下发了《关于进一步加强饲料产品监管工作的通知》和《关于开展使用动物源性饲料饲喂反刍动物专项整治行动的通知》，2023年12月底，吉林省畜牧业管理局成立小组对全省使用动物源性饲料饲喂反刍动物现象再次清查。

【下一步重点工作】

一是加大饲料行业安全监管，开展“两个安全”专项整治，开展“双随机、一公开”随机检查，开展饲料质量安全抽样监测。

二是深入推进“放管服”改革，严格行政审批，优化创新环境，强化政策支持，引导加快生物饲料、安全高效饲料添加剂新技术的研发应用，为饲料产品品质和利用效率双提升注入新动力。

三是对原有的饲料生产许可评审委员会人员做了进一步调整，调整后的审核委员会成员由省内各大农业院校及科研单位从事饲料或相关专业专家组成。进一步提高了饲料行业许可把关、指导与服务水平。

四是印发《2024年饲料质量安全监督抽查工作方案》，明确2024年监督抽查方式，规范了样品批样行为，规定了盲样检测程序，强化了“检打联动”机制，部署了信息发布工作。按照方案要求，分别于6月和10月组成抽样工作组，分赴各地开展监督抽工作，完成全年样品监测任务。按照检联动机制，对不合格产品进行处罚。

（吉林省饲料工作办公室）

黑龙江省饲料工业

【发展概况】

2023年，黑龙江省各级饲料管理部门通过培训宣贯、监督检查、精准管理等方式，着力打造优良营商环境，坚持管理与服务相结合、监督和发展相兼顾，严把生产安全、质量安全关，克服新冠疫情不利影响，扎实抓好饲料各项监管工作。受生猪生产恢复发展、奶业振兴发展等利好因素影响，全省饲料工业实现了稳中向好、稳中有进的发展态势。2023年全省饲料总产量为651万t，同比增长0.3%，总产值254.5亿元。

1. 全省饲料生产企业获证情况。截至2023年底，黑龙江省饲料生产企业有521家，获得有效生产许可698个。所获生产许可证中饲料添加剂生产许可证28个，混合型饲料添加剂生产许可证141个，添加剂预混合饲料生产许可证129个，单一饲料生产许可证106个，配合饲料、浓缩饲料、精料补充料生产许可证294个。

2. 全省饲料生产情况。按产品类别分类，2023年共生产配合饲料421.9万t、浓缩饲料117.6万t、添加剂预混合饲料11.2万t，同比分别增长1.8%、下降0.1%、增长26.5%。饲料添加剂100.2万t，同比下降6.9%；单一饲料488.6万t，同比增长9.5%。

按产品品种分类，2023年共生产猪饲料310.7万t，同比下降0.1%；反刍饲料125.2万t、水产饲料8.6万t、蛋禽料24.6万t、肉禽料74.8万t，同比分别增长7.8%、4.5%、8.6%、6.1%。

【组织机构】

黑龙江省农业农村厅畜牧处负责起草畜牧业、饲料业发展政策建议和规划，监督管理饲料及其饲料添加剂质量安全。

【主要工作】

（一）持续开展饲料产品质量安全监管

2023年，黑龙江省继续强化饲料质量安全监管，制定并下发了《2023年黑龙江省饲料质量安全监管工作方案》《2023年黑龙江省饲料产品质量安全监督监测计划》，严厉打击饲料环节非法添加药物和违禁物质等违法行为。共检测各类饲料样品939批次，其中，商品饲料、饲料添加剂、饲料原料832批次；自配料107批次。经检测，832批次商品料中合格样品821批次，不合格样品11批次，自配料合格率100%，总体合格率98.8%。

（二）深入开展畜牧领域安全生产监管

严格按照厅安委会关于安全生产工作的各项要求，研究制定畜牧饲料业安全防范措施，对安全生产工作全面科学安排部署，制定印发了《关于做好2023年畜牧业安全生产工作的通知》《关于进一步加强畜牧业有限空间作业安全风险防控工作的通知》《关于做好2023年中秋国庆期间畜牧业安全生产工作的通知》等文件，对重要节假日、重要会议等时间节点、疫情期间和复工复产等时段安全工作及疫情防控工作提出了明确的指导意见。规范饲料行业安全生产内部管理，持续提升养殖场户和饲料生产企业安全生产意识，压实属地管理责任，安全生产管理工作更加规范。

（三）组织开展饲料统计监测和行业指导服务

按照农业农村部要求，黑龙江省农业农村厅畜牧处认真落实《饲料统计报表制度》，及时督促企业近期完成饲料统计报表填报工作，认真完成月报、季报、年报省级审核，及时对企业报表进行整理分析，对饲料市场和行业形势进行研判，及时有效指导行业和企业发展，进一步健全完善行业预警机制，切实提高饲料管理部门指导行业发展的前瞻性和科学性。

(四) 组织开展饲料法规宣传培训

举办饲料监管能力提升培训班，利用微信群等新媒体，积极宣传饲料管理相关法律法规，根据日常工作中大家关心关注的重点问题，利用微信群给大家解答和说明；与饲料协会联合，共同完成饲料法规和企业安全生产培训。

【存在问题】

个别市、县（市、区）畜牧人员较少，饲料管理人员不明确，上下衔接不畅。农业执法部门专业人才缺乏。

【下一步重点工作】

1. 强化饲料质量安全监管和安全生产检查。继续推进饲料质量安全监督抽检，推进《饲料质量安全管理规范》全面落实。组织开展饲料产品质量安全监督抽检和安全生产监督抽查，严厉打击饲料环节非法添加药物和违禁物质等违法行为。强化饲料质量安全风险预警监测，开展养殖环节“瘦肉精”专项监测。

2. 组织开展饲料质量安全监管培训。组织召开饲料质量安全监管培训班，通过专家讲解、书面交流等形式对各级饲料管理部门人员和企业主要管理人员开展相关法律法规、监管执法等方面的培训。

（黑龙江省农业农村厅畜牧处）

上海市饲料工业

2023年，上海市各级农业农村部门及全市饲料行业紧抓饲料质量和生产安全，严格实施《饲料质量安全管理规范》，确保了全市饲料质量安全和行业健康有序发展，助力上海都市现代绿色农业建设和乡村振兴战略实施。

【发展概况】

截至2023年底，全市配合饲料、浓缩饲料、精料补充料生产企业和单一饲料生产企业共43家（包括专业宠物饲料生产企业10家、单一饲料生产企业5家），饲料添加剂生产企业4家，混合型饲料添加剂生产企业18家，添加剂预混合饲料生产企业40家。

上海市饲料行业保持健康平稳发展，全年饲料总产量稳中有升，饲料总产值保持平稳。根据中国饲料工业统计信息系统数据计算，2023年全市饲料工业总产值91.0亿元，同比增长1.3%。工业饲料产品产值74.4亿元，同比增长8.9%，其中饲料添加剂产品产值16.6亿元，同比下降22.7%。

2023年上海市饲料工业总产量128.5万t，同比增长6.8%。其中，配合饲料90.7万t，同比增长11.1%；浓缩饲料2.3万t，同比增长18.4%；添加剂预混合饲料9.0万t，同比增长11.3%。饲料添加剂和混合型饲料添加剂加工产品总产量5.6万t，同比下降12.2%。

2023年上海市宠物饲料产值32.3亿元，同比增长15.2%；年产量为10.7万t，同比下降4.1%，占全国宠物饲料年产量（146.3万t）的7.3%。分类别看，宠物配合饲料产量10.5万t，同比下降4.7%；宠物添加剂预混合饲料产量677.0t，同比下降47.1%；其他宠物饲料产量772.0t，同比增长109.9%。

【组织架构】

上海市农业农村委员会畜牧兽医管理处负责全市饲料业行业管理，饲料及饲料添加剂行政许可的审批管理和饲料生产、经营及使用的监督管理。上海市农业农村委员会执法总队负责全市饲料和饲料添加剂等方面的生产、经营、使用环节的监督执法。上海市兽药饲料检测所负责饲料及饲料添加剂的质量检验，安全检测、技术仲裁和鉴定。

【主要工作】

（一）统筹谋划，抓实抓细监督抽检工作

1. 扎实开展饲料和生鲜乳监督抽检工作。下发《关于印发2023年上海市生鲜乳质量安全监测计划的通知》，完成生鲜乳专项监测、《生乳》国标指标监测共200批，合格率均为100.0%。部署落实了《2023年上海市饲料质量安全监督抽查计划》，全年共计抽检饲料样品202批，任务完成率为101.0%。

遵循“底数清晰、目标明确”总体思路，按照“双随机、一公开”原则，上海市农业农村委员会从全市饲料和饲料添加剂生产企业、饲料经营门店及养殖场（户）中随机抽取样品。抽检项目包括质量、卫生、药物及非法添加物等4个方面指标。其中，经营企业64批次、养殖企业15批次、生产企业123批次；共检测1 671个项目批次，其中，药物978项目批次、重金属203项目批次、营养指标351项目批次、毒素3项目批次、微生物136项目批次，所有样品检测结果均符合规定，合格率为100.0%。保证监督抽查和检验检测程序合法合规，及时向受检单位发送检测报告。

2. 认真做好瘦肉精及其替代品监测工作。下发《关于实施2023年上海市地产生猪、肉羊出栏前“瘦肉精”及其替代品监测计划的通知》，市级完成地产生猪出栏前监测尿样2 400份，涉及302场次，监测盐酸克伦特罗、沙丁胺醇、莱克多巴胺及赛庚啶等项目共7 740批次，完成率100.0%，均未检出阳性样

品；区级另外完成地产生猪出栏前监测尿样 920 份，涉及 100 场次，监测盐酸克伦特罗、沙丁胺醇、莱克多巴胺及赛庚啶等项目共 2 550 批次，均未检出阳性样品。完成肉羊出栏前监测羊毛样品 295 份，涉及 123 场次，监测项目 1 180 批次，完成率 131.0%。

地产生猪飞行监测任务计划 1 800 批次，实际完成 182 家养殖场的 1 800 份尿样检测，监测克伦特罗、沙丁胺醇、莱克多巴胺、赛庚啶共 6 940 批次，所有样品经现场检测均为阴性。地产肉羊飞行监测任务计划 600 批次，实际完成 146 家养殖场的 602 份尿样检测，监测克伦特罗、沙丁胺醇、莱克多巴胺、苯乙醇胺 A 共 2 338 批次，所有样品经现场检测均为阴性。

3. 部级现场检查、产品例行监测抽样。根据农业农村部畜牧兽医局关于开展饲料和饲料添加剂生产企业现场检查及产品例行监测抽样工作部署，认真做好农业农村部检查组对上海市 2023 年饲料和饲料添加剂生产企业现场检查、产品例行监测抽样等相关工作。

（二）监管联动，加强饲料行业监管

1. 强化监督执法力度。在饲料行业监管方面，上海市农业农村委员会“重源头、强监管”，坚持有案必查、违法必究，为畜产品质量安全和行业发展保驾护航。对监管中发现问题的企业，采取约谈、限期整改、行政处罚等措施，督促企业落实质量安全主体责任。

生产企业现场检查。上海市饲料和饲料添加剂生产企业产品类别涵盖配合饲料、浓缩饲料、精料补充料、单一饲料、添加剂预混合饲料、混合型饲料添加剂、饲料添加剂。执法人员对所有持证的饲料和饲料添加剂企业从生产许可条件、安全生产、原料管理、生产线要求、生产过程控制、产品质量控制、产品销售等方面进行现场检查，全面提升饲料生产企业保障饲料质量安全的能力。生产企业检查出动执法人员 201 人次，检查饲料及饲料添加剂企业 70 家次，检查率达 100.0%。

饲料标签专项检查。加强上海市饲料生产企业标签管理，严格落实饲料标签有关规定，规范饲料生产经营秩序，保障饲料产品质量安全。组织实施上海市饲料标签专项检查，专项检查分三阶段展开：第一阶段为宣贯告知阶段、第二阶段为自查自纠阶段、第三阶段为现场检查阶段。专项行动共出动执法人员 228 人次，对 70 家饲料和饲料添加剂生产企业、11 家饲料经营企业的 272 份标签进行了专项检查，生产企业检查覆盖率达 100.0%。

开展告知承诺。组织开展对上海市饲料和饲料添加剂生产、经营单位的告知承诺工作，共对上海市 70 家饲料生产企业开展了全覆盖的告知承诺工作，明确和落实质量安全主体责任。

2. 加强饲料行业管理。一是根据农业农村部关于饲用豆粕减量替代三年行动方案工作要求，结合上海市实际，聚焦“提效减量、开源替代”，积极推进豆粕减量替代行动；二是根据《农业农村部畜牧兽医局关于开展安全生产大检查工作的通知》要求，认真做好饲料生产企业安全检查工作；三是推荐的上海比瑞吉宠物用品股份有限公司入选农业农村部办公厅“2023 年农业国际贸易高质量发展基地管理体系名单”；四是完成饲料和饲料添加剂许可事项有关数据平台使用情况调查。

【下一步重点工作】

2024 年，上海市将按照农业农村部的统一部署，继续以《饲料质量安全管理规范》落实为抓手，加强安全生产监管和产品抽样监测，努力做好行业管理和服务工作，积极促进上海市饲料行业高质量发展。

（一）着力推进产业转型升级

积极开展饲料行业调研、形势分析和行业指导，引导行业转型升级。鼓励饲料生产企业积极参与“互联网＋”行动，促进资源节约、效率提升、服务转型，着力构建现代农业产业体系。根据《上海市兽用抗菌药使用减量化行动工作方案（2021—2025 年）》要求，鼓励企业科技创新，调整优化饲料配方和原料结构，大力推广优质绿色饲料产品的研究开发。就惠农金融政策，积极为饲料生产企业做好对接、跟进。

（二）积极优化饲料行业营商环境

贯彻落实优化营商环境相关政策，进一步惠企便民、优化环境、激发活力，打造饲料行业高质量发展的营商环境。继续完善《饲料质量安全管理规范》并轨许可审核工作，加强对部级市级示范企业监督和回访制度；优化“一网通办”网络办件流程和事中事后监管等各项审批制度改革措施；落实“审管分离”政策，加强监督管理，规范行业秩序，推动饲料行业持续健康发展。

（三）稳步推进饲用豆粕减量替代

聚焦提效节粮、开源替代，在需求端压减豆粕用量，在供给端增加替代资源供应。拓展蛋白质饲料资源开发利用，积极推进上海市餐桌剩余食物饲料化定向使用试点工作，鼓励引导试点企业发展，加强试点实施过程跟踪监管；实施低蛋白质日粮推进行动，加快推进饲料精准营养和精准配制工艺运用，提高饲料转化效率；加快豆粕减量替代技术转化，做好指导服务和示范推广。

（四）加强养殖环节饲料管理

根据农业农村部及上海市关于开展规范畜禽养殖

用药专项整治工作要求，依法严厉打击以饲料原料、添加剂预混合饲料、混合型饲料添加剂名义冒充兽药等违法行为。加强畜禽养殖环节自配料监管，严禁添加激素类、原料药、人用药、过期药、假劣兽药产品，以及禁止超范围、超剂量使用抗菌药。在监督检查中，如发现畜禽养殖环节自配饲料存在内控管理不规范或禁用物质违规滥用等安全隐患，应及时责令其限期整改，对违法行为依法查处。

（五）强化行业监督管理工作

继续加强基础性监督检查，结合全覆盖日常检查和“双告知”“双随机”抽查，不断深入《饲料和饲料添加剂管理条例》《饲料质量安全管理规范》等相关法规的宣贯和执行。继续加强专项检查，针对药物饲料添加剂退出等重点工作开展专项督查。完善饲料执法程序，依法从重处罚饲料违法行为，切实做到“检打联动”，维护行业秩序，提升饲料质量安全水平。

（上海市农业农村委员会）

江苏省饲料工业

【发展概况】

2023年，面对畜产品价格低迷、大宗饲料原料和添加剂价格大幅波动等不利因素，江苏省饲料工业继续保持良好发展态势，实现产值、产量双增长。

（一）饲料生产稳中有增

2023年，全省饲料工业总产值791.9亿元，同比增长6.9%；其中，饲料、饲料添加剂、饲料机械产值分别为667.3亿元、59.8亿元、64.7亿元，同比分别增长6.5%、13.2%、4.8%。

全省商品饲料总产量1 616.6万t，同比增长9.7%，其中配合饲料、添加剂预混合饲料产量分别为1 537.3万t、44.8万t，同比分别增长99.0%、11.0%；浓缩饲料产量为29.4万t，同比下降3.5%。配合饲料占比达到95.1%，浓缩饲料、添加剂预混合饲料占比分别为1.8%、2.8%，配合饲料占主导地位更加凸显，推动规模养殖快速发展。

（二）猪禽饲料大幅增长

2023年全省猪禽饲料均有较大幅度上涨。全年猪饲料产量481.8万t，同比增长23.1%，其中仔猪、母猪、生长肥育猪饲料产量分别为100.6万t、80.9万t、277.4万t，同比分别增长24.9%、11.9%、25.3%。全年蛋禽饲料产量217.3万t，同比增长7.1%，其中蛋鸡、蛋鸭、蛋鹅饲料产量分别为146.1万t、54.8万t、4.2万t，同比分别增长6.5%、4.6%、29.2%。全年肉禽饲料产量475.8万t，同比增长13.9%，其中肉鸡、肉鸭、肉鹅饲料产量分别为294.1万t、158.4万t、21.0万t，同比分别增长13.5%、15.3%、9.3%。全年反刍动物饲料48.9万t，同比下降0.8%。

（三）水产、反刍动物饲料下降

2023年全省水产饲料产量384.2万t，同比下降3.8%；反刍动物饲料43.1万t，同比下降11.7%。

（四）饲料添加剂恢复性增长

2023年全省饲料添加剂总产量67.0万t，同比增长17.1%，其中氨基酸、微生物、非蛋白氮类饲料添加剂增长幅度较大，同比分别增长51.6%、48.8%、68.4%。

【组织机构】

江苏省农业农村厅为全省饲料管理部门。厅内畜牧业处负责起草饲料业发展政策和规划，监督管理饲料及饲料添加剂质量安全；法规处（行政审批处）负责饲料及饲料添加剂有关行政审批事务；农业综合行政执法监督局负责农业综合行政执法的监督指导、重大案件查处和跨区域执法的组织协调工作。

【主要工作】

（一）规范行政许可审批

全省各设区市严格按照审批程序开展饲料和饲料添加剂生产许可审批工作，2023年共计办理生产许可证设立、续展、变更等事项299项次，全年核发饲料添加剂产品批准文号40个；开具自由销售证明82份。截至年底全省饲料和饲料添加剂生产企业844家，有效饲料和饲料添加剂生产许可证1 050个。

（二）加强事中事后监管

省级“双随机、一公开”检查对79家饲料企业开展现场监督检查，对检查发现的问题督促企业限期整改。组织开展饲料质量安全监督抽查和饲料产品执法抽查，共计抽查饲料和饲料添加剂产品583批次，其中不合格产品13批次，合格率97.8%，对不合格产品各地已立案核实查处。组织开展饲料质量安全风险预警监测，采集50批次饲料样品，以饲料中兽药或非法添加物为重点，开展风险物质检测筛查，分析评估产品质量安全风险。

（三）加大专项检查力度

组织开展以自配料、混合型饲料添加剂、饲料标签、水产饲料和饲料添加剂等为重点的专项检查。全省对200余个养殖场户开展自配料专项检查，发放《自配料管理规定》宣传挂图500余份，配合开展部级自配料风险监测，检查徐州、南通、连云港、盐城市79个养殖场，抽检自配料样品98批次。对76个混合型饲料添加剂生产企业进行全覆盖专项检查，发放告知书明确规范管理要求。对400余家饲料企业开展标签专项检查，检查实体标签和备案标签800余份。对61家料企业开展水产用饲料和饲料添加剂专项检查，全面规范企业生产经营行为。

（四）强化养殖环节“瘦肉精”监管

以肉牛肉羊“瘦肉精”监管为重点，对辖区内养殖场户进行摸底排查，建立监管清单。组织发放《非法添加“瘦肉精”后果严重》宣传挂图、《肉牛肉羊防止误用“瘦肉精”等禁用物质技术性指导意见》等技术资料，指导养殖场户增强畜产品质量安全意识，杜绝添加使用“瘦肉精”等非法添加物。组织开展部、省级飞行检查，对淮安市、宿迁市100多个肉牛肉羊养殖场户开展拉网式监测，抽取牛羊尿液、毛发进行现场快速检测和实验室检测。

（五）大力推动饲料玉米豆粕减量替代行动

制定江苏省饲用豆粕减量替代行动实施方案，组织开展蛋白质饲料资源调查，加强宣传培训，推广低蛋白质低豆粕多元化日粮生产技术，配合农业农村部开展餐桌剩余食物饲料化定向使用试点。充分发挥江苏省饲料机械产业优势，鼓励企业针对豆粕减量替代、饲料多元配方、精准配方等，积极研究开发新设备、新技术、新工艺，提高饲料生产利用效率。

（六）强化安全生产监管

结合工作实际，深入基层单位开展安全生产调研和宣讲，指导各地加强饲料行业安全生产管理。结合“安全生产月”活动，在饲料生产企业开展“动火作业风险我知道”宣传活动，以防范粉尘爆炸为重点，大力宣贯《工贸企业重大事故隐患判定标准》。印发《关于进一步加强畜牧兽医行业安全生产工作的通知》，指导各地做好夏季高温高湿和梅雨汛期畜牧兽医行业安全生产工作。结合“双随机、一公开”检查，突出加强饲料和饲料添加剂生产企业安全生产检查，对发现的安全问题隐患责令限时整改。严格执行行业准入门槛，依法依规淘汰工艺低端落后、安全风险隐患突出的企业，推动企业实施自动化、信息化、智能化等技术改造和工艺提升，加快“机械化换人、自动化减人”，提升饲料行业本质安全水平。

（江苏省农业农村厅畜牧业处）

浙江省饲料工业

【发展概况】

2023年，浙江省饲料产业发展紧紧围绕畜牧业高质量发展要求，以数字化为引领，一体扩面提质推进兽用抗菌药减量化和饲料环保化（以下简称“两化”）行动，严格实施饲料质量安全管理规范，有效保障饲料产品质量安全和有效供给，持续推进饲料行业高质量发展。

2023年，全省饲料和饲料添加剂总产量592.3万t，同比增长7.8%。其中，饲料产品产量（配合饲料、浓缩饲料、预混料、宠物饲料）576.5万t，同比增长8.3%；饲料添加剂产量15.7万t，同比减少6.7%。

2023年，全省饲料和饲料添加剂总产值366.0亿元，同比增长3.9%。其中，饲料产品产值（配合饲料、浓缩饲料、预混料、宠物饲料）264.7亿元，同比增长8.1%；饲料添加剂产值101.3亿元，同比减少5.7%。

【行政许可】

2023年底，全省现有饲料和饲料添加剂生产企业328家。现有饲料和饲料添加剂生产许可证398本。其中，饲料添加剂生产许可证65本，混合型饲料添加剂55本，预混料生产许可证53本，配合饲料、浓缩饲料、精料补充料生产许可证162本，单一饲料生产许可证63本。

【主要工作】

（一）坚持绿色引领，持续擦亮“两化”金名片

以绿色发展为方向，按照“巩固、提升、扩面”要求，持续深入推进“两化”行动实施。

一是制定行动方案，强化组织部署。立足全省实际，研究制定新一轮“两化”三年行动方案，明确要求实现“两化”技术应用规模养殖场全覆盖，调整优化“两化”成效监测方案，梳理确定新一轮行动工作要点。建立省级“两化（数字化）”工作联系会议和专职联络员制度，成立工作小组，协调安监、综合执法等部门合力推进工作。统筹畜牧条线各项支持发展政策，积极争取“两化”工作经费，多地制定“两化”建设场奖补政策，充分调动主体积极性。

二是探索动态管理，突出长效监测。探索建立“两化”养殖场动态管理机制，起草《关于加强兽用抗菌药减量化和饲料环保化达标养殖场动态管理的通知》，拟通过开展定期复评、实施“两化”“回头看”和成效监测等方式，对通过评估的“两化”养殖场全面实施动态管理，紧盯重点对象和关键环节，不断完善“两化”监测布局、方法标准和工作机制，推动监测常态化长效化。

三是抓好典型挖掘，坚持示范引领。组织编写“两化”典型案例汇编二版，梳理介绍26家养殖企业“两化”亮点举措，制作31家授予“兽用抗菌药减量化达标养殖场”标识养殖场宣传册；深入广泛开展“两化”典型宣传，多地“两化”优秀案例被陆续刊登在《农民日报》等媒体平台。

四是加强技术指导，完善服务机制。多层次举办“两化”行动专题培训班，讲解培训“两化”行动管理要点、数字化管理系统操作等内容，组织业内专家围绕“两化”做法经验、品牌建设实践、绿色产品应用等主题作分享交流，切实提高业务能力。积极和高等院校开展合作，充分用好第三方质检机构、饲料企业技术团队等社会化服务资源，组建片区专业技术服务队伍，点对点开展业务指导、采样监测等工作，逐步实现技术服务常态化。

（二）坚持数字赋能，持续擦亮“数字化”金名片

持续优化完善全链条覆盖、全过程数字化的“两化”和饲料管理平台，推动实现风险管理闭环，进一步推动治理现代化水平提质提效。

一是“两化”业务全贯通。成功上线运行集投入品管理、主体建档、用药承诺、培训服务、监测预警、问题整改、成效评估等“两化”全链条业务于一体的数字化管理平台，初步实现养殖环节投入品来源可溯、检测数据实时共享、风险隐患闭环处置、成效评估在线开展等核心功能；截至 2023 年，已经有 718 家养殖场上传兽药采购信息 7 万余条、153 家养殖场上传饲料采购使用信息万余条。

二是风险处置全闭环。依托畜牧产业大脑，打通“两化”业务流、数据流，谋划打造指标智能感知、红黄码实时产生、系统自动提醒、部门精准处置的风险管理闭环，初步设定了以兽药追溯、质量监测为重点的主体风险赋码规则。

三是行业管理全链条。加速数字化应用向行业全链条延伸，增设兽药饲料生产主体模块，实现兽药饲料行业管理全链条在线呈现。优化兽药饲料驾驶舱设计，完善养殖场兽药饲料质量管理主体自画像要素设定和星级评定规则，改良系统应用界面。进一步调整兽药经营追溯系统细节设置，截至 2023 年，全省兽药经营环节入出库信息记录达到 75 万余条。

（三）坚持增值服务，持续擦亮“零跑次”金名片

行政许可服务“增值化”改革，是践行以人民为中心的发展思想的具体行动，是展示“重要窗口”建设的重要举措。

一是全力做好“行政许可”。完善饲料行业许可业务现场检查员制度，根据人员变动情况，及时更新优化专家库，明确检查员资格，规范业务审查范围。2023 年共完成 228 个饲料行政许可件的审查，其中饲料生产许可 112 个（包括准予发证 67 张，现场审查后不予通过 3 家，注销 4 家），饲料产品批准文号 116 件，并完成相关许可信息的录入和上报。

二是全力做好“全省通办”。认真贯彻落实《浙江省农业农村厅关于推行行政审批事项“全省通办”的通知》，耐心做好接待工作，对接申请材料，做好转办业务属地部门的接收工作，大力提升服务支撑能力。进一步规范饲料和饲料添加剂行政许可审批事项，规范办事流程，缩短办事时间，提升办事效率。

三是全力做好“组团服务”。牢固树立“店小二”的服务理念，积极沟通、靠前服务，不断创新服务手段和方法，主动开展组团式服务。不定期会同有关单位开展集中会商，研究新情况，解决新问题，持续提升生产许可办事服务质量和水平。

（四）坚持责任落地，持续擦亮“质量安全”金名片

一是开展饲料监督抽检。2023 年全省共抽检饲料和饲料添加剂产品 485 批次，不合格 21 批次，合格率 95.7%。其中，饲料原料（单一饲料）合格率为 100.0%，配合饲料（含浓缩饲料）合格率为 98.3%，添加剂预混合饲料合格率为 90.9%，饲料添加剂（含混合型饲料添加剂）合格率为 90.0%。针对抽检不合格的 21 批次产品，各地执法部门及时调查处理，其中 21 批次产品均已查处结束，共没收违法所得 96 186.2 元，罚款 210 485 元。

二是部署开展专项行动。根据农业农村部 2023 年饲料质量安全监管工作方案要求，部署开展饲料生产企业现场核查和饲料标签专项核查行动，全省共出动 834 人次进行重点核查，核查生产企业 194 家，经营企业 181 家，判定中风险企业数 12 家，低风险企业数 65 家，未发现明确风险企业数 117 家。

三是加强企业监督检查。部检查组对杭州、绍兴等地的 10 家饲料、饲料添加剂生产企业进行现场检查及产品例行抽样，企业管理水平和产品质量均处于较高水平。同时，针对网络销售饲料存在的问题，多次和阿里沟通约谈，要求加强平台商户监管，推动网络经营逐步规范。

【存在问题】

一是部分企业主体责任落实不够。中小饲料企业管理水平相对较低，虽然按照《饲料质量安全管理规范》建立了相关制度，但在实际生产中并未全面落地。部分饲料生产企业和养殖主体生产经营记录不规范、不健全，落实主体责任存在短板、弱项。

二是基层饲料监管执法力量不强。有些县（市、区）机构职能改革后职能分工不清晰，管理部门人员欠缺，人员变动较快，技术力量不足，缺乏有效监管手段，各相关部门配合协调不密切。

【下一步重点工作】

2024 年总体思路：认真贯彻落实国家饲料监管法规和规章制度，围绕农业农村部、省委、省政府和省农业农村厅相关工作部署要求，以“两化”建设、豆粕减量替代、行业数字化改革为抓手，深入开展“最多跑一次”和“增值化”服务改革，持续加强饲料行业行政许可服务，强化饲料生产全过程监管，保障产品质量安全，切实促进饲料行业转型升级。

（一）深入开展“两化”扩面提升

以“绿色生态安全”为主题，按照《浙江省深化兽用抗菌药减量化和饲料环保化行动实施方案（2022—2025 年）》要求，分步实现“两化”技术应用全畜种、全规模覆盖，持续升级优化畜禽养殖用药用料理念方式，印发《关于加强兽用抗菌药减量化和饲料环保化养殖场动态管理的通知》，持续开展“两化”工作“回头看”，构建“两化”管理长效机制，进一步夯实畜禽养殖投入品科学管控基础，推动形成畜禽绿色生态养殖新模式。

（二）深入实施豆粕减量替代行动

以“调结构、减豆粕、提存量、抓增量”为目标，聚焦“结构调整、开源替代、提效减量”，按照《浙江省农业农村厅关于印发浙江省饲用豆粕减量替代行动方案的通知》（浙农牧发〔2023〕14 号）中行动方案要求，通过实施饲用豆粕减量替代行动，统筹种养结构调整，摸清全省饲用蛋白质资源底数，构建适合浙江省实际和资源特点的饲料配方结构和精准饲喂技术，推广应用豆粕减量替代成熟技术，多措并举寻求豆粕减量替代解决方案。

（三）深入推进饲料行业数字化改革

围绕实战实用的目标，抓住数据采集、成果集成等关键环节，构建维护好饲料行业准入、“两化”管理、风险预警、行业统计与服务等覆盖饲料生产、经营、使用全链条的场景应用，优化升级饲料兽药驾驶舱，着力推进投入品溯源管理，推动落实线上主体自评和部门评估，全面展示“两化”工作进展及主要成果，将“两化”专项监测结果全部纳入风险预警线上管理，对养殖环节畜产品安全和环境安全管控情况开展实时监控，逐步实现省、市、县、企业主体贯通，数据高效利用。

（四）深入推动“最多跑一次”改革

按照“增值化”服务改革、“全省通办”要求，进一步规范饲料和饲料添加剂行政许可审批事项，规范办事流程，缩短办事时间，提升办事效率，主动对接、靠前服务，持续提升生产许可办事服务质量和水平，加快从便捷服务到增值服务的全面升级，全面推动营商环境再优化再提升，切实助力民营经济高质量发展。

（五）深入强化饲料行业监督管理

加强能力培训，提高管理人员监管水平；加强法规宣传，提升企业主体规范意识；强化监管抽检，倒逼企业主体责任意识；落实属地管理，强化管理部门责任意识；及时督促整改，确保监管有效整改到位。做到政策法规宣传到位、问题跟踪解决到位、监督指导落实到位，形成各级饲料管理部门各司其职、各负其责的良好局面。

（浙江省畜牧农机发展中心饲料兽药处）

安徽省饲料工业

【发展概况】

2023年，安徽省饲料工业以习近平大食物观为指导，紧抓长三角一体化发展和乡村振兴战略机遇，认真贯彻落实农业农村部饲料质量安全监测、豆粕减量替代等部署，积极对标学习沪苏浙，推动饲料工业高质量发展，不断增强行业质量效益和竞争力，饲料工业总体呈现出“饲料产量稳步提升、行业产值快速增长、规模程度不断提升、产业地域特色显现”的良好态势。

1. 饲料总产量大幅提高。全省饲料总产量1 304.8万t，同比增长9.5%，稳坐千万吨饲料省份行列，全国产品排名第11位。其中，配合饲料产量1 249.0万t，同比增长9.6%；浓缩饲料产量19.9万t，同比下降3.4%；添加剂预混合饲料产量25.6万t，同比增长17.4%。从产品品种看，猪饲料产量554.6万t，同比增长15.5%；蛋禽饲料产量151.7万t，同比增长12.2%；肉禽饲料产量512.8万t，同比增长4.0%；水产饲料产量44.7万t，同比下降9.8%；反刍动物饲料产量25.1万t，同比增长6.7%；宠物饲料产量10.4万t，同比增长12.7%。

2. 饲料工业产值快速增长。全省饲料工业产值458.3亿元（含单一饲料），同比增长9.6%；总营业收入573.5亿元，同比增长1.0%。其中，饲料产品产值482.8亿元、营业收入398.4亿元，同比分别增长11.0%、15.2%；饲料添加剂产品总产值18.2亿元、营业收入15.7亿元，同比分别下降9.2%、8.6%；单一饲料总产值72.5亿元、营业收入44.2亿元，同比分别下降34.8%、19.5%。

3. 企业规模化程度不断提升。全省年产10万t以上饲料企业44家，比上年增加5家，饲料产量占全省的65.1%，较上年提高3.6个百分点；排名前十的集团性企业，饲料产量合计超800万t，占全省总产量的61.5%，较2022年增加6.1个百分点。

4. 产业地域特色逐步显现。饲料产量超过100万t的6个地市合计产量占全省的63.2%；其中宿州产量为163.4万t，居首位。全省猪料生产主要集中在淮河以北的阜阳市、蚌埠市、淮北市等；宿州市蛋禽料产量位列全省第一；滁州市肉禽料占比近几年来一直稳居全省首位；全省水产料集中度比较高，主要在马鞍山市、合肥市和池州市；淮北市2023年积极发展反刍料，从2022年占全省反刍料总量的18.0%涨到31.0%。

【组织机构】

安徽省农业农村厅畜牧处负责全省饲料和饲料添加剂行政管理工作；省兽药饲料监察所负责饲料质量监测工作；行政主管部门为安徽省农业农村厅。安徽省饲料与健康养殖行业协会主要调查研究行业发展动态，协助饲料主管部门做好行业管理，宣传、普及饲料工业的新知识和新技术，承接相关的政府购买服务，推介最新饲料与健康养殖科技成果的转化或先进经验，帮助企业改善经营管理，组织企业经营贸易合作与科学技术交流，编辑出版饲料行业有关书籍、资料、期刊，做好宣传报道工作。

【主要工作】

1. 做好行业基础工作。全年累计办理饲料和饲料添加剂生产许可证相关办件192件，除了10个办件不符合农业农村部有关规定外，所有办件均在承诺期限内办理完毕，满意度100.0%。办理委托生产备案15次、出口自由销售证明64件。积极配合省政务中心做好电子证照试点数据对接等工作。落实大麦等青贮作物备案1.6万亩，依法保障草食畜牧业优质饲草需求。

2. 强化服务意识。协助农业农村部开展饲料桑调研，积极对接省内高校、科研院所、行业协会开展饲料桑饲喂效果、标准建设等方面研究，加快桑叶饲料化利用步伐。协助农业农村部做好发酵饲料调研，并在行业现状、面临困难、政策制定等方面积极建言献策，为搭建有利于行业健康发展的政策环境贡献安徽经验。帮助温氏、双胞胎、大北农、新希望、现代牧业等企业协调饲料原料运输船只提前通过裕溪闸口21次。同时，协调省交通运输厅简化通行证明的办理程序，由之前的“一船一证”改为一个月集中办理一次，努力做到让企业少跑腿。为牧原、通威、新希望等7个集团性企业位于全省的饲料加工厂点办理参加国家粮食和储备局粮食交易协调中心举办的超期存储最低收购价稻谷定向邀标竞价销售相关证明，降低企业饲料成本。

3. 开展现场检查。联合市场监督管理部门以“双随机、一公开”形式现场检查饲料和饲料添加剂生产企业14家。抽检的企业在计量、知识产权、生产条件、日常管理、安全生产、制度执行、标签标准等方面基本符合有关要求。抽样检查方面，抽取各类饲料和饲料添加剂产品270批次，未发现问题样品，合格率首次达到100.0%，同比提高0.7个百分点，饲料质量安全始终保持较高水平。

4. 开展标签专项整治。组织饲料和饲料添加剂生产企业，对照《饲料标签标准》有关规定，进行自查，纠正不规范标示。各级执法人员共发放相关宣传资料1 000余份，出动检查执法车辆40余次，出动检查执法人员200余人次，检查各类饲料和饲料添加剂经营户超过500户次，畜禽规模养殖场1 000余场次，发现饲料标签不规范30余批，已责令当地农业农村执法部门监督企业整改到位。

5. 开展“瘦肉精”专项监测。协助农业农村部抽检牛羊养殖场（户）90家，严格管控“瘦肉精”风险；省级抽检牛羊养殖场（户）24家，各市县抽检320家，快速检测结果均为阴性，未发现违规使用“瘦肉精”行为。

6. 开展信用评价。配合省信用办全面落实行政许可和行政处罚信息上网公开制度，182项饲料和饲料添加剂行政许可事项均在规定时间内报送省信用办，同步在厅官网公示，达到褒扬诚信、惩戒失信的效果。

7. 对标先进典型。对标学习浙江省经验做法，对21家猪配合饲料生产企业实施饲料环保化试点行动，推动饲料生产中豆粕等饲料原料和铜、锌、铁、锰饲料添加剂使用减量化，促进饲料工业降本增效。经过抽样检测，21家试点企业饲料产品完成较国家标准（农业农村部第2625号公告）下降5.0%以上的任务目标，17家企业达到年初制定的《环保型育肥猪配合饲料》团体标准（T/AHSX 1—2023）。

8. 落实豆粕减量替代行动。出台《安徽省农业农村厅办公室关于推进豆粕减量替代行动的实施意见》（皖农办牧函〔2022〕46号）《安徽省农业农村厅关于印发安徽省饲用豆粕减量替代三年行动方案的通知》（皖农牧函〔2023〕469号），明确按照“提效、开源、调结构”的思路，从提高饲料原料利用效率和增加替代供应两方面协同发力，推动豆粕减量替代。2023年前三季度豆粕使用量降至10.3%，低于同期全国平均水平，较去年同期下降0.4个百分点。

9. 做好行业统计监测。督促获证生产按月在农业农村部饲料工业直联直报平台填报饲料、饲料添加剂产量数据，及时审核上报数据，注重监测数据的全面性、准确性、时效性，为更好地支持畜牧业发展提供数据支撑。12月5日，省农业农村厅畜牧处及省饲料与健康养殖行业协会、合肥、滁州、蚌埠饲料行业统计工作被农业农村部畜牧兽医局通报表扬。

10. 搭建交流平台。通过行业协会，配合安徽省农业农村厅科教处，举办安徽省农业转基因生物加工工作培训班，进一步做好农业转基因生物加工许可证审批工作，推进现代生物育种产业化应用；召开饲料企业生产技术提升研修班，提升全省饲料企业生产管理和技术人员现场综合管理能力、现场问题解决能力；与江苏省饲料协会联合举办首届长三角饲料高峰论坛，推动长三角饲料行业共同发展；代表安徽省饲料油脂生产企业，开展相关税收问题呼吁，筹备成立安徽省动物蛋白质及油脂专业技术委员会，并起草了团体标准，推动行业规范。

【存在问题】

一是部分地区饲料监管和执法能力需要加强，对饲料的基础知识需要提高。二是不规范的标签标示现象仍然存在，尤其是饲用植物，标有“治疗”“预防”等误导消费者的字样。三是部分企业生产设备老化，更新不及时，加之效益不好，主要精力放在市场上，在安全生产方面可能存在一定的隐患，检验化验能力需要再提高。

【下一步重点工作】

下一步，聚焦行业中薄弱环节，创新发展思路，抢抓“秸秆变肉”暨肉牛振兴机遇，推动反刍动物饲料发展，持续关注农业农村部和周边省份新政策、新动态，继续实施豆粕减量替代和饲料环保化行动，促进全省饲料工业提质增效。重点做好以下工作。

一是毫不松懈抓好行业监管。按照属地管理原则，压实各级饲料管理部门责任，督促饲料和饲料添加剂生产企业严格按照《饲料质量安全管理规范》和有关法律法规要求落实采购、配料、加工、仓储、等环节管理制度，规范台账记录，重点监管超范围生产、标签不规范等问题。开展饲料质量安全监督抽检，检测饲料样品不少于250批次，配合农业农村部做好部级抽检工作。

二是深入实施豆粕减量替代行动。围绕畜牧业高质量发展，按照“开源替代、增效节粮”的要求深入实施豆粕减量替代行动。落实《安徽省农业农村厅关于印发安徽省饲用豆粕减量替代三年行动方案的通知》（皖农牧函〔2023〕469号）中重点任务安排，加强组织保障、政策支持、科技支撑、宣传引导，挖掘饲料桑等蛋白质资源替代豆粕，力争饲料中豆粕用量占比每年下降0.5个百分点以上，到2025年饲料中豆粕总用量占比降至12%以下。

三是继续实施饲料环保化行动。巩固饲料环保化试点行动成果，将试点范围扩大至50家，有序推动配合饲料生产企业按照《环保型育肥猪配合饲料》团体标准（T/AHSX 1—2023）优化饲料配方，逐步减少铜、锌、铁、锰等微量元素添加量，做到源头管控养殖污染。

四是统筹做好“瘦肉精”例行监测。以“四不两直”形式在全省抽查不少于300家牛羊养殖场（户），保持对养殖环节“瘦肉精”使用情况常态化监管。

五是加强基层执法人员培训。基层农业执法人员任务重、职责范围广，涉及饲料、兽药、种畜禽、农作物种子、农药等，同时由于培训较少，对饲料和饲料添加剂方面法律法规了解不全面、不透彻。针对这个问题，10月底前开展饲料和饲料添加剂法律法规培训，邀请相关专家、行业协会优化饲料和饲料添加剂行政执法培训材料，提高培训材料可读性、易学性，创新培训形式，注重培训效果，更好地为行业发展和执法监督服务。

六是积极发挥行业协会的作用。充分联系饲料行业协会，搭建交流平台，及时传递政策信息和行业动态，倾听反映行业的愿望和呼声，切实维护行业的合法权益，办好行业各项活动。

（安徽省农业农村厅畜牧处）

福建省饲料工业

【发展概况】

2023年，福建省有饲料持证企业392家。饲料产品产值505.6亿元，营业收入508.6亿元，分别同比增长7.4%、7.8%。饲料总产量1 266.5万t，同比增长6%。其中，配合饲料1 239.3万t，同比增长6.6%；浓缩饲料9.7万t，同比下降37.6%；添加剂预混合饲料16.8万t，同比增长0.2%。

分品种看，猪饲料566.6万t，同比增长10.8%；蛋禽饲料103.8万t，同比增长3.0%；肉禽饲料402.3万t，同比增长3.4%；水产饲料183.9万t，同比下降0.8%；反刍动物饲料171t，同比下降25.3%；宠物饲料6 439.0t，同比增长62.6%；其他饲料5.9万t，同比增长116.1%。

饲料添加剂产量8.2万t，产值8.7亿元，主要产品有氨基酸、维生素、酶制剂、微生物、抗氧化剂、二氧化硅等。

单一饲料产量373.7万t，产值188.6亿元，其中鱼油6.0万t、鱼粉2.1万t、豆粕327.1万t、发酵豆粕9 512.9t。

【组织机构】

福建省农业农村厅、各市、县（区）和平潭综合实验区农业农村局为饲料和饲料添加剂主管部门；福建省农业农村厅内设畜牧兽医处，负责全省饲料行政管理日常工作；法规处（行政审批处）负责饲料行政许可相关工作；福建省农业综合执法监督局承担饲料行政执法职能；福建省农产品质量安全检验检测中心（福建省兽药饲料检验所）负责饲料质量检测工作。

【主要工作】

（一）积极优化审批服务，着力提升许可质量标准

一是坚持严格行政审批。落实“放管服”改革，全面实施行政审批标准化。严格按照福建省网上办事大厅办事指南，办理饲料和饲料添加剂行政审批。2023年，依法核发饲料和饲料添加剂生产许可证91张；核发2家企业饲料添加剂产品批准文号3个。二是坚持优化审批服务。采取网上申报、材料邮寄、结果寄达等方式，开展“不见面审批”。以群众办理“一件事”的视角优化提升“生产饲料添加剂一件事”集成化办理。引导群众在“一件事一次办”模块提交材料，提高群众办事便利度。三是坚持创新服务机制。推行“窗口无否决权”服务机制，畅通“好、差评”服务渠道，将办理饲料和饲料添加剂生产许可证服务质量交由办事群众来评判，不断提升窗口工作人员服务意识、办事效率。

（二）强化质量监督管理，着力把好饲料质量安全

一是注重生产活动监督检查。坚持“双随机”检查和专项治理检查结合，对全省833家次饲料生产企业开展抽查，及时督促饲料生产企业抓好问题整改落实，实现闭环管理，未发现重大违法违规行为。所有“双随机”监督检查结果信息全部在福建“农业云131”系统上进行公示。在厅开辟的“畜牧兽医大家谈”第六期，对饲料监督管理进行深度交流探讨，提升了饲料监管水平。二是注重饲料质量安全抽检。采取农业农村部门组织监督检查和跨部门联合抽查等方式，组织各地开展饲料质量安全检查。监测对象包括饲料生产企业、经营门店、养殖场；监测品种包括配合饲料、浓缩饲料、添加剂预混合饲料、单一饲料和饲料添加剂等。检测项目覆盖质量、卫生、药物及非法添加物等指标。2023年全省共抽检饲料样品250批次，抽检总合格率是98.8%。三是注重做好标签专项检查。在开展饲料和饲料添加剂质量安全监督抽查工作的同时，认真开展饲料标签检查工作，并通过多种渠道宣传饲料标签标准要求，督促饲料生产者和

经营者严格落实饲料标签有关规定。四是注重抓好饲料统计监测。强化饲料统计督促指导，严格统计调查制度，认真在及时性、完整性、精准性上下功夫，2023 年，共核查完成 4 752 家次饲料企业报表。注重饲料生产形势分析研判，力求为饲料行业健康发展提供数据信息支撑。

（三）突出安全生产管控，着力促进安全稳定向好

一是突出在分析研判上下功夫。第一时间传达认真贯彻上级安全生产会议精神，提出加强安全生产管控的措施和要求。认真研究分析饲料行业的安全形势，坚持定期对饲料行业安全生产形势、监督管理重点、关键薄弱环节、需要把握事项等进行全面分析研究，做到心中有数、管理精准、措施明确。二是突出在排查整治上下功夫。坚持日常巡检督查与“重大事故隐患专项排查整治 2023 行动”相结合，检查始终做到“三个坚持”，坚持全面、彻底地组织排查风险隐患，坚持负责任、零容忍排除隐患问题，坚持科学研判、突出关键排列重点监管企业，有效防范安全生产事故发生。2023 年度，全省累计出动检查人员 3 823 人次，检查饲料生产企业 1 347 家次，排查并整改安全生产隐患 805 个。三是突出在提档升级上下功夫。大力推进实施《福建省饲料生产企业安全风险分级管控和隐患排查治理规范》（简称《规范》）常态化，并积极引导已经完成实施《规范》等级评定的饲料生产企业进一步提档升级。截至 2023 年 12 月，全省已有 376 家饲料生产企业实施《规范》完成等级评定，18 家饲料企业实施《规范》等级得到提升。

（四）大力推动豆粕减量，着力促进开源节粮降耗

一是积极开展减量替代指导。2023 年 10 月份印发《饲用豆粕减量替代三年行动方案（2023—2025 年）》，明确目标任务，实现“一降两升一优”，即豆粕用量逐年降低、蛋白质饲料资源利用逐渐上升、优质饲草供给保障逐步提升、畜禽生产结构不断优化。二是积极推介技术规范应用。大力推广豆粕减量替代的技术模式和方案，组织豆粕减量技术培训，积极推广低蛋白质日粮技术，2023 年底，饲用豆粕在饲料中豆粕用量占比为 13.8%。三是积极引导青贮饲料种植收储。充分挖掘利用各种可耕作土地资源，推荐高产高效青贮饲料作物品种，引导养殖企业科学种植，要求粮食主产区大力推进水稻等农作物秸秆饲料化利用，提升秸秆综合利用水平。

（五）加强行政综合执法，着力规范饲料生产经营

一是加强农资平台巡查。协同行业管理部门将饲料和饲料添加剂列入农资监管平台巡查范畴，重点核实生产记录、购销台账、实名购买记录等内容，落实“线上巡查＋现场核查”机制，实行线上跟踪抽查通报制度，依法查处生产经营假劣饲料等违法行为。二是深化现场执法检查。认真开展饲料和饲料添加剂领域执法检查，加大产品质量抽检力度，重点查处隐性添加禁用成分或其他成分的违法行为。2023 年以来，全省共出动农业执法人员 4 602 人次，检查生产经营主体 1 908 个次，发放相关普法宣传材料 2 936 份。三是严厉打击违法行为。全面落实“检打联动”机制，依托农资打假专项治理、“稳粮保供”专项行动等，进一步加大案件查处力度，净化饲料市场秩序。2023 年度，全省共立案查处饲料及饲料添加剂违法案件 18 起，涉案问题饲料和饲料添加剂 19 110 千克，货值 26.9 万余元，罚没金额 23.7 万余元。

【存在问题】

一是管理队伍能力不足。质量监管专业性强，当前福建省从事饲料管理人员少、转岗快，监管队伍相对薄弱，造成有时质量监管不到位。二是主体责任落实不严。部分企业实施《规范》标准不够高，自查整改落实不够到位，少数企业实施《规范》没有保持常态化，安全生产管理存在一定薄弱环节。

【下一步重点工作】

（一）持续在服务标准上下功夫，不断提升行政许可质量

一是持续优化行政审批服务。开展“不见面审批”，推行“容缺受理”制度和“窗口无否决权”服务机制，按时办结饲料和饲料添加剂生产许可。二是持续推进政务服务标准。持续加强行政审批标准化建设，不断完善审批服务标准体系，加大标准实施力度，形成公开透明、便利高效、服务优质的审批运行机制。三是持续强化政务服务监督。完善线上线下相结合的政务服务“好、差评”制度，推行网上服务“一事一评”、现场服务“一次一评”、社会各界“综合点评”，不断提升服务效能。

（二）持续在质量监管上下功夫，不断提升饲料质量品质

一是加强现场检查的针对性。坚持日常检查督查、“双随机”检查和专项检查行动相结合，加大对易发生问题企业和产能较低企业的检查力度，促进饲料生产企业规范生产。二是加大质量抽检的覆盖面。严格落实饲料质量安全管理规范，加强饲料质量全链条监管，强化执法“检打联动”，促进饲料质量安全度有效提升，切实保障动物产品质量安全，维护公众健康。三是强化标签检查的指导力。认真开展饲料标签检查工作，加大对混合型饲料添加剂和添加剂预混合饲料检查的力度，加强对饲料标签标准编制的指导，依法处置不合格、不规范的标签。

（三）持续在安全管控上下功夫，不断提升安全生产本质

一是突出安全排查治理。加强饲料安全生产管理，坚持日常巡查和治本攻坚行动相结合，注重检查的针对性和覆盖面，对发现的安全隐患零容忍，从严抓好问题整改，实现闭环管理。二是突出安全本质提升。大力推进实施《规范》制度化、常态化，督促新建企业实施《规范》与生产同步进行，积极引导完成实施《规范》等级评定的企业提档晋级，促进福建省饲料企业安全生产稳定向好。三是突出安全宣传培训。结合安全生产治本攻坚三年行动和“安全生产月”主题活动，开展形式多样安全宣传教育和提醒，提高从业人员安全意识。积极借助安全生产机构和专家队伍的力量，开展安全生产指导，提升安全管理能力。

（四）持续在豆粕减量上下功夫，不断提升节约粮食效益

一是着力推进提效节粮。落实管理部门职责，发挥行业协会作用，积极推广蛋白质饲料多元替代、饲料精准配方和低蛋白质日粮技术，降低饲料豆粕使用量。二是着力推进开源节粮。开展地源性特色蛋白质饲料资源调查，充分挖掘畜禽屠宰、粮食类加工下脚料、过期成品等蛋白质资源，拓展豆粕替代资源供给来源。三是着力推进增草节粮。积极推广先进栽培技术模式，引导牛羊养殖场户合理制定青贮饲料种植计划，推动“以草代料”，逐步减少精饲料消耗。

（五）持续在强化执法上下功夫，着力提升饲料市场秩序

一方面，要进一步优化息平台功能。加强信息平台建设，不断优化和拓展省农资监管信息平台功能，用好省一体化大融合行政执法平台，对饲料领域案件实现源头追溯、流向跟踪、动态监管、全程查处，全面提升执法效能。另一方面，要进一步加强执法配合协作。持续加强与行业管理部门的沟通联系，促进线索移送、信息共享、案件会商，规范饲料生产经营市场秩序，确保执法工作不缺位、不越位。

（福建省农业农村厅）

江西省饲料工业

【发展概况】

2023年，江西省饲料工业总产值484.4亿元，比上年增长8.2%；总营业收入475.2亿元，比上年增长8.4%。其中，饲料产品产值443.0亿元，营业收入438.6亿元，分别增长10.5%、11.8%；饲料添加剂产品产值41.4亿元，下降11.5%；营业收入36.7亿元，下降20.6%。

2023年，江西省饲料产品总产量1 197.6万t，比上年增长10.5%。其中，配合饲料1 152.0万t，同比增长10.7%；浓缩饲料10.3万t，同比增长10.0%；添加剂预混合饲料35.2万t，同比增长6.9%。

分品种看，猪料、肉禽料和反刍料较上年均有不同程度增长，蛋禽料和水产料产量较上年有所下滑。其中，猪料788.7万t，同比增长14.1 %；蛋禽料126.0万t，同比下降3.3%；肉禽料212.9万t，同比增长15.2%；水产料66.1万t，同比下降10.1%；反刍料3.5万t，同比增长31.3%。

2023年，江西省饲料添加剂总产量47.1万t，比上年增长0.8%。其中，直接制备饲料添加剂44.2万t，同比增长1.6%；混合型饲料添加剂3.0万t，同比下降10.0%。截至2023年底，江西省共有饲料生产企业323家。其中，饲料加工企业（包含精料补充料）234家，饲料添加剂企业100家，单一饲料企业29家。饲料加工企业中，产量超20万t的企业10家；年产10万～20万t（不含）的企业41家，年产5万～10万t（不含）的企业26家，年产1万～5万t（不含）的企业61家；年产1万t以下的企业96家。从产品分类上看，配合饲料生产企业135家，浓缩饲料生产企业43家；添加剂预混合饲料57家。

饲料行业从业人数21 234人。其中博士117人、硕士375人，本科2 684人，本科以上学历从业人数占比为15.0%，较上年下降0.2个百分点。

【组织机构】

机构：江西省农业农村厅畜牧兽医局，人员编制9人。原省饲料工业办公室的饲料工业行业管理及相关行政许可职能等回转到厅畜牧兽医局。

职能：厅畜牧兽医局的职能为负责全省畜牧业、饲料饲草行业、畜禽屠宰行业、兽药和兽医器械行业监督管理，负责兽医发展政策、动物卫生监督、动物病原微生物与实验室生物安全等管理。组织实施畜牧兽医管理方面的法律法规和规章。起草全省畜牧、饲料饲草、畜禽屠宰行业、兽药和兽医器械行业、兽医事业发展政策和规划。

【主要工作】

（一）强化饲料质量安全监管

根据农业农村部办公厅关于印发《2023年饲料质量安全监管工作方案》农办牧（〔2023〕1号）通知的要求，江西省农业农村厅印发了《关于印发2023年全省饲料质量安全监管工作方案的通知》（赣农厅办字〔2023〕16号）和《2023年全省农业投入品执法抽检实施方案》，开展了饲料质量安全监管工作，对饲料生产企业和经营企业的饲料产品进行了监督抽检工作，共现场检查饲料生产和经营企业320家，大部分企业能较好地执行《饲料质量安全管理规范》，但也发现饲料质量安全相关问题112个，主要包括“一垛一卡”不全，原料进货、原料查验和检验缺失，除尘设备清理不及时，出货台账信息不完整等问题；在饲料标签的专项检查中发现大部分饲料企业产品标签符合《饲料标签》相关规定，但仍有个别企业的混合型饲料添加剂存在通用名表述不规范，个别企业标签使用虚假、夸大或容易引起误解的表述等问题。所有问题均建立了台账，下发了整改通知书并督促及时整改到位。

（二）加强市场饲料质量抽查

根据江西省农业农村厅办公室关于印发《2023年全省农业投入品执法抽检实施方案的通知》，发挥监测“雷达”作用，按照“产出来”和“管出来”两手硬的思路，提升发现问题能力。对全省11个设区市的350批次饲料产品进行了饲料产品质量安全监督抽查，其中合格348批次，不合格2批次，合格率99.4%。共抽查生产环节107批次，经营环节225批次，使用环节19批次；其中猪料163批次，蛋禽料106批次，肉禽料21批次，反刍料17批次，水产料43批次。不合格产品中，猪料2批次，粗蛋白质项目不符合要求2批次。严格实施“检打联动”，严厉打击违法生产行为，没收违法所得1 920元，罚款3 000元。全省出动执法人员1 128人次，检查企业门店356个，整顿市场155个次。

（三）全面开展饲料质量安全风险评估

为进一步推动江西省饲料行业可持续高质量发展，保障饲料质量安全水平，构筑农业生产第一道生态绿色防线，江西省农业技术推广中心农业投入品检验检定技术处于2023年针对饲料中违禁药物风险开展了质量安全风险评估项目（以下简称“该项目”）。2023年分两次对江西省混合型饲料添加剂开展了风险监测工作。在全省11个设区市畜牧及农业执法等部门配合下，对其辖区内的混合型饲料添加剂产品进行抽样，包括混合型饲料添加剂生产企业（生产环节）、饲料兽药经营企业（经营环节）和配合饲料生产企业（使用环节）。实际抽样416批次，为计划数的104.0%。筛查出阳性样品38批次，合格率为90.9%。38批阳性样品中，有32批次来自于饲料兽药经营门店（经营环节），阳性样本占该抽样环节样本总数的11.4%；6批次来自混合型饲料添加剂生产企业（生产环节），阳性样品占比为5.7%；在配合饲料生产企业（使用环节）抽取的混合型饲料添加剂样品全部合格。从抽样情况看，饲料添加剂安全风险主要来自饲料兽药经营门店和混合型饲料添加剂生产企业。该项目在问题较为突出的混合型饲料添加剂中开展非针对性的违禁药物筛查，并评估其安全性，能够发挥积极的经济、社会和生态效益，主要体现在：一是可以为政府监管提供技术支撑，助力混合型饲料添加剂产业的健康发展；二是可以避免非法添加药物的产品流入市场，减少动物源性食品中药物残留的风险，保障消费者健康，提高全省动物源性产品质量安全水平；三是可以避免畜禽养殖中长期排放含有药物的代谢产物而影响生态环境。

（四）深入推进饲料质量安全管理规范实施

继续深入推进饲料质量安全管理规范实施，进一步提升饲料和饲料添加剂行业管理水平提出更高要求。组织开展全省饲料监管培训，对设区市饲料监管人员60余人进行培训，饲料行政审批水平和行业监管能力进一步提升。完善饲料行政审批流程，形成形式审查、技术审查、抽取专家、现场核查等规范化行政审批程序，全年省级核发饲料添加剂生产许可证8个、混合型饲料添加剂生产许可证29个、添加剂预混合饲料生产许可证21个、配合饲料生产许可证52个、单一饲料生产许可证8个，对2家饲料添加剂生产企业的6个产品核发批准文号。

（五）严抓严管安全生产

印发《江西省农业农村厅畜牧兽医局关于印发全省畜牧兽医领域安全生产督导方案的通知》和《江西省饲料和饲料添加剂生产企业专项整治清理行动方案》，对饲料安全生产工作进行专门部署，对突出问题进行排查，强化安全生产主体责任。全年共出动检查人员536人次，检查饲料生产企业320家次，发现安全隐患237处，现场整改33处，限期整改26处，下达整改通知书8份。通过安全生产隐患排查，进一步强化了饲料安全生产监管，提升了饲料生产企业的安全生产意识，完善了安全生产措施，提升了安全生产水平。

（江西省农业农村厅畜牧兽医局）

山东省饲料工业

【发展概况】

在农业农村部和省委、省政府坚强领导下，山东省圆满完成生猪稳产保供任务目标，肉蛋奶总产量、畜牧业总产值再创新高，稳居全国前列。2023 年，全省农林牧渔业总产值 12 531.9 亿元，总量居全国首位，同比增长 5.1%，高于全国 1 个百分点。积极保障重要农产品供给，全省粮食总产 1 131.1 亿斤，增产 22.3 亿斤；蔬菜、水果、水产品产量 9 000.0 万 t、3 000.0 万 t、854.0 万 t；全省规模以上农产品加工企业达到 10 343 家，营业收入 2.0 万亿元；全省农产品出口额 1 476.0 亿元，增长 6.3%，占全国 21.2%。

山东省肉蛋奶总产量全国第一，达到 1 685.6 万 t，同比增长 6.6%；畜牧业总产值 2 973.7 亿元，按照可比价格增长 6.4%，创历史新高。其中肉类产量 905.3 万 t，同比增长了 8.0%；禽蛋产量 462.2 万 t，同比增长了 5.5%；生牛奶产量 318.1 万 t，同比增长了 4.5%。2023 年末，山东家禽存栏 9.1 亿只，同比增长了 10.6%。生猪存栏 2 801.2 万头，同比下降了 6.8%。其中，能繁母猪存栏 287.8 万头，同比下降了 2.4%，连续 4 个季度保持下降趋势，生猪产能持续去化。肉牛存栏 186.6 万头，同比下降了 5.2%。奶牛存栏 82.3 万头，同比下降了 4.7%。羊存栏 1 353.2 万只，同比下降了 7.3%。

山东省饲料行业认真落实省委经济工作会议、省委农村工作会议部署，聚焦“建设畜牧强省，打造全国现代畜牧业齐鲁样板”目标，强化饲料生产许可监管工作，11 月召开省政府新闻发布会通报饲料兽药高质量发展情况，12 月底制定发布《山东省饲料和饲料添加剂管理办法》，加强饲料生产安全监管，持续推进玉米豆粕减量替代和节粮行动，积极开展现代畜牧业齐鲁样板饲料示范生产企业创建，加大横向和纵向互动交流，引领多方位融合。饲料产业经营主体积极克服上游原料价格波动幅度大、下游畜产品消费需求不足、市场竞争加剧、降本增效预期弱等多重挑战，产业规模持续扩大，集中度进一步提升，抗风险能力不断加强，饲料添加剂、宠物饲料等高附加值产业发展势头良好，实现了质的有效提升和量的合理增长。

2023 年山东省饲料工业总产值（不包括单一饲料）2 058.3 亿元，同比增长了 4.5%，占全国饲料工业总产值的 14.7%，位居全国第一。其中，饲料产品产值（不包括单一饲料）1 811.8 亿元，同比增长了 5.8%，占全国饲料产品产值的 14.2%，位居全国第一；饲料添加剂产品产值 240.6 亿元，同比下降了 4.1%，占全国饲料添加剂产品产值的 19.7%，位居全国第一；饲料机械产值 5.9 亿元，同比下降了 12.4%，占全国饲料机械产值的 8.0%，位居全国第二。山东省登记注册的饲料生产企业 2 380 家，同比增长了 3.5%，位居全国第一。

据中国饲料工业统计信息系统显示，2023 年山东省饲料产品总产量（不包括单一饲料和饲料添加剂）4 716.3 万 t，同比增长了 5.2%，占全国饲料产品总产量的 14.7%，位居全国第一。其中，配合饲料产量 4 470.6 万 t，同比增长了 5.6%，占全国配合饲料产量的 15.0%，位居全国第一；浓缩饲料产量 101.5 万 t，同比下降了 15.0%，占全国浓缩饲料产量的 7.2%，位居全国第四；添加剂预混合饲料产量 99.3 万 t，同比增长了 6.5%，占全国添加剂预混合饲料产量的 14.0%，位居全国第一。

山东省饲料产业发挥粮食和农副产品来源丰富、加工制造企业众多规模产量大、劳动力和人才资源丰富、交通物流成本低、上下游配套产业齐全完善等优势，仍具有饲料成本和价格的优势。山东省饲料产品的吨产值 2020 年、2021 年、2022 年、2023 年分别为 3 157 元、3 569 元、3 817 元、3 842 元，与全国饲料产品的平均吨产值相比，分别低 184 元、168

元、92元、114元。

饲料节粮高质量发展趋势明显，山东省猪饲料总产量1 124.0万t，同比下降2.1%，居广东省、广西壮族自治区、河南省之后，退居全国第四；蛋禽饲料产量344.0万t，同比增长7.3%，居河北省之后、全国第二；肉禽饲料产量2 970.0万t，同比增长7.5%，位居全国第一，占全国总产量31.0%；水产饲料产量50.0万t，同比增长9.2%，位居全国第十；反刍动物饲料产量102.0万t，同比增长4.6%，位居全国第六；宠物产量44.9万t，同比增长19.8%，居河北省之后、全国第二，占全国总量31.0%；肉兔等其他饲料产量80.0万t，同比增长14.0%，位居全国第一。

近年来，山东省饲料添加剂产业积极向上游延链补链，提高产业附加值和竞争力。除维生素A、苏氨酸、硫酸亚铁、硫酸锰、硫酸锌、硫酸铜等少数品种产量较少外，蛋氨酸、赖氨酸、氯化胆碱、甜菜碱、泛酸钙、维生素E、维生素B_1、维生素B_6、烟酰胺、维生素B_2、维生素C、柠檬酸、酶制剂、微生态制剂等饲料添加剂产量占全国比例逐渐扩大，2023年饲料添加剂产值超过10亿元的企业/集团有5家。诸城市浩天药业有限公司申报的甜叶菊提取物，获得农业农村部颁发的《新饲料添加剂证书》新饲证字（2023）6号。据中国饲料工业统计信息系统统计显示，2023年山东省饲料添加剂产品总产量297.3万t，同比增长了0.8%，占全国饲料添加剂产品总产量的19.7%，位居全国第一。其中，饲料添加剂原料产量268.7万t，同比下降了1.5%，占全国饲料添加剂产量的19.4%，位居全国第一；混合型饲料添加剂产量28.6万t，同比增长了30.4%，占全国混合型饲料添加剂产量的24.4%，位居全国第一。据中国饲料工业统计信息系统显示，2023年山东省氨基酸类产品产量94.3万t，同比增长了13.6%，占全国氨基酸类产品产量的19.1%；维生素类产品产能过剩、需求低迷，2023年产量96.3万t（其中氯化胆碱占比高），同比下降了9.4%，占全国维生素类产品产量的66.3%。功能性饲料添加剂中，酶制剂产品产量同比增长了30.5%，微生物产品产量同比增长了8.3%，矿物元素产品产量同比下降了18.7%。

山东省单一饲料产值1 169.8亿元，同比增长了30.5%；产量1 803.2万t，同比增长了3.1%。生产各类谷物及加工产品273.7万t，同比增长了0.4%。其中，喷浆玉米皮158.4万t，同比下降了1.0%；玉米蛋白粉103.7万t，同比增长了5.1%。生产油料籽实及其加工产品1 374.5万t，同比增长了1.8%。其中，豆粕1 299.1万t，同比增长了4.3%；花生粕54.2万t，同比下降了35.8%；棉籽粕14.9万t，同比下降了1.4%。生产动物油脂、肉骨粉、羽毛粉等动物副产品105.0万t，同比增长了19.2%。生产发酵豆粕、发酵棉粕、发酵麸皮、柠檬酸糟等发酵产品30.0万t，同比增长了31.5%。

据国家粮油信息中心数据，预计2023/2024年度山东省玉米产量2 739万t，同比增长约100万t，加上进口，总供给为3 049万t。饲料用玉米消费需求在2 700万t，深加工等用玉米为2 250万t左右，年度玉米供需缺口在1 900万t左右。供需缺口的大部分从东北调入，进口谷物（高粱、大麦等）、本地谷物（小麦等）以及谷物加工副产品作为补充。2023年全球商品供应链恢复，饲料原料价格以跌为主，山东省玉米价格震荡下跌，全年均价2 779.0元/t，同比下降了2.0%。

2023年全球大豆产量和库存有所好转，大豆价格整体呈现回落趋势。在天气炒作和到港延迟影响下，第三季度大豆价格有所反弹，2023年10月以来，豆粕价格持续下跌。2023年山东省豆粕均价4 273.0元/t，同比下降了5.2%。

2023年5月开始，山东省小麦价格与玉米价格倒挂，小麦及芽麦进入饲料配方，糠麸、定向稻谷、进口大麦等替代原料用量增加。据测算，2023年山东省饲料企业玉米用量占配合饲料的比例同比下降了3.8个百分点。

因豆粕价格回落，以及上半年肉禽养殖效益和饲料需求较好，豆粕在配合饲料和浓缩饲料中的占比有所反弹。山东省通过实施饲用豆粕减量行动，2023年上半年豆粕在配合饲料和浓缩饲料中占比为13.2%，同比增长了1.5个百分点；下半年占比为12.7%，同比下降了1.0个百分点，全年豆粕在配合饲料和浓缩饲料中占比12.9%，同比增长了0.1个百分点。

豆粕在饲料配方中的用量会受到市场价格、养殖效益、应用技术等多重因素影响，山东省饲料企业在豆粕减量替代方面持续推进，并取得一定成效。据市场调查和数据分析，2023年畜禽饲料总产量排名前30的企业/集团，有14家企业/集团豆粕在配合饲料和浓缩饲料中的占比为4.2%～12.1%，平均值为8.7%，低于全省平均水平4.2个百分点。这14家企业配合饲料和浓缩饲料产量占全省比重46.7%。

据调查了解，由于生猪饲料豆粕用量降幅较大，棉籽粕、菜籽粕、DDGS等豆粕替代品用量分别同比增长了28.9%、21.0%和9.2%。肉鸭饲料和牛羊饲料基本实现了无豆粕添加，肉鸡饲料和蛋禽饲料豆粕减量还有一定空间。

【主要工作】

（一）深化“齐鲁样板”打造，引领行业高质量发展

省功勋荣誉表彰办批复省畜牧局自2023年开展“现代畜牧业齐鲁样板饲料兽药示范生产企业”创建示范活动，出台创建工作办法，公布第一批130家“现代畜牧业齐鲁样板饲料兽药示范生产企业”（饲料110家、兽药20家），在全省行业系统和社会产生积极反响。

（二）保持养殖环节“瘦肉精”使用违法行为打击高压态势

加大省级飞检力度，规范飞检流程，减少基层干扰，大大提高了问题发现效果。提升线索核查快速反应能力，根据举报线索第一时间组织人员开展核查和飞检。建立对各市党委、政府“瘦肉精”专项整治考核机制，鼓励主动检查，压实属地责任。全年完成动物养殖环节“瘦肉精”省级监督抽检2 658批次（超计划161批次），尿液阳性发现率6.0%。全年问题发现和打击力度效果多年未有，极大震慑遏制了违法犯罪行为。

（三）高度重视粮食安全、豆粕减量替代工作

一是2024年4月以来，结合主题教育专题调研安排，先后到淄博、潍坊、泰安、临沂、青岛等市实地调研，10月参与农业农村部发酵饲料调研，完成了两份豆粕减量替代和发酵饲料两份调研报告；省局于局长9月在农业农村部进行了典型发言，农业农村部专门印发159期简报予以肯定，山东省做法还在省政府新闻发布会、科技日报、山东电视台等新闻媒体开展多次宣传，营造了良好声势。二是起草、印发、实施了《山东省饲用豆粕减量替代三年行动方案》。三是积极牵头开展饲料高质量发展和节粮行动，组织开展了首次全省肉鸭配合饲料监督抽检和型式检验活动，共公布61家合格企业和89批次产品，推动调整优化肉鸭饲料等配方结构。四是积极开拓、挖掘非粮资源，提高饲料原料自给能力，10月接待农业农村部发酵饲料调研组，推出一批以“发酵原料、生物饲料”为主的饲料配方和技术，促进饲料开源。五是指导济南市在长清、莱芜等地开展餐桌剩余食物饲料化利用试点。11月将山东省毛皮动物胴体饲料化利用试点上报农业农村部，积极争取在临沂市开展试点。六是继续开展第二批次饲料节粮行动，省局组织评选、认定“山东饲料行业提效减量节粮示范产品”33家企业72个产品，累计推广示范产品达到93家企业200个产品。发动企业和省畜牧兽医学会等开展了第三批“两低一高”新产品评选活动，取得了明显成效。肉牛日粮中玉米豆粕减量替代技术等三项技术列为省农业农村厅、省畜牧兽医局、省科学技术厅2023年全省畜牧业主推技术。

（四）开展饲料生产企业监督检查和产品抽查

2023年计划完成饲料兽药生产经营企业“双随机、一公开”抽查130家，实际完成131家饲料兽药生产企业的监督检查任务，还协作市县完成出口饲料32家企业检查任务、完成169家兽药经营企业和3家新兽药试验单位检查任务，印发了通报文件。

饲料产品监督抽检计划500批次，省所完成501批次，省级按时完成了721批次饲料和饲料添加剂产品监督抽检任务，印发了通报，不合格产品得到查处。

（五）积极服务行业发展

全年为企业开具出口饲料自由销售证明600多份1万余张，为136多家企业办理委托加工备案。

（山东省畜牧兽医局饲料兽药处）

河南省饲料工业

【发展概况】

2023 年，面对养殖业经营惨淡、行业内卷加剧等严峻的形势，河南省始终坚持“政府引导、政策支持、市场运作、企业自主”的总原则，一手抓发展，一手抓监管，全省上下齐心协力，攻坚克难，全省饲料行业仍然保持了平稳健康的发展态势。2023 年，河南省共有各类饲料生产企业 1 128 家，共有各类生产许可证 1 555 个。其中，饲料添加剂许可证 74 个，混合型饲料添加剂许可证 438 个，添加剂预混合饲料许可证 386 个，单一饲料生产许可证 176 个，浓缩料、配合料和精料补充料许可证 481 个。据中国饲料工业信息统计系统显示，2023 年，全省商品饲料产量达 1 729.6 万 t，总产值 672.0 亿元，同比分别增长 7.3%、15.2%，位居全国第五位。其中，配合饲料、浓缩饲料、添加剂预混合饲料分别达 1 599.5 万 t、64.1 万 t、65.6 万 t，同比分别增长 7.2%、4.1%、13.8%。其中，猪饲料 1 142.8 万 t，同比增长 7.4%；蛋禽饲料 212.8 万 t，同比增长 8.4%；肉禽饲料 283.2 万 t，同比增长 9.7%；水产饲料 26.4 万 t，同比下降 16.7%；反刍动物饲料 53.1 万 t，同比增长 1.9%；其他饲料 10.9 万 t，同比增长 34.1%。其中，散装饲料 1 010.4 万 t、委托加工饲料 28.6 万 t，同比分别增长 20.4%、33.3%。饲料添加剂总产量达 34.5 万 t，产值 29.5 亿元，同比分别增长 19.7%、18.9%，其中，氨基酸和氨基酸盐及类似物、维生素及类维生素、微生物、非蛋白氮、抗结块剂和稳定乳化剂分别增长 1.1 倍、81.0%、20.7%、4.3 倍、48.0 倍，增幅较大。酶制剂、抗氧化剂、调味和诱食物质分别下降 3.2%、22.3%、44.8%。全省饲料添加剂行业呈现出了改革创新不断深入、专业化和精细特色化加速、后之秀如雨后春笋、产品特色优势明显、网络销售异军突起、产品质量稳步提升、结构布局不断优化等的良好发展态势，为我省畜牧业的健康快速发展提供了强有力的支撑。

【组织机构】

河南省农业农村厅饲料兽药处，是由原河南省畜牧局饲料处、医政药政处 2 个行政管理处合并而成，主要负责饲料行业和兽药行业监督管理工作，共有管理人员 5 名。主要职责：组织拟定饲料、兽药行业发展规划并组织实施；监督执行饲料产品质量标准和行业技术规范；组织开展饲料和饲料添加剂质量安全监测预警，负责饲草饲料资源保护和开发利用工作；组织开展饲料行业新技术、新产品推广应用；指导饲料企业执行饲料质量安全管理规范；承担饲料工业统计工作；负责兽药生产企业、经营企业和兽药使用环节监督管理工作；制定兽药质量监测检验体系建设规划和兽药质量监督抽检、兽药残留监控计划并组织实施。全省 18 个省辖市都设有饲料兽药管理部门，其中，有 14 个省辖市设有饲料兽药科，有 4 个省辖市分设有饲料科、兽药科。

【主要工作】

1. 开展行业监督检查。每季度都抽调行政管理、综合执法、质量检测等部门人员组成检查组，按照“双随机”的要求对饲料兽药生产经营企业开展监督检查。重点检查各地行业监管情况、企业落实《饲料质量安全管理规范》《兽药生产安全管理规范》《兽药经营管理规范》等法律法规情况、生产许可条件落实情况、产品标签标准落实情况等。2023 年，共累计检查饲料生产企业 285 家，其中整改 173 家、依法查处 12 家；检查兽药企业 102 家，其中整改 41 家；兽药经营门店 34 家，其中整改 4 家。

2. 开展产品质量监测。每年都及时制定饲料兽药质量安全监测计划和监测方案，下达监测任务和监测资金，每季度都抽调人员分组深入各地开展抽检活动。2023 年，全省共抽检饲料样品 1 268 批次，合格率 98.4%；饲料预警监测 520 批次，合格率 98.5%；兽药样品 703 批，合格率 98.7%。监督抽检中不合格产品企业移交综合执法部门给予了依法查处。

3. 开展安全生产管理。开展安全生产法律法规的宣传贯彻，重点宣传了新《安全法》和双重预防体系。及时下发通知，召开宣贯座谈会，引导企业加强安全生产管理。按照“三管三必须”的要求开展饲料兽药行业安全生产大检查。在 2023 年组织的 4 次饲料兽药行业监督检查活动中，均把安全生产检查作为一项重要内容，对检查中发现的安全隐患进行了及时反馈和责令限期整改。2023 年，共累计检查饲料兽药生产经营企业 421 家。

4. 开展兽用抗菌药使用减量化行动。2022 年农业农村部制定了《农业农村部兽用抗菌药使用减量化行动方案（2022—2025 年）》，省农业农村厅等五厅局印发了《河南省农药兽药使用减量行动实施方案（2022—2024 年）》，要求每个县市区实现 35.0%以上规模养殖场开展兽药抗菌药使用减量化行动，兽药使用量比平时减少 5.0%以上，抗菌素类兽药使用量比平时减少 10.0%以上。2023 年，重点开展了兽药安全使用知识培训和指导。多次组织人员深入养殖企业，现场督促指导企业按照要求制定兽用抗菌药物减量使用计划，健全休药期制度，完善条件，落实记录，严格管理。同时，积极开展试点养殖场减抗效果评价活动，经过各地推荐和评价，2023 年共确定 222 家养殖场为兽用抗菌药使用减量化行动省级达标养殖场，推进了兽用抗菌药使用减量化行动。

5. 开展豆粕减量替代行动。一是积极宣传和推广农业农村部出台的低蛋白质日粮团体标准。依托省饲料工业协会和省饲料添加剂协会向全省饲料企业发放了使用低蛋白质日粮配方技术和饲养模式倡议书，倡导广大饲料企业改变配方技术和饲养模式，减少豆粕和玉米的使用量。二是积极开展行业培训。举办饲料行业科技论坛、黄河五岳论坛等，重点对豆粕等蛋白质饲料原料替代技术进行了宣传培训。线上、线下共累计宣传培训饲料企业人员 50 多万。三是积极开发替代豆粕新的蛋白质原料。如小麦胚芽、酵母、进口玉米 DDGS、葵花粕、花生粕、水解羽毛粉、鸡肉粉、优质肉骨粉等。四是积极开展微生物技术推广应用，尤其是发酵技术的应用，提升蛋白质的利用转化率等，目前，发酵技术和抗生素替代技术发展势头迅猛。五是积极探索餐厨剩余食物饲料化定向使用试点工作。考察新密市集中处理点，积极开拓新饲料原料来源，推进饲料粮减量替代工作。经过综合措施的有力实施，全省饲料生产企业配方中豆粕占比平均减少了 3.0%～5.0%，豆粕减量替代行动取得显著成效。

6. 深入开展饲料兽药行业调研。一是开展了饲料兽药行业企业发展情况调研。先后赴登封市河南白云牧港生物科技有限公司等饲料兽药企业，通过实地查看、召开座谈会等方式，详细了解企业安全生产情况、企业发展和科技创新情况、企业发展的瓶颈问题、营商环境情况。二是开展了豆粕减量替代行动调研，先后分 6 个组通过召开座谈会、实地查看、发放调研问卷、电话寻访、翻阅资料等形式，对全省豆粕减量替代行动开展情况进行了深入调研。累计召开座谈会 21 个，发放调研问卷 36 份，实地查看饲料生产企业 172 家。三是对兽用抗菌药减量化行动推进情况开展调研，通过召开座谈会、实地查看、发放调研问卷、电话寻访、翻阅资料等形式，深入调研了兽用抗菌药减量宣传推广情况和养殖场开展减量情况。累计实地查看养殖企业 19 家。

7. 认真开展饲料兽药材料审核和专家现场审核。进一步修订完善了 13 项饲料兽药材料审核和专家现场审核制度，认真审核材料，及时派出专家开展现场审核。前三季度共审核饲料行政许可材料 258 份，派专家现场审核饲料生产企业 232 家；审核兽药行政许可材料 73 份，派专家审核兽药生产企业 70 家，其中现场验收 64 家、视频验收 6 家。目前，这项工作已全部移交法规处。

8. 开展监管工作信息化建设。积极开发并完善“互联网＋饲料兽药监管系统”，在全国率先实现了饲料兽药质量抽检、现场检查、行业宣传培训等均在网上运行，切实做到了抽检检查“双随机”、问题整改有痕迹、监管频次可查询、分级管理目标清，监管系统运行使全省饲料兽药管理工作更加规范、高效、便捷。

9. 积极开展饲料兽药行业培训。2023 年 11 月在许昌市开展了全省饲料兽药法律法规、安全生产暨“互联网＋饲料兽药监管系统”培训，进一步提升了全省饲料兽药信息化管理水平。组织各地饲料兽药管理部门人员进行了“互联网＋饲料兽药监管系统”使用、饲料兽药法律法规、禁限用药物清单和常规用药使用残留限量规定、兽用抗菌药减量使用行动方案（2022—2025）、饲料兽药行业安全生产及消防知识的系统培训。

【存在问题】

2023 年，虽然河南省积极采取两手抓，一手抓饲料质量安全，一手抓饲料行业生产安全，两手都不放松，取得了显著成效。但还存在着一些问题和不足：产品抽检仍有不合格现象；违禁添加、超量添加和超范围添加时有发生；监管企业数量多，安全监管任务重，安全生产隐患仍然存在；产品同质化严重，科技创新投入不足；等等。

【下一步重点工作】

找准突破点，把握创新点，狠抓关键点，强化支撑点，努力推动河南省饲料行业再上新水平。

1. 找准突破点，力求做大做强。一是以培育龙头企业为突破点，增强辐射带动能力。鼓励支持企业通过购并重组、参股控股、改制上市、产业联盟等形式进行整合融合，打造一批生产规模大、科技含量高、产品竞争力强的企业集团。重点培育洛阳普莱柯延长产业链条，壮大规模，增强辐射带动能力；服务支持商丘美兰生物、林州中农颖泰、郑州牧翔等企业进入上市预备期。力争到2025年再培育2～3家上市饲料兽药企业。二是以打造产业园区为突破点，大力发展宠物经济。紧紧把握宠物经济发展潜力大、产品附加值高、产业发展还处于初级阶段的机遇，着力打造好全省宠物产业生态，做好宠物食品产业培育，带动和吸引一批全国行业知名企业向园区集中。重点培育好洛阳宠物经济专业园区、漯河宠物经济专业园区、郑州牧鹤宠物体验园区等。

2. 把握创新点，努力打造科技创新联盟。一是积极推广企业和大专院校、科研单位共建研发机构模式。重点总结推广南阳牧原与西湖大学按照“平等互利、优势互补、资源共享、共同发展”的原则合作组建西湖牧原合成生物研究院聚集生物合成技术研发的经验模式。二是积极推广政府搭台科研院校入驻研发的模式。重点总结推广中原食品实验室由漯河市政府主导，由河南工业大学、郑州轻工业大学和中国农业大学牵头组建，根据食品产业转型升级的重大科技需求开展研发，打造具有中国特色的世界一流新型科技创新平台的经验模式。三是探索建立产学研合作新机制。鼓励支持饲料兽药企业与科研单位、大专院校建立利益均沾、风险共担研发联结机制，大力开展产学研合作，建立研发战略科技联盟，创新科技成果。

3. 狠抓关键点，促进行业健康发展。一是推进兽用抗菌药使用减量化行动。以开展宣传教育、达标创建、树立典型、指导服务等为抓手，逐步实现兽用抗菌药使用“零增长”目标。力争到2025年全省每个县市区实现35.0%以上规模养殖场开展兽药抗菌药使用减量化行动，兽药使用量比平时减少5.0%以上，抗菌素类兽药使用量比平时减少10.0%以上。二是推进豆粕减量替代行动。以宣传指导、挖掘蛋白质饲料资源、推广低蛋白质日粮技术和标准等为措施，深入推进替代行动。力争到2025年饲料中豆粕用量占比降至13.0%以下，奶牛养殖饲草结构中优质饲草占比达65.0%以上，肉牛达25.0%以上。

4. 强化支撑点，为畜产品质量做保障。抓好两个安全。一是抓好产品质量安全。开展质量抽检和检查，发现问题责令整改，发现违法现象及时移交当地依法查处。充分发挥“检打联动”作用，对抽检不合格的样品企业及时移交综合执法进行依法查处。定期公布质量监测结果，分析研判形势，为领导决策当好参谋，为行业发展指明方向，为市场消费提供依据。二是抓好生产安全。按照“三管三必须”的要求，把安全生产作为饲料兽药行业监督检查一项重要内容重点开展检查，全面排查安全隐患，发现隐患立即整改。同时，积极推广安全生产监测预警系统，做到关口前移，早发现、快反应、严处置，切实把安全隐患消灭在萌芽状态。

（河南省农业农村厅饲料兽药处）

湖北省饲料工业

2023年，在农业农村部饲料主管部门的大力支持下，在省委、省政府的坚强领导下，全省饲料产销两端持续发力，饲料总产量突破1 500万t，各类饲料和饲料添加剂企业数量突破500家，均创历史新高。

【发展概况】

全省饲料总产量达到1 500.4万t，总产值为573.5亿元，同比分别增长6.2%、6.7%。其中，配合饲料1 436.8万t，浓缩饲料29.5万t，添加剂预混合饲料29.1万t，同比分别增长6.2%、1.0%、12.6%。按细分品种分，猪料776.6万t，蛋禽料346.9万t，肉禽料97.8万t，同比分别增长13.1%、7.8%、8.9%；水产料271.1万t，反刍料2.7万t，其他0.4万t，同比分别下降10.6%、24.3%、86.2%。其中，蛋鸡料280.0万t，蛋鸭料65.7万t，同比分别增长9.5%、1.7%；肉鸡料88.6万t，肉鸭料7.0万t，同比分别增长9.6%、0.3%。

【主要工作】

立足处室职责职能，紧盯全年目标任务，有序推进全年各项工作。

一是高效办理许可。通过一网通办，2023年全年共办理各类饲料和饲料添加剂生产许可证150个，核发饲料添加剂批准文号160个。通过调优专家团队结构，不断强化对企业现场审核质量管理和有关标准规范实施的技术支持。

二是全面加强监管。印发《2023年饲料兽药生鲜乳质量安全监测计划的通知》（鄂农办发〔2023〕24号），从生产、经营、自配等各个环节强化对饲料产品的监测。落实“双随机、一公开”监管要求，规范企业现场管理，提升安全生产水平，共抽样检测各类样品400份，产品合格率97.0%。

三是抓好统计分析。每月按时上报、认真审核统计报表，确保数据真实、准确、及时、完整，促进饲料产业基础数据统计工作有效开展。

四是强化能力建设。先后多次组织行业协会、相关专家开展分区饲料管理培训和线上专题活动，围绕《饲料质量标准要求解读》《饲料标签的设计及制作要求》《饲料行业安全管理》，以及豆粕减量替代等团标相关辅导，牵头、参与制定多项低蛋白质日粮等团体标准和行业标准，印发《湖北省饲用豆粕减量替代三年行动方案》（鄂农办发〔2023〕106号），为行业健康有序发展提供有力支撑。

【存在问题】

全省饲料生产形势和安全管理工作总体上看措施有力、成效明显，但是也存在一些不足和问题苗头。

一是产能过剩利用率不高。2023年全省饲料总产量突破1 500.0万t，但产能利用率为35.0%左右，低于全国平均水平。饲料生产企业产能利用率过低，导致部分企业以低价促销求生存，影响正常的市场秩序。

二是主要原料对外依存度高。湖北省虽是产粮大省，但饲料资源相对匮乏，饲用玉米自给率仅7.0%左右，豆粕自给率不到24.0%，鱼料、氨基酸及其类似物几乎全部靠省外引进。原料价格波动直接影响饲料生产成本，这是一个“卡脖子”问题，中小型饲料企业特别是水产饲料企业生产经营的压力增大。

三是部分产品质量安全风险犹存。全省饲料产品监测总体形势可控，但重金属含量超标、维生素含量不足等问题仍然存在，特别是自配料环节问题比较突出。

四是质量管理规范实施还不到位。自农业部2014年1号令《饲料质量安全规范》（以下简称《规范》）颁布并实施以来，特别是2018年省农业农村厅办公室将《规范》实施纳入饲料生产许可审核以来

（鄂农办函〔2018〕75号），全省饲料生产企业管理水平显著提高，总体面貌焕然一新。但是近两年来，省内新增了一批水产类的混合型饲料添加剂企业，生产管理要进一步强化。

【下一步重点工作】

当前，饲料工业向高质量绿色发展转变，大宗饲料原料保障成为重大命题，新型绿色高效安全的生物饲料需求旺盛，机遇和挑战并存。下一步，省农业农村厅将深入贯彻全国农村工作会议精神，按照省委、省政府安排部署，发挥职能，主动作为，努力抓好全省饲料各项工作。

一是持续优化行政服务。在涉饲料企业各类行政许可审批事项上，要继续减时间、减环节、减证明、减跑动次数，持续推进“放管服”各项改革，不断动态调优专家团队，提高审批许可服务效率，多为行业加油门，少踩刹车。

二是持续推进实施豆粕减量替代行动。围绕国家粮食安全、豆粕减量替代等重大战略，加快推进全省豆粕减量替代相关新标准新技术的应用，力争豆粕用量占比上年再下降0.5个百分点。加快推进餐桌剩余食物、动物毛皮动物屠体饲料化应用等试点工作。2024年争取利用省级资金，在5个试点县开展豆粕减量替代行动。

三是持续推进《规范》实施。要坚持把《规范》落实落细作为饲料工作的重中之重，作为开展饲料监管工作的重要抓手。要结合湖北省地方标准的宣贯，每个市州范围内每年要至少开展一次《规范》培训活动，有条件的自行开展，开展不了的要向上级汇报。计划在部分市州开展分区培训。通过培训服务、检查督导，在原料、生产、产品、使用、管理、制度等各个环节全面落实规范章程和要求，在监管层、企业界两个层面培养一支熟法规、懂《规范》、善管理的队伍，确保企业筑牢安全生产底线，全面提升企业规范管理水平，推动全省饲料产业高质量向前发展。

四是持续强化监督管理。加强事中和事后的监管，坚决杜绝一放到底、事不关己的现象，要按照《规范》和省部级饲料质量安全监管要求，通过分级开展培训指导、制定监督方案、落实检查监测、强化“检打联动”，对饲料生产、经营、使用环节实现全覆盖监管，严厉打击各种违禁物质添加，有效遏制违法违规行为发生，维护公平竞争的市场环境，促进饲料行业健康发展。

（湖北省农业农村厅畜牧兽医处）

湖南省饲料行业

2023年，湖南省饲料工业办公室在厅党组的坚强领导下，以深入开展学习贯彻习近平新时代中国特色社会主义思想主题教育为抓手，自觉运用主题教育成果推动党建与业务融合互促，有力确保了党的建设日益强化、行业发展健康稳定。

【发展概况】

一是产业发展成效显著。2023年，全省发展饲料生产企业421家，持证546个。新五丰、湘佳牧业、正大饲料等20家高起点、高标准饲料厂相继投产，行业信息化、智能化、数字化水平明显提升。有50家企业年产量超10.0万t，有3家企业年产量突破100.0万t，唐人神集团可望再次挺进全国饲料前十强。产量产值再创历史新高，全年商品饲料总产量1 401.4万t，同比增长6.9%，饲料工业总产值亿577.1元，同比增长9.0%。二是特色工作亮点纷呈。全年饲料与饲料添加剂行政许可审批按时办结率100.0%，企业满意率100.0%。全省饲料统计监测工作连续6年得到农业农村部畜牧兽医局通报表扬。湖南省作为主办方承办了第五届饲料行业东东论坛。长沙市列入全国首批餐桌剩余食物饲料化利用试点城市。全省饲用豆粕替代减量工作走在全国前列，提前实现农业农村部提出的饲用豆粕减量三年降至13.0%以下目标。质量安全水平稳步提升，全省连续多年未发生一起安全生产事故和质量安全事故。

【主要工作】

1. 坚持安全守业，为产业发展提供基础保障。严格落实“管行业必须管安全、管业务必须管安全、管生产经营必须管安全”的“三个必须”和食品安全“四个最严”要求，守牢安全和质量两条底线。一是守牢安全底线。认真贯彻落实习近平总书记关于安全生产的重要论述、重要指示批示精神，组织开展全省饲料行业安全生产培训，常态化开展安全生产检查、隐患排查和专家技术指导，督促落实企业安全生产主体责任。二是守牢质量底线。按照“双随机、一公开”原则，组织对179家饲料和饲料添加剂生产企业、饲料经营门店及养殖场（户）进行现场检查和饲料标签专项检查，现场下达整改函57个。针对自配饲料质量安全监管存在薄弱环节问题，将自配料监管列为主题教育整改问题清单，制定详细整改方案，开展风险排查86批次，发放《自配饲料管理规定》等宣传挂图1 000份。做好政策性粮食闭合式监管，31家定向饲料加工企业竞价成交政策性粮食43.4万t，监督抽样168批次，合格率100.0%。

2. 坚持市场立业，不断激活产业发展新动能。充分发挥和激励企业主体、企业家主角作用，在行政许可、行业监管、职能职责履行等方面，鼓励不同类型、不同规模的企业公平参与竞争。组织省内饲料生产企业参加李曼中国养猪大会、全国饲料行业博览会等全国性展示展销会，不断提高湖南省饲料品牌影响力和美誉度，推动湘料出湘。围绕行业发展痛点难点问题，积极搭建平台，先后组织召开“降本增效”“三送三解三优”“高质量发展”“饲-养融合”等主题培训会、交流会、座谈会十余次。支持饲料企业联合科研院所，开展新产品研发、新技术推广，聚焦无抗饲料技术等重大课题攻关，加快饲料重大科研成果转化运用。示范推广唐人神“九段饲养法”、百宜集团“四精技术体系”（精选原料、精准营养、精益工艺、精心喂养），一批龙头企业和集团，利用生物技术、智能制造等新技术推动饲料产业升级，在精准配方、资源高效利用、抗生素替代、减量排放等方面，闯出新路径、打开新局面。

3. 聚焦节粮减耗，扎实推进饲用豆粕减量替代。坚持以低蛋白质、低豆粕、多元化、高转化率为目标，一手抓提效、一手抓开源，持续加大地方特色蛋白质饲料资源开发利用。一是推广低蛋白质低豆粕日粮技术“提效”。支持饲料生产企业开展低蛋白质日粮、精准营养、精准配方技术研发应用，精细加工工艺推广，完善低蛋白质高品质饲料标准体系，减少饲料蛋白质消耗，提高利用效率。通过技术交流、宣传培训、现场观摩与示范活动，引导养殖场户形成豆粕替代减量行业共识。2023 年全年使用豆粕 160.1 万 t，使用总量同比下降了 7.7%，平均每吨饲料豆粕使用占比降至 11.4%。二是立足地方饲料资源开发利用“开源”。发挥湖南农副产品资源丰富优势，引导饲料企业调整饲料配方，加大油菜粕、酒糟、粮食加工副产物等常规地方饲料原料使用比重，发挥替代饲用豆粕作用。支持有条件企业联合科研院所有序开展动物源性蛋白质、植物蛋白质、菌体蛋白质开发应用基础研究，推进非常规蛋白质资源安全高效饲料化利用。唐人神集团联合中国科学院亚热带农业生态研究所持续开展大宗节粮型生猪健康养殖关键技术研发，建立了完善的低蛋白质低豆粕饲料配制技术，湖南省豆粕使用量同比减少 10.8%。

【下一步重点工作】

一是高质量做好行业服务与指导。进一步优化审批程序，加强事前、事中、事后监管，为行业发展营造公平、公正、有序的外部环境。持续开展“走找想促”，围绕企业、行业“急难愁盼”问题，积极争取政策支持、出台务实举措。二是深入推进地方饲料原料开发利用。支持饲料企业、科研院所调整优化饲料配方，增加稻谷、油菜粕、饲料桑、作物秸秆等自产原料开发利用。推广多元化低蛋白质日粮和精细加工技术，不断降低全省饲料原料对外依存度。三是着力推进行业转型升级。围绕生猪、水产养殖密集区调优产业布局、调整产品结构，支持新建一批高标准、高起点饲料企业。鼓励企业结合自身优势和湖南省资源禀赋，在小龙虾、龟鳖、特色畜禽等行业细分市场，在微量元素、维生素、植物提取物等饲料添加剂品类上，培育一批具有核心竞争力的单打冠军，满足行业多层次、高质量、个性化需求。四是着力推进产学研协同互动。围绕企业所需、院校所能，搭建产学研融合互促平台，聚焦产业发展关键环节、瓶颈问题开展联合攻关。

（湖南省饲料工业办公室）

广东省饲料工业

【发展概况】

2023 年，广东省各级饲料管理部门认真落实农业农村部和省委、省政府的决策部署，积极应对饲料原料紧缺、原料价格暴涨、全球气候变化、消费端疲软等不利因素影响，树立新发展理念，加强饲料行业管理服务，大力推进饲料业转型升级，全省饲料业保持高质量平稳发展。2023 年全省饲料工业总产值 1 660.86 亿元，同比增长 5.2%。生猪饲料产量接近历史最高水平，家禽饲料产量持平，水产饲料、宠物饲料产量下降。全省饲料质量安全监管工作扎实开展，省级饲料质量安全监督抽查总体合格率为 98.2%。

（一）总产量再创历史新高，猪、禽饲料需求旺。 2023 年，全省饲料总产量为 3 610.7 万 t，同比增长 3.2%，饲料总产量创历史新高。其中，配合饲料需求旺盛，浓缩饲料与去年同期相比需求下降，主要由于大多数企业出于降本增效的考虑，更多地选择质好价优的配合饲料产品或效果较好的核心预混合饲料产品。全年配合饲料产量 3 517.8 万 t，同比增长 3.3%；浓缩饲料产量 25.5 万 t，同比下降 8.1%；添加剂预混合饲料产量 64.9 万 t，同比增长 4.7%。

1. 生猪饲料需求旺盛。 2023 年以来，生猪行业结构加快调整，大型生猪养殖企业持续扩张、规模化水平不断提升，生猪存栏和能繁母猪都处于高位水平，产能维持高位运行，全省生猪出栏 3 794.0 万头，同比增长 8.5%。海大集团、双胞胎集团、加大集团等大型猪料集团企业生猪饲料总产量均比去年同期有较大增长。全年生猪饲料总产量 1 503.5 万 t，同比增长 9.5%。猪饲料产量达到近 5 年来的最高峰。

2. 家禽饲料需求平稳。 2023 年全省家禽出栏 13.7 亿只，同比增长 2.8%，带动家禽饲料需求量稳中有增。以温氏、南宝、立华等为代表的禽业饲料集团企业，能够为用户提供资金扶持，即使在消费不旺的情况下也保证了一定的饲料产销量。全年蛋禽饲料产量 223.6 万 t，同比增长 0.9%；肉禽饲料产量 1 113.0 万 t，同比增长 1.2%。

3. 水产饲料需求下降。 2023 年，受饲料原料价格高企、成本压力大、消费需求不旺、养殖病害以及全球气候异常等因素的影响，水产养殖节奏被打乱。全年大部分水产品行情较低迷，多数养殖鱼价格大幅下跌，严重影响了养殖户的积极性。全年水产饲料总产量 740.1 万 t，同比下降 4.5%。

4. 反刍动物饲料需求基本不变。 近年来，广东省及周边省份肉牛饲养量逐年增多，部分饲料改从省内生产企业购入，肉牛饲料需求明显增长。在奶牛饲料方面，这两年由于奶价下行，奶牛养殖扩栏意愿降低，存栏量有所下降，奶牛饲料需求也在下降。2023 年，全省反刍动物饲料总产量 9.3 万 t，同比下降 0.5%，与去年产量基本持平。

5. 宠物饲料需求减少。 2023 年，全省持证生产的宠物饲料产品中，83.3%是宠物配合饲料产品。宠物配合饲料中，63.8%是宠物猫配合饲料，36.2%是宠物犬配合饲料。受消费低迷影响，2023 年宠物饲料需求下降。全年宠物饲料总产量 2.4 万 t，同比下降 15.1%。

（二）饲料原料消费价格双增长

在 2022 年原料持续上涨的基础上，2023 年前三季度主要的饲料原料玉米、豆粕、菜粕、鱼粉等价格仍处于一路上涨的态势，直到第四季度才开始小幅回落。全年各类饲料原料价格总体以涨为主。由于 2023 年全年饲料总产量的增长，饲料原料如大麦、小麦、菜粕、糠麸、玉米等的消费大多以增长为主，全年大麦、小麦的消费量比往年高出 80.0%以上，菜粕高出 30%。豆粕消费方面，广东省大力推行豆粕减量替代，全年豆粕消费量同比减少6%左右。

（三）饲料添加剂产品量增利减

受大环境消费不振、前三季度饲料原料价格大涨的影响，配合饲料企业成本压力大，饲料添加剂企业只能大幅缩小利润空间，来换取销量。由于全年饲料总产量有所增长，饲料添加剂的需求量同步增长，全年饲料添加剂总产量23.1万t，同比增长8.6%；但总产值57.7亿元，同比下降4.9%。外贸出口方面，同样是保量降利，全年饲料添加剂总出口量2.5万t，同比增长7.3%；出口额7.7亿元，同比下降10.0%。

（四）饲料产业规模化和集中度持续提升

2023年全省共有饲料和饲料添加剂企业约960家，生产许可证1 199份，其中隶属于大型饲料集团的企业约有192家，这些企业的饲料总产量占全省饲料总产量的70.0%。全年省内饲料总产量超10万t的饲料生产厂有130家（比2022年多1家），其中饲料总产量超20.0万t的有46家（比2022年多9家），超30.0万t的饲料生产企业有16家（比2022年多4家）。饲料产量增长明显的主要是各大生猪、家禽饲料集团企业。饲料产业整体规模化水平、集中度持续提升。

（五）区域发展进入调整期

2023年全省四大区域发展出现此消彼长的趋势。由于近年环保、土地、产业规划等原因，原本集中在珠三角的饲料企业，产能已逐渐向粤北、粤西等地区转移，珠三角地区的产量已进入下降区间。2023年珠三角地区饲料总产量同比下降约1.0%。粤东、粤西、粤北三个地区的产量均有不同程度的增长，特别是粤北地区，以生猪饲料为主，全年持证的饲料生产企业有78家，饲料总产量同比增长25.5%；粤东地区，近年来主要以水产、牛蛙等特种饲料为主，其中梅州市饲料产量增长最快，2023年梅州市有饲料生产企业16家，饲料总产量占粤东地区饲料总产量的36.8%。整个粤东地区饲料总产量同比增长12.0%；粤西地区，主要以生猪、肉禽、水产饲料为主，饲料产量多年来持续保持稳步增长的态势，粤西4市共有220家持证的饲料生产企业，全年饲料总产量同比增长1.6%。

【组织机构】

广东省农业农村厅内设畜牧与饲料处，负责拟定饲料业发展政策和规划并组织实施，承担饲料和饲料添加剂的监督管理工作。

【主要工作】

（一）大力推进豆粕减量替代

深入贯彻落实中央和农业农村部的工作部署，把豆粕减量替代工作贯穿畜牧业稳产保供、高质量发展全过程，强化政府引导，鼓励企业自主创新，多措并举推进豆粕减量替代。印发《广东省饲用豆粕减量替代三年行动方案》，力争饲料中豆粕用量占比每年下降0.5个百分点以上，到2025年饲料中豆粕用量占比降至12.2%以下；引导推动企业聚焦豆粕减量替代开展技术创新，推行精准配方和精细工艺，探索形成一批效果良好的技术路径和模式；支持引导高校和科研院所加强联合攻关，立足本土禀赋，大力发掘可替代资源；积极推进餐桌剩余食物饲料化定向使用试点工作，深圳市腾浪再生资源发展有限公司顺利通过评估认定，正式纳入试点实施联合体并授牌“餐桌剩余食物饲料化定向使用试点实施联合体成员单位”；充分利用主流媒体平台、政务工作群、企业工作群、依托行业协会广泛开展线上线下宣传，凝聚行业共识。

（二）切实做好饲用定向销售稻谷监管工作

按照《农业农村部 财政部 国家粮食和物资储备局 中国农业发展银行〈关于印发饲料养殖企业参与稻谷饲用定向邀标竞价销售试点实施方案〉的通知》要求，切实做好在广东省辖区内的饲料企业竞买稻谷的推荐确认、资料审核及监督抽查工作，对省内竞买成交稻谷饲料加工厂的监督抽查做到全覆盖。印发《关于加强饲料养殖企业竞买成交饲用定向销售稻谷监管工作的通知》，落实饲料养殖企业竞买成交饲用定向销售稻谷的监管责任，规范饲料养殖企业加工使用行为。

（三）着力规范饲料生产管理

举办全省饲料和饲料添加剂生产许可证现场审核专家培训班，加强生产许可管理；严格落实饲料生产行政许可、产品委托备案和自由销售证明等各项管理工作。2023年全省共核发饲料和饲料添加剂生产许可证394份，其中省级168份、市级225份；市级核发批准文号29个；办理委托生产备案143批次，产品3 686个；办理自由销售证明203批次，产品805个；委托省饲料行业协会开展饲料生产信息月度统计监测及生产形势分析工作，举办全省饲料生产信息统计监测培训班，完成水产饲料生产及行业发展、发酵饲料生产情况等专题调研；做好饲料生产企业安全生产管理工作，举办全省饲料安全生产培训班，培训来自全省21个地市的企业生产人员、管理人员和技术负责人等近180人。组织开展2023年饲料“安全生产月”活动，赴江门、肇庆、佛山等地对近10家饲料生产企业开展现场检查，督促指导地市及企业加强安全生产管理。

（四）不断深化饲料“放管服”工作

继续做好饲料行政许可委托事项工作，将从事饲料、饲料添加剂生产的企业审批（单一饲料、浓缩饲料、配合饲料、精料补充料、宠物配合饲料）和饲料添加剂产品批准文号核发委托给深圳市前海深港现代服务业合作区管理局实施。委托广州汇标检测技术中心、广东省科学院测试分析研究所（中国广州分析测试中心）、广东省科学院微生物研究所（广东省微生物分析检测中心）3 家机构，承担全省饲料管理行政许可所需的检测方法验证和产品复核检测工作。配合数字政府建设，持续优化政务服务事项梳理、“双公示”、电子证照等工作。督促指导企业做好饲料添加剂预混合饲料、混合型饲料添加剂产品配方备案工作。

（五）持续强化饲料质量安全监管

印发《2023 年饲料质量安全监管工作方案》，开展省、市两级“双随机、一公开”饲料质量安全监督抽查。2023 年，省级监督抽查饲料生产企业 204 家，饲料经营门店 59 家、养殖场（户）43 家，抽检范围涉及 10 个市，抽检项目包括质量、卫生、药物及非法添加物 4 个方面 34 项指标。此次监督抽检共抽检各类商品饲料及自配料产品 653 批次，其中有 12 批次产品不合格，总体合格率为 98.2%；召开全省饲料质量安全专题座谈会，针对 2022 年饲料质量安全监督抽检和风险预警监测结果，约谈 30 余家饲料生产企业，规范企业生产行为，强化饲料质量安全监管；开展省级饲料质量安全风险预警监测，对 228 批次样品进行真菌毒素、201 批次样品进行未知非法添加物和违规违禁药物等项目的高通量风险筛查监测，以及 195 批次配合饲料和 6 批次浓缩饲料进行重金属指标风险筛查；开展饲料和饲料添加剂生产企业现场检查，2023 年全省共计现场检查饲料和饲料添加剂生产企业 7 531 家次，出动检查人员 17 908 人次；开展饲料标签专项检查，全年全省共出动检查人员 13 155 人次，检查饲料生产企业、经营门店及养殖场（户）共 5 635 家次，发现饲料标签存在问题的有 66 家，均已要求限期整改。

【下一步重点工作】

持续抓好饲料业高质量发展。一是深入开展饲用豆粕减量替代三年行动，贯彻落实国家粮食安全战略，围绕低蛋白质、低豆粕、多元化、高转化率等目标，进一步加强政府支持引导，大力推进豆粕减量替代科技创新，在完善饲料原料营养价值数据库、餐桌剩余食物饲料化等方面开展深入探索研究，促进饲料粮供需平衡。二是加强饲料生产和主要饲料原料市场跟踪调度，引导企业积极应对社会、经济与自然等带来的不利影响，调整产品结构和产业链布局，保持高质量发展。三是继续加强饲料生产管理，进一步规范饲料生产行为，严把饲料生产行政许可准入关，严格落实各项管理工作，推进“放管服”工作走深走实。四是持续强化饲料质量安全监管，通过饲料产品质量安全监督抽查、风险预警监测、现场检查、饲料标签专项检查、养殖环节“瘦肉精”专项监测等形式，有效遏制违法违规行为。五是进一步督促指导企业加强安全生产管理。

（广东省农业农村厅）

广西壮族自治区饲料工业

【发展概况】

广西饲料工业具有明显的区位优势，饲料原料进口便捷，交通物流发达，毗邻粤港澳大湾区，畜产品消费市场广阔，产业基础良好，2023 年共有饲料和饲料添加剂生产企业 387 家。饲料总产量 2 297.9 万 t，同比增长 13.5%；产值 818.5 亿元，同比增长 8.0%。至今已形成了蛋白质原料产业带、矿物元素添加剂生产带和饲料加工集中区的产业布局，其中饲料蛋白质原料产业带分布在防城港、北海、钦州 3 个沿海城市，矿物元素添加剂生产带集中在贵港、崇左、钦州等有色金属主产区，饲料加工集中分布在南宁、玉林、贵港、钦州这些中心城市和养殖业发达地区。这 4 个市的饲料产品产量占广西总产量的 95.0%以上，其中南宁市的饲料产量约占广西总产量的 1/2，其饲料生产企业数量及饲料产量居广西首位。

【发展特点】

（一）畜牧业稳产保供成效凸显

全区猪牛羊禽肉产量 469.2 万 t，增长 5.2%，高于全国 0.7 个百分点；生猪出栏 3 516.6 万头，增长 5.1%，高于全国 1.3 个百分点；家禽出栏 11.1 亿羽，增长 5.3%，高于全国 1.1 个百分点。年末生猪存栏 2 268.5 万头，同比增长 2.2%，其中能繁母猪存栏 221 万头，处于调控绿色区间。饲料工业的持续健康发展有力地支撑了我区畜牧业大省高质量发展，为稳定经济大盘提供了坚实支撑。

（二）饲料产量继续稳居全国前列

全区工业饲料产量 2 297.9 万 t，同比增长 13.5%，高于全国 6.9 个百分点；产值 846.9 亿元，同比增长 9.4%，高于全国 2.9 个百分点，均位居全国第三。其中，猪料 1 480.7 万 t，同比增长 19.5%，高于全国 9.4 个百分点，位居全国第二。有力地支撑广西畜牧业大省地位，为稳定经济大盘提供了坚实支撑，为粮食安全作出了重大贡献。

（三）饲料产品结构更加合理

在产品类别上，配合饲料 2 252.6 万 t，同比增长 13.1%，占总产量的 98.0%，配合饲料的大量使用直观反映了全区养殖规模程度；浓缩饲料 28.8 万 t，同比增长 60.8%，占总产量的 1.3%，浓缩饲料的增长主要是综合保税区玉米深加工产量增长；添加剂预混合饲料 16.5 万 t，同比增长 17.7%，占总产量的 0.7%。在产品系列上，猪料 1 480.7 万 t，同比增长 19.5%，占总产量的 64.4%，猪料仍然是全区饲料产量的增长点；蛋禽料 107.0 万 t，同比增长 11.3%占总产量的 4.65%；肉禽料 640.7 万 t，同比增长 3.0%，占总产量的 27.9%。

（四）饲料产业集中度稳步提高

全区年产量 50.0 万 t 以上有 7 家企业（力源、扬翔、新天地、双胞胎、海大、温氏、新希望），合计产量 1 571.1 万 t，占总产量的 68.4%；年产量 10 万 t 以上的企业有 88 家，比去年增加 10 家，合计产量 1 960.3 万 t，占总产量的 85.3%。力源集团成为广西本土第一家饲料年产销量超千万吨的企业，集团在全国拥有 180 多家分子企业，员工 1.4 万人；2023 年全年实现销售收入 440 亿元，同比增长 9.5%；饲料产销 1 200.0 万 t（相当于全国排名第 13 名江西省的饲料年总产量），同比增长 13.0%；肉猪年出栏 270 万头，肉鸡年出栏 7 000 万羽；粮油食品板块销售收入 10 亿元，生鲜超市达 160 家，总体实现产量和利润双增长目标；预计 2024 年饲料产销量 1 300 万 t，肉猪出栏 280 万头，集团产值突破 470 亿元，业务稳健提高。

（五）饲料质量安全持续保持高水平

全年共抽检饲料和饲料添加剂产品 1 098 批次，合格率 98.5%。

【主要工作】

(一) 抓住关键环节，突出监管重点

一是组织开展饲料质量安全监督抽查。制定下达全区饲料质量安全监管方案，全年共抽查饲料和饲料添加剂生产、经营企业和养殖场（户）642家，抽检饲料和饲料添加剂产品1 098批次，合格率98.5%。二是饲料质量安全风险预警。开展风险预警监测213批次，有43批次样品存在风险，166批次饲料中抗菌药物非法添加物筛查，有41批次饲料样品存在风险。三是开展现场监督检查。派出检查组对40家饲料和饲料添加剂生产企业进行现场检查，及时通报现场检查情况，落实对不合格产品及企业的追踪溯源。

(二) 严格许可评审，强化事中事后监管

一是进一步规范饲料和饲料添加剂生产许可评审，完善许可评审制度，严格资格审核，全年共核发87张饲料生产许可证，重点结合《饲料质量安全管理规范》要求，加强对企业的管理制度、规程和记录表单的审核力度。二是加大对获证生产企业日常监管力度，结合安全生产工作，各市对辖区内饲料生产企业实行全覆盖现场检查，对存在问题及时查处溯源。三是强化"检打联动"，及时通报全年监督抽检情况，落实对不合格产品及企业的追踪溯源。加强获证企业日常监管，年内注销15张饲料生产许可证，杜绝许可证失效企业转为地下工厂。

(三) 狠抓安全生产，确保企业稳定发展

一是开展安全生产专项检查。共检查养殖、饲料、兽医屠宰企业260家，安全隐患140处，已责令企业限时整改。二是8月25日召开全区养殖场有限空间作业安全生产监管工作会议，对今年发生的多起畜禽养殖场有限空间涉险事故（事件）进行了通报。三是举办安全生产专题培训班，全面落实警示标识制度，有效防范和遏制有限空间作业和粉尘爆炸等安全生产的事故发生。共印发畜牧兽医行业安全宣传手册400份，《有限空间作业风险防控挂图》4.5万份，《畜牧兽医行业有限空间作业风险提示明白纸》11万份。

(四) 多措并举，持续推进饲用豆粕减量替代

制定印发《广西饲用豆粕减量替代三年行动实施方案》，举办低蛋白质低豆粕多元化日粮技术宣贯培训，推广新型日粮配方和多元化饲料精细加工技术。推动广西华港农牧发展有限公司与中国农业科学院饲料研究所开展饲料精准配方与精细化加工，通过饲料精准配方与精细加工技术，对粉碎、调质、制粒、膨化、烘干、冷却、等设备进行优化，使产能提升2～3个百分点，饲料产品的制粒质量和膨化质量分别提高3～5个百分点，实现饲料资源的高效利用和饲料产品的提质增效。2023年全区配合饲料和浓缩饲料中豆粕消费量261.2万t，占比11.6%，同比下降1.5个百分点，大豆饲用需求同比减少7 359t。提前实现全国到2025年饲料中豆粕用量占比降至13.0%以下的目标任务。

(五) 加强饲料行业指导，提升服务水平

一是加强组织领导实现饲料统计全口径填报、审核、上报，为政策决策分析提供数据支撑；二是积极主动与发改、税务、财政、工信等部门沟通，协调继续给予广西饲料工业享受西部大开发鼓励类产业税收优惠，从政策角度减少企业成本，营造良好营商环境；三是组织饲料生产经营养殖企业参加广西饲料工业协会组织的各种形式的研讨会、技术讲座、法规培训；四是积极为桂林力源集团、海大集团、新希望集团等大型饲料企业在省内外的扩张，寻求合作伙伴牵线搭桥，积极为区外饲料企业在广西的发展提供帮助。

【下一步重点工作】

(一) 持续推进豆粕减量替代行动

加大力度在全区开展豆粕减量替代行动，把饲料粮减量使用列入重点工作任务，引导饲料养殖企业参与行动中，组织有关专家提供精准配方和服务指导，总结豆粕减量替代的典型模式，进一步推进广西饲料行业高质量发展。

(二) 继续强化饲料和饲料添加剂质量安全监管

重点开展违禁药物、未知添加物等风险物质排查，加快构建非法添加物筛查谱库，对于存在较大风险的饲料和饲料添加剂产品及时开展专五条项监督，要确保饲料质量安全监督抽捡合格率在99.0%以上，不发生大规模质量安全事故。

(三) 继续抓好饲料安全生产管理

督促生产企业严格按照《饲料加工系统粉尘防爆安全规程》和《严防企业粉尘爆炸五条规定》，落实安全生产主体责任。落实好安全生产"三个必须"和"属地管理"职责，切实增强安全防范意识，对重点企业、重点环节组织开展排查，彻底清查事故隐患，堵塞安全生产漏洞。

(四) 更好为行业发展做好服务

贯彻中央关于深化"放管服"改革要求，从简政放权入手，推动"放管服"结合、优化服务，激发市场活力。依托行业协会加强行业交流和学习，通过优化服务、定期形势分析、法规标准培训等形式创新服务方式，指导行业健康发展。

（广西壮族自治区农业农村厅）

海南省饲料工业

【发展概况】

2023年，在农业农村部指导下，按照省委、省政府的部署要求，认真贯彻落实《农业农村部办公厅关于印发2023年饲料质量安全监管工作方案的通知》（农办牧〔2023〕1号）工作要求，加快推动海南省饲料工业转型升级，不断加强服务保障，进一步规范饲料企业安全生产，全省饲料生产保持良好态势，有力支撑现代畜牧业发展。

截至2023年底，全省共有饲料生产企业59家。其中，配合饲料生产企业35家、混合型饲料添加剂9家、添加剂预混合型饲料生产企业2家、饲料添加剂生产企业5家、单一饲料生产企业8家。全年配合饲料总产量389.4万t，总产值148.3亿元，分别同比增长15.2%和10.8%；单一饲料总产量54.6万t，同比增长89.0%；单一饲料总产值20.1万t，同比增长72.5%；添加剂预混合饲料859.5t，同比下降72.5%。

【组织机构】

海南省农业农村厅畜牧兽医处主要职能为起草全省畜牧业、饲料（草）业发展政策，规划并组织实施；监督管理畜牧业生产和饲料（草）业生产经营、饲料及其添加剂质量安全。

海南省动物疫病预防控制中心（海南省兽药饲料监察所）主要职能为承担农业农村部和省农业农村厅下达的各类产品抽样监测计划和本省兽药饲料产品质量安全监督、检验、技术仲裁，以及及提供监管技术支撑等工作。

【主要工作】

（一）持续推动抓好饲料企业稳定发展

按照农业农村部和省委、省政府的部署，积极协调各有关部门，及时快速有效抓好饲料企业生产稳定工作，确保全省畜禽养殖饲料有效供给。加强指导和帮助企业及时做好各项工作，确保养殖企业饲料供需平衡发展，同时与交通、市场、粮食等有关部门协调，加强与上级和下级之间沟通，利用网络传媒等手段，快速通知发文出台政策，采取一切有效措施快速有效化解各种困难问题，保证饲料企业正常生产经营，确保企业正常生产。

（二）抓好饲料监督抽查工作

根据农业农村部的要求，结合海南省实际，制定印发了《农业农村部办公厅关于印发〈2023年海南省饲料质量安全监管工作方案〉的通知》（琼农字〔2023〕120号），对全省所有企业实施抽检，同时进行监督检查，不断增强饲料企业自律意识，提高企业规范管理水平。2023年，海南省18市县（三沙市除外）饲料管理部门按照文件要求统一部署，在123家次企业抽检各类饲料产品150批次，开展饲料产品质量安全监测，检测合格148批次，合格率98.7%，较2022年提高0.7%，2批次不合格样品为铜、锌含量超标。并按要求从海南省饲料风险监测样品、兽药饲料经营门店销售的饲料产品中抽取21个饲料标签寄送国家饲料质量监督检验中心（北京）检查标签标示的相关内容。将抽检发现的不合格饲料产品问题线索移交属地执法局，确保执法全覆盖，严厉打击了生产、经营、使用不合格饲料等违法违规行为，有效规范了饲料生产经营行为，为全省畜牧业质量安全提供了有力保障。

（三）开展畜产品质量安全风险监测工作

2023年，组织全省18个市县开展畜产品共抽检各类畜禽产品181批（鸡蛋41批、猪肉38批、鸡肉39批、牛羊肉38批、鸽肉10批、生鲜乳15批），检测项目包括β-受体激动剂类、氟喹诺酮类、磺胺类、氯霉素、氟苯尼考、黄曲霉毒素M1及三聚氰胺，其中1批次鸡肉检出氟喹诺酮（环丙沙星），合格率 99.4%。

（四）抓好饲料标签专项检查

根据农业农村部文件要求，组织部署全省开展饲料标签专项检查。一是开展自查自纠。各市县组织饲料企业开展饲料标签规范性行动，对照饲料标签有关法规标准，对其生产的饲料、饲料添加剂和饲料原料等产品标签进行对照自查，及时修改纠正标签中的不规范标示情况。二是实施专项检查。全省饲料和饲料添加剂生产企业约有 60 家，海南省组成专项检查调研小组到海口、定安、文昌、澄迈、琼海、儋州等市县，对 40 余家饲料和饲料添加剂生产企业开展调研检查工作，覆盖率达 65.0%以上，检查各类饲料标签 300 余份，企业标准 60 余份，完成标签检查表记录 40 余份。调研方式以现场抽取标签对照《检查表》进行核查、与企业负责人进行座谈交流等方式开展。对受检企业生产现场、制度文件、生产记录和检验记录等进行检查，询问受检企业相关人员，全面查找受检企业存在的问题。另外，在海口、文昌 8 家兽药饲料经营店进行市场销售的饲料添加剂产品进行抽样，抽取了 21 个产品对其标签报送国家饲料质量监督检验中心（北京）检查标签标示的相关内容。

（五）抓好饲料安全生产工作

根据海南省“安全生产三年行动规划”要求，周密部署 2023 年饲料行业安全生产工作。一是抓好 2023 年“安全生产月”活动。组织召开“三重一大”处务会，学习贯彻习近平总书记关于安全生产重要论述，持续开展安全生产专项检查。按照《海南省农业农村厅办公室关于开展 2023 年度畜牧兽医行业安全生产检查的通知》（琼农办〔2023〕39 号）文件要求，组织 4 个安全生产检查组到全省 18 个市县进行安全生产检查，不断强化饲料行业人员安全意识。二是持续开展饲料企业粉尘防爆整治和危险化学品专项治理活动。根据海南省安全生产委员会关于危险化学品整治的指导精神，结合饲料行业实际，采取措施，突出抓好饲料企业实验室管理，重点对检验化验试剂等危险化学品物质的管控，督促企业严格执行实验操作规程，落实好使用有毒有害、易燃易爆物品和试剂的制度，进一步建立完善饲料兽药企业危险化学品物质管理台账，不断提高管控水平。积极督促地方饲料主管部门抓好日常检查巡查，重点检查了海口、儋州、澄迈、定安、文昌等市县饲料生产企业 50 余家，不断完善企业安全管理台账，强化饲料企业安全生产措施，及时排查隐患，压实属地监管责任和企业主体责任，进一步加强企业生产安全“主人翁”意识，确保全省饲料企业生产安全和质量安全。

（六）抓好饲料工业统计工作

按照农业农村部畜牧兽医局工作要求，抓实抓细全省饲料统计工作，加强饲料统计队伍建设，保证按时完成月报、季报、年报统计任务。同时，适时完成农业农村部畜牧兽医局调度调查饲料原料和饲料产品价格工作，及时提供客观准确的数据，为全国畜牧业大数据宏观调控提供有力的支撑。

【存在问题】

（一）饲料产品个别产品存在问题

2023 年，饲料抽检不合格主要体现在个别产品铜、锌超标，反映了部分企业饲料产品生产控制微量元素铜、锌不够，存在一定质量安全隐患。另外，在随机抽样检查中发现少数产品粗蛋白质含量不足和风险监测中检出低含量氟苯尼考，海南省 2024 年将继续加强跟踪抽样检查。

（二）进一步规范饲料标签和监督管理

从监督抽检和标签调研检查工作中，发现饲料生产、经营环节中有的饲料添加剂、混合型饲料添加剂、中药饲料原料等饲料产品标签参差不齐，存在产品名称不符合规定、原料组成标识不符合规定、无“生产地址”和“注册地址”字样、产品成分分析保证值标识项目不符合规定和标签标示有防病治病作用等不规范情况。

【下一步重点工作思路】

（一）推进饲料行业高质量发展

要按照建设海南省自由贸易港要求，优化服务条件，推进海南省大型饲料企业科技创新发展，不断提高饲料行业发展现代化水平，增强饲料产品质量，进一步规范行业市场秩序，提升全省饲料企业竞争力。

（二）抓实饲料质量安全工作

按照农业农村部的部署，继续抓好 2024 年饲料监督监测工作，继续加强自配料监测，落实跟踪监测，特别是国家实行禁抗药后，重点监测饲料添加剂饲料企业，严厉查处违规行为，确保全省饲料质量安全。

（三）加强安全生产管理工作

按照省委、省政府安全生产三年整治计划，抓好饲料企业粉尘防爆专项治理和危险化学综合治理工作，注重日常安全生产监督检查，压实责任，强化落实，消除安全隐患，确保全省饲料行业生产安全。

（四）抓好饲料统计工作

按照上级饲料统计工作要求，根据全省饲料形势发展，加强饲料统计队伍建设，认真全省饲料统计工作，确保按时完成各项统计任务。

（海南省农业农村厅畜牧兽医处）

重庆市饲料工业

【发展概况】

2023 年，重庆市饲料行业克服大宗原料持续震荡、生猪价格低迷等不利因素，积极调整生产经营思路，优化产品结构，更新生产工艺，全市饲料产值、产量实现双增，中小饲料企业销量下降，大型饲料企业销量增长，行业创新发展步伐加快，全市饲料质量安全状况保持稳定向好。

2023 年全市饲料工业总产值 184 亿元，同比增长 14.2%，其中，饲料产品产值同比增长 13.7%，饲料添加剂产值同比增长 31.1%。饲料总产量 446.5 万 t，同比增长 3.7%。其中，配合饲料 419.0 万 t，同比增长 3.4%；浓缩饲料 23.0 万 t，同比增长 5.4%；添加剂预混合饲料 3.3 万 t，同比增长 49.3%。按品种，猪饲料 315.0 万 t，同比增长 6.8%；蛋禽饲料 43.0 万 t，同比增长 5.4%；肉禽饲料 60.0 万 t，同比减少 6.8%；水产饲料 21.0 万 t，同比减少 5.2%。饲料添加剂总产量 4.7 万 t，同比增长 21.0%。其中，饲料添加剂 2.9 万 t，同比增长 72.0%；混合型饲料添加剂 1.8 万 t，同比减少 18.5%。

【组织机构】

重庆市饲料工业办公室于 1986 年正式成立，挂靠市农办。1996 年转到市农业局后改为市农业局内设机构。2000 年机构改革时不再是市农业局单独的内设机构，改为挂靠重庆市农业局畜牧兽医处。2005 年，重庆畜牧兽医体制改革，畜牧兽医处分为畜牧处和兽医处，重庆市饲料工业办公室挂靠在畜牧处。2008 年，成立市农委后，又挂靠在重庆市农委畜牧业发展处。2018 年，机构改革成立重庆市农业农村委员会，相关职能并入畜牧业处。

【主要工作】

（一）积极推进饲用豆粕减量替代

引导企业充分运用现有的饲料资源，调整优化饲料配方结构，全面推广低蛋白质日粮、饲料精准配方、饲料精细加工等关键技术，提升饲料利用效率，降低豆粕添加比例。鼓励企业加大科研力度，加快产品研发，大力推广应用微生物蛋白质原料扩大色氨酸低蛋白质小品种氨基酸生产能力，研发生产新型高效饲料添加剂，切实减少豆粕用量。截至 2023 年，重庆市西南大学、市畜科院结合本地优质粗饲料资源配套综合利用技术，创制抗菌肽等添加剂新产品，集成相关新技术、新配方 20 余项，试点推广企业的浓缩饲料豆粕用量降低到 60.0%左右。

（二）强化网审平台运用，提高审批效率

持续推进“放管服”改革精神，细化饲料行政审批事项服务清单，进一步完善重庆市“渝快办一网通办”政务服务平台中涉及饲料行业审批事项，推进行政审批数据在各个领域场景应用，实现更大程度的“减证便民”。优化饲料生产审批服务，在行政许可上减环节、减材料、减时限，服务便捷度、企业和群众获得感和满意度明显提升，“川渝通办电子证照”互认共享工作取得初步成效。严格按照《饲料和饲料添加剂管理条例》及相关规章要求严把准入条件，对不符合许可条件要求的，按审核意见落实整改，坚决淘汰质量安全和生产安全无保障的小、散、乱落后产能。督促指导企业做好添加剂预混合饲料和混合型饲料添加剂产品备案管理工作。

（三）强化安全生产监管，落实属地责任

2023 年，按照“双随机、一公开”的要求，联合市场监管等部门开展饲料质量安全监管专项行动，重点检查饲料生产企业采购的饲料原料、饲料添加剂、药物饲料添加剂等，是否遵守国务院农业行政主管部门有关规定组织生产，饲料及饲料添加剂产品标签是否符合《饲料标签》相关规定。对企业执行《饲料质量安全管理规范》情况进行逐条比对检查，严肃查处违法违规行为。同时，要求区县管理部门切实加

强对饲料生产、经营和使用环节的监管，采取定期检查和不定期抽查相结合的方式，对使用饲料原料目录、饲料添加剂品种目录和药物饲料添加剂品种目录以外物质进行生产的；销售无生产许可证、无生产厂家、无产品批准文号的“三无”产品及拆包、分装和添加其他物质再加工的不法行为严厉查处，从而实现对饲料生产企业从原材料采购到生产、销售过程的全程监管，确保上市销售的饲料产品质量安全。全年共出动执法人员 6 897 人次，检查生产企业 125 个，检查经营门店 1 389 个，检查畜禽养殖场所 7 500 个。

（四）开展专项监测，强化“检打联动”

按照全市畜禽养殖和饲料生产企业分布情况，突出重点区域、重点环节和重点产品，强化对饲料经营和使用环节的监测。下发饲料质量安全监测计划的通知，在全市范围对饲料产品质量安全监测 500 批次，重点监测卫生指标、违禁添加物和主要营养指标，合格率达 98.7 %，饲料产品合格率常年保持较高水平，连续多年未检出违禁添加物。在活畜养殖、运输、交易、屠宰环节开展“瘦肉精”专项监督抽检，共检测 7 590 余份次，未检出“瘦肉精”。2023 年，全市共立案查处 6 起饲料违法违规案件，罚款 5.3 万元，没收不合格饲料产品 0.7t。

（五）加强宣传引导，营造良好氛围

大力宣传豆粕减量替代行动方案，积极开展豆粕减量替代应用技术宣传推广。组织行业专家下沉一线，开展下乡宣讲活动，面向饲料生产企业、畜牧养殖场（户）开展授课和宣传指导。充分利用政务工作群、企业工作群、重庆饲料工业协会微信公众号等媒体平台，开展线上线下宣传，分享豆粕减量替代相关技术资料和生产实践案例，引导养殖主体积极参与豆粕减量替代行动，形成良好的社会氛围。联合饲料工业协会组织举办饲料行业法规培训宣传，通过发放宣传资料，现场咨询、答疑，播放影像资料等多种形式，大力宣传《农产品质量安全法》《饲料和饲料添加剂管理条例》等法律法规，有效提高饲料生产、经营和使用企业的遵纪守法意识。

【存在问题】

一是仍有个别企业重经营、轻安全生产。安全生产防护意识不强，安全生产责任落实不到位，相关制度不完善。二是养殖场（户）使用的自配料，超范围、超剂量、违规添加兽药的情况时有发生，自配料仍是监管的难点和薄弱环节。三是饲料企业对国家相关法律法规理解不到位，违反《标签标准》《饲料添加剂安全使用规范》《饲料质量安全管理规范》的情况时有发生。

【下一步重点工作】

一是进一步推进豆粕减量替代。加强与发改、财政、科技等部门的沟通对接，围绕低蛋白质日粮推广、新产品创制关键环节加大政策资金支持，为饲料工业原料优选精准配料、精细加工提供支撑。同时，做好审批咨询服务工作，加快审批环节进度，推动新产品尽早上市应用。二是积极进行全产业链发展。推动饲养融合，在精准配方、资源高效利用、抗生素减量使用等方面加大技术攻关力度，更好服务农牧业绿色发展，服务养殖业提质增效，服务农牧民增收致富。三是进一步提升行业监管服务水平。加强法律法规宣贯、政策业务培训，着力提升行业从业人员素质。

（重庆市农业农村委畜牧业处）

四川省饲料工业

【发展概况】

2023年，四川省饲料行业克服畜产品市场持续低迷、原料价格跌宕起伏等因素影响，行业生产保持稳定发展的良好态势。工业饲料总产量1 528.7万t，同比增长6.2%；饲料工业总产值660.4亿元，同比增长4.3%。从饲料种类来看，配合饲料1 444.2万t，同比增长6.5%；浓缩饲料49.7万t，同比增长1.7%；添加剂预混合饲料33.2万t，同比增长1.6%。从饲料品种来看，猪饲料1 066.2万t，同比增长9.0%，其中，仔猪料370.5万t，同比增长11.1%；母猪料151.0万t，同比增长13.2%；育肥猪料496.8万t，同比增长8.0%；禽料365.0万t，同比增长2.6%。其中，肉禽料221.1万t，同比增长2.8%；蛋禽料143.9万t，同比增长2.2%；水产料63.3万t，同比下降12.8%；反刍料18.7万t，同比增长6.4%；宠物饲料1.7万t，同比下降3.1%；其他13.8万t，同比增长5.2%。2023年，全省共开展监督抽检饲料样品1 451批，产品合格率99.2%，未检出"瘦肉精"、三聚氰胺等违禁物质。

截至12月底，全省共有饲料和饲料添加剂生产企业547家，其中取得预混料生产许可证的企业105家，添加剂生产许可证企业75家，混合型添加剂生产许可证企业92家，配合饲料、浓缩饲料、精料补充料生产许可证企业283家，单一饲料生产许可证企业89家。

【主要工作】

（一）严格许可评审，强化事前准入

认真执行国家规定的饲料生产许可条件，将行业管理规范、安全生产、环境保护等相关要求纳入许可审核内容。2023年，全省共开展饲料生产许可书面评审221件，现场评审211家（次），合格率分别为93.2%和94.5%。

（二）加强监督检查，强化事中控制

下达饲料质量安全监督抽查计划，继续将监督检查和监督抽检有机结合，以2022年度被部省通报有不合格产品的、有信访投诉的以及有其他违法行为的企业为重点对象，以《饲料质量安全管理规范》全面实施为重点内容，以生产许可现场审核、日常监督检查和"双随机、一公开"联合检查为抓手，对饲料生产企业进行全面检查，有效落实企业主体责任，保障饲料产品质量安全。

（三）严格"检打联动"，强化事后监管

一是加强监督抽检。2023年生产、经营、养殖环节共抽取饲料样品1 451批次，合格率99.2%；针对行业新情况、新问题，组织开展饲料风险监测，共计监测相关样品112批次，发现阿苯达唑、乙酰甲喹、对乙酰氨基酚等高风险危害因子16项；开展抗生素类药物专项抽检208批次，均未发现非法添加情况，合格率100.0%。二是严格"检打联动"。联动厅综合执法监督局，组织对2023年全省饲料质量安全监督抽检不合格产品进行严肃查处，依法注销40家饲料生产企业的生产许可证。三是严格执行"两个名单"制度。按照"四川省饲料兽药生产企业重点监控名单和黑名单制度"规定，对生产不合格饲料产品的7家饲料生产企业予以警示备案，向企业发出警示函，并监督落实整改措施。

（四）深化安全生产监管

牢牢把握影响行业安全生产的重点环节，切实加强安全生产指导和监督，坚决防范各类安全生产事故发生。一是认真落实"三管三必须"工作要求，结合全省饲料兽药质量安全监督抽查，深入开展安全生产进企业活动，重点对突出问题和重点企业开展监督检查，督促企业切实履行安全生产主体责任。二是牵头组织有关专家对成都等5个市饲料兽药行业安全生产情况开展督查。三是按照《关于扎实推进农业安全生

产重大事故隐患专项排查整治2023行动的通知》，研究制定饲料兽药行业重大事故隐患判定标准，并指导市县管理人员和企业开展检查评判和整改完善。四是按照《四川省2023年度省本级部门联合双随机抽查计划》《2023年饲料兽药生产企业“双随机、一公开”联合检查工作方案》要求，联合省应急管理厅，对广元市和德阳市12家饲料兽药生产企业安全生产措施落实等情况进行联合检查，对发现的问题逐项落实整改责任人、整改措施、整改时限、整改要求，确保相关问题隐患按期整改到位，全省饲料行业无重特大安全事故发生。

（五）突出抓实饲料生产企业原料控制行动

为从生产源头上保障饲料产品质量安全，在全省范围内组织开展饲料生产企业原料控制行动。制定印发了《四川省饲料生产企业原料控制行动方案》，明确了行动内容、检查范围、推进步骤和工作要求；督促企业对原料进行全面清查，认真落实《饲料质量安全管理规范》规定的各项原料控制制度，严格执行饲料生产“目录制”管理规定；开展专项检查，对发现的问题责成企业限期整改，确保落实到位；对违法违规行为，严格依法查处。

（六）积极推进饲料用豆粕减量替代

积极推进饲料用豆粕减量替代，助力打造更高水平天府粮仓。一是制定印发了《四川省饲用豆粕减量替代三年行动方案》，对全省开展饲用豆粕减量替代工作进行了全面安排部署。二是组织省饲料工作总站、省草业中心、四川农业大学动物营养所、成都市农业科技职业技术学院、省畜科院饲料所和省饲料工业协会等专家成立饲料粮减量替代工作专班，专题研究推进饲料粮减量替代工作。三是利用省饲料工业协会平台大力宣传饲料粮减量替代，提高广大饲料和养殖企业对豆粕等饲料粮减量替代的认识和接受度。举办饲用豆粕减量替代专题培训班，对近400家企业600余名技术人员进行了相关技术方案和典型案例培训，直播平台累计超百万在线观看。四是配合农业农村部开展了四川发酵饲料产品专题调研，通过实地走访和座谈交流，深入了解四川省发酵饲料产品生产情况，研究探讨发酵饲料产品在豆粕等饲料粮减量替代中的应用现状和前景。五是组织专家对新希望、铁骑力士、德康、明兴等饲料和养殖企业豆粕减量替代的示范成效进行跟踪调研，总结提炼适合四川省饲料和养殖企业的豆粕减量替代成功模式。六是积极组织全省企业参加稻谷饲用定向邀标竞价销售试点企业遴选工作，通过严格审查，新希望六和股份有限公司被农业农村部推荐为首批入选国家“稻谷饲用定向邀标竞价销售试点企业”，参加稻谷饲用定向邀标竞价销售的专场交易。

（四川省农业农村厅）

贵州省饲料工业

【发展概况】

2023年，贵州省饲料产业的发展机遇与挑战并存，面对复杂严峻的疫情冲击和原料市场竞争及价格波动带来的不稳定性，展现出强大的韧劲，取得了较好的成绩。

（一）饲料生产快速发展

贵州省严格按照《饲料和饲料添加剂管理条例》等法规文件规定，依法开展饲料行政许可工作。2023年全省共有饲料及饲料添加剂企业124家，同比增长15.9%，生产许可证125份。其中，配合饲料、浓缩饲料、精料补充料99份，单一饲料11份，饲料添加剂10份，混合型饲料添加剂3份，添加剂预混合饲料2份。据中国饲料工业统计信息系统显示，全年饲料工业总产值203.3亿元，同比增长10.9%；工业饲料总产量468.0万t，同比增长19.2%。按类型分，配合饲料411.2万t，同比增长22.8%；浓缩饲料56.4万t，同比下降1.5%；添加剂预混合饲料0.4万t，同比增长3.9%。按品种分，猪饲料388.3万t，同比增长23.7%；蛋禽饲料21.4万t，同比下降8.5%；肉禽饲料44.7万t，同比增长19.4%；水产饲料1.1万t，同比下降23.2%；反刍动物饲料10.7万t，同比下降21.2%；其他饲料1.7万t，同比下降36.6%。

（二）企业布局相对集中

40.0%的饲料企业集中在贵阳市，其中修文县有21家，全年贵阳市的工业饲料总产量占全省37.5%。截至2023年，在贵阳市综合保税区建成2家以进口转基因玉米、豆粕等原料生产配合饲料的加工企业。

（三）豆粕替代步伐加快

2023年中央一号文件明确提出，深入实施饲用豆粕减量替代行动。贵州省积极响应，积极推动饲料蛋白质资源的开发，加大对贵州省特有的酱香型白酒糟的开发利用，加快非常规蛋白质资源的投入生产，不断增加蛋白质饲料的供应，缓解了蛋白质资源不足的矛盾。全年新增干白酒糟、酿酒酵母培养物、酿酒酵母发酵白酒糟生产企业4家，乙醇梭菌蛋白生产企业1家。

（四）科技含量不断提高

一是乙醇梭菌蛋白正式投入生产。二是磷酸氢钙、磷酸二氢钙、磷酸三钙生产企业和产量逐年增加。三是以五倍子为原料生产单宁酸及没食子酸丙酯等科技含量高、附加值高的产品具有较强的国际竞争力。

【组织机构】

贵州省农业农村厅畜牧发展处，正处级行政单位，在编4人。主要职能是对全省畜牧业、饲料业、畜禽粪污等进行监管与服务。全省9个市（州）农业农村行政管理部门均有饲料管理部门。

【主要工作】

（一）开展饲料产品监督抽检

制定印发《2023年全省饲料及生鲜乳质量安全监管监测工作方案的通知》，在全省范围内组织开展饲料、“瘦肉精”专项监测工作。一是加大抽检力度。2023年省级抽检饲料样606批，合格573批，合格率94.6%；养殖环节“瘦肉精”抽检12 316批，任务完成率123.2%，合格率100.0%。市级饲料质量安全监督抽样1 052批，任务完成率100.2%，合格1 033批，合格率98.2%。在中秋、国庆“两节”期间组织开展养殖环节“瘦肉精”拉网排查，抽检样品18 661批，未发现使用“瘦肉精”的违法行为。二是强化“检打联动”。监督抽检出的不合格产品，委托检测机构在完成异议处理后，第一时间上报并反馈给当地饲料管理部门，各地在收到不合格检测结果后，及时组织立案处罚，上报处罚结果，严厉打击违规违法添加行为。

（二）开展饲料企业监督检查

一是制定工作方案。印发《2023年全省饲料质量安全监管工作方案》，组织各地饲料管理部门对饲料生产经营企业进行明察暗访，严厉打击伪劣假冒、违法违规生产、经营及使用饲料产品的行为。二是开展日常检查。各地开展辖区内饲料和饲料添加剂生产企业现场检查，确保所有生产企业每年至少检查一次，其中，省级现场检查13家。三是开展随机抽查。按照权责清单及“双随机、一公开”要求，现场检查5家饲料生产企业，未发现涉嫌犯罪的情况，检查发现的问题企业已按时整改完成。

（三）加强饲料行业服务指导

一是推动饲料行政许可网上办理进程。根据贵州省政务服务中心相关文件要求，网上完成饲料、饲料添加剂行政许可事项办事指南填写工作，引导全省全面实现“一网通办”。二是完善饲料和饲料添加剂生产许可审核程序。严格按照《饲料和饲料添加剂管理条例》等法规文件规定，严把行政许可审核关，凡是达不到生产许可条件的，不予核发生产许可证，2023年共核发49张饲料和饲料添加剂生产许可证。三是加大政策扶持力度。根据《贵州省饲料自产自用证明工作指引》相关要求。对符合自用料的32家饲料生产企业执行农业生产用电价格。四是加强饲料工业统计填报和审核。严把数据质量关，实行“省—市—县—企业”逐级负责制和通报制，要求各市（州）饲料管理部门及生产企业明确安排专人负责统计报表，督促指导企业每月按时上报、全口径监测，按时完成中国饲料工业信息统计系统报表填报及审核工作。

（四）实施豆粕减量替代行动

一是制定实施方案。根据《农业农村部办公厅关于印发〈饲用豆粕减量替代三年行动方案〉的通知》（农办牧〔2023〕9号）有关要求，结合实际，制定印发《贵州省豆粕减量替代行动方案》，全面推动全省实施饲用豆粕减量替代行动。二是开展技术宣传培训。开展全省培训会，对豆粕减量替代应用现状、优质牧草在豆粕减量替代中的应用进行培训，全省饲料行业150余人参加，共发放《豆粕减量替代问与答》电子书230本。三是贵州省七家协会组织举办生态畜牧业发展论坛，2023年8月18日，围绕“豆粕减量、提质增效”主题进行了深度交流和探讨，启发行业发展思路，推动豆粕减量替代技术的应用。四是深挖饲料蛋白质资源。对酱香型酒糟、刺梨渣、菜粕等地源性特色蛋白质饲料资源用量情况进行调查，向大型饲料生产及养殖企业发放调查问卷150份。四是优化饲草料种植结构。2023年，在国家级“粮改饲”的项目推动下，分别在威宁、思南、关岭等10个县支持实施粮改饲项目。累计完成粮改饲任务面积50.2万亩，完成目标任务的102.4%；累计完成收储量147.4万t，完成目标任务的100.2%。

【存在问题】

一是豆粕减量替代技术推广力度不够。部分科研院所对豆粕减量替代的概念不清晰，未积极推动豆粕减量替代的研发工作，一些养殖户对豆粕减量替代工作的重要意义认识不足，片面地认为饲料的蛋白质含量越高越好。二是产品结构不合理。全省配合饲料、浓缩饲料、精料补充料占比较大，达79.2%，附加值高的饲料添加剂、混合型饲料添加剂和添加剂预混合饲料较少，且饲料添加剂主要以磷酸氢钙、磷酸二氢钙、磷酸三钙为主。

【下一步重点工作思路】

（一）加强豆粕减量替代技术宣传培训

一是通过媒体手段、现场培训、发放宣传资料和主动服务等方式，开展豆粕减量替代相关政策及技术知识宣传，扩大豆粕减量替代相关知识普及面。二是引导养殖主体树立正确的营养理念，提高减量替代意识。三是组织有关专家提供精准配方服务和指导，总结豆粕减量替代典型模式，通过开展现场观摩会或技术交流研讨会，分享典型成果和经验，进一步扩大技术成果的推广力度和试点范围。

（二）加大新型饲料添加剂产品的支持力度

一是以企业自主创新为主体，多渠道筹集资金，支持省外新型饲料添加剂企业到贵州省建厂。二是加强饲料技术研究、技术创新、新产品开发、新技术利用以及推广工作，加快应用生物工程、发酵工程、酶工程等高新技术，研发生物发酵产品等安全高效的新型饲料品种。

（贵州省农业农村厅畜牧发展处）

云南省饲料工业

2023年，云南省饲料工业以加快产业转型升级，狠抓饲料产品质量安全管理为目标，严格准入，强化监管，从严执法，积极引导饲料企业做大做强，努力保障饲料和饲料添加剂产品质量安全。全省饲料工业生产克服了多重困难，呈现稳中有升的良好态势，为云南省养殖业和经济社会发展提供了有力支撑。

【发展概况】

（一）饲料企业发展良好

截至2023年底，云南省共有饲料和饲料添加剂证书276个。其中，配合饲料、浓缩饲料、精料补充料生产许可证书177个，单一饲料生产许可证书18个，添加剂预混合饲料生产许可证书40个，饲料添加剂生产企业33个，混合型饲料添加剂生产许可证书8个。

（二）饲料产量稳定增长

据中国饲料工业信息统计系统显示，2023年云南省饲料工业继续向规模化、现代化方向发展，饲料产销量稳步增长，全省饲料工业总产值367.9亿元，同比下降0.7%。其中，饲料产品产值287.9亿元，同比增长4.6%，饲料添加剂产品产值80.1亿元，同比下降15.8%。

全省工业饲料总产量达741.3万t，同比增长6.1%，居全国第14位。其中，配合饲料总产量618.4万t，同比增长8.3%；浓缩饲料总产量117.1万t，同比下降3.8%；添加剂预混合饲料总产量5.8万t，同比增长6.7%；饲料添加剂产品总产量247.4万t，同比增长5.5%。全省饲料产品年产量10.0万t以上企业有23家（其中年产量20.0万t以上企业有7家），总量占全省饲料总量的55.5%；年产量5.0万t以上企业有43家，总量占全省饲料总量的74.8%。

【主要工作】

（一）开展省级年度例行抽检

为切实加强饲料质量安全监管，提高畜产品质量安全水平，加快推进畜牧业绿色发展，云南省制定了《2023年云南省饲料质量安全监管工作方案》，全年计划完成饲料质量安全监测905批（次），截至11月底，完成抽检951批（次），合格产品920批（次），不合格产品31批（次），合格率96.7%，较去年提高3.9个百分点。不合格样品中，粗蛋白质低于标示值18批（次），占不合格样品58.1%，铜超标9批（次），占29.0%，锌超标2批（次），占6.5%，维生素低于标示值2批（次），占6.5%。

（二）开展饲料生产企业现场检查

一是开展“双随机、一公开”监督抽查。云南省农业农村厅联合省市场监督管理局印发了《2023年度饲料、饲料添加剂监督抽查联合抽查工作方案》，省农业农村厅随机抽取6户饲料生产企业，联合省市场监督管理局开展监督抽查。未发现有违法违规情况，同时将检查结果在国家企业信用公示系统内录入并公示。市（州）、县（市、区）同步制定抽查方案开展联合检查。截至11月底，全省“双随机、一公开”共抽查饲料和饲料添加剂生产企业305家。二是开展饲料生产企业安全生产检查。云南省农业农村厅印发《关于做好畜牧兽医行业安全生产监管工作的通知》，指导饲料生产企业健全完善安全生产管理制度。省级由省饲草饲料工作站牵头，重点对饲料生产企业开展省级抽查和安全生产培训。截至11月底，省级现场检查饲料生产企业36家，对存在的问题要求相关企业在规定时限内完成整改。截至11月底，全省共出动执法检查人员1 149人次，出动执法车辆175辆次，累计检查饲料生产企业和饲料经营门店711家，查处案件7起，没收违法所得1.4万元，罚款

10.1万元。

(三) 开展饲料标签专项检查

一是组织各级开展饲料标签规范性自查自纠行动。根据《2023饲料质量安全监管工作方案》(农办牧〔2023〕1号)要求，组织各级饲料主管部门认真开展饲料标签规范性自查自纠工作，监督企业落实质量安全责任和安全生产制度，认真履行第一责任人职责，防范重大饲料质量安全事件和重大安全生产责任事故的发生。在抽样期间同步对123家饲料生产企业进行标签检查。主要检查标签标示内容是否使用虚假、夸大或容易引起误解的表述，是否以欺骗性表述误导消费者，标签是否标示具有预防或者治疗动物疾病作用的内容，实施许可管理的饲料产品是否正确标明相应许可证明文件编号，是否在有效期内、产品名称是否采用通用名称，通用名称是否规范，生产者、经营者名称和地址是否符合要求，原料组成标示是否规范，产品成分分析保证值是否符合产品所执行标准的要求，使用说明是否清晰准确，保质期是否符合要求，委托加工产品是否存在不合规标示行为(如含有"监制""研发""经销""营销""销售""技术支持"等内容)，罐装车运输产品的标签是否随发货单一起传送11个方面内容，并现场积极向饲料经营者宣传饲料标签有关法规，如何快速鉴别合规饲料标签的方法等。全省共抽取74家饲料生产企业296份标签，按照饲料标签专项检查内容进行检查。检查出不合格标签均交县级主管部门处理。

二是全面加强饲料标签监管制度宣传培训。充分依托电视、广播、网络、新媒体等宣传介质，利用张贴标语、发放宣传资料等形式，切实加大《农产品质量安全法》《饲料和饲料添加剂管理条例》《饲料添加剂安全使用规范》《饲料标签》(GB 10648—2013)等法律法规宣传普及力度，不断提高饲料生产经营使用环节相关单位和个人的守法意识，落实企业主体责任，加强行业自律，帮助使用者提高鉴别不规范饲料标签标识的能力，共同维护良好的市场秩序。全省共举办饲料质量安全相关培训37场次，培训人员2 364余人次，发放宣传资料9 360余份。

【下一步重点工作】

(一) 严格监督管理

一是严格执行《饲料标签标准》和《饲料卫生标准》，进一步强化监督执法、服务指导和宣传培训。对于不执行规范的企业，明确提出整改要求和时限，对于经督促仍不改正的，一律按照条例规定严肃处理。二是督促企业对饲料从业人员进行强化培训，采取集中、生产分类指导等方式对基层监管队伍的培训，进一步提升实施饲料标准化程度，全面提高监管能力。

(二) 严把行业准入

继续深化饲料行业"放管服"改革，做好饲料和饲料添加剂网上行政许可事项审批工作，强化专家审核队伍建设，提升审核水平，规范审核程序。引导企业配备符合法规要求的人员、设备和场地，督促企业按照《饲料质量安全管理规范》组织生产。

(三) 创新监管理念

在日常检查和专项检查中全面推行"双随机、一公开"监督抽查，强化部门沟通协作，进一步强化"检打联动"机制，提升监管效能。

(云南省农业农村厅畜牧兽医处)

陕西省饲料工业

【发展概况】

（一）饲料总产稳中有增，有力支撑产业发展

2023年，全省饲料行业克服多重不利影响，积极适应市场需求，加快动能转换，保障产品供给安全，全行业高质量发展迈出了坚实步伐。全省获证饲料生产企业233家，饲料总产量470.2万t，总产值185.0亿元，同比分别增长12.9%和11.0%。

（二）配合饲料比重提高，产能结构持续优化

2023年，配合饲料412.0万t，同比增长15.3%；浓缩饲料45.2万t，同比下降3.9%；添加剂预混合饲料12.5万t，同比增长8.9%。配合饲料在饲料总产量中占比87.7%，同比增加了1.8个百分点，但仍低于全国平均水平5.2个百分点。

（三）饲料品种多元调整，精准服务养殖业发展需要

猪饲料市场需求快速增长，占比达到68.7%，较上年增长2.6个百分点，比全国水平高出22.16个百分点。蛋禽、肉禽饲料产量受市场调控有所下降，2023年在饲料总产量中占比分别为15.0%、7.8%。其中，蛋禽饲料占比较全国水平高4.8个百分点，肉禽饲料占比较全国水平低21.8个百分点。反刍动物饲料发展势头好，产量增幅较大，2023年在饲料总产量中占比7.9%，较全国水平高2.7个百分点。

（四）产业聚集度提升，企业规模化程度逐步提升

2023年，全省年产10.0万t以上的企业有18家，较上年增加5家，产量达282.0万t，占全省总产量的60.0%，其中单厂最大年产量30.8万t。全省饲料工业饲料产量前10名的企业产量合计188.4万t，占全省总产量的40.1%，多数为猪料生产企业。

（五）豆粕减量替代成效明显，饲料配方持续优化

豆粕价格在2023年跌宕起伏，短时间内多次出现大涨、大跌的情况，给饲料企业稳定生产带来挑战。面对复杂的国际形势和原料市场，全省饲料企业积极响应农业农村部饲用豆粕减量替代行动，多元化调整饲料配方。全年豆粕用量56.8万t，较上年下降8.1%，在配合饲料和浓缩饲料中的比例较上年减少2.9个百分点。

【组织机构】

陕西省饲料工业主管部门：陕西省农业农村厅。

陕西省饲料工业服务支撑部门：陕西省饲料工作总站。

【主要工作】

（一）落实全国统一部署，推进豆粕减量替代

认真贯彻落实农业农村部《饲用豆粕减量替代三年行动方案》，结合实际，及时以厅名义印发陕西省《饲用豆粕减量替代三年行动实施方案》，成立工作领导小组和政策、技术工作指导组。坚持项目引领和示范带动，启动实施“猪、禽配合饲料豆粕减量替代配方研究和示范推广”项目，遴选15家重点企业，开展饲用豆粕减量替代试验示范。陕西省工作经验在《中国饲料》杂志刊发。

（二）实施减抗行动，开展天然植物饲料研究

实施“中草药饲料添加剂替代抗生素及改善猪肉品质的研究与应用”等技术创新项目3个，研究开发中草药饲料原料复配组方和中草药提取物配方饲料2个，申报中草药饲料添加剂生产工艺发明专利1项。积极探索微生物发酵中草药药渣饲料化应用，初步制定形成《陕西省发酵生物饲料技术操作应用规范》。

（三）规范行业发展，推进标准化生产

开展强制性国标宣贯及实务培训，宣贯行业强制

性标准9个，培训相关企业38家。组织备案企业标准36个，协助立项团体标准4个，申报《陕西省饲料生产企业非洲猪瘟防控技术规范》地方标准于12月颁布。联合省内高校等技术力量，在深入调研的基础上，初步形成《陕西省关中奶山羊精料补充料生产技术规程》等2项地方标准申报稿。

（四）转变工作作风，提升技术支撑效能

聚焦中草药配方饲料研发、饲用豆粕减量替代、新饲料资源开发等中心工作，开展调研，实地走访企业33家，为有效破解发展难题，精准指导服务行业高质量发展提供了一手资料和有力支撑。按照“优化存量、适当增补”原则，对“陕西省饲料生产企业生产许可现场审核专家委员会”进行扩容，吸纳4个方面技术专家43名，开展专家培训，完善工作制度，规范办理程序。创新实行“容缺容错受理＋审查审核并行”工作机制，大幅压缩技术审查时间，推进饲料生产许可审批全面提速。全年完成饲料行政许可技术支撑办理件86件。

（五）凝聚行业力量，深化精神文明建设

以落实全省开展高质量项目推进年、营商环境突破年、干部作风能力提升年“三个年”活动为抓手，全面部署“科技创新标兵单位”“诚信农企”等创建活动，突出趣味性，创新形式筹划行业群众性活动，举办了全省饲料行业“迎国庆，庆丰收”城墙欢乐跑，充分展示了行业奋发进取的精神风貌。

【存在问题】

（一）豆粕减量替代推广难度较大

近2年，全省豆粕减量替代工作取得了明显成效，但主要依托头部农牧企业“自产自用”，低蛋白质日粮在市场推广中仍存在“最后一公里”的问题。一是中小饲料企业配套技术力量不足，企业现行的配方设计对经典的“玉米-豆粕”型配方具有较强的依赖性，离精准营养的标准仍有一定差距。二是养殖主体接受度不高，受“饲料中蛋白质含量越高品质越好”传统养殖观念影响，低蛋白质日粮在激烈的市场竞争环境下推广难度较大。

（二）天然植物饲料市场接受度不够

天然植物饲料作为“替抗”产品目前在市场上接受度较差。一方面，由于原料成本上涨，饲料中添加天然植物产品的成本不断增加，饲料加工企业和养殖主体接受度差；另一方面，由于天然植物饲料生产企业加工工艺雷同，产品类型趋于同质化，企业研发基础薄弱，技术力量不足，导致在激烈的市场竞争中缺乏优势。

（三）中小企业面临多重挑战

行业强者恒强、弱者衰退的特征明显。全省年产10万t以上的企业共18家，产量占全省工业饲料总产量的60.0%，产量前10的企业中，有9家来自头部农牧企业的分（子）公司，而年产1.0万t以下的企业有101家，产量仅占全省总产量的4.3%。在养殖成本攀升、盈利不佳的背景下，小散户养殖体量缩减，商品料市场份额紧缩，中小饲料企业在成本控制、资金、技术方面实力不足，导致在有限的市场份额中竞争力不强。

【下一步重点工作】

2024年是贯彻党的二十大精神的关键之年，是推动“十四五”规划任务全面落地的攻坚之年。陕西省饲料行业将紧紧围绕全省农业农村和畜牧业发展中心工作，着力夯基础、稳质量、防风险、增活力，努力推动饲料工业持续取得新进展新提升。

一是着力推动饲用豆粕减量替代。对标对表农业农村部《饲用豆粕减量替代三年行动方案》和陕西省《实施方案》要求，加大问题调研和替代资源调查力度，聚焦低蛋白质日粮技术，深入推进实施不同畜禽饲用豆粕减量替代配方饲料技术研究项目，依托西北农林科技大学、秦创原农业板块创新驱动平台，抓牢抓好饲用豆粕减量替代典型县区示范，开展发酵饲料新技术研发推广。

二是着力开展中草药配方饲料研发。立足省站平台统筹多方技术力量，实施《陕西省兽用抗菌药使用减量化行动实施方案（2021—2025年）》，发掘秦巴山区道地药材利用潜力，抓好“中草药饲料添加剂改善猪肉品质应用研究”“以黄芩为原料的饲料添加剂在奶牛疾病预防中的应用研究”和“中草药药渣微生物发酵产品饲料化应用”等项目，形成可推广的天然植物功能性配方饲料。

三是着力巩固行业发展安全基础。树牢“三管三必须”和安全生产红线意识，加大频次和力度深入生产一线指导，加大饲料产品质量安全监测预警。针对生产安全关键环节，适时组织安全生产专项检查，严防风险隐患。加大饲料产品质量安全监测预警，配合做好部、省两级饲料产品质量安全监测和现场检查。

四是着力提升精准服务支撑能力。加强工作研究，锤炼工作作风，围绕指导行业发展再精准和许可技术支撑再优化，集思广益谋好篇布好局，紧盯主线任务梳理问题，着力补短板强弱项，推动工业饲料生产科学化布局、规范化建设、标准化运行，深化开展“三个年”活动，持续提升精准化服务能力。

（陕西省饲料工作总站）

甘肃省饲料工业

【发展概况】

（一）企业数量持续增加

2023年，全省有各类饲料生产企业达到107家，持有生产许可证128个，比2022年增加5家。其中，配合饲料、浓缩饲料、精料补充料生产企业78家，添加剂预混合饲料生产企业25家，饲料添加剂生产企业6家，混合型饲料添加剂生产企业7家，单一饲料生产企业12家，企业从业人数4 300余人，生产能力达到640万t。

（二）饲料产量不断增长

2023年，饲料工业发展持续向好，总产量达258.2万t，比2022年增长12.4%。其中，配合饲料224.1万t，同比增长14.4%；浓缩饲料32.4万t，与去年同期持平；添加剂预混合饲料1.8万t，同比增长15.7%；饲料总产值达103.2亿元，同比增长12.4%。

（三）猪饲料和反刍动物饲料占据主导地位

2023年，猪饲料产量达130.5万t，同比增长17.6%，占全省饲料总量的50.5%；反刍动物饲料产量达81.2万t，同比增长4.3%，占全省饲料总量的31.5%；肉禽饲料产量33.2万t，占总产量的12.9%；蛋禽饲料产量达12.9万t，占饲料总量的5.0%；水产、宠物等其他饲料产量0.2万t，仅占总产量的0.1%。

（四）豆粕使用量逐步减少

随着豆粕减量替代工作的深入实施，兰州正大等大型饲料企业已研制出肉牛、奶牛和奶羊三类豆粕减量替代和低蛋白质饲料配方。2023年全省饲料中豆粕使用量占比由2022年的16.1%下降到14.5%，饲料中豆粕使用量减少了超过2.0万t。菜粕、棉粕等其他饼粕用量增长2.0%，玉米用量减少了4.0个百分点，饲用小麦用量快速增长。

（五）产业链不断延伸

正大、天康、新希望、牧原、德华等大型饲料企业在生产加工、销售服务等进行技术创新和模式创新，不断向畜禽养殖场、屠宰加工、食品配送等环节延伸。正大公司建成养殖场5家和1家屠宰场，生猪存栏50.0万头，蛋鸡场1座，提供蛋品质超过5 000.0t；天康公司有11个养殖场，猪存栏达6.3万头；德华公司自建食品加工厂，制售牛肉、牛杂等食品。二产带三产，进一步促进了全省饲料行业快速发展。

【主要工作】

（一）严格饲料生产行政许可

目前，全省有各类饲料生产企业107家、生产许可证128个。2023年，完成市（州）上报的46家饲料生产企业申报材料审核工作。其中，核发饲料生产许可证20家，变更信息5家，申报材料不符合要求退回21家；核发饲料添加剂产品批准文号4个。持续推进饲料行业“放管服”改革，修改补充完善权责清单内容要素，进一步清理、压缩和合并行政审批服务需要提供的申报材料，达到减流程、减材料、减时间。同时，完成了《饲料和饲料添加剂管理条例》行政处罚自由裁量基准的修订工作。

（二）开展饲料质量安全监测

制定印发了《甘肃省2023年饲料质量安全监管工作方案》（甘牧医〔2023〕12号），下达饲料质量安全监督抽查任务150批。其中，饲料生产企业100批，经营企业30批，养殖场（户）20批。省农产品质量安全检验检测中心具体承担抽样和检测工作，实际抽样检测170批，完成总任务的113.0%；其中，合格162批，合格率95.3%。

（三）组织开展“瘦肉精”专项整治

组织省农检中心在张掖、武威、白银、平凉、庆阳、定西和天水7市开展“瘦肉精”抽查工作，共采集503批样品，进行克伦特罗、莱克多巴胺、沙丁胺醇的检测，结果均为阴性。同时，各市（州）也积极开展饲料生产经营环节“瘦肉精”等非法添加物的全面排查整治。平凉市在养殖和屠宰环节开展“瘦肉精”快速检测畜禽产品样品4 366份，所有样品检测结果均为合格；临夏州结合“农资打假百日护农”专项行动，对全州饲料经营企业（门店）进行了全覆盖拉网式的监督检查，出动执法人员572人次，检查企业（门店）317家次，举办培训讲座3场；检查养殖场户1 202家（次），举办培训讲座64场，宣传培训人员2 150人次。检查过程中，未发现添加“瘦肉精”等非法添加物的现象。

（四）严厉查处不合格饲料产品

针对监督抽检中发现的8批不合格产品，省畜牧兽医局下发了查处通知，要求庆阳、白银、平凉、定西和武威5市严格落实属地监管责任，依法对不合格饲料生产、经营企业和不合格饲料产品进行查处。白银市对会宁县润康兽药经营部经营不合格饲料立案调查，罚款2 016元；平凉市对崇信正丰饲料有限公司生产不合格饲料立案查处，罚款5 000元，并对企业负责人和质量、生产、技术等负责人进行饲料法律法规培训，督促企业按照饲料质量安全管理规范组织生产，确保产品质量安全。在抽样过程中采取“检打联动”，对现场检查发现的不合格产品及时组织查处。白银市对检查中发现的白银旺泰隆畜牧有限公司未建立饲料购销台账，已立案查处，没收涉案饲料畜禽用复合预混合饲料15袋，罚款人民币2 100元。

（五）规范饲料企业生产经营

一是按照2023年饲料生产经营“双随机、一公开”抽查工作要求，省畜牧兽医局与市场监管部门执法人员组成联合检查组，检查饲料生产企业52家，其中省市联合检查生产企业21家，市（州）组织检查生产企业31家、经营企业300余家，对于检查中发现的问题及时督促进行了整改。二是配合农业农村部畜牧兽医局在兰州市、兰州新区和平凉市，开展饲料生产企业现场检查及产品例行监测抽样工作。共检查企业4家，抽取样品13个，结果全部合格。各地积极开展饲料企业监督检查。兰州市将抽查工作同安全生产工作相结合，对正大、新希望和石羊三家饲料生产企业进行3轮次全覆盖检查；张掖市检查饲料和添加剂生产企业3家，联合市市场监管局共检查企业6家，发现相关台账记录不完整、库房区域内积水、产品垛位卡填写不规范等问题，现场向企业提出整改要求。四是按照“谁检查、谁录入、谁公开”的原则，除依法依规不适合公开的情形外，执法人员在检查任务完成后7个工作日内，将检查结果在“互联网＋监管”平台及“信用中国（甘肃）-甘肃省信用信息报送系统”进行公示，接受社会监督。

（六）积极实施豆粕减量替代行动

制定了《甘肃省饲用豆粕减量替代三年行动实施方案》（甘牧医〔2023〕27号），明确了总体思路、工作目标、实施内容、进度安排，强化了保障措施，引导饲料生产企业和养殖场户减少豆粕用量。组织开展配方饲料豆粕减量替代模式研究，争取到项目资金10万元，开展畜禽养殖饲料转化效率提升、低蛋白质日粮减排效果评估等专题研究，并开展试验示范，已研制肉牛、奶牛和奶羊三类豆粕减量替代饲料配方10个，进一步减少饲料生产中豆粕的使用量。遴选5家有一定基础的饲料科技领军企业，开展玉米豆粕替代技术研发推广，促进饲料粮节约降耗，保障粮食和重要农产品稳定安全供给。

【存在问题】

（一）饲料经营环节产品质量不容忽视

由于饲料经营部（点）从业人员专业素质普遍较低，对假劣饲料添加剂的辨别能力不强，饲料质量堪忧。抽检到经营环节的3批不合格饲料产品，有1批维生素预混合饲料和1批混合型饲料添加剂主成分均未检出。

（二）《饲料添加剂安全使用规范》执行不够到位

饲料企业和养殖者使用饲料添加剂产品时，还存在超量使用饲料添加剂的现象。2023年抽检到的饲料生产企业1批仔猪配合饲料和1批乳猪浓缩饲料，锌元素含量超出最高限量10倍。

（三）部分饲料产品标签标识不够规范

对经营门店中饲料添加剂和添加剂预混合饲料产品外观包装及标签检查时发现，一些产品包装袋上无成分保证值，特别是混合型饲料添加剂，标签中宣称有治疗作用等内容，还存在以商品名代替产品名称等现象。

（甘肃省畜牧兽医局）

青海省饲料工业

【发展概况】

截至 2023 年底，全省获证饲料生产企业 16 家（许可证 18 个），年单班加工能力 57.0 万 t。全省实际年生产各类饲料和饲料添加剂 10.3 万 t。其中，配合类饲料 9.4 万 t，浓缩类饲料 0.6 万 t，其他饲料 0.3 万 t。

【组织机构】

青海省饲料工作办公室，隶属于青海省农业农村厅，与厅畜牧业处合署办公，畜牧业处处长兼任饲料办主任。青海省饲草料技术推广站，协助饲料办公室完成饲料统计报表审核、企业产品备案、饲料质量监督等相关工作。

【主要工作】

（一）组织开展饲料质量安全监督检查

按照《饲料和饲料添加剂管理条例》《饲料和饲料添加剂生产许可管理办法》等规章规定，依法履行监管职责，制定下发《关于开展 2023 年青海省饲料质量安全监管监测工作的通知》，组织开展“双随机、一公开”监督检查，全年累计抽检饲料生产经营及养殖企业（户）饲料样品 361 批次，完成计划任务的 144.0%。其中，质量安全检测 250 批次，24 批次不合格，合格率 90.4%；风险预警筛查 111 批次。检查生产企业 11 家，饲料加工、经营门店 82 家、规模养殖场（散养户）44 家，发出整改通知 68 份，已全部移交属地农业执法部门依法处置。

（二）开展饲料标签专项检查

按照《饲料标签》标准、《饲料标签专项检查内容》等要求，联合市（州）饲料监管部门，饲料监测抽样的同时一并进行饲料标签专项检查，主要对其标示内容、产品名称、产品成分、使用说明等进行了检查，重点关注外来混合型饲料添加剂产品、可饲用天然植物原料等。全省共检查饲料标签 400 余个，对本土 2 家混合型饲料添加剂企业的 4 个产品标签进行检查，未发现严重违反饲料标签标准行为。

（三）安全生产督导检查

印发《关于开展 2023 年全省饲草料生产企业“安全生产月”活动的通知》，要求全省 16 家获证饲料生产企业进行安全生产自查；同时，利用全省农牧渔业领域安全生产重大事故隐患专项排查整治、畜牧业安全生产督查，以及下乡调研、项目督导、工作检查等时机，重点从主体责任落实、安全管理、教育培训、持证上岗、应急管理、危险化学品管理、消防设施、电线私拉乱搭等方面，随机性开展各环节安全隐患检查，严防各类事故发生，累计发布安全生产提醒信息 10 余条，全年未发生安全事故。

（四）严格饲料生产行政许可管理

按照《饲料和饲料添加剂管理条例》《饲料和饲料添加剂生产许可管理办法》等规章规定，依法履行生产许可职责。2023 年，注销 5 家饲料生产企业许可证，指导 1 家企业获得新饲料添加剂生产许可。

（五）做好全省饲料生产企业产量统计工作

按照《全国饲料工业统计报表制度》要求，完成 1—12 月全省饲料生产企业产量统计工作。

【存在问题】

（一）饲料从业人员专业素质有待提高

各地饲料行业从业人员对《饲料和饲料添加剂管理条例》《饲料质量安全管理规范》等法律法规不熟悉，在监管、生产、经营、使用等方面专业素质能力还需进一步提升。

（二）经营养殖环节饲料产品质量安全隐患较大

由于从业人员专业素质较低，缺乏假劣产品鉴别能力和防范意识，无法有效甄别劣质饲料原料、饲料添加剂，销售或使用假豆粕、饲料添加剂等现象较为普遍，经营养殖环节安全隐患较大。2023年抽检的24批不合格产品中，有23批次为外埠产品，且均在经营环节。

（三）本地饲料企业竞争力不强

由于原料成本较高且研发能力不强，本地饲料企业普遍缺乏具有较强竞争力的核心产品，且产品结构单一、销售价格高、抵御风险能力不强，在外来饲料的冲击下，普遍处于低水平经营、低层次竞争状态，部分企业没有销路或者销路不畅。

（四）销售环节饲料标签不合规问题突出

对经营门店饲料及饲料添加剂产品进行标签检查时发现，部分外埠产品营养指标和卫生指标的标示值表述不规范、不明确，或者适用期表述模糊，饲料添加剂标签宣称有治疗和预防作用的产品屡见不鲜，监管难度较大。

【下一步重点工作】

（一）加强行业监管，确保饲料质量安全

继续加强行业监管，层层压实属地监管责任，督促各地农业农村管理部门主动承担起保障饲料质量安全的重要职责，做好日常监管和监督执法工作，不定期对全省生产、经营企业和养殖场（户）开展专项整治，对违法违规行为始终保持高压严打态势，切实保障饲料质量安全。

（二）开展饲料和饲料添加剂生产企业生产许可

按照《饲料和饲料添加剂管理条例》《饲料和饲料添加剂生产许可管理办法》等配套法规，继续开展饲料和饲料添加剂生产许可工作，强化日常监管，对符合要求的企业发放生产许可证。

（三）加强业务培训和法规宣传

继续做好饲料相关业务及法律法规的培训和宣传工作，采用多种方式对各地执法人员、从业人员进行针对性培训和宣传，切实提高行业监管执法能力和从业人员业务水平，进一步增强广大消费者防范风险意识和从业人员守法意识，努力构筑食品安全第一道屏障。

（青海省饲料工作办公室）

宁夏回族自治区饲料工业

【发展概况】

2023年，宁夏全区饲料生产企业87家。其中，配合饲料44家、饲料添加剂18家、单一饲料25家。全年全区商品饲料总产量135.0万t，同比增长15.9%（配合饲料98万t，同比增长16.0%；浓缩饲料31.0万t，同比增长16%；添加剂预混合饲料6.0万t，同比增长12.2%）；总产值54.0亿元，同比增长16.88%。饲料添加剂产量36.0万t，同比增长9.8%；总产值37.0亿元，同比减少0.3%；单一饲料产量26.0万t，同比增长17.1%；总产值9.0亿元，同比增长16.1%。饲料质量安全监测合格率达到99.0%。对促进畜牧养殖业提质增效和绿色高质量发展发挥了重要作用。

【组织机构】

自治区饲料工作站（编制5名、现有4人）协助厅畜牧局做好饲料和饲料添加剂生产许可审批，负责依法开展饲料和饲料添加剂产品质量安全监督管理工作，组织全区饲料产业发展规划、政策意见、技术标准制定和实施，负责饲料资源的保护及合理开发利用工作，组织开展饲料行业普法及专业知识培训、信息宣传，负责饲料行业装备工艺、高新技术的引进和试验，负责全区饲料生产经营统计和质量安全追溯体系建设，组织饲料企业开展种养加一体化经营和饲草料加工调制试验推广，完成自治区农业农村厅交办的其他工作任务。

【主要工作】

紧紧围绕“保安全、促发展”的工作目标，按照“突出重点、强化监管、健全机制”的工作思路，突出抓好“许可、规范、监测、监管、服务”五项工作，坚决杜绝饲料生产、经营、使用环节违禁添加物的使用。

（一）强监管，严责任，完善“检打联动”机制

立足饲料产品质量安全和企业生产安全，找准加强饲料行业监管的发力点。一是定目标、强监测，确保产品质量安全。按照《2023年全区饲料质量安全监管监测计划》，采取联合执法和专项整治等方式，持续开展对饲料生产企业、饲料经销店和养殖场的自配料的饲料产品质量安全和违禁添加物监测。2023年，组织自治区抽检264批次，监测合格率达到100.0%。二是严要求、重检查，确保企业生产安全。2023年，全区各级饲料管理部门均组织2次以上检查，共出动1 768人次，对全区所有饲料生产企业及饲料经销店进行了全覆盖拉网式检查。检查饲料经销店发现问题（销售不合格饲料）数量20个，处罚货值金额0.2万元，罚款金额2.3万元，销毁问题产品4.9t。检查饲料生产企业发现问题（安全生产及产品质量安全）数量156个，下发整改通知书90余份，均已陆续整改到位。三是明措施、抓落实，确保扛牢监管责任。自治区饲料工作站对银川市、石嘴山市、吴忠市、中卫市、固原市的27家饲料生产企业进行了监督抽查，发现安全隐患63处，提出安全生产整改意见61条，下发整改通知书24份，均整改到位。举办了安全生产线上培训1期，编制印发了《宁夏饲料企业安全生产指南》口袋书1 000册，坚决守牢饲料行业安全发展底线。

（二）严许可，重服务，深入企业办事纾困

为了规范饲料生产企业标准化生产，推动《饲料质量安全管理规范》落实落细，把许可、规范、监管、服务有机结合起来共同促进。一是严格许可把关口。对新申报和换证企业的软硬件达不到“规范”要求的，坚决不予通过专家审核，促进企业改造升级，提升了饲料安全生产能力。2023年，组织专家审核新（换）发生产许可证20家。其中，新设立9家，续展和新增生产线、新增品种11家。办理委托加工

备案9家，核发批准文号3家，开具自由销售证明32份。二是靶向发力送政策。联合饲料专家团队，深入企业为企业进行法规政策宣讲，发放《饲料法规文件》，对《饲料和饲料添加剂管理条例》《饲料质量安全管理规范》《饲料原料目录》等法律法规进行解读；详细讲解企业关心的申报、续展、变更、批准文号备案等事项的办理流程；对企业的一些“急难愁盼”问题及制约企业发展的主要问题，给予答疑解惑，帮助企业理清思路。三是强化服务促提升。结合行政许可、安全生产检查及标签专项检查等工作，到企业开展技术帮扶，帮助企业规范产品标准、产品标签、原料验收标准、饲料质量安全管理规范等制度文件。对企业在新产品研发、成果转化、科技服务等方面面临的实际困难和问题，针对性地开展现场指导工作，提升企业技术创新水平。

（三）抓创新，促发展，推进产业提质增效

深入贯彻落实农业农村部《饲用豆粕减量替代三年行动方案》，扎实推进饲料产业技术创新。一是强化技术支撑，绿色发展水平显著提升。依托自治区饲料专家团队，与宁夏农林科学院畜牧兽医研究所开展节粮减排饲料调控新技术产品的试验示范，大力推动优质绿色饲料产品的研究开发，推进饲料产业科技创新和质量提升。共开发新技术新产品2个，制定相关企业标准2个，生产示范新产品1 003t，核心产品示范应用滩羊20 500只、肉牛3 580头、奶牛5 030头；分别提高了经济效益11.2%、12.4%、8.9%；该项实验获得国际专利1项，实用新型专利1个，获得软件著作权2个，发表论文2篇。二是强化规范管理，监管平台建设逐步完善。为保障饲料质量安全监管，与兽药饲料监察所创建宁夏饲料“互联网+监管”信息化平台，实现饲料产品“质量全程追溯、在线动态监管、数据便捷统计、风险及时预警”等各项功能，实现从生产到使用全程为饲料产品标签上加贴追溯码查询，赋予饲料产品质量安全的“二代身份证”。截至2023年，已在宁夏正旺生物科技股份有限公司、银川康地反刍动物营养科技有限公司等9家企业进行试点运行，运行效果良好，对保障饲料质量、强化饲料监管具有重大意义。三是强化法规培训，从业人员素质全面提升。为贯彻落实《饲料和饲料添加剂管理条例》《饲料质量安全管理规范》，以及自治区党委十三届四次全会及“1+37+8”系列文件、十三届五次全会及“1+4”系列文件，全面做好全区饲料行业监管工作，进一步提升饲料监管人员管理水平和饲料生产企业安全生产责任意识，举办了“2023年全区饲料法规政策培训班”，各市县区的饲料监管人员和企业安全生产负责人50余人参加了培训。四是强化科技创新，产业绿色发展有效提升。8月25—27日成功组织召开了第三届全国反刍料大会，大会云集全国业界一流企业，以“破局、拓新、致千里”为主题，聚焦反刍动物饲料领域技术发展与市场趋势，破解行业技术瓶颈、助力企业提升效益，对行业持续健康发展具有重要意义。中国工程院李德发院士、谯仕彦院士，全国畜牧总站王宗礼站长，自治区农业农村厅党组书记、厅长王建出席了开幕式并致辞，农业农村部畜牧兽医局饲料饲草处关龙副处长作了专题报告。来自20省市300家企业近千余人参会，线上直播人数达46万人。

【存在问题】

一是基层饲料监管力量依然薄弱，各市县（区）没有成立专门的饲料管理部门，监管职责设在不同的单位（畜牧、动物卫生监督、疾控、水产、执法大队等部门），造成监督执法机制不健全。二是饲料安全管理规范落实不到位，饲料产品质量安全隐患依然存在，养殖环节饲料安全使用标准还有“空白”，自配料监管还有“死角”等。三是饲料生产企业核心竞争力新产品研发不足，科技支撑和机制创新仍是短板弱项。

【下一步重点工作】

2024年，宁夏饲料工作将坚持以习近平新时代中国特色社会主义思想为指导，深入贯彻落实党的二十大、习近平总书记视察宁夏重要讲话及重要指示批示和自治区党委十三届四次、五次全会精神，以饲料质量安全管理规范提升为总抓手，以推动高质量发展为主题，紧盯奶牛、肉牛、滩羊产业饲料产销关键环节，加大饲料产品监管力度，确保“一个重点”，即“以大力发展绿色饲料为重点”；树立“三个理念”，即树立围绕中心工作理念、树立饲料质量安全理念、树立生产安全理念；推动饲料产业高质量发展。

一是抓监管，促行业安全稳定。进一步强化饲料属地管理主体责任，认真落实饲料质量安全“产”“管”要求，在全区开展“饲料质量安全规范化管理年行动计划”活动，指导帮助企业建章立制、落实规范、建立全程质量安全管理制度和追溯体系。把责任意识和风险意识摆在前面，将饲料质量安全重心前移许可条件准入关，严把生产许可审核。采取“检打联动”和专项整治等方式，继续开展饲料产品质量安全、饲料使用环节违禁添加物等4项监测，密切关注违禁使用药物饲料添加剂等问题，从市场上发现问题，倒逼企业改进。

二是抓创新，促企业科技提升。组织饲料专家团队，联合大专院校科研单位，依托饲料企业技术中心和研发平台进行“替抗”和绿色技术科技研发，从天然植物提取物、微生物、酶制剂等方面入手研发新产品，选择适合本地区、本企业的替抗产品或替抗方案，采取适合不同畜禽品种、不同生长阶段的豆粕替代配方，不断推进饲料产业科技创新，大力推动优质绿色健康型饲料、专用饲料和安全科学配方的研究开发。鼓励大中型饲料企业与大专院校科研单位建立饲料产学研联合体，推进成果转化和技术推广。

三是调结构，促产业转型升级。提高饲料企业生产规模化、集约化水平，加快产能优化重组。转变生产经营方式，统筹推动饲料全产业链发展，鼓励饲料企业与农业生产企业、养殖企业加强优势互补和上下游资源整合。全面推广饲料精准配方和精细加工技术，加快生物饲料开发应用，调整优化饲料配方结构，推动玉米、豆粕减量替代，提升饲料创新动能和产业竞争力，不断推动饲料行业质量变革、效率变革和动力变革，促进饲料产业转型升级和高质量发展。

四是抓培训，促队伍建设提升。为了加快推动饲料产业转型升级和绿色高质量发展，进一步提升全区饲料行业从业人员的综合素质和管理水平，举办全区饲料政策法规培训班，采取理论教学、现场教学、互观互评和座谈交流相结合的方式，组织全区饲料监管人员及饲料企业负责人，学习新政策法规及优秀企业的管理模式，达到对标学习找差距、拓宽思路谋发展的目的。

（宁夏回族自治区饲料工作站）

新疆维吾尔自治区饲料工业

【发展概况】

饲料企业：截至2023年底，自治区有效期内饲料和饲料添加剂生产企业152家（许可证178份）。其中，饲料添加剂10家，混合型饲料添加剂7家，添加剂预混合饲料生产企业16家，配合饲料、浓缩饲料、精料补充料生产企业71家，单一饲料生产企业73家，宠物饲料生产企业1家。

饲料工业：2023年，自治区饲料和饲料添加剂总产量412.7万t，同比增长1.3%；饲料中，配合饲料产量348.3万t，同比增长1.1%；浓缩饲料产量12.51万t，同比增长1.2%；预混料产量6.8万t，同比增长8.0%。饲料添加剂总产量44.3万t，同比下降4.1%。

2023年，自治区饲料工业总产值178.0亿元，同比增长5.3%。其中，饲料产值131.1亿元，同比下降2.8%；饲料添加剂产值37.9亿元，同比增长15.3%。

【主要工作】

饲料行政许可。按照国务院和自治区党委、自治区政府关于深化“放管服”改革和“互联网+政务服务”的要求，通过精简审批材料、压缩审批时间、加快审批进度、及时为企业答疑解惑等方式，进一步优化饲料行政审批流程，实现申请事项网上申报。2023年，核发饲料生产许可证30家，变更饲料生产信息25家，注销饲料生产许可证4家，办理2家企业自由销售证明18份。

强化监督管理。认真落实《农业农村部办公厅关于印发2023年饲料质量安全监管工作方案》（农办牧〔2023〕1号），结合自治区实际，印发《2023年自治区饲料质量安全监管工作方案》（新牧饲字〔2023〕1号），明确目标任务和责任分工，坚持上下联动、分级负责，监督抽查与现场检查有机结合，确保饲料质量安全。

1. 饲料质量安全监督抽查。围绕饲料生产、经营、使用环节，对自治区辖区内的14个地（州、市）的饲料和饲料添加剂生产、经营和养殖企业开展监督抽查，检测项目覆盖质量、卫生、非法添加物、牛羊源性成分等4个方面30项指标。完成监测任务500批次，其中饲料产品450批次（含牛羊源性成分专项监测50批次），合格率98.0%以上；养殖环节“瘦肉精”（克仑特罗、莱克多巴胺、沙丁胺醇）专项监测50批次，合格率100.0%。

2. 开展现场监督检查，加强了对饲料生产经营企业的督促指导。一是组织区地专家和饲料行政管理部门人员组成检查组，对照饲料生产企业许可条件和《饲料质量安全管理规范》要求，围绕安全生产、许可条件、原料使用、生产过程控制、产品质量控制、管理规范执行、标签标识7个方面33项内容，对乌鲁木齐市、昌吉州、伊犁州、喀什地区、阿克苏地区、和田地区、巴州、哈密市等地区近40家饲料和饲料添加剂生产企业进行了现场检查。对检查中发现的生产条件与许可条件要求不完全一致、安全生产措施执行不到位、生产过程控制不严格、标签标识不规范等问题现场提出整改建议，指导督促企业立行立改，限时整改，并持续跟进企业整改落实情况，确保企业安全规范生产。二是积极配合农业农村部畜牧兽医局检查组一行对自治区乌鲁木齐市、昌吉州的部分饲料生产企业开展现场检查、产品例行监测抽样工作，并督促指导企业完成相关整改工作。三是强化“检打联动”，做好行业监管和执法衔接工作。完成6家经营环节不合格饲料企业的查处，对违法违规行为始终保持高压严打态势。

3. 加强法规宣贯工作。结合学习宣传贯彻新修订的《农产品质量安全法》，开展饲料行业政策法规培训，如《饲料质量管理规范》《农业农村部公告第

194 号》《农业农村部公告第 307 号》等，培训技术骨干 200 余名，进一步提升自治区饲料行业从业人员业务能力水平。

4. 扎实开展调研工作。2023 年，赴自治区近 40 家饲料生产企业开展调研。通过座谈交流、现场察看等方式，了解饲料生产经营存在的问题，积极协调解决，积极为企业办实事。同时，督促指导企业切实履行安全生产主体责任，增强主动防灾意识，提高防范安全生产事故的能力和水平。

抓好安全生产。坚持管行业必须管安全，认真履行行业监管责任，采取分级排查方式，督促饲料生产企业落实安全生产主体责任，及时全面排查安全生产隐患，重点对实验室危险化学品管理、防火、消防器械维护保养、除尘设备使用和清理，以及外露电线的绝缘、防爆开关等设备的使用与维护进行现场检查并将整改落到实处，有效管控了重大风险，防范遏制重大伤亡事故灾害。2023 年，自治区地县级饲料管理部门共开展 152 家饲料和饲料添加剂生产企业全覆盖安全生产检查 1 次，未发生重大安全事故，有效保障了自治区畜牧业平稳健康发展。

推进豆粕减量化替代。认真落实《农业农村部办公厅关于印发〈饲用豆粕减量替代三年行动方案〉的通知》(农办牧〔2023〕9 号）要求，组织制定了《自治区饲用豆粕减量替代三年行动方案》(新牧饲字〔2023〕4 号)，引导饲料生产和养殖企业立足自治区实际，因地制宜选择饲料原料，综合利用棉粕、稻壳、麦麸、饼粕等副产物替代部分原料，减少饲料中豆粕用量，促进蛋白质饲料来源多元化、利用高效化，保障粮食和畜产品稳定安全供给。据行业统计，2023 年 1—12 月，玉米、豆粕、棉粕、糠麸的消耗量分别为 169.3 万 t、26.4 万 t、25.5 万 t、17.2 万 t，在饲料中占比分别为 46.0%、7.2%、6.9%、4.7%。玉米、豆粕消耗量占比同比减少 2.7、1.1 个百分点，棉粕、糠麸消耗量占比同比分别增加 0.1、0.3 个百分点。

加强饲料生产统计和行业指导服务。由专人负责，严格审核，确保统计上报数据的及时性、准确性、完整性。2023 年，完成自治区 158 家饲料生产企业 3 000 份（次）报表的审核、上报工作，审核率 100.0%、上报率 100.0%，认真做好生产形势分析研判。编制饲料生产形势月报、季报、半年报、年报共 16 期，对自治区（含兵团）、自治区、兵团三套统计数据进行数据分析预测，实现自治区和兵团饲料生产形势分析一体化，为自治区管理部门准确研判行业变化趋势，指导饲料行业发展提供强有力的数据支撑。

（新疆维吾尔自治区农业农村厅）

新疆生产建设兵团饲料工业

【发展概况】

截至2023年底，兵团共有56家饲料和饲料添加剂获证企业，其中三证企业1家、双证企业6家。所获生产许可证企业中配合饲料、浓缩饲料、精料补充料生产企业16家，饲料添加剂生产企业10家，混合型饲料添加剂生产企业2家，添加剂预混合饲料生产企业3家，单一饲料生产企业33家。

2023年，兵团饲料工业（不包括单一饲料）总产值78.9亿元，营业收入78.1亿元，同比分别增长7.3%、6.2%。

饲料总产量129.2万t，总产值48.1亿元，营业收入48.35亿元，同比分别增长4.8%、4.8%、4.5%。按产品类型分：配合饲料产量120.5万t，同比增长4.8%；浓缩饲料产量4.2万t，同比增长6.8%；添加剂预混合饲料产量4.5万t，同比增长3.8%。按产品品种分：猪饲料产量63.6万t，同比增长5.94%；蛋禽饲料产量15.0万t，同比减少15.3%；肉禽饲料产量12.3万t，同比增长6.94%；反刍动物饲料产量36.8万t，同比增长16.0%；水产饲料1.6万t，同比减少33.7%。

饲料添加剂总产量40.7万t，同比略减少，总产值30.8亿元，营业收入29.7亿元，同比分别增长11.5%、9.0%。其中，氨基酸、氨基酸盐及其类似物产量39.4万t，微生物产量0.3万t，着色剂产量0.9万t，防腐剂、防霉剂和酸度调节剂产量0.1万t，维生素及类维生素最少。

2023年，兵团单一饲料总产量111.0万t，总产值42.7亿元，营业收入40.3亿元，同比分别增长20.5%、34.6%、20.7%。其中，谷物及其加工产品产量23.64万t，油料籽实及其加工产品产量81.0万t，微生物发酵产品及副产品产量6.4万t。

【组织机构】

兵团农业农村局畜牧兽医处（渔业监督处）主管兵团的饲料行业行政监管工作，各师市、团场两级畜牧相关机构负责日常的饲料生产监督管理工作。

【主要工作】

（一）扎实做好行政许可审批工作

严格按照《饲料和饲料添加剂管理条例》及其配套规章的要求，认真落实饲料生产许可证制度，加强专家队伍建设，积极开展网上行政许可审批工作，保证行政许可工作的有序开展。2023年共审核发放饲料生产许可证15家，审核变更许可证信息5家。

（二）强化饲料质量安全监管工作

为进一步做好兵团饲料质量安全监管工作，按照兵团农业农村局关于印发《2023年兵团饲料质量安全监管工作方案的通知》（兵农牧发〔2023〕1号）要求，在兵团开展饲料质量安全监督抽检工作，共抽取饲料样品220批次，检测项目包含产品质量、卫生指标、兽药及非法添加物等指标。检测合格率为100.0%。

（三）加强饲料企业安全生产督导检查

为进一步防范饲料企业安全事故的发生，兵师两级饲料管理部门将饲料行业安全生产监管纳入日常工作中，定期开展安全生产督导检查。2023年，兵团农业农村局对辖区内的27家饲料生产企业进行了安全生产检查，对存在的安全生产隐患督促企业限期整改，保证了饲料企业的安全生产。

（四）开展豆粕减量技术培训

在兵团范围内，协助全国畜牧总站组织开展豆粕减量技术培训工作，共为16家配合饲料、浓缩饲料生产企业和140多个生猪、蛋鸡、肉鸡规模养殖场发放《豆粕减量替代问与答》电子书，内容包括低蛋白质低豆粕多元化饲料配方与应用和生猪、肉鸡、蛋鸡低蛋白质低豆粕多元化日粮生产技术规范等。

(五)进一步做好饲料统计工作

为保证饲料月报填报的时效性，兵团农业农村局安排专人负责，督促企业做好月报的填报工作，并认真审核填报数据，及时完成饲料月报数据的填报、审核工作，确保了饲料统计数据的完整性和准确性。

【存在问题】

各师市、团场畜牧人员较少，饲料监管人员职责不明确，大多数为兼职，难以进行有效监管；部分饲料生产企业存在生产制度和操作规程执行不到位的现象。

【下一步重点工作】

一是做好行政许可审批工作。按照《饲料和饲料添加剂管理条例》及其配套规章的要求，完善行政审批制度，规范行政审批程序，加强专家队伍建设和管理，认真开展饲料企业许可审批工作。

二是强化饲料企业的日常监管。进一步开展对辖区内饲料生产企业的日常监管工作，发现隐患及时督促整改，严厉打击各种违法违规行为。

三是加强饲料质量安全监管。加大对饲料中违禁药物和非法添加物的监管力度，完善饲料产品监测抽查制度，认真开展饲料产品的抽检工作。

四是认真做好饲料信息统计工作。切实落实饲料统计报表制度，按照饲料信息统计要求，及时、准确地完成饲料企业月度数据的填报。

五是继续开展饲料法规宣贯工作。积极开展饲料法规的宣传，提高从业人员对饲料相关规章制度的认识，增强依法依规生产的意识。

(新疆生产建设兵团农业农村局畜牧兽医处)

大连市饲料工业

【发展概况】

截至 2023 年底，全市共有各类饲料及饲料添加剂生产企业 158 家，其中配合饲料、浓缩饲料、精料补充料生产企业 69 家，添加剂预混合饲料生产企业 14 家，饲料添加剂生产企业 9 家，混合型饲料添加剂生产企业 14 家，单一饲料生产企业 52 家。各类饲料产品产量 451.3 万 t，其中配合饲料 265.4 万 t、浓缩饲料 3.9 万 t、添加剂预混合饲料 0.5 万 t、宠物饲料 0.9 万 t、饲料添加剂 3.6 万 t、混合型饲料添加剂 0.6 万 t、单一饲料 177.1 万 t。累计饲料工业产值 192.7 亿元。

【组织机构】

大连市农业农村局畜牧业管理处（饲料工作办公室）负责全市饲料和饲料添加剂行政监管工作，大连市农业综合行政执法队承担饲料和饲料添加剂行政执法工作，大连市检验检测认证技术服务中心负责饲料产品质量监测工作。9 个涉农县（市、区）农业农村部门分别承担了相应的饲料管理职责，负责日常饲料生产经营监督管理工作。大连市饲料工业协会为独立法人的社团组织，为饲料企业提供技术服务、加强行业自律起到了积极的作用。

【主要工作】

（一）部署全年饲料质量安全监管工作

印发《2023 年大连市饲料质量安全监管工作方案》，部署饲料质量安全监测、饲料企业现场检查、饲料标签专项检查等重点工作，切实强化饲料质量安全监管，促进畜牧业高质量发展。

（二）加强饲料质量监测工作

为加强全市饲料质量安全监督管理，规范饲料生产、经营和使用，2023 年大连市农业农村局对辖区内饲料生产企业、经营和使用单位开展监测工作，分为饲料产品质量安全监测、饲料安全专项监测、饲料中违法添加兽药专项监测 3 个专项。全年监测饲料样品 251 批次，合格 237 批次，合格率 94.4%，县级农业综合执法部门及时完成对不合格产品的查处工作。

（三）组织开展饲料生产企业现场审核工作

2023 年，组织市农业综合行政执法队和市农产品和水产品检验检测院的专家完成对全市 21 家饲料生产企业生产许可现场审核工作，审核通过 20 家。及时审理和组织现场审核工作，尽快为企业发放生产许可证，保障企业正常开展生产，优化大连市营商环境。

（四）开展涉企行政执法检查工作

根据《大连市 2023 年度市直机关涉企行政执法检查计划》的通知要求，按照“双随机、一公开”制度，依托辽宁省“互联网＋监管”系统，做好涉企行政执法检查工作。按照检查流程，从平台内抽取饲料生产企业 12 家，对企业生产许可条件、产品质量控制、生产基本要求等情况进行行政执法检查。其间，出动检查人员 36 人次，发现并移交属地农业执法部门违法线索 1 起。

（五）推进饲料标签专项检查工作

一是加强宣传培训，通过微信工作群及时将饲料标签专项检查工作要求传达到各饲料生产企业，开展相关宣传 12 次，开展业务培训学习 6 次。二是组织企业对其产品的标签自查自纠，及时修改纠正标签中的不规范标示情况。三是开展饲料标签专项检查，共检查饲料标签 500 余张，对于不符合规范的标签责令企业立即整改。通过宣传培训以及各项监督检查，进一步严格落实饲料标签有关规定，保障饲料产品质量安全。

【存在问题】

一是监管执法水平需要进一步提升。2023 年，市、县级农业农村部门负责饲料行业管理的工作人员普遍只有1名，且身兼数职、流动频繁，人员专业能力、工作延续性等难以保障。基层执法力量不足，且老龄化问题严重。二是行业整体核心竞争力不足。大连市大型科技型饲料生产企业较少，中小微型企业偏多；科研技术力量薄弱、科研投入不足，产品科技附加值低；受地理位置因素影响，饲料产品生产成本较省内其他地区偏高，市场综合竞争力不强。

【下一步重点工作】

（一）鼓励饲料行业科技发展

鼓励和发展高科技、高附加值的饲料产品，大力扶持生产规模大、产品科技含量高、产业链长的大型饲料生产企业。

（二）充分发挥地域优势

要充分利用现有的肉鸡产业优势，扶持肉鸡饲料加工企业；同时，加大羽毛粉、动物油脂、血粉等动物源性饲料开发利用力度。利用港口航运优势，进一步加大豆粕蛋白质饲料原料发展和饲料原料期货贸易。

（三）持续推进饲用豆粕减量替代

加强饲料新产品、新技术、新工艺集成创新和推广应用，引导饲料养殖行业减少豆粕用量，促进饲料粮节约降耗。

（大连市农业农村局）

宁波市饲料工业

【发展概况】

2023 年，全市饲料和饲料添加剂生产企业 30 家，生产许可证 33 个。其中，饲料添加剂生产企业 5 家，混合型饲料添加剂和添加剂预混合饲料生产企业 5 家，单一饲料生产企业 9 家，配合饲料、浓缩饲料生产企业 14 家。

全年饲料工业总产值和总收入分别为 49.0 亿元和 49.8 亿元，同比分别增加 12.2%和 6.9%。全市各类饲料加工产品总产量 88.8 万 t，与去年基本持平。其中，配合饲料产量 38.8 万 t，同比下降 12.2%；浓缩饲料产量 414.3t，同比下降 95.5%；添加剂预混合饲料产量 892.0t，同比增加 5.8%；饲料添加剂和混合型饲料添加剂总产量 5 606.0t，同比下降 10.8%；单一饲料总产量 49.3 万 t，同比增长 14.3%。其中，豆粕产量 39.0 万 t，同比增长 9.5%；鱼粉及其他水生动物产品 10.4 万 t，同比增长 37.4%。

【主要工作】

（一）严格饲料生产许可审核

认真贯彻落实《饲料和饲料添加剂管理条例》《饲料和饲料添加剂生产许可管理办法》等法律法规，坚持依法审查、依规办事、依程序办理，严格饲料生产许可审核把关。2023 年，全市共新设立宠物配合饲料生产企业 1 家，续展换证 2 家，变更 2 家，注销 1 家。

（二）加强行业日常监管

一是组织开展饲料和饲料添加剂生产企业现场核查和饲料标签专项核查行动。重点就企业的生产许可条件、安全生产、原料管理、生产线要求、生产过程控制等方面及产品标签合规性开展排查。全市共排查饲料生产企业 12 家，经营企业 6 家，有 4 家饲料和饲料添加剂生产企业存在低风险，已督促完成整改。二是做好饲料和饲料添加剂产品质量抽检。2023 年出动执法人员 1 278 人次，检查生产和经营企业 479 个（次），全市共抽检生产和经营环节饲料和饲料添加剂产品 86 批次，其中不合格 5 批次，并针对不合格品启动立案调查，罚没金额 32.0 万元，严厉打击违法违规行为。

（三）启动新一轮“两化”行动

根据《浙江省深化兽用抗菌药减量化和饲料环保化行动实施方案（2022—2025 年）》要求，宁波市启动新一轮“兽用抗菌药减量化和饲料环保化”（以下简称“两化”）行动，目标到 2025 年，建设省级兽用抗菌药减量化达标场 108 家，育肥猪饲料中粗蛋白质和铜、锌指标达到浙江省《环保节约型猪配合饲料》团体标准的规模猪场 68 家，积极引导养殖主体主动开展扩面行动，切实提高主体绿色环保健康养殖意识，2023 年建设省级兽用抗菌药减量化达标场 70 家、饲料环保化达到省团体标准的规模猪场 46 家，分别完成三年行动目标任务 64.8%、67.7%。

【下一步重点工作】

（一）持续抓好全市饲料生产企业监督检查工作

一是持续做好饲料生产企业现场核查和饲料标签专项核查，帮助企业开展问题排查整改，进一步规范生产。二是做好饲料和饲料添加剂产品质量抽检。进一步加强农业投入品质量监管，打击生产经营假劣饲料违法行为，充分发挥“检打联动”作用，追根溯源，扩大抽检成效。

（二）加强行业管理培训

邀请浙江省饲料生产许可专家针对饲料生产许可条件、饲料质量安全管理规范、饲料安全生产等方面进行系统培训，进一步提高饲料监管人员管理水平和饲料企业安全生产责任意识。

（三）深入推进新一轮“两化”行动

根据《宁波市深化兽用抗菌药减量化和饲料环保化行动实施方案（2022—2025年）的通知》要求，按照“巩固、提升、扩面”要求，进一步巩固全市“两化”三年试点行动成果，力争到2024年底，完成新一轮“两化”行动目标任务，切实提高主体绿色环保健康养殖意识。

（宁波市农机畜牧中心）

厦门市饲料工业

【发展概况】

全市共有饲料生产企业47家。其中，同安区17家，海沧区12家，翔安区10家，集美区7家，湖里区1家。

2023年，厦门市饲料平稳增长。饲料和饲料添加剂年总产量达148.8万t，同比增长12.8%。其中，配合饲料86.5万t，同比增长13.88%；浓缩饲料1.3万t，同比增长15.5%；添加剂预混合饲料3.3万t，同比增长5.5%；饲料添加剂0.3万t，同比下降19.0%；单一饲料57.4万t，同比增长11.8%。累计营业收入58.7亿元，同比增长7.0%；工业总产值58.4亿元，同比增长3.9%。

【组织机构】

厦门市农业农村局畜牧兽医处主管饲料行业管理工作，厦门市农业综合执法支队承担饲料行政执法工作，厦门市农产品质量安全检测中心负责饲料产品质量监测工作。

【主要工作】

（一）抓好饲料质量安全工作

1. 严格饲料生产许可受理审核工作。按照上级工作部署，厦门市农业农村局配合做好省级饲料生产许可受理审核工作，邀请饲料行业专家开展材料及现场初审工作，严格按照行政审批要求，2023年共受理新设立饲料生产许可1家、饲料生产许可续展3家。

2. 落实饲料质量安全监管责任。认真抓好饲料产品质量监督检查，重点检查生产许可的证件是否合法齐全、产品包装是否合规、留样是否规范、生产台账是否完整。各级农业执法部门共出动检查人员528人次，检查饲料生产企业204家次，检查养殖场户41家，责令整改1家，全部整改完毕。立案查处6起，罚没款1.3万元，发放普法宣传材料1 749份，培训5场次，培训236人次。

3. 开展饲料质量安全风险监测。按照《厦门市农业农村局关于印发2023年饲料质量安全风险监测方案的通知》，全年共对29家饲料企业开展饲料质量安全抽检样品105批次，检测药残、重金属等共20项指标参数，合格率99.0%。

（二）抓好饲料安全生产工作

1. 深入开展重大隐患专项排查整治2023行动。根据国务院和省、市安全生产委员会办公室关于重大事故隐患专项排查整治2023年行动要求，厦门市农业农村局按照“管行业必须管安全、管业务必须管安全、管生产经营必须管安全”，督促指导饲料生产企业严格安全生产管理，树牢安全发展理念，企业主要负责人履行第一责任人，落实全员安全生产责任制，定期开展隐患排查，及时整治问题隐患，实现闭环管理。

2. 持续推进饲料生产企业安全风险分级管控和隐患排查治理工作。按照《福建省饲料生产企业安全风险分级管控和隐患排查治理规范实施细则》（简称《规范》）要求，自2021年完成全市饲料生产企业开展安全风险分级管控和隐患排查治理工作，2023年以来，厦门市持续推进饲料领域安全风险分级管控和隐患排查治理工作，督促强化《规范》实施，积极鼓励饲料生产企业实施《规范》提档升级。2023年，全市完成3家新设立、3家变更、1家晋级，合计7家饲料企业等级评定工作。

3. 举办2023年全市饲料兽药安全生产（含消防安全）培训班。为强化饲料领域重大隐患排查治理能力，厦门市农业农村局分别于7月6日和9月8日，先后举办2次全市饲料兽药生产企业安全生产（含消防安全）培训班，培训组织观看专题片《有限空间生产安全事故警示片》《生命重于泰山》《工贸企业重大事故隐患判定标准》(粉尘涉爆类)专家解读，并邀请省饲料安全生产专家围绕有限空间及粉尘防爆常见安全隐患及防范内容进行授课，授课内容翔实，针对性强、案例丰富，进一步提升全员安全生产责任意识。市、区饲料兽药行业管理人员、各饲料兽药生产企业负责人和安全员合计146人次参会。

【下一步重点工作】

(一) 抓好饲料质量安全管理

根据《饲料和饲料添加剂管理条例》《饲料质量安全管理规范》，认真抓好饲料质量安全监管，督促饲料生产企业从原料采购、生产过程、产品销售等环节规范化管理，强化饲料质量监督检查和抽检、饲料质量风险监测、“双随机、一公开”执法检查、行政许可等工作，严厉打击非法添加药物和违禁物质，保障饲料产品质量安全。

(二) 加强安全生产宣传力度

继续加强安全生产培训，强化饲料安全生产宣传，提升饲料生产企业主体责任意识。聚焦节前、节后饲料安全生产检查，指导企业做好安全生产工作，压实企业主体责任，确保不发生重特大安全生产事故。

(三) 持续推进重大隐患专项排查整治工作

厦门市农业农村局继续发挥安全生产专家作用，常态化开展全市饲料领域重大隐患排查整治工作，聚焦粉尘涉爆、有限空间、动火作业、外包外租等环节，督促企业履行第一责任人责任，强化风险排查和隐患治理工作。

(厦门市农业农村局)

中国饲料工业年鉴
2024
企业篇

重点企业经验介绍

顺应“新形势”
开拓“新思路” 构建“新格局”

——北京三元种业科技有限公司饲料分公司

北京三元种业科技有限公司饲料分公司（以下简称三元饲料分公司）隶属于北京三元种业科技股份有限公司。该公司的成立是首农食品集团在打造首都农业航母的征程中，着力于食品安全而作出战略决策和前瞻性布局的成果；是首农食品集团畜牧业板块的重要组成部分；是保障北京市民乳品、肉类安全的关键环节。

一、围绕“内部供应”，打造品牌，做好民生保障

三元饲料分公司位于北京市通州区永乐店镇，居北京、天津、廊坊三市交界处，毗邻京津高速、首都环线高速和京沪高速，有着得天独厚的地理优势。占地面积 127 亩，固定资产总投资达 2 亿元，于 2011 年 9 月正式注册成立，2013 年 4 月正式投产。依托集团内部的粮食收储和粮油加工的产业链优势，保障着 37 个奶牛牧场和 7 个规模猪场的饲料供应。三元饲料分公司于 2018 年成为首批获得北京市“饲料质量安全管理规范示范单位”称号的企业之一，并连续 2 年获得“首都民生保障企业”称号。

三元饲料分公司总部生产基地是目前中国华北地区单体规模最大的饲料加工基地，拥有国内最先进的预混合饲料微配料生产系统和全价配合饲料生产线，共有 12 条现代化全自动生产线，设计产能 42 万 t，目前达产 25 万 t。饲料产品主要包括奶牛系列产品、猪系列产品、种畜禽系列产品、肉牛系列产品、肉羊系列产品、蛋鸡系列产品、狐貉貂系列产品、肉鸭系列产品八大系列一百余个品种。公司打造的“三元绿荷”品牌和“粮牧”品牌在市场上赢得了极佳的口碑。其中，“三元绿荷”牌饲料，获得“全国最具影响力的二十个饲料品牌”“首都饲料行业影响力品牌”等多项荣誉称号。

二、加快“信息化”进程，数字赋能，提升工作效率

三元饲料分公司 2014 年就提出了设立信息数字化管理平台的设计方案，实现数字赋能。通过专业软件、对饲料原料的加工、储存、运输等各环节进行质量追踪和过程监管。可追溯体系的建立，明确了工厂内部业务数据的流转流程，提高了各节点的工作效率，初步体现了信息平台的建设价值。2016 年，上线了“三元种业大型饲料企业饲料质量安全可追溯线上系统”，实现了管理精细化、智能化、流程化，加强了风险管控。通过不断完善，保证了功能涵盖全厂，从最初的“原料出入库＋产品生产出入库＋品控质检”，整合实现财务、现场品控、销售内勤、营销中心业务员等全流程闭环。

由于业务的变化对新功能的需求，三元饲料分公司始终坚持技术作为满足业务需求服务的核心原则，平台持续迭代，确保在变化的经营环境中保持优势。通过 10 年的信息数字化管理平台建设，对 10 个部门、32 个端口、上百个流程进行细致的梳理，开发了生产运营信息数字化平台——“首元云平台”。三元饲料分公司从以前的信息延迟、业务流断裂不畅、数据散乱无法系统分析的困境中摆脱出来，最终实现了信息串珠成线、织线成网，数据及时，方便高效，有利于快速决策的高效管理模式。截至 2023 年，信息平台已经获得 8 项软件著作权。

三、深耕科技研发，优化升级，永葆市场竞争力

研发创新是企业发展的原动力。抓创新就是抓发展，谋创新就是谋未来。三元饲料分公司自2013年建厂之初，就始终坚持自立课题的申报，坚持科技创新推动企业发展。十年来，参与北京市财政项目11项，参与科研课题项目13项，在猪、鸭、牛上开展试验近百项，其中大小动物试验达90余项。课题研究兼具前瞻性和实用性，研究涉及幼龄动物腹泻、肉用动物生长性能提高、泌乳牛产奶性能提升、抗生素替代产品开发和降成本饲料产品等方面。5项课题成果获得首农食品集团科技成果推广奖二等奖、三等奖，科技进步三等奖；累计发表论文35篇，多篇论文获得“首农食品集团优秀青年论文二等奖、三等奖、优秀奖；参编书籍2册；参与实用新型专利8项；发明专利2项。进行了“蒸汽压片玉米的产品质量评价和应用效果研究”“含糖蜜犊牛颗粒质量的效果评价”“无抗生素仔猪教槽料的研发”“功能性饲料产品”等研发项目，开发了一系列新饲料产品，体现了动物营养新理念，同时通过市场推广，给养殖户带来了较大的经济效益。

2020年9月，邓露芳博士主导的饲料产品研发与检测团队被授牌为“市级职工创新工作室”。三元饲料分公司更加积极做好各级科技项目的申报和执行工作，与行业内知名高校、科研院所沟通交流，寻求技术合作。目前已经建立了完备的产品体系，产品涉及复合预混合饲料、配合饲料、浓缩饲料、精料补充料、膨化大豆以及压片玉米六大系列，二百余个品种，可满足奶牛、肉牛、肉羊、猪、鸡、鸭以及毛皮动物等多种畜种需要。集中力量研发了针对幼畜禽腹泻、种畜禽繁殖能力提高的功能性核心产品若干；无抗教槽料、糖蜜犊牛颗粒料等产品已经成为优势产品占领市场。

四、提升检测能力，CNAS认可，攀登行业高峰

2020年检测中心通过CNAS认可，成为可以参与国际互认的检验化验中心。其中，仪器设备投资超过1 500万，包括相色谱质谱联用仪（GC-MS）、液相色谱质谱联用仪（LC-MS）、离子色谱仪、原素分析仪、近红外分析仪、原子吸收光谱仪、全自动能量测定仪、全自动凯式定氮仪、纤维分析仪、脂肪分析仪、体外仿生消化分析仪等。52项检测项目中38项已获得CNAS认可，包括营养常规检测项目、氨基酸检测项目、矿物质元素检测项目、维生素检测项目、重金属元素检测项目、霉菌毒素检测项目等。

2023年2—10月，三元饲料分公司参与完成的《酿酒酵母培养物中甘露聚糖和β-葡聚糖含量的测定　高效液相色谱法》（T/CFIAS6006—2024）团体标准已获批准发布，于2024年3月5日起正式实施。检测中心与合作单位一起，将日常应用到饲料原料酿酒酵母培养物的检测方法升级为行业团体标准，实现了非标方法到标准方法的完美转化，成功实现了自身能力的一次创新性挑战。此外，还联合北京华安麦科生物技术有限公司、中国检验认证集团上海有限公司，主导了团体标准《饲料中霉菌毒素的测定　酶联免疫吸附法》工作开展，预计2024年发布实施。

五、强化“精细化”管理，夯实基础，筑牢发展根基

三元饲料分公司遵循“食品安全的源头，健康养殖的保障”的宗旨，对于产品的安全和性能精益求精，坚持打造科学、系统、高效的产品质量保障体系，确保产品质量达到全国领先水平。ISO9000、ISO22000质量安全管理体系，在生产过程的8个系统中设置了14个关键点，46个重点检查方面，确保每天2～3次的巡检，保证了从原料到成品的质量控制。构筑了安全防控体系，2014年公司就创建了北京市安全生产标准化二级企业；投资600余万元进行粉尘防爆改造并于2019年通过验收。生物安全措施精准落实，防鸟防鼠措施得当、入厂消毒防猪瘟、转基因大豆加工安全控制、反刍畜禽分线生产等。内控体系不断完善，内控流程持续优化，关键控制点逐步健全。合规管理体系加快构建，牢固树立依法治企思维与合规经营理念，提升合规管理水平，有效防控经营风险。

六、推进提质增效，节本降耗，深挖提升空间

三元饲料分公司一直在设施设备上大刀阔斧的改造升级，包括提高生产效率、优化生产工艺，有效推进节能降耗、持续降低生产成本、大幅减小劳动强度等方面。通过增加机械手、自动上签系统，让码拍、缝包、上签这样烦琐的工作由机器替代，极大提高工作效率、降低了工人的劳动强度。通过蒸汽发生器替代传统燃气锅炉、管道天然气替代罐装燃气等项目，保证了热效率更高、供气更安全稳定。目前，正在安装调试新型柔索机器人自动装车系统，进一步提高装车效率，降低劳动强度。该系统是饲料行业使用的第一台，体现了在新技术方面的大胆尝试。

回顾过去，深感自豪；展望未来，信心百倍。三元饲料分公司将以党的二十大精神为指引，团结奋进，勇毅前行，按照“有利润的收入、有现金流的利

润，有效益的增长、有质量的提升”的经营理念，顺应“新形势”，开拓“新思路”，构建“新格局”，继续在推动高质量发展的道路上，展现新风采，续写新篇章。

提升大众生活品质为己任

——北京大发正大有限公司

北京大发正大有限公司和泰国正大集团于1986年合资经营，集育种、食品研发、物流配送、饲料生产、肉鸡饲养、屠宰加工、熟食生产与国际国内贸易于一体，是牧工商一体化、产供销一条龙的大型现代化农牧食品企业，投产当年即被北京市政府确认为先进技术型企业，是中国最大的肉鸡生产和食品加工企业之一。公司总投资6.5亿元人民币，注册资金3 000多万美元，年销售额18.58亿元人民币，出口创汇近6 500万美元，2002年以来公司正大品牌获得农业产业化国家重点龙头企业、“中国名牌”产品、“北京市著名商标”、首批“出口食品农产品免验企业”、“北京质量优秀奖”、“杰出管理行动奖、创新奖”、“亚洲十大最具影响力品牌奖”、“30强中华民族品牌”、消费者信得过产品等殊荣；在国内同行业中曾连续三年实现出口创汇全国第一，是“中国合资企业500强”“中国食品工业企业100强”“全国肉类企业50强”“北京市百强企业”“中国外商投资双优企业”和北京市农口出口创汇第一大户。北京大发正大有限公司是肉鸡生产加工一条龙企业，1999年5月通过ISO9001国际质量体系认证，2006年通过GAP的认证。公司以“改善社会膳食结构，提升大众生活品质为己任”，坚持“公司+农场/农户”的经营模式，充分积极发挥“龙头”企业的带动、示范作用，为解决“三农”问题作出了突出贡献，被农户誉为“脱贫的希望，致富的靠山”。

北京大发正大有限公司三大系列产品：“正大”牌商品代雏鸡抗病能力强、成活率高、增重快；“正大”牌饲料采用国际先进配方，“高品质、吃得少，长得快”；“正大”牌鸡肉系列产品，加工工艺先进、洁净卫生、高蛋白质、低脂肪、低胆固醇、肉质鲜嫩、营养美味，是从养殖源头上开始控制的安全健康食品。

北京大发正大有限公司饲料厂始建于1986年，设计施工由北京市饲料公司负责，厂址位于北京市昌平区小汤山镇阿苏卫村东，占地面积52亩，饲料设计产能14万t/年，实际生产能力15万t/年，主要设备包括混合机1台、制粒生产线2条（分别为颗粒饲料线、熟化饲料线），2台锅炉（蒸汽产能4T/台）。公司饲料生产过程和质量监控的设备、仪器设备均由美国、英国、日本和瑞典引进，管理人员具备多年饲料管理经验，重要岗位人员全部持证上岗，取得了农业农村局核发饲料生产许可证号：京饲证（2019）06043。

北京大发正大有限公司饲料厂下设5个职能部门组成：生产部、品管部、采购部、行政部、财会部，现有在职员工45人，推行“7S”管理，负责饲料生产全过程管理，年可加工生产“畜禽配合饲料、浓缩饲料”15万t，现主要生产鸡饲料包括：肉鸡配合饲料，涵盖育雏期、育成期、出栏，如510、511、513，肉种鸡配合饲料，涵盖育雏期、育成期、产蛋期、淘汰期，如731、732、733、734，种公鸡配合饲料，如535等品种。公司在饲料生产加工过程中，严格执行国家、农业农村部实施的各项饲料法规，且历年在农业农村部质量监督抽查中各项指标全部合格；泰国正大集团根据当地肉鸡生长期对营养的要求所设计的不同配方和工艺等各项标准和规程，做到饲料原料、饲料产品100%检验合格入厂、出厂，实现了从原料到成品的全程控制，引入动物营养和现代饲料生产等科学理念，不使用动物性原料、不添加任何激素成分，实行计算机自动化控制管理生产过程，确保饲料产品营养科学、优质、安全、健康、高品质和高转化率。

北京大发正大有限公司饲料厂从成立伊始，一直承担着为北京家禽育种有限公司提供优质、安全、高效的祖代种鸡饲料全系列产品的供应，并一直来得到北京家禽育种有限公司高度认可与信赖。北京家禽育种有限公司（进口祖代种鸡场）承担着泰国正大集团中国区种鸡场的肉种鸡鸡苗供应的重要职能，同时还供应满足正大集团以外的中国各地肉种鸡鸡苗的需求。

2018年北京大发正大有限公司响应北京市政府对于北京市整体产业规划，在京津冀一体化产业均衡发展的设计思路下，将肉鸡养殖场迁移至河北张家口怀来及其周边，由以前附属北京大发正大有限公司的怀来正大食品有限公司承接养殖、屠宰、食品加工等相关产业职能。

怀来正大食品有限公司由北京首农集团和泰国正大集团合资组建，投资总额16 025万元，公司执行“公司+农场/农户”的经营模式，实施“五统一”管理架构，统一提供鸡雏、饲料，统一防疫，统一用药，统一屠宰，目前拥有现代化肉鸡屠宰厂1座，年屠宰产能2 300万羽。北京大发正大公司饲料厂作为饲料生产企业，饲料生产、供应沿用泰国正大集团公司“五统一”中的“统一饲料”的成熟模式，继续向家庭农场提供优质、安全、高效的肉鸡饲料，怀来正大食品有限公司出栏的鸡群用于屠宰、加工鸡肉产品，鸡肉产品供应北京市各商超和农贸市场，满足百姓大众的需求。

2022 年，在美丽的冰雪之城——张家口崇礼，举办了“第 24 届冬季奥林匹克运动会”，怀来正大食品有限公司集食品研发、物流配送、肉鸡饲养、屠宰加工、熟食生产与国际国内贸易于一体，是牧工商一体化、产供销一条龙的大型现代化农牧食品企业，被选定为北京冬奥会唯一的鸡肉产品供应商，供应本次奥运会各类鸡肉食品，同期供应北京市“两会”鸡肉食品，共计 224t，产品的质量安全和口味得到了奥运组委会、北京市委的高度认可。

忆往昔峥嵘岁月，看今朝百舸争流，北京大发正大有限公司将继续严格执行“饲料质量安全管理规范”各项要求，持续完善饲料生产过程的各环节，落实安全生产主体责任，为维护百姓大众食品“从农场到餐桌”的安全而持续努力！

践行“协同发展”
提供高效、优质、稳定、安全产品

——正大预混料（天津）有限公司企业介绍

正大预混料（天津）有限公司（以下简称正大预混料）是正大集团在天津设立的专业化生产添加剂预混合饲料的独资企业，也是正大集团预混料事业的核心生产厂家。

正大预混料成立于 1992 年 2 月 21 日，坐落在天津滨海新区，占地 3 万平方米，总投资额 3.6 亿元人民币。自 1993 年 8 月投产以来，业务迅速拓展，年生产能力达 15 万 t，2023 年营业额突破 17 亿元，再创历史新高。公司业务板块包括生产和销售畜禽、水产、反刍动物添加剂预混合饲料及畜禽浓缩饲料，并提供相关技术服务。

正大预混料实现自主研发，力求科技创新，截至 2023 年拥有国家发明专利 13 项、实用新型专利 17 项，且每年不断有新研发成果投入市场。随着新生产线投产，自动码垛机器人等一批先进自动化设备投入使用，使整个生产流程的自动化程度达到新高度。

正大预混料拥有 600m^2 品控及研发中心，通过采用国际先进的精密检验设备，不断引进高质量人才，进一步提升企业检验和研发能力，加快新产品开发和推广，扩大产品销售领域。预混料品管中心始终对生产过程、原料及产品质量进行科学严谨的管控，从而为生产优质产品提供了可靠的保证。

依托集团正大研究院，正大预混料在西安研发场、唐山实验场开展各项产品研发工作，并对市场热点技术问题进行实验验证，增强在行业中的核心竞争力。正大预混料生物安全服务团队在与养殖户合作过程中，倡导正大生物安全模式，既做到绿色环保，又避免疾病发生，为客户的正常生产保驾护航。同时，正大预混料继续推动行业内头部企业战略合作项目，在既有合作基础上，扩大至全国范围内布局，陆续与食品或养殖行业的大集团签定战略合作协议，强强联合，合作共赢。

2023 年，正大预混料积极开展市场推广活动，分层次有序开发不同规模客户，取得了显著效果，继续保持量利双增的领先势头。为保持企业核心竞争力，继续加大在科技研发方面的投入，建立现代化正大预混料研发中心试验基地，积极与高校开展产学研活动，促进科研成果转化，并联合高校科研院所与现有客户合作开展旨在提高实际生产水平的三方合作科研项目。

正大公司始终将产品质量置于首位。2008 年，制定了《蛋鸡复合预混合饲料》国家标准。2015 年，率先获得农业部“饲料质量安全管理规范示范企业”荣誉称号，同年被授予天津市级“高新技术企业”称号和国家级“高新技术企业”称号。

2018 年和 2021 年，正大预混料分别再次获得国家级“高新技术企业”称号。2018 年 10 月通过了 ISO14000 环境管理体系认证和 OHSAS18000 职业健康安全管理体系认证。至此，ISO9000、ISO22000、ISO14000 和 OHSAS18000 四个体系完成整合，使企业的管理更加规范标准，产品品质进一步提升，客户信心进一步增强，促进了企业的可持续发展。

2020 年正大预混料荣获“无抗饲料推荐企业”称号；2022 年荣获泰达慈善特别贡献奖；同年荣获天津经济技术开发区东西部协作和对口支援工作乡村振兴贡献奖。截至 2022 年 12 月，正大预混料（天津）有限公司已连续 28 年入选天津经济技术开发区百强企业，连续 10 年入选天津市外商投资先进技术企业。

正大预混料将继续秉承集团“利国、利民、利企业”的核心经营理念，在产品质量方面继续做到精益求精，践行“协同发展”的价值观，致力于与广大客户和合作伙伴共同推动中国饲料产业的健康和可持续发展，为广大客户朋友提供更加高效、优质、稳定、安全的产品。

绿色营养　守护健康生长

——保定芮丰饲料有限公司

一、企业概况

保定芮丰饲料有限公司（以下简称芮丰饲料）是集科研、生产、销售为一体的科技型饲料企业。芮丰饲料位于河北省保定市徐水区，总占地面积205亩，年产能60万t，下设2家分公司，2家全资子公司（保定芮吖宠物食品有限公司和保定芮通商贸有限公司）。主要生产并销售肉蛋鸡、猪、反刍动物的配合饲料、浓缩料、预混料及宠物食品。

另外还经营豆粕、棉粕、小苏打、氢钙、玉米副产品、维生素、氨基酸、矿物质等饲料原料及添加剂。

二、设备科研

芮丰饲料拥有独立的检化验室，配备了近红外光谱仪、全自动定氮仪、酶标仪等一系列先进的检化验设备。生产车间配置国内一流的全自动化生产线，拥有年产10万t的机组2套、年产20万t的机组2套、年产50万t的机组1套和年产10万t的全自动预混料生产线，引进了7套可连续24h作业的码垛机械手。

科技是第一生产力。芮丰饲料自成立之初，就着重于饲料的研发工作，专门设立饲料科研中心，并分设蛋鸡料、肉鸡料、猪料、反刍动物料等研发课题，同时与国内多家知名院校合作，致力于饲料技术的专项研究。

三、核心理念

芮丰饲料始终以“绿色营养，守护健康生长”为主张，以“打造民族品牌，引领行业发展”为宗旨，以成为备受信赖的饲料营养专家型企业为愿景。未来，将继续打造“产、科、研”一体的绿色安全饲料供应商，持续为全国养殖户带来高效的养殖效益，以更优的科研、品质和服务成为饲料行业新标杆。

四、荣誉表彰

芮丰饲料被省、市人民政府认定为省、市农业产业化重点龙头企业，同时，被河北省饲料工业协会评为“2022年度河北省饲料产量前十强单位”。

五、社会责任

芮丰饲料自成立以来，特别关注当地经济的发展，为周边近200户群众提供了多个就业岗位，一定程度上解决了周边群众就业难的问题，增加了其家庭收入。

饲料加工所需的玉米主要来源于保定周边、张家口、东北、山西等地，芮丰饲料以不低于市场的价格长年大量收购，年玉米消耗总量20万t，直接或间接解决了保定周边农户玉米销路难、销售价格低的问题，在提高玉米等农作物利用价值的同时，也直接助力了农户增收。

饲料行业为朝阳产业，得益于整体大环境的优势，芮丰饲料整体经营向好，并主动承担企业责任。近3年来，企业共计纳税290万元，年均纳税90多万元，为提高当地政府的财政收入作出了贡献。

做安全食品　为百姓健康

——保定玖兴饲料加工有限公司

保定玖兴饲料加工有限公司（以下简称玖兴饲料）成立于2016年11月，为河北玖兴农牧发展有限公司的全资子公司，玖兴农牧是农业产业化国家重点龙头企业、全国脱贫攻坚考察点、全国民族特需商品定点生产企业、河北省扶贫龙头企业、河北省省级示范农业产业化联合体、河北省农业科技“小巨人企业”、河北省“专精特新”企业。企业内部管理规范，各项内部管理制度健全，依法管理、依法开展生产经营活动，无欺诈、不正当竞争等扰乱市场经济秩序的行为。在质量方面，鸡肉产品实现了全程质量追溯，取得了无公害农产品证书、安全生产标准化证书和信用证书，共取得16项专利，已通过了ISO9001国际质量管理体系认证、ISO22000食品安全管理体系认证。建有综合管理体系，设立了食安中心、质控部、动保部等机构，对原料采购、饲料供给、父母代肉种鸡养殖、雏鸡孵化、商品肉鸡养殖、防治防疫、成鸡回收、屠宰加工、产品深加工等产业链的每个环节进行严格控制，实现了无缝产业链质量管理，最大程度地保证产品品质。

玖兴饲料总投资1.8亿元，地点位于河北省保定市涞源县金家井乡金家井村北，占地72亩，有5条生产线，年生产饲料100万t。截至2023年员工94人，2022年销售额13.72亿元，2023年销售额15亿元。荣获了保定市农业产业化龙头企业、河北省创新型中小企业、河北省饲料行业产量前十强企业等荣誉称号。

饲料厂内建设的综合楼4 146m²、生产车间10 882.8m²、成品车间2 316.95m²、原料车间

4 061.4m^2、装卸棚 1 278.95m^2，以及容量为 21 600t 的玉米筒仓、6 000t 的粕类筒仓、400t 的油脂储存罐、4 000t 的散装成品仓。整套生产设备由国内最大的饲料设备厂家（江苏丰尚公司）提供，主要有散装原料的清理、存储（筒仓）设备，粉碎机（6 套），混合机 4 台，制粒机 5 台（CPM 公司），冷却、筛分、油脂后喷设备 5 套，以及配套输送设备。

饲料加工工艺流程分为原料接收、粉碎、配料混合、调质制粒、冷却筛分、油脂喷涂、成品包装，产品检验合格后由饲料罐车运送到各散养小区。玖兴饲料生产执行 GB 13078 饲料卫生标准，绝对不添加任何激素。遵守《饲料和添加剂使用条例》等法律法规，制定了管理手册、程序文件及作业指导书并严格实施。抓好饲料的质量，注意控制霉菌毒素等的有害物质的含量，并根据肉鸡不同的生长阶段，合理调配全价日粮，确保肉鸡健康生长和生产性能的更好的发挥。以全产业链初始端的饲料为例，需要经过原料采购、入仓存储、加工粉碎、颗粒合成、装袋运销等若干环节。就原料采购而言，包括玉米、豆粕、油脂等大宗原料和各种如氨基酸等数十种微量元素的采购，每一种原料都制定标准、明确做法，流程严控如霉菌等有害物质的混入。

玖兴饲料是玖兴肉鸡养殖扶贫产业项目中重要的一环，该扶贫项目在肉鸡培育、饲养、加工、物流等各个环节提供就业岗位 3 000 余个，直接带动 3 000 余人在家门口就业，3 000 多个家庭实现了稳定增收，年户均增收 3 万元以上。据不完全统计，项目可实现贫困户户均增收 3 000 元以上。同时，肉鸡饲养及玉米、高粱种植等相关产业可间接带动上万人增收致富。

打造绿色全产业链体系 助力内蒙古农牧产业升级

——内蒙古正大有限公司

随着 1994 年内蒙古正大有限公司（以下简称内蒙古正大）在草原青城建成第一座现代化饲料厂开始，内蒙古正大拉开了打造中国北疆农牧食品行业跨越式里程碑的征程。内蒙古正大基于卓越管理模式理念，打造"四产·三创·强链·生态"的高质量发展模式，以"产业引领、创新驱动"为支柱，"技术、管理、服务""三位一体"的创新发展模式，发挥产业链主企业优势，走生态发展、产业生态、安全生态的高质量发展模式。建设全产业链运营体系，形成多通路全产业链架构，建设集种植、饲料、养殖、屠宰、加工、销售为一体的复合型生产体系。

一、饲料生产工业业务

截至 2023 年，内蒙古正大在内蒙古拥有现代化饲料厂 2 座，分别位于呼和浩特市赛罕区和巴彦淖尔市五原县，呼市总公司占地 100 亩，五原分公司占地 107 亩，年产能共 57 万 t，内蒙古排名第一。

正大集团一贯重视产品质量，品控岗位保证进货原料品质安全，品保岗位保证生产过程品质安全。化验岗配置 2 名专职化验员，设立独立化验室。在正大集团中心化验室和 NIR 中心的指导下，保证化验方法及检测技术的准确性。使用正大集团专用 SS 管理系统，实现质量管理系统化、自动化；引进全球最先进的 NIR 近红外分析仪、全自动核酸提取仪、全自动酶标仪、紫外分光光度计、全自动散装取样器等一系列高效、节能的检测设备及技术，不断加强质量管控力度。

近年来，为实现工业生产现代化转型升级，内蒙古正大由建厂初期的年产 12 万 t 饲料厂，已经发展为年产能可达 36 万 t 的标准化饲料厂，有力地保证了市场需求和销售供应。在此过程中饲料厂先后在机械化、自动化、智能化方面加大投资更新力度。先后在 2006 年、2011 年投资新建 3 座仓容玉米筒仓、8 座原料散装仓，总投资额 735 万元；实现玉米总存储能力达 1 万 t、粕类散装料存储能力 2 400t。于 2013 年、2017 年分别投资建设成品散装仓 13 座，总投资金额 225 万元；可实现成品散装能力 15 万 t，新建成品散装仓能够有效地提升成品物流周转速度，减少包装带来的环境污染。为响应国家《饲料质量安全管理规范》的要求，内蒙古正大于 2013 年新建年产 10 万 t 反刍动物车间 1 座，实现畜禽、反刍动物料分线生产，全面保证生产品质的同时扩大产能，总投资金额 758 万元。先后在 2012—2018 年对成品包装环节进行全自动化改造，增加 2 套码垛机械手及自动套包设备，实现打包环节全面升级，打包效率大幅度提升。2007—2018 年对微量称系统进行改造，实现电脑自动配料及在线自动预混合，配料精度高且易于管理，减少人力和配料时间。2016 年更新配料系统正大智能控制系统（CP Smart system），该系统是由正大集团旗下上海正诚自主研发的具有自主知识产权的饲料厂智能控制系统，并取得了国家知识产权局颁发的软件著作权证书，配料速度更快，精度更高，保密性更强，是一套集生产管理与自动控制于一体的系统。为提高取样及卸车效率，2018 年引进阿根廷自动取样机，该设备具有采样点多、取样准确均匀、方便快捷等优势，可实现水平、倾斜、垂直等全方位输送原料，只需通过监视器和控制面板操作即可实现原料全自动取样。

为响应国家节能减排、绿色环保的号召，2018年将煤锅炉更换升级为天然气锅炉，实现锅炉房远程监控。采用全自动恒压变频控制系统，锅炉水位自动添加、蒸汽压力自动调整，并配套燃气自动报警及切断系统，保证锅炉安全运行。增加节能器及供暖换热系统，天然气单耗下降20%。

二、饲料销售全产业链业务

在饲料销售方面，构建先进的服务先行、价值营销体系，提高营销的质量和效率。持续做以顾客为中心的一站式服务营销，以动物饲料产品为主体，系统整合客户所需的包括幼畜奶粉、兽药疫苗、配套设备、微量元素添加剂在内的各类产品，成为合作客户产品一站式畜禽养殖系统解决方案的提供者。为让客户有数字化的养殖和购料体验，由内蒙古正大牵头搭建了猪博士APP，基于“农牧产业链＋互联网＋智能AI技术”，打造一站式服务平台。客户可以通过手机应用软件实时查询养殖行情、饲料交易、兽医问诊、融资政策，以及农场养殖技术管理等多个维度。2020年，内蒙古正大获评中国反刍动物饲料十强企业，连续5年内蒙古饲料工业行业排名第一。2021年部分产品获得自治区名优特产品称号，并获得自治区领军企业称号。2016年起连续多次获得国家级农牧业产业化重点龙头企业称号。内蒙古正大坚持诚信为根本、尊重为基础、共赢为目标、事业为纽带。严格把控饲料原料，从源头确定饲料优良品质。

内蒙古养殖业历史悠久，是我国畜牧业发展的重要一环。改革开放以来，在自治区政府的引导下，内蒙古正大以市场为导向，以农牧民增收为目标，以资源为依托，以科技为支撑，通过自养模式及“合同养殖”、代养等模式强化生猪、肉羊、蛋鸡生产基础设施建设，推动畜牧业产业转变增长方式。通过建设集生态种植、专业饲料、商品养殖、专业屠宰、食品销售为一体的全产业链养殖模式，实现了由单一饲料业务向食品全产业链业务的转型升级，在内蒙古布局正大生鲜食品专卖店和餐饮连锁店，并且配套冷链物流项目。在打造全产业链体系的最后一站，强化发展终端销售体系，打通农场到餐桌的“最后一百米”。通过B2B、B2C、O2O三大渠道，将符合集团标准的猪肉、羊肉、鸡蛋制品等供应到小型餐饮、机关食堂、农批市场。打通农场到消费者餐桌的“最后一公里”，把自产的安全、健康、营养、绿色、可追溯的食品带入千家万户，保证消费者舌尖上的安全。

三、产业带动升级

随着内蒙古正大事业发展的不断壮大，逐步提高原粮产业转化能力和饲料工业生产水平，带动养殖业、种植业、加工业的协同发展，建立了农企合作产业化联合体新模式。内蒙古正大通过农企互联“生猪合同养殖”合作服务模式，产业带动助力产业振兴；建立饲料原粮订单合作种植模式，真正解决农民“售粮难、销路难”问题；坚持以带农、惠农、富农、兴农为导向与农牧户联结带动增收、增产。免费为农户举办养殖技术培训3万多期，培训农牧民超过155万人次，发放技术资料120万份；持续开展帮扶项目，以五保户援助、养殖种植服务、孤寡老人慰问等多种方式持续关注定点村镇及民生机构，荣获“自治区公益事业优秀单位”称号。

四、社会责任

多年来，内蒙古正大在多所高校，如内蒙古农业大学、民族大学等，设立“正大奖学金”，每年提供10万元奖学金，荣获国家级大学生就业见习示范基地、自治区大学生就业见习基地等称号。内蒙古正大“希望源”大学生假期实习项目，每年接收超200名大学生到正大实习，了解企业文化，学习职业规划，对帮助解决大学生就业创业、稳定社会经济起到了积极作用。2021年，被国家教育司认定为首批供需对接就业育人项目，超14所高校与内蒙古正大建立了深度合作关系，未来将有更多的学生进入内蒙古正大学习成长，成长为社会有用之才。

自2016年起，内蒙古正大成立关爱自闭儿童项目，对30多位自闭儿童持续开展关心关爱，为他们送去正大食品、捐助费用、组织公益画展、筹集慈善关爱基金，被关爱儿童整体状况已有明显改善。

在抗击新冠疫情期间，无数正大人投入疫情防控保供一线，内蒙古正大开展公益慰问捐赠近10万元人民币。

内蒙古正大已全面迈向全产业链4.0时代，未来将继续统筹兼顾，持续增效。集正大领先技术优势与产业力量，深度整合国际资源，共享业内先进经验，为内蒙古自治区农牧食品行业发展提供前沿驱动力。内蒙古正大将率先引领行业发展，力争成为促进农牧业快速、健康、稳定发展的先锋力量。

着力从三方面提升
全面增强企业竞争力

——内蒙古牧泉元兴饲料有限责任公司

内蒙古牧泉元兴饲料有限责任公司（以下简称元兴饲料）隶属于内蒙古优然牧业有限责任公司，是一家集奶牛、肉牛、肉羊、奶山羊饲料产品的生产和销售，以及反刍动物牧场用品和原料销售为一体的综合型动物营养公司。聚焦反刍动物领域，覆盖全国 26 个省份，共运营 15 个饲料生产基地，向全国 200 万头奶牛提供“反刍动物养殖系统化解决方案”，其中 2022 年精饲料产量 137.3 万 t，同比增长 23.6%，成为行业中首家反刍动物饲料外部销量突破百万吨大关的企业。2022 年启动战略转型，从高速发展转型至高质量发展，重点聚焦产品力、服务力、品牌力提升，与客户实现共赢。

一、在产品力提升方面，聚焦生产营养均衡、功效显著、成本优势明显的饲料

元兴饲料凭借近 40 年的运营与研究经验积累，结合庞大的营养数据库，获得了不同品种及不同生长阶段反刍动物的营养需求，以及饲料营养成分的宝贵数据，推出了一系列反刍动物饲料产品、育种产品、养殖耗用品。

以自主研发为基础，结合国外先进技术，打造产品科技优势，生产高附加值饲料产品。2022 年，通过与全球著名奶业专家迈克·哈金斯博士达成战略合作，结合美国最先进的奶牛营养技术，打造国际一流产品。

元兴饲料拥有八大系列产品，涵盖奶牛、肉牛、肉羊、奶山羊及骆驼全生命周期，2022 年反刍动物饲料市场占有率行业第一。

二、在服务力提升方面，借助 TPM 工具方法，为客户导入精益服务，协助客户聚焦损失、快速改善，提升效益

元兴饲料配置了具备牧场专业技术服务和管理经验的技术服务专家 160 余人，系统学习了 TPM 精益方法工具，并应用至技术服务实践中，为客户提供全面专业反刍动物养殖系统化解决方案，精准地识别出牧场日常运营各核心环节的需求与痛点及行业发展趋势。2022 年，打造精益技术服务标杆牧场 28 座，其中 40 千克以上标杆牧场 1 座。

三、在品牌力提升方面，通过产品品控优势及科技优势，强化元兴品牌力

元兴饲料具备产品品控优势，总结提炼行业标准，严守质量“三条线”，构建了覆盖全产业链的质量管控体系，总结 1 400 余项过程管控标准；同时持续开展并通过多项食品安全和质量相关管理体系认证，包括 SQF、ISO9001、ISO22000 及 ISO17025 等，采用食品级工厂质量管理标准，通过 SQF 食品质量安全管理体系审核，成为国内首家通过世界领先的食品安全及质量管理体系 SQF 认证的饲料加工企业。

元兴饲料具备科技优势，与全球著名奶牛营养专家、NASEM《奶牛营养需要》编委迈克·哈金斯博士达成战略合作，开发了国际领先的饲料新产品和技术服务体系；与中国农科院“三大所”（饲料研究所、草原研究所、北京畜牧兽医研究所）和美国嘉吉集团达成战略合作，共同打造国内外领先的技术研发平台，引入国际领先的奶牛养殖技术。

禾养六畜　丰飨九州

——禾丰食品股份有限公司

一、禾丰饲料 营养专家

禾丰食品股份有限公司（以下简称禾丰）是国家级农业产业化重点龙头企业，是中国饲料工业协会、中国畜牧业协会副会长单位。禾丰的主营业务以饲料、饲料原料贸易为核心，同时深耕肉禽和生猪产业化与食品深加工等领域。

饲料作为禾丰的核心业务之一，产品包括家禽、反刍动物、水产、毛皮动物等动物饲料，市场覆盖全国 32 个省份及海外多个国家。饲料原料贸易业务主要包括鱼粉、豆粕、玉米副产品等大宗饲料原料，以及氨基酸、抗氧化剂、防霉剂、维生素等饲料添加剂产品，同时与多家知名跨国动保企业结成战略联盟，代理销售疫苗、兽药等动保产品。

禾丰依靠较为完整的产业链条，在饲料、禽产业、猪产业、反刍动物产业、生物添加剂技术等领域已建立了集产业养殖技术、饲料产品技术、生产加工技术等“多位一体”的技术研发团队。2006 年，禾丰与具有百年历史的荷兰皇家 De Heus 公司合作，全面借鉴其所拥有的全球先进技术资源、领先技术和百年管理经验，在饲料的“安全优质”“精准高效”“无抗环保”“原料替代”等方面始终保持着技术领先优势。

二、年丰岁稔 勠力同心

1995 年，以董事长金卫东为核心的七位禾丰创始人看到民族饲料企业在外国资本的倾轧下艰难求生，外企的华人员工遭受歧视，他们立下要“振兴民族饲料工业，志创中国饲料名牌”的志向，从全国各地齐聚沈阳，在白山黑水间开启了禾丰事业。

2014 年，禾丰在上海证券交易所上市，上市后营业收入连续多年保持增长。上市以来，禾丰 4 次当选“中国主板上市公司价值百强”，连续 6 年获评信

用披露质量A级，7次荣登《财富》中国500强榜单，位列中国民营企业500强第150位。禾丰在东北地区居于行业龙头地位，2019年荣获辽宁省省长质量奖；2022年禾丰首次获得农业农村部评选的全国农牧渔业丰收奖农业技术推广成果奖一等奖；2023年获全国质量标杆认定。

截至2023年，禾丰旗下已拥有200余家下属公司，产品销往国内32个省份及海外多个国家和地区，在尼泊尔、菲律宾、印度尼西亚、俄罗斯等7个国家投资建设20余座工厂。同时，大力开展饲料、饲料原料和食品的进出口业务。

1995年，在禾丰创业之初，还没有生产一袋饲料产品的时候，董事长金卫东就撰写了《禾丰宣言》，29年来一字未改。《禾丰宣言》奠定了禾丰企业文化的基础，“永远从客户的需要出发，不断开发新产品，决不因循守旧”，已成为禾丰人的习惯；“永远诚实经营”已成为禾丰的原则；“靠科学技术和创造性劳动来发展自己”已成为全体禾丰人的追求。

三、羽翼渐丰，丘壑万千

禾丰立足于农牧食品领域，采取“横向多元化”的布局策略，在做强做大饲料业务的同时，大力推进肉禽和生猪业务。

禾丰是中国饲料十大领军企业，全球饲料行业排第17位。未来，禾丰将进一步提升饲料业务的战略地位，稳步推进四个“战略转型”：继续强化技术、采购、市场三联动，推进从“美式日粮”向“欧式配方”的转型；提升饲料业务整体核心竞争力，从传统的“浓缩料优势”向“全价料优势”逐步转型；技术服务升级，在继续保持经销商渠道优势的同时，努力提升规模养殖场客户占比，客户结构实现从“渠道优势”向“渠道与规模场并重”的转型；集中资源饱和投入，做大做强饲料业务，从“东北的饲料企业”逐渐向“全国的饲料企业”转型。

禾丰的白羽肉鸡产业从养殖到食品深加工，每个环节都持续推进精细管理，严格把控，实现食品安全的可追溯性，让品质与美味同行。2023年禾丰控参股企业合计屠宰白羽肉鸡8.5亿羽，位列全球肉鸡生产企业第六，白羽肉鸡领域亚洲第一、中国第一。

自2016年禾丰开展生猪事业以来，生猪产业始终坚持以“标准化、信息化、生态化”为发展路径。已逐步建立起种猪繁育、商品猪生产、饲料生产、屠宰加工、生鲜及熟食品供应链体系。

四、革故鼎新，勇攀高“丰”

创业至今，禾丰始终聚焦产品研发、技术升级，为快速应对市场变化，升级了新一代教槽料、经济型中大猪料、奶牛精补料、肉牛料、肉禽新料型产品等；应对原料价格波动，禾丰着力构建多元化配方体系，在玉米、豆粕等原料替代方面做了大量研发与推广应用工作。针对规模养殖场，禾丰进一步升级和验证现有母猪料产品和配套定制产品与服务方案，母猪料产品竞争力稳步提升。与此同时，禾丰在生猪养殖板块开展储备式研发，如后备母猪阶段式营养与“限速不限饲”营养体系、低蛋白质低豆粕平衡氨基酸日粮、无鱼粉高氨基酸日粮、中大猪谷物多元化饲粮、液态发酵饲料等，以进一步提升产品性价比，提高产品竞争力。

禾丰作为优秀企业代表参与了极有影响力的多项国家、团体、行业、地方标准的制定并凭借《饲料精准配方高效加工应用》技术模式，荣获农业农村部“粮食节约行动——技术引领豆粕减量替代”全国8家企业技术示范先进典型案例。

禾丰始终秉持“以先进的技术、完善的服务、优秀的产品，促进中国畜牧业的发展，节省资源，保护环境，实现食品安全，造福人类社会”的企业宗旨，坚持以客户为中心，以市场为导向，以“产品安全、质量稳定、营养精准、服务客户”为目标，不断进行技术创新与新产品研发。禾丰具有独具竞争力的技术研发合作模式，拥有优秀领先的技术研发团队，在禾丰研究院大平台上形成了三级研发和高效成果转化体系，具有国内一流检测能力、高效精准的动态原料数据库、清晰一流的产品线组合以及不断优化迭代的服务能力。

禾丰是国家高新技术企业、国家火炬高新技术企业。禾丰研发中心是新型生物饲料研发与应用国家地方联合工程研究中心、国家农产品加工饲料加工专业分中心、国家生猪产业体系综合试验站单位。截至2023年，拥有已授权的发明专利69项，获得国家科技进步奖2项，国家技术发明奖1项，省部级科技进步奖14项。

五、数字升级，乘“丰”起势

禾丰信息化建设于2008年起步，经过十余年的积累，已基本实现“供、产、销、运、储”“人、机、料、法、环”等全方位的云服务与大数据应用。近年来，禾丰努力创新、大胆变革，从领导力、全方位体验、运营模式、工作资源、信息与数据等方面全面开展数字化转型。2022年，禾丰获批工业互联网标识解析二级节点（饲料加工行业）项目服务许可证，这是沈阳市首张，也是全国针对饲料加工行业签发的首张服务许可证；在首批数字化转型贯标星级评估中获评三星级。

沿着信息化战略规划路径，禾丰洞察业务需求，逐步建设覆盖饲料业务、肉鸡产业化、生猪产业化、贸易业务、宠物医疗等业务的信息化系统，实现财务、制造、供应链管理、销售与分销、人力资源、商业智能等全方面的集成应用。禾丰从开始单纯运用单体服务器和ERP管理饲料生产的模式，发展到现在，依托华为云、云苍穹、EAS、NC、云之家、友空间、小禾睿服、小禾订货等信息化管理系统，应用大数据、云计算、区块链、人工智能等先进数字化技术，搭建起以数据中心建设为核心、以业务流程优化为手段、以管理效率提升为重点的全面企业信息化平台。

历史来到了新起点，面对未来的机遇与挑战，禾丰将以全球化的视野，以国际化的发展标准，以为人类未来创造更多福祉为出发点，向“成为世界顶级农牧食品企业”的目标不断前行。

质量第一　重视创新　客户至上

——辽宁波尔莱特农牧实业有限公司

一、深耕业务，细作文化

辽宁波尔莱特农牧实业有限公司（以下简称波尔莱特）是一家在饲料研发、生产、销售等行业深耕31年的集团化企业，是专业研发、生产安全营养高品质饲料的企业，是饲料行业重点龙头企业，早在2012年荣膺中国驰名商标，更是在生物小肽研发领域有很多突破成果的技术型企业。企业建立之初就致力于为用户提供最优质的饲料产品，以满足客户的需求，始终秉持“做善良人、做好产品”的企业信念，以用户第一的服务宗旨，为客户创造更多价值。

波尔莱特集团总部设在辽宁沈阳沈北新区，截至2023年，集团拥有员工1 000多人，年度产能100万t，在辽宁、吉林、黑龙江、北京、河北、山东、山西、陕西、甘肃等多个省份设有16家分公司，产品辐射并畅销东北、华北、西北等的20余个城市，市场销量及占有率连年递增。2023年，30 000m^{2}集团总部新址落成投入使用，集团设有1 000m^{2}设施完备、先进的研发中心。这里不仅是生产和研发基地，更是企业文化的发源地。早在1993年原始公司创建之初，董事长邬加会先生就亲自参与撰写MI企业文化手册。时至今日，波尔莱特人信奉的仁爱之道的企业文化，从未改变。波尔莱特企业宣言仍然是16家分子公司周例会晨读环节的重要内容。源起悟道，践行传承。回顾波尔莱特的成功之路，是来自于战略成功、产品品质，更重要的是企业文化的践行成果。优秀文化是构建核心能力的有力支撑，优秀的企业精神和企业文化、卓越的人才和团队，是一个企业、一个品牌长远发展的底气与根本。

二、初心如磐 奋斗实干

多年来，波尔莱特在业内与市场终端获得了广泛的认可和诸多荣誉。产品凭借其卓越的品质和稳定的性能，赢得了客户的信赖和好评。同时，在科技研发方面也取得了丰硕成果，截至2023年已获各项专利技术40个。仅2021年，获饲料生产系统计算机软件著作权3个，发明专利2个，实用新型专利5个。多项首创工程菌株已获得国家专利并被收录于中国农业微生物菌种保藏管理中心。波尔莱特十分重视对核心技术的保护，连续7年通过知识产权管理体系认证；1999年，作为第一个提出“氨基酸平衡”理念的企业，在促进猪的生长发育、增加肉类产量、提高养殖效益等方面有着重要意义；2005年，自主研发的乳猪配合饲料“龙凤胎”获得国家专利；2007年，通过ISO9001质量管理体系、ISO22000食品安全管理体系认证；2012年，荣获中国驰名商标、辽宁省重点龙头企业、沈阳市市级企业技术中心等称号；2018年，奶粉型教槽料获得国家专利并通过高新技术企业认证；2023年，被沈阳市科学技术局认定为2023年新型研发机构，即沈阳市功能肽产业技术研究院承担单位。

波尔莱特始终秉持“质量第一、重视创新、客户至上”的经营理念，视产品质量为企业生命线；坚信只有不断提高产品质量，才能在激烈的市场竞争中立于不败之地。因此，从配方研发、原料检验、成品生产与检验，到售前实证实验、出厂质检，每个环节都要做到万无一失，来确保产品让每位用户满意，为用户创造价值。同时，重视客户的需求和反馈，积极倾听客户的声音，不断提升服务水平。

企业的成功离不开每一位员工的努力和付出。因此，波尔莱特将继续营造积极向上的企业文化氛围，激发员工的创新热情和工作积极性。在员工福利管理方面，倡导“以人为本”的理念，关心员工的成长和发展，为员工提供广阔的职业发展空间和良好的福利待遇。员工的成长是企业发展的基石，而员工的幸福则是企业成功的标志。相信，在全体员工的共同努力下，波尔莱特的未来一定会更加美好。

三、思维重构 价值驱动 智造产品

展望未来，波尔莱特将不断提升自身认知，继续坚持创新驱动的发展战略，加大科技研发投入，不断提升产品科技含量和附加值。结合各区域市场，更新迭代产品设计与研发；在原料供应方面，继续保持严

格检验、非标准原料不入库、非标准原料不投产的原则，确保产品质量稳定、性价比高。同时，将继续拓展市场渠道，加强与客户的合作与交流，为客户提供更优质的产品和服务，为客户创造更多价值。

波尔莱特深知，在当今信息化、网络飞速发展的当下，优质快反和智能制造对企业发展的重要性，所以 2022 年，集团在新址建造设计之初，就将智能化、自动化作为设计要求，以确保日后的产品生产效率。如今，30 000m^2 的新厂早已投产使用，事实也证明全新的智能生产线，对产品的稳定输出起到了决定性的作用。

四、凝聚向上向善力量

在自身稳健发展的同时，集团在董事长的带领下，不断践行社会责任，积极参与社会公益事业回馈社会。从 2003 年开始，情系儿童、老人等社会弱势群体，扶困助困，为其解忧排难，开展了爱心敬老、关怀助学等一系列公益慈善活动。在波尔莱特的带动下，其众多合作伙伴也纷纷加入到公益活动中来。波尔莱特深知有责任和义务为社会作出自己的贡献，让更多人获得幸福。

在未来的发展中，波尔莱特将积极投身于各类公益活动中，共同为社会的繁荣与进步贡献力量。

百舸争流，奋楫者先；中流击水，勇进者胜。2024 年是具有开创性意义的崭新起点，波尔莱特将始终不忘“做善良人、做好产品”的初心使命，传承和弘扬“激情、智慧、坚持”的企业精神，瞄准“技术领先、质量稳定”的产品定位，立足更高站位，对标更高标准，从“白山黑水”到服务全国，新使命、新征程、新担当、新出发，再现产品能量，续写价值传奇！

科技兴企

——辽宁汇福荣兴蛋白科技有限公司

一、简介

辽宁汇福荣兴蛋白科技有限公司（以下简称汇福荣兴）是三河汇福粮油集团有限公司的全资子公司。三河汇福粮油集团有限公司（以下简称汇福粮油）是河北省域内最大的民营粮油综合加工企业，位于河北省三河市燕郊高新开发区，是以生产食用植物油为主导的综合性企业集团。其中，汇福粮油已发展成为年加工油料能力 300 万 t，年生产一级食用植物油 55 万 t、饲料粕 240 万 t 的“国家大型企业”，“国家农业产业化重点龙头企业”。自 2004 年以来，连年入围“中国企业 500 强”“中国制造企业 500 强”“中国食品工业十强企业”，荣获“全国文明单位”和“全国五一劳动奖状”，汇福商标被评为“中国驰名商标”。

辽宁汇福荣兴蛋白科技有限公司于 2014 年 4 月 2 日工商注册登记成立，位于辽宁省盘锦市辽滨新区盘锦港内，所属行业为农副食品加工业，公司主营业务为豆粕、菜粕、植物蛋白质，以及其副产品综合利用的研发、深加工、销售；通过了 ISO9001 质量管理体系、ISO14001 环境管理体系、ISO45001 职业健康安全管理体系的认证和 ISO22000 食品安全管理体系的认证。

近年来辽宁汇福荣兴蛋白科技有限公司相继获得“中国轻工业二百强企业”“中国轻工业食品行业五十强企业”“市级农业产业化重点龙头企业”“省级绿色工厂”“市长质量奖”“智能制造示范工厂”等称号。

二、主导产品情况和经营发展

汇福荣兴建设在辽宁盘锦辽东湾新区的盘锦港，公路、铁路可直达厂区，交通便利。具体地点在盘锦港码头前沿，原料补充和产品出口方便。产品市场可覆盖辽宁、吉林全境和内蒙古东部，地区消费能力强，畜牧养殖和水产养殖业方兴未艾，市场潜力大，地理位置优越。

汇福荣兴的主要产品是饲料蛋白质。饲用蛋白质是饲料工业和养殖业的优质蛋白质原料。随着社会经济的发展和人民生活水平的提高，国内市场对该产品的需求量日益增加，销售市场广阔。

汇福荣兴生产的豆粕在东北市场份额大概占 15%左右，汇福荣兴坚持“科技兴企”战略，充分利用集团技术研究中心的平台，努力把研究成果转化为实际生产力。对标世界一流技术和工艺，按照“高品质、高标准、高科技、高质量、高效率”要求，通过物联网、互联网技术，将公司三十多年的核心技术与世界最先进的食用油生产工艺有效融合，建成了工业 4.0 的现代化粮油加工厂，达到了设备、生产、管理、维护服务智能化的总目标，实现数据信息的实时交换、识别处理、维护管理，提高了生产效率，提升了汇福产品竞争力及品牌价值。

三十年的经验积累决定了优秀的品质，既保证脲酶活性控制在 0.1%，又尽最大努力减少蛋白质变性，同样原料蛋白质的溶解度高于同行业；优异的操作管控，既保证大豆油品相金黄、清澈透亮，又保持维生素 E 尽量少损失，同时理化指标更要符合国家标准，这使得汇福企业品牌的知名度和美誉度持续提升。2011 年，集团制定了五年发展规划和未来十年展望，明确提出“树立民族品牌、致力人类健康”的核心理念，以“打造中国民营企业粮油航母”的规模化企业集团为发展目标，走“多元化粮油加工、食品加工、综合深加工”的产业发展道路，实现“变区域名牌为中国名牌、世界名牌”“变粗放型加工为精细化生产”“产品内销型向出口型、原料型向功能性转变”的经营发展模式。同时，规划产业战略布局，努力争取五年内产品销售额超千亿、利税超百亿的经营目标，为国家作出较大贡献。

三、技术能力

预处理加工工艺。

油料由原料仓经进料刮板进入提升机，由提升机送入除铁器，除铁器在强大的磁场力作用下除去物料中所含有的磁性杂质，以免物料中的磁性杂质影响以后其他工序的设备的正常运转，除铁后的油料进入计量秤，计量后送入车间清理筛清理，清理筛采用单层筛面，原料中所含的大杂质留在筛面上由出杂口排出，也可将清理下来的大杂质和小杂质一并进入粉碎机粉碎，而物料则穿过筛面由出料口进入油料调质塔。

油料调质器共分为进料段、加热段（加热段内部有椭圆形加热管）、通风干燥段、出料段。下料采用特殊的结构，以保证各点的物料可均匀一致地下落，不会由于出料的不均匀性导致油料软化调质的不均匀，出料采用变频控制。在出料斗上的高低料位报警器调节出料装置的转速和出料速度，以保持出料斗中的料位在高低料位之间。

油料在调质塔内，在蒸汽间接加热作用下，温度逐渐升高，油料中所含的水分重新分配并向表面转移。在油料水分较高的时候，启动油料调质器通风干燥段的热风给风机或引风机，开启空气加热器的蒸汽对给风机鼓入的空气加热，调整给风机进风口的调节风门及热风的温度控制油料的水分。经过调质干燥处理的水分合适，温度在60℃左右的油料经刮板送入提升机，经斗式提升机送入破碎分配刮板。

专注　全心服务

——吉林省德泰饲料科技发展有限公司

吉林省德泰饲料科技发展有限公司（以下简称德泰饲料科技）是吉林省农业产业化重点龙头企业，国家级高新技术企业，吉林省诚信示范企业，吉林省“科技型小巨人”企业，公司始创于2005年，总部坐落于环境优美、交通便利的长春市朝阳区乐山镇工业园区，厂区占地6万 m^2，是吉林省工业企业少有的花园式生产企业。

德泰集团下设吉林省德泰饲料科技发展有限公司、梅河口德泰饲料有限公司、吉林省德泰五谷香生态农业有限公司、吉林省金冠生物科技有限公司、吉林省丰盛农米业有限公司、伊通县德泰专业禽业有限公司6家子公司，德泰集团已发展成为集产品研发、生产销售、养殖服务、原料贸易、蛋品流通于一体的大型现代化农牧科技集团企业。截至2023年，集团饲料年产销量80万t，员工300余名，其中技术人员65名。德泰饲料科技有猪料饲料、禽料饲料、反刍动物饲料、预混合饲料4条生产线，拥有饲料发明专利1项，研发生产的高档功能型饲料产品50余个品种，生产的“吉霖德泰”牌系列猪、鸡、反刍动物饲料产品，通过了GB/T 19001—2016/ISO9001：2015质量管理体系认证，是吉林省名牌产品。产品满足大型高水平养殖场和家庭农场需要，生产设备采用江苏牧羊MUZL600系列饲料机组；工艺技术采用国内先进WEM3000自动配料系统；数据库采用ACCEMM数据图储存数据，增加配料系统的稳定性；预混机组采用瑞士布勒生产设备。德泰饲料科技按照国家食品安全的要求，产品的开发以“精准营养”和“生态环保”为主导方向，所有产品以生物技术和天然植物提取物为主要原料，不加入任何药物和激素，解决了原料浪费和传统养殖业对环境的污染等问题，为实现生产绿色肉、蛋、奶提供了强有力的保障。公司各品系饲料具有“绿色环保、营养均衡、适口性好、生长快速、防病抗病、效益显著”六大特点，饲料产品遍布东北三省、内蒙古等地区，德泰“三道香”蛋品远销往北京、上海以及广东、香港等南方各大城市。

食安天下　大道同行

——中正集团

中正集团成立于1999年，是以生产牛、羊、鹿、骆驼等反刍动物营养调控饲料为主要产品的生产企业，旗下有赤峰中正饲料有限公司、敖汉中正饲料厂、香港帝威国际集团、大连进出口贸易公司、长春中正饲料有限公司等企业。拥有多项科研成果和国家发明专利，其产品荣获“第二届亚洲新技术新产品博览会金奖”。其中，“稀土络合产品在畜禽中的实验研究”取得内蒙古科技厅科技成果鉴定，证书号内可鉴字【2000】第153号，鉴定结论为“该技术具有国内领先、国际先进水平。建议有关部门加大推广力度，扩大应用水平，为发展优质、高效的畜牧业经济发挥更大作用。”“维生素C稀土络合物的制备方法”发明专利号 ZL02152366.5，证书号 178970；“一种降低反刍动物瘤胃甲烷产量的诱导剂及其制备方法”发明专利号 ZL201910910350.4，证书号 5152517；“牛羊精准营养调控技术”荣获中国科学家论坛 2018 中国科技创新发明成果，证书号 KXJLT18P21207。

中正集团稀有保健元素、生物发酵技术、中草药提取物三大核心技术应用在饲料上，分类预混工艺、蒸汽灭菌工艺、逆流风冷工艺、油蜜添加工艺四大工艺奠定了其在同行业中的领先地位。

长春中正饲料有限公司隶属于中正集团，坐落于长春市九台区龙嘉工业园，注册资本 2 亿元，总投资 3.6 亿元，占地面积 4.5 万 m^2，总建筑面积 3 万 m^2，设计年单班生产精品饲料 50 万 t、满负荷年生产能力 120 万 t、年产值 42 亿元；是一所高标准的现代化智慧工厂，建有科技研发楼、饲料科技馆、检验中心、人才公寓；是吉林省实施“秸秆变肉工程”和“全国大肉库工程”的重要支撑，也是中正集团深度耕耘东北、布局东北亚的桥头堡。

中正集团智能制造不产生废气、废水，没有污染，符合国家产业政策，符合吉林省政府肉牛产业战略整体规划。特别符合总书记提出的“大食物观”，2017 年中央农村工作会议，习近平总书记指出，“老百姓的食物需求更加多样化了，这就要求我们转变观念，树立大农业观、大食物观，向耕地草原森林海洋、向植物动物微生物要热量、要蛋白质，全方位多途径开发食物资源”。

中正集团饲料科技馆是截至 2023 年我国仅有的全面、系统地介绍动物饲养、营养发展历程的科技馆。通过展版、模型、视频，运用声、光、电手段，以“肉食史话、古代饲料、现代饲料、蓬勃发展、肉食强国”等主题全面介绍饲料科技的发展历史、发展现状和发展方向。为在校学生，特别是畜牧兽医、动物营养、饲料加工专业的学生提供学习、交流的实习基地，也是畜牧行业从业人员学习、进修的科研基地，更是向全社会科普动物学营养知识的动物科学科技馆。

中正集团秉承“食安天下，大道同行”的使命，主动融入“双循环”新发展格局。在海外，中正集团团队遍访亚、欧、美等地区，展开学术交流，探索西方动物营养学的奥秘。在国内，公司立足于五千年的中医文化，潜心研究中华民族食药同源理论，中医药“君、臣、佐、使”理论，饲料原料的“阴、阳、平”属性；针对不同地区、不同季节、不同动物、不同饲养阶段，采用有针对性的精准饲料配方，取得突破性的成果。

中正集团在科技前沿探索，以精准营养调控技术为突破口，通过推广简单高效的饲喂模式，积极推动畜牧养殖向绿色、环保、降本、增效方向发展，为养殖业增收、肉食品安全、环境友好、乡村振兴、社会进步，作出应有的贡献！长春中正饲料有限公司不仅要让科技赋能，更要让科技赋“农”、科技赋“牧”。为确保我国的粮食安全、食物安全持续努力，让农业更强、农村更美、农民更富！

宠食数智化智造
创造宠物美好生活

——上海福贝宠物用品股份有限公司

上海福贝宠物用品股份有限公司（以下简称福贝宠食），成立于 2005 年 4 月 28 日，注册资本 36 180 万元，总部位于上海市松江区临港科技城。旗下有 9 家子公司、员工 500 余人。公司自成立以来，贯彻“创新为魂、质量为根、诚信为本”的经营理念。聚力创新务实，通过研发创新、流程创新，提升核心竞争力；务实工艺优化、质量管理，用实干创造价值。

一、数字化转型：数智化智能生产引领发展

福贝宠食作为宠物食品生产智造企业，注重数字化产线建设与数智化发展。公司从成立之初，便意识到工业自动化对企业发展的重要作用，对自动化、集成化、数字化生产保持着长期的投入与提升。

在产线方面，福贝宠食不断升级自动化智造产线，2014 年建成首个占地面积 50 亩的生产基地、2019 年建成公司首个智能制造工厂、2022 年投建多品类生产基地，夯实及丰富公司生产智造能力。

在内部管理方面，注重经营数字化对发展的价值，不断挖掘数字生产、数字经营的价值，自建宠物食品生产 ERP 系统，该系统将公司业务从原料供应、生产智造、品质检测，到销售管理、物流管理形成全过程在线管理，通过 BI 数据分析提升公司精细运营能力。

在国家工业信息化“中国制造 2025”战略下，福贝宠食率先在宠物食品制造领域，建设并投产福贝宠食 4.0 智能制造工厂（上海福智宠物食品有限公司）。该智能工厂采取智能化自动生产线，实现了从原料源头到生产过程，再到货物发放至品牌商仓库的全链路监控，保证了原料产地、运输过程、原料检验、入库进仓过程、生产环节、智能仓储、发货状态等各维度的全方位追溯，形成标准化追溯系统。同时，全过程实现在线管理，数据的在线监测和抓取对应生产过程中各个环节，时时调整过程管控，自行调

整各个生产参数，实现在线的自适应、自学习、自纠偏的能力，提升福贝宠食智能智造能力。

该智能工厂项目，经过数年的打造和沉淀，2023年5月取得工信部两化融合项目评定认证，2023年12月荣获长三角5G工业互联网大赛二等奖。在未来，福贝智能工厂将继续深化数字化转型和工业互联网优化提升，促进数智化发展。

二、精益生产智造：追求精益规范经营与发展

福贝宠食作为国内老牌宠物食品饲料生产企业，深知产品品质稳定和规范经营对企业发展的重要性。

公司坚持“质量就是生命”的生产经营理念，高度重视产品质量安全。在构建优化自身标准化管理体系的同时，通过积极参与各类体系认证、项目贯标、行业标准制定等标准体系化建设来提升品质管理工作。

公司先后通过了ISO9001：2000质量体系认证、ISO9001：2008质量体系认证、出入境检验检疫总局CIQ认证、ISO22000：2005质量体系认证及国家CNAS实验室认证，是中国出入境检验检疫协会认证的“中国质量诚信企业”；构建生产安全管理体系，认证成为安全生产标准化三级企业；参与并制定由中国优质农产品开发服务协会发布的宠物食品行业团体标准《宠物配合饲料（全价宠物食品）标准综合体团体规范》《宠物零食标准综合体团体规范》等制定工作；积极进行数字化、工业化体系“双化”贯标。在体系标准化、管理规范化持续性投入，用规范管理驱动产品质量管控，筑牢产品质量安全基石。

在品质管理实践方面，公司建设的每个生产基地均配备高标准实验室，覆盖原材料和成品全链路、多环节的品质检测。2019年投建的福智智能工厂，更是对标国家CNAS实验室标准建设，从原料、包装、成品的品质评定及生产流程的控制及监控，从原料和产品留样登记，到化验检测以及化验报告的出具均有严格的操作规程，以此来保证出厂产品的质量，保证产品出厂合格率和抽检合格率始终达到100%。

公司在企业经营管理方面，注重经营质量的提升，积极推行卓越绩效管理模式，并在2022年取得上海市松江区“‘质创未来’卓越绩效竞赛三等奖”荣誉。通过企业经营管理绩效管理方式的提升，助力产品品质稳定发展。

三、品牌创新引领：提升自有品牌价值

福贝宠食秉承双轮驱动业务经营理念，在经营OEM、ODM业务的同时，积极建设自有品牌产品，提升自有品牌力，充分发挥品牌竞争力。公司旗下的“比乐”品牌经过多年的锻造，现已具有较强的市场影响力和品牌美誉度，先后荣获“2013中国宠物行业年度优秀品牌”“2015年中国宠物行业年度优秀品牌”“2016PFA年度最具影响力品牌主粮TOP5”“宠物行业2018年度华中地区影响力品牌奖”“宠物新国货2019—2020年度黑马品牌”“2022年宠物新国货匠心工厂”“2022年消费界最具价值宠物品牌TOP10”“2023年新浪微博针不戳品牌”“2023淘宝天猫宠物最受欢迎品牌-狗主粮”“2023FPA年度实力食品品牌大奖”等荣誉，成为天猫出口优品宠物主粮类目的唯一品牌。

公司推出的“比乐”“爱倍”“品卓”三大自有品牌，在主粮市场各价格端进行产品布局。构建专业品牌运作团队，建设“互联网＋线下经销”营销团队。充分利用互联网时代潮流，在各大电商平台建设自营网店，扩大自有品牌线上展现及销售；夯实线下门店基石，各品牌线下健全经销商体系并推出线下门店专供产品线，增强自有产品市场下沉。通过线上、线下相结合，进一步巩固自有品牌市场竞争力。

公司在2022年与分众传媒签定战略合作协议，布局重点城市的数百万电梯媒体终端形成霸屏式风暴传播，强势触达宠食核心消费人群，持续传递“比乐”宠食高端产品定位和品牌价值，提振品牌声量，树立中国宠食品牌新标杆！

致力于“成为全球领先的动物营养技术公司”

——上海美农生物科技股份有限公司

上海美农生物科技股份有限公司（以下简称美农）成立于1997年，是一家专业从事饲料添加剂和酶解蛋白质饲料原料研发、生产和销售的高新技术企业，并于2022年6月17日在深圳证券交易所创业板上市（股票简称美农生物，股票代码301156）。公司一直以“给动物更好的，给人类更好的”为使命，逐渐成长为在饲料添加剂和酶解蛋白质饲料原料领域拥有先进技术和自主知识产权的科技型企业，致力于“成为全球领先的动物营养技术公司”，形成了丰富的产品体系，主要涵盖猪、家禽、反刍动物和水产四类产品线，同时针对动物的不同生长阶段，分别对采食、消化和吸收的各个环节，提供相应的产品及解决方案。

美农曾荣获“上海市高新技术企业”“上海市创新型企业”“上海市文明单位”“上海市著名商标”“上海名牌”“上海市‘专精特新’中小企业”“上海

市守合同重信用企业”等荣誉称号；多次荣获嘉定工业区颁发的“优秀企业奖”“小巨人企业”“嘉定区企业技术中心”“嘉定区专利示范企业”“民营企业杰出贡献奖”“劳动关系和谐企业”“农业产业化嘉定区重点龙头企业”“嘉定工业区综合实力奖”“优秀经营者”等奖项；还荣获中国饲料工业协会颁发的“2020三十家优秀创新型饲料企业”、中国畜牧饲料行业颁发的“十年持续成长综合创新奖”、上海市饲料兽药行业协会颁发的“先进企业”“突出贡献奖”、云南省饲料工业协会颁发的“战略合作企业”，以及“无抗饲料先锋企业”“优秀饲料替抗方案提供单位”“2016无抗方案/技术优质服务商”和“关系学子·造福社会企业”等荣誉称号。

美农拥有上海、苏州和成都三大研发中心和生产基地，致力于为客户提供“高效、绿色、安全”的饲料添加剂和酶解蛋白质饲料原料，提高畜牧生产效益、促进资源有效利用、保障动物健康和食品安全，实现环境友好，“给动物更好的，给人类更好的”。

一、实施“分种分品、全程营养”的产品战略

美农很早便提出了“分种分品、全程营养”的产品战略，“分种”指的是聚焦猪用产品，突破反刍动物用品，布局家禽、水产、宠物等动物用品；“分品”则是根据动物的不同需求，开发系列化产品解决方案。“全程营养”一是根据动物采食、消化、吸收全过程的各个环节开发产品；二是结合“全程营养”理论，以自主核心技术为支撑、以丰富的产品线为要素，为客户制定综合解决方案，如“提高采食量的综合方案”“提高营养物质的消化利用率的综合方案”“低蛋白质非常规日粮技术解决方案”“乳仔猪肠道健康方案”“奶牛高产高效方案”等。

目前公司形成了涵盖功能性饲料添加剂（甜味剂、香味剂、酸度调节剂等）、营养性饲料添加剂（缓释氮源、过瘤胃氨基酸、过瘤胃维生素及包被氧化锌等）和酶解蛋白质饲料原料（酶解植物蛋白质）等丰富的产品体系，广泛运用于猪、反刍动物、家禽、水产和宠物等动物养殖领域。丰富的产品体系和系统的解决方案，能更好地满足客户需求，增强了企业的市场竞争力和发展韧性。

二、不断加强公司资源和组织能力建设

美农的快速发展离不开多年来持续不断地努力建设与优化企业自身的资源系统和能力系统，如硬件能力、研发能力、营销能力、组织管理能力和人才管理能力等。

美农生物全资子公司——苏州美农生物科技有限公司建成投产，专业从事猪、家禽、反刍动物等养殖领域饲料添加剂的研究、开发与生产。苏州美农拥有现代化的生产工厂、检测中心，先进的研发实验室、微生物实验室、制剂实验室，打造了“自动化、数字化、智能化”的研发和生产基地。同时，上海美农也投入大量资源进行生产系统升级改造、增配先进检验仪器、研发高效检测方法、研究先进生产工艺……通过这些措施来提升公司精益化管理，满足市场和客户的需求。

美农十分重视人才的培养与发展，建设人力资源部，引入专业的人力资源管理人才，开展人力资源管理咨询项目、招聘体系建设项目、目标与绩效管理项目、全面人才管理项目等。美农重视干部团队的建设，与咨询公司合作开展“领英计划”等项目，持续赋能经理人团队、关键业务团队等。同时，公司系统开展管理体系建设，采用 VCS、IPD、BSC、ERP、CRM 等，推动美农持续健康发展。

三、开发自有知识产权的核心技术和产品

美农组建了强大的产品研发中心，聚集了一大批资深的动物营养专家、生物学专家、化学专家、产品开发工程师和专业调香师等，成立猪、家禽、反刍动物和水产等动物营养技术研究室，以及饲料风味技术研究室、工艺/工程研究室、检测中心、试验基地、信息与知识产权管理室等，构建了先进的产品研发体系，具有较强的自主研发能力。同时，美农建立了有效的“产学研”合作平台，涵盖联合实验室、专家/博士/研究生工作站、动物试验基地等等。

经过多年的技术创新与累积，美农已成长为在饲料添加剂和酶解蛋白质饲料原料领域拥有核心技术和自主知识产权的科技型企业。在产品配方技术创新方面，研发出符合动物采食特性的甜味剂、香味剂产品；研发出符合动物健康生长所需的酸度调节剂产品。在制剂技术创新方面，公司开发出了缓控释、过瘤胃、喷雾干燥等制剂技术，实现了饲料添加剂产品的高效利用。在生物酶解技术创新方面，公司开发了植物蛋白酶的优选与复配技术，设计了酶解反应的条件与控制系统，研制了专用设备及生产线，实现了酶解植物蛋白质的规模化生产。

四、持续为客户创造价值，与客户共成长

美农始终坚持“产品领先、价值服务、伙伴成长”的客户价值主张，不仅为客户提供有价值的产品，还提供有价值的“双升服务”，与客户共成长。美农以客户为中心，打造有价值的服务平台，从客户需求出发，提供包括技术服务、产品验证、互动研发、管理服务、主题活动五大服务，帮助客户提升饲

料产品竞争力和企业管理能力。

在国际化市场拓展道路上，美农人勇于探索，改变传统国际业务模式，从后台支持走向前台业务，采取“走出去”和“请进来”双轮驱动战略。整合行业资源，从论坛到展会，和经销商协同作战，并积极邀请国外客户来美农实地考察、互动交流。

历经多年探索与耕耘，凭借有价值的产品和服务，美农赢得了国内外客户的广泛认可，客户遍及全国二十多个省份；同时，产品远销亚洲、欧洲、非洲、北美洲、南美洲、大洋洲等地的数十个国家及地区。

美农人跋涉于追梦的征途，付出所有的激情、勇气和智慧，将一如既往地践行“给动物更好的，给人类更好的”企业使命，坚持实施“分种分品、全程营养”的产品战略，坚持“聚焦国内市场，开拓国际市场”的市场战略，为全球饲料企业和养殖企业提供更具价值的产品和解决方案，致力于“成为全球领先的动物营养技术公司”。

科技创新驱动下的稳健发展

——上海农好股份有限公司

农好股份有限公司（以下简称农好公司），创立于2003年，总部坐落于上海市，是一家专注于饲料的研发、生产、销售以及养殖的综合性农业产业化国家级领军企业。公司注册资本达3 880万元，经过超过20年的持续发展，已初步建立起规模化的经营体系，并在市场上占据显著地位。公司秉承“质量是生存之本，价值传递情感”的经营理念，倡导公司、农户和基地共同参与的安全、环保、绿色产业链模式，积极朝着集团化方向迈进。

一、产品与市场

农好公司自创立以来，持续拓展经营范围，涵盖生物研究、饲料生产销售、畜禽养殖及水产养殖等多个领域。截至2023年，公司的市场份额逐年扩大，销售额每年保持5%～10%的增长势头。仅2023年，公司生产销售各类配合饲料量达58万t，销售额达18.56亿元。通过长期的饲养试验研究和商业市场验证，成功研发并推广了一系列低蛋白质蛋鸭、肉鸭、黄羽肉鸡、鹌鹑等配合饲料。这些产品在长三角地区，尤其是上海、浙江、福建、安徽等地区，得到了养殖户的广泛认可，其中农好蛋鸭饲料口碑最佳。

二、质量为本

农好公司拥有一支专业化的人才队伍，其中囊括40多名博士、硕士，以及高级、中级职称的各类专业人才，专门从事研发、品控、服务及各项管理工作。

自2008年起，公司已获得IS09001、ISO22000质量和食品安全管理体系的认证，确保了产品质量与食品安全。

同年，与上海海洋大学合作建立了“产学研”基地，致力于虾、海水鱼类等特种水产养殖技术以及饲料生产制作的合作研究。

自2012年起，公司开始采用湿化学法和近红外分析对比方法测定饲料原料营养成分，建立了公司常用饲料原料的营养价值数据库，特别是适合于家禽饲料的非常规饲料原料数据库。

2019年，公司与上海市农业科学院合作成立了家禽饲料研发与推广基地。

随后，于2020年，新设立了饲料研发中心。研究中心涵盖检测实验室、水产饲料研发基地、畜禽饲料研发基地和技术部等，旨在持续研发适应市场需求的新型畜禽和水产饲料，扩大公司在全国的市场份额，提升产品竞争力和社会影响力。

三、生产制造

在生产制造方面，农好公司一直致力于工艺升级和制造工艺的提升。公司拥有6条目前国内领先的微机控制生产流水线，以及1 000t级的自动装卸码头设施。尤其值得一提的是，公司还拥有占地面积近1 200m^2 的瑞士布勒全自动预混料生产线，该生产线配备领先的自动化配料、混合、物料输送及中央控制系统，为公司的生产提供了可靠的技术支持。

四、科技创新与研发

公司高度重视科技创新，在蛋鸭及特种水产饲料领域投入了大量的研发资源，并取得了卓越的科技创新成果。截至2023年，公司共获得36项授权专利，其中包括15项发明专利、16项实用新型专利和5项外观设计专利。

非常规低蛋白质蛋鸭配合饲料的研发成果为养殖业带来了显著的经济效益，通过减少玉米豆粕用量降低了养殖成本，同时减少了氮排放，对提高农户的经济效益起到了积极的作用。在特种水产饲料研发方面，公司取得了引领行业发展的成就，特别是生态养殖大黄鱼、石斑鱼膨化饲料的研发成功，先后突破了人工配合饲料不能全程饲喂大黄鱼、石斑鱼的技术难题，为养殖业带来了重大的技术进步和经济效益。

五、企业荣誉与社会影响

农好公司的技术实力和经营绩效受到业界认可，

先后荣获了“农业产业化国家重点龙头企业”“上海市高新技术企业”“上海市守合同重信用企业”“上海市专利工作示范单位”等荣誉称号。此外，公司商标连续三届被上海市工商行政管理局认定为上海市著名商标，连续四届被上海市名牌推荐委员会推荐为上海名牌。

诚信　团队　专业　创新

——中粮家佳康（东台）有限公司

中粮家佳康（东台）有限公司［以下简称中粮家佳康，原名为中粮家佳康（江苏）有限公司饲料分公司］成立于2006年，隶属于中粮集团下属的家佳康板块，公司主营猪配合饲料加工，致力于构建可追溯的全产业链，截至2023年，年产能36万t，以配套江苏区域年出栏80万头商品猪的生猪养殖业务，为消费者提供安全放心的猪肉食品。

中粮集团于2008年开始成立肉食板块，主要业务包括饲料生产，生猪养殖、屠宰分割，生鲜猪肉及肉制品生产、经销与销售，以及肉类产品（包括猪肉、牛肉、禽肉及羊肉）进口分销，以央企身份肩负国内肉类食品安全责任。自2009年开始，中粮家佳康陆续在江苏区域投产生猪养殖、生猪屠宰、饲料生产、肉制品深加工等业务，打造肉类食品产业集群，在确保食品安全的前提下，兼顾系统低成本，不断提升企业综合竞争力，为保障当地及长三角地区“菜篮子工程”及稳产保供任务持续贡献央企力量。

公司坚定不移地秉承“诚信、团队、专业、创新”的经营理念，以高度的社会责任感和使命感，不断开拓创新，为实现公司健康可持续发展不断努力。2023年度，公司实现饲料产量24.17万t，营业收入85 307万元，公司财务状况稳健，有较强的抗风险能力。

一、公司概况

（一）组织架构

公司组织架构清晰，设有综合管理部、采购部、品控部和生产部，各部门职责明确，截至2023年，专业技术人员30余人，管理人员9人，拥有高素质、专业化管理团队。

（二）基础配套

公司办公生活区、生产区独立分隔，有效地进行生物防控，拥有国内先进饲料生产加工设备，工艺先进，自动化程度高，采用先进的配方技术，设有中央除尘回收系统，既可有效避免饲料粉尘对环境污染，又可降低粉尘对操作人员造成职业损伤。公司设有样品处理室、留样观察室、天平室、精密仪器室、理化分析室、高温室和试剂库，检测仪器齐全，特别配备近红外扫描仪，以实现快速检测，满足产品质量控制要求。

（三）精益生产

公司大力推进5S[①]精益生产模式，倡导“事事有改善的余地，人人有改善的能力”精益理念。全员参与，通过定期组织5S小组活动，树立标杆场所，持续提升员工发现问题、分析问题、解决问题的能力，打造高素质的员工队伍。

生产部对设备内部、外部制定清洁标准和清洁周期，对现场进行规划布局，明确分区分工，明确主体责任及监督责任，将标准布置在现场让员工随时对照，通过开展油漆大战、现场评比等举措，使现场面貌得到大幅提升，真正做到了无粉尘化。

创新引入智能化技术，积极推动员工上报现场问题，制作问题上报二维码并张贴于生产作业及办公现场，以便于员工及时上报。每月评选一名问题上报数量最多的员工和一名提交最有价值问题的员工，在下月的安全日上进行实物奖励，实施评选以来，共收到问题1 980项，参与率100%，整改率达86%。员工的“金点子”是工厂精益生产推进过程中的“金钥匙”，全员参与进来，将认知付诸实践，干中做、做中学，真正做到知行合一，将精益生产落到实处。

（四）质量追溯

公司相继通过ISO9001质量体系认证和ISO22000食品安全认证。公司建立了完整的追溯体系管理，保证饲料全程可追溯。通过正向、反向追溯可将整个追溯过程控制在2h内完成，最大程度提高效率、减少损失。

公司着重于原料的入厂验收、成品饲料质量的把控。开展水分、粗蛋白质、粗脂肪、粗纤维、粗灰分、霉菌毒素、淀粉糊化度，以及感官和物理指标等诸多指标的检测，对入厂的每批原料检测，保证接收的原料符合验收标准，建立准入产品台账，登记每批原料产品信息，依照计划进行检测化验，杜绝不合格原料入厂。

严格执行留样管理制度，定期观察原料状态，做好样品区域划分，保证各项数据有据可查、有据可依，全程可追溯。成品饲料可实现100%检验，以杜绝不合格品出厂，保证每批饲料质量符合标准，为养

① 5S是整理（seiri）、整顿（seiton）、清扫（seiso）、清洁（seiketsu）和素养（shitsuke）的缩写。指在生产现场对人员、机器、材料、方法等生产要素进行有效管理。

殖食品安全保驾护航。

（五）安全生产

安全是企业开展一切活动的基础。2023年，公司优化并发布安全生产制度63项，加强源头治理，继续深化安全生产专项整治和隐患排查，重点对粉尘、消防、特种设备设施等现场检查，对排查出的安全隐患，坚决做到整改的责任、措施、资金、时间和预案“五落实”，定期组织各类安全培训，按计划开展各项专项演练、综合演练，发现问题及时调整，提高员工事故应对能力。公司积极开展安全生产标准化建设，2023年顺利通过“江苏省企业二级安全生产标准化”验收。

二、战略发展

（一）技术创新

为从本质上消除安全隐患，同时降低员工劳动强度，公司对投料操作进行了技术改造。引入破包机代替人工投料，并对破包机进料门加装保护装置和打开门的固定装置，防止因停电等原因关门，便于安全检修、清理。增设叉车限速装置，确保车速有效控制在5km/h，防范安全事故发生。

（二）数字化管理

为提高工作效率，公司新建养殖场与饲料厂数据共享的物流跟踪协同平台，实现采购订单和销售订单数据共享，对频繁变动的订单计划实时联动更新。实现物流跟踪平台与过磅系统数据接口对接（现场无人值守设备），车辆过磅数据实时传输、自动保存磅重计量数据，并和系统中采购订单、销售发货单关联完成整体流程和数据的对接。

对物流跟踪项目平台中的质检管理模块，规范质检项目分类及质检结果管理，实现质检品控标准化流程。通过系统标准化采购业务和销售业务流程，采购订单和销售订单实时关联，规范发运计划。

搭建饲料物流跟踪平台PC端和移动端，打通养殖生产业务及信息化系统间数据交互，实现饲料从成品供应计划、原材料采购计划的一系列追踪追溯功能，完善各个环节物料流转的精确高效计量管理，使物流过程与信息深度融合，达到真正的数据共享。

通过信息化系统基础数据采集，实现对账单自动快速出具，实时快速并展示异常数据，提醒相关业务人员及时核对，另外数据直接在业务过程中一次录入，全程应用，极大减轻作业过程中人员重复录入数据的工作。

三、社会责任

（一）环保与社会公益活动

作为央企下属工厂，公司积极履行社会责任，为当地周边居民提供就业岗位11人，注重环保和社会公益事业。在当地通过推广环保理念和参与社会公益类活动，增强员工和社会公众的环保意识和社会责任感。

（二）员工福利与培养

关注员工的成长和发展，提供完善的福利制度和培训体系。通过举办各类培训课程和职业发展活动，提升员工的综合素质和工作能力。同时，公司定期组织员工健康体检，组织团建活动，建设配套齐全健身器材活动室，重视员工的生活品质和工作氛围的营造。

着力打造生猪全产业链
促进畜牧业高质量发展

——安徽禾丰牧业有限公司

安徽禾丰牧业有限公司（以下简称禾丰牧业）是由辽宁禾丰食品股份有限公司（股票代码603609）与安徽浩翔农牧有限公司合作投资兴建，坐落于安徽省亳州市利辛县工业园区，成立于2015年7月，占地124.49亩，总建筑面积7.16万m^2，截至2023年有员工540余人。禾丰牧业在利辛县已实现40万头生猪产业化布局，是一家集饲料加工、生猪育种与养殖、食品加工为一体的大型农牧企业。公司是国家级生猪核心育种场、农业农村部猪肉制品安全控制重点实验室、农业农村部第四批“动物疫病净化创建场”、农业农村部认定“非洲猪瘟无疫小区”、安徽省生猪10强企业、安徽省生猪屠宰标准化示范厂、安徽省亳州市农业产业化10强龙头企业、2021年度安徽省亳州市经济社会高质量发展先进集体、2023年安徽省生猪数字牧场、2023年安徽省数字化车间、两化融合管理体系AA级企业。公司主要业务有生产饲料、种猪育种、生猪屠宰与肉食品加工，发明专利2件。2023年，销售饲料7万t，出栏种猪、商品猪20万头，屠宰生猪42万头，累计营业收入超10亿元，缴纳税金276万元。

一、发展情况

禾丰牧业投资1.2亿元在利辛县工业园区建成年加工20万t饲料厂一座，投资2.8亿余元建成繁育猪场8个、育肥场3个、种公猪站1个，发展放养猪场31家，已具备年出栏40万头生猪的产能。公司投资1.9亿元在利辛县食品工业园区成立安徽禾丰食品有限责任公司，建设年屠宰100万头生猪、配备冷链物流的屠宰场于2022年7月投入使用，直接带动就业岗位500余个。安徽禾丰牧业有限公司立足安徽省，紧抓安徽省充分融入长三角一体化，利用皖北地区充足的养殖资源，将“安全健康”的理念融入食品生产全过程，实现饲料、养殖、加工“一条龙”生产，实现了“从农场到餐桌”的食品安全保障体系，做到了“顺向可追踪、逆向可溯源”。

二、主要做法

1. 忠诚于生产安全食品，为食品安全做出积极有益的贡献。禾丰牧业自建场以来，严格按照农业农村部畜禽标准化标准，努力做到“畜禽良种化、养殖设施化、生产规范化、粪污无害化、防疫制度化”。养殖场采用国内外先进设备和设计理念，实现流程化、自动化、机械化、信息化生产与管理。建立切实可行的管理机制和严格的生产管理制度，实行数字化、制度化、规范化、标准化管理。按照有关无公害畜禽生产标准和要求，实行规范化操作、标准化饲养。在粪污处理上，主要采用沼气、生物氧化塘和农牧结合的方式，形成了“猪-沼-菜、猪-沼-鱼、猪-沼-果”的生态循环生产模式，建立了一条循环经济产业链，达到粪污“零排放”。为保障农产品质量安全，公司投资270万元建设农产品质量安全可追溯平台，企业利用物联网技术实现生猪养殖的信息化管理、视频图像监控，生猪养殖环节可追溯。

2. 崇尚于科技兴企富农，致力于服务广大农户。禾丰牧业大力推广科技兴农，带动农民致富，采取“公司＋合作社＋基地＋农户（家庭农场）＋科技＋市场”新型产业化模式，牵头成立了利辛县新农民养猪专业合作社，与利辛团县委、畜牧局联合举办“养猪大学”，推广良种良法，免费为群众进行技术培训，现场对养猪户进行指导，截至2023年合作社已经发展社员326人，服务养殖户1 200余户，年培训300人次；积极推广生猪人工授精技术，年可向社会提供种猪精液20万剂。创新实施“三表一卡”和“零库存”制度，有效促进养猪户节本增效，每个养殖户年平均增收4 000元以上，受到了农业农村部的高度认可，冠以“利辛模式”拍成专题片在全国推广。禾丰牧业为创建和谐社会，促进美好乡村建设作出了应有的贡献。

2015年8月成立利辛生猪产业联合体，联合体以禾丰牧业为龙头，以养猪合作社、养猪家庭农场为基础，以饲料加工和肉类加工为延伸的一体化新型农业产业化经营组织。联合体优化采供平台、拓宽销售渠道、提升溢价能力，实现技术共享、成果共享。利辛生猪产业联合体采取“企业＋合作组织＋家庭农场”三位一体的运作模式，是以企业为龙头、合作组织为纽带、家庭农场为基础的紧密型产业经营联合组织。联合体内部利益联结机制如下。①禾丰牧业通过利润纽带与合作社、家庭农场组成紧密联合体。禾丰牧业制定生猪保护价收购政策，及时付款。合作社可通过利润返成增加收入，家庭农场可通过合同保护价增加收入。②禾丰牧业通过合作社按标准化组织生产，按合同要求及时组织生猪产品供应，为家庭农场提供优质低价生产资料和具体技术指导，及时组织家庭农场生产、销售和付款，负责盈余分配。③家庭农场严格按标准化生产，按合同要求饲养和交售。④企业发挥自身的资金优势，支持农民合作社开展专业化、社会化服务，帮助专业大户和家庭农场发展农业生产。⑤企业为专业大户和家庭农场的生产性贷款提供担保等金融服务。在示范联合体中选择一批管理民主、运行规范、带动力强的农民合作社，培育发展农村资金互助合作组织。⑥加强人才、技术和信息合作。联合体内新型农业经营主体间开展人才交流合作，提高联合体人才队伍专业化水平。支持企业为养殖户提供“五包、八统一”菜单式服务。积极推进联合体信息化建设，促进现代信息技术与联合体内新型农业经营主体的有机融合。鼓励联合体的企业建立服务网站，为联合体成员发布产品信息，发展电子商务和网上营销，开拓联合体农产品销售渠道。⑦企业采取订单、入股分红、利润返还等方式，与农民合作社、专业大户和家庭农场形成紧密型利益关系。联合体内新型农业经营主体将每年的经营利润按一定比例计提，形成风险基金，提高联合体的抗风险能力。⑧建立企业与农民合作社、专业大户、家庭农场的诚信合作机制，降低经营主体的违约风险，确保各类主体的权利与义务统一，真正实现利益共享、风险共担。⑨努力提升农民合作社服务能力。规范农民合作社的运行，引导农民合作社拓宽合作领域，积极开展专业合作、信用合作和社企合作等，实现从产品合作走向产业合作、全要素合作和生产全过程合作。截至2023年，联合体成员已发展到40余家，年出栏生猪35万余头。

3. 打造生猪产业链。利用皖北地区充足的养殖资源，为实现饲料、养殖、加工“一条龙”生产的目标，2021年7月投资建设安徽禾丰食品有限责任公司年屠宰100万头生猪、生产12万t肉制品、配备冷链物流的项目。项目总投资19 000万元，包含生猪屠宰，以及猪肉的预冷、分割、深加工、包装、冷藏、低温配送等。形成一整套从饲料生产到生猪育种、养殖、屠宰、加工、运输等环节完整的生猪全产业链，提升猪肉产品供应长三角的能力，促进利辛畜牧业的高质量发展。

在禾丰集团总部领导重视和支持下，禾丰牧业全体人员的共同努力，借助自身优势和皖北各级领导的支持下，积极推广各项饲料新技术，尤其是玉米豆粕减量替代技术、精准营养落地技术、疫病防控技术、提高母猪生产性能各项具体技术等，将有效措施和经验分享给皖北地区的养殖场，饲料产品辐射影响到的养殖场面积广，并通过不断的技术交流促使养猪企业互相交流，提高效益，形成多赢格局，得到了大家的好评。

三、远景规划

禾丰牧业一贯秉承“诚信、责任、共赢”的核心价值观念和“创新、高效、自律”的企业文化，始终坚持“以先进的技术、完善的服务、优秀的产品，促进畜牧业的发展；节约资源，保护环境，实现食品安全，造福人类社会”的企业宗旨，按照“加快发展、科学发展、又好又快发展”的总体取向，认真落实城乡统筹、“四位一体”科学发展总体战略，要以农业供给侧结构性改革为主线，促进一二三产融合发展。为推进城乡一体化、乡村振兴提供有力的产业支撑。

诚信赛金　追求笑果

——安徽笑果农牧产业科技有限公司

安徽笑果农牧产业科技有限公司（以下简称笑果农牧）是安徽省宿州市灵璧县重点招商引资企业，于2005年由浙江民营资本在灵璧县南部经济开发区投资兴建，历经14年发展后，又于2019年投资1.5亿元在北部经济开发区食品产业园建设新厂，并于2020年10月完成搬迁。公司总部现坐落于经济开发区食品产业园凤山大道与运料河路交叉路口，占地面积93.2亩。公司注册资本2 222.23万元，资产总额5.5亿元，2023年产值达39 762万元，实现销售收入39 680万元，利润1 810.40万元，上缴税金136.60万元。

笑果农牧始终秉持“诚信赛金，追求笑果”的经营理念，把诚信经营作为公司开展一切业务的根本初心，取得客户、经销商、银行、管理部门等多方面的高度好评，公司分别于2020年和2022年分别获评宿州市第一届和第二届诚信企业。公司始终坚持“以需求为导向，以共赢为目的；以科技推动发展，以品牌提升价值”的经营方针，持续投入研发新产品，为养殖户提供质优价廉的饲料产品，为合作伙伴解决养殖中遇到的难点、堵点问题提供解决方案，为合作伙伴创造价值。

公司成立之初，就形成了“立足农牧业，实施差异化发展”的总战略。2019年，公司进入第三发展阶段，根据面临的行业发展形势及公司的实际情况，进一步明确了“以饲料制造为基础、以蛋禽养殖为支柱、打造生态循环产业链”的阶段战略定位，在饲料制造的基础上，坚定不移地发展蛋禽养殖业务，坚持走专业化经营、产业化发展之路。

公司以农业产业龙头企业为平台，采取“平台+伙伴”的模式，激励平台内外人才创新创业，大力发展蛋禽养殖；整合各方上下游资源，不断补链、延链，打造真正的全产业链企业。目前，公司已基本形成集粮食订单种植、饲料生产经营、蛋禽养殖、蛋品销售、畜产品加工及有机肥加工还田为一体的生态循环产业链。

公司始终坚持“以科技推动发展”的经营方针，不断加大研发投入，保持公司产品的竞争力。公司具有健全的技术开发体系和雄厚的科研开发力量：建有独立研发中心，建筑面积1 000余m^2，研发设备原值1 220余万元；拥有各类研究开发人员16名，其中高级职称人员2人、中级职称人员5人，博士2人、硕士3人，其他技术人员10人，外聘科研专家1名。公司企业技术中心自2012年便被认定为省级企业技术中心，常年开展多项技术研发项目，每年申请多项专利。2023年，申请发明专利5项，截至2023年公司已获得有效授权的专利21项，其中发明专利15项，实用新型专利6项。

公司在2022年经批准设立宿州市发酵饲料工程技术研究中心，成为一个具有集成组装省内外科研成果、消化吸收省外先进技术、研究开发高新技术产品、培养高级技术与管理人才、传播辐射最新饲料发酵行业信息功能的市级工程技术研究中心。对公司蛋鸡料的无抗高效提供技术支撑。公司还与中国农业大学、合肥工业大学等国内知名科研院所长期开展战略合作，承担多项国家农牧业科研项目，取得多项先进科研成果和专利技术。

公司始终坚持“以品牌提升价值”的经营方针，着力打造“笑果”品牌，2018年公司被评为安徽省商标品牌示范企业。公司的“笑果鸡蛋”产品多次参加各地农产品博览会、农产品交易会，并在中国安徽名优农产品暨农业产业化交易会（2023）获得金奖产品称号。近年来，公司着力打造绿色农产品生产基地，经过数字化改造和系统升级，公司的鲜鸡蛋被评为无公害农产品；公司基地进入了安徽省第四批长三角绿色农产品生产加工供应基地创建名单。

公司作为农业产业化龙头企业，要想取得更大的发展，真正起到龙头带动作用，就要大力推动产业化工作的发展进步，近年来公司从基地建设、平台带动、产业化联合体影响带动等方面分别开展工作，起到了较好的效果，主要工作如下。

1. 强化农业社会化服务，建设优质种养基地。笑果农牧是玉米、小麦和大豆加工转化的饲料企业，需要大量的玉米、小麦和大豆粮源，因此在灵璧县冯庙镇、向阳镇、韦集镇、尹集镇、娄庄镇等十一个村自建种植基地进行玉米、大豆等种植。2023年自建种植基地680亩，建合同订单种植基地2.3万亩。在种植过程中，积极为农户提供各种笑果之家服务。在播种期，通过各种途径积极联系玉米、小麦和大豆品种，并邀请农业种植专家实地为农民讲解种植技术。在生长期，不间断为农户提供帮助和服务，引导农民科学种田，规范治理，使基地建设稳步推进。通过基地建设，发挥了龙头企业的带动作用，促进了灵璧县的种植结构调整和农业的发展。

公司自2018年开始利用各种资源，协调流转土地进行养殖场建设，与养殖户签订养殖合作协议，按成本价提供鸡苗，并按低于市场价提供养殖户饲料产品，高价回收鸡蛋和淘汰鸡，分批组织养殖户培训现代科学养殖、疾病防治防疫知识等。截至2023年底，公司已自建养殖基地10个，存栏蛋鸡230万羽，蛋鹌鹑120万羽，带动养殖户蛋鸡存栏养殖量280万羽。

2. 建设产业联盟，带动产业发展。公司作为农业产业化省级龙头企业，组织成立了笑果饲料产业化联合体，发挥合作社的纽带和服务作用，构建了风险共担机制，并建立了内部利益联结机制。笑果农牧负责生产经营计划和收购粮食，按高于市场价60元/t的价格进行收购；合作社提供优良低价生产资料和技术指导，并负责销售和付款；家庭农场严格按标准化生产，并按合同要求种植和交售农产品。通过这种方式，实现了各类经营主体之间的利益联结，促进了多方共赢。下一步，将继续加强技术支持，拓宽市场渠道，强化品牌建设，加强合作与交流，并积极争取政府相关部门的政策支持和资金扶持。在大家的共同努力下，笑果饲料产业化联合体将能够进一步做强做大，为农民带来更多的经济收入和福利，推动当地农业产业的发展。

3. 创新经营模式，建立利益分享机制。公司利用自身的资金、技术、管理、资源等优势，在灵璧区域内采用“平台+伙伴”的形式进行产业化的快速推动。由公司寻找土地，进行基础设施建设，办理养殖相关手续，满足一切条件后招引意向养殖户进驻开展养殖，作为合作伙伴开展养殖工作。在管理上实行内部实行“六统、二分、一扶持”，六统即统一技术指导、统一供应种苗、统一饲养管理模式、统一饲料供应、统一销售、统一粪污处理，二分即分户饲养、分户核算，一扶持即以资金扶持农户发展。

通过开展农业产业化工作和完善治理，公司在2023年取得了丰硕的成绩，饲料总产销量12.39万t，其中蛋禽料10.72万t，占总销量的88%，蛋禽料销量在省内排名前3。公司凭借产品由于过硬的质量，获得了“安徽名牌产品”的称号，同时荣获“国家高新技术企业”“国家知识产权优势企业”“生物饲料示范企业”等荣誉称号，并且获得安徽省优秀专利奖一项。2023年，经过公司的努力创办，积极申报，公司农业产业化国家龙头企业的申报获得省级批准并已公示。

笑果农牧将继续坚持公司的发展战略不动摇，坚持立足农牧业，进一步进行补链、延伸工作；持续加强研发投入，为安全、绿色、健康、美味食品生产提供优质的原材料，提高国人生活水平，提高中国畜牧业的国际竞争力；持续强化品牌建设，提高产品附加值，节约管理成本和销售成本，增加效益后，让利于合作的农户，为农户及贫困户进一步增收。在进一步把企业做大做强的同时，通过引领示范和带动作用逐步壮大集体经济收入，扩大受惠农户的辐射范围，充分发挥产业资源优势，促进脱贫攻坚与乡村振兴有效衔接；承担义不容辞的社会责任，积极配合和推动《乡村振兴战略规划》的宏伟蓝图在灵璧大地上尽早开花结果。

以诚信行天下

——福建新正阳饲料科技有限公司

福建新正阳饲料科技有限公司（以下简称新正阳）是一家专业研发、生产和销售高品质乳猪教槽料、猪用浓缩料、特色畜禽复合预混料的国家级高新技术企业。

新正阳占地37亩，2014年引进了瑞士布勒公司成套设备，年产能12万t，生产能力和自动化程度及质检设备和品控能力处于同行业领先水平。新正阳是福建省首家《饲料质量安全管理规范》示范企业、农业部《饲料质量安全管理规范》示范企业、福建省科技小巨人领军企业、福建省科技型中小企业，并于2014年建立了李德发院士福建省专家工作站，2017年入选第六批福建省引才“百人计划”企业创新团队项目。

新正阳自成立以来，注重职工队伍建设，以诚信行天下，做好长远规划，以技术为公司的核心竞争力，技术创新，顺应时代及客户需求不断更新换代，打造特色化、差异化产品，持续改进，完善企业规范化管理，为客户提供安全、稳定、优质产品，为客户创造更多价值。

一、注重职工队伍建设

新正阳十分注重职工队伍建设，把职工队伍建设摆在日常工作的首位，在职工的录用严格把关，选择能吃苦耐劳、有上进心的员工加入，对新员工进行岗前培训、安全知识教育，使每一个职工在思想上行为上有一个标准，确保了员工的思想素质。根据企业的经营情况，不断改善职工的报酬福利待遇，为员工提供多条职业发展通道，并根据每个员工的特点为其制定职业生涯规划，培养出有激情、梦想、敢当、坚持的综合型人才。

二、注重以诚信行天下

企业不讲诚信，在社会上将举步维艰，会早早被市场所淘汰。企业成功的前提是传递信任给合作伙伴，比如销售，第一步即是传递信任，只有先得到客户的信任，才有可能进一步合作；对供应商也是一样，只有做到诚信，做到资金按时回笼，并且善待供应商，才能与其长久合作，供应商也会提供优质、稳定及前沿技术的原料。对员工也是同样道理，绩效考核要说到做到，如若言而无信，则有可能分崩离析。企业做大做强，需要有良好的客户关系、供应关系、内部人士关系，维护关系最核心的要求即是信任，归其本质就是诚信。而诚信，最终需要很多方面来衡量，商业中具体表现为价值。创造价值，解决客户养殖上的痛点，教会客户盈利的方法，比单纯买卖产品更为重要，更容易得到客户信任。

三、注重发展长远规划

新正阳从创建初期就制订了公司发展规划：第一个 5 年做技术科技型企业，第二个 5 年做有技术和营销能力的企业，第三个 5 年使之获得重大发展。新正阳明白：企业想生存，只能通过前期的沉淀，花更多的时间、精力、资源、资金去做企业最本质的技术，技术是企业的核心竞争力。第一个 5 年新正阳基本完成了产品的系统性研发，基本实现了特色化、差异化。第二个 5 年新正阳产品根据养殖终端的痛点，开发了具有针对性的全系列产品，提高猪的健康度，提高生产成绩，为客户创造更多价值，新正阳也会一直坚持走产品的特色化、差异化、高效化道路。

四、注重技术创新创优

新正阳公司总经理/技术总监林登峰先生毕业于动物营养与饲料加工专业，在饲料行业兢兢业业三十多年，一直专注于做好饲料，把产品按市场需求不断更新换代做技术升级，包括品控技能升级、研发基地升级及研发团队升级，实现人无我有、人有我优、人优我新的技术创新策略。

1. 先进的饲料品控设备：保证原料和成品的质量稳定。先进的品控设备（酶标仪，可检测原料、产品毒素；waters 高效液相色谱仪，可检测维生素、氨基酸等指标；多功能近红外分析仪，可快速测定饲料中大部分成分，可对原料、成品实时品控）可快速、全面测定原料和成品的各项指标，可针对性地检测原料的关键指标，确保选用安全、性价比高的原料；也可快速检测竞争对手的各项指标，知己知彼，选取对方的优点，再发挥自己的长处，开发出差异化产品。

2. 先进的猪场疾病检测设备：监测猪场疾病。先进的检测设备可快速、准确地检出猪场疾病，如非洲猪瘟、猪蓝耳病、伪狂犬等，既可以用来检测饲料在保健领域的研究进展，又可以服务于客户猪场疾病的早筛查，早发现，早处理，减少损失。

3. 研发基地升级：保证产品的技术领先。2016 年收购连江县金妹农业综合开发有限公司，作为新正阳的研发基地，相比于以往同客户终端合作测试的方式，现在测试更方便、快捷；加快研发进程，缩短产品升级周期，从而保证新正阳公司产品的技术领先。

截至 2023 年，规模猪场有 7 家，生猪存栏合计超过 3 万头，试验除了方便、快捷外，试验群体数量更庞大，大大缩短了产品的升级周期并提高了产品的稳定性。

4. 技术研发团队升级：保证产品的创新性和前沿性。新正阳研发团队与院士团队保持长期的联系和合作，并与高校、科研院所合作，加大在产品研发的投入，开发产品新功能，保证产品的创新性和前沿性，为客户创造更多价值。

五、注重打造特色化、差异化产品

打造特色化、差异化产品，切入市场，抢占市场制高点，为客户创造更多价值，互惠互利，合作共赢。

①教槽料离乳宝：自由采食，无须控料；满足仔猪 16～28 日龄断奶营养需要。②过渡料 40%：拉长骨架，“高人”半头；抗下痢，收腹，有背沟，皮红毛亮。③仔猪料 12%：拉长骨架，“高人”半头；长速快，料肉比优。④大猪料 4%：采食量大，长速快，料肉比优，体形好，猪好卖。⑤“度蓝关”系列：减少血液中蓝耳病原，提高抗体整齐度；提高健康度，助力猪场挑战 180 日龄 150kg 体重。

六、注重企业规范化管理

没有规矩，不成方圆。新正阳依据建立现代企业管理制度要求，制定了企业的管理规章，落实各种岗位责任制，因管设岗，因岗定人，以责定酬，做到职责明确、奖罚分明、各司其职、各就各位，合理管理层次，实行分级管理、统分结合的企业管理模式，使企业在规模、产值日益壮大的情况下，始终保持良好的运作状态。

2016 年 1 月，新正阳荣获农业部《饲料质量安全管理规范》示范企业荣誉称号，在管理体系运行中，企业要继续发现运行中的不足，持续改进，完善企业规范化管理，实现从原料采购到产品销售全程质量安全控制，为客户提供安全、稳定产品。

新正阳第一个5年所有精力都放在研发上，第二个5年继续做好研发，也投入了更多的人力、物力，强化营销短板。林登峰总经理非常愿意分享自身30余年从市场磨砺中探索出的经营、发展经验，同时带领团队孜孜不倦地努力，将资本、营销同技术研发成果完美结合。新正阳一直坚持自己的理念，相信新正阳未来的5年有一个飞跃的突进，为客户创造更多价值，打造受人敬重的高科技农牧企业。

行稳致远　进而有为

——嘉吉饲料（南平）有限公司

嘉吉公司创立于1865年，是一家全球性的提供食品、农业和风险管理产品及服务的供应商。嘉吉在全球70多个国家和地区设立了业务单位，在中国拥有50多家工厂及运营点，超过10 000名员工。嘉吉饲料（南平）有限公司（以下简称南平工厂）是嘉吉的全资子公司，工厂位于福建省南平市建瓯市城东工业园鹤山路3号，项目固定资产投资约1.5亿元，占地50亩，建筑面积36 000m^2，年设计产能36万t，使用全套瑞士布勒公司设备，有制粒线4条、混合线2条、原料膨化线1条、发酵豆粕生产线1条，原料仓储容量1.8万t，成品储存容量1 000t，是嘉吉动物营养目前在中国设计产能最大的猪料生产工厂，工厂是由嘉吉和重要客户南星集团共同合作建立，整合了嘉吉动物营养与南星集团的优势，由南星出资，嘉吉提供设计、建设标准及投产后的工厂运营服务。

南平工厂除了服务南星养殖团队外，还服务福建闽北地区及周边区域的客户，得益于嘉吉强大的工厂运营、市场服务及质量管理能力，南平工厂于2023年6月18日投产，同年9月产销量突破1万t/月，12月产销量突破1.5万t/月，成为嘉吉动物营养中国工厂产销量增速最快的工厂，2023年实现产值2.3亿元，2024年产值预计可达8亿～10亿元。

与南星共建南平新工厂是嘉吉动物营养服务中国、造福养殖户的又一创新举措，借此合作模式，南平工厂引入嘉吉全球先进的营养体系、生产工艺和管理经验，同时聚焦动物健康和农场生物安全，以创新的产品组合和解决方案提高动物生产效率和农场生产成绩，帮助养殖户实现增效降本，并以可持续的方式守护食品安全。

一、服务市场，安全防控

南平工厂采用嘉吉360°非洲猪瘟全方位防控体系并借鉴农场生物安全要求，从农场生物安全、饲料安全和猪群营养免疫三个维度入手，在工厂管理中贯彻先进的防控经验和管理理念，全方位为农场生物安全保驾护航。

二、强大品控，先进技术

秉承“今天的饲料就是明天的食品”的业务理念，以严格的品控体系保障饲料品质。南平工厂为客户提供定制化的配方和精准营养服务，同时结合嘉吉全程数智化解决方案，动态平衡营养供给和动物营养需求，同时南平工厂还配备发酵豆粕生产线和膨化生产线，结合嘉吉最新研发技术，通过原料预处理、功能性添加剂组合来调节动物肠道菌群和机体的免疫能力，提高动物健康度，从而帮助客户提升农场生产成绩。

三、绿色发展，节能减排

南平工厂还专注于使用绿色能源，工厂除了在生产过程中采用当地盛产的竹子及木加工的生产副产品作为生物质燃料，还将安装光伏发电设备，以助力碳减排和可持续发展。

行稳致远，进而有为，嘉吉南平工厂将继续与客户及行业伙伴协作互联为广大客户提供更优质的解决方案！

诚信　正直　创新　共赢

——三明市丰润化工有限公司

三明市丰润化工有限公司（以下简称丰润化工）是集研发、生产、销售及服务于一体的专业从事二氧化硅（白炭黑）生产和销售的高新技术企业。公司产品广泛应用于饲料、医药、食品、硅橡胶、制鞋、轮胎、农药、涂料、石油等行业，是全球知名品牌和上市公司的优秀供应商。

通过近20年的不断发展，2023年有员工503人，年产值达7.5亿元，企业规模居全国同行业前列；产品出口全球40多个国家和地区，占公司销售总额35%以上。公司有实用新型专利和发明专利19项，2011年主持了福建省饲料添加剂二氧化硅标准的起草与制定，2017年参与了二氧化硅作为食品添加剂的国家食品安全标准的制定，连续多年获得“纳税大户”“诚实守信企业”称号。

公司秉承共赢的经营理念，以“诚信、正直、创新、共赢”的价值观，从创新、标准化管理、质量、品牌建设、社会责任等方面不断提高核心竞争力，成为行业内的一个标杆，推动了国内饲料、食品、医药等行业上下游企业的共同发展。

一、技术创新

丰润化工以自主研发为主，同时高度重视与用户单位、配套技术单位、技术协作单位、国内外科研院所等技术和项目合作。公司共有 19 项知识产权项，其中三项发明专利：“改良的纳米二氧化硅的制备方法”“基于白炭黑的蓝藻抑制剂及其制备方法和应用”“一种二维六方相棒状介孔二氧化硅纳米颗粒及其制备方法”。2021 年，公司研发投入达 2 500 多万，研发带来的 2 次主要产品升级，创造了较好的经济效益，在推动企业快速发展的同时，也促进了行业的技术发展。

二、标准化管理

通过了“ISO22000 食品安全管理”“REACH 欧盟化学品管理认证”“ISO9001 质量管理体系认证”“ISO14001 环境管理体系认证”“ISO45001 职业健康安全管理体制认证”“FAMI-QS 欧洲饲料添加剂和预混合饲料质量体系认证”“Kosher 犹太认证（食品）”，推行“卓越品质管理体系”，获得“第三届三明市政府质量奖”“中国出口质量安全示范企业”“海关 AEO 认证”，以及福建省龙头企业、福建省“专精特新”中小企业、福建省级技术中心、国家级的“工人先锋号”等荣誉称号；2024 年，公司正积极创建第八届福建省政府质量奖和国家级“专精特新小巨人”。

三、品牌建设

丰润化工注册的“FENG. RUN 及图形”商标，于 2015 年被国家工商总局认定为“中国驰名商标”，是福建省品牌促进会副理事长单位，被客户授予“最佳战略合作伙伴”“最佳合作伙伴”“优秀供应商”等荣誉称号。

四、海外市场开发

产品出口全球 40 多个国家和地区，主要客户有安迪苏生命科学制品有限公司、诺伟司饲料添加剂有限公司、帝斯曼维生素有限公司等全球行业龙头企业，被评为“出口创汇大户”，截至 2023 年出口总量已经占到公司总产量的 35%～40%。

五、设备改造升级

为更好的迎合市场的需求和变化，打造最具国际竞争力的企业，同时鉴于国内外市场对企业经营安全方面的关注和重视，公司严守“环境安全健康”底线，于 2017 年着手对现有生产、三废处理设施进行全面的改造升级。通过改造，在生产效率、节能降耗方面取得突破性成果，新产品开发能力明显提高，产品品质稳定性也得到扎实的保障。同时，改造后的环保设施运行 24h 运行，并联网共享实时数据，相应三废控制数据合格率及外检达标排放达到 100%。因此多次受到市、区表彰，也获得越来越多的客户认可和信赖。

六、社会责任

公司以“诚信、正直、创新、共赢”的企业文化为引领，秉承“携手可持续发展”的理念，并于 2022 年在国内同行业中率先加入全球性倡议的“携手可持续发展”组织（Together for Sustainability，简称 TFS)，与 TFS 全球成员企业一道致力于实现以低碳、绿色、节能、环保为导向的“绿色采购”，进一步打造可持续发展的供应链服务，助力创建更美好的世界；公司近 20 年来无重大安全、环保事故，被评为“平安企业”和“三明市十佳环保企业”；公司总经理是一个合规、尽责的企业法人，在他的带领下，公司已连续 8 年获得“纳税信用 A 级企业”“人道荣誉奖”等。

伴随着 2001 年底中国加入世界贸易组织(WTO)，2005 年成立的丰润化工，面临着全球化的竞争压力，长期从事研发技术的公司常务副总，是中国化工学会无机酸碱盐专业委员会委员，于 2021 年荣获第 40 届中国化工学术论坛暨科技创新与前沿应用技术青年学者论坛“创新奖”荣誉。在常务副总的带领下，公司技术中心长期坚持技术创新，重视产品研发、提高生产工艺和设备改造，先后实施了三次重大技改项目。丰润化工 20 年来专注于二氧化硅（白炭黑），特别是近年来高研发投入推动了高耐磨性且抗拉伸的硅橡胶用白炭黑、高补强型超细颗粒白炭黑等产品升级；近几年公司投入数百万资金实施了两项节能减排项目：一线烘干尾气余热回收项目，二线烘干尾气余热回收项目。

为保障公司长远发展，迎接未来风云变幻的市场，丰润化工依旧扎实于基础管理，不断充实自身大胆改革。2023 年公司引入长松组织系统，对公司整体组织结构进行改革，实行集团化运营管理，筹备上市，不断夯实经营基础。公司总经理孙文钰常说的一句话：“过去无论是风光还是惨淡，始终已经过去了，未来还有更多的机遇和挑战，要平心静气，整好装，再出发。”

共同成长　合作发展　争创第一

——华农恒青科技股份有限公司

华农恒青科技股份有限公司（以下简称华农恒青）成立于2011年，总部位于国家南昌经济技术开发区。公司有十余家分子公司，饲料总产能300万t，其中农业产业化国家重点龙头企业1家，省级龙头企业1家，市级龙头企业5家，国家高新技术企业4家，“专精特新”企业两家。

华农恒青坚持“一三四六”① 的经营管理模式，不断地对技术配方、工艺流程进行升级与改造，建立了专门的试验猪场开展系统的示范对比和应用研发试验，投资新建了华农恒青科技服务中心，设立了专门面向养殖户的培训中心、检测中心、咨询中心，检测中心全部使用国内外一流品牌的液相、气相、仿生、原子吸收等检测设备，可以开展7大类163个项目检测，达到甚至超过食品级企业的卫生标准；对外，不断加强对高层次人才的引进，和中国农业大学、华中农业大学、华南农业大学、武汉轻工大学建立长期的科研合作与人才培养计划，解决养殖户生产中遇到的实际问题，华农恒青总结出了一套独特的技术服务模式，通过科技创新打造出华农恒青独有的竞争优势！

公司产销量年均增长率在40%以上，2016年、2017年增速在70%以上，2018年销量增长15%，全年实现销售收入28亿元。非洲猪瘟疫情发生以后，公司积极推动产品线转型，相继推出海通禽饲料、江河源反刍动物饲料，经过几年的发展，华农恒青海通禽饲料已经在市场上站稳了脚跟，江河源反刍动物饲料在大西北已经推出了汉文、蒙文、藏文3种文字包装，成为带动西北地区牧民朋友增产增收值得信赖的伙伴和坚强后盾。2023年，公司全年饲料销量达100万t，销售收入38亿元。

华农恒青持续加强市场布局，不断扩大生产规模，公司在江西高安、九江、万年、新余、南城，以及青海、云南、福建等地设立了多个生产基地。2023年，公司在云南镇雄年产30万t专业化猪饲料生产基地和福建南平年产28万t专业化猪饲料生产基地相继投产，进一步完善了华农恒青在滇东北、黔西北、川南和福建等地市场的布局，这成为公司下一步快速发展的核心支撑。

华农恒青高度重视科技创新，并积极与高校、研究机构建立合作伙伴关系。公司与武汉轻工大学共建的“武汉轻工——华农恒青猪营养研究中心”持续为养猪业提供创新技术和解决方案。通过合作，公司在饲料营养、疾病防控、养殖管理等方面取得了重要的突破和创新。此外，华农恒青计划与青海大学联合成立牦牛营养研究中心，致力于提升牦牛养殖效益，为畜牧业发展贡献力量。同时，公司还积极与华南农业大学、甘肃农业大学、内蒙古农业大学等高校展开校企合作，共同推动行业的创新发展。

华农恒青提出要专心、专注、专业地聚焦饲料行业，做精、做深、做透，要做“一米宽、一千米深、一万米深”的事情，采购管理上，华农恒青采用“专家组＋采购履行”的运作模式，在提升采购专业性的同时，从制度上降低采购腐败风险，进一步提升采购的性价比。华农恒青郑重向供应商承诺，玉米、豆粕等原料入库后3～7天付款，添加剂等原料30天以内付款（如有明显价格优势还可以提前），真正做到让供应商放心、安心、开心，保证供应商合理的、正当的、阳光的利益。

公司注重企业文化建设，以“共同成长、合作发展、争创第一”为核心价值观念，并将其融入员工的工作方式、生活方式和学习方式中。公司坚持成就客户、艰苦创业、团队协作、共创共享、开放进取、终身学习等行为准则，强调“严、细、狠、准”的工作作风。在公司文化的引领下，员工积极参与企业发展，共同分享成果，形成了团结协作、积极向上的工作氛围。

2024年，华农恒青将进一步加强在西南、西北及湖南、湖北等地的市场布局，不断提升产品品质和技术服务水平，为客户提供全方位、个性化的解决方案。秉承共同成长、合作发展、争创第一的核心价值观念，与行业精英人才、合作伙伴在市场拓展、项目合作等方面开展更加深入的交流和合作！

以客户为中心　以服务创造价值

——双胞胎集团

双胞胎集团成立于1998年，是一家集生猪养殖、养猪服务、饲料销售、粮食种植与贸易、生猪屠宰与深加工为一体的全国性大型企业集团，集团下设分公司500余家，员工人数2万余人，2023年饲料产销

① “一三四六”指一个定位、三个中心、四个差异化、六个专业化。

量 1 366 万 t，销量连续多年居全国前列，生猪上市 1 352 万头，实现产值超 868 亿元。

集团先后荣获“中国企业 500 强、中国制造业企业 500 强、中国民营企业 500 强、农业产业化国家重点龙头企业、江西第一大民企、全球顶尖饲料企业”等诸多殊荣，并通过了 ISO9001：2000 质量管理体系和 HACCP 饲料安全管理体系认证。

国以民为本，民以食为天。将安全、美味、健康的猪肉带到每个家庭，是双胞胎正在做的事情。如今，为了让中国人的餐桌与田间紧密相连，双胞胎从原料、饲料、养猪、屠宰、销售闭环管理，通过构建全球强大的养猪服务平台，让养猪更简单，让猪肉更安全。

干一行、爱一行、钻一行、精一行，每一个双胞胎人都在努力成为各自领域的实干家、专家和能手，在为客户创造价值的同时快速提升着自我的价值。双胞胎专业专注饲料二十多年，双胞胎饲料好而不贵，长期坚持薄利多销，凭借强大的供应链平台及技术研发等优势，把饲料做专、做精、做强，做到极致，全流程降低成本让利给客户，为广大养殖户提供高性价比产品和成套的解决方案。双胞胎饲料料肉比平均低 0.2，每头猪可节省成本 100 元，成为了广袤农村家喻户晓、数年市场占有率领先的猪料品牌，代表了中国好猪料的名片。

面对新疫情、新养殖环境的挑战，集团不仅构建自己的全闭环式的生物安全体系，同时帮助更多的养户构建和执行“8＋1”堡垒行动，为养户养猪铸造铜墙铁壁，让养猪简单，帮助更多的养户实现养猪致富。

双胞胎每个饲料工厂都有一套规范完善的生物安全管理体系，并将生物安全分为 4 道防线，确保饲料厂的生物安全！

第一道防线，在原料安全的把控上，双胞胎工厂选择全球精选的原料，并且严把检测关，原料在码头/车站进行前置检测，将饲料安全从源头抓起！除此之外，每个工厂都配置先进的检测仪器，确保每一颗进场的原料都是安全的。

第二道防线，原料与成品车辆厂内分线路行驶，分区停放。所有外来车辆场外冲洗消毒，进场二次喷雾消毒后，开到烘干房进行高温消毒；通过“水蒸气 90℃＋3min”的方式烘干车辆，对车辆进行高温杀毒，达到瞬间消灭病毒的效果。烘干设备、烘干时间及温度自动控制，异常情况自动报警，对烘干消毒、消毒质量增加保障，切断车辆带毒风险，为客户保驾护航。

第三道防线，工厂采用自助服务，当客户需要用料时，可以刷卡自动称料、自动放料，通过散装料专用车辆运输，人员全程不直接接触饲料，放料区司机不下车。

第四道防线，高温制粒确保饲料安全。双胞胎集团所有工厂全部引进了全新的制粒机自动控制系统，实现调制温度 85℃ 3min，自动控制，超长高温熟化，杀毒更彻底。

作为一个有担当的企业，双胞胎集团始终以客户为中心，确保客户可以放心地使用双胞胎饲料，为猪场的饲料安全提供保障！

双胞胎集团盛于猪料，却不止于猪料；集团还专业做禽料、反刍动物料、水产料等，凭借集团在原料采购、研发技术、生产制造、成本管理等方面的优势，以细分领域领跑者的姿态屹立市场。

集团坚持以客户为中心的经营理念、以服务创造价值、以让养猪更简单为使命，致力为广大客户构建全球最大的养猪服务平台，为客户创造价值，帮助客户增收。

从浪潮中走来，在实干里勃发，双胞胎集团凝聚时代使命，以专注与专业响应国家战略，促一方水土发展，富一方百姓生计；以精心与精细打造绿色产业技术，践行可持续发展道路，助力乡村振兴；以共创与共赢构建合作模式，不断满足人民的美好生活，让健康、安全的猪肉走进千家万户。

双胞胎集团，让养猪更简单、让猪肉更安全。

全球视野、科技引领、持续创新

——乖宝宠物食品集团股份有限公司

乖宝宠物食品集团股份有限公司（以下简称乖宝集团）是山东省聊城市一家宠物食品生产企业，成立于 2006 年，多年来，公司立足于聊城市丰富的畜禽、粮食、蔬菜等农副产品资源，通过自主研发和引进国内外先进技术，将当地农副产品打造成具有全球竞争力的宠物食品，产品销往国内以及美国、欧洲、日本、韩国等 30 多个国家和地区，已发展成为全国最大、全球知名的宠物食品生产企业之一。公司支撑聊城经济技术开发区成为全国首个国家级出口宠物食品质量安全示范区。投资 12 亿元的乖宝宠物食品智能工厂项目被列为省级重点项目和新旧动能转换重点项目。自主品牌“麦富迪 Myfoodie”已成长为国内外知名品牌，预计到 2024 年年底将超越多个国际品牌，发展成为国内市场宠物食品第一品牌。

公司一直坚持“全球视野、科技引领、持续创新”的发展理念，以国内外市场为导向，科技创新为手段，不断研发、引进和应用新技术、开创新模式，打造宠物食品高端品牌，持续不断壮大企业规模。

1. 坚持科技引领发展，争创科技创新型企业。依托研发实验室和技术中心为科技引领。公司具有高水平的研发实验室，2021 年获得中国合格评定国家认可委员会（CNAS）实验室认可证书，是国内宠物食品行业少数几家拥有 CNAS 检测实验室的公司之一。技术研发中心被评为省级企业技术中心、山东省绿色营养宠物食品工程实验室、聊城市宠物食品工程技术研究中心。

公司采用新技术、新工艺，壮大宠物食品产业。建立了拥有 79 名高级技术人员的科技中心，在中国、美国、英国和泰国建立了 4 个研发中心，注重科技研发和新技术应用，项目设计工艺技术水平达到国际先进水平。工厂采用美国的干粮生产线、意大利的湿粮生产线和日本的自动化包装线，全部进行智能化设计。截至 2023 年，乖宝集团独立研发和采用的多项技术，在宠物食品行业居全球领先水平。引进的美国 Wenger TX8 鲜肉高添加技术，属于目前在宠物主粮领域国际最先进的加工技术；在宠物益生菌粮生产中使用的益生菌株及行业内独一无二的冷喷涂技术，属于目前在宠物主粮领域国际最先进的益生菌粮加工技术；采用的高能电子加速器辐照技术，目前在宠物领域仍属于国际最先进的宠物食品杀毒灭菌保鲜技术。公司创新和应用这些国际先进技术，并将其和中国蓬勃发展的宠物产业结合起来，抢抓机遇，迅速做大规模，抢占行业制高点。

2. 坚持“专、精、特、新”发展，树立领军型企业。狠抓质量，夯实品牌高端化基础保障。乖宝集团能够在品牌高端化方面取得显著成效的前提和基础，在于过硬的产品品质和严格的质量管理。在质量标准上，乖宝集团坚持国内外同线、同质、同标，按照人类食用安全卫生标准生产制造宠物食品。各个工厂全部通过了 BRC、FSSC22000 质量安全体系认证及 ES 等社会责任认证，通过了美国食品药品监督管理局（FDA）、加拿大兽医局（CFIA）、欧盟兽医管理局和日本农林水产省（MIFF）的现场审核。

以荣誉为基石，做行业领军型企业。公司被评为山东省瞪羚企业、山东省质量标杆企业、农业产业化省级重点龙头企业、山东省农产品出口示范企业、山东省外经贸先进企业、山东省“一企一技术”创新企业、山东省电子商务示范单位，公司荣获第七届聊城市市长质量奖、全国十强宠物饲料企业，支撑聊城经济技术开发区成为国家级出口宠物食品质量安全示范区。

3. 坚持“智能化升级”转型，做产业引领排头兵。智能化创造，做产业链引领。公司在生产智能化设备的投入上不断加大，先后配置了智能化控制的配套设备，对整个生产系统的控制达到全系统的机器人完成，并在整个生产过程中设置有自动化的监控检测设备和一物一码的数字化追溯系统，是农业产业化省级重点龙头企业。顺应宠物行业个性化、多元化和多样化的主流消费趋势，乖宝集团积极探索、主动作为、下大力气，打破了传统销售和生产之间部门相互独立、相互分割、信息反馈滞后的陈旧模式，走向了个性化定制和智能化制造一体化的新经营模式。2017 年 2 月，乖宝集团正式启动“麦富迪个性化定制项目”，在全国率先推出私人定制手机 App。这一举措开启了国内业界个性化定制的先河，推动国内宠物食品超越随意喂养的“1.0 时代”和标准普及的“2.0 时代”，进入个性化定制的“3.0 时代”。乖宝集团这一个性化定制项目颠覆了“先制造、后销售、再消费”（M2B/B2C）的传统生产模式，确立了“先个性化定制、再制造、后消费”（C2M2C）的现代智能制造的新模式。

瞄准方向，推进科技引领产业发展。乖宝集团组建之后，瞄准宠物食品这一方向，一头对接当地丰富的农副产品资源，一头对接国际、国内不断变化的大市场，紧跟时代发展潮流，充分利用现代最新科技，利用互联网、大数据、云计算、社交网络平台、机器人技术和生物技术的最新成果，及时对传统食品制造进行升级换代，建立现代智能工厂，进行个性化定制，把丰富的农副产品转化为高端消费品，把劳动密集型的产业转化为资本、技术和智力密集型的产业，不断提升产业经济价值，是一个给农业插上科技翅膀的典型成功案例。

为人类、地球的健康作援助

——青岛根源生物集团

青岛根源生物集团（以下简称根源集团）是一家以微生物为核心，聚焦微生态制剂、酶制剂和生物原料三大生物类产品和系统解决方案的综合性集团公司，集团总部位于青岛。

根源集团始终将用户价值放在第一，并将其作为企业思考、做事的基本信条，立足“科技、专精”，致力于成为最具用户价值的生物产品解决方案提供商。自 2009 年成立以来，根源集团以复合增长率 39%的速度迅速发展壮大。截至 2023 年，有 14 家子公司，员工近 600 人，年销售额近 8 个亿。产品覆盖饲用生物制剂、饲用生物原料、农业微生物、食品益生菌/酶制剂和环保微生物五大领域。

集团高度重视技术研发，每年投入销售额的10%作为科研经费，不断进行原创性研究和全球技术资源的整合。凭借完善的研发体系、严格的质量控制、优异的产品表现，根源集团已经与温氏、希望、海大、双胞胎、正大、力源、中慧、通威、九鼎、禾丰、铁骑力士等中国农牧集团前50强中的大部分企业达成战略合作关系，产品销售遍布国内，并远销东南亚、南亚、中东、非洲、美洲。

2010年，"根源集团研发中心"成立。截至2023年，研发中心拥有一支由22名博士和100余名硕士组成的高素质研发队伍。集团先后获得"国家企业技术中心""国家知识产权优势企业""中国农业企业500强""山东省益生菌工程研究中心""山东省益生菌工程技术研究中心""山东省瞪羚企业""山东省博士后创新实践基地""山东省农业产业化重点龙头企业"等认定。坚持自主研发的同时，积极与国内外高端院校、科研机构、战略合作客户开展合资或联合研发、技术合作、技术外包等多元化合作模式，已承担国家级课题20余项，省、市级课题50余项，拥有科研成果10余项，授权国家发明专利40余项。集团多次获得国家发展和改革委员会产业化示范项目、科学技术部创新基金、国家级星火计划等国家部委项目支持，高新技术企业等省部级资质荣誉，是山东饲料行业协会常务理事单位、中国畜牧业协会生物产业分会副会长单位、中国生物发酵产业协会会员单位、中国畜牧兽医学会动物微生态学分会副理事长单位。

根源集团拥有国际领先水平的科研设施和生产设备，液体发酵规模达1 600m^3，固体发酵规模达30 000m^2，建立了完善的生产工艺和严密的质量管理体系，并在行业内率先通过HACCP、ISO9001：2000、ISO22000、ISO14001、OHSAS18001等管理体系认证。根源集团秉承"仁爱、创值、共赢、和谐"的核心价值观念，坚持"以产品品质为基础，价值最优；以用户需求为导向，系统服务；以未来市场为目标，领先一步"的经营理念，以科技进步和精益管理作为产品领先的保障，着力构建系统服务支持体系，将优质产品与系统解决方案作为帮助用户实现价值最大化的纽带，积极寻求与成长型优秀企业携手成长、共赢发展。

根源集团积极承担社会责任，发起主办各类行业交流会议，倡导共赢合作和行业自律；成立"根源爱心基金"，帮扶困难职工，参与社会公益；在多所高等院校设立奖学金，并与中慧集团、中国农业大学合作创办"根源商学院"。

专注用户价值，聚焦生物产业，根源集团以"为人类、地球的健康作援助"为使命，立志打造对行业、社会负责任的价值型企业典范，致力于通过生物科技为"改善环境污染，保障食品安全，提高资源、能源利用效率，减少耗费"奉献一份力量！

公司资质荣誉：国家认定企业技术中心、山东省企业技术中心、山东省益生菌工程研究中心、山东省益生菌工程技术研究中心、国家高新技术企业、中国农业企业500强、中国轻工业科技百强、国家知识产权优势企业、山东省瞪羚企业、山东省技术创新示范企业、山东省专精特新中小企业、山东省博士后创新实践基地、山东省农业产业化重点龙头企业、山东省农业"新六产"示范主体、山东省科学技术进步三等奖、山东省科学技术发明三等奖、中国轻工业联合会科学技术优秀奖、青岛市科学技术发明二等奖、青岛市科技进步三等奖、中国畜牧兽医学会微生态分会副理事长单位、中国畜牧业协会生物产业分会副会长单位、山东省饲料添加剂十强、山东省创新型饲料企业二十强、2020山东饲料添加剂（发酵类）10强、质量管理体系认证、环境管理体系、食品安全管理体系、职业健康体系）。

科研成果：公司承担的国家省市级研发课题38项、发明专利证书48项、实用新型证书8项。

做中国最具价值的微生态

——河南金百合生物科技股份有限公司

一、基本情况

河南金百合生物科技股份有限公司（以下简称金百合生物）坐落于安阳汤阴国家食品医药产业聚集区。汤阴县距今已有2 200多年历史，是孕育了"文圣"周文王、"武圣"岳飞、"医圣"扁鹊的"三圣"文化之地，一部《周易》成就了汤阴县的文化美名。

金百合生物成立于2013年，是一家集生物技术及生物制品研发、生产和销售为一体的高新技术企业，公司拥有液态、固态发酵全套自动化先进设备，其中，80t液体发酵罐10套、20t液体发酵罐7套，固态发酵体系年产能达300 000t。完善的菌种选育体系、严谨的生产工艺规程、苛刻的质检系统，以及多位国内知名专家教授组成的服务团队，建立了完善的丁酸梭菌质量保障标准体系，全面保障丁酸梭菌稳定性。

金百合生物依托农业农村部微生物产品质量监督检验测试中心、农业微生物学国家重点实验室、河南省饲用微生态制剂工程技术研究中心、河南省水产微生态制剂研究中心，搭建了高稳丁酸梭菌、功能性丁酸梭菌、高稳乳酸菌、高稳凝结芽孢杆菌、功能性芽孢菌技术研究应用推广平台，生物饲料、发酵饲用天然植物、生物降解酶等技术研究推广平台，水生动物微生物应用推广平台；主要涉及绿色养殖、医疗健康保健、生态环保、生态种植等系列微生态生物产品，微生态科研应用综合实力位于国内前列。

金百合生物秉持“做中国最具价值的微生态”理念，定位于“做中国最具价值的微生态”，提出了“设计有价值的模式、制造有价值的产品、提供有价值的服务”的全新经营理念。以“让微生态为养殖提供价值”为指导思想，让微生态的价值看得见、算得出、摸得着。

金百合生物专注于丁酸梭菌及丁酸梭菌衍生产物的研发、生产、销售。经过多年的发展，已荣获国家高新技术企业、国家专精特新“小巨人”、河南省科技小巨人培育企业、河南省科技型中小企业等荣誉称号。

二、研发实力

金百合生物研发中心是国内丁酸梭菌行业中规模较大、规格较高的研发机构之一。配备微生物实验室、理化实验室、发酵实验室、精密仪器室、普通仪器室、留样室、菌种保藏室等 13 个功能实验室，拥有符合 GMP 标准的百级与万级空气净化室和无菌室。实验室共有仪器 100 余台，包括高效液相色谱仪、气相色谱仪、高标准厌氧培养箱、紫外可见分光光度计、全自动发酵罐、喷雾干燥机、凯氏定氮仪、原子吸收光谱仪等研发检测设备。

金百合生物特设动物实验基地。水产专用小试养殖箱 8 组循环水设备构成，每组循环系统配有 8 个独立养殖箱，养殖容积超过 1 000m^3。利用初步可行性实验验证产品在肠道调节或水质调节中是否能起到预期效果，并以此为基础对产品进行微调至符合预期效果后转入中试阶段。水产专用中试养殖池有 3 组共 15 个直径 3m 的陆基养殖圆池，每个养殖圆池可存水 8～10m^3，具有独立进排水及供氧系统，小试后的产品将进入这一区域进行中试调整。一方面，针对产品的性状、水体中留存率、分散度等进行产品工艺升级；另一方面，针对不同养殖动物确定最适产品用量及使用方法，以确保产品在不同养殖品种、不同水环境状态下能够体现最大产品价值，为丁酸梭菌等高效益生菌的研发和生产提供实验基础。

三、主研方向

研发集中在功能型丁酸梭菌筛选、丁酸梭菌等益生菌高密度发酵工艺与丁酸梭菌衍生产品的创制。

1. 益生菌高密度发酵方面。主要集中在丁酸梭菌及复合菌高效液态发酵工艺和菌粉生产工艺、液态丁酸梭菌发酵制剂及其制备方法的研制、丁酸梭菌发酵液的资源化利用等。

2. 丁酸梭菌衍生物的研究。包括功能型丁酸梭菌复合菌、丁酸梭菌固体发酵天然植物及丁酸梭菌培养物等。丁酸梭菌培养物是丁酸梭菌在特定发酵工艺程序控制下产生丰富代谢产物后形成的包含非活性细胞成分、代谢产物及活性微生物的生物发酵制品。具有良好的稳定性、生物活性和协同效应，可为动物胃肠道提供“全价”营养餐，对动物发挥有效的调节免疫、促进生长的作用。

丁酸梭培养物采用丁酸梭菌液固多级深层厌氧发酵而得，其有效成分为多组分的发酵代谢产物，包含丁酸菌素、SCFAS、脂磷壁酸、核苷酸、小肽、游离氨基酸、矿物质、GABA、寡糖、抗氧化物、挥发性芳香化合物（酚类、脂类、酮类、烃类和醇类）、消化酶，以及未知生长因子等数百种活性成分，通过其协同作用维持动物肠道健康、平衡动物免疫功能来确保动物健康和生产表现。

丁酸梭菌培养物是金百合生物工程技术中心通过定向选育技术，优选功能性丁酸梭菌菌株，配以特定谷物培养基，采用全球独创仿生发酵技术，模拟肠道环境和消化酶解过程，酵取五谷精华和 400 余种丁酸梭菌代谢产物，产品兼具菌、酶、酸、元、肽等功能，是一款调肠整肠、诱食促长、抑炎增免和稳群安神的甄选产品。

四、丁酸梭菌简介

丁酸梭菌又名酪酸梭菌、丁酸梭状芽孢杆菌，是芽孢杆菌科梭菌属的一种产丁酸的革兰氏阳性厌氧细菌。丁酸梭菌是严格厌氧菌，能够充分适应动物肠道的厌氧环境，通过多种方式调节肠道菌群平衡。因具乳酸菌和芽孢菌的优势，被誉为“肠道益生菌之王”，在作为微生态添加剂生产时，其符合质量标准的细菌形态应该是芽孢形式，只有芽孢才能够经受胃内的极端酸性环境和肠道中的胆汁酸盐，以及在饲料和饲料添加剂及动物保健品加工、运输、储存过程中对温度的耐受。丁酸梭菌的各种优越性，使其在“养殖替抗、降本增效、动物健康”方面发挥关键作用，尤其是在肠道健康调控中备受关注。

《“十四五”规划》《2035 年远景目标纲要》和《2023 年中央一号文件》发布，国家发展和改革委员会就《“十四五”生物经济发展规划》举行了专场发布会。发布会重点提到生物技术广泛应用于医学、农业、制造、能源、环保等领域，前沿生物技术已经成为未来生物经济的创新驱动力。《规划》明确提出“开展前沿生物技术创新”，加快壮大生物产业、发展生物经济、培育形成新动能，促进人民生活品质改善，推进“美丽中国”“健康中国”建设。

五、丁酸梭菌的功能

1. 丁酸梭菌具有良好的“降本增效”作用。丁酸梭菌在肠道尤其是肠后端能产生大量丁酸，丁酸是肠细胞的能量来源，对肠道上皮组织的再生和修复具有重要的意义。丁酸梭菌产生的丁酸梭菌素（抗菌肽）能杀死有害菌，如产气荚膜梭菌，有效防治坏死性肠炎；丁酸梭菌能产生大量内源酶，使动物进行二次消化，利用肠内剩余营养；在增殖过程中产生叶酸等营养物质，抵制生成胺类、吲哚类等物质的细菌活动，减少蛋白质向胺和氨的转化，抑制部分微生物的脲酶活性，减少粪尿中的氮排放，从而降低粪尿恶臭，改善饲养环境。在家畜方面主要应用于猪，其能改善猪肠道菌群结构，维持肠道屏障完整，激活机体免疫系统，增进消化，促进生长。在家禽应用方面，在日粮中添加丁酸梭菌，不仅可以提高肉鸡日增重、饲料转化率，改善肠道菌群结构和屏障功能，还可有效预防肠炎，提高养殖动物的免疫力、抵抗力，促进生长，改善肉品品质。丁酸梭菌是集乳酸菌和芽孢杆菌优点于一身的活菌，具有耐胃酸、消化酶、胆汁酸和抗生素等特点，是一类极有开发前途的新型微生物饲料添加剂。

2. 丁酸梭菌作为饲料添加剂被广泛使用。随着饲料“无抗”时代的到来，丁酸梭菌等替抗产品得以推广使用。实践证明，丁酸梭菌制剂与其他益生菌、中药提取物等联合使用，能够纠正动物肠道功能紊乱，减少肠毒素的发生，增强机体免疫功能，还能分泌多种酶类和维生素，有效促进营养物质的消化吸收，起到消除炎症、营养肠道的作用，应用效果显著。作为一种新型绿色微生态制剂，尤其是在无抗饲养的大环境下，丁酸梭菌制剂有着十分广泛的应用前景和较大的市场需求。在畜牧养殖方面，随着畜牧养殖业的稳定发展和无抗养殖的进程加快，丁酸梭菌等微生态制剂应用越来越广泛，而且显示出不可限量的应用前景。

以质量求生存　以信誉促发展　以服务赢客户

——河南旭百瑞生物科技股份有限公司

河南旭百瑞生物科技股份有限公司位于河南省焦作市，是一家专注于畜禽饲料研发、生产与销售的国家级高新技术企业，成立于2014年12月。先后获得“河南省农业产业化重点龙头企业”“农业部饲料安全生产管理规范示范企业”“河南省饲料行业协会理事单位”“河南省瞪羚企业”“河南省专精特新中小企业”等多项荣誉称号。2023年度资产总额达17 767万元，实现销售收入91 522万元，利润总额3 043万元。

一、生产概况

公司拥有智能化生产线3条，整套生产设备引进行业内最先进的瑞士布勒公司产品，通过智能化中控系统控制生产全流程，实现年加工畜禽饲料50万t。配套立式筒仓4个，单个储存量为1 500t。原料仓库3 960m²、成品库1 980m²、低温保鲜库500m²，日常可以储存6 000t原粮、3 000t原料、400t低温保鲜原料、1 500t成品。产能规模已稳居河南饲料行业前列。

二、产品结构

公司饲料产品以畜禽预混料、浓缩料和配合料为主，涵盖猪、鸡、鸭、反刍动物等各个种类，共4个系列40余个核心品种。坚持以质量为核心、原料为基础、品控为保障、生产为关键，打造质优价廉的高品质产品。聚焦养殖客户需求与仔猪、母猪生长周期，打造出“三健克”高端功能型母猪饲料套餐、“128”乳猪成长计划、“528”仔猪全周期营养套餐等多款猪饲料营养套餐，一站式解决饲养难题。其中，乳猪教保料以其“抗病性好、适口性佳、采食量大、料肉比低”等特点，风靡河南省及周边省市。以“香奶酥”为代表的乳猪教保料，深受广大养殖户和规模猪场认可，“旭百瑞”品牌饲料深入人心。

三、科技创新

公司坚持以科技为先导，依托省级企业技术中心、省级工程技术研究中心两大研发平台以及生物饲料开发国家工程研究中心河南分中心，以饲博荟发起人、仲恺农业工程学院副教授、旭百瑞创新发展研究院首席科学家陈文斌博士为科技创新领军人，引进中国工程院印遇龙院士为客座教授，着力打造技术研发平台，加快向产品端高质、高效转化，构筑以科技为驱动的核心竞争力。研发中心下设饲料理化检测、霉菌毒素酶联免疫分析、微生物等三个实验室。截至2023年，拥有在职博士3名、客座教授5名、硕士10名以上的研发技术团队，与生物饲料开发国家工程研究中心、河南农业大学、四川农业大学、河南牧业经济学院等科研机构和高等院校开展产学研合作，承担省科研攻关项目 4 项，申报国家专利 45 项，其中发明专利 10 项；在微生物发酵饲料关键技术研究与应用、饲用抗生素替代品关键技术研究与应用等核心技术上取得关键性突破。

四、品质管理

完善的质量控制体系是产品质量的核心保障；技术中心与生产、采购各部门成立产品中心，完善了原料供应商评估、原料验收标准、检化验方法、车间制程等流程体系。严格按照《饲料质量安全管理规范》要求，将产品质量安全贯穿于企业生产的全过程，独创六大原料质量控制模式：源头追溯，优选厂商，卫生指标重于营养指标，常规检测与非常规检测同步，品质数据分析、质量动态排名，原料使用前、预处理、色选和在库管理全过程质量管控。制定了原料采购验收管理、生产过程控制、现场质量巡查、产品质量控制、设备清理保养、产品储存及运输、产品留样、产品召回，以及人员、卫生、记录管理等方面的管理制度，确保产品质量安全。

在优质稳定的原料管控基础上，通过精良考究的加工工艺，极大提高产品内在品质。公司的教保料全部采用膨胀工艺，采用两次制粒、两次粉碎工艺，大部分原料经过膨胀预处理后再低温制粒，既保证了原料的糊化度又保证了热敏原料的生物活性，实现了产品质量和养殖效益的双提升。生产过程控制以配料精准为核心，配料系统全部采用布勒全自动化电脑配料系统并辅以科学的辅助系统，实现配料精准度行业领先。

五、营销服务

在企业经营过程中，始终坚持“以质量求生存、以信誉促发展、以服务赢客户”的经营理念，在河南、河北、山东、山西、四川、东北等多地区设立营销服务公司，设专人负责区域开发和客户的日常联络工作，建立了完善的市场营销网络系统，不断强化服务能力建设；通过过硬的产品质量和全方位的技术服务，截至 2023 年，已形成以“密集型开发”为主题的服务营销网点 200 多个，实现了与客户、合作伙伴携手共赢；成立了以硕士带队的科技推广服务团队，下沉市场，走进养殖舍，开展技术培训工作，大力推广畜禽健康养殖发展实用技术，着力破解制约发展关键技术难题，切实解决养殖户关心关注的问题，助推养殖户增收致富。

科技占市场　服务得天下

——荆州市和美华生物科技有限公司

荆州市和美华生物科技有限公司成立于 2010 年 6 月，注册资金 500 万元。公司主要从事畜禽添加剂饲料的研发、生产与销售，是集原料贸易，添加剂预混料和生物料研发、生产与销售，蛋鸡养殖，蛋品产销，食品加工，复合菌有机肥的产销等于一体的企业。公司位于荆州市沙市区锣场镇渔湖村 7 栋，占地面积 50 亩。公司旗下有九邦生物、大别山、豫东、豫西等多家分子公司。

公司现已全面通过质量、环境、食品安全、两化融合等多项管理体系认证。公司先后获得“湖北省专利建设示范企业”“湖北省细分领域隐形冠军企业”“湖北省‘星创天地’”“湖北省专精特新‘小巨人’”“荆州市农业产业化重点龙头企业”“湖北省两化融合试点示范企业”等称号。

在添加剂预混合饲料及浓缩饲料的研发、生产与销售中，主导产品为禽预混合饲料、猪浓缩料饲料。截至 2023 年，公司拥有禽料生产线 2 条、时产 10t、猪料线生产线 1 条、时产 5t、年产能可达 5 万 t，是华中地区禽预混合饲料及猪浓缩料饲料研发、生产、销售的龙头企业之一。2021 年、2022 年和 2023 年分别实现销售收入 5 498.69 万元、8 801.44 万元、8 768.19 万元。

截至 2023 年，集团在全国拥有 13 家分子公司，专业科技公司上百个；现有专业营销及生产、管理人员 2 000 余人，其中大专以上毕业生占 50%以上。产品技术开发 120 人，畜牧营养博士 13 人；技术服务专家 200 人，均为行业内知名专家；集团高层领导具有工商管理硕士、高级职业经理、注册会计师等资格，中层及主管人员均由本科以上学历的人员担任。与华中农业大学、长江大学、荆州职业技术学院等建立了密切的合作关系，注重自主创新型人才的培养，已形成一支专业能力强、素质水平高、富有创新意识的研发团队。

公司自成立投产以来，就非常重视产品的研发与成果应用工作，2021 年、2022 年和 2023 年分别投入研发费用 490 万元、720 万元、690 万元。截至 2023 年，公司累计申请专利 30 余项，发明专利授权 20 项，承接市级区级研发项目 5 项，湖北省尖刀技术项目 1 项，湖北省科技进步奖 1 项，拥有 5 项达到国际先进水平的科技成果。

公司以“立志做产业化的组织者和服务者”为

企业定位；以“科技占市场、服务得天下”为经营理念，为广大养殖户提供饲料、动保、技术、销售、深加工等环节的全程服务；以“专业化经营、聚焦化发展”为经营思路；以“以客户的发展为中心，实现用户价值最大化”为客户观；以“品质源于科技、服务创造价值”为产品观，受到广大养殖户的信赖与好评。

公司未来3～5年发展的战略如下。

第一，以荆州市和美华生物科技有限公司为母体，采取收购、兼并、参股，实现超常规跨越式发展。三产蛋鸡供应链带动二产食品赋能一产，在蛋品供应链、食品企业孵化、养殖服务方面为产业赋能，引领行业发展，成为细分领域的冠军企业。

第二，构建人才、技术、管理优势。企业的发展离不开人才，在未来的3～5年，与各大院校合作引进大量的优秀人才，做好人才的培养与储备工作，构建技术、管理方面的优势。

第三，创新经营模式，构建饲料、养殖产销联盟。增加养殖户的利润，减少中间环节，做终端，让利养殖户。

第四，整合行业优势资源，为产业链发展做好准备。随着科技的发展、市场的成熟，单纯以饲料生产为主的企业将难以生存，向产业链方向发展将会是饲料行业发展的趋势，在未来的3～5年公司布局蛋鸡产业链，预计产值达20亿以上。

以绿色科技　致生命健康

——山川生物科技（武汉）有限公司

一、引言

山川生物科技（武汉）有限公司（以下简称山川生物），自2003年创立以来，始终秉持着“以绿色科技，致生命健康”的核心理念，致力于研发、生产和销售绿色功能动物保健品及高端饲料添加剂。引进国内外先进技术与专家团队，引领中国养殖业走向绿色、健康的新时代。

二、发展历程

1. 创立与发展。2003年，山川生物正式成立，这标志着公司踏上了无抗养殖的开拓之旅。这一决策不仅彰显出公司对食品安全和动物福利的独到见解，更是对养殖行业未来可持续发展的郑重承诺。

自创立之初，山川生物便以“均衡油粉打天下”在行业中崭露头角，凭借独特复方技术开发的植物精油替抗产品，迅速在市场中确立了领导地位，赢得了集团内养殖企业的广泛认可与青睐。随着2018年非洲猪瘟的暴发，山川生物凭借其前瞻性的战略眼光和卓越的研发实力，成功推出了“无同源血浆替代方案”，这不仅为养殖业提供了宝贵的支持，更为行业的发展引领了方向。

为了不断提升自身的研发实力和创新能力，山川生物积极引进国内外顶尖的行业专家和科研团队。在吸收和借鉴欧美国家在无抗养殖方面的成功经验的基础上，山川生物不断完善自身的无抗养殖体系，致力于推动养殖业向更加健康、安全、环保的方向发展。展望未来，山川生物将继续秉持创新、务实、高效的理念，为养殖业的发展贡献更多的智慧和力量。

2. 品质与管理。始终将提升生产管理水平作为企业发展的核心驱动力，为了进一步强化这一目标，集团引进了先进的连续工作质量控制（CWQC，Continuous Work Quality Control）管理体系，以确保生产过程中的每一个环节都能得到严格的质量监控。此外，集团还引入了标准作业程序（SOP，Standard Operating Procedure）标准化作业流程，以规范员工的工作行为和操作程序。实施双重核对体系，这一体系要求在生产过程中的关键节点进行双重核对，确保数据的准确性和操作的正确性。

山川生物积极寻求国际认证，以确保产品质量与安全，经过严格的审核和评估，成功获得了ISO9001（质量管理体系认证）、ISO22000（食品安全管理体系认证）以及FAMI-QS（欧洲饲料添加剂和预混合饲料质量体系认证）三体系认证。

3. 荣誉与认可。湖北省饲料协会、武汉市饲料协会与湖北省家禽协会作为推动当地饲料行业健康发展的重要组织，一直以来都致力于汇聚行业精英，共谋发展大计。山川生物集团凭借卓越的业绩、强大的创新能力和深厚的行业影响力，成功获得了湖北省饲料协会的副会长单位、武汉市饲料协会的常务副会长单位以及湖北家禽协会常务理事单位的荣誉称号。这不仅标志着山川生物在饲料行业的领先地位得到了业内的高度认可，更代表着其对于整个行业发展的巨大贡献。

同时，山川生物也荣获“国家企业技术中心”“高新技术企业”“湖北省重点龙头企业”“专精特新小巨人”等多项荣誉。产品方面，30年专利维康质®获“年度最受欢迎饲料产品”，倍多酚获“年度创新替抗添加剂产品”，代血浆获“年度最具影响力血浆蛋白替代品”，高端仔猪妈妈代乳粉获“年度匠心饲料添加剂产品”。公司将继续秉承“诚信、创新、共赢”的经营理念，与广大同行携手共进，共同推动湖北省乃至全国饲料行业的持续健康发展。

4. 自主创新与产学研合作。技术创新是企业持续发展的核心动力。因此，山川生物于2020年成立山川生物大健康研究院，并且研发投入每年递增50%以上，用于自主研发及专业人才的引进。这种对自主创新的坚持和执着，使公司在饲料行业的科技领域始终走在前列，不断探索新的技术路径，研发出更高效、更环保、更安全的产品，以满足市场的不断变化和客户日益增长的需求。

为了进一步加强技术研发能力，公司积极与中国农业大学、美国肯塔基大学、南京农业大学、华中农业大学、四川农业大学、武汉轻工大学等国内著名高校开展产学研合作。通过与高校的合作，成功研发出一系列具有自主知识产权的新技术和新产品，这些技术和产品在市场上获得了广泛的认可和应用。这种以企业为主体、市场为导向、产学研相结合的技术创新体系，使公司在激烈的市场竞争中始终保持着领先地位。

5. 国际化拓展与未来发展。随着全球市场的不断融合与开放，山川生物凭借在饲料行业中的卓越品质和竞争力，成功将产品远销至东南亚和美洲等多个国家和地区，正式开启了国际化发展的新篇章。

在推进国际化的过程中，坚持“中国技术、世界品质”的理念。为了在全球市场上占据一席之地，山川生物致力于实现技术与品质的国际接轨。为此，不断加大研发投入，引进先进设备和技术，获得了欧盟FAMI-QS质量体系认证，确保产品在细节上达到国际标准。同时，山川生物积极拓展海外市场，已在泰国、越南、菲律宾、俄罗斯、德国等地举办展会，并正在积极布局欧美市场。

展望未来，山川生物将继续深化国际化战略，不断提升产品质量和技术水平，扩大市场份额，力争成为全球饲料行业的领导者。

三、产品基地与研发实力

山川生物拥有七大产品基地，这些基地专注于不同的领域，包括植物精油、绿色功能动物保健品、均衡油粉、饲料级卵磷脂、动物酵母营养、啤酒酵母钻研以及高品质动物蛋白质等。

光谷基地：主要作为植物精油及绿色功能动物保健品的生产基地，专注于提取植物精华和研发动物保健产品。

马口基地：均衡油粉的开创基地，是中国第一包均衡油粉的诞生地。

云梦基地：国内首家饲料级“卵磷脂”生产基地，致力于油脂的高效利用。

广西普乐益基地：专注于动物酵母营养的研发和生产，为动物提供优质的营养补充。

四川纽克泰德基地：作为啤酒酵母钻研基地，致力于啤酒酵母的研究和应用，提供高品质的酵母产品。

武汉元生肽基地：位于华中地区，是高品质动物蛋白质的生产基地，为动物营养行业提供高质量蛋白质。

山川进出口基地：负责全球优质添加剂原料的进出口业务，确保各基地能够获得高质量的原料供应。

通过这些基地的分工和合作，集团形成了一个完整的产品线，从原料的进出口到各个领域的专业研发和生产，都能够实现高效、高质量的管理和运营。

四、战略合作与市场推广

山川生物积极与全国TOP50的饲料养殖一体化集团携手并进，达成深度战略合作。这种强强联合不仅体现了双方对绿色养殖事业的共同追求和坚定信念，更是对推动整个行业绿色、可持续发展做出的积极贡献。在战略合作框架下，通过整合双方资源，形成优势互补，共同打造绿色、高效、健康的养殖产业链，最终实现动物大健康。

在开拓国际市场的过程中，注重与当地企业的合作与交流。通过行业会展及企业合作，将国内的新技术及更具性价比的产品带出国门。通过合作，山川生物不仅提升了自身的国际竞争力，也为当地养殖业的发展注入了新的活力。

五、展望未来

未来的山川生物将继续秉持“以绿色科技，致生命健康”的核心理念，以更成熟的技术与姿态，以匠心致初心，为建设和谐、可持续发展的绿色动保百年企业而勇往直前，成为全球绿色功能动保的引领者。

从农场到餐桌，全程安全可追溯

——长沙正大有限公司

长沙正大有限公司（以下简称长沙正大）是泰国正大集团与湖南县长沙市人民政府于1995年8月在“湘交会”上签约的投资项目，公司属泰国独资的大型现代化饲料综合生产企业，于1997年1月1日正式投产。公司经营范围包括配合饲料、浓缩饲料的生产及相关技术服务和销售等，是目前中国最先进的饲料工厂之一。

长沙正大有限公司原址位于长沙市天心区暮云经开区，隶属于长株潭城市群生态绿心地区，应市政府要求绿心区内工业企业逐步退出，公司积极响应政府号召，原公司于2019年12月24日正式停产。公司搬迁选址长沙市开福区金霞经济开发区广胜路175号，项目总面积116.686亩，有限面积98.027亩，项目总投资3亿元。项目分两期建设，一期投资建设年产24万t的国内最先进现代化饲料加工厂，于2020年12月正式投产；二期规划建设预混料加工厂及扩建年产12万t畜禽饲料加工生产线。

泰国正大集团成立于1921年，是泰籍华人谢氏兄弟创办的知名跨国企业，在泰国亦称卜蜂集团。正大集团秉承“利国、利民、利企业”的经营宗旨，历经百年的蓬勃发展，已形成以农牧食品、批发零售、电信电视三大事业为核心，同时涉足金融、地产、制药、机械加工等10多个行业和领域的多元化跨国集团公司。集团业务遍及全球100多个国家和地区，员工超45万人，2022年全球销售额为950亿美元。

正大集团自1985年进入湖南省投资农牧食品事业，是湖南省第一家农业外资企业，现已在湖南省投资规划了多个战略项目。截至2023年，集团已成立公司23家，饲料年产能近100万t，自养生猪年出栏100万头，商业零售企业10家。同时，在各级政府特别是农业主管部门的大力支持下，宁乡市、石门县2个100万头生猪全产业链项目正逐步投入运营。

一、重视科技，提升品质

重视新科技，引进新技术。长沙正大新厂布局合理、工艺先进、自动化程度高、设备一流、质量优良。厂区实现了原料成品区完全分离，原料90%以上散装化，成品散装库存1 000t，是国内第一家引进使用荷兰进口格林冷却器、大型豆粕水泥圆筒仓的饲料企业，利用移动刮板加地磅方案创新解决了成品散装车装车效率问题，采用环保布袋除臭装置和CPS正大集团全屏自动配料系统等最新亮点方案，引领行业新趋势。

品质为先，客户至上。公司产品自投放市场以来，深受广大用户喜爱，并通过了ISO9001：2015质量管理体系认证、ISO22000：2018食品安全管理体系认证、ISO14001：2015环境管理体系认证，公司先后被评为湖南省农业产业化龙头企业、湖南省先进技术企业、长沙市农业产业化龙头企业、长沙市外商投资先进企业，公司生产的正大牌水产用系列饲料、禽用系列饲料被认定为湖南名牌产品。

二、现代管理，永续经营

重视人才，着眼未来。正大集团高层着眼于企业的长远发展。不急功近利，更积极推行现代管理制度。只有良好的管理制度，着眼长期发展，才能集结天下英才，集众人之智慧能力，达到整体效果。为此，正大集团对各级人才的招募、培训、任用与奖励，以及管理作业制度的建立执行、追踪改进，都投入很大心力。“人才第一”、制度化管理是正大集团高层的管理哲学，并且身体力行，在企业界成为一大特色，并配合长期性的战略性投资行为来巩固连贯经营的生生不息，故得以领先竞争者。

以人为本，学以致用。长沙正大以人为中心，践行“重视每位员工的创造性，提高每位员工的责任心”的人才理念。新员工入职即开展“100天打造一名合格销售人员”的培训，学习内容包括但不限于企业文化、规章制度、工作流程、销售技巧、专业技术等。立足市场之需，坚守教学之道，通过“理论+实践”的培训模式，促使员工不断提升自身的工作能力。

三、利益结合，成果共享

正大集团坚信，在符合共同利益的原则下，获取合理的利润，才能不断茁壮成长、长远为民生福祉作出贡献。因此，始终把公司的发展与合作伙伴的利益紧密结合在一起，不仅提供优质产品，又负责回收成品，还提供饲养技术、指导与管理能力训练，以满足消费者日新月异的需求。

长沙正大始终秉承正大集团“利国、利民、利企业”的经营理念，“务实用心，客户至上”的服务宗旨，扎根农村、支持农业、服务农民，走“从农场到餐桌”安全可追溯的农业产业化发展道路，利用正大集团在资金、技术、管理和市场上的资源优势，为产业链客户提供品质优良的饲料和系统的综合服务，为推动长沙及周边地区养殖业向规模化、标准化、现代化方向发展作出贡献。

四、携手正大，安全可靠

正大集团以近百年的实践经验，全力打造从种养结合、畜禽养殖到食品加工的全产业链，通过优选畜禽品种，引进世界先进的生产工艺和设备，采用科学的全封闭式可视监控体系和严格的防疫制度，对原材料、生产过程和终端产品进行严格的监控和检验，实现了产品的全程可追溯，为食品安全、消费者安全、健康可持续发展提供了坚实保障。

非洲猪瘟自2018年8月传入中国以来，给养猪行业带来了巨大的冲击，作为行业中有担当的服务公司，长沙正大根据正大集团中南区生物安全管理制度，制定了非洲猪瘟联防联控管理方案，从原料进场、生产过程、成品发货、人员车辆管理等各方面重重把控，新建高标准实验室，确保饲料厂区非洲猪瘟防控工作安全有序进行。

“人”是防疫的关键因素之一，应构建饲料厂、专销商、养殖户“三位一体”的非洲温瘟防控体系。长沙正大不仅是一家饲料供应商，更是可为广大合作伙伴提供科学养殖方案的服务顾问，从租赁猪场、洗消、托管等多种合作模式，为客户提供“一站式”服务，依托正大集团规模猪场防非洲猪瘟“421”体系、专业防非洲猪瘟50项、专销商门店防非洲猪瘟五件套、养猪专业户防非洲猪瘟“十到位”等专业的防非洲猪瘟体系，并配备专业的“洗消复养”团队、标准的“洗消复养”流程，帮助客户早日复产。

饲料安全＝原料供应安全＋饲料加工安全＋人员物品安全＋成品出厂安全。保证每一颗饲料可以做到100%安全、全程可追溯，非洲猪瘟对中国养猪业既是空前挑战，也是难得机遇，长沙正大将精益求精，齐抓共管，构建牢固的生物安全防控体系，为广大客户的养猪事业提供高质量最安全的全方位保障。

科技强饲　引领传统产业链的现代化升级

——广东海大集团股份有限公司

广东海大集团股份有限公司（以下简称海大集团）是以科技为主导的中国农业龙头企业，业务涵盖包括饲料、种苗、动保疫苗、智慧养殖、食品加工等在内的现代农牧全产业链，在全球拥有分子公司逾600家、员工达4万人，位居2023中国企业500强第238位、2023中国民营企业500强第87位。

2023年，海大集团预计全年营业收入突破1 161亿元，同比增长10.91%。在核心主业饲料领域，海大集团全年实现饲料销量约2 440万t，同比增长约13%；饲料对外销量2 260万t，同比增加236万t，市场份额进一步提升。在水产领域，海大集团拥有全球领先的技术优势、资源储备和产业化规模，率先构建“育繁推”一体化的商业化育种体系，自主研发的水产种苗基本覆盖主要经济品种，拥有6个国家新品种，虾苗和鱼苗年销量居全球第一。

20余年来，海大集团饲料工业走出了一条具有代表性的传统产业向高科技升级的创新路径，以科技驱动持续打破传统农业领域的天花板，通过饲料工业全链条的专业化再造，实现饲料产业链的现代化升级和高质量发展。截至2023年，海大集团已成为中国饲料领军企业，向市场稳定供应累计超过1.6亿t优质饲料，饲料年销量稳居全球前二。其中，水产饲料全球第一，畜禽饲料行业前十，反刍动物饲料稳健发展。

过去一年，面对原料上涨、消费低迷、养殖信心不足的重重挑战，海大集团持续强化饲料的核心竞争力，产品力、专业力和服务力不断提升，同时积极开拓海外市场，饲料销量取得双位数增长。支撑海大集团饲料不断向前的动力，正是海大集团在科研、采购、生产与品管四大领域精耕细作的核心竞争力，以及围绕饲料、种苗、动保疫苗、养殖等的全产业链综合产业优势。

一、精耕细作，锻造核心竞争力

多年来，围绕饲料生产全链条的原料集采、配方研发、生产运营和品质管控，海大集团都已建立起领先行业的专业优势。

在原料集采环节，海大集团在行业内率先搭建起面向全球的原料集采体系，在全球主要农产品和大宗商品集散地设立分支机构，将原料采购渠道深入到最前线，并采用“集团＋区域中心”的集中采购模式，以获得较好的采购成本优势和风险控制。例如，鱼粉是水产饲料的重要蛋白质来源，海大集团已从秘鲁这一鱼粉重要产地，持续采购鱼粉10余年，并与当地工厂深度合作，保障关键原料的稳定供应。

在配方研发环节，海大集团旗下海大研究院设立了水产饲料、猪饲料、禽饲料和反刍动物饲料的专门研究中心，几乎囊括所有饲料品种，储备了庞大的原料数据和丰富的配方技术，每年补充几千组对比实验结果进入动物核心营养需求和原料数据库。这也使海大集团成为国内极少数能够同时产销全品类饲料的企业之一。

在生产运营环节，围绕成熟的饲料配方，海大集团持续升级饲料生产工艺，强化饲料产品质量。以海大膨化鱼料为例，通过采用双螺杆膨化工艺和超微粉碎技术，使饲料颗粒更饱满，粉碎细度更适口，便于进食和消化吸收。为了充分刺激鱼的味觉系统，海大膨化鱼料还通过真空喷涂设备和滚筒喷油技术，让饲料外观油润而有香味，进而提高诱食性。

在品质管控环节，海大集团形成了规范化、标准化、精细化的生产管理和品控稽核制度。海大集团饲料的全套质量管理体系涵盖从原辅料入厂到产品出厂全环节，从原料的真伪鉴别到理化状况，从生产车间的收货环境到人员操作，每一个环节都有严格的标准指标和管理措施。

二、全链协同，赋能乡村发展

作为中国农业龙头企业，海大集团始终扎根乡村、服务“三农”，产业板块覆盖饲料、种苗、动保疫苗、养殖和食品加工，多年来潜心打造的产业发展模式一直在发挥乡村产业振兴和联农带农作用，为助力“百千万工程”和乡村振兴贡献力量。

针对养殖业存在的缺乏好技术、好产品，以及市场信息受限、资金压力较大等市场痛点，海大集团基于领先的技术研发和完善的产业链资源，持续为养殖户提供优质种苗、饲料和动保疫苗产品，以及全流程的养殖技术指导、市场信息流通和金融服务支持。截至2023年，海大集团旗下1万多名技术服务工程师扎根栏舍塘头，并在全国各地的主养产区建成了数百个技术服务站，为养户提供常态化的全流程技术服务，打通农业科技服务的“最后一公里”。

广东省是全国重要的水产养殖区域，水产养殖面积和养殖量位居全国前列。尤其是珠江口一带，普水鱼养殖历史悠久，包含四大家鱼、鲫、罗非鱼等多个品种，规模化及区域特征明显。

2023年，珠三角区域的普水鱼养殖面临难题，不少养殖户失去信心。如何帮助养殖户提高养殖收益，是保障养殖业稳定进步的重要问题。为此，海大集团一方面为养殖户提供更具性价比的高品质产品，坚定向养殖户让利；另一方面不断总结养殖和盈利模式，通过先进的模式带动养殖户稳产增收，提振行业信心。

海大集团饲料方面的一位经销商说，他与海大集团合作多年，海大集团饲料以养殖模式为基础，针对不同养殖模式开发出了对应的配方和产品。“常用的一款海大草鱼饲料，鱼吃得健康、长得快，质量稳定，性价比高。出塘的鱼赶上一个相对理想的价格波段，就能卖个好价。”

海大集团结合不同区域的养殖环境和海大苗料药的产品特点，提炼出一套适宜当地的养殖模式，并通过海大集团的全流程服务实现模式落地，帮助养殖户获利。在海南文昌，有运用海大集团模式的养户，2年内产量增长超过100%；在广东珠海，有运用海大集团模式的养殖户，养殖成功率提升20%。

作为全产业链布局的企业，海大集团以“公司+产业园（基地）+养殖户”的模式，集中带动成片地区的养殖户共同发展。在广州对口帮扶的湛江，海大集团从2022年开始打造南美白对虾工厂化养殖基地，集科研、海洋种业、工厂化养殖、物流、加工、联农带农为一体，以多种方式带动当地合作社和养殖户进行合作养殖、增收致富。

强国必先强农，农强方能国强。海大集团坚定走在建设农业强国的大道上，以“科技兴农”为使命，将持续推动产业高质量发展，努力打造中国领先、世界一流的可持续发展的高科技农牧企业，为全面推进乡村振兴、加快农业农村现代化贡献力量。

四大驱动助力高质量发展

——温氏食品集团股份有限公司

温氏食品集团股份有限公司（以下简称温氏股份），创立于1983年，现已发展成一家以畜禽养殖为主业、配套相关业务的跨地区现代农牧企业集团。2015年11月2日，温氏股份在深交所挂牌上市（股票代码300498）。

截至2022年12月31日，温氏股份已在全国20多个省（市、自治区）拥有控股公司403家、合作农户（家庭农场）4.37万户、员工4.93万名。2022年，温氏股份上市肉猪1 790万头、肉鸡10.81亿只、肉鸭4 932万只，实现营业收入837.25亿元。

温氏股份现为农业产业化国家重点龙头企业、创新型企业，组建有国家生猪种业工程技术研究中心、国家企业技术中心、博士后科研工作站、农业部重点实验室等重要科研平台，截至2023年，是拥有一支由20多名行业专家、60多名博士为研发带头人的高素质科技人才队伍。

温氏股份掌握畜禽育种、饲料营养、疫病防治等方面的关键核心技术，拥有多项国内外先进的育种技术。截至2022年底，温氏股份及下属控股公司累计获得国家级科技奖项8项，省部级科技奖项78项，畜禽新品种10个（猪2个、鸡7个、鸭1个），新兽药证书49项，拥有授权专利640项。

温氏股份主动贯彻新发展理念，以四大驱动为落脚点，自觉践行高质量发展。

一是文化驱动。温氏股份实行股份合作制、全员股份制，不断丰富完善“齐创共享”核心文化理念，长期坚持公司与农户、股东与员工利润五五分成的两个“五五”分配理念，与时俱进推出精准激励机制、合伙人机制，更强调责任文化，注重先创后享、多创多享，上下齐心协力建设企业，共同成就一番事业。

二是模式驱动。温氏股份不断升级迭代“公司+农户”模式，推进家庭农场向高效养殖小区转型升级，积极参与“政企村共建”养殖小区模式，把村集体和农民都纳入到产业发展链条，促进乡村产业振兴，在企业发展、农户致富及村集体经济发展的路上持续创新，实现政企农合作共赢。2023年，在生猪养殖场户经历行业寒冬、企业严重亏损的背景下，跟温氏股份合作的4.5万多合作农户总收益逆势增长至108亿，创下历史新高，进一步彰显了温氏股份带领村集体和农民实现共同富裕的初心使命。

三是技术驱动。温氏股份从1992年就开始跟华南农业大学合作，到现在已跟包括中山大学在内的国内众多高校和科研院所都开展了合作，每年投入大量资金用于科技研发，截至2023年有千余人科研团队，通过把畜禽育种、饲料营养、疫病防控、环保、数字化转型等方面的行业先进技术应用于畜牧业生产当中，不断提高养殖生产能力、打造环保核心竞争力、提升管理效率，不断将科研技术成果转换为新质生产力。

四是责任驱动。在生态文明建设方面，温氏股份一直秉承“绿水青山就是金山银山”的理念，打造绿色养殖模式，严格执行符合国家环保的处理标准。在“菜篮子”工程方面，温氏股份发挥龙头优势，建设了10余个与粤港澳大湾区及世界级城市群相配套的“菜篮子”生产基地，满足人民群众日益增长的肉食品消费需求。在社会公益方面，温氏股份感恩社会，积极作为，2018—2023年，温氏股份累计向北英慈善基金会及其他项目捐赠金额超4亿元。温氏股份始终永葆“联农带农”初心，坚定携手农民走好共同富裕之路，2013—2023年发挥农业产业化龙头作用，以产业和模式优势带动合作农户收益达700多亿元。2021年，中共中央、国务院颁发的“全国脱贫攻坚先进集体”的奖项，是对温氏股份在脱贫攻坚项目中突出贡献的充分肯定。

在四大驱动的助力下，温氏股份始终坚持以“精诚合作，齐创美满生活”为企业文化的核心理念，与股东、员工及各方合作伙伴一道精诚合作，促进企业高质量发展，全力为“全面推进乡村振兴，加快农业农村现代化”贡献温氏力量。

专业做好料

——海南嘉桂源饲料有限公司

海南嘉桂源饲料有限公司（以下简称嘉桂源）于2021年在海南省文昌市东路工业园区投产。公司秉承“合作、创造、共赢”的核心价值理念，三年来坚持为农民服务，“嘉桂源饲料，专业做好料”的精神不断传承，形成了“做良心料”和“全面代工”两大市场服务理念。

公司总投资1.2亿元，占地40亩，建有6个圆筒仓，仓储能力达1万t。拥有6条先进的饲料生产线，年产配合饲料35万t，产品的种类有猪、鸡、鸭、鱼系列配合饲料，产品覆盖海南省，受到了同行和广大客户的高度支持。

嘉桂源自2021年11月投产以来，致力于农业增效、农民增收，采用“公司+农户”“经销商+农户”的发展模式，通过供给饲料，服务畜牧、家禽养殖，2022年，公司饲料年销量15万t，2023年饲料年销量为21万t。2022—2023年合作的经销商、农户均增收，实现了企业、农民、市场和社会共赢的格局。

嘉桂源作为饲料生产企业，自经营起，努力提高产品质量，确保饲料安全。严格遵守国家饲料相关法律法规，依法生产经营，建立健全并落实饲料质量安全各项管理制度，自觉接受饲料管理部门的监督检查、严格生产全程控制，严把原料进厂和产品出厂关。除此之外也无生产、经营标签不符合要求的饲料产品。投产至今，无因产品质量安全问题被监督管理部门作出整改或行政处罚。

在海南省疫情严重暴发、出行管控期间，嘉桂源克服重重困难，主动到政府部门为司机、客户申请车辆通行证。同时，号召全厂员工驻厂，按需求进行饲料生产，为农户保供应做出一定的努力。此外，在公司成立后，每年过年过节公司均组织骨干人员给农村的贫困户、五保户送过节礼。

截至2023年，嘉桂源有员工120人，其中大专及以上学历50人，随着公司业务发展的需要，队伍仍在不断壮大，与海南大学、海口经济学院等省内高等院校建立了校企合作，每年都不断吸引着各类人才加入，为嘉桂源的稳步发展奠定了坚实的基础。

作为饲料行业，嘉桂源长期与第三方体检中心合作，坚持给职工做职业病体检、常规类体检，保障员工的身心健康。在员工福利方面，企业每月为员工购买社保公积金，月均总计53万。

“嘉桂源饲料、专业做好料”，公司本着“专业做好料”的原则，致力为繁荣海南饲料行业、为保障海南菜篮子工程贡献自己应有的力量。

忧于思　精于行

——重庆优宝生物技术股份有限公司

重庆优宝生物技术股份有限公司（以下简称重庆优宝）成立于2007年，由孟怀旺先生及一批在跨国集团从事动物保健品研发、技术服务和质量管理的专家创建。重庆优宝是饲料养殖行业中一家专注于清洁健康养殖产品的研发和生产企业，倡导最佳动物生产源于预防保健和生物安全，通过非药物途径的清洁健康养殖方案和产品，来解决养殖生产和饲料工业中所面临的突出问题。

截至2023年，重庆优宝有标准化生产厂房2 260m²，场地规范，建立了天然植物提取、生物发酵、添加剂和预混料4个生产车间，以及生物发酵和生化 2 个实验室，建立了科学的生产质量管理体系，也通过了 ISO 质量管理体系认证。产品生产过程严格按照 ISO22000 食品安全管理体系和 ISO9001 质量管理体系的要求进行控制，并配置气相色谱仪、高效液相色谱仪、原子吸收分光光度计、红外风光光度计等精密检测器和微生物无菌实验室，保障产品质量合格出厂。

重庆优宝是重庆市高新技术企业、专精特新企业，获得 6 项发明应用专利，并与四川农业大学动物营养所共建博士工作站和动物抗病营养教育部工程研究中心产业化示范基地。公司参与的四川农业大学教授主持的“猪抗病营养技术项目体系创建与应用”项目荣获 2018 年国家科学技术进步奖二等奖。

最佳动物生产源于预防保健和生物安全。重庆优宝专注于动物的应激与免疫力、肠道健康、生理调节、改善养殖环境等方向的研究，研发和生产的产品包括营养性生理调节剂“优乐舒”、微生态制剂“优菌素/优长素”、植物提取物产品“母猪乐”、复合短链脂肪酸制剂“优酸净”和养殖场水线专用清洁剂“优垢净”，在众多大型养殖集团得到广泛应用。所有产品均保障有明确效果评价指标和可重复的生产效果，能直观显示差异化，有显著的经济价值。

重庆优宝自成立开始，一直践行动物清洁健康养殖，与四川农业大学、浙江大学、中国农业大学、西南大学等国内知名农业院校紧密合作，应用抗病营养技术，制定具有自身优势的非药物途径健康养殖策略，结合养殖应用实际，为畜牧生产提供清洁健康养殖肠道保健方案、应激防控方案、饮水卫生方案（避免饮水二次污染）、空气卫生方案、养殖场蚊蝇控制方案等。所有方案安全、有效，操作简单、方便。这些方案已经在正大集团、正邦集团、新希望集团、德康集团、河南大用、北京华都、山东大成、山东中慧、山东金锣、四川铁骑力士等中国大型养殖企业得到成功验证和推广。产品也出口到越南、菲律宾、马来西亚等东南亚国家和地区。清洁健康养殖方案是养殖场生产力得到保障的最佳途径，也将推动畜牧行业健康养殖和可持续发展。

“忧于思、精于行”，借助中国医药原料和精细化工业产品在全球领先的生产优势，以及中国养殖业、饲料工业蓬勃发展的大好时机，重庆优宝将着力创立一个国际化的民族动保品牌。

以技术进步提升应用效益

——成都康菲大地饲料有限公司

成都康菲大地饲料有限公司（以下简称康菲大地）是一家生产高端饲料、养殖等产业为主体的成都市重点龙头企业，成立于 2015 年 9 月，注册资本 1 020.4 万元；公司在饲料领域“专精特”的水平优势明显，在饲料行业迅速崛起，自投产以来，一直处于良性运行状态。

康菲大地坚持以“为客户服务是生存唯一理由”为企业理念，以客户为中心，始终把企业理念体现在产品的质量上，将现代生物新技术、新工艺转化为新产品，向家庭农场合作客户提供绿色、安全、高效的生物技术产品和整体服务方案，用技术进步提升应用效益，推动行业进步和产业升级。

生物饲料开发国家工程研究中心在成都康菲设立了“西南工作站”。康菲大地积极响应农业农村部制定的《饲用豆粕减量替代三年行动方案》，聚焦“提质提效”，统筹利用植物动物微生物等蛋白质饲料资源，引导饲料养殖行业减少豆粕用量，促进饲料粮节约降耗。通过豆粕减量替代生产的产品，让生猪养殖家庭农场和公司之间建立了产品使用价值和效益共生的关系，使得家庭农场在近年低迷的生猪养殖行情下和公司合作中实现双赢！

农业农村部《全国畜禽遗传改良计划（2021—2035 年）》提出到 2035 年，我国要建成完善的生猪商业化育种体系，自主创新能力大幅提升，核心种源自给率保持在 95%以上；以地方猪遗传资源为素材培育的特色品种能充分满足多元化市场消费需求；形成华系种猪品牌，培育具有国际竞争力的种猪企业 3～8 个。2023 年 8 月，康菲大地和重庆国猪高科技集团有限公司合作，成立了四川国猪康源生物科技有限公司，将中华种猪资源库选育的优良品种进行成果转化，链接全国各地养殖基地，并建设中华猪养殖基地数据管理中心，形成集地方猪育种、数智养殖、饲料供应、动保服务、品牌赋能于一体的高端猪肉全产业链。

其次依托国猪高新技术，围绕国家粮食安全策略，提高中华猪市场占有比率，赋能家庭农场加快数字化养殖，实现家庭农场效益增收，为振兴乡村经济贡献一份力量。

打造中国“种业芯片”

——四川恒通内江猪保种繁育有限公司

四川恒通内江猪保种繁育有限公司承担着国家内江猪保种责任的社会使命，依托内江猪备份场的遗传资源，与四川农业大学、四川省畜科院、内江市种猪场建立研究平台，开启了内江猪繁育选育工作，是集内江猪保种、育种、扩繁提纯、品系创新、福利养殖、人道屠宰，以及品牌生鲜连锁、餐饮连锁、黑猪肉食品深加工于一体的全产业链企业。

公司积极响应国家畜牧业高质量发展号召，在内江市政府提出100万头内江黑猪产业发展战略，率先采用世界动物福利养殖标准、猪食中央厨房、自动化液态发酵料线、全自动智能化养殖设备和工艺、智能自动化环控系统、零排放环保工艺等智慧农业现代标准化养殖方式，根据品牌定位和传统内江黑猪的生产标准，建立了云顶土内江黑猪福利养殖十二项标准。依托公司20多年的研发技术力量，对养殖场从生物安全防控、动物疾病预防、精准的饲喂方式、科学的生产管理操作流程等搭建立体生产管理体系，为内江猪品牌建立打下基础，最终实现“内江黑猪”区域公用品牌。

公司经营主要以内江猪为主线，全面开展内江猪的全产业链业务。内江猪是我国著名的优良地方猪种，2000年被列入《国家畜禽品种资源保护名录》，原产于四川盆地中部的内江、资阳一带，属于西南型猪种。内江猪体型较大，全身被黑色毛，体躯宽而深，背腰宽且长，腹部较大略微下垂，臀部较宽略微后倾，头短额宽，额上有较深的横向褶皱，有狮子头和二方头之分，四肢坚实，皮较厚。内江猪肉质品质优良，性成熟早、抗逆性强、耐粗饲。内江猪拥有极佳的遗传配合力，在各类二元杂交试验中，杂交后代均显示出了明显的杂种优势，因而曾被国内各地区大量引种，一度成为国内引种最多的地方品种。近代开始，由于洋猪大举入侵，本土内江猪生存空间被压缩，外种猪迅速占领国内市场，内江猪群体迅速减少，内江猪保种成为重点工作。

1. 养殖方面。内江猪保种繁育基地位于内江市永安镇，占地320余亩，已经投入资金1.2亿元，建设4 050头基础母猪繁殖场一个，每年可提供种母猪3万头，出栏生态“内江黑猪”5万头。通过5～7年时间的繁殖选育，截至2023年，公司直属繁殖场内江母猪可达到3万头，每年生产销售加工商品“内江黑猪”60万头，实现产值30亿元。

内江猪来源于内江种猪场，2020年初次引入公猪、母猪各162头，随后在永安保种备份场内开始保种复壮工作。2020年10月开始分娩留种，群体规模逐渐扩大，随后选留部分种猪进入核心育种场开始内江猪的选育工作。根据制定的育种方案，已同步开展内江猪本品种选育和内江猪新品种培育工作，也在积极尝试利用基因技术来进行下阶段的育种。

2. 食品加工方面。四川云顶内江猪食品有限公司，位于内江市市中区白马镇共和街，主要从事内江猪的屠宰、排酸、精分割，以及气调包装冷鲜肉、真空包装冰鲜肉、猪血、猪油、猪油渣、香肠、腊肉等产品的加工生产。食品生产车间依据先进的工艺设计建造而成，单班产能鲜肉3.7t、干腊制品2.4t。生产车间现场以药品GMP标准进行管理，保证食品安全。腊制品的生产采用独特的低温发酵、中温烘干、高温烟熏生产技术，保证产品生产工艺稳定，同时也赋予腊制品独特的烟熏色泽和风味。

3. 食品销售方面。四川内江云顶土黑猪食品销售有限公司，主要经营生鲜产品销售和餐饮品鉴，以振兴“内江黑猪”，擦亮“内江黑猪”金字招牌为使命，以打造“黑猪健康美食专家”为目标，致力于打造云顶土内江黑猪高端食品品牌和云顶鲜内江黑猪生鲜连锁品牌，为提升产品核心竞争力提供全方位的服务和赋能平台，依托快乐养殖的理念，让消费者安心地吃到更好吃、更营养、更健康、更安全、更放心的内江黑猪肉食品。

内江猪具有3 000年驯养历史，并且在驯养过程中与人们同吃同住，生活习性早已褪去野外陋习，肉质渐渐进化成人们更加更接受的味道，其中最明显的就是内江猪肉没有膻腥味，而现在的白猪和其他猪种都还有膻腥味。再加上生态的养殖理念和先进的养殖技术，云顶土内江黑猪肉的肉质拥有色、鲜、嫩、醇、糯、韧的特点。据农业农村部畜禽产品质量安全监督检验测试中心（成都）和四川省畜牧兽医研究所种质测定课题组抽样检测，内江猪肉中富含17种氨基酸，氨基酸总量17.3%，其中谷氨酸含量达2.89%。肌肉中粗蛋白质含量、粗脂肪含量高于长白猪；大理石纹评分比长白猪好；肌纤维比长白猪多，肌纤维间距、肌纤维直径均优于长白猪。

4. 品牌打造方面。按照国家“三品一标”进行打造，成立云顶土内江黑猪品鉴馆，云顶土内江黑猪旗舰店位于内江市市中区甜城大道南段360号，是以内江猪原料食材为基础，围绕云顶土内江黑猪研发多个菜系，主打黑猪刨锅汤、黑猪回锅肉等特色产品，旗舰店创造的内江猪美食文化，不仅在于菜品精益求精、环境恢宏精雅、服务至臻至善，更在于它懂得食、品味食、艺术食。旗舰店融合传统美食精髓，聚集海纳百川的创意气度，让每个到店人士都能品鉴到内江猪的独特风味和口感，感受到内江猪的历史和美食文化。

总体而言，内江猪的选育、开发和利用是公司工作的重心，公司将以育种为导向，以挖掘内江猪优秀种质资源为目标，以打造中国“种业芯片”为己任，打通内江猪全产业链每一个环节，让产业链生态发展。

成就客户　托起员工　回报社会

——贵阳富源饲料有限公司

一、简介

贵阳富源饲料有限公司（以下简称富源）位于贵州省贵阳市修文县扎佐镇三元工业园区，2000年成立，注册资金8 618万元。截至2023年，旗下投资十余家企业，2010年创立贵州本土投资规模最大、产业覆盖面广、竞争能力强、团队建设完备的企业集团，主要涉足饲料、养殖及环保建材等产业，年产值近30亿元。

富源是一家规模化、现代化饲料生产企业，是贵州省饲料工业协会常务理事单位。截至2023年，年产能30万t，员工200余人，其中40%为大专以上学历。公司注重人才引进和员工素质培养，与四川农业大学、贵州大学及省内各大专院校长期建立校企合作关系，已投入上千万元资金。公司注重研发，组织科技人员成立研发基地，不断增加产品科技含量。公司结合我国西南地区的环境气候、饲养水平及养殖习惯等特点，成功研发出“金龙”“乌江”“广庆”“博瑞”“金源”“初源”等系列70多个品种猪用浓缩、配合饲料，广受贵州省内外欢迎。

公司先后获得饲料质量安全管理“省级示范企业”、农业农村部财政支农创新项目实施单位、贵州省“农业产业化经营重点龙头企业”、“重合同守信用单位”、ISO9001：2000国际质量管理体系认证企业等殊荣。

二、发展模式

富源按照食品生产企业的标准组织原料供应。提出“在质量上，决不让一颗不符合食品标准的原料进厂，决不让一个不符合食品标准的产品出厂”的理念。2012年开始，公司按照饲料质量管理规范的要求，不断完善饲料质量安全管理制度和规程，进一步提升生产工人、管理人员的安全意识和法律意识，建立各种机制调动员工积极性，确保饲料生产按照质量安全管理规范进行。各项举措实施后，企业生产及销售得到较快增长。

三、饲用豆粕减量替代工作成效

近年来，结合豆粕减量替代行动工作，富源使用大米蛋白质粉、棉粕、棉籽蛋白质、菜籽饼、干白酒糟等替代部分豆粕，产生较好的生产和养殖效益。截至2023年，8～25kg的保育猪，用5%脱酚棉子蛋白质、2%大米蛋白质粉替代豆粕，豆粕用量从10%～15%降至8%～10%；25～50kg的生长育肥猪，用4%～5%菜籽饼、2%棉籽粕替代豆粕，豆粕用量由15%～17%降至11%～13%；50～75kg的生长育肥猪，使用4%～5%菜籽饼、2%棉粕替代豆粕，豆粕用量由15%降至6%～11%；75～100kg的生长育肥猪，用4%～5%菜籽饼、5%棉子粕、5%干白酒糟替代豆粕，豆粕添加量由12%降至7%；体重大于100kg的育肥猪，用5%的菜籽饼、2%～5%的棉子粕、5%椰子粕、5%的干白酒糟替代豆粕，豆粕用量由7%～8%降至6%；哺乳母猪，使用3%的菜籽饼替代豆粕，豆粕由20%降至19%；妊娠猪，用3%的菜籽饼替代部分豆粕，豆粕由11%降至9.5%。公司通过使用菜籽饼、棉粕、干白酒糟等替代豆粕，豆粕总体使用量降低3.5个百分点。

四、理念和目标

富源坚持“成就客户、托起员工、回报社会”的价值观和企业宗旨，为人类的绿色健康新生活而努力奋斗，努力实现企业、员工、养殖户、社会的和谐共赢，从而实现企业的持续、稳健、快速发展，为我国现代农业的发展贡献新力量。

有利于国家　有利于人民
有利于企业

——贵阳正大有限公司

一、企业基本情况

贵阳正大有限公司是泰国正大集团下属正大（中国）投资有限公司设立的外商独资企业，坐落于素有“川黔锁钥、黔中咽喉”之誉的贵州省贵阳市息烽县。公司成立于2012年7月，截至2023年陆续投资超过亿元，是一个以世界先进生产工艺为核心的现代化饲料加工企业。公司技术雄厚，产品配方来自拥有百年经营经验的正大集团总部饲料配方中心，符合国际、国内最新营养标准。

公司2014年建成投产以来，始终全面推行现代化科学管理，建立了从原材料采购到售后服务的全套质量管理体系和全程绩效考评体系。公司先后通过了ISO9001：2015质量管理体系认证、ISO14001：2015环境管理体系认证。截至2023年，公司员工110余人，其中专业技术人员80余人，占比70%以上。2023年全年共销售饲料超过21万t，同比增长10%；

产值 7.96 亿元，共纳税 1 567 万元。

2023 年，非洲猪瘟持续大面积暴发，饲料主要原料（玉米、豆粕）价格持续高涨，生猪价格持续低迷，养殖行业大面积严重亏损，散户养殖意愿不强，导致饲料竞争压力巨大。在如此不利的大环境下，贵阳正大有限公司群策群力，借用正大集团优势资源，大胆改革创新，内在加强管理、降低成本，外在加强销售、模式创新，保证了公司顺利有序发展。

二、企业发展模式

1. 一站式销售模式。“农牧＋饲料厂＋银行＋标准养殖场”四方融合、四位一体的“一站式”销售模式，即销售寻找标准养殖场和合作银行，集团农牧公司提供猪苗，饲料厂提供饲料和技术，银行提供资金，养殖户购买猪苗和饲料等从事生猪养殖，肥猪由农牧公司保底回购。集团农牧公司实现了轻资产运营，饲料厂提升了外销销量和利润，养殖户解决了融资困难和规避了因行情差出现亏损的风险，养殖闭环回收保证了银行的资金安全。

2. 优质产品配合服务营销模式。贵州省大部分本土饲料企业多年来主要依靠在散养户市场销售饲料获得效益，在全价饲料的产品配方、原料采购、品质管理、生产工艺以及推广能力方面略显不足，市场上经常出现养殖户使用全价料后反映效果不理想，甚至造成经济损失的情况。很多企业虽然意识到自身产品已不能满足市场转型的要求，但提升产品质量涉及的设备更新难度大、经营要素多、周期长，而贵阳正大的先进设备却能够确保产品全面满足规模养殖的需要。正大集团凭借自身在饲料行业近百年的经验积累，在中国成立了正大研究院，不断研发新产品以适应行业发展的需要。正大饲料套餐系列产品是正大集团推出的核心产品，本着帮助养殖场实现养殖效益最大化的目标，对各饲养阶段进行精确划分，达到营养供给更全面、更安全、更稳定，同时达到减少浪费和降低养殖成本的目的。例如，使用正大猪料套餐产品进行养殖，仔猪抵抗力强，消化系统发育好，良种仔猪 21 天断奶继续饲喂 150 天，体重约能超过 250 斤，可提前 7～10 天出栏，每头猪多赚 100 元以上。为了适应本地市场，营养博士会定期和不定期到养殖户进行现场调研，不断开发改进配方，从而达到为养殖户降本增效的目的。

打铁还需自身硬，服务营销更需要有强大的团队实力。公司专门设立了技术服务部，不定期对养殖户开展技术培训和推广活动，派遣专人到规模场进行驻场服务，为养殖户提供技术支持，保证饲养效果。为了提高市场人员专业技能，公司不定期组织相关人员参加专业技能培训，分阶段进行考评，达到理论和实践相结合的目的，最终实现市场开发和客户服务达到高效率、高标准和高满意度。

三、饲用豆粕减量替代工作和生物安全情况

豆粕是重要的蛋白质饲料原料，我国饲用豆粕几乎全部依赖进口，从维护国家粮食安全和食品安全大局出发，农业农村部 2023 年启动了饲用豆粕减量替代行动。在养殖业大力推行低蛋白质低豆粕多元化日粮配制技术。为了响应农业农村部的号召，正大集团专门成立了以集团资深副董事长为组长，以营养专家、配方部、品管部、原料贸易部等部门主要领导为组员的新原料开发小组，专门对可饲用原料进行考察研究，开发新品种原料替代豆粕，以达到减少豆粕使用量的目的。

2023 年，公司为了节约成本、降低豆粕用量，大量使用替代原料。其中，主要替代原料如下：赖氨酸硫酸盐超过 450t、发酵白酒糟超过 400t、产朊假丝酵母蛋白质超过 1 700t、玉米酒精糟超过 7 000t、菜籽粕超过2 000t、玉米蛋白质粉超过 1 000t。2023 年较 2022 年豆粕用量下降了近 10 个百分点。替代原料的使用不仅降低了豆粕的用量，也降低了饲料成本，让利于养殖户，真正做到了利国、利民、利企业。替代原料使用过程中遇到了不少问题和困难：一是部分替代原料的添加导致饲料外观颜色加深，部分养殖户不易接收，导致替代原料使用受到了很大的限制；二是蛋白质替代原料仍处于开发初期阶段，产量和质量的稳定性很难保证；三是目前贵州客户对于低蛋白质饲料的接受度普遍较低，大部分客户仍然把饲料粗蛋白质作为判断饲料好坏的唯一标准。为了响应国家提出的豆粕减量替代行动，公司不仅积极开发、使用替代原料，销售也向养殖户大力宣传低蛋白质养殖技术，逐步改变养殖户把饲料粗蛋白质作为评判饲料好坏的观点。

四、企业理念与目标

正大集团高瞻远瞩，投资贵州、扎根贵州、回报贵州，顺应贵州饲料及养殖行业发展趋势，不断地通过设备优势、产品优势、服务优势将市场做深做透。贵阳正大必将一直秉承有利于国家、有利于人民、有利于企业的集团三利原则，在黔贵大地继续打造贵阳正大饲料品牌，树立公司在贵州饲料及养殖行业中的龙头地位，真正为贵州人民办实事、办好事。

守护“三农”事业 贡献“温氏样板”

——玉屏温氏畜牧有限公司

一、简介

玉屏温氏畜牧有限公司（以下简称玉屏公司）于2014年3月注册成立，由温氏食品集团股份有限公司全额投资。温氏食品集团股份有限公司（以下简称温氏股份）创立于1983年，是一家跨地区的现代农牧食品集团。主营业务为肉鸡、肉猪养殖和销售，配套乳业、水禽、蛋鸡、屠宰、食品加工、现代农牧装备制造、动保、金融投资等业务。截至2023年，温氏股份在全国20多个省（市、自治区）拥有400多家控股公司，员工5万多名，来自各行业的专家团队500多人。2023年，温氏股份销售肉猪2 626.22万头，同比增长46.65%；销售肉鸡11.83亿只，同比增长9.51%；实现营业总收入899.18亿元，同比增长7.40%。温氏股份采取“公司+农户”合作模式，实现联农带农、共同富裕。截至2023年，温氏股份有合作农户（或家庭农场）超4.5万户，近10年合作农户总收益达700亿元，户均15万元，获党中央、国务院颁发的“全国脱贫攻坚先进集体”荣誉称号。

温氏股份入驻贵州省铜仁市玉屏县10年来，在铜仁区域总投资达8.13亿，先后在玉屏县、思南县、万山区、石阡县、印江县、德江县等发展生猪合作养殖项目。铜仁区域项目的成功发展给温氏股份在贵州的发展树立了信心、打造了样板，为温氏股份贵州区域后来的快速发展布局奠定了扎实的基础。截至2023年，温氏股份在铜仁区域投产的种猪场商品仔猪年产能54万头，其中，玉屏朱家场种猪场16万头、玉屏种猪场28万头、思南香坝种猪场10万头，共发展合作家庭农场（代养户）427户，年肉猪饲养能力达50万余头，建成了玉屏温氏总部及年产22万t的玉屏饲料厂，实现了种猪、家庭农场（代养户）、饲料生产协调配套发展的目标。截至2023年，铜仁区域能繁母猪存栏达2.8万头、合作家庭农场肉猪存栏达30万头。截至2024年2月29日，温氏股份在铜仁区域共上市肉猪221.18万头，家庭农场累计获利6.22亿元，铜仁区域公司合同工达556人。

自2014年进驻玉屏县以来，在各级党委、政府的关心和支持下，生猪养殖事业得以健康发展，创造了集团的“玉屏速度”，首创了“公司+产业扶贫养殖小区”精准扶贫模式，成为“精准扶贫”典范，温氏产业助力当地脱贫攻坚成效显著。截至2023年，玉屏公司总投资5.6亿元，带动劳动就业2 000余人，带动贫困人口脱贫600余人。截至2023年，玉屏公司能繁母猪存栏达2.4万头、合作家庭农场肉猪存栏达13.66万头。截至2024年2月29日，玉屏公司共上市肉猪146.12万头，家庭农场累计获利4.19亿元。

二、发展模式

温氏股份长期致力于畜禽繁殖、育种、饲料营养等技术研发和创新，自2023年4月12日农业农村部印发《饲用豆粕减量替代三年行动方案》以来，温氏股份积极响应国家政策，致力于饲料降本、提质、增效工作，通过研发应用畜禽低蛋白质多氨基酸平衡配方技术，降低配方蛋白质原料的用量，精准评估各种蛋白质原料的营养价值，合理替代豆粕，降低畜禽配方对于豆粕的依赖，有效控制饲料成本。2022年9月20日，农业农村部办公厅发布《关于公布饲料中豆粕减量替代典型案例的通知》，公布了温氏股份“利用仿生技术开展饲料精准配方应用”等8大应用典型案例和3类技术模式。

玉屏公司通过利用仿生技术开展饲料精准配方应用，研究构建黄羽肉鸡、肉鸭、生猪等动物体外仿生消化系统平台，结合原料化学成分检测和近红外扫描分析方法，以可消化赖氨酸为核心参数对动物生长性能、屠宰性能等指标进行评估验证，建立了常用饲料原料常规化学成分与净能、可消化氨基酸的预测模型，由公司总部建设统一的饲料原料动态营养价值数据库，为各区域分公司制定精准饲料配方提供核心数据支撑。公司下属各饲料生产厂通过近红外扫描终端检测原料品质，结合动态预测模型，即时调整原料营养参数，控制杂粮杂粕原料的适宜用量，实现饲料配方精准、成本控制精确。在此基础上，采用可消化氨基酸参数确定猪禽必需氨基酸的添加种类和适宜水平，根据原料特性合理补充生物酶、脂肪酸、抗氧化剂、色素等添加剂，适当调整粉碎粒度、制粒温度等加工参数，形成了整套成熟的豆粕减量替代技术体系。

三、成效

随着豆粕市场价格不断攀升，近年来玉屏公司豆粕使用比例持续下降，成效显著。2020年豆粕使用比例16.5%，2021年下降到8.5%，2022年下降到3.7%，2023年下降至2.6%。玉屏公司豆粕减量替代原料主要有葵花籽粕、菜粕、干白酒精、椰子粕等。2023年贵州温氏配合饲料产量58.3万t（其中玉屏温氏产量19.1万t），豆粕平均用量比农业农村部2025年目标值低10.4%，相当于减少豆粕用量6.06万t。截至2023年玉屏温氏饲料厂月生产饲料1.8万t，辐射铜仁地区温氏公司下属各养殖单位，月上市肉猪达5万余头。使用豆粕减量替代配方后，肉猪生产成绩良好，日增重达700g以上，稳定的生产成绩极大地鼓舞了本公司豆粕减量替代的信心。

听党话，跟党走。温氏集团始终把党的政策方针作为企业决策导向和发展机遇，把党的核心理念和工作方法作为企业凝聚人心的巨大力量。温氏数十年如一日，守护“三农”事业，积极推动科技兴农、品牌强农、三产融合等一系列战略发展，为我国农业现代化贡献“温氏样板”。

奋进中的云南海大

——云南海大生物科技有限公司

云南海大生物科技有限公司（以下简称云南海大）是广东海大集团投资组建的一家大型现代化饲料生产、经营企业。历经20余年稳健发展，海大集团已成长为一家涵盖饲料、种苗、生物制药、智慧养殖、食品流通、金融等全产业链的高新农牧企业，在海内外设立600家分子公司，员工达35 000人。2021年海大集团年报显示，集团2021年营业收入达860亿元。2009年11月，海大集团成功登陆A股，得到社会各界及资本市场的高度认可。云南海大截至2023年，已拥有7条时产30t的鱼、猪配合饲料生产线，生产线年生产能力30万t。云南海大是集饲料生产、销售、服务为主体的大型饲料公司，在职职工200人，采取“公司+农户”的利益联结模式，带动了昆明市宜良县畜牧业的发展。2023年，云南海大总资产10 060万元，固定资产4 781万元，销售收入83 750万元，利润总额480万元，上缴税金83万元，预计2024年产量22.78万t、产值84 500万元、利润总额850万元。

云南海大引进武汉明博生产的全套饲料生产设备，专业生产鱼、猪配合饲料和猪浓缩饲料。公司生产设备先进，使用了德国PLC中央控制系统、全自动PLC配料系统、高效的牧羊混合机、美国CPM制粒机等先进设备。各关键生产岗位人员均持证上岗，人机配套科学，有效地保证了生产质量。云南海大检测设备齐全，性能指标高，化验人员业务水平强，100%持证上岗，产品及原料的检验能力达到一定的水平，保证了原料的质量。云南海大现拥有各类专业技术人员200余人，公司员工中专以上文化程度的占80%，公司技术实力雄厚。

在饲养研究方面，集团还在广东、海南等地区建立了六个中试基地。中试基地已成为行业先进的科研机构，是广东省指定的博士后工作站，享有良好的业界口碑。集团与公司结合中国的养殖实际情况，经过总部畜牧水产研究中心精心设计的配方和严格的养殖试验，筛选出具有国内领先水平的猪料，以及南美白对虾、罗氏沼虾、海水鱼、淡水鱼等系列水产饲料配方。凭借优异的业绩和综合实力，海大集团饲料销量位居中国第二、全球前五，水产饲料、种苗位居全球第一，并荣膺“农业产业化国家重点龙头企业”“中国企业500强”“亚洲上市公司50强”“《财富》中国500强”等荣誉称号，成为“广东省政府千亿目标培养对象”。

科研创新是海大集团的独特竞争力。海大集团设立专门的科研机构——海大研究院。截至2023年，累计科研投入近40亿元，拥有超过3 000人的研发团队，自主研发项目超过10 000项，科研专利超过300项，在国内外设立三大研发中心和十余个中试基地，在科研人员、研发实力、创新成果等方面位居国际领先地位。

海大集团建立了完善的质量管理制度，始终遵循“以用户为中心”的经营模式，把为顾客创造更多的效益作为公司的指导方针。凭借海大集团雄厚的资金实力和强大的科研实力，运用国际国内最新科研成果，经集团畜牧水产研究中心精制而成的高科技水产畜牧系列优质配方，为使用该产品的养殖朋友带来巨大的经济效益。

秉持“为客户创造价值”的价值观，海大集团始终践行农牧龙头企业的使命与担当，积极投身于乡村振兴、脱贫攻坚、光彩事业、公益慈善等领域，探索出“五元赋能”产业帮扶模式，成功带领百万农民致富奔小康，公益慈善捐款累计达3亿元，用于支持乡村教育、医疗、交通、民生等事业的发展。

展望未来，海大集团将始终与广大农民携手同行，以创新发展企业，以品质服务农民，以责任回馈社会，朝着成为中国领先、世界一流的高科技农牧企业阔步前进，为全面推进乡村振兴、加快农业农村现代化再立新功！

云南海大发展历程

2015年，通过《国家质量安全管理规范》验收；2016年，成功申报了云南省高新技术企业，并顺利通过；2021年，成为云南省饲料工业协会第八届理事会副会长单位；2019年，成功申报昆明市农业化市级重点龙头企业；2020年，获得安全生产标准化三级企业称号。

心中有爱　开花结果

——云南神农农业产业集团股份有限公司

2023年，云南神农农业产业集团股份有限公司（以下简称神农集团）坚持新发展理念，各业务板块生产经营工作稳步推进，部分工作取得了突破性成果，推进ESG治理（环境、社会、公司治理）的道路上迈出了坚实的一步，用实际行动践行企业可持续发展的社会责任。

一、环境可持续发展方面

坚持“绿色”发展理念是神农集团践行可持续发展最鲜明的底色。一是以点带面、推进资源化利用。神农集团以陆良普乐母猪场和炒铁母猪场为执行点，积极与当地政府在养殖废弃物资源化利用领域开展合作，在曲靖市陆良县小百村投资400余万元建成了日产能力300t液态肥还田工程，以养猪业废弃物为原料，通过一系列工序后生产出农田肥料，实现了废弃物减排和资源化利用双重效益。二是高规格建设猪场，严格落实环境保护“三同时”。神农集团所有猪场均按照国相关规定，选址远离人口集中区域、主要交通干线、饮用水源保护区、风景名胜区、自然保护区等。此外，通过科学设计，采用先进技术措施，猪舍臭气综合去除效率可达97.6%；猪场周边耕地可用于猪场粪污的消纳，实现粪污资源化利用。三是优化生产工艺，助力生产减排。集团进一步优化饲料生产加工工艺，一方面，通过采用碳减排生产，减少动物饲养过程中的碳足迹；另一方面，通过饲料营养改良，降低了氨氮排放。此外，神农集团从饲料原料入厂、饲料生产、节能降耗三个方面出发，通过智能化设备及技术的运用，构建了从养殖场、饲料厂到原料需求端的智慧农业产业体系，在确保设备高效生产、降低工人劳动强度的同时，进一步降低生产单位能耗，实现绿色生产。

二、社会可持续发展方面

坚持“协调”发展理念是神农集团践行社会责任的现实表现。2023年，神农集团持续回馈社会，累计为教育事业发展捐款250万元，为公共基础设施建设和人居环境提升捐款32万元。

集团创新养殖合作模式，“公司＋仔猪＋经销商＋客户＋生猪销售”和“非全代养”的模式已在多地落地开花，对集团而言，通过与农户的合作链接，可推广现代化农业养殖模式，推进标准化、设施化、智能化发展，获得稳定的生猪供应，保证猪粮安全。对养殖户而言，在龙头企业的技术、资源等多重加持下，可将自身重点转移到生猪的精细化养殖上，降低了自身投资成本，提高了应对市场风险能力。

从授人以鱼到授人以渔，从救济式的帮扶到互惠共赢式的合作，神农集团带领农户走专业化、精细化养殖道路。目前神农集团已将技术赋能到云南、广西等地，未来，公司将携手更多的养殖户，继续扩大“家庭农场”的规模，为乡村振兴增添新内涵、赋予新动力，为实现带动就业、助力乡村振兴贡献“神农”力量。

三、公司治理可持续发展方面

1. 饲料板块业务持续向好。一是基地建设稳步推进。截至2023年底，饲料对外销售10.87万t，神农集团已在云南和广西地区投资8个饲料生产基地，其中：已建成投产基地6个，在建基地2个。饲料生产基地全部投产后，预计年产能将超120万t，计划年产能超160万t。二是产品创新提升竞争优势。在神农集团饲料主营产品中，猪用配合料和猪用浓缩料的销售收入占到了饲料板块主营业务收入的90%以上，已成为集团饲料产品的主力军。值得一提的是，2023年新上市的“芯”系列预处理原料产品，通过抗营养因子去除彻底消除肠道刺激源，大幅降低了仔猪腹泻症状，为猪肠道健康提供有效解决方案。三是深化合作成效显著。2023年3月，在神农集团与南宁铁路局、中粮贸易的共同努力下，云南地区首列饲料原料班列正式开通，标志着中粮贸易防城港至云南区域实现铁路班列全面贯通，对促进区域产业贸易合作、降低企业运输成本、提升产品质量有着深远意义。

2. 养殖板块发挥了“压舱石”的作用。2023年，在面临市场环境复杂多变、猪肉价格走低的严峻形势下，神农集团砥砺前行，采取有效措施，确保生猪产能稳定，出栏量在行业内保持较高水平。截至2023年，神农集团建有自养产能现代化母猪场14个，现代化大型育肥厂20个，2023年出栏152.04万头；此外，合作养殖户仍有超过90万头的存栏空间。

（1）养殖生产各项指标优异。据2021—2023年超35万窝次的生产数据显示，神农集团养殖板块平均总产仔数和活产仔数分别可达14.5头/窝、13.3头/窝，窝均断奶数12.0头/窝，21天断奶仔猪均重6kg以上，断奶仔猪均匀度及活力非常优秀。此外，神农集团进一步优化商品代配套体系，利用L1 050母猪与L800和L337优质终端公猪进行杂交，生产出的商品代猪品质优良，出栏均重125 130kg，其中瘦肉率53%～55%，背膘厚度16～20mm，持续向市场输送足量优质生猪和猪肉。

(2) 创新养殖模式成效突出。与神农集团合作的养殖户超过200户，在2023年出栏结构中，自养出栏约52万头，占比约35%；代养户的出栏量约100万头，占比约65%。与此同时，集团深耕省外市场，为“公司＋家庭农场”合作模式配套的广西双定委托养殖服务部和广东英东委托养殖服务部正式营业，神农集团委托养殖服务部已达到16个。

(3) 基地投资发展与建设稳步推进。一是与红河州人民政府签订了《红河州生猪全产业链项目框架协议》。二是与曲靖市沾益区政府签订《云南神农白水下坡年出栏48万头优质仔猪扩繁基地建设项目》。三是广西崇左24万头优质仔猪生产基地逐渌猪场完成竣工验收，通过“公司＋家庭农场”的模式，可直接带动当地合作出栏约22.5万头。四是神农集团花山种猪场、下坡种猪场和老母寨种猪场顺利通过了无非洲猪瘟小区国家级评审。

3. 生猪屠宰创新实现新突破。神农集团全资子公司云南神农肉业食品有限公司（以下简称神农肉业）作为云南省唯一一家企业荣获农业农村部“2022生猪屠宰标准化建设示范单位”荣誉称号。这标志着神农肉业已成为引领云南省生猪屠宰领域龙头企业。值得喝彩的是，2023年11月，神农肉业在上海开设城市集采集配中心，标志着“神农放心肉”对沪肉品供应链持续优化完善，质量管理迈上了新台阶。未来，神农集团将一如既往地坚守企业的品质主张，主动对标国际一流企业标准，持续提升产品核心竞争力和服务水平，用心、用情为更多家庭提供高品质肉制品。

4. 食品深加工补齐产业链拼图。2023年，神农集团持续优化产业布局，严控产品质量，以全新的姿态进军食品深加工板块。随着云南澄江神农食品有限公司投产运营，“慢慢不慢”低温真鲜肉香肠盛装面市，以及“魔芋爽”火锅魔芋、神农纯肉肠、神农小酥肉、神农午餐肉、神农小肉枣等新品相继上市。

行业正进入高质量发展时代，深耕猪业23年后，神农集团通过打通全产业链，卓越精细化管理等举措降低运营成本，形成产业“护城河”。当猪价低迷的时候，公司的屠宰、食品板块的效益会比较好；当猪价高的时候，公司的饲料、养殖板块效益则比较明显。在叠加各个职能部门，产业上下协同，各个板块间就能优势互补。有效平抑猪周期，实现稳健、可持续、高质量发展。

“心中有爱、开花结果”。在面对行业政策调整、经济形势复杂多变、非洲猪瘟隐患等威胁时，神农集团将持续增强发展信心、深刻把握发展规律，充分发挥企业竞争优势。不忘初心，全力护航中国食品安全，助力优化提升中国家庭健康饮食水平。未来，将携手更多的合作伙伴构建农牧业可持续“生态圈”，为全球农牧业高质量发展赋能。

资源综合利用　发展循环经济

——云南胜威化工有限公司

云南胜威化工有限公司（原云南铜业胜威化工有限公司），是以饲料添加剂磷酸氢钙、肥料级磷酸氢钙为核心的优秀化工企业。企业依托海口本地及滇池周边的磷矿资源和云南铜业集团副产的硫酸资源，以绿色化工为基础，形成了“资源综合利用、发展循环经济”的可持续发展模式。

公司成立于2004年，次年1月在昆明市西山区海口镇桃树箐村正式破土动工，次年7月联动试车，单班产能达到50t，实现了“当年建设、当年投产、当年盈利”的骄傲业绩。厂区面积8万m²，作业区域划分达上百个，都在以灵活稳健的态势有序运转。十余年来，公司从不停止创新，通过引进国内外先进的生产设备和专业技术改革，年产能从建立之年的3 000t磷酸氢钙到如今的年产能36万t饲料添加剂磷酸氢钙和年产能16万t肥料级磷酸氢钙，实现了全方位的飞跃。公司推出的“胜威”牌磷酸氢钙系列产品，销售到广东、山东、江苏、江西等二十多个省份，国外销售到澳大利亚、韩国、新加坡、孟加拉国、菲律宾、缅甸、老挝等二十多个国家，受到了国内外客户的一致好评。在发展过程中，公司坚持以“高起点、高标准、严要求”的质量方针生产产品，始终走在行业的前列，先后获得了“高新技术企业”“2023云南企业100强第99名”“2022云南企业100强第98名”“专精特新中小企业”“云南省企业技术中心”“昆明市农业龙头企业”“昆明市工业百强企业”“中国AAA级信用企业”等60多项荣誉。

公司始终致力于人民生活质量的改善，让每个明天胜过今天，众志成城将义务劳动与爱心捐赠等举措一个个落到了实处。公司共提供700多个就业岗位，建立完善的员工安全培训策略，强化员工安全意识，提高安全技能，同时监督与保障外协施工队伍的作业规范，营造“全员安全、共建和谐”的生产氛围，秉承“健康工作、幸福生活”的理念，实行员工全方位的健康照护计划。承启新格局，持续降本增效，构建人才梯队，升级绩效考核，夯实规范管理。活力无限的“胜威”人，在有序的晨会、年会、外出培训以及异彩纷呈的文体活动中凝聚向心力，公司定期举行岗位技术培训和竞赛，并通过师带徒机制，为技术人才打造专属的提升空间及操练平台。

公司灌注“科学管控、绿色化工、品质优先、重在增长”的经营之道，扛鼎护航生态发展的使命，积极践行绿水青山就是金山银山的环保理念，驰而不息升级技术，积极开展环境清洁与渣场绿化，奏响了经济与环保并驾齐驱的集结号。未来，云南胜威化工有限公司将厚植安全可靠的化学工艺，深化改革创新，用高品质产品与高端服务为客户创造价值，在风起云涌的化工行业浪潮中，勇当中流击楫的尖兵，领航绿色化工潮流，擎起创造人类价值的大旗，抖擞精神，破浪前行！

富国兴牧、争创第一、共同发展

——陕西正能农牧科技有限责任公司

一、生产经营情况

陕西正能农牧科技有限责任公司（以下简称正能）创立于2013年，注册资金5 000万元，注册地址位于西安市高陵区泾河工业园北区泾诚路东段。创业10年来，始终坚持“富国兴牧、争创第一、共同发展”的发展理念，紧密围绕饲料研发生产和生猪繁育养殖两大核心产业不断深耕，截至2023年末已形成分/子公司15家、员工1 460人、资产超过15亿余元的发展规模。

近年来，在正能全体员工的共同努力以及各级行业主管部门的大力支持下，公司先后荣获“农业产业化国家重点龙头企业”“农业农村部饲料质量安全管理规范示范企业”“农业农村部无非洲猪瘟小区”“国家级生猪产能调控基地”“国家级猪伪狂犬病净化场”“国家级畜禽养殖标准化范场”“陕西省农业产业化龙头企业”“陕西省高新技术企业”“陕西省瞪羚企业”等资质和荣誉称号；获批农业农村部企业重点实验室建设依托单位、陕西省“四主体一联合”工程技术研究中心建设依托单位；担任中国饲料工业协会会员单位、陕西省饲料协会会长单位等重要职能。

二、科技创新情况

作为农业农村部西北生猪良种繁育重点实验室、陕西省“四主体一联合”饲料营养与健康养殖工程技术研究中心等创建依托单位，正能历来将科技创新作为企业生存与发展的生命线。

公司现有核心技术研发人员70余人（包含博士6人、硕士15人），其中王义辉、连星、吕永寿等研发人员先后被西北农林科技大学、西南大学等聘为校外硕士研究生导师。

此外，公司联合西北农林科技大学、杨凌畜牧产业创新中心等单位，采用共建共享的合作模式，已建成生产基地实验室、场区实验室、中心试验室等各类试验场地10个，面积共计1 250m^2，并配备了包括质谱分析仪、荧光定量PCR仪、全自动定氮仪、微量元素分光光度计等在内的相关设备/仪器968台（套），为科技创新工作的顺利开展奠定了坚实的研发基础。

2023年12月，公司整合行业内各类战略资源，正式成立“正能养猪研究院”，聚焦饲料营养价值和资源开发、生猪遗传改良、猪场生物安全与疫病防控、母猪与育肥猪精准营养和精细化管理等五大方面，系统开展应用性技术研究工作，目前已经在饲料“豆粕减量”配方、可发酵纤维、生猪“65－32”模式、“PSY30”技术集成等行业关键技术模型方面取得了显著成就，并得到了行业的普遍认可，为解决行业发展共性问题、引领行业高质量发展做出了积极贡献。

三、产业链发展

正能初步形成了以“饲料研发生产＋生猪繁育养殖＋粪污资源化利用＋优质玉米种植”等四大产业为一体的生态循环产业链，各产业链发展概况如下。

1. 生物饲料产业。重点依托陕西高陵基地、山西新绛基地、甘肃武威基地、河南洛阳基地等四大饲料研发生产基地，年产优质猪饲料45万t，饲料推广与服务网络遍布陕西、山西、山东、河南、安徽、河北、甘肃、宁夏、四川、重庆、青海、内蒙古、新疆等大部分北方地区，年销售额超15亿余元，已成为西北乃至北方地区生猪养殖户的首选饲料品牌。

2. 生猪繁育产业。重点依托黄龙正能核心育种场、宝鸡正能商品母猪场、榆林正辉商品母猪场、礼泉正能商品母猪场、乾县种猪基因场（种公猪站）、麟游正能生猪育肥场等为代表的全资（控股/代养）等80余个生猪繁育养殖基地，以不断提升PSY为着力点，稳步实现“65－32”技术标准，全面加快“育繁推一体化体系”推广进程，整体已实现存栏能繁母猪2.8万头、年产仔猪52.6万头、年供应优质精液51.5万份、育肥猪存栏23.6万头、年出栏商品猪46.2万头的生产能力。

3. 粪污资源化利用产业。充分利用公司旗下各养殖场粪污资源，年加工生产有机肥1.5万t，为场区周边玉米、蔬菜、果树等种植基地用肥提供了可靠的保障，并大大降低了周边种植户的施肥成本。

4. 优质玉米种植产业。整合各生猪养殖基地周边闲置农业种植用地资源，累计流转玉米种植基地 3 000 余亩，依托得天独厚的有机肥资源，年产优质玉米约 1 950t，为饲料加工产业提供了优质的原料，形成了“种养互补”的生态循环农业发展模式。

四、对“三农”工作贡献

规模化饲料生产厂及生猪养殖场的落地建设，实为对当地闲置土地、设施/设备、劳动力等一系列资源的整合与激活，对盘活释放资源价值、解决劳动力就业、优化各地一二三产业结构、带动当地产业与消费升级等具有重大意义。

在联农带农方面，正能采用“公司+农户”精准化产业扶贫运作模式建设种猪场，实行“五统一保”产业化生产经营模式，即公司负责统一饲料、统一猪苗、统一防疫、统一技术、统一回收，并保证代养户基本利润，户均年增收 20 万元，已累计带动陕西各地 2 690 余户农民通过养猪增收。

下一步，公司将继续以《“十四五”全国畜牧兽医行业发展规划》《陕西省培育发展现代农业全产业链的实施意见》等文件精神为指引，不断整合饲料行业有利资源，奋力提升饲料研发等核心技术优势，不断发挥示范带动效应，为推动乡村振兴、带动共同富裕、助力畜牧业高质量发展做出新的贡献。

精诚合作，齐创美满生活

——咸阳温氏畜牧有限公司

一、基本经营情况

咸阳温氏畜牧有限公司（以下简称咸阳温氏）成立于 2012 年，是温氏股份在西北地区设立的第一家一体化养殖公司，位于陕西省咸阳市淳化县润镇工业园区。目前项目投资约 10 亿，配套饲料厂设计年产能 18 万 t，种猪场设计规模 30 万头（甘泉场 18 万头，园林场 12 万头）。家庭农场单批饲养规模 15 万，现有农户 247 户。截至 2023 年底，公司饲料年产量 16.42 万 t，基础母猪存栏 1.34 万头，出栏猪苗 28.78 万头，投放猪苗 26.14 万头，上市肉猪 21.91 万头。

二、积极响应国家号召

咸阳温氏自成立以来，在实现自身规范有序发展的同时，积极履行社会责任，公司作为陕西畜牧行业龙头企业、生猪养殖链主企业，在就业创业、绿色环保、粮食安全等多个领域发挥积极作用。

1. 带动就业创业方面。截至 2023 年，公司员工总人数 300 人，其中 70%为淳化本地人，为带动当地就业，增加人员收入做出较大贡献。公司在淳化投产以来，不仅带动周边 300 余户合作家庭农场增收致富，并且还带动配套产业的发展，例如劳务用工、运输业、建筑业、餐饮业、服务业等相关产业，每年增加创收 3 000 余万元。

2. 绿色环保养殖方面。公司以绿色环保养殖和发展绿色循环农业为目标，不懈推进粪污资源化利用。近年来公司在家庭农场实施有机粪肥资源化利用及家庭农场除臭项目，实施效果显著，臭味检测可降低 60%。另外，种猪场创新粪污消纳，降低了种植单位在采购肥料上的成本，同时就地还田的方式，还很好节省了运输成本，对帮助养殖企业增加收入、提高有机肥利用率方面有着积极作用。

3. 保障粮食安全方面。依托温氏集团总部建设统一的饲料原料动态营养价值数据库，为各区域分公司制定精准饲料配方提供核心数据支撑。公司饲料生产厂通过近红外扫描终端检测原料品质，结合动态预测模型，即时调整原料营养参数，控制杂粮杂粕原料的适宜用量，实现饲料配方精准、成本控制精确。在此基础上，采用可消化氨基酸参数确定猪必需氨基酸的添加种类和适宜水平，合理补充生物酶、脂肪酸、抗氧化剂、色素等添加剂，适当调整粉碎粒度、制粒温度等加工参数，豆粕减量替代成效显著。2023 年，公司配合饲料产量 16.42 万 t，通过小麦等杂粮杂粕综合替代利用，豆粕平均用量仅占 2.1%。

三、努力作为乡村振兴

在乡村振兴方面，咸阳温氏以温氏股份雄厚的技术力量和先进的管理方法为依托，采用“公司+农户（家庭农场）”的产业化推广模式，实施“四统一保”（统一猪舍规划、统一物料供应、统一技术服务、统一回收肉猪，确保平均利润）的独特经营模式，发展创新“政银企村”共建养殖小区合作模式，由政府统筹村级集体各类扶持资金，通过流转土地，按照一定标准建成养殖小区，交由企业统一运营和管理，由企业承担市场风险，企业再以固定合同期限租赁的形式，每年按项目总投资金额的固定比例支付承包、租赁费用，该笔收入作为村级集体的经济收入，以此实现村级集体经济提升、持续稳定增收，巩固脱贫攻坚成果。2023 年底结算养户 350 批次，养户累计获利 5 973 万元，户均批获利 17.06 万元。自合作以来，家庭农场主累计获利 4.6 亿元。

公司将继续秉承“精诚合作，齐创美满生活”的企业文化核心理念，努力为推动区域农业产业化发展做出更大的贡献。

质量是生命　市场是灵魂
管理是效益　创新是发展

——青海黄河畜兴农牧开发有限公司

一、简介

青海黄河畜兴农牧开发有限公司（以下简称黄河畜兴）始建于 1984 年，是一家专业从事集精料补充料、配合饲料、添加剂预混合饲料的研发、加工及销售为一体的科技型企业。

公司占地面积 132 亩，注册资本 3 100 万元，工业总产值 6 548 万元，总资产 7 283 万元。现有职工 42 人，年生产能力 22 万 t，产品销售遍及青海省各州县以及西藏、四川、甘肃、宁夏、新疆、山东等地区，深受客户认可，取得了较好的经济效益和社会效益。

公司践行社会责任，彰显企业担当，公司践行社会责任，彰显企业担当，截至 2023 年，在抗雪救灾、精准扶贫、乡村振兴、疫情防控、金秋助学、防洪防汛、抗震救灾等累计捐资捐物 41 次，金额达 503.61 万元。先后获得中国饲料工业协会理事单位、青海饲草料产业科技创新协会副会长单位、青海省农牧业产业化结构调整省级“龙头企业”、青海省“专精特新”中小企业、青海省质量标杆企业、青海省科技型企业、青海省著名商标、青海省《饲料质量安全管理规范》示范企业等荣誉称号。

二、经营和发展经验

1. 高质量党建引领企业高质量发展。一是全面加强党的建设，把党支部建设成为带领全体员工开展工作的战斗堡垒。针对 2023 年上半年销售下滑造成亏损问题，党支部书记带领班子成员赴玉树州、果洛州、黄南州等地，开展饲料客户回访调研活动，了解市场行情、掌握客户诉求、拓宽销售渠道，争取到超过 5 000t、产值 1 600 万元的订单，扭转了上半年亏损的不利局面；二是将党建工作与生产经营深度融合。在实施青南牧区牲畜越冬饲料生产调运项目时，全体党员加强值班，深入一线，协助生产、维修设备，参加各类隐患排查，确保安全生产工作“零事故”；三是公司投入 40 多万元自筹资金，更换和改进了生产设备，保障了公司的安全生产，对生产线进行了工艺提升，使生产工艺智能化更先进、更完善，提升了化验能力，保障了化验数据的准确性。

2. 建立质量管理体系，以质量提高谋发展。公司 2015 年 8 月开始运行《饲料质量安全管理规范》管理体系，通过理论与实践相结合，不断更新，现已形成切合实际、可追溯性强的质量管理体系。为进一步强化质量意识，提升产品质量，在此基础上导入卓越绩效管理模式，经不断地创新改进和探索实践，形成“三全一追溯”管理模式，以全力打造绿色有机农畜产品为导向，全员、全过程、全管控的可追溯性管理模式，取得了一定成效，先进的管理理念和质量管控措施得到了推广和应用。

3. “以人才为本、以人才为宝”的用人理念。受疫情和国内外大环境影响，牛羊肉价格大幅下跌，养殖规模锐减，饲料销量下滑，但公司从未发生缩减、拖欠、延迟发放员工工资现象，也未裁减员工，正常发放年终奖、过节费、烤火费等其他福利。劳动合同签订率 100%，员工社会保险等按时缴纳，参加上岗前培训率 100%，每年给一线员工进行体检，切实维护了广大员工的合法权益。

4. 完善管理体系，确保安全生产。公司牢固树立“安全第一，预防为主”综合治理的安全生产方针，完善安全生产管理体系、强化安全生产基础建设、建立健全安全生产责任制，较好的完成了“重大安全事故为零”的目标。重新修订了《全员安全生产责任制》《安全管理制度汇编》《安全技术操作规程》；加强宣传教育和培训，提高全员安全意识和防范事故能力，极大地增强了员工的安全意识，提高了员工自身安全素质；积极整改事故隐患，严格落实隐患整改责任和措施，确保把事故消灭在萌芽状态；健全完善应急救援预案和体系，切实提高应急能力。

5. 加强合作，科技创新。公司创建了青海省劳模创新工作室，和兰州大学、青海省畜牧兽医科学院合作，构建研究、开发、生产一体化模式，解决公司科技研发能力薄弱，缺乏高效能产品的现状，为公司培养更多高素质技术技能人才；实施 2023 年省级科技发展专项海南州国家可持续发展议程创新示范区科技创新平台培育建设项目，制定了牦牛用复合预混料企业标准，对饲料生产线工艺及配套设施技术研究，提高了产品质量，节约了生产成本，提升了工作效率。

三、未来规划

下一步，黄河畜兴将继续围绕习近平总书记视察青海时的重要讲话精神、主动融入“四地建设”，聚焦“打造绿色有机农畜产品输出地”，一如既往地以科技创新为大旗，迎接未来的挑战和机遇。一是以经济建设为中心，确保各项经济指标稳中求进；二是积极开展产学研科技创新活动，倾力打造研发团队，提升科技创新能力；三是全方位推进质量管控措施，确保产品质量稳步提升；四是拓展营销思路，全力拓展销售市场，扩大市场占有率；五是加强员工培训力度，树立企业精神为核心的理念，提高员工的向心力、凝聚力。

严控产品质量 为农垦乳业保驾护航

——宁夏农垦乳业股份有限公司饲料厂

一、坚持守正创新，逐步壮大企业

宁夏农垦乳业股份有限公司饲料厂，始建于1985年，初始为国营平吉堡奶牛场饲料加工厂，2004年6月通过资产重组改制成立宁夏犇牛饲料有限责任公司。主要从事奶牛浓缩饲料、精补料、颗粒料的加工、销售与奶牛生产技术服务。遵照“立足农垦、辐射全区、加速扩张、做大做好”的发展思路和经营理念，外树形象，内强素质，逐步打造农垦自己的饲料品牌，承担着乳业公司19个牧场、15万头高产奶牛的饲料供应任务。

为了更好的促进经营，满足企业发展需要，增强机械化、科技化生产能力，2022年7月公司在原宁垦沙湖米业厂区西新建饲料厂，占地面积约110亩，2022年11月迁入，更名为“宁夏农垦乳业股份有限公司饲料厂”。厂区内拥有年产15万t配合饲料的加工机组一套（含2万t颗粒料）和年产5万t压片玉米机组一套。2023年宁夏农垦乳业股份有限公司饲料厂生产成品料19.7万t，产值约为8.52亿元，盈利约800余万元。连续几年因经营业绩突出，保障供给有力获得上级单位的肯定和表彰。

二、注重企业管理，提升产品质量

宁夏农垦乳业股份有限公司饲料厂在摸索中不断改进生产工艺和操作流程，积极采取节能降耗措施，全力提升饲料品质。借助先进的生产加工设备和信息化技术，优化生产流程，进行合理化生产改造，不断细化操作流程，在原料采购、加工流程、检验流程、装卸流程等，找出效率低下的步骤并进行改进。实现粉碎、混合、配料、制粒、冷却以及蒸汽压片等自动化控制，尽量减少来回更换饲料原料品种的次数，提升了生产精度和效率。

企业在生产经营中，严格贯彻落实习近平总书记关于安全生产的重要论述，按照集团公司、乳业公司总体部署和要求，扎实开展安全生产工作，确保生产稳定运行。重新修订了《安全生产规章管理制度》《安全生产考核办法》，严格执行安全生产法律法规和标准规定，落实“一岗双责”按照“谁主管、谁负责”的原则，履行安全生产监督管理职责。层层签订责任书，明确安全责任与责任区域，结合考核与奖惩，定时督查、检查安全生产工作，及时消除生产安全事故隐患，实现安全生产责任全员、全岗位、全过程、全领域追溯。

企业在管理过程中，以党建为引领，围绕公司基层党组织党建工作的总体思路和目标要求，坚持以习近平新时代中国特色社会主义思想为指导，深入学习宣传贯彻党的二十大精神、习近平视察宁夏重要讲话、习近平总书记关于奶产业发展的重要论述以及学习宣传贯彻自治区党委十三届四次、五次全会精神，以“国企党建提质增效年”活动为抓手，进一步增强基层党组织动力活力，持续激发广大党员干部干事创业的积极性，推进党建工作与企业生产经营同频共振、深度融合，将建设乳业公司基层服务型党组织标准化建设工作在支部工作中进一步落实和加强。

三、秉承企业理念，助力集团发展

宁夏农垦乳业股份有限公司饲料厂本着“诚信、务实、健康、安全”的理念，将不断进行管理创新、技术创新、理念创新，为牧场提供最优质的产品和最完善的服务，不断推动公司开拓创新、与时俱进，为农垦集团的发展添砖加瓦。

质量先行　责任担当

——中粮饲料（银川）有限公司

一、企业背景

中粮饲料有限公司是中粮集团旗下专业从事饲料研发、生产加工及销售的公司，依托于中粮集团全产业链优势，从上游采购到下游养殖协同，以关爱生命为核心出发点，以研发创新为驱动，扎根于广袤的市场，中粮饲料产品覆盖猪、禽、反雏、水产等多个系列，分别以“五谷丰登”和“锐科”为核心品牌。

中粮饲料（银川）有限公司为蒙牛集团百亿集群灵武产业配套的新建饲料厂，地处宁夏灵武市高新技术产业开发区临港产业园，占地50亩，投资总额1亿元，设有产能18万t反刍动物饲料生产线1条。项目于2022年建成投产，预计年饲料销售量20万t，年产值8亿元。销售市场主要辐射内蒙古、宁夏、陕西、甘肃等周边规模养殖场和大型集团牧业公司。

二、品质保障

公司通过智能化的生产工艺、精准的配方配料系统，以“用安全原料、造放心饲料、铸科学管理、创一流品牌”为质量方针，于2022年12月通过了《饲料质量安全管理规范》，2023年6月分别通过了ISO9001质量管理体系及ISO22000食品安全体系认证，12月通过了环境管理体系及职业健康管理体系认证，同时获得欧盟爱科赛尔有机标准和国内中绿华夏有机产品认证证书。公司通过对原料及成品超过38项检测指标严格把控产品质量，按照规范标准生产、检验，从而保证产品质量。公司的目光触及全球范围内的饲料原料资源，细心考量原料的产地、品质，选择优质的供应商，严格控制原料质量。好原料才能产出好产品。

公司采用近红外检测与湿化学检测相结合的方法，高效而准确地检测原料与产品的关键指标，并依据原料验收标准和产品质量标准，判断原料是否入库，产品是否出厂，既做到将不合格原料挡在工厂大门以外，又确保出厂的饲料产品百分之百合格。

公司拥有实践经验丰富的营养配方师团队，更熟知动物营养需求及消化生理，善于挖掘不同原料的营养特点，通过精准的配方系统，开发适宜动物生长、满足营养需求、环境友好型饲料产品。技术服务人员常年和养殖户在一起，帮助养殖户规划养殖方案，精准饲喂，依托中粮饲料的技术优势，为每一位养殖户提供全方位的动物营养方案。还会根据原料的品种、产地、加工工艺来评估原料的价值，根据动物的品种、饲喂阶段以及它的饲养环境的营养需求来设计配方，确定生产工艺，为广大养殖户提供品质稳定、安全高效的饲料产品，以达到全程养殖效益最优。

三、展望未来

未来，公司将践行国家荣誉，责任的核心价值，不忘初心，踔厉奋发，将“安全生产、诚信经营”作为企业履行社会责任的长期任务，专注产品研发和创新，推动养殖行业变革，同广大养殖伙伴携手并肩，共同成长，坚守国企的使命担当，牢固树立安全、规范、可信赖的企业形象，中粮饲料，让饲养更安心。

成就“三农” 民富企强 不忘初心 践行社会责任

——大连成三饲料有限公司

一、简介

民以食为天，农业是支撑国家民族高效快速发展的强大动力。辽东半岛南端，有一颗璀璨的明珠——大连，作为中国北方沿海重要的中心城市和港口，大连同样肩负着科技兴农的重任。为此，大连成三集团斥巨资1.8亿元，于2021年建成大连成三饲料有限公司。大连成三饲料有限公司坐落于大连金普新区炮台街道邓屯村，为大连成三食品集团有限公司的全资子公司，主要从事饲料生产，家禽饲养、生猪饲养、活禽销售，粮食收购，兽药经营，货物进出口等。大连成三饲料有限公司占地7万m^2，建筑面积2.9万m^2，年产饲料60万t，成为东北区域产能最大、生产设备科技含量最高、品控管理最严格和生物防控最严的大型饲料厂，可满足广大养殖户对高品质饲料的需求。

二、规模为先，产能优效

公司于2020年7月开始建设，至2021年10月投产，大连成三饲料主要以生产肉鸡料和猪料为主，引进美国CPM制粒机，肉鸡料和猪料车间各有3条CPM77系列制粒线，猪料车间另配备1条CPM3020系列教槽料线和1条膨化线。世界先进的现代化设备性能稳定，维护方便，故障率低，每小时产能可达250t。

为满足每天的成品生产和原料储存，规划设计14个玉米筒仓和27个豆粕辅料仓仓群，仓存总量可达2.6万t，均实现双线进料，并采用液压翻板自卸系统，减少原料卸车成本，提升作业效率。

同时，建设4 800m^2袋装原料库，配备6台直径7.3m的风扇，能够有效降温除湿，以最优质的存储条件保证原料品质，为强大的生产能力提供稳定强劲的原料供应。

成品车间配置96个焊接式成品仓，总库存可以达到4 800t，可实现3天内成品全部完成周转，确保客户用料新鲜，质量稳定。

另外，大连成三饲料有限公司配备6条在线打包系统和6条散装装车系统，可实现250t/h装车效率，做到装货车即来即走，无须排队。

三、品控至上，质量保证

大规模的原料入厂和饲料生产过程需要严格的品控监管，才能保证产品品质。为此，大连成三饲料有限公司采取实验室品质检测和生产过程现场监控双重管控制度。其中，对直接入仓的原料、添加剂和出厂成品进行近红外线快速扫描检测，集团化庞大的数据库为成三饲料提供精准检测数据，确保产品品质稳定如一。

对近红外不能扫描的检测品，将进行实验室湿化学检测。并且，每天对检测样品进行留样，保证样品可追溯性；每周对原料和成品进行卫生指标的检测；每季度对原料进行安全性评估，并提供可靠的进货数据；每年对实验室内部进行能力认证考核。同时，定期送检样品到第三方机构做项目对比。

在现场品控中，监控生产车间的每个关键岗位；自动取样器按不同频次，在生产过程中进行取样检测；并对当天生产的成品进行二次品质监控。

四、智慧农业，科技引领

庞大的生产规模离不开智能设备的保障。大连成三饲料有限公司的原料仓均具备自动清磁、除杂的功能，对入仓原料进行初筛，选取水分低、霉变低、高容重的优质原料进行储存。并拥有将原料分仓储存，优化配方的功能。

另外，600m^2 热敏原料恒温库具备自动调衡功能，室内始终保持20℃的恒温，可有效保证饲料中的核心营养原料维生素、矿物质、添加剂和复合预混料的优质品质。

为了实现智慧农业，大连成三饲料有限公司在生产中建立全方位无死角监控系统，并投入使用添加剂预混合在线配料系统，从中控员、制粒员到生产班长，均为专科以上学历，高学历、高素质的员工确保了现代化设备的稳定运行。

对品质要求较高的仔猪教保料，采取玉米原料全部脱壳处理，减少玉米外表霉变和纤维对小猪生长的影响，在防病抗菌方面提供品质保障。

五、人才汇集，专业精通

公司拥有动物营养与饲料科学专业硕博研究生8人，主要负责饲料研发工作，包括饲料原料营养价值的评估、原料验收标准的制定、猪禽营养水平模型的建立、猪禽相关研发试验及配方的设计等，饲料研发人员每天都要进行大量的研究和实验。他们分析各种原料的营养成分。了解动物的生长需求，通过科学的计算，确定出最佳的饲料配方。这个过程需要他们具备深厚的专业知识，也需要他们具备敏锐的洞察力和创新精神。品控化验相关人员6人，均为本科以上学历，主要负责日常原料的验收及原料和成品料的化验工作，在工作中要严格遵守国家和行业的质量标准，对饲料原料、生产过程、成品质量进行全面监控。他们通过对原料的严格筛选、生产过程的精细管理、成品的严格检验，确保饲料产品符合标准，满足畜牧业的需求。在饲料生产过程中，他们还要密切关注饲料的安全性问题，如重金属、农药残留等，确保饲料不会对动物和人类健康造成危害。保证产品质量的安全性和稳定性。兽医团队30余人，均为本科以上学历，主要负责畜禽的疾病诊断和治疗，每天忙碌于农户与公司之间，是公司与农户的纽带，是实现公司与农户互利共赢的桥梁。公司配备专业的动保化验室，负责动保化验工作共10余人，其中研究生4人，本科7余人，为公司及集团的生物安全保驾护航。专业财务人员6人，均毕业于各大重点高校。他们具有极高的精确性和责任心。每一笔账目的差错，都可能引发一连串的问题，影响企业的正常运营。因此，他们总是以高度的警惕和严谨的态度，对待每一项工作。他们不仅要对企业的财务状况了如指掌，还要时刻关注市场的变化，预测未来的风险，为企业的稳健发展保驾护航。另外有一支开拓进取，思想品德过硬的营销服务队伍，秉承“成就‘三农’、民富企强、不忘初心、践行社会责任”企业愿景，全方位地向广大客户提供最优质的服务。

六、规模攀升、产值倍增

大连成三饲料有限公司，2023年生猪出栏57.84万，同比增长34.64%，对应养殖户数255户，同比增加27.5%；肉鸡出栏3 713.75万羽毛，同比增长11.30%，对应养殖户数162户，同比增长3.18%。

随着2023年公司畜禽饲养规模的加大，饲料产量及对应的原料使用进一步加大。

2023年原料总使用量50.97万t，同比增长27.08%；其中玉米使用量19.31万t，同比增长14.22%；豆粕使用量83.39万t，同比增长31.56%；油脂使用量13 054t，同比增长41.06%；杂粕使用量4 870t，同比降低11.50%；其他原料11.4万t，同比增长50.48%。饲料原料的增加是推动畜牧业绿色可持续发展的重要力量。随着科技的不断进步和农业生产的持续优化，我们有理由相信，未来饲料原料的种类和数量将会更加丰富，为畜牧业的绿色发展注入新的活力。同时，我们也应该认识到，饲料原料的增加并非一蹴而就的过程，需要政府、企业和社会各界的共同努力和持续推动。

2023年全年生产饲料41.6万t，同比增长27%。其中，肉鸡饲料18.75万t，猪饲料22.85万t，产值15.97亿元，同比增长24%。饲料产值的增长不仅体现了农业科技和养殖业的蓬勃发展，也为农业经济的整体增长和生态环境保护注入了新的活力。

七、未雨绸缪、规划未来

畜牧饲料行业作为畜牧业的重要支撑，具有广阔的市场前景和巨大的投资潜力。随着全球经济的发展和人口的增长，畜牧业将继续保持快速增长的态势，为畜牧饲料行业提供更多的发展机遇。同时，随着科技的不断进步和环保意识的提高，畜牧饲料行业将迎来更多的技术创新和产业升级。这将为投资者提供更多的投资机会和盈利空间。

公司为进一步加大饲养规模，需更大饲料产能的助力，计划未来三年内兴建二期项目，估算投资2亿元，新增1条18万t猪料生产线、1条18万t牛料生产线，实现年产饲料100万t，实现产值达到35亿元。

大连成三饲料有限公司与集团一起，秉承“成就‘三农’，民富企强，不忘初心，践行社会责任”的企业愿景，携手广大养殖户合作伙伴共同发展，诚信合作，互利共赢，为打造百年成三基业，实现强农兴牧的成三梦想而不懈努力！

创新　高效　自律

——大连禾源牧业有限公司

大连禾源牧业有限公司成立于2015年1月26日，是由辽宁禾丰牧业股份有限公司（沪市主板上市公司，股票代码603609）和瓦房店市泓源牧业有限公司共同注资成立，注册资本1亿元。公司坐落在辽宁省大连市瓦房店市复州城镇安台村。公司主营业务为：种鸡饲养、鸡雏孵化、饲料加工、肉鸡养殖、肉鸡屠宰、熟食加工为一体的全封闭白羽肉鸡全产业链企业。

公司董事长王凯先生1976年出生于辽宁省锦州市，毕业于锦州畜牧兽医学校，2006年创立瓦房店市泓源牧业有限公司，开始涉足肉鸡行业，2015年2月带领泓源牧业公司加入禾丰集团，同年收购大连中佳食品有限公司，2019年成立山东禾源食品有限公司，从最初简单的肉鸡饲料生产、放养业务，逐步发展成肉鸡产业化一条龙的全产业链模式。历时18载辛苦耕耘，从泓源到禾源牧业不断壮大，旗下公司拥有员工近3 000余人，合作养殖户1 000余户。大连禾源牧业有限公司是辽宁省肉鸡协会会员单位；国家重点龙头企业；王凯先生同时担任瓦房店市肉鸡协会副会长、瓦房店市工商联副主席、辽宁省绿色肉鸡产业联盟理事等重要社会职务。

作为公司主营业务板块之一的饲料加工板块，现有2个肉鸡全价饲料加工厂。分别设立于大连瓦房店市和大连庄河市，2个工厂相距136km，业务覆盖整个辽南市场，饲料厂详细介绍如下。

禾源安台饲料厂地处大连市瓦房店市复州城镇安台村，从2006年泓源牧业一间饲料厂房，经历多次升级改造及扩建，目前安台工厂厂区占地面积26 640m²，加工区面积7 600m²，原料库占地1 200m²，可存储包装原料1 200t；成品库占地1 800m²，可存储包装成品3 300t。车间内两条粉料生产线时产粉料90t/h，4条颗粒生产线可生产颗粒60t/h，每日可生产全价肉鸡饲料成品1 800t，产能处于东北地区大规模饲料厂前列。

禾源花园口饲料厂地处大连市庄河市北黄海经济开发区，是2019年1月大连禾源牧业有限公司因饲料产能不足，租赁并改造升级后的全价肉禽饲料工厂。厂区总占地面积280 028.23m²。生产车间15 218.79m²。原料库占地4 300m²。可存储袋装原料2 000t，散装原料1 500t；成品库占地2 500m²，可储存成品原料2 000t。车间内建有1条粉料生产线，时产粉料40t/h；两条颗粒生产线，时产颗粒30t/h，日生产全价肉鸡饲料成品600t。

2个肉鸡全价饲料工厂，24年共生产肉鸡全价料成品60.8万t。生产线采用的是行业先进设备及自主研发工艺，并于近7年内根据产品及市场需求，完成设备、工艺升级改造，所生产产品质量稳定、生产效率高、能耗低、满足市场需求等特点。在完善工艺的同时，公司也注重于推动饲料厂的自动化进程，目前饲料厂原料卸车及存储配置足够产能的液压卸车翻板，足够容量的玉米立筒仓、豆粕仓、原料散装仓，实现90%原料自动卸车及储存；自动制粒系统1个人可操作两台制粒机，中控配料系统1个人可操作整个车间的生产过程，机械手已完全实现用机械取代人工的繁重劳动，公司将继续推行拉动式生产、成品散装，提升饲料厂机械化及自动化水平，把人从体力劳动、部分脑力劳动以及恶劣、危险等的工作环境中解放出来，扩展、放大人的功能和创造新的功能，提高劳动生产率，降低成本，让利给客户，创造利益给社会。

公司除了在设备、工艺方面的投入，也非常重视饲料技术研发工作的推动，设有技术研发部，现有博士1名，硕士1名，本科生5名，共同致力于研究更符合动物营养并能确保食品安全的高效肉鸡饲料，力争“禾源”牌肉鸡饲料在营养方面、安全方面和养殖效益方面都能达到行业领先水平。优质的产品源于优质的原料，原料的质量的评定依赖于饲料检验与分析技术。公司设立了专业的质检部门，利用先进的检测设备，如粗蛋白质分析仪、数显电子烘箱、福斯近红外分析仪对样品进行检测。检测人员首先要通过总部检测中心的培训和考核才能上岗。从定性到定量，准确度、精密度必须达到要求。目前检测室能够完成常规六项和非常规检测共计 30 多个检测项目。对于原料的接收和产品生产过程以及产成品的质量进行把控，已保证采用优质合格的饲料原料和优质合格的产品。

公司经过短短几年的建设和发展，形成了较为完整的产业链结构，整体运营良好，带动了行业的发展，带动了农户的创收，取得了非常好的经济效益和社会效益。始终秉承“诚信、责任、共赢”的核心价值观念和“创新、高效、自律”的经营文化，致力于为老百姓提供“安全、优质”的肉类产品。公司有信心有能力承担农业产业化龙头企业的重任，继续通过科学管理、研发创新，推动产业升级、产业链完善，进一步提升企业核心竞争力，促进产业集群的发展，为加快建设农业强国提供有力支撑。

企业简介

北京市

北京三元禾丰牧业有限公司

北京三元禾丰牧业有限公司是由禾丰食品股份有限公司和北京首农集团（原北京三元集团）合资创建的大型高新技术企业，于2001年10月在北京中关村科技园区正式注册。公司主营猪、禽、反刍动物用复合预混料、浓缩饲料、配合饲料。市场覆盖北京、天津、河北、内蒙古、山东、山西等地，拥有数千名客户。

公司年产能40万t，采用ERP过程管控追溯体系，保障生产过程可控、生产数据统计及时。通过全自动机械化码垛机器人，实现降低成本、提升效率。先进的原粮接收清理设备及成品散装仓，提高产品质量，满足散装自动化。通过了ISO 9001国际质量管理体系认证和ISO 22000食品安全管理体系认证。

公司产品由具有十多年实践经验的多位资深博士、硕士结合国内外先进技术和中国畜牧行业自身的特点精心设计而成，同时应用世界顶级美国BRILL公司最新版配方软件、精选优质原料生产加工而成。经过20多年的市场检验，产品深受广大客户的推崇和信赖。

三元禾丰已经成为华北区最大的饲料生产销售企业之一，2023年销售额突破7.5亿元，全年销量突破20万t。截至2023年，累计销量突破270万t。同时，公司获得了北京市优秀饲料企业、中关村科技园区“百强产品”企业、北京市饲料工业协会常务副会长单位、国家高新技术企业等22项荣誉。

北京东方希望饲料有限公司

东方希望集团是由我国著名民营企业家刘永行先生于1982年创立，是我国改革开放后建立的第一批民营企业。目前该公司已发展成为集农业、重化工业产业链等为一体的特大型民营企业集团，中国民营企业500强企业39位（2022年统计）。

东方希望总部位于上海浦东，300余家旗下企业遍布国内及东南亚。东方希望饲料产业目前拥有近百个饲料生产基地，分布在国内28个省份以及东南亚的越南、柬埔寨、新加坡、印度尼西亚等国家，年产量400多万t，拥有东方希望、金豆、强大、名门、红门等商标。东方希望是国内饲料行业的知名品牌，产量名列前茅，品质稳定，深受广大养殖户喜爱。

北京东方希望饲料有限公司地处北京市怀柔区北房镇工业开发区希望路10号，于2001年4月3日成立，占地40余亩，现有6条现代化生产线，员工64人，年设计生产能力20万t，主要生产经营“东方希望”“强大”牌猪、鸡、鸭、鱼、反刍动物等配合饲料和浓缩饲料，公司成立以来秉承集团“让农民富裕、让市民满意、让政府放心”的经营理念，严格执行国家相关法律法规，在各级政府和单位的支持和帮助下，公司取得了优异的成绩，被北京市工商行政管理局评为北京市“守信企业”。

北京新希望农牧科技有限公司

北京新希望农牧科技有限公司成立于2005年，位于北京市通州区聚富苑民族工业区聚和一街9号。企业注册资本1 000万元人民币，实缴资本1 000万元人民币。

2006年公司投资6 000万元组建四条现代化饲料生产线和全新生产车间，先进的生产设备、健全的经营管理、雄厚的技术力量、优质的售后服务和严格的质量控制系统，为打造企业形象增强发展后劲，为企业做大做强奠定了坚实的基础。按新希望集团董事长刘永好先生“超前半步”的指导思想，公司内实现电脑联网，建立现代信息管理系统，实现现代化的ERP管理。

公司秉承“立足现代大农业，创建百年新希望”的企业宗旨。弘扬“为耕者谋利、为食者造福”的经营理念，发挥农业产业化重点龙头企业的辐射与带动效应，在打造产业链建设和企业经营中，为农业结构调整、帮助农民增收致富，为社会进步不断做出贡献。

天 津 市

大成万达（天津）有限公司

大成万达（天津）有限公司为大成集团旗下子公司，成立于1992年10月。前身万达食品总公司系1988年天津市李瑞环市长所推动的“菜篮子”重点工程之一。公司历经改组、合资、股权转移，于1999年2月成为大成集团旗下的独资企业。占地面积135亩，年生产能力达到35万t。

公司在饲料方面采用以MPT（预消化）平台为主的“第二代优补力生物技术”，根据畜禽不同生长阶段的生理特点和免疫系统发育特征，着重考虑肠道微生物区系平衡以及肠道和机体免疫系统的营养需求，从而实现免疫营养互作的理想平衡，给予畜禽强大的免疫保护，提高畜禽存活率，最终降低畜禽生产成本获取更大的养殖利润。

公司拥有完善的检测设备和仪器，包括液相色谱仪、气相色谱仪、原子吸收光谱仪、原子荧光光谱仪、荧光定量PCR仪、能量仪等高端设备及ELISA、NIR、分光光度计等常规设备，可以提供饲料蛋白等常规指标，氨基酸、维生素、微量元素、重金属、脂肪酸、药残、霉菌毒素、细菌培养等化验项目服务。全项目均已通过CNAS认证。

公司于2008年取得ISO体系认证，在此基础上贯彻ISO22000：2018、CNAB-SI52：2004《基础HACCP的食品安全管理体系规范》，在质量上创造了良好的业绩和功效。

公司拥有强大的猪料、肉鸡料、蛋鸡料、反刍料研发团队，利用公司现代化的肉鸡试验场、蛋鸡试验场、猪试验场、反刍试验基地，在原料营养价值评估、动物营养需要标准制定、添加剂效果评定等多方面取得了大量数据，并及时应用到饲料配方设计、生产当中，取得了良好的经济效益与社会效益。

为进一步提升养殖户的养殖水平及经济效益，公司组建了各畜种技术服务团队，通过现场指导、现场及网络会议技术研讨会，为养殖户提供养殖、疫病防控及饲料配制技术指导。利用公司强大的化验能力为客户提供原料及成品化验，保证客户饲料的安全、有效。

在长期为养殖客户提供服务的过程当中，大成万达（天津）有限公司在业界建立了良好口碑，“大成”“补克博士”“绿骑士”等商标深入养殖户人心。未来，公司将会继续坚持“诚信、谦和、前瞻”的企业精神，为中国畜牧业做出更多的贡献。

天津天世农农牧科技有限公司

天津天世农农牧科技有限公司位于天津市宝坻区八门城镇产业功能区（宝芦公路南侧），占地面积39 627.9m²，成立于2011年2月15日，注册资本5 000万元人民币，董事长是冯国明先生。公司于2011年2月开工建设，于2012年4月建成，在岗员工65人。公司专业生产水产配合饲料，同时提供水产养殖专业服务。

公司设计生产能力为年产配合饲料20万t，生产车间共建成水产饲料生产线10条，其中鱼料颗粒线5条、膨化料颗粒线2条、虾料颗粒线3条、粉料线1条及发酵料线1条，所有生产线均实现自动配料，精准控制，智能码垛。

经过不断的研发和产品积累，形成了鲤鱼、草鱼淡、鮰鱼等淡水鱼料系列，南美白对虾、工厂化对虾、罗氏沼虾等虾料系列，以及泥鳅料、黄颡鱼料、柳根鱼料特水料系列产品，销售区域范围覆盖华北、东北及江苏、山东等地。2023年公司产销量达到6万t。

公司对产品、生产工艺、生产设备的研发高度重视、持续投入，于2018年成立研发部，负责对生产工艺、加工设备进行研发升级，研发新产品和配方研发，累计取得各项专利40余项，在持续研发投入下，有效提高了生产效率，保证了产品品质，研发的新产品持续向市场推广，使养殖户提高了养殖效益，取得了良好的用户口碑和社会效益。

公司始终坚持“做好料、做让养殖户能挣钱的料”的经营思路，并积极为客户提供专业的养殖技术服务，以品质稳定、养殖效果好的口碑不断地提高市场占有率。

天津通和饲料有限公司

政通人和、专心务农。天津通和饲料有限公司成立于2004年，通和现拥有9家分（子）公司，是一家集饲料生产销售、技术研发、养殖、种植、林业等为一体的现代化农牧高科技企业。

作为国家级高新技术企业，公司先后获得天津市农业产业化经营市级重点龙头企业、著名商标、质量安全管理规范示范企业、瞪羚企业、专精特新中小企业等殊荣；拥有专利32项、科技成果登记5项，其中《畜禽健康养殖抗生素替代关键技术研究与应用》荣获天津市科技进步奖二等奖。

由公司技术开发中心、博士后科研工作站、天津市农业科学院和高等院校四位一体共同组成公司的研发力量，采取“自主研发”“联合研发”的双重模式，为公司的技术创新奠定了扎实基础。

公司秉承“市场为导向、客户为中心、质量为生命”的经营宗旨，以“通和”“克斯顿”“燕王湖”三大品牌为主，各系列产品均得到了合作伙伴的广泛赞誉，并与蒙牛、伊利、君乐宝、梦得集团、天津食品集团、长芦盐业等知名企业达成战略合作，发展共赢。

通和响应国家脱贫攻坚号召，与天津市食品集团合作，在新疆维吾尔自治区和田地区于田县成立“新疆津垦通和农牧业有限公司”，打好脱贫攻坚战，助力乡村振兴。

本着“诚实、守信、感恩、回报”的企业精神，科技赋能，不忘初心，砥砺前行，聚力打造成为农牧业领军企业。

天津中升饲料有限公司

天津中升饲料有限公司是天津中升集团下属的15家子公司之一，是中国林牧渔业经济学会饲料经济专业委员会常务理事单位、天津市饲料工业协会会长单位、天津盛和塾西部分塾理事长单位、天津市吉林商会常务副会长单位。

公司成立于2008年，坐落在渤海之滨的天津市西青区。厂区占地面积近20 000m^2，总投资4 000多万元。公司集产品研发、生产、销售和服务于一体，是专业从事畜禽高档预混合饲料、浓缩饲料和配合饲料的科技型、高新技术股份制企业；公司一直致力于功能型产品的研发与生产，不断为养殖行业提供“绿色、安全、优质、高效”的饲料产品。

公司拥有专业的动物营养博士研发团队，并与中国农业大学、中国农业科学院、华中农业大学等院校紧密合作。产品研发专注于“抗病营养”和“全局营养”；生产标准和加工工艺以“动物食品”为准则，倡导“肠道、肝肾、生殖”三健康，已经成为行业“健康营养”和“绿色养殖”的倡导者和引领者。

公司成立15年来，通过不懈努力荣获了“饲料技术创新品牌全国五十强”“华北地区优秀母猪料品牌”“中国饲料行业质量信用领军单位”“天津市科技型企业”“国家级高新技术企业”“无抗饲料推荐企业”等诸多荣誉。同时也打造了一系列明星产品，其中“教槽料802A+B”荣获“无抗先锋饲料品牌·创新奖”，“保育料（福仔30）”荣获“教保料类匠心产品”，“乳动力”荣获“技术创新优秀奖”，“速美健（精品仔猪料）”产品荣获“中国好猪料人气之星·优胜奖”，“保健型蛋鸡料”荣获天津市“杀手锏产品”，“蛋雏鸡配合饲料雏力健”荣获“禽饲料品牌优秀奖”，“育肥牛浓缩饲料肥尔美”荣获“反刍饲料品牌优秀奖”。

河 北 省

晨光生物科技集团股份有限公司

晨光生物科技集团股份有限公司是一家专注于植物有效成分提取的高科技型上市公司，中国植物提取行业领军企业、全球重要的天然提取物生产供应商，在中国、印度、赞比亚等地建有30多家子（分）公司。产品涵盖天然色素、天然香辛料提取物和精油、天然甜味剂、天然营养及药用提取物、保健食品、油脂和蛋白六大系列上百个品种，其中辣椒红色素、辣椒油树脂、叶黄素产销量世界领先。

晨光生物利用创新工艺技术，将棉蛋白中毒素棉酚脱除，为饲料企业、养殖企业提供了新型优质的饲料植物蛋白，补充和替代豆粕、鱼粉，广泛应用于畜、禽和水产养殖。截至2023年，该企业年加工棉籽能力达到110万t，位居全国前列。蛋白板块正在推进“北交所”上市。

晨光生物创造了大规模、低成本、连续化、自动化的生产模式，并将植物中多种有效成份一并提取，做到“吃干榨净”。如在甜菊叶、万寿菊花渣中发现并提取出可替代抗生素的绿原酸、黄酮，为我国绿色养殖产业开辟了一条新路。靠从“0”到“1”的原始创新，晨光生物在行业实现了从跟跑、并跑到领跑的突破，打造出自己的一片“蓝海”。

2023年，晨光生物销售收入达到68.72亿元，实现利润4.86亿元，同比分别增长9.14%和11.89%。

河北永和荣达生物科技股份有限公司

河北永和荣达生物科技股份有限公司成立于2016年4月21日，注册资本3 500万元，占地面积60 286m^2，位于河北省邯郸市广平县经济开发区。公司主要从事反刍动物营养与饲料研发、生产、销售和技术服务。2023年公司销量达5.5万t（按5%比例计算），总产值1.5亿元。

2023年，在人才及科研方面，公司引进博士1名、硕士5名，参与自主科研项目5项，并建立“河北弘科荣达生物技术”研发中心；在生产方面，公司产品再次通过ISO22000、ISO9001和HACCP体系认证要求；在参与国家乡村振兴活动方面，公司在新冠疫情期间向社会捐赠物资达 55 万元，并克服各种困难为疫区牛群供给口粮，受到行业人士和广大群众的认可。

公司于 2023 年 10 月 27 日在全国中小企业股份转让系统（新三板）正式挂牌。

公司先后获得国家高新技术企业、杨胜科技奖、省级最具发展力企业、河北省科学技术成果二等奖、质量规范示范企业、标杆企业、诚信示范企业、诚信之星等荣誉。

作为一家成熟而专业的反刍动物复合预混合饲料添加剂企业，公司将继续践行可持续发展的理念，不忘初心、砥砺前行，回报投资者和社会。

邢台市伊萨宠物食品有限公司

邢台市伊萨宠物食品有限公司成立于 2008 年，注册资金 5 000 万元，是一家集宠物食品研发、生产、销售于一体的综合性企业。

近年来，公司先后被评为全国十强宠物饲料企业、国家高新技术企业、河北省著名商标企业、河北省优质产品、河北饲料行业十强企业、河北省科技型中小企业、国家级农村创业星创天地、邢台市农业产业化龙头企业；公司还通过了 FDA、HACCP、ISO22000 国际食品安全管理体系认证、ISO9001—2015 国际质量管理体系认证等多项体系认证。

伊萨企业技术中心由研发中心、品控中心、动物实验基地等部分组成，先后引进国内外先进仪器设备 100 余台套，价值超过 800 万元以上；动物实验基地占地 20 余亩，基础设施投资 3 000 万元，宠物活体投入 800 万元左右，涵盖了市场常见的犬猫品种；在业内首先建立了食品级的万级微生物实验室，并参与了农业农村部生产许可标准的制定；通过从北欧引进福斯检测仪等设施，建立了快速反应、精确检测、环环相扣、质量可追溯的品控体系，并通过宠物实验基地的大量实验，确保了产品的安全性和研发成果的科学性。

2023 年，公司在立足国内市场的同时，积极参与开拓国际市场，参加了上海亚洲宠物展、泰国曼谷东南亚宠物展等国际展会。公司产品出口东南亚、中东、蒙古等国家和地区，为企业“让梦想走向世界，让产品遍及全球”的发展愿景奠定了坚实基础。

内蒙古自治区

通辽梅花生物科技有限公司

通辽梅花生物科技有限公司是梅花生物集团于 2003 年 9 月在通辽市投资建设的全资控股子公司，占地约 7 000 亩，现有员工近 7 500 人。公司先后投资 100 多亿元，产业横跨基础化工、农产品深加工、高端生物技术三大领域。通过全系列的研、产、供、销服务，灵活满足全球不同客户的差异化需求及快速创新的追求。

近年来，在党和国家政策的大力支持下，公司快速发展，以“科技创新型、环境友好型、资源节约型、质量安全型”为企业目标，以科学规范的体系化管理模式指导生产运营，顺利通过 ISO14001 环境管理体系、ISO9001 质量管理体系、ISO22000 食品安全管理体系和 ISO18000 职业健康安全管理体系的国家级权威认证审核。年生产饲料添加剂 9 000t，饲料原料 35 万 t。

作为通辽地区的大型饲料生产企业，公司积极履行联农惠农责任，因地制宜发展农村优势产业，不断延伸和拓展农业产业链，通过科学规划、技术创新、示范推广等方式，帮助农户提升种植水平和品质，通过严格控制产地端的品质与检测监管，积极引领农户由传统农业生产向生态农业生产转型，带动周边农村劳动力就业，有效促进农民增产增收。

内蒙古富川饲料科技股份有限公司

内蒙古富川饲料科技股份有限公司成立于 2004 年 12 月，是集畜禽饲料研究、开发、生产、销售、技术推广、现代肉羊产业化循环经济于一体的综合型高科技民营企业。公司现拥有 3 条智能化生产线，饲料生产能力 42 万 t/年，是全国单厂生产能力最大的饲料生产企业，年产值达 5 亿元。公司先后荣获国家农业产业化重点龙头企业、中国农业产业化龙头企业 500 强、全国技术市场金桥奖优秀项目单位、国家高新技术企业等荣誉。

公司秉承“用科技为人民造福，为民富国强而努力奋斗”的精神，创立了“富川”“怀森”两大饲料品牌和“富万川童子羊”肉类品牌。创建了企业研发中心，拥有科技人员 65 人，其中创新型研发人才 26 人，同时产学研合作引进高级专家 18 人。建立了内蒙古自治区肉羊遗传评估方法与应用工程技术研究中心、博士科研工作站等。截至 2023 年，公司已开展 60 多项研发课题，其中重点项目 22 项。公司获得国家发明专利 3 项、实用新型专利 16 项，取得科技进步奖 5 项，研究成果成功转化率达 85%以上。公司经济效益、社会效益、生态效益明显提升。

赤峰大北农农牧科技有限公司

赤峰大北农农牧科技有限公司隶属北京大北农科技集团股份有限公司全资子公司，建于 2013 年，位于元宝山区美丽河镇农副产品项目加工区，是自动化程度较高、生产设备较先进的专业做反刍饲料的生产基地。公司主营业务包括反刍饲料研发、生产与销售，兽药销售、饲料出口贸易，粮食收购等同时公司为行业养殖户、牧场、养殖园区提供养殖相关的技术服务。公司依托集团强大的研发创新平台以及与国内高校、科研院所的产学研合作模式，致力于研发生产高价值肉羊母子育、肉牛母子育、奶牛各生理阶段的三大系列30多个产品，经销网点600多个，销售网络遍布赤峰、通辽、锡林郭勒盟、兴安盟以及辽宁、河北等省份。

2016年8月公司以内蒙古自治区最高分顺利通过农业部专家组的《饲料质量安全管理规范》验收，并成为自治区内首家专做反刍饲料的农业部《饲料质量安全管理规范》试点企业、工信厅智能化工厂试点企业、内蒙古自治区名牌产品、赤峰市农牧业产业重点龙头企业。公司连续5年获得ISO 9001质量管理体系认证和ISO 22000食品安全管理体系认证证书。截至2023年，公司发明专利2项、实用新型专利13项。

辽 宁 省

沈阳耘垦饲料有限公司

沈阳耘垦饲料有限公司隶属沈阳耘垦牧业（集团）有限公司，成立于1997年，位于沈阳市苏家屯区，注册资本4 000万元，占地面积54 166m^2，建筑面积16 607.3m^2。公司是集肉（种）鸡饲料生产、加工、批发、零售和粮食收购、仓储、运输于一体的综合性现代化民营企业。公司员工70人，年产值13亿元，年产能36万t，产品主要销往东北地区。

公司先后获得国家级高新技术企业、市级农业产业化重点龙头企业、市级双百工程、市民营企业规模100强等荣誉称号。公司旗下主打品牌有耘垦饲料、鸣丰饲料。

沈阳耘垦饲料是行业首家引进配合料及预混料车间全套布勒设备的公司。通过应用条形码扫描系统，实现了全程质量可追溯；通过内培外引，打造专业化人才梯队；通过强化采购渠道建设，实现阳光合作、共创共赢；通过推动TPS精益管理，确保效率提升、质量保障；通过精耕渠道、深化服务、精准营销，为客户创价值。年销量保持多年不低于30%的复合增长率，优质的产品与真诚、专业的服务，得到了广大合作伙伴的支持和认可。

公司提倡“耕耘今天，拓垦未来”的企业精神，秉承“务实、进取、诚信、共赢”的价值观，为实现“打造百年耘垦”企业愿景，为中国白羽肉鸡行业发展而不懈奋斗。

阜新科威生物科技有限公司

阜新科威生物科技有限公司成立于1995年，位于辽宁省阜新市，是一家集畜禽饲料的研发、生产、销售于一体的高新技术企业。截至2023年，公司主营产品包括畜禽配合饲料、浓缩饲料、反刍精料补充料、生物发酵饲料等。

公司陆续与多家专业科研机构开展技术合作，依托多个博士团队的科研力量，同时在动物营养学领域专家的指导下，公司的产品质量实现了跨越式的提升，真正实现了配方的精准营养，产品的优质高效。

公司历经29年的沉淀与持续创新，先后荣获北京市科学技术奖、辽宁省农业产业化重点龙头企业、生物饲料开发国家工程研究中心博士工作站、辽宁省著名商标、辽宁省名牌产品等诸多殊荣。

公司拥有“阜旺”“牧华”“沃野”三大独立销售品牌。公司始终以“高品质高价值”为基本经营理念，通过大量的科研和实践，以整合农业产业化联合体等模式，结合公司养殖服务人员20余年的一线实践经验，极大地促进了中国北方地区肉牛羊产业结构的提升。

未来公司将以集团化模式发展，以畜牧业为核心，向上下游相关产业持续延伸，同所有合作伙伴携手共赢，为中国农牧业的发展和食品安全持续做出贡献。

辽宁大盛成农牧科技有限公司

辽宁大盛成农牧科技有限公司成立于2002年7月，是一家大型饲料加工企业。公司主要产品为猪、鸡、牛等浓缩饲料、配合饲料、添加剂预混合饲料。公司总占地面积16 000m^2，总建筑面积8 500m^2，紧邻304国道，交通便利。公司现有员工57人，其中技术人员12人，年生产能力12万t。

公司化验室总面积250m^2，配备了先进的化验仪器和设备，于2012年3月通过了ISO 9001国际质量管理体系认证，2012年5月通过了ISO 9001：22000国际食品安全管理体系认证，建立健全了质量安全保证体系，对质量安全控制各个环节能够全方位调控，为客户提供品质稳定、安全高效的饲料产品。

公司有5个品牌、60余种产品，其中“长半尺”“8551”“益生肽发酵饲料”是公司的拳头产品，深受广大养殖户的喜爱。

公司挂牌农业农村部生物饲料质量安全监测站、生物饲料开发国家工程研究中心博士工作站、生物发酵饲料科技成果转化基地。2020年，公司荣获沈阳市农业产业化重点龙头企业，同年荣获辽宁省无抗养殖科技院试验基地。2019 年 9 月，公司参与起草《蛋鸡用菌酶协同发酵饲料》《生长育肥猪用菌酶协同发酵饲料》团体标准。

辽宁海辰宠物有机食品有限公司

辽宁海辰宠物有机食品有限公司成立于 2015 年，海辰有机 5G 智能化（三期）工厂于 2023 年 10 月投产，年产能突破 13.5 万 t。截至 2023 年已完成 A 轮融资。公司致力于提供集高科技研发、高品控原料、高标准生产、高品质产品、高效率服务于一体的一站式高端宠物食品定制服务，打造全国领先的人宠智能化服务平台。凭借多年高端宠物食品研发生产经验，已形成高端宠物食品研发、验证、生产、服务的完整闭环体系，与百余家品牌方达成合作。2023 年公司销售额达 2.7 亿元。

公司的研发团队与沈阳农业大学深度合作，在 2022 年成立辽宁省产学研联盟、辽宁省省级企业技术中心，2023 年成立辽宁省专业技术创新中心。宠物生理学、病理学、营养学、行为学等科学研究和宠物食品配方设计、生产加工、质量保证、检验检测是公司的技术核心，现已申报各类专利 36 项。公司取得美国 NOP 有机及中国有机双认证，开创我国宠物食品有机认证先河，并通过美国 FDA、欧盟 BRCGS 全球食品安全、ISO 9001、ISO 14001、ISO 22000、ISO 45001 等多项体系认证。公司还获得辽宁省省级数字化车间、5G 全连接工厂试点示范项目、绿色制造工厂、高新技术企业、农业产业重点化龙头企业等多个荣誉称号。

辽宁亚禾营养科技有限责任公司

辽宁亚禾营养科技有限责任公司创立于 2017 年，是一家集反刍动物产品研发、生产、推广和专业社会化服务于一体的技术型企业。公司总部位于北京市海淀区，两座生产基地分别位于辽宁省兴城市滨海经济区与内蒙古阿拉善盟左旗腾格里经济技术开发区。

多年来，针对我国反刍动物的生产实际，公司先后推出一系列提高反刍动物健康、改善生产性能的过瘤胃产品，从而在生产实践中取得了显著的经济效益和社会效益。其中应用于反刍动物的过瘤胃蛋氨酸、过瘤胃赖氨酸、过瘤胃胆碱技术打破了国外的价格垄断和技术垄断，过瘤胃葡萄糖及过瘤胃维生素技术填补了世界技术空白，过瘤胃葡萄糖获得了中国及美国发明专利，并在世界上首次提出奶牛产后糖代谢失衡理论，完善了奶牛能量需求的理论体系，为奶牛业的发展做出了重大贡献。公司的肉牛羊及奶山羊营养技术与产品也处于世界饲料行业发展的前沿。公司始终以生产高品质产品和提供高附加值的服务己任，并与国际接轨，建立起完善的生产管理体系。

站在新纪元的起点，公司将一如既往致力于反刍动物营养研究，逐步成为国际领先的反刍动物营养专业化公司；继续以创新技术驱动企业价值的提升，引领饲料行业安全、环保、科技化发展。

吉 林 省

长春博瑞科技股份有限公司

长春博瑞科技股份有限公司是一家专注反刍动物科技的国家高新技术企业，目前已形成饲料、牧业、食品三大事业综合布局。公司业务涵盖科技研发、生物技术、饲料加工、技术服务、牧业发展、鲜食玉米等。

公司目前拥有 30 余家公司，组建了以动物营养研究院为枢纽、饲料工程技术研究中心为平台、10 个动物营养检测中心为驱动的科研阵营，通过 50 余个精准营养服务站将服务遍及 20 多个省份。公司现已成为中国饲料工业协会副会长单位、中国奶业协会副会长单位、中国饲料经济专业委员会常务理事单位、国家博士后科研工作站、吉林省饲料工业协会会长单位、国家“饲料质量安全管理规范示范企业”、省级企业技术中心。

企业还获得农业产业化国家重点龙头企业、国家高新技术企业、国家级专精特新“小巨人”企业、国家神农中华农业科技奖一等奖、中国饲料行业十大科技进步奖、全国饲料优秀创新企业、中国十强反刍动物饲料企业、中国农业 500 强企业等荣誉。

面向未来，公司将继续凝铸“诚信、专业、创新、卓越”的企业价值观，秉持“成为世界一流农牧企业”的愿景，贯彻“以客户为中心、以人才为根本、以创新为驱动”的基本方针，明确“专注反刍科技”的企业定位，用“使命、担当、奋斗者”的精神，践行“帮助员工实现梦想，帮助行业伙伴不断成长，促进社会和谐富强”的使命与责任。

吉林新方圆牧业科技有限公司

吉林新方圆牧业科技有限公司于 2004 年 10 月注册，公司以“与饲料行业发展同行”为目标，经过多年的发展，现已成为吉林省最大的饲料企业之一。公司在长春经济技术开发区建有年产 18 万 t 的饲料厂。公司主要生产和销售猪饲料、禽饲料、肉牛饲料、淡水鱼饲料和预混合饲料等；产品主要销往吉林、黑龙江、辽宁、内蒙古等省份。

公司注册资本为 1 555 万元，截至 2022 年底，公司总资产达 7 450 万元。公司现有员工 110 余人，2023 年销售收入 2.7 亿元。

公司拥有“精气神”“欣方圆”“吉方圆”“方圆博士”等 11 个注册商标，拥有专利 30 多项。

公司多年来获得的荣誉主要有农业产业化省级重点龙头企业、长春市“专精特新”企业、吉林省“专精特新”企业、高新技术企业、长春市饲料加工业专家工作站等。

多年来，公司不断提高产品质量和服务质量，顺利通过了中国质量认证中心（CQC）ISO 9001：2015 质量管理体系认证。在生产和原料采购中严格把关，实现了从原料进厂到成品出厂的全程监控。

在科研方面，公司近年来加大投入，购置了液相色谱仪、原子吸收仪、近红外分析仪、酶标仪等先进的检验检测仪器。

面对激烈的市场竞争，公司将进一步加大产品研发和市场开发的投入，进一步完善产品结构，提高服务水平，加强与相关养殖场（户）、家庭农场、养殖合作社的合作，为促进吉林省农牧业发展做出贡献。

长春环农饲料有限公司

长春环农饲料有限公司成立于 2011 年年底，是一家集饲料研发、生产、销售和服务于一体的省级龙头企业。生产基地坐落于吉林省长春市九台经济开发区，毗邻 102 国道和 101 省道，占地面积 3.05 万 m^2，拥有得天独厚的信息、交通、人力与物力等资源优势。公司现有基地管理、生产人员 100 人，销售人员 240 人；年销量 10 万 t 以上，年销售额 7 亿元以上。

公司以“货真价实、用良心做好产品”为宗旨，肩负着“心系农牧、帮农、富农”的伟大使命，秉承“质量拓市场，服务赢天下”的经营理念，全面实施“科技兴农，服务为农”两大战略，努力推进农牧业规模化、产业化、现代化的发展进程；为实现“欢聚有识之士，成就每一个人的梦想”的核心价值观而奋斗，为成为中国最优秀的服务型农牧企业而努力。

历经十余年的发展，环农产业链不断延伸。2016 年成立吉林省恩农牧业有限公司；2017 年，吉林省王老蔫食品有限公司成立，开启了公司全产业链运营的元年。

公司未来发展方向清晰明确，构建生产、饲养、屠宰、加工、销售一体化产业框架，打造一体化经营模式，同时带动下游养殖户不断进步、升级，最终实现产业化、规模化、现代化的养殖新格局。

上 海 市

上海艾魁英生物科技有限公司

上海艾魁英生物科技有限公司成立于 2007 年，是一家专业从事生物领域产品创新、研发、生产的国家级高新技术企业。

公司秉承科技创新为理念，与著名院校通过产学研合作创新研发溶菌酶产品，其间由四川农业大学动物营养所、农业农村部兽药安全监督检测测试中心等农业农村部指定机构，经过有效性、耐受性、毒性、安全性等临床验证，公司于 2008 年获得了饲料添加剂新产品证书。公司编制的溶菌酶质量标准经国家饲料质量监督检验中心（北京）复核，同时农业农村部发布 1136 号公告宣布上海艾魁英生物科技有限公司溶菌酶产品允许在中华人民共和国境内生产、销售、使用，农业农村部颁 2045 号公告饲料添加剂目录附录二内明确写明溶菌酶产品由上海艾魁英生物科技有限公司生产，目前第一代、第二代溶菌酶产品已获得 7 项发明专利，同时用于溶菌酶生产的配套设备均由公司根据生产工艺自主研发，并已获得 10 多项实用新型专利。至此溶菌酶产品从研发、临床验证、质量标准、生产工艺、配套生产设备等具备了完整的质量体系和知识产权。

溶菌酶二聚体产品经科技部和中国科学院上海科技咨询中心查证：溶菌酶二聚体产品综合技术达到国际先进水平具有新颖性，完全符合农业农村部关于在饲料中全面禁止使用抗生素的相关规定，符合市场的需求、行业的发展，溶菌酶是一种将生物工程技术推向饲料领域的高科技、高技术产品，填补了我国饲料添加剂的空白，是药物添加剂向生物制剂转变的一大创举，对于推动我国畜牧产业、改善畜牧产品品质，提高食品安全人类健康具有不可估量的重要意义。公司正在用自己的实际行动倡导无公害的畜牧业养殖、无残留的动物产品的生产，打造健康、安全、绿色的生物链。

上海欧耐施生物技术有限公司

上海欧耐施生物技术有限公司成立于 2008 年 9 月，是一家专业从事饲料酶制剂（胰酶）和酶解原料研发、生产和销售的高新技术企业，在职员工 60 多人，其中硕士学历 6 人、博士学历 2 人，专科学历以上员工占员工总人数的 30%以上。

2015 年、2018 年、2022 年连续三年被认定为高新技术企业，2016 年被评定为上海市质量示范企业；2017 年成为上海市松江区 G60 科创走廊二类扶持企业，2022年荣获上海市创新型中小企业；2023年获批上海市院士专家工作站和上海市专精特新企业；2023年12月农业农村部公告第744号文件颁布，胰酶（源自猪胰腺）获批农业农村部新饲料添加剂，证书编号：新饲证字（2023）04号。公司成立至今已获得国家发明专利4项，实用新型专利21项，软件著作登记4项，并在持续研发、申请中。

上海工厂同时设立研发中心和中试车间，主要围绕新饲添胰酶［新饲证字（2023）04号］和酶解原料（大豆酶解蛋白、小麦水解蛋白和鱼源性蛋白）开展工作。2017年在青岛高新生物园区投资设立分公司，生产酶解原料产品。2022年在烟台筹建宠物单一原料生产基地。

公司已与中国农业大学、浙江大学、扬州大学、山东农业大学、河南农业大学、塔里木大学、东北农业大学、东华大学和上海应用技术大学等国内高校开展校企合作。

公司秉承“诚信、专业、创新、合作”的企业经营理念，注重实效、关注环保，靠产品品质占领市场、以优质服务回报客户；专注客户细分化需求，致力成为饲料酶制剂领域的应用专家，为广大客户提供有效而优质的产品解决方案，“永远为客户省一点”。公司已经与国内多家上市饲料企业建立了长期稳定合作。

上海新农科技股份有限公司

上海新农科技股份有限公司成立于1994年，是一家集专业育种、生猪养殖、种猪销售、教槽料研发生产和食品产业链于一体的专业化集团公司。

公司始终坚持“踏实、专业、诚信、创新”的企业精神，抓住时代机遇，砥砺奋进、稳健发展，现已成为国家农业产业化重点龙头企业、高新技术企业、上海科技“小巨人”企业、上海市专利工作试点企业，拥有上海市企业技术中心和院士专家工作站等研发机构，并全面通过ISO9001质量管理体系认证和HACCP食品安全管理体系认证，授权专利40余项，多年来运行效果显著。

公司总部位于上海市松江区文翔路4263号。新农饲料业务版块现拥有上海、郑州、武汉3家饲料生产工厂，销售服务网络遍布全国多个省份。近年来公司经营业绩良好，发展势头迅猛。

1999年，公司率先在国内开展教槽料的研发和生产，与国内外高校和科研机构合作，以解决仔猪早期断奶问题，立足于行业。2003年，新农建立养猪试验基地，自主研发的饲料产品在猪场内使用，得到应用实证和精准数据，为后续产品研发做出指导。2011年，公司先后从国外引进“法系”“加系”，以及杜洛克等优质种源，建立了国内先进水平的种猪基因库，建设了4个专业化育种基地和1个专业公猪站。

2001年被中国饲料工业协会授予“中国饲料行业百强企业”称号，2005年被上海市科学技术委员会授予“上海市民营科技企业100强”称号，2010年被上海市农业委员会授予“上海市农业产业化重点龙头企业”，2011年被上海市科学技术委员会、上海市国税局、地税局、上海市财政局联合评定为“上海市高新技术企业”，2014年1月28日新农商标（商标注册号3898218）被国家市场监督管理总局商标局认定为“中国驰名商标”，2016年7月被上海市农业委员会评为“上海市重点龙头企业”，2019年12月被农业农村部评为“国家级重点农业龙头企业”，2022年8月喜获第一批上海市“专精特新”企业称号。

江苏省

溧阳比利美英伟生物科技有限公司

溧阳比利美英伟生物科技有限公司隶属于唐人神集团，是以研发、生产、销售幼龄动物代乳粉、开口料、教槽料、保育料、预混料、浓缩料为主要产品的国家级高新技术企业，拥有强大的产品研发能力，现有博士3人、硕士10人、本科43人。

比利美英伟生物科技有限公司创建于2014年，位于江苏省溧阳市上兴镇通港大道2号，占地50亩，一期工程于2016年建成并正式投产，主要以教保料、浓缩料和全价料生产为主。2020年，唐人神集团斥资1.5亿元，进行了二期工程建设，配备年产12万t的预混料车间、膨胀车间和生物饲料车间及拥有全面、高端检测能力的质量检测中心。2023年全年生产饲料产品3.4万t，实现销售收入1.3亿元。

质量检测中心配备了近红外光谱仪（NIR）、原子吸收光谱仪（AAS）、高效液相色谱（HPLC）、紫外分光光度计、酶标仪、荧光定量PCR仪（非洲猪瘟病毒核酸检测）等高端精密仪器。除常规营养指标外，还对微量元素、维生素、毒素、非洲猪瘟病毒核酸等进行精准检测，真正做到严格的质量把关，保证产品质量，不生产不合格产品，不让不合格产品出厂。

公司建立了全面系统的生物安全防控体系，整个厂区设置三级消毒措施。首先，进厂车辆均需到第一消毒点进行冲洗消毒；其次，所有进入厂区的人员和车辆在厂门口还需进行全方位的喷雾消毒；最后，办公生活区与生产区设置隔离护栏，生产区需经过特定的消毒通道方可进入。

江苏蜀星饲料科技有限公司

江苏蜀星饲料科技有限公司位于江苏省徐州市铜山区棠张镇工业园区，是一家集饲料添加剂和饲料添加剂预混料研发、生产、销售于一体的科创性企业。

公司自成立以来，始终遵循“优供给、强安全、保生态”的总体发展战略，全力打造“看得见的营养、看得见的安全”理念和“用心做好每一克”的精神，潜心矿物微量元素饲料添加剂的开发研究与矿物微量元素产业链的整合应用，紧抓原材料供给源头关，全链导入“三高三精一书一码”质量管理模式，使产品的高安全性、高稳定性和高均匀性成为常态。

作为一家集研发、生产、销售于一体的大型科创性企业，公司不但斥巨资建设多个原料生产基地，紧守源头质量关，还将原料质量指标，由国家和行业要求的 138 项增加到了 214 项，并与四川农业大学动物营养研究所强强联手，成立了徐州览智生物研究院，成功解决了超微碘钴硒抱团的难题，使其混合均匀度提高了一倍以上。公司先后申报国家专利 60 余项，其中发明专利 1 个、实用新型专利 14 个；起草国家标准一项；并获得国家级高新技术企业、江苏省双创大赛优胜奖、江苏省农业龙头企业、徐州市双创大赛三等奖、徐州市技术中心企业等一系列殊荣。

杰能科（中国）生物工程有限公司

杰能科（中国）生物工程有限公司是一家专业从事酶制剂研发、生产的外商独资企业。公司隶属于国际香精香料（IFF）集团旗下的健康和生物科技部门，其前身为无锡酶制剂厂，该厂成立于 1965 年，隶属轻工部，是当时国内最大的酶制剂厂。公司地处江苏省无锡国家高新技术产业开发区，占地 89 671m^2，公司现有员工 100 余人，其中技术人员占比超过 50%，具有全球领先的酶制剂生产工艺技术、设备、生产能力和产品质量。

公司为 IFF 丹尼斯克动物营养与健康业务单元在中国区的业务主体，于 2020 年投资兴建混合型饲料添加剂酶制剂生产车间，为大中华区饲料工业及下游养殖企业公司提供优质酶制剂产品。

丹尼斯克动物营养与健康是动物营养与健康解决方案的行业领导者，在全球拥有 525 项发明及实用新型专利，以帮助畜牧生产者应对日益增强的减抗、禁抗压力，改善动物生长性能，提高成活率并支持动物福利。公司产品“仔猪专用复合酶保安生® TP100 HP”凭借其卓越的生物学效价和稳定性广受好评，成为猪饲料酶制剂市场上的明星产品，其升级、浓缩版新一代产品——爱特康® PRIME501 T 也即将上市，为当前严峻养猪生产形势下增效降本提供了一个优质选项。

除了在猪营养解决方案上的突破，在植酸酶和禽用酶制剂领域公司也取得了显著成果。公司先后成功研发出新一代布丘氏菌植酸酶——爱特康® PHY，广谱偏碱性蛋白酶——爱特康® PRO 等。在养殖行业规模化程度越来越高而利润率越来越低的今天，助力养殖企业实现低氢钙/无氢钙日粮、基于豆粕减量替代的低蛋白日粮，为客户提供可持续的配方成本优化方案，实现科学“降本”的目标。

公司建立有 ISO 9001 质量体系、FSSC 22000 食品安全管理体系及 ISO14000 环境体系。依托强大的研发能力，先进的生产技术和优质的产品质量，公司与国内数十家集团化农牧龙头企业建立了合作关系，为中国集约化畜牧业的发展做出了卓著的贡献。

泰森（江苏）畜禽业发展有限公司

泰森（江苏）畜禽业发展有限公司是世界 500 强美国泰森食品有限公司于 2008 年 3 月在江苏南通海门投资成立的集饲料生产和肉鸡养殖于一体的全资子公司，经营隶属于泰森中国南通产业集群，公司饲料厂坐落于南通市海门区海门港厦门路 255 号。

公司生产饲料自产自用，以白羽肉鸡饲料为主，肉种鸡料为辅，为本公司南通集群自建的 29 家肉鸡场、28 家合作鸡场、4 家种鸡场供应优质饲料，满足泰森南通屠宰工厂和泰森熟食工厂的鸡肉供应保障。饲料厂年饲料生产能力从 2008 年的 10 万 t，经过 2022 年提升产能改造，2023 年生产能力达到 16 万 t。

生产车间采用先进的先粉后配生产工艺，现有正昌冠军优胜王粉碎机、CPM3022－8 制粒线、双轴桨叶混合机用于生产配合饲料。取消包装线、改成散料仓料线，配料为自动配料系统，成品建立散料仓，更加快捷地生产、装车、运输饲料到鸡场，饲料运输全部使用散料车。整个生产加工运输过程实行自动化、标准化操作。化验室 2010 年引进了美国进口的检测设备 FOSS 近红外 NIR 仪器一台，配备毒素检测仪，为更好地控制原料和成品的各项常规理化指标和毒素的监控，提升了生产效率和发货效率。

泰森作为麦当劳中国（包括香港、澳门）最大的蛋白质品类供应商，延续泰森全球的可持续发展理念，坚持食品安全第一原则，成为食品行业消费者体验的创新引领者。泰森（江苏）畜禽业发展有限公司饲料厂坚持“关怀、真正坦率、创新、合作、承诺”泰森“5C”文化，为泰森中国、泰森全球的蛋白质市场贡献力量。

徐州新奥生物科技有限公司企业

徐州新奥生物科技有限公司成立于2017年，注册资金3 100万元，公司专注于“脂质营养健康”，追求绿色畜产品精细化生产，是动物理想脂肪酸模式的倡导者。公司占地面积约48.32亩，总建筑面积约19 500m^2，包括液体罐区、原料库、主车间、成品库、办公研发楼等。项目建成后，将投产5条饲料添加剂生产线，年产2.9万t丁壮素脂壮素产品。公司成为亚洲较大、世界一流的丁酸盐和水溶性微胶囊脂肪粉生产基地。

围绕着“动物脂质营养健康”一个市场定位，以“科技创新”和“国际化”两大特色，集研究开发、规模生产、技术服务于一体，点上发力，线上突破，徐州新奥成为动物脂质营养健康领域的先行者。集团独立承担国家“星火计划”2项和“火炬计划”1项，获得国家发明专利4项，美国和日本发明专利各1项，PCT发明专利申请4项，公司是国家标准《饲料添加剂丁酸钠》的唯一制定单位。

公司内设动物脂质营养健康研究所。综合20年研究成果与心得，公司技术部编撰了《动物脂质营养健康技术手册》，为行业健康发展奉献心力。

徐州新奥生物科技有限公司2022年获得国家高新技术企业，同年获得“两化融合管理体系”认证评定；2023年获得安全标准化三级达标验收。培育目标：省级专精特新“小巨人”创新类企业，主导产品丁壮素、脂壮素产品。在中国饲料行业全面“禁抗”的环境下，丁酸盐可以部分替代抗生素，改善动物肠道，从而提高人类脂质营养健康。

江苏白玫化工有限公司

江苏白玫化工有限公司是国内最早生产饲料添加剂氯化钠、硫酸钠的厂家之一，位于江苏省淮安市赵集镇赵集村，总投资2亿元人民币，注册资本4 000万元人民币，自有盐矿地下储量亿吨以上，工厂盐硝联产工艺处于国内领先水平，生产用电和所用蒸汽均由自有发电厂供给。公司拥有淮河支流张福河码头，燃料来源运输和产品水上运输及水陆联运，费用低且十分方便。饲料添加剂氯化钠、硫酸钠等产品年产量可达80万t以上。

近年来，江苏白玫化工有限公司针对行业对饲料盐的质量新的要求，与时俱进、精益求精，在饲料盐的纯度与细度方面持续加强研发，提高产品质量。另外，在供货服务、物流运输等方面，公司不断提高服务水平。目前，国内正大、牧原、大北农、希望、六和、温氏、双胞胎等企业都是白玫化工的核心客户，产品除了苏浙沪皖鲁近距离密集市场以外，还远销两广和东三省等地区。饲料添加剂氯化钠、硫酸钠产品年销量均达20万t以上。

2023年，公司持续提高服务质量，降低饲料行业用盐成本，饲料添加剂产值超亿元，被江苏省饲料工业协会评为江苏省饲料行业十大成长企业。

今后，江苏白玫化工有限公司决心百尺竿头，更进一步提高产品质量与服务水平，为把公司打造成为中国饲料盐生产服务第一品牌而不懈努力。

安 徽 省

安徽喜乐佳科技集团

安徽喜乐佳科技集团成立于2018年，总部位于皖北平原中部的“庄子”故里——蒙城，是国家高新技术企业、安徽省农业产业化省级重点龙头企业、科技型企业、创新型企业、专精特新企业、商标品牌示范企业和安徽省企业研发中心、企业技术中心及省级重合同守信用企业、诚信经营示范单位等。

集团公司拥有国内领先的百万吨饲料产业园和多家饲料生产基地、种猪肥猪生产基地及畜禽实验场，建有国内领先的动物营养与健康研究院、生化实验室、原料产品检测室，并与安徽农业大学、华中农业大学、西南大学等高校建立产学研合作平台，荣获多项科技成果和国家专利。“喜乐佳”系列母猪料、仔猪料、保育猪料、种猪料、大猪料和牛羊料、蛋鸡料等深受客户信赖与欢迎，产品畅销全国各地。

集团公司在闫顺丕董事长的带领下，坚守“德为先、质为本、诚信赢天下，凝众心、聚众智、协同谋发展”的经营理念，“成就客户、以人为本、创新发展”的核心价值观，以精准化、精确化、精细化、数据化开展各项工作，在科技研发、技术攻关、产品升级、高效生产等领域重磅投入，在行业大环境的风雨洗礼中赓续前行、奋楫争先。

“天行健君子以自强不息，地势坤君子以厚德载物”。喜乐佳科技集团牢记为国家、社会、合作伙伴、员工、股东持续创造更高价值的企业使命，以创新为动力，驱动企业发展；以产品和服务为导向，夯实腾跃基石；以技术传播为纽带，推动畜牧业进步。在风云变幻的市场中磨炼“硬功夫”，在竞争激烈的环境中练就“软实力”，在人性化的高级服务中与合作伙伴结成命运共同体、共赢未来。

福 建 省

漳州红杉生物科技有限公司

漳州红杉生物科技有限公司是新希望六和为推进集团战略规划，于2021年7月在福建省漳州市高新区投资8 000余万元成立的首家集专业猪配合饲料研发、生产与销售于一体的专业化公司，公司占地面积40亩，拥有3条独立专业生产线，设计年产能30万t猪配合饲料，是漳州市农业产业化龙头企业，获得漳州市“安全生产标准化企业”荣誉称号。

2023年，公司饲料产值近4亿元，同比增长50%；产量12万t，同比增长52%。生产经营上，公司拥有完善高效的原料供应链，严格的品质管理流程，构建科学严密的生物安全防控体系，推行规范化、标准化、专业化的生产流程。在市场策略上，公司为规模猪场提供六大闭环服务体系，助力农户科学养猪。同时，公司在龙海区建立年出栏30万头生猪养殖规模化、生态化示范基地，另采用“公司＋农户”的合作方式，带动农户致富，年产值逾5亿元。

公司始终秉承“为耕者谋利、为食者造福”的使命，帮助农民增收致富，为乡村振兴、促进社会文明进步做贡献。

福建省新华港生物科技有限公司

福建省新华港生物科技有限公司成立于2016年，注册资金1 000万元人民币，拥有国内一流的年生产15万t饲料的自动生产流水线。专业生产猪、鸡、鸭三大系列的颗粒全价饲料。拥有现代化的生产厂房、完善的检测手段、丰富的管理经验。产品定位坚持“引导市场发展，高起点，优质优价”的思路，牢固树立全员质量意识，保证质量体系有效运行，树立与众不同的产品形象。公司饲料配方技术达到国内先进水平，产品品质稳定可靠。

公司的经营指导思想是“助农民富裕，让社会满意，让政府放心”。公司在竭诚为客户提供优质产品的同时，永远从客户的需求出发，不断开发新产品。

公司坚持“以人为本，科技驱动，用户至上，奋发进取，追求卓越，爱国守法，兴我中华”的管理理念，勇于挑战和超越自我，满怀信心，以饲料加工业为基点，大力促进畜牧业的发展。

南平华农恒青农牧有限公司

南平华农恒青农牧有限公司是华农恒青科技股份有限公司的控股子公司。公司成立于2023年2月，是一家专业从事畜禽饲料生产、销售及相关农牧产业的企业。

公司位于福建省南平市延平区西芹镇浆甲村瓦厂，项目总投资31 668万元，占地面积5.6万m^2，总建筑面积7.681万m^2，分两期建设。预计实现年销售收入超过10亿元，提供就业岗位80余个。公司于2023年7月开工建设，12月项目一期竣工投产。

公司年生产能力28万t，产品为猪用配合饲料。饲料配方是由中国农业大学营养专家及公司的技术专家运用了目前世界上先进的BRILL配方软件，能够根据原料与养殖户的饲养情况实时进行更新与提升配方水准，能充分发挥动物的生长潜能。整个生产区整齐有序，关键控制工序均采用双人双部门监控，质量管理工作贯穿公司经营与生产的全过程。公司严格按照《饲料和饲料添加剂管理条例》《饲料和饲料添加剂生产许可证管理办法》和《饲料质量安全管理规范》等法律法规，建立一整套完善的管理制度，保证产品合格。

公司秉承“至诚至精、追求卓越”的经营理念，饲料产品营养全面，饲料效率高，畜禽抗病能力强，产品质量位居行业领先水平。公司积极倡导健康养殖，借助完善的售后服务，努力为广大养殖户造富和中国农牧业的发展做出更大的贡献。

武平鑫龙港饲料有限公司

武平鑫龙港饲料有限公司属福建天马科技集团股份有限公司（股票代码603668）控股公司，位于龙岩市武平县武平高新区岩前园区内。公司占地面积约50亩，注册资金2 000万元，集饲料研发、生产、销售、养殖、技术服务于一体，可年产畜禽配合饲料、浓缩料24万t。2023年公司年产量3.05万t，总产值10 712万元。

公司产品定位坚持“引导市场发展，高起点，优质优价”的思路，2023年公司完成生产线全面技改，由2条智能化自动生产线组成，采用全屏微机自动控制技术，具有自动化程度高、劳动强度低的特点，能够更好地服务绿色养殖。2023年，公司通过合同订单方式带动周边农户数1 530户，直接带动农民增收765万元，推进闽西革命老区农业建设。公司践行安全生产理念，于2023年完成“安全生产标准化达标”建设和“福建省饲料生产企业双重预防等级评定”获得一级。

未来，公司将依靠自身实力，通过引入资本、技术和人才等扩大生产规模，以“高效、智能、环保”作为产品发展方向，持续加强新产品研发力度，进一步夯实公司技术实力，上联政府、下接养殖户和消费者，健全产业生态，全产业发展物联网技术、智能养殖，为绿色养殖做出贡献。

宁德鑫华港饲料有限公司

宁德鑫华港饲料有限公司是福建华龙集团旗下的全资子公司，专业从事猪、鸡、鸭等饲料产品生产和销售，以及饲料原料贸易的高新技术公司，年营业收入可达3亿元。公司于2016年8月26日注册成立，注册资金1 500万元人民币，总投资6 000万元人民币。

公司现有生产车间1个，引进江苏正昌和江苏牧羊最先进的电脑全自动化饲料生产设备，具有安全、高效、低能耗、高质量等特点。

多年来，公司专注动物营养，研究、开发、生产，经营高科技、高品质、高效益的配合饲料、浓缩饲料及添加剂预混料；充分发挥华龙集团的群体优势，建立了产品研发、工艺创新、标准化管理、品质控制、技术咨询、市场营销、疫病防控等创新服务体系；通过产学研合作并进，不断提高产品的科技含量，增强企业的核心竞争力，不断提高企业现代化管理水平，增强科技驱动创新发展能力。公司产品推陈出新，引领行业潮流。

放眼未来，公司仍将始终发扬“团结、拼搏、求实、创新”的华龙精神，倡导“拥有梦想、追求卓越、常怀感恩、乐于奉献”的企业文化理念，用实际行动践行自己的诺言，为促进与推动经济建设及绿色农业的发展做出应有的贡献。

江 西 省

江西省响亮实业有限公司

江西省响亮实业有限公司是由荣获“国家农业产业化重点龙头企业”称号的桂林市力源粮油食品有限公司投资兴建的一家大型民营饲料加工企业，公司法人代表是罗福科。公司位于抚州市东乡区渊山岗工业园区内，为东乡区重点建设项目之一，于2019年4月开工建设，占地面积约30亩，生产的产品有猪、鸡、鸭系列配合饲料，年生产加工猪、鸡、鸭系列配合饲料24万t。公司依托集团总部浓厚的企业文化和较好的经营管理体制并以《饲料质量安全管理规范》为基础，建立健全各项管理制度、操作规程及各相关记录表；建立完善的化验室和化验流程以保障原料的质量及成品质量；化验室面积145m^{2}且配有电子分析天平、分光光度计、电热鼓风干燥箱、箱式电阻炉、精度酸度计、自动凯氏定氮仪、高速万能粉碎机等检验设备；人力资源丰富，其中管理人员、核心技术人员均具备大专及以上学历、5年及以上饲料企业生产及管理经验；各类技术人员9人，占公司总人数的14%。同时公司还与中国农业大学、广西大学建立技术研究战略合作伙伴关系，也从两广农科院引进技术人员以完善技术力量。公司本着对社会负责的精神，产品从研制到生产都提倡生态、环保、无激素的绿色理念，饲料配方由公司总部的动物营养专家及高级畜牧师根据南方气候及养殖习惯精心设计。公司使用江苏风尚智能科技有限公司的成套饲料生产加工设备，从原料进入车间到成品交付全过程实施电脑控制，严格按饲料质量安全管理规范组织生产。公司采用现代企业管理制度，建立完善的质量保证体系，设有技术部、生产部、质量部、销售部、采购部等职能部门。公司采用电脑及K3系统全程管理，从原料的采购、储存与管理、生产过程的控制到产品交付建立了完整的流程。建立健全了供应商评价程序、原料采购验收程序、监控制度、生产控制管理及产品销售台账等诸多管理制度，整个过程控制严格执行国家相关的法律法规，确保公司产品质量。

公司从自2020年11月自南昌搬迁到此投产，已连续3年保持10%以上的速度增长，每年产值5个多亿元，利税400万元左右；解决了约100人的就业问题。

江西兄弟医药有限公司

江西兄弟医药有限公司成立于2014年，为兄弟科技股份有限公司（股票代码002562）全资子公司，注册资金16亿元，位于江西省九江市彭泽县矶山工业园区，总项目投资65亿元，占地3 000亩，公司主要致力于维生素类饲料添加剂产品的研发、生产与销售。

公司主营产品包括饲料添加剂烟酰胺、烟酸、泛酸钙和液态泛醇4个品种，其中烟酰胺产品生产和销售全球占比20%左右，位居全球前三位；泛酸钙产品质量达到同行业先进水平。

公司拥有健全的质量和食品安全等管理体系，先后通过ISO 9001、FAMI-QS、ISO 22000、ISO 50001、ISO 45001、ISO 14001、HALAL、Kosher等体系认证；公司同时获得了海关AEO高级企业、国家高新技术企业、国家第三批绿色工厂、江西省第一批绿色工厂、江西省省级企业技术中心、江西省智能制造试点示范企业、江西兄弟医药有限公司院士工作站等荣誉。

2023年公司饲料添加剂总产量为7 999t，同比增加1.1%；其中国外饲料添加剂销售占比60%，国内销售占比40%；出口外贸销售5 004t，销售金额3 688.43万美金，产品主要出口至欧美、日本和东南亚等区域。

饲料添加剂作为现代饲料工业必然使用的原料，

是我国饲料工业及养殖产业中最基础、最重要的一环，对强化基础饲料营养价值、提高动物生产性能、保证动物健康、节省饲料成本、改善畜产品品质等方面有明显的效果。公司维生素类饲料添加剂产品的不断发展壮大成为支撑完整饲料工业体系的重要一环，为推进现代养殖业的发展、提高人们生活水平做出了较大的贡献。

宜春强微生物科技有限公司

宜春强微生物科技有限公司成立于2009年7月，位于江西省宜春市袁州区西村镇，年市场销售额1.1亿元，年产量3 000t。公司创始人钟启平长年活跃在养殖一线，并成立多个畜禽养殖示范场，提供免费学习的机会并为养殖户解决实际问题，用生物的方法指导养殖户降成本获效益，又在袁州区南庙乡投资300余万元成立工业化水产养殖氮循环研究基地，以实现高产量-零换水-零排放的高效环保水产为目的。公司平均每年接待全国工业化水产从业者100余人，为其免费提供住宿和教学指导，在行业中获得了良好的口碑。

公司已获得市级农业产业化龙头企业、宜春市科技技术创新中心、科技型中小企业、创新型中小企业、三体系认证、专精特新、两化融合工业信息化管理认证等国家省市级荣誉，拥有7项国家发明专利授权书，并连续多年获得A级纳税人荣誉。

公司主营产品为禽畜水产养殖微生物添加剂，核心技术包括高密度固态发酵培养技术、高芽孢率功能菌剂培养技术、多层包衣微生态产品技术、特殊功能脱氮菌株等提取和生产技术等。

公司创始人钟启平在1999年提出用发酵饲料养猪的概念并开展研究和发表相关论文20余篇。2012年成功研究出高密度固态培养乳酸粪肠球菌，并获得科技部2014年度科技创新基金支持。近年来，公司在水产水环境方面，不断完善微生态调水理论（高菌相、发酵碳源、低碳高效的氮循环理论）并付诸实践研究。

河 南 省

河南创鑫生物科技有限公司

河南创鑫生物科技有限公司坐落于中华第一古都，人文始祖轩辕黄帝的出生地——新郑市。这里人杰地灵，人才辈出，拥有8 000年的裴李岗文化、5 000年的黄帝文化和2 700年的郑韩文化。

河南创鑫生物科技有限公司成立于2013年，是一家专业从事动保、饲料、饲料添加剂生产销售的创新型高新技术企业。产品涉及牛、羊、禽和水产等80多个品种，产品销售国内外。公司注重科技研发和营销创新，先后参与研发了“肉牛规模化养殖”配套技术、“糊化淀粉尿素”蛋白粉项目等。按照国家减抗、替抗的相关要求，公司专注饲料产品的微囊化研究和应用，实现了产品的长效、缓释作用。将多功能性益生菌和复合酶制剂、动物生长因子巧妙镶嵌，创造性地解决了益生菌稳定性差、生物学效价低的缺陷，提高生物吸收度吸收率10%。开发的糊化淀粉尿素、肥安康Ⅱ代等诸多品牌，在越来越多规模化养殖场得到应用，可有效调节动物机体的免疫作用。在销售方面，公司认真落实国家“一带一路”倡议，积极拓展国外市场，创新营销模式，产品畅销巴基斯坦、越南等国家。

公司发展历程。2013年，成立河南鑫生物科技有限公司，建立兽药、饲料和饲料添加剂生产和研发基地；2014年，河南省科技厅批准河南鑫生物科技有限公司挂牌成立河南省禽药（中药）工程技术研究中心；2022年，河南鑫生物科技有限公司荣获河南省饲料添加剂协会颁发的重质量守信用企业；2023年，河南鑫生物科技有限公司与中国农业科学院饲料研究所共建河南省首家“非蛋白氮营养研究中心”。

在“无抗新时代”的大背景下，创鑫集团将进一步规范化、标准化、安全化，提供生长所需的优质蛋白，助力畜牧产业振兴，在中国畜禽绿色健康养殖奋斗的道路上阔步前行。

河南大华生物技术有限公司

河南大华生物技术有限公司是一家以创新求发展的现代化饲料、饲料添加剂生产企业，专注制造工艺的研究与创新，产品行销国内及全球各地。公司以微囊技术为核心，在混合型饲料添加剂、添加剂预混合饲料等领域广泛发展；牢牢把握科学技术是第一生产力，打造“大华微囊·真的不苦，大华过瘤胃微囊技术”的品牌效应。开发过瘤胃系列产品，满足我国逐步增加的反刍动物养殖需求；保障牛肉、羊肉、牛奶等食品的安全和高效生产。过瘤胃维生素、过瘤胃氨基酸、过瘤胃复合酶可以提高牛羊饲料的营养水平，并在保存和应用领域提供安全保证。

公司发展历程。2014年，研究并开发出饲用药物微囊添加剂，从根本上解决了畜用领域的适口性、耐胃酸、长效缓释需求；2015年，研究并开发出过瘤胃饲料添加剂微囊；2016年，研究并开发出水产饲料添加剂微囊；2022年，加大投入开发过瘤胃系列营养产品，根据市场需求推出了13个子产品；2023年，研发成功过瘤胃复合维生素、过瘤胃复合酶，并已投放市场。

中国进入了新时代，人民日益增长的对美好生活的需要，必然刺激牛肉、羊肉、乳制品的消费。而我国相关产业正面临着由基础产业升级成为走向全球产业的问题。公司在发展微囊技术的过程中，经过逐步积累很多分支技术经验，可以精细化制造使用千分之一以下的添加物，为定量精细使用维生素、氨基酸、酶等提供技术支持。

河南海创牧业有限公司

河南海创牧业有限公司成立于2008年，总投资1.5亿元，总占地面积50余亩，是一家以生产高档教糟料、保育料和（中草药）母猪料为主的高新技术生产企业。

2018年，公司与欧盟动物营养研究所深度合作，引进先进的母猪营养和饲养技术，集合古方中药酵素和高分子技术研发出了高端欧式精准营养母猪料。

海创公司一直以高端精准营养引领业界母猪料发展趋势，所生产的母猪料荣获行业口碑品牌。公司获得国家专利20多项，业务遍及全国20多个省份和地区。2021年10月公司被认定为“国家级高新技术企业”。公司作为科学、健康动物营养新标准企业，始终将产品研发和科技创新作为公司发展的引擎，开创“饲吉财”“全饲界”“家门口”等产品品牌。

公司一直深入技术创新，致力于母猪营养应用技术研究，激发猪只在各个环节的价值，真正提高生猪生产效率、减少饲料浪费、降低排放污染。公司始终坚持为客户创造更大的价值，围绕卓越的营养产品和精细化饲养，与客户建立更宏大的价值主张。公司以“精准、高效”为产品研发方向，坚持以“新技术、新工艺”不断满足市场需求，做好研发、生产、品控及技术服务工作，达到提高养殖收益目的。

中农颖泰集团

中农颖泰集团是一家涉足生物和化工两大板块的高科技企业，集团拥有10余家下属公司，员工1 000余人，业务范围涵盖饲料添加剂、动物保健品、化妆品、保健品和化工中间体等多个领域，产品销售遍及国内外，并正在向新医药领域延伸。

公司生物板块秉持“让抗菌肽造福全人类”的核心价值观，专注于抗菌肽的基础研发及应用研究。截至2023年，公司已率先开发出3个抗菌肽，并取得一系列国际领先的具有自主知识产权的科技成果，是抗菌肽产品开发的领航者和标准制定者。农业农村部2022（164号）公告，枯草三十七肽荣获饲料添加剂新产品证书，开创了抗菌肽应用发展新时代。

公司先后建设了农业农村部饲用抗生素替代技术重点实验室、院士工作站、博士后科研工作站等多个科研平台。通过这些研究平台与国内十余所科研院所长期密切的合作，从抗菌肽的基础研究、工艺、应用等方向开展深度研究，并正在通过合成生物学、代谢组学等，开展抗菌肽的开发和高质量生产。

公司在国家红旗渠经济技术开发区建立生物产业园，占地1 037亩，拥有国际水准的抗菌肽原料生产线、益生菌原料生产线，还有全国领先的功能性氨基酸——N-氨甲酰谷氨酸（NCG）的原料生产线。2022年，公司多条动物保健品生产线均高分通过国家新版兽药GMP验收。

湖 北 省

襄阳正大有限公司企业

襄阳正大有限公司是泰国正大集团在湖北省襄阳市投资兴建的一家大型现代化农牧企业，成立于1995年，下辖2座饲料厂，其中于2021年6月竣工投产的百万吨饲料厂是目前全亚洲单体规模较大的专业化猪饲料加工厂。公司先后获得饲料质量安全管理规范示范企业、省级农业产业化重点龙头企业等多项荣誉称号。

公司百万吨饲料厂拥有覆盖全厂的标准化生物防控体系、全球领先的饲料散装仓及现代化散装仓群、全液压后翻自卸式设备、产销物联网系统、厂区一卡通系统、设备智能维护系统、全球先进的安全环保控制系统等世界一流的生产设备和生产工艺，实现了原料成品散装化、装卸作业机械化、设备运行智能化、生产过程可视化、饲料生产专业化、安全生产标准化。

正大集团作为世界上最大的农牧食品集团之一，始终坚持“利国、利民、利企业”的企业宗旨，致力创造物质食粮和精神食粮以及共享的价值观，让所有人健康幸福。公司历经20多年精耕细作，打造出从农场到餐桌的猪肉食品产业链经营模式，襄阳正大作为集团产业链中的重要一环，将秉承“顾客至上，服务第一”的经营理念，扎根农村、支持农业、服务农民，为养殖业向规模化、标准化、现代化方向发展做出更大的贡献。

湖 南 省

湖南金汇龙科技有限公司

湖南金汇龙科技有限公司成立于2017年，由广东海大集团股份有限公司（股票代码002311）和湖南金汇农生物科技有限公司共同投资创建，是一家专注于高科技生物产品研发、生产和销售，着力于“饲料＋养猪”深度融合，志在打造中国安全猪肉食品产业链的新型农牧企业集团。

公司以“诚信为本、品质如金、聚贤立业、汇德成龙”为核心价值观，秉承“金”工制造、精益求精的工匠精神，倾力为养殖用户提供安全、环保、优质、高效的产品与服务。

2021 年，海大集团金汇龙总部基地在国家级岳阳经济技术开发区竣工投产，总投资 1.5 亿元，拥有年产 36 万 t 高科技生物饲料的先进生产线，并配套湘北地区最好的生物安全防控设备和设施、功能齐全和设备先进的技术研发中心和检测中心等。

公司凭借其自身独有的运营管理团队和技术优势，依托海大集团强大的资金、科研、技术、供应和服务平台，已经在市场树立起良好的口碑和品牌形象，完成了在华北、华东、华中和华南的市场布局，产品已经遍及全国 20 多个省份。

公司是湖南省农业产业化龙头企业、湖南省高新技术企业。公司坚持“为创业者搭建平台、以持续奋斗者为本”的发展机制，携手广大消费者、养殖户、合作伙伴和员工一起共创大业，为中国农牧事业做出自己最大的贡献。

湖南大北农农业科技有限公司

湖南大北农农业科技有限公司是农业产业化国家重点龙头企业、国家级高新技术企业、首批国家级企业技术中心企业，是北京大北农科技集团股份有限公司在湘设立的全资子公司。

公司于 2005 年 6 月在望城经济开发区注册登记成立，注册资金 5 000 万元，是一家专业从事高档猪用配合饲料、浓缩饲料、复合预混合饲料和生物发酵饲料研发、生产、销售、服务于一体的农业高科技企业。公司占地 100 余亩，固定资产投资达 3 亿元，共有预混饲料、浓缩饲料、教槽饲料、乳猪饲料、全价饲料、发酵饲料等 8 条生产线，年产能达 50 万 t，是湖南省内单厂产能较大、生产设备较先进、生产线布局较完善的专业猪料企业之一。

公司高度重视技术创新，现拥有发明专利 20 项、实用新型专利 20 项、制定企业标准 4 项，“大北农”牌饲料被评为湖南名牌产品。公司先后被评为湖南省农业产业化重点龙头企业、湖南省农产品加工质量安全企业、长沙市技术创新示范企业、长沙市企业技术中心、长沙市饲料安全生物调控工程技术研究中心、国家饲料质量安全管理规范示范企业、湖南省高新技术企业、湖南省企业技术中心、湖南省饲料行业协会副会长单位等。

在国家实施“乡村振兴”和“农业强国”战略的大背景下，湖南大北农全体员工将肩负起“强农报国、争创第一、共同发展”的企业使命，牢记嘱托，勇毅前行，为实现 2035 年全球第一农业科技企业贡献更大力量。

湖南德邦生物科技股份有限公司

湖南德邦生物科技股份有限公司创立于 2004 年，18 年来，公司始终专注于满足动植物的精准营养需求和创新有机微量元素低量添加解决方案的研发与应用。现今，公司已发展成为有机微量产业创新与智能制造示范企业，肩负推动在饲料、养殖和种植等行业使用有机微量元素替代无机微量元素的社会责任。德邦有机微量有效提高了矿产资源的利用率，实现了碳减排的发展目标，顺应了绿色环保和减量增效的发展趋势。

以公司董事长邓志刚为研发带头人，持续推动研发创新。德邦有机微量元素研究院下设猪用、肉禽、蛋禽、水产、反刍、植物、化工、检测和大有机共 9 个技术中心。研发团队 30 余人，分成猪、禽、水产、反刍、植物、检测、有机合成、大有机微量 8 条技术线，分品分种开展专业研发和技术服务，为客户提供定制、增效、降本的解决方案。

德邦生物以“动植物营养添加剂全产业链智能化企业”为目标，依托先进的智能化工厂与强大的自主研发实力，生产和销售近乎全品类的有机微量元素，包括甘氨酸螯合物、蛋氨酸螯合物、氨基酸螯合物、羟基蛋氨酸螯合物、复合有机微量元素、有机稀土元素、水溶有机微量元素、有机包覆微量元素等产品，并接受指定配体与矿物元素定制，全方位满足客户需求。

长沙绿叶生物科技有限公司

长沙绿叶生物科技有限公司是湖南农业大学的专家教授和青年学者于 2002 年共同发起创立的高科技龙头企业。公司致力于打造成我国乃至全球动物保健和生物饲料产业的第一品牌企业。公司荣获国家科学技术进步奖、中国产学研合作创新成果奖、中国发明创新成果奖等国家级科技成果奖励，并荣获专精特新“小巨人”企业、知识产权重点示范企业等荣誉称号。

公司主要为我国广大的规模养殖场和家庭农场提供高科技、高品质、高价值的畜禽专用动物保健品和生物饲料，主要产品有母猪营养保健品-牲命 1 号、仔猪营养保健品-护仔康 1/2 号、肥猪营养保健品-大荘素、畜禽免疫保健品-奥得曼 A、畜禽环境保健品-护舍安、畜禽饮水保健品-护康酸等，以及快点发酵乳等畜禽饲料。经过 20 多年的推广，公司产品已畅销全国 29 个省份以上，其产品市场占有率稳居全国前列，为我国养殖行业创造了十分可观的经济效益。

面向未来，绿叶生物将矢志不渝地肩负起“引领行业发展，服务中国‘三农’；倡导保健养殖，造福人民健康”的光荣使命，全力以赴地朝着“打造我国乃至全球动物保健和生物饲料产业的第一品牌企业”的宏伟目标，奋勇前行。

长沙新起点生物科技有限公司

长沙新起点生物科技有限公司创建于 2006 年，总部位于湖南长沙临空港自由贸易区。公司以中国科学院亚热带农业生态研究所畜禽健康养殖中心、湖南农业大学、湖南省农业科学院、湖南省畜牧兽医研究所为产业技术依托，坚持“产学研销、专精特新”的发展思路，坚持“科技助力中国新农牧”的发展抱负，是一家集产业投资、饲料加工、兽药保健、畜牧养殖四大业务板块于一体的综合型企业集团。

公司始终秉承产学研一体化的发展理念，致力于科研院所先进成果的产业孵化，建立了新起点小肽营养协同研究中心，获得新型实用专利 10 项、发明专利 1 项、湖南省科技进步奖 2 项、长沙市科技进步奖 3 项，是国家高新技术企业、湖南省名牌产品企业、长沙市农业产业化重点龙头企业，ISO9001 质量体系认证和安全生产标准化体系认证企业，长沙市饲料质量安全标准化示范企业。其中豆无忧、肽能宝、肥之源、母猪三宝等产品多次荣获中国（湖南）畜牧渔业暨饲料工业博览会金奖。

未来，公司将一如既往以“先进科研成果”为新起点，“孵化应用”为落脚点，坚持“自主研发、效果可视”的产品理念，全心全意为客户创造价值，做“小而美”的企业，不断创新，服务行业、服务社会。

广 东 省

广东瑞生科技集团有限公司

40 多年的行业深耕奠定了瑞生人的专业性，以简单传统的煎、煮工艺，从植物中提取出香精香料成分，并以小单体调配香料工艺，生产的产品广泛用于对质量要求极高的烟、酒、食品等行业，积累了雄厚的资本，迅速占领了市场，打造了中国香料行业知名品牌。进入升级转型的新时代，瑞生人紧盯世界先进科技和工艺，瑞生科技集团获得了高新技术企业称号和 30 多项专利，通过了 ISO9001、ISO22000、FAMI-QS、GMP＋、知识产权贯标等管理体系认证。使用现代化自动定量恒温生产工艺，与内外顶级高等院校及著名专家合作，通过自有试验场获得大量应用数据，结合精湛的调香调味配制技术，成功研制出包括植物提取、精油系列替抗、促生长类、香味类、甜味类、酸味类、诱食类、动物保健类、动物福利及环境类、保鲜防腐与抗氧化类等极致产品。替抗类产品（益生宝）在市场销售及替抗应用上获得成功，同时大大提高了生产性能，从而带来效益。香味类产品（纯奶香型 0328）全国销量已名列前茅，并成功入选国家饲料博物馆陈列。截至 2023 年，瑞生产品销售和服务网络覆盖国内各个省份以及东南亚国家，且凭借高效、稳定的品质赢得客户的信任和赞誉。瑞生人本着“科技领先、共创效益”的宗旨，致力打造品牌价值和提供完善的服务，勇于担当“引领中国饲料添加剂行业”的使命和社会责任，努力打造中国畜牧食品安全产业链。

公司使命：造极致产品创共赢；愿景：百年芬芳、走向世界；价值观：阳光共创、携手共享。

广东希普生物科技股份有限公司

广东希普生物科技股份有限公司成立于 1995 年，是国家高新技术企业，立足现代生物工程技术应用，致力酶解、发酵、烘爆动植物饲料原料，以及功能性添加剂的研发、生产和销售。经过 29 年的发展，公司已经创办九大生物技术基地，年提供各类动植物饲料原料 20 万 t，是农业产业化兵团重点龙头企业和广东省重点农业龙头企业。

公司长期专注饲料原料预消化技术，形成酶解、发酵、烘爆三大核心优势，通过对饲料原料进行体外预消化处理，降低抗营养因子，提高饲料消化率，促进动物营养保健。公司拥有一支以国家级博士后科研工作站为核心、国家认定企业技术中心为依托的研发团队，加强校企产学研合作，部分成果纳入国家火炬计划、国家重点研发计划和国家科技型中小企业技术创新基金目录，获得授权专利 200 多项，被评为国家知识产权优势企业。

公司作为预消化原料精造者，通过 ISO 质量管理体系和 HACCP 食品安全管理体系双认证，多项产品被评为国家高新技术产品、国家重点新产品、广东省名牌产品、广东省自主创新产品等，销售网络遍及全国，并且远销美国、韩国、欧盟、东南亚等国家和中国台湾地区。公司从源头净化人类食物链，立志成为全球受尊重的生物技术企业。

广东粤海饲料集团股份有限公司

广东粤海饲料集团股份有限公司成立于 1994 年，自成立以来，公司一直从事水产饲料研发、生产以及销售业务。经过 30 年的不断发展，公司已成为水产饲料行业龙头企业、国家重点高新技术企业、湛江市地方经济重要龙头企业，同时也是深交所主板上市企业。

公司以技术领先为竞争优势，不断追求创新，拥有深厚的技术底蕴、丰富的产品种类和完善的营销网络。公司建有广东省院士工作站、广东省省级企业技术中心、广东省水产动物饲料工程技术研究开发中心等多个研发平台，为公司产品的技术开发提供了强大的技术支撑。公司已经在广东、广西、海南、浙江、江苏、湖南、湖北、安徽等10多个省份，以及越南等国外地区投资设立了近30家子公司，构建了完善的产业链体系。

公司始终如一地坚持“打造中国最强、世界一流的水产饲料企业”的战略愿景，秉承“水产与环境相和谐，美食与健康得益彰”的使命，坚持专业化的发展战略，在专业化的基础上实现规模化发展，持续研发与生产安全、高效、环境友好的水产饲料，为客户提供更科学、更系统的服务，创造良好的经济、社会和生态效益，不断满足国民对美味、健康、安全水产品日益增长的需求，为改善城乡居民营养膳食结构贡献粤海力量。

广西壮族自治区

广西华港农牧发展有限公司

广西华港农牧发展有限公司成立于1995年，是“农业＋工业＋畜牧业”等产业发展相结合的企业，以饲料加工为主导产业，延伸发展大宗农产品、饲料原料贸易和畜禽养殖（生猪、肉禽、蛋禽、种鸡、禽苗）、塑料包装等产业，并通过“公司＋基地＋合作社＋农户”的经营模式养殖肉禽，助力乡村振兴，达到年加工饲料能力超过100万t，年出栏生猪10万头，年出栏肉鸡、肉鸭2 000万羽，年存栏20万套种蛋鸡，年大宗农产品和饲料原料交易额超过60万t的规模。

经过20多年的稳健发展，公司成长为农业产业化国家重点龙头企业、国家高新技术企业、广西工业龙头企业、广西“专精特新”中小企业、广西质量管理标杆企业、广西农产品加工100强企业、广西十强饲料企业、纳税信用A级企业、南宁市扶贫助学爱心企业。

“饲料还是华港好”——是广西华港严把产品质量关做大做强饲料品牌的不懈追求；“养殖要致富，华港来相助”——是广西华港助力乡村振兴的已任。广西华港将一如既往地坚持“安全、稳定、高效”的质量方针，不断提高公司综合竞争力，携手广大客商和养殖户，紧密合作，共赢发展，为促进现代畜牧业健康、绿色发展贡献力量。

广西南宁益维饲料科技有限公司

广西南宁益维饲料科技有限公司成立于2006年，是一家专业生产各种优质饲料级单项微量元素和添加剂预混合饲料的企业，是国内同行业中较早拥有自主进出口权的企业之一。公司生产设备精良、工艺技术先进、质量控制严格、管理体系完善，于2012年通过欧盟FAMI-QS认证和HACCP体系许可证。

公司占地面积2万多m^2，厂房面积1万多m^2，工艺先进，设施精良。公司现有员工50人，其中大学专科以上的专业技术人员15人。公司拥有2条化工生产线、1条超微粉碎生产线、4条混合工艺生产线和1条反渗透生产用纯净水生产线，每年可生产各种单项的无机微量元素添加剂5万t以上、氨基酸络（螯）合微量元素添加剂500t及添加剂预混合饲料5 000t以上。公司自创办以来一直致力于畜禽水产微量元素的应用与研究，建立了规范的检化验室及样品留样观察室，配备了原子吸收分光光度计等先进、齐全的检验设备和仪器，可检测公司生产所需的原料、产品的主元素含量、重金属含量等指标。公司严格控制产品质量，首先供应商采取评价和再评价制度，选择合格的供应商；到原料采购，必须在原料检测合格后才能入库；生产过程中严格监控，半成品和成品均要求检测合格后才能入库，并将每一批产品做留样观察以备后查，产品出厂前抽查产品无性状变化时才可出库。质量技术人员均具有相应专业的专本科毕业证书及检化验员证书，公司每年多次派送技术人员外出学习和交流，同时与国内多所高校及化工类研究院合作，为保证公司产品质量提供了坚实的基础。公司拥有自主进出口权，公司产品不仅畅销全国各地，与国内众多大型饲料企业建立了稳定的合作关系；产品还出口到美国、比利时、丹麦、智利、英国、日本、韩国、越南、巴基斯坦等40多个国家和地区。公司产品质量和服务得到了国内外用户的广泛认可。

广西商大科技股份有限公司

广西商大科技股份有限公司是一家从事猪用预混合饲料、配合饲料、浓缩饲料、功能性产品的研发、生产、销售和服务的科技创新型企业，长期专注于种猪营养的研究与技术推广，以“健康，从营养开始”的理念及差异化的产品，精心服务于中国集约化养猪企业。

公司目前拥有2家全资子公司——广西商泰生物工程有限公司、广西商大农牧投资有限公司及8个生猪生态养殖试验示范基地。

公司建有一支专业知识扎实、实战经验丰富的技术研发与市场服务队伍，专职研发人员48人，其中博士2人、硕士8人。公司是国家高新技术企业、农业产业化国家重点龙头企业、广西专精特新企业、国家知识产权优势企业、广西创新型企业。公司拥有多个技术创新研发平台：四川农业大学动物营养研究所-广西商大科技股份有限公司博士工作站、广西种猪营养工程技术研究中心、广西壮族自治区企业技术中心、广西产学研用一体化企业等。公司在种猪营养研究方面取得的不同技术成果先后荣获国家科技进步奖二等奖一项、省部级科技进步奖一等奖一项、省部级科技进步奖二等奖两项，省部级科技进步奖三等奖一项。

广西新天地农牧集团有限公司

广西新天地农牧集团有限公司创建于 2004 年，2010 年成立为集团公司。集团一直致力于饲料产业、畜禽养殖、畜禽育种、粮食贸易、畜禽食品深加工的农牧业产业化发展。通过 20 年的耕耘，截至 2023 年公司已有 30 多家集团直属分子公司。

集团饲料产业深耕 20 年，有饲料及饲料配套生产工厂 7 家，拥有“振林”“皆顺”“超翔”“冯大”“凤利”等饲料知名品牌，饲料产业作为集团重要产业，未来将持续发力，不断研发并完善产品，配套完善集团产业链供应并满足饲料销售市场的需求。

集团分别于 2007 年投入发展鸡养殖产业、2014 年投入发展猪养殖产业，经过 10 多年的沉淀，在种鸡繁育、肉鸡养殖、种猪育种、肉猪养殖方面取得了较好效果，配套饲料产业，形成较为完整的“饲料＋种苗＋育肥”产业链，以“品质＋成本”双优势扎根市场。

集团 2023 年饲料产业生产销售畜禽饲料 80 多万 t，肉猪养殖、种猪育种产业出栏生猪和猪苗超过 50 万头，种鸡繁育产业孵化鸡苗 6 000 多万羽，肉鸡养殖“公司＋农户”出栏肉鸡 5 000 多万羽，集团年产值超过 40 亿元。集团成立以来，先后荣获市农业产业化重点龙头企业、广西水产畜牧行业重点龙头企业、广西饲料工业协会广西 10 强饲料企业等荣誉称号。

桂林力源粮油食品集团有限公司

桂林力源粮油集团有限公司地处山水甲天下的桂林市，是一家全体员工分散持股的企业。自 1953 年创建以来，始终秉承“合作·创造·共赢”的经营理念，致力成为一家快乐、受人尊敬、可持续生存和发展的百年企业。

集团涵盖粮油食品、饲料加工、畜禽养殖、生物科技四大支柱产业，是一家全产业链的高新农牧企业集团。拥有员工 14 000 余人，现有下属子公司 180 余家，遍布广西、广东、海南、江西、山东、云南、贵州、湖南、湖北、四川、河南、重庆等地。

2023 年集团销售收入 442 亿元，饲料年销售量超 1 200 万 t，位居全国前十；母猪存栏超 11 万头，肉猪出栏 270 万头，位居全国前 20 强，猪产业成本控制及盈利能力位列前首；肉鸡出栏 7 000 万羽，鸭苗出栏 8 000 万羽；食品板块辐射大湾区和海南自贸试验区，生鲜超市达 160 余家，打造食品生鲜新零售模式。企业积极践行国家乡村振兴战略，以产业健康发展推动乡村振兴。在龙胜、上林等少数民族地区成立帮扶公司，直接带动经销商、家庭农场等微观市场主体超过 5 万个，建档帮扶户超 1 000 人，实现了多方持续共赢。

历经 70 年的沉淀，尤其是 2002 年公司改制以来，每个“力源人”都成为公司的主人，他们紧密团结、群体奋斗。作为一家农业产业化国家重点龙头企业，公司荣获中国制造业 500 强（第 339 名）、中国民营企业 500 强（第 206 位）、全国就业与社会保障先进民营企业、广西民营企业 100 强（第 3 名）、广西全区清廉民营企业建设标杆企业等。

南宁市泽威尔饲料有限责任公司

公司始建于 1995 年，位于广西南宁市良庆区，现有位于亮岭路 6 号、8 号、13 号的 3 个生产基地；现有员工 120 人，其中技术人员 25 人。

2010 年公司通过了 ISO9001、FAMI-QS 体系认证，荣获国家高新技术企业、瞪羚企业、广西“专精特新”中小企业认定、自治区级农业产业化重点龙头企业等称号；2020 年获南宁市市长质量奖提名奖第一名。

公司是国家标准《饲料添加剂 富马酸亚铁》《饲料添加剂 柠檬酸钙》的第一提出及制定单位，参与两项国家标准制定，提出和起草两项国家团体标准。获得自治区、市、城区科技进步奖一、二、三等奖 6 项，国家、自治区科技成果登记 11 项，国家发明专利 10 项，并于 2022 年 1 月与印遇龙院士团队共建糖微量元素络合物产业技术研究院。

公司是中国饲料工业协会理事单位、广西饲料工业协会副会长单位。公司所生产的多糖类、富马酸亚铁、柠檬酸钙、高纯度蛋氨酸和甘氨酸微量元素等产品，以其纯度高、用量少、排泄少、效果显著、环境友好等特点，多年来一直被众多农牧集团使用和喜爱，并出口 10 多个国家和地区。

公司 28 年来专注于螯合物的研发，以“捍卫螯合纯度”为己任，致力成为享誉国内、辐射全球的专业高纯有机微量元素体系完全服务供应商。

海 南 省

儋州双胞胎饲料有限公司

儋州双胞胎饲料有限公司坐落于海南省儋州市王

五镇海南畜产品加工园区，由双胞胎（集团）股份有限公司投资设立，注册资本 300 万元，是一家现代化的大型饲料生产企业，专业生产双胞胎系列品牌猪饲料和其他禽畜饲料等，设计年生产能力 36 万 t，年产值约 3 亿元。

儋州双胞胎饲料有限公司从 2012 年 11 月规划，公司按高质量、高标准的要求进行生产前筹建和设备安装工作，固定资产 5 000 余万元，引进国内先进的制粒成套设备。借助集团成功的子公司管理组织和质量管理体系进行科学管理，确保公司运作高效、产品高质。集团借助高科技人才优势，采用国际领先技术设计科学合理的配方，利用先进的生产和检测设备进行规模化生产。公司充分发挥双胞胎的品牌优势、人才优势和服务优势，全力开拓市场，服务于海南省畜牧养殖业，为海南省饲料工业发展和经济发展做出应有的贡献。

为了确保产品质量，公司严格按照国家标准或高于国家标准的要求，制定了原料、标签、包装和生产工艺的企业验收标准，配置了化验室检测设备，引进价值 40 余万元的丹麦进口近红外扫描仪，对原料和产品有自主检验能力。同时，对生产过程建立了规范的质量操作流程和关键控制点，设立现场品管岗位负责监督执行情况，建立健全各种质量责任管理制度和质量控制体系，将质量视为双胞胎人的品格和自尊。同时，公司也在数字化工厂建立上加大投入，如中控集成系统、数字化车间、数字化散装仓、自动过磅/开票等一系列数字化集成系统。

公司引进和培训了一批高素质的管理、技术和生产人才，招聘和调集各类技术管理人员 15 人，占总人数的 40%。管理人员均在饲料行业工作多年，有丰富的饲料管理经验，能按《饲料添加剂管理条例》要求组织管理生产。

海南迪爱生微藻有限公司

海南迪爱生微藻有限公司由日本 DIC 株式会社投资 900 多万美元于 1996 年在海南省海口市建立。公司是一家占地约 351 亩的现代化大型螺旋藻养殖加工基地，螺旋藻养殖面积达 10 万 m^2，建有原粉车间、片剂车间、藻蓝色素车间及动力辅助车间等，是一家专业化现代化的螺旋藻生产加工企业。自 1997 年建成投产以来，公司每年生产优质的迪爱生螺旋藻干粉 300t 以上，螺旋藻产品主要出口到日本及欧美市场。

公司的螺旋藻产品广泛应用于医疗保健、食品加工、水产养殖等领域。螺旋藻作为一种富含植物性蛋白、维生素、不饱和脂肪酸的原生物，营养成分丰富且各种营养成分比例协调，可以作为理想的饲料添加剂。由于螺旋藻本身是一种微藻，因此特别适合喂养虾、鱼苗和贝类等水产品。正确适时地使用螺旋藻喂养各种水产品，可明显起到加快生长速度、提高成活率、改善肉质等作用。螺旋藻其特殊的类胡萝卜素营养成分有增色作用，可作为锦鲤等观赏鱼的增色饲料。

公司的饲料级螺旋藻粉产品具备以下优点：①品种优良。海南迪爱生螺旋藻的藻种，经过长期的筛选和培育，具有更优良的品质，其营养元素成分更丰富、比例更适合。②质量稳定。日本进口的先进设备，养殖采收全程自动化，管理严格规范，保证了产品优良质量的长期性、稳定性。③成分纯正。公司的饲料级螺旋藻粉产品，由 100%的自产螺旋藻原料精制而成，不含化学色素、淀粉、防腐剂等添加剂，精细的粉末颗粒，更便于吸收，保证了产品的纯正和天然。

海南海壹水产饲料有限公司

海南海壹水产饲料有限公司成立于 2001 年 11 月 6 日，公司现有员工 103 人，是通威农发旗下专业化的特种水产料公司，坐落于海南省澄迈县老城镇工业开发区内，总用地面积 25 536.58m^2，是集虾料、石斑鱼料、金鲳鱼料、罗非鱼料研发、生产、销售于一体的水产饲料企业。公司始终秉承“养殖效益最大化”的质量方针和目标，产品质量遥遥领先。

公司目前生产线共 5 条，分别有 3 条虾料、1 条膨化线、1 条沉水线；虾料产能 3 万 t/年、鱼料 3 万 t/年，主要生产产品为虾料、罗非鱼料、石斑鱼料以及金鲳鱼料，目前产能负荷率达到 80%。产品主要销售到海南各市县。

公司先后在 2012 年荣获海南省农业龙头企业、2013 年荣获国家科技进步奖、2016 年荣获中国质量提名奖、2016 年荣获全国十大领军饲料企业、2016 年荣获海南省农业产业化重点龙头企业称号、2018—2019 年连续荣获 3A 级信用企业、2019—2020 年连续荣获通威股份年度英雄团队等称号。

公司质量方针及目标：①质量、市场、效益是公司发展的永恒主题，而质量是市场、效益的基础和前提。②准确识别客户本质需要，始终以养殖效益最大化为目标，规范全员意识和行为，以专业化、标准化、规模化水平，严格管控产品质量形成的设计、制造、使用全过程。③持续改进质量管理体系，致力于打造效率领先、持续增值且不可替代的产业链，为社会提供安全稳定的产品，实现公司与客户的共赢发展。④采用并实施 ISO9001、ISO22000 质量管理和食品安全管理体系，遵守国家法律法规，严格控制产品质量，实现产品出厂100%合格、质量安全事故零发生、用户投诉处理率100%。养殖效益领先是公司发展壮大的质量目标。

海南育奇药业有限公司

海南育奇药业有限公司是一家专业服务于养殖企业的科研型生产企业，由业内知名兽药技术专家殷生章研究员发起创立，专业研发、生产动物药品、消毒剂以及混合型饲料添加剂相关产品。历经10多年的发展，公司获得了行业及社会的广泛认可，获得荣誉包括海南省“专精特性”企业、海南省高新技术企业、海南省著名商标企业、海南省诚信企业等。

公司以殷生章研究员为研发带头人，建立了一支由高水平专业人才组成的研发队伍。公司目前与国内多家大型养殖企业建立了长期合作关系，包括广东温氏食品集团有限公司、江西正邦集团、新希望集团有限公司、正大畜牧、山东金锣集团及海南罗牛山等。公司产品出口中东、南美和中欧等地区，主要添加剂产品有维酶素、维激泰、参芪安、佳乐加、湿毒康等。

近年来，公司先后与浙江大学海南研究院合作申报的“高效替抗饲料添加剂植物甾醇酯的开发与应用”，与长江大学合作的“非洲猪瘟中药免疫调节剂的研究与开发”等项目，均取得了突破性成绩。公司紧紧围绕实施乡村振兴战略和党中央、国务院关于农业绿色发展的总体要求，积极开展兽用抗菌药使用减量化行动，探索兽用抗菌药替代产品和替代技术，以安全、高效、低残留的新型饲料添加剂等产品为重点，引导养殖者替代抗菌药使用。

重 庆 市

重庆金开生物科技有限公司

重庆金开生物科技有限公司自2013年成立以来，专注于发酵饲料、教保料、畜禽预混料及浓缩饲料的研制，将微生物的神奇力量转化为养殖业的绿色动力。

公司以“精诚所至，金石为开”的坚定信念，秉承“创新、价值、共享、永续”的发展理念，坚持“共同成长，财富共享，义利相融”的核心价值观，肩负着“推广绿色饲料，行善德之举，倡导健康生活”的崇高使命，致力于为养殖户提供全心全意的服务。

在“微生物发酵技术”“畜禽水产高效节粮”“超级发酵碳源”“靶向肠道微生态调控”以及“欧式营养”这五大研究领域，公司投入了巨大的热情和资源，取得了革命性的突破。由两位博士领衔的技术精湛、经验丰富的研发团队，与来自 Washington State University、Universiti Putra Malaysia 及华南农业大学等知名学府的顾问团队携手合作，公司每年投入200多万元用于技术研发，在生物发酵技术方面拥有多项发明及实用新型专利，为公司的创新之路保驾护航。

公司的成就也得到了社会各界的认可，荣获市级科技型企业名录、第三届重庆农产品加工业百强示范企业称号、农业农村部优秀饲料企业、重庆市守合同重信用企业及重庆市饲料协会副会长单位等殊荣，这些荣誉见证了公司在科技领域和行业领域的卓越成就。

展望未来，公司将继续致力于生物发酵技术的产业化应用，打造生态高效的养殖模式，并不断优化发酵工艺，拓宽生物发酵饲料的应用场景，使发酵饲料惠及更多的养殖户，推动整个畜牧业的升级转型，为广大人民提供更多、更好、更安全的畜产品，为国家的食品安全和生态文明建设做出更大的贡献。

重庆长源饲料有限公司

重庆长源饲料有限公司成立于2001年3月，现有资产9 000余万元，坐落于重庆市长寿区葛兰镇，是一家以蛋鸡产业为主导，建成“饲料研发生产＋育雏育成养殖＋蛋鸡养殖＋鸡蛋销售＋有机肥生产”的新型现代化蛋鸡全产业链农牧企业。通过20余年的发展，公司先后投资控股重庆市长寿区标杆养鸡股份合作社、重庆华杰农业开发有限公司、重庆标杆生物科技有限公司等6家企业。

公司始终坚持“质量求生存、信誉求发展”，全心全意为客户服务，不断为客户创造价值的经营宗旨；以“团结拼搏、追求卓越、创一流品牌、做一流企业”的企业精神；“诚信、务实、创新、奉献”的经营理念。经过20多年的不懈努力，公司取得了可喜的经济效益和社会效益。公司及下属企业历年来荣获国家级农民专业合作社示范社、农业农村部标准化示范养殖场、市级“三社”融合发展试点单位、市级农业产业化龙头企业、市级高新技术企业、市级畜禽养殖星创天地、市级出口农产品生产示范基地等荣誉。

2023年，公司生产销售饲料2.5万t、鸡蛋生产收购销售63万件，约合1.22万t（其中出口4.2万件，约1 000t，实现出口额1 047万元），生物有机肥生产销售0.6万t，公司实现年产值2.63亿元。

重庆众信农牧科技有限公司

重庆众信农牧科技有限公司经营理念是“惠众人之利、行诚信之商”，服务理念是“客户至上、产品务实、员工幸福”。

众信的含义。众：一群人、一条心、专注于蛋鸡产业一件事；信：做众人相信的产品。

重庆众信农牧科技有限公司成立于2016年，前身为重庆市荣昌区众信饲料有限公司。公司成立至今，先后创办重庆众信农牧科技有限公司、重庆润和农业发展有限公司、重庆市荣昌区蓉东蛋鸡养殖有限责任公司等10余家分（子）公司。公司实力雄厚，总资产达3.6亿余元，员工400余人，年平均产值7亿元，2023年突破8亿元。公司市场号召力强，与永辉、盒马鲜生、美团等大型商超（平台）构建了长期合作伙伴关系，其蛋产品更是远销长三角、珠三角、港澳台等地区。公司专注于饲料研发与生产、蛋鸡育雏育成、蛋鸡养殖、食品加工与贸易、动物保健、有机肥生产与销售等核心业务。公司一贯注重技术研发与产品创新，与重庆市畜牧科学研究院、中国农业科学院、西南大学等科研院校持续进行深度合作，已获得国家授权发明专利、实用新型专利10余项。在生产运营中，公司全面实施ISO22000、HACCP等良好的生产质量管理体系，做到全面可追溯，确保获得高水平的工艺和产品质量；2022年通过鸡蛋加工《无抗产品认证》。2022年公司荣获“国家高新技术”企业称号，2023年被评为重庆市“专精特新”企业、“科创中国”禽蛋产业服务团（重庆荣昌工作站）、重庆市家禽产业技术体系（荣昌工作站）、西南大学校外实践基地、第三届禽蛋产业峰会评选二等奖、中国合作贸易企业协会品牌示范基地等荣誉。公司“蛋相逢”品牌鸡蛋，是2023年7月重庆地区首家获得富硒鸡蛋认证资格殊荣的企业，2023年12月公司获得欧洲卢森堡“降低鸡蛋阳固醇含量的饲料及其制备方法”专利，2023年12月荣获“重庆市农产品加工示范企业”称号。公司为地方经济社会发展、农业农村现代化建设、畜禽养殖高质量特色化发展做出了突出贡献。公司是重庆市畜牧业协会副会长单位，作为荣昌区农业产业化龙头企业，致力于蛋鸡产业的持续高效发展。

饲料产业。公司研究和开发高效、环保的饲料配方，旨在提高动物的营养吸收率，同时减少对环境的影响。我们的专家团队不断探索新的原料和添加剂，以确保饲料的质量和动物的健康。

养殖产业。公司的研究覆盖从传统养殖到现代化、智能化养殖系统的各个方面，致力于提高养殖效率、优化动物福利，并减少疾病发生，以实现养殖业的可持续发展。

食品产业。食品安全和质量是公司研究的核心。通过科学的方法确保食品加工过程中的卫生标准，同时研究如何通过加工技术提升食品的营养价值和口感。

禽蛋产业研究院。公司专注于禽蛋的生产效率和产品质量。通过研究禽类的饲养管理、疾病防控以及蛋品加工技术，公司旨在为消费者提供安全、优质的蛋类产品。

四 川 省

成都大帝汉克生物科技有限公司

成都大帝汉克生物科技有限公司（DDC）创始于1992年，是我国专业从事动物采食调控产品研究、开发与生产的国家高新技术企业和四川省专精特新企业，中国饲料工业协会常务理事单位。

公司30余年专注动物采食调控，建立了四川省动物采食调控工程技术研究中心等省级科研机构及平台。以唯一企业单位，先后参与了国家标准GB/T 21543—2021《饲料添加剂 调味剂 通用要求》、GB/T 31215—2014《混合型饲料添加剂 甜味剂通用要求》、GB/T 22141—2018《混合型饲料添加剂酸化剂通用要求》的起草制定；主编出版了《实用饲料调味剂学》（中英文版）技术专著，发表科研论文200余篇（SCI收录15篇）；参与国家及四川省“十四五”及四川省重大科技成果转化等科研项目20余项，获授权发明专利15项，实用新型专利32项；荣获四川省科技进步奖二等奖、国家知识产权示范企业等各类荣誉60余项。

公司拥有荷兰进口的全自动香精自动配料生产线、香味剂生产线、甜味剂喷雾干燥生产线等采食调控产品专用生产线6条，以及生物酶解和美拉德反应生产系统。产品体系包括饲料香味剂、甜味剂、诱食剂、酸化剂、精油五大类，适用动物涵盖猪、禽、草食动物、水产动物、特种经济动物等，产品销往美国、韩国、巴西、越南、泰国、俄罗斯等全球近30个国家。

乐山鑫金兰农牧科技有限公司

乐山鑫金兰农牧科技有限公司位于四川省夹江县，是一家以蛋鸡饲料为龙头、多种饲料协同共进的农牧科技公司，于2023年12月获得四川省高新技术企业认定。

公司占地40亩，目前已投产的一期工程全年能生产配合饲料、浓缩饲料、复合预混合饲料等25万

t。公司坚持“诚信为本、质量第一、专做好饲料”的经营宗旨，积极开拓市场，2023年全年实现销售饲料近15万t。

公司的前身是成立于2012年的夹江县金兰饲料厂，在“金兰饲料”时期公司找准企业发展的方向，即利用乐山片区蛋鸡养殖集中的地域特点，结合企业自身对蛋鸡饲料技术、生产、营销的独特认知，打造“专业生产蛋鸡饲料”的特色企业，一门心思生产、销售蛋鸡饲料，迅速在乐山区域打开了市场，赢得了市场和客户的认可。2021年初，公司蛋鸡饲料月销量已经突破1万t。

公司在继续夯实蛋鸡饲料优势地位的基础上（据2023年统计数据，公司蛋鸡饲料占全省蛋禽工业饲料的9%以上，占乐山蛋禽工业饲料的34%以上），积极开发猪饲料等其他饲料，也取得了长足发展。公司现有“兰天乐”“兰天福”等系列蛋鸡饲料、猪饲料产品，同时为了适应市场竞争需要，寻找新的增长点。公司在2024年推出“兰天乐”复合预混合饲料系列产品，满足客户群体的多样需求。未来，公司将继续坚持“质量第一，创新发展”的思路，不断前进。

贵 州 省

贵阳新希望农业科技有限公司

贵阳新希望农业科技有限公司隶属于新希望六和股份有限公司，成立于2002年，主要从事饲料生产及农业开发，注册资本1 000万元。2023年固定资产3 358万元，资产总额5.01亿元，主营畜禽、反刍动物饲料加工销售，年产优质畜禽、反刍饲料可达40万t。2023年度公司累计产销畜禽、反刍饲料17.87万t，年产值7.2亿元，营业收入7.4亿元，纳税总额363万元。2023年，行业持续低迷，公司以经济效益为基础，以关键技术、养殖服务、融资及交易平台搭建等为抓手，以产品质量为根本，以满足客户需求为目标，服务覆盖贵州省100多个地区，使贵州养殖健康持续发展。

公司秉承“依靠政策、发展事业、服务人民、回馈社会、报效祖国”的企业宗旨，坚持以“聚焦养殖终端，协同共创发展”为战略主线，以农牧产业龙头企业优势带动农村经济发展，积极建立可持续发展合作关系。2023年通过产品关键技术，突破了肉鸡6元/斤、育肥猪6.5元/斤的造肉成本，5.1元/斤的饲料成本，二次育肥料比2.56的成绩，并获得2023年贵州制造业100强等荣誉。

公司持续开展豆粕减量替代工作，全年实现小猪豆粕减量替代比例超15%，大猪育肥阶段全程零豆粕添加，豆粕使用同比降低13.5%，从而促进饲用节粮减耗。

贵州川恒化工股份有限公司

贵州川恒化工股份有限公司于2002年11月25日成立，注册资金4.9亿元，是一家民营科技型磷化工企业，先后被评为国家高新技术企业、中国磷化工行业10强、国家级“绿色工厂”，于2017年在深圳证券交易所上市。

公司主营磷矿开发和磷资源精深加工，生产基地位于贵州省福泉市和瓮安县、四川省什邡市、广西壮族自治区扶绥县。大型磷矿山位于贵州省福泉市和瓮安县地区，磷矿石产量约250万t，磷酸盐产品产销能力约60万t/年，年销售收入25亿元以上。公司主营产品有饲料添加剂磷酸二氢钙、磷酸氢钙等，其中饲料添加剂磷酸二氢钙产品生产技术亚太领先，销量自2005年以来持续保持国内前列，并占全球约20%的市场份额。公司生产的消防磷酸一铵，填补了我国高性能消防磷酸一铵的市场空白，产品销量连续10余年保持40%的国内市场份额。在当前行业产能严重过剩的情况下，公司2023年完成磷酸铁销售任务，属于行业“优等生”。

公司在新的发展阶段提出“基于磷而高于磷”的战略构想，基于磷矿中的磷、氟资源，整合锂资源，发展绿色循环经济；依托资源和技术优势，快速切入新能源材料赛道，大力发展磷系及氟系电池材料。

贵州船牌饲料有限公司

贵州船牌饲料有限公司成立于2003年5月20日，是贵阳市农投集团的下属企业，现有职工61人，注册资金1 000万元。2017年，公司在修文县久长镇投资1.08亿元建立新厂，年产能20万t，建有饲料生产线5条（全省唯一的特种水产饲料膨化线1条、乳猪教槽料与膨化饲料线2条、中大猪及预混料生产线各1条），同时配套有约220m^{2}的饲料检测中心和水产动物疫病检测实验室。公司高度重视科技研发，现拥有专利11项（发明1项，实用新型10项），是一家集水产、畜禽饲料研发、生产、销售和技术服务于一体的现代化农垦企业。企业主要产品有膨化鲟鱼料、鲈鱼料、叉尾鮰料等水产饲料，膨化乳猪教保料、猪用配合饲料、肉蛋禽配合饲料等，2023年实现营收3.65亿元。

公司特种膨化水产饲料线填补了贵州省内空白，为用户提供技术服务，帮助贵州及周边省份水产养殖户解决用料难、用料贵、无技术的困境，深得用户好评。“船”牌商标获得“贵州省著名商标”“贵州省名牌产品”“中国农垦品牌”等诸多荣誉。

展望未来，公司将继续在党的领导下助力乡村振兴，以强质量、优服务，拼搏创新、苦干实干、发挥国企担当，以“精、尖、特、新”的工艺和技术，努力打造特种水产饲料优质品牌。

贵州茅台酒厂（集团）循环经济产业投资开发有限公司

贵州茅台酒厂（集团）循环经济产业投资开发有限公司于2013年10月创立，注册资金5.5亿元，于2014年启动建设，目前已建成年处理酒糟能力30万t，年产基酒1.5万t，生产天然气1 000万 Nm^3，有机肥料12万t，发酵饲料2万t的产业规模。

通过茅台酒酒糟一级利用生产酱香白酒，二级利用生产生物天然气、单一饲料（干白酒糟、酿酒酵母发酵白酒糟、酿酒酵母培养物）、有机肥，对酒糟进行多级利用。依托园区四大产业项目，公司2023年实现营业收入9.18亿元，利润总额2.34亿元，解决就业1 200人次。同时助力贵州黄牛产业发展，持续为区域经济发展和乡村振兴建设做出贡献。

2023年，公司成为贵州省唯一获评“国家循环经济标准化试点”单位，获评国家级“绿色工厂”，贵州省绿色工厂、绿色供应链，贵州省制造业100强企业，贵州省2023年成长之星企业。公司将继续坚持以资源化、绿色化、生态化、专业化为发展原则，致力将循环产投公司打造为“国内酿酒副产物资源化利用和循环经济发展示范企业”。

松桃德康饲料有限公司概况

松桃德康饲料有限公司成立于2021年12月，位于铜仁市松桃苗族自治县稿楼村。公司占地面积39.63亩，总投资5 314万元，设计年产量24万t，是一家专业生产猪配合饲料及浓缩饲料的现代化大型企业。

公司依托德康总部一流的研发平台和高素质的专家团队，研制“德康”品牌猪饲料，为总公司生猪养殖提供安全、优质、高效的产品。2023年公司生产饲料15万t，实现营收5.3亿元，不断加快推进松桃县生猪产业化发展。公司积极响应低蛋白、低豆粕日粮的号召，积极开发新技术、新工艺，深挖豆粕替代原料、生物饲料和酶制剂，使豆粕使用量减少40%，获得贵州省科技厅8万元的项目研发补助。

公司以“高端食品生态圈建设者”为愿景，在坚持“用食品思维做养殖，用健康思维做食品”的经营理念下，快速发展，于2023年12月在港交所A股上市。公司提供大量工作岗位，为回乡就业创造机会，获得了就业帮扶车间补贴、社会保险社会局一次性留工补助和就业帮扶车间补贴。公司自投产以来，高度重视安全生产，无任何安全事故发生，获得安全生产三级标准化企业。

云南省

昆明滇农饲料有限公司

昆明滇农饲料有限公司创立于2004年5月，注册资金2 000万元。公司自始至终把“服务滇农，诚信为本”作为企业的经营发展理念，坚持“以质量求生存，以信誉求发展”的企训和宗旨，经过近20年的不断拼搏、开拓和创新，现已发展成为集饲料生产、销售、原料贸易、良种猪繁育、商品猪养殖，以及肉鸡、鸭养殖，水产品养殖为一体的规范、高效、和谐发展的大型现代化民营企业，完成了“公司＋农户＋基地”的集约化生产模式。

公司设计年生产能力为24万t的优质饲料生产车间，厂址位于云南省最大的饲料产业园区宜良县工业园区，占地面积32.4亩，于2012年11月建成投产。产品系列有猪料系列（猪浓缩饲料、乳猪料、猪场全价料）、鱼料系列（漂浮料、沉料）、禽料系列（鸡鸭系列产品）等，销售市场覆盖云南、贵州、四川等地，深受广大养殖户青睐与好评。2018年以来，公司连续多年荣膺2018云南民营企业100强称号。2023年公司实现产值29 192万元，实现销售收入29 762万元。

公司一贯把人才队伍建设摆在日常工作首位，始终坚持“内培外引”的人才管理机制，至今公司已基本形成了综合型人才技术管理团队。该团队有力推动了企业各系列产品技术的不断创新，充分满足了市场众多客户对产品质量的个性化需求。公司现有员工72人（仅饲料厂人数），其中本科、专科以上学历的专业技术人员18人，占公司总人数的四分之一，基本实现了专业化、知识化的人才队伍建设目标。

公司坚持扎根广阔农村，以“扶贫攻坚”“振兴乡村经济”为己任。用科学养殖观念引导农户进行现代养殖生产技术，取代了传统的养殖模式，极大地提高了养殖户的养殖积极性，以优质的产品和优良的服务，帮助农民增收、创收，最终实现脱贫致富的目标。“不忘初心，回馈社会”，公司在取得良好经济效益的同时，仍然把社会效益列入日常工作议程，始终坚持回馈社会、热衷公益事业。公司2018年、2019年、2020年连续三年被所在地宜良县委、宜良政府授予“宜良县十百千万活动”扶贫攻坚先进单位。

公司在总裁林开清、董事长林建平的领导下，依靠全体员工的共同努力，牢记企业的经营理念和宗旨，公司将继续保持稳健、扎实的发展战略目标，继续为建设和振兴新农村经济做出应有的贡献。

益海嘉里（昆明）食品工业有限公司

益海嘉里（昆明）食品工业有限公司由益海嘉里金龙鱼粮油食品股份有限公司、云南省农垦集团下属企业共同投资，于 2010 年正式成立，位于云南省晋宁区青山工业园片区，占地约 413 亩，以米、面、油产销一体为主营业务。2019 年公司日处理 1 200t 的一期面粉项目已投产运营，投资 4 亿元人民币，实现营收 15 亿元人民币。

在国家“一带一路”倡议的指引下，益海嘉里集团看好云南的整体市场环境和经济发展前景，决定加大对昆明食品的投资。二期油脂加工项目总投资约 11 亿元人民币，于 2023 年 9 月全线投产，建设含年加工大豆 100 万 t 的榨油产线、年加工植物油 26 万 t 精炼产线、年产包装油 40 万 t 的包装油产线及配套的铁路专线等物流设施。整个粮油综合项目可实现年营收 65 亿元人民币，税收 5 000 万元人民币，解决 1 000 人就业。

未来，集团将立足丰富的优质绿色原料和高原特色食材，助力云南实施“绿色食品牌”战略。公司正在云南筹建中央厨房食品加工项目，致力打造集工业化餐饮食品的研发、加工、供应链于一体的园区平台项目，服务全国和东南亚、南亚等国际市场。项目全部落地后，昆明食品将成为云南省最大的综合性粮油食品加工企业，为云南的主食供应提供更大的支持。

云南滇大饲料有限公司

云南滇大饲料有限公司是由云南天章集团有限公司赵天章先生和黄友凤女士于 2011 年 4 月 26 日发起设立的年产 32 万 t 的现代化饲料加工企业。工厂坐落于云南省昆明市宜良县饲料工业园区，占地面积百余亩，投资规模目前已达 16 000 余万元。

公司以猪、鸡、鸭和反刍动物饲料为主要产品，是集产品研发、生产、销售和服务于一体的大型现代化饲料生产企业。公司拥有国内先进的饲料生产工艺和设备，建有两条猪用、一条反刍、一条禽用饲料生产线，两条预混料生产线和一条膨化生产线，可以针对饲喂动物和产品的特点分线生产，确保配方实施的精准和产品质量的稳定。

经过多年的发展，企业先后获得 13 项实用新型专利证书与 2 项发明专利，并获得国家高新技术企业、云南省农业产业化省级重点龙头企业、云南省级专精特新“小巨人”企业、饲料质量安全管理规范示范企业、中国绿色食品协会绿色饲料授权单位、昆明市企业技术中心、云南省优秀科技型中小企业、云南省农产品深加工科技型企业、昆明市创新型试点企业、两化融合贯标试点企业、2018 云南省民营企业 100 强等认证和荣誉，成为云南省规模较大、研发创新能力强、科技含量较高、拥有先进深加工技术和设备的大型现代化饲料企业，直接带动了全省相关区域畜牧业、种植业和养殖业等相关产业的发展。

依托集团的经济实力与社会影响力，公司已与省内外数家高校及科研机构建立了十分密切的合作关系，并在行业中享有广泛赞誉。在省市县各有关部门的支持下，公司本着“向管理要质量、向质量要市场、向市场要效益”的发展思路，以“安全、绿色、环保”为发展目标，现已成为当地有影响力的集农产品深加工、销售于一体的综合性农业产业化经营企业。公司将以“质量为根基、诚信行天下、情感暖人心、团队赢未来”的经营理念，不断开拓市场，构建销售渠道，为广大农户架设农产品的运销桥梁。在实现企业自身发展壮大的同时，努力提高员工的幸福指数，争取为地方经济发展做出更大的贡献。

云南新联畜禽有限公司

云南新联畜禽有限公司成立于 2022 年 7 月，位于云南省昆明市宜良县饲料产业园区，占地面积 40 余亩，是一家集饲料生产、销售和牲畜饲养于一体的农牧企业。

公司拥有世界先进的生产设备和一流的生产工艺。为推进生产自动化、智能化的快速发展，公司在引进国内外先进技术和设备、采用电脑控制全自动化生产的同时，又引进自动上标签机、自动套袋机、自动码包机、自动拆垛机等先进自动化设备并投入使用，自动化水平行业领先，生产效率大幅提升，生产成本不断降低。为实现生产信息化，公司先后上线中控配料系统、SCM 设备清理系统、能耗自动采集系统、自动出入库系统，在生产效率提高的同时，确保生产相关数据的及时性及准确性。公司经过长期积累的生产管理经验，形成了具有云南新联特色的年产 36 万 t 生产加工工艺及生产技术。

另外，公司还建立了完善的质量管理体系，建设了超标准的检化验中心。截至 2023 年，有进口布鲁克近红外检测仪、沃特斯高效液相色谱仪、岛津原子吸收分光光度计、高精度酶标仪等先进设备。检化验中心配备专业检测人员，确保检测数据的准确性。近红外检测仪的使用，增强了公司的检测能力，提高了检测效率，保证进厂原料和出厂成品批批检测，并通过近红外光谱持续优化，确保检测结果的准确性，为原料的使用及成品的判定提供了保障。

在企业发展过程中，公司始终把科技研发摆在首要位置。为了更好地与市场接轨，保证生产的产品满足市场需求，专门设立了研发中心，组建了研发团队，并由专业人员进行市场调研，并将调研结果及时、准确地反馈给研发中心，研发中心根据需要，对现有产品完善改良，同时研制更适应市场需求的新产品，实现“人无我有、人有我优”，保证产品在市场的竞争力。

公司主导产品有猪、鸡浓缩饲料、配合饲料和预混料，畅销云南省各县市。公司主打品牌有新联、广惠、飞鲸、牧佑红等产品系列。公司成立短短一年，产值达到 1.2 亿元，月销量提升至 4 000t。公司秉承“以质量求生存，以服务为根本”的理念，以客户为中心，为客户提供更高价值的产品和服务。

云南兴昆化工有限公司

云南兴昆化工有限公司位于云南省昆明市晋宁区二街工业园区，前身是云南磷化集团有限公司下属的全资子公司——云南昆阳兴昆化工总厂，1995 年 10 月建厂，2005 年 8 月改制，成为一家独立的有限责任公司。公司秉承质量至上、诚信为本的经营理念，打造质量过硬的品牌产品，在云南的磷肥行业得到一致认可，产品覆盖全国，远销澳大利亚、新西兰，东南亚、南亚、非洲、南美等国家和地区。公司通过了 ISO 9001 国际质量管理体系、ISO14001 国际环境管理体系认证；通过了云南省清洁生产审核，是国家安全标准化三级企业和昆明市能源计量示范单位。公司主要产品“兴昆”牌重过磷酸钙、“兴昆”牌富过磷酸钙连年被授予昆明市名牌产品，公司质量监督部被中国石油和化学工业联合会授予 A 级质量检验机构证书。

2018 年，公司增加了 3 万 t/年的工业磷酸脲生产装置，产品远销欧洲、南美和中东等多个国家和地区，在世界磷酸脲行业中深受好评。2022 年，经技术改进，公司将磷酸脲生产装置升级为饲料添加剂磷酸脲生产装置，并于 2022 年 12 月顺利取得饲料添加剂磷酸脲生产许可证，2023 年 2 月取得饲料添加剂产品批准文号，饲料添加剂磷酸脲生产能力为 2 万 t/年，饲料添加剂磷酸脲生产装置工艺先进、技术含量高、能耗少。

公司坚持“以优质产品为主，多种经营求发展”的经营理念，加强企业与企业之间、企业与客户之间、企业与用户之间的广泛交流与合作，为企业的持续健康发展而不懈努力。

陕西省

陕西华秦农牧科技有限公司

陕西华秦农牧科技有限公司是陕西省杨凌示范区管委会直属的国有独资企业。公司前身是“陕西省饲料厂”于 1986 年经省政府批准立项，1990 年建成投产。公司拥有“华秦”“劲达”两个著名品牌，产品涵盖鸡、猪、牛、鱼各类浓缩饲料、配合饲料、预混合饲料及单一饲料。公司曾获农业产业化国家重点龙头企业、全国守合同重信用企业、全国三十家优秀创新型饲料企业、陕西省名牌产品、陕西省著名商标等荣誉，被誉为“西北饲料工业的一面旗帜”。

公司坚持“文化引领、服务转型、品质建设、效率提升、成本控制”的管理理念，建立了以“客户满意”为导向的品质建设体系和《饲料质量安全管理规范》与 ISO90001 质量管理体系相结合，以首席质量官为领导的品质控制体系。公司与西北农林科技大学长期开展产学研合作，联合建立了陕西“四主体一联合”饲料工程技术研究中心、省级企业技术中心研发平台，先后荣获农业农村部农牧渔业丰收奖、陕西省科技进步奖等奖项。

公司以“做养殖企业的优秀服务商、助推养殖成功”为服务战略，组建了千余人的主体服务团队，用质量和服务赢得用户口碑，让“好饲料、国企造”的品牌形象享誉西北。

澄城县澄石种猪有限公司

澄城县澄石种猪有限公司是陕西石羊农业科技股份有限公司“云养殖”产业体系于 2022 年在渭南市澄城县建设的年产 30 万 t 的专业猪饲料加工厂，项目总投资 1.19 亿元，是西北区域集规模化、自动信息化于一体的高档猪料生产基地。

公司在规划建设过程中，高起点谋划，高标准部署，从生物安全防控出发，严格遵循国际先进的设计理念，建设单独的成品、原料车辆洗消通道；采用瑞士布勒公司的成套智能化生产设备，实现从原料到产品的全散装化、加工过程的全自动化，配套自动化设备减少接触传播风险；6 座筒仓总容量 1.5 万 t；散装原料仓 28 个，总容量 6 000t；成品散装仓 16 个，总容量 2 500t；充分利用互联网大数据，打造从农场到工厂的大数据能源管理、物流管理和订单管理的智能化饲料加工厂。全方位为石羊农科在渭南地区养殖场做好饲料保障。

此外，公司以绿色环境为设计理念，构建饲料产业与环境协调发展体系，保障动物健康和食品安全。公司不仅满足了种猪各生长阶段的营养需求，还显著提高了饲料的利用率，有效降低了养殖成本。

陕西康达尔农牧科技有限公司

陕西康达尔农牧科技有限公司成立于1992年，隶属陕康集团，占地100余亩，资产总额6 500多万元，是集饲料研发与生产于一体的陕西省农业产业化重点龙头企业；系国家级高新技术企业，现已通过ISO9001质量管理体系、ISO45001职业健康安全管理体系、ISO14001环境管理体系、两化融合管理体系和能源管理体系认证，并被认定为陕西省专精特新企业。

公司秉承“客户至上、品质为王”的经营理念，依靠专业技术团队，引进国际一流设备，建有畜禽饲料生产线2条，预混料生产线1条，发酵饲料生产线1条，配有400m^{2}理化、微生物实验室，年产销畜禽、生物发酵饲料近12万t。向市场推出浓缩饲料、配合饲料、预混料、发酵散装饲料、定制饲料等健康、营养、均衡、高效的系列产品，满足不同客户的多元化需求。在获得良好的市场口碑后，陕西康达尔农牧顺应饲料行业的发展趋势，基于《动物营养理论》和《微生态理论》，2019年与国家生物饲料工程中心战略合作，研发出菌酶协同发酵饲料——酵力奇，以细分畜种、细分阶段、精准营养、稳定高效的出色表现，赢得广泛的市场好评和养殖用户的信赖。

未来，陕西康达尔农牧科技有限公司将继续深耕动物营养，创新农牧科技，保障养殖安全，为畜牧业高质量发展贡献一分力量。

嘉吉饲料（陕西）有限公司

嘉吉饲料（陕西）有限公司成立于2010年，隶属嘉吉动物营养事业部，位于陕西杨凌农业高新技术产业示范区。公司产品主要以猪配合饲料、猪牛羊浓缩饲料、牛羊精料补充料生产销售为主，年生产加工饲料能力24万t。公司依托集团优势，坚持“安全为本”的理念，通过提供行业领先的产品技术及专业农场解决方案，致力帮助战略客户持续提高盈利能力，携手共赢。

坚持安全为本。公司始终把“饲料产品的安全”作为重中之重，通过强大的品控体系和供应链体系来确保饲料安全和供应安全，打造一流的产品品质，努力为消费者提供好营养、好生活。同时通过完善的生物安全、生产安全体系助力农场安全，守护农场生物安全底线。

领先的产品技术。全球研发，本地应用，以精准营养体系和技术，匹配原料营养供应和动物营养需求。同时通过数据管理、动物生长管理实现精准管理，深挖动物生产性能，开发农场生产潜能，并兼顾养殖成本和环保要求。

专业的农场解决方案。“在中国，为中国”，汇聚全球营养资源，聚焦本地客户需求，通过专业的营养知识和全面的解决方案，改善农场的现场管理和协助农场人员培训，帮助农场实现生产增效和管理增效，助力农场穿越行业周期，实现持续盈利。

陕西杨凌富仕特生物科技有限公司

陕西杨凌富仕特生物科技有限公司成立于2012年，是一家专注于反刍动物领域内生物发酵技术研究和集产品开发、生产、销售于一体的高新技术农业企业。公司的战略目标是：打造生物发酵饲料第一品牌。产品主要分为两大类：一是生物发酵饲料及饲料添加剂产品，二是以生物发酵为载体的复合预混合饲料。公司自成立以来，一直致力于生物饲料的研发及生产工作，并与西北农林科技大学进行了深度的产学研合作，联合成立了生物饲料联合研发中心，获批组建了陕西省“四主体、一联合生物发酵饲料工程技术校企联合研究中心”科技创新平台。企业先后荣获国家级高新技术企业和陕西省农业产业化重点龙头企业、瞪羚企业、饲料质量安全管理规范示范企业、饲料工业诚信农企、饲料工业领军企业、饲料工业精神文明建设先进单位等荣誉。企业管理通过了ISO9001质量管理体系认证。

企业的生物发酵拳头产品“反刍先锋”采用自主研发培育的微生物菌株和专用固态发酵工艺，充分利用农林废弃物、农副产品等地产原料，在发酵合成菌体蛋白的同时产生丰富的蛋白酶、纤维素酶等代谢产物。该产品经过5年的市场检验，证实可显著提高反刍动物饲料利用率，畅销西北五省份，覆盖全国10多个省份，累计节约豆粕等蛋白原料4万余t。

甘肃省

甘肃禾丰牧业有限公司

甘肃禾丰牧业有限公司成立于2012年2月，是禾丰集团独资8 000万元在甘肃地区建设的旗舰型现代化专业饲料企业。

甘肃禾丰牧业有限公司位于甘肃省武威市凉州区武南工业园区，占地56亩，有年生产能力35万t的专业化生产线2条，分别是20万t的猪、禽饲料生产线，15万t的反刍饲料生产线。车间内配备了国内领先的纯进口机器人自动码包设备，公司基础建设及生产产能在甘肃省位居前列，是集饲料研发、生产、销售和服务于一体的现代化企业，有一流的营销团队，产品除销售到甘肃各地外，还远销至陕西、青海、宁夏、新疆等省份，得到客户的一致好评。

甘肃禾丰牧业有限公司按照国家的有关要求，建设有标准的饲料化验中心，配备电子分析天平、紫外分光光度计、定氮仪、脂肪检测设备、纤维测定设备、pH酸度计、酶标仪、近红外检测仪等，提高了检测效率和准确度。公司于2014年通过ISO9001：2008质量管理体系认证，于2015年通过农业部《饲料质量安全管理规范》验收工作，成为全国第三批、西北首批通过《饲料质量安全管理规范》的示范企业。

2023年公司产值达2.5亿元，为广大客户提供高品质的饲料产品。

甘肃奥林贝尔生物科技集团有限公司

甘肃奥林贝尔生物科技集团有限公司成立于2007年，是一家专业致力于农牧动保产品、生物抗菌肽、生物工程菌剂、微生物菌肥、生物发酵饲料及饲料添加剂、植物生防功能工程菌剂等产品研发生产的国家级高新技术企业。2023年度，公司实现主营业务收入13 200.49万元，研发费用投入1 058.03万元，同比增长6.46%，实现利润1 456.85万元。

企业创立至今，先后承担国家级、省级科研计划课题6项，承担建设部省级以上科研平台5个（全国博士后科研工作站、甘肃省生物抗菌肽工程技术创新中心、甘肃省生物抗菌肽工程试验室、甘肃省省级企业技术中心、甘肃省新型研发机构）。集团公司先后被授予国家级重点专精特新“小巨人”企业、国家级知识产权优势企业、省级技术创新示范企业、省级绿色工厂、省级农业产业化重点龙头企业、省级战略性新兴产业骨干企业、省级专精特新企业、省级循环经济示范企业等诸多荣誉称号。近年来，奥林贝尔团队始终不忘“升值资源，健康国人”的初心，一直牢记“强壮民族不负韶华”的使命，通过聚焦农牧业瓶颈问题，专注产业重大关键技术瓶颈突破攻关，自主研发突破了生物抗菌肽共融合基因工程表达、酸裂解纯化、定向筛选等先进技术，克服了生物抗菌肽产量低、纯度低、抗酶解能力差等行业瓶颈问题，主导产品奥谱金肽（生物抗菌肽）核心技术达到国内领先、国际先进水平，为加快推进乡村振兴做出了积极贡献。

武威和生源饲料有限公司

武威和生源饲料有限公司成立于2009年，是陕西和生源生物科技有限公司全资控股的一家专业从事反刍动物营养研究，饲料研发、生产、销售及养殖服务于一体的专业化、现代化饲料企业，公司地处“中国旅游标志之都”甘肃武威。公司拥有国内先进的反刍动物饲料成套加工生产线3条，年生产能力30万t，专业化反刍动物检验化验室1个，规模化反刍动物营养研究实验基地1座。

公司现有员工130余人，其中动物营养博士1名，畜牧兽医专业人员50余人。公司与西北农林科技大学、甘肃农业大学等科研院校专家长期合作，在反刍饲料技术研发方面独树一帜，尤其肉羊全混合日粮研发获得重大突破。公司拥有“牛博士”“欣普爱多”“和生源”三大自主品牌，连续几年销量在西北反刍料市场名列前茅。公司用5年时间，在饲料、养殖、屠宰产业链方面进行完善，实现《双百》目标——年饲料销量100万t，存栏肉羊100万只，成为中国反刍动物饲料行业一流企业。

2023年公司被区工信局评选为2023年度全区工业经济稳增长工作中做出突出贡献的企业先进集体，被中共武威市委、武威市人民政府评为武威市2023年高质量发展稳增长工业企业“三等奖”，被中共武威市凉州区委、武威市凉州区人民政府评为2023年度凉州区经济社会高质量发展工作“先进集体”，被中共武南镇委员会、武南人民政府评为2023年平安建设“先进单位”。

公司连续多年通过ISO9001体系认证和HACCP食品安全认证体系认证。先进的管理经验和完善的生产工艺，保证了产品质量的优越性和稳定性。“以诚为本，以信为先”，公司在激烈的市场竞争中赢得了客户的信任，树立了良好的企业形象。公司系列产品销量和市场占有率位居全国前列。

兰州正大有限公司

兰州正大有限公司是泰国正大集团与甘肃省农牧厅合作兴办的大型现代化农牧企业，于1993年8月正式开业，是最早在甘肃投资的外商企业之一，后经过公司业务的多元化发展，逐步成立了5家公司，资产总额达25亿元人民币，员工人数达1 700余人。2020年公司整体营业额为38亿元，2021年整体营业额为29亿元；2022年3家饲料厂独立核算，其中兰州正大饲料厂整体营业额为7亿元。30多年来，公司基本形成了从种植、饲料生产、种畜禽繁育、商品代饲养到屠宰加工、食品深加工及终端零售为一体的全产业链经营体系。

在兰州市、张掖市、平凉市建成了现代化专业饲料厂5座，年产能达80万t，市场占有率达35%。公司在质量管理检测设备方面加大投资，化验室投资300多万元。为降本增效、节能降耗，公司引进全球最先进的 NIR 近红外饲料分析仪、全自动核酸提取仪、PCR 荧光检测仪、全自动酶标仪、原子吸收风光光度计等一系列高效、节能、绿色的检测技术。

近年来，为实现工业生产现代化转型升级、提高生产效率、降低生产成本，饲料厂先后在机械化、自动化、智能化方面加大投资更新力度，改造了自动液压翻板、自动投料机、0.2%预混合及微量称升级改造、CPS 配料系统改造、自动拆垛机、成品发货工段自动拆垛机、甲醇锅炉、“两单两三”配料精度提升、防疫物流一卡通系统等 9 项重点项目。

2023 年 3 月 24 日，工业和信息化部办公厅公布兰州正大有限公司获得 2022 年国家级绿色工厂殊荣。

甘肃海大饲料有限公司

甘肃海大饲料有限公司是广东海大集团股份有限公司（股票代码 002311）在甘肃投资新建的大型饲料生产企业，公司成立于 2018 年 8 月 23 日，位于甘肃省兰州新区秦川园区淮河大道 2366 号，占地面积 40 亩，总投资 1.2 亿元人民币，于 2019 年 2 月正式投产，目前有 4 条独立生产线，年设计产能为 26 万 t，主要生产“海大牌”系列畜禽饲料、反刍饲料、添加剂预混合饲料。公司在职员工约 150 人，公司运营正常、发展势头良好。

甘肃海大饲料有限公司依托海大研究院的技术研发优势和集团统一采购平台，推行“四位一体”的高效联动机制，建有全套布勒设备畜禽饲料独立生产线 2 条、专业反刍料生产线 1 条、专业添加剂预混合饲料生产线 1 条。化验室配备近红外分析仪、自动定氮仪等先进仪器设备。公司拥有一支敬业、充满活力、富有创新精神的优秀员工队伍，其中 60%以上拥有大学专科及以上学历，尤其汇聚了畜禽、反刍养殖方面的技术服务专家，坚持“以市场为导向、以客户为中心，品质第一、服务至上”的经营理念，以“科技兴农，改变中国农村现状”为神圣使命，向广大养户提供养殖全过程的产品及技术服务，秉承“海纳百川，有容乃大”的精神，帮助农民致富，为养户创造价值。

宁夏回族自治区

宁夏晟熙生物科技有限公司

宁夏晟熙生物科技有限公司位于宁夏石嘴山市惠农区，是一家专注于腐殖酸研发、生产和销售的企业。公司始终坚持以科技创新为动力，以市场需求为导向，通过与国内外知名科研机构和高校合作，不断引进先进技术和管理经验，提升自主创新能力，致力于研发高效、环保、安全的饲料产品腐殖酸钠。同时，公司积极推行精细化管理，优化资源配置，降低生产成本，提高企业竞争力，推动企业持续健康发展。

公司始终坚持客户至上的服务理念，注重品牌建设和市场拓展，通过建立完善的销售网络和售后服务体系，为客户提供全方位、个性化的解决方案，赢得了广大客户的信赖和支持。

在发展过程中，公司注重人才培养和团队建设，打造了一支高素质、专业化的员工队伍。设立国内领先腐殖酸系列实验室和化验室 2 个，科技研发人员 15 人。通过不断完善激励机制和培训体系，激发员工的创造力和工作热情，为企业发展注入了源源不断的活力。

公司将继续秉承“科技创新、质量为本”的理念，不断提升产品质量和服务水平，为实现中国饲料工业的可持续发展做出更大的贡献。

宁夏大洋饲料科技有限公司

宁夏大洋饲料科技有限公司成立于 2020 年，隶属天津大洋农牧集团，主要从事饲料研发、生产与销售，是一家集科研、生产、养殖、销售、服务于一体的大型现代化饲料企业。公司坐落于宁夏吴忠市黄河之滨的金积工业园区，总占地面积 35 亩，配备全自动化预混料生产线，年生产能力达 8 万 t，饲料产销量位居行业前列。

公司先后联合中国农业科学院、天津畜牧兽医研究所、南京农业大学、法国 VITAFARM 公司、荷兰 BLGG 公司等多家高等院校和科研院所的专家教授致力于高品质安全饲料的交流、研发和推广以及专业人才的培养。公司不断加大研发投入，建立 300 多 m^2 国际先进研发检测中心，组建由 30 多位专业人才组成的高素质年轻化科研技术服务团队。

公司不断提高质量标准，创新生产工艺；不断提升产品的质量，满足客户需求。如今的“大洋”，以优质的产品和服务被认定为著名商标。公司先后获得多项发明专利，并将继续秉承“以德为本、服务客户”的企业理念，用激情、严谨的工作态度，以质量过硬、效果稳定的产品，竭诚为中国的畜牧事业发展做出贡献。

宁夏恒康科技有限公司

宁夏恒康科技有限公司创建于 2013 年，位于宁夏银川生物科技园洪胜东路，占地面积 200 亩，注册资金 2 亿元整，拥有 2 条行业内领先的饲料添加剂生产线，年设计生产能力 3 万 t，主要生产饲料添加剂胍基乙酸，产品以出口居多，是一家集研发、生产及销售于一体的科技型企业。

公司以产品研发为先导，以生产安全高效饲料添加剂为己任，汇聚化工、动物营养、食品科学等高端技术人才，公司先进的生产设备和严密的质量控制体系，为生产高质量的产品提供了可靠保证；规范的内部管理、灵活的用人机制，确保了企业生产经营活动的高效运作；诚实守信的经营作风，针对市场特点采取各具特色的营销策略和完善的售后服务体系，为贺兰县工业园区带来了良好的经济效益和社会效益，也树起了优秀的企业形象。公司连年多次被当地政府及有关部门授予宁夏回族自治区科技型中小企业、贺兰县第一批节水型企业、国家高新技术企业、自治区瞪羚企业、自治区创新型中小企业等光荣称号。公司产品也连续被国家质量技术检测中心抽检合格。

公司始终注重环保与发展同步，力争打造绿色环保企业，秉承"规范、敬业、创新、发展"的理念，坚持"品质至上，永无止境"的质量方针，努力树立良好的品牌形象，服务于国内外客户。

新疆生产建设兵团

晨光生物科技集团克拉玛依有限公司

晨光生物科技集团克拉玛依有限公司位于新疆生产建设兵团第七师胡杨河经济开发区，是一家从事棉籽深加工的国家高新技术企业。公司成立于 2013 年 9 月，注册资金 6 000 万元，占地面积 434 亩，项目总投资 1.17 亿元，主要产品为脱酚棉籽蛋白、棉籽油、优质棉短绒、棉籽壳。2019 年，公司被评为兵团农业产业化重点龙头企业；2021 年 11 月 25 日，被认定为国家高新技术企业；2022 年 5 月，荣获兵团"专精特新"中小企业称号；2023 年 11 月，获"兵团工业企业 100 强"荣誉称号。

2023 年公司生产棉籽蛋白 6.6 万 t、棉籽油 2 万 t、短绒 2 万 t、棉籽壳 5 万 t；工业总产值 6.3 亿元，同比增长 7.3%。公司围绕大宗原料及产品进行深度成分挖掘，为新产品、新应用的开发和解决工艺问题提供技术保障。2023 年公司投资了 1 500 万元对现有生产线进行提质增效技术改造，持续将产品做精、做深、做强，不断提升产品综合竞争力，加快规模化生产进程。2024 年，公司计划年加工毛棉籽 22.3 万 t，影响带动七师及周边地区棉花种植约 100 万亩，惠及当地 7 000 多农户。

新疆沂利泓生物新材料科技有限公司

新疆沂利泓生物新材料科技有限公司由山东泓达生物科技（集团）有限公司投资，于 2018 年 5 月 25 日落户国家级霍尔果斯经济开发区兵团分区。

公司积极响应国家"一带一路"倡议，充分利用当地区位优势、政策优势、资源优势，本着环保先行、本质安全、绿色制造的理念，以上海沂利泓生物研发中心为载体，依托江南大学、浙江工业大学、华东理工大学、山东医药工业设计院、山东食品发酵工业研究设计院、复旦大学、上海交通大学等科研院校的技术支撑，实现产品安全、绿色、可降解；利用当地丰富的玉米、甜菜、煤炭等资源，结合国内外先进的生物发酵工艺，将基本农作物加工为原料药、食品添加剂、饲料添加剂、生物防腐剂、着色剂、生物聚合物等系列产品。

新疆沂利泓生物新材料科技有限公司占地 1 422 亩，分三期建设，总投资 45 亿元。一期投资 20 亿元，年深加工玉米 45 万 t，主要产品有核黄素、钴胺素、异亮氨酸、透明质酸钠、赤藓糖醇、衣康酸、黄原胶等，广泛应用于医药、食品、饲料、化妆品、生物新材料等领域。公司产品既可满足国内市场需求，又可出口至中亚及欧美。

大 连 市

大连禾丰饲料有限公司

大连禾丰饲料有限公司成立于 1995 年，是禾丰集团全资子公司。公司位于大连市金普新区，是辽南地区专业生产畜禽饲料的现代化高科技农牧企业之一，是大连市饲料协会副会长单位。

公司年生产能力达 30 万 t，主要产品为畜禽饲料（配合饲料、浓缩饲料），销售网络覆盖辽南、辽西北地区，公司采用世界级 BRILL 配方软件、引进行业内最先进的饲料生产设备和加工工艺，公司产品设计及配方优势得到客户的一致认可。颗粒料制粒全部双层调质、调质温度 85℃以上，调质时间 3min 以上，保证颗粒饲料安全、稳定。中控系统更先进、更精准，车间各流程安装 20 个监控设备，确保各环节无死角。2023 年，为了满足快速增长的销量和有效防控非洲猪瘟的需求，公司投资建设了成品散装仓，生产后的饲料可直接进入散装仓，不仅提升了装车的效率，还避免了人员与饲料的接触，从而实现了生产效率高、产品质量高、生物安全性高的效果。

大连禾丰饲料有限公司依靠优质的服务和完善的质量体系迅猛发展，逐渐形成了以辽南为中心，辐射整个辽宁的销售区域，是一家集饲料生产、销售及售后服务于一体的现代化饲料生产企业。

大连禾丰鱼粉有限公司

大连禾丰鱼粉有限公司是辽宁爱普特与谭广武

先生、王立达先生在2011年3月合作扩建的现代化、高科技民营企业。公司坐落在大连市普兰店南端，地处黄海之滨的皮口小镇。公司距离皮口港3公里、桃源港20公里、大连湾港80公里、庄河港口60公里、东港100公里，周边有着丰富的鲜鱼资源。公司临近海皮公路、距离鹤大线和皮长高速入口2公里，交通便利。公司始终以“质量和信誉”为发展宗旨，拥有先进的生产设备、专业的化验检测设备和训练有素的技术人员，严格监控生产各个环节，对出厂的产品进行批批检测，保证了产品的优质、稳定、安全。公司拥有长期合作的捕捞船队，加工车间临近码头，保证了原料的新鲜。公司产品主要是65蛋白（VBN≤120mg/kg）、63蛋白（VBN≤130mg/kg）两种。大连禾丰鱼粉有限公司是禾丰集团下属子公司之一，可共享集团产品研发、品质控制、生产管理及人才资源，为公司快速发展提供了强有力的保障。“产品质量就是企业的生命线”，禾丰人深知企业经营的法则。公司的合作客户有禾丰集团及国内外知名饲料企业。公司将以东北为中心，面向全国开拓市场。公司自成立以来，全体员工一致秉承成立之初的质量方针与目标，以及与客户双赢，重视人才培养及创新，努力成为中国优秀的专业鱼粉供应商。

大连荣泰大腾饲料有限公司

大连荣泰大腾饲料有限公司成立于2022年4月22日，公司类型为有限责任公司，经营范围为饲料生产、饲料原料销售、粮食收购、粮食仓储等。公司坐落于辽宁省大连市庄河市吴炉镇吴炉村，占地面积147 000m²，年可生产饲料30多万t。公司配备了牧羊集团最先进的由计算机系统控制的投料系统、粉碎系统、配料系统、制粒系统、打包系统、机械手等全套肉鸡高档饲料生产设备。为了保证质量，提高生产效率、降低能耗、节约成本，公司特别安装了具有噪音低、故障低、效率高、产品质量稳定等优点的国内最先进的K35全自动颗粒机，以及可提升颗粒料成型率，减少粉化率的油脂后喷涂设备。

在技术研发方面，质量控制从原材料采购入库至成品出厂全过程，严格按照国家《饲料质量安全管理规范》文件规定建立了相关制度、标准；配置了先进的化验检测设备，具有自主的检测能力，并比照要求进行操作，保证过程质量管控符合规范要求。从原料入厂到生产流程、再到成品出厂全程质量跟踪，以“杜绝不合格原料入厂、不合格饲料品出厂”为服务宗旨，切实保证养殖场的利益。

厦门市

厦门创和美饲料科技有限公司

厦门创和美饲料科技有限公司成立于2012年，专业从事动物营养和关键养殖技术研究、开发及服务。公司逐步发展为集生物技术开发、高端添加剂研发、畜禽养殖、现代育种于一体的产业链经营的科技型企业。公司拥有2个饲料生产研发基地、5个养殖研发基地，是南方综合实力强、有区域影响力的农牧科技企业。

公司拥有一支高素质技术团队和管理团队，在生猪遗传育种及规模化健康养殖关键营养技术研究和推广方面取得了成就，自主研发13项实用新型专利，并与福建农林大学、华侨大学、集美大学、龙岩学院等高校共建研发平台，开展产学研项目，推动科技成果产业化。同时，公司还与国内外多个知名企业建立双边或多边联合研究机构，共享最新研发成果及应用。

公司总投资2亿元人民币建设35 567m² 新工厂，用于生物活性肽（酶解蛋白）、高端预混合饲料、水产幼虾料、畜禽开口料等重点项目建设，公司计划在未来4年内完成超级示范工厂的成熟运营。新工厂将带动1 000万头猪场、饲料厂发展，通过自主研发生物饲料，创造内生循环动力，打造高质量、科技型、产业链经营，形成标准化、规范化、集约化的产业新格局，带动高价值、稳就业、高效的农业发展。

厦门通威饲料有限公司

厦门通威饲料有限公司成立于2002年6月8日，坐落在风景秀丽的福建省厦门市集美区灌口镇灌南工业园区，是一家专注于水产配合饲料研发、生产与销售的民营有限公司。公司注册资金1 500万元人民币，厂区占地面积40 002m²，建筑总面积16 000m²，其中原料库面积5 600m²，生产车间面积4 721.4m²及成品仓库3 600m²，检化验室面积80.65m²。

公司生产的产品为水产配合饲料，设计总生产能力为40t/h，年生产能力可达30万t，实现年销售收入4.2亿元，利税450万元。

公司现有员工96人，大专以上学历人员50人，占总职工人数的52.08%，公司拥有一支以硕士、学士为主的技术研发和管理经验丰富的高级管理团队。公司设立了技术部、生产部、质量部、销售部、采购部、财务部、人事行政部等部门，并与集美大学、厦门海洋职业技术学院、四川农业大学等高等专业院校合作，组建产学研基地，为公司积极储备新技术、不断推出新产品奠定了坚实的技术基础。

公司拥有先进的成套生产设备，生产工艺科学可行。从2002年建厂以来，公司坚持“诚信正一”的经营理念，始终以养殖效益最大化为目标，以专业化、标准化、规模化严格管控产品质量。持续改进质量管理体系，致力于打造效率领先、持续增值且不可替代的产业链，为社会提供安全稳定的产品，实现公司与客户共赢。获得并实施ISO9001、ISO22000质量管理和食品安全管理体系，遵守国家法律法规，严格控制产品质量。公司严格按照《饲料质量安全管理规范》制定了管理制度、操作规程等，并严格执行。公司拥有齐全的检验仪器设备，以保证公司原料进厂和成品出厂的相关检验，实现了从原料采购到产品销售的全程质量安全控制，确保了原料和产品质量，从而为社会提供安全、高效、环境友好型的水产配合饲料产品。

厦门兴丞科技有限公司

厦门兴丞科技有限公司成立于2019年1月29日，坐落于厦门市同安区凤岭路599号D区。公司注册资金200万元人民币，固定资产500万元，占地面积3 500m^2，建筑面积1 440m^2，其中原料冷冻仓储面积170m^2，成品库面积200m^2，建有150t的成品储油罐3个，主车间面积750m^2，检化验室面积120m^2，办公室面积200m^2。

公司生产能力为年产猪油6 000t，猪油渣3 000t，是一家专业生产、销售单一饲料猪油和猪油渣的有限责任公司，并且是厦门市唯一一家生产动物源性蛋白饲料的生产企业。

公司组建了一支富有团结协作和开拓创新创业精神的优秀的管理、生产、技术、销售和采购团队。公司现有人员17人，其中专业技术及中高层管理人员10人，占职工总数的58.8%。公司注重技术创新，致力于猪油和猪油渣产品的开发和生产工艺的改进，制定了绞碎—熔炼—分离—精过滤—压榨—包装等科学合理的生产工艺来为客户提供优质的动物源性粗蛋白和粗脂肪。

公司坚持“诚信、发展”的经营理念和“以质量求生存，以市场为导向”的经营宗旨，按照《饲料质量安全管理规范》的要求，制定了质量安全的管理制度，建立了仪器设备的操作规程，设计了相应的记录表单；计量仪器、检验仪器定期校检，建立了规范的仪器设备台账；实行严格规范的管理，自觉遵守相关规定标准，确保原料和产品的质量安全，为社会提供安全、高效、环境友好型的单一饲料猪油和猪油渣。

厦门正大农牧有限公司

厦门正大农牧有限公司成立于1989年11月，是由泰国正大集团与厦门市夏商集团、福建省国资粮食发展有限公司合资的大型农牧企业。公司总投资额达1.2亿元人民币，迄今建厂已30多年，建厂至今，公司连续多年获得全国外商投资双优企业、外商投资先进技术企业、外商投资企业20佳、福建省主要工业前10强、福建省名牌产品、厦门市优质产品、福建省用户满意企业、全国产品质量监督抽查合格企业、文明企业、平安企业、资信3A级企业、纳税大户等多项荣誉，并通过ISO9001、ISO22000国际质量管理体系认证。

公司采用正大集团最新产品技术配方和国际先进的现代企业管理理念，对原料采购、饲料品质和生产过程进行全面的控制和管理，把质量和服务作为企业的生存之本。在生产方面，坚持推行“两单两三”，即推行单批次和单仓的精度，可以有效提升产品品质的稳定。在品控方面，公司推行原料品质的前置管理工作，将原料的质量管控提前做，可以有效精简工作流程，提高各部门工作效率，有利于优质供应商的建立和管理。在销售方面，公司改变传统饲料销售模式，从单一饲料销售转变成综合服务，为农户提供优质猪苗、技术服务，为客户带去优质的养殖管理经验、制定专业科学的饲养方案，并通过闭环服务保证养殖户的收益，切实做到农户和企业双赢。公司深得广大用户的好评和信赖。

统计资料

中国饲料工业年鉴
2024

中国饲料工业统计资料

2023 年全国饲料工业总产值和营业收入情况

单位：万元

地区	饲料工业总产值	饲料工业总营业收入	饲料产品		饲料添加剂		饲料机械	
			总产值	营业收入	总产值	营业收入	总产值	营业收入
全国总计	140 183 067	133 044 344	127 210 998	121 219 240	12 234 191	11 103 308	737 879	721 795
北京	765 745	764 215	748 002	747 730	17 743	16 485	—	—
天津	1 203 943	1 224 142	1 140 535	1 159 126	63 408	65 016	—	—
河北	5 920 010	5 502 585	5 513 854	5 136 661	401 177	361 121	4 979	4 803
山西	1 775 713	1 511 917	1 758 474	1 498 148	17 239	13 769	—	—
内蒙古	3 181 154	2 984 443	2 422 542	2 257 481	758 612	726 962	—	—
辽宁	7 457 386	6 580 755	7 234 911	6 363 863	222 475	216 892	—	—
吉林	3 009 934	2 889 503	2 334 224	2 235 876	653 677	627 078	22 033	26 549
黑龙江	3 062 203	2 537 067	2 307 569	1 760 810	754 634	776 257	—	—
上海	910 175	871 989	743 612	727 486	166 563	144 503	—	—
江苏	7 918 977	7 826 831	6 673 821	6 570 471	598 579	618 704	646 578	637 655
浙江	3 660 399	3 432 192	2 647 471	2 605 696	1 012 928	826 496	—	—
安徽	5 009 513	4 140 570	4 827 917	3 983 874	181 595	156 696	—	—
福建	5 143 997	5 172 342	5 056 079	5 085 795	87 918	86 547	—	—
江西	4 844 460	4 752 322	4 430 396	4 385 653	414 064	366 669	—	—
山东	20 582 755	20 075 067	18 117 876	17 707 325	2 406 225	2 319 606	58 655	48 136
河南	6 720 013	4 896 468	6 424 707	4 626 367	295 306	270 101	—	—
湖北	6 875 651	6 262 787	5 735 166	5 741 126	1 140 485	521 661	—	—
湖南	5 770 757	5 686 760	5 606 485	5 524 219	162 845	161 114	1 428	1 428
广东	16 608 628	16 531 411	16 032 055	15 983 765	576 574	547 646	—	—
广西	8 469 044	8 185 381	8 334 974	8 056 259	134 070	129 121	—	—
海南	1 485 952	1 530 844	1 483 232	1 528 229	2 720	2 615	—	—
重庆	1 857 989	1 820 204	1 821 839	1 783 070	36 150	37 135	—	—
四川	6 604 277	6 630 331	6 308 332	6 376 006	291 739	251 099	4 206	3 225
贵州	2 033 447	1 959 017	1 830 722	1 754 397	202 725	204 620	—	—
云南	3 679 480	3 697 202	2 878 608	2 847 644	800 873	849 558	—	—
陕西	1 863 345	1 842 058	1 850 241	1 831 483	13 103	10 575	—	—
甘肃	1 031 915	1 003 349	1 024 754	998 653	7 161	4 696	—	—
青海	41 068	35 419	40 735	35 087	333	332	—	—
宁夏	913 994	942 040	541 372	575 332	372 621	366 707	—	—
新疆	992 051	974 300	859 401	848 092	132 650	126 208	—	—
新疆生产建设兵团	789 092	780 836	481 094	483 515	307 998	297 321	—	—

2023 年全国饲料加工企业生产综合情况（总表）

单位：t

地 区	饲料总产量	配合饲料	浓缩饲料	添加剂预混合饲料
全 国 总 计	321 627 449	298 885 151	14 188 453	7 091 161
北 京	1 392 714	870 256	146 122	353 294
天 津	1 986 051	1 215 077	431 809	316 789
河 北	14 534 471	12 694 463	868 078	443 490
山 西	4 918 353	4 686 469	158 756	73 129
内 蒙 古	6 871 071	5 877 819	812 002	180 377
辽 宁	18 734 001	15 820 553	2 655 551	233 881
吉 林	6 012 110	5 141 507	776 558	94 039
黑 龙 江	5 507 721	4 219 464	1 176 323	111 924
上 海	1 127 142	907 167	23 241	89 789
江 苏	16 165 642	15 372 759	293 605	448 376
浙 江	5 765 244	5 534 217	64 160	84 228
安 徽	13 047 546	12 489 307	198 491	255 939
福 建	12 664 891	12 393 033	97 005	168 414
江 西	11 976 051	11 519 773	103 200	351 614
山 东	47 162 523	44 705 896	1 014 942	992 696
河 南	17 296 552	15 994 640	640 903	655 636
湖 北	15 004 031	14 416 766	295 947	290 606
湖 南	14 013 648	13 379 402	205 951	425 484
广 东	36 106 508	35 178 024	255 146	649 127
广 西	22 978 994	22 525 600	287 996	164 958
海 南	3 894 029	3 892 950	—	1 079
重 庆	4 662 780	4 388 191	231 684	42 903
四 川	15 287 356	14 441 450	496 740	331 776
贵 州	4 679 903	4 112 149	564 167	3 586
云 南	7 413 358	6 183 635	1 171 332	58 391
陕 西	4 701 989	4 120 002	452 234	125 063
甘 肃	2 582 019	2 240 620	323 469	17 918
青 海	102 640	93 786	6 284	2 569
宁 夏	1 352 102	982 388	313 643	56 071
新 疆	2 394 279	2 282 964	80 770	23 457
新疆生产建设兵团	1 291 730	1 204 823	42 346	44 561

2023 年全国饲料加工企业生产综合情况（分品种）

单位：t

地区	饲料总产量	猪饲料	蛋禽饲料	肉禽饲料	水产饲料	反刍动物饲料	宠物饲料	其他饲料
全国总计	302 234 307	135 975 483	32 108 889	89 253 970	25 257 333	16 168 407	1 237 145	2 233 081
北京	1 477 156	537 171	227 123	182 306	14 456	470 097	24 673	21 331
天津	2 270 239	723 053	226 471	332 530	391 312	538 126	21 529	37 219
河北	14 453 851	3 474 372	4 160 951	4 387 579	269 833	1 603 471	382 695	174 950
山西	5 042 876	2 754 901	679 457	1 445 133	90	132 565	—	30 731
内蒙古	6 507 981	2 439 066	251 682	426 977	2 032	3 373 331	559	14 333
辽宁	17 070 602	5 438 597	1 866 393	7 169 642	401 393	1 916 451	11 989	266 137
吉林	5 767 778	2 630 948	740 052	1 779 584	4 537	575 623	—	37 034
黑龙江	5 427 690	3 126 154	226 320	705 250	82 245	1 161 766	21	125 933
上海	1 028 860	258 938	307 713	144 986	21 615	180 843	111 559	3 206
江苏	14 860 247	3 914 827	2 028 953	4 176 716	4 114 318	488 608	47 307	89 517
浙江	5 325 238	2 241 175	602 136	1 190 133	994 423	161 602	95 056	40 713
安徽	11 915 400	4 800 323	1 352 267	4 933 501	495 846	234 991	92 081	6 392
福建	12 006 912	5 115 673	1 008 427	3 892 908	1 913 523	229	2 980	73 171
江西	10 838 676	6 911 542	1 302 521	1 847 819	734 790	26 436	11 906	3 662
山东	44 848 003	11 486 903	3 209 550	27 631 766	455 346	981 345	374 632	708 460
河南	16 116 279	10 645 652	1 963 441	2 582 236	316 429	520 719	6 329	81 474
湖北	14 082 401	6 868 698	3 218 017	898 562	3 033 896	35 333	331	27 564
湖南	13 138 646	8 626 989	1 324 458	1 653 262	1 505 961	2 113	2 351	23 511
广东	35 272 440	13 736 889	2 216 581	11 004 496	8 049 959	93 306	28 516	142 693
广西	20 243 069	12 386 314	961 130	6 221 349	634 655	22 892	126	16 603
海南	3 381 164	1 451 884	304 467	1 151 686	417 193	—	—	55 934
重庆	4 465 794	3 152 518	430 006	602 464	211 774	19 652	1	49 379
四川	14 390 697	9 780 776	1 407 713	2 151 763	725 799	175 475	17 938	131 232
贵州	3 925 211	3 139 441	233 869	374 509	14 867	136 287	—	26 238
云南	6 984 340	4 860 347	403 067	1 280 716	280 876	157 277	—	2 058
陕西	4 164 422	2 754 503	707 377	327 717	23 664	341 426	4 381	5 355
甘肃	2 297 625	1 109 519	149 762	256 638	966	778 790	140	1 811
青海	130 862	14 283	66	89	—	116 425	—	—
宁夏	1 167 651	163 036	44 942	25 978	23 923	899 673	—	10 100
新疆	2 399 610	830 863	377 633	360 462	97 769	706 834	47	26 003
新疆生产建设兵团	1 232 587	600 126	176 347	115 213	23 842	316 721	—	338

2023 年全国配合饲料加工企业生产情况

地区	猪饲料		蛋禽饲料		肉禽饲料		水产饲料		精料补充料		其他饲料	
	产量（t）	比重（%）	产量（t）	比重（%）	产量（t）	比重（%）	产量（t）	比重（%）	产量（t）	比重（%）	产量（t）	比重（%）
全国总计	137 795 354	46.1	29 734 032	9.9	93 954 835	31.4	22 984 142	7.7	12 184 945	4.1	2 231 842	0.7
北京	246 849	28.4	101 441	11.7	194 429	22.3	8 533	1.0	305 771	35.1	13 232	1.5
天津	260 650	21.5	104 316	8.6	179 082	14.7	379 108	31.2	271 185	22.3	20 736	1.7
河北	2 803 912	22.1	3 828 588	30.2	4 495 180	35.4	228 496	1.8	1 149 258	9.1	189 029	1.5
山西	2 765 469	59.0	460 696	9.8	1 315 222	28.1	42	0.001	80 720	1.7	64 320	1.372
内蒙古	2 606 048	44.3	216 729	3.7	464 565	7.9	2 249	0.0	2 586 794	44.0	1 435	0.0
辽宁	4 374 897	27.7	1 332 178	8.4	8 352 713	52.8	383 802	2.4	1 232 281	7.8	144 682	0.9
吉林	2 488 843	48.4	644 075	12.5	1 641 577	31.9	2 204	0.0	347 284	6.8	17 524	0.3
黑龙江	2 372 249	56.2	170 193	4.0	698 935	16.6	72 285	1.7	846 567	20.1	59 234	1.4
上海	248 688	27.4	329 219	36.3	136 908	15.1	15 461	1.7	164 265	18.1	12 627	1.4
江苏	4 419 167	28.7	1 964 114	12.8	4 699 140	30.6	3 824 509	24.9	375 041	2.4	90 787	0.6
浙江	2 449 720	44.3	617 348	11.2	1 269 362	22.9	1 045 404	18.9	119 686	2.2	32 697	0.6
安徽	5 239 624	42.0	1 489 224	11.9	5 096 361	40.8	441 319	3.5	167 875	1.3	54 904	0.4
福建	5 448 051	44.0	1 023 628	8.3	4 008 263	32.3	1 822 030	14.7	171	0.001	90 888	0.7
江西	7 507 592	65.2	1 241 457	10.8	2 120 249	18.4	643 081	5.6	3 039	0.03	4 355	0.0
山东	10 240 533	22.9	2 917 116	6.5	29 462 539	65.9	486 244	1.1	808 368	1.8	791 097	1.8
河南	10 602 516	66.3	1 827 576	11.4	2 754 762	17.2	261 614	1.6	439 738	2.7	108 435	0.7
湖北	7 425 944	51.5	3 303 934	22.9	975 894	6.8	2 682 455	18.6	24 747	0.2	3 791	0.0
湖南	8 904 905	66.6	1 347 902	10.1	1 742 367	13.0	1 364 547	10.2	10 912	0.082	8 769	0.1
广东	14 554 086	41.4	2 168 926	6.2	11 040 397	31.4	7 148 910	20.3	92 663	0.3	173 043	0.5
广西	14 452 163	64.2	1 011 113	4.5	6 373 576	28.3	598 741	2.7	47 540	0.2	42 466	0.2
海南	1 923 244	49.4	318 891	8.2	1 208 694	31.0	363 933	9.3	—	—	78 188	2.0
重庆	3 225 355	73.5	331 219	7.5	583 517	13.3	195 419	4.5	11 914	0.3	40 766	0.9
四川	10 086 123	69.8	1 332 356	9.2	2 180 945	15.1	589 938	4.1	115 502	0.8	136 586	0.9
贵州	3 335 773	81.1	209 949	5.1	441 246	10.7	11 304	0.3	97 242	2.4	16 636	0.4
云南	4 024 611	65.1	347 110	5.6	1 413 114	22.9	261 342	4.2	135 526	2.2	1 932	0.03
陕西	3 008 547	73.0	524 019	12.7	328 787	8.0	18 407	0.4	236 886	5.7	3 356	0.1
甘肃	1 208 785	53.9	118 062	5.3	313 673	14.0	1 669	0.1	596 950	26.6	1 480	0.1
青海	7 203	7.7	—	—	38	0.04	—	—	86 545	92.3	—	—
宁夏	104 352	10.6	46 059	4.7	23 252	2.4	24 363	2.5	782 712	79.7	1 650	0.2
新疆	855 450	37.5	264 020	11.6	320 008	14.0	92 255	4.0	724 032	31.7	27 199	1.2
新疆生产建设兵团	604 005	50.1	142 572	11.8	120 039	10.0	14 476	1.2	323 730	26.9	—	—

2023 年全国浓缩饲料加工企业生产情况

地区	猪饲料		蛋禽饲料		肉禽饲料		水产饲料		反刍动物饲料		其他饲料	
	产量（t）	比重（%）	产量（t）	比重（%）	产量（t）	比重（%）	产量（t）	比重（%）	产量（t）	比重（%）	产量（t）	比重（%）
全国总计	8 950 168	63.1	1 083 176	7.6	647 889	4.6	73 971	0.5	3 321 346	23.4	111 903	0.8
北京	110 940	75.9	587	0.4	2 522	1.7	—	—	32 074	21.9	—	—
天津	304 082	70.4	3 910	0.9	71	0.0	—	—	123 745	28.7	—	—
河北	455 633	52.5	85 708	9.9	21 634	2.5	3 950		299 986	34.6	1 167	0.1
山西	89 669	56.5	44 350	27.9	223	0.1	—	—	24 513	15.4	—	—
内蒙古	68 639	8.5	12 925	1.6	10 852	1.3	—	—	719 450	88.6	135	
辽宁	1 221 254	46.0	424 248	16.0	147 896	5.6	2 624	0.1	775 800	29.2	83 729	3.2
吉林	464 681	59.8	20 175	2.6	108 988	14.0	—	—	174 995	22.5	7 720	1.0
黑龙江	711 474	60.5	49 019	4.2	47 064	4.0	13 680	1.2	347 660	29.6	7 426	0.63
上海	16 329	70.3	3 014	13.0	—	—	—	—	3 898	16.8	—	—
江苏	238 818	81.3	25 213	8.6	3 632	1.2	5 251	2	19 991	6.8	699	0.2
浙江	64 021	99.8	129	0.2	—	—	—	—	10	0.02	—	—
安徽	161 518	81.4	—	—	25 329	12.8	3 200	2	8 445	4.3	—	—
福建	93 683	96.6	2 132	2.2	493	0.5	698	0.7	—	—	—	—
江西	102 393	99.2	54	0.052	113	0.11	240	0.233	401		—	—
山东	781 074	77.0	51 214	5.0	102 853	10.1	3 703	0.4	65 972	6.5	10 126	1.0
河南	469 959	73.3	81 837	12.8	52 804	8.2	—	—	36 290	5.7	12	0.002
湖北	277 120	93.6	9 284	3.1	120		7 730	2.6	1 692	0.6	—	—
湖南	194 212	94.3	4 174	2.0	7 565	3.7	—	—	—	—	—	—
广东	212 542	83.3	3 242	1.3	8 960	3.5	30 402	11.9	—	—	—	—
广西	230 035	79.9	43 902	15.2	13 836	4.8	222		—	—	—	—
海南	—	—	—	—	—	—	—	—	—	—	—	—
重庆	215 741	93.1	11 912	5.1	954	0.4	—	—	3 077	1.3	—	—
四川	412 935	83.1	40 207	8.1	1 074	0.2	157	0.0	42 365	8.5	1	
贵州	547 157	97.0	1 267	0.2	5 731	1.0	—	—	10 012	1.8	—	—
云南	1 141 853	97.5	2 063	0.2	10 951	0.9	—	—	16 466	1.4	—	—
陕西	188 705	41.7	136 225	30.1	36 967	8.2	—	—	90 338	20.0	—	—
甘肃	93 615	28.9	9 858	3.0	17 868	5.5	—	—	202 128	62.5	—	—
青海	292	4.7	—	—	—	—	—	—	5 992	95.3	—	—
宁夏	43 578	13.9	1 046	0.3	11 938	3.8	—	—	257 080	82.0	—	—
新疆	26 933	33.3	13 407	16.6	6 379	7.9	2 114	2.6	31 050	38.4	886	1.1
新疆生产建设兵团	11 284	26.6	2 077	4.9	1 069	2.5	—	—	27 917	65.9	—	—

全国添加剂预混合饲料加工企业生产情况

地区	猪饲料		蛋禽饲料		肉禽饲料		水产饲料		反刍动物饲料		其他饲料	
	产量（t）	比重（%）	产量（t）	比重（%）	产量（t）	比重（%）	产量（t）	比重（%）	产量（t）	比重（%）	产量（t）	比重（%）
全国总计	3 006 157	42.4	1 927 036	27.2	505 043	7.1	385 706	5.4	1 208 576	17.0	58 642	0.8
北京	118 075	33.4	93 613	26.5	9 048	2.6	5 261	1.5	121 324	34.3	5 974	1.7
天津	92 817	29.3	128 700	40.6	8 945	2.8	7 444	2.3	78 663	24.8	219	0.07
河北	83 006	18.7	151 275	34.1	7 250	1.6	3 372	0.8	175 293	39.5	23 295	5.3
山西	30 327	41.5	23 136	31.6	13 594	18.6	11		6 062	8.3	—	—
内蒙古	37 269	20.7	2 054	1.1	179	0.1	490	0.3	126 937	70.4	13 448	7.5
辽宁	66 211	28.3	51 405	22.0	38 890	16.6	3 681	1.6	72 583	31.0	1 111	0.5
吉林	19 992	21.3	23 417	24.9	8 955	9.5	426	0.5	41 248	43.9	—	—
黑龙江	22 472	20.1	26 575	23.7	2 498	2.2	6	0.005	57 629	51.5	2 743	2.5
上海	40 338	44.9	29 434	32.8	7 039	7.8	2 628	2.9	9 622	10.7	727	0.8
江苏	159 843	35.6	184 073	41.1	55 127	12.3	12 582	2.8	36 319	8.1	432	0.1
浙江	54 460	64.7	13 635	16.2	6 510	7.7	3 102	3.7	6 520	7.7	—	—
安徽	144 664	56.5	27 387	10.7	6 755	2.6	2 571	1.0	74 416	29.1	147	0.1
福建	124 344	73.8	12 509	7.4	15 044	8.9	16 391	9.7	—	—	126	0.1
江西	276 612	78.7	18 038	5.1	8 468	2.4	17 211	4.9	31 270	8.9	14	—
山东	220 949	22.3	475 325	47.9	130 506	13.1	7 295	0.7	151 926	15.3	6 696	0.7
河南	355 642	54.2	218 784	33.4	23 999	3.7	2 016	0.3	54 365	8.3	830	0.1
湖北	108 933	37.5	157 115	54.1	2 508	0.9	21 759	7.5	291	0.1	—	—
湖南	339 811	79.9	58 489	13.7	18 964	4.5	6 215	1.5	1 934	0.5	70	0.02
广东	283 492	43.7	63 427	9.8	80 129	12.3	220 916	34.0	214	0.03	949	0.1
广西	124 917	75.7	14 855	9.0	19 869	12.0	5 126	3.1	160	0.10	31	0.02
海南	—	—	—	—	—	—	1 079	100.0	—	—	—	—
重庆	39 864	92.9	1 981	4.6	351	0.8	78	0.2	618	1.4	12	0.03
四川	163 115	49.2	66 575	20.1	29 166	8.8	42 560	12.8	28 879	8.7	1 480	0.4
贵州	378	10.5	2 871	80.1	145	4	113	3	79	2	—	—
云南	27 917	47.8	25 837	44.2	3 825	6.6	640	1.1	171	0.3	—	—
陕西	34 126	27.3	44 708	35.7	2 476	2.0	1 121	0.9	42 599	34.1	34	0.03
甘肃	2 616	14.6	1 356	7.6	537	3.0	9		13 400	74.8	—	—
青海	157	6.1	—	—	—	—	—	—	2 412	93.9	—	—
宁夏	4 480	8.0	1 384	2.5	117	0.2	5		50 085	89.3	—	—
新疆	8 858	37.8	4 211	18.0	2 054	8.8	271	1.2	7 757	33.1	306	1.3
新疆生产建设兵团	20 473	45.9	4 865	10.9	2 096	4.7	1 329	3.0	15 798	35.5	—	—

2023 年全国饲料添加剂产量情况（一）

单位：t

地区	饲料添加剂产品总产量	饲料添加剂	混合型饲料添加剂
全国总计	15 056 043	13 884 721	1 171 322
北京	8 089	4 666	3 423
天津	68 440	60 049	8 391
河北	411 268	339 404	71 864
山西	10 557	5 212	5 344
内蒙古	1 026 908	984 747	42 161
辽宁	323 576	255 803	67 773
吉林	929 188	926 259	2 929
黑龙江	1 001 743	969 182	32 561
上海	56 390	13 772	42 617
江苏	670 196	565 822	104 375
浙江	157 335	147 811	9 524
安徽	84 038	65 157	18 881
福建	82 099	68 416	13 683
江西	471 243	441 686	29 556
山东	2 973 268	2 687 127	286 141
河南	344 763	269 380	75 383
湖北	937 645	870 780	66 866
湖南	305 082	284 760	20 322
广东	230 583	72 245	158 338
广西	353 259	340 727	12 532
海南	4 114	1 994	2 120
重庆	69 960	32 860	37 100
四川	571 228	527 899	43 329
贵州	586 650	586 604	46
云南	2 474 154	2 471 742	2 412
陕西	95 478	89 840	5 638
甘肃	6 090	3 608	2 482
青海	639	—	639
宁夏	354 322	351 264	3 058
新疆	40 616	39 726	889
新疆生产建设兵团	407 123	406 177	946

2023 年全国饲料添加剂产量情况（二）

单位：t

地区	氨基酸、氨基酸盐及其类似物		维生素及类维生素		矿物元素及其络（螯）合物		酶制剂	
	饲料添加剂	混合型饲料添加剂	饲料添加剂	混合型饲料添加剂	饲料添加剂	混合型饲料添加剂	饲料添加剂	混合型饲料添加剂
全国总计	4 914 097	37 548	1 298 923	153 628	6 524 439	136 920	139 508	113 752
北京	—	92	1 502	5	—	101	—	930
天津	—	16	32	150	1 176	1 738	9 443	30
河北	11 487	738	114 108	10 962	184 277	10 738	4 710	11 951
山西	10	412	45	945	164	276	1 515	231
内蒙古	872 303	2	1 146	86	71 960	164	528	8 604
辽宁	69 971	130	14 763	39 972	156 071	14 342	343	1 918
吉林	870 778	145	13 329	33	2 232	25	—	20
黑龙江	964 657	25 650	137	655	114	1 096	3 311	1 007
上海	—	2	12 574	46	926	1 565	107	2 634
江苏	288 891	695	19 092	16 113	147 368	4 080	7 052	7 003
浙江	12 625	22	95 209	671	10 994	75	362	453
安徽	8 272	371	14 720	2 147	15 008	4 535	—	472
福建	—	183	1 997	642	335	1 410	1 326	95
江西	9 198	297	17 991	3 655	396 662	9 768	166	271
山东	941 200	2 228	913 284	50 160	475 363	3 987	70 596	20 014
河南	17 309	2 273	38 875	13 905	110 709	736	5 351	7 255
湖北	23 644	221	19 427	922	761 747	1 594	3 379	37 396
湖南	773	47	177	263	224 900	4 064	4 144	6 314
广东	4	812	2 575	11 584	32 608	23 398	16 779	4 146
广西	—	1	—	49	293 751	8 292	3 818	2
海南	—	15	—	89	1 896	53	—	17
重庆	—	51	1 930	286	30 845	22 274	—	71
四川	75 723	235	8 564	101	432 380	21 485	4 568	1 326
贵州	—	—	—	—	586 520	1	—	—
云南	—	—	1 181	—	2 466 041	12	786	1 407
陕西	—	4	—	180	89 692	678	—	15
甘肃	—	—	182	—	—	—	1 217	171
青海	—	—	—	—	—	322	—	—
宁夏	330 999	2 907	5 779	7	14 466	1	—	—
新疆	22 360	—	—	—	16 221	109	—	—
新疆生产建设兵团	393 897	—	305	—	13	—	6	—

2023年全国饲料添加剂产量情况（三）

单位：t

地区	微生物		非蛋白氮		抗氧化剂		防腐剂、防霉剂和酸度调节剂	
	饲料添加剂	混合型饲料添加剂	饲料添加剂	混合型饲料添加剂	饲料添加剂	混合型饲料添加剂	饲料添加剂	混合型饲料添加剂
全国总计	57 384	239 428	59 165	95 266	10 942	51 719	458 413	165 701
北京	3 165	776	—	—	—	883	—	321
天津	92	3 542	10 707	—	—	55	—	761
河北	6 711	12 843	219	16 624	62	161	1 303	2 600
山西	3 479	2 457	—	4	—	39	—	268
内蒙古	3 078	10 300	—	22 150	—	—	34 739	107
辽宁	1 398	8 569	—	—	—	—	222	357
吉林	1 388	1 925	—	—	—	—	38 533	—
黑龙江	724	2 116	—	—	—	—	—	201
上海	—	1 282	—	2 389	165	3 262	—	24 912
江苏	1 824	11 918	10 031	723	7 837	30 398	42 194	18 523
浙江	1 436	2 224	235	—	—	1 922	16 220	1 732
安徽	388	4 172	—	—	425	122	11 215	4 992
福建	187	1 476	—	—	—	1 309	3 977	5 858
江西	603	3 648	—	—	307	508	15 870	9 738
山东	12 513	91 185	—	50 805	46	6 962	146 450	29 265
河南	5 567	37 919	—	5		21	81 336	2 791
湖北	7 102	13 804	—	—	639	440	48 613	779
湖南	1 216	7 780	35 895	—	1 115	233	15 858	492
广东	1 557	9 556	—	—	78	4 676	208	40 522
广西	879	266	—	—	—	1	1 677	2 480
海南	99	1 792	—	—	—	—	—	—
重庆	86	655	—	—	—	675	—	10 399
四川	624	3 717	—	—	160	18	—	6 906
贵州	—	—	—	—	60	—	—	—
云南	385	923	—	—	—	—	—	—
陕西	51	4 268	—	—	49	35	—	81
甘肃	119	—	2 078	2 310	—	—	—	—
青海	—	—	—	—	—	—	—	317
宁夏	20	144	—	—	—	—	—	—
新疆	—	—	—	256	—	—	—	524
新疆生产建设兵团	2 694	171	—	—	—	—	—	775

2023年全国饲料添加剂产量情况（四）

单位：t

地区	着色剂		调味和诱食物质		粘结剂、抗结块剂、稳定剂和乳化剂		多糖和寡糖		其他	
	饲料添加剂	混合型饲料添加剂	饲料添加剂	混合型饲料添加剂	饲料添加剂	混合型饲料添加剂	饲料添加剂	混合型饲料添加剂	饲料添加剂	混合型饲料添加剂
全国总计	24 323	31 117	6 970	66 298	257 044	22 775	3 140	5 488	130 372	51 682
北京	—	—	—	315	—	—	—	—	—	—
天津	—	1	—	1 778	38 597	—	—	50	—	270
河北	970	1 889	1 812	647	13 712	20	19	82	14	2 609
山西	—	13	—	201	—	—	—	160	—	338
内蒙古	—	—	280	253	680	330	—	11	33	155
辽宁	—	—	32	753	13 002	—	—	5	—	1 729
吉林	—	—	—	—	—	13	—	20	—	749
黑龙江	209	—	—	164	—	—	—	136	32	1 535
上海	—	—	—	6 478	—	—	—	49	—	—
江苏	29	21	157	10 491	40 723	445	343	1 489	282	2 476
浙江	1 481	—	—	960	9 248	183	—	34	1	1 248
安徽	139	—	—	36	278	350	—	23	14 711	1 660
福建	134	—	52	2 516	60 385	120	2	52	23	21
江西	—	3	570	700	221	221	—	214	98	534
山东	905	7 105	607	5 948	10 791	4 209	617	919	114 755	13 356
河南	—	10	1 564	1 593	8 588	18	43	688	40	8 168
湖北	52		965	6 832	5 138	349	74	96	—	4 433
湖南	—	—	24	459	540	17	—	52	119	602
广东	5 749	22 071	838	14 876	11 606	16 437	74	344	170	9 915
广西	—	—	52	142	39 033	—	1 513	664	4	636
海南	—	4	—	—	—	—	—	3	—	146
重庆	—	—	—	2 358	—	12	—	35	—	285
四川	1 006	—	19	8 776	4 371	10	455	314	30	440
贵州	24	—	—	—	—	—	—	—	—	45
云南	3 218	—	—	23	131	—	—	21	—	25
陕西	—	—		—	—	43	—	29	47	306
甘肃	—	—	—	—	—	—	—	—	12	1
青海	—	—	—	—	—	—	—	—	—	—
宁夏	—	—	—	—	—	—	—	—	—	—
新疆	1 145	—	—		—	—	—	1	—	—
新疆生产建设兵团	9 263	—	—	—	—	—	—	—	—	—

2023 年全国饲料添加剂单项产品生产情况（一）

单位：t

地区	赖氨酸及其类似物	蛋氨酸	苏氨酸	色氨酸
全国总计	2 914 434	624 036	878 362	32 316
北京	—	—	—	—
天津	—	—	—	—
河北	—	736	829	—
山西	—	—	—	—
内蒙古	359 610	—	510 893	—
辽宁	—	—	—	—
吉林	870 773	—	—	—
黑龙江	490 687	16	289 341	9 397
上海	—	—	—	—
江苏	—	286 056	—	—
浙江	—	84	576	9 570
安徽	5 991	—	—	—
福建	—	—	—	—
江西	—	—	—	—
山东	687 037	238 115	—	4
河南	8	—	—	—
湖北	—	—	—	—
湖南	—	26	—	—
广东	3	—	—	—
广西	—	—	—	—
海南	—	—	—	—
重庆	—	—	—	—
四川	—	—	—	—
贵州	—	—	—	—
云南	—	—	—	—
陕西	—	—	—	—
甘肃	—	—	—	—
青海	—	—	—	—
宁夏	199 995	99 002	—	—
新疆	—	—	—	13 345
新疆生产建设兵团	300 330	—	76 723	—

2023 年全国饲料添加剂单项产品生产情况（二）

单位：t

地区	氯化胆碱	维生素 A	维生素 E	维生素 B_{12}	维生素 B_2	维生素 C
全国总计	865 687	8 941	88 489	1 023	7 115	37 502
北京	—	—	—	—	—	—
天津	—	—	—	—	—	—
河北	78 991	—	9	34	11	8 660
山西	—	—	—	—	1	43
内蒙古	—	—	—	—	1 146	—
辽宁	8 704	—	—	—	—	750
吉林	—	—	12 755	—	—	—
黑龙江	—	—	—	—	—	20
上海	—	—	—	—	—	—
江苏	10	—	137	—	—	763
浙江	990	8 939	42 348	—	—	6 975
安徽	—	—	—	—	—	2 308
福建	—	—	168	—	—	—
江西	—	—	—	—	—	—
山东	776 942	—	33 072		4 128	13 135
河南	—	2	—	—	1 429	23
湖北	—	—	—	—	118	3
湖南	51	—	—	—	—	—
广东	—	—	—	—	—	—
广西	—	—	—	—	—	—
海南	—	—	—	—	—	—
重庆	—	—	—	—	8	—
四川	—	—	—	—	—	—
贵州	—	—	—	—	—	—
云南	—	—	—	—	—	—
陕西	—	—	—	—	—	—
甘肃	—	—	—	—	—	—
青海	—	—	—	—	—	—
宁夏	—	—	—	958	—	4 821
新疆	—	—	—	—	—	—
新疆生产建设兵团	—	—	—	31	274	—

2023 年全国饲料添加剂单项产品生产情况（三）

单位：t

地 区	硫酸铜	硫酸亚铁	硫酸锌	硫酸锰	磷酸氢钙
全国总计	15 533	84 415	118 368	194 968	3 553 363
北京	—	—	—	—	—
天津	—	—	—	—	—
河北	—	—	—	—	33 100
山西	—	—	—	—	—
内蒙古	—	—	—	—	36 054
辽宁	896	—	—	697	—
吉林	—	—	—	—	2 232
黑龙江	—	—	—	—	—
上海	—	—	—	—	—
江苏	859	—	—	—	81
浙江	—	—	—	—	—
安徽	—	—	—	—	—
福建	—	—	—	—	—
江西	—	—	64 493	—	—
山东	—	—	—	—	101 123
河南	—	—	—	—	—
湖北	—	—	—	—	365 322
湖南	4 433	—	—	32 716	—
广东	8 979	—	—	370	—
广西	12	18 864	41 623	147 001	79 226
海南	—	—	—	—	—
重庆	—	—	—	—	—
四川	354	65 551	9 626	14 184	133 696
贵州	—	—	—	—	393 269
云南	—	—	—	—	2 409 258
陕西	—	—	—	—	—
甘肃	—	—	—	—	—
青海	—	—	—	—	—
宁夏	—	—	2 626	—	—
新疆	—	—	—	—	—
新疆生产建设兵团	—	—	—	—	—

2023年全国饲料企业年末职工人数情况

单位：人

地区	职工总数	其中职工学历构成					其中技术工种人员构成		
		博士	硕士	大学本科	大学专科	其他	小计	检验员、化验员	维修工
全国总计	753 820	5 974	16 695	119 394	181 298	430 459	80 041	41 547	38 494
北京	3 765	83	211	924	771	1 776	330	185	145
天津	10 154	91	423	2 994	2 843	3 803	1 362	637	725
河北	42 185	271	764	5 432	10 811	24 907	5 274	3 128	2 146
山西	7 438	43	128	950	1 636	4 681	1 084	583	501
内蒙古	24 952	83	337	3 453	7 295	13 784	2 583	1 287	1 296
辽宁	33 263	173	585	5 146	7 586	19 773	3 612	1 886	1 726
吉林	18 323	64	218	2 986	4 522	10 533	2 393	1 071	1 322
黑龙江	22 976	86	327	3 159	5 705	13 699	3 045	1 398	1 647
上海	4 266	42	257	981	872	2 114	388	205	183
江苏	47 064	1 693	1 214	8 696	11 373	24 088	5 347	2 818	2 529
浙江	27 626	160	1 170	5 765	5 710	14 821	2 645	1 572	1 073
安徽	28 897	183	413	3 652	5 729	18 920	2 576	1 283	1 293
福建	20 711	119	353	3 431	3 898	12 910	2 021	1 105	916
江西	21 338	117	375	2 689	4 484	13 673	2 080	1 129	951
山东	119 306	691	2 840	16 394	31 805	67 576	12 783	6 999	5 784
河南	37 996	381	877	5 744	11 601	19 393	4 951	2 724	2 227
湖北	53 156	286	1 790	11 433	13 989	25 658	3 773	1 937	1 836
湖南	30 634	241	818	4 541	6 176	18 858	2 339	1 216	1 123
广东	57 721	531	1 628	9 158	11 735	34 669	5 190	2 665	2 525
广西	31 204	77	243	4 098	5 904	20 882	3 100	1 364	1 736
海南	3 666	8	49	691	702	2 216	293	132	161
重庆	8 145	73	159	1 421	1 868	4 624	939	439	500
四川	36 198	188	600	4 485	7 105	23 820	4 310	1 904	2 406
贵州	6 902	35	113	1 404	1 642	3 708	809	414	395
云南	17 828	61	208	2 827	3 816	10 916	2 237	1 048	1 189
陕西	9 148	68	193	1 613	3 095	4 179	964	543	421
甘肃	4 352	37	136	1 025	1 325	1 829	456	250	206
青海	317	7	9	60	86	155	60	31	29
宁夏	6 180	25	99	1 206	1 925	2 925	791	438	353
新疆	12 670	47	109	1 940	3 757	6 817	1 459	728	731
新疆生产建设兵团	5 439	10	49	1 096	1 532	2 752	847	428	419

大事记

农业农村部畜牧兽医局饲料饲草处

2023 年 2 月 2 日　为进一步规范新饲料和新饲料添加剂评审工作，农业农村部发布《植物提取物类饲料添加剂申报指南》。

2023 年 7 月 21 日　依据《饲料和饲料添加剂管理条例》《新饲料和新饲料添加剂管理办法》，农业农村部组织全国饲料评审委员会对申请人提交的新饲料和新饲料添加剂产品申请材料进行了评审，批准马克斯克鲁维酵母（CGMCC 10621）和红三叶草提取物（有效成分为刺芒柄花素、鹰嘴豆芽素 A）为新饲料添加剂，对部分饲料添加剂品种扩大适用范围，并对《饲料原料目录》进行增补和修订。

2023 年 12 月 31 日　依据《饲料和饲料添加剂管理条例》《新饲料和新饲料添加剂管理办法》，农业农村部组织全国饲料评审委员会对申请人提交的新饲料和新饲料添加剂产品申请材料进行了评审，批准荚膜甲基球菌蛋白为新饲料，胰酶（源自猪胰腺）、硫酸镁钾和甜叶菊提取物（有效成分为绿原酸及其类似物）为新饲料添加剂，对部分饲料添加剂品种扩大适用范围，并对《饲料原料目录》和《饲料添加剂品种目录》进行增补和修订。

中国饲料工业协会

2023 年 2 月 22 日　中国饲料工业协会团体标准技术委员会召开团体标准立项审定会。会议决定将《宠物饲料术语》等 16 项团体标准作为 2023 年第一批团体标准予以公布。

2023 年 2 月 20 日　中国饲料工业协会团体标准立项审定会在京召开。会议对 46 项团体标准立项申请项目进行了审定，为加快推动畜牧饲料行业标准化进程提供支撑。

2023 年 2 月 21—22 日　由中国饲料工业协会和北京市饲料工业协会联合主办的中国饲料工业协会宠物饲料（食品）分会首届中国宠物食品大会在京顺利召开。

2023 年 2 月 24 日　中国饲料工业协会在京组织召开团体标准审定会，审定《蛋鸡低蛋白低豆粕多元化日粮生产技术规范》和《肉牛多元化饲草日粮生产技术规范》等 2 项团体标准。

3 月 10 日　2022/2023 中国饲料工业展览会新闻发布会在京召开。发布会介绍了展览会的有关情况，解答了大家关心、关注的话题。

2023 年 3 月 29 日　以“聚焦高质量，启航新征程”为主题，由中国饲料工业协会主办的首届中国饲料产业发展论坛在南京召开。

2023 年 3 月 29—31 日　由中国饲料工业协会主办的“2022/2023 中国饲料工业展览会”在南京国际博览中心隆重举行，600 多家企业盛装亮相，超 4 万专业观众专程来到展馆参加此次行业盛会。

2023 年 3 月 27—28 日　由国家畜牧科技创新联盟和中国饲料工业协会联合主办的粮改饲论坛暨第五届中国青贮饲料质量评鉴大赛在南京成功举办。

2023 年 3 月 27—28 日　由中国饲料工业协会主办的第一届生物饲料创新发展论坛在南京顺利召开。

2023 年 4 月 23—24 日　中国饲料工业协会组织召开团体标准审定会，审定《饲料添加剂 L-半胱氨酸》等 7 项氨基酸团体标准。该系列标准为促进小品种氨基酸产品的标准化与规范化、构建日粮理想氨基酸平衡模式，实现精准营养调控，推进豆粕减量替代的落实落地提供有力的标准化支撑。高度契合当前畜牧饲料行业发展需求，对进一步完善我国氨基酸饲料添加剂产品标准体系，助力应用氨基酸平衡体系，降低饲料蛋白水平、提高原料转化率，推进饲用豆粕减量替代工作具有重要意义。

2023 年 5 月 26 日　中国饲料工业协会团体标准技术委员会批准发布《蛋鸡低蛋白低豆粕多元化日粮生产技术规范》《仔猪代乳粉》等 2 项团体标准。

2023 年 6 月 7 日　为加快推进团体标准的制定进程，加强标准工作规范化管理，提升团体标准立项质量。中国饲料工业协会 2023 年第二批团体标准立项审定会在京召开。审定来自各单位报送的团体标准立项申请 36 项。会议决定《天然植物饲料原料及其提取物中绿原酸类物质的测定 高校液相色谱法》等 31 项团体标准项目符合立项要求，作为中国饲料工业协会 2023 年第二批团体标准予以立项。立项标准涉及低蛋白低豆粕日粮、宠物饲料、新型饲料原料和添加剂、检测方法创新和功能性饲料生产技术规范等多类别，覆盖范围广，高度契合当前的行业需要，对畜牧饲料行业高质量发展起到了积极的推动作用。

2023 年 6 月 8 日　为充分发挥好专家组的专业引领和智库作用，交流好的经验和做法，探讨如何搭建好服务行业的平台，加快推进我国宠物饲料行业高质量发展，中国饲料工业协会宠物饲料（食品）分会在北京以线上线下相结合的形式召开了专家组第二次工作会。

2023 年 6 月 19—21 日　中国饲料工业协会宠物饲料（食品）分会派员参加了在比利时首都布鲁塞尔召开的 GAPFA（Global Alliance of Pet Food Association，全球宠物食品协会联盟）专业技术会议暨 2023 年年会。这是中国宠物食品行业在该国际组织的首次亮相，对于提升我国宠物食品行业全球宠物营养标准化融合，促进宠物食品工业技术发展，推动宠物食品贸易便利化方面具有推动作用。

2023 年 6 月 30 日　中国饲料工业协会团体标准技术委员会批准发布《饲料添加剂 乙氧基喹啉》《混合型饲料添加剂 乙氧基喹啉（粉）》2 项团体标准，自 2023 年 7 月 29 日起实施。

2023 年 7 月 28 日　中国饲料工业协会团体标准技术委员会批准发布《饲料生产企业检验化验室设计与建设技术规范》《饲料用符合矿物型载体》2 项团体标准，自 2023 年 8 月 28 日起实施。

内蒙古自治区

2023 年 2 月，为认真落实内蒙古农牧业高质量发展，全面提升饲料行业管理水平，进一步加强饲料质量安全监管、严厉打击养殖环节违法使用“瘦肉精”等违禁添加物行为，有效保障了饲料和畜产品质量安全。内蒙古自治区农牧厅印发《内蒙古自治区 2023 年饲料质量安全监管工作方案》（内农牧畜发〔2023〕61 号）。

2023 年 7 月，为促进内蒙古自治区饲料行业健康稳定发展，提升饲料质量安全监管，举办了饲料质量安全管理培训班。

2023 年 12 月，为贯彻落实习近平总书记关于“保障粮食安全，要在增产和减损两端同时发力，持续深化食物节约各项行动”的重要指示精神，按照农业农村部部署，持续推进饲用豆粕减量替代，印发《内蒙古自治区饲用豆粕减量替代三年行动方案（2023—2025 年）》的通知（内农牧畜发〔2023〕717 号）。

辽 宁 省

2023 年 10 月 13 日　辽宁省饲料监管工作培训班在沈阳成功举办。

上 海 市

1 月 16 日　上海市农业农村委员会印发《关于实施 2023 年上海市地产生猪、肉羊出栏前“瘦肉精”及其替代品监测计划的通知》，2023 年布置了“瘦肉精”等违禁药物出栏前监测 11 040 批任务。

2 月 2 日　围绕上海市饲料安全监管重点，上海市农业农村委员会制定《2023 年上海市饲料质量安全监督抽查计划》，2023 年监测总数 200 批。

11 月 27 日　上海市饲料兽药行业协会第八届三次会员大会暨 2023 年协会首届年会在上海召开，共话“合作共赢、创新发展”。

江 苏 省

2023 年 6 月 26—30 日　江苏省农业农村厅组织开展省级“瘦肉精”飞行检查，对淮安市、宿迁市 40 家肉牛肉羊养殖场突击开展现场检查和抽样监测。

2023 年 9 月 4—5 日　江苏省饲料工业协会召开会员代表大会，选举产生了新一届理事会。

2023 年 9 月 10—20 日、11 月 20—30 日　江苏省农业农村厅组织 7 个检查组赴全省各地开展饲料和饲料添加剂生产企业省级“双随机、一公开”监管工作，对随机抽取的 79 家企业进行现场监督检查和产品监督抽样工作。

2023 年 9 月 25—26 日　江苏省农业农村厅举办饲料、生鲜乳、瘦肉精监管培训班，邀请农业农村部相关专家对我国饲料行业创新与监管进行培训，总结分析近年的饲料、生鲜乳、瘦肉精监管情况与存在的问题，并且研究部署了下一阶段饲料、生鲜乳、瘦肉精监管工作。各市、县农业农村局分管负责人和饲料管理人员参加培训。

2023 年 12 月 19—20 日　首届长三角饲料行业高峰论坛暨 2023 江苏省饲料工业协会年会在南京成功举办。上海、江苏、浙江和安徽三省一市饲料行业齐聚一堂，论坛以“创新驱动 融合发展 产业升级”为主题，进一步提升长三角畜牧、饲料行业的科技水平，推动畜牧饲料产业结构快速转型升级。

2023 年 12 月 21 日　江苏省农业农村厅印发《江苏省饲用豆粕减量替代行动实施方案》，持续推进饲用豆粕减量替代，加快推动饲料行业高质量发展。

福 建 省

2023 年 2 月 2—3 日　福建省农业农村厅党组成员、总畜牧兽医师吴顺意一行到福建圣农发展股份有限公司调研指导饲料质量安全和生产。

2023 年 2 月 16 日　国家发展改革委价格司副司长、一级巡视员彭绍宗，国家发展改革委办公厅副处长张俊，农业农村部畜牧兽医局饲料饲草处副处长林湛椰等联合调研组到宁德鑫华港饲料有限公司指导调研工作。

2023 年 2 月 20 日　福建省农业农村厅党组书记、厅长陈明旺会见来访的福建圣农发展股份有限公司董事长傅芬芳一行，并举行座谈。

2023 年 8 月 22 日　福建省农业农村厅党组成员、副厅长郭宋玉，厅畜牧兽医处处长骆旭添，福州市农业农村局党组成员、三级调研员朱裕富一行到福建新正阳饲料科技有限公司调研指导饲料质量安全和安全生产工作。

2023 年 9 月 26 日　福建省农业农村厅党组书记、厅长陈明旺会见来访的中国动物卫生与流行病学中心党组书记、主任黄保续一行，并举行座谈。

2023 年 11 月 24—26 日　由中国农业科学院农业质量标准与检测技术研究所［国家饲料质量检验检测中心（北京）］、福建省农产品质量安全检验检测中心联合主办的“饲料及畜产品质量安全检测技术及装备研讨会”在福州成功举办。农业农村部畜牧兽医局饲料饲草处处长黄庆生，中国农业科学院农业质量标准与检测技术研究所党委书记、国家饲料质量检验检测中心（北京）主任汪飞杰，全国畜牧总站党委副书记、纪委书记聂善明和福建省农业农村厅二级巡视员叶品坤等到会致辞。

江 西 省

2023 年 7 月 15 日　江西省饲料行业协会成立大会暨第一届会员代表大会在江西省南昌市召开。

湖 南 省

2023 年 1 月 10 日　湖北省豆粕减量替代行动典型案例交流会在湖北武汉召开，会后发布《聚焦行业健康发展 力推豆粕减量替代倡议书》。

2023 年 3 月 16—17 日　湖北省饲料工业协会豆粕减量替代行动专题会议暨 2022 年年会在湖北武汉顺利召开。

2023 年 7 月 27 日　湖北省团体标准《饲料生产企业安全生产管理指南》技术审查会议在湖北武汉召开。湖北省农业农村厅畜牧兽医处李巍主任参加会议并讲话。

2023 年 8 月 2—6 日　湖北省“第 30 期饲料行业检验化验员培训班”在湖北省举办，湖北省各地市州近 50 家企业的化验员参加培训。

2023 年 8 月 25 日　为促进湖北省饲料行业健康可持续发展，推动饲料质量安全管理规范实施，湖北省饲料质量安全座谈会在武汉召开。

2023 年 9 月 5 日　为了促进湖北省水产饲料行业健康发展、保障产品质量、营造良性竞争环境，湖北省饲料工业协会组织召开水产饲料研讨会。

广 东 省

2023 年 1 月 10 日　广东省农业农村厅举办了广东省饲料生产许可证现场审核线上培训班，对广东省各地级以上市饲料管理部门行政许可工作相关人员及饲料和饲料添加剂生产许可证现场审核专家 260 余人进行培训，提升现场审核专家工作能力，强化饲料生产许可管理。

2023 年 3 月　广东省农业农村厅召开全省饲料质量安全专题座谈会，强化饲料质量安全监管，规范企业生产行为，保障饲料产品质量安全。

2023 年 6 月 9 日　广东省农业农村厅举办饲料生产信息统计监测暨法规规章及安全生产培训班，加强饲料生产信息统计监测，强化饲料生产企业法律法规意识，督促指导企业依法依规安全生产。

2023 年 6 月　广东省饲料行业协会宠物营养与产业分会举办第一届宠物食品研发与生产技术论坛，为宠物行业及会员单位提供技术交流平台，并取得了良好效果，受到业界关注与好评。

2023 年 7 月 23 日　《广东饲料》杂志在“中国畜牧兽医学会期刊编辑学分会成立 30 周年之表彰活动”中荣获集体贡献奖、优秀团体奖及先进个人奖等荣誉。

2023 年 7 月 31 日　广东省农业农村厅印发《广东省饲用豆粕减量替代三年行动方案》，深入推动实施饲用豆粕减量替代，促进饲料粮节约降耗，保障粮食和重要农产品稳定安全供给。

2023 年 9 月 8 日　为提升广东省饲料生产企业品控、检化验人员专业技能，广东省饲料行业协会举办 2023 年饲料行业检化验员培训班，饲料生产企业检化验相关工作人员 200 余人参加培训。

2023 年 10 月　广东省农业农村厅召开全省饲料工作会议及饲料和饲料添加剂生产许可证现场审核培训班。立足饲料行业形势，把握行业发展热点难点，强化行业管理服务举措，进一步提升行业管理工作水平及专家工作能力，促进广东省饲料行业高质量发展。

2023 年 11 月　广东省饲料行业协会、《广东饲料》杂志社联合开展“广东省饲料行业中青年优秀科技工作者”评选活动，授予行业 62 名科技工作者“广东省饲料行业中青年优秀科技工作者”荣誉称号，激励中青年优秀科技工作者积极投身饲料行业。

2023 年 12 月 4—5 日　广东省饲料行业协会宠物营养与产业分会举办第二届国际宠物营养与产业（广州）会议，探讨宠物营养与产业的发展趋势、政策解读、标准建设、科研开发、科技创新、市场营销等行业关切问题。

2023 年 12 月 9 日　以“提振信心，创新发展”为主题的 2023 年广东省饲料行业年会在广东佛山市成功举行。同期举办了“饲料法律法规规章及安全生产培训班”和“全省饲料行业技能比武——第二届比亚迪杯叉车手大奖赛”。

四川省

2023 年 4 月 12 日　四川省农业农村厅总畜牧师李春华主持会议专题研究四川省饲料粮减量替代工作。

2023 年 7 月 18 日　根据农业农村部《饲用豆粕减量替代三年行动方案》要求，四川省农业农村厅制定印发《四川省饲用豆粕减量替代三年行动方案》，积极引导饲料养殖行业减少豆粕用量，促进饲料粮节约降耗，助力打造新时代更高水平的“天府粮仓”。

2023 年 9 月 3—5 日　四川省农业农村厅在盐边县委党校举办四川省饲料兽药监管暨减抗行动政策法规培训班。四川省农业农村厅总畜牧师李春华出席开班仪式并讲话。

2023 年 11 月 2—3 日　四川农业大学在成都市举办“天府国际动物营养创新论坛”。四川省农业农村厅总畜牧师李春华出席论坛并致辞。

云南省

2023 年 5 月 29 日　云南省饲料工业协会在昆明举办 2023 饲料质量控制技术交流会，来自云南省饲料及饲料添加剂生产企业代表 100 余人参会。

2023 年 6 月 15 日　云南省农业农村厅总畜牧师仲伟章带队到红塔区饲料生产企业、养殖企业开展饲用豆粕减量替代技术推广应用情况专项调研。

2023 年 7 月 13 日　云南省饲料工业协会第八届理事会第一次会长办公会暨 2023 年上半年饲料形势分析会在昆明召开。

2023 年 7 月 28 日　云南省饲料添加剂磷酸氢钙生产企业发展探讨交流会在昆明召开，云南省磷酸氢钙生产企业代表 19 人参加会议。

2023 年 9 月 14 日　云南、广东、上海粤沪三地饲料行业座谈会在昆明举办。云南省饲料工业协会代表和广东、上海饲料行业考察团成员等 80 余人参加座谈会。

2023 年 9 月 15 日　首届云南饲料产业发展大会暨云南省饲料工业协会 2023 年年会在昆明举办。行业专家、学者、全国其他省份的饲料行业协会代表、行业参与人员等 500 余人参加会议。

2023 年 9 月 19 日　云南省农业农村厅印发《云南省饲用豆粕减量替代三年行动方案》。

2023 年 12 月 27 日　云南省饲料工业协会在昆明市成功举办云南省饲料企业安全生产暨生产许可申报及企业标准编写培训班。云南省饲料及饲料添加剂生产企业的相关负责人 150 余人参加培训。

甘肃省

2023 年 3 月 15 日　甘肃省农业农村厅制定印发《甘肃省 2023 年饲料质量安全监管工作方案的通知》。

2023 年 7 月 3 日　甘肃省农业农村厅制定《甘肃省饲用豆粕减量替代三年行动实施方案》（甘牧医〔2023〕27 号），明确总体思路、工作目标、实施内容、进度安排，强化了保障措施，并在甘肃省深入实施豆粕减量替代行动。

宁夏回族自治区

2023 年 4 月 7 日　宁夏回族自治区农业农村厅下发《关于印发 2023 年全区饲料质量安全监管监测方案的通知》[宁农局（牧）发〔2023〕7 号]，采取联合执法和专项整治方式，对宁夏回族自治区所有饲料生产企业、饲料经销店和规模以上的养殖场抽样检测，并进行全覆盖监督检查及饲料标签专项检查。

2023 年 8 月 25—27 日　第三届全国反刍料大会在银川市国际交流中心召开。大会以“破局、拓新、致千里”为主题，聚焦反刍饲料领域技术发展与市场趋势，破解行业技术瓶颈、助力企业提升效益，促进行业持续健康发展。来自 20 个省市的 300 家企业近千余人参会。

2023 年 10 月 16—21 日　宁夏回族自治区饲料政策法规培训及安全生产互观互评活动在宁夏贺兰县举办。针对《饲料和饲料添加剂管理条例》《饲料质量安全管理规范》《中华人民共和国安全生产法》《宁夏回族自治区安全生产条例》及“1+37+8”系列文件进行详细解读，对饲料生产企业安全生产隐患排查及防范措施进行讲授，并观摩了区内先进企业进行互观互评。来自各市县（区）饲料管理部门、饲料生产企业 50 余人参加了培训。

新疆生产建设兵团

2023 年 3 月 23 日　新疆生产建设兵团农业农村局印发《关于印发 2023 年兵团饲料质量安全监管工作方案的通知》（兵农牧发〔2023〕1 号），开展饲料产品质量安全监管工作。

索　引

T

W

X

Y

Z

图书在版编目（CIP）数据

中国饲料工业年鉴. 2024 / 农业农村部畜牧兽医局，全国畜牧总站，中国饲料工业协会编. -- 北京 ：中国农业出版社，2024. 12. -- ISBN 978-7-109-32792-4

Ⅰ. F326. 3-54

中国国家版本馆 CIP 数据核字第 2024R7H324 号

2024 中国饲料工业年鉴

2024 ZHONGGUO SILIAO GONGYE NIANJIAN

中国农业出版社出版

地址：北京市朝阳区麦子店街 18 号楼

邮编：100125

责任编辑：程　燕　李　辉

版式设计：王　晨　　责任校对：周丽芳

印刷：北京通州皇家印刷厂

版次：2024 年 12 月第 1 版

印次：2024 年 12 月北京第 1 次印刷

发行：新华书店北京发行所

开本：787mm×1092mm　1/16

印张：40.5　　插页：14

字数：1550 千字

定价：500.00 元